中国民营经济发展报告

China Private Economic Development Report

主　编　史晋川
副主编　王志凯　张自斌

Editor：Jinchuan Shi
Associate Editors：Zhikai Wang，Zibin Zhang

中国财经出版传媒集团
经济科学出版社
Economic Science Press

图书在版编目（CIP）数据

中国民营经济发展报告/史晋川主编．—北京：经济科学出版社，2018．3
ISBN 978－7－5141－9139－4

Ⅰ．①中…　Ⅱ．①史…　Ⅲ．①民营经济－经济发展－研究报告－中国　Ⅳ．①F121．23

中国版本图书馆 CIP 数据核字（2018）第 050497 号

责任编辑：王东岗
责任校对：刘　昕
版式设计：齐　杰
责任印制：邱　天

中国民营经济发展报告
主　编　史晋川
副主编　王志凯　张自斌
经济科学出版社出版、发行　新华书店经销
社址：北京市海淀区阜成路甲 28 号　邮编：100142
总编部电话：010－88191217　发行部电话：010－88191522
网址：www.esp.com.cn
电子邮件：esp@esp.com.cn
天猫网店：经济科学出版社旗舰店
网址：http：//jjkxcbs.tmall.com
固安华明印业有限公司印装
880×1230　16 开　41 印张　1200000 字
2018 年 3 月第 1 版　2018 年 3 月第 1 次印刷
ISBN 978－7－5141－9139－4　定价：180.00 元
（图书出现印装问题，本社负责调换。电话：010－88191510）

主编简介

史晋川，复旦大学经济学博士，浙江大学文科资深教授，浙江大学民营经济研究中心主任，美国芝加哥大学、哥伦比亚大学和英国伦敦政治经济学院访问教授，教育部社会科学委员会委员，浙江省人民政府咨询委员会副主任。研究领域为宏观经济、区域经济和法律经济学，曾在 China and World Economy、《经济研究》等学术期刊发表论文 100 余篇，获首届张培刚发展经济学奖和第二届中国农村发展研究成果优秀奖，曾入选“影响新中国经济建设的 100 位经济学家”。

副主编简介

王志凯，南京大学理学博士，浙江大学经济学院教授，博士生导师，伦敦政经学院、美国哥伦比亚大学访问教授；研究领域为区域经济发展、公共财政与城市化、海洋经济与战略，著有：《中国经济结构再平衡与长期增长》，复旦大学出版社 2016 年 4 月版；*Private Sector Development and Urbanization in China*, New York: Palgrave & Macmillan (2015)。

张自斌，美国佐治亚大学农业经济学博士，浙江大学经济学院副教授，博士生导师。研究领域为资源与环境经济学、应用计量经济学。以第一作者身份在 American Journal of Agricultural Economics, Energy Economics 等国际 SSCI 期刊发表论文近 10 篇，研究成果获美国南方农业经济学会优秀博士论文奖等奖励。

主要作者简介（按照各章顺序排列）

史晋川——复旦大学经济学博士，浙江大学经济学院教授、博士生导师，浙江大学民营经济研究中心主任、研究员。

郎金焕——浙江大学经济学博士，浙江省经济建设规划院副研究员，浙江大学民营经济研究中心兼职研究员。

叶建亮——浙江大学经济学博士，浙江大学经济学院副教授，浙江大学民营经济研究中心研究员。

朱希伟——浙江大学经济学博士，浙江大学经济学院教授、博士生导师，浙江大学民营经济研究中心副秘书长、研究员。

黄先海——复旦大学经济学博士，浙江大学经济学院院长、教授、博士生导师，浙江大学民营经济研究中心研究员。

杨高举——浙江大学经济学博士，浙江大学经济学院副教授，浙江大学民营经济研究中心研究员。

肖文——复旦大学经济学硕士，浙江大学经济学院教授、博士生导师，浙江大学民营经济研究中心研究员。

陈菲琼——浙江大学管理学博士，浙江大学经济学院教授、博士生导师，浙江大学民营经济研究中心研究员。

罗德明——英国伦敦大学经济学博士，浙江大学经济学院教授、博士生导师，浙江大学民营经济研究中心研究员。

汪炜——浙江大学经济学博士，浙江大学经济学院教授、博士生导师，浙江大学民营经济研究中心研究员。

周黎明——浙江大学经济学博士，浙江大学经济学院讲师，浙江大学民营经济研究中心研究员。

王志凯——南京大学理学博士，浙江大学经济学院教授、博士生导师，浙江大学民营经济研究中心秘书长、研究员。

曹正汉——华南农业大学农业经济学博士，浙江大学公共管理学院教授、博士生导师，浙江大学民营经济研究中心研究员。

金祥荣——复旦大学经济学硕士，浙江大学经济学院教授、博士生导师，浙江大学民营经济研究中心执行主任、研究员。

胡旭阳——浙江大学经济学博士，浙江财经大学公共管理学院教授，浙江大学民营经济研究中心兼职研究员。

李建琴——浙江大学经济学博士，浙江大学经济学院教授，浙江大学民营经济研究中心研究员。

蒋岳祥——浙江大学管理学博士、瑞士伯尔尼大学统计学博士，浙江大学经济学院教授、博士生导师，浙江大学民营经济研究中心研究员。

郭继强——浙江大学经济学博士，浙江大学公共管理学院教授、博士生导师，浙江大学民营经济研究中心兼职研究员。

马述忠——浙江大学管理学博士，浙江大学经济学院教授、博士生导师，浙江大学民营经济研究中心研究员。

张自斌——美国佐治亚大学农业经济学博士，浙江大学经济学院副教授、博士生导师，浙江大学民营经济研究中心副秘书长、研究员。

陈凌——德国洪堡大学经济学博士，浙江大学管理学院教授、博士生导师，浙江大学民营经济研究中心研究员。

序 言

浙江大学民营经济研究中心（英文简称CRPE）是国内高校首家以中国民营经济发展问题为重点的学术研究与政策咨询研究机构，2004年被批准成为国家教育部人文社会科学重点研究基地和国家“985工程”哲学社会科学创新研究基地。浙江大学民营经济研究中心成立以来，禀承“扎根实践沃土，营造学术高峰”的宗旨，汇聚国内外学术资源，聚焦中国民营经济发展问题开展研究，形成了以“温州模式”为代表的一系列高水准的学术研究与政策咨询研究成果。《中国民营经济发展报告》是浙江大学民营经济研究中心推出的最新系列研究成果之一。

中国民营经济近四十年来是在改革开放时代的大背景下发展起来的。1978年召开的党的十一届三中全会，拉开了中国在新的历史时期大规模制度变迁的序幕，民营经济重新登上了我国经济发展的历史舞台。民营经济在推动改革开放和经济发展的同时，其自身也迅速成长为我国改革开放和经济发展过程中不可或缺的重要经济成分，并在《中华人民共和国宪法》中确立了自身的宪法地位。浙江大学民营经济研究中心推出《中国民营经济发展报告》的主要目的之一，就是纪念近四十年来中国改革开放和经济发展这场伟大历史意义的社会变革。

《中国民营经济发展报告》的研究宗旨，就是要通过回顾民营经济发展的历程，在现代经济学的理论分析框架内，从经济理论层面来阐述中国民营经济发展的历史地位及重要意义。

从现代经济学的核心问题资源配置这一最基本的经济学研究视角来看，无论是一个国家或是一个地区，经济发展本质上就是一个资源优化配置的过程。经济发展的主体内容由工业化和城市化组成，工业化实质上就是资源在不同产业部门流动及优化配置的过程，而城市化实质上就是资源在不同地域空间流动及优化配置的过程。近四十年来，中国的经济发展就是表现为迅速的工业化进程和快速的城市化进程。那么，推动我国经济发展的巨大动力是什么呢？答案是由经济体制改革所带来的大规模制度变迁。同样地，从经济学的资源配置这一最基本的研究视角来看，改革或者说经济体制改革的主体内容是由民营化和市场化组成的。民营化实质上就是资源配置的活动主体的变革，而市场化也就是资源配置的活动方式的变革。中国近四十年来大规模制度变迁和高速经济发展的实践，无可质疑地表明，在新的历史发展时期中，由民营企业家为代表的民营经济是推动中国民营化、市场化、工业化和城市化的主体力量。改革开放至今，中国经济发展最有活力和发展最快的地区，往往也就是民营经济最活跃和市场化程度最发达的地区。

《中国民营经济发展报告》另一个重要的研究宗旨，就是要通过回顾民营经济的发展历程，来进一步展望民营经济发展的前景，将社会经济现实活动中纷繁复杂的经济现象，纳入现代经济学的理论分析框架，提炼出可以由经济理论层面来解释的重要问题，进行深入的研究，进而指出有助于推动民营经济发展的政策方向。

从发展经济学的“二元经济结构”理论视角来看，改革开放以来，我国民营经济发展中最大的“改革红利”，就是破除了计划经济中城乡分立和工农业分立的传统二元经济结构，促进了要素自由流动，极大地解放了生产力。而近年来，当我国经济发展进入了“新常态”时期后，阻碍民营经济发展的一个最大的制度性障碍，就是由于改革不彻底所形成的新二元经济结构——国有经济部门与非国有经济或民营经济部门的分立。

国有经济部门的最大特征就是占据着政府实行严格市场准入及产业管制的部门，且在很大程度上是比较封闭和具有垄断地位的部门。相比之下，民营经济所在的部门是不存在政府市场限制及产业管制的，基本上是开放的且有着充分竞争的经济部门。国有经济部门与非国有经济部门的分立，在生产要素流动方面的一个非常明显的特征，就是生产要素流动的不对称特征性，其主要表现形式就是：只要国有企业认为有利可图，就可以凭借其独特的政治地位和所掌握的资源优势，自由地进入民营经济已经进入的任何产业部门。与此相反，民营企业要进入国有经济所在的且已占据垄断地位的产业部门是非常困难的事情，即使法律法规或政策上已经准许进入的产业部门，民营企业想进入时也无处不存在重重体制障碍，以至于实际上根本无法进入，在此造成的直接后果就是要素配置和产业结构的双重扭曲：一方面，凡是国有经济亦已进入那些非国有经济所在的产业部门，大多会出现投资过度及产能过剩问题；另一方面，凡是民营经济无法进入的那些由国有经济垄断的产业部门，大多都会存在有效供给不足问题。因此，要促进民营经济的发展，就要推进我国经济在“新常态”下的供给侧结构性改革，就必须要从根本上彻底地破除新二元经济结构。

从中国经济的长期发展来看，要切切实实推进供给侧结构性改革，就必须正视经济新常态中存在的新二元经济结构及其所带来的发展结构失衡问题。通过全面深化改革，加快破除国有经济部门与非国有经济部门分立的新二元经济结构，消除阻碍生产要素自由流动的体制机制障碍，为民营经济的发展开拓新的更大的空间。通过大力推动国有经济及国有企业的改革来大力发展民营经济，来矫正要素配置扭曲，提升要素配置效率，实现更高质量，更有效率，更加公平和更加可持续的发展。

《中国民营经济发展报告》是由浙江大学一流学科建设计划资助的哲学社会科学重大研究项目，并由浙江大学民营经济研究中心牵头组织实施。研究团队汇集了来自浙江大学经济学院、管理学院、公共管理学院和校外有关研究机构的30多位研究人员，历经三年的广泛调研和深入研究，最终顺利完成了这一重大研究项目。这也是继2007年浙江大学民营经济研究中心推出第一部CRPE《中国民营经济发展报告》后，所推出的第二部CRPE《中国民营经济发展报告》。

《中国民营经济发展报告》全书由总序和19篇专题研究报告组成，由浙江大学民营经济研究中心主任史晋川教授主编，王志凯教授和张自斌副教授协助主编。

第一章，民营经济与区域经济发展。由史晋川教授和郎金焕博士合作完成。作者全面回顾了我国民营经济与区域经济发展的历程，重点阐述了以浙江省温台地区、江苏省苏南地区和广东省珠三角地区为代表的我国民营经济，在地域政治、经济、文化等多种因素的综合作用下，从不同的发展起点出发，各自形成了具有区域特色的民营经济与区域经济发展模式。并且通过“市场秩序”的扩展，对我国的民营经济与区域经济发展产生了巨大的示范效应，同时也在很大程度上展示了我国民营经济的发展前景。

第二章，民营经济发展与新型城镇化。由叶建亮副教授和郑朝鹏博士研究生合作完成。作者回顾了我国民营经济发展与城镇化进程，重点阐述了民营经济的发展打破了我国计划经济的双二元结构，推进了我国的城镇化进程，以及在我国经济新常态下民营经济与新型城镇化的互动发展。

第三章，民营经济的产业转型升级。由朱希伟教授和张允达博士研究生合作完成。作者回顾了我国民营经济发展中民营企业产业结构演变的历史进程，重点阐述了在经济全球化的大背景下，我国民营经济的生产方式从粗放向集约、产品从低附加值向高附加值、产业从制造业向服务业的转型升级，以及由外因推动和内因推动的不同的民营企业转型升级模式。

第四章，民营经济发展与对外贸易。由黄先海教授和杨高举副教授合作完成。作者通过回顾我国民营经济的对外贸易发展历程，重点阐述了民营经济从事对外贸易的动态效应和在全球价值链治理过程中民营经济的发展。

第五章，民营经济发展与对外投资。由肖文教授和潘家栋博士合作完成。作者通过回顾我国民营经济发展中的对外投资阶段变化及其特征，重点阐述了“走出去”战略对民营企业对外投资的影响和民营企业产业集群与民营企业对外投资的行为及路径。

第六章，民营企业国际化与技术创新。由陈菲琼教授和孟巧爽博士研究生合作完成。作者回顾了我国民营企业国际化与技术创新的历程，重点阐述了民营企业的海外投资与技术创新和民营企业的海外并购及海外并购整合与技术创新的相互作用及影响。

第七章，民营经济发展与民间金融。由罗德明教授和游勇、崔文倩、蒋雯夏合作完成。作者回顾了民营经济发展与民间金融互动的历程，重点阐述了私募基金在中国的起源、发展和相应的制度安排，考察了P2P融资平台的发展、模式与平台横截面特征。

第八章，民营经济发展与资本市场。由汪炜教授和翟良钵博士等合作完成。作者回顾了我国民营经济与资本市场的发展历程，重点阐述了民营企业转型升级与创业资本市场、民营企业发展与并购市场，以及多层次资本市场推动民营经济发展的作用机制。

第九章，民营经济的法律制度保障。由周黎明博士完成。作者回顾了改革开放以来民营经济法律制度保障的演变历程，重点阐述了政府对民营企业组织形式的法律制度，政府对民营经济监管的法律制度和政府对民营企业的劳动关系法律制度。

第十章，民营经济与混合所有制经济。由王志凯教授和朱文杰博士合作完成。作者回顾了我国民营经济与混合所有制经济的发展历程，重点阐述了政府的市场准入和产业管制与民营经济的发展、民营经济与国有经济的互动和国有企业的混合所有制改革与民营企业的发展。

第十一章，地方政府与民营企业产权保护。由曹正汉教授和冯国强博士合作完成。作者回顾了我国地方政府在民营企业发展中产权保护的历程，重点阐述了在我国煤炭行业兼并重组中不同区域地方政府产权保护的差异，以及地方分权层级对民营经济发展的影响。

第十二章，民营企业创新与知识产权保护。由金祥荣教授和赵雪娇博士合作完成。作者回顾了我国民营企业创新与知识产权保护的历程，重点阐述了法律保障缺失对民营企业创新行业的影响，以及在现行知识产权保护框架内，不同区域的创新活动及经济效率的差异。

第十三章，民营经济发展与民营企业家参政议政。由胡旭阳教授和史晋川教授合作完成。作者回顾了我国民营经济发展中民营企业家参政议政的历程，对民营企业家参政议政现象进行了实证研究，重点阐述了民营企业的政治关联与民营企业的经营绩效关系，以及民营企业家参政议政所产生的异质动态影响。

第十四章，民营企业发展与民间商会。由李建琴教授和研究生韩灵馨、邓雅姗合作完成。作者回顾了改革开放以来民营企业与民间商会的互动发展历程，总结其互动发展的原因，剖析现阶段两者进一步互动发展受到的阻碍，分别从民间商会、民营企业、政府三个层面提出措施和对策，旨在促进民营企业和民间商会在未来更深入更广泛地合作互动发展及加快政府部门的职能转变。

第十五章，民营企业发展与社会保障。由蒋岳祥教授和张馨羽博士研究生合作完成。作者回顾了我国改革开放以来养老保障制度建立和逐步健全的演变历史，重点阐述了多支柱养老保障体制与民营经济的发展，以及养老保障账户创新与民营企业的发展。

第十六章，民营企业发展中的劳动关系。由郭继强教授和寿菊萍博士研究生合作完成。作者回顾了我国民营经济发展中民营企业的劳动关系演变历程，基于民营企业劳动关系内嵌于民营经济发展模式和发展阶段的视角，重点阐述了强政府背景下的民营企业劳资关系，以及政府、企业、劳工三方在劳动关系改善过程中的协调机制。

第十七章，民营企业发展与农业产业化。由马述忠教授和刘飞翔硕士研究生合作完成。作者回顾了改革开放以来我国民营经济与农业产业化互动发展的历程，从“互联网+”的全球市场视域，重点阐述了“互联网+”对民营经济与农业产业化的影响及其两者之间的互动机制。

第十八章，民营经济发展与工业环境污染。由张自斌副教授完成。作者在回顾我国不同经济发展阶段中民营经济发展对工业环境污染影响演变历程的基础上，重点阐述了在民营经济发展过程中工业污染物排放总量和工业污染物排放强度，以及分地区和分行业的民营企业对工业污染的治理。

第十九章，民营经济发展与民营企业传承。由陈凌教授和朱建安副教授合作完成。

作者回顾了中国近代的家族转型与工商业兴起和改革开放以来民营经济兴起后的家族企业发展，重点阐述了在我国民营企业转型过程中，民营企业的家族内传承与家—企双重治理、子承父业传承规划、多子女传承等民营企业的领导代际更替，以及民营企业二代接班的企业绩效。

《中国民营经济发展报告》的研究和撰写过程中，各位研究人员深入各地的民营企业，做了广泛的调查研究，搜集了大量第一手的资料，整理和阅读了大量研究文献，开展了深入仔细的研究工作，同时也发表了许多高水平的学术论文，撰写和提交了多篇咨询研究报告（部分研究报告还得到了党和国家领导人的重要批示），为完成这部多学科团队合作研究的发展报告，付出了辛勤的劳动。但也毋庸讳言，由于研究团队成员研究能力的客观局限，尤其是研究项目的主持人及本书主编的学识和研究水平限制，本书一定会存在种种不足乃至错误之处，欢迎学界同仁和各位读者不吝赐教。

最后，浙江大学民营经济研究中心的全体研究人员，真诚地希望在今后的研究工作中能够得到国内外学术界同行、政府部门和企业界朋友更多的帮助和支持，集政产学的共同努力，更好地推动中国民营经济发展的研究。

史晋川

二〇一八年一月

于浙江大学玉泉校区

PREFACE

China Private Economic Development Report is one of the latest studies launched by Center for Research of Private Economy (CRPE) at Zhejiang University, the first academic and policy research institution focusing on the private economy in universities of China. This volume of China Private Economic Development Report is the second publication launched by CRPE after the first one published in 2007.

The main purpose of this report is to mark the 40th anniversary of China's reform and opening-up policy. China's reform and opening-up policy has boosted the rapid growth of China's private economy in the past forty years. In 1978, the third plenary session of the 11th Central Committee of the Communist Party of China introduced reform and opening-up policy which has triggered the large-scale institutional changes and reappearance of the private sector onto the stage of history. Now the private sector is growing up into an important component of China's economy and is playing a critical role for China's reform and opening-up and economic development, and the Constitution of the P. R. China has also established the constitutional status for the private economy.

The major research object of this report is to highlight the historical status and significance of China's private economic development from a theoretical framework of modern economics by reviewing the evolution of China's private economic development. From the fundamental issue in the modern economics, the essence of economic development is a process of optimistically allocating resources in a country or within a region. The economic development in China during the past forty years is through rapid industrialization and urbanization. Industrialization is the process of optimistically allocating resources in different industries, while urbanization is the process of optimistically allocating resources in different regions. Thus, what is the most important driving force for China's economic development during the past forty years? The answer is the large-scale institutional changes through reforms in the economic system with privatization and marketization as the two most important characteristics. The essence of privatization is to change market players in resource allocation, and the essence of marketization is to change ways in resource allocation. Based on the practice of the large-scale institutional changes and rapid economic growth in China during the past forty years, there is no doubt that private entrepreneurs, the integral part of the private economy, are the main driving forces to promote privatization, marketization, industrialization, and urbanization in China. Since reform and opening-up in 1978, we have observed that the most dynamic and fast-growing areas in China are always the most active and developed areas with privatization and marketization.

The other research objects of this report include extracting the important research topics which could be explained by economic theories, forecasting the future development of the private economy, as well as making policy recommendations to promote the development of the private economy in China. From the theory of dual economies in development economics, the development of the private economy in China has broken down the traditional dual economic structure of the urban-rural separation and industry-agriculture separation in the planned economy, thus promoting free flow of production factors and greatly liberating the productive forces. However, along with the "new normal" period of Chinese economy in recent years, one of the biggest institutional barriers for the development of the private economy is the new dual economic structure created by insufficient reforms which separate the state-owned sector and non-state-owned (private) sector. This separation creates asymmetric flows of production factors: Relying on political connections and resource advantages, state-owned enterprises (SOEs) could enter into each industrial sector with large profits; on the contrary, private enterprises would face too many barriers to enter into the industrial sectors where SOEs have monopoly positions, even though laws and regulations have entitled private enterprises to enter into those industrial sectors. Thus, this has caused dual distortions in the factor allocation and industrial structure. On the one hand, when SOEs enter into the industrial sectors dominated by private enterprises, those industrial sectors would be probably suffered from over-investment and overcapacity. On the other hand, the industrial sectors monopolized by SOEs would probably face shortages of supply. Therefore, in order to further promote the development of the private economy, it is necessary to get rid of this new dual economic structure fundamentally, one of the most important steps to implement the supply-side structural reform under China's new normal economy. Breaking down the new dual economic structure between the stated-owned sector and non-stated-owned sector could eliminate institutional obstacles against the free flow of production factors, correct distortions of factor allocation, improve efficiency of resource allocation, and finally achieve the higher quality, more efficient, more fair and more sustainable development.

China Private Economic Development Report is supported by the major research project of Philosophy and Social Sciences from the First-class Disciplines Construction Plan of Zhejiang University. CRPE organized and implemented this research project which included more than 30 scholars from the School of Economics, School of Management, and School of Public Affairs at Zhejiang University, and other research institutions outside of Zhejiang University. After three years of intensive research, this report summarizes research findings of the project.

China Private Economic Development Report consists of a preface and 19 research reports, and all chapters are classified into three parts: Part I includes Chapters 1 – 8, Part II includes Chapters 9 – 16, and Part III includes Chapters 17 – 19. Professor Jinchuan Shi, the director of CPRE, is the chief editor, and Professor Zhikai Wang and Associate Professor Zibin Zhang are associate editors. Contributors for each chapter are listed as follows:

Chapter 1. Private Economy and Regional Economic Development. By Professor Jinchuan Shi and Research Fellow Jinhuan Lang.

Chapter 2. Development of the Private Economy and New Urbanization. By Associate Professor Jianliang Ye and Ph. D. Candidate Zhaopeng Zheng.

Chapter 3. Industrial Transformation and Upgrading in the Private Economy. By Professor Xiwei Zhu and Ph. D. Candidate Yunda Zhang.

Chapter 4. Development of the Private Economy and Foreign Trade. By Professor Xianhai Huang and Associate Professor Gaoju Yang.

Chapter 5. Development of the Private Economy and Outbound Direct Investment. By Professor Wen Xiao and Dr. Jiadong Pan.

Chapter 6. Internationalization of Private Enterprises and Technological Innovations. By Professor Feiqiong Chen and Ph. D. Candidate Qiaoshuang Meng.

Chapter 7. Development of the Private Economy and Informal Finance. By Professor Deming Luo, Post Graduates Yong You, Wenqian Cui, and Wenxia Jiang.

Chapter 8. Development of the Private Economy and Capital Markets. By Professor Wei Wang and

Dr. Liangbo Zhai.

Chapter 9. Legal Institutional Arrangements for the Private Economy. By Dr. Liming Zhou.

Chapter 10. Private Economy and Mixed-Ownership Economies. By Professor Zhikai Wang and Ph. D Candidate Wenjie Zhu.

Chapter 11. Local Governments and Protection of Property Rights for Private Enterprises. By Professor Zhenghan Cao and Dr. Guoqiang Feng.

Chapter 12. Innovations of Private Enterprises and Intellectual Property Protection. By Professor Xiangrong Jin and Dr. Xuejiao Zhao.

Chapter 13. Development of the Private Economy and Private Entrepreneurs' Participation in Politics. By Professor Xuyang Hu and Professor Jinchuan Shi.

Chapter 14. Development of Private Enterprises and Civil Chamber of Commerce. By Professor Jianqin Li, Post Graduates Lingxin Han and Yashan Deng.

Chapter 15. Development of Private Enterprises and Social Security System. By Professor Yuexiang Jiang and Ph. D. Candidate Xinyu Zhang.

Chapter 16. Labor Relations in the Course of Development of Private Enterprises. By Professor Jiqiang Guo and Ph. D. Candidate Juping Shou.

Chapter 17. Development of Private Enterprises and Agricultural Industrialization. By Professor Shuzhong Ma and Post Graduate Feixiang Liu.

Chapter 18. Development of the Private Economy and Industrial Pollution. By Associate Professor Zibin Zhang.

Chapter 19. Development of the Private Economy and Succession in Family Enterprises. By Professor Ling Chen and Associate Professor Jian'an Zhu.

In the process of research and writing of *China Private Economic Development Report*, researchers have done extensive research and investigations for private enterprises. They collected a large number of first-hand data, reviewed a large amount of literature, carried out thorough and careful studies, published a number of high-quality academic articles, and submitted a number of policy recommendations to policy makers. Although editors and each member of the research team have read the report carefully and removed some inconsistencies and printing errors, there may still exist some inconsistencies and errors in the report. Any comments and suggestions from academic colleagues and readers will be appreciated.

Finally, I hope that the publication of this report would give CRPE more opportunities to cooperate with more national and international academic colleagues, government officials and entrepreneurs to push forward research in China's private economic development.

Jinchuan Shi
The Editor
Zhejiang University
Hangzhou, China
January 2018

目　录

中 篇

下　篇

CONTENTS

China Private Economic Development Report

上　篇

第一章　民营经济与区域经济发展*

20 世纪 70 年代末到 80 年代初，中国新一代的民营经济在改革开放的大潮中涌现。浙江温州地区出现了以“八大王”为代表，从事民间长途贩运商业活动的个体私人经济，江苏苏南地区的社队企业借助上海“星期天工程师”迅速发展，广东顺德地区容奇镇的乡村企业开始与香港“牛仔大王”签约从事来料加工补偿贸易。这些发轫于农村工业化，直面国内国外两个市场的民营经济，开始冲破高度集中的计划经济体制，在沿海地区艰难萌发。近四十年来，以民营企业为主体的民营经济在曲折中前进，始终走在中国现代化进程的前沿，成为推动我国改革开放及工业化和城镇化的重要力量。回顾民营经济的发展历程，可以清晰地看到，在地域、经济、政治、文化等多种因素综合作用下，以浙江温台沿海地区、江苏苏南地区和广东珠三角地区为代表的中国民营经济，从不同的起点出发，各自走出独具特色的区域发展模式，并通过“市场秩序”的扩展，对中国的区域经济发展产生了巨大的示范效应。在新的发展时期，这些民营经济的区域发展模式相互借鉴、相互融合，并在应对共同面临的挑战中渐渐呈现出一定程度的发展趋同。

一、民营经济与区域经济发展：历史回顾

纵观中国民营经济近四十年的发展历程，民营经济的曲折前进往往围绕四大问题的挑战和回应展开：一是如何进入和拓展产品市场；二是如何介入和利用要素市场；三是如何提升企业治理水平；四是形成何种类型的政商关系。在我们的研究中，以 2008 年为发展阶段的时间分界，将 2008 年以前的中国民营经济发展视作历史，将 2008 年至今的中国民营经济视作仍处于动态变化中的发展现状，分别进行回顾和研究。

（一）温州模式及其扩展

费孝通先生 1985 年在《温州行》① 一文中指出，当时的温州民营经济表现出“以商带工”和“小商品、大市场”的特点。应该说，无论是温台沿海（温州和台州）的浙江民营经济，还是浙中城市群（义乌和金华）或杭嘉湖平原的浙江民营经济，“以商带工”“小商品、大市场”等特点，都是对改革开放以来浙江民营经济给出的一种较为客观和准确的概括。截至 2008 年，浙江民营经济中以劳动密集型、低加工度、低附加值等传统制造业为主的产业结构特点仍然明显。这种特点来源于浙江民营经济相对突出的草根特征——由于长期缺乏人才、资金和技术等正规要素市场的支撑，作为一种替代性解决办法，浙江民营经济只能依托基于地缘、血缘、亲缘形成的人格化治理模式，依托市场为主要发展导向，并因之形成独树一帜的发展模式。

1. 加入 WTO 前：表现为小商品与国内大市场

浙江的民营经济兴起于温台地区，这个地区位于浙江省东南部，三面环山一面朝海，到内地陆路

---

* 研究人员：史晋川、郎金焕。

① 可见《瞭望》1986 年第 20、21、22 期中《温州行（上）》《温州行（中）》《温州行（下）》。

交通比较不便，历史上一直较少受到内地重农轻商文化的影响，有着冒险渔猎和出海经商的传统。以永嘉为发源地，在明清两代，温台地区逐渐形成注重事功、讲求实利的区域文化永嘉学派。从现实条件看，温州和台州在历史上属于手工业城市，大工业基础十分薄弱，20 世纪 50 年代是对台“前线”60 年代是“文革”“火线”，70 年代是建设“短线”，城市经济得不到发展。而且，由于存在大量难以规模化耕作的山地，人多地少的矛盾十分突出，农业的发展也比较困难。鉴于上述内外部因素制约，在改革开放之前，温台地区的第一、第二、第三产发展全部受限，群众生活极其贫困。

在这样一种地理、文化和现实条件交汇约束下，随着十一届三中全会后家庭联产承包责任制的推行，当农民不再被强行束缚在土地上时，为了摆脱贫困，温台地区的农民开始发展以家庭经营为基础的非农产业，一些能工巧匠和众多小商小贩纷纷出外谋生。这一时期，正值国家处于商品短缺的阶段，全国各地对低档日用品产生巨大需求，但当时的国有和集体企业主要以实现计划内生产任务为主，无法完全满足全社会的真实需求。为此，温台地区的农民们发挥自己善于制造服装、鞋帽、眼镜、低压电器等小商品的优势，以家庭工业为基本单元的各类经济组织如雨后春笋般出现。进而，由小商小贩演变而来的 10 万购销员开始遍布全国，将各地千变万化的市场信息带回家乡，组织千家万户进行生产，由此形成温台地区民营经济的起点。

在发展初期，温州的家庭工业受到当时所有制政策的限制，难以直接登记为企业。为了解决这个问题，个体经营户们大多采取挂靠集体企业或直接登记为集体企业的方式，把乡镇或村委会当作主管部门，通过戴“红帽子”获得合法地位。不过，乡镇和村委会并不参与企业经营，“戴红帽子”乃是地方政府默许私营经济发展的一种变通做法。当政府在计划体制外为温台民营经济留出一小块生存空间后，为了解决家庭工业不能向金融机构贷款的问题，温台地区出现几家（几户）集资投资、联合经营等各类股份合作制企业。以温州为例，在 1980 年代中期，该地股份合作制企业的产值规模曾超过全市工业总产值的 1/4（达到 27.8%）。但是，在 20 世纪 80 年代后半期的意识形态下，这种发展趋势最终引起全社会对温州发展“姓社”还是“姓资”的担忧，为“个体挂户经济”“私人企业”和“股份合作企业”赋予一定的法律地位，成为当时温州民营经济需要解决的头等大事。到 1992 年邓小平南方谈话之后，随着党的十四大确立我国经济体制改革目标是建立社会主义市场经济体制，围绕“温州模式”“姓社”还是“姓资”的争论逐渐淡化，民营经济的法律地位得到明确。从此，温台地区以专业市场为基础，以全国市场为目标的“小商品、大市场”发展模式基本确立。

如果说温台地区的民营经济表现出“小商品、大市场”的特征，那么浙江义乌的民营经济则走了一条先有商，再有工的“大市场、小商品”发展路径。义乌地处浙江中部，人稠地狭，从“鸡毛换糖”① 的传统起步，区域性的流动商贩逐步汇聚，演变为时间和地点相对固定的“马路市场”。在地方政府允许农民经商、允许从事长途贩运、允许开放城乡市场、允许多渠道竞争的“四个允许”之下，到 1991 年，义乌已经成为全国第一大小商品市场，辐射半径涵盖“三北市场”（东北、西北、华北）。随着市场功能的健全和市场主体的多元化，到 1997 年前后，义乌小商品市场已经形成“买全国货、卖全国货”的格局。与此同时，认识到全国市场的统一可能会削弱原本针对短缺经济和计划外市场的小商品经营，义乌开始出现以大市场带动的工业化发展，涌现出“浪莎”为代表的一批知名企业，也涌现出小商品城等专业市场经营集团，义乌逐步开始从小商品集散地向小商品制造和流通中心发展。

2. 加入 WTO 后：表现为小商品与国际大市场

在 1980 年代浙江民营经济兴起之时，它们主要面向国内“三北一南”市场——东北、西北、华

① 在宋代，有人发现将宰杀下来的畜禽羽毛当做肥料撒在田里，可以使土地变得相当肥沃。于是在义乌涌现出一批专门从事收集畜禽羽毛的群体。当时义乌有一批艺人能够将粳米或劣质火烧米配合大麦芽酿成糖油，打造成各式各样的糖条糖块等。畜禽羽毛不值几个钱，用现金交易比较麻烦，于是义乌人就想出用老糖打造的糖果换畜禽羽毛的办法，出现一批进行“鸡毛换糖”的商贩群体。

北和西南。从产品结构看，在2002年之前，中国居民的收入增长主要用于“吃穿”方面的消费，以“小商品”为主的产业结构正好满足了国内的市场需求，这是浙江民营经济“小商品、大市场”模式得以兴起的大背景。

从统计数据上看，在2002年以后，国内居民的消费结构发生了变化，表现为对“吃穿”等传统日用品的需求增速开始下降，对“住行”等耐用品的需求增速不断上升，并且更加注重产品品质要求。因此，在2002年前后，面对已经形成的“小商品、大市场”模式，浙江民营经济面临一个路径选择，也就是将“小商品”升级为“大商品”“好商品”，还是将“大市场”升级为更大市场。在这一时期，浙江民营经济刚好碰到一个非常巧合的时间点——2001年底中国正式加入WTO。普遍来看，在这段时期，浙江的民营企业把发展重点放在了市场结构的调整上，即内销改出口，对消费升级对应的产业结构调整关注相对不足。如表1－1所示，从2002年开始，浙江民营企业在浙江省出口总额中占比以每年接近6个百分点的速度提高，到2008年，占比已经从2003年的50.57%提高到接近80%。但是，在同一时期，民营企业在规模以上工业产值、限额以上固定资产投资中的占比几乎没有出现大的变化。

表1－1　2002～2008年浙江民营企业在工业产值、固定资产投资和出口总额中占比　单位：%

年份	民营企业在规模以上工业产值中占比	民营企业在限额以上固定资产投资中占比	民营企业在出口总额中占比
2002	—	—	43.97
2003	86.89	57.27	50.57
2004	85.03	63.66	59.52
2005	85.28	63.01	65.85
2006	86.18	63.59	71.98
2007	87.15	65.48	76.03
2008	87.00	66.10	79.05

注：这里的民营经济包括三资企业，但不包括集体企业。2002年民营企业在规上工业产值中占比暂缺，因为在这一年统计局对大中小企业的认定标准进行了调整，与之后年份不可比。

资料来源：历年《浙江省统计年鉴》。

加入WTO前后，也是美国第一轮高科技泡沫从兴起、冲顶再到破灭的时期。在此期间，国人认识到了“com”经济的巨大威力，也初步了解到“com”经济依托风险投资实现短期快速扩张，最大程度发挥网络效应的运作模式。在这个背景下，除了极力拓展国际市场之外，以杭州的阿里巴巴为代表，浙江的民营经济开始探索以风险投资为支撑、以新一代信息技术为手段的第二条市场结构调整路径：“开拓网上市场”。可以说，这个探索进一步深化和丰富了浙江民营经济“小商品、大市场”模式。不过，从阶段发展看，2007年阿里巴巴在香港联交所主板挂牌上市时，当年整个中国的网络零售额只有大约700亿元左右，仅占当年全社会消费品零售总额的3‰不到，尚未形成规模。直到2008年金融危机之后，浙江的网上市场才真正获得大规模发展，并对浙江民营经济的发展走向产生深远影响，本文在下一节集中讨论这一发展历程。

另外值得一提的是，从网下市场向网上市场的转变发生在杭州，并不是一件偶然的事情。“com”经济本身具有人才、资金和技术密集的特征，而且失败风险高，必然要通过社会化融资分担风险，也必然要通过大量引进职业经理人并构建包括股权激励在内的新型人力资本运作模式，这些做法，都有别于浙江民营经济的传统思考方式和经营模式，未必是浙江民营经济内源性发展的必然结果。以阿里巴巴为代表的网上市场在杭州兴起，乃是依托了杭州作为长三角地区重要节点、浙江省会和国际旅游城市所带来的各类外部要素优势和信息优势。我们固然可以将网上市场的发展看做是对浙江民营经济“小商品、大市场”特征的深化和拓展，但是它所基于的要素市场（国外高端人才、风险投资和上市融资）已经完全不同，本质上有别于浙江民营经济的草根特征。也正是由于这类民营经济发展所需要的要素支撑不同于以往，以杭州阿里巴巴的兴起为标志，自2001年之后，浙江民营经济的地理版图开始发生变化，温台地区和义乌地区的民营经济渐次走弱，大企业纷纷外迁，杭州后来居上，成为引领浙江民营经济发展的新高地。

总体上看，从加入WTO到2008年金融危机的七年，是浙江民营经济从“小商品、国内大市场”向“小商品、国际大市场”转变的七年，也是从“小商品、国际大市场”向“小商品、网上大市场”探索的七年。在这期间，浙江民营经济的发展优势源于政府以放为主的政策，比较明确的产权归属、草根阶层对财富的不懈追求、相对良序的社会信任体系等因素，使浙江民营经济面对的干扰相对较少、发展的动力相对较足、运行的交易成本相对较低。但是，从总体上看，这一阶段浙江民营经济仍然对“小商品”这种产业结构有着根深蒂固的路径依赖：从客观条件看，由于难以获得源自正规渠道的资金、技术和人才，大量民营企业没有实现产业结构升级的途径；从主观条件看，从加入WTO到2008年，依靠拓市场完成原始积累的第一代浙江民营企业家们正值年富力强，国际市场的进一步打开，为各自产业的复制扩张提供了空间，在这种温吞水的环境下，浙江的民营企业家很难超越已有经验，很难进行自我扬弃。

（二）苏南模式及其演变

江苏的民营经济发源于苏南地区（主要指苏州、无锡和常州，有时也包括南京和镇江）的乡镇企业，起点与浙江民营经济迥异。从地理位置看，苏南乡镇企业地处长三角中部地区，依托长江港航资源和沿途密布的铁路、公路，交通方便，产品运输成本低；苏南地区靠近上海，包含苏锡常等发达的大中工业城市，普遍较浙江更容易接触到工业城市提供的资金、技术和人才辐射。而且，在计划经济时代，江苏省就是我国的“副业大省”，尤其是苏南地区的农村工业有一定基础，多年来高积累、低分配的政策，使这一地区的村镇具有办工业的经济实力。因此，从20世纪80年代开始，江苏的乡镇企业具有的一大特征就是工业的规模化、重型化，这一地区走上“大商品”之路。例如，在1995年，江苏省工业增加值中重工业占比首次超过轻工业，浙江要在八年后的2003年才实现这种结构变化。但是，较强的集体经济比重，也导致苏南民营经济一直面临产权不清、政企不分的困扰，在改革开放前三十年里，这个问题成为苏南民营经济面对的头等大事。

1. 1997年前：乡镇企业和外向型经济

江苏民营经济源自乡镇企业和乡镇工业，主要依靠村、乡自身积累投入发展，在一开始就具有浓厚的集体经济色彩。在当时，苏南地区县、乡（镇）两级政府的党政领导者们，凭借自己对中央政策的理解，主动出面组织土地和劳动力等生产要素，并依靠“政府信用”从银行获取贷款，在冲破计划经济障碍解决原材料短缺和产品销售问题时，形成不同于浙江民营经济的发展模式。如果不看产权归属，仅就产供销而论，苏南地区的乡镇企业具有以市场为导向、按劳取酬的民营经济色彩。但是从产权角度看，严格地说，从改革开放到1997年的二十年里，还不能将江苏的乡镇企业归类于民营经济。例如，在20世纪90年代中期，江苏的经济结构以国有、集体和外资经济为主，以个体私营经济为代表的民营经济只占经济总量的5%；在同一时期，浙江的民营经济在浙江省经济总量中占比已经达到33.5%①。

从积极的意义看，苏南地区乡镇企业的兴起，打破了城市办工业、农村搞农业的传统二元经济格

① 该数据来自徐康宁．中国特色社会主义在江苏的成功实践（经济卷）［M］．南京：江苏人民出版社，2008：237.

局，缩小了城乡差距，在当时具有相当的突破性。因为具有集体经济的特征，在冲破计划经济束缚时，这类经济主体遇到的困难比较小，发展速度比较快。但是，到20世纪90年代后期，苏南乡镇企业在产品市场开拓、要素市场组织和企业治理模式更新等方面均出现一定问题，增长速度明显放缓。

从产品市场开拓看，90年代中后期我国首次出现过剩经济，尤其是普通工业品价格持续下降，这对以大工业为主的苏南乡镇企业冲击较大。此外，江苏省通过与新加坡合作开发工业园区等方式，在长三角地区较早引入了外资企业。此时的苏南乡镇企业，除了要与国内企业竞争外，还要在本土设厂，来自国际市场的对手展开竞争，市场蓝海很快变成市场红海。从要素市场组织看，进入90年代中后期，我国的宏观经济体制由计划经济转向市场经济，资金、技术、劳动力等要素市场加快放松管制，集体经济在解决原材料短缺和获取贷款等方面的优势逐年减弱，同一时期，国家还取消了对苏南农村地区的税费优惠政策。于是，与浙江的民营经济相比，过去苏南乡镇企业在组织要素市场方面获得的超额收益基本消失。从企业治理的角度看，随着苏南乡镇企业进一步发展壮大，因为乡镇企业的产权属于各级政府，所以在人事、资金和管理上，也就不免发生国营企业的弊病，“国有化”倾向下人浮于事、效率低下等问题渐次爆发。

正是因为上述问题，到1995年，苏南地区的乡镇企业出现全面滑坡迹象。以苏州为例，当年乡镇企业产值利税和固定资产投资利税均降至历史最低，全市有30多个乡镇出现全镇性亏损。为此，江苏省开始大力推动集体企业的改制，产权归属的明确、政企关系的厘清，带来21世纪初江苏省民营经济实质意义上的大发展。

2. 1997年后：存量嫁接带动民营经济实现增量跨越

从1996年开始，江苏在全省范围内启动集体乡镇企业大规模改制，按照“能私不股、能股不租、能聚不散”的原则，加快产权模糊的集体企业向现代企业制度过渡，江苏省委省政府也在1997年将发展民营经济明确为21世纪江苏省经济战略重大转型决策。这种“脱胎换骨”的改制，使苏南地区的乡镇企业发生了根本变化，企业逐渐摆脱政府“大包大揽”和“无限责任”，形成新的法人治理结构。进入2000年以后，通过反思江苏经济发展速度高但是居民可支配收入低，浙江省经济总量相对较小但居民收入大大高于江苏省的事实，江苏省委省政府认识到民营经济在扩大就业、百姓增富和创造社会财富等方面具有的不可替代的作用，把加速发展民营经济作为实现“两个率先”① 的重大战略举措，到2007年，江苏省民营经济已经占据江苏全省经济的“半壁江山”。

从发展模式上看，自2004年1月江苏省委省政府召开学习浙江发展民营经济经验报告会后，江苏省民营经济开始向浙江民营经济学习②如何发挥市场机制和创业精神。如果说浙江民营经济与江苏民营经济的区别在于：前者源自草根阶层对财富的追求，后者源自政府以及集体经济通过招商、建设大型工业园区等方式对大企业、大产业进行不懈推进，那么从2004年开始，这两种模式之间相互学习的趋势变得十分明显。两类民营经济模式开始出现不同路径之间的交叠和趋同。

（三）珠三角模式及其演变

在20世纪80年代中期，国务院批准成立珠江三角洲经济开发区，香港、澳门地区的一些制造业企业纷纷转移到珠三角东部地区的东莞、宝安（现深圳宝安区）等地，不少乡镇企业很快发现，“三来一补”③ 是一种与境外资本和境外市场对接的便捷途径。很快，以这种形式成立的集体企业蓬勃发

① 2003年，为全面贯彻落实中共十六大精神，江苏省根据该省经济社会发展基础，提出率先全面建成小康社会，率先基本实现现代化的奋斗目标，简称为“两个率先”。

② 见人民网《取浙江之经创江苏之新——江苏召开2900人的学习浙江经验报告会》http://www.people.com.cn/GB/paper447/11088/1004093.html。

③ “三来一补”指来料加工、来样加工、来件装配和补偿贸易。

展，形成具有明显外向型特征的民营经济模式。截至2008年，珠三角民营经济的发展大致经历了两个阶段，第一阶段是改革开放到1997年东南亚金融危机，这一阶段表现为以“三来一补”为主的加工贸易蓬勃发展；第二阶段是从1998年到2008年金融危机之前，表现为对加工贸易进行横向提升（从代工制造劳动密集型产品，转变为代工制造技术密集型产品）和纵向提升（从代工到模仿和自主创新）。

1. 1997年前：三资企业“两头在外、大进大出”

珠三角民营经济从外向型经济起步，是宏观环境、人缘、地缘等各种因素汇总在该区域后的一种必然选择。在改革开放初期，日本和亚洲的“四小龙”已经完成工业化，它们既需要为产品开拓新的市场，也需要在劳动力和土地紧缺的背景下寻求新的低成本建厂选址。在当时，中央为广东赋予了一些“特殊政策和灵活措施”，其中包括在对外贸易、工资调整、物价调整等方面的特殊权限，这为珠三角地区民营经济的外向型发展提供了优厚的政策环境。从地理位置看，珠三角面临南海，与港、澳地区相邻，一直与港、澳地区保持着密切的经济和社会联系。依托优惠政策和地缘优势，珠三角地区的乡镇企业大量吸收来自港、澳地区的资本、技术、人才以及先进管理制度，由乡镇政府牵头选择经济项目，投入集体资本并向村民募集资本，同时组织招商引资，用土地招租的形式达到空间换资本的目的，并将“三来一补”作为农村工业发展的主要形式，从内地各省区广泛吸引招募劳动力资源，发展劳动密集型产品。到20世纪80年代末，一种由政府组织和民间力量共同推动，原料、资金和技术来自港、澳地区和海外，产品也大都外销，唯有土地、厂房和部分廉价劳动力由本地提供的民营经济模式开始在珠三角地区形成。

到80年代后期和90年代末，珠三角地区民营经济经历了两次重大事件的冲击。第一次是在1989年春夏之交的政治风波后，部分外资企业撤离珠三角地区，导致部分三资企业陷入停产和半停产状态；第二次是1997年东南亚金融危机后，由于东南亚市场需求萎缩，珠三角地区出现产品大量积压在库，资金周转困难的情况。这两次事件的发生，为珠三角地区民营经济“两头在外”的发展模式敲响了警钟，激发了人们进一步的应对和改变。

2. 1997年后：代工模式的深化与深圳自主创新的崛起

在经历了1997年东南亚金融危机之后，自1998年开始到2006年，东亚新兴经济体的GDP几乎翻番，出口也增加到全世界出口总量的1/5①。东南亚金融危机后区域经济实现的快速复苏，使珠三角地区原本行将就木的“三来一补”模式继续得到维持。在此过程中，珠三角地区的民营经济表现出“代工升级+自主创新”两条腿走路的特点。

表现出代工升级的地方主要是东莞、佛山等地。在1997年之前，这些地区从事“三来一补”的企业主要集中在服装、家具等传统的劳动密集型行业。从1998~2006年，东莞开始成为国内台商最大的集聚地之一，其在电子信息产品制造业的产业配套率一直高居国内城市前列，经济总量也从广东全省各市排名第11位上升至第4位。在这一时期，不出东莞，就可以找到组装一台计算机所需的95%以上的零部件。一时间，东莞在全球电子信息产品产业链上的重要性大增，以至于人们用“东莞塞车，全球缺货”形容东莞的“世界工厂”地位。当然，尽管东莞等地快速成为全球经济版图的重要一环，但是它所以依赖的“台湾接单、东莞制造、香港出货”的简单三角关系仍然没有发生改变。由于缺乏本土大企业和著名品牌，东莞市增产不增收的现象明显，一旦国际经济环境恶化，订单数量也会随之急速下滑，大批工人下岗。到2008年国际金融危机时期，鉴于“两头在外”的经济模式所固有的脆弱性，东莞又成为“倒闭潮”“搬迁潮”的代名词，成为我国遭受世界经济下行影响的“暴风眼”。

在进行“代工升级”之外，珠三角地区的深圳等地较早意识到加工贸易只是经济发展特定阶段

---

① 可见印德尔米特·吉尔. 东亚复兴——关于经济增长的观点［M］. 北京：中信出版社，2008：1.

的产物，在浓厚的移民文化和创业氛围孕育下，深圳等地开始大力推动自主创新，逐渐成为珠三角地区民营经济发展的新模式、新样板。

在1995年，有感于传统的“三来一补”加工贸易导致深圳出现经济发展后劲乏力的迹象，深圳市委市政府提出以科教兴市为主的“二次创业”目标，并在1997年颁布了《关于进一步扶持高新技术产业发展的若干规定》。以1997年为起点，华为、中兴通讯等深圳本土民营企业开始与国外科研机构进行大规模合作①，深圳全市第一家新能源材料研发中心落户比亚迪，腾讯公司的马化腾接触到ICQ，并在1998年创办腾讯公司。正是这些企业在1997年之后的集中涌现和集中成长，使深圳沿着贸易、代工的路径逐渐拾级而上，逐步在模仿、授权生产的过程中探索自主开发和自主创新，形成一系列具有自主知识产权的产品，为2008年之后深圳民营经济的快速发展打下坚实基础。

（四）民营经济发展模式比较

从1978～2008年，在经过三十年的发展之后，中国民营经济已经完成从无到有、从小到大的积累。如表1－2所示，截至2008年，在全国工业总产值中，民营经济占比已接近2/3，在就业和投资方面，民营经济吸纳了3/4以上的城镇就业，完成了一半以上的全社会固定资产投资。可以说，此时的中国民营经济，已经成为中国工业化和城镇化的主导力量。针对本章开始阶段提出的四大问题，截至2008年，中国民营经济三大模式做出了如表1－3所示的探索和选择。

表1－2　　1978～2008年我国民营经济在国民经济中占比

单位：%

年份	民营经济在工业总产值中占比	民营经济投资在全社会固定资产投资中占比	民营经济吸纳的城镇就业人数占比
1980	（暂缺）	13.1	（暂缺）
1985	3.1	21	（暂缺）
1990	9.8	22.5	（暂缺）
1995	29.5	29.2	15.1
2000	52.7	35.3	24.4
2005	63.2	48.5	72.4
2008	65.6	56.9	75.8

注：这里民营经济包括内资民营企业和外资企业。
资料来源：历年中国统计年鉴。

表1－3　　浙江、苏南和珠三角民营经济特点概括

项目	浙江模式	苏南模式	珠三角模式
产品市场	主要关注于市场开拓和商业模式创新，从国内“三北一南”市场迈向国际市场，开始了网上市场的发展，形成“小商品、大市场”模式，具有明显的“以商带工”特点	依托原有的工业基础，以及接近上海、无锡等工业城市的地缘优势，以制造业重工业化为特征，走“大商品”之路，通过大量引入外资企业实现国际市场拓展	以“三来一补”为基础发展“两头在外”的加工贸易，在1997年之后，对代工模式进行横向提升（从代工制造劳动密集型产品，转变为代工制造技术密集型产品）和纵向提升（从代工到模仿和自主创新）

① 根据华为历史简介，从1997年开始，它与Texas Instruments、Motorola、IBM、Intel、Agere Systems、Sun Microsystems、Altera、Qualcomm、Infineon和Microsoft成立了联合研发实验室。根据中兴通讯官方网站介绍，在1998年，该公司开始在美国设立研究所（新泽西、圣地亚哥、硅谷），可见：http：//www.zte.com.cn/cn/about/corporate_information/history/。

续表

项目	浙江模式	苏南模式	珠三角模式
要素市场	吸引和组织本省以及外省外低成本劳动力。在资金、技术和人才方面缺乏正式的对接渠道	吸引和组织苏北地区以及省外低成本劳动力，依靠上海等大城市获取资金、技术、人才等要素资源	吸引和组织本省欠发达地区以及省外低成本劳动力，依靠来自港澳地区的企业获取资金、技术、人才等要素资源
企业治理	以亲缘、血缘、地缘为主的人格化治理模式比较普遍	民营经济的官营色彩较浓，经历多次改制后实现产权明晰	在吸引外资方面具有先行政策和保护政策，使该地区以外资合营为主的民营企业在一开始就具有产权清晰和非人格化交易的特点
政商关系	政府以放为主	政府强力推动，介入企业经营	政府以争取特殊政策为主，较少介入企业经营

二、民营经济与区域经济发展的新特征

从2008年国际金融危机开始，中国民营经济发展的大环境发生了一些变化，时至今日，这些变化中蕴含的趋势仍在延续，成为理解现今中国民营经济与区域经济发展的关键。这里，我们仍然按照本章开篇提出的四大问题划分，对这些趋势性变化做一个初步梳理。

对于产品市场。随着2008年国际金融危机的爆发，中国民营企业曾经极力拓展的外需市场开始由高速增长逐渐转入中低速增长，特别是到2015年，中国出口增速开始进入零增长甚至负增长的区间（如图1－1所示）。当国际市场接近饱和时，出口部门进行投资的边际收益快速下降，经济的总体结构必然从外需占优、内需次之转向内需占优、外需次之，由此引起国内投资、消费的蓬勃发展，进而带来产业结构的深刻变化。

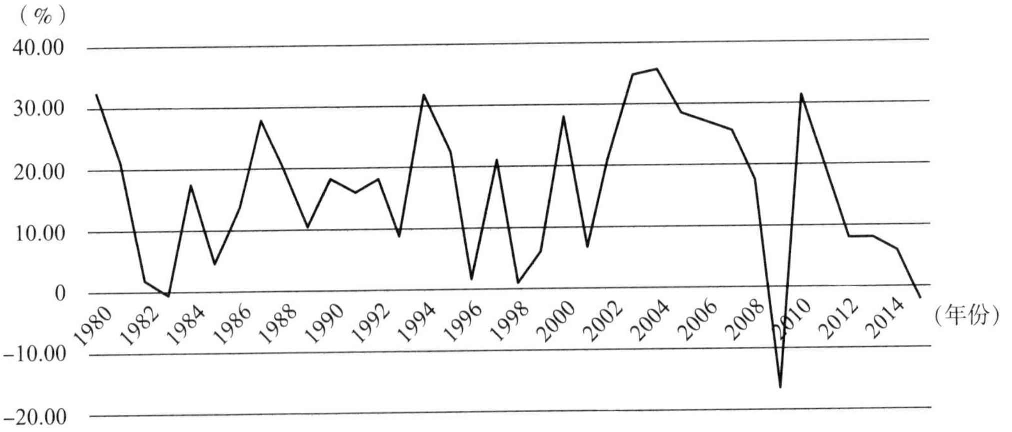

图1－1 改革开放以来中国出口增速变化

资料来源：国家统计局历年出口总额增速变化（出口总额以2000年美元不变价计算）。

对于要素市场，发生重大变化的是劳动力市场和金融市场。在劳动力市场，人口结构的变化带来人口红利的消退。从2007年开始，中国65岁以上人口占比出现快速上升，在2011年达到8.1%，在2014年达到10.1%；劳动阶段人口（即16岁到60岁阶段的人口）的增速也在2008年开始下降，并在2012年进入净减少，大致每年减少约35万人。人口红利的快速消退导致劳动力工资快速上升，根

据财政部楼继伟部长的披露①，自2007年开始，全国劳动力工资的增速已经快于劳动生产率增速。此外，2008年1月新版《劳动合同法》的实施，进一步削弱了劳动力市场的灵活性，强化了人口红利的消退速度。在金融市场，中国非金融企业的负债率从2007年54%上升到2014年60%，负债占GDP的比重从195%上升到317%，杠杆率从98%上升到149%，政府部门的负债率也从2009年也开始逐步上升，可以说，自2008年全球金融危机以来，中国全社会进入一个快速加杠杆时期。要素市场发生的上述变化产生两大影响：对于传统的劳动密集型民营企业，劳动力成本快速上升让它们倍感经营压力；对于传统的资金密集型民营企业，“融资难”约束的突然放松，让它们或主动或被动地加杠杆，在资金寻求收益的冲动下快速涌入房地产、矿产等一些看上去很美的行业。在经济下行时期，原本预期的收益难以实现，甚至可能覆盖不了真实融资成本，那些通过加杠杆进入的副业，往往成为民营企业的“阿喀琉斯之踵”。

对于企业治理，发生的重要变化是人格化交易的信任基础遭受一定程度破坏。在民营经济三大模式中，浙江民营经济的治理结构相对更加封闭，基于地缘、血缘、亲缘的人格化交易方式阻碍了外部职业经理人和外部投资者的进入。但是，自2011年4月开始，以温州为核心，兼有绍兴、金华、杭州萧山等地开始爆发民间借贷危机。以温州为例，当时当地民间借贷规模占民间资本总量1/6左右，相当于温州全市银行贷款总额的1/5，在大约半年时间里，依托熟人圈子构建的规模巨大、盘根错节的借贷链条受到巨大冲击，导致熟人社会的信任基础开始瓦解，最终，民营企业不得不探索非人格化的企业治理结构。

在政企关系方面，重大变化主要发生在资源性行业和国有企业领域。自2008年以来，以山东日照钢铁案和山西煤炭整合案为例，国有资本大规模进入资源性、能源性领域，这些领域的民营资本被明显“挤出”。此外，为抵御2008年国际金融危机而出台的中央“四万亿元”投资和地方的更大规模配套投资计划中，国有资本几乎得到所有的重要订单，大量中央和地方国企成批次地进入到地产等原本属于竞争性的领域。上述两方面变化，形成自2008年以来比较明显的国进民退趋势。

在2008年之后，产品市场、要素市场、企业治理和政企关系四方面发生的趋势性变化，使中国民营经济在不知不觉中进入一个全新的发展环境，它们在这个环境中展开新的探索，逐渐形成现今我们看到的发展态势。

（一）浙江：民营经济植入互联网和资本市场

2008年以来的浙江民营经济，仍然沿着过去三十年“拓市场”的逻辑展开，发展的主线是拓展网上市场。以阿里巴巴为代表的电子商务类企业依托互联网平台整合国内市场、开拓国际市场，形成电子商务生态体系。在这个体系中，“云计算+大数据”代替了传统的“硬件+软件”模式②，孕育出依托“互联网+”的新技术、新产品、新业态和新模式，成为过去近十年里浙江民营经济最为明显的特征。

1. 从网上市场走向互联网新经济

自2008年金融危机之后，国内劳动力工资的快速上升带来消费升级的大量需求，同时国际市场需求放缓，在这种背景下，原本走向“国际大市场”的浙江民营企业只能再次将目光转移到国内需求和国内市场上。在当时，由于传统门店成本高、流通渠道不透明，还处于起步阶段的电子商务开始在价格比较和交易便捷性上显示出巨大优势，并与浙江以“小商品”为主的产业结构发生协同。截至2015年底，浙江全省实现网络零售额7611亿元，同比增速一直保持在30%左右，全国约85%的

① 可见《中高速增长的可能性及实现途径》，2015年4月24日楼继伟在清华大学经济管理学院的演讲。

② 引自阿里研究院的研究报告《DT化进程持续展开：未来十年科技是什么样子?》，可见 http://www.aliresearch.com/blog/article/detail/id/20908.html。

网络零售、70%的跨境电子商务及60%的企业间电商交易都依托浙江的民营电商平台完成。电子商务的快速发展，不仅拓展了浙江民营经济原本就有的“做市场”能力，还为浙江民营经济带来三方面改变。

一是改变了浙江民营经济的地理版图。正如本章第一部分所讲，改革开放前三十年，浙江民营经济发展主要地点是温台沿海以及金华—义乌组成的浙中城市群。2008 年金融危机之后，杭州民营经济的增加值以年均 8.8% 的速度增长，到 2015 年底达到接近 6000 亿元。相比之下，2011 年温州的民营经济增加值总量为 2744 亿元，受 2011 年下半年民间借贷风波和房地产市场下行冲击，2012 年温州民营经济实际上是负增长，也在是从这一年开始，温州市统计公报中不再披露民营经济的总量和规模占比。与温州类似，从 2008 年金融危机到现在，在大部分年份里，台州的经济增速都处于浙江省 11 个地级市的最后一档。

二是改变了浙江民营经济的产业结构。2008 年金融危机之前，浙江的民营经济以传统制造业为主。在金融危机之后，尤其是在 2010 年之后，以信息传输、计算机服务和软件业为代表的信息服务业发展迅速，推动全省服务业实现年均 9.4% 的增速，目前，浙江省服务业在 GDP 中占比已经超过一半。从全国民营企业 500 强数据看，在 2008 年浙江的入围企业中，服务业企业有 13 家，占比 6.9%，到 2014 年，入围的服务业企业增至 18 家，占比达到 13%。其中，宾馆饭店、金融投资、国际贸易、物流运输等商务服务行业企业增长较快。电子商务的快速兴起，还使得以浙江桐庐县为发源地，逐渐形成快递业的“三通一达”（申通、圆通、中通、韵达），这四家企业目前已经占据中国民营快递业的半壁江山。

三是对浙江传统制造业的更新升级有所帮助。借助“互联网 + 制造业”，依托阿里巴巴、海康威视、浙大网新、银江股份、浙江中控等浙江民营企业提供的平台、设备和商业模式，浙江的传统制造类民营企业较早开始了依托互联网实现“生产—销售—消费”的协同升级，到 2013 年 10 月，国家工信部正式批准浙江为全国第一个“信息化与工业化深度融合国家示范区”。2015 年完成的一项研究结果表明，信息产业对浙江省电器机械和器材、装备制造、商业租赁等行业形成了很强的前后向关联效应①。

2. 上市融资和海外并购提高了浙江民营企业的要素获取能力和企业治理水平

难以进入资本市场融资，一直是浙江民营企业发展中遇到的先天不足。在 2002 年之前，中国的企业上市制度以配额制为主，即国家对拟上市的企业数量、融资总额进行管理，并就上市企业数量和融资额度在各省市之间进行切块分配，在这一历史阶段，资本市场主要为国企改革服务，浙江省民营企业上市数量较少。随着 2005 年 6 月深圳中小板发行 50 只新股，以及 2009 年创业板的开办，浙江的民营企业逐渐获得了宝贵的上市机遇，截至 2016 年初，浙江省的国内上市企业数量已经达到 300 个，除去 32 家国有上市企业之外②，民企上市企业数量已经达到 278 家，总量位居全国第二，在这 278 家民营上市企业中，绝大部分都是 2008 年金融危机之后实现的上市融资。根据浙江省证监会数据，截至 2016 年初，浙江省境内上市公司累计融资 4420.85 亿元。

通过大规模利用资本市场，浙江民营上市企业这一龙头群体已经成为浙江省民营企业中市场化程度最高、公开性和透明度最高的企业群体，在资本形成和补充、信息披露、公司治理机制、职业经理层引进与激励、投融资决策及风险控制、股东收益分配等方面开始发挥先导作用，逐步走出了传统上依赖地缘、亲缘、血缘的人格化交易路径。

通过上市打通直接融资渠道，浙江的民营上市公司进一步探索将企业打造成依托并购配置生产要

---

① 可见由廖中举、陈满新、金良家完成的研究《浙江省信息产业关联度分析研究》，http://www.zj.stats.gov.cn/tjfx_1475/tjfx_sjfx/201511/t20151116_165642.html。

② 相关的企业名称可见浙江省国资委的披露：http://gzw.zj.gov.cn/art/2014/7/16/art_413_7431.html。

素的平台。根据现有数据计算，截至 2015 年 6 底，浙江的民营上市公司中有近 200 家企业发生了境内、境外并购，占比大约在 2/3 左右。其中，并购案例超 15 起的行业分布可见表 1－4。在这些并购案例中，尤以大约 40 多起海外并购为代表，浙江民营上市企业依托自身平台实现了买龙头（如浙江龙盛收购德国德司达）、买技术（如均胜电子收购德国普瑞）、买股权（如水晶光电收购日本光驰）、买市场（如美盛文化收购荷兰公司）、买资源（如美都能源、浙富控股收购美国油田等）等五类要素整合①，此外，吉利收购沃尔沃案例，更是成为迄今为止中国汽车行业最大规模的海外收购。至此，随着资本市场（以及包括风险投资在内的私募资本市场）的不断放开，改革开放前三十年中浙江民营企业处处受制的要素市场，逐渐不再成为制约浙江民营企业发展的硬约束。

表 1－4　　浙江民营上市企业并购的行业分布情况　　单位：起

行业	深圳 A 股	上海 A 股	创业板	中小板	合计
房地产业	10	56		4	70
通用设备制造业		2	4	46	52
电气机械和器材制造业	4	23	8	15	50
化学原料和化学制品制造业		33		14	47
汽车制造业	7	7	2	25	39
医药制造业	7	18	2	12	39
计算机、通信和其他电子设备制造业		11	14	13	38
软件和信息技术服务业（互联网＋）		12	19	7	38
新闻和出版业	14	21			35
批发业	16	14			30
专用设备制造业	7	5	6	10	28
广播、电视、电影和影视录制业	4		14		18
综合类		18			18

资料来源：祝素月，陈若可．我省上市公司实施境内外并购的基本判断及建议［J］．预测与分析，2015（35）．

3. 对进入垄断行业进行不懈探索

应该说，改革开放四十年来，浙江省对浙江民营企业的态度一直是以放为主，从最初的不搞“成分论”，主动给个体私营经济“松绑放权”，到 20 世纪 80 年代主动为民营企业提供“挂户经营”，再到“十二五”时期在全国率先推动新一轮简政放权和“四张清单一张网”（政府权力清单、企业投资负面清单、政府责任清单、省级部门专项资金管理清单、浙江政务服务网）改革。因此，就政商关系而言，在浙江本土，浙江民营经济在过去七八年中还是突破了一些原本高度垄断的行业。但是，离开浙江的浙江民营经济，却在政商关系的沟通中铩羽而归。

以温商银行和网商银行为代表，浙江民营经济突破了传统上国有企业占绝对垄断的银行业。民营资本设立纯民营的商业银行一直都是浙江民营经济的一个梦想。早在 1984 年，在温州市、县主要领导支持下，温州就出现一家名叫“万兴钱庄”的私人金融机构，但是在经营 5 年后被取缔。到 2004 年，由神力集团、奥康集团、法派集团等 9 家企业组成的中瑞财团向浙江省银监局上报了要求成立“建华民营银行”的申请，相关监管部门在调研后拒绝了该申请。直到 2014 年 3 月，中国银监会发布了首批 5 家民营银行试点名单，其中温州温商银行在列，自此，浙江民营经济进入银行业的探索终于获得成果。此后，由阿里金服、复星集团、万向集团牵头的浙江网商银行在 2014 年 9 月底获批筹建。

① 引自应雄．跨国并购的“浙江案例”［J］．预测与分析，2015（22）．

此外，在上海成立的民营银行华瑞银行，其大股东为均瑶集团和美特斯邦威，实质上也属于浙江的民营资本。

以民间资本进入温州市域铁路S1线为代表，浙江民营经济突破了传统上由政府垄断经营的市政行业。2012年12月，负责建设温州市域S1线的项目法人温州幸福轨道交通股份有限公司为50%的资本金（即35亿元额度）设立“幸福轨道”一期股份，面向社会公开募集，创下国内轨道交通项目吸引民资参股建设的先例。该股份的投资“门槛”为1万元，由市财政担保回购并支付6%的年固定回报，持有满一年后可回购或转让，与国外的市政债十分接近，为民间小资本进入垄断行业提供了一种途径。但是，由于存在一定的政策法律障碍，这个探索目前还是孤例，未见推开。

以山西省煤矿业兼并重组为代表，浙江民营经济在其运作中严重受损。浙江民营经济起源与“拓市场”，十万购销大军遍布全国各地，到2008年左右，在外经商的浙江民营企业家已渐成气候，在2004~2006年国内能源紧缺、拉闸限电情况频发的背景下，精明的浙江民营企业家也将目光投向了山西的煤矿。据不完全统计，截至2008年底，至少500亿元浙江民间资本在山西投资煤矿。随着煤价一路高涨、矿难频繁发生，到2009年4月，山西省煤炭行业重组拉开大幕，要求“全省仅保留1000座煤矿，兼并重组整合后的煤炭企业，规模原则上不低于年产300万吨，单井生产规模原则上不低于90万吨”，在这样的标准要求下，不少浙江煤商投资的煤矿成为被兼并重组的对象。为此，浙江省经信委下属的浙商资本投资促进会曾以公民建议书的方式上书国务院，建议对山西省煤矿重组出台的部分文件进行审查，最终未获回应，浙商资本投资促进会只能以《致全球浙商公开信》和发布“2010浙商投资区域红黑榜”的方式结束争论。到2010年底，浙江省领导出面表态，将这一时期浙江民营经济发展遭遇的一系列困难，归结于民营经济自身的结构性和素质性问题。不过，从次年起（2012年），浙江开始将“浙商回归”作为省政府的“头号工程”，并将回归成效纳入各地政府一把手的考核。

（二）江苏：民营经济依托政府推动产业升级

从传统上讲，江苏民营经济的兴起和发展一直有赖于政府的大力推动。由于自身禀赋和地缘特征等因素的影响，在一开始，江苏乡镇企业（以及后来改制后的民营企业）就走上一条制造业发展之路。在2008年金融危机之后，江苏民营经济所具有的“制造业发展”“政府强势介入”这两个特质并没有发生大的变化，只是表现形式有所不同：在制造业发展方面，主要是将发展方向进一步聚焦在高新技术产业，产品结构和产业结构的调整步伐加快；在政府强势介入方面，主要表现为地方政府主导国家级高新技术园区的建设。通过这种方式，政府出面为民营企业组织土地、资金以及创新资源等生产要素。基于这种变化，从产品市场、要素市场和政企关系的角度看，江苏民营经济仍然走着一条内核继承历史，路径异于浙江的发展模式。

1. 高新技术产业快速发展

通过省际比较，我们收集了2008年来浙江和江苏两省的高新技术产业产值占规模以上工业总产值的比重（见表1-5）。在2009年，江苏和浙江的占比差距曾经达到最大的10%；从总量上看，到2008年，江苏省高新技术产业产值达到1.84万亿元，浙江省只有0.31万亿元，江苏省的规模大致接近浙江省的六倍左右。在2000年时，江苏省高新技术企业产值规模大约只有浙江的一倍，所以这种差距的拉开主要发生在2000年之后。由于浙江民营经济和江苏民营经济在拓市场和做产品上发生的路径分野，江苏省民营企业的技术创新水平普遍较浙江民营企业高，并进而带来两省民营企业在体量和分布特征上出现较大差异，在这里，我们以中国民营企业500强为例进行说明。

表 1－5　浙江、江苏两省高新技术产业产值占规上工业总产值比重　单位：%

年份	浙江省	江苏省
2008	7. 8	28. 0
2009	21. 5	30. 0
2010	23. 0	33. 0
2011	24. 1	35. 3
2012	24. 1	37. 5
2013	25. 6	38. 5
2014	34. 1	39. 5
2015	37. 2	40. 1

资料来源：浙江和江苏两省历年国民经济和社会发展统计公报，由于统计口径调整导致的差异，2008 年的数据与之后年份的数据不可比。

从体量上看，江苏的千亿级民营企业远多于浙江（见表 1－6）。在 2012 年，吉利控股集团首次代表浙江民营企业进入千亿级行列，到 2014 年，海亮集团营业收入达到 1004 亿元。相比之下，2014 年江苏省千亿级企业有 5 家，其中沙钢集团和苏宁电器两家企业的营业收入早在 2012 年、2013 年就突破 2000 亿元大关。此外，从分布特征上看，江苏省入围的民营企业 500 强户均规模相对较大。在 2014 年，江苏省入围民企的平均营业收入达到 296 亿元，浙江省的平均营业收入为 208 亿元。

表 1－6　浙江、江苏两省上榜千亿级民企数量　单位：家

年份	浙江省	江苏省
2010	0	2
2011	0	2
2012	1	2
2013	1	3
2014	2	5

资料来源：全国工商联评选的“2014 年中国民营企业 500 强”榜单。

针对上述发展差异，浙江省有关研究机构①指出，在江苏省民营企业发展过程中，政府大规模参与产业培育和产业更替，是 2000 年以后江苏省高新技术产业高速发展的主要原因。相比之下，面对民营经济，浙江政府主要以放为主，这种做法固然能够在民营企业初创期减少干扰、厘清产权，但也导致浙江民营经济的产业变迁更多表现出一种市场自发的特点，具有一定的分散性和无序性，在模仿创新的基础上，由于政府产业政策的缺位，无人为民营企业从事高投入、高科技、高风险的长远项目整合稀缺资源、分散初创风险，导致民营企业更多以引进设备为主，更多以能够立刻见效的“短平快”项目为主。

可以说，2008 年以来苏浙两地民营企业发展取向的差异，既源于改革开放四十年来两地民营经济路径依赖特征的延续，也反映出地方政府在推动民营企业发展中各自采取的不同定位和发挥不同作用。就江苏而言，政府对定位和作用的选择，集中体现在地方政府对高新技术园区的建设上，下面仍然通过苏浙两省比较分析的方法对此进行说明。

① 可见 2013 年浙江省发展规划研究院课题报告《浙江省高新技术产业发展和布局研究》，以及专题报告一《浙江与广东、江苏、山东高新技术产业发展差距及原因分析》。

2. 依托高新技术园区建设发挥政府的产业引导和资源整合作用

高新技术产业的发展是个复杂过程，本节以江苏建设国家级高新技术园区为例说明江苏民营企业发展高新技术产业的不同路径，主要是因为江苏的高新技术园区确实成为了承载江苏民营高新技术产业的主要载体。例如，在2008～2011年，江苏省高新区的工业部门，对全省工业增加值的增长贡献度达到25%，同期浙江省高新区的贡献度仅为5.6%；江苏省高新区高新技术产业产值占全省高新技术产业产值的比重超过20%，同期浙江省高新区仅为10%左右。从其他发展绩效看，2011年江苏省高新区技工贸总收入、高新技术产值、工业增加值、出口创汇额分别为同期浙江省高新区同类指标的3.7倍、5.2倍、4.7倍和6倍。

一般来说，类似于中国这类后发的发展中国家，产业升级大致要解决三个具有前后序贯特征的问题：第一个问题是如何对接创新源；第二个问题是如何实现创新成果的产业化；第三个问题是如何在产业化的基础上探索创新知识的外溢效应和产业链的形成，构造产业集群。在这三大问题上，江苏省的地方政府进行了明显有别于浙江的探索。

一是通过对外开放和招商引资，寻求对接创新源。一直以来，浙江省民营经济的发展偏重于依靠民营企业自我积累的内源式发展，对外企龙头企业的引入相对忽视。相较而言，江苏省的高新区普遍建有国际化的招商团队，如苏州高新区招商局设有专门负责欧美、日本、东南亚、我国台湾地区的处室，在日本设有办事处，并且形成了由相关领导、业界专家和区内大型企业负责人组成的招商咨询委员会。通过这一机制，仅无锡高新区就引进跨国公司独立研发中心35家，引进院士及国家级专家19名、外籍及海归人才1.02万人，人才资源数量和质量位居全国高新区前列。通过这种政府主导的资源整合模式，江苏的民营企业往往较浙江更容易接触到产业发展所需的技术。

二是依托国有投资集团分担创业风险，实现创新成果的产业化。产业转型升级往往需要较大规模投资，而且在一定时期之内难以实现产出平衡。即便产出达到平衡，这种市场实验的过程也无法得到知识产权保护，会外溢给其他企业；但是，产出达不到平衡，相应的损失则由进行科技成果产业化转化的发起人单独承担。正是这种收益和损失（风险）的不对称性，导致高新技术产业的产业化探索具有较强的公共品属性，投资可能低于社会最优水平。面对这个问题，江苏省的一个重要手段是依托高新区成立国资公司，扮演落户区内的高新技术企业的“天使”，在项目没有达到产出平衡阶段代表政府先行投入，弥补投资缺口。相比之下，浙江自2008年以来大规模学习江苏的经验，成立了产业集聚区、省级高新区等产业园区，但是由于认识不足以及对过度依赖市场，浙江的产业园区往往以基础设施建设和房地产开发为主，经营主体不是企业，而是管委会等地方政府的派出机构。鉴于经营主体的性质上存在的差异，直到2015年浙江省成立省级产业投资基金之前，浙江始终没有出现合适的机构运用合适的方式补偿创新成果产业化探索带来的社会成本。

三是将高新园区作为创新知识外溢的载体。浙江民营经济的集聚模式以块状经济和专业市场为主，但是依托块状经济和专业市场形成的产业大多为传统制造业，存在价值链低端锁定的问题。相较而言，江苏省在“九五”期间就确立了以高新技术为主导的经济发展方针，创建有国家品牌识别度的产业集聚载体。截至2011年底，江苏省有92家国家火炬计划特色产业基地，浙江省只有38家；江苏省有4个科技部确定的国家创新型产业集群，浙江省只有1个。尽管在民营经济发展初期，江苏省的块状经济和专业市场培育程度都不如浙江，但是当块状经济走向现代产业集群时，江苏省远远走在了浙江的前面。

回顾历史，全社会对苏南模式和温州模式（浙江模式）已经有过两轮广泛争论。第一轮发生在20世纪90年代中后期，当时风光无限的苏南模式陷于产权桎梏，温州模式则飞速发展；第二轮发生在2008年金融危机后温州模式的式微和苏南民营经济的再次高速发展。可以说，苏南模式和温州模式（浙江模式）就像跷跷板的两头，一段时期你领先；另一段时期他领先，也许，在不断冲破民间投资的玻璃门、旋转门后，温州又会迎来新一轮大发展。从这个角度看，苏南模式和温州模式（浙江模式）交替出现的兴盛和挫折，更像是一场接力赛，凸显着不同发展阶段下市场和政府边界的动态选择，这个问题背后仍然有着太多的未解之谜，值得今后做进一步深入探讨。在此处，我们暂且停下，转入对2008年之后珠三角民营经济发展特征的说明。

（三）广东：民营经济依托自主创新实现产业升级

自2008年金融危机后，由于东莞等地选择的代工升级没有从根本上解决两头在外的问题，所以在外需市场难以继续拓展的背景下，珠三角民营经济的发展表现出重心南移的特征。以深圳为代表，通过自主创新，珠三角地区部分民营企业一跃成为世界级科技型企业，同时出现高成长性创新型中小民营企业海量涌现的局面。

1. 珠三角地区民营经济重心向深圳转移

表1－7给出了2013年和2015年珠三角地区九个中心城市的民营经济总量、排序以及占比情况。其中，最大的变化在于广州不再是珠三角地区民营经济的领头地区，在短短三年时间里，深圳民营经济在珠三角地区民营经济中所占比重从不到24%提高到26%，相较而言，广州市则从占比25.7%下降到占比25%。此外，从珠三角其他地区的变化看，总量位于第二梯队（在3000亿～5000亿元）的佛山和东莞，虽然其民营经济仍然保持了第三梯队（1000亿元左右）难以企及的体量，但是这两个地方民营经济在珠三角地区的相对重要程度也在下降，从2013年占比分别为18.2%、11.0%，下降到2015年的17.6%和10.6%。

表1－7　　珠三角民营经济的重心变化

序号	地区	2013年			2015年		
		民营经济增加值（亿元）	总量排序	占比（%）	民营经济增加值（亿元）	总量排序	占比（%）
1	广州	6043.30	1	25.7	7201.22	2	25.0
2	深圳	5620.82	2	23.9	7488.61	1	26.0
3	珠海	535.77	9	2.3	685.20	9	2.4
4	佛山	4283.01	3	18.2	5063.56	3	17.6
5	惠州	1018.93	7	4.3	1341.17	6	4.7
6	东莞	2592.44	4	11.0	3043.00	4	10.6
7	中山	1311.95	5	5.6	1562.89	5	5.4
8	江门	1007.93	8	4.3	1134.36	8	3.9
9	肇庆	1106.78	6	4.7	1285.87	7	4.5

资料来源：广东省统计局《2015年广东民营经济发展情况分析》《充分发挥潜力、加快转型升级提高民营经济发展水平——2008～2013年广东民营经济发展情况分析》，分别可见：http：//www.gdstats.gov.cn/tjzl/tjfx/201604/t20160427_327206.html 以及 http：//www.gdstats.gov.cn/tjzl/tjfx/201408/t20140828_162297.html。

在珠三角民营经济版图中，深圳的崛起和广州、东莞、佛山等地重要性的相对下降都不是偶然。这些地方民营经济地位的一升一降，反映出的是代工式"中国制造"的必然宿命。以东莞为例，自1997年东南亚金融危机后，东莞针对代工模式进行了深化，利用国内外（主要是境外）资金，抓住国际产业转移的大趋势，积极招商引资，快速进入中国城市"三千亿俱乐部"。但是，这个发展绩效在很大程度上仍然是"以出口为导向"的代工生产，企业来自境外、技术来自境外、市场来自境外，唯有劳动力来自国内。随着外需市场的疲软，以及在智能化浪潮下计算机、手机生产过程的智能化改良，东莞进行代工的主要企业基本失去了原有的成本优势。从2014年底到2015年初短短三个月时间里，东莞集中出现诺基亚东莞工厂、苏州联建科技、万事达公司等就业人数均超7000人的大型制造工厂破产事件。这些事件的背后，凸显出国内市场、自有技术的重要性，在这方面，深圳从2000年左右开始进行进行不懈探索，取得一定成果，成为珠三角民营经济转型发展的典范。

2. 深圳民营经济聚焦自主创新

如本章第（二）部分所言，苏南地区高新技术产业的发展，走的是通过对外开放和招商引资对接创新源的路径，在深圳，民营经济的崛起走了一条从引进到自主创新的路径。到2014年底，深圳全市R&D研究与发展，经费占比达到4.02%，是G8国家平均水平的近2倍，全球R&D经费占比超过深圳的国家仅有以色列和韩国；此外，全市PCT《专利合作条约》国际专利申请量达到11646件，连续11年居全国各大城市之首，华为的PCT国际专利申请量位居全球企业首位，中兴通讯排名第三；从民营企业的主体特征看，在中国进入全球前50名的6家企业中，有5家来自深圳。在这里，我们仍然用如何形成（对接）创新源、如何实现创新成果的产业化、如何推动创新知识外溢并形成产业集群这三个角度入手，通过比较分析的方法，说明深圳市自主创新的特点。

从创新源的形成和对接看。深圳的华为、中兴、比亚迪、腾讯等著名企业走的是一条从技术模仿、重点跟进、国际同步再到自主创新之路。以华为公司为例，在1994年研制成功C&C08交换机时，主要是通过做交换机代理商的方式学习国际市场主流产品技术，强调消化吸收。到1995年，华为开始在2G领域重点跟进，在CDMA1X等技术领域中已经达到与国外研究基本同步的水平，并在某些领域实现超越。到2003年，在高端路由器和光通信等领域，华为已经实现全球领先。按照任正非自己的概况①，华为将自主创新作为目标，背后是“对准通信领域这个‘城墙口’冲锋”的笃定，以及，通过大规模海外合作掌握世界主要技术潮流后产生的自信。相较于江苏通过招商引资走外源式创新之路，以及相较于浙江走过的内源式商业模式创新之路，深圳民营企业走的是一种内源式创新之路。

从创新成果产业化看。江苏的模式是通过高新园区的国资投资公司承担一部分创新风险，相比之下，深圳则是依托大量民营创投推动创新成果的产业化。在2015年8月笔者赴深圳调研时了解到，当年深圳的VC/PE机构以每月200家的速度递增，注册资本超过1.1万亿元，机构数量和管理资本额均占全国的1/3，在中国创业投资机构排名前10强中，达晨创投、深圳创新投分列第1、第2位。正是这种民间创业投资类机构的积极发掘，为深圳的创新型企业提供了较好的成长环境和选拔机制，使真正适应市场的创新型企业能够快速脱颖而出。其中，目前比较有名的新一代深圳创新型企业大疆国际、光启研究院等，均是在本土民营创投的扶持下发展起来的。

从创新知识的外溢和集群化发展看。深圳的主要做法是政府放权给企业，同时通过创建国家自主创新示范区和前海自由贸易区等方式，为深圳企业谋求更加宽松、更为优厚、其他地区难以获取的政策优势，以此实现企业的集聚和创新知识的外溢。例如，通过深圳国家自主创新示范区建设，深圳在2014年就实现了科技与金融结合、高新技术服务业发展、孵化载体建设、研发费用加计扣除等“1+10”配套政策，为科技型企业在股权激励、人才引进、税收减免等方面提供了先行政策。此外，深圳前海自贸区则获得了跨境人民币业务创新、投资便利化以及与国际接轨的法治创新机会，探索在市场化和法治化方面为民营企业提供最有力的保障。

（四）民营经济模式的新特征

从2008年金融危机至今，伴随着外需市场萎缩、劳动力成本上升和部分领域、部分区域出现的

① 可见新华社对任正非的专访：http：//www.guancha.cn/Science/2016_05_09_359568.shtml。

国退民进，简单的扩产能已经无法适应新的发展趋势，创新发展已经成为中国民营经济界的普遍共识。从具体的发展路径看，中国民营经济三大模式仍然走出了不同的发展特色。其中，浙江的民营经济以政府放权和自我突破为主，走内源性商业模式创新之路；江苏的民营经济以政府推动和对外引进为主，走外源性制造业（高新技术产业）创新之路；深圳为代表的珠三角民营经济以市场主导和自主创新为主，走内源性制造业（高新技术产业）创新之路。按照本章开始阶段提出的民营经济发展四大问题划分，到目前，中国民营经济三大模式的特点如表1－8归纳，可以说，除了创新模式不同造成的产品市场存在不一样之外，在要素市场、企业治理和政企关系方面，中国民营经济的三大模式已经基本趋同。

表1－8　当前中国民营经济三大模式的特征归纳

问题	浙江	苏南	珠三角
产品市场	从国际大市场转向网上大市场，主要关注商业模式创新	高新技术产业快速发展，制造业产业结构升级迅速	
要素市场	大企业基本具备整合国内市场的能力，部分领头企业通过海外并购、设立合资或独资研发机构的方式，开始在全球整合创新资源		
企业治理	家族外部人进入企业的问题基本解决，创一代与创二代传承问题开始出现		
政企关系	政府从创新源头引入、创新产业化的风险分担、创新集聚扩散三方面入手积极介入民营经济的创新发展。但是，在垄断领域，民企进入时仍然存在玻璃门、旋转门，没有实现国企、民企平等待遇		

三、民营经济发展面临的四大问题

在产品市场方面，当前中国民营企业仍然没有获得和国有企业平等对待、平等竞争的地位，存在若干行业只能看不能进的问题；在要素市场方面，民营企业在直接和间接融资、科技资源市场化获取等方面存在的问题已经有所突破，但是当大量民营企业通过海外并购等方式“走出去”在更大范围内整合要素时，这些民营企业在接纳和融入世界规则等方面仍然存在不小的差距；在企业治理方面，未来的5~10年，是中国第一代民营企业家进行代际传承的高峰时期，企业治理的问题不再是外部投资者和职业经理人难以融入家族治理圈的问题，而是如何让第一代企业家和第二代企业家实现合理交接班，通过一定方式将家族企业转换为社会企业的问题；在政商关系方面，党的十八大后重拳反腐的一个突出现象就是一个官员落马往往牵出一批商人，一个商人背后往往又会牵出一批官员，互惠互利型政商关系成为阻碍中国民营经济走向规范化、法制化和阳光化发展的绊脚石。在“新常态”时期，这四大问题需要中国民营企业家认真面对和解决。

（一）供给侧结构性改革与产业准入

进入2015年以来，我国民间投资增速持续回落，从2014年全年民间投资增速18.1%，下降到2015年全年民间投资增速10.1%，并进一步下降到2016年1~4月同比增长5.2%。在有效供给能力不足导致大量“需求外溢”的背景下，民间投资增速却出现逐级下滑，背后反映出的实际上是民营企业投资意愿不足，市场准入限制依然广泛存在等问题。近年来，这个问题突出表现在三类事件上。

一是民营企业难以承担国家战略。在2014年底的中央经济工作会议上，国家针对优化经济发展空间格局提出三大战略，分别是“一带一路”、京津冀协同发展和长江经济带。但是，在这些战略的具体落实过程中，因为对接无门、缺乏合作基础、缺乏必要的补偿合作机制，民营企业往往难以进入。最终，承担国家战略的企业主要以央企和地方国企为主。例如，产能合作战略的主要承担方是中国中车、中国核工业集团、中国广核集团以及中国铁建、中国中铁。在地方层面，为配合“一带一路”战略和“产能合作”战略，浙江推动了宁波港、舟山港一体化，并在宁波—舟山港集团之上设立正厅级的浙江省海港委，在本章完成之时，广东省也提出全面整合、重组和优化港口资源。在这些领域，民营企业遇到的是行政力量统筹资源过程中的排他性。

二是民营企业难以进入部分垄断行业。目前，以科教文卫等公共服务为代表的部分行业中，民营企业在进入时仍然存在较大壁垒。在教育领域，原本可以首先放开的非学历教育和职业教育等竞争性教育行业仍然存在大量的准入要求；在教育经费的分配方面，民办学校与公办学校没有得到平等对待，民办学校承担的义务教育职能难以获得国家经费补贴。在医疗领域，营利性医院和非营利性医院面对完全不同的政策环境，即便盈利性医院提供了医保规定的治疗服务，也难以在医保体系中获得偿付；在购置大型医疗设备、大医院与私人诊所、个体医生之间建立合作联系制度等方面，也依然存在重重困难。在基础设施和公用事业领域，具备较好经营条件和市场前景的项目基本都由城投、城建等地方国资主导建设和经营，缺乏让利民资的动力；对于现金流不够充裕的公益性项目，民营企业在进入时又缺少规范、专业的政策和程序保障，各地尚未建立完善的补偿回报机制。凡此种种或明或暗的“玻璃门”“旋转门”“弹簧门”，导致民营企业的发展机会和生存环境仍然堪忧。

三是民营企业难以在对等合作基础上参与混合所有制改革。《中共中央关于全面深化改革若干重大问题的决定》中指出要推动混合所有制改革，核心内容包括“积极发展混合所有制经济——允许更多国有经济和其他所有制经济发展成为混合所有制经济；国有资本投资项目允许非国有资本参股”，这一举措为民营企业突破产业准入提供了另外一种方式。但是在实际中，民营企业在“谁控制、谁混合、怎混合”三大问题上仍然没有得到比较明晰的回答。

（二）企业整合国际要素与规则接轨

进入2015年以来，浙江、江苏和广东民营企业依靠海外并购整合要素资源的活动出现大幅增加，2015年三省对外投资同比增速分别达到150%、17.5%和119.7%，这些投资主要以民营企业“走出去”为主。在民营企业通过跨国并购整合市场、资金、人才、科技等资源方兴未艾背景下，中国民营企业在不同法律、不同体制和不同文化背景下面临的并购风险也在加大，突出表现为对四大风险认识不足。

一是法律风险。在收购海外资产之前，部分民营企业对并购标的所在国的法律没有做到详尽研究，对交易标的资产权属、是否涉及诉讼、仲裁事项或查封、冻结等情况了解不深，导致并购失败。作为海外并购的成功范例，吉利集团在并购瑞典沃尔沃时，聘请了全球专业的投行、律师和会计师事务所，分处中国、伦敦、瑞典、美国的200人团队为此项并购服务。

二是经营风险。在民营企业海外并购过程中，为了学习先进的管理方式，一般都保留标的企业的经营班子，实行“土著”管理。这时，就要对标的所在国的激励模式、高管离职后同业禁入问题等做出做够的准备。

三是融资风险。民营企业进行跨国并购要解决钱从哪里来的问题。除现金收购之外，大部分海外并购都通过债转股或过增发股份融资，再将融得资金转换为外汇进行购买。在此过程中，民营企业需要重视运用远期售汇、货币互换和即期外汇买卖等方式对冲汇率风险，确保并购成功。在这方面，浙江梦娜控股集团在并购美国金脚趾袜业公司时，由于银行信贷风险调查导致贷款没有及时到位，最终并购失败。

四是劳工风险。在民营企业海外并购过程中，劳资关系的处理一直面临巨大挑战。例如，吉利在并购沃尔沃时就遇到对方工会提出的三个经典问题：“你们会不会把我们的设备，生产能力转移到中国，对我们就业产生影响？你们来了之后有什么想法？为什么要买这个企业？”李书福用“我爱你”的深情回答打动沃尔沃工会，跨过资产交割的最后一道“门槛”。但是，同样是在汽车行业，2005年上汽集团正式收购韩国双龙汽车时，双龙汽车的工会一直与上汽集团进行斗争，由于双龙工会对上汽的并购自始至终的抵触和不信任，频繁的组织罢工使上汽集团难以招架，最终，该项并购以失败告终，上汽集团因双龙汽车的资产减值损失超过 30 亿元人民币。

（三）民营企业代际传承与持续发展

经过三十多年的发展，中国民营企业的第一代创业人大都进入了退休年龄，但是，根据普华永道 2014 年全球家族企业调研报告披露，中国民营企业中只有 22% 的第一代创业人制订了继任计划，计划已落实至书面的比例只有 6%。在 2012 年针对杭州市萧山区民营企业接班问题进行的一项调查中[①]，在企业主要负责人年龄已在 51 ~70 岁以上的 226 家企业中，有 71.24% 的企业还没有建立接班计划。总体而言，当前中国民营企业代际传承不顺畅主要源自三个原因[②]：

一是代际传承的合法性。在家族企业中，创二代作为财产权利的合法继承人，具有合法的身份地位，但这不意味着他们具有被企业认可的个人权威和能力权威。由于民营企业往往由家族和企业两个重叠的系统构成，而这两个系统各有自己的标准和成员身份准则，所以，在接班人选择上，民营企业往往会遇到“亲缘”替代公司治理制度安排，导致代际传承过程中因为家族治理负效应引发的企业“地震”。

二是子女接班人、家族成员与资深职业经理人之间的利益处理。对于民营企业而言，家族成员或资深职业经理人往往都是在企业创业或成长的艰难时期进入企业，为企业的成长做出很多额外投入。因此，这种付出背后实际上隐藏着企业领导人和元老们的隐性实物期权合同，即元老们以自己的额外投入，换取创业成功后分享企业剩余价值的机会。但是，很多企业创始人为保持家族对企业的控制，不愿意让管理骨干分享股权，只授予元老们部分管理权，利益分享则与他们所掌握的管理权挂钩。于是，创二代接班进入管理层后，必然分享管理权，从而在过往超额投入缺乏兑现保证的情况下，家族成员或资深职业经理人对自身管理权的潜在威胁非常敏感，进而对二代接班人心存抵触。

三是家族成员内部的利益冲突。中国文化受儒家思想影响深刻。按照儒家伦理，子女要服从父母、妻子要服从丈夫、弟妹要服从兄长，这种传统秩序树立了男性家长在家族内的传统权威，但是却为创二代接班带来挑战。当父辈退出企业后，当年随父辈一起打拼的其他家族成员仍在企业工作，下一代管理企业时，企业内的上下级关系就会与家族秩序相背离，成为接班人与企业内年长家族成员产生冲突的根源，因为家族成员往往更愿意在企业中扮演“皇亲国戚”的角色，而非企业员工角色。例如，山西的海鑫钢铁就是典型例子。

（四）民营企业亲近政府与远离政治[③]

从中国的传统文化看，在封建时代“士农工商”的社会等级序列中，商排在末位。由于长期缺乏主体认同感，商人对官僚体系的依附一直是一种传统。和中国经济一样，改革开放以来，中国的政商关系也出现粗放式发展，党的十八大之后掀起的反腐浪潮，让很多停留在政商关系旧格局的民营企业家们付出惨痛代价。总体而言，中国民营企业家在处理政商关系时往往落入两类陷阱。

一是从亲近政府发展为参与政治。例如，与周永康家族过从甚密的刘汉，与原铁道部部长刘志军牵涉甚深的丁书苗，有与薄熙来案相关联的徐明等等，在亲近政府的过程中形成的政商关系早已不限于权力与金钱的交换，他们都参与了更深层次的政治交易，与官员的关系达到共享秘密、参谋推手甚至代言人的程度，将自身转变为官员的政治同盟甚至是“白手套”。这种不知不觉的变化，往往使民

① 邱有来，何秀泉，张国雄．“二代传承”，一个影响民营经济发展的重大课题［J］．中共杭州市委党校学报，2013（3）：91－96.

② 本部分引自李维安．民营企业传承与治理机制构建［J］．南开管理评论，2013（3）：iv.，李新春，韩剑，李炜文．传承还是另创领地？——家族企业二代继承的权威合法性建构［J］．管理世界，2015（6）：110－124.，以及朱沆，家族企业的代际传承之道——如何实现继任者的权威重塑［J］．清华管理评论，2015（12）：57－63.

③ 本节内容引自周其仁的《新型政商关系研究报告——给企业家的七点建议》。可见 http：//www.aiweibang.com/yuedu/111747923.html。

营企业家落入比单纯经济利益输送大得多的风险。

二是从接触官员发展为追随官员。例如，原广州市委书记万庆良和创鸿集团总裁黄鸿明是华南理工大学第三届 EMBA 学员。万庆良在揭阳主政期间，创鸿集团起步于广东揭阳；2010 年万庆良担任广州市市长，创鸿总部于同年迁往广州，并陆续在广州、佛山高调摘下多个地王项目。随着万庆良的落马，黄鸿明随之被捕，创鸿集团传出裁员、破产的消息。民营企业紧紧跟随官员的职务升迁变化而制定企业的发展方向和策略，这种例子并不在少数，利用这种特殊关系，民营企业固然能够得到一些超常规发展的机会，但是一旦官员落马，企业往往难逃法律追究。

四、民营经济与区域经济发展：未来展望

随着中国经济发展进入“新常态”①，在今后较长一段时期内，中国民营经济可能都难以复制过去三十多年实现的快速增长模式。但是，随着全面深化改革的不断推进，新技术新业态新模式的不断涌现，民营企业生存的总体内外部环境还是处于不断改善之中，中国民营企业仍然有着广阔的发展空间，仍然可以在推动中国进一步实现工业化和城市化方面发挥巨大作用，成为中国未来经济发展的主力军。展望未来，中国民营经济可能迎来五个方面的发展机遇。

（一）供给侧结构性改革与新发展机遇

十二届全国人大四次会议批准的“十三五”规划纲要中，明确提出要以供给侧结构性改革为主线，用改革的办法推进结构调整，加大重点领域的改革力度，调整各类扭曲的制度安排，完善公平竞争的市场环境和机制。

改革开放以来，我国经济发展最大的“改革红利”，就是破除了计划经济中城乡分立和工农业分立的传统二元经济结构，促进了要素自由流动，极大地解放了社会生产力。近年来，当我国经济发展进入新常态时期后，阻碍经济社会发展的一个最大的制度性障碍，就是由于改革不彻底所形成的新二元经济结构——国有经济部门与民营经济部门的分立。

国有经济部门的最大特征就是占据着政府实行严格市场准入及产业管制的部门，且在很大程度上是封闭和具有垄断地位的部门。相比之下，民营经济所在的部门是不存在政府市场限制及产业管制的，基本上是开放的且有着充分竞争的部门。

国有经济部门与民营经济部门的分立，在生产要素流动方面的一个非常明显的不对称特征就是：只要国有企业认为有利可图，就可以凭借其独特的政治地位和所掌握的资源优势，自由地进入民营经济部门已经进入的任何产业部门。与此相反，民营企业要进入国有经济所在的，且已占据垄断地位的产业部门，都是非常困难的事情，即使对于法律法规或政策上已经准许进入的产业部门，民营企业想进入时也还是面临无处不存在重重体制障碍，这样造成的直接后果就是要素配置和产业结构的双重扭曲：一方面，凡是国有经济亦已进入的那些民营经济所在的产业部门，大多会出现投资过度及产能过剩问题；另一方面，凡是民营经济无法进入的那些由国有经济垄断的产业部门，大多都会存在有效供给不足问题。因此，推进供给侧结构性改革的一项非常重要的任务，就是必须破除新二元经济结构。

从长期来看，要真正落实“十三五”规划纲要，切切实实推进供给侧结构性改革，就必须正视经济新常态时期存在的新二元经济结构及其所带来的发展结构失衡问题。通过全面深化改革，尤其是大力推动国有企业的改革，加快破除国有经济部门与非国有经济部门分立的新二元经济结构，消除阻碍生产要素自由流动的体制机制障碍，矫正要素配置扭曲，提升要素配置效率，扩大有效供给能力，

---

① 可见 2014 年中央经济工作会议（全文）：http：//finance. people. com. cn/n/2014/1211/c1004 - 26192360. html。

从而实现更高质量，更有效率，更加公平和更可持续的发展。因此，供给侧结构性改革，将为今后一段时期中国民营企业发展提供大量新的商机。

（二）产业转型升级和技术创新与新发展机遇

近年来，新一代信息技术与制造业深度融合的趋势正在加速，并在全球范围内引发影响深远的产业变革。以德国工业 4.0、美国国家制造创新网络计划（NNMI 计划）为代表，各国都在加大产业创新力度，推动三维（3D）打印、移动互联网、云计算、大数据、生物工程、新能源、新材料等领域取得新突破。其中，基于信息物理系统的智能装备、智能工厂等智能制造正在引领制造方式变革；网络众包、协同设计、大规模个性化定制、精准供应链管理、全生命周期管理、电子商务等正在重塑产业价值链体系；可穿戴智能产品、智能家电、智能汽车等智能终端产品不断拓展产业新领域。

伴随产业创新而来的，还有国家在创新资源分配中更加体现企业主体的作用，以及进一步加大对民营企业的科教、人才等创新资源的供给。例如，在国家“十三五”规划纲要编制过程中，开始吸纳格力电器、比亚迪等民营企业负责人进入专家委员会，通过院校协作、军民融合、成果分享等方式，创新成果的转化机制更加便利。

产业转型升级和技术创新两个方面的变化，为今后发展阶段中民营企业探索和推动新技术、新产业、新业态、新模式落地提供了机会。生产的小型化、智能化和专业化，有望推动小微民营企业寻找到自己的利基市场，开拓新的蓝海；科技创新体制的改变，有望推动民营企业更好发挥自身开发和利用市场信息效率高、个人主动性和创造力约束小的优势，有效促进创新技术的产业化发展，有效促进企业自身向价值含量更高的领域迈进。

（三）城镇化和区域协调发展与新发展机遇

2015 年中国城镇化率为 56.1%，与美国等发达国家超过 90% 的城镇化率相比还有较大差距。从各个省的城市首位度（即该省首位城市与第二位城市的人口规模之比）的动态变化看，过去十多年我国各省的城市首位度处于不断上升的趋势。可以说，以京、沪、深为中心的三大城市群，以及以省会城市为中心的次级区域性城市群发展，将成为未来十几年中国经济发展的基本动力。这一大趋势下，中国民营企业有望大规模参与基础设施建设，进入商贸流通、金融服务、社会事业等领域。

随着国家“一带一路”倡议的推进，民营企业在“走出去”开拓海外市场、并购高端要素的过程中得到的国家支撑将会更强，有望大大改善民营企业在“一带一路”沿线国家和地区的经营环境，降低跨国经营风险，获取更大的成长空间。随着上海、天津、广东自贸区的建设，国内国外两个市场的一体化程度有望进一步提升，这些政策平台，为民营企业“走出去”提供了桥头堡的作用，减少了民营企业进行海外并购或在海外新设公司时面对的审批程序、放松了外汇出入境管制、在一定程度上减少了境外投资的税法障碍。京津冀协同发展战略和长江经济带建设的实施，降低了两大区域的运输成本和政策差异，提高了国内市场一体化水平，民营企业开拓市场、自由支配要素流动走向提供了便利。

（四）产业组织的变化与新发展机遇

随着中国民营企业规模的逐步扩大，民营企业的产权结构会逐渐向多元化转变，从而有效利用社会资本（产业资本、金融资本、商业资本、人力资本）使企业的得到持续、稳定的发展。产权结构的多元化，又会进一步加强所有权与经营权相分离的趋势，促进企业经营和管理的规范化。同时，随着民营企业的逐步成熟，制度化治理与管理的重要性将越来越得到民营企业家们（尤其是二代企业家们）的认识，企业内部决策的家长制人治色彩会有所淡化，股东会、董事会、监事会等公司治理结构将不再仅是“橡皮图章”，而是能规范运行，起到有效的权力制衡与协调作用。民营企业的人力资本激励机制趋于多样化，所有者与职业经理人之间的矛盾可以得到缓和。

在上述变化下，今后一段时期里，中国民营企业将迎来更多的境内外上市机遇，企业经营的公开性和透明度有望得到提高，由此带来对各类要素的进一步获取，以及社会信用和声誉的积累，从而帮助民营企业实现基业长青。此外，公司治理水平的提升，还有助于民营企业实现持续经营，实现财富的不断保值增值，将民营企业的财富，变成真正意义上的社会财富。

（五）政商关系及营商环境改善与新发展机遇

进入“十三五”时期以来，中国民营企业面对营商环境总体上有所改善，例如，世界银行最新公布的《2016 年营商环境报告》显示，中国内地在 189 个经济体中的排名比 2015 年上升六位，在今后一段时期，这种改善仍将继续，主要表现在两个方面。一是市场规则更加明晰。通过制定市场准入负面清单，公布省级政府权力清单，政府官员当事人的职责权限和企业相应的经营权限都有所明晰。二是简政放权的实施，为引导企业合法经营创造了空间，通过赦免创业者、企业家的“原罪”，民营企业家的安全感有望进一步提高。

在今后一段时期，我国营商环境的持续改善，将有助于降低中国民营企业面临的隐性成本和综合成本，推动民营企业对政策形成稳定和一致的预期，减少误读误判空间，也有助于破解量大面广的各类中小微民营企业难以成长的问题。

参考文献

［1］白小虎，史晋川．义乌小商品市场的传统与变迁的历史制度分析——分工、产权与市场［J］．中国经济史研究，2008（3）：132－139.

［2］陈建军．苏南和浙南发展模式的比较研究［J］．中国农村观察，2001（3）：13－19.

［3］费孝通．温州行（上）、（中）、（下）［J］．瞭望周刊，1986（20）：21－22＋1；1986（21）：24－25；1986（22）：28－29.

［4］费孝通．小城镇再探索（之一）、（之二）、（之三）、（之四）［J］．瞭望周刊，1984（20）：14－15；1984（21）：22－23；1984（22）：23－24；1984（23）：22－23.

［5］费孝通．珠江模式的再认识（上）、（下）［J］．瞭望周刊，1992（27）：10－12；1992（28）：10－11.

［6］洪银兴，陈宝敏．“苏南模式”的新发展——兼与“温州模式”比较［J］．宏观经济研究，2001（7）：29－34＋52.

［7］洪银兴．苏南模式的演进及其对创新发展模式的启示［J］．南京大学学报（哲学·人文科学·社会科学版），2007（2）：31－38.

［8］金祥荣，朱希伟．“温州模式”变迁与创新——兼对若干转型理论假说的检验［J］．经济理论与经济管理，2001（8）：70－75.

［9］黄勇，朱李鸣，潘毅刚，周世峰，童相娟．浙江省高新技术产业发展和布局研究［R］．杭州：浙江省发展规划研究院，2012.

［10］金祥荣，朱希伟．“新温州模式”的双重任务［J］．浙江经济，2002（1）：46－47.

［11］金祥荣．“浙江模式”的转换与市场创新［J］．浙江学刊，1998（1）：36－39.

［12］金祥荣．多种制度变迁方式并存和渐进转换的改革道路——“温州模式”及浙江改革经验［J］．浙江大学学报（人文社会科学版），2000（4）：138.

［13］金祥荣．民营经济发展模式转型分析［M］．北京：经济科学出版社，2006.

［14］金祥荣．问策浙江制造业转型升级——浙江省制造业转型升级的成效、问题和对策建议［J］．浙江经济，2011（7）：18－20.

［15］金祥荣．浙江经济转型：基本模式和实现途径［J］．浙江经济，2008（18）：31－32.

［16］金祥荣．浙江模式：趋势与阻力［J］．社会观察，2012（3）：44－45.

［17］李维安．民营企业传承与治理机制构建［J］．南开管理评论，2013（3）：iv.

［18］李向前，叶晖南．新时期典型模式的产生与变革［C］．北京：中共党史出版社，2013.

［19］李新春，韩剑，李炜文．传承还是另创领地？——家族企业二代继承的权威合法性建构［J］．管理世界，2015（6）：110－124.

［20］陆立军，白小虎．从“鸡毛换糖”到企业集群——再论“义乌模式”［J］．财贸经济，2000（11）：64－70.

［21］聂智琪．制度变迁中的政府行为分析：苏南模式的启示［J］．开放时代，2003（2）：39－50.

［22］邱有来，何秀泉，张国雄．“二代传承”：一个影响民营经济发展的重大课题［J］．中共杭州市委党校学报，2013（3）：91－96.

［23］施端宁，陈乃车．制度创新与区域经济发展——温州模式和苏南模式的比较分析［J］．江西社会科学，2000（9）：88－90.

［24］史晋川，金祥荣，赵伟．制度变迁与经济发展：温州模式研究［M］．杭州：浙江大学出版社，2002.

［25］史晋川，朱康对．温州模式研究：回顾与展望［J］．浙江社会科学，2002（3）：5－17.

［26］史晋川，钱滔．制度创新与民营经济成长——以浙江台州为例的历史制度分析（HIA）［J］．浙江学刊，2005（2）：177－185.

［27］史晋川，谢瑞平．区域经济发展模式与经济制度变迁［J］．学术月刊，2002（5）：49－55.

［28］史晋川．温州模式的历史制度分析——从人格化交易与非人格化交易视角的观察［J］．浙江社会科学，2004（2）：14－18.

［29］史晋川．浙江的现代化进程与发展模式［J］．浙江社会科学，1999（3）：14－18.

［30］史晋川．制度变迁与经济发展：“浙江模式”研究［J］．浙江社会科学，2005（5）：17－22.

［31］汪伟，史晋川．进入壁垒与民营企业的成长——吉利集团案例研究［J］．管理世界，2005（4）：132－140.

［32］王志凯．中国民营经济发展与区域制度变迁——以江、浙两省为例［J］．浙江大学学报（人文社会科学版），2007，37（2）：99－109.

［33］谢健．区域经济国际化：珠三角模式、苏南模式、温州模式的比较［J］．经济理论与经济管理，2006（10）：47－51.

［34］新望，刘洪．苏南、温州、珠江模式之反思［J］．中国国情国力，2001（7）：4－8.

［35］徐维，陈东平．珠江模式及其发展前景：广东民营经济发展路径研究［M］．北京：中央编译出版社，2011.

［36］徐康宁．中国特色社会主义在江苏的成功实践［M］．南京：江苏人民出版社，2008.

［37］印德尔米特・吉尔，霍米・卡拉斯．东亚复兴——关于经济增长的观点［M］．北京：中信出版社，2008.

［38］应雄．跨国并购的“浙江案例”［R］．杭州：浙江省经济信息中心，2015.

［39］张建君．发展模式和经济平等——苏南和温州的比较［J］．管理世界，2006（8）：36－46＋171－172.

［40］张敏，顾朝林．农村城市化：“苏南模式”与“珠江模式”比较研究［J］．经济地理，2002（4）：482－486.

［41］朱沆．家族企业的代际传承之道——如何实现继任者的权威重塑［J］．清华管理评论，2015（12）：57－63.

［42］Andrei，Shleifer. Government in transition［J］. European Economic Review，1997，41（3）：385－410.

［43］Andrei，Shleifer，Maxim，Boycko，Robert，W，Vishny. A Theory of Privatisation［J］. A Theory of Privatization，1996，106（435）：309－319.

［44］Avner，Greif. Contract Enforceability and Economic Institutions in Early Trade：The Maghribi Traders' Coalition［J］. American Economic Review，1993，83（3）：525－548.

［45］Avner，Greif. Historical and Comparative Institutional Analysis［J］. American Economic Review，1998，88（2）：80－84.

［46］Avinash，Dixit. Trande Expansion and Contract Enforcement［J］. Journal of Political Economy，2003，111（6）：1293－1317.

［47］Avinash，Dixit. Lawlessness and Economics：Alternative Modes of Governance［M］. Princeton University Press，2004.

［48］Chong－En，Bai，Jiangyong，LU，Zhigang，Tao. Property Rights Protection and Access to Bank Loans：Evidence from Private Enterprises in China［J］. Economics of Transition，2006，14（4）：611－628.

[49] Djankov, Simeon, Peter, Murrell. Enterprise Restructuring in Transition: A Quantitative Survey [J]. Journal of Economic Literature, 2002, 40 (3): 739 – 792.

[50] Dong, Xiao-yuan, Louis, Putterman, Bulent, Unel. Privatization and firm performance: A comparison between rural and urban enterprises in China [J]. Journal of Comparative Economics, 2006, 34 (3): 608 – 633.

[51] Franklin, Allen, Jun, Qian, Meijun, Qian. Law, finance, and economic growth in China [J]. Journal of Financial Economics, 2005, 77 (1): 57 – 116.

[52] Gary, Jefferson, Thomas, Rawski, Wang, Li, Zheng, Yuxin. Ownership, Productivity Change, and Financial Performance in Chinese Industry [J]. Journal of Comparative Economics, 2000, 28 (4): 786 – 813.

[53] Robert, Cull, Lixin, Colin, Xu. Institutions, ownership, and finance: the determinants of profit reinvestment among Chinese firms [J]. Journal of Financial Economics, 2005, 77 (1): 117 – 146.

第二章　民营经济发展与新型城镇化*

城镇化是伴随工业化进程，非农产业在城镇集聚，农村人口向城镇转移的自然历史过程。我国城镇化的背景是人口基数大、资源稀缺、城乡区域发展不平衡，导致我国的城镇化起点低、起步晚、发展快。因此，我国必须从社会主义初级阶段这个最大实际出发，遵循城镇化发展规律，走中国特色新型城镇化道路。

发达国家的历史经验表明，城镇化是一国成功实现现代化的重要保障。我国的现代化是工业化、城镇化、民营化和市场化共同发展的结果。市场化作为民营化的前提保障，为民营经济提供了良好的发展环境；民营化是工业化和城镇化的重要动力，促进非农产业尤其是工业的发展，使更多农业人口转为非农人口，加快劳动力从农村向城镇转移；城镇化通过创新要素的集聚和消费结构的升级，反过来促进民营化水平的提高①。

中华人民共和国成立后，特殊的经济体制决定了我国特殊的经济结构，并进而决定了我国特殊的城镇化道路。1949～1978 年，我国实施的是高度集中统一管理的计划经济体制。直到 1978 年实施改革开放政策以后，转变为以公有制经济为主体，多种经济形式并存，公有制基础上的有计划的商品经济。直到 1992 年，社会主义市场经济体制才正式确立。经济体制的历史演变使我国的经济结构不同于其他发展中国家的典型二元经济结构，而是呈现出三元结构或称为双二元经济结构。一对是传统农业部门和现代工业部门；另一对是农村工业部门和城市工业部门，形成了我国传统农业部门、现代工业部门以及介于两者之间的乡镇企业并存这样独特的三元经济结构。这种三元结构，主导了我国特殊的城镇化路径。

反常的二元经济结构严重影响了我国的剩余劳动力转移和城镇就业，制约新型城镇化的发展。一方面，技术上属于现代部门的国有企业，在经营上却是遵循计划经济原则，不仅无法吸收过多的剩余劳动力，其本身反而存在大量的剩余劳动力；另一方面，技术上属于传统部门的乡镇企业，其行为方式属于利润最大化原则的现代部门，成为我国改革开放初期吸收农村剩余劳动力的主要部门，但随着资本深化和市场竞争的加剧，其吸收就业的能力持续弱化。而技术上和经营方式上均属于现代部门的仅包括三资企业、部分形成规模经济的大型私营企业和完成市场化改革的国有企业。

因此，要推进新型城镇化，必须纠正我国反常的二元经济结构，加强城市现代部门的发展，而这离不开我国民营经济②的发展。通过早期个体私营经济的内源性发展，即增量改革，我国民营经济取得了长足的发展，而现阶段要纠正反常二元经济结构，不仅要推动国有企业的市场化改革和乡镇集体企业的改制，同时必须要促进民营企业做大做强，发展成为真正意义上的城市现代部门，借此解决大量农村剩余劳动力的就业问题，促进新型城镇化。

---

* 研究人员：叶建亮、郑朝鹏。

① 《国家新型城镇化规划（2014～2020 年）》。

② 这里民营经济指狭义的民营经济，除国有经济、港澳台投资经济和外商投资经济以外的多种所有制经济的统称，包括个体经济、私营经济和集体经济。

一、民营经济与城镇化进程：历史回顾

中华人民共和国成立初期，我国长期处于计划经济体制，国有经济在各个行业形成垄断，民营经济几近消失①，严重阻碍了我国的经济发展和城镇化进程。直到 1978 年改革开放以及随后 1992 年社会主义市场经济体制的建立，我国的市场化水平大大提高，民营经济才得以拥有生存发展的空间。随着工业化的进程和民营经济比重的迅速增加，城镇非农产业迅速发展，创造了大量的就业岗位，促进非农人口在城镇的集中，使城镇化水平大大提高。

工业革命以来的经济社会发展史表明，工业化是城镇化的前提条件，而城镇化是实现工业化和现代化必不可少的环节。1978～2014 年，我国国内生产总值由 3650.2 亿元增加到 636138.7 亿元，其中工业增加值由 1602.9 亿元增加到 228122.9 亿元。第一产业比重由 1978 年的 27.9% 下降至 2014 年的 9.2%，第二产业变幅不大，第三产业比重由 24.5% 上升到 48.1%，超过第二产业。同期，城镇化率由 17.92% 提高至 54.77%。②

此外，民营经济的发展是我国城镇化进程的重要推动因素。由于国有经济无法吸收过多的剩余劳动力，城镇化过程中劳动力从农村向城镇的就业转移主要依靠民营经济的发展所吸收。根据国家工商总局的统计数据和报告显示，截至 2015 年 5 月底，个体私营经济提供了 1/3 的全国就业岗位和四成以上的城镇就业岗位。1990～2014 年，个体私营经济的从业人员从 2263 万人增加到 2.5 亿人，就业比例从 3.5% 上升到 32.26%；城镇就业中个体私营经济就业比例从 4% 上升到 42.91%，其中城镇个体工商户就业比例从 3.6% 上升到 17.83%，城镇私营企业就业比例从 0.33% 上升到 25.08%。③ 同时，全国 2.6 亿的农民工绝大多数都在个体私营经济领域就业，主要集中在批发和零售业、交通运输、仓储和邮政业、住宿和餐饮业等行业。

民营经济的发展，加快了城镇工业、服务业的发展和农村劳动力的城镇转移就业，促进了城镇化水平的提高。1978～2013 年，我国城镇人口从 1.72 亿人增加到 7.31 亿人，城镇化率从 17.92% 提高至 53.73%，同期，城市数量从 193 个增加至 658 个，建制镇数量从 2173 个增加至 20113 个。④

根据我国民营经济发展与城镇化进程的状况，下面将改革开放以来我国的城镇化进程分为四个阶段进行讨论：

（一）农村改革与城镇化恢复发展

1978 年十一届三中全会的召开，是我国社会主义现代化建设的转折点，开始实行改革开放的政策。改革从农村开始，家庭联产承包责任制的改革举措极大地调动了农民的积极性，粮食迅速增产，农民收入增加。1978～1984 年，全国粮食产量由 30477 万吨增加到 40731 万吨，年均增速 4.95%，棉花产量由 216.7 万吨增加到 625.8 吨，油料产量由 521.8 万吨增加到 1191 万吨。农村和农业的发展极大地解放了农村生产力，粮食开始出现富余，粮食交易的需要加强了人员和商品在城乡之间的流动，一些农民商贩开始成为城市的常住人口，下乡知青返城也为城镇发展注入了新的活力。

农村生产水平的提高，使得农村开始出现越来越多的剩余劳动力。此时，由于城市经济体制改革尚未开始，城市经济体系中的第二、第三产业无法容纳足够数量的农村剩余劳动力。因此，一些人开始另辟蹊径，创办了大量的乡镇企业，实现了“离土不离乡，进厂不进城”，并迅速将乡镇企业发展

① 1978 年全国城镇个体劳动者仅 15 万人，达到历史低点。

② 按照《中国统计年鉴（2015 年）》数据计算，以下文中数据如无特殊说明均来源于此。

③ 资料来源于《中国个体私营经济与就业关系研究报告》。

④ 根据相关年份《中国统计年鉴》的数据资料整理计算而得，后文同。

成为农村经济的主要支柱。1978～1984 年，乡镇企业[①]单位数由 152.4 万个增加到 606.5 万个，职工人数由 2826.6 万人增加到 5208.1 万人，总产值由 493.1 亿元增加到 1709.9 亿元。

乡镇企业的发展增加了商品的生产与供给，标志着农村工业的发展与民营经济的起步。此外，乡镇企业的建立吸收了大量的农村剩余劳动力，实现了劳动力性质从农业向非农的转变，但劳动力转移并未表现出传统二元经济结构中的农村向城市转移而是就地转移。因此，形成了我国就地城镇化的独特形势，通过劳动力性质的转变而非地理位置上的转移，引起城市边缘的扩散，进而促进我国城镇化整体水平的提高。1978～1984 年，我国城镇人口由 1.72 亿人增加到 2.4 亿人，增长 39.27%，同期总人口仅增长 8.41%，城镇化率由 17.92% 提高到 23.01%，年均增长 0.85 个百分点。

（二）城市改革与城镇化稳步发展

农村改革的成功使我国农村经济开始向专业化、商品化、现代化转变，农产品交易需求的增加和农民对物质需求和精神需求新的诉求迫切要求疏通城乡流通渠道，农村改革的成功经验以及农村发展对城市的要求，为以城市为重点的整个经济体制的改革提供了有利的条件。此外，城市企业长期处于经济效益和生产效率低下的不利状况，资源浪费严重，城市经济的巨大潜力被压抑，迫切要求城市经济加快改革的步伐。

1984 年关于经济体制的改革，促进了集体经济、个体私营经济、外资经济等多种经济方式的共同发展，实行公有制基础上的有计划的商品经济。同时，从国家与企业、企业与职工的关系着手，扩大了企业的自主权，使企业真正成为相对独立的自主经营、自负盈亏的经济实体，政企职责分开，极大地调动了企业生产经营的积极性与灵活性，企业活力得以增强。1985～1992 年，国内生产总值从 9039.9 亿元增加到 27068.3 亿元，工业增加值从 2781.9 亿元增加到 10258.4 亿元，工业企业数从 518.53 万个增加到 861.21 万个，工业总产值从 9716.47 亿元增加到 37065.71 亿元。工业总产值中国有企业的比例由 1985 年的 64.9% 下降为 1992 年的 48.1%，集体企业、城乡个体和其他经济类型的比例逐渐上升。

城市经济体制的改革增强了企业活力，为民营经济的发展壮大创造了机会。到 1992 年，全国个体工商户、从业人员和总产值分别达到 1534 万户、2468 万人和 926.2 亿元，全国私营企业户数、从业人员数和总产值分别达到 13.96 万户、231.8 万人和 505.1 亿元。

城市工业的发展和非国有经济的成长，使发展重心逐渐由农村转移到城市。经济特区和沿海开放城市的兴办，进一步增大对外开放的程度，促进三资企业的发展。城市的改革带来城市居民收入的显著提高，城乡居民收入的差距迅速扩大，1985 年城镇居民人均可支配收入和农村居民人均纯收入分别为 739.1 元和 397.6 元，而 1992 年此数值为 2026.6 元和 784 元。此外，1985～1992 年，农村居民消费水平由 324 元增加到 648 元，城市居民消费水平由 727 元增加到 1983 元。城市居民收入和消费水平的增长速度显著快于农村，城乡收入的差距和城镇发展的机遇逐渐吸引更多的农村劳动力向城镇转移。1984～1992 年，我国城镇人口由 2.4 亿人增加到 3.21 亿人，增长 34%，同期总人口仅从 10.4 亿人增加到 11.7 亿人，城镇化率由 23.01% 提高到 27.46%，年均增长 0.56 个百分点。

（三）市场经济体制确立与城镇化快速发展

社会主义市场经济体制的建立，使市场在国家宏观调控下对资源配置起基础性作用，同时实行以公有制包括全民所有制和集体所有制经济为主体，个体经济、私营经济、外资经济为补充，多种经济成分共同发展的政策。这一重大突破，一方面促进了个体经济、私营经济的发展和集体经济、国有经济的改制；另一方面深化了对外开放，促进外商投资和外资经济的进一步发展。

---

① 乡镇企业为乡、村两级数，下同。

市场化的改革，使民营经济在国内生产总值中的比重迅速增加，城市工业、服务业得到了较快的发展，第二、第三产业比重上升。1992～2008年，国内生产总值由27068.3亿元增加到316751.7亿元，增长10.7倍，同期，第二、第三产业比重分别由43%、35.6%上升到46.8%、42.9%，工业对国内生产总值的贡献率由56.6%下降到43.1%，批发零售业的贡献率由4.8%上升到13.8%。第一产业的就业人员比例由1992年的58.5%下降到2008年的39.6%，第二、第三产业就业人员比例分别增加5.5%和13.4%，2008年第三产业的就业人员比例达到33.2%超过第二产业的27.2%。

伴随第二、第三产业发展和第三产业就业人员比例逐渐占据优势的同时，是我国民营经济就业比重的大幅提高，私营经济的就业总量逐渐超过个体经济。1992年全国私营从业人员231.84万人，其中城镇从业人员97.78万人；个体从业人员2467.7万人，其中城镇从业人员740.17万人。[①] 到2008年，私营企业从业人员达到7903.98万人，其中城镇就业人数高达5123.69万人；个体从业5776.4万人，城镇就业3609.44万人。在我国民营经济的发展过程中，私营经济的就业规模逐渐超过个体经济，同时个体私营经济就业人数中城镇就业人数超过乡村，个体私营经济在城镇得到了更快的发展，成为吸收城镇就业的主要力量，促进劳动力从农村向城镇转移，推动城镇化的进程。

集体经济和国有经济推行改制重组，企业数量大幅减少，部分效益差的企业实行破产清算，保留效益好的企业。1992～2008年，国有工业企业单位数由103300个减少为21300个，集体工业企业单位数由384500个减少为11737个。集体企业和国有企业的改制造成企业单位就业人数的急剧减少。1992～2008年，城镇就业中国有单位从业人数由10889万人减少为6447万人，集体单位从业人数由3621万人减少为662万人。城乡就业比例和城镇就业结构发生了较大的变化。1992年，我国城镇就业人口仅占全国就业总数的26.3%，城镇就业人口比例中国有经济和集体经济分别高达63.16%和21%，个私经济和外资经济均不到1%。而到2008年，城镇就业人口比重上升至42.48%，城镇就业中国有经济、集体经济、个私经济和外资经济的比例分别为20.08%、2.06%、27.2%和5.05%，城镇就业中民营经济的总就业比重达到39.36%。

市场化改革和民营经济的发展同时引起城市之间的人口流动，规模大、基础设施完善的城市吸引了更多的优秀人才和各层次劳动力的跨市和跨省流动，引起城市间人才结构和人力资源的变化。随着人员流动的加剧，城市的住房需求不断增加，房地产市场随之兴起，一线城市、二线城市、三线城市的区分渐渐明晰。大城市开始对周边城市和乡镇产生辐射作用，促使周边地区兴起一系列为中心城市服务的配套设施产业，哺育周边地区的经济发展，逐渐形成以大城市为中心的城市辐射圈以及城市群经济带，实现产业结构和资源配置的优化，促进泛城镇化的发展。

市场化改革，是我国民营经济发展的黄金时代，国有经济、集体经济的改制为民营经济的发展提供了更广阔的空间，而加入WTO以及外资经济发展，为本土民营经济的发展提供了资金支撑和技术指导，创造了更大的市场。民营经济的发展使我国城镇工业、服务业逐渐壮大，城镇就业总量超过农村，促进劳动力从农村向城镇转移。1992～2008年，我国城镇人口由3.21亿人增加到6.24亿人，增长93.95%，城镇化率由27.46%提高到46.99%，年均增长1.22个百分点，持续处于较高的增速水平。

（四）新型城镇化助推民营经济发展

2008年以来，我国城镇发展逐渐由注重数量转向注重质量，由注重外延的伸张转向注重内涵的建设。在城市面积扩大的同时更加注重城市基础设施的建设和基本公共服务的提供，在城市人口增加的同时更加注重农村转移人口的市民化进程，并且形成了以特大城市为中心的多层次区域经济圈，包括环渤海、长三角和珠三角经济圈等。

---

① 根据相关年份《中国统计年鉴》（分地区个体就业人数和分地区私营企业就业人数）整理得到，下文同。

新时期的城镇化进程中，由于特大城市和大城市拥有更加健全的基础设施和完善的基本公共服务，其在教育、医疗等社会保障和就业机遇、薪资福利等方面拥有巨大的优势，引起很多追求机遇的人群转移到大城市工作与生活，其中不乏高学历、高技能的优秀人才，出现了大批“北漂”“海漂”等。同时，乡镇的一些中产阶级，为享受良好的医疗教育资源和舒适的生活环境，逐渐将生活与工作地转移到城市。

2008～2014年，我国城镇人口比例由46.99%提高到54.77%，城镇人口于2011年开始超过农村人口，这意味着我国的社会经济发展开始进入以城镇为主的新阶段，城镇化成为继工业化和市场化之后我国经济发展的又一巨大引擎。

随着城镇化逐渐走向较高水平，越来越多农村劳动力通过就业转移增加收入，实现了从农村居民向城镇居民的转变，享受更好的公共服务。城镇人口的增多，意味着更多农村转移人口消费习惯的改变，使城镇消费群体扩大，消费能力提高，促进全社会消费结构的升级和消费潜力的释放，增强了我国的商品内需。此外，城镇人口的增多，促进了城镇基础设施和住宅建设以及公共服务的投资增加，为经济发展提供了新的增长点。

城镇化的进程直接带来城镇人口的增多和内需的扩大，逐渐走向较高水平的城镇化进程中城镇人口对服务型行业的需求增加，带来生活性服务和生产性服务行业的繁荣。服务业的需求扩大，吸引大量的私营企业和个体户的进入，直接促进了民营经济的发展，同时，服务行业庞大的就业容纳能力提供了大量的城镇就业岗位，满足并吸引更多的农村劳动力在城镇就业，进一步促进了民营经济的繁荣。城镇的发展同时促进了创新要素的集聚和知识的传播扩散，增强了大众和企业的创新能力。创新能力的提高驱动传统产业的升级和新兴产业的发展，打造全新的产业链和经济增长点，逐渐打破国有经济在部分行业的垄断地位，增强了全民的创新创业精神，诞生了一批有活力的民营企业、互联网企业等。

走中国特色新型城镇化道路是我国进入全面建成小康社会决定性阶段的必然要求，也是城镇化深入发展关键时期的重要战略。为全面提高城镇化质量，解决三农问题，促进城乡一体化发展，《国家新型城镇化规划（2014～2020年）》重点提出推进农业转移人口市民化，提升城市基本公共服务水平，推动新型城市（包括绿色城市、智慧城市、海绵城市等）的建设。此外，在优化提升东部地区城市群的同时，要加强培育中西部地区城市群，促进各类城市协调发展，通过增强中心城市的辐射带动功能，加快发展中小城市和重点小城镇。

二、民营经济与城镇化进程：区域差异

我国的城镇化进程离不开民营经济的发展。改革开放初期，严格的计划经济管控逐渐放开，市场化水平逐渐提高，带来了民营经济发展的春天。我国民营经济的发展主要包括体制外的增量改革和体制内的存量改革，1994年以前主要是个体私营经济和乡镇企业的发展，即增量改革，大规模的集体企业、国有企业的改革与外国资本的进入主要发生在1994年以后。民营经济的发展，以长三角、珠三角和京津冀环渤海地区为主要发源地和重点发展区域，形成了我国几个主要的城市群和都市圈，极大地促进了城镇化的发展。

（一）民营经济与城镇化：东中西部的地区差异

民营化对城镇化显著的促进作用主要发生在2008年以前，而在2008年以后，逐渐转为城镇化促进民营化。改革开放以来，民营化主要表现为民营经济的比重上升，民营企业的就业人数增加以及工业和服务业的发展。

民营化对城镇化的促进作用主要表现为以下三点：一是民营化改变了我国的经济结构，国有经济

比重下降，民营经济比重上升，促进了乡镇企业和个体私营企业的发展，增强了企业活力和就业容纳能力，解决了大量的剩余劳动力就业问题；二是民营化改善了我国的产业结构，促进工业、服务业的发展，服务业作为最大的就业容纳器，创造了大量的就业岗位，促使更多的农业人口向非农转变；三是民营经济在城镇的发展比农村更具优势，提升了城镇对农村人口的吸引力，促进了劳动力从农村向城镇转移。

2008 年全球金融危机的爆发严重打击了我国民营经济的发展，同时，城镇化率经过改革开放近 30 年的发展于 2011 年提高至 50% 以上，这意味着我国城镇人口开始超过农村人口，进入以城镇发展为主的城市社会阶段。城镇化的发展使更多农村劳动力从农业转向非农，从农村转移到城镇，促进了城镇消费群体的增多和消费能力的提高，改善了全社会的消费结构并释放消费潜力，增强了我国的商品内需。城镇人群对服务性行业的需求比例持续增长，促进了生活性服务和生产性服务行业的繁荣。内需的扩大和服务业需求的增多提升了民营经济的活力，促进了民营企业的发展。城镇化带来的创新要素的集聚和知识的传播扩散，驱动传统产业的升级和新兴行业的发展，有利于进一步打破国有经济的行业垄断，促进了民营化水平的提高。

民营经济与城镇化发展在区域间存在较大的差异。全国范围来看，城镇化率的提高与城镇就业比重的增加几乎保持同步，城镇就业比重增加意味着更多农村劳动力向城镇转移，是人口城镇化的主要动力。1998 ~ 2014 年，个体、私营经济的就业比重持续增加，尤其是城镇的个体、私营经济就业比重的增速加快，使得个体私营经济就业总数中的城镇比重逐渐超过农村并占据优势。个体、私营经济的发展，一方面提高了个体、私营经济的就业比重，吸收过多的剩余劳动力；另一方面，个体、私营经济在城镇的发展速度超过农村，促进了劳动力的农村向城镇转移。同期，民营工业企业尤其是私营工业企业的主营业务收入和资产总计比重持续增加，扩大了民营经济的规模，为民营经济的自身发展和就业创造提供了持续的动力。

我国东中西部地区①的城镇化率存在显著的差异，2014 年全国和东中西部地区城镇化率分别为 54.77%、63.9%、50.85% 和 47.37%（见图 2 - 1）。东部地区的城镇化率远高于全国平均水平，而中西部地区城镇化率仍不到全国平均水平，中西部地区的城镇化速率仍然偏缓。

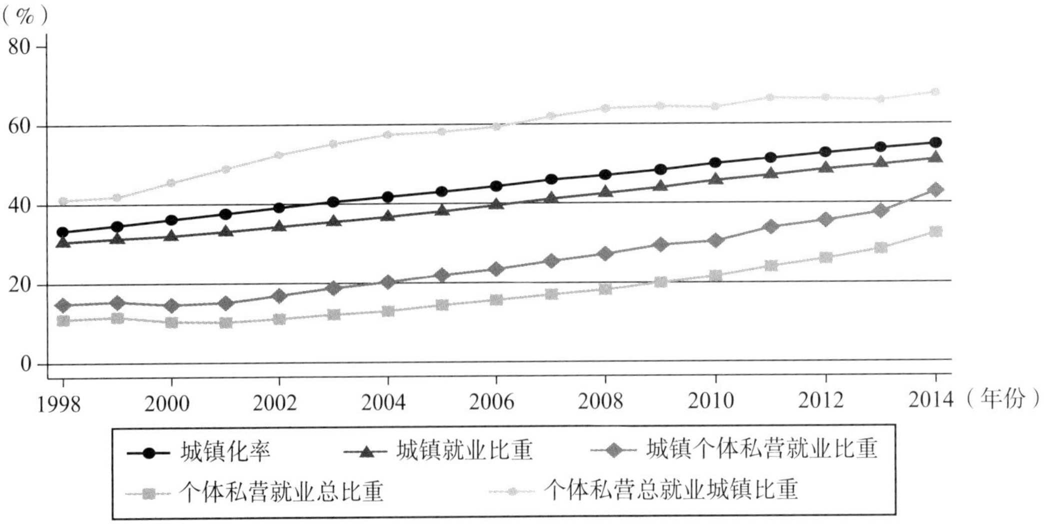

图 2 - 1　城镇化率与个体、私营经济就业

资料来源：根据《中国统计年鉴（2015 年）》相关数据计算。

① 根据国家统计局的划分标准，东部地区包括北京、天津、河北、辽宁、上海、江苏、浙江、福建、山东、广东和海南 11 个省（市）；中部地区包括山西、吉林、黑龙江、安徽、江西、河南、湖北和湖南 8 个省；西部地区包括内蒙古、广西、重庆、四川、贵州、云南、西藏、陕西、甘肃、青海、宁夏和新疆 12 个省（区、市）。

以个体、私营经济为例，东中西部地区的民营经济发展也存在很大的差异。东中西部地区的个体、私营经济就业人数占该地区总人口的比重分别为23.51%、14.83%和14.44%，而各地区城镇个体、私营经济就业人数占城镇总人口的比重分别为24.61%、19.85%和20.89%（见表2-1）。相比于总人口，城镇个体、私营经济就业比例的差异要小得多，这表明个体、私营经济在城镇的发展较为均衡，而中西部乡村的个体、私营经济发展却明显落后于东部地区，不利于中西部地区的城乡一体化发展。

表2-1　　2014年东中西部分地区个体、私营就业情况　　单位：万人

项目	全国	东部	中部	西部
总人口	136782	56560	42847	36839
城镇人口	74916	36145	21788	17450
私营经济：				
私营户数	1546	948	301	298
就业人数	14390	8727	2885	2778
投资者	2963	1762	622	579
城镇就业人数	9857	5962	1937	1958
投资者	2230	1323	453	455
乡村就业人数	4533	2765	948	820
投资者	733	440	170	124
个体经济：				
个体户数	4984	2182	1505	1297
个体就业人数	10585	4572	3471	2541
城镇	7009	2932	2389	1689
乡村	3575	1641	1082	853

私营经济和个体经济的就业总人数中东部地区的比例分别为60.65%和41.83%，远超过中西部地区，且东部地区的私营经济相比于个体经济优势大得多。此外，东部地区的私营经济就业人员是个体经济的1.9倍，而中西部地区的私营经济就业人员分别是个体经济的83%和109%。私营经济和个体经济的户均从业人员分别为9.3人和2.1人，而个体私营经济就业的城乡结构中城镇比例是乡村的两倍。东部地区发达的个私经济和高比例的私营经济就业保证了民营经济进一步发展的活力，增强就业吸收能力，促进劳动力向城镇转移。而中西部地区民营化的不足尤其是乡村民营经济发展的缺陷制约了城乡的共同发展，使得个体私营经济难以形成规模效应，小规模的个体经济比例高，难以发展成为现代化的大规模民营企业，限制了城镇就业的扩大和劳动力的农村向城镇转移。

从工业企业中的民营经济发展来看，东部地区集中了全国工业企业62.9%的单位数和60.58%的就业，同时集中了全国私营工业企业60.58%的单位数和61.6%的就业。东部地区的工业企业就业结构中民营工业、国有工业和外资工业的就业比重分别为54.23%、11.53%和34.23%，其中私营工业占35.72%；中部地区的民营工业、国有工业和外资工业的就业比重分别为63.62%、25.59%和10.78%，其中私营工业占36.53%；西部地区的民营工业、国有工业和外资工业的就业比重分别为55.66%、35.08%和9.25%，其中私营工业占30.25%（见表2-2）。中西部地区的工业企业就业结构中，国有经济比重较高而外资经济比重极低，导致过多的剩余劳动力无法有效吸收，因此，解决中西部地区的剩余劳动力问题，减少区域间的人口流动，缩小区域差距，仍有赖于民营经济的发展，改善其经济结构，扩张现代部门的就业吸收能力，促进区域内的劳动力农村向城镇转移。

表2-2　　2014年东中西部分地区规模以上工业企业主要情况

项目		全国	东部	中部	西部
企业单位数（个）	工业企业	377888	237719	91708	48461
	私营工业企业	213789	136477	53224	24088
	国有工业企业	18808	7904	5051	5853
	外资工业企业	55172	48519	4354	2299
就业人数（万人）	工业企业	9977	6044	2485	1448
	私营工业企业	3505	2159	908	438
	国有工业企业	1843	697	636	508
	外资工业企业	2472	2069	268	134
资产总计（亿元）	工业企业	956777	551542	212655	192579
	私营工业企业	213114	132754	49867	30493
	国有工业企业	371309	167146	93130	111032
	外资工业企业	198162	159230	23017	15915
利润总额（亿元）	工业企业	68155	42249	15820	10086
	私营工业企业	23550	14399	6322	2829
	国有工业企业	14508	7388	3288	3831
	外资工业企业	16577	13414	1747	1416
主营业务收入（亿元）	工业企业	1107033	683416	265365	158252
	私营工业企业	372176	233174	96248	42754
	国有工业企业	262692	127646	71650	63396
	外资工业企业	252630	205868	28984	17778

东中西部地区的民营工业企业总资产占该地区工业企业资产总额的比重分别为40.82%、45.38%和34.08%，主营业务收入比重分别为51.2%、62.08%和48.71%，总利润比重分别为50.76%、68.17%、47.97%（见表2-2）。由此可见，中部地区民营经济比重已经达到较高水平，贡献了68%的工业企业利润，其资产—利润比较低，盈利能力强，反之，国有经济的盈利能力弱，就业人数和资产比重居高不下，严重影响了区域发展的经济效率。西部地区的国有经济占据主要优势，总资产和总利润比例均高达50.87%和37.99%，而仅占34.08%总资产的民营经济贡献了47.97%的总利润，提高国有经济的效率是促进西部发展的重要环节。（见表2-2）东部地区的民营经济体量大，就业人数多，同时国有经济的人均主营业务收入高达193万元/人，远超过其他地区，这表明东部地区的国有经济效率较高，而民营经济尤其是私营经济仍需扩大规模，形成较强的集聚效应和规模效应，发展更多的现代部门，促进剩余劳动力的就业吸收和农村向城镇转移。

（二）不同城市的民营经济与城镇化的比较

改革开放以来，我国的民营经济从最初个体私营经济的内源性发展，延伸到后期国有经济和集体经济的民营化，实现了内部增长和外部扩张的双重发展。国有、集体经济一统天下的局面渐渐被打破，国有经济、民营经济和外资经济成为我国经济结构中三支独立而又相互联系的力量，形成三分天下的局面。随着国退民进的改革，对外开放程度的加深，民营经济和外资经济在我国的经济大舞台上发挥越来越重要的作用，由此形成了我国城镇化进程中个别城市的独特现象。一些城市的国有经济比重大，发生“国退民未进”的尴尬现象，导致国企改革过程中释放的剩余劳动力无法有效吸收，引起劳动力的回流，拖慢了城镇化进程，这种现象在东北重工业地区较为常见，尤其以重工业大市沈阳为典型代表。珠海作为对外开放的窗口，享受政策的扶持，走在了全国民营化的前列，民营经济和外资经济的迅速发展，改善了城市的经济结构，个私经济的大规模就业吸收，解决了剩余劳动力的就业问题，促进农业人口向非农转变，农村劳动力向城镇转移，民营化的提高在较短时间内大幅度提高了城镇化的水平。

1. 民营化缓慢阻碍城镇化进程：沈阳

沈阳地处环渤海经济圈的中心地带，是东北地区的中心城市和全国重要的工业基地，长期以来工业化与城镇化走在全国前列。1990 年以前，沈阳的城镇化率保持高速增长，快速达到接近 90% 的高水平。1982 年第三次人口普查，全国城镇化率仅为 21. 13%，而沈阳市城镇化率已达 79. 76%；1990 年第四次人口普查，沈阳城镇化率高达 89. 67%，比全国高出 63 个百分点；2000 年第五次人口普查，沈阳市由于行政区划调整城镇化率下降为 70. 33%，仍比全国高出 34 个百分点；而在 2010 年第六次人口普查，沈阳城镇化率为 77. 07%，仅比全国高出 27 个百分点。2000 ~ 2010 年，沈阳的城镇化率年均仅增长 0. 674%，大大落后于全国城镇化率的平均增速，沈阳逐渐失去了原先的发展优势，落后于东部大城市的城镇化进程。①

沈阳是我国东北地区的重工业大城市，国有经济的贡献在早期发展过程中起到了重要的作用。随着市场化改革和对外开放的深化，原先的国企优势渐渐变成城市改革发展的桎梏，阻碍民营经济的发展，以致经济结构趋于单一，难以形成自身发展能力强的现代部门。2000 ~ 2010 年，沈阳市的个体从业人员仅由 54. 6 万人增加到 59. 6 万人，私营企业从业人员由 33. 9 万人增加到 64. 7 万人，城镇单位就业人员反而由 174. 2 万人减少到 109. 9 万人，而同期全国个体从业人员和私营从业人员分别增长 38% 和 291%。尽管 2010 年沈阳的个体私营就业占到总就业的 35. 65%，高于全国平均水平。但民营经济发展的缺陷使得其经济总量和就业比例增长缓慢，无法有效地吸收国企改革释放的剩余劳动力，阻碍了城镇化的进程。②

沈阳的城镇化进程早期主要依赖于国有经济的发展和政策优惠，促进了城镇重工业的发展，吸引了大量农村劳动力向城镇工业部门转移就业。进入 20 世纪，市场化和对外开放程度的加深，全国范围内的民营企业和外资企业蓬勃发展，逼迫着国有企业和集体企业进行改制重组。面临国企改革不断释放的剩余劳动力，沈阳城镇化进程中国有经济的优势逐渐变为劣势，而民营经济增速的缓慢又无法提供足够的动力，使得大量剩余劳动力的就业问题难以解决，阻碍了劳动力的农村向城镇转移。而随着国有经济的支撑作用下降，沈阳工业化与城镇化的最大动力逐渐消失，民营经济受到国有经济的影响发展缓慢，民营化的不足无法形成城镇就业吸收新的动力，导致剩余劳动力的回流，使得城镇化进程减缓。

2. 对外开放深化，民营化加速促进城镇化进程：珠海

珠海是我国最早实行对外开放政策的四个经济特区之一，如今已经成长为珠三角地区的核心城市之一，2014 年地区生产总值增速和固定资产投资增速均居珠三角地区首位，人均 GDP 达到广东全省的 1. 83 倍。2014 年珠海固定资产投资总额 1135. 05 亿元，比上年增长 23. 5%；非国有经济投资 706. 68 亿元，增长 44. 9%，其中民营经济投资 394. 84 亿元，增长 55. 7%。固定资产投资的快速增长，是珠海经济增长的第一动力，其中增速最快的民营经济投资，为珠海的可持续发展持续注入新的活力，使得珠海的经济结构更加多元化，促进了珠海的现代化发展与城镇化进程。③

---

①② 根据《沈阳市统计年鉴（2011 年）》相关数据整理。

③ 根据《珠海市国民经济与社会发展统计公报（2015 年）》相关数据整理。

珠海的城镇化在1985～2000年快速发展，2000年末城镇化率提高到接近90%。1985年，珠海城镇化率还只有44.5%，比广东全省高14个百分点，比全国高21个百分点；1990年第四次人口普查，珠海城镇化率提高到61.3%，比广东全省高25个百分点，比全国高35个百分点；2000年第五次人口普查，珠海城镇化率高达85.48%，比广东全省高30个百分点，比全国高49个百分点；2014年珠海城镇化率为87.87%，城镇化水平位居全国前列。①

珠海作为珠三角地区对外开放的重要窗口，建立经济特区后外资经济和民营经济得到了快速的发展。1985年珠海的经济结构基本以全民所有制和城镇集体所有制为主，民营经济的比重极低。1985年末珠海市从业人员25.36万人，其中个体劳动者2.05万人，私营企业从业人员数量极少，职工人数9.62万人，仅占全省的1.27%，其中全民所有制企业和城镇集体所有制企业单位职工人数分别为7.24万人和1.79万人，其他合营、独资经营单位职工比例不到7%；工业企业单位数335个，全民所有制和集体所有制比例分别为26.87%和65.37%；工业总产值5.94亿元，全民所有制占比高达60.27%，集体所有制占比31.14%。民营经济在当时的珠海经济结构中几乎可以忽略不计，全民所有制和集体所有制占据主导地位。到2000年，珠海市从业人员增加至78.88万人，增长两倍多，其中私营企业从业人员达到16.57万人，个体劳动者达到9.91万人，个体私营从业人员比重增加到33.6%；职工人数增加至27.9万人，其中国有单位10.26万人，城镇集体单位2.93万人，两者比重之和降低至50%以下，大量的新增就业被民营经济和外资经济所吸收，民营经济在珠海经济中的比重迅速增加，成为吸收剩余劳动力的主要力量。②

1985～2000年，珠海市总人口由41.17万人增加到123.54万人，城镇人口由18.31万人增加到105.62万人，增长4.7倍③。与此同时，国有经济和集体经济的就业增长缓慢，比重不断下降，民营经济和外资经济的规模迅速扩大，个体私营经济的就业比重在2000年末超过1/3，吸收了绝大部分的新增城镇就业，成为珠海市城镇人口增多、就业规模扩大和剩余劳动力吸收的最大动力。珠海市民营化的提高，充分发挥了民营经济在吸收就业和改善产业结构等方面的巨大优势，促进了城镇工业和服务的发展，吸引农村剩余劳动力向城镇转移，创造了大量的城镇就业岗位，促进了城镇化水平的提高。

三、城镇化进程中的城市规模

早期针对最优城市规模的研究大多在新古典理论的框架下进行，将城市当作一个无区别的点对待，忽略了城市的空间差异与内部特性，最终产生相同的最优城市规模解。因此，很多学者尝试考虑城市的功能与结构特性，根据城市性质求解差异化的最优城市规模。阿莫特（Amott）认为，最优城市规模取决于政府公共物品提供能力、政府对市场干预程度、政府对移民控制程度以及城市交通网络的改善程度。哈维（Harvey）则认为最优城市规模随着城市交通状况的改善、城市居民收入水平的提高以及房屋建筑技术水平的提高动态变化。此外，杨（Yang）的研究更加关注分工和专业化效用的影响，克鲁格曼（Krugman）则更关注聚集效应的影响。

（一）最优城市规模——人口规模

城镇化是农业人口向非农转变，农村人口在城镇集中的过程。工业化的进程中，全社会的产业结构发生重要的变化，农业比重下降，非农产业尤其是工业与服务业的比重上升，促进了城市的发展。非农产业在城市的集聚吸引了大量的农村劳动力向城镇转移，人口的增加进一步促进城镇的扩张与建

---

① 根据《珠海市统计年鉴（2015年）》相关数据整理。

②③ 根据《珠海市统计年鉴（2001年）》相关数据整理。

设，包括基础设施建设与住宅建设等。

城市规模的扩大必然伴随城市人口的增加。一般来说，城市的产业结构中服务业比重越大，企业生产效率越高，城市的就业吸收能力就越大，同时劳动力的工资水平越高，能够给城市带来更大的收益；城市的投资建设能力和公共产品提供能力越强，城市的资源环境承载力越大，城市的人口容纳范围就越大。从收益—成本的边际理论来看，人口增多的边际成本包括城市所需提供的基本公共服务、社会保障以及其他城市负效应，而边际收益主要来自于劳动力增多对城市内部的生产、流通、建设与投资的边际贡献。

因此，城市规模的扩张首要保证城市人口规模的适当性。既不能人口数量过多，否则城市的边际生产效率将过低且城市的基本公共服务提供不足并产生一系列负效应，也不能人口数量过少，否则会造成基础设施建设和基本公共服务供应过多引起资源浪费等。

1. 最优城市规模与拥挤成本

最优城市规模同时要考虑城市的拥挤外部性和市民的通勤成本。尽管我国目前的城市面积扩张速度超过人口增加速度，但城市中心区尤其是大都市的拥挤问题仍然日益突出。城市的扩张以及城市功能区的调整，容易引起常住人口从城市边缘向城市中心区的迁移，导致城市中心地带的人口密度过大，产生交通拥挤、空气质量下降、公共产品被摊薄等一系列城市病问题。而城市边缘区的居民由于生活地与工作地的分隔，上下班的通勤成本大大增加。城市的拥挤成本与通勤成本与城市功能区的划分密切相关，合理的城市功能布局，将有效引导人口在城市不同地带的合理集聚，分散城市中心区的常住人群。

2. 最优城市规模与基本公共服务

我国目前的城镇化进程是城市化与市民化分割的粗糙型城镇化，其根本原因在于城市规模的扩张和人口增加与城市基本公共服务提供能力的不匹配。因此，城市不得不对新增常住人口设定落户“门槛”，在公共产品提供上产生歧视。城镇化进程中城市规模扩大，城市人口迅速增加，而城市的基本公共服务增长缓慢，城市的新增常住人口仅有一小部分可以实现市民化，享受城市的医疗、教育等社会福利，而绝大部分的农村转移人口即农民工却无法享受城市的基础公共服务。城市的基本公共服务提供能力和覆盖面，决定了城市常住人口与户籍人口的缺口，引起城市中农民工的市民化问题，制约城市规模的扩大。

因此，最优城市规模还受到城市基本公共服务提供能力的制约。城市的公共产品提供能力越强，基本公共服务的覆盖面越广，将加快农村转移人口的市民化进程，放松对最优城市规模的约束。

3. 最优城市规模与城市经济效率

城市规模扩张过程中集聚经济与不经济的相互作用，对城市的经济效率产生重要的影响。马歇尔将集聚经济总结为专业劳动力的汇聚、中间产品的规模经济和地方性的技术外溢三大外部效应。新经济地理理论认为，集聚不经济主要体现在随着城市规模的扩张，通勤成本增加降低城市居民的实际收入，地租上升和环境恶化加重城市的生活成本，以及劳动力成本上升迫使企业迁离。大量的研究表明，城市经济效率可能随着城市规模的扩张先增大后减小，呈现倒“U”形的变化趋势。

城市产业结构中制造业为主向生产性服务业为主的转变，将改善城市的产业结构；城市群的核心城市与城市中心区向周边地区转移农业和其他承接产业，有利于改善产业的地区布局，形成规模经济，促进核心城市和城市中心区的产业优化，增强城市经济的集聚效应，提高城市的经济效率。

城市规模扩张对城市经济效率的影响取决于城市个性下集聚经济与集聚不经济的相互作用。城市的劳动生产率一般随城市规模的扩张先加速增大而趋于平缓甚至负增长。因此，最优城市规模受城市效率的约束因城市产业结构、劳动力结构的不同而存在差异。

(二)城市规模等级的划分

根据第六次全国人口普查的数据，1978~2010年，1000万人口的城市由0个增加到6个，500万~1000万人口的城市由2个增加到10个，300万~500万人口的城市由2个增加到21个，100万~300万人口的城市由25个增加到103个，50万~100万人口的城市由35个增加到138个，50万以下的城市由129个增加到380个。[①] 2013年，我国城市数量增加到657个，其中地级及以上城市287个，县级城市370个，城镇化率达到53.73%，城镇就业比重上升到49.7%。[②]

2014年11月国务院印发《关于调整城市规模划分标准的通知》，对原有城市规模划分标准进行了调整，明确了新的城市规模划分标准，以城区常住人口为统计口径，将城市划分为五类七档。

根据新的城市规模划分标准，以城区常住人口为统计口径，按照《中国城市建设统计年鉴(2010)》的城区人口数据调整，我们将287个地级及以上城市分为五类七档（见表2-3）。

表2-3　我国287个地级及以上城市规模等级划分

城市规模等级	城区常住人口	城市名称
超大城市（6个）	1000万人以上	北京、上海、广州、深圳、天津、重庆
特大城市（10个）	500万~1000万人	南京、武汉、沈阳、成都、西安、哈尔滨、杭州、苏州、佛山、东莞
大城市（52个）	100万~500万人	
Ⅰ型大城市（17个）	300万~500万人	郑州、昆明、长春、太原、大连、济南、乌鲁木齐、厦门、青岛、长沙、合肥、石家庄、无锡、汕头、南宁、唐山、徐州
Ⅱ型大城市（35个）	100万~300万人	洛阳、贵阳、南昌、福州等
中等城市（98个）	50万~100万人	南通、锦州、商丘、营口等
小城市（121个）	50万人以下	
Ⅰ型小城市（104个）	20万~50万人	辽源、茂名、清远、莱芜等
Ⅱ型小城市（17个）	20万人以下	嘉峪关、张掖、吴忠、中卫等

资料来源：根据《中国城市建设统计年鉴（2010年）》整理。

在此划分标准下，我国的中等大城市和Ⅰ型小城市数目分别为98个和104个，约占城市总数的70%，并汇聚了我国63%的人口，100万以上人口的城市仅有68个。我国目前的城市规模仍以20万~100万人口的中小城市为主，500万以上人口的特大城市数量较少，20万以下人口的小城市仍有17个，中小城市的发展速度有望加快，向100万以上人口的大城市转变，500万以上人口的特大城市数量短期内仍将保持平稳，难以出现较大的增长。

从区域分布上看，我国东、中、西部地区的城市数目分别为101个、101个、85个（见表2-4）。全国2/3的超大城市、特大城市都集中在东部地区，东中西部地区的大城市数目比例分别为27%、15%、12%，中等城市数目的比例分别为41%、37%、24%，小城市数目比例分别为22%、46%、61%。东部地区的城市规模普遍较大，中西部地区的城市规模仍以100以下人口的中小城市为主。

① 根据国家统计局第六次人口普查公报整理。

② 根据《中国统计年鉴（2014年）》整理。

表 2－4　　东中西部城市间不同类型城市分布情况

项目		东部	中部	西部
规模等级	城市数目	101	101	85
	超大城市	5	0	1
	特大城市	6	2	2
	大城市	27	15	10
	中等城市	41	37	20
	小城市	22	47	52

资料来源：根据《中国城市建设统计年鉴（2010 年）》整理。

（三）城市化进程中的企业类型

根据国家统计局每年对销售额 500 万元以上大中型制造业的数据统计的中国工业企业数据库，我们将企业按登记注册类型分为国有企业、民营企业与外资企业①。其中，国有企业的登记注册类型代码为 110、141、151，民营企业细分为集体企业、私营企业与其他民营企业，集体企业的登记注册类型代码为 120、142，私营企业的登记注册类型代码为 171、172、173、174，外资企业的登记注册类型代码为 210、220、230、240、310、320、330、340。

根据 2009 年的中国工业企业数据库的数据统计，超大城市、特大城市、Ⅰ型大城市、Ⅱ型大城市、中等城市、Ⅰ型小城市和Ⅱ型小城市的私营企业单位数占对应规模等级城市工业企业数的比例分别为 48.59%、49.91%、59.17%、60.79%、63.83%、62.27% 和 44.66%（见图 2－2），私营企业比重随城市规模的扩大呈现先增加后减小的趋势，中等城市的私营企业比重最大。国有企业比重随城市规模增大递减，外资企业比重随城市规模增大递增，但整体上民营企业单位数比重均远超过国有企业和外资企业。城市规模的扩大，将导致国有经济的比重下降，外资经济的比重上升，因此民营经济的比重呈现先增后减的趋势，但从经济总量上看，城市规模的扩大将显著带来民营经济的发展。

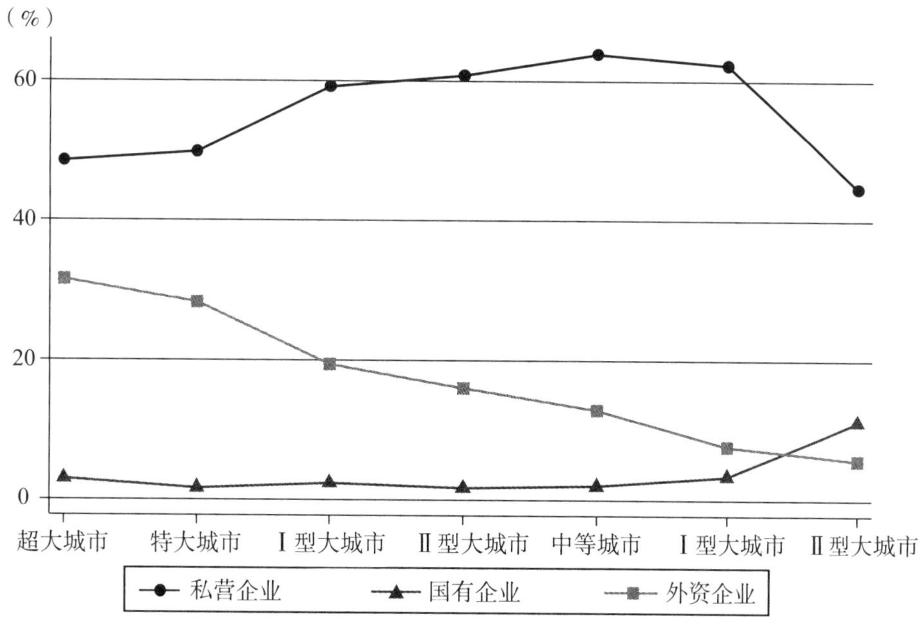

图 2－2　七档城市规上工业企业中各类型工业企业单位数比重

资料来源：作者自行整理。

① 这里将港澳台商投资企业和外商投资企业统称为外资企业。

超大城市、特大城市以全国12%的人口拥有全国22%的私营企业，大城市的人口比例和私营企业比例分别为22%和30%，中等规模城市的人口比例和私营企业比例均最大，分别为35%和34%，小城市占有全国31%的人口，却仅拥有15%的私营企业。超大城市、特大城市、大城市、中等城市和小城市的私营企业万人平均拥有量分别为3.27个、3.88个、2.66个、1.89个、0.95个。500万以上人口城市的私营企业人均拥有量明显较大，而50万以下人口城市的私营企业人均拥有量偏小。500万人以上人口城市的外资企业人均拥有量均超过2个，而500万以下人口城市的外资企业人均拥有量均不超过1个，差异非常明显，国有企业人均拥有量随城市规模的增大递增，但不同规模等级城市间的差异较小。

总体上看，我国民营经济在过去十几年的时间里发展迅速。1998~2014年，私营企业户数由120.1万户增加到1546.4万户，就业人数由1709.1万人增加到14390.4，投资者比例由15.43%提高到20.59%，城镇就业人员比例由56.9%提高到68.5%；个体户数由3120.2万户增加到4984.1万户，就业人数由6114.4万人增加到10584.6万人，城镇就业人员比例由36.9%提高到66.2%。私营工业企业单位数由1998年的10667个增加到213789个，总资产由1486.98亿元增加到213114.42亿元，企业平均规模由1394万元增加到9968.45万元，主营业务收入由1846.25亿元增加到372175.7亿元，总利润由67.25亿元增加到23550.42亿元。私营工业企业单位数占规上工业企业总数的比重由6.5%增加到56.6%，总资产比重由1.4%增加到22.27%，总利润比重由4.6%增加到34.6%，当年应交增值税比重由1.9%增加到30.5%。经过16年时间的发展，民营工业企业由1998年不到2%的总资产和不到5%的总利润逐渐发展成为工业企业的重要支撑力量，总资产超过1/5，总利润超过1/3，企业单位数超过半数。2014年，个体私营经济的从业人员达到2.5亿人，就业比例达到32.26%，尤其是城镇就业中个体私营经济就业比例达到42.91%，超过就业总数的四成。①

四、城市规模、企业效率与企业盈利能力

不同规模等级的城市间不仅企业类型与数量存在较大的差异，各类型企业的产出、利润、劳动生产率也大不相同。不同规模等级城市的国有经济、民营经济与外资经济的发展迥异，城市规模的大小影响城市内部的经济结构和民营经济的发展。利用2009年的中国工业企业数据库的数据统计，我们将比较不同规模城市之间各类型工业企业的差异情况。

（一）城市规模与企业效率

根据2009年中国工业企业数据库的统计数据显示，我国规上工业企业从业人数总计8497.68万人，占全国总人口的6.89%，其中超大城市、特大城市、大城市、中等城市和小城市的规上工业企业从业人数分别为1147.76万人、1270.7万人、2431.59万人、2436.25万人、1211.38万人，占相应规模等级城市总人口的比例分别为14.45%、18.26%、8.95%、5.6%、3.18%（见图2-3）。500万以上人口的超大城市、特大城市的规上工业企业就业人数比例明显超过500万人以下人口的城市，但大中城市集中了工业企业就业总数的一半以上。

超大城市和特大城市的工业企业就业结构中外资经济比重最大，接近于50%，私营经济比重约为25%，国有经济和集体经济的比重较低，不超过10%；大中城市的工业企业就业结构中私营经济比重超过外资经济，外资经济比重相比于500万人以上人口城市明显下降；小城市的工业企业就业结构中国有经济比重超过外资经济，尤其是Ⅱ型小城市的国有经济比重显著增大。工业企业就业结构中，

① 根据有关年份《中国统计年鉴》（分地区个体就业人数和分地区私营企业就业人数）整理而得。

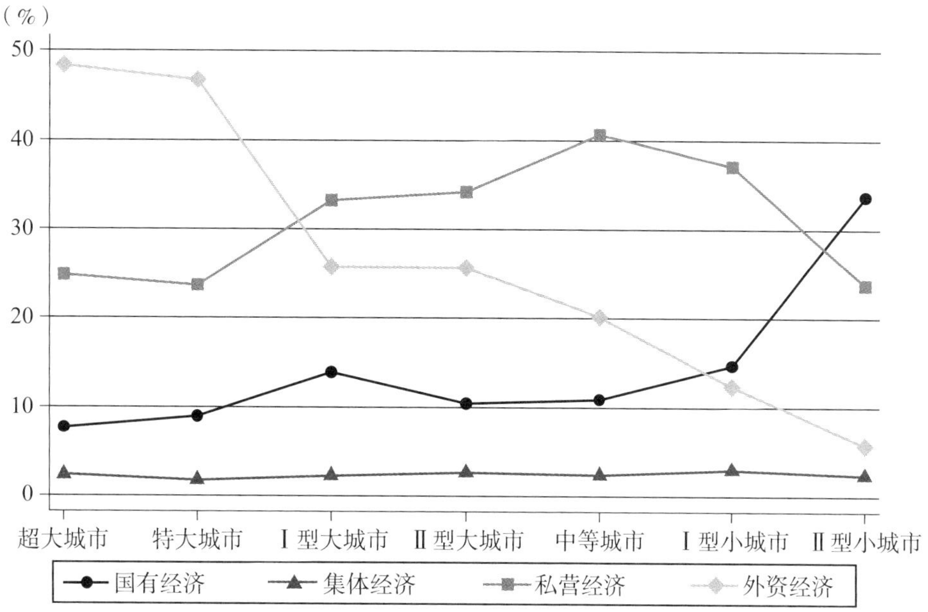

图2-3 七档城市规上工业企业中各类型工业企业从业人数比重

资料来源：作者自行整理。

超大城市、特大城市的外资经济比重明显大于500万人以下人口的城市，Ⅱ型小城市的国有经济比重远大于其他类型城市。各类型城市的工业企业就业结构中私营经济的比重均在20%～40%之间，随城市规模的增大先增后减，但差异不大。我国整体的工业企业就业结构中，私营经济就业比重均占有重要的地位，对区域工业发展与就业都有着重要的影响。

超大城市、特大城市、大城市、中等城市和小城市的工业总产值占全国工业总产值的比重分别为15.37%、15.14%、30.66%、26.85%、11.97%（见图2-4）。工业总产值中的外资经济比重随城市规模的增大显著提升，超大城市的工业总产值中外资经济的比重超过50%，而Ⅱ型小城市却低于10%；私营经济比重随城市规模增大先递增然后递减，中等城市的私营经济比重达到40%，而超大城市却仅为14%，比Ⅱ型小城市还低；国有经济的比重在50万以上人口的城市中呈现先增后减的变

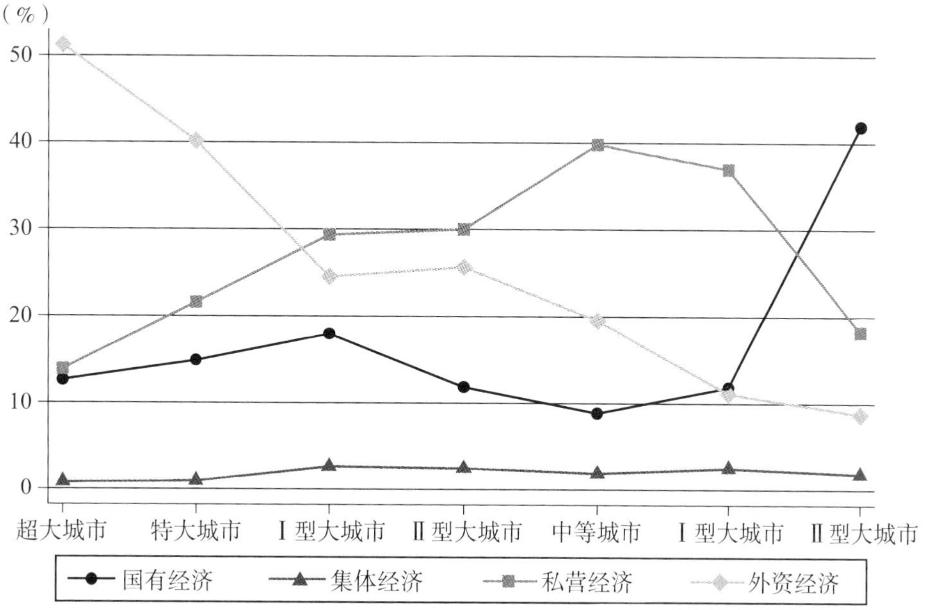

图2-4 七档城市规上工业企业中各类型工业企业总产值比重

资料来源：作者自行整理。

化趋势，但50万人以下人口的城市的国有经济比重仍然较大，尤其是Ⅱ型小城市高达42%。目前我国的城市规模仍以20万~100万人口的中小城市为主，随着城市规模的增大，工业总产值中外资经济的比重显著提高，而私营经济的比重在城市规模达到100以上人口时开始呈现递减的趋势，主要原因可能在于100万人以上人口的城市在吸引和利用外资方面更具有优势，外资经济的发展速度比私营经济快，从而引起私营经济比重的下降。

为比较不同类型城市之间的城市生产率的差异，我们以各类型城市规上工业企业工业总产值与城市总人口的比值作为变量进行衡量。超大城市、特大城市、大城市、中等城市和小城市的人均工业总产值分别为10.25万元、11.53万元、5.98万元、3.29万元、1.66万元。500万以上人口的特大城市与500万人以下人口的城市的人均工业总产值差距显著，且随着城市规模的增大，人均工业总产值呈现递增的趋势。

以工业企业从业人口平均总产值作为衡量指标，超大城市、特大城市、Ⅰ型大城市、Ⅱ型大城市、中等城市、Ⅰ型小城市和Ⅱ型小城市的从业人口平均总产值分别为70.96万元、63.11万元、76.47万元、60.78万元、58.38万元、51.53万元、72.12万元（见图2-5）。超大城市的私营经济从业人口平均总产值低于其他类型城市，国有经济从业人口平均总产值高于其他类型城市。国有经济的从业人口平均总产值在人口大于20万人的城市呈现随城市规模增大递增的趋势。Ⅰ型大城市的国有、私营、外资经济的从业人口平均总产值均较低，说明Ⅰ型大城市的企业效率较低，城市处于变革发展阶段，要加快向大中型城市转变。

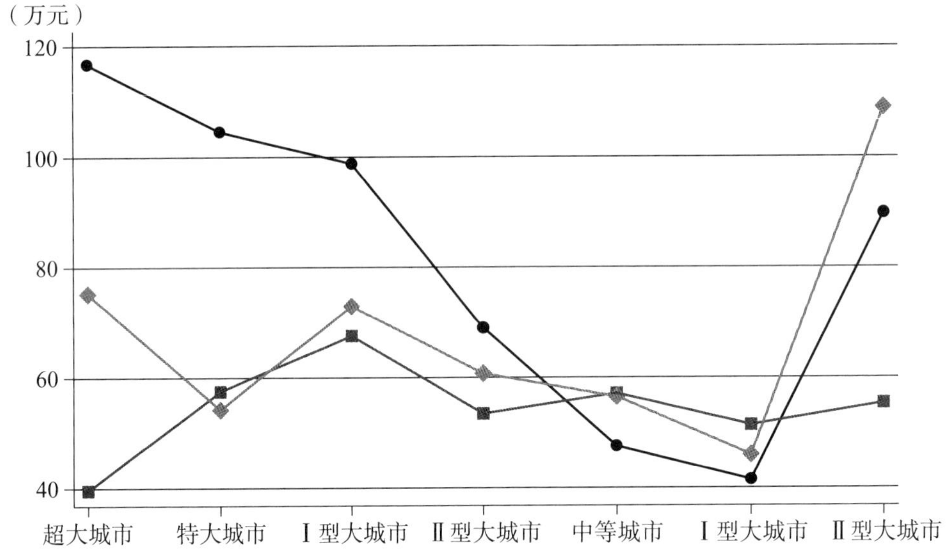

图2-5　七档城市规上工业企业中各类型工业企业从业人口平均总产值

资料来源：作者自行整理。

总体来看，城市生产率与城市规模呈现倒"U"形的先增后减的变化趋势。随着城市规模的增大，资金、技术、人才都会加速流入城市内部，成为城市发展新的动力，推动城市的发展，城市内部的产业集聚的规模效应加强，产业结构的调整解放了原先落后的生产力，使得原来从事农业活动或者劳工性生产活动的工人有机会从事更高效率的生产活动。原始资本与技术的积累、规模效应的加强、产业结构的升级、生产力的解放与劳工技能的加强，以及伴随的城市内部创新能力的提高，都意味着城市规模的扩张将给城市发展带来巨大的机遇，我们将之称为城市规模扩张正效应。另外，城市规模的扩张也会带来一些所谓的"城市病"，尤其在城市发展的成熟期逐渐体现出弊端来。当城市规模扩张到一定程度，大量人口的流入使得城市难以负担其全部的公共服务，因此无法提供相应的社会福利，在公共服务提供上形成歧视，同时，低技能劳工的持续流入并持续从事重复性的工作对城市劳动生产率的进一步提升形成了障碍与壁垒；城市规模扩张带来的房价高涨、生活成本飞升将一群经济基础薄弱的高级技能工人和高学历人才拦在了城市之外，城市的创新动力不断的流失；土地成本和劳工成本的提高又迫使部分企业进行产业的迁移，使得城市的功能区被迫不断调整。公共产品的歧视、人才的流失和企业的迁离、低技能劳工的低水平收入锁定，都是城市规模扩张带来的负面发展影响，我们将之称为城市规模扩张负效应。

城市发展的早期，随着城市的起步与发展战略的调整，城市规模扩张的正效应较大，而负效应的影响尚还十分微弱，大大加速了城市的发展，城市内部的劳动生产率大幅度提升；当城市规模扩张到一定程度，城市规模扩张的负效应渐渐加强，并开始对城市的后续发展产生影响，并在特大城市的规模上达到城市生产率的最大值；然而，部分城市由于政策或其他因素，城市的规模仍会持续扩大并发展为国际大都市，这时候，城市规模扩张的负效应逐渐超过正效应，企业的迁离与人才的流失减弱了城市的发展后劲和创新的动力源泉。同时，城市规模扩张对低技能劳动的需求增大在城市内部锁定了低收入人群的工作与生活并对其在公共产品上形成歧视，使得城市内部的劳动生产率维持在中等水平上无法进一步突破。

（二）城市规模与企业盈利能力

城市规模的大小不仅会对城市生产率产生影响，各类型企业的盈利能力也会随城市规模的变化而产生差异。在五类七档的城市规模等级划分标准下，不同规模城市的国有、民营和外资经济的发展情况将呈现明显的差异，这里，我们通过2009年中国工业企业数据库来比较各类型企业的盈利能力情况。

从企业平均工业销售产值来看，国有经济的企业平均销售产值较大，外资经济次之，私营经济最小，这说明国有企业的企业生产和销售规模较大，生产能力较强。整体上看，各类型企业的企业平均销售产值随城市规模的增大先增大后减小，然而，Ⅱ型小城市的国有、私营、外资经济的企业平均销售产值却显著大于Ⅰ型小城市。不同城市之间私营经济的企业平均销售产值差别不大，其中Ⅰ型大城市的企业平均销售产值最大，超大城市的企业平均销售产值反而最小（见图2－6）。私营经济的企业平均工业销售产值偏小的主要原因可能在于私营企业的准入“门槛”低，造成私营企业的单位数远超过国有经济和外资经济，并产生数量庞大的小型私营企业，从而使得私营经济的企业平均销售产值偏小。

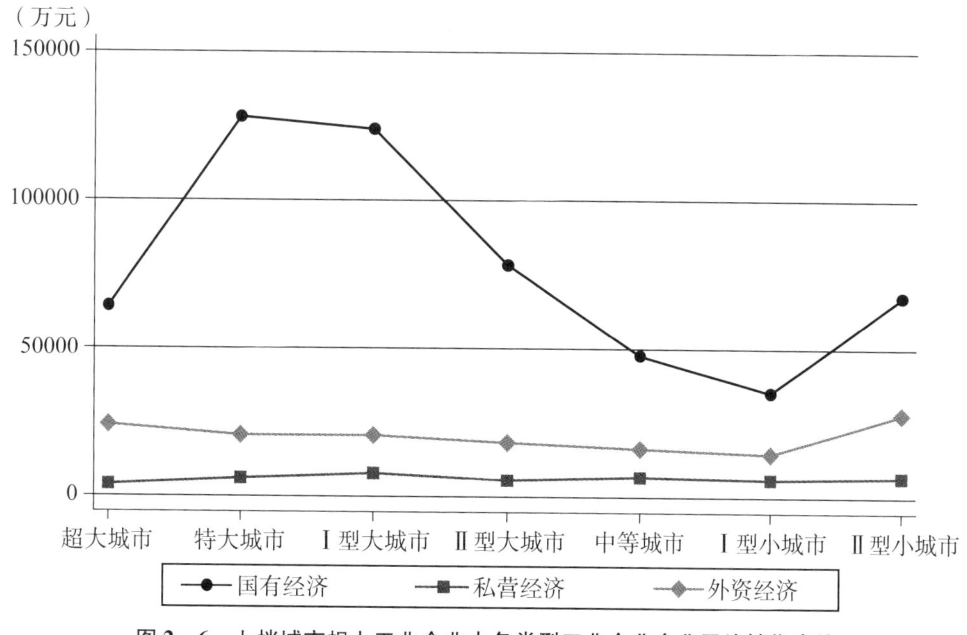

图2－6　七档城市规上工业企业中各类型工业企业企业平均销售产值

资料来源：作者自行整理。

企业利润决定了企业生存发展的空间和企业的盈利能力。不同规模城市之间各类型企业的利润存在很大的差异，整体来看，国有经济的企业平均利润大于外资经济大于私营经济。Ⅰ型大城市、中等城市、Ⅱ型小城市的企业平均利润相对偏大，而其他类型城市的企业平均利润要稍微次之。不同规模城市的私营经济的企业平均利润相差不大，Ⅰ型大城市和小城市的私营企业的平均利润略微偏高，而特大城市的私营企业的平均利润略微偏低（见图2－7）。小城市的经济基础一般比较薄弱，处于快速发展阶段，因此，拥有着更多的发展机遇，投资回报比大，利润水平更高；大城市偏高的企业平均利润主要得益于产业结构的调整和产业集聚的规模效应；特大城市的企业平均利润反而开始降低，主要是由于特大城市的私营经济活跃，市场竞争加剧，导致利润空间缩小。

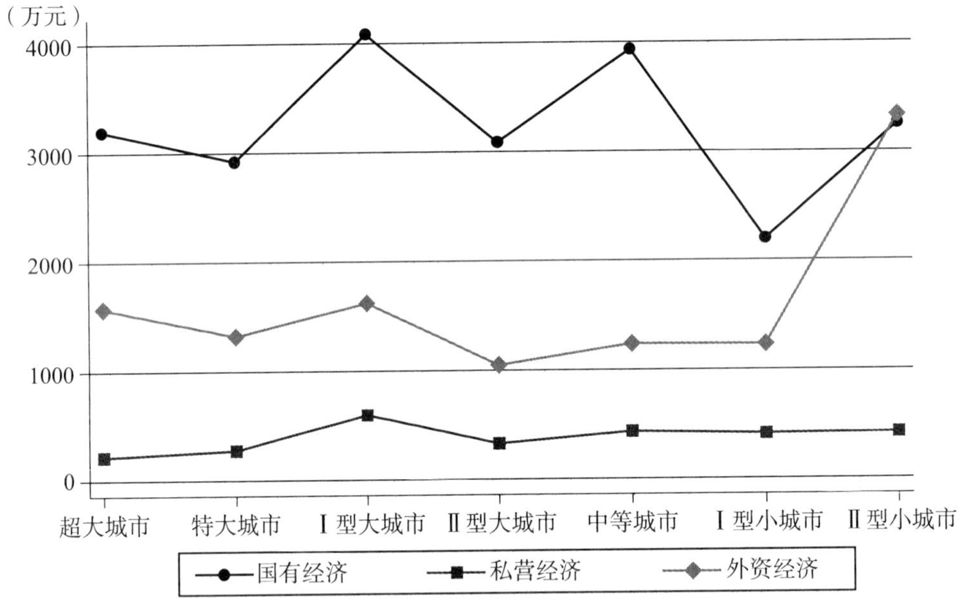

图2－7　七档城市规上工业企业中各类型工业企业企业平均利润

资料来源：作者自行整理。

为更好的评估企业的盈利能力，我们把企业当前年度的利润总额与工业销售产值的比例作为企业的利润率指标。超大城市、特大城市、Ⅰ型大城市、Ⅱ型大城市、中等城市、Ⅰ型小城市、Ⅱ型小城市的工业企业利润率分别为6.41%、5.34%、6.49%、6.16%、6.97%、6.7%、7.25%，不同规模城市的工业企业利润率基本保持在5%～7.5%，差异不大（见图2－8）。超大城市、特大城市的外资经济利润率较高，而国有经济、私营经济的利润率偏低；大中型城市的私营经济、外资经济的利润率比较接近，国有经济的利润率随城市规模增大反而降低；小城市的国有经济利润率较低，而外资经济的利润率反而较高。私营经济的利润率随城市规模的增大先增后减，Ⅰ型大城市的私营经济利润率最大为7.43%，而超大城市的私营经济利润率反而最小，仅5.18%。

整体来看，超大城市的城市规模和人口总量庞大，经济结构完整，国有经济、私营经济和外资经济都得到了相对均衡的发展；特大城市处于城市发展的成熟转型期，国有经济、私营经济和外资经济的利润率不断下降，尤其是国有经济的利润率下降显著；大城市和中等城市仍处在发展期，国有经济、私营经济和外资经济同步推进，利润率差异相对来说最小；小城市的各类型企业的利润率的差异是最大的，国有经济的利润率相对偏低，而外资经济的利润率较高。

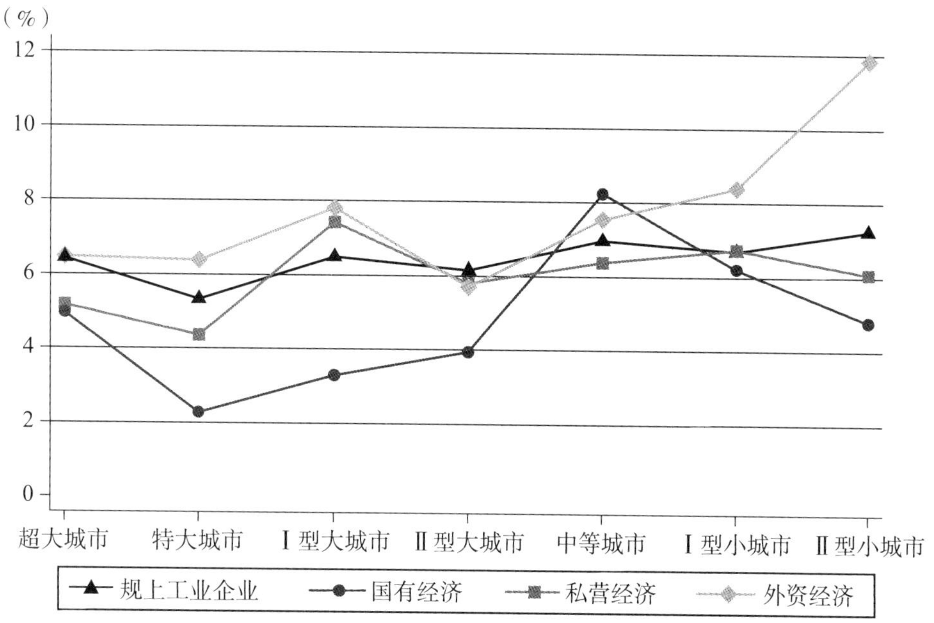

图 2-8 七档城市规上工业企业中各类型工业企业利润率

资料来源：作者自行整理。

五、民营企业与城市化的互动发展

伴随我国城市化的进程，城市发展水平提高，综合经济实力增强，在对人才的吸引力、信息交流能力、国际竞争能力、科技创新能力、交通通达能力等各层面显著提升。城市本身的发展与城市内部企业的发展紧密相关，一方面城市的发展会促进生产要素在城市内部的集聚，在资金、技术、人才等各方面支持和促进企业的发展；另一方面企业的发展将促进城市的产业结构的升级、创新能力和就业能力的提高，促进城市的全面发展。

城市的发展有一定的阶段性，在城市发展的起步阶段，城市的基础设施相对薄弱，对外来资本和企业不具有吸引力，因此，城市需要支持城市内部一些重点企业的发展，借助于企业的发展加速城市的发展步伐。当城市发展经过一段时期，城市的综合经济实力大大增强，土地成本和生活成本增加，企业的用工成本提高、工厂租金上涨、企业利润下降，这时，原先凭借城市支持发展起来的重点企业可能会迁离城市，寻找更加具有优势的发展区域。因此，在城市的发展过程中，早期，城市与民营企业互利互惠，共同发展，城市扶持企业，而企业服务于城市，实现共赢；后期，城市将对企业产生排挤效应，旧的企业离开，新的企业进入，城市内部的企业选择更加市场化，政府的作用逐渐弱化。

城市内部的重点企业的发展在早期能够充分享受城市提供的诸多便利，包括税收政策的优惠、土地供给的便利、廉价的人口劳动力等，但在城市发展水平达到一定程度后，不可避免的会对企业产生排挤效应，使得城市内部的企业结构不断调整。这里，我们将分别以深圳-华为、东莞-富士康、杭州-阿里巴巴为例，分析城市发展不同阶段对各类型民营企业和不同层次产业的影响。

（一）深圳-华为：城市与高科技产业

深圳的发迹与崛起，始于改革开放建立特区之后，在相对特殊的政策环境下，诞生了华为、中兴、腾讯、比亚迪、招行、平安、万科等非常优秀的企业，还有大批创新型科技企业。如今，深圳的金融产业和高新技术产业，早已成为特区经济的支柱。其中，招行和平安，是深圳金融产业的龙头；华为和中兴，则是深圳高新技术产业的骨干。深圳的崛起，一靠大量来自内地乡镇的低技能劳工；二靠外来的知识分子和科技人才的集聚；三靠珠三角地区无数的中小民营企业主。这三类群体，为深圳的发展提供了持续的动力。

华为企业成立于1987年，2015年营业额达到628.55亿美元，员工数170000人，位列世界500强129位。[①] 华为企业的早期发展离不开深圳城市的支持，特区的政策优惠与扶持为企业提供了相对宽松和自由的发展环境，知识分子和科技人才的集聚保证了企业发展的人才支撑，中低端制造业在深圳的集聚产生的规模效应，为华为企业的规模扩大与对外发展提供了有利的条件。深圳城市的发展，在产业集聚、人才吸引和土地供给等方面为华为企业的发展提供了诸多便利。华为企业在深圳的优势环境中迅速成长起来，不断壮大的华为企业逐渐成为深圳的工业经济支柱，并吸引高端科技人才和工业企业在深圳落户，促进了深圳的工业经济发展，增加了地方政府的财政收入，促进深圳产业结构的升级。

然而，随着深圳的过度城市化，深圳的房价持续攀升，抬高了城市发展的刚性成本，企业的土地成本、用工成本增大，利润空间不断被压缩。在这样的环境下，追求利润的企业向低成本地区的流动成为必然，华为也不例外。深圳房地产市场的过度活跃，在造成房地产库存高企的同时，严重挤压了工业产业发展的空间，导致房地产、金融行业对制造业（包括高端制造业）的挤出。

最终，华为选择了迁离深圳，转而在附近的东莞继续发展。比较深圳和东莞的企业成本，华为旗下的绿苑公司2015年竞拍获得的两块东莞的商住用地，楼面价平均2000多元，而在深圳，再加个零，也不一定能拿到。两个地区的土地成本差异非常之大。深圳的土地供给问题严重制约了华为企业的进一步发展，相比之下，融资成本、原材料成本、用工成本的差异显得反而不那么重要了。作为一线城市的深圳房价坚挺，土地成本、租金成本已成为决定企业去留的核心因素。

尽管华为从深圳迁至东莞，但其总部仍是留在深圳的。事实上，华为的迁移对总部经济发达的深圳影响并不会太大，而对于东莞而言，华为分公司迁至东莞后，势必将吸引一些其他中低端制造业在东莞落户，并为东莞带来大量的高端技术人才，改善东莞的人才结构和产业结构，促进周边地区的协同发展，同时会增加就业和税收，拉动城市的整体经济发展。

城市的起步发展通常会伴随着工业制造业的壮大，在此过程中，中低端的制造业逐步向高端制造业转变，积累资金、人才与技术。城市与企业的发展呈现出良性的共生关系，然而，高端制造业的发展对城市发展的推动作用较大，能够迅速帮助城市吸引并建立大量的配套产业的发展，吸引大量的人才流入，建立完善的金融体系。高端制造业的集聚效应对城市的发展具有极大的推动作用，容易造成城市的人口规模过度扩张，尤其是高层次人才和资金的大规模流入，使得城市的劳动力结构、数量以及资金水平发生较大的改变，从而可能催生城市的房地产价格、消费结构改变。反过来，对最初的制造业包括高端制造业产生挤出效应，从而被附加价值更高的房地产产业、金融产业所替代。

（二）东莞－富士康：城市与中低端制造业

改革开放以来，东莞的发展历程大致可以分为四个阶段，与我国城镇化阶段基本保持一致：1978～1984年为起步阶段，以“三来一补”的企业贸易形式为主推动外向型经济的发展；1984～1994年为腾飞阶段，基础设施建设大大加强，外来投资大幅增加，经济总量显著提升；1994～2000年为提升阶段，经济结构更加注重质量与效益，劳动密集型企业的单一结构被打破，资金技术密集型的企业迅速发展，民营经济在外资经济的协作带动下成长起来；2001年以来经济逐渐实行转型发展，更加注重创新型经济的发展。

1985年，东莞被批准列为珠江三角洲经济开发区，凭借优越的地理位置，东莞迅速吸引了大量的外商和外资，并成为全球最大的制造业基地之一，被称为“世界工厂”。在外资经济的影响下，东

---

① 资料来源于华为公开的企业简介与公司财务报表。

莞的产业结构基本以中低端的制造业为主，制造业总产值占规上工业总产值的90%以上，并涌现了一大批如富士康这样的劳动密集型企业。

富士康的企业员工以低技能劳动力为主，劳动力是最重要的生产要素。而东莞凭借优越的地理位置与廉价的人工成本，迅速吸引了富士康的落户。随着东莞城市化的发展，基础设施建设加强，越来越多的中低端制造业企业被吸引，而中低端制造业大规模集聚产生的规模效应，使富士康的生产成本降低，市场竞争力大大加强。此外，城市的发展吸引越来越多的内地劳动力流入，保证了富士康进一步规模扩张的劳动力供应，长期稳定的廉价人工成本成为企业最大的优势，保证了企业持续稳定的发展。

而伴随富士康等一大批制造业企业的发展壮大，劳动力需求不断增加，不断扩大的劳动力缺口吸引大量的内地劳动力（如重庆、河南等地）向东莞转移。中低端制造业企业的大规模聚集在带来规模经济的同时，促进了东莞高新技术产业的发展。制造业企业的实力增强使东莞上市公司不断出现，催生了金融服务业的需求，各类型金融机构迅速增加，金融业实力大大增强，改善了东莞的产业结构，使城市发展获得了新的活力。

然而，随着城市的发展，东莞的劳动力工资水平不断提高，东莞制造业企业的发展陷入了困境。一方面，人工成本的增加、工厂租金的上涨，压缩了企业的经营利润，迫使企业主向其他地区转移甚至逃离实体经济；另一方面，东南亚地区的人工成本比东莞低得多，使得东莞逐渐丧失原来的廉价劳动力优势，以至于制造业集聚的规模效应也远远无法弥补。本土企业面对订单的减少、价格的下降、员工工资的上涨，被迫只能减少员工又导致订单主动减少，陷入而恶性循环；外资企业则开始谋划离开东莞，寻找人工成本更低的制造基地。如今，富士康在东莞的发展同样受到人工成本的极大制约，作为以低技能劳动者为主的劳动密集型企业，员工薪酬支出是富士康重要的生产成本，也是决定企业竞争力的重要因素。东莞城市发展水平的提高，拉升了整个城市的消费水平和人均收入，劳动力成本显著提高，使得富士康的生存发展逐渐变得不利，企业迁移的动因不断增强。东莞由于人工成本增加对富士康等企业产生的挤出效应正变得越来越强烈。

不同于高端制造业显著的溢出效应，中低端制造业的发展往往不会带来城市化的过度发展。中低端制造业更多是凭借产业的集聚效应，吸引低技能劳动力在区域间的自由流动。中低端制造业的发展对于任何城市的早期发展都拥有着重要的影响，也容易造成部分城市在发展过程中陷入中低端制造业的产业结构锁定，从而难以突破旧有的产业结构。中低端制造业的发展受到劳动力成本的极大约束，用工成本的增加会立即促使中低端制造业的区域转移，寻找拥有更加廉价劳动力的地区。对于城市来说，城市化的发展必然会带来消费水平和消费结构的变化，导致劳动力成本的提高。这虽然会造成对中低端制造业的挤出，但同时会促使城市内部更高附加价值产业的发展，从而与不断提高的劳动力成本相匹配，突出潜在的“中低端制造业锁定”，实现城市化的新阶段发展。

（三）杭州 - 阿里巴巴：城市与“互联网 +”

杭州的崛起，本质上是区域发展中民营经济的崛起，随着民营经济的地位越来越重要，杭州的城市话语权不断加大。在10多年前，城市经济基本以国有经济和外资经济为主，而杭州作为区域性的中心城市，既没有北京那样发达的国有经济，也不像上海那样对外企具有吸引力，有的只是一大批刚刚起步的民营企业。而在10多年后的今天，外企开始大规模的转移，国企体制僵化、活力不足，陷入产能过剩的困境，相反，民营企业凭借其强大的创新能力和灵活应变能力，在日趋复杂的竞争市场中获得了更强的活力。

杭州作为民营经济最活跃的浙江省的省会城市，被誉为民营经济之都，不仅诞生了娃哈哈、吉利、农夫山泉等明星民营企业，更是拥有阿里巴巴这样的电商巨头。阿里巴巴已经成为杭州的一张新名片，同样的，阿里巴巴作为民营企业能够取得如此巨大的成功也离不开杭州这个独有魅力的城市。

正是杭州活跃的民营经济氛围给予了阿里巴巴成长的土壤，使其在相对自由灵活的市场环境中参与竞争，并充分享受杭州政府对民营企业的优待，在政府的帮助下不断发展壮大。

民营经济在杭州这片土壤得到了滋润，同时大力促进了杭州的城市发展与整座城市的转型升级。作为互联网三大巨头之一的阿里巴巴，尤其是在上市之后，声望达到了极致，同时大大提升了杭州的名气，使得海内外都对杭州这座城市有了更加深入的了解。在阿里巴巴的影响下，杭州的互联网企业发展迅速，并点燃了“大众创业、万众创新”的激情，成为全国最具有创新创业精神的城市之一。互联网产业的发展，浓厚的创业氛围逐渐吸引越来越多的创业型人才来到杭州这座城市寻找机遇，加快了杭州高水平城市化的建设。阿里巴巴与杭州的共同发展以良好的势头进行着，互联网企业的发展给城市带来了便利，城市不断完善的基本公共服务吸引更多的人才汇聚，为互联网企业的发展提供源源不断的动力。

此外，阿里巴巴打造的互联网生态加快了杭州智慧城市的打造，使得杭州的发展在各大省会城市间拥有突出的优势。阿里巴巴深度参与了杭州智慧型城市的建设，包括医疗服务、交通出行、生活缴费等，给杭州市民带来了诸多便利。城市服务的网络化，不仅使普通市民节省了大量的时间，提高了办公的效率，更重要的是线上网络政务拓宽了市民的反馈渠道，便于广大市民监督公务人员的服务质量，提高了市民对社会治理的参与度，同时有利于督促政府提高政务服务的质量。阿里巴巴的互联网优势与整座城市的建设紧密联系在了一起，生活在杭州的市民似乎随处可以感受到阿里巴巴的存在，这正是企业给城市带来的便利，企业为城市增添的魅力。

“互联网+”的概念是一个新兴的概念，在早期的发展关系中，尚不成熟的“互联网+”产业很难对城市发展产生明显的促进作用。随着“互联网+”产业的逐步成熟，将产生巨大的溢出效应，革命性的改变城市内部的产品流通模式，重点体现在交易的环节。“互联网+”能够有效的整合城市内部的以及城际、省际之间的资源，提高交易环节的效率，释放城市发展的潜力。不仅能够推动城市化进程的加快，更重要的是改变了城市化进程中城市化的发展模式，逐渐由传统的产业模式、民生领域向互联网时代的城市生活方式转变，保证了城市可持续发展的前瞻性。

六、民营经济发展与城镇化：未来展望

新型城镇化是从我国处于社会主义初级阶段这个最大实际出发，遵循城镇化发展规律，对我国城镇化道路提出的新的要求。新型城镇化强调推进农业转移人口市民化和城乡一体化发展，坚持工业化、信息化、城镇化和农业现代化的共同发展，优化城镇化布局与形态，提高城镇化质量与效率，促进人的全面发展。随着民营经济的地位越来越重要，新型城镇化的建设离不开民营经济的发展，而城镇化的未来发展趋势可能对民营经济的发展产生重要影响，如何有效地协调民营经济与新型城镇化的共同发展成为新型城镇化的关键问题。

由于早期粗放式的城镇化模式，我国的一些大规模城市普遍存在过度扩张、人口压力大、资源环境承载能力超过极限的问题，并且存在环境污染、交通堵塞、房价高企等城市病。中小城镇吸纳人口的能力有限，未来几年，小城镇人口比重将不断下降，大规模城市的人口总量迅速增加。城市的空间利用效率低下，基础设施的运营水平偏低，基本公共服务供给能力不足，导致我国的城市化发展质量不高，制约着民营经济的发展。

（一）民营经济发展与人口转移

目前我国常住人口城镇化率达到55%，而户籍人口城镇化率尚不到40%，2.34亿的农民工及其随迁家属（被统计为城镇人口）由于户籍制度的影响无法享受城镇居民的基本公共服务。

农民工已经成为我国产业工人的主体，然而，由于户籍制度的分隔，农民工在城市里无法获得稳

定的生活环境，造成了农民工在城镇的就业是不稳定的，农民工群体会经常性的变换工作以及工作地点。农民工工作的不稳定不仅导致了雇主不愿意投入过多的培训成本，使得农民工群体的劳动技能长期锁定在低水平，同时导致了城镇的产业集聚与人口集聚的不同步，产业集聚的固定成本较高，由于人口集聚的不确定性，造成了产业集聚的困难。

目前，城市的新增农民工大多在进入“门槛”低的民营经济领域就业，主要集中在批发和零售业、交通运输业、仓储和邮政业、住宿和餐饮业等行业。城镇的民营经济就业比重已经高达四成，其中，城镇新增农民工集中在民营经济领域是民营经济就业比重不断提高的重要原因。

随着城镇化进程中的农村人口转移，民营经济领域的农民工比例和总量将进一步增加。因此，农民工的劳动力性质及其就业稳定性，将对民营经济的长期发展产生非常重要的影响。农民工的流动性大，是民营企业不愿意投入过多培训成本以提高农民工劳动技能的重要原因，即使这种投入短期内可能使其收益；农民劳动技能水平低的事实以及锁定效应，导致了农民工“就业难”与民营企业“用工荒”的矛盾，民营企业的熟练工人需求的缺口很大，而大部分农民工却无法达到标准，停滞在就业市场中，造成就业结构的不匹配。

民营企业以小规模的中低端制造业和低端服务业为主，目前，民营企业的用工情况仍以一年为周期甚至更短，企业员工的技能培训不足，从而很难实现人才和技术的积累。农民工群体的低技能劳动力的锁定同时也是民营企业的低层次人才的锁定，导致小规模民营企业的人才、技术积累不足，创新能力极弱，难以发展壮大，成长为大规模的创新型企业。

因此，促进民营企业做大做强，一个关键因素在于实现民营企业初始的人才和技术积累，而民营企业的劳动力以农民工为主。农民工群体劳动技能提高的关键因素，仍然在于保证劳动力的稳定提供。

针对数量大、增长快、流动性强的农民工群体，其市民化进程不能仅仅依靠民营企业和员工本身，政府应该发挥更大的作用，灵活放宽民营企业员工的落户限制。目前，我国的户籍制度主要以就业年限、居住年限、城镇社会保险参保年限等为基准条件。在落户的就业条件中，需要适当提高小规模民营企业的地位，在落户的就业条件上缩小差距，促进小规模企业与员工形成长期稳定的发展关系。同时，要拓宽小规模民企的社会保险参保渠道，有选择地引入商业保险公司并建立灵活地机制，并适当性地增加政府和企业的缴费比例，以鼓励民企员工积极参加城镇社会保险。

此外，市民化进程中要构建以政府为主导，政府、企业、个人共同参与的市民化成本分担机制，根据不同类型的农业转移人口，明确政府、企业、个人的市民化分担成本，深化政府的作用，增大政府的分担成本比例。市民化进程中政府需要承担更多的短期成本，减轻企业和个人的负担，推进农民工群体的市民化进程，落实稳定的就业关系，这将促进民营企业做大做强，实现现代化、规模化发展，更好地发挥民营经济在城市转型发展中的巨大作用。

（二）民营经济发展与城市群建设

我国东中西部的城市化水平差异非常明显，东部地区人口密度大，资源和环境约束收紧，而中西部地区地广人稀，城市群建设明显不足。

东部地区拥有我国最大的三个城市群——京津冀、长江三角洲和珠江三角洲，是我国创新能力最强、吸收就业人口最多的地区。其中，京津冀城市群位处北方政治经济中心，国有经济相对发达；珠三角濒临港澳、港口经济发达，外资经济比例高；而长三角城市群的民营经济相对更加活跃，其中包括了民营经济最活跃的浙江省。

随着城镇化进程的推进，长三角城市群将成为仅次于美国波士顿城市群（以纽约为核心）的世界第二大城市群，而上海都市经济圈也将成为仅次于纽约的世界第二大都市经济圈。[①] 未来二十年，

① 浙江省政府咨询委课题组：《世界·中国·长三角——未来二十年浙江经济社会的发展环境研究》。

我国的人口总量和城镇人口总量都将达到峰值。而最大的人口规模将集中在长三角地区，其中长三角地区新增人口中的农村转移人口将超过半数。民营经济将占据绝对优势，随着国企效益降低，外企逐渐移出，新增的经济体量绝大部分由民营经济贡献，国有经济和外资经济的增幅远远不如民营经济。

长三角城市群的建成直接带来大量的资金、技术和人才的流入，形成极强的产业集聚和人口集聚。长三角地区形成一个小型的经济生态圈，区域内部的交易壁垒和人员流动限制逐渐消除。区域内的全方面发展，形成了对各层次劳动力的需求，无形中减缓了劳动力的短期自由流动，使得企业与劳动力之间能够形成长期稳定的雇佣关系，破除农民工“低技能锁定”。同时，长三角经济圈内部的户籍制度分隔将由于世界级城市群的建设逐渐打破，转移人口实现工作所在地的稳定就业，释放了劳动者的人力资源潜力，为民营企业的规模化发展提供了人力资源保证。区域内同区域外的交易更加具有特质性，产业的分工更加明晰，提高资源的配置效率。

京津冀城市群以首都经济圈为核心，打造新型的政治文化旅游中心。京津冀城市群的规模控制在合适范围内，尤其是首都的城市规模。首都核心圈的人口逐步实现向长三角城市群的转移，减轻首都的环境、资源与人口压力，形成政治特色的文化旅游中心和生态文明中心。首都经济圈承载更多的政治职能，适当弱化并转移经济职能，更多的经济职能由长三角地区的上海都市经济圈承载，形成南北的经济—政治两极，实现政治与经济的分离治理。政治—经济的分离治理将有助于减弱民营经济发展过程中，政府的直接干预，营造相对自由的民营经济发展环境。

珠三角城市群将进一步向内陆连通，增强同江西、湖南、广西等地的联系，增强对外经济的承接能力。凭借濒临港澳的地理优势，形成新的世界级的金融中心和港口贸易中心。

中西部地区土地面积大，人口密度相对稀薄，缺乏规模大、基础好的城市群。对于中西部城镇体系相对健全、城镇经济比较发达的地区，加快引导东部地区效益好的劳动密集型企业优先转移，以重新吸纳东部返乡的农民工。同时，以成都、重庆为中心重点打造成渝城市群，带动西部地区的经济发展；以武汉、郑州为中心，连通各个城市群，成为各大城市群贸易连通的中转枢纽；以哈尔滨、长春为中心，打造哈长城市群，振兴东北重工业基地，发展“大国重器”。在中西部地区，培育壮大新的城市群，使其成为区域经济发展重要的增长极。此外，中西部一些地区的地势与气候环境极其恶劣，发展的成本极高，不如考虑将这些地区的人口和产业有序的迁往附近的城镇，而使其成为水源保护区和生态涵养区，发展生态旅游行业。

（三）城市化与基本公共服务的民营化

随着城市化的发展，我国的城市规模不断扩大，500 万人以上人口的特大城市迅速增多，城镇人口逐渐集中在人口超过 100 万人的大城市。

城市内部不断增大的人口规模与城市有限提供的基本公共服务构成了城镇化进程中的重要矛盾。一方面，人口和产业加速向大城市集聚，形成更强的规模经济和集聚效应；另一方面，大城市的基本公共服务供给的增加速度远远比不上需求的增加速度，导致基本公共服务提供的不足，形成实质上公共产品供给的歧视性。

公共产品的供给不足会严重影响城镇化的质量与水平，使得城镇化带来的消费潜力释放、劳动力结构优化等好处难以有效的发挥，制约民营经济的发展。

目前，基本公共服务大多是由政府提供，而政府在提供公共产品时往往需要经过复杂烦琐的行政审批，同时受到资金约束和行政约束等，导致公共产品提供的滞后性与不足。城镇化的发展将带来更大的公共产品供给的缺口，不断增大的缺口为民营经济进入该领域提出了要求。因此，城市化水平的提高势必要求民营经济更多地参与到公共产品的供给中。

目前，大城市的基本公共服务质量较高，因此，吸引了更多的转移人口，以致需求远远超过供给，从而实行户籍制度加以分隔。相比之下，中小城市的基本公共服务虽然质量略低，但供给相对充足。

深受重视的教育、医疗、就业等基本公共服务，一般都属于国有范畴，民营经济的话语权不大。这主要是因为这类基本公共服务以民生保障为主要目的，政府占据主导作用，因此，民营企业的进入"门槛"高、限制多。然而，城市化的快速发展，使得人口在全国范围内的城市间、城乡间大规模流动，基本公共服务的调整远跟不上需求的变化，亟须更加灵活的机制满足市场需求的变化。民营经济的参与介入成为了最佳的解决方式。

相比于学校、医院等，我国的公立幼儿园和托儿所资源较少，但却建立了大量的私立幼儿园，其中不仅有设施完善、资源丰富的高级幼儿园，也有很多设施一般、满足基本教学的普通幼儿园和民工幼儿园，满足大量农民工子弟的入学需求。反观，医院、学校基本以公立性质为主，导致民营医院和民营学校发育不足。农业转移人口的快速流入，使得医院、学校的需求迅速增加，而供给却由于许多体制上的因素变化缓慢，从而导致大量的农业转移人口无法享受基本公共服务的保障。因此，城市化水平的提高势必会促使民营经济的多元化，进入公共产品的供给领域。要加强对大量农业转移人口的基本公共服务覆盖，必须建立更加灵活的供给机制，逐渐实现基本公共服务领域的民营化，加快民营经济的发展。

推进基本公共服务领域的民营化，使更多民营企业参与进来，将提高公共服务领域的市场化程度，更多的由市场决定企业的去留与公共服务的质量和数量。在市场竞争和自然选择下，城市的公共服务供给必将增加，同时满足各层次的需求。然而，由于基本公共服务大多为社会保障性质，政府对行业内的民营企业要加强监管，着重体现在进入后的监管，尤其是医院、学校、社保等，加强规范管理和价格管理，保证其合法经营与管理。总的来说，优先由市场来决定城市的基本公共服务提供，促进民营企业作用的发挥，而政府主要起到事后的宏观调控和弥补不足的作用。

参考文献

[1] 陈红泉．珠海经济特区发展报告［C］//中国经济特区发展报告，2014.

[2] 邓宏图．转轨期中国制度变迁的演进论解释——以民营经济的演化过程为例［J］．中国社会科学，2004（5）：130－140.

[3] 樊纲．论体制转轨的动态过程：非国有部门的成长与国有部门的改革［J］．经济研究，2000（1）：16－17.

[4] 国务院发展研究中心和世界银行联合课题组．中国：推进高效、包容、可持续的城镇化［M］．北京：中国发展出版社，2014.

[5] 国家新型城镇化规划（2014～2020年）［M］．北京：人民出版社，2014.

[6] 江诗松，龚丽敏，魏江．转型经济中后发企业的创新能力追赶路径：国有企业和民营企业的双城故事［J］．管理世界，2011（12）：96－115.

[7] 柯善咨，赵曜．产业结构、城市规模与中国城市生产率［J］．经济研究，2014（4）：76－88.

[8] 李培．最优城市规模研究述评［J］．经济评论，2007（1）：131－135.

[9] 李强，陈宇琳，刘精明．中国城镇化"推进模式"研究［J］．中国社会科学，2012（7）：82－100.

[10] 梁婧，张庆华，龚六堂．城市规模与劳动生产率：中国城市规模是否过小？——基于中国城市数据的研究［J］．经济学：季刊，2015（3）：1053－1072.

[11] 梁琦，陈强远，王如玉．户籍改革、劳动力流动与城市层级体系优化［J］．中国社会科学，2013（12）：36－59.

[12] 刘迎秋，刘霞辉．非国有经济改革与发展30年：回顾与展望［J］．经济与管理研究，2009（1）：29－34.

[13] 陆大道．我国的城镇化进程与空间扩张［J］．城市规划学刊，2007（4）：14－17.

[14] 马孝先．中国城镇化的关键影响因素及其效应分析［J］．中国人口·资源与环境，2014，24（12）：117－124.

[15] 秦佳，李建民．中国人口城镇化的空间差异与影响因素［J］．人口研究，2013（2）：25－40.

［16］王爱凤，彭树堂，王善杰，等．中国民营科技企业发展报告［C］//中国民营经济发展报告 No. 3. 2006.

［17］王劲松，史晋川，李应春．中国民营经济的产业结构演进——兼论民营经济与国有经济、外资经济的竞争关系［J］．管理世界，2005（10）：82－93.

［18］王争，史晋川．中国私营企业的生产率表现和投资效率［J］．经济研究，2008（1）：114－126.

［19］谢健．民营经济发展模式比较［J］．中国工业经济，2002（10）：76－82.

［20］张鸿雁．中国新型城镇化理论与实践创新［J］．社会学研究，2013（3）：1－14.

［21］张丽琴，陈烈．新型城镇化影响因素的实证研究——以河北省为例［J］．中央财经大学学报，2013（12）：84－91.

［22］浙江省政府咨询委课题组，史晋川．世界·中国·长三角——未来二十年浙江经济社会的发展环境研究［J］．浙江社会科学，2012（2）：4－10.

［23］"中国个体私营经济与就业关系研究"课题组．中国个体私营经济与就业关系研究报告［J］．中国工商管理研究，2015（11）：52－58.

［24］中国社会科学院工业经济研究所课题组，黄群慧，黄速建．论新时期全面深化国有经济改革重大任务［J］．中国工业经济，2014（9）：5－24.

［25］中华全国工商业联合会课题组．中国民营经济的三大历史性变化［J］．经济理论与经济管理，2007（3）：11－21.

［26］Au C C，Henderson J V. Are Chinese Cities Too Small?［J］. Review of Economic Studies，2006，73（3）：549－576.

［27］Henderson J V. The Sizes and Types of Cities.［J］. American Economic Review，1972，64（4）：640－56.

［28］Liu X Y. Agglomeration Economies，Public Infrastructure and Labor Productivity：Evidence from Chinese Urban Panel Data［J］. Journal of Finance & Economics，2010.

第三章　民营经济的产业转型升级*

在中国从计划经济向市场经济的转轨过程中，民营经济悄然兴起并逐步发展壮大。随着制度约束的放松、成长环境的优化，民营经济不断进行组织变革与创新，开发新产品、进入新领域，成为平等的市场竞争主体。因此，中国民营经济从小变大、由弱变强的历史亦折射出一个朝产权更明晰、融资更便利、法律更完善方向迈进的制度变迁过程。

进入21世纪以来，中国民营经济面对经济全球化的冲击和不断升级的竞争压力，迫切需要转型升级。一方面，民营企业为适应市场环境的变化和企业内部的调整，在所有制结构和管理方法上进行变革，具体体现为民营企业生产结构从粗放型向集约型转变，从劳动力密集型向资本密集型转变等，即产业转型。另一方面，民营企业的产品从低附加值向高附加值升级，产业领域从第二产业向第三产业升级，对高新技术的获取途径从模仿到自主创新升级等，即产业升级。

一、民营经济转型升级：历史回顾

民营企业形式各异，但具有一些共同的特征：在计划经济时期，他们在计划体制外开辟生存和发展的空间；在向市场经济转轨时期，它们并不完全受掌握资源的政府直接控制，主要依靠自身的力量参与市场竞争。改革开放以来，我国社会主义市场经济体制在摸索中逐渐确立，政府对民营经济的管制逐渐放宽，有利于民营企业发展的政策相继出台，民营经济得以快速发展并不断转型升级，逐渐成为国民经济中不可或缺的重要力量。

（一）民营经济：发展初期的产业结构

1978～1992年邓小平同志发表南方谈话之前的这一阶段中，政府对民营经济的政策由消极限制、不予支持逐渐转变为鼓励引导、监督管理，民营经济的合法性逐渐得到政府承认并最终写入宪法，个体经济和私营经济的合法地位得到保护（参见表3-1）。在这一背景下，民营经济在全国范围内迅速恢复和发展。

表3-1　有关民营经济的制度演变：1978～1991年

时间节点	会议/文件	主要内容
1981年6月	十一届六中全会	个体经济是公有制经济必要补充
1982年9月	中共十二大	个体经济是公有制经济必要的、有益的补充
1982年12月	全国人大五届五次会议	将"个体经济是社会主义公有制经济的补充"写入宪法
1987年1月	中央第5号文件《把农村改革引向深入》	去除对个体工商户雇工数量的限制
1987年10月	中共十三大	私营经济是公有制经济必要的、有益的补充，允许其存在和发展
1988年4月	全国人大七届一次会议	将"私营经济是社会主义公有制经济的补充"写入宪法

资料来源：根据国家相关政策文件整理。

* 研究人员：朱希伟、张允达。

在经济总量上，1978～1991 年的 14 年间中国民营经济的增加值从 1377.46 亿元增加至 9729.98 亿元，按可比价格计算增长了近 7 倍，年均增长率约 15%。民营经济的第一产业增加值从 1978 年的 961.11 亿元增加至 1991 年的 4967.07 亿元，年均增长率为 12.4%，占三次产业的比重从 1978 年的 69.77%降至 1991 年的 51.05%；第二产业增加值从 1978 年的 334.07 亿元增加至 1991 年的 3135.22 亿元，年均增长率为 17.3%，所占比重从 1978 年的 24.25%升至 32.22%；第三产业增加值从 1978 年的 82.28 亿元增加至 1991 年的 1627.70 亿元，年均增长率为 23.76%，所占比重从 1978 年的 5.97%升至 16.73%①。这一时期民营经济三次产业中第一产业的增加值长期占民营经济总增加值一半以上。在民营经济获得合法地位之前，三次产业中只有民营第一产业保持较快的增长速度，当个体经济合法性得到承认之后，民营第一产业增速开始逐渐放缓，而民营第二、第三产业增加值占比出现上升趋势，总体上民营第三产业的增长速度最快，第二产业次之，第一产业增长最慢（见表 3－2）。

表 3－2　**1978～1991 年民营经济三次产业结构变化情况**

年份	产业增加值占比（%）			从业人员数量占比（%）		
	第一产业	第二产业	第三产业	第一产业	第二产业	第三产业
1978	69.77	24.25	5.97	84.23	10.27	5.50
1979	71.75	22.96	5.29	83.67	10.63	5.71
1980	69.37	25.34	5.29	82.65	11.35	6.00
1981	69.90	24.37	5.74	82.12	11.43	6.45
1982	71.02	23.84	5.13	82.14	11.68	6.18
1983	69.76	24.88	5.36	80.74	12.08	7.18
1984	65.01	24.54	10.45	76.18	13.66	10.16
1985	59.15	26.19	14.66	74.37	14.73	10.90
1986	56.30	28.60	15.09	72.75	15.98	11.27
1987	54.39	29.72	15.89	71.69	16.40	11.91
1988	52.03	31.20	16.77	71.04	16.58	12.38
1989	51.78	31.28	16.94	71.85	15.84	12.32
1990	55.88	29.73	14.39	70.17	16.46	13.37
1991	51.05	32.22	16.73	69.99	16.39	13.62

资料来源：相关年份《中国统计年鉴》《中国工业经济统计年鉴》《中国劳动统计年鉴》。

从三次产业从业人员结构来看，1978 年民营经济从业人员总数为 3.27 亿人，1991 年增长至 5.48 亿人，年均增长 3.76%。其中第一产业从业人员从 1978 年的 2.75 亿人增加至 1991 年的 3.84 亿人，但其占民营经济的比重从 84.23%下降到 70%；第二产业从业人员从 3359 万人增加至 8986 万人，14 年间增长了 2.68 倍，年均增长 7.28%，所占比重从 10.27%提高至 16.39%；第三产业从业人员从 1799 万人增加至 7470 万人，增长了 4.15 倍，年均增长 10.7%，所占比重从 5.5%提高至 13.62%②。在民营经济获得合法地位之前，民营第一产业从业人员的比重始终保持在 80%以上，5 年间仅仅下降了 4 个百分点，民营第二和第三产业的比重仅提升了 1.8 和 1.6 个百分点。当个体经济合法性得到承认之后，民营第二、第三产业从业人员数量开始迅速增加，民营第一产业从业人员数量则明显下降（见表 3－2）。总体而言，第一产业从业人员比重长期保持在五成以上，占据主导地位，而民营第二、

①② 资料来源：《中国统计年鉴》（历年）；《中国工业经济统计年鉴》（历年）；《中国农业统计资料》（历年）；《中国劳动统计年鉴》（历年）。

第三产业从业人员所占比重较低，但呈不断上升之势。

从三次产业民营企业分布来看，至1985年，个体工商户在第二产业中的户数为156.1万户，占三次产业个体工商户总数的比重为13.33%；而个体工商户在第三产业中的户数则达到1015.1万户，占比达到86.67%①。在民营经济获得合法地位之前，民营经济主要以家庭联产承包责任制的形式分布在第一产业；当个体经济的合法性得到法律承认之后，第二、第三产业从业人员数量开始迅速增加，民营第一产业从业人员数量则明显下降。而民营经济中个体工商户则主要分布在交通运输仓储业、批发零售业、餐饮业等传统服务业。

随着个体经济逐渐兴起，企业雇工数量成为制约企业规模的主要因素。马克思曾做出论述："在资本主义生产下，增加财富是前提。为了使他的生活只比一个普通工人好一倍，并且把所生产的剩余价值的一半再转化为资本，他就必须把预付资本的最低限款和工人人数都增加为原来的8倍。"② 这一度使得雇工数量成为区别企业性质的标准：雇工在7个人以下被认为不存在剥削，归属于个体企业；雇工在8个人及以上被认为存在对剩余价值的剥削，归属于私营企业。在个体工商业逐渐兴起的潮流中，一些以合伙经营、雇工大户为模式的个体商户逐渐成长，其中不少规模颇大的商户雇工已经超过了8人，成为私营企业。最初出现的私营企业多以乡镇企业形式存在。③ 一方面私营企业具有强大的吸纳劳动力的作用。农村经济体制改革与紧随其后的城市经济体制改革产生了大量的剩余劳动力，而私营经济雇工经营的模式对劳动力具有相当大的需求，吸纳了大批适龄中青年就业，有效减缓了国家对失业人员就业安置的困难，减轻了社会负担。另一方面私营经济对国有经济形成了有力补充。私营经济具有小型、分散、灵活、多样的特点，使其在生产经营农副产品、工业小商品和活跃城乡市场等方面具有大中型国有企业无法替代的优势。因此，虽然当时工商界对私营企业是否合法的问题存在较大争议，但政府总体上采取默许其发展的态度，既没有大肆鼓励也没有明令禁止，私营经济因而得以发展壮大。1987年，中央发布5号文件《把农村改革引向深入》正式去除对雇工数量的限制。1988年初，私营经济合法地位得到确立，私营企业的生产经营得到了有力保障，在全国各地工商行政管理机关办理注册登记的私营企业数量迅速增加。至1988年底，全国（除西藏、山西、黑龙江外）已注册的私营企业发展到40638家，雇工人数达到723782人。加上大量挂集体企业牌子和混杂于个体工商户、个人合伙及乡镇、街道企业中的私营企业在内，实际的私营企业估计有20多万家。④

总体而言，政府对民营经济的态度历经观察、默许，而后变为支持与肯定，继而承认个体经济与私营经济的合法地位并先后写入宪法，对民营经济的合法性给予法律层面的保护。这一时期民营经济转型升级的特征可以总结为：在产业结构上，民营第一产业占据主导地位，而民营第二、第三产业所占比重较小；在经营模式上，民营企业广泛采取雇工经营的模式；在经济规模上，民营经济的总体规模仍然较小。

（二）民营经济：扩张时期的产业演变

1992年邓小平同志发表了著名的南方谈话，谈话中提出的"三个有利于"科学论断为非公有制经济的发展扫除了理论上的障碍。个体工商户、私营企业主等非公有制经济队伍不断扩大。1992年中共十四大进一步提出"多种经济成分共同发展"，中国民营经济逐渐融入社会主义现代化建设的进程，成长为国民经济发展的重要推动力量。在这一阶段，政府提出对多种所有制经济一视同仁的政策主张，开始营造平等竞争的民营经济发展环境（见表3-3）。

---

① 资料来源：《中国工商行政管理年鉴》（1986年）。

② 马克思恩格斯全集（第23卷）[M]. 北京：人民出版社，1975：342.

③ 朱方明. 私有经济在中国 [M]. 北京：中国城市出版社，1998：239.

④ 陆百甫. 大重组——中国所有制结构重组的重大问题 [M]. 北京：中国发展出版社，1988：170.

表 3－3　有关民营经济的制度演变：1992～2004 年

时间节点	会议/谈话	主要内容
1992 年 1 月	邓小平南方谈话	“三个有利于”价值判断标准
1992 年 12 月	中共十四大	多种经济成分共同发展
1993 年 11 月	十四届三中全会	对公有制经济与非公有制经济一视同仁
1997 年 9 月	中共十五大	非公有制经济是社会主义市场经济的重要组成部分
1999 年 3 月	全国人大九届二次会议	将“非公有制经济是社会主义市场经济的重要组成部分”写入宪法
2002 年 11 月	中共十六大	民营经济从业人员、私营业主等社会新阶层都是中国特色社会主义事业的建设者

资料来源：根据国家相关政策文件整理。

在总量上，1992～2004 年的 13 年间中国民营经济的增加值从 11706.24 亿元增加至 72596.11 亿元，按可比价格计算增长了 6.2 倍，年均增长率约 15.1%。民营经济的第一产业增加值从 1992 年的 5430.72 亿元增加至 2004 年 19563.82 亿元，年均增长 10.36%；第二产业增加值从 1992 年的 4118.13 亿元增加至 2004 年的 25853.97 亿元，年均增长 15.18%；第三产业增加值从 1992 年的 2157.39 亿元增加至 2004 年的 27178.32 亿元，年均增长 21.52%。其中，第一产业占三次产业比重从 1992 年的 46.39% 降至 2004 年的 26.95%；第二产业比重在 1992 年为 35.18%，在 1996 和 1997 年升至 40% 左右，随后稳定保持在 32%～35% 的区间；第三产业比重从 1992 年的 18.43% 升至 37.44%①。在这一阶段，民营经济第三产业所占比重迅速提升；民营第二产业所占市场份额稍有波动，在少数年份出现突然上涨，但随后迅速回落，总体保持在稳定水平；民营第一产业所占比重持续下滑，从接近一半缩减至不足 1/3；在 2001 年，民营三次产业增加值所占比重基本相等，此后民营第二、第三产业占比都开始超过民营第一产业（见表 3－4）。

表 3－4　1992～2004 年民营经济三次产业结构变化情况

年份	产业增加值占比（%）			从业人员数量占比（%）		
	第一产业	第二产业	第三产业	第一产业	第二产业	第三产业
1992	46.39	35.18	18.43	68.73	16.75	14.52
1993	41.63	39.81	18.56	66.22	17.54	16.24
1994	42.47	40.13	17.40	63.60	18.23	18.17
1995	42.21	36.94	20.85	61.10	18.65	20.24
1996	38.83	40.38	20.78	59.01	19.54	21.45
1997	37.17	41.77	21.06	58.00	20.20	21.80
1998	41.03	32.85	26.12	56.05	21.73	22.22
1999	39.02	32.13	28.85	55.93	21.58	22.49
2000	36.33	33.36	30.31	55.40	21.42	23.19
2001	33.28	32.98	33.74	54.98	21.53	23.50
2002	30.56	33.63	35.81	54.57	20.85	24.58
2003	26.63	34.74	38.63	53.25	21.33	25.42
2004	26.95	35.61	37.44	50.85	22.49	26.66

资料来源：历年的《中国统计年鉴》《中国工业经济统计年鉴》《中国劳动统计年鉴》。

① 资料来源：历年《中国统计年鉴》。

从三次产业从业人员结构上看，1992 年民营经济从业人员总数为 5.53 亿人，2004 年增长至 6.85 亿人，年均增长 1.66%。其中第一产业从业人员数量出现小幅下降，从 1992 年的 3.80 亿人减少为 2004 年的 3.48 亿人，占民营经济的比重也从 68.73% 降至 50.85%；第二产业从业人员从 9257 万人增加至 15404 万人，13 年间增长 1.66 倍，年均增长 4.00%，所占比重从 16.75% 提升至 22.49%；第三产业从业人员从 8024 万人增加至 18256 万人，增长 2.28 倍，年均增长 6.53%，所占比重从 14.52% 提高至 26.66%①。这一阶段，民营第二和第三产业从业人员总量都呈上升态势，所占比重分别提升了 5.74 和 12.14 个百分点。尤其是民营第三产业，十三年间从业人员总数翻了一番。第一产业从业人员亦持续减少，从业人员总人数下降超过 3000 万人，所占比重亦从超过 2/3 降至一半左右（见表 3-4）。

从三次产业民营企业分布来看，民营企业中个体企业广泛分布在工业、建筑业、交通运输业、商业、农业、文教等行业。私营企业则主要分布在批发和贸易零售业、餐饮业、制造业以及社会服务业。以 1997 年为例，当年个体经济第三产业占比达 83.95%，第二产业占比为 12.25%，第一产业仅占 3.8%。② 而私营经济在第三产业占比为 53.46%，第二产业占比为 44.82%，第一产业占比 1.72%。③ 至 2006 年，第三产业中私营企业户数比重达到 64.70%，从业人员比重达 51.06%。④ 在这一阶段中，个体工商户在 20 世纪 90 年代初期与中期曾出现大幅增长，但由于自身资金、技术和管理水平的制约，1999 年之后个体经济的发展出现了停滞和衰退。其行业分布与第一阶段并无太大差异，仍以传统服务业为主。而私营经济在 1988 年获得合法地位之后迅速发展，初期主要集中在工业，小平同志发表南方谈话后向批发零售业、住宿餐饮业等第三产业快速扩张。

20 世纪 80 年代末至 90 年代初期的政治风波使得当时国内舆论对“资产阶级自由化”“私有化”和“全盘西化”等字眼高度敏感，民营经济姓资姓社的问题屡屡被提起。社会上出现了不少质疑的声音，认为民营经济“发展势头异常迅猛，已经威胁到公有制经济主体地位”⑤，影响弊大于利，应予以限制。一些地方部门采取了税务检查、从重惩罚等不利于民营经济生存和发展的措施。少数民营企业家减少雇工缩小规模，将私营企业转变为个体工商户，也有民营企业家放弃产权将私营企业献给集体，使其完全转为集体企业。而更多的民营企业家利用国家对乡镇集体企业的重视，多户企业自愿联合、共同投资，借集体经济之名建立股份合作企业；或是挂靠公有制企业与单位继续经营。股份合作企业与挂靠经营企业名义上以集体所有制或全民所有制形式存在，戴上了公有制的“红帽子”，但企业的实际控制权、经营管理权以及收益分配权仍由民营企业主及其合伙人掌握。尤其是挂靠经营模式，在当时的宏观背景下是双赢的策略选择。被挂靠的企业或单位向挂靠企业提供“三借”“四代”等服务，收取挂靠企业上缴的管理费用，享受挂靠单位的利润分成，并对挂靠企业事务与人事安排拥有一定的话语权。而挂靠企业承担上述额外运营成本，避开外界政治动荡带来的意识形态风险等不利因素得以继续经营，并能享受税收减免、银行贷款等为公有制企业制定的政策优惠。股份合作与挂靠经营作为过渡性的制度安排，模糊了企业产权归属，从而巧妙避开一部分不利于民营经济发展的政治障碍，使民营企业获得更广阔的生存和发展空间。20 世纪 90 年代后期，中共十五大确立非公有制经济“是社会主义市场经济重要组成部分”的经济地位，全国人大九届二次会议将其正式写入宪法。至 21 世纪初，中共十六大提出“毫不动摇地鼓励、支持和引导非公有制经济发展”以及“民营经济从业人员、私营业主等社会主义新阶层都是中国特色社会主义事业的建设者”的论断，科学界定了民营经济从业者的社会属性。一系列政策文件的出台使得民营经济外部发展环境逐渐优化，不同所有制

---

① 资料来源：历年《中国统计年鉴》；历年《中国工业经济统计年鉴》；历年《中国农业统计资料》；历年《中国劳动统计年鉴》。

② 王克忠：非公有制经济论［M］. 上海：上海人民出版社，2013：15.

③ 张厚义. 中国私营企业发展报告［M］. 北京：社会科学文献出版社，1999：43.

④ 资料来源：历年《中国统计年鉴》。

⑤ 中华人民共和国国史学会. 当代思潮［J］. 1997（3）.

身份带来的待遇差别越来越少，而市场竞争强度则显著提升。与此同时，企业自身规模不断扩大、企业内部组织结构日趋复杂，产权模糊导致的收益分配不均、组织结构臃肿、经营权归属存在纠纷等内部矛盾愈显突出。内外双重压力之下，许多“红帽子”企业纷纷摘帽，相继恢复其民营企业的本来身份，开始转型成股权明晰集中的有限责任公司和股份有限公司，股权结构向多元化发展。1997 年，全国范围实行产权制度改革的乡镇集体企业达52 万个，占乡镇集体企业总数的33.5%。以温州为例，1997 年温州市共登记注册有限责任公司 12800 余家，除少数新增企业外，大多数由股份合作企业转型而来①。1998 年，约有 80% 的乡镇集体企业实行了产权制度和经营方式的改革。2000 年，全国乡镇集体企业改制面达到 90%②，以前按所有制划分的乡镇企业组织形式（乡镇办企业、村办企业、联户办企业、联营企业、个体企业、私营企业、股份合作制企业、股份制企业、中外合资合作企业等）转变为以企业出资方式和承担责任为标准划分的企业组织形式（个人独资企业、合伙企业、股份合作制企业、有限责任公司和股份有限公司等）。至 2003 年底，私营企业中有限责任公司比例由 1992 年的 16.5% 上升至 62.9%。③

总体而言，这一时期政府对民营经济的肯定从“补充论”推进至“共同发展”论，进而以宪法的形式肯定了非公有制经济是社会主义市场经济的“重要组成”。进入 21 世纪，政府政策开始放宽准入范围、打破国企垄断，为民营经济营造法律上平等保护、经济上平等竞争的制度环境。这一时期民营经济转型升级的特征可以总结为：在产业结构上，民营第二、第三产业所占比重逐渐提高，民营第一产业所占比重明显下降；在经营模式上，产权界定不清的传统运营模式逐渐淘汰，民营企业加快兼并重组，产权结构向清晰化、多元化转变，管理结构得到优化；在经济规模上，民营经济的总量进一步扩大，已成为推动国民经济发展的重要力量。

（三）民营经济：战略性新兴产业的发展

国务院先后在 2005 年和 2010 年出台的《关于鼓励支持和引导个体私营等非公有制经济发展的若干意见》（简称“非公有制经济 36 条”）、《关于鼓励和引导民间投资健康发展的若干意见》（简称“新 36 条”）进一步放宽市场准入，并具体地指出了准入放宽的行业及鼓励民间资本进入的领域，推动民营企业向原来被国有企业垄断的产业进军。新旧两版“36 条”有效地扶持了非公有制经济发展，清除了体制性障碍，为民营经济在更宽领域发展提供了理论依据（见表 3 -5），其中航空、高铁、生物制药等战略性新兴产业尤其受到投资者青睐。2005 年 3 月国内第一家民营航空运输企业奥凯航空在天津开始运营；同年 6 月，国内规模最大的民营综合性石油业实体长联石油控股有限公司成立；2006 年 12 月，国内首条民营绝对控股铁路罗岑铁路开始动工，同时国内第一家民营飞机装备制造企业——上海上飞飞机装备制造有限公司宣告成立。

表 3 -5 反映出了 2005 年以来我国有关民营经济的制度演变情况。

表 3 -5　2005 年以来有关民营经济的制度演变

时间节点	会议/文件	主要内容
2005 年 2 月	《关于鼓励支持和引导个体私营等非公有制经济发展的若干意见》（简称“非公有制经济 36 条”）	扶持非公有制经济发展，清除体制性障碍
2007 年 10 月	中共十七大	正式提出各种所有制经济“法律上平等保护”和“经济上平等竞争”的“两个平等”

① 钱兴中．温州坐标［M］．北京：中共中央党校出版社，2003：96.

② 李敏．乡镇企业发展历程与发展趋势探析［J］．当代经理人，2006（21）：141 -142.

③ 中华全国工商业联合会．中国私营企业调查［M］．北京：中华工商联合出版社，2004.

续表

时间节点	会议/文件	主要内容
2007年10月	《关于支持中小企业技术创新的若干政策》	明确国家支持中小企业技术创新的税收激励、投融资支持等多方面政策
2010年5月	《关于鼓励和引导民间投资健康发展的若干意见》（简称“新36条”）	明确、细化了放宽市场准入的政策规定，具体指出鼓励民间资本进入的相关行业和领域
2010年10月	《关于加快培育和发展战略性新兴产业的决定》	提出了培育发展战略性新兴产业的目标和工作任务
2011年8月	《关于鼓励和引导民营企业发展战略性新兴产业的实施意见》	清理规范现有针对民营企业和民间资本的准入条件，战略性新兴产业扶持资金等公共资源对民营企业同等对待，支持民营企业提升创新能力和发展新型业态，保障民营企业参与战略性新兴产业相关政策制定
2012年4月	《国务院关于进一步支持小微企业健康发展的意见》等一系列政策	加大对小微企业发展的扶持力度

资料来源：根据国家相关政策文件整理。

民营经济进入更宽领域发展的宏观趋势在三次产业从业人员结构的变化上体现得尤为显著：2005年民营经济从业人员总数为6.96亿人，2014年增长至7.09亿人，年均增长0.19%。其中第一产业从业人员数量大幅下降，从2005年的3.36亿人减少为2014年的2.25亿人，占民营经济的比重也从48.25%降至31.8%；第二产业从业人员从1.68亿人增加至2.24亿人，10年间增长1.33倍，年均增长2.92%，所占比重从24.13%提升至31.56%；第三产业从业人员从1.92亿人增加至2.60亿人，增长1.35倍，年均增长3.08%，所占比重从27.62%提高至36.68%①。这一阶段，民营第二和第三产业从业人员总量都继续上升，所占比重分别提升了7.43和9.06个百分点。新旧两版“36条”以及随后一系列政策文件的相继出台，有力地推动了民营经济向战略新兴产业、先进制造业和现代服务业等新领域转型升级的进程。这三大产业主要分布于第二、第三产业，因而政策变革引导的民营经济转型升级也显著带动了第二、第三产业规模的继续扩张。而民营第一产业从业人员总数虽有小幅回升，但其占三次产业比重则继续减少。至2013年，三次产业从业人员比重基本持平。其中民营第二产业从业人员比重在近几年保持稳定，而民营第三产业从业人员比重则呈现出较为明显的上升态势（见图3－1）。

战略性新兴产业作为“十二五”规划的重中之重，被寄予推动科技创新和产业转型，实现经济新一轮增长的厚望。随着2011年《关于鼓励和引导民营企业发展战略性新兴产业的实施意见》正式出台，民营经济不再局限于传统制造业和传统服务业，开始积极进入战略性新兴产业。太阳能、风能和生物质能等新能源产业及其技术发展迅猛，电动汽车、高分子新材料等行业中民营企业数量迅速增加。运用纳米技术进行微细加工的微型机械电子业等行业也是民营企业进入的热门领域。

战略性新兴产业的发展主要依靠创新驱动，这需要企业进行大量的技术积累。在经济全球化的宏观背景下，政府积极鼓励民营企业“走出去”，通过对外投资、跨国并购、共同研发等多种手段进入国际市场，与位于战略性新兴产业技术前沿的发达国家企业展开合作交流，学习国外先进科技成果、借鉴其成熟发展经验，引进国外高级技术人才，全面提升民营企业自身的科技实力。然而，与跨国公司合资往往并不能有效获取核心资源，不少外企在合资之后仍对中方人员封锁关键技术。因此，政府

① 资料来源：历年《中国统计年鉴》；历年《中国劳动统计年鉴》。

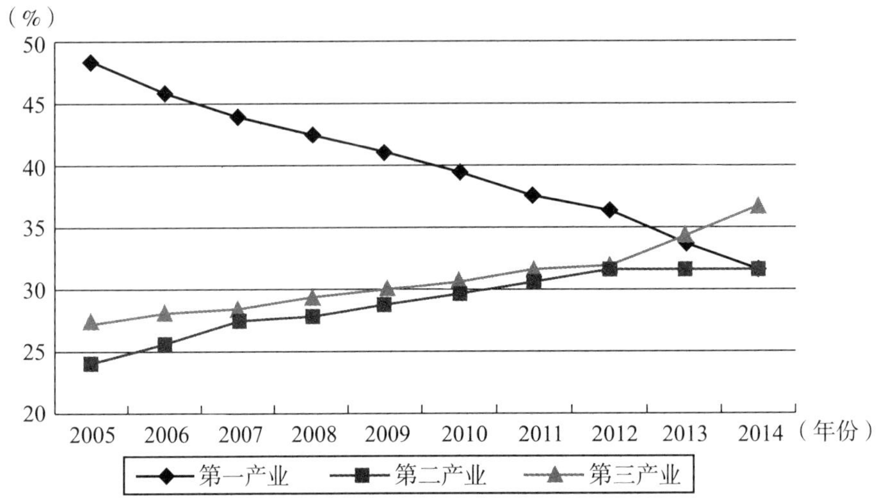

图 3-1 2005~2014 年民营经济三次产业从业人员结构变化

资料来源：历年的《中国统计年鉴》《中国劳动统计年鉴》。

在强调民营企业“走出去”的同时，也鼓励民营企业打造自主品牌、进行自主研发，建立以企业自主创新体系为主导的“政产学研”一体化发展模式。“政”指政府，政府引导民营企业转型升级、向战略性新兴产业发展，并放宽准入，出台财政扶持、税收减免等优惠政策，完善法律法规，为民营企业提供制度保障。“产”指民营企业，企业建设自主创新体系，将市场需求与生产实践相结合，寻找创新突破方向，并将新研发出的技术投入运用，是推动技术创新和产业发展的主体；“学”与“研”分别代表高等院校和企业研究机构，它们总结企业反馈，开展研发活动，是技术创新的来源。“政产学研”一体化模式下各方相互合作、取长补短，优化资源配置，共同构建战略性新兴产业集群。产业集群不仅仅是企业在地理上的集聚，也是人才、技术、信息等无形或有形资本的集聚。在纵向上，产业集群能够带动产业链上下游企业共同发展；在横向上，产业集群使相关产业间信息互通、资源共享、产品互补，具有极强的辐射性，能够形成强大的竞争力，实现规模经济和范围经济，并最终使战略性新兴产业成长为国民经济主导产业和支柱产业。除了技术积累，战略性新兴产业的发展也离不开资金支持。研发环节需要投入大量资金，仅仅依靠企业主营业务的利润远远不够。于是，越来越多的民营企业进行产权改革，将所有权与经营权两权分离，实现股权多元化，进而通过上市出售股权获取巨额融资。在以顺丰和“四通一达”等企业为代表的国内民营快递行业中，申通、圆通已经完成上市，而顺丰、中通等企业也正在筹划阶段。

随着中国经济进入“新常态”，“一带一路”倡议等的提出进一步加快了民营企业布局全球市场的步伐。2014 年中国企业对外投资首次超过外商直接投资，成为国内企业国际化进程的重要里程碑。在国内，借助财政补贴和税收减免等一系列创新优惠政策的支持，以企业自主创新为主导的“政产学研”一体化模式在民营企业间得到迅速推广，民营企业投入研发的费用占销售收入比重也越来越高。以华为为例，2015 年华为公司研发投入 596 亿元，占销售收入 15%，专利申请总量位居全球第一[①]，研发实力在世界范围的科技企业中亦名列前茅。随着诸多技术难关被逐一攻克，民营企业逐渐成熟，摆脱依赖廉价劳动力的全球价值链低端地位。至 2014 年，民营企业已成为战略性新兴产业重要力量，民营企业数量占 7 个领域企业总数的比例超过 70%，为节能环保等产业发展提供了重要推动力，部分产业增速达到或超过工业总体增速的两倍。目前战略性新兴产业已呈现创新集群优势，并产生了良好的示范效应。在民营经济发达的长三角和珠三角，2014 年战略性新兴产业总产值分别达到 17.36

① 资料来源：华为 2015 年年报。

万亿元和 8.58 万亿元。①

总体而言，随着政府继续加大对民营经济的扶持力度，对民营经济的准入范围进一步放宽。这一时期民营经济转型升级的特征可以总结为：在产业结构上，民营经济在战略新兴产业蓬勃发展，先进制造业、现代服务业等新兴第二、第三产业所占比重明显提升；在经营模式上，众多民营企业完成两权分离的产权制度改革，加速上市利用股权进行融资；在技术实力上，民营企业逐渐从传统的劳动密集型产业向技术密集型产业转型，一批民营科技企业开始涌现，企业自主创新比重增大，研发实力显著增强，开始向全球价值链的高端位置发起冲击。

二、民营经济产业转型升级的模式

民营经济转型升级中的“转型”，其核心是转变经济增长的类型，将高投入、高消耗、高污染、低产出、低质量、低效益转变为低投入、低消耗、低污染、高产出、高质量、高效益，将粗放型转为集约型。民营经济转型升级中的“升级”，一方面指产业间升级：在整个产业结构中由第一产业比重占优逐渐向第二、第三产业比重占优演进（张志民，2009）；另一方面指产业内升级：即产业内部的加工和再加工程度逐步向纵深化发展，实现技术集约化，不断提高生产效率（王劲松等，2005）。民营经济转型升级是民营企业可持续发展的根本出路，是民营企业当前发展工作的主线（梁俊、李菁，2016）。

民营经济的转型升级模式主要分为外因推动和内因推动两种模式。一般而言，初始阶段由外因推动模式主导企业转型升级；当企业达到一定规模，具有可观的资本实力和技术实力后开始探寻自主研发、创新突破的方向，开始调整企业内部股权，优化管理模式。换言之，民营企业的转型升级从外因推动逐渐向内因推动转变（见表 3－6）。

表 3－6 民营经济转型升级的两种模式

<table>
<tr><th colspan="2">项目</th><th>变革内容</th></tr>
<tr><td rowspan="12">外因推动</td><td rowspan="3">市场准入制度变革</td><td>取消对国企的行政保护</td></tr>
<tr><td>对外资、民企一视同仁</td></tr>
<tr><td>简化政府机关审批流程</td></tr>
<tr><td rowspan="3">财政政策变革</td><td>拓宽融资渠道</td></tr>
<tr><td>拉动民营出口</td></tr>
<tr><td>鼓励技术创新</td></tr>
<tr><td rowspan="3">税收制度变革</td><td>放宽优惠适用范围</td></tr>
<tr><td>取消歧视性约束</td></tr>
<tr><td>实施针对性优惠</td></tr>
<tr><td rowspan="3">产权制度变革</td><td>对有效产权进行界定</td></tr>
<tr><td>所有权与经营权分离</td></tr>
<tr><td>股权结构多元化改革</td></tr>
<tr><td rowspan="5">内因推动</td><td rowspan="2">管理模式变革</td><td>雇佣专业管理人才</td></tr>
<tr><td>生产流程模块化</td></tr>
<tr><td rowspan="3">创新体系建设</td><td>引进成熟技术</td></tr>
<tr><td>自主研发创新</td></tr>
<tr><td>后备人才培养</td></tr>
</table>

① 资料来源：中国工程科技发展战略研究院．中国战略性新兴产业发展报告［M］. 北京：科学出版社，2015.

（一）民营经济产业转型：外因推动模式

外因推动模式指政府对民营经济发展给予政策制度上的扶持与引导，以实现民营经济的转型升级。具体体现在随着民营经济的逐渐成长，政策条文、法律法规等制度约束适度放松，以消除产业转型升级中各种有形或无形的制度壁垒，创造有利于企业发展的外部社会经济环境，使民营经济的成长氛围更为宽松、自由，保障民营企业的健康发展（王志凯，2016）。民营企业面对的外部制度壁垒有市场准入壁垒、财政政策壁垒、税收壁垒和产权壁垒等，其对应的消除制度壁垒的途径也可细分为市场准入制度变革、财政政策变革、税收制度变革、产权制度变革等四种。

1. 市场准入制度变革

市场准入制度变革是指政府调整、放宽民营企业在市场经济发展中受到的市场准入政策约束，改革以往的行业准入格局，扶持民营企业进入新领域发展的过程。市场准入制度改革主要体现在三个方面：取消对垄断行业国企的行政保护，对外资、民营企业一视同仁以及简化政府审批流程。首先，取消对垄断行业国企的行政保护，结束交通运输、邮电通信等垄断行业中国营企业利用行政手段阻挠民营企业进入的历史，能够打破垄断局面，营造自由竞争氛围，降低该行业中的产品价格并提升该行业服务质量。同时，能够利用市场力量调度资源，实现资源配置优化（Chen and Feng，2000）。其次，对外资、民营企业一视同仁，改变以往民营企业为获得公平竞争的市场环境而被迫在海外注册公司、转换成外资企业身份再回国发展，以享受外资待遇的畸形发展途径（Ahlstrom et al，2008）。最后，简化政府审批流程，能够降低民营企业进入的“门槛”，减少民营企业的进入成本，吸引优质民营企业进入（Routledge，2004）。在保证宏观调控的同时，优化市场管理，有利于行业长期可持续发展。

2. 财政政策变革

财政政策变革是指政府加大对民营企业的扶持力度，对实行的财政政策进行调整，加大财政投入，发挥财政杠杆作用（Von，1991），一方面为民营企业消除资金来源、创新方向等方面的壁垒，解决创新动力问题（张亚丽，2015）；另一方面为民营企业发展提供强有力的支持，形成财政收入持续增长与民营企业稳定发展的长期良性循环（杨海霞，2014）。财政政策变革主要有三个方面：拓宽融资渠道、拉动民营出口、鼓励技术创新。首先，通过拓宽融资渠道，扶持地方银行、贷款公司、信用担保公司等面向民营企业的金融机构，并引导各商业银行、风险投资公司入驻地方融资平台，从而为民营资本提供资产流动、股权交易的服务（Jie，2000），吸引民间资本战略投资，获取企业发展所需资本，消除企业资金不足的后顾之忧（王剑，2013）。其次，通过拉动民营出口以消化国内民营企业过剩产能，刺激民营企业维持生产规模，抢占海外市场，增大净出口盈余，减轻民营企业生产负担。最后，通过鼓励技术创新，加速高新技术研发，摆脱企业处于全球价值链低端位置的不利局面（Gereffi，1999），促进加工贸易向产业链高端发展，同时向新产品设计、技术研发、品牌打造、服务保障等高端环节延伸，有效提升民营企业产品附加值、增强产品竞争力，推动民营企业向资本密集型、技术密集型企业转型。

3. 税收制度变革

税收制度变革是指随着民营经济地位提升，政府实行税收政策改革，改变过去限制民营经济发展的不平等税收环境，帮助民营企业摆脱转型升级中遭遇的税收壁垒的过程。税收制度改革主要有三个方面：放宽税收优惠适用范围、取消歧视性条款约束以及实施针对性的优惠政策。首先，政府通过扩大税收优惠适用范围、放宽中小企业的认定标准，返还符合条件的中小民营企业部分乃至全额税收，使其享受企业所得税优惠政策，保障中小民营企业可持续发展（王建等，2001）。其次，通过取消改革前对民营经济的歧视性条款，平等税收优惠，提升税收政策框架系统性，兼顾横向税收公平与纵向税收公平，在横向层面保障民营企业与国有企业享受同等的税收优惠，使不同所有制企业平等发展；在纵向层面根据民营企业规模、盈利程度的不同，制定差别税率，避免出现新的税收不平等（杨杨、杜剑，2010）。最后，通过实施针对性税收优惠政策，政府一方面能鼓励民营企业增加自有资金、用于外部投资，践行“走出去”战略（钟科财，2001）；另一方面能够鼓励民营企业发展循环经济和绿色产业，降低资源消耗和环境污染。

4. 产权制度变革

产权制度变革是指随着改革开放的推进，政府引导民营企业进行产权制度改革，实现企业产权从集体所有到私营企业所有，从公有制到私有制的转变过程。企业产权制度改革主要有三个方面：有效产权界定、所有权与经营权分离以及股权结构多元化。首先，通过界定清晰、有效的产权，使法律形式认定的产权与经济事实发生的产权之间保持一致，纠正创业之初挂靠国有或集体企业以获取政策支持造成的产权模糊，解决产权模糊带来的产权纠纷问题（郭丽丽，2006），降低企业运作中产生的交易费用。其次，通过分离所有权与经营权，使民营企业告别发展初期采取的所有权与经营权结合的业主制，实现资本家与经营者的分工合作（Liu，1992），满足随着企业规模扩大而不断增加的专业化运营需求。最后，通过引导企业进行股权结构多元化改革，摆脱成立初期采取的家族型企业组织形式，分散股权构成，便于企业吸收股东，筹集资金，扩大规模，实现规模经济效应（Nee，1992）。允许企业管理层持股，能够显著提高其经营积极性、投资决策的慎重程度和管理才能的有效发挥。允许员工持股则改善股权结构，调动员工工作积极性，使员工与企业结为利益共同体，减少企业经营风险。

（二）民营经济产业转型：内因推动模式

内因推动模式指企业通过调整内部生产流程和组织结构，采用现代化管理，提升自主创新能力，最终实现民营经济的转型升级。具体体现在民营企业变革传统的管理模式，建设内部创新体系，向战略性新兴产业的方向积极发展。

1. 管理模式变革

管理模式变革是指民营企业与时俱进、放眼未来，改变过去仅以销售收入、利润、市场占有率等效益指标衡量企业价值的传统模式，在规模壮大的同时重视技术储备、资源储备、人才储备，调动企业内部员工积极性（李伟平，2003）；此外紧跟市场潮流并挖掘潜在的消费者需求，持续创新，助力企业转型升级，实现可持续发展。管理模式变革主要有两个方面：雇用专业管理人才和生产流程模块化。通过雇用专业管理人才，发挥其敏锐的洞察力和灵敏的应变能力，能够及时发现经营管理中存在的漏洞，帮助企业灵活应对各种金融风险（Li et al，2008），同时在企业内部培育企业文化，建立共同的企业价值观，增强团队凝聚力（张志学等，2006）。通过生产流程模块化，推动部门间立体化、独立化的改革进程，兼顾生产过程中的规模扩张和技术提升，产业分工向专业化、精细化发展，完善产业链，提升产业链各环节的资源集中度和利用效率（Gereffi，1999），进而提升生产效率、实现规模经济。

2. 创新体系建设

创新体系建设能够使民营企业的生产技术向智能化、数字化、集成化方向升级，提升企业在价值链上所处的位置，同时优化自身产品布局，与行业竞争对手形成差异化竞争（孔伟杰，2012）。企业创新体系建设主要有三个方面：引进成熟技术、自主研发创新与后备人才培养。首先，通过引进成熟技术，将其投入量产，能有效利用后发优势降低生产成本和实验成本，减少重复试验造成的时间和资本的无谓浪费（Hobday，1994），同时通过技术引入及时获取当下最前沿的生产信息，有利于寻找未来的技术突破方向，为自主研发创新做好铺垫。其次，核心技术自主研发，选择实用性和可操作性较强的方向重点突破（徐涛，2011），攻克难关，掌握生产环节关键技术，实现核心部件的自主制造；同时提高研发投入占企业总产值的比重，保障创新能力培养的硬件基础，调动研发和设计人员的积极性，激发企业内部技术创新的动力，实现加工工艺的精细优化，破解企业转型升级的技术“瓶颈”。最后，组织后备人才的培养，建设人才梯队，储备战略型人才等重要的人力资源，避免人才出现断层（冯丽娟，2013），保障企业自主创新的源泉。

三、民营经济产业转型升级：民营企业案例

纵观中国民营经济发展的轨迹，不难发现民营企业的发展具有先外因后内因、外因向内因转化的特点。民营企业的转型升级固然需要依靠民间力量自发推动企业结构变革，而政策扶持、准入放开、产权界定、法律完善等一系列制度变迁更是起到关键性作用。本章选取吉利汽车集团和华为公司作为民营经济中传统制造业和先进制造业的代表，选取顺丰、“四通一达”等快递企业和阿里巴巴集团旗下支付宝公司作为民营经济中传统服务业和现代服务业的代表，结合前文民营经济产业转型升级的理论框架进行案例分析。

（一）传统制造业中民营企业转型升级：吉利集团

1. 吉利集团发展历程

浙江吉利控股集团有限公司（吉利集团）是中国国内汽车行业十强中唯一一家民营轿车生产经营企业，成立于1986年。经过三十年的建设与发展，在汽车、摩托车、汽车发动机、变速器、汽车电子电气及汽车零部件方面取得辉煌业绩。自1998年生产第一辆汽车以来，吉利集团凭借灵活的经营机制和持续的自主创新，取得了快速的发展。2012年，吉利集团以营业收入233.557亿美元（含沃尔沃2011年营收）首次进入《财富》世界500强企业榜单，是唯一入围的中国民营汽车企业。2015年，吉利集团资产总值达到340亿元，连续四年进入全国企业500强，被评为“中国汽车工业50年发展速度最快、成长最好”的企业，是中国汽车行业十强之中唯一一家民营轿车生产经营企业，也是中国民营制造业的领军企业。目前浙江吉利控股集团有限公司总部设在浙江省省会杭州，在台州（临海、路桥），宁波和上海等地建有四个专门从事汽车整车和动力总成生产的制造基地。吉利集团现有员工近18000人，其中工程技术人员900余人，占总人数的14%以上；吉利集团现有院士两名、外国专家八名、博士数十名、硕士数百名、高级工程师及研究员级高级工程师数百名[①]（见表3－7）。

表3－7　吉利集团发展历程

时间	事件
1986年11月	主营冰箱配件，后因国家实施行业限制，被迫退出
1994年4月	与嘉陵摩托车厂合资，借助对方的生产许可证开始摩托车的生产销售
1996年5月	吉利集团有限公司成立，开始规模化发展
1997年	吉利集团进入汽车产业，成为中国第一家民营轿车企业

① 资料来源：吉利集团年报。

续表

时间	事件
1998 年 8 月	吉利集团生产的第一辆汽车下线
2001 年 5 月	吉利集团正式获得国家汽车公告，成为中国首家获得轿车生产资格的民营企业
2002 年 5 月	吉利集团进入全国汽车“3 +6”行列，跻身中国企业 500 强
2003 年	更名为浙江吉利控股集团有限公司，将管理、研发、销售总部迁到杭州，首批吉利轿车出口海外
2004 年 4 月	吉利集团流程再造，建立了董事会领导下的经营管理委员会负责制的治理架构，启动全面信息化建设
2005 年 5 月	吉利集团在香港成功上市
2007 年 5 月	吉利集团宣布进入战略转型期，成为中国第一家宣布进入战略转型的汽车企业
2010 年 8 月	吉利集团成功收购沃尔沃汽车 100% 的股权及包括知识产权在内的相关资产
2014 年 12 月	吉利首款中高级轿车“吉利博瑞”发布

资料来源：吉利集团官方网站 http：//www. geely. com/。

2. 制度背景

改革开放后，一方面，国家经贸委联合机械工业部等部门提高了新项目行政审批的标准，规定自 1985 年起，由国家主管部门定期公布国家计划内汽车生产企业目录和产品目录，即“目录制”管理。这种管理模式对汽车生产实行了严格的准入限制，没有进入生产目录的企业无法获取合法生产汽车的身份；另一方面，在 1987 年国务院北戴河会议上确立汽车产业“三大三小”的生产格局，而“三大三小”六家企业的企业性质全部属于国营企业。20 世纪 80 年代末至 90 年代初，国务院又相继出台《产业政策要点》和《90 年代国家产业政策》，重点支持以在位大型国企为主体的轿车企业。

因而直至 20 世纪 90 年代末期，市场准入壁垒的存在使得国营大中型汽车企业始终对汽车行业保持垄断。1994 年，国务院颁布《汽车工业产业政策》，指出“将促进汽车工业投资的集中和产业的重组”，细化了扶持汽车制造企业的政策措施，但仍保留汽车生产“三大三小”的格局。同时合资企业审批过程中亦重点支持国有企业。由于长期以来汽车行业政策具有国产化导向，重视“汽车装备国产化率”，导致国有汽车企业盲目追求技术较为简单的零部件的国产化，而忽视了培养发动机等关键设备生产制造的自主研发。这一导向造成国有企业总体技术水平和生产效率普遍偏低，缺乏有自主知识产权的高层次专利与技术发明，陷入对合资的跨国公司技术依赖和创新能力滞后的恶性循环，无法对新进入的民营企业形成有效的技术优势。由于国有汽车企业长期享受高“门槛”的准入政策保护，汽车行业没有民营企业参与竞争，国企长期缺乏提升生产水平和生产规模的动力。

2001 年 5 月，国家开始对汽车生产管理政策进行改革。国家经贸委下发《关于车辆生产企业及产品目录管理改革有关问题的通知》，规定汽车新产品生产改为发布《车辆生产企业及产品公告》，宣告汽车产品管理由“目录制”改为“公告制”。该文件的出台，放宽了汽车行业的准入制度约束，消除了民营企业的进入壁垒。吉利集团等民营汽车企业借此机遇迅速发展壮大（见表 3 -8）。

表 3 -8　　制度背景

时间	发布机构	文件	主要内容
1990 年	国务院	《关于当前产业政策要点的决定》	重点支持以在位大型国企为主体的轿车企业
1994 年 3 月	国务院	《90 年代国家产业政策纲要》	国有汽车产业作为支柱产业发展
1994 年 3 月	国务院	《汽车工业产业政策》	合资企业审批过程中重点支持国有企业

续表

时间	发布机构	文件	主要内容
2001 年 5 月	国家经贸委	《关于车辆生产企业及产品目录管理改革有关问题的通知》	汽车新产品生产改为发布《车辆生产企业及产品公告》，宣告汽车产品管理由“目录制”改为“公告制”
2014 年 7 月	国务院	《国务院办公厅关于加快新能源汽车推广应用的指导意见》	要求财政部、科技部、工业和信息化部、发展改革委在 2016～2020 年继续实施新能源汽车推广应用补助政策
2015 年 8 月	财政部	《关于 2016～2020 年新能源汽车推广应用财政支持政策的通知》	对达到不同档位续航里程的纯电动乘用车给予不同的财政补贴

资料来源：根据国家相关政策文件整理。

3. 吉利集团转型升级

1999 年，“吉利豪情”汽车开始商业化批量生产，但吉利集团并未取得汽车生产许可。2001 年汽车生产管理政策由“目录制”改为“公告制”，吉利集团迅速将旗下产品申请公告，成为中国首家获得轿车生产合法资格的民营企业。利用市场准入变革的时机，摆脱了“不合法”的标签之后，吉利集团发挥前期积累的生产组织能力迅速扩张规模（汪伟、史晋川，2006）。民营企业在起步阶段一般采用传统的家族式企业管理模式，这种管理模式具有高度集权化的特点，企业重要岗位基本由创始人的亲眷担任，企业内部结构简单，部门间员工熟悉度较高。1996 年吉利集团成立，李氏四兄弟中排行第三的李书福出任董事长，大哥李书芳负责发动机生产，二哥李胥兵负责技术开发，四弟李书通负责摩托车总装厂的经营。但家族成员普遍缺乏系统的管理知识，不具备专业化管理能力，且股权划分不清，责任归属不明，部门间相互监管严重缺失。随着企业的发展，外来的优秀人才在晋升过程中经常被企业家族成员排挤，造成员工流失率居高不下，非家族内部的高管缺乏归属感（李清亮，2012）。针对传统家族式管理存在的一系列问题，吉利集团开始寻求突破，尝试转型升级。一方面，吉利集团变革管理模式，开始聘请职业经理人参与运营。至 2000 年，李书芳与李书通相继离开吉利管理岗位。2002 年，李胥兵亦淡出吉利。同年，吉利集团邀请原浙江省财政厅党组成员、地税局总会计师徐刚出任首席执行官。另一方面，吉利集团改革股权结构，使其向多元化发展。2003 年吉利汽车集团更名为浙江吉利控股集团有限公司，将所有权与经营权两权分离，并开始流程再造，建立了由董事会领导、由经营管理委员会负责日常运营的组织架构，同时吉利集团启动全面信息化建设，正式开启了吉利集团从家族制企业向现代股份制企业转型的进程（张炜等，2011）。在随后的发展过程中，吉利集团更换了超过半数的原高层、近九成的旧职工以及几乎全部的李氏亲眷，引进了一批专业管理人才，使吉利集团摆脱了家族制企业的束缚。此外，吉利集团开始建设自主创新体系。在徐刚的主导下，吉利集团从汽车行业上下游企业引进近千名技术人才，其中包括数名享有国家特殊专家津贴的高级工程师。这些人才的到来，有力地增强了吉利的技术研发实力。吉利集团相继在浙江宁波和临海成立了技术中心与吉利汽车研究院，并在短短两年之内在变速箱领域取得技术突破，掌握了自动变速器及产业化项目的核心技术（江诗松等，2011）。2009 年，吉利集团筹划收购沃尔沃。这一跨国并购获得政府的大力支持。尤其在财政资金方面，包括中国银行在内的几大国有银行及其牵头成立的财团为吉利提供了至少 10 亿美元的贷款。大庆、上海和成都三地政府与吉利集团就沃尔沃中国工厂选址达成协议，利用政府融资平台提供了 70 亿元人民币的资金支持，帮助吉利解决了收购沃尔沃所需的巨额资金。

吉利集团顺利完成并购后，吸收沃尔沃先进的汽车生产制造技术，提升了自身的技术水平，产品的质量和产能同步提升（刘宇、马卫，2012）。而研发创新能力和生产能力的升级亦助推吉利集团向新能源汽车这一战略新兴产业转型升级。2016 年 2 月，吉利集团推出"帝豪 EV"型新能源汽车，销量稳步攀升，5 月销量首次破千，6～7 两月连续保持 300 辆的月度增量①。根据财政部最新出台的财政补贴政策，帝豪 EV 满足最高档补贴的条件。加上地方政府的补贴，帝豪 EV 购车成本降低了几乎一半。在国家新能源汽车政策的扶持下，吉利集团规划至 2020 年，将新能源汽车销量比重提升至整体销量的 90%②，实现由传统汽车企业向新能源汽车企业的彻底转变。

（二）先进制造业中民营企业转型升级：华为公司

1. 华为公司发展历程

华为技术有限公司（华为公司）是一家生产销售通信设备的民营通信科技公司，总部位于中国广东省深圳市。华为公司的产品主要涉及通信网络中的交换网络、传输网络、无线及有线固定接入网络和数据通信网络及无线终端产品，为世界各地通信运营商及专业网络拥有者提供硬件设备、软件、服务和解决方案。华为公司于 1987 年在中国深圳正式注册成立。

截至目前，华为公司的产品和解决方案已经应用于全球 170 多个国家，服务全球运营商 50 强中的 45 家及全球 1/3 的人口。2010 年，华为公司以 218.21 亿美元营业收入首次进入《财富》世界 500 强榜单，排名为第 397 位。之后连续 6 年进入该榜单，排名逐年上升（参见表 3－9）。

表 3－9　历年《财富》世界 500 强榜单华为公司排名变动情况

年份	2010	2011	2012	2013	2014	2015	2016
排名	397	352	351	315	285	228	129

资料来源：历年《财富》杂志。

2015 年，华为公司实现全球销售收入 3950 亿元人民币（约 608 亿美元），同比增长 37%；净利润 369 亿元人民币（约 57 亿美元），同比增长 33%。三大业务领域业绩均实现有效增长。运营商业务收入达 2323 亿元人民币（约 358 亿美元），同比增长 21%，主要受益于全球 4G 网络的广泛部署；企业业务收入达 276 亿元人民币（约 43 亿美元），同比增长 44%，在公共安全、金融、交通、能源等行业快速增长；作为 2015 年度最显著增长亮点，消费者业务收入达 1291 亿元人民币（约 199 亿美元），同比增长 73%③。

经过近 30 年的发展，华为公司从当初仅有注册资金 2 万元、员工 6 人的小公司成长为全球第一大通讯设备供应商以及第三大智能手机厂商，员工人数达 15 万人，其中研发人员占 46%，在全球有 23 个研究所和 34 个创新中心④（见表 3－10）。

表 3－10　华为公司发展历程

时间	事件
1987 年	华为公司在深圳成立，代理销售用户交换机
1990 年	自主研发小型商用交换机
1992 年	生产入门级交换机，推出农村数字交换解决方案，进入国内农村通信市场

① 资料来源：全国乘用车市场信息联席会月报。
② 资料来源：吉利集团年报。
③ 资料来源：华为公司历年年报；华为公司历年经营财务统计报表。
④ 数据来源：华为 2015 年年报。

续表

时间	事件
1998 年	推出无线 GSM 解决方案，引入专业管理咨询公司，公司管理从单一制向矩阵制转变，采取小组式研发体系，进入城市市场
2000 年	在斯德哥尔摩、硅谷和达拉斯设立研发中心，进入国际市场
2005 年	成为首批获得国家颁布的手机生产许可的企业，海外合同销售额首次超过国内合同销售额
2007 年	成为欧洲所有顶级运营商的合作伙伴
2010 年	发布云计算战略，由传统 CT 向 ICT 转型，成为全球第二大通信设备制造商
2011 年	调整组织结构，开启消费者和企业业务
2013 年	与全球 33 个国家的客户开展云计算合作，并建设了 7 万人规模的全球最大的桌面云，智能手机业务进入全球前三
2015 年	消费者和企业业务快速增长，智能手机发货超 1 亿台

资料来源：华为公司官方网站 http：//www. huawei. com/cn/.

2. 制度背景

华为公司作为中国民营企业，其所处的制度环境历经了三次重要变迁（见表 3－11）。第一次制度变迁是 20 世纪 90 年代后期非公有制经济得到宪法承认，经济和法律地位产生历史飞跃；第二次制度变迁是 1997～2000 年间“走出去”战略在党的十五大、全国外资工作会议、中央政治局会议、全国人大九届三次会议等不同会议被多次强调，战略构想也渐趋成熟，继而被写入“十五”计划纲要，提升至国家战略层面。第三次制度变迁是 2009 年前后政府开始重视培育和发展战略性新兴产业。新一代信息技术被视为产业结构优化升级的关键，因而电子信息产业下的互联网云计算得到重点关注，云计算相关的研发、试点和运用工作迅速落实，云计算和政府企业多层次、全方位的合作被视作未来传统产业转型升级的主要方向（胡晋博，2013）。

表 3－11　制度背景

时间	发布机构	文件/会议决议	主要内容
1997 年 9 月	中共十五大	中共十五大决议	非公有制经济是社会主义市场经济的重要组成部分
			更好地利用国内国外两个市场、两种资源，积极参与区域经济合作和全球多边贸易体系，鼓励能够发挥我国比较优势的对外投资
2000 年 3 月	全国人大九届三次会议	全国人大九届三次会议决议	鼓励能够发挥我国比较优势的对外投资，扩大国际经济技术合作的领域、途径和方式。在金融、保险、外汇、财税、人才、法律、信息服务、出入境管理等方面，为实施“走出去”战略创造条件
2009 年 9 月	发展改革委、工信部	《关于进一步做好电子信息产业振兴和技术改造项目组织工作的通知》	重点产业振兴和技术改造专项涉及的电子信息产业项目，原则上应按本投资方向组织实施，区域优势和地方发展规划，选择好发展方向和重点领域，做好项目组织工作
2010 年 10 月	国务院	《国务院关于加快培育和发展战略性新兴产业的决定》	推动新一代移动通信、下一代互联网核心设备和智能终端的研发及产业化，加快推进三网融合，促进物联网、云计算的研发和示范应用

续表

时间	发布机构	文件/会议决议	主要内容
2010 年 10 月	发展改革委、工信部	《关于做好云计算服务创新发展试点示范工作的通知》	在北京、上海、深圳、杭州、无锡等五个城市先行开展云计算创新发展试点示范工作
2012 年 3 月	工信部	《国家电子政务“十二五”规划》	充分发挥既有资源的作用和云计算等新一代信息技术潜能，加快电子政务发展创新，实现跨系统的信息共享与政务协同，减少重复浪费、避免各自为政和信息孤岛
2015 年 1 月	国务院	《国务院关于促进云计算创新发展培育信息产业新业态的意见》	鼓励应用云计算技术整合改造现有电子政务信息系统，实现各领域政务信息系统整体部署和共建共用，大幅减少政府自建数据中心的数量
2015 年 7 月	国务院	《国务院办公厅关于运用大数据加强对市场主体服务和监管的若干意见》	充分运用大数据、云计算等现代信息技术，提高政府服务水平，加强事中事后监管，促进市场公平竞争
2016 年 2 月	国务院	《关于进一步加强城市规划建设管理工作的若干意见》	促进大数据、物联网、云计算等现代信息技术与城市管理服务融合，提升城市治理和服务水平
2016 年 2 月	国务院	《关于全面推进政务公开工作的意见》	积极运用大数据、云计算、移动互联网等信息技术，提升政务信息公开化、集中化水平。加快推进“互联网＋政务”，构建基于互联网的一体化政务服务体系，通过信息共享、互联互通、业务协同，实行审批和服务事项在线咨询、网上办理、电子监察

资料来源：根据国家相关政策文件整理。

3. 华为公司转型升级

在 1980 年代，私营企业受到诸多市场准入限制，许多经济领域只对国营企业开放。为解决市场准入问题，华为公司创立伊始便以“集体所有制企业”的性质挂靠在深圳市科技局创业中心名下。至 1997 年党的十五大提出“重要组成”论后，民营企业得到重视，地位开始上升，准入壁垒被逐渐打破。同年，华为将企业性质更改为民营企业，完成了首次转型。

1996 ~ 2000 年，华为公司响应国家“走出去”战略，提出“紧跟国家外交路线走”的发展口号，派出高层作为公司代表，跟随江泽民、吴仪等国家领导人出访非洲和东欧各国，目标从占据国内农村市场转向进军海外市场（王铮，2015），开始了第二次转型。每个国家通信技术标准迥异，已有运营商数量及用户数量等指标各不相同，于是华为公司的技术人员在各国开展调研，收集当地市场和技术信息，回国后联合咨询公司编辑详尽材料，组织专业人士对国际市场的进程进行研究和规划，解决了各国进入顺序、各国主攻产品、产品适配改进、组织架构设置等一系列问题。2000 年之后，华为公司形成了比较完备的全球市场体系和产品体系，开始寻求国家出口信贷的资金支持（田传钊，2013）。在中国进出口信用保险公司的支持下，华为公司先后从中国进出口银行获取了 6 亿美元出口信贷用于扩展海外业务，从中国国家开发银行获得了 100 亿美元的授信额度。2002 年，华为公司在海外市场的销售总额达到 5. 52 亿美元。位居国际大型设备供应商前列。2003 ~ 2007 年，华为公司陆续与 3Com、西门子、泰尔弗特（Telfort）、沃达丰、赛门铁克等诸多国际企业合作成立合资公司，为不同国家提供网络通信设施建设、移动数据解决方案及相关配套服务。至 2007 年底，华为公司成为欧洲所有顶级运营商的合作伙伴。

随着传统电信设备市场出现饱和趋势，围绕运营商延伸出的业务及配套服务的增长也逐渐放缓，而消费者和企业市场的业务比重渐渐增加（陈琛，2012）。与此同时，随着互联网技术日渐提升，与网络相结合的新型生产技术、新型商业模式迅速发展，日益融入生产生活之中。自2009年起，国务院、国家发展改革委和工信部接连出台助推战略性新兴产业发展的政策文件，其中重点推动信息技术产业下云计算的研发应用及产业化进程。在此背景下，华为公司迅速启动云计算研发，并于2010年正式发布云计算战略，开始第三次转型升级。2011年，华为公司在组织架构方面做出重大调整，将原有按照设备、终端、软件服务等业务类型进行划分的组织架构，转型升级为按照客户类型划分的四大业务单元，分别面向运营商、企业、消费者以及其他业务，以更好地支撑面向客户的随需应变和企业业务与终端业务的多元战略转型（刘昕，2014）。

2011～2015年，华为公司在销售收入与净利润方面均持续攀升，企业年收入从2039亿元增长到3950亿元，年净利润也从116亿元飙升至369亿元[①]（见图3－2）。其中，消费者业务是华为最显著的增长亮点：华为放弃白牌、OEM低端定制模式（苏贝，2014），对品牌、产品、渠道同时实施转型，坚定实施精品战略，在国内加大线下渠道建设，在国外加大品牌投入。至2015年，华为公司在全球市场初步建成公开市场能力，站稳全球高端市场，消费者业务比重升至1/3。2011～2015年，华为公司在企业业务方面也持续获得突破。为推动云计算的发展，华为公司成立了董事会直接投资的IT产品线，明确了华为公司云计算三大战略：大平台、促进业务和应用的云化、开放共赢。云计算投入达10000余人，占到华为公司研发人员的10%。经过多年布局，华为公司云计算解决方案已经在电信、政府、医疗、教育等多个行业实现规模应用（田涛，2016）。至2014年底，华为公司全球已经部署了480个数据中心，其中包括160多个云数据中心。在金融领域，与四大银行以及招商银行开展包括云计算和大数据的全面合作；通过“被集成”战略，与更多ISV和SI提供行业解决方案。运营商云计算则是多方面合作、构建云数据中心，帮助运营商将传统电信基础网络向云计算迁移，同时帮助部分电信运营商开展公有云服务运营。而在政企合作方面，华为企业云已帮助深圳前海、大连市、克拉玛依等20多个城市签订了战略合作，实现政务信息化升级[②]；与500多家来自智慧城市、大数据、媒资、金融、物联网、智能制造、电商服务、医疗健康、农业、现代服务业等领域的产业链相关企业形成了合作伙伴关系[③]。华为公司规划至2020年，华为企业云将汇聚政府、产业链相关企业、云应用提供商、集成商、服务商的需求，提供一个资源共享、合作共赢的服务平台，逐步构建云计算产业生态圈，进一步促进云计算和大数据产业的快速发展。

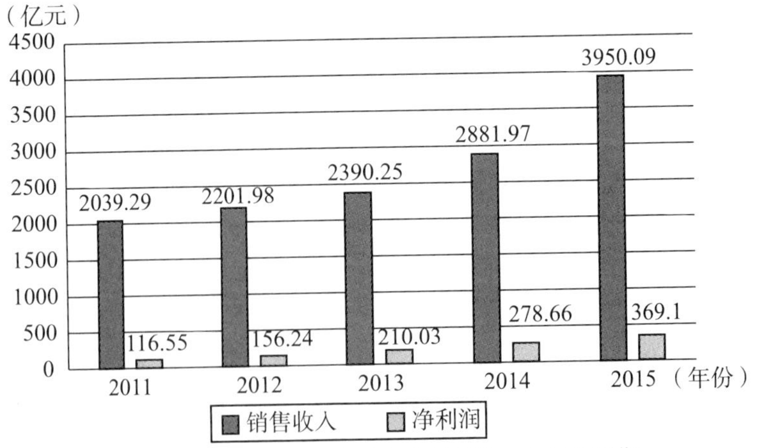

图3－2　2011～2015年华为公司销售收入及净利润

资料来源：华为公司历年年报。

① 资料来源：华为公司历年年报。

② 资料来源：政在服务，云领未来——华为助力政府IT云转型，让政务服务更加高效、便捷［J］. 中国政府采购，2016，6（51）：51.

③ 资料来源：2016华为企业云高峰论坛。

（三）传统服务业中民营企业转型升级：快递行业

1. 快递行业发展历程

20 世纪 90 年代初期，中国民营快递企业开始出现。1993 年，申通快递在上海成立，顺丰速运（顺丰）在广东成立。之后各地民营快递企业纷纷出现，主要集中在京津冀、江浙沪和珠三角经济圈：1994 年 1 月，宅急送在北京成立。1994 年 10 月，天天快递在杭州成立。1999 年，韵达快递在上海成立。2000 年之后，圆通快递、中通快递、汇通快递相继在上海成立。经过一段时间的发展，民营快递冲出创立的城市，开始在更大的区域范围内进行布局（徐希燕，2009）。民营快递阵营逐渐发展成两种发展模式：一种是顺丰采取的所有网点直营的模式，价格高但速度快，主攻中高端市场；另一种是申通快递、中通快递、韵达快递等公司采取的代理、加盟模式，扩张迅速，以低成本支撑低价格。

顺丰最初由顺德和香港之间的即日快递业务起步，逐步扩大业务，其服务网络渐渐遍及全国。在成立初期，顺丰采取“代理、加盟”的扩张方式。随着业务的迅速增长，一些地方代理自立为王。1999 年开始，顺丰创始人王卫将旗下的所有网点的产权全部回购。至 2001 年，顺丰已经完成了从“代理、加盟”到“直营”的转变（李芏巍，2015）。顺丰速递也成为目前国内大型民营快递企业中唯一一家直营模式的企业。

“四通一达”是申通快递、圆通快递、中通快递、汇通快递、韵达快递五家民营快递的合称。“四通一达”的迅速繁荣来自于低廉的成本和“加盟”的快速扩张模式（韩军涛，2014）。1992 年申通快递成立，随着企业逐渐壮大，业务量飞速增长。申通创始人将大批同乡亲友拉进公司，解决了人手不够的困境。随后几年，这批来自桐庐的创业者接连创立了韵达快递、圆通快递、汇通快递和中通快递，培养出了一批快递人才。这五家快递公司均由桐庐人创立，且其工作人员中桐庐人占多数，又被称作“桐庐帮”。与顺丰依靠直营网点主攻中高端函件市场不同，“四通一达”都采取加盟的扩张方式。

据国家邮政局公布的数据，2015 年民营快递企业持续快速发展，市场份额进一步提高。全年民营快递企业业务量完成 184.8 亿件，总业务收入 2246 亿元，业务量份额占比达 89.4%，业务收入市场份额为 81.1%（见图 3－3）。至 2015 年，顺丰已成为国内最大的民营快递公司①。

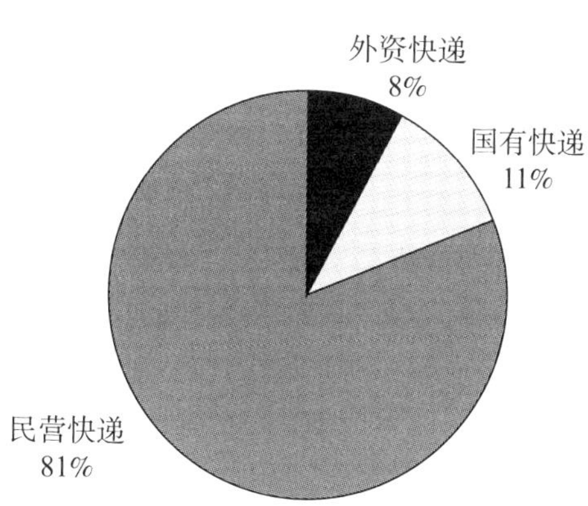

图 3－3　我国三类快递企业业务收入市场份额

资料来源：国家邮政局《2015 年邮政行业发展统计公报》。

---

① 资料来源：国家邮政局《2015 年邮政行业发展统计公报》。

2. 制度背景

1984年中华人民共和国邮电部（现中国邮政集团公司）开办国内快递业务（EMS）。1986年《中华人民共和国邮政法》由全国人大审议通过。86版《邮政法》（简称“旧《邮政法》”）严格规定“信件和其他具有信件性质物品的寄递业务由邮政企业专营，国务院另规定的除外。”即EMS享有函件专营的地位，一直到20世纪90年代中期。近20年的垄断发展，EMS占据了国内快递市场98%的业务份额。

2005年7月，《邮政体制改革方案》出台，邮政系统实行政企分开，标志着国有邮政企业一家独大的垄断局面正式宣告结束，国有邮政企业作为市场主体参与快递行业的市场竞争。这使得快递行业的竞争环境更加公平，尤其对民营快递企业的发展是一大利好。2009年10月，《中华人民共和国邮政法》新修订版颁布（简称“新《邮政法》”），随后的几年中，《快递业务经营许可管理办法》《快递业务员职业技能鉴定办法（试行）》《快递业务操作指导规范》等一系列相关配套法规相继出台，在经营范围、准入条件等方面对民营企业做出了具体规定（见表3－12）。

表3－12　制度背景

时间	部门	文件	相关内容
1986年12月	第六届全国人大第十八次会议	《中华人民共和国邮政法》	规定“信件和其他具有信件性质的物品寄递由邮政专营”
2005年7月	国务院	《邮政体制改革方案》	政企分开，中国邮政参与快递行业市场竞争
2008年8月	国家邮政局	《快递业务员国家职业标准（试行）》	确定了快递从业人员市场准入标准
2009年9月	国家邮政局	《快递业务员职业技能鉴定办法（试行）》	确立了快递从业人员职业技能鉴定标准
2009年9月	国家邮政局	《快递业务经营许可管理办法》	明确了快递业务经营许可的申请、审批和监督管理流程
2009年10月	第十一届全国人大第八次会议	《中华人民共和国邮政法》修订版	确立了快递企业的法律地位，划分了快递行业的经营范围，其中规定“快递企业不得经营由邮政企业专营的信件寄递业务”
2011年8月	国家邮政局	《快递业务操作指导规范》	规定了快递业务规范操作的基本要求
2012年5月	国家质量监督检验检疫总局	《快递服务国家标准》	规定了不同种类快递服务的具体时限
2015年6月	交通运输部	《关于修改〈快递业务经营许可管理办法〉的决定》	删除《快递业务经营许可管理办法》中对验资报告的要求
2015年10月	国务院	《关于促进快递业发展的若干意见》	鼓励各类民间资本依法进入快递领域，支持快递企业兼并重组、调整股权结构，上市融资，加快形成若干家具有国际竞争力的企业集团

资料来源：根据国家相关政策文件整理。

3. 快递行业转型升级

二十多年来，中国民营快递行业从零起步，逐渐兴起，恰逢互联网发展的浪潮，蓬勃发展。1986年颁布的《中华人民共和国邮政法》对函件寄送给予了严格的规定，造成EMS长达近20年的国内快递垄断地位。随着21世纪初中国加入WTO，国内快递行业市场化程度不断加深、对同城、异地、国外，当日达、次日达等不同种类、不同时效快递服务的需求也不断增多，民营快递企业反垄断的呼声越来越高。而邮政系统的政企分开为民营快递企业营造了一个相对公平的竞争环境（李言辉，2013）。

2009 版新《邮政法》修改了民营快递的经营范围。在旧《邮政法》中规定函件由邮政专营。新《邮政法》规定国家邮政专营的业务依然不允许民营快递进入，但在修订的几部草案中，邮政专营的范围被多次修改：2002 版修改稿规定 500 克以下的信件寄送由邮政专营；2004 版修改稿将这一重量调整为 350 克；2006 版修改稿在此基础上将国际信件速递业务一同排除出专营范围。虽然这一条款因仍有争议而在 2009 年正式法案中模糊处理，但仍然可以看出，从旧版“信件和物品都是专营”到新版取消“物品专营”这一项，专营重量也被大大降低，邮政专营的范围已被大幅缩减。而在民营快递起步阶段，其主营业务正是以文件为主的商务件，属于“非法运营”。新《邮政法》承认了符合资质的民营快递企业的合法地位，使民营快递企业告别了“非法”的标签。这使得申通在创立十六年后才将“快递”两个字加入公司名中。

另外，新《邮政法》亦放宽了民营快递企业的准入条件。旧《邮政法》规定民营企业从事快递行业需经商务部审批，而新《邮政法》将其改为许可证制度。2014 年 7 月国家邮政局下发通知，要求各级邮政管理部门进一步优化审批流程，加强许可管理，减轻快递企业负担。2015 年以来，国家邮政局的审批时限已经进一步缩短，变更事项平均用时已由 45 天缩短至 25 天，列入“绿色通道”管理的网络型企业变更审批平均用时已缩短至 18 天。此外，《快递业务经营许可管理办法》等一系列相关配套法规的相继出台，极大地促进了快递业管理制度和标准化建设，减少企业的运营成本和管理成本，提升快递行业的效率，有效推动了快递行业的整合发展，助力民营快递企业转型升级。

作为民营快递行业的龙头，顺丰在成立至今的二十多年里已经历了产权界定与股权结构多元化两次较为重要的转型升级，并计划在 2018 年进一步调整股权结构后融资上市，为进入全球市场做准备。

顺丰成立时其创始人王卫是香港籍，而创立初期顺丰的所有股权都由王卫持有，因而是一家港资独资企业（李芏巍，2015）。2009 年开始实施的新《邮政法》承认了民营快递公司的合法地位，但也明确规定，外商不得投资经营信件业务，而港资企业在大多数政策文件中都与外资企业同等对待。因此只有顺丰的产权被清晰、有效地界定为内地民营企业，使事实产权与法律产权保持一致，才能保证顺丰继续合法经营该业务。2010 年下半年，顺丰在权衡之后选择放弃外资身份及这一身份带来的一系列优惠政策，将企业性质变更为内资企业，成为名副其实的民营公司，同时王卫也放弃了香港特区居民身份，成为内地公民。2010～2012 年，顺丰集团收入从 112.52 亿元快速增长到 210.18 亿元，三年时间差不多翻了一番。目前，顺丰集团的经营规模仅次于国有的中邮速递，远超“四通一达”的业务水平，市场占有率达到 20%，确立了我国民营快递行业的龙头地位。①

在顺丰的商业体系中，有顺丰集团、顺丰海外、泰海投资等五大控股实体，各实体分别负责快递业务、第三方支付、投资地产等不同业务②。如顺丰集团主要负责国内快递业务，顺丰海外主要负责海外快递业务，而呼叫中心和后台信息系统被安排在泰海投资旗下等。这种管理体系缺乏一个统一的战略规划平台和投资控制平台，放大了顺丰的经营风险。此外，顺丰的股权 99% 由王卫持有，股权结构极为单一。2013 年，顺丰决定启动引资，重组内部架构。同年 8 月，苏州元禾控股、招商局及中信资本三个带有国资背景的集团联合注资顺丰，总计获得约 24.5% 的股权，使顺丰从纯粹的民营企业转变为国资具有较大影响力的股权多元化企业。顺丰规划未来在巩固并发展其主营快递业务的基础上，还将在航空货运、物流仓储、电子商务、金融支付等领域积极拓展，通过“三流合一”的整合服务实现转型升级。

2015 年 10 月国务院印发《关于促进快递业发展的若干意见》，鼓励各类民间资本依法进入快递领域，支持快递企业兼并重组、调整股权结构，上市融资，加快形成若干家具有国际竞争力的企业集

① 资料来源：国家邮政局《2015 年邮政发展统计公报》。
② 资料来源：顺丰速运官网。

团，鼓励“走出去”参与国际竞争。“走出去”政策指明了民营快递公司向海外布局的方向。2015 年底，申通借壳上市；2016 年 2 月，顺丰速运聘请中信证券、招商证券、华泰联合证券进行上市辅导，准备进行 A 股 IPO（首次公开募股）；2016 年初，圆通公司股东已就股权重组事宜初步达成一致；其他民营快递企业也都传出在谋划上市的消息①。对“四通一达”等采取加盟制的民营快递企业而言，上市之后获取重组资金整合加盟商、加速推进股权结构调整进程，进而扩大企业规模、实现规模经济效应，无疑是当下转型升级的重要目标。

（四）现代服务业中民营企业转型升级：支付宝公司

1. 支付宝公司发展历程

支付宝（中国）网络技术有限公司是阿里巴巴集团旗下子公司，是国内领先的第三方支付平台。支付宝公司从 2004 年建立开始，旗下有“支付宝”与“支付宝钱包”两个独立品牌。自 2014 年第二季度开始成为当前全球最大的移动支付厂商。支付宝主要提供支付及理财服务。包括网购担保交易、网络支付、转账、信用卡还款、手机充值、水电煤缴费、个人理财等多个领域。在进入移动支付领域后，为零售百货、电影院线、连锁商超和出租车等多个行业提供服务，同时还推出了余额宝等理财服务②。

2013 年 11 月，支付宝手机支付用户超 1 亿，“支付宝钱包”用户数达 1 亿，支付宝实名认证用户超过 3 亿；2013 年，支付宝单日交易笔数的峰值达到 1.88 亿笔。其中，移动支付单日交易笔数峰值达到 4518 万笔，移动支付单日交易额峰值达到 113 亿元人民币。2014 年“双十一”全天，支付宝手机支付交易笔数达到 1.97 亿笔。至 2015 年 4 月，支付宝实名用户超过 3 亿，支付宝钱包活跃用户超过 2.7 亿，单日手机支付量超过 4500 万笔，超过 2013 年“双十一”创造的单日手机支付 4518 万笔的全球峰值纪录。支付宝与国内外 180 多家银行以及维萨（VISA）、万事达（MasterCard）国际组织等机构已建立战略合作关系，成为金融机构在电子支付领域最为信任的合作伙伴③（见表 3-3）。

表 3-13　支付宝公司发展历程

时间	事件
2003 年 10 月	淘宝网首次推出支付宝服务
2004 年 12 月	支付宝从淘宝网分拆独立，成立浙江支付宝网络科技有限公司
2005 年 2 月	支付宝推出“全额赔付”支付，提出“你敢用，我敢赔”承诺
2008 年 2 月	支付宝发布移动电子商务战略，推出手机支付业务
2008 年 10 月	支付宝公共事业缴费正式上线，支持水、电、煤、通信等缴费
2010 年 12 月	支付宝与中国银行合作，首次推出信用卡快捷支付
2011 年 5 月	支付宝获得央行颁发的国内第一份《支付业务许可证》
2011 年 9 月	支付宝通过 PCI 认证
2013 年 6 月	支付宝推出账户余额增值服务“余额宝”
2016 年 5 月	三星移动支付服务 Samsung Pay 和支付宝正式宣布合作

资料来源：支付宝公司官方网站 https：//www.alipay.com/.

2. 制度变迁

第三方支付平台的稳定发展能够有效激发我国市场经济的活力（李燕，2008）。2012 年，我国第

① 国家邮政局《2015 年度快递市场监管报告》《2016 年度快递市场监管报告》。

② 支付宝公司官网。

③ 资料来源：支付宝公司官方网站 https：//www.alipay.com/、艾瑞咨询。

三方支付交易额突破12.9万亿元，超过2011年交易总额54.2%。根据艾瑞咨询预测，依据往年的增长趋势，2016年我国第三方支付行业的交易额将会达到50万亿元①。

政府十分重视第三方支付平台巨大的潜在影响力，出台了一系列法律法规对第三方支付机构实行准入限制和运营监管（见表3-14）。2009年4月，中国人民银行开始对从事支付业务的非金融机构进行登记。2010年6月，人民银行发布《非金融支付服务管理办法实施细则》，细则规定：未经中国人民银行批准，任何非金融机构和个人不得从事或变相从事支付业务。该细则拉开了第三方支付产业发展的新序幕，为第三方支付机构的相关政策奠定了基础（马永保，2014）。之后几年，人民银行、银监会等部门亦相继出台多项政策规定，对第三方支付机构的业务发展、安全监督、创新方向等方面做出指导。2010年《非金融机构支付服务管理办法》的出台打破了金融监管的真空，如要求第三方支付机构转移货币资金须委托银行业金融机构办理的规定改善了先前第三方支付机构鱼龙混杂、违规操作盛行的局面（姜婷，2014）。2012年的《支付机构互联网支付业务管理办法（征求意见稿）》重点落实客户实名制，解决资金来源与流向模糊不清的问题。2013年外汇管理局出台的文件对第三方支付平台进一步发展为跨国支付平台之后的运营操作做出了指引。2013版基金法的出台一方面确立了私募基金的合法地位；另一方面为股权激励创造了条件。人民银行、银监会亦对第三方在线支付平台的管理给予了政策上的支持，对其市场准入“门槛”做出了规定：全国性的第三方支付平台最低注册资金为1亿元人民币，区域性的平台为3000万元人民币。高“门槛”政策的出台过滤了许多规模小、信誉度低的第三方支付平台组织机构，保障了行业的服务质量。

表3-14　2010~2014年第三方支付行业相关政策一览

时间	发布机构	文件名称	主要内容
2010年6月	中国人民银行	《非金融机构支付服务管理办法》	未经中国人民银行批准，任何非金融机构和个人不得从事或变相从事支付业务
2010年12月	中国人民银行	《非金融机构支付服务管理办法实施细则》	细化《非金融机构支付服务管理办法》细节
2012年1月	中国人民银行	《支付机构互联网支付业务管理办法（征求意见稿）》	要求支付机构必须建立健全客户实名制，不得为客户提供透支、现金存取和融资业务，不得利用信用卡透支为账户充值
2013年2月	外汇管理局	《关于开展第三方支付机构跨境电子商务外汇支付业务试点的通知》	允许参加试点的支付机构集中为电子商务客户办理跨境收付汇和结售汇业务等
2013年6月	全国人大十一届三十次会议	《中华人民共和国证券投资基金法（2013年修正）》	专门从事非公开募集基金管理业务的基金管理人，其各项条件符合规定的，经国务院证券监督管理机构核准，可以从事公开募集基金管理业务
2014年3月	中国人民银行	《支付结构网络支付业务管理办法（征求意见稿）》	对支付机构网络支付的业务发展做出规定：“个人支付账户转账单笔不超过1000元，年累计不能超过1万元”等
2014年4月	银监会、中国人民银行	《关于加强商业银行与第三方支付机构合作业务管理的通知》	对商业银行与第三方支付机构建立业务关系时需要加强第三方支付的支付安全，身份验证，支付限额以及数据共享等问题

资料来源：根据国家相关政策文件整理。

① 资料来源：艾瑞咨询。

3. 支付宝公司转型升级

2011 年，支付宝按照《非金融机构支付服务管理办法》有关规定，委托工行每月对客户的交易保证金做托管审计，并每月公开托管报告，申请到国内第三方支付平台的第一份《支付业务许可证》，为业务的发展扫平了准入障碍。2012 年 1 月，《支付结构互联网支付业务管理办法（征求意见稿)》出台，支付宝遵从《征求意见稿》禁止信用卡透支为支付账户充值的规定，开通无须充值的快捷支付功能，并加快推进实名制进程，并进一步规范非关联银行账户充值不超过 1000 元、单笔支付超过 1 万元必须登记客户个人身份信息等支付业务以符合央行要求。至此，支付宝为阿里巴巴开展互联网金融业务扫平了支付端的障碍（来继泽，2014）。至 2013 年，支付宝快捷支付用户数达 2. 4 亿，支付宝实名用户近 3 亿，其中超过 1 亿的手机支付用户在过去一年完成了 27. 8 亿笔、金额超过 9000 亿元的支付，支付宝也超过 Paypal，一跃成为全球最大的移动支付公司①。

2013 年 6 月，全国人大十一届三十次会议审议通过并施行的新《基金法》做出重大改革，对设立基金公司的主要股东的要求变更为“应当具有经营金融业务或者管理金融机构的良好业绩、良好的财务状况和社会信誉、资产规模达到国务院规定的标准，最近三年没有违法记录”，不但为公募基金松绑，而且正式将私募基金合法化并纳入监管。同时，允许券商、保险、私募等资产管理机构公开发行基金，允许符合条件的专业人士持有基金管理公司 5% 以上的股权，降低基金公司股东“门槛”，有利于建立长效激励机制。

如果按照修改前的《基金法》，支付宝将没有资格参股天弘基金。《基金法》的修订，不但为基金业的发展营造了一个更包容、开放的宏观环境（邱勋，2013），也为支付宝进入基金业扫平了准入障碍（徐宇卉，2014）。2013 年 6 月 13 日，天弘基金和支付宝合作的兼具理财和消费支付功能的产品“余额宝”正式上线，上线不久，余额宝便出现巨量资金流入，并一举成为中国最大的基金，截至 9 月底，余额宝总规模达 556. 53 亿元，截至 11 月 14 日 15：00，天弘增利宝货币基金（即余额宝）的规模突破 1000 亿元，用户数近 3000 万户。天弘增利宝成为国内基金史上首只规模突破千亿的基金。天弘基金也因余额宝一举成为千亿基金公司②。

2013 年 10 月，天弘基金现股东与支付宝母公司浙江阿里巴巴电子商务有限公司就天弘基金增资扩股和全面业务合作达成框架协议。阿里巴巴出资 11. 8 亿元取得天弘基金 51% 股权，取代天津信托成天弘基金第一大股东，天弘基金管理层也将认购天弘基金 11% 的股权。天弘基金增资扩股申请获批后，天弘基金成为首家互联网公司控股的基金公司，同时也是首家明确实施股权激励的基金，极大地影响了基金业现有的竞争格局③。

支付宝公司通过推出“余额宝”业务，盘活公司支付平台上的巨额存量资金，获得可观收益：余额宝的高收益吸引了更多的资金主动充入支付宝，成为潜在消费资金；支付宝的庞大客户群体成为天虹基金的准客户资源，打破了现金基金公司销售渠道狭隘、客户增量缓慢的困境。而股权激励解禁后阿里巴巴入股天弘基金，从渠道商变成股东，将客户重新牢牢掌握，也直接进入了资产管理领域。在政府政策的引导与支持下，支付宝公司从没有合法地位的第三方支付平台起步，进入银行金融业，继而进入资管金融业，进一步拓宽互联网企业和传统金融机构的合作领域，开始在金融业立体布局。

四、民营经济的产业转型升级：未来展望

本文系统梳理了制度变迁与中国民营经济转型升级的关系及历程，从中总结出外因推动和内因推

①②③ 资料来源：支付宝公司官方网站 https：//www. alipay. com/.

动的两种转型升级模式，并结合四个案例分析传统制造业、传统服务业与先进制造业、现代服务业转型升级的不同情形。

研究发现，首先，中国民营企业的发展具有相似的发展路径：先在制度缝隙开辟自身发展空间，然后获取合法地位，继而寻求公平的竞争环境。而随着企业规模的不断壮大，多数民营企业纷纷选择进行股权结构改革，继而上市融资，进入国际市场，寻求更广阔的发展空间。

其次，在民营企业发展壮大的进程中，政府对民营经济的管制亦逐步放宽、不断完善，是民营经济转型升级的主要推动力量。整体而言，民营企业转型升级的行业趋势是第一产业比重逐渐降低，第二产业、第三产业比重逐渐增加，新一代信息技术产业、生物产业、新能源产业、新材料产业、高端装备制造业等战略性新兴产业成为转型升级的主导方向。产业内和产业间交流不断加强，自主研发创新能力不断提高，生产流程向集约化、精细化、模块化、绿色化发展，转型升级后生产效率得到提升，同时过剩产能得到有效减少，产业实现可持续发展。

最后，从政府推动民营企业转型升级的制度变迁中可以看出，随着管理理念的不断更新，政府对经济主体进行政策扶持的针对性逐渐增强，对民营企业开放的准入领域日益增多，审批流程趋向简化，以往对国营企业的行政保护逐渐取消，更加提倡产权的两权分立与股权多元化，对民营企业的政策优惠亦渐趋公平。同时政府鼓励民营企业打造自有品牌、进行自主创新，支持民营企业融资并购，引导民营企业更多地“走出去”与国外企业展开竞争。

不可否认，现有制度环境对民营经济发展仍有不少限制，如相关的法律政策支持在具体执行时易导致“人治”而非“法治”；一些保护国营企业垄断的条文仍未取消，某些领域仍然存在对民营资本的不平等对待；许多领域仍禁止民营资本进入，有些领域名义上已经开放，然而审批过程存在各种限制，存在“玻璃门”现象。上述限制仍将在一定程度上延缓中国民营企业未来转型升级的进程。政府对民营经济进入管制的放宽以及平等市场竞争主体地位的确立仍是未来改革的攻坚方向。因此，政府应主导外部环境变革：在市场准入制度变革中，取消对国营企业的保护性条款，进一步消除对民营企业市场准入审批过程中存在的各种隐性限制，打破民营企业准入的“玻璃门”；在财政政策变革中，针对小微企业融资难问题，建立多层次的民间金融监管体系，完善小微企业信用担保制度，加大对小微贷款的财政支持，降低小微企业贷款“门槛”；在税收政策变革中，修订对民营企业不平等的征税条款，使中小型民营企业能享受更多的税收优惠；在产权制度变革中，加快推进民营企业两权分立和股权多元化进程。毋庸置疑，政府主导的外因推动向企业主导的内因推动转变是中国民营企业转型升级，提升国际竞争力，实现可持续发展的关键所在。

参考文献

[1] 蔡丽娇．网络第三方支付平台监管法律问题研究［D］. 太原：山西财经大学，2013.

[2] 曹伟．经济转型中的政企耦合：基于温州模式的历史考察与困境研究［D］. 杭州：浙江大学，2013.

[3] 曹正汉，史晋川．中国地方政府应对市场化改革的策略：抓住经济发展的主动权［J］. 社会学研究，2009（4）：1-2.

[4] 柴文静．支付宝进化论［J］. 21世纪商业评论，2010（6）：46-51.

[5] 陈晨．基于价值链的浙江省民营外贸企业转型升级研究——以吉利控股集团为例［D］. 杭州：浙江工商大学，2014.

[6] 陈琛．华为转型征程“初战告捷”［J］. 通信世界，2012，16（6）.

[7] 陈功栋．阿里巴巴网络有限公司发展战略研究［D］. 上海：复旦大学，2009.

[8] 陈健．论互联网金融创新——基于第三方支付支付宝视角［J］. 中国市场，2014（2）：63-65.

[9] 陈影．第三方支付发展及其对商业银行影响研究［D］. 合肥：安徽大学，2014.

[10] 程军．我国快递业发展对策研究［D］. 武汉：武汉理工大学，2004.

［11］董辅礽．中华人民共和国经济史［M］．北京：经济科学出版社，1999.

［12］冯德雄．企业适应性成长研究［D］．武汉：武汉理工大学，2003.

［13］冯丽娟．民营企业引入经济增加值业绩评价的探讨［J］．时代金融，2013（18）：149－150.

［14］国家邮政局．2014年度快递市场监管报告．

［15］郭丽丽．民营企业成长中的产权制度改革研究［D］．天津：天津商学院，2006.

［16］韩军涛．电子商务背景下我国快递业发展与协同机制研究［D］．北京：北京邮电大学，2014.

［17］韩卓然．“支付宝”运营模式下的相关法律问题探究［J］．法制与社会，2011（29）：104.

［18］何伟明，何佳欢．阿里巴巴与京东发展战略及融资路径的分析［J］．吉林省经济管理干部学院学报，2015（4）.

［19］胡晋博．华为终端公司发展战略研究［D］．兰州：兰州大学，2013.

［20］黄海峰．扩张云计算战略华为“云帆计划2012”启航［J］．通信世界，2011（40）：5.

［21］黄凯怡．我国快递市场准入的法律制度研究［D］．重庆：西南政法大学，2014.

［22］黄孟复．中国民营经济史纪事本末［M］．北京：中华工商联合出版社，2010.

［23］黄孟复，胡德平．中国民营经济发展报告No.3（2005～2006）［M］．北京：社会科学文献出版社，2006.

［24］姬养洲．华为事件折射政府三大问题［J］．人力资源，2007（23）：7－8.

［25］姜春海．中国乡镇企业发展历史回顾［J］．乡镇企业研究，2002（2）.

［26］江海客．华为诉讼考量中国政府［J］．知识经济，2003（3）：6－13.

［27］江诗松，恭丽敏，魏江．转型经济背景下后发企业的能力追赶：一个共演模型——以吉利集团为例［J］．管理世界，2011（4）：122－123.

［28］姜婷．互联网金融第三方支付法律监管制度研究［D］．成都：西南财经大学，2014.

［29］孔伟杰．制造业企业转型升级影响因素研究——基于浙江省制造业企业大样本问卷调查的实证研究［J］．管理世界，2012（9）：120－131.

［30］来继泽．中国互联网金融发展研究［D］．长春：吉林大学，2014.

［31］雷婷．“阿里巴巴”发展历程及其B2B2C模式分析［J］．西北第二民族学院学报（哲学社会科学版），2007（2）：128－130.

［32］李芏巍．快递来了—顺丰速递与中国快递行业三十年［I］．北京：中国铁道出版社，2015.

［33］李璐．华为：远程医疗市场割据仍需加强政府引导［J］．通信世界，2012（21）：36.

［34］李清亮．中国民营经济发展研究——从制度变迁视角看民营经济合法性地位的确立和制度环境的改善［D］．上海：复旦大学，2012.

［35］李锐．我国民营企业转型升级问题研究［D］．福州：福建师范大学，2013.

［36］李伟平．民营企业人本管理改革的思考［J］．中南民族大学学报（人文社会科学版），2003（S1）：83－85.

［37］李亚欣．支付宝的发展历程及对国内第三方支付的影响［J］．东方企业文化，2010（1）：189－190.

［38］李燕．由支付宝看我国第三方支付平台［J］．广西质量监督导报，2008（2）：26－27.

［39］李言辉．我国民营快递行业市场准入制度的立法完善研究［D］．重庆：西南政法大学，2013.

［40］李一岚．我国电子商务法律制度构建研究［D］．北京：中国社会科学院研究生院，2014.

［41］李勇坚，姚战琪．民营经济在服务业的成长：历程、贡献及展望［J］．黑龙江社会科学，2008（4）：14－22.

［42］梁俊，李菁．中国经济的结构性减速与对策［J］．上海经济研究，2016（5）：3－9.

［43］廖愉平．我国互联网金融发展及其风险监管研究——以P2P平台、余额宝、第三方支付为例［J］．经济与管理，2015（2）：51－57.

［44］刘东辉，钟涨宝．中国乡镇企业的兴衰与社会资本［J］．湖北社会科学，2005（1）.

［45］刘菊欣．政企博弈视角下阿里巴巴创业融资的法律保障［D］．上海：华东政法大学，2015.

［46］刘斯．广东省外向型民营企业转型升级中的政府作用［D］．广州：华南理工大学，2014.

［47］刘晓敏．江苏民营代工企业OEM－ODM－OBM转型升级路径研究——以AH企业为案例［D］．西安：陕西师范大学，2013.

［48］刘昕．华为的发展历程及其薪酬战略［J］．中国人力资源开发，2014（10）：76－83.

[49] 刘永明．华为技术有限公司服务转型研究［D］．武汉：华中科技大学，2005.
[50] 刘宇，马卫．我国汽车产业升级开放式创新案例研究［J］．技术经济与管理研究，2012（9）：88-92.
[51] 刘仲藜．奠基——新中国经济五十年［M］．北京：中国财政经济出版社，1999.
[52] 罗知．贸易自由化对就业的影响——来自第三产业和个体私营企业的数据［J］．经济评论，2011（5）：79-85+97.
[53] 马广奇，赵亚莉．阿里巴巴“合伙人制度”及其创新启示［J］．企业管理，2015（2）：120-123.
[54] 马喜．快递行业发展：当前态势与发展理路［D］．福州：福建师范大学，2014.
[55] 马永保．第三方互联网支付经济法规制研究［D］．合肥：安徽大学，2014.
[56] 马永保．第三方支付行业市场准入：现实依据、问题透视及改进路径［J］．商业研究，2014（1）：185-192.
[57] 秦锂，姚晓芳．中国民营企业上市现状及分析［J］．科学与科学技术管理，2001（11）.
[58] 邱勋．余额宝对商业银行的影响和启示［J］．新金融，2013（9）：50-54.
[59] 单忠东．民营经济三十年——思考与展望［M］．北京：经济科学出版社，2008.
[60] 斯坤．民企上市沉浮史［J］．新经济导刊，2008（3）.
[61] 史晋川，汪炜，钱滔．民营经济与制度创新：台州现象研究［M］．杭州：浙江大学出版社，2005.
[62] 史晋川，汪炜，钱滔．转型与发展：萧山民营经济研究［M］．杭州：浙江大学出版社，2008.
[63] 苏贝．华为：从白牌手机开始的创牌之旅［J］．中国品牌，2014（8）：40-42.
[64] 田传钊．华为成功三要素：任正非、历史机遇、华为基本法［J］．创业家，2013（4）：103.
[65] 田涛．华为的理念创新与制度创新［J］．企业管理，2016（3）：6-11.
[66] 王建，肖猛，刘黎．税制改革与民营中小企业的发展［J］．重庆工商大学学报（社会科学版），2001，18（6）：41-42.
[67] 王剑．我国战略性新兴产业的融资模式研究［D］．苏州：苏州大学，2013.
[68] 王劲松，史晋川，李应春．中国民营经济的产业结构演进——兼论民营经济与国有经济、外资经济的竞争关系［J］．管理世界，2005（10）：82-93.
[69] 王林昌．中国私营经济二次创业研究［M］．北京：中国工商出版社，2001.
[70] 王旻旻．风口浪尖上的第三方电子支付平台——以支付宝为例［J］．财经界，2010（1）：191-192.
[71] 汪伟，史晋川．进入壁垒与民营企业的成长——吉利集团案例研究［J］．管理世界，2005（4）：132-140.
[72] 汪旭晖，张其林．平台型网络市场“平台—政府”双元管理范式研究——基于阿里巴巴集团的案例分析［J］．中国工业经济，2015（3）：135-147.
[73] 王雅龄，郭宏宇．基于功能视角的第三方支付平台监管研究［J］．北京工商大学学报（社会科学版），2011（1）：91-95.
[74] 王育琨．华为武器：研发、联盟、制度整合化［J］．管理与财富，2007（10）：62-63.
[75] 王铮．华为的国际化竞争战略研究［D］．广州：广东外语外贸大学，2015.
[76] 王志凯．中国经济结构再平衡与长期增长［J］．浙江大学学报（人文社会科学版），2016（2）：175-185.
[77] 吴尚明．第三方支付行业市场准入制度研究［J］．中小企业管理与科技（上旬刊），2015（4）：202-204.
[78] 吴作宾．从 OEM 到 ODM、OBM，企业升级路径研究［D］．上海：复旦大学，2008.
[79] 徐涛．关于加快推进浙江台州产业集群转型升级的若干思考［J］．改革与开放，2011（6）：77.
[80] 徐希燕．中国快递产业发展研究报告［I］．北京：中国社会科学出版社，2009.
[81] 徐宇卉．第三方支付平台的政府规制研究［D］．长春：吉林大学，2014.
[82] 杨爱中．华为成功的战略和启示［J］．民主，2001（7）：36-37.
[83] 杨海霞．民营经济产业升级与地方政府作用［D］．湘潭：湘潭大学，2014.
[84] 杨秋关．华为公司技术创新与持续成长研究［D］．长沙：中南大学，2007.
[85] 杨杨，杜剑．金融危机下扶持民营经济发展的财税政策思考［J］．特区经济，2010（3）：131-132.
[86] 昝新明，郭秀存．阿里巴巴“合伙人”制度评价及启示［J］．财会月刊，2016（4）：78-81.
[87] 詹浩勇．生产性服务业集聚与制造业转型升级研究［D］．成都：西南财经大学，2013.
[88] 张明，路风．思科诉华为：对中国企业技术能力成长和政府政策的思考［J］．国际经济评论，2003（4）：

15－20.

［89］张炜，陈绮，童欣欣．基于开放式创新理论的民营企业并购式成长过程研究——基于吉利集团的案例分析［J］．科学·经济·社会，2011（4）：89－91，95.

［90］张小明．互联网金融的运作模式与发展策略研究［D］．太原：山西财经大学，2015.

［91］张亚丽．民营企业转型升级中的政府作用研究［D］．沈阳：辽宁大学，2015.

［92］张占斌．比较优势：中国汽车产业的政策、模式、战略［M］．北京：清华大学出版社，2004.

［93］张志民．中国民营经济产业结构演进研究［D］．厦门：厦门大学，2009.

［94］张志学，张建君，梁钧平．企业制度和企业文化的功效：组织控制的观点［J］．经济科学，2006（1）：117－128.

［95］赵德馨．中华人民共和国经济史（1967～1984）［M］．郑州：河南人民出版社，1989.

［96］政在服务，云领未来——华为助力政府IT云转型，让政务服务更加高效、便捷［J］．中国政府采购，2016（6）：51.

［97］中国工程科技发展战略研究院．中国战略性新兴产业发展报告2015［M］．北京：科学出版社，2015.

［98］中国乡镇企业年鉴编辑委员会．中国乡镇企业年鉴（1978～1987）［M］．北京：农业出版社，1989.

［99］钟红英．浅析中国民营企业的制度创新——以华为技术有限公司为例［J］．科技与企业，2013（5）：220.

［100］中华全国工商业联合会、中国民（私）营经济研究会．中国私营经济年鉴（2000）［M］．北京：华文出版社，2001.

［101］钟科财．关于改革和完善现行税收制度的6项建议［J］．中国民营科技与经济，2001（2）：16－16.

［102］朱玛．第三方支付机构沉淀资金的权属争议及法律监管——兼谈“余额宝”的创新与风险［J］．西南金融，2013（12）：6－9.

［103］Ahlstrom D，Bruton G D，Yeh K S. Private firms in China：Building legitimacy in an emerging economy［J］. Journal of world business，2008，43（4）：385－399.

［104］Chen B，Feng Y. Determinants of economic growth in China：Private enterprise，education，and openness［J］. China Economic Review，2000，11（1）：1－15.

［105］Feuerwerker A. The state and the economy in late imperial China［J］. Theory and Society，1984，13（3）：297－326.

［106］Gereffi G. International Trade and Industrial Upgrading in The Apparel Commodity Chain［J］. Journal of international economics，1999，48（1）：37－70.

［107］Hobday M. East Asian latecomer firms：learning the technology of electronics［J］. World development，1994，23（7）：1171－1193.

［108］Jie Z. Financial Difficulties and Financing Sequences of Private Economy［J］. Economic Research Journal，2000，4：000.

［109］Li H，Meng L，Wang Q，et al. Political connections，financing and firm performance：Evidence from Chinese private firms［J］. Journal of development economics，2008，87（2）：283－299.

［110］Liu Y L. Reform from below：The private economy and local politics in the rural industrialization of Wenzhou［J］. The China Quarterly，1992，130：293－316.

［111］Nee V. Organizational dynamics of market transition：Hybrid forms，property rights，and mixed economy in China［J］. Administrative science quarterly，1992：1－27.

［112］Routledge，China's third economic transformation：The rise of the private economy［M］. 2004.

［113］Solow R M. Technical progress，capital formation，and economic growth［J］. The American Economic Review，1962，52（2）：76－86.

［114］Von Pischke J D. Finance at the frontier. Debt capacity and the role of credit in the private economy［J］. 1991.

第四章　民营经济发展与对外贸易*

自改革开放以来，经过40年的发展，中国已成长为世界第二大经济体，跻身“中高等收入国家”行列。随着中国参与国际分工的进一步深入与中国对外开放的日趋深化，中国对外贸易得到了快速发展，1978～2015年，中国商品进出口总额增加了超过200多倍，在此过程中，民营经济、民营企业也从无到有、从小到大，与整体经济一起经历了快速崛起、不断发展壮大。在对外经济领域民营企业也同样有不俗的表现，2015年民营企业出口1.03万亿美元，占出口总额的45.2%，占比首次超过外资企业（44.2%）居第一位；2014年中国非金融类对外投资流量为1028.9亿美元，其中民营企业约占40%，已逐渐成为中国“走出去”的主力军。

然而随着国内外经济环境的深刻调整，特别是自国际金融危机以来的外需疲软，以及中国经济进入“三期叠加”的“新常态”，对民营经济及其对外贸易发展带来了多方面的挑战：如何调整发展路径，突破现有的地区限制、资源“瓶颈”，汲取国际市场的人才、技术等高级资源，实现要素配置能力的提升；如何吸收先进的科技和创新理念，逐渐培育出国际知名品牌和领军企业等。这些问题都要求民营企业积极把握国际化的机遇，实施更适应时代要求的进出口战略，充分利用外贸、外资、外经对其发展的溢出效应，以内源化的增长动力结合开放型的转型战略，实现民营经济对外贸易的进一步发展。

本章分别对民营经济发展与外贸模式转型的互动关系、民营经济进口贸易的动态效应、全球价值链治理与民营经济发展、国际分工地位与民营经济发展，进行具有针对性的分析，并对民营经济与对外贸易发展的未来发展趋势进行展望。

一、外贸战略转型与民营经济对外贸易：历史回顾

总体来看，自改革开放以来，民营经济从最初的不能直接参与国际竞争，到当前成为出口贸易的主力军，经历了翻天覆地的变化过程，民营经济参与国际竞争和国际分工的深度和广度也达到了前所未有的高度。然而，随着国际经济环境的重大变化，以及国内经济条件的改变，外在要求民营经济参与全球化的方式做出新调整。而中国40年来的出口导向发展模式随着经济发展阶段转变日益显现弊端，特别是在国际金融危机冲击下更面临严峻的挑战，因此必须实施开放战略的转型，才能不断提高民营企业的开放型经济发展水平，在全球化经济中争取更高更新的地位。同时，国内低成本劳动力比较优势的弱化，外向型经济增长乏力风险的增大，也内在促使民营经济必需适时扭转传统对外经济发展方式，加快构建适应新阶段的新型开放战略，充分利用全球化趋势和国内新优势，全面提高中国对外经济开放水平与层次。这些都是对民营经济及其开展对外贸易提出的新要求，唯有适应并突破新环境的限制，方能实现民营经济及外贸的全面转型升级。

（一）民营经济对外贸易的发展阶段

1. 1995年之前：间接参与期

改革开放后，与其他领域相比，民营企业进入对外经济贸易领域相对较晚，但发展非常迅速，显

* 研究人员：黄先海、杨高举。

示出强大的生命力和发展潜力，成为我国参与对外开放的一支生力军（陈桂林、邓娜，2008）。

在改革开放初期，中央少数专业外贸公司专营对外贸易的高度垄断局面被打破，出现了多种经营主体共存的局面。但民营企业仍然未能获得进出口经营权，其产品出口只能交由外贸公司代理，即使如此，民营企业外向型经济发展的强劲势头并未受到阻碍。以乡镇企业为主的民营经济出口贸易，到1995年达到5394亿元，是1985年39亿元的138倍（陈桂林、邓娜，2008），增长速度非常快（见图4－1）。

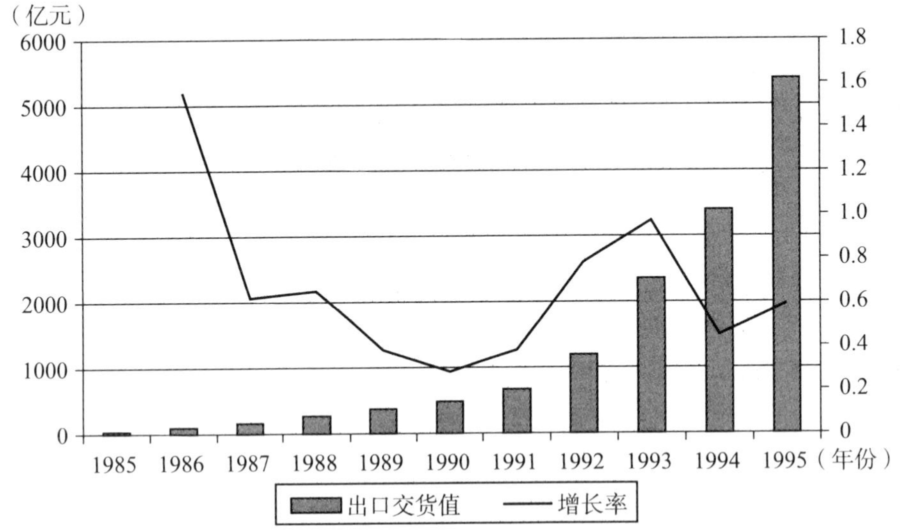

图4－1　1985～1995年乡镇企业完成出口交货值

资料来源：陈桂林、邓娜（2008）。

2. 1995～2007年：快速发展期

自1996年国家赋予10家民营企业外贸经营权以后，民营企业从事外贸经营权逐步松绑，主要的改革措施包括：1999年出台的《关于赋予私营生产企业和科研院所自营进出口权的暂行规定》、2001年颁布的《关于进出口经营资格管理的有关规定》，取消了对非公有制经济从事外贸经营的限制；2001年加入WTO后，2003年开始实施《关于调整进出口经营资格标准和核准程序的通知》的新规定，以及2005年颁布新修订的《对外贸易法》，大幅放宽企业进出口资格的条件和申请程序，允许一切企业法人和个人从事进出口贸易（陈桂林、邓娜，2008）。

进出口经营权的放开，极大地释放了民营企业开展对外贸易的潜力。首先是开展进出口业务的民营企业数量急剧扩大，从2000年的6100家增长到2007年的12.1万家，其中私营企业更是从1800家增长到11.6万家。其次从贸易额来看，自2000年起，民营企业每年出口增长都在35%以上，2001～2007年增长了15倍，其中私营企业增长了47倍（陈桂林、邓娜，2008）。与此同时，民营企业在进出口贸易中的地位也不断提升，进出口额与国有企业、外资企业之比从1995年的2∶58∶40，提升到2007年的20∶23∶57，民营企业和国有企业的贸易规模已非常接近，而且在2006年民营企业的出口额已超过了国有企业（见图4－2）。

3. 2007年至今：危机后调整期

2007年之后，由于受美国次贷危机和欧债务危机影响，中国整体出口增速放缓，甚至部分年份出现了负增长。民营企业的出口也同样深受金融危机带来的外部需求波动影响，在2009年出现了前所未有的负增长，但与其他类型企业相比，民营企业出口下降幅度最小，在2010年后以最快的速度恢复增长，并且增速一直在所有企业类型中居首位。这种快速的增长使得民营企业与外资企业在出口额中的差距不断缩小，到2015年，民营企业出口1.03万亿美元，占出口总额的比重为45.2%，占比首次超过外资企业，在中国外贸中的地位和作用进一步提升（见图4－3）。

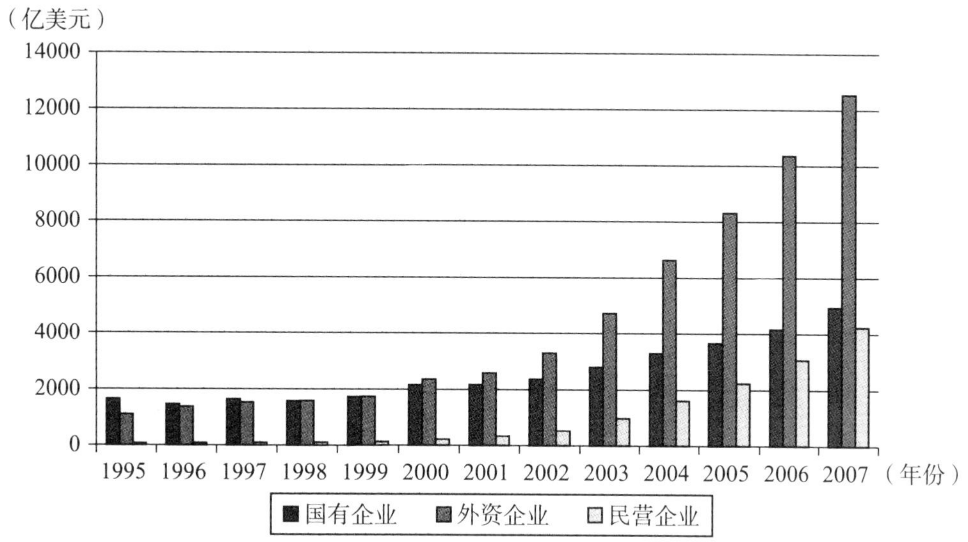

图4－2 中国分企业类型进出口总额

资料来源：商务部历年《中国对外贸易发展情况》。

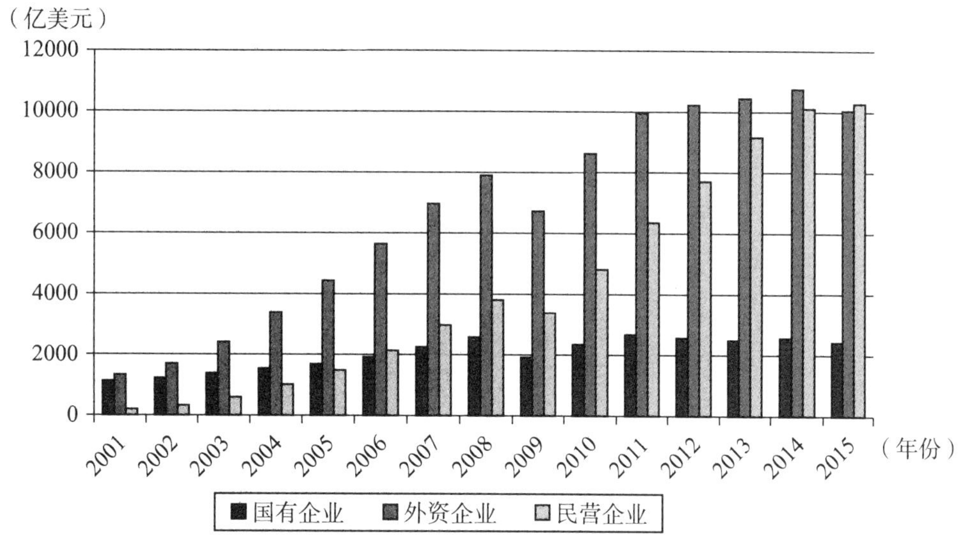

图4－3 中国分企业类型出口额

资料来源：商务部历年《中国对外贸易发展情况》。

此外，虽然在2011年以来民营企业外贸增速和总体一样出现下滑趋势，但由于经营机制灵活，适应环境能力强，其出口产品结构却在不断调整提升，特别是机电产品、高技术产品的出口量在不断增长，占全国同类产品出口总额的比例也在不断提升，而纺织服装、箱包、鞋类、家具、塑料、灯具、陶瓷传统劳动密集型产品出口增速和结构占比趋于下降（见图4－4）。

（二）中国对外贸易的战略转型

改革开放40年，尤其是“入世”以来的对外贸易扩张使中国开放经济形势进入了新的发展阶段。但出口导向型对外开放战略成功推动了中国由封闭经济向开放经济转型，却无法进一步支撑经济结构的高端化和发展方式转型，在要素价格上升、比较优势弱化、贸易摩擦加重的新环境下，中国传统的开放战略必须加快扭转。重点是实施三大战略转型，即开放战略目标要由注重规模速度以出口创汇向注重质量效益以推动国内科学发展转变，开放战略层次要由内源主导型的产品出口国际化向内外源融合型的要素利用国际化转变，对外开放政策要由单边的奖出限入激励体系向有管理的多边双边互

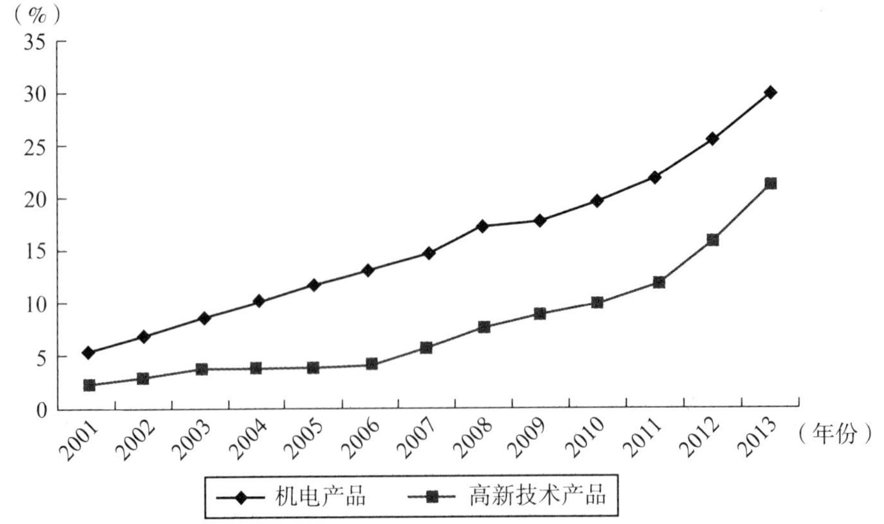

图 4－4　中国民营企业机电产品和高新技术产品出口的全国占比

资料来源：林卫龙、刘颖（2014）。

惠体系和规则治理转变，创造开放经济综合竞争力，获取对外开放更高层次红利，全面提升国家开放型经济水平。

1. 规模追求型转向内涵发展型

1978 年对外开放初期，中国外汇储备严重匮乏，外资尚未允许进入，外贸规模占国民经济比重微乎其微，当时的战略目标，定向为以追求外贸规模和发展速度以积累外汇换取关键设备和技术，具有历史合理性并取得了举世瞩目的成就。如今中国的外汇储备已不再短缺而是过多，以至于构成人民币汇率上升和国内通货膨胀的压力。此外，以低廉价格的劳动力成本优势吸引外资并通过加工贸易渠道进入全球生产链的对外经济发展方式，如今越来越难以为继。更为重要的是，因过于注重外贸外资粗放型发展的规模和速度，长期以中低端产品为主的外贸结构升级缓慢甚至出现低端路径锁定，FDI 一揽子要素溢出效应不明显甚至出现外部迁移。上述问题表明中国的开放战略必须要尽快从追求扩张规模速度向更加注重提升质量效益转型，推动国内经济结构升级和发展方式转变。

2. 产品国际化转向要素国际化

内资外贸企业多以中小型民营企业为主，通过利用本地低成本生产资源进行外贸订单生产，是一种“产品国际化、要素内源化”的内源主导型开放模式（黄先海、叶建亮等，2010）。该模式充分发挥了中国廉价劳动力和资源环境成本优势，推动中国在“入世”后迅速成长为世界第一出口大国，贸易产品如今已覆盖绝大部分国家。然而，迄今为止出口部门并未形成真正意义上的市场国际化，巨大的出口规模和较弱市场影响力与规则制定能力极不匹配。中国必须加快扭转内源主导型的“产品国际化”，向内外源融合型的“要素国际化”转型升级。一要扩充“产品国际化”新内容，提高服务贸易品比例，特别促使服务贸易国际化，加快金融、物流、设计、信息等服务贸易发展，既可提高制造业产品价值链地位，又有助于构建中国贸易产品的全球市场营销网络，是提高总体贸易竞争力极为有效的途径。二要在充分利用本地资源同时，更加注重利用外部资源，拓展高级生产要素的汲取能力和国际化配置能力。后金融危机时代为中国企业“走出去”对外投资提供了全球资源整合的机遇，应积极通过海外并购、合资、合作经营等方式与境外企业开展合作，积极利用甚至掌控外部资源、技术、研发能力、品牌和销售渠道等高端要素和资源，从而不断提升中国企业的国际竞争力。

3. 奖出限入转向多边互惠体系和规则治理

为配合开放初期追求“出口创汇”的政策设计目标，中国开放政策长期施行的是以“奖出限入”为总体特征的出口导向型激励体系，激励方式集中在对国内出口企业、外资企业进行税收、汇率、补贴、用地等单边的政策性激励。该开放政策激励体系在较短时间内促使了中国外贸和引进外资规模迅速扩张，成功推动了中国由封闭经济向开放经济转型，却无法进一步支撑贸易结构和国内总体经济结构高端化转型的新目标。特别是在当前要素价格上升、比较优势弱化、贸易摩擦加重的国内国外新环境下，需要尽快向有管理的多边双边互惠体系和全球规则治理转变。一是要在注重国内贸易利益同时，加快海外利益的维护和协调管理能力。二是要坚持互利共赢的开放战略，营造既有利于“引进来”又可“走出去”的外部环境，在进出口、双向投资等方面构建偏中性的多边和双边互惠体系。三是积极参与全球价值链（Global value chain）治理，主动承担与自身能力相适应的国际责任，从“入世”前以接受国际规则为主逐步向参与国际规则制定转变，提升市场话语权和全球及区域性贸易投资规则制订能力，不断提升中国企业的国际市场势力。

（三）外贸战略转型与民营经济发展

1. 从静态比较优势转向动态比较优势

中国对外开放的主要比较优势长期依赖于低廉而丰富的劳动力禀赋——利用发达国家劳动密集产业跨境转移的机遇，以优势劳动力承接产业转移，同时大量参与跨国公司组织开展的产品内分工，大力发展对外经济贸易，由此经济技术实力和国际竞争力得到了大幅提升。但经过35年的快速发展，中国人力、土地、环境等静态比较优势也发生了深刻变化，特别是中国赖以参与全球竞争低成本劳动力优势，由于国内劳动力市场供求结构的变化而呈快速上升趋势，导致低成本的优势正在逐渐削弱。更为重要的是，长期的粗放发展也使得土地和环境的承载能力趋于饱和。但值得注意的是，在对外经济发展的同时，中国的要素质量也在不断递进，更高级要素逐步积累形成，特别是丰裕的资金、完善的基础设施、完备的产业配套能力、逐渐提升的人力资本存量等新的动态比较优势开始显现，这为民营经济发展大规模发展资本密集型和知识密集型产业提供了良好的条件，从而有利于推动对外贸易中的比较优势部门从低端加工制造业向先进制造业和生产服务业转型升级（隆国强，2011）。

2. 从外部市场转向利用大国经济综合能力

大国经济是中国正在形成的另一重要的战略能量。与全球其他贸易伙伴国比较，未来十年，中国是全球唯一的兼具低成本（特别是非劳动密集环节）与国内大市场的经济体（隆国强，2011），使中国在全球贸易与投资竞争中处于独特的有利地位。大国经济效对提高对外贸易综合竞争力的作用：一是拥有巨大的市场容量和潜在容量是中国外贸部门便于获取规模经济和外部经济，出口和内销拥有更大的回旋余地。二是巨大的出口规模和全球市场份额为获取市场话语权和全球治理身份打下基础条件。三是巨量的外汇储备，可以成为中国发挥全球影响力和对外投资的重要资源。与小经济体只能被动等待国际机遇不同，民营经济应积极利用大国经济优势，主动创造有利的国际金融、汇率和贸易规则等对外经济条件，提高开放型经济管理水平，增强国际综合竞争力（隆国强，2011）。

3. 从价值链低端转向价值链高端

在国际分工格局中，中国外贸企业一般处于加工制造的价值链低端环节，只能取得微薄的生产利润，而研究和开发利润、销售利润和无形资产利润等高利润环节大部分仍被发达国家获取，价值链升级空间巨大。中国民营经济应充分利用当前对外开放的发展势头，推动由成本型开放向知识型开放转变。一方面要积极融入跨国公司国际生产分工体系与价值链网络，尤其要纳入跨国公司的采购体系、供应链管理网络和服务业国际外包体系，努力向全球价值链上游环节靠拢。另一方面要以产业内升级为主导，强化原始设计、营销、品牌、自主创新和知识产权保护等价值集中环节，不断提高产品的知识、技术含量和附加值，特别是注重劳动密集型产业的内部升级和要素密集性的逆转，从而不断向价值链高端转型（如图4－5所示）。

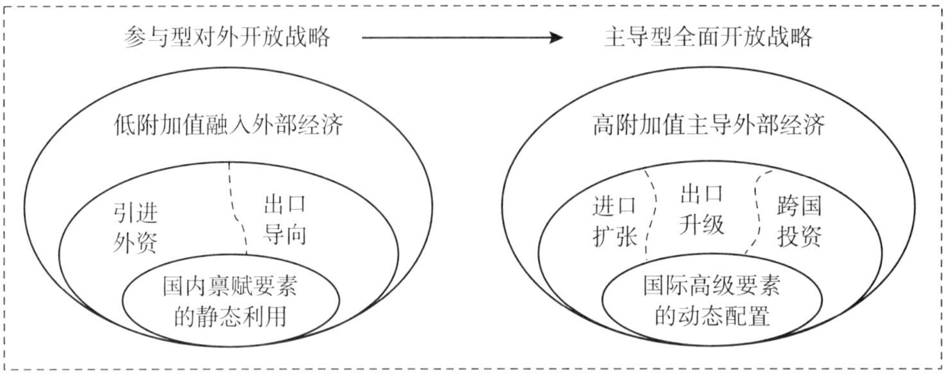

图4－5　对外开放战略转型

资料来源：作者自行整理绘制。

二、民营经济进口贸易动态效应

进口是开放经济条件下一国分享贸易伙伴国技术成果的重要途径，即技术扩散的重要方式。一般而言，进口贸易主要通过两大途径实现对国内技术的促进作用：一是直接的技术与人才引进；二是通过进口高质量的中间产品和最终产品。第二种方式的技术溢出依赖于具有高技术附加值的中间品或最终品实现，因此也被称为物化型技术溢出。

随着民营经济在中国的迅猛发展，民营企业已经在中国对外贸易中发挥着举足轻重的作用。在进口方面，贸易额从1996年的40亿美元增长到2015年的4442亿美元，20年间增长了109倍。民营企业进口占总进口额的比重，也从2001年的6%提高到2015年的24.4%（见图4－6）。因此，本节针对民营企业通过大量进口促进其技术和产业提升的效应，进行机理和实证分析。

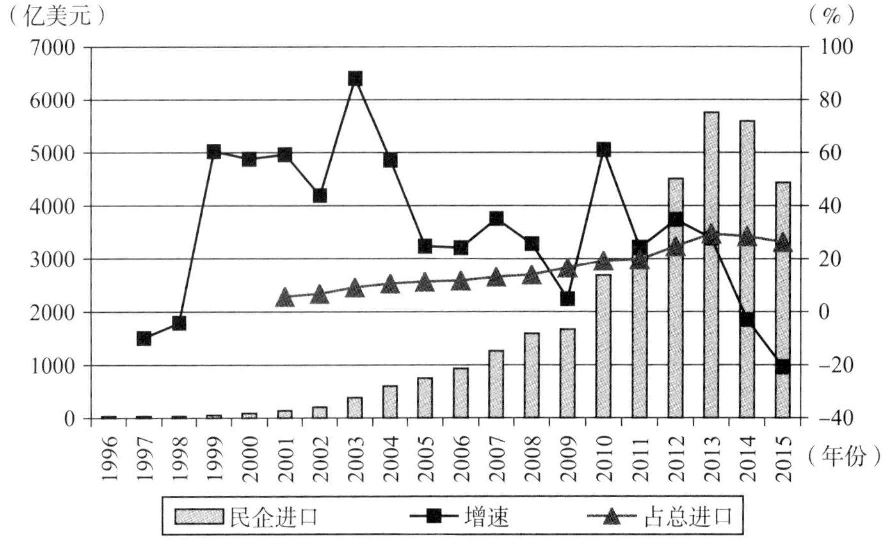

图4－6　民营企业对处置贸易情况

资料来源：商务部历年《中国对外贸易发展情况》。

（一）进口促进民营经济升级的机理

根据产业螺旋式发展模型（Ozawa，1991），技术和产业转型升级可以遵循由低到高、由简到难的螺旋式发展模式。其中企业通过参与国际分工的不同阶段，提升自身实力，最终实现产业转型升级。从进口的角度来看，可以主要通过以下两条途径促进产业升级。一是对中国目前较为劣势、但有潜在发展动力的行业，可以通过对先进技术的引进和高科技含量产品的进口培养行业的动态比较优势，在国内经济主体的学习、模仿、吸收和再创新的基础上形成动态效益，推动国内技术的进步和创新，促进生产效率的提高，从而加快中国向“微笑曲线”两端附加值高、知识内涵高、利润空间大的产业和部门的转型与升级。二是随着国内生产成本的提高与技术水平的不断进步，以进口替代部分国内附加值低，资源消耗大，环境污染高的部门的生产，将生产要素转移到更具发展潜力、效率更高、附加值更高的行业，提高生产要素在产业间的配置效率，带动产业升级。

进口高技术含量的中间品和最终产品实现技术溢出。发展经济学认为“后发优势”的核心在于技术溢出，技术溢出是落后国家分享先发国家研发成果、追赶发达国家的重要渠道。根据新贸易理论和新增长理论，各国之间的贸易活动在增加世界贸易总量、促进各国商品流动与交换的同时，对加速科技、信息和人力资源等知识资本在全球的传递也起着非常重要的作用（欧阳秋珍、陈昭，2011）。这种信息交流与传递的加速与国际贸易带来的竞争加剧为各国的创新注入强大的动力，从而提高贸易各国的技术水平。通过商品贸易这种间接的国际技术溢出渠道，一国还可以分享贸易伙伴国的 R&D 成果，从而使得参与贸易的所有国家技术水平得到提高（魏婷，2007）。随着科技领域的竞争日益激烈，科学技术日新月异、科技成果层出不穷，发达国家引领着新技术的研究开发和应用因此，对于发展中国家而言，积极参与国际分工和国际合作，通过开展贸易，积极吸收发达国家成熟和标准化的技术，广泛吸收别国先进工艺已成为发展中国家在技术上对先进国家进行赶超的重要途径，即通过关键技术、关键设备的引进和与发达国家的技术合作，不断提高自身的技术水平和研发能力（陈继元，2003）。

进口还能通过提高国内市场的竞争程度、更有效地发挥市场机制、提升资源的配置效率而实现产业转型升级。首先，进口对提升市场效率的倒逼机制。开放产品进口市场，特别是在国内竞争程度有待加强的行业引入竞争，放松对其保护，可以改变原来行业内不完全竞争局面，打破垄断，培养较高的市场机制。放宽进口限制后，在国内外双重竞争压力下，企业为寻求自身生存和发展，必须积极寻求新的生产工艺，提高生产效率，降低生产成本，不断提升产品质量。这样便形成一种倒逼机制，为企业的生产、管理、运营等各个方面的改善与提升注入动力，迫使企业不断发展，更具竞争力。正如鲍德温（Baldwin，1992）指出，进口竞争实际上可以降低缺少创新的垄断力量获取利润的能力从而刺激创新。其次，进口对提升市场效率的筛选机制。市场机制的重要功能是通过竞争对企业进行优胜劣汰，筛选出高质高效的企业从而提高社会资源的配置效率。在封闭经济中，一国产业与国外缺乏交流与竞争，往往导致生产效率和产品质量的低下。这既损害消费者的福利，也不利于稀缺资源和要素的配置。而通过开放进口渠道，引入竞争，可以充分发挥市场资源配置的作用。新的进口产品在满足国内消费者多样化偏好的同时，也对市场中原有的产品产生了冲击，这种竞争效应会迫使生产力较低竞争力较弱的企业退出市场，也会降低部分企业的市场份额。在市场机制的筛选下，增加进口将淘汰掉效益低下的企业，从而引导稀缺资源向更具竞争力的企业和部门，提高整个社会的资源配置效率。

（二）进口对民营经济的溢出效应

在过去的五十多年中，经济增长理论的探讨经历了从外生动因到内生机理的重大转型与突破。以罗默、卢卡斯为代表的经济学家基于“内生技术进步”的核心提出了新增长理论，认为技术的进步是一国经济长期增长的根本源泉，而技术的进步通常以索洛提出的“索洛剩余”，即全要素生产率的变动来表示。技术的进步依赖于研发活动（R&D）所带来的创新，在开放经济下，创新不仅来自本国的 R&D 活动，而且可以由外贸与外资溢出的外国 R&D 而带动。在格罗斯曼（Grossman）和赫尔普曼（Helpman，1990）阐述了外国 R&D 通过中间品与最终产品进口溢出的途径。通过商品进口实现国外 R&D 的溢出已成为学界公认的 R&D 溢出途径。

大量的实证研究证实了进口对技术进步的作用。科和赫尔普曼（Coe and Helpman，1995）在格罗斯曼和赫尔普曼（1991）探究的理论基础上建立了实证模型检验进口的 R&D 溢出效应。他们采用 21 个 OECD 国家和以色列国家为样本，各国家双边的进口额作为权重，构造了国外 R&D 溢出的计算公式。实证结果表明，在样本选取的工业化国家中，贸易伙伴国 R&D 投入的增加将对进口国的技术进步产生显著的正向促进作用，进口贸易导致的国外 R&D 溢出是样本国全要素生产率增加的重要源泉。科和赫尔普曼（1995）的模型（记为 CH1995 模型）首次实证检验了进口贸易的技术溢出效应，为后续的国际 R&D 溢出研究提供了良好的基础。科，赫尔普曼和霍夫迈斯特（Helpman and Hoffmaister，1997）采用 CH95 的方法对工业化国家和欠发达国家之间的技术溢出做了实证分析。科，赫尔普曼和霍夫迈斯特（1997）选取 77 个欠发达国家和地区 1971 ~ 1990 年的数据，实证检验了工业化国家对欠发达国家和地区通过进口渠道产生的 R&D 溢出。实证结果表明欠发达国家技术进步的来源中很重要的一部分是由从技术发达的工业化国家进口贸易所获得的 R&D 成果，而进口国的进口渗透率和人力资本存量则是影响技术外溢效应的因素。而伊顿和科特姆（Eaton and Kortum，1996）、伯恩斯坦和莫南（Bernstein and Mohnen，1998）则分别采用不同方法检验了日本和美国之间通过贸易分享的 R&D 成果。希夫和王（Schiff and Wang，2004）采用拉美国家作为研究样本，建立了以 CH95 模型为基础并引入制度和人力资本作为控制变量的模型。实证检验表明拉美国家的贸易是各国间 R&D 成果溢出的渠道，人力资本和制度对本国的技术进步有显著的正向影响。而国内学者方希桦、包群和赖明勇（2004）通过协整检验证明了贸易伙伴国 R&D 投入、国内研发投入对中国技术进步有显著的促进作用；黄先海和石东楠（2005）则将人力资本纳入 CH 模型，利用扩展的 CH 模型证明了进口和人力资本对中国全要素生产率的贡献；喻美辞、喻春娇（2006）运用利希滕贝格和帕特瑞（Lichtenberg and Potterie，1996）方法构建国外 R&D 存量，实证检验国内外 R&D 存量对中国全要素生产率的影响。

科和赫尔普曼（1995）首次以计量模型实证研究了进口贸易的技术溢出效应，后续研究大部分以此作为基础，该研究的基本模型设定为：

$$\log(TFP_{it}) = c_{it} + \alpha_{it}^{d}\log S_{it}^{d} + \alpha_{it}^{f}\log S_{it}^{f-CH} + \varepsilon_{it}$$

其中，TFP_{it}表示 i 国 t 时期的全要素生产率，S_{it}^{d}表示 i 国 t 时期国内的 R&D 存量，S_{it}^{f-CH}表示 i 国 t 时期以科和赫尔普曼（1995）方法计算的国外的 R&D 存量，ε_{it}表示随机干扰项。在科和赫尔普曼（1995）的模型中，全要素生产率的计算方法为：

$$TFP_{it} = \frac{Y_{it}}{K_{it}^{\alpha}L_{it}^{\beta}}$$

其中，Y_{it}表示 i 国 t 时期的国内生产总值（GDP），K_{it}表示 i 国 t 时期的资本存量，L_{it}表示 i 国 t 时期的劳动力总量。

国外资本存量 S_{it}^{f-CH}的计算方法为：

$$S_{it}^{f-CH} = \sum_{j\neq i} \frac{M_{ijt}}{M_{it}} S_{jt}^{d}$$

其中，M_{ijt}表示 i 国 t 时期从 j 国进口的总额，M_{it}表示 i 国 t 时期总的进口额，S_{jt}^{d}表示 j 国 t 时期的 R&D 存量。

基于新增长理论的内生增长机理，人力资本是经济增长的贡献因素，因此将全要素生产率的计算方式调整为：

$$TFP_{it} = \frac{Y_{it}}{K_{it}^{\alpha}(L_{it}H_{it})^{\beta}}$$

其中，H_{it}表示人均受教育年限。

按照科和赫尔普曼（1995）的国外R&D存量计算方法，在其他条件不变的情况下，若两个贸易伙伴国合并，在进口国从合并后的国家中获得的R&D溢出将大于两个贸易伙伴国未合并时的R&D溢出，这显然有悖于常理。因此，模型采用利希滕贝格和帕特瑞（1996）方法计算国外R&D存量，计算公式为：

$$S_{it}^{f-CH} = \sum_{j \neq i} \frac{S_{jt}^{d}}{Y_{jt}} M_{it}$$

其中，M_{it}表示i国t时期的总进口额，S_{jt}^{d}表示j国t时期的R&D存量，Y_{jt}表示j国t时期的国内生产总值，$\frac{S_{jt}^{d}}{Y_{jt}}$则表示$t$时期$j$国产品的知识含量份额。

另外，进口的R&D溢出强度不仅与一国通过进口获得国外的R&D存量有关，同时也受到该国经济规模的影响。在国外R&D存量S_{it}^{f-CH}一定的情况下，一国的经济总量越大，则国外R&D对整个社会的贡献越小。因此，在模型中引入进口渗透率im_{it}这一指标来更好的衡量国外R&D对国内技术的影响，进口渗透率的计算方法为：

$$im_{it} = \frac{import_{it}}{Y_{it}}$$

故实证模型为：

$$\log(TFP_{it}) = c_{it} + \alpha_{it}^{d} \log S_{it}^{d} + \alpha_{it}^{f} \times im_{it} \times \log S_{it}^{f-CH} + \varepsilon_{it}$$

采用$C-D$生产函数，并将人力资本纳入要素之中，因此全要素生产率为：

$$TFP_t = \frac{Y_t}{K_t^{\alpha}(L_t H_t)^{\beta}}$$

Y_t为地区生产总值，K_t为资本存量，L_t为劳动力人数，H_t为人力资本，α是资本的产出弹性，β为劳动力的产出弹性。

浙江省1992~2012年生产总值数据来源为2013年《浙江统计年鉴》。劳动力人数来源为1992~2013各年《浙江统计年鉴》。人力资本以人均受教育年限作为指标，1992~2012年数据根据全国人口普查数据估算得出①。

浙江历年的资本存量通过永续盘存法来计算：$K_t = (1-\delta)K_{t-1} + I_t/P_t$。$t$期的资本存量等于$t-1$期的资本存量减去折旧再加上$t$期按基期价格折算的固定资产投资。由于统计年鉴只有历年固定资产投资额而没有历年的资本存量，因此资本存量这一指标需要通过计算得到，不同学者处理该问题所用的方法不同。因为数据的样本区间从1992年开始，对于1992年之后的资本存量，都按照上式进行计算；对于1991年资本存量的确定，根据戈图和铃木（Goto and Suzuki，1989）、科和赫尔普曼（1995）的方法得到基期R&D资本存量为：

$$K_0 = E_0/(g+\delta)$$

其中g为$R\&D$投资的增长率，这里以1992~2012年R&D的投资增长率来替代，δ为折旧率，用5%来替代，基期流量为1991年R&D投资，最后得到1991年的R&D投资存量。得到基期的存量，利用永续盘存法，就可以得到每一年的R&D存量，固定资产投资价格指数来自历年《浙江统计年鉴》。历年固定资产投资额数据来自1992~2013年各年《浙江统计年鉴》。

在以往的研究里，中国资本和劳动的产出弹性通常被认为是0.6和0.4，而此处采用的模型中劳动力是经过人力资本修正后的数据，因此将α和β定为0.5和0.5。将以上数据代入上述有关公式中，得到1992~2012中国历年的全要素生产率。

---

① 根据第4~6次全国人口普查数据各教育水平人口加权得到1990年、2000年、2010年浙江人均受教育年限，剩余年份用插值法得到，这里假设五年间人均受教育年限为等差数列。

研发资本存量同样采取永续盘存法得到：$S_t^d=(1-\delta)S_{t-1}^d+R_t^d$

从1993~2013年《浙江统计年鉴》可以得到1992~2012年浙江省历年R&D支出的金额。1992年的初始R&D存量S_t^d采用Griliches（1980）提出的方法计算：$S_t^d=R_t^d/(g+\delta)$。g为1992~2013年R&D支出的年均增速，δ为R&D存量的折旧率，设为5%。

世界的R&D活动主要集中于发达国家，而发达国家中又特别以G7国家为主，因此，G7国家是中国国际R&D溢出的重要来源国。另外，从历年中国向各国的进口数据看到，澳大利亚也是中国重要的进口伙伴，从而确定八个国外R&D溢出来源国：美国、加拿大、法国、英国、德国、意大利、日本和澳大利亚。各国的R&D支出由OECD网站得到。浙江向各国的进口额由1993~2013年《浙江统计年鉴》得到，各国GDP得自OECD网站。通过下式：

$$R_t^f=\sum_{i\neq j}\frac{R_{jt}}{Y_{jt}}M_{ijt}$$

可计算得到各年浙江从进口伙伴国得到的R&D支出溢出额，其中各国各期R&D存量计算方法与浙江R&D存量计算方法相同。整理后的相关数据见表4-1。

表4-1　浙江GDP、K、L、H、TFP、R&D和国外R&D存量

年份	GDP（亿元，当年价）	K（亿元，当年价）	L（万人）	H（人均受教育年限）	进口渗透率	国内R&D存量（亿元）	国外R&D存量（百万美元）
1992	1375.7	1134.58	2600.38	6.52	0.028	3.46	103032.26
1993	1925.91	1580.56	2615.89	6.67	0.021	4.43	111209.45
1994	2689.28	2395.94	2640.51	6.82	0.03	7.88	145495.37
1995	3557.55	3543.08	2621.47	6.96	0.028	9.14	181508.41
1996	4188.53	4963.48	2625.06	7.11	0.035	10.5	271747.16
1997	4686.11	6418.39	2619.66	7.26	0.039	15.19	364207.61
1998	5052.62	7990.85	2612.54	7.41	0.032	19.7	339741
1999	5443.92	9511.91	2625.17	7.55	0.044	27.05	494753.85
2000	6141.03	11296.76	2726.09	7.7	0.058	36.59	796464.52
2001	6898.34	13497.55	2796.65	7.8	0.062	44.74	1029429.93
2002	8003.67	16401.09	2858.56	7.89	0.061	57.65	1161761.24
2003	9705.02	20405.74	2918.74	7.99	0.078	77.76	1628473.76
2004	11648.7	25494.1	2991.95	8.09	0.119	115.55	2763050.64
2005	13417.68	30448.47	3100.76	8.18	0.074	163.29	2016609.58
2006	15718.47	36178.82	3172.38	8.28	0.07	224.03	2316352.05
2007	18753.73	43077.67	3405.01	8.38	0.072	286.32	2864812.21
2008	21462.69	49453.52	3486.53	8.48	0.066	345.76	3265848.36
2009	22990.35	57280.29	3591.98	8.57	0.057	398.84	3390575.43
2010	27722.31	66609.42	3636.02	8.67	0.065	494.23	4671263.52
2011	32318.85	77977.2	3674.11	8.77	0.067	612.93	5676263.35
2012	34665.33	88678.34	3691.24	8.86	0.057	722.59	5562985.72

协整检验模型实际上是对无约束VAR模型进行协整约束后得到的VAR模型，该模型的滞后期是无约束VAR模型一阶差分变量的滞后期，默认约翰森（Johansen）协整检验最佳滞后期为2。表4-2给出了约翰森协整检验的结果。

表 4-2 协整的特征根迹检验结果

协整关系假设	特征根	迹统计值	5%显著性水平值	P值
不存在	0.8952	38.4	25.8	0.0007
最多一个	0.6002	25.3	25.9	0.0593
最多两个	0.4343	9.7	12.5	0.1422

资料来源：作者自行整理计算。

从表 4-2 可以看到，在 5% 的临界值下，拒绝了各变量间不存在协整关系的假设，说明以上变量至少存在一个长期协整关系；而在 5% 临界值下，接受了各变量之间最多存在一个协整关系的假设，因此可以证明，$\ln tfp$，$\ln S^d$，$import * \ln S^f$ 存在唯一确定的协整关系。协整方程的表达式为：

$$\ln tfp_t = -4.058\Delta \ln S_t^d + 1.015 import * \ln S^f + -0.030t$$

$$(1.43292) \qquad (0.12740) \qquad (0.01092)$$

$$[2.825] \qquad [7.967] \qquad [2.747]$$

其中，小括号中数字表示参数的标准差，中括号中数字表示参数的 t 值。样本容量为 19，待估计参数为 3 个，因此自由度为 27。在 5% 的显著性水平下，拒绝 $\ln S^d$ 和 $import * \ln S^f$ 系数为零的原假设。协整方程表示，考虑了进口渗透率后的国外研发存量每增加 1%，则可以促进国内全要素生产率增加 1.015%。

三、全球价值链治理与民营经济发展

20 世纪 60 年代以来，以跨国公司为主导的经济全球化推动了全球范围内的资源重新配置，这使得人员、资本、技术等要素在全球范围内加速流动。同时由于现代通信技术的不断进步，国际信息交流的成本大幅度下降。这使得产品以及产品生产流程中的各个环节和工序可在全球范围内根据要素禀赋状况进行最优化配置，由此带来了国际分工模式的巨大变化即形成了价值链条各环节的全球价值链分工（张奎亮，2011），亦即产品内分工。中国正是借此奠定的世界工厂的地位，其民营经济主动利用生产要素价格低廉的比较优势参与全球产品内分工，大力发展加工贸易，即通过国际代工或贴牌代工方式参与到主要由国际大买家或者跨国公司主导与控制的全球价值链分工体系中，由此带来民营经济对外贸易的爆炸式增长（张奎亮，2011）。

然而由于主要以低成本劳动力等低端要素参与国际分工，中国企业从中所能获得的收益非常有限，大多数制造业企业局限于全球价值链条中“附加值最低、最消耗资源、最破坏环境、不得不剥削劳动的制造环节”（王柏玲、江蓉，2010），这种“‘低成本竞争’模式”的发展空间不断缩小，在国际市场上却面临越来越多反倾销调查（张奎亮，2011）。

在当前国内经济增速放缓的背景下，民营经济产业转型升级是中国产业结构转型升级的重要内容，对于中国经济实现可持续发展，改变以量的扩张为主的增长模式至关重要。因此转变民营经济发展方式，对中国形成新的经济增长点、提升产业的全球价值链地位有着重要的现实意义。

（一）全球价值链与中国民营经济

20 世纪 80 年代国际上众多学者提出了企业价值链理论，为全球价值链理论的发展奠定了基础。波特（Porter，1985）将企业的活动分解为基本活动和辅助活动两部分，前者主要包括运输、生产、营销和服务，后者则包括基础设施、人力、研发和采购等，这两类活动在价值创造过程中的相互联系构成了企业价值链。科格特（Kogut，1985）则进一步强调了价值链在空间上的配置，即技术、原料和劳动在各种投入环节的相互融合过程构成了价值链，它通过市场的产品最终交易和消费，实现了价值的循环过程（池仁勇、邵小芬、吴宝，2006），其流程如图4-7所示。

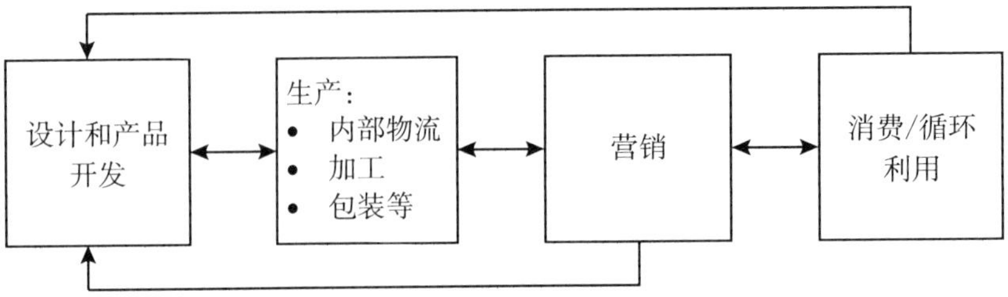

图4-7 价值链的四个环节

资料来源：池仁通、邵小芬、吴宝（2006）。

20世纪90年代，杰里菲（Gereffi）等学者将价值链的概念与产业的全球组织直接联系了起来，并集中探讨了其内部不同价值增值环节的相互关系，提出了主导企业对链条的控制问题，以及全球商品链中所存在的驱动机制，即全球采购商和跨国公司对资源在全球范围内分配和整合中所起的推动作用（刘寿涛，2011）。一般认为全球价值链有“生产者驱动型”（Producer-driven）和“买者驱动型”（Buyer-driven）两种，前者以资本密集型和技术密集型行业为主，如汽车、飞机和半导体等行业，后者以劳动密集型行业为主，如鞋帽、服装和家电消费品等（池仁勇、邵小芬、吴宝，2006）。

20世纪90年代，英国发展研究院（IDS）的学者基于对世界各地相关产业演化的案例分析，结合价值链与全球商品链研究方法，提出了全球价值链分析方法。汉弗莱（Humphrey）与施米茨（Schmitz，2003）将价值链治理定义为：基于价值链中企业之间的生产链接和制度安排，推动价值链中不同经济活动和不同环节间的非市场化协调（池仁勇、邵小芬、吴宝，2006）。也有研究者认为应以交易费用、企业网络和企业学习能力这为基础，开展对全球价值链治理的分析，并将全球价值链的治理模式细分为五种，即市场、模块型、关系型、俘获型和层级制（Gereffi、Humphrey and Sturgeon，2003；池仁勇、邵小芬、吴宝，2006）。卡普林斯基（Kaplinsky）和莫里斯（Morris，2001）则从权利分离的角度，将全球价值链治理所包含的职能分成了三大类：立法治理、司法治理和行政治理（刘寿涛，2011）。吉本（Gibbon）和庞特（Ponte，2005）认为价值链治理包括：价值链环节中各参与者资格的确定，主导企业将增值率低的部分分配给合作者等。实际上，生产环节的标准化是企业融入全球价值链的前提条件，治理者常常通过制定各参者的标准化“游戏规则”来强化这种权力关系，包括进行各种积极、消极或中性的制裁，从达到限制供应商、并巩固自身价值链地位的目的（田丽敏、谭力文，2010，刘寿涛，2011）。

从中国民营经济在全球价值链中的总体地位来看，具有以下特征：

处于价值链低端。从企业生产领域和规模来看，中国大部分民营企业是加工制造企业，其中90%以上是中小型企业。一般而言，国际产业链包括产品设计、原料采购、加工制造、物流运输、订单处理、批发经营、终端零售等环节，而加工制造其中利润较薄的一环（王柏玲、江蓉，2010）。在现在全球竞争格局下，产业链环节中最关键、最赚钱的环节，如设计、技术、营销等几乎都是跨国企业所掌控，这就决定了产品内分工下中国的大多数民营企业只能被动参与附加值最低、最消耗资源、最破坏环境的制造环节，而其他有价值的环节基本掌握在欧美各国的企业手中（张晓刚，2009；王柏玲、江蓉，2010）。

价值链呈零散化分布。从单个企业的价值链来看，中国大部分民营企业的价值链不完整以及重点不突出的问题显著。中国民（私）营经济研究会调查显示，2009年中国民营企业有465万户，注册资本金达到6.8万亿元，但平均来看，户均资本金不过148万元，60%的企业资本金在100万元以下，仅有不到1%的企业资本金超过了亿元，这表明中国民营企业资本规模偏小（王柏玲、江蓉，2010）。由于资金规模的制约，决定了大部分民营企业没有与大型跨国公司相抗衡的实力，从而其参与全球产业分工事，不得不选择增值率低的加工生产环节，对能创造高价值的活动，如技术开发、人力资源管理，则要么没有实力开展，要么在企业中不受重视，实际上就是被动对价值链进行“修剪”。同时，如产品销售、服务等，因为涉及企业产品价值实现，占据了企业大部分的资源。

价值链管理能力薄弱。中国民营企业技术含量低，只有大约16.1%的企业引进了专利技术（包括技术专利和设备），很多企业没有专利技术或设备。在人力资源管理方面，民营企业一般也缺少人才利用的总体战略，习惯于在管理层中任用“自己人”，即所谓的“家族式管理”。尽管这种管理模式有一点的“向心力”，但企业的发展未必有利。因此，总体上技术和管理环节的不足，必然导致民营企业竞争力低下（李明玉，2008；王柏玲、江蓉，2010）。可见，中国民营企业的价值链管理能力和水平还很薄弱，甚至还未形成价值管理意识，只能在全球价值链中扮演一个很初级的角色（王柏玲、江蓉，2010）。在全球竞争加剧的形势下，提升竞争优势和价值链地位，开拓国内外市场，已成为中国民营企业发展过程中必须面对的难题。

（二）民营经济全球价值链水平测度

在阿普沃德等（Upward et al.，2013）所提出的微观测算出口国内增加值方法的基础上，结合中国特殊贸易体制下企业进出口方式的多样性，并综合考虑贸易中间商、国内中间投入中的国外成分和进口中间投入的国内成分，因此在改进阿普沃德等（2013）的方法基础上对我国民营企业的出口国内增加值进行测算与分析。

研究所用到的数据主要包括两套，包括企业层面和贸易层面，企业层面的数据来源于中国国家统计局编制的工业企业数据库（CASIF）；贸易层面的数据来源于中国海关总署编制的中国海关统计数据库（CCTS），时间跨度为2000年到2006年。由于工业企业数据库存在数据缺失和数据异常值问题，将下列数据异常值剔除：处于“非运营”状态的企业；总资产小于流动资产或者固定资产的企业；极端观测值的企业。初步处理之后，借鉴吕越等（2015）的方法，将CASIF与CCTS数据首先逐年按照企业中文名称进行匹配，考虑到同一企业在不同年份其名称可能存在差异，且新进入企业可能用其他企业的曾用名，因此年份这一变量在进行匹配时必须考虑；其次采用企业所在地邮编及企业电话号码后7位进行再次进行识别。由于不同地区电话号码的位数存在差别，部分城市在原有7位号码基础上新增了位数，且基本为第一位，因此采用企业电话号码后7位进行匹配。

由于主要测算我国民营经济的价值链地位或者出口国内增加值，因此后文分析所用到的数据，为中国工业企业数据库和海关贸易统计数据库合并处理后仅保留民营经济的数据。

在样本期内，共有10367家私营企业，各年份总体DVAR的变动趋势如图4-8所示。

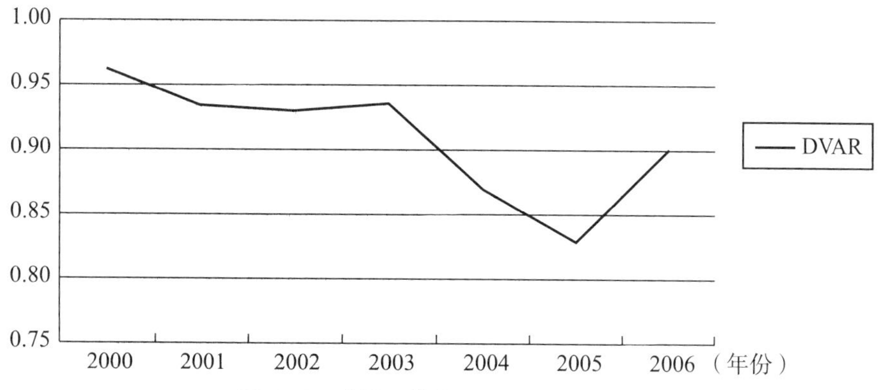

图4-8　我国民营企业DVAR变动趋势

资料来源：作者自行测算。

从图4-8可以看出，我国民营企业的出口国内增加值总体而言较高，样本期内的平均值达到90.85%，说明我国民营企业的出口中，更多的还是包含本国的中间品投入，进口中间品投入相对较少。通常来说一国出口国内增加值越高其在全球价值链上的分工地位就越高，但是库普曼等（Koopman et al，2013）指出较高的国内出口增加值可能仅仅是全球价值链参与度低的体现。这里以我国民营企业的出口占所有匹配企业总出口额的比重，来初步反映我国民营企业参与全球价值链分工的程度，结果如图4－9所示。

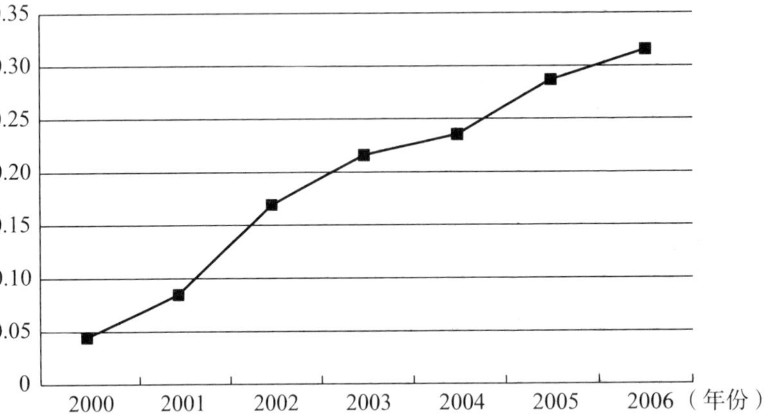

图4－9　我国民营企业参与全球价值链分工的程度

资料来源：作者自行测算。

从图4－9可以看出，我国民营企业参与全球价值链分工的程度呈逐步上升之势，这与上文分析的结果基本一致，即首先，我国民营企业正不断深化全球价值链分工的参与程度，导致样本期内民营企业出口品生产中越来越多使用来自国外的中间投入品，导致出口国内附加值呈现下降趋势；其次，虽然民营企业参与价值链分工的程度正不断上升，但比重仍相对较低，导致样本期内民营企业的出口国内附加值比重较高。

接着看分行业的民营企业出口增加值变动情况。由于总体上样本期内民营企业的数量较少，因此为保证分行业的数据具有代表性，参照我国高技术产业统计分类目录，结合《国民经济行业分类标准（GB/T 4754—2002）》，将样本内的工业行业分为高技术行业和低技术行业两大类[①]，其中从属于高技术行业的企业数量较少，样本期内总共仅有1169家，占民营企业总体数量的约11%。行业层面DVAR变动趋势如图4－10所示。

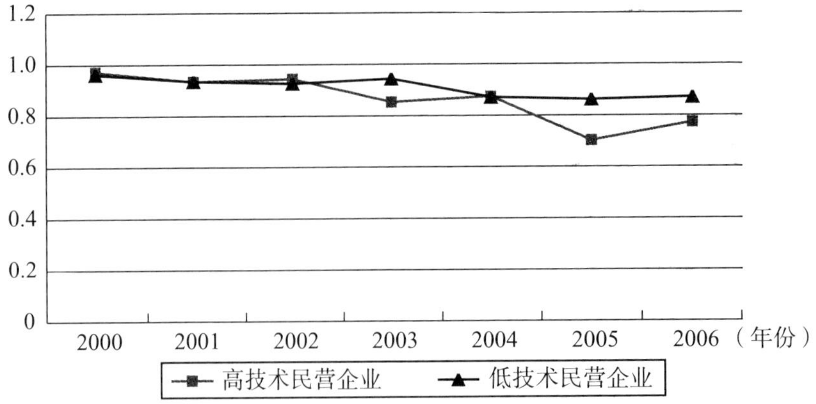

图4－10　分行业的民营企业DVAR变动趋势

资料来源：作者自行测算。

① 这里的行业分类方法是按照高技术产业统计分类目录中的高技术行业4分位码为基础，匹配国民经济行业分类标准2002（这是因为高技术产业统计分类目录是按照国民经济行业分类标准2011为基础修订的），得到所有高技术行业，则剩余产业即为低技术行业。

从图 4－10 可以看出，初始样本期两类行业的出口国内附加值比重较为接近，但在“入世”后，两者的变动趋势出现了一定的分离趋势。具体来看，高技术企业的 DVAR 开始呈现明显的下降趋势，而低技术企业的 DVAR 其下降趋势并不明显。一个可能的原因是“入世”对于我国从事低技术产品生产制造的民营企业的影响相较于高技术民营企业而言要小，随着我国正式加入 WTO，贸易自由化的不断深化使得我国高技术民营企业不断参与到全球价值链分工中来，DVAR 出现下滑。实际上 DVAR 并不是越高越好，当然也不是越低越好，它需要综合考虑一国的发展阶段、综合国情、资源禀赋等一系列因素来评判，一国/企业相对合适的 DVAR 应该是符合其自身现阶段发展情况且能够最大化发挥其自身比较优势。

（三）民营经济全球价值链水平影响因素

企业层面出口国内附加值（DVAR）测算方法具有两点优势：一是可以深入探究究竟影响我国民营企业出口国内附加值的因素及可能的作用机制；二是可以通过识别这些影响因素来检验前文所测算的民营企业出口国内附加值是否合理。据此构建检验民营企业出口国内增加值影响因素的计量方程，来揭示推动我国民营企业出口 DVAR 变化的核心因素。参照阿普沃德等（2012）的做法，该计量模型设定为：

$$DVAR_{it} = \alpha + \beta \cdot X_{it} + \eta \cdot Z + \gamma_{ind} + \gamma_{provin} + \gamma_{year} + \varepsilon_{it} \tag{4-1}$$

方程（4－1）中，各变量的下标 i 和 t 分别代表民营企业和样本年度。其中被解释变量为前文所测算的民营企业出口国内附加值 DVAR。这里需要重点关注的解释变量是 X，会依研究问题的不同而有所变化。Z 包括一系列与企业自身特征相关的控制变量，包括：企业规模（size），以企业总资产对数来表示；竞争程度（herfind），以按 4 分位企业计算的赫芬达尔—赫希曼指数来表示；省份地区特征；年份特征（张杰等，2013）。

尽管在回归模型中可以控制与企业自身特征相关的一系列变量，以及地区差异、产业差异、时间差异等固定效应特征，但是可能仍会因为存在未被观测到的企业内部异质性因素，特别是如人力资本、管理能力等未能识别到的因素，也和民营企业出口的国内增加值的波动差异相关。因此，参照张杰等（2013）的研究方法，为了能更有效地利用面板数据所提供的信息，将服从独立同分布（i. i. d）的企业误差项 ε_{it} 分解为与时间无关的企业异质性误差项以及其余服从 i. i. d 分布的企业误差项。

基于现有文献的研究，并考虑到数据的可得性，将民营企业的研发投入、生产效率以及融资能力视为影响民营企业出口国内增加值变动的主要因素。

研发投入。对于新兴市场而言，企业实现转型升级的最佳途径是由研发设计为主导的生产过程取代简单的委托加工生产过程。李强、郑江淮（2013）认为，对于发展中国家而言，提高研发投入有助于生产技术水平的提升，从而降低价值链上高端生产工序的成本，发达国家外包更多具高技术水平的工序，带来价值链攀升。当然实质上这仍是在从事加工生产。企业提高研发投入的本质或者说长远目的应该是全面提升自身的自主创新能力，逐步提升各个生产环节的效率，随着我国人口红利的逐步消失，这将成为我国企业突破价值链“低端锁定”困境的关键。因此预期企业提高研发投入将有效提升企业的出口增加值水平，数据来源于工业企业数据库的企业研发投入额。

生产效率。生产效率直接决定了企业中间投入的使用效率，进而影响了企业增加值率的高低。梅利兹（Meliz，2003）、安楚斯（Antras）和赫尔普曼（Helpman，2004）的研究均指出，只有效率超过一定阈值的企业才会将部分任务进行外包（Outsourcing），其中效率较低的企业采用企业间契约交易的形式，而效率最高的少部分企业则采用一体化外包（吕越等，2015）。遵循一般研究文献的方法，将全要素生产率（TFP）作为企业生产效率的代理变量，全要素生产率是指扣除要素贡献后的生产率水平，通常是指制度变革或技术进步等非生产要素投入引起的贡献。基于数据的可得性，使用索洛余值法刻画民营企业的全要素生产率，并预期企业全要素生产率越高，其出口国内附加值越高，即处于越高的价值链地位。

融资能力。马诺娃和于（Manova and Yu，2012）认为融资约束会影响企业参与价值链的模式，即受融资约束影响较大的企业往往只能从事价值链低端工序，不利于企业的利润获取和竞争力提升。而巴斯和贝尔图（Bas and Berthou，2011）进一步发现，全球化显著提高了全球范围的资本密集型产品和中间投入品贸易，特别是对于发展中国家如印度，一大批企业通过进口国外高技术、高复杂度的资本密集型产品和中间投入品，努力实现技术赶超、效率提升和经济增长的战略目标。但在这一过程中需要企业需拥有较强的融资能力，因为进口国外高技术含量的资本密集型中间投入品需要提前垫付大量资金（吕越等，2015）。参考马诺娃和于（2012）的研究，使用以流动资产占总资产的比重表示企业内部融资的约束程度来衡量民营企业的融资约束程度（符号预期为正，这是因为该指标越大说明企业越容易获得融资）。

结合我国的国情来看，私营企业的融资约束相较于其他类型企业要大（Song et al，2011），而现有文献通常认为私营企业的生产效率又相对于其他类型企业要高，那么这两个因素对民营企业出口国内增加值份额的综合影响是如何呢？

表4-3显示了根据式（4-1）所做的计量回归结果。

表4-3　民营企业价值链影响因素估计结果

变量	系数	t 值
常数	0.8958***	179.57
研发投入	0.0256***	3.42
生产率	0.0067***	3.16
融资约束	0.00005***	3.60
企业规模	控制	
行业	控制	
省份	控制	
年份	控制	
R^2	0.127	
F	10.5	
样本量	9980	

注：***表示在1%显著性水平下显著。

从回归结果来看，三个主要影响因素均在1%显著性水平上显著，F值也达到了10.5，应该说回归结果还是较为理想的。具体来看，首先研发投入对于企业出口增加值的影响最大，达到了0.0256，即企业研发投入增加1%，企业的出口国内增加值份额将提升0.0256%，说明企业研发水平确实较大影响了企业的全球价值链地位；其次企业生产效率也对企业出口增加值率有正向作用，其作用大小为0.0067，即企业生产效率提升1%将提升企业0.0067%的企业出口增加值，可见提高企业生产效率将有助于提升企业的全球价值链地位；最后来看企业融资约束水平对企业增加值的影响，总体来看企业的全球价值链地位受融资约束的影响相对较小，符号为正说明企业受融资约束越小其对企业价值链地位的提升将越大。

上文的理论和实证研究结果表明，从长远来看，提升企业自身研发能力和创新能力，是提升企业全球价值链地位，提高国际竞争力的最有力途径。从实证研究所用的样本企业来看，样本期内民营经济在研发投入方面还是相对欠缺的，因而增加研发投入强度，提高创新能力，是提高民营企业价值链地位和竞争力的必然选择。当然，受制于样本期相对久远导致无法对近几年的民营企业研发投入进行更多解读与研究。

还有企业生产效率是另一个需要企业特别重视的因素。由于企业的生产效率将极大影响企业中间投入效率进而影响企业的增加值率，因此提升企业生产效率是民营经济在未来不断向价值链高端攀升、获取国际竞争新优势的另一大途径。

此外，尽管实证研究结果来看，融资约束在样本期内对民营企业的影响还是相对较小的。这可能是由于民营企业主要集中在东部沿海发达地区，这些地区的民间融资行为较为普遍和发达，使得这些民营企业不必过分担心融资问题。当然受限于调查样本的长度，近年来在经济增速下行的条件下，民营企业所受到的融资约束压力增大，对自身价值链地位的影响也可能会增大。

根据刘志彪（2011）研究，新一轮全球化条件下，中国通过构建以内需为基础的国家价值链（NVC）体系和治理结构，以推动由国内消费需求支撑的、本土企业作为主导价值链的发展，是中国与世界经济“再平衡”过程中发展方式转变的战略选择。因此，民营经济全球价值链地位的升级，需要通过 NVC 的构建，充分利用 GVC 中的知识、技术和营销渠道等要素，实现产业集群的跨越式发展。

四、国际分工地位与民营经济发展[①]

20 世纪 70 年代以来，越来越多的产品生产过程的不同工序或区段，通过空间分散化，展开成跨区域或跨国性的生产链条或体系，不同的国家参与特定产品生产过程的不同环节或区段的生产或供应活动，形成了所谓的“产品内分工”（Intra-product Specialization）（卢峰，2004）。这种分工模式使得广大发展中国家能以低廉而丰富的劳动力等要素参与其中，快速提高其产品生产和出口能力，最典型的是中国以“出口导向”的“加工贸易”模式奠定了“世界工厂”的地位（黄先海、杨高举，2009）。然而由于主要以低成本劳动力等低端要素参与国际分工，使得发展中国家所能获得的收益非常有限。以产品内分工发展最为快速的电子产品为例，2005 年美国苹果公司的 30GB 第 5 代 iPod 零售价是 299 美元，其中仅有 3.86 美元由组装测试厂商获得，仅占其制造成本的 2.7%。类似地，售价 1479 美元和 1399 美元的联想 ThinkPad T43 和惠普 nc6230 两种笔记本电脑，组装厂商所能获得的价值仅为 21.86 美元和 23.76 美元，分别为其制造成本的 2.5% 和 2.8%（Dedrick et al.，2009）。

中国经过 40 年的改革开放，无论是纵向还是横向比较，经济领域的表现令人瞩目。得益于全球产品内分工的发展，中国制造业得以从最初级的组装加工起步，以“出口导向”的发展战略逐步“嵌入”到全球产业链体系之中，并逐渐向产业链和价值链的高端渗透。正如日本与“亚洲四小龙”等经济体所曾经历的，中国正徘徊在产业亟待转型升级的大门口。如何向全球价值链的更高层级攀升，成为中国以及其他发展中国家面临的共同难题。而中国民营企业虽然数量多、就业人数多，但多数规模小、融资难，一定程度上是经济中薄弱环节、国际竞争中的短板，因此民营企业的转型升级和国际分工地位提升，是整体中国产业国际竞争力提升的关键因素之一。

实现分工地位提升，首要的问题是要对国际分工地位及其发展趋势和影响因素有较为准确的认识和判断。在一国广泛参与全球产品内分工的条件下，对其国际分工地位的判定并不像在传统分工模式下那样简单明了。早期发展出的判断一国竞争力和分工地位的方法，如净贸易指数、被广泛运用的“显示性比较优势”（RCA）指数等（Balassa，1965），都会因为对出口中包含的进口中间品的重复统计而导致一国贸易额的虚高，即“统计假象”（Statistical Illusion）问题（黄先海、杨高举，2010）。学者们提出了不同的方法来解决此问题，如胡梅尔斯（Hummels）等提出的垂直专业化（VS）指数（Hummels et al.，2001），通过剔除一国出口产品中包含的进口中间投入来衡量一国参与产品内分工

① 此章节的另一个版本曾发表于《中国社会科学》2013 年第 2 期。

的程度；库普曼等（2008）运用非竞争型投入产出模型，估算中国出口品中包含的国内增加值和国外增加值；黄先海、杨高举（2010）认为，一国出口部门的生产效率和对外贸易的获利能力是其“国际分工地位”（International Specialization Status，ISS）的集中体现。他们基于非竞争型投入产出表，计算出口品的国内完全增加值率和劳动生产率，通过跨国比较发现，中国的高技术产业国际分工地位在25个样本国家和地区中的排名，由1995年的第16位上升到2005年的第10位。

寻求升级的途径是准确判定一国国际分工地位之后的必然选择。已有研究主要从两个方向展开，一是从全球价值链治理的角度，实证分析发展中国家在全球价值链中升级的可行途径，如汤姆森（Thomsen，2007）以及加西亚和斯科尔（Garcia and Scur，2010）对巴西、越南具体产业全球价值链治理的讨论；二是从FDI技术溢出和产业转移等角度进行分析。对FDI溢出效应及其对产业升级的作用，学者们的看法不尽一致。布罗斯多姆和佩尔松（Blomstrom and Persson，1983）以及科戈（Kokko，1994）对墨西哥的研究表明，制造业中存在FDI的行业内溢出效应。但哈达德和哈里森（Haddad and Harrison，1993）对摩洛哥、科戈等（1996）对乌拉圭的研究却得出了相反的结论。对FDI在中国的溢出效应研究也是一个热点论题，较早期部分代表性的研究如沈坤荣、耿强（2001）、赖明勇等（2005），学者们对FDI投资的区域间溢出效应（钟昌标，2008）、行业层面的溢出效应和企业层面的溢出效应进行了多方面的探讨［何洁，2000；刘巳洋、路江涌、陶志刚，2008；徐和申（Xu and Sheng，2012）］，这些研究发现FDI在中国具有明显的溢出效应。也有一些研究者发现，FDI溢出效应和技术引进的效果并不尽如人意。如平新乔的研究表明，FDI的技术溢出效应并不像人们预期的那样显著，甚至FDI的流入在一定程度上阻碍了内资企业技术创新的努力（平新乔，2007）。黑尔和龙（Hale and Long，2006）的研究表明，外资的进入会诱使更多的民营企业为其提供中间产品配套，并因此而显著地降低创新投入。范和胡（Fan and Hu，2007）以及胡和杰弗逊（Hu and Jefferson，2002）同样发现，FDI对中国企业的研发努力的净作用显著为负。也有研究显示，外商直接投资对内资企业生产效率的影响并不显著，甚至显著为负（蒋殿春、张宇，2008；蒋仁爱、冯根福，2012）。

以上研究对发展中国家提升其国际分工地位具有借鉴意义，但多数研究关注的重点仍然是“外部”性的因素，即从发展中国家之外寻求能帮助其实现升级的途径，试图借助分工合作的知识溢出来提高技术水平、改善分工地位，实现价值链由低端向高端跨越，而忽略了对“内部力量”的分析，如国内物质资本和人力资本的积累、技术研发与创新等因素的作用。当然，也缺乏针对民营企业的专门研究。实际上，民营经济也是中国最富有活力、内生动力和创新精神的力量，它最能适应市场经济的变化和竞争（李锐，2013），因而如何发挥民营企业在中国产业国际分工地位升级中的作用是非常重要的。从根本上讲，一国赖以实现产业升级的基础和根本在于内部的动力，依靠外资及其溢出效应永远只能作被动的“跟随者”。因此对于像中国那样已然嵌入到全球生产网络体系中的广大发展中国家而言，问题的关键是如何通过各种努力，实现国内产业技术水平和国际分工地位的提升。

因此，下文尝试在两国产品内分工的框架下，构建发展中国家国际分工地位升级受其国内资本积累、人力资本提升以及技术进步等内部因素影响的模型，并进行实证检验，从而探索发展中国家通过自身的努力，实现民营经济国际分工地位提升的可行途径。

（一）产品内分工条件下的国际分工地位

基于龙，雷兹曼和苏贝瑞恩（Riezman and Soubeyran，2005）对产品内分工的研究（以下简称LRS模型），假设一国生产两种最终产品：农产品A和工业品I，以及用于I生产的总技术服务S。与LRS模型不同的是，本文假定该国劳动力禀赋为$L=L_s+L_u$，L_s为技术劳动力，L_u表示非技术劳动力，两种劳动力的工资为w_s和w_u，且有$w_s=w_u+t$。设A和I的生产所需的非技术劳动力分别为L_{Au}和L_{Iu}，则$L_{Au}+L_{Iu}=L_u$。

A的生产只使用非技术劳动力，其产出取决于生产技术水平，$A=\frac{L_{Au}}{T_A}$，其中L_{Au}是A生产所使用的非技术劳动力的数量，T_A表示单位 A 产品生产所需的劳动力，将 A 作为计价产品，即将其价格标准化 $P_A=1$，则非技术劳动力的工资为$w_u=\frac{1}{T_A}$。

总技术服务 S 是最终产品 I 生产所需的中间技术投入，其生产由 n 个不同的专业化技术服务企业各提供s_i（$i\in[0,n]$）单位的专业化技术服务组合而成，S 的生产函数为 CES 形式 $S=[\sum_i^n s_i^{\lambda}]^{\frac{1}{\lambda}}$，其中 $0<\lambda<1$。令 P_i为专业化技术服务 i 的价格，则总技术服务的价格为：

$$P_s=[\sum_i^n P_i^{\frac{\lambda}{(\lambda-1)}}]^{\frac{(\lambda-1)}{\lambda}} \tag{4-2}$$

每个专业化技术服务企业只专门生产一种技术服务，其生产只需要技术劳动的投入，企业 i 生产 s_i单位的专业化技术服务需使用cs_i+f 单位的技术劳动力，即专业技术服务的生产需要固定成本 fw_s和可变成本cs_iw_s。

工业品 I 的生产流程可划分为［0，1］的连续环节，每一个环节都对应一种零部件 $\tau(\tau\in[0,n])$。设工业品 I 和零部件 τ 的生产厂商都是完全竞争的，即价格等于成本，且零部件厂商是总技术服务价格的接受者。I 的生产无须劳动力和技术服务的直接投入。令 $P(\tau)$ 为部件 τ 的价格，则 I 的价格为 $P_I=\int_0^1 P(\tau)\mathrm{d}\tau$。零部件 τ 的生产需要一单位的非技术劳动力L_u、$e(\tau)$ 单位的总技术服务 S 和 τ 单位的资本 K，且资本品的价格为 r（这与 LRS 模型中零部件生产不需要资本的假定不同），则 τ 的价格等于成本 $P(\tau)=w_u+r\tau+e(\tau)P_S$。不失一般性，设 $e(\tau)=\omega\tau(\omega>0)$，则有：$P(\tau)=w_u+r\tau+\omega P_s\tau$。从而 I 的价格为：

$$P_I=\int_0^1 P(\tau)\mathrm{d}\tau=w_u+\frac{r+\omega P_S}{2} \tag{4-3}$$

生产 S 单位的总技术服务，对企业 i 的专业化技术服务的条件需求函数可根据谢非尔德引理（Shephard's Lemma）由（4-2）式得到：$s_i^d=S\frac{\partial P_S}{\partial P_i}=\Delta SP_i^{\frac{1}{(\lambda-1)}}$，其中 $\Delta\equiv[\sum_i^n P_i^{\frac{\lambda}{(\lambda-1)}}]^{\frac{-1}{\lambda}}$。在对称性假设条件下，即所有的专业化技术服务企业使用相同的生产技术，$P_i=P$，则$P_s=Pn^{\frac{(\lambda-1)}{\lambda}}$。对于任意技术服务企业 i 而言，S 和 Δ 可视为给定值，其需求弹性为 $\varepsilon=\frac{1}{(1-\lambda)}>1$。从而零部件 τ 的成本为 $P(\tau)=w_u+\tau(r+\omega Pn^{\frac{(\lambda-1)}{\lambda}})$，此时 $P(\tau)$ 是一条截距为w_u、斜率为 $r+\omega Pn^{\frac{(\lambda-1)}{\lambda}}$的直线。技术服务企业的边际收益等于边际成本 $MR=P\left(1-\frac{1}{\varepsilon}\right)=MC=cw_s$，所以有 $P=\frac{cw_s}{\lambda}$。在对称性假设条件下，S 单位的总技术服务需要每个技术服务企业提供 s 单位的专业技术服务，并有 $S=[ns^{\lambda}]^{\frac{1}{\lambda}}=n^{\frac{1}{\lambda}}s$。因每个技术服务企业对技术劳动力的需求数为 $cSn^{\frac{-1}{\lambda}}+f$，所以 I 单位的最终产品生产因零部件投入而对总技术服务 S 的间接需求为 $S^d=I\int_0^1 e(\tau)\mathrm{d}\tau=\frac{\omega I}{2}$，从而对技术劳动力的需求为$L_s^d=nf+\frac{c\omega I}{2n^{\frac{(1-\lambda)}{\lambda}}}$，对非技术劳动力的间接需求量为$L_{Iu}^d=I\int_0^1\mathrm{d}\tau=I$，对资本的间接需求量为 $K^d=I\int_0^1\tau\mathrm{d}\tau=\frac{I}{2}$。

根据李嘉图模型（Ricardian-type Model），均衡价格（以 A 计价）独立于需求：

$$P_s=\frac{c(1+tT_A)}{\lambda T_An^{\frac{(1-\lambda)}{\lambda}}} \tag{4-4}$$

$$P(\tau)=\frac{1}{T_A}+r\tau+\frac{c\omega(1+tT_A)}{\lambda T_An^{\frac{(1-\lambda)}{\lambda}}} \tag{4-5}$$

从而单个技术服务企业的利润为：

$$\pi_i=(P-cw_s)s-fw_s=\left(\frac{1-\lambda}{\lambda}cs-f\right)\frac{(1+tT_A)}{T_A} \tag{4-6}$$

一般而言，后发国不能免费获得发达国家的技术服务，而且技术服务的贸易还存在知识产权保护的问题，因此可将进行贸易时为保护知识产权而支出的各种费用看作技术服务贸易的成本。同时，与产品内分工相伴随的是，资本从发达国家流向发展中国家的生产领域，形成跨国公司全球生产链的环节之一，且资本流动也存在成本。在 LRS 模型中，对有成本的技术服务贸易、资本流动，以及二者对产品内分工和发展中国家所处地位的影响未作讨论，当然也没有涉及在这些条件下如何准确度量一国产业的国际分工地位。因此，将有成本的技术服务贸易和资本流动引入 LRS 模型框架中，并引入增加值率和劳动生产率来衡量产品内分工条件下一国产业的国际分工地位。

假设一个最终产品和零部件自由贸易，但技术服务贸易和资本流动有成本的两国世界。① 其中一国为前文所述的发达国家 D（developed）；另一国为发展中国家 G（developing），后者劳动力禀赋为 $L^*=L_s^*+L_u^*$（上标 * 表示发展中国家 G，下同），工资为 w_s^* 和 w_u^*，且有 $w_s^*=w_u^*+t=t+\frac{1}{T_A^*}$。② D 国在农产品 A 的生产方面有绝对优势，$T_A<T_A^*$；在自由贸易的情况下，两国 A 的价格将相等且标准化，则有 $1=P_A=T_Aw_u=P_A^*=T_A^*w_u^*$，即 G 国的非技术工人的工资低于 D 国，$w_u^*<w_u$。D 国资本要素丰裕，其价格低于 G 国，$r<r^*$，技术工人工资和技术服务企业数高于 G 国，$w_s^*<w_s$，$n^*<n$，且零部件、专业技术服务生产技术比 G 国先进，即 $\omega<\omega^*$，$c<c^*$，$f<f^*$。则根据（4-4）式 G 国总技术服务价格为：$P_s^*=\frac{c^*(1+tT_A^*)}{\lambda T_A^*n^{*\frac{(1-\lambda)}{\lambda}}}$。

设技术服务贸易的成本是 η，则 D 国的总技术服务出口到 G 国的价格为 $P_s+\eta$。此时，G 国的零部件厂商有两种选择——本国生产或进口总技术服务。如果 $P_s+\eta<P_s^*$，显然 D 国的总技术服务价格更低，从而总技术服务的生产将全部由 D 国提供。设资本流动的成本是 φ，如果 $\varphi<r^*-r$，则资本将从 D 国流向 G 国（主要形式为 *FDI*），增加其资本供给。设资本流动量为 K'，则 G 国资本总资本量为 $K^*=K_0^*+K'$（K_0^* 为 G 国自有资本量），资本的价格为 $r^*=r+\varphi$。

采用反向求解法，设两国的劳动者即为消费者，其消费偏好相同，收入来自工资，充分就业条件下世界总收入是：

$$M=w_uL+tL_s+w_u^*L_u^* \tag{4-7}$$

代表性消费者视 M 和所有的价格为给定，其位似效用函数为 $U(I,A)=I^{\alpha}A^{1-\alpha}$，则世界对工业品和农产品的总需求分别为：$I^w=\frac{\alpha M}{P_I}$，$A^w=\frac{(1-\alpha)M}{P_A}$。$I^w$ 单位产品生产对技术劳动力的需求为：$L_s^d=nf+\frac{\alpha c\omega M}{2P_In^{\frac{(1-\lambda)}{\lambda}}}$。代入（4-7）式有：$M=\frac{2P_I\Lambda}{\prod}$，其中 $\Lambda=\frac{L}{T_A}+\frac{L_u^*}{T_A^*}+tnf$，$\prod=2P_I-\alpha ct\omega n^{\frac{(\lambda-1)}{\lambda}}$。则均衡的工业品产出为：$\bar{I}^w=\frac{2\alpha\Lambda}{\sum}$。从而均衡时，$\bar{I}^w$ 单位的产出对 G 国非技术劳动力的需求为 $\bar{L}_{Iu}^*=\bar{I}^w\int_0^{\tau_\theta}d\tau=\bar{I}^w\tau_\theta$，对其资本需求为 $\bar{K}^*=\bar{I}^w\int_0^{\tau_\theta}\tau d\tau=\frac{\tau_\theta^2}{2}\bar{I}^w$。

根据（4-6）式可得两国技术服务企业的总利润分别为：

---

① 如果 S 无成本地自由贸易，则 G 国能免费获得所有技术，其工资水平低于 D 国，从而将出现角点解情形；同样如果资本无成本地自由流动，G 国资本将全部来源于 D 国。这两种情形都和分析目的相违。而最终产品和零部件有贸易是否有成本，不会对分工模式有本质的影响。

② 系指两国中两种劳动力的工资差距相同，t 是否相同，并不影响下文分析结论。

$$\pi^* = 0,\ \pi = \left(\frac{(1-\lambda)\alpha c\omega\Lambda}{\lambda\prod} - f\right)\frac{n + tnT_A}{T_A} \tag{4-8}$$

根据黄先海、杨高举（2010）提出的基于非竞争型投入产出法，剔除生产过程中所使用的进口中间投入，计算单位最终需求（出口）带动的国内完全增加值和劳动生产率，可准确评判一国产业的国际分工地位。该方法的核心在于，无论产品生产（包括出口）需要多少进口中间投入，在生产技术水平和工资等不变的条件下，所能形成的增加值并不变动。当一国高技术产品生产中所需的高价值的中间投入主要依靠进口时，表明其对外部要素（如技术、资本）的依赖程度很高，而此时其本国产出中增加值占总产出的比例自然很低。因而本国增加值与产出（或出口）值之比，可反映一国生产（出口）的国际分工地位。同时，生产相同价值的产品，如果一国生产过程中所使用的劳动力更少，则表明其生产效率高，相对于使用更多劳动力的国家，在国际生产链中处于更有利的地位，从而生产效率也反映了该国的国际分工地位。沿着这一思路，在模型中引入产出中的增加值率（增加值与总产出之比）与劳动生产率（增加值与劳动力之比）之和，以衡量产品内分工条件下一国产业的国际分工地位 ISS（International Specialization Status），[①] 对于 G 国有：

$$ISS^* = \frac{w_u^*\bar{L}_{Iu}^* + (r+\varphi)\bar{K}^*}{w_u^*\bar{L}_{Iu}^* + (1+r+\varphi)\bar{K}^* + S^*(P_s+\eta)} + \frac{w_u^*\bar{L}_{Iu}^* + (r+\varphi)\bar{K}^*}{\bar{L}_{Iu}^*} \tag{4-9}$$

在国内专业技术服务价格高于进口价的情况下，G 国只有努力提升技术水平（降低 c^*），降低其专业技术服务价格，至少要小于等于进口价格时，即 $P_s^* \leqslant P_s + \eta$，专业技术服务企业才能生存并获得利润。设 G 国提升技术水平的途径是增加研发投入，以降低可变生产成本。同时假设资本流动除了为 G 国提供生产资金外，还对专业技术服务企业有技术溢出效应。并设 G 国研发投入为 R，$\tilde{\omega}$ 为研发投入产出效率系数，资本流动的溢出效应系数为 δ，从而有 $c^{*\prime} = c^* - \tilde{\omega}R - \delta K'$。在 $P_s < P_s^* < P_s + \eta$ 时，可通过利润最大化的一阶条件，求得最优的研发投入量。此时，以增加值率和劳动生产率衡量的 G 国国际分工地位为：

$$ISS^{*\prime} = \frac{w_u^*\bar{L}_{Iu}^{*\prime} + w_s^*\bar{L}_s^{*\prime} + (r+\varphi)\bar{K}^{*\prime} + \pi^{*\prime}}{w_u^*\bar{L}_{Iu}^{*\prime} + w_s^*\bar{L}_s^{*\prime} + (1+r+\varphi)\bar{K}^{*\prime} + \pi^{*\prime}} + \frac{w_u^*\bar{L}_{Iu}^{*\prime} + w_s^*\bar{L}_s^{*\prime} + (r+\varphi)\bar{K}^{*\prime} + \pi^{*\prime}}{\bar{L}_{Iu}^{*\prime} + \bar{L}_s^{*\prime}} \tag{4-10}$$

在新的均衡时，有 $ISS^{*\prime} > ISS^*$。这意味着 G 国生产可变成本的下降（$c^{*\prime} < c^*$），将增加对劳动力和资本的需求，提高生产分工阶段，也提高其以增加值率和劳动生产率衡量的国际分工地位。同时，由于 $c^{*\prime} = c^* - \tilde{\omega}R - \delta K'$，因此可变成本的下降，既可能来自研发投入带来的技术创新，也可能来自 FDI 的溢出效应。因此有如下命题：在产品内分工条件下，后发国的技术研发和创新以及 FDI 溢出效应，都有利于其国际分工地位的提升，同时，劳动力尤其是技术劳动力和资本投入协同性的增加，是提升国际分工地位的必要条件。

（二）民营经济国际分工地位影响因素

1. 计量估计

借鉴龙，雷兹曼和苏贝瑞恩（2005）对产品内分工的研究，构建以下对数待估计方程，对民营经济国际分工地位的影响因素进行实证检验：

$$\begin{aligned}\mathrm{Ln}(ISS) = {}& \alpha_0 + \alpha_1\mathrm{Ln}(L_u) + \alpha_2\mathrm{Ln}(L_s) + \alpha_3\mathrm{Ln}(K) + \alpha_4\mathrm{Ln}(K') \\ & + \alpha_5\mathrm{Ln}(R) + \alpha_i\mathrm{Ln}(X_i) + \sum_i \alpha_i\mathrm{Ln}(X_i) + \xi\end{aligned} \tag{4-11}$$

---

① 这样做相当于计算直接增加值率和劳动生产率。在互相没有中间投入的两部门模型中，国内完全增加值率和直接增加值率是等同的。

式中因变量 *ISS* 表示产品内分工条件下以出口品的增加值衡量的国际分工地位，X_i 为其他控制变量（$i \geqslant 6$），ξ 是随机误差项，其余字母的含义同前文。选择中国高技术产业的统计数据进行计量回归，以验证理论模型的结论。选择高技术产业的数据，一方面是因为高技术产品更可能采用产品内分工方式进行国际协作生产。据胡梅尔斯等（2001）的研究，产品内分工需具备三个条件：一是产品生产可分为连续的两个及以上的阶段；二是有两个或更多的国家在产品的生产过程中赋予其增加值；三是至少有一个国家的生产阶段使用进口的中间投入，并且部分产出用于出口。显然生产过程复杂且的高技术产品，尤其是其中生产阶段和零部件标准化程度很高的电子信息产品，更容易满足这三个条件。另一方面，中国高技术产业的加工贸易是发展中国家参与全球产品内分工的典型形式。OECD 的数据显示，中国高技术产品出口在2008 年超越美国居世界第一。① 同时，中国高技术产业出口倾向在2004 年超过了 50%，并在其后都保持 55% 左右的水平。② 而中国高技术产品出口中一般贸易的比例，虽然呈逐步上升趋势，但在 2006 年之后才超过 10%，到 2010 年达到约 15.2%。③ 这些数据表明，大量的加工贸易，是推动中国成为世界第一大高技术产品出口国的重要因素，加工贸易也是以中国为代表的发展中国家参与全球产品内分工的典型方式。

计量估计所用到的数据包括两部分，一是来自《中国高技术产业统计年鉴》中 1995 ~ 2007 年的产业层面的数据；④ 二是来自中国工业企业数据库（2005 ~ 2007 年）和 2004 年经济普查的企业层面数据。由于产业层面的是直接统计数据，准确性较高，而企业层面的部分数据是在一定假设条件下推算得到的，可能存在度量准确性问题。因此，先进行产业层面的估计，再以企业层面的估计作为印证。

对产业层面的数据，以增加值和生产率衡量的中国整体高技术产业分工地位与其他国家的比较如图 4 - 11 所示，在 1995 ~ 2007 年持续上升，中国高技术产业的国际分工地位指标量值增长了 41%，但与一些发达国家相比差距仍非常明显。以同时期的量值对比，中国大约是其他国家平均值的 30%；其中，中国 2007 年的量值才达到韩国 20 世纪 90 年代、法国和意大利 20 世纪 80 年代的水平，与美国、日本 1980 年代的水平尚有一定差距。由于多数国家的增加值率呈下降趋势，⑤ 因而中国与发达国家量值的差距主要是劳动生产率的差距所致。虽然中国高技术产业以不变价格计算的劳动生产率在 1995 ~ 2007 年间提升了 445%，远远快于其他国家，但由于绝对量的差距太大，而增加值率的下降速度又比其他国家快很多，导致最终的国际分工地位的量值无论从绝对数还是提升的速度来看，都比不上其他国家。

其余变量的度量：以高技术产业中的科技活动人员衡量技术劳动力；以从业人员年平均人数减去科技活动人员数，得到非技术劳动力；资本投入采用王玲和西尔麦（Szirmai，2008）的方法，以永续盘存法计算各期资本存量；由于相应年份高技术产业利用外资数据难以获得，因此借鉴卢荻（2003）以及蒋殿春和夏良科（2005）的方法，以外资企业当年投资额衡量；对技术创新以 R&D 经费内部支出衡量。对产业层面的数据，考虑到数据齐备性和对应性，选取 17 个三位码行业的数据组成面板数据，⑥ 相关数据以 1995 年为基期进行价格平减，⑦ 最终形成一组包括 17 个截面和 13 个年份的面板数据集，对其统计性描述见表 4 - 4。

---

① OECD STAN Bilateral Trade Database，http：//stats. oecd. org。

② 即出口额占总产值的比例，根据《中国高技术产业统计年鉴》的数据计算而得。

③ 数据来自中国科技统计网，www. sts. org. cn/。

④ 《中国高技术产业统计年鉴》从 2009 年起不再包括高技术产业增加值，导致无法计算 2008 及以后年份的增加值率，因此数据只截至 2007 年。

⑤ 由于全球产品内分工的深化，使得参与国使用更多的进口中间投入进行生产，从而会降低其增加值占总产出的比例。

⑥ 之所以未选择细分到四位码的数据，一方面四位码行业中部分数据缺失较多（齐备性）；另一方面不是每个三位码行业都细分到四位码（对应性）。

⑦ 产值和增加值以工业生产总值指数进行平减，资本存量和外商投资以固定资产投资价格指数进行平减。两个价格指数来自国研网统计数据库。

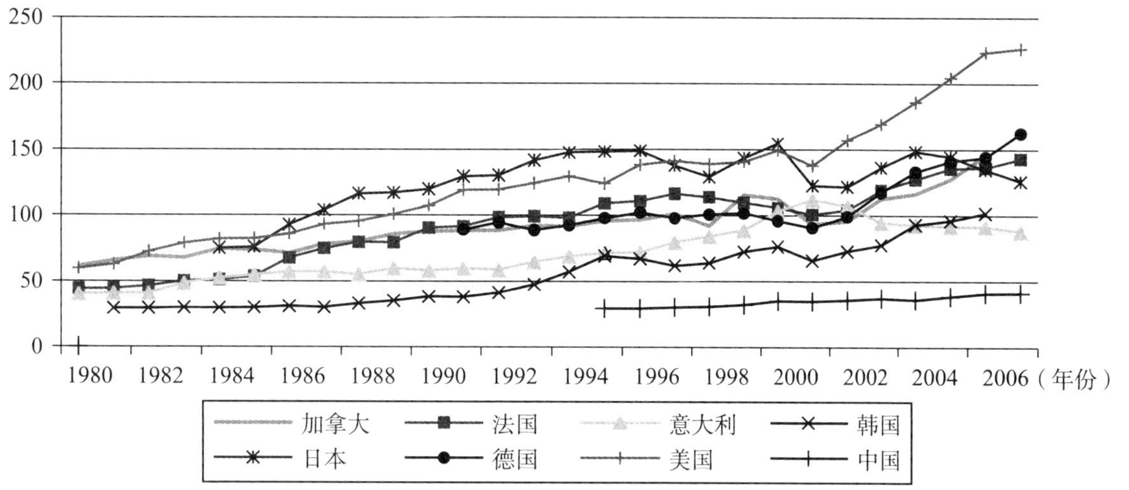

图 4-11 以增加值和生产率衡量的国际分工地位比较：1980～2007 年

注：各国增加值以 1995 年为基期进行平减，并根据当年汇率折为美元，再计算生产率（千美元/人年）。

资料来源：中国数据来自相应年份的《中国高技术产业统计年鉴》（国家统计局、国家发展和改革委员会、科学技术部编，北京：中国统计出版社）和国研网统计数据库（http://edu-data.drcnet.com.cn/web/）；其他国家数据来自 OECD《结构分析数据库 2011》。

表 4-4　　　　产业层面数据的描述性统计

变量		Ln(*ISS*)	Ln(L_u)	Ln(L_s)	Ln(*K*)	Ln(*K'*)	Ln(*R*)
总体	均值	3.580	7.402	3.083	2.639	1.623	3.763
	最大值	4.318	11.393	7.785	7.712	5.973	6.082
	最小值	2.460	4.066	-0.083	0.075	0.038	1.777
	方差	0.309	1.325	1.974	1.553	2.79	2.423
国有企业	均值	3.560	3.628	1.481	0.613	1.982	1.501
	最大值	4.153	7.714	5.008	5.751	5.66	5.262
	最小值	2.748	0.331	0.732	0.097	0.081	0.497
	方差	0.232	1.973	2.326	1.862	2.559	1.811
外资企业	均值	3.616	6.759	2.455	2.652	1.523	1.737
	最大值	4.151	12.522	8.765	7.973	6.432	3.902
	最小值	2.791	0.785	-4.286	-7.273	-6.552	0.079
	方差	0.281	1.876	2.974	3.006	1.881	2.011
样本量		221	221	221	221	221	221

注：此处是对 1995～2007 年总体数据的统计描述。原数据中劳动力的单位为人，资本、外资和研发投入单位为亿元（人民币）。

资料来源：作者自行计算。

对式（4-11）进行回归估计时，需要注意内生性问题。李红玉（2008）在比较了解决生产函数估计中要素投入变量的内生性问题的各种方法后指出，对面板数据采用广义矩估计（GMM）能够得到一致估计量。因此下文的分析采用动态面板数据的 GMM 估计进行回归分析。动态面板数据 GMM 估计一般要求样本的截面数远大于时期数，上文提到的数据是 17 个截面和 14 个年份。因此，将数据以 2002 年为界，分为两组分别进行回归分析。这一方面是为了满足上述要求；另一方面也是考虑到中国在 2001 年底加入了 WTO，其后高技术产业要素的投入和出口均出现加速上升趋势（见图 4-12），这可能导致数据的结构发生变化，使得将数据全部混在一起进行估计会降低其结果的可靠性。同时，为了控制自变量以外因素的影响，将前一期的解释变量与滞后一期的被解释变量以及税负率和平均工资，① 也纳入回归方程。先进行总体数据估计，再分别以国有企业和三资企业的数据进行回归估计。②

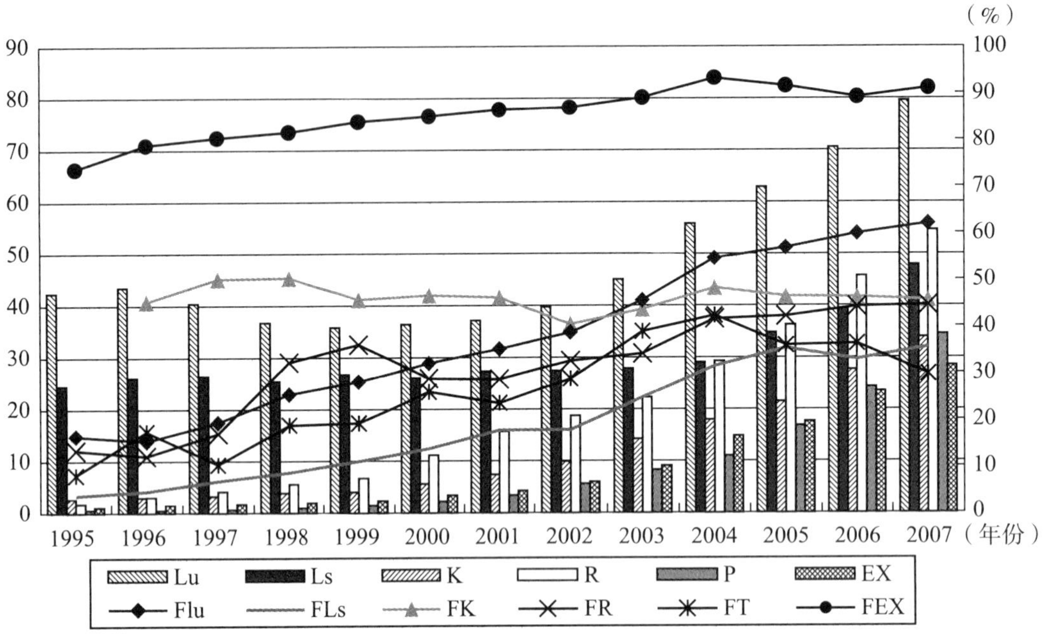

图 4－12　中国高技术产业要素投入和出口状况：1995～2007 年

注：P 代表专利申请数（千件），EX 代表出口交货值（千亿），前加 F 表示三资企业所占比例（右轴）。K（百亿元）、R（十亿元）和 EX 以当年价计。Lu 和 Ls 的单位分别为十万人、万人。

资料来源：1996 年和 1997 年的出口根据 OECD STAN Bilateral Trade Database 的数据进行汇率换算而得，并以 1995 年和 1998 年的均值推算三资企业出口。

企业层面的数据来源于中国工业企业数据库（2005～2007 年）和 2004 年经济普查数据，并根据国家统计局颁布的“高技术产业统计资料整理公布格式”来筛选高技术企业。③ 部分没有直接记录的数据处理情况如下：2004 年的增加值，采用生产法以工业总产值减去工业中间投入，再加上本年应交增值税而得；以企业从业人员中大专及以上学历人员数来衡量技术劳动力，④ 2005～2007 年的企业技术劳动力以总从业人员乘以 2004 年的相应企业技术劳动力占比而得；2004 年的企业研发投入以总产值乘以 2005～2007 年相应企业的平均研发投入强度而得；2004 年的资本投入以企业的固定资产净值和流动资产之和来代替，后续年份资本仍通过永续盘存法获得；外资以四位码行业中三资企业投资额衡量。经样本筛选后整理得到 13105 个企业 4 个年份的平衡面板数据（余淼杰，2011），采用与产业层面相同的方法进行估计，结果见表 4－5，由于企业层面的数据直接可得，因此表 4－5 中还包括了对民营企业的估计结果。

① 税负率是税负支出（利税减去利润得到）与产值之比（%），平均工资（单位：元/人）为价格平减后工资总额与从业人员数之比（数据来源与下文企业层面的相同）。由生产法可知，增加值会受价格和税率两个外生性因素的影响，而价格因素可通过价格平减得到控制。同时，工资水平也是影响增加值和就业的外生变量（由模型分析可知）。

② 一般而言，其他所有制企业的数据可由全行业的数据减去国有企业和三资企业的数据得到，但有一些项得到的数值为负数，使得对其他所有制企业产业层面的分析难以进行。

③ 可参阅国家统计局、国家发展和改革委员会、科学技术部编：《中国高技术产业统计年鉴 2009》（北京：中国统计出版社，2009 年）的附录。

④ 因为两个数据来源中都没有科技活动人员的统计。

表 4-5　　产业层面数据 GMM 估计结果

Ln(*ISS*)	总体		国企		三资	
	1995~2001 年	2002~2008 年	1995~2001 年	2002~2008 年	1995~2001 年	2002~2008 年
Ln(*Lu*)	0.044** (0.021)	0.098* (0.050)	0.216 (0.141)	0.434* (0.239)	0.149*** (0.050)	0.045** (0.022)
Ln(*Ls*)	0.079** (0.033)	0.088** (0.042)	0.201 (0.146)	0.038 (0.045)	0.759* (0.406)	0.051** (0.025)
Ln(*K*)	0.103*** (0.025)	0.080** (0.036)	0.083** (0.040)	0.196** (0.088)	0.080** (0.033)	0.054** (0.023)
Ln(*K′*)	0.020 (0.021)	0.094* (0.051)	0.068 (0.085)	0.094 (0.172)		
Ln(*R*)	0.055*** (0.011)	0.038*** (0.014)	0.252** (0.128)	0.061** (0.029)	0.042 (0.028)	0.029* (0.016)
Ln(*T*)	-0.151*** (0.016)	-0.094** (0.037)	-0.091** (0.038)	0.061** (0.032)	-0.081** (0.036)	-0.070** (0.028)
Ln(*W*)	-0.051** (0.027)	-0.881*** (0.126)	-0.148*** (0.053)	-0.079* (0.045)	-0.215** (0.096)	-0.671*** (0.062)
Ln(ISS_{t-1})	0.297*** (0.086)	0.156*** (0.022)	0.215*** (0.079)	0.262*** (0.043)	0.043*** (0.011)	0.028*** (0.009)
Ln(Lu_{t-1})	0.001 (0.002)	0.022 (0.038)	0.015 (0.124)	0.002 (0.083)	0.032 (0.026)	0.025 (0.020)
Ln(Ls_{t-1})	0.234*** (0.032)	0.371** (0.182)	0.049 (0.052)	043 (0.044)	0.067** (0.027)	0.019 (0.018)
Ln(K_{t-1})	0.180* (0.098)	0.151*** (0.014)	0.049 (0.061)	0.070* (0.041)		
Ln(K'_{t-1})	0.031* (0.011)	0.077* (0.044)	0.127 (0.111)	-0.015 (0.055)	0.109** (0.051)	0.242** (0.103)
Ln(R_{t-1})	0.014*** (0.019)	0.022*** (0.009)	0.104*** (0.026)	0.213*** (0.068)	0.187 (0.274)	0.328* (0.442)
cons	2.974	3.143	0.186	-0.555	2.265	2.440
Wald P.	0.000	0.000	0.000	0.000	0.000	0.000
Sargan P.	0.102	0.241	0.401	0.160	0.159	0.168
AR（1）*P.*	0.002	0.006	0.000	0.0001	0.000	0.000
AR（2）*P.*	0.362	0.443	0.152	0.231	0.279	0.887

注：标 *、**、*** 分别表示 *z* 检验在 10%、5% 和 1% 的水平上显著。下标 $t-1$ 表示滞后一期。*P.* 表示检验的 *P* 值。Ln（*T*）和 Ln（*W*）分别表示税负率和平均工资的对数。

2. 结果讨论

对产业层面数据的估计结果而言，回归结果中沃尔德（Wald）统计量的χ^2检验都在1%的水平上拒绝了模型的系数（除截距项外）均为零的原假设；而萨尔甘（Sargan）检验都通过，即不能拒绝工具变量有效性的零假设，表示模型估计结果中不存在工具变量的过度识别问题；模型的二阶自相关检验AR（2）不能拒绝原假设，表明模型不存在自相关。这些检验表明模型整体设定合理，工具变量可接受，可以用估计结果做进一步分析。

总体来看，估计结果与前文理论模型预期基本一致，各主要变量的系数大都为正且显著。但各组数据的估计结果有一定差异。

总体数据的估计结果表明，研发投入及其他要素投入对高技术产业的国际分工地位都有一定的促进作用，但显著性水平各有不同。在两组时间估计结果中，非技术劳动力和外商投资（2002～2007年）的弹性系数都只在10%的水平上显著，而研发投入则在高于1%的水平上显著，资本和技术劳动力的显著性居中。这表明技术创新以及物质资本和人力资本的协同投入，是推动整体高技术产业国际分工地位提升的主要因素，而非技术劳动力和外商投资也有正向的促进作用（虽然显著性较低），与前文理论模型的预期基本一致。非技术劳动力的作用显著性低的原因可能是，与技术劳动力相比，其生产效率较低，单位劳动力创造的增加值也低，从而对增加值率和生产率的贡献不如技术劳动力。外商投资的作用不显著是比较意外的结果。2008年中国高技术产业利用外资额已达826.2亿元，占高技术产业总投资额的17.8%（张晓强，2009），如此大规模的资本投入，即使溢出效应系数非常低，也会因投资的规模而使得溢出效应比较明显。但估计结果却显示，只在后一组数据中很低的水平上显著。造成这种结果的原因可能在于，外资在中国高技术产业中的投资主要是设立三资企业，其中外商独资企业占绝大部分。2008年高技术产业利用外资额826.2亿元，其中港澳台资商投资企业利用29.7%，外商投资企业利用66.6%，只有3.6%为内资企业所用，同年，高技术产业中的外商独资企业数占三资企业数约73.9%，产值占74.1%。① 这意味着流入的外资与内资企业的直接联系较少，可能也限制了其直接溢出效应的发挥。当然，溢出效应的大小，还与内资企业的吸收能力有关。布莱克（Blake）等研究发现，生产效率越高的企业，其吸收能力也高，从而越能够从外资流入中获得更大的生产率溢出效应（Blake et al.，2009）。就中国高技术产业而言，随着三资企业特别是外商独资企业生产及出口的扩张，外贸的入超状态直至2004年才得以改变，这在一定程度上表明，内资企业的生产效率及吸收能力可能也相对有限。此外，外商投资的溢出效应不明显，还可能与三资企业的生产主要是出口导向型有关。林（Lin）等人的研究表明，出口导向型的FDI对内资企业的溢出效应明显低于内销型的FDI（Lin et al.，2009）。而1995～2007年，中国高技术产业中三资企业的平均出口倾向高达70%以上。②

对国有企业数据的估计结果显示，各变量的显著性水平都较低，其中研发投入和资本投入是提升其国际分工地位的主要推动力，而技术劳动力则完全不显著，非技术劳动力也只是在2002～2008年的数据组中在10%的水平上显著。这表明人力资本积累并不具有提升国有企业国际分工地位的作用，而资本和技术创新则有正向作用。可能的原因在于，技术创新和增加资本投入，对国有企业而言，可能因新的生产技术或设备的使用而提高劳动者的生产效率，但人力资本的积累却因国有企业特殊的管理机制而未必能转化为生产效率。外资的作用也不显著，表明其对国有企业没有明显的溢出效应。实际上，研究者们对外资是否对国有企业具有显著的溢出效应并没有一致的结论。布莱克等（2009）

---

① 利用外资的数据来自张晓强主编的《高技术产业发展年鉴2009》，外商独资企业数及产值占比根据中国工业企业统计数据库2008年数据计算，二者可能不是完全可比。

② 数据来源见国家统计局、国家发展和改革委员会、科学技术部编：《中国高技术产业统计年鉴》相应年份。下文所引用数据，如无特别说明，均与此处来源相同。

的研究发现，通过劳动力的流动，外资对国有企业的生产率具有显著的正向溢出效应；而黑尔和龙（2006）的研究则表明，外资对国有企业的溢出效应不显著或为负。造成这种差异的原因可能是所用的数据不同。

对三资企业数据的估计结果显示，非技术劳动力对提高其国际分工地位作用最显著，但显著性趋于下降（两组数据结果对比），资本投入的显著性次之，技术劳动力和研发投入的显著性水平在后一段的数据组中有所提升。这表明在高技术产业中，外资企业主要利用中国的非技术劳动力，并结合其资本投入进行生产，以提升其产品国际竞争力和自身的国际分工地位。但这种投资生产模式可能正在发生变化，即人力资本和技术的作用在增强。这与三资企业雇佣的非技术劳动力比例在不断降低，而技术劳动力比例上升的趋势相一致。三资企业中两种劳动力之比从 1995 年的 75 : 1 降到 2007 年的 29 : 1，表明外资企业从需要大量非技术劳动力的生产，向相对技术复杂的产品生产转变。显然这种转变需要更多的技术劳动力，同时也需要进行一定的技术研发与创新。尽管如此，研发投入的作用仍只是在很低的水平上显著。这可能与其在中国的投资生产模式有关，2007 年三资企业的 R&D 内部支出占高技术产业总体的 44%，专利申请量占总体的 30%，而新产品产值却占总体的 70%。这意味着三资企业的新产品生产能力远高于其研发投入和技术创新水平，二者之间的巨大差距难以用研发的投入产出效率之高低来解释。实际上，2007 年三资企业的 R&D 内部支出占其总产值的比例仅为 0. 7%，明显低于高技术产业的平均值 1. 1% 的水平。因此，可以推测三资企业能从外部引进新产品，这些引进的新产品不需要在中国进行研发和创新，但同样能提升其生产效率和国际竞争力，亦即新产品的引进代替了在中国的技术创新。当然，研发投入的作用在后一组数据中变得显著，也和外资企业日渐重视国内市场、在华大量设立研发中心的实际观察相一致。①

企业层面数据的估计结果一定程度地印证了产业层面数据的估计结果（见表 4 – 6）。总体而言，研发投入、技术劳动力和资本均对企业国际分工地位有较显著的促进作用，而非技术劳动力的作用显著性较低，外商投资的溢出效应不显著。分企业类型而言，国有企业的研发投入作用最显著、资本的作用次之；民营企业则是研发投入、技术劳动力和资本都非常显著；在三资企业中，非技术劳动和资本的显著性较高，技术劳动力和研发投入则只在 10% 的水平上显著。外商投资在所有的数据组中的估计结果中都不显著，这和上文产业层面数据的估计结果基本相一致。

表 4 – 6　　企业层面数据 GMM 估计结果

Ln(*ISS*)	总体	国企	民营	三资
Ln(*Lu*)	0. 020* (0. 011)	0. 074* (0. 028)	0. 031** (0. 015)	0. 020*** (0. 007)
Ln(*Ls*)	0. 064** (0. 030)	0. 022* (0. 012)	0. 70*** (0. 057)	0. 021* (0. 012)
Ln(*K*)	0. 073** (0. 029)	0. 028** (0. 018)	0. 077*** (0. 029)	0. 146** (0. 064)
Ln(*K′*)	0. 012 (0. 019)	0. 011 (0. 013)	0. 014 (0. 012)	
Ln(*R*)	0. 098** (0. 042)	0. 641*** (0. 061)	0. 081*** (0. 028)	0. 300* (0. 176)
Wald P.	0. 001	0. 000	0. 000	0. 000

① 到 2010 年初，跨国公司在华设立研发中心已超过 1200 家，见《人民日报》2010 年 3 月 17 日报道，http：//paper. people. com. cn/rmrb/html/2010 – 03/17/nw. D110000renmrb_20100317_4 – 02. htm。

续表

Ln(*ISS*)	总体	国企	民营	三资
Sargan P.	0.116	0.169	0.389	0.350
AR（1） *P.*	0.008	0.000	0.000	0.000
AR（2） *P.*	0.620	0.114	0.182	0.200

注：*、**、***分别表示在10%、5%、1%的水平上显著。限于篇幅，只报告了主要变量的估计结果。
资料来源：作者基于历年《浙江统计年鉴》整理计算。

对比表4-5和表4-6的结果可发现，国有企业的人力资本和物质资本投入，尽管对高技术产业国际分工地位的提升有较显著的作用，但与民营企业相比显著性明显偏低，可能是由于国有企业要素配置效率低下、存在效率损失所致。当企业存在效率损失时，要素配置的效率必然受到影响，从而其积累和提升不能发挥应有的提升其国际分工地位的作用。

上文将增加值率和生产率作为跨国可比的国际分工地位度量指标，引入产品内分工分析框架中，刻画了发展中国家产业的国际分工地位受国内技术创新、劳动力投入、资本投入，以及FDI溢出效应等因素的影响机理。理论模型分析表明，提升技术水平和协同性的要素投入，以及FDI的溢出效应，都对发展中国家产业国际分工地位的提升有促进作用。以中国高技术产业和企业层面的数据进行的实证检验表明，技术研发、物质资本和人力资本积累是推动中国高技术产业国际分工地位升级的关键因素，FDI溢出效应的作用相对有限。

实证分析表明，中国要实现国际分工地位的提升，进而推动产业升级，除了要转变依赖外部因素的理念（如市场换技术），更应关注内部因素如技术进步和要素提升等的作用，还要推动要素的市场化配置，以提高利用效率。1995~2007年高技术国有企业科技活动人员占总体的60.5%，而其专利申请数却只占总体的37.7%，拥有的发明专利数占总体的39.3%。国有企业的科技产出与其拥有大量的科技活动人员极不相称，意味着人力资本在企业的创新中没有发挥应有的作用，这与民营企业的表现形成了鲜明的对比。因此，解决好要素的市场化配置、提高利用效率问题，让民营企业在提升高技术产业国际分工地位中应有作用得到进一步突显，同时促进国有企业作用的进一步发挥，是中国产业国际分工地位提升的必然选择。

五、民营经济与对外贸易：未来展望

中国民营经济对外贸易发展和改革开放进程高度一致，也是中国成长为世界第一大贸易国的重要力量。然而在国内要素成本不断提高、国际需求疲软的情况下，民营经济如何应对这些挑战，并成功实现转型升级，不仅关系到民营经济本身的发展及其在国际竞争中的表现，也关系到中国整体经济的转型升级成败，更关系到中国能否建立与经济规模相适应的全球价值链地位和国际分工地位。

上文分别对民营经济外贸模式转型、民营经济进口技术效应、民营经济全球价值链治理、民营经济国际分工地位提升等进行了分析。在此基础上，下文对中国民营经济发展外贸面临的重点问题和应对策略作未来展望。

（一）民营经济发展外贸面临的重点问题

1. 要素成本上升导致比较优势弱化

由于“中国制造”的产品低端、利润微薄，在全球价值链分工中处于劣势地位，其低成本优势会因为汇率上升、原材料价格上涨、环保成本提高、劳动力成本上升等因素而受到冲击（刘林青等，2009）。如果逐渐失去在劳动密集型产业中的比较优势，而尚未获得在技术和资本密集型产业中的比较优势，则中国将面临“比较优势真空”的挑战（蔡昉，2011）。

而据卢锋（2015）的研究，中国的劳动力、土地等要素成本以及环境成本都在快速上升：农民工群体的平均月工资从2000年的563元上升到2014年的2864元，年均增速为12.3%，即使考虑CPI因素后的实际工资年均增速也达9.6%；全国国有土地出售价格从2003年每亩6.8万元猛烈上升到2010年每亩42.3万元，2010年亩均售价是2003年的6.2倍；最后，生态环境压力增加已达到与逼近红线，环保监管力度与环保成本趋势性上升。这对长期依赖低廉的要素价格优势参与国际分工与贸易的中国企业，特别是民营企业而言，无疑是一种持续的压力和挑战，如果不能向更为高端的产业形态转型升级，就会面临“比较优势真空”的挑战，许多低端劳动密集型产业向东南亚其他国家转移就是最好的例证。

同时，正如卢峰（2015）所指出的“要素价格上升的‘内挤外压’对结构调整产生倒逼作用，最突出表现是大量加工贸易以及其他劳动密集型行业或生产区段面临紧迫调整压力。在周期与结构调整叠加环境下，一些高度依赖传统加工贸易的东南沿海地区，劳动密集型主导产业需逐步转移和退出，同时要创造培育出足够数量的新增长因素才能走出周期低谷”。亦即对于民营企业来说，生产经营及外贸的转型升级，既有盈利水平提升的内部需要，又有外部环境倒逼的压力，是一条必经之路，否则就只能被淘汰。

2. 全球价值链地位亟待提升

一般而言，国际产业链包括产品设计、原料采购、加工制造、物流运输、订单处理、批发经营、终端零售等环节，而加工制造其中利润较薄的一环（王柏玲、江蓉，2010）。在现在全球竞争格局下，产业链环节中最关键、最赚钱的环节，如设计、技术、营销等几乎都是跨国企业所掌控，这就决定了产品内分工下中国的大多数民营企业只能被动参与附加值最低、最消耗资源、最破坏环境的制造环节，而其他有价值的环节基本掌握在欧美各国的企业手中（张晓刚，2009）。从企业生产领域和规模来看，中国大部分民营企业是加工制造企业，其中90%以上是中小型企业。从单个企业的价值链来看，中国大部分民营企业的价值链不完整以及重点不突出的问题显著，价值链呈零散化分布。中国民（私）营经济研究会调查显示，2009年中国民营企业有465万户，注册资本金达到6.8万亿元，但平均来看，户均资本金不过148万元，60%的企业资本金在100万元以下，仅有不到1%的企业资本金超过了亿元，这表明中国民营企业资本规模偏小（王柏玲、江蓉，2010）。由于资金规模的制约，决定了大部分民营企业没有与大型跨国公司相抗衡的实力，从而其参与全球产业分工事，不得不选择增值率低的加工生产环节，对能创造高价值的活动，如技术开发、人力资源管理，则要么没有实力开展，要么在企业中不受重视，实际上就是被动对价值链进行“修剪”。

中国民营企业的价值链管理能力和水平还很薄弱，甚至还未形成价值管理意识，只能在全球价值链中扮演一个很初级的角色（王柏玲、江蓉，2010）。在全球竞争加剧的形势下，提升竞争优势和价值链地位，开拓国内外市场，是中国民营企业发展过程中必须面对的难题。

3. 凝聚创新资源的能力有待提高

经过30多年的改革开放，中国的民营企业有了长足的发展，但国有企业在国民经济中仍然占据重要地位，特别是在创新资源方面更是有着民营企业无法可比的实力与优势。正如前文所指出的，1995~2007年高技术国有企业科技活动人员占总体的60.5%，尽管所形成的技术产出（如专利）占比与其拥有大量的科技活动人员极不相称，但从资源总量角度来看，仍然明显高于民营企业。以民营经济发展相对较好的上海为例，在研发投入和产出方面，2013年上海国有企业50强研发投入总额为

1020亿元，有专利26526项，而民企50强投入研发费用仅为26亿元，拥有专利仅为2258项。此外，国有企业（10家上市公司）平均拥有技术人员8883人，技术人员占员工总数比例平均为23.52%，而民营制造业企业（20家上市公司）平均拥有技术人员523人，技术人员占员工总数的比例平均为22.26%（常奕舸、杭爱明，2015）。

民营企业创新资源和能力的不足，反映在外贸方面则是企业外贸规模偏小、产品附加值和技术层级低。据中国商务部的数据显示，2014年有进出口实绩的民营企业占外贸企业总数的比重超过70%，进出口1.57万亿美元，占全国进出口总额的36.5%。显然，参与出口的民营企业数量很多，但企业出口规模明显偏小。实际上，民营企业也是纺织品、服装、箱包、鞋类、玩具、家具、塑料制品等劳动密集型产品出口的主力军。

4. 经营管理方式需要与国际接轨

企业市场竞争力的基础是企业的管理经验和管理水平，而中国的民营企业管理水平普遍较差，家族式管理、经验式管理和传统管理盛行，尽管这种管理模式有一点的“向心力”，但对企业走向国际化的发展未必有利（李明玉，2008；王柏玲、江蓉，2010）。总体上，70%～80%民营企业的管理仍然没有摆脱“家族”和“亲缘化”的特征：家族关系决定财产继承关系，重要职位由家族成员担任，实行集权化领导、专制式决策，通常以伦理规范代替企业经营管理中的行为规范。在市场经济秩序和法制建设初期、民营企业在创业初期和进行资本原始积累的特殊阶段，家长式管理模式也不失为一种较为有效和实用的管理模式。但在企业具备一定规模并寻求再发展时，在企业向现代化、国际化和集团化发展过程中，家长式管理模式越来越暴露出它的局限和不足，已成为制约企业发展的“瓶颈”（汪俊，2006）。

面对全球化时代的国际竞争，以“家族式”和“亲缘化”进行企业经营管理显然难以适应，因而需要不断借鉴国内外先进的管理经验，建立起适应企业发展的科学决策体系、人才管理体系、生产经营体系、资金运营体系、质量监督控制体系和技术工作体系，利用组织机制的力量克服管理中的不足。

（二）提升民营经济外贸发展水平的政策建议

在中国经济步入“新常态”、国际经济环境不断变化的条件下，推动民营企业走向国际化，需要借鉴日本、韩国、中国台湾等经济体推动企业转型升级、应对全球竞争的策略与方法：

1. 充分利用要素成本上升的倒逼机制作用

面对要素成本上升所带来的冲击和挑战，企业存在三种选择：一是通过提升劳动生产率、增创新优势，化解要素成本上升所带来的不利影响；二是进行区位转移，将已经失去成本优势的产业或产品生产迁移至更具要素成本优势的国家和地区；三是选择退出市场。第一种即为倒逼机制效应，后两种实质上都为产业结构调整和转型升级带来了资源再配置效应（张二震、戴翔，2016）。实际上是利用市场的优胜劣汰机制，让更有优势、更有竞争力的企业脱颖而出，其重点是让落后企业和产能，甚至僵尸企业能够顺利破产退出市场，为市场竞争主体提供公平合理的市场竞争环境，提升市场法制化水平、产业配套环境、政府服务效率、基础设施以及制度质量等，降低企业的交易成本，以抵消要素成本上升带来的冲击，促进民营外贸发展转型升级。

2. 提升民营企业技术创新能力

随着市场竞争越来越激烈，民营企业要在国际竞争中脱颖而出，提高产品质量，培养核心竞争力是企业取胜的关键。进口国外先进设备、引进高新技术是提升企业技术水平的快速之道，但要全面长期的培养企业的竞争力则依赖于企业自主的研发投入和科研人员的引进。一方面，民营企业研发的投入和科研人员的引进将大大提高自身的自主研发和创新能力。另一方面，这也能大大加强企业对进口的先进设备、高新技术的利用率，增强企业的学习和模仿能力，最大化民营企业进口的技术溢出效应，从而推动企业自身的创新能力、产品质量和技术水平不断改善，在激烈的竞争中获得成功。

民营企业应更加注重自身技术水平的提高，加大自主的研发投入，在企业内部设立专门的研发部门从事研究与创新活动；同时，民营企业应加强科研人员的引进与培养，科研人才不仅能为企业研发出新的产品和工艺，同时也能更好的利用企业现有的技术和设备产生更好的经济效益；最后，民营企业应加快企业内部研发创新制度的完善，建立良好的激励机制，充分发挥民营企业自身动力机制完善的优势，从制度的根源上促进企业的研发和创新活动。

3. 提升民营企业高级要素汲取能力

民营企业应加大力度进口国外的高新技术、购买专利使用权和关键设备，加强与国际市场上先进企业的技术合作和人才交流，充分利用国际市场的高级要素，从而快速提高企业整体的技术水平，促进企业生产效率的进步，提高产品质量，缩小与发达国家的技术差距，弥补民营企业由于资本不足、人才紧张、研发能力较低所导致的技术制约。一方面，技术进口不仅可以提高企业生产效率，降低成本，而且能够较快提高产品的质量，从而使得民营企业在价格和质量上更具市场竞争力；另一方面，引进国外成熟技术将节省下大笔研发投入，将这部分资金用于技术的吸收、消化和再研发过程，对中国民营企业的自主创新能力的培养也有着极为重要的作用。在此基础上，加强高素质人才引进与国际技术交流，将硬性技术与“软性”的人才结合起来，充分发挥人力资本的作用，从而更好地提升国内民营企业的创新能力、管理能力、市场能力。

4. 提升民营企业家国际化经营能力

国际市场竞争激烈，政策规则复杂多变，企业参与国际分工、应对激烈竞争，需要熟悉国际规则、精通业务流程的专门的外贸人才。而人才的缺失又往往是民营企业发展面临的一大常见障碍。为了更好的实施进口战略，民营企业应更加注重人才的引进，积极吸引精通外语、外贸、国际法律、企业管理的高素质人才，大力发挥民营企业主权明晰、激励机制完善的优点，提高人才待遇、注重人文关怀，采用多种激励机制挖掘与留住发展对外贸易急需的人才。

另外，民营企业家应该加强自身专业能力的培养。民营企业家具有开拓、创新的精神。企业家精神是民营企业快速发展至关重要的因素，是推动民营企业不断壮大的关键动力。在进一步推进“走出去”战略，积极参与国际分工的过程中，企业家也应相应地提升自身的能力，培养国际视野，及时关注国际市场信息的变化，积极开拓国际市场上高质低价的要素来源，发掘并建立起市场上良好的国际合作关系，保持对自己所处行业国际市场形势和动态的了解与关注，积极参与国际交流，成为具有国际化视野的民营企业家。

参考文献

[1] 蔡昉．“中等收入陷阱”的理论、经验与针对性 [J]. 经济学动态，2011（12）.

[2] 陈桂林，邓娜．2007 年中国民营企业对外经济贸易发展报告 [R]. 2008.

[3] 常奕舸，杭爱明．上海民营企业创新能力的分析与建议 [J]. 上海企业，2015（9）.

[4] 何洁．外商直接投资对中国工业部门外溢效应的进一步精确量化 [J]. 世界经济，2000（12）.

[5] 黄先海，杨高举．高技术产业的国际分工地位：文献述评与新的分析框架 [J]. 浙江大学学报（人文社会科学版），2009（6）.

[6] 黄先海，杨高举．中国高技术产业的国际分工地位研究——基于非竞争型投入占用产出模型的跨国分析 [J].

世界经济，2010（5）.

［7］黄先海，叶建亮等. 内源主导型：浙江的开放模式［M］. 杭州：浙江人民出版社，2008.

［8］蒋殿春，张宇. 经济转型与外商直接投资技术溢出效应［J］. 经济研究，2008（7）.

［9］蒋仁爱，冯根福. 贸易、FDI、无形技术外溢与中国技术进步［J］. 管理世界，2012（9）.

［10］李红玉. 解决厂商生产函数估计中的内生性问题：从参数估计到非参数估计［A］. 中国数量经济学年会（2008 年）论文集［C］. http：//www. docin. com/p－280218267. html.

［11］林毅夫. 新结构经济学——反思经济发展与政策的理论框架［M］. 北京：北京大学出版社，2012.

［12］林卫龙，颖刘. 2013 年民营企业对外经济贸易发展报告［R］. 2014.

［13］刘巳洋，路江涌，陶志刚. 外商直接投资对内资制造业企业的溢出效应：基于地理距离的研究［J］. 经济学（季刊），2008，8（1）.

［14］隆国强. 新兴大国的对外开放新战略［N］. 中国经济时报，2011. 12. 9（11）.

［15］卢荻. 外商投资与中国经济发展——产业和区域分析证据［J］. 经济研究，2003（9）.

［16］蒋殿春，夏良科. 外商直接投资对中国高技术产业技术创新作用的经验分析［J］. 世界经济，2005（8）.

［17］卢峰. 产品内分工［J］. 经济学（季刊），2004，4（1）.

［18］卢峰. 中国经济怎么了：要素成本上升倒逼结构调整［J］. 财经，2015. 12. 28.

［19］罗雨泽等. 外商直接投资的空间外溢效应：对中国区域企业生产率影响的经验检验［J］. 经济学（季刊），2008，7（2）.

［20］吕越，罗伟，刘斌. 异质性企业与全球价值链嵌入：基于效率和融资的视角［J］. 世界经济，2015（8）.

［21］平新乔. 市场换来了技术吗［J］. 国际经济评论，2007（5）.

［22］汪俊. 浅论民营企业管理模式的转型［J］. 商场现代化，2006（8）.

［23］王玲，A. Szirmai. 高技术产业技术投入和生产率增长之间关系的研究［J］. 经济学（季刊），2008，7（3）.

［24］吴延兵. 国有企业双重效率损失研究［J］. 经济研究，2012（3）.

［25］张二震，戴翔. 要素成本上升背景下的江苏外贸转型［J］. 唯实，2016（1）.

［26］张杰，陈志远，刘元春. 中国出口国内附加值的测算与变化机制［J］. 经济研究，2013（10）.

［27］张奎亮. 中国制造业在全球价值链分工中地位的影响因素分析［D］. 济南：山东大学，2011.

［28］张燕生. 后危机时代：中国转变外贸增长方式最重要［J］. 国际经济评论，2010（1）.

［29］钟昌标. 外商直接投资地区间溢出效应研究［J］. 经济研究，2010（1）.

［30］B. Balassa，"Trade Liberalization and 'Revealed' Comparative Advantage，" *The Manchester School of Economic and Social Studies*，vol. 33，no. 2，1965，pp. 99－123.

［31］Bernstein J I，Mohnen P. International R&D spillovers between US and Japanese R&D intensive sectors. *Journal of international economics*，1998，44（2）：315－338.

［32］Blake，Z. Deng and R. Falvey，"How Does The Productivity of Foreign Direct Investment Spillover to Local Firms in Chinese Manufacturing?"

［33］C. S. Fan and Y. Hu，"Foreign Direct Investment and Indigenous Technological Efforts：Evidence from China，" *Economics Letters*，vol. 96，no. 2，2007，pp. 253－258；A. G. Z. Hu and G. H. Jefferson，"FDI Impact and Spillover：Evidence from China's Electronic and Textile Industries，" *The World Economy*，vol. 25，no. 8，2002，pp. 1063－1076.

［34］Coe D T，Helpman E，Hoffmaister A W. International R&D spillovers and institutions. *European Economic Review*，2009，53（7）：723－741.

［35］D. Hummels，J. Ishii and Kei－Mu Yi.，"The Nature and Growth of Vertical Specialization in World Trade，" *Journal of International Economics*，vol. 54，no. 1，2001，pp. 75－96.

［36］Eaton J，Kortum S. Trade in ideas Patenting and productivity in the OECD. *Journal of international Economics*，1996，40（3）：251－278.

［37］G. Hale and C. Long，"FDI Spillovers and Firm Ownership in China：Labor Markets and Backward Linkages，" Federal Reserve Bank of San Francisco Working Paper Series，no. 2006－25.

［38］Griliches Z，"Market value，R&D，and patents"，Economics letters，1981，7（2）：183－187.

［39］Grossman，G. and Helpman. E，Comparative advantage and long-run economic growth，*American Economic Review*，

1990: 809 - 812.

[40] J. Dedrick, K. L. Kraemer and G. Linden, "Who Profits from Innovation in Global Value Chains? A Study of the iPod and Notebook PCs," U. S. - China Hi - Tech Trade Conference Paper, School of Public Policy and Management, Tsinghua University, Beijing, October 23 - 24, 2009.

[41] Kokko, R. Tansini and M. C. Zejan, "Local Technological Capability and Productivity Spillovers from FDI in the Uruguayan Manufacturing Sector," *The Journal of Development Studies*, vol. 32, no. 4, 1996, pp. 606 - 611.

[42] Koopman, R., Z. wang, and S. J. Wei (2008) "How Much of Chinese Exports is Really Made In China? Assessing Domestic Value - Added When Processing Trade is Pervasive", NBER Working Paper No. 14109.

[43] M. Haddad and A. Harrison, "Are there Positive Spillovers from Direct Foreign Investment? Evidence From panel data for Morocco," *Journal of Development Economics*, vol. 42, no. 1, 1993, pp. 51 - 74.

[44] Melitz M J. The impact of trade on intra-industry reallocations and aggregate industry productivity. *Econometrica*, 2003, 71 (6): 1695 - 1725.

[45] N. V. Long, R. Riezman and A. Soubeyran, "Fragmentation and Service," *The North American Journal of Economics and Finance*, vol. 16, no. 1, 2005, pp. 137 - 152.

[46] P. Lin, Z. Liu and Y. Zhang, "Do Chinese Domestic Frms Benefit from FDI Inflow? Evidence of Horizontal and Vertical Spillovers," *China Economic Review*, vol. 20, no. 4, 2009, pp. 677 - 691.

[47] R. Koopman, Z. Wang and S. Wei, "How Much of Chinese Exports Is Really Made in China? Assessing Foreign and Domestic Value - Added in Gross Exports," USITC Working Paper, no. 2008 - 03 - B, 2008.

[48] Upward, Richard, ZhengWang, and Jinghai Zheng, (2012), "Weighing China's Export Basket: The Domestic Content and Technology Intensity of Chinese Exports", *Journal of Comparative Economics* 41: 527 - 543.

[49] X. Xu and Y. Sheng, "Productivity Spillovers from Foreign Direct Investment: Firm - Level Evidence from China," *World Development*, vol. 40, no. 1, 2012, pp. 62 - 74.

第五章　民营经济发展与对外投资*

改革开放以来民营经济已经成为我国经济社会的重要组成部分，在新常态下民营经济发展也面临着“三个新调整”：民营企业如何把握创新驱动等战略，转变发展方式，培育核心竞争力。随着我国经济下行趋势明显，民营企业粗放型的生产模式难以为继，亟须要通过科技进步，实现生产方式的转变。民营企业如何对接“互联网+”战略，加快产业链形成及商贸流通，从而培育新的消费增长点。随着“互联网+”战略全面实施，生产、消费等突破了传统的空间和时间限制，为民营企业发展提供有利契机。2002 年全面实施“走出去”战略以来，民营企业对外投资的步伐日益加快，而“一带一路”倡议全面推进将深化我国开放程度，有利于民营企业“走出去”。

一、民营经济发展与对外投资：历史回顾

经过改革开放 40 年的高速发展，中国已成为仅次于美国的全球第二大经济体、年投资存量全球第二大对外投资国。中国经济正不断深刻影响着世界经济的格局和版图，其中民营经济“功不可没”。40 年来，我国民营经济的发展从少到多、从弱到强，逐步成长为一支活跃且不可忽视的重要力量，是国民经济的主力军，为国民经济的发展注入了一股新鲜的血液。回顾我国民营经济的发展，可以大致划分了三个阶段。我国于 1979 年首次提出了“走出去”的战略，从此正式拉开了对外直接投资的序幕。从 1979 年至今 40 年来，我国在对外直接投资的发展上大致可以划分为三个阶段。

（一）民营经济对外投资：萌芽起步阶段

1978 年十一届三中全会的召开标志着我国改革开放之路的开启，在这样的时代背景下，私营经济开始萌芽，萌芽的地点主要是农村地区，当地家庭联产承包责任制逐步衍生为专业户，是个体工商户诞生的雏形。1982 年召开的中共五大将发展和保护个体经济写入宪法，使得个体经济从此获得合法地位。据统计，1978 年全国个体工商注册资金为 220 万元，从业人员 232 万人，个体工商户 1543 万户。

在这一阶段，我国的对外直接投资呈现出投资规模小、投资主体单一、投资质量不高、投资行业和区位集中、投资形式单一等特点。从现有的统计资料中显示，我国在 1985 年的对外直接投资存量仅为 6.3 亿美元，投资方式以海外工程承包和劳务输出为主要形式。

（二）民营经济对外投资：震荡发展阶段

我国民营经济发展进入第二阶段的标志性事件是 1992 年邓小平同志的南方谈话，他在讲话中强调抓住有利时机、加快改革开放步伐、集中精力把经济建设搞上去，从此我国民营经济也正式进入了快速发展的新阶段。

据统计资料显示，在这一阶段我国民营经济的增长已逐步成为国民经济增长中的新亮点。一方

---

* 研究人员：肖文、潘家栋。

面，私营企业的数量实现了腾飞式跨越，从14万户增长至243.5万户，年均增长率约为33%；另一方面，民营企业的规模也在不断加大，注册资金从221亿元增长至24750.6亿元。在此基础上，民营经济的蓬勃发展也在解决就业问题上实现了突破，在这一阶段民营企业的从业人员数由232万人飙升至3409万人，实现的税收由4.1亿元增加至976.1亿元。从上述统计资料不难发现，民营经济的增长是指数型的增长，其也成为国民经济增长的一大新“引擎”。

由于整个国民经济发展中存在经济发展过热、投资结构不合理、物价上涨过快等问题，因此这一阶段政府主要采取紧缩型财政政策，实行经济结构调整，让过热的经济“软着陆”，进而在这一阶段我国的对外投资也出现了震荡发展的现象。一方面，对外直接投资由于受到清理和整顿的影响，政府对企业开展对外直接投资实行了较为严格的审批政策，使得在本阶段初期对外直接投资的规模发展受到阻滞。

另一方面，在这一阶段的后期，由于开始逐步意识到中国企业国际竞争力弱，同时不断总结过去企业对外直接投资的经验和教训，政府提出了发展对外直接投资的新战略方针，并于2002年在党的十六大报告中首次提出“坚持‘走出去’与‘引进来’相结合的方针，全面提高对外开放水平。”因此政府进一步加强鼓励发展能够发挥比较优势的对外投资，更好地利用国际国内两个市场和两种资源，组建跨行业、跨部门和跨地区的跨国企业经营集团。在积极扩大出口的同时，循序渐进地开展领导、组织和支持一批有实力、有优势的企业（以国有企业为主）“走出去”。

（三）民营经济对外投资：快速发展阶段

民营经济发展进入第三阶段的标志性事件是我国于2002年召开的党的十六大提出和明确了“必须毫不动摇地鼓励、支持和引导非公有制经济的发展”，自此我国民营经济的发展开始书写全新的篇章。截至2013年，我国民营经济贡献GDP总量超过60%，全国至少有19个省级行政区的贡献超过50%，其中广东省超过了80%。值得一提的是，在不断改善的投资环境下，民营资本活力得到不断释放，以私营企业为主的民间投资成为推动经济发展的重要动力。此外近年来民营企业加大对电子商务的投资，2015年中国电商交易规模达到了16.2万亿元，电商比2014年增长了21.2%，其中网络购物市场达到3.8万亿元，同比增长了37.2%。在这一新阶段，我国个体、私营企业户数和注册资金增长率均为近年来的最高点，民营经济吸纳就业稳步提高。截至2014年底，全国个体、私营经济从业人员实有2.5亿人，其中个体工商户从业人员、私营企业雇工人员和私营经济投资者人数分别达到1.06亿人、1.14亿人和3000万人，占全国就业人员的比例分别为13.72%、14.76%和3.88%。持续、高效、大量地吸纳就业，依然是民营经济对国民经济发展的重要贡献之一。

从1978年以来我国民营经济在经历了上述三个阶段的发展，从最初的初步萌芽到获得合法地位“允许存在”，再到作为国民经济的“有益补充”，及最终实现了民营经济与公有制经济相互促进、共同发展，民营经济走过了漫长的四十年，但这四十年来民营经济由小到大、由弱变强，日益成为推动我国经济体制改革和国民经济发展的重要力量。

这一阶段我国对外直接投资的主要特征为基本完成了从“引进来”到“走出去”的转变，此外在投资规模高速增长的同时，投资质量的提升成为未来主要目标。

第一，截至2015年我国对外直接投资额与我国实际利用外资额基本持平，两者的差距已经缩小为仅462.7多亿美元①。2005年以来我国对外直接投资额保持持续高速、稳定的增长，平均增长率超过30%。

第二，在本阶段我国企业主动参与国际竞争的能力不断加强。一方面，国有企业在充分把握国际机遇的基础上实现了投资模式的创新，并积极主动企业转型升级；另一方面，我国民营企业不断扩大

① 根据商务部公布数据测算得出。

海外投资和并购领域，追求多元投资组合的最优化。值得一提的是，在大企业转型升级的同时，民营企业成为中国企业海外并购的主力军，其全球化思维日渐成熟，国际化发展战略日益清晰，专业化创新水平不断提高，与此同时履行社会责任意识也显著增强。民营企业“集群式”“走出去”的模式取得了良好的效果，它们与境外中资企业商会和境外经贸合作区共谋发展，形成良性循环，建立了科学风险预警机制，实现朝国际合规化的方向发展。

第三，“走出去”的同时反哺国内“新四化”的建设。我国企业在本阶段的对外投资实践中突出了行业分布广、并购活动活跃等特点，在近年的对外投资项目中涉及采矿、制造、房地产、租赁和商务服务、信息传输、软件和信息技术服务，以及批发和零售等16个行业大类，推动了“稳增长、调结构、促升级”目标的实现。对外投资的规模提升也同时有效加速了我国国内产业结构调整的速率。

第四，民营企业在对外投资中的比重显著上升。2014年，在非金融领域的对外直接投资中，民营企业投资额的占比已达40%。在民营经济相对活跃的省份，包括江苏、浙江、广东等省份，民营企业开展对外直接投资活动的比重已经超过50%。中国企业在海外投资的舞台上不再是原本国有企业“一统天下”的局面，民营企业在对外投资的舞台上的地位将会不断上升，预计若干年后的未来将很可能超过国有企业所占份额。此外，民营企业对外投资也并非以“集群”“抱团”取胜，不少民营企业已经在全球企业之中崭露头角。2014年，在《财富》杂志的全球五百强企业评选中，我国共有8家民营企业入选。

第五，“走出去”政策制度体系不断完善。在企业“走出去”战略实施中虽然取得了显著成绩，但却不可避免地也遇到了一些问题，其一就是审批烦琐。烦琐的审批程序无疑减缓了企业“走出去”的步伐，成为亟待解决的一大问题。2014年12月召开的国务院常务会议决定简化审批手续，加速企业“走出去”的效率，同时也降低了企业“走出去”的难度。此外，制约企业“走出去”的另一个重要因素就是资金问题，融资难成为目前一个制约广大中小企业发展的重要难题。国务院的常务会议中明确提出拓宽融资渠道，部署三措施加大金融支持企业“走出去”力度。不断发展和完善的配套政策制度体系将对企业“走出去”提供重大保障。

据中国商务部、国家统计局和国家外汇管理局共同发布的《2014年度中国对外直接投资统计公报》数据显示，2014年中国对外直接投资的流量为1231.2亿美元，同比增长14.2%；截至2014年末，中国对外直接投资存量8826.4亿美元，较上年末增加2221.6亿美元，占全球外国直接投资流出存量的份额由2002年的0.4%提升至3.4%，在全球分国家地区对外直接投资存量排名中较上年前进3位，位居第8，首次步入全球前10行列。

同时，中国对外直接投资主要有以下特点：一是对外投资流量快速增长，与吸引外资规模首次接近。2014年，中国对外直接投资继续高速增长，创下1231.2亿美元的历史最高值，同比增长14.2%。此外值得一提的是2014年，中国对外直接投资与中国吸引外资仅差53.8亿美元，双向投资首次接近平衡。二是对外投资的存量规模不断扩大，首次步入全球前10行列。2014年末，中国对外直接投资存量8826.4亿美元，较上年末增加2221.6亿美元，占全球外国直接投资流出存量的份额由2002年的0.4%提升至3.4%，在全球分国家地区的对外直接投资存量排名中较上年前进3位，位居第8，首次步入全球前10行列。三是投资遍布全球近八成的国家和地区，投资地域高度集中。截至2014年底，中国1.85万家境内投资者设立对外直接投资企业近3万家，分布在全球186个国家（地区）。中国对外直接投资地域分布高度集中，2014年底对外直接投资存量前20位的国家地区存量占总量的近90%，对“一带一路”沿线国家的直接投资流量为136.6亿美元，占中国对外直接投资流量的11.1%。四是，投资行业分布广泛，门类齐全，第三产业投资流量、存量均超七成。2014年，中国对外直接投资涵盖了国民经济的18个行业大类，按三次产业划分，投资流量占比分别为1.3%、25.3%和73.4%；2014年底三次产业存量占比分别为1%、24%和75%。

回顾民营经济与我国对外直接投资的发展的历史阶段可以发现，两者的发展阶段大致呈现出时间段的重合的特点，因此民营经济的发展与我国对外投资的发展密不可分。

二、民营企业对外投资：动力与阻力

（一）民营企业对外投资的驱动机制

民营经济发展动力可根据来源的不同分为外部动力和内部动力。民营经济发展的外部动力包括政府定位、政策支持和环境优化；民营经济发展的内部动力包括对财富最大化和社会价值的追求、科学管理、产权改革和企业文化的培育。

民营经济发展的外部动力中最重要的环节就是政府对民营经济定位的变迁。将民营经济定位在国民经济和社会发展的什么位置是民营经济发展的重要因素。首先，在我国民营经济发展的40年来，政府对民营经济定位的变化正是促使民营经济不断蓬勃发展的重要原因。其次，民营经济的发展也显著受政府政策支持程度的影响。强有力的政策支持可以在一定程度上对民营经济的发展起到决定性作用。现阶段，民营企业在经营过程中的主要障碍一方面表现为“市场进入难”；另一方面表现为“融资难”，政府政策在上述领域支持度的变化将对民营经济的发展起到直接且深远的影响。最后，民营经济的发展需要适宜的环境。在市场经济日趋激烈、国际化程度不断加深、经济即将进入“新常态”的背景下，经济发展环境的优劣将直接决定经济发展的速度和质量。经济环境将影响人才、资金、信息的流向，提升企业生产力。因此优化民营经济的发展环境是当务之急。

民营经济的发展不仅来源于外部动力，还与民营企业发展的内部动力息息相关。一方面，对利润最大化的追求是企业作为“经济人”的理性追求；另一方面，追求社会价值是企业作为“社会人”的更高层次的需求。首先，民营企业原本给人“小富即安”、对财富追求缺乏雄心和气魄，但随着企业家知识水平和管理水平的提高，民营企业家们开始有了更广阔的视野和更高的价值追求，这一动力变化将有效帮助民营企业更长久地立于不败之地。其次，我国民营企业长期以来存在管理水平不高、企业家个人决策失误率高、接班人能力不足、任人唯亲人才紧缺等问题，只有当民营企业从根本上提升科学管理的水平、促进人才的引进，提升决策管理、用人管理、投融资管理、生产管理的水平，就能从源头解决民营企业“寿命短、持久力低”等问题。再次，民营企业的产权具有强烈的血缘、亲缘和地缘属性。只有实现民营企业资本主体多元化、建立规范合理的法人治理结构，才能最终拓宽民营企业的融资渠道，进而有利于技术进步、降低投资风险，使得企业决策更加合理和有效。最后，健康向上的企业文化是企业不断发展的原动力。创造有“个性”的独特的、卓越的企业文化是当代民营企业发展不可逾越的重要阻滞。只有当外部动力和内部动力方向一致、协同作用下，才能对民营经济发展产生更有力、更积极的促进作用。

（二）民营企业对外投资的核心优势

随着“走出去”步伐加快，民营企业也在“走出去”浪潮中表现抢眼，投资规模日益扩大，涉及的投资领域也日益广泛。以民营经济较为活跃的浙江省为例，截至2015年10月，浙江省2015年的境外直接投资额总计105.96亿美元，同比增长1.3倍，主要涉及的行业包括制造业、采矿业、批发和零售业等。此外，2015年浙江省境外直接投资的东道国按投资额计算的前五位分别是中国香港、美国、瑞典、印度尼西亚和德国。我国民营企业的对外直接投资呈现出一种良好的上升态势，同时涉及的行业领域也较为宽泛，但是主要还是集中在劳动密集型的行业。在投资区位方面，民营企业的对外直接投资东道国分布很广，同时也并非仅集中在某一个大洲或者某些发展中国家，发达国家已经成为当今民营企业对外投资的重点市场。

1. 政策优势：扶持政策奠定了“基石”

国务院总理李克强在2016年政府工作报告中指出，要推进新一轮高水平对外开放，着重强调了“一带一路”、国际产能合作、自贸区建设等“走出去”的关键性战略。正是在这样的政府工作目标下，为我国民营企业“走出去”创造了良好的政策环境的支持。民营企业对由于政府环境产生的变化的反应极为敏锐，在政府不断推进“走出去”战略的实施，还有“一带一路”倡议构想的实践，民营企业在“走出去”的过程中正不断享受到越来越多的政策红利。

2. 集聚优势：“抱团”“走出去”降低风险

民营企业“走出去”虽然充满机遇，但是也蕴藏着较大的风险。由于是对于一些在“走出去”的初期阶段的企业，很多时候会因为投资东道国的法律环境不熟悉而遭受到损失。因此我国的民营企业大多选择了“抱团”的方式“走出去”，通过借鉴“先行者”的经验从而避免一些潜在发生的损失。与此同时，“抱团”的行动将使得原本规模较小的民营企业的力量不断壮大，从而更容易得到东道国政府的支持和重视，从目前的效果看来，“抱团”“走出去”的集聚优势的发挥是我国民营企业取得成功的重要原因。

3. 内部优势：“小船出海”应变能力强

由于民营企业的经营机制比较灵活，因此较少受到产权问题的困扰。同时民营企业还具有运作严谨、对市场反应的灵敏度高、进入和退出市场灵活、经营经验丰富等优点，因此相较于国有企业，其风险意识更为强烈，市场竞争的经验也更丰富，同时还能开展有效的创新激励机制，在国际竞争中更具有得天独厚的优势。此外，民营企业在开展跨国经营的过程中，可以通过采用股权激励、利润分红等灵活的薪酬政策，更容易吸引东道国本土熟悉市场的优秀经营和管理人才，以此主动适应国外的市场环境。

4. 错位优势：小规模生产避免“交锋”

民营企业其小规模的生产虽然不利于品牌的建立，但是由于其灵活的特点，更容易适应不断变化的经济环境。我国的民营企业总体规模较小，但是产权清晰，其“走出去”在海外市场的“缝隙”中寻找机遇，占据市场，避免了与大型跨国公司的“正面交锋”。与此同时，我国民营企业生产的产品虽然大多数为劳动密集型产品，但同时也是高技术密集型产品。这种复合型的产品，对于发达国家而言，劳动力成本过高，但对于许多发展中国家而言，技术鸿沟仍然存在，因此既有相对低廉的劳动力成本，又有一定程度的技术基础，这成为我国民营企业“走出去”进程中的一种得天独厚的优势。

（三）民营企业对外投资的“瓶颈”障碍

虽然民营企业由于自身的特性在开展对外直接投资活动时具有上述的先天优势，但是同样地，由于民营企业规模小、家族式管理、融资渠道受限等诸多内在和外在因素，使其在开展对外直接投资活动时面临了诸多障碍，具体包含如下五大主要障碍。

障碍一：境外投资企业规模较小，投资质量总体不高

由于我国民营企业自身存在规模小、开展国际投资和企业合作的经验不足的缺陷，使得民营企业在“走出去”的进程中遭遇到的第一道难关就是——境外投资企业规模普遍较小，投资质量总体不高。由于对外投资的项目资金规模小，使得大多数境外投资的中国民营企业难以抵挡国际市场的激烈竞争，企业的发展受到较大的限制。此外，由于现阶段广泛开展对外直接投资的民营企业以劳动密集型行业为主，产品附加值不高，技术含量较低，品牌意识薄弱，甚至普遍存在相互竞价压价的现象。

障碍二：国际化经营的人才短缺，企业文化融入困难

现今，中国大学生毕业后首选的企业并非民营企业，拥有较高知识水平和学习能力的大学生更倾向于在国有企业和外资企业工作，原因是国有企业相对风险更低，社会地位较高，而外资企业往往具有完善的管理体系，大学生能从中获取更多的学习机会，因此就造成了在民营企业从业人员中，文化素质普遍不高、知识结构较低，民营企业缺乏开展国际投资业务迫切需要的精通业务、管理、外语、财务和人力资本管理的人才。涉外经营人才的匮乏是我国民营企业进一步开拓海外市场的重要制约因素。此外，虽然已有不少民营企业在境外开展直接投资，乃至设立生产工厂，但是在企业文化的融合过程中遭遇到了不少挫折。尤其是对于一些技术获取导向型的对外直接投资和并购项目，民营企业往往会忽略与被投资企业在企业文化上的融合和接轨。

障碍三：家族制企业的弊病较多，管理组织能力薄弱

家族制企业目前依旧是民营企业中的一个重要组成部分，由于家族企业往往采用家族成员继任制，并且任人唯亲，因此不利于公司的长期发展。近年来，随着全球化程度的加深，民营企业开始越来越意识到国际市场的重要性，但是受到几千年以来传统思想的束缚，不少民营企业，由于是一些家族制企业依然处于自我感觉良好的境地，生存危机意识薄弱。在此基础上，民营企业“走出去”虽然已经成为一种新的常态，但是大多数民营企业却没有做好“走出去”的前期准备，具体可以体现在投资目的不明确、自身管理不规范、财务制度未实现与国际接轨、企业自我保护与法律意识淡薄等。

障碍四：政府平台效率有待强化，信息服务急需完善

前三点障碍主要总结的是民营企业自身内部原因而导致的阻碍，后两点主要是由于外部因素而导致的企业在对外投资过程中受到阻碍。其中海外市场的信息服务不够完备是阻碍民营企业“走出去”的一个重要因素。大多数民营企业尽管有“走出去”的野心和计划，但是缺乏对海外市场情况的了解，存在严重的信息不对称。尽管商务厅每年会发布年度对外投资合作国别指南，但是相关的信息仍然不够完善，这使得一些厌恶风险的民营企业只好选择继续扩大国内的业务，阻碍了其国际化的进程。

障碍五：融资渠道大多受阻，征信体系建设迫在眉睫

若要开展对外投资，首先就需要相对雄厚的财力作为支撑，这对于大部分规模较小、流动资金较为有限的民营企业而言，融资难成为制约其“走出去”的一大难题。融资难是一个历史性的问题，造成民营企业融资难的根源有很多，包括民营企业先天性缺乏信用、缺乏担保物等企业内部原因，我国金融制度不健全、融资环境较差等外部因素，还有银企之间由于信息不对称问题的存在也进一步加剧了民营企业融资难得程度。同时现阶段的融资渠道较少，不少民间借贷不规范，借贷机构“跑路潮”频发等问题都更引发了对民营企业的信任危机。若要改变这一现状，对于民营企业的征信体系建设迫在眉睫。

三、“走出去”战略与民营企业对外投资

（一）“走出去”战略下民企对外投资演进

从我国对外直接投资的发展历史看，我国企业“走出去”需要经历产品出口、跨国生产、开办跨国公司和开展全球经营这四个阶段。现阶段我国民营企业对外直接投资的主要形式包括在境外新设专卖店和办事机构、OEM 模式（贴牌生产）、绿地投资和开展跨国合作等。

对不少民营企业而言，其倾向于利用自己在国内的丰富劳动力资源和低廉的生产成本等比较优势，将国内的厂房和车间作为产品的主要生产基地，并对境外的国家进行销售。这也是民营企业“走

出去”的初步阶段，优势在于可以尽可能降低由于不了解和不熟悉国外市场而诱发的各种风险，包括政治风险、金融风险和经营风险等。

OEM 模式也是受到民营企业欢迎的一种较为初步的“走出去”模式，其对于身处海外市场开拓的初步阶段的民营企业具有非凡的意义。OEM 模式不仅可以利用丰富的本土劳动力资源和低廉的生产成本等比较优势，还能弥补民营企业自身品牌知名度低等劣势，达到充分利用品牌效应，抢占国际市场的目标。

尽管现阶段大部分民营企业仍处于国际化的初步阶段，生产规模和品牌知名度均无法实现与大型跨国公司相提并论，但是我国还是涌现出了一批行业领军地位的民营企业，对于这些企业而言，绿地投资是能有效规避各种不利因素、扩大国际知名度、充分利用国际国内两个市场两种资源、推动企业快速发展的方式。由于开展绿地投资的先决条件是要打造自身的品牌，使其具有一定影响力，大部分民营企业在现阶段仍然无法达到这一前提，但是随着国际化程度的不断加深，民营企业的管理经营不断完善，信息化水平的不断提高，政府支持程度的日益强化，绿地投资有望成为未来一段时期民营企业“走出去”的主要模式。

此外，跨国合作也是大力推崇的民营企业“走出去”的模式之一。对于现阶段大部分民营企业而言，生产经营规模、技术水平、管理经验、品牌知名度尽管都在不断提升，但是在国际市场上总体水平依然相对薄弱，此时跨国合作成为两家或者两家以上企业为实现共同战略目标、开展长期合作、实现内部资源优势互补的一种有效方式。跨国合作这一模式存在以下优势：一方面能有效帮助我国民营企业缩短进入海外市场的时间，迅速扩大生产规模、占领国际市场，提升民营企业品牌的国际竞争水平；另一方面能近距离感受国外企业的企业文化、学习国外企业的生产技术的管理经验，对于提升民营企业自身的研发水平和生产管理水平有着显著的效果。

在政策保障措施方面，为了鼓励和引导民营企业开展对外投资，自 2005 年起全国工商联正式将促进民营企业“走出去”纳入工作范围，并且每年就民营企业“走出去”面临的新形势、新任务和新要求进行研究。2013 年 5 月，国务院侨办、国资委、全国工商联和中国贸促会四家单位联合出台了《关于发挥侨务优势服务中国企业“走出去”的若干意见》，通过发挥广发海外侨报的作用，提升民营企业国际化的经营水平。此外政府部门还通过搭建“走出去”工作平台、简化民营企业对外投资的手续、设立海外联络点、开展对外经贸合作、定期开办民营企业“走出去”培训班等工作，为民营企业“走出去”逐步扫清障碍，并提供了全面的保障和联络机制。2012 年 12 月，中国证监会正式发布《关于股份有限公司境外发行股票和上市申报文件及审核程序的监管指引》，其正式取消境外上市关于企业规模、盈利及筹资额等财务“门槛”限制，大幅精简申报文件，简化审核程序，提高监管效率，为境内企业特别是中小民营企业到境外市场直接上市融资创造了更为便利的制度环境。

（二）“走出去”战略对民企对外投资影响

“走出去”战略的提出和发展主要经历了以下三个阶段。

“走出去”战略的孕育阶段。邓小平同志的改革开放思想孕育了“走出去”这一重要国家战略。邓小平同志在南方谈话时高瞻远瞩地将对外开放提升到关于社会主义事业兴衰的高度，明确指出了改革开放将作为我国的长期国策。历史经验已经证明了，“关起门”发展是不可行的，中国的发展离不开与世界的接轨。因此可以认为邓小平的改革开放思想为“走出去”战略的提出奠定了坚实的理论基础，在一定程度上孕育了“走出去”这一关于我国民生社稷的重大发展战略。

“走出去”战略的提出阶段。“走出去”战略的提出最早需要追溯到 1992 年召开的党的十四大会议，时任领导人江泽民同志在党的十四大报告中明确指出“积极扩大我国企业的对外投资和跨国经营。”此后，在 1997 年召开的党的十五大会议上，江泽民同志进一步提出了“更好地利用国内国外两个市场、两种资源，积极参与区域经济合作和全球多边贸易体系，鼓励能够发挥我国比较优势的对外投资”。在同一年的全国外资工作会议上，江泽民同志补充道：“我们不仅要积极吸引外国企业到中国来投资办厂，也要积极引导和组织国内有实力的企业‘走出去’，到国外投资办厂，利用当地的市场和资源。‘引进来’和‘走出去’，是我们对外开放方针的两个紧密联系、相互促进的方面，缺一不可。”这也是其首次正式提出了“走出去”这一重要战略概念。2000年，在全国人大九届三次会议上，江泽民同志正式将“走出去”提高至国家战略层面，并于2001年写入了《国民经济和社会发展第十个五年计划纲要》（简称《纲要》）。

“走出去”战略的发展阶段。在“走出去”战略正式写入《纲要》以及被提高至国家战略之后，以胡锦涛同志的领导集体对“走出去”战略的实施做出了重要的贡献。其中，胡锦涛同志提出“要积极鼓励和支持有条件的企业‘走出去’，更多更好地利用国外资源和国际市场，要进一步完善相关政策法规，加强对境外投资的统筹协调，改善服务和监管，务求实效”。温家宝同志也响应“要进一步实施‘走出去’战略。鼓励有条件的企业对外投资和跨国经营，加大信贷、保险外汇等支持力度，加强对‘走出去’企业的引导和协调。建立健全境外国有资产监管制度”。

“走出去”战略经历了从孕育、到提出、再到不断发展，实现了不断稳定和巩固强化的过程。其对民营企业的对外投资具有深远的影响。其对民营企业对外投资的战略意义主要可以体现在以下几个方面。

首先，在国际资源分配方面争取更有利的地位。随着市场化程度、开放度的提升，国与国之间形成了全新的依存关系。由于我国国内自然资源和人力资源有限，很有必要通过对外投资获取国际资源。而“走出去”战略正是我国政府帮助企业在国际资源分配中争取到更有利的地位。

其次，改变中国在国际分工中扮演的角色。中国在历史上曾有“世界工厂”的称号，其原因在于我国的劳动力资源丰富、成本低廉、准入“门槛”低等，使得我国制造业仅能在低增值链环节。“走出去”战略的提出将有利于在国家层面扩大对外投资，在更为广阔的空间进行产业结构调整和资源优化配置。因此，我国民营企业能有机会向产业链更高的增值环节迈进。

最后，助力我国民营企业不断发展壮大。“走出去”战略的提出无疑给一些有实力的民营企业打入一支“强心针”，助力他们主动出击，寻找机会利用自身的比较优势对国外企业实现重组或者并购，抑或直接采用绿地投资方式在境外新设工厂和研发部门，主动参与国际竞争，积极参与国际合作。并通过“干中学”在这一过程中不断发展和壮大自身的实力。

（三）“后走出去”时代民企对外投资趋势

所谓的“后走出去”时代，又可以称为“走出去2.0、3.0……N.0”的时代，是指在今后全新的时代背景之下我国企业“走出去”的时代。虽然我们无法预言未来几十年乃至几百年，时代背景将会发生何种变迁，但是从目前的科技发展、技术进步、国际合作不断深化的背景来看，我国民营企业在“走出去2.0”时代将会迎来全新的挑战。关于民营企业对外投资的未来展望将主要在第七章中进行探讨，因此在本节不加赘述。

首先，“一带一路”倡议将为民营企业对外投资提供新的平台。“一带一路”倡议是由习近平总书记提出，与“古丝绸之路”沿线国家建立和平、繁荣、共赢的合作关系，这无疑为我国民营企业“走出去”提供了一个全新的平台，减少了民营企业“走出去”主要畏惧的政治风险这一障碍，同时也为民营企业对外投资提供了更广阔的空间和创造了更有利的条件。

其次，经济新常态背景将为民营企业对外投资培育新的环境。中国经济处于“新常态”是习近平同志首先提出的，而“新常态”的经济背景的具体表现包括经济总体增速放缓、产业结构向高度化调整、区域间的差距将不断缩小等。在经济新常态下，国家将有序推进一系列全面深化改革的措施，进而为民营企业的发展创造了有利的环境。最大的变化体现在政府职能的转变和效率的提升，一方面原本作为“全能型”的中国政府将开始向“服务型”政府转型；另一方面通过不断推进的“简政放权”，民营企业对外投资面临的审批效率低下、信息服务水平较低的现状将成为历史，民营企业“走出去”将变得更有效率和更加便捷。

最后，新科技革命背景将为民营企业对外投资创造新的契机。科技的发展速度之外想必已让处于信息时代的我们感到瞠目结舌。而新科技革命的背景之下，对于我国的民营企业而言，通过对外投资实现产业部门的更新换代、获得逆向技术溢出，并不断提升自身的技术创新能力创造了新的契机。

四、民营企业产业集群与对外直接投资

（一）民营企业对外投资行为的对标比较

1. 民营企业对外投资模式对标比较

民营企业“走出去”对外投资的主要模式有以下几种：在东道国（地区）全资新建一个企业、合资新建一个企业、全资并购当地的一个企业、合资并购当地的一个企业以及采用建立代表处等模式。民营企业的对外投资也主要分为绿地投资和跨国并购两种。根据调查显示，绝大多数的民营企业在选择对外投资的模式时更倾向于选择建设周期长、对资金需求较高的绿地投资模式，此外在两种绿地投资模式中，大部分省份的民营企业更倾向于选择全资新建的模式，具体参见下表5－1。

表5－1　民营企业“走出去”投资模式省际比较

省、市	全资新建	合资新建	全资并购	合资并购	建代表处
广东	0.636	0.152	0.030	0.091	0.091
江苏	0.639	0.111	0.083	0.083	0.083
山东	0.645	0.129	0.113	0.032	0.081
上海	0.200	0.550	0.000	0.050	0.200
浙江	0.600	0.000	0.000	0.000	0.400

资料来源：肖文，周君芝，潘家栋．浙江省民营企业对外直接投资能力和动机研究［J］．中共浙江省委党校学报，2014（2）：91－96.

2. 民营企业对外投资行业分布对标比较

虽然我国民营企业对外投资的行业分布总体趋于“低端化”——即主要分布在制造业、批发和零售行业等，但是由于我国幅员辽阔，各地经济发展水平呈现出较大差异，在对外投资的行业分布方面存在较大的省际差异。以浙江省为例，浙江民营企业“走出去”行业分布集中在制造业、批发和批发零售业；服务业投资比重较低，尤其是科技研发、信息通信和金融业等现代服务业比重极低，这与全国层面的情形相一致。但是以经济发展水平较高的上海市为例，其对外投资的行业主要分布在制造业、房地产业和其他服务业等，尤其是在其他服务业的比重远高于我国其他省份。具体参见图5－1。

3. 民营企业对外投资资产规模对标比较

首先，从资产的存量规模来看，民营经济活跃的浙江省的大部分民营企业的海外资产占企业总资产的比重集中于低于5%、5%～10%等区间，其中逾八成浙江省民营企业的海外资产占比低于5%。上海市则表现出了“倒U形”的特征，即上海市民营企业的海外资产占企业总资产的比重5%～10%以及10%～20%的，而低于5%区间内几乎为零。在五个省份中，广东省民营企业的海外资产占比在几个区间中相对较为平均。具体可参见图5－2。

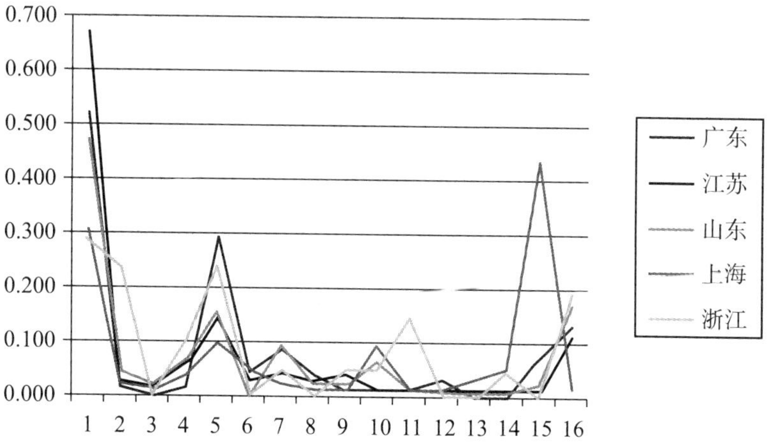

图5-1　民营企业“走出去”行业分布省际比较

注：横坐标中数字“1”代表制造业，“2”代表采矿业（含石油天然气采掘），“3”代表电力、燃气及水的生产和供应业，“4”代表建筑业，“5”代表批发和零售业，“6”代表信息传输、计算机服务和软件业，“7”代表农、林、牧、渔业，“8”代表租赁和商务服务业，“9”代表交通运输、仓储和邮电通信，“10”代表房地产业，“11”代表住宿和餐饮业，“12”代表科学研究、技术服务和地质勘查业，“13”代表金融保险业，“14”代表文化、体育和娱乐业，“15”代表其他服务业，“16”代表其他行业。

资料来源：肖文，周君芝，潘家栋．浙江省民营企业对外直接投资能力和动机研究［J］．中共浙江省委党校学报，2014（2）：91-96.

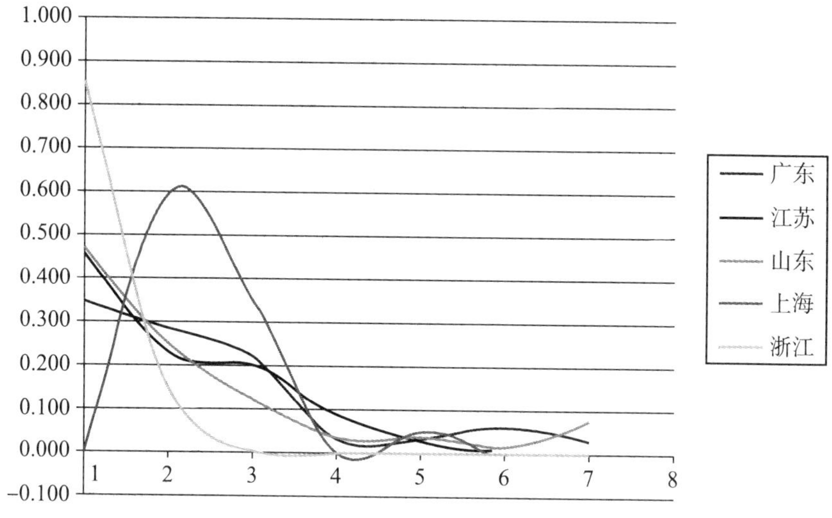

图5-2　民营企业海外投资资产规模占比省际比较

注：“1”代表<5%，“2”代表5%～10%，“3”代表10%～20%，“4”代表20%～30%，“5”代表30%～40%，“6”代表40%～50%，“7”代表>50%。

资料来源：肖文，周君芝，潘家栋．浙江省民营企业对外直接投资能力和动机研究［J］．中共浙江省委党校学报，2014（2）：91-96.

其次，从流量层面来看绝大多数浙江“走出去”民营企业2012年海外营业收入占企业总营业收入比重介于1%～30%，且有相当一部分企业海外营业收入占总营业收入比重小于5%。上海市和广东省的分布较为平均，山东省的民营企业海外投资资产流量规模则集中于10%～30%。具体可参见图5-3。

（二）产业集群影响民企对外投资的路径

产业集群模式主要通过以下三个方面影响民营企业对外投资：首先，产业集群模式通过组织学习提升企业创新能力，进而影响民营企业的对外投资。其次，产业集群模式通过降低交易成本，进而影响民营企业的对外投资。最后，产业集群模式通过获得额外的政策“红利”进而影响民营企业的对外投资。本节将主要从上述三个方面具体阐述产业集群模式影响民营企业对外投资的路径。

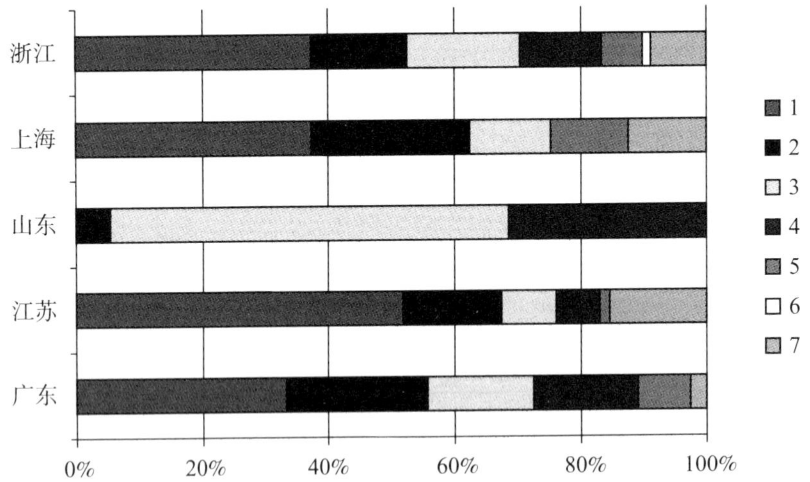

图5-3 民营企业海外投资营业收入占比省际比较

注："1"代表<5%，"2"代表5%~10%，"3"代表10%~20%，"4"代表20%~30%，"5"代表30%~40%，"6"代表40%~50%，"7"代表>50%。

资料来源：肖文，周君芝，潘家栋. 浙江省民营企业对外直接投资能力和动机研究［J］. 中共浙江省委党校学报，2014（2）：91-96.

产业集群模式通过组织学习提升企业创新能力，进而影响民营企业的对外投资。管理学大师德鲁克认为，只有专业化的知识才能获得应用性的成果，因此知识专业分工程度越高，对于企业技术创新能力提升越显著。由于民营企业作为一个单独的个体势单力薄，人力资本显然不足以与规模更大的国有企业、跨国公司进行竞争。而且不少民营企业的组织管理模式仍然是家庭作坊式的管理模式，严重缺乏专业的技术人才和管理人才。产业集群模式能帮助民营企业的对外投资同时吸引母国和东道国的人才，以帮助民营企业更快、更好地适应东道国的投资环境。此外，产业集群内的企业都能参与到集体学习的进程中，由于集体成员大多具有同一个目标，学习资源也能做到有效共享，这将使得学习成果能更有效率地被成员所消化。在此基础上，产业集群竞争机制和契约作用也能从外部更好对企业创新能力提升进行激励和约束。

产业集群模式通过降低交易成本，进而影响民营企业的对外投资。科斯认为，企业的形成是为了建立长期契约关系来代替市场从而降低交易成本，但是随着企业数量的增加，企业作为一个单独的个体，其寻求市场信息的难度和面临违约的风险都将增大。因此，威廉姆森提出了"中间组织"的概念，认为多边的和混合的经济组织将是最为有效的机构。产业集群模式刚好满足了"中间组织"的定义和要求，能够较好的体现作为一种中间组织的巨大优势。因此，民营企业在对外投资进程中建立的集群模式无疑能从交易成本的角度降低交易成本，进而扩大竞争优势。

产业集群模式通过获得额外的政策"红利"进而影响民营企业的对外投资。自商务部2006年实行集群模式"走出去"战略以来，国家从国家政策的角度对"集群式走出去"模式提供了巨大支持。首先，政府部门在境外建立了境外经贸合作区，为民营企业从投资导向、环境营造方面提供支持。其次，政府部门还为集群模式"走出去"提供了一系列配套政策来进行支持。这些政策具体包括财政支持、税收优惠政策、融资优惠政策、保险政策等，为民营企业"走出去"提供了重要的"后勤保障"。最后，商务部还为民营企业"集群式走出去"进行主动出面，与东道国政府进行磋商，不仅有效克服贸易摩擦，还能帮助民营企业克服进入东道国目标市场的障碍。

（三）产业集群与民企对外投资抱团模式

民营企业尤其是中小企业犹如蚂蚁，数量多且爱群居。只要有一只蚂蚁发现食物，立刻会呼朋唤友带动其他企业组团投资。下面就以民营企业发展态势良好的浙江省为例，解析产业集群与民营企业抱团“走出去”的新模式。

现阶段，浙江省中小企业对外投资的主要模式是集群式“走出去”。根据产业集群理论并结合我国集群对外投资实践，我们认为境外经贸合作区是各种关联产业通过产业集群的方式，以地区为单位形成的区域产业组织，是产业集群“走出去”的重要表现形式。而且中小企业对外直接投资集群具有资源优势、成本优势、品牌优势等各方面优势。

下面通过一则具体的案例对民营企业以集群方式“走出去”取得成功的模式进行分析。

泰中罗勇工业园开发有限公司是由中国华立集团与泰国安美德集团在泰国合作开发的面向中国投资者的现代化工业区，属中国国家级的境外经贸合作区。园区位于泰国东部海岸、靠近泰国首都曼谷和廉差邦深水港，总体规划面积 12 平方千米，其中一期规划占地 1.5 平方千米，二期规划占地 2.5 平方千米，三期占地 8 平方千米。计划投资 2 亿美元，实际投资 1.96 亿美元。泰国政府对来自中国的群体性投资实行超国民待遇。凡进驻泰中罗勇工业园区的企业，可享受泰国投资促进委员会（BOI）的优惠政策。

截至目前，泰中罗勇工业园进驻企业已达到 70 家。以汽配、机械为核心，正在逐步形成其他相关配套企业：江苏镇雄铜业 IT 专用铜线、江苏常红塑胶的注塑产品、浙江华立电气的电表、浙江杭申电气的断路器以及贵州银燕木业和江苏贝尔装饰的强化地板以及上海健嘉五金的紧固件等，在园区内形成了一定的区位品牌价值优势；除此之外，深圳中集集团以及未来将入驻园区的其他物流及中介相关企业为园区的物流等相关服务配套打下坚实的基础，从现有的发展态势看到，工业园区内企业已基本形成以汽配、机械为中心，以其他相关企业为卫星的“中心—卫星”形式，保罗克鲁格曼评价这类模式是一种稳定的依托型共生集群方式，逐步形成规模经济优势。

五、民营企业对外直接投资案例分析

（一）民营企业产业延伸：吉利集团

浙江吉利控股集团（Geely Holding Group）始建于 1986 年，于 1997 年正式进入汽车行业。在过去发展的 30 多年里，吉利集团专注实业、注重技术创新和人才培养、开展对外投资，取得了快速的发展，更成为中国国内汽车行业十强中唯一一家民营轿车生产经营企业。截至目前，吉利集团已在国内外建立了完善的营销和服务网络，与此同时吉利商标也成为中国汽车行业的驰名商标①。

吉利汽车开展对外投资的战略是随着“出口——战略同盟——跨国并购”的模式发展，并且伴随着产业链不断延伸的特点，其发展阶段可以概括为以下三个阶段：第一阶段为 2003 ~ 2006 年，这一阶段主要的对外投资策略为出口贸易；第二阶段为 2006 ~ 2008 年，这一阶段吉利汽车的对外投资策略包括建立海外生产基地、建立国外子公司、建立境外工业园区等；第三阶段为 2008 年以后至今，这一阶段的主要对外投资策略为海外并购和设立海外研发中心。而吉利汽车之所以选择如此的对外投资策略，是其审时度势、科学预判之下进行的，从中可以获得不少启示。

1. 出口策略

吉利汽车最初在国内市场的销售秉承着低价、亲民的策略，但是在品牌影响力的塑造方面则差强人意，品牌影响力也成为制约其出口国外市场的一大阻力。吉利汽车在选择出口策略时也考虑到了这一劣势，采用了“外围战略”，即先打开周边国家市场，占据其市场份额，从而支持国内汽车企业的

① 资料来源：吉利集团官方网站［EB/OL］：http：//www.geely.com/welcome/index.html.

发展。由于吉利汽车是以低价格作为销售战略，因此其选择的周边国家也以发展中国家为主，同时由于这些国家的劳动力成本较低、准入“门槛”也较低，吉利汽车选择采用“绿地建设投资模式”，一方面开拓了外部市场；另一方面也为国内母公司带来了较为稳定的现金流。

2. 战略同盟策略

吉利汽车原本主要依靠自主研发汽车主要配件为优势，同时借助价格优势抢占国内汽车市场。但是，吉利汽车在部分核心零部件的“自主研发”上依旧需要依靠国外进口。吉利汽车及时地意识到长期依赖进口、缺乏自身的核心竞争力必将会在未来“受制于人”，因此吉利汽车将自主研发核心零部件的日程提前，从而巩固和树立自身真正的核心竞争力。然而，在当时的国内市场上仅仅依靠自身的资源来实现这一愿景的可能性几乎为零，吉利汽车在当时的资源劣势的背景之下选择了与国外开展战略同盟的对外直接投资方式，借助“外力”来弥补自身的资源和技术劣势，通过合作项目的开发和研究，打造出了属于自身的核心竞争优势。

3. 跨国并购策略

吉利汽车收购沃尔沃成为民营企业对外投资历史上的一个重要事件，而在收购沃尔沃之前，吉利汽车在中央电视台投放的广告引发广大消费者的质疑，这一背景也加速了吉利汽车走上“品牌求证”的道路。吉利汽车并购沃尔沃的同时通过技术整合、人才培养、市场开拓、自主知识创新、企业结构优化等路径加速国内汽车制造产业结构的优化。因此这一跨国并购战略不仅仅对吉利汽车本身有着深远的影响，同时也对我国汽车制造行业有着不容忽视的重要意义。

（二）民营企业技术寻求：华为集团

华为技术有限公司是一家生产销售通信设备的民营通信科技公司，于 1987 年正式建立。在过去的 30 多年里，华为抓住中国改革开放和信息、通信、技术（ICT）行业高速发展带来的历史机遇，坚持以客户为中心，以奋斗者为本，基于客户需求持续创新，赢得了客户的尊重和信赖，从一家立足于中国深圳特区，初始资本只有 21000 元人民币的民营企业，稳健成长为年销售规模超过 2880 亿元人民币的世界 500 强公司。2014 年 10 月 9 日，Interbrand（国际品牌集团）在纽约发布的“最佳全球品牌”排行榜中，华为以排名 94 的成绩出现在榜单之中，这也是中国首个进入 Interbrand Top100 榜单的企业公司①。

华为集团的对外投资进程伴随着技术寻求变化的特点可以大致划分为三个阶段，而在这三个阶段以来，华为集团实现了从“低端”到“高端”的转变，从“发展中国家”到“发达国家”的转变。华为选择的由易到难的对外投资策略促使其不断加强自身技术水平、不断开拓更广阔的国际市场、不断增强华为的品牌效应。

第一阶段为建立初期至 20 世纪末，这一阶段华为的战略目标主要为进军海外市场、实现在海外市场销售零的突破。由于在当时，通信产品“走出国门”还是极为罕见的一件事，华为没有现成的经验借鉴，因此华为走出了一条具有自身特色的对外投资之路。在投资东道国的选择上，华为没有雄心勃勃地选择开拓发达国家市场，而是稳扎稳打地进入发展中国家，如俄罗斯、南非以及部分东南亚国家。此外在内部建设上，华为引进了国际知名的咨询公司的制度建设，力求达到能与国际先进接轨的水平，在对外合作中，“初出茅庐”的华为虽然多次经历失败的挫折，但却始终没有放弃，直至完成了第一个海外投标项目。

第二阶段为 21 世纪初至 2005 年，这一阶段标志着华为正式进军海外市场，并取得快速发展。

---

① 资料来源：华为集团官方网站［EB/OL］：http：//www. huawei. com/cn.

2001 年，华为集团斥资在美国的达拉斯和硅谷分别建立了技术研发中心，逐步开始拓展北美等发达国家的通信市场。此外，华为还与 3COM 等跨国公司开展深入合作，实现了在海外市场销售由点到面的巨大突破，同时这也为华为更深层次对外投资活动的开展奠定了坚实的基础。

第三阶段为 2006 年至今，这一阶段华为已在西北欧和北美发达国家市场“站稳了脚跟”，并且开展了与摩托罗拉、赛门铁克等通信行业龙头企业的跨国合作，尤其在技术研发方面实现了多层次、全方位的合作。此外，华为还与沃达丰、意大利电信、西班牙电信等多家世界一流的通信运营商合作，逐步打入高端市场。随着自 2012 年以来华为实现的海外收入超过国内市场收入，华为真正完成了目标市场由国内转向国际的转变，这对于我国越来越多正在“走出去”的民营企业而言具有里程碑的意义。

（三）民营企业模式创新：碧桂园集团

碧桂园集团，是一家以房地产为主营业务，涵盖建筑、装修、物业管理、酒店开发及管理、教育等行业的国内著名综合性民营企业，是中国房地产行业十强企业。碧桂园集团创建于 1992 年，在过去的 20 多年里持续发展壮大，于 2006 年获得中国驰名商标称号，2007 年成功赴港上市，铸就了一个国际性房地产品牌。截至 2012 年碧桂园在国内外共计拥有 200 多个项目，并且提供了数以万计的就业岗位，成为中国房地产行业的领军企业①。

“把房子卖到国外去”成为我国房地产商们的一大愿景，随着 2012 年以来我国国内房地产市场政策缩进，越来越多的房地产企业开始兴起了对外投资的热潮，而这其中作为“华南五虎”之一的民营企业——碧桂园成为佼佼者。

当我国房地产企业刚刚掀起“出国潮”时，碧桂园已经在马来西亚完成了“金海湾”项目的对外销售工作，这也成为国内房地产企业真正意义上在海外独资开发销售的首个项目，具有里程碑的意义。碧桂园集团的对外直接投资主要体现在区位选择和海外投资风险应对方面的模式创新，其有别于传统房地产企业“走出去”的固有模式，走出了一条“碧桂园”特色的对外投资道路。

在区位选择方面，碧桂园之所以将“走出去”的首站定在了马来西亚是基于以下四方面的原因：一是马来西亚作为投资东道国具备较好的国家政策和投资环境；二是投资成本较低，从而面临的风险较弱；三是马来西亚具有得天独厚、多元包容的自然环境和人文环境；四是与母国——中国的地理位置较近，适宜成为“第二家园”。

在海外投资风险应对方面，碧桂园选择在马来西亚投资有效地降低了投资风险：相对于国内房地产投资市场，马来西亚的投资环境更为宽松，没有太多严格的限制，广阔的市场也让碧桂园意识到存在抄底的商机。然而，要成功开拓海外市场，国外政策的许可和消费者对房地产的品牌认知是“走出去”进程中不得不面临的两大难题，碧桂园通过打造高品质的产品、提供优质的物业服务而赢得了品牌优势，进而为打开国际市场创造了有利条件。

（四）案例分析的启示

在上述分析中，通过分析了三家不同行业的民营企业对外投资的背景和策略，我们可以从中得到若干启示。

第一，民营企业“走出去”是经济发展的必然趋势，也是“一带一路”倡议的重要“助推器”。无论是汽车制造行业、通信行业抑或房地产行业，民营企业作为这些行业中的重要力量已经开始参与到国际化竞争中。尤其在未来经济新常态背景下和“一带一路”倡议构想的具体实践中，民营企业作为我国企业中最有活力、最有创造力的生力军，应该率先“走出去”做出表率，行业领军企业的对外投资必将会引领越来越多的民营企业走出国门。

---

① 资料来源：碧桂园集团官方网站［EB/OL］：http：//www.bgy.com.cn/china/index.aspx.

第二，民营企业“走出去”要把握好最佳出击时机，并且选择最适合自身发展的投资“组合拳”。在民营企业“走出去”的进程中要审时度势，并且应当结合自身的现状选择最适宜的对外投资策略，而对外投资的策略选择应当随着国际国内形势发展的变化而改变。比如吉利汽车和华为集团在对外投资策略的选择方面都是随着由易到难的顺序循序渐进的，从先注重出口到在海外建立研发基地，从与国外知名跨国企业合作到实现大规模的跨国并购，民营企业应当根据自身的资金实力、技术水平等状态，选择最有利于自身、效用能够实现最大化的策略开展对外投资。与此同时，一些成熟的对外投资经历也能为刚刚起步“走出去”的民营企业提供宝贵的经验借鉴。

第三，民营企业“走出去”应因地制宜“借力打力”，成为东道国经济发展的强力“发动机”。选择“走出去”的区位和时机是关键。我国许多民营企业虽然都想趁着目前历史性的时机“走出去”，但是大多还处于盲目选址的状态。碧桂园的经验很好的给出了启示：在走出去选择投资东道国的过程中，应当选择风险与自身应对实力相适应的，倘若海外投资风险远大于民营企业自身所能应对的，“盲目走出去”反而不利于企业自身的发展。同时对投资环境有着充分和清晰的认识将显著地有利于企业开展对外投资。

六、民营企业对外投资：未来展望

（一）“一带一路”：创造新契机

“一带一路”倡议最早是2013年9月由习近平主席提出，具体是指建设“新丝绸之路经济带”和“21世纪海上丝绸之路”的倡议构想。倡议构想的核心是互联互通，逐步形成以点带线，从线到片，最终形成大区域大合作的发展格局。积极推进“一带一路”的建设无疑为我国企业“走出去”开创了良好的局面。与此同时“一带一路”倡议的实施和推进将从以下几个方面促进民营企业对外投资。

1. 提供新环境、新空间、新领域、新条件

对于我国民营企业而言，“走出去”最大的风险主要是国外政治风险。随着贸易保护主义的不断盛行、我国自身地位的不断提升，国外政府开始对我国的对外投资存在越来越频繁的政治干预。随着“一带一路”倡议构想的不断深化、合作国别数量不断增加，通过建立“古丝绸之路”沿线国家开展和平、包容、共同繁荣的合作，对民营企业的对外投资而言无疑建立了一个更为稳定的和平环境。此外，“一带一路”沿线国家数量颇多，且处于不同的发展阶段，拥有的要素禀赋优势也各不相同，因此我国民营企业在这些国家的对外投资可以进行资源互补，从各个领域和空间开展贸易和投资的合作。在此基础上，“一带一路”倡议的实施需要“道路畅通”等硬件条件的保障，我国将会逐步与“一带一路”沿线国家实现交通、物流等基础设施的互联互通，从而有效降低物流成本，为各国企业人员的往来创造便利的条件。

2. 拓宽民营企业融资渠道

“一带一路”的建设涉及大量资金的调度和国家外汇储备的使用。政府部门在推进“一带一路”的建设进程中通过设立专项建设基金，将直接有利于为民营企业在“一带一路”建设的背景下“走出去”提供重要的融资支持。截至2015年9月，在支持“一带一路”的项目中，广东省银行业（不含深圳）重大项目的授信总金额达814亿元①。民营企业在“走出去”的关卡中面临的首要阻碍就是

① 资料来源：朱丹丹．加速布局“一带一路”，多地银行业设专项基金［EB/OL］：http：//www.nbd.com.cn/articles/2015-10-30/957544.html.

融资渠道受限的问题，因而“一带一路”倡议的推进无疑将帮助民营企业扫除融资企业受限的障碍，为民营企业“走出去”提供多元化的融资渠道，保障民营企业能做到“粮草齐备”地“走出去”。

3. 政府充分发挥引导作用

尽管“一带一路”的建设为民营企业“走出去”创造了绝佳的契机，但是不少民营企业在面临是否要“走出去”的抉择前仍然望而却步。究其原因，主要有以下两个：对于从未开展 OFDI（对外直接投资）的民营企业而言，其缺乏拓展海外市场的经验，而不少民营企业的投资策略趋于保守，因此不愿意主动出击，开展对外投资；对于有海外投资经验的民营企业而言，“一带一路”沿线国家的市场与国内市场存在相对隔离，此外文化差异与信息不对称等问题也严重制约了企业“走出去”的意愿。政府引导“一带一路”建设有利于助力民营企业降低投资风险与提供及时的保护和沟通服务，为民营企业参与“一带一路”建设创造公平、透明的市场竞争环境。

4. 民营企业深度挖掘潜力

对于民营企业而言，“一带一路”的建设为民营企业提供了新环境、创造了新空间、提供了新领域以及创造了更便利的条件，为民营企业尤其是中小企业“走出去”提供了新的机遇。民营企业在这样的背景下应当充分借势“一带一路”，利用好国家战略的大格局，结合自身的条件，在“走出去”的进程中发挥自身的独特优势。进一步地，民营企业要充分挖掘自身的潜力，正确认识并发挥自身的优势，将优势转化为区域竞争力，在“一带一路”的大背景下整合区域优势资源。

5. 优化民企“走出去”方式

在“一带一路”倡议推进背景下，我国民营企业“走出去”的步伐不断加快，“走出去”的方式也在不断优化并呈现出多元化的态势。以宁波市民营企业的“走出去”方式变迁为例，早前宁波民营企业的“走出去”主要方式为建立境外加工企业、境外资源开发企业等绿地投资方式为主，截至目前，宁波市民营企业开始越来越多倾向于跨国并购、建立境外研发创新机构等方式开展对外投资。

要应对这些潜在挑战，防范未知的风险，我国民营企业在“走出去”的过程中需要做到如下三点：首先，加强国别的风险评估和安全预警机制，依托政府部分及时向有意向“走出去”的企业发布对外投资合作的境外风险提示，在“走出去”前就能做到有效预警；其次，增强应对境外大规模政治动荡、恐怖袭击、社会动荡、自然灾害等问题的综合处置和应对能力，在“走出去”的过程中不断提升应变能力，维护企业和人员的人身安全以及保障其权益；最后，健全企业的境外风险管理机制，由政府协助企业提高境外风险的防控能力。

“一带一路”倡议的推动无疑将顺应时代的潮流，有利于促进区域和全球的合作。目前尽管我国不少企业在“走出去”的过程中遭遇了挫折，并且海外投资的风险也无处不在。但是作为中国经济活动的主力军，以及海外市场投资最活跃的个体，应当把握好当下的形势，主动从战略高度制定长远规划、敢于接受挑战、具有战略耐心，未来一定会呈现民营经济在全球范围内“百花齐放”的新局面。

（二）经济新常态：培育新环境

经过改革开放 40 年的高度经济增长，我国已经成功步入了中等收入国家的行列。随着中国进入 WTO 以来，世界经济的格局也在深刻地影响着中国经济的发展和走势。2014 年 5 月，习近平总书记在河南地区考察时首次提出了“中国正处于经济新常态”的说法，以“新常态”来阐述正处于深刻变化之中的中国经济。由此，国内学界也开始对“经济新常态”的问题展开了深入的研究。

张占斌（2015）[①] 指出进入新常态的中国经济面临着两大挑战：一是世界经济的游戏规则正面临深刻调整。以美国为首的发达国家正不断推进 TPP、TTIP 和亚洲再平衡战略，这些贸易协定和国际战略势必会对中国经济产生巨大的冲击。此外以美联储为中心、主要发达经济体央行参与的超级国际储备货币网络已经形成。这个互换网络可能会成为未来国际货币体系的基本架构，这将会对中国在未来深度融入全球经济和参与国际产业分工带来全新挑战。二是世界正在酝酿新的科技革命和产业变革，新技术、新业态和新模式的推广应用，将会直接对传统产业的发展产生颠覆性变革。上述两大挑战主要来自外部，而“经济新常态”也将会给中国内部经济带来不少挑战。向松祚（2014）[②] 提出中国内部经济在新常态时期可能将面临下述三大问题：一是劳动生产率增速放缓，这将成为未来一段时期内经济增速持续放缓的最根本原因；二是收入分配的差距可能会进一步扩大，贫富悬殊的问题可能将愈演愈烈；三是过去我国为实现经济的高速增长，付出了环境污染、能源浪费的巨大代价，这个代价是难以估量的。

由于“经济新常态”描述了未来一段时期内我国经济发展和宏观经济层面的基本情况，我国民营企业未来在开展对外投资过程中也势必会受到其带来的影响。

首先，“经济新常态”为民营经济发展创造了新环境。在经济新常态下，国家将有序推进一系列全面深化改革的措施，进而为民营企业的发展创造了有利的环境。未来政府将成为“指令员”，在市场经济发展中发挥指导性作用，在石油、电力、通信等垄断领域引导改革，从而打破原有的不公平竞争的格局，充分释放和提升民营经济的潜力。与此同时，伴随着经济新常态的来临，市场经济体制也能够得到进一步完善，政府的职能将面临重要的改变，从全能型政府逐步转变为服务型政府，民营经济势必将迎来更为公平的竞争格局。此外，法律制度和体系也有望在经济新常态时期被进一步完善，民营经济发展将能得到更全面的保障。

其次，“经济新常态”为民营经济发展提供了新支撑。经济新常态强调对我国现有经济发展体制及其服务体系的全面改革，并在此基础上提出了一系列新的理论观点，为市场经济条件下的民营经济发展提供了理论支撑。一方面，在新常态的背景下，政府对民营经济在市场经济体系中的地位进一步加以了明确，对非公有制经济的发展提供了更多、范围更广的支持和鼓励；另一方面，新常态的背景下也加强和完善了对民营经济发展成果的法律保护工作，使得“私有财产神圣不可侵犯”的法律理念深入人心，从而激发民营经济创新发展的热情和积极性。“三个鼓励”和“三个平等”为民营经济发展提供了基本途径和有效方法。

最后，“经济新常态”为民营企业对外直接投资创造了新契机。在过去很长的一段时间内，民营经济的发展是依靠大量廉价的劳动力和巨大的资源消耗为代价的，但是如今随着经济发展出现新常态，民营经济的发展也将迎来新的发展契机。作为全球生产分工中的一员，民营经济在全球产品价值链中的地位也将会有所变化。随着城镇化进程和“一带一路”倡议构想的不断推进，基础设施建设以及资源禀赋的重新配置，为民营企业在国内和国外投资中提供了强大的动力。此外，新常态背景下将见证消费动力的进一步提升，全球社会消费总量的提升将有利于民营企业拉动内需、“走出去”接受国际市场检验。总而言之，“经济新常态”是民营经济奋起直追、在国内外有所作为的良好基础，同时也是民营经济克服重重阻力、勇往直前的强大动力。

（三）新技术革命：打造新模式

新科技革命的到来，很大程度上促进了技术密集型产业的发展，这对全球价值链提升和产业结构优化升级具有重要意义。技术寻求型 OFDI 作为获取国际技术溢出，促进母国产业升级的重要途径，已为理论和实践所广泛证实。区位选择上，需借助“走出去”战略，开展以获取先进技术为目的的

---

① 张占斌．中国经济新常态的趋势性特征及政策取向［J］．国家行政学院学报，2015（1）：15－20.

② 向松祚．“新常态”潜伏三大根本难题［J］．经贸实践，2014（6）：7－7.

对外直接投资，整合全球科技资源，充分利用发达国家及新兴工业化国家技术创新集群的逆向溢出效应，以提升中国企业的技术创新能力。产业定位上，切实增强先进制造业领域技术寻求型 OFDI 成为现阶段的当务之急，此外当前产业结构背景也迫切需要我国民营企业显著提高高端服务业领域技术寻求型 OFDI。投资模式上，绿地投资、跨国并购、战略联盟和国际研发均是我国技术寻求型 OFDI 的有效途径，企业应根据实际需求和具体情况，选择适合自己的 OFDI 投资模式。

1. “互联网＋”引领新一轮技术革命

现阶段投资增长乏力、消费热点不多，新的经济增长点难以寻觅，直接导致稳增长的目标的实现难度不断加大。在工业产业价格持续下降、生产要素成本不断上升、企业创新能力不足和产能过剩问题突出的背景下，传统产业的价值创造方式急需实现转型升级。而从互联网诞生，直至现在智能终端、云计算、物联网、大数据等新兴信息技术蓬勃发展，互联网正快速推动传统产业在经营理念、商业模式、业务流程等方面进行着结构性调整和变革。因此在这样的背景下 2015 年 3 月，“两会”的政府工作报告将“互联网＋”的行动计划正式从民间智库提升为国家战略。而“互联网＋”的时代必将引领新一轮的技术革命，为传统产业注入新的活力，互联网将与传统产业实现创新融合，这也将对未来我国企业尤其是富有创造力的民营企业的创新活动以及海外投资产生深远的影响。

2. 中国“创客”产品走向国际

大众创业、万众创新是中国经济新的发动机。国务院总理李克强于 2015 年 1 月主持召开的国务院常务会议上提出两大层面的未来部署：一是加快中国装备“走出去”，推进国际产能合作和提升合作层次；二是确定支持发展“众创空间”的政策措施，为创业创新搭建平台。而这两者也是相辅相成、共同发展的。

新科技革命背景下为顺应网络时代大力推动大众创业、大众创新的形势，构建面临人人的以“众创空间”为代表的创业服务平台，大力培养“创客”文化，激发我国亿万群众的创造活力，培育包括大学生、个体经营者、小微企业等为主体的创新人才和创新团队。

2015 年深圳成为中国首个举办高水平“创客年会”的城市，这也是“Fab Lab”年会的举办地首次落户中国，中国“创客”们的实力也获得了国际创客界的肯定。未来深圳有望被进一步打造成为“创客之城”，使得创新创业的生态环境得到不断完善。与此同时，政府和企业都在积极参与和孵化创客创业，为其提供可靠和持续的资金保障，“中国创造”有望在未来走向世界开启全新纪元。

3. 推进新兴产业“走出去”

除了以“互联网＋”为代表的信息技术得到进一步发展外，新一轮的技术革命也在孕育着不少新兴产业。机器人技术、人工智能、3D 打印、新型材料等尖端新技术多点齐发、融合互动，正不断推动新产业、新业态和新模式的兴起。技术革命的突破是未来经济走出“低谷”的关键，新兴产业的蓬勃发展也为未来几年经济实现复苏奠定了基础。近年来，我国深圳市出台了战略型新兴产业振兴发展规划及配套措施，通过高水平的规划、高起点的布局、高层次的引进和自主创新并举，使得创新型企业和项目不断涌现，生物、互联网、新能源、新材料、新一代信息技术和文化创意六大战略型新兴产业呈现出持续稳定增长的态势，而这些产业之中，民营企业占据了重要高地。其中，华为、金蝶、远望谷等这些民营企业的“领头羊”在云计算、TD－LTE、LED 芯片、人工角膜等前沿领域的研发项目获得了深圳市政府部门的资助，以助力其更好地增加核心技术研发投入、布局重大科研基础设施，也进一步为这些新兴产业的民营企业在“走出去”搭建前沿技术的科研基地、推广高技术含量的产品的国际市场、完成跨国并购等减少了阻碍，从而更好地帮助他们“走出去”，让“中国创造”替代“中国制造”成为国际上的新名牌。

（四）人民币入篮：提供新条件

在企业开展对外直接投资时，汇率通常是跨国投资决策不可忽视的因素，因为汇率是不同货币间的比价，直接反映了国内外要素和商品的相对价格。伍亭（2015）① 等不少国内学者通过研究人民币有效汇率与 OFDI 之间的相关性，得出结论表明人民币实际有效汇率与企业 OFDI 之间存在显著的正相关性，并且汇率波动幅度越小，OFDI 流量越大。上述研究结果证实了从长期来看，人民币升值可能通过国内企业的财富升值和降低国外投资成本等途径，促进了中国的对外直接投资，然而汇率波动由于增加了投资风险等原因，对 OFDI 增加存在负效应。

2015 年 12 月 1 日，IMF（国际货币基金组织）正式宣布人民币将于 2016 年 10 月 1 日加入 SDR（特别提款权）。IMF 总裁拉加德表示“人民币进入 SDR 将是中国经济融入全球金融体系的重要里程碑，这也是对于中国政府在过去几年在货币和金融体系改革方面所取得的进步的认可。②”

尽管人民币加入 SDR 要等到 2016 年 10 月才正式生效，但这一历史性事件对民营企业“走出去”有着深远的影响。人民币加入 SDR 意味着国际社会对中国金融改革开放进行了充分的认可。从长期来看，人民币加入 SDR 至少有以下几个方面的机遇。

第一，人民币加入 SDR 将有利于人民币国际化的推动。倘若人民币成为一种国际化的货币，同时我国资本账户开放，中国将可以在国际市场上扮演定价国的角色。我国企业的对外投资的融资成本一定会降低，同时也将促使国际资本更多地流入国内。

第二，人民币加入 SDR 将有利于提升人民币的声望。中国已经成为继美国之后的全球第二大经济体，人民币加入 SDR 将使得以人民币为代表的中国经济实力获得世界肯定。这既是一种经济的需要，更是一种政治的诉求。人民币在国际市场上的比重和地位提升显然会加速民营企业的“走出去”进程。

第三，人民币加入 SDR 将有利于优化 SDR、稳定人民币汇率。人民币加入 SDR 将有利于平衡 SDR 结构，增加其币值稳定性，增强 SDR 对成员国的吸引力，进一步提高 SDR 在国际货币体系中的地位，降低当前对美元的过度依赖，推动国际货币多元化。此外，据多家权威金融机构发布的预测，在加入 SDR 后人民币汇率将在长期内保持相对平稳。因而，人民币加入 SDR 后稳定人民币有效汇率的功能将有利于降低海外投资风险，对 OFDI 规模的增加具有积极的作用。

参考文献

[1] 百度百科．走出去战略［EB/OL］：http：//baike. baidu. com/view/1268669. htm.

[2] 白洁．对外直接投资的逆向技术溢出效应——对中国全要素生产率影响的经验检验［J］. 世界经济研究，2009（8）：65－69.

[3] 碧桂园集团官方网站［EB/OL］：http：//www. bgy. com. cn/china/index. aspx.

[4] 陈冠任．中国私营公司如何做强做大［M］. 北京：北京工业大学出版社，2003.

[5] 陈建军．中国高速增长的地域经济发展——关于江浙模式的研究［M］. 上海：上海三联书店、上海人民出版社，2000.

[6] 陈丽．碧桂园进军海外地产［J］. 城市开发，2005（1）：19－20.

[7] 陈漓高，张燕．对外直接投资的产业选择：基于产业地位划分法的分析［J］. 世界经济，2007（10）：28－38.

[8] 程惠芳．国际直接投资与开放型内生经济增长［J］. 经济研究，2002（10）：71－79.

① 伍亭．人民币实际有效汇率对 OFDI 的影响分析［J］. 中国商论，2015（11）：182－188.

② 资料来源：佚名．人民币“入篮”是中国经济融入全球金融体系的重要里程碑［EB/OL］：http：//news. 163. com/15/1201/10/B9OAFQKI00014JB5. html.

[9] 程惠芳等．中国民营企业对外直接投资发展战略 [M]．北京：中国社会科学出版社，2005.

[10] 范方志，周剑，谭燕芝．对外直接投资、外部经济与高新技术产业集群 [J]．财贸研究，2004 (1)：13-18.

[11] 付晓明．私营公司发展问题报告 [M]．北京：中国商业出版社，2001.

[12] 贺中辉．经济新常态下民营经济的发展策略探讨 [J]．管理观察，2015 (3)：136-137.

[13] 华为集团官方网站 [EB/OL]：http：//www. huawei. com/cn.

[14] 黄建中，李莉，来晓燕．中国民营企业对外投资三十年 [J]．经济管理，2009 (1)：36-39.

[15] 黄文忠．民营经济名正言顺——与黄范章先生《为"民营经济"正名》文商榷 [J]．特区经济，2008 (1)：18-22.

[16] 黄文忠．"民营企业"的提法不应终止 [J]．特区经济，1996 (4)：37-38.

[17] 吉利集团官方网站 [EB/OL]：http：//www. geely. com/welcome/index. html.

[18] 雷鹏．我国对外直接投资战略与产业选择 [J]．上海经济研究，2012 (6)：23-50.

[19] 李静娥．民营经济概念的发展历程及界定 [J]．特区经济，2006 (5)：80-81.

[20] 李逢春．中国对外直接投资推动产业升级的区位和产业选择 [J]．国际经贸探索，2013 (2)：95-102.

[21] 李泳．中国企业对外直接投资成效研究 [J]．管理世界，2009 (9)：34-43.

[22] 宓红．"一带一路"战略背景下的宁波民营企业"走出去" [J]．宁波经济：三江论坛，2015 (3)：17-19.

[23] 苗野．海外房产投资的盛宴才刚开始 [J]．中国房地产业，2015 (4)：78-79.

[24] 裴长洪，樊英．中国企业对外直接投资的特定国家优势 [J]．中国工业经济，2010 (7)：45-54.

[25] 綦建红．中小企业"产业集群式"投资——现阶段我国企业对外投资的理想模式 [J]．山东社会科学，2003 (5)：22-24.

[26] 单东．民营经济不是一个模糊概念 [J]．经济学家，2005 (1)：58-61.

[27] 上海社会科学院世界经济研究所宏观经济分析小组．砥砺前行中的世界经济：新常态、新动力、新趋势——2015 世界经济分析与展望 [J]．世界经济研究，2015 (1)：3-127.

[28] 汤婧，于立新．我国对外直接投资与产业调整的关联分析 [J]．国际贸易问题，2012 (11)：42-48.

[29] 王纲．中国民营企业对外直接投资研究 [D]．上海：华东师范大学，2013.

[30] 王军．2014 中国经济与世界经济联动研究 [J]．国际经济分析与展望 (2014-2015)：29-52.

[31] 王秋蓉．中国世贸组织研究会常务理事杨正位解读"一带一路"背景下中国企业走出去的挑战与对策 [J]．经济导刊，2015 (5)：26-27.

[32] 王恕立，向姣姣．对外直接投资逆向技术溢出与全要素生产率：基于不同投资动机的经验分析 [J]．国际贸易问题，2014 (9)：109-119.

[33] 汪忠明．民营企业跨国经营的比较研究 [J]．国际贸易问题，2004 (5)：69-72.

[34] 伍亭．人民币实际有效汇率对 OFDI 的影响分析 [J]．中国商论，2015 (11)：182-188.

[35] 向松祚．向松祚："新常态"潜伏三大根本难题 [J]．经贸实践，2014 (6)：7-7.

[36] 小岛清．对外贸易论 [M]．天津：南开大学出版社，1987.

[37] 肖文，陈益君．中国民营企业国际化影响因素及模式选择 [M]．杭州：浙江大学出版社，2008.

[38] 肖文，樊文静．中国民营企业与欧盟经济互动 [M]．杭州：浙江大学出版社，2013.

[39] 肖文，谢文武．小微金融创新发展：路桥样本 [M]．杭州：浙江大学出版社，2014.

[40] 肖文，周君芝．国家特定优势下的中国 OFDI 区位选择偏好——基于企业投资动机和能力的实证检验 [J]．浙江大学学报（人文社会科学版），2014 (1)：184-196.

[41] 熊雯．碧桂园：海外突围造"方舟" [N]．经济参考报，2013-10-18.

[42] 胥慧颖．提升民营企业在"一带一路"中的作为 [J]．中小企业管理与科技（中旬刊），2016 (2)：157.

[43] 徐小军．民营经济发展的制度安排——兼论党的历代领导集体对民营经济的认识 [J]．前沿，2004 (10)：42-46.

[44] 严日旺．浙江民营企业集群式对外直接投资研究 [D]．杭州：浙江工商大学，2013：30-44.

[45] 杨挺，田云华，李欢欢．2014 年中国对外直接投资特征及趋势研究 [J]．国际经济合作，2015 (1)：8-17.

[46] 姚永华，苏佳丽，陈飞翔．我国对外投资发展阶段的实证分析［J］．国际贸易问题，2006（10）：96－101.

[47] 叶初升，闫斌．新常态下的中国对外直接投资：特征事实、大逻辑与理论启示［J］．湖北社会科学，2015（5）：82－89.

[48] 叶晓楠．中国民营经济发展喜中掺忧［N］．人民日报海外版，2007.2.2.

[49] 佚名．人民币“入篮”是中国经济融入全球金融体系的重要里程碑［EB/OL］：http：//news.163.com/15/1201/10/B9OAFQKI00014JB5.html.

[50] 余官胜，林俐．民营企业因何动机进行对外直接投资？——基于温州微观企业数据的二值选择模型实证研究［J］．国际经贸探索，2014（2）：74－84.

[51] 张国．中国经济新常态的问题、挑战和对策研究综述［J］．财经科学，2015（5）：76－85.

[52] 张为付．影响我国企业对外直接投资因素研究［J］．中国工业经济，2008（11）：130－140.

[53] 张小蒂，王焕祥．国际投资与跨国公司［M］．杭州：浙江大学出版社，2004.

[54] 张占斌．中国经济新常态的趋势性特征及政策取向［J］．国家行政学院学报，2015（1）：15－20.

[55] 赵伟．民营企业国际化：现状评价与路径建议［J］．国际经济合作，2005（8）：10－11.

[56] 赵伟，江东．ODI 与中国产业升级：机理分析与尝试性实证［J］．国际贸易问题，2010（5）：91－95.

[57] 中华人民共和国商务部．中国对外投资合作发展报告，2014.

[58] 周君芝．母国特定优势下中国 ODI 区位选择研究［D］．杭州：浙江大学，2014.

[59] 朱丹丹．加速布局“一带一路”，多地银行业设专项基金［EB/OL］：http：//www.nbd.com.cn/articles/2015－10－30/957544.html.

[60] Boisot，M. and Meyer，M. Which way through the open door? Reflections on the internationalization of Chinese firms［J］. Management and Organization Review，2008，14（3）：349－365.

[61] Buckley，P.，Clegg，J.，Cross，A.，Zheng，P.，Voss，H. and Liu X. The determinants of Chinese outward foreign direct investment［J］. Journal of International Business Studies，2007，21（4）：499－518.

[62] Dunning，J. H. Location and the multinational enterprise：a neglected factor［J］. Journal of International Business Studies，1998，12（1）：45－86.

[63] Dunning，J. H. Multinational enterprises and the global economy［M］. Workingham：Addison－Wesley，1993.

[64] Dunning J. H. The Eclectic（OLI）Paradigm of International Production：Past，Present and Future［J］. International Journal of the Economics of Business，2001，8（2）：173－190.

[65] Grossman G. M.，Helpman E. Trade，Knowledge Spillovers，and Growth［J］. European Economic Review，1991，35（2）：517－526.

[66] Luo，Y.，Xue，Q.，and Han B. How emerging market governments promote outward FDI：Experience from China［J］. Journal of World Business，2010，20（1）：68－79.

[67] Markusen，J. and Maskus，K. Discriminating among alternative theories of the multinational enterprise［J］. Review of International Economics，2002，10（3）：694－707.

[68] Markusen，J. Multinationals，multi-plant economies，and the gains from trade［J］. Journal of International Economics，1984（16）：205－226.

[69] United Nations Conference on Trade and Development. Handbook on foreign direct investment by small and medium-sized enterprises：United Nations Conference on Trade and Development［M］. New York，United Nations，1998.

[70] Wang，C. Hong，J. Kafouros，M. and Boateng A. What drives outward FDI of Chinese firms? Testing the explanatory power of three theoretical frameworks［J］. International Business Review，2002，21（2）：425－438.

[71] Wells，L. T. Third World Multinationals［M］. Cambridge，MA：MIT Press，1983.

第六章　民营企业国际化与技术创新*

民营企业国际化是企业成长超越国界利用全球资源和机遇，是提升民营企业技术创新能力与竞争优势的重要途径。民营企业技术创新关键在于取得战略资源和形成核心能力，而获取这些资源和能力的基本途径有两种，一是通过民营企业成长的自我积累和发展；二是从外部获取战略资源和核心能力。资源和能力“瓶颈”已限制了中国民营企业成长完全采取自我积累和发展的可能，国际化是企业从外部获取战略资源和核心能力重要源泉。民营企业国际化包括两方面的含义：一是内向型国际化，包括进口、购买技术专利、与国外企业合资合作经营以及成为国外企业的国内分公司等；二是外向型国际化，包括产品出口、对外投资、许可贸易、国际分包工程、海外合资、海外合作经营、建立国际战略联盟等。

一、民营企业国际化与技术创新：历史回顾

中国民营企业国际化与技术创新战略的发展历程大致可以分为三个阶段——国际化探索阶段、对外直接投资（OFDI）快速增长阶段与海外并购跨越发展阶段，并有着明显的演进路径，其基本经验可以总结为24个字：“把握机遇、顺势而为；试点发现、政策连续；企业主体、政府引导”。

（一）民营企业国际化探索阶段与技术创新

1992年，邓小平发表了著名的南方谈话，党的十四大确定了民营企业的经济主体地位。因此，中国民营企业国际化的起步晚于改革开放政策的实施，根据《中国民营企业国际化报告》，中国民营企业国际化的起点是1992年，民营性质的桂林国际电线电缆公司收购澳大利亚老牌电缆公司。与此同时，党的十四大明确提出“鼓励能够发挥我国比较优势的对外投资”。为此，国家放松了对境外投资项目的审批，使一些具有民营性质的企业集团能够走出国门，进行海外投资经营，从此，中国企业国际化经营的主体发生了历史性的改变。2000年10月，党的十五届五中全会审议通过的《中共中央关于制定国民经济和社会发展第十个五年计划的建议》首次明确提出“走出去”战略，并将其提升到国家战略的层次。

该时期民营企业国际化实践受到种种限制，中国民营企业国际化与技术创新处于探索阶段。20世纪90年代初，我国外贸经营管理体制规定，民营企业不具备外贸经营权，先后采取代理出口和挂靠出口两种形式，直到外经贸部1998年发布《关于赋予私营生产企业和科研院所自由进出口权的暂行规定》，赋予民营企业合法从事对外贸易的权利。因此，民营企业的国际化起步，带有自发性探索的迹象。

1. 国际化探索阶段与技术创新表现形式

民营企业在国际化探索阶段的技术创新能力的获取主要有以下几种表现形式：首先，通过从国外

* 研究人员：陈菲琼、孟巧爽。

引进先进的技术设备，增加产量并与国际标准对接，完成资本原始积累，通过这一途径发挥后发优势，使自己的产品技术快速达到世界水准。其次，民营企业货物出口稳步增长，通过承担国际分工和参与海外市场的竞争，出口配套海外市场获得外资企业技术溢出。再次，外商直接投资的快速发展有利于引入先进的管理模式与培养技术熟练工人，对中国民营企业的技术进步起到了一定的帮助，但投资方的核心技术往往对被投资方有所保留，因此引进外资的形式无法获取尖端技术。最后，随着国家战略推动，中国民营企业对外直接投资起步，1994 年，浙江万向集团在美国成立子公司万向美国，此后陆续在美国、德国、加拿大等 7 个国家设立了分支机构，到 1998 年万向美国公司在美国的销售额已达 4000 万美元。海尔集团从 1996 年开始尝试海外投资建厂，2001 年以前已经先后成立了海尔莎保罗有限公司、菲律宾海尔 LKG 电器有限公司、马来西亚海尔工业有限公司、南斯拉夫海尔生产厂等国家海外生产基地。通过对外投资直接进入海外市场，获得海外市场信息，获取东道国的智力要素、研发机构、信息等 R&D 资源，以提升民营企业的国际技术竞争力。

2. 国际化探索阶段与技术创新限制因素

民营企业国际化探索阶段与技术创新的主要限制因素包括：首先，国际化探索阶段的民营企业所依托的产业层次较低，大多集中于纺织品和小家用电器等技术含量较低的产业，出口竞争较多采取价格竞争，出口企业对于提升自身品牌价值和技术能力的意识不强，因此从国际市场的技术学习较弱，无法提升民营企业的国际竞争力；其次，该阶段民营企业国际化缺乏要素支持，特别是国际化人才的支持，因此对海外市场的探索力不从心，对国外先进技术的吸收消化能力较弱；最后，缺乏政府政策支持与引导，制约民营企业“走出去”的审批因素较多，民营企业国际化呈现出自发性盲目性探索的特征，注重短期经济利益，而缺乏对长期国际化经营的技术积累。

（二）OFDI 快速增长阶段与技术创新

2001 年底，中国正式加入 WTO，并且在随后的几年里开始逐步落实“入世”承诺，继续调整相关政策，使之与 WTO 规则接轨。在这种背景下，中国民营企业在国际化经营上不再仅仅满足于数量上的粗放增长，而是开始追求质量上的集约发展。在对外直接投资方面，中国民营企业在这一阶段采取了鼓励支持和积极引导相结合的方针。2002 年党的十六大提出，“鼓励和支持有比较优势的各种所有制企业对外投资，带动商品和劳务出口，形成一批有实力的跨国企业和著名品牌。积极参与区域经济交流和合作”。2007 年党的十七大报告又进一步指出，“创新对外投资和合作方式，支持企业在研发、生产、销售等方面开展国际化经营，加快培育我国的跨国公司和国际知名品牌。积极开展国际能源自愿互利合作”。在国家政策的引导下，中国民营企业对外直接投资的规模水平和影响力都大大提升。

1. OFDI 快速增长阶段与技术创新表现形式

2002 年中国非金融类 OFDI 流量为 27 亿美元，存量为 299 亿美元，自 2002 年起中国 OFDI 进入快速增长阶段，对外投资规模与投资范围都不断扩大，国际化程度快速提高，2008 年中国非金融类 OFDI 流量为 418.6 亿美元，存量达到 1372.8 亿美元，年增长率达 65.43%[①]。民营企业在 OFDI 快速增长阶段的技术创新能力的获取主要有以下几种表现形式：首先，在国家政策的引导下，中国民营企业提升了与国外企业合资合作经营的层次，在引进外商直接投资的时候，不再主要是为弥补资金的不足，而更多是为了获得先进技术，引进先进理念和制度，从而实现自身资源水平和能力水平的飞跃，无论是资本密集度，还是技术密集度，都有了很大的提高。其次，在这一阶段国家政策的引导下，中国民营企业对外直接投资的规模水平和影响力都大大提升，从主要采取“绿地投资”的方式到海外

---

① 资料来源：《中国对外直接投资统计公报 2003～2009 年》。

并购逐步兴起，2001 年万向集团成功收购美国 UAI 上市公司 21% 的股份，开创了中国民营企业收购海外上市公司之先河，实现了跨国界的市场融通、技术共享和优势互补。

2. OFDI 快速增长阶段与技术创新限制因素

民营企业在 OFDI 快速增长阶段的技术创新主要限制因素包括：

第一，民营企业国际化过程中缺乏自主品牌与知识产权，研发活动较少，产品附加值低，因此企业利润较低，限制了民营企业进一步的研发投入，形成恶性循环。

第二，民营企业规模较小，在我国金融体制下融资方式选择余地小，民营企业在对外直接投资过程中融资往往会受到一定限制，因此财务风险不能够被很好的分摊。由于涉及跨国交易，汇率的波动对交易价格也有极大的影响。

第三，文化差异导致投资失败。中国民营企业对外投资时需面临跨国、跨地域的文化差异、制度差异与价值观差异。技术发达东道国往往对自身文化有高度认同感，而许多中国民营企业的组织结构常带有家族制倾向，技术学习需要目标方管理者及研发部门员工的配合。因此，文化的差异可能会导致整合困难从而限制民营企业通过 OFDI 进行技术创新。

（三）海外并购跨越发展阶段与技术创新

2008 年全球金融危机后，中国民营企业国际化与技术创新进入了全新的发展阶段，海外并购爆发式增长，成为中国民营企业“走出去”的最重要方式。金融危机加速了全球产业结构的调整，从而为中国民营企业通过海外并购承接发达国家的产业转移提供了条件。过去很长时间里，汽车、机械制造等产业一直是西方发达国家的优势产业，发展中国家的竞争力很弱。发达国家可以利用自身在技术上的领先弥补其成本过高的缺陷。然而，在金融危机下，消费者对价格变得更加敏感了，成本变成了决定企业竞争力的根本性因素。在这种情况下，克莱斯勒、通用、沃尔沃等外国大公司就纷纷陷入经营困境，为中国民营企业进行海外并购提供了可能，并且降低了民营企业对其海外并购的成本。然而，目前中国民营企业在海外并购的实践中逐渐发现，海外并购的最大困难不在于“走出去”，而在于“走出去”以后如何成功运作，即通过并购后整合实现技术创新能力的提升。据麦肯锡咨询公司的研究，在过去 20 年，中国有 67% 的海外并购不成功，其中以获得先进技术为目的海外并购大多没能实现。构建合理的整合模式对于中国民营企业通过海外并购实现技术创新至关重要。

1. 海外并购跨越发展阶段与技术创新表现形式

2008 年起民营企业海外并购快速增长，2008 年中国发生海外并购 126 起，其中民营企业海外并购数量为 95 起，2015 年中国共发生海外并购 382 起，其中民营企业海外并购数量为 207 起①。民营企业海外并购跨越发展阶段，对并购标的的选择不再满足于一些二、三流的国外中小企业，而是瞄准了世界上一流的著名企业，甚至是行业的领军企业，因此，在世界上的影响力大大提升；对并购区域的选择更加关注关注欧美等发达国家；并购动机从资源获取、市场获取转变为技术和战略资产获取，如吉利“蛇吞象”的国际化战略，不仅自身获得具备国际竞争力的汽车核心技术和国际知名品牌，同时作为中国汽车企业收购国外豪华汽车品牌第一宗，是中国汽车产业实现技术跨越的一个捷径，促使中国的民族汽车自主研发能力上一个台阶。民营企业海外并购成为技术创新的重要来源，2014 年，民营企业 500 强共拥有有效专利 159329 项，比 2013 年增长 20.95%，其中 72 家的关键技术源于并购企业②。

① 资料来源：普华永道：《2015 年中国企业并购市场回顾与 2016 年展望》。

② 资料来源：《2015 中国民营企业 500 强分析报告》。

2. 海外并购跨越发展阶段与技术创新限制因素

民营企业在海外并购跨越发展阶段的技术创新主要限制因素包括：第一，民营企业海外并购缺乏外部智库的咨询建议，在并购前没有清晰的战略规划。大多数民营企业海外并购前，没有一个清晰的发展战略框架，出于有机会就抓住的机会主义心理，或盲目跟风而选择并购，没未能清楚审视自身的优劣势和发展动能方向，造成有限的资源的错误配置，导致不能实现技术升级同时带来较大的财务风险。第二，缺乏政府与中介机构的信息服务，对海外市场信息了解仍不充分。海外并购的难度高、风险大，仅凭并购方的一己之力很难有效实施，随着中国民营企业海外并购越来越关注发达国家市场，中国国情往往和发达国家差异较大，财务制度、税收制度及文化差异十分明显，需要发现与识别的问题也更多、更复杂，急需政府和中介机构能够在海外并购的会计、法律方面提供更多支持。

(四) 民营企业国际化与技术创新的问题

1. 全球价值链“技术低端陷阱”

中国劳动密集型民营企业在国际化过程中，为跨国公司贴牌进行产品加工、承接国际生产订单进行产品制造、利用跨国公司的专利技术进行生产活动等。这些民营企业嵌入的只是全球价值链的低端环节，发达国家作为价值链中的主导者，会设计各种方式来控制以代工者身份参与其价值链体系的中国民营企业的技术赶超和价值攀升过程，进而迫使中国民营企业被“锁定”于低附加值、低创新能力的微利化价值链低端生产制造环节，形成“低端锁定”，在这种低端锁定作用下，跨国公司获得高额的垄断利润，而中国民营企业则只能获得较低的利润无法实现技术和产品附加值的提升。

2. 区域创新网络技术路径锁定

很多民营企业选择通过对外技术引进与技术学习的“引进来”战略，以促进企业技术的技术进步。然而，对发展中国家来说，当经济发展达到一定水平面临产业升级和产业独立时，就难免与发达国家发生产业竞争。出于维护自身的产业竞争优势和既得利益的战略目的，发达国家会限制发展中国家高层次的技术引进和技术转移。从我国民营企业对外技术引进的实践来看，“以市场换技术”的产业政策并未得到真正先进的产品设计和核心开发技术。

3. 海外技术资源识别困难

中国民营企业技术获取型海外并购大多以西方发达国家技术强势企业为并购目标，但并不是所有技术领先企业都能成为理想标的。海外并购是企业发展战略的组成部分，应当与企业的发展战略保持一致。目标方核心资源选择的不恰当有两个主要来源：一是缺乏对目标方资源相似性和资源互补性的研判，与自身技术获取的战略目标不匹配，没能甄选在技术资源上与自身具有相似性或互补性的目标方以实现技术创新的提升；二是缺乏对行业技术发展趋势的研判，导致错误评估了目标方核心资源价值。

4. 海外技术资源整合策略不当

中国民营企业已积累了一定的国际化经验，但海外并购的高失败率值得警醒。获得国际领先的技术、品牌以后，缺乏与之匹配的整合行为，是我国企业技术获取型海外并购屡遭失败的重要原因。一方面，整合过程中摩擦成本较高，导致目标方技术人员流失比较严重，破坏了目标方的技术创新能力；另一方面，制定并购后整合策略经验不足，未能将并购前资源相似性、互补性的研判与并购后整合策略进行合理的匹配来实现技术创新。

二、民营企业海外投资与技术创新研究

由于发达国家会限制发展中国家高层次的技术引进和技术转移，“以市场换技术”的技术“引进来”产业政策并未得到真正先进的产品设计和核心开发技术。因此，通过海外投资直接瞄准东道国核心资源和技术溢出，成为中国民营企业国际化实现技术升级的重要途径。民营企业的技术获取型海外投资需要新的组织形式以疏通交流，“网络”被广泛地认为是快速接近不能从内部获取的资源和技术诀窍的途径和分析工具。在网络关系中 OFDI（Outward Foreign Direct Investment）已经被视为连接外国网络的途径。

（一）民营企业海外投资与技术创新机理研究

与外部创新网络构建相关的开放式创新，是民营企业技术能力增强的重要形式。OFDI 获得逆向技术溢出效应，是通过对外直接投资，投资国企业可以接近东道国的 R&D 资源和隐性知识，进而获得积极的由东道国向母国的技术外溢。具有里程碑意义的研究出现在 20 世纪 90 年代：科格特和常（Kogut & Chang，1991）、内文和塞塔斯（Neven & Siotis，1996），分别研究了日本在美国和欧洲的外商直接投资（FDI）。他们发现日本企业倾向于以合资形式进入美国和欧洲市场，目的在于获取当地的先进技术。柯莫尔（Kuemmerle，1999）区别基地开发 FDI 和基地增加 FDI，认为后者可以获取独特的资源并取得当地产生的外部性。反向外溢的渠道：一是母国企业可通过与东道国的技术领导者建立更紧密的地理联系，以降低投资者的生产成本（Siotis，1999）；二是母国企业可利用与东道国的产业联系，实现知识获取（Almeida，1996）。研究表明技术转移无法带来研究与开发（R&D）能力的提高，因此母国企业依托于对外资本输出，通过兼并收购有选择地承接跨国企业转出的 R&D 资源，或嵌入东道国创新体系以获取其人力资本和信息。

1. 民营企业技术寻求 OFDI 的创新网络嵌入机制

（1）关系价值与技术溢出

泰克－杨恩（Teck－Yong Eng，2007）认为，商业网络中两个企业间的焦点关系嵌入几个或更多不同关系中，“特殊关系资产、知识共享制度、互补性资源/能力、有效治理”被视为四种潜在的组织间竞争优势的来源。嵌入联盟资本和 OFDI 的网络是企业接近和获取当地资源的方式。企业间通过资源互换和协调使投资者获得规模经济和范围经济。例如，合作者可能改善运行效率，减轻受市场波动的影响，促进未来增长，并且从合作者那获得知识和能力。关系价值包括两个方面：商品交换的直接商业价值；获得非货币的利益如供求质量，学习效应和社会奖励。本文认为，获得越高的关系价值，越有益于网络技术溢出。

（2）关系价值和资源整合

有必要认识到通过资源相互依赖性整合资源是企业的竞争优势。特别是创新网络中它们的竞争优势跨越了空间交易成本和动态外部经济，如利用复杂经济，不确定或不可预知的市场，交互学习，面对面的讨论和交换未编码知识。创新网络中的企业代表着一个网络环境，私人企业彼此联系以协作和进行资源活动。它们彼此受益，接近区域支持设施，共享服务中心，配置网络，定制需求模式和专业化劳动投入。发达国家的价值增加活动的加深也使得网络资源的重要性获得了提升。

多元化的企业和它们的网络资源对联盟和 OFDI 有一个主效应，即通过互补资源，利用异质资源和稀有资源创造新资产从而增加成本效率的潜力。在网络中，一个企业的核心竞争力来自于其他企业的集体资源和网络能力，这会提高这个企业在国内和国际上的竞争力。尽管 OFDI 的进化通常从焦点

关系开始，合作者同其他企业的联系构成了网络资源的基础。而且，财富创造过程嵌入在关系网络中，具有动态性且随时间推移而进化。因此 OFDI 企业的关系价值同网络中的资源整合积极相关。

（3）关系价值和网络能力

对企业复杂联系的地理接近支持了网络多样化的出现和网络能力具有重要性的观点。福斯（Foss，1999）认为网络能力对单独的企业是必不可少的，它们依赖网络中企业的相互作用。直接投资区位选择方面的研究表明，对外投资的成功是基于网络结构特征（例如，成熟和原始的市场），在当地网络或企业集群中的信息流动（Amin & Thrift，1994），还有关于交易成本变量和企业特有资产的可用性的综合效应（Dunning，1997）。

在同联盟资本和 OFDI 相关的选择中焦点关系对于保护和促进企业的网络位置的功能至关重要。在焦点关系层次的活动的发展中，企业对联盟资本和 OFDI 中合作者、区位、外部资源和网络位置的选择的决策会影响从网络成员中获取的价值（Chen，2003）。企业的价值取决于对资源相互依赖性的控制程度，即焦点关系层次的网络能力。从网络成员那产生的价值取决于网络能力协调和发展的深化。企业各方尝试从 OFDI 和联盟中获得最大化利益，因此网络联系是企业间交互式决策的结果。企业的其他相关关系如第二、第三阶梯供应商的联系和公共机构的支持对企业的网络能力也有重要的影响。因此，在 OFDI 网络环境中企业的关系价值被网络能力影响。

（4）嵌入过程与网络技术溢出

投资企业会在当地企业和社会结构网络进行嵌入。首先，随着在东道国时间的延长，投资企业或多或少会通过当地采购而与本土企业发生产业联系，通过互动合作逐渐转化为无形的企业家联系，互惠性期望开始有力地约束其行为；其次，投资企业中掌握一定资源的当地员工受所在地的文化、价值观以及人脉关系的制约，从而促进投资企业的深层嵌入；最后，投资企业还嵌入在与金融机构及其他机构联结而成的社会网络结构中，尤其是投资企业与金融机构的联系，能够帮助其获得各种战略资源（如融资便利、信息和机会）。社会联结、信任关系的增强和价值规范的趋同，能够促进复杂、缄默知识更有效率地转移和沟通。尽管社会网络和社会资本的初始建立成本很高，但是网络关系形成后，维持其运转的成本却相对很低。通过这种方式，投资企业可以复制和重复使用已形成的社会网络和社会资本。

基于关系价值嵌入东道国集群创新网络后，通过建立起信息交流渠道、共享技术基础设施及研发资源、进行逆向工程等，可以有效地降低资源搜索成本和创新过程的风险，并实现技术积累效应，获得网络技术溢出和收益反馈。

2. 民营企业 OFDI 逆向技术溢出、吸收能力与技术创新

一个厂商识别、吸收新的外部信息价值以及应用到商业目的的能力对于其创新能力非常重要，这种能力即为吸收能力。吸收能力的提升有助于技术溢出，而技术溢出反过来促进网络学习从而促进吸收能力的提升，而这种互动模式共同促进企业创新效益提升。

（1）吸收能力促进技术溢出

基本的吸收能力包括理解外部知识的能力和消化外部知识的能力。理解外部知识的能力包括：①网络内的信任是有效的社会控制机制和风险降低方式（Florin，1997），它影响知识转变的程度和效率。②相关的先验知识。先前的研发基础和管理营销经验及制造技能对后面的学习有加强效应。③文化能力。直接投资企业的成功同企业适应文化差异的能力相关。莫厄里（Mowery），奥克斯利（Oxley）和西尔弗曼（Silverman，1996）发现同跨国联盟相比，在文化相似的企业联盟中有更多的知识转移。④业务相关性。商业相关性是共享控制逻辑的服务器，英克彭（Inkpen，1997）认为，“如果合资企业参与不相关的商业，合作的主要基本原理不可能是知识创造”。

消化外部知识的能力就是学习的结构和过程。企业的吸收能力并非员工的吸收能力的简单相加，它取决于一个组织作为一个整体激励并组织跨部门、跨个人的知识转移的能力。人力资源管理可以通过奖励机制和培训来激励学习。这些活动导致了更高的个人吸收能力，也就是提高了一个企业作为一个整体的能力。

（2）技术溢出促进吸收能力的提升

技术溢出为企业提供了学习的动力。技术溢出的外部性降低了企业交易成本和学习成本，企业可以在较少资源投入情况下获取产业技术信息，促进企业进行网络学习。网络学习可以推动知识存量的流动，降低创新成本，增加创新机会。互动学习强调在学习过程中由各行为主体构成的网络的质量和主体间的相互信任关系，注重个体的集体认同感和学习的集体性。通过集体学习过程和企业间网络，可以进行干中学、人力资本积累、R&D 等，从而提高企业吸收能力，以便更好地获得信息，知识，技能和经验。

（3）应用外部知识促进企业自主创新能力发展

商业策略。获取新知识本身不一定影响企业自主创新表现，知识使用的战略环境和企业调整商业策略以适应战略环境也会影响企业对知识的有效利用。

市场开发及持续学习的并行运作。在并购或合作研发获取外部技术后，对外投资企业要进行二次开发并进一步打开市场。企业必须将已学的外部知识同产品市场有益的联系起来，并在技术移植到后续开发的整个阶段始终贯彻市场运作。以此保证外部技术的理解和消化并为一步，从而大大提高对外部技术的吸收速度，并使企业在动态中形成自主创新能力。

3. 民营企业 OFDI 逆向技术溢出的公共效应与区域创新

从社会及宏观角度来看，OFDI 的外部性发生在母国内部创新网络中其他厂商从某一高位势企业的跨国投资中受益，这就是 OFDI 的公共效应。潜在的外部性主要有三大机制。

首先，如果高位势企业不对国内供应商降低价格，高位势企业的国外扩张可能会通过 OFDI 的规模效应提升内部创新网络中低位势企业的生产力。收益反馈和生产力的提升会促进区域内企业的创新投入。

其次，高位势企业可以为其他低位势企业提供潜在溢出效应源。在内部网络的协调下，低位势企业可以通过人员流动、合作竞争、企业衍生及非正式沟通获得溢出效应，并且为了更好地承接高位势企业的技术溢出，会加大创新投入并提高吸收能力。

最后，区域内部网络的辅助机构提供的人力资本培训、政策支持、法律规制和资金支持等共同促进了区域内部企业的技术学习、扩散与创新投入，网络形成的整体创新能力大于个体创新能力之和，即网络形成了协同效应。

此外，OFDI 的逆向溢出效应是一种动态机制。技术能力或知识的运动轨迹表现为从区域外部获取再到区域内部扩散的过程。如果这个过程能够持续，那么可以预见到在区域内会出现高位势企业先行而低位势企业跟进的“雁行模式”。且当低位势企业的技术能力和其他要素发展成熟时，也可进行 OFDI 嵌入全球化网络（见图 6－1）。

总之，通过国内外网络资源的整合及交互作用，实现本土创新和国外前沿创新的并举，达到区域与国际市场的组合，同时通过网络内外诸多上下游厂商建立联盟和合作研究，可以将企业的多种技术与产品性能优势有效地联结起来。通过创新投入和技术吸收的整合，基本形成了区域企业的整体动态能力，实现了区域内部技术锁定的突破。

基于以上分析，提出完整假设。

H1：OFDI 的逆向技术溢出效应对集群民营企业技术锁定突破有正效应。

H1a：OFDI 通过关系价值的收益反馈促进企业创新投入，从而促进集群民营企业创新产出。

H1b：OFDI 通过关系价值的技术反馈促进企业吸收能力，从而促进集群民营企业创新产出。

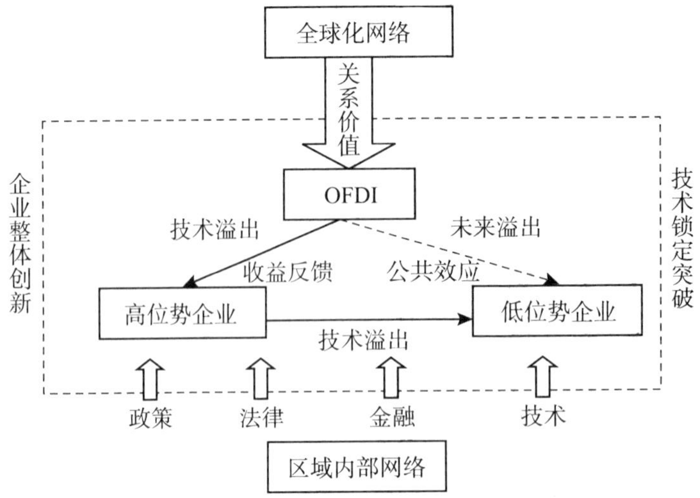

图 6-1　全球网络下 OFDI 的综合溢出效应

H2：区域内部创新网络对集群民营企业技术创新能力的提升有正效应。

H2a：区域内部创新网络通过合作支持促进企业创新投入，从而促进集群民营企业创新产出。

H2b：区域内部创新网络通过协同效应促进企业吸收能力，从而促进集群民营企业创新产出。

（二）民营企业海外投资与技术创新实证研究

结构方程模型（structural equation modeling，SEM）是一种综合运用多元回归分析、路径分析和验证性因子分析方法的数据统计分析工具。SEM 模型没有严格的假定限制条件，允许自变量和因变量存在测量误差，可以接受自变量之间存在相关关系，避免了在多元回归分析中难以处理的多重共线性问题。本文使用 SPSS. AMOS 7.0 软件，利用结构方程模型，采用浙江省各市县规模以上工业企业数据对 OFDI、区域创新因子、企业创新投入、企业吸收能力与企业创新产出进行统计检验。首先建立研究模型的路径图，然后依据模型拟合评价指标，评估模型拟合的好坏，并进行模型修正，最终确定拟合模型，对各个研究假设进行检验。为了同时检验 OFDI 和区域创新因子对民营企业创新产出的直接效应和间接效应，设置实证模型见图 6-2。

图 6-2 为利用 AMOS7.0 软件画出的初始结构模型。潜变量用椭圆形来表示，显变量用矩形来表示，其中，图中部分路径系数被固定为 1，是为了设定分析结果的测度比例。

区域创新因子对民营企业创新投入，区域创新因子对民营企业吸收能力在 0.001 的水平上通过了显著性检验，OFDI 对企业创新投入，OFDI 对企业吸收能力，企业吸收能力对企业创新产出在 0.05 的水平上均通过了显著性检验，企业创新投入对企业创新产出在 0.1 的水平上通过了显著性检验。本文的实证研究证实了 OFDI 与区域创新因子对浙江省企业自主创新的间接效应，验证了本文提出的六个假设，得出如下主要结论。

首先，区域创新因子对民营企业自主创新的影响是间接的。区域创新网络具有地理邻近性和主体根植性，知识的流动本质上是一种技术创新网络内部的知识互动关系，网络的动态运行模式就是网络学习模式。而网络学习是成员通过相互协调以解决问题时产生知识积累和转移的社会化过程。网络内通常存在知识溢出，并且能够产生“速度经济”，有效地促进企业吸收能力地提升，同时政府和金融机构在制度安排和资金支持方面促进了企业的创新投入。

其次，OFDI 嵌入全球化网络的机制是基于关系价值的嵌入。关系价值与它的焦点和网络关系决定的复杂能力相关，包括资源整合和网络能力两大要素。通过嵌入全球化网络，企业可以有效地接近产业专门性资源以及共享制度和公共资源，并通过网络能力的拓展形成动态化的强化机制，由此获得的技术溢出可以提高企业的吸收能力。通过对技术进行市场开发及持续学习的并行运作，会形成企业

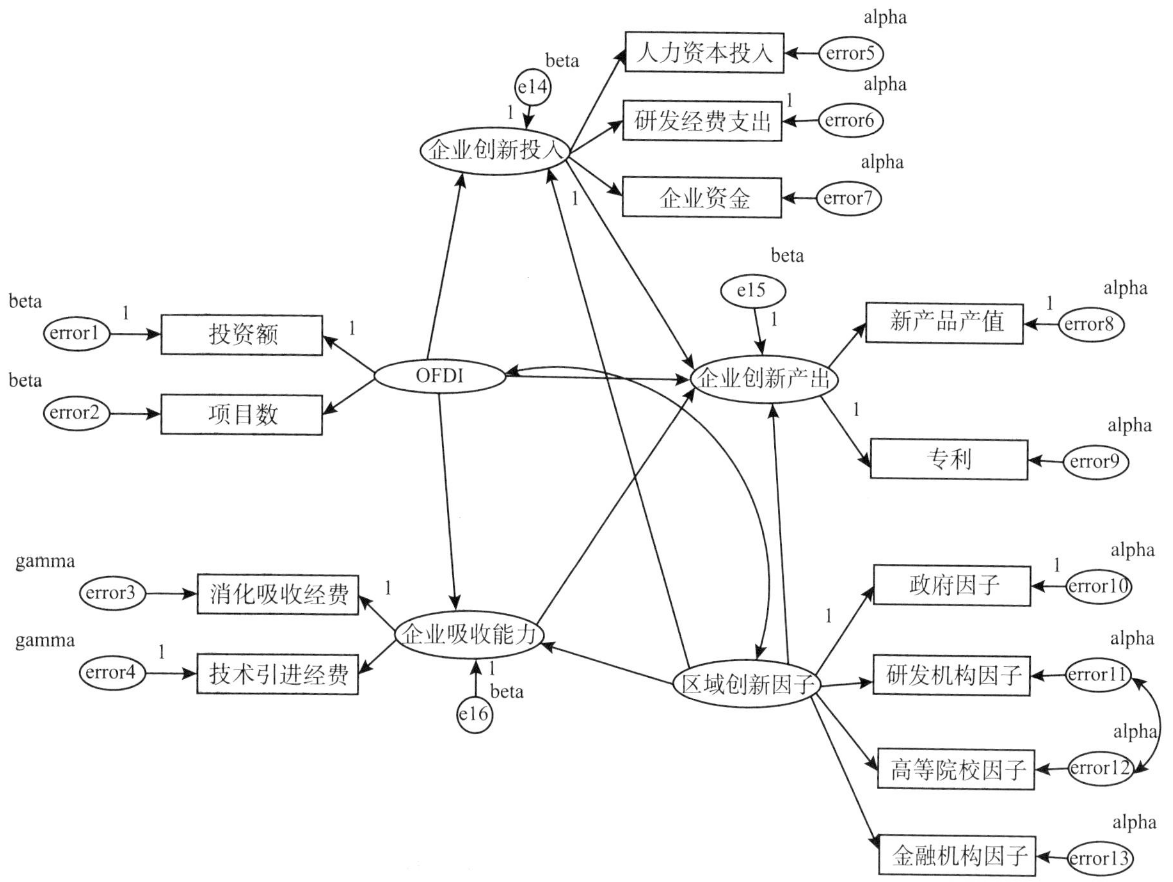

图 6-2　结构方程模型路径

的动态能力，进而转化为自主创新能力；收益也是关系价值的一个重要方面，收益的增加也会促进企业技术能力的提升。

最后，实证结果表明区域创新因子和 OFDI 具有较高的相关性，相关系数为 0.88，说明区域创新投入发展水平越高，OFDI 越多。这表明区域创新到达一定水平时需要通过开放性保持区域创新的动态有效。区域创新网络对创新产出的促进作用强于 OFDI 的促进作用，表明地理邻近性和主体根植性的作用还是较大，但是 OFDI 是连接外部网络打破区域技术锁定的重要因素，所以政府应鼓励区域内优势企业进行对外直接投资。借用交易成本分析的原理，在对外直接投资中，创新外寻的动力包括更高的投资收益，较低的成本和职工安置要求，提高的灵活性，和接近特有技术部门和创造力。相反，创新外寻的缺点有向新进入者开放市场和核心竞争力被模仿和替代的危险。由于区域内部网络的技术溢出的外部性降低了高位势企业对外投资的收益，若政府能在补贴、奖励或优惠的融资政策上分担企业的学习成本，辅助机构能够有效地为高位势企业外向型技术学习提供指导和帮助，降低适应成本，则可有效促进高位势企业对外投资。而高位势企业的对外投资会通过公共效应促进整个区域技术锁定的突破。

三、民营企业海外并购与技术创新研究

中国经济的高速发展以及全球经济的一体化，要求中国民营企业进一步增强国际竞争力，实现由世界产业链的低端向高端转变。在这一战略转型的过程中，海外并购是中国民营企业当前及未来发展的必然趋势。本文在国内外学者大量的研究的基础上，深入地研究了民营企业海外并购与其技术创新

能力之间的反馈机制，得出了四种主要的反馈途径。并在该分析框架的基础上，分析了民营企业海外并购的典型案例，由此得出了民营企业海外并购的路径选择。

（一）民营企业海外并购对技术创新的反馈机制

海外并购和自主创新是当今社会发展的两大要义。海外并购，包括兼并和收购。“兼并”是指两家或更多的独立的企业、公司合并组成一家企业，通常由一家占优势的公司吸收另一家或更多的公司。“收购”是指一家企业通过收买另一家企业部分或全部股份，取得对另一家企业控制权的产权交易行为。自主创新的定义指企业主要依靠自身技术力量突破关键技术，攻克技术难关，形成有价值的研究成果，并首次将其商业化以实现其市场价值的创新行为。

1. 海外研发反馈机制

对于研发的投入和重视是我国企业实现技术进步的必经途径，从当前来看，我国民营企业基本上以“企业研发和营销两头小，中间生产环节大的橄榄型企业”为主，而欧美发达国家的企业则更偏向于“企业研发营销两头大，中间生产环节小的哑铃型企业”，实现从“橄榄型企业”到“哑铃型企业”的转变，就必须充分发挥海外并购的技术溢出和扩散效应。

跨国公司的海外 R&D 活动有迅速扩张的趋势（Kuemmerle，1999；Patel and Vega，1999；Pearce，1999）。它主要来自两个方面：创新型 R&D 和适应型 R&D，研发类型的不同来自于企业对于海外市场的定位，创新性 R&D 更类似于“技术获取型 FDI”，而适应型 R&D 则像是“市场开发型 FDI”。常与科格特（1991）的研究验证了日本和美国之间直接投资的产生源于东道国的研发（R&D）溢出效应。海外研发主要可以包含三个方面：要素、成果和人员，而以技术获取为目的的对外直接投资是以获取东道国的智力要素、研发机构、信息等 R&D 资源为目标，以新建或并购海外 R&D 机构为手段，以提升企业技术竞争力为宗旨的跨境资本输出行为。这种行为本身包含着强烈的技术意图，从而能够提升母公司的整体技术水平。但是，如果要增强自主创新能力，还必须要求母公司能够具备一定的吸收能力（absorptive capability）。因为吸收能力决定了将获得的转移知识或是扩散知识转化成产品和过程创新的能力。这一过程我们可以用图 6－3 来表示。

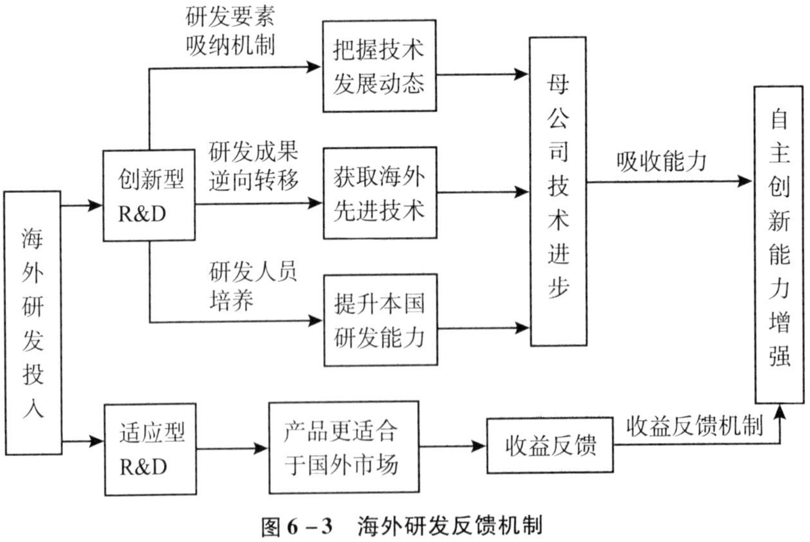

图 6－3　海外研发反馈机制

2. 收益反馈机制

跨国企业海外并购除了关注获取先进技术之外，收益也是海外并购的一个重要方面，同时收益的增加也会从另一方面促进母公司技术能力的提升。跨国公司收益的增加主要来自成本的降低和市场的扩张，如果将收益汇回母国，母公司可以以此增加研发投入和人力投入，从而增强自身的核心技术水平和吸收能力。如果将收益保留在子公司，就可以进一步实现海外研发反馈机制，并最终实现母公司自主创新能力的增强。

收益反馈机制，对于母公司的自主创新能力的提高来说事实上是一个间接却又十分重要的过程，这是与我们国家企业当前所处的形势密切相关。也就是说，如果对外直接投资无法产生实际的收益回报，那么母公司就有可能面临较大的压力。相反，如果对外直接投资能够产生很好的收益产出，那么母公司就可以通过对收益的进一步分配来实现自主创新能力的提高。这整个借助收益来实现自主创新能力提高的过程见图6-4。

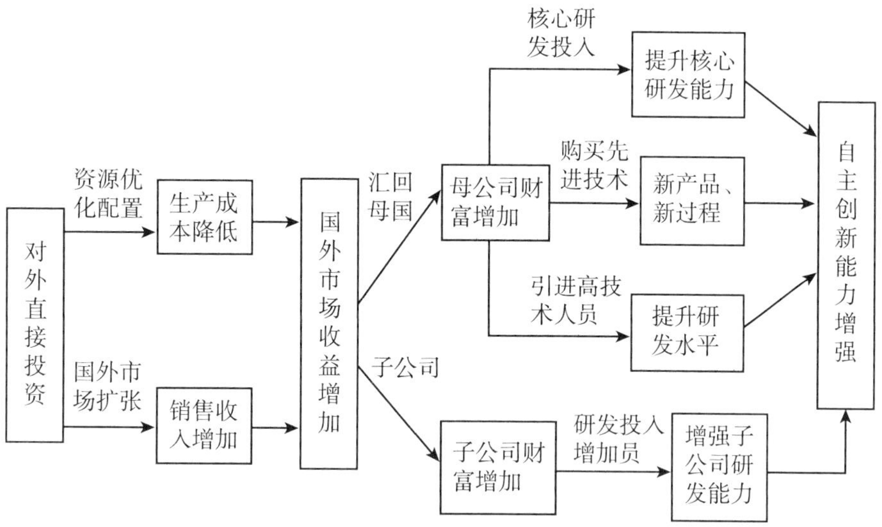

图6-4 收益反馈机制

3. 子公司本土化反馈机制

海外子公司是跨国公司全球战略的实施主体，其本土化（embeddedness）能够有效地促进逆向技术转移的效率和水平。子公司的本土化，可以促使母国企业在技术、管理知识等方面更为直接、快捷地与发达国家进行交融、沟通，特别是获得有如东道国的网络支持、上下游溢出等其他方式无法实现的效应。伦德瓦尔（Lundvall，1992）认为，“当文化差异存在使，某些类型的信息很难传递以及编码，使用者和生产者之间的文化差异可能会阻碍这种交互”。子公司的本土化不仅能够提高技术溢出的水平和速度，而且可以通过两国间的人员交流实现隐性知识的外溢。通过引进国外的经营理念和消费模式，一定程度上引导本国企业在产品质量、需求和采购等各方面的发展，同时国外的网络支持也带来了有效的信息外溢。

国外的子公司可以为母公司创造上下游的联系，拉尔（Lall，1980）指出，来自上下游的溢出（供应商和顾客）可以产生直接的知识转移，即提高产品质量的技术支持、采购新的原料或是采用新的组织方法。之外，由国外子公司带来的对于质量标准和运输时间的高要求可以刺激母公司提升自身的产品生产，这就是一个创新的过程。贾菲（Jaffe，1989）分析了美国州层面上的专利活动，发现这受到当地大学的R&D花费影响。奥德斯和费尔德曼（Audretsch & Feldman，1996）也发现知识密集型的产业倾向于集聚他们的创新活动，这个结果也支持当地知识溢出的本性。知识密集型产业的创新活动在一个接近的地理区域发生，为了从产业和学术研究或是技术员工的移动中溢出。因此，子公司的本土化已经成为跨国公司国外运作的一个极为重要的方面（见图6-5）。

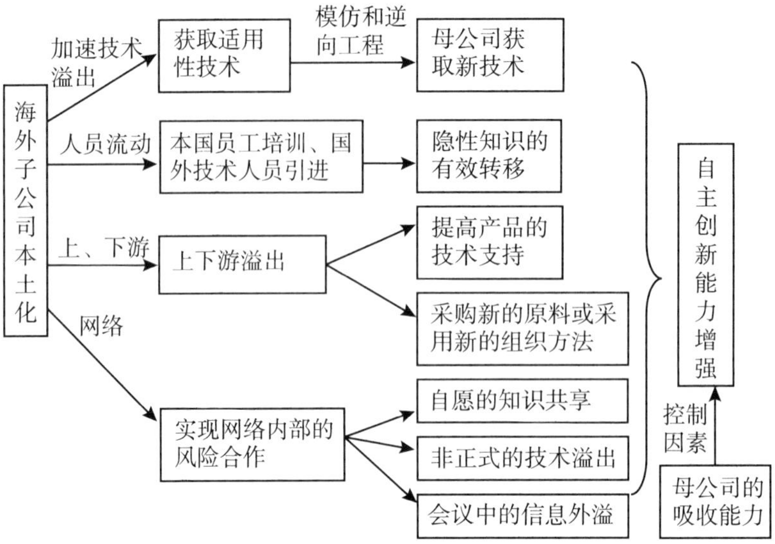

图6－5　子公司本土化的反馈机制

4. 海外并购的公共效应

从社会以及宏观的角度来看待海外并购所带来的效应，海外并购的外部性发生在其他母国厂商从某一公司的跨国并购中受益（Globerman，1994），这就是我们所说的公共效应（见图6－6）。这些潜在的外部性主要又三大机制：首先，垂直并购引致了正的生产溢出，即生产结构优化至高附加值的活动，从而使得母国厂商降低了他们的学习曲线，并且在高科技产业中更具竞争力（Blömstrom and Kokko，1998）。其次，如果跨国公司不对国内供应商降低价格强加压力，国内跨国公司的国外扩张可能会通过从垂直并购的规模效应提升母国跨国公司的供应商的生产力。这些活动具有规模经济的效应的范围内，国外销售的增加同样可刺激R&D费用的增加，当母公司可以为其他母国企业提供潜在溢出效应源（Blömstrom and Kokko，1998；Globerman，1994）。最后，厂商间的逆向技术转移能够带来更为直接积极的外部性，也就是说，通过目的为进入国外的人才中心以及在当地知识基础上创造新的技术资源国外的R&D活动达到。由于国外分公司拥有吸收包含在这些革新中的隐性知识的机会，国外市场的存在推动或是提高了这些新的技术的理解（Globerman，1994）。

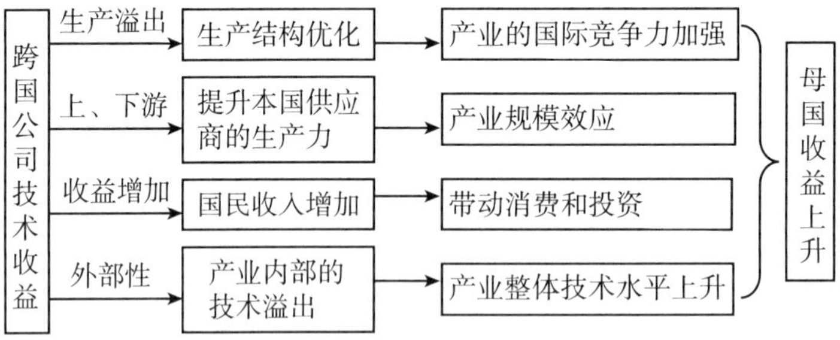

图6－6　海外并购的公共效应

（二）基于万向集团海外并购的案例分析①

1. 万向集团海外并购案例回顾

万向集团始创于1969年，现为国家120家试点企业集团和520户重点企业之一。2007年万向全

① 资料来源：万向集团官方网站和《万向钱潮上市公司历年年报》。

年营收突破400亿元，日创利税超过1000万元，名列福布斯中国顶尖企业百强榜单，创造了自1969年以来150个季度无亏损记录的奇迹。万向致力于汽车零部件产业，已拥有万向节、轴承、等速驱动轴、传动轴、制动器、减震器、滚动体、橡胶密封件8大系列，及悬架、制动2大系统产品，成为国内首屈一指的汽车零部件制造企业。

万向集团现已形成以万向钱潮股份有限公司、万向美国公司为主体，上海万向为资源市场，万向研究院为知识市场，万向服务市场建设中心为服务市场，深圳万向投资有限公司、万向财务公司和万向创业投资股份有限公司为投资市场，以万向不动产、电动汽车开拓未来市场的战略格局。万向集团的国内并购的实现是通过其1995年设立在深圳的投资公司来完成的，在美国的扩张主要是通过其设立在美国的投资公司实现的。

2. 万向集团海外并购及其技术进步的框架分析

（1）并购企业分步分析

为了研究需要，我们重点选取了万向集团跨国收购的七家企业作为我们的分析对象，并具体地对该企业特点、收购契机、收购所得、收购特点以及相应的反馈机制具体以表格的形式列示。这七家企业中包括万向集团国际化的领路人“舍勒”、纳斯达克的上市公司UAI、全球翼形万向节传动轴的发明者洛克福特公司以及美国历史最悠久的轴承生产企业GBC公司，等等。光从这些企业的名头上来说，我们就已经能够体会到万向跨国集团收购的重量级，这也意味着万向在国际舞台上扮演着越来越重要的角色。

我们从表6-1中可以清楚地看到，万向集团跨国并购的主要契机来自对方企业出现有如扩张、多元化、经营不善而导致的各种问题。而且们发现万向集团并购的目标性很强，它所并购的企业全部都是属于这个行业，也就是说万向并没有涉及它所不熟悉的行业。对于跨国并购来说，涉入陌生行业是一项非常具有挑战性的任务，因为很有可能由于对于行业的不熟悉而带来诸多的风险。从表中我们简略地分析了下万向在各个跨国并购中所能够享受到的反馈，主要是收益反馈、技术溢出和本土化，可以说基本上在每一个并购案例中，万向集团都充分地体现了它的战略意图，就是以本土化的基本方针，借助并购企业的渠道和技术，逐渐实现国外销售的扩张和母公司自主创新能力的增强。

表6-1　　万向集团跨国并购分析列表

收购公司名称	企业特点	收购契机	收购所得	收购特点	反馈机制
AS公司	在欧洲市场上以销售各类轴承为主的营销公司	自身对市场的控制能力	AS公司60%的股份	打开欧洲轴承市场；当年海外销售收入2000万美元	收益反馈
舍勒	全球拥有万向节技术专利最多的企业	舍勒出现严重亏损（1998年）；良好的合作关系	舍勒的品牌、技术专利、专用设备及市场	反向OEM；通过本土化进入美国市场	技术溢出；收益反馈；本土化的网络支持
UAI	美国的上市公司，美国维修市场的主要供应商之一	因并购扩张出现财务问题，股票缩水90%	UAI第一大股东，两年一千多万美元订单	进入国际市场的渠道建设（制动机项目）	本土化的网络支持；收益反馈
洛克福特公司	翼形万向节传动轴的发明者和全球最大的一级供应商	多元化发展的“瓶颈”	以33.5%的股权成为洛克福特的第一大股东	全球汽车产业一级供应商地位；大量专利、杰出的研发水平	本土化的网络支持；收益反馈；技术溢出

续表

收购公司名称	企业特点	收购契机	收购所得	收购特点	反馈机制
PS 公司	福特公司核心供应商之一； 克莱斯勒、通用等公司的一级供应商		拥有 PS 公司 60% 的股权	打通了向福特、克莱斯勒和通用供货的渠道	本土化的网络支持
GBC 公司	美国历史最悠久的轴承生产企业	"以股权换市场"	通过收购，获得完整的市场网络	与最大的汽配供应商 TRW、DANA 等形成战略合作关系；获得每年 8000 万美元的订单	本土化的网络支持； 收益反馈
AI 公司	是通用、福特、克莱斯勒的"零级供应商"，每年有巨额的采购权（80 亿元）	对方主动联系	收购 AI 公司 30% 的股权成其第一大股东	拥有了 AI 公司对外采购绝对控制权	收益反馈； 上下游支持

通过跨国并购，万向集团从一家替国外厂家 OEM 的中国制造型企业转变成为一家具有国际影响力的跨国公司。它的并购面从欧洲延伸到美洲，涉及全球在该领域最为杰出的公司和很多大公司的一级供应商。

（2）跨国并购反馈机制分析

研究万向集团跨国并购及其技术进步，我们可以从两个方面来分析，见图 6－7。一个方面是跨国并购；另一方面是海外 R&D。跨国并购是万向集团国际扩张的主要形式，在美国、英国、德国、加拿大、澳大利亚等 8 个国家，拥有近 30 家公司。跨国并购的收益主要来自三个方面，即收益反馈、技术溢出和本土化的网络支持。

收益反馈是指万向集团通过收购国外的企业，例如万向集团将舍勒公司的所有产品全部搬到国内生产，在美国市场仍以舍勒的品牌销售，实现了国内低成本生产，国外高价格销售。从而实现了低成本生产、高价格销售的良好局面。技术溢出主要指被收购的企业一般都是发达国家的行业领先企业，都拥有了很多对口的专利技术：例如通过对舍勒的收购使得万向集团成为全球万向节专利最多的企业，对洛克福特的收购，使得万向集团拥有大量的产品专利，先进的检测技术中心，还有一支非常优秀的研发队伍。本土化的网络支持是指收购这些国外的企业，使万向集团可以同时获得该企业原有的上下游网络，特别是营销网络，例如洛克福特和 PS 公司都是美国市场的一级供应商。

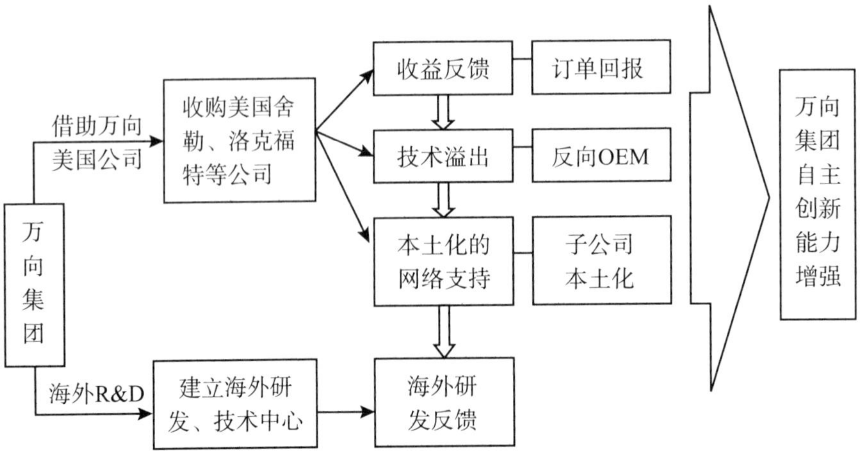

图 6－7　万向集团跨国并购的框架分析

从图6－7中我们可以清楚的看到，万向集团对外直接投资对自主创新能力的作用来自两个方面：一方面就是直接通过海外研发、技术中心的建立，实现知识以及技术的逆向溢出，我们可以将其称为海外研发反馈。这种反馈机制的作用十分明显，而且直接。万向建立的海外研发中心主要是创新型的R&D，它的目标就是借助国外的研发力量，开发新产品、新技术，而伴随着这些专利技术的产生必然意味着万向整体的自主创新能力的增强。另一方面就是来自于并购国外的企业，通过这些并购企业获得订单反馈、专利技术以及市场渠道。当然，在这些并购过程中，也会涉及吸纳包含在内的研发中心。

我们结合理论框架，来分析收益反馈、本土化以及技术溢出各自对自主创新能力的作用力。首先，来看收益反馈，万向集团通过收购国外的企业获得了大量的订单，例如AS和舍勒，这些企业本身在国外已经具备了市场基础，那么通过并购，万向集团自然而然地获得了这些市场，也就获得了收益。同时，万向集团把原先在国外生产的产品通过反向OEM转放到国内市场，不仅降低了产品的生产成本，而且也为国内的企业提供了更多的市场机会。其次，本土化的网络支持事实上是跨国并购中最为重要的一个方面。这个本土化不仅包含了通过本土化战略来实现对并购公司的管理，而且还包含了通过本土化获得诸如网络、渠道、公关等外在的利益，而且很显然这些利益是至关重要的。例如，我们可以看到万向集团收购PS打通了向福特、克莱斯勒和通用供货的渠道；收购洛克福特公司成为全球汽车产业的一级供应商；收购GBC实现了与最大的汽配供应商TRW、DANA等形成战略合作关系。这些渠道的获得、关系的建立不是万向集团过去通过市场机制可以实现的，但是通过并购却能够实现。最后，逆向技术溢出也是并购的重要部分，我们发现万向集团所并购的企业在专利技术等方面具有很强的实力，例如舍勒是全球拥有万向节技术专利最多的企业、洛克福特是翼形万向节传动轴的发明者和全球最大的一级供应商。通过并购，万向集团获得了适用性技术，然后再利用模仿和逆向工程将这些技术溢出到国内，实现国内母公司的技术升级。

万向集团海外公司在适用人员上，由最初的本土化用人到国际化流动，再到全球化培养人。万向采取技术人员轮岗制度，美国技术人员到中国来，教给我们技术、管理。中国的技术人员到那边去学习。通过人员的流动，能够最优地实现知识的交流和转移，因为很多的隐性知识只有通过人与人之间的沟通才能实现传递。

万向集团的对外直接投资到底能够为万向的自主创新能力的增强起到什么作用呢？我们可以根据表6－2来略视一二。我们将万向集团收购的企业的主要反馈机制以灰色标识，从中我们可以清楚地看到万向集团现阶段的跨国收购主要能够实现三个方面的效应：技术反馈、收益反馈和网络支持。

表6－2 万向集团反馈机制分析

案例企业	海外研发反馈机制				收益反馈机制		子公司本土化反馈机制				公共效应			
	成果反馈	人员培养	要素吸纳	市场适应	销售收入增加	生产成本降低	逆向和模仿工程	人员培训	上下游溢出	网络支持	生产结构优化	上下游水平提升	外部效应	收入增加
AS														
舍勒														
UAI														
洛克福特														
PS														
GBC														
AI														
万向整体														

资料来源：万向集团官方网站和《万向钱潮上市公司历年年报》。

3. 万向集团技术创新能力分析

为提升技术支撑，万向集团投巨资先后起国家级技术中心、国家级实验室、博士后科研工作站、高科技孵化中心以及万向集团北美技术中心和万向集团研究院，建起强大的科技队伍。迄今技术中心投资已超过2亿元，并在全国国家级技术中心评比中连续五年列前8名，国家级实验室出具检测报告获得40多个国际组织互认资格。万向集团北美技术中心的成立则保证了技术的国际对接，万向集团技术得到国际主机厂认可，产品也进入通用、福特等国际汽车主机厂生产线。万向集团的年技术创新费用已经达到销售总额的5%。万向集团还在北美设立了技术中心，保持与国际先进技术同步开发。万向集团以“外国专利开发、专利引进、专利收买和合作开发专利”为主要方向，在吸收模仿创新的基础上逐步提高自主创新能力。

创新是企业不竭的发展源泉。万向集团始终坚持把提高自主创新能力摆在增强企业核心竞争力的首要位置。为提升技术支撑，万向集团投巨资先后建起国家级技术中心，国家级实验室、博士后科研工作站，高科技孵化中心，建起强大的科技队伍，迄今技术中心投资已超过2亿元，并在全国国家级技术中心评比中连续5年列前8名。万向集团在北美设立了技术中心，负责新产品开发设计，保持与国际先进技术同步开发，实现技术与国际对接。

在“接轨国际先进技术”的战略前提下，万向集团以专利竞争战略为核心，逐步探索出一条技术国际化新路子。专利战略主要围绕“外国专利开发、专利引进、专利收买和合作开发专利”为主要方向，并取得较好效益，在国内自主知识产权评比中名列第9位，成为世界上拥有万向节专利最多的企业。目前，万向集团专利产品年创产值已超过10亿元，企业在提高自主创新能力的同时，核心竞争力和品牌美誉度得到进一步提升。

万向集团技术中心自1996年被国家经贸委、国家税务总局、海关总署联合认定为国家级企业技术中心以来，在国家发改委的历年评价中，排名位次是稳步提升，第39位、第11位、第10位、第3位。不断的进步，体现出万向集团技术中心在技术创新能力和体系建设中的雄厚实力，是万向30多年来技术沉淀和创新发展的结果，也是万向集团30多年来坚持不断持续创新的结果，标志着万向集团在自主创新、自主创牌、自主知识产权方面站在了民族工业的最前沿。

4. 万向集团海外并购促进技术创新的启示

（1）反向OEM（技术逆向转移和收益反馈）

万向集团在并购扩张中形成了独特的“反向OEM模式”，即收购国外品牌汽配供应商，把产品转移到国内生产，再打上原来的品牌返销国际市场。这种模式的前提是具有低成本的大规模生产能力、对制造技术快速消化吸收能力，加上并购获得的主流市场稳定的客户关系和销售渠道，就可以占尽低成本制造、高价格销售带来的高额利润空间。万向集团在制造上的“长板”得以和国外合作伙伴的“短板”互补，不仅借此机会可以进一步扩大制造规模，而且控制了销售渠道和品牌和一定程度的定价权，得以分享市场利润的“大蛋糕”。不少国内企业通过跨国公司的全球采购，得到了产品出口或者给国外企业配套的机会，但大多只是在国际分工中得到一点可怜的加工费，像万向集团这样快速走上全球化道路的汽配企业屈指可数。

万向集团的主要优势是低成本，性能稳定，产品工艺较复杂但技术含量不高。这一行业需要有很深的电子知识、较高的工程技术，不像搞制造厂那么简单。随着汽车技术的进步，万向集团一些产品因为技术含量低而在国外被斥之为垃圾，海外竞争对手对其是否能够迅速脱离低端产品表示怀疑。万向集团需要具备大批高级技术人才，为此，投巨资先后建起国家级技术中心、实验室，加大研发投入，现在万向集团的年技术创新费用已经达到销售总额的5%；万向集团还在北美设立了技术中心，保持与国际先进技术同步开发。万向以“外国专利开发、专利引进、专利收买和合作开发专利”为主要方向，在吸收模仿创新的基础上提高自主创新能力，核心竞争力和品牌美誉度得到进一步提升。

（2）万向的本土化战略（子公司本土化）

鲁冠球认为，越是国际化，越要本土化，万向集团的指导思想就是入乡随俗，力求本土化。万向的本土化战略包括人员的本土化、管理的本土化、资本的本土化和产品质量的本土化。

一是人员的本土化。万向集团美国公司拥有员工近 60 名，国内派去的只有 5 人，万向欧洲公司、南美公司，包括总经理在内都是当地招聘，当地员工的薪酬也完全按当地标准支付。

二是管理的本土化。鲁冠球说，我们的驻外企业不管本土化程度如何，外来资本、外来人员、外来产品的烙印是去不掉的。要解决这些问题，就必须提高管理模式的本土化程度，积极融入当地主流社会。

三是资本的本土化。目前，万向集团美国公司当地融资的比例已是总部投入的两倍，并与花旗、美林等著名金融机构建立了长期合作关系。万向集团美国公司正在争取在美国上市，成功之后将能够更加便利地利用美国资本市场。

四是产品质量的本土化。万向集团极其重视产品质量，产品标准则完全按照美国三大汽车公司确立的 QS9000 国际最高质量标准的要求组织生产，并随时根据不同市场的不同需求推出相应的产品。

万向集团从产品“走出去”，到人员“走出去”，再到企业“走出去”，已在世界范围内做企业拼图，跨国公司雏形乍现。目前，万向集团已在美国、德国、加拿大等欧美 7 个国家设立、并购、参股了 18 家公司，构建起涵盖全球 50 多个国家和地区的国际营销网络，而且这些公司全部实现了“本土化”运作。

（3）海外收购的价值

收购价值包含两个方面：收益回报和技术价值。万向集团跨国并购的另一大特点就是其大部分的并购活动都有其相对应的国际订单，也就是说并购能够显而易见地给万向集团带来收益，这就是我们所强调的收益反馈机制。我们认为资本的积累是企业对外直接投资的基础和保障，经济基础是一个跨国公司能够承受更高地风险以获取更多的收益的坚实后盾。另外，营销渠道网络是产品和市场国际化的一个重要方面。例如万向集团美国公司完成对 PS 公司的收购，打通了向福特、克莱斯勒和通用供货的渠道。此种类型的专有渠道对于企业来说是一种垄断性优势，也就意味着优势利润。

万向集团收购的十余家企业，有上市公司、家族公司，也有年销售利润近 30% 的高回报公司，也有破产公司，核心不是企业本身，而是企业内部或外部所附带的有效资源。也就是说万向集团不仅是单纯地把技术专利买回来，用国内的研发机构和研发人员完成专利技术的开发应用，而是整合了包括国外的技术人员，开发机构，产业链等一系列环节。这些附带的有效资源比企业本身更具有价值。同国内相比，国外的研发机构和研发人员都具备了更高的素质和能力，因此对于发展中国家的企业对外直接投资的初期，更需要整合国外的研发能力来增强企业的创新能力。否则会造成引进的技术在消化吸收的过程中产生断层或是再创造能力不足的问题。

（4）融资国际化

为了解决融资问题，万向集团美国公司与花旗、美林等世界著名金融机构建立了长期合作关系。融资方式包括贷款、债权抵押等。2003 年，万向集团美国公司创建了“万向制造基金”，邀请当地一批政界、商界的知名人士成为股东，首次融资达 3000 万美元。万向集团美国公司在当地的融资比例已是总部投资的 2 倍，融资方式包括贷款、发行债券、债权抵押等。万向集团跨国并购的经验现实它并不是用中国国内的资金并购国外企业，而是通过资本运作，借助美国子公司来完成大部分的并购。这其中万向集团很好地利用了国外银行审核机制，借助银行的审核来间接地保障国外的有效投资。这也是万向集团这几年能够成功地完成大部分的跨国投资的一大关键所在。

（5）海外并购目标选择

万向集团所收购的企业属于行业中较为领先的企业，因此获得的技术溢出也是国际上较为顶尖的技术。例如万向集团收购的洛克福特公司就是翼形万向节传动轴的发明者和全球最大的一级供应商，占全美如卡特、约翰迪尔勒等主机配套市场70%左右的供货量，它拥有大量的产品专利，先进的检测技术中心，还有一支非常优秀的研发队伍。但是我们可以看出，在万向集团收购这些企业时，这些企业都一定程度地遇上了发展问题或是财务问题，有的甚至是濒临破产的企业。可见，这些企业对于万向集团来说它的价值并不仅仅局限于收益回报，而可能更多的是获得这些公司的技术、渠道和网络关系。

从我国目前引进技术的现状来看，一般发达国家所愿意转让或是出售的技术多为淘汰技术或是本国已经不适用的技术。虽然这些技术对于我国企业来说仍然是先进技术，但是国际化竞争却要求企业能够拥有具有国际竞争力的核心技术，因此能够尽可能地获得国际领先的技术就能够尽早地实现拥有能够角逐国际市场的核心技术。

（6）国内外资源整合

这是一个以资源论英雄的年代，如何有效合理地将过去、现有、潜在的资源整合在一起，共同构建一个竞争体系，是一个企业需要切实解决的问题。万向集团的跨国并购中，就很好地落实“资源整合论”，将具有互补性或是延伸性的资源整合到一起，一方面利用国内相对便宜的劳动成本和大批量生产的优势降低了产品的生产成本；另一方面整合并购公司先进的研发能力、专利技术以及完善的市场配套。鲁冠球强调：万向集团海外收购，围绕汽车零配件上游产业延伸，主要看资源配置后有没有产生增值。首先双方要互相了解，我们有什么优势，他们有什么优势，资源怎么优化配置，发展前景怎样等，都要有充分的论证。其次主要收购他们的核心技术，他们的知识产权，他们的市场。国外对核心技术严格控制，我们收购的关键就在核心技术。资源整合所能够达到的效果，就是实现“中国成本、美国价格”。通过对核心技术的收购、吸收，万向自身的创新能力就大大增强了，而这正式资源配置产生的力量。

四、民营企业海外并购整合与技术创新研究

近年来，中国民营企业海外并购已积累较多经验，“走出去”最大的难题已不再是“选得对”和“买得下”，而在于“管得住”，即在海外并购完成后能否恰当的整合目标方技术资源实现“1+1>2”的协同效应。在并购的历史案例总结中有一个著名的“七七定律”，即70%的并购难以达到预期目标，而70%的失败并购均源自整合失败，并购后整合策略的选择和实施是决定并购成功与否的关键。而对于中国民营企业，在海外并购的过程中，不仅要面临世界经济、地缘政治方面的风险与挑战，而且由于自身的技术、经营、管理普遍弱于目标方发达国家，更容易增大整合过程中的摩擦，难以获得整合带来的协同收益。据麦肯锡咨询公司的研究，在过去20年，中国有67%的海外并购不成功，其中以获得先进技术为目的海外并购大多都没能实现。许多中国民营企业技术获取型海外并购在整合阶段遭遇挫折，无法实现技术创新的目标。在中国海外并购典型案例中，TCL并购汤姆逊及阿尔卡特、上汽集团并购双龙汽车等均是由于并购后整合实施不当而导致并购未能获得预想的成功。可见，中国民营企业海外并购的最大困难不在于“走出去”，而在于“走出去”以后如何成功运作，即通过并购后整合实现技术创新能力的提升。如何引导民营企业构建合理的整合模式，提升企业的并购后整合能力，对于技术获取型海外并购实现技术创新至关重要。

（一）民营企业海外并购的基本特征

中国企业的技术获取型海外并购大多是以技术与管理处于劣势的中国企业为并购方，以西方发达国家强势企业或其业务资产为并购目标，呈现出资源互补性强、资源相似性弱的特征。资源互补性指

的是并购双方能产生“1+1>2”的协同效应的不同资源或能力的组合。由于中国企业多处于行业赶超阶段，而目标方企业多处于技术领先阶段，两者之间在关键技术标准等方面存在技术差距以及产品销售市场的差异，双方技术互补性和市场互补性较强。另外，中国企业具有较大的产能以及较低的生产成本，双方生产互补性较强。因此，中国企业技术获取型海外并购中双方资源相互补性往往较强。资源相似性指的是并购双方在品牌、文化和管理等方面的接近程度。中国企业与发达国家的目标企业在国际品牌与声誉管理上均有差距，两者品牌相似性较弱；并购双方商业理念和经营目标的不一致使管理层相似性较弱；同时中国与西方发达国家文化相似性较弱，因此，中国企业技术获取型海外并购中双方资源相似性往往较弱。

在海外并购中，资源互补性的存在为整合提供了创造出资源协同效用的潜力，而资源相似性的存在则保证了整合平稳、顺利进行的可能性。因此，资源互补性强、资源相似性弱的中国民营企业海外并购往往因为相似性的缺失而面临更为突出的整合问题，以致无法实现技术创新的目标，主要包括：

第一，无法正确识别互补性资源，整合协同效应难以实现。在中国并购方企业和国外目标方企业资源相似性较弱的情况下，寻求资源互补性以弥补资源相似性的不足，获取协同效应在技术获取型海外并购中显得尤为重要。然而一些中国企业由于信息的缺失和自身能力的不足，无法正确识别目标方蕴含的互补性资源，导致错误评估目标方核心资源价值，难以实现整合的协同效应。如TCL并购法国汤姆逊时对目标方所掌握的互补性资源以及电视行业发展方向发生了误判，投资汤姆逊公司的液晶电视背投技术而错失等离子电视行业的新走向机遇。

第二，并购后整合经验不足，整合策略与资源特性不匹配。一些中国企业由于并购整合的经验不足，忽视了与并购双方资源特性相匹配的整合策略的重要性，在资源互补性强、资源相似性弱的情形下，并购方盲目采取高程度整合会破坏目标方的技术创新能力。如TCL并购阿尔卡特之后，并未针对双方技术专利和分销市场互补性较强的特征做出合理的整合决策，而是强行按照TCL原有管理模式对阿尔卡特进行深度整合，最终导致了获取目标方技术能力的失败。

第三，目标方自主性缺失，整合摩擦效应较为突出。当并购双方资源存在高度互补性时，目标方员工的工作经验和研发能力等隐性知识对并购方尤为重要，一些中国企业没有注意给予目标方自主性，带来整合过程中较大的摩擦成本，导致目标方技术人员流失严重，并购方丧失大量的隐性资源。如上汽并购韩国双龙汽车公司后，在短期内进行了大规模撤换高层管理人员，让中方人员担任要职，对双龙施加了很强的实际控制权，导致遭遇了韩国双龙工会屡次总罢工，随着大量技术人员的流失，双方的技术合作始终没能实现。

（二）整合策略匹配对技术创新的影响

并购双方的每种资源均具有两个特点：相似性和互补性，这便决定了并购后整合程度与目标方自主性的确定，资源联系性组合与并购整合策略之间的匹配与并购后技术创新有着密切的关系。资源相似性，指在同一个狭义范围的技术领域的企业的技术能力、技艺和知识的程度，决定协同效应的实现和知识重组的性质和内容（Harrison，Hitt & Ireland，1991；Cassiman et al.，2005），有利于相互的理解和已有知识的共享（Cohen & Levinthal，1990）。资源相似性通过如下两条路径影响并购后的并购整合决策：一是资源相似性能够提供对目标企业的知识吸收与消化能力，使之在高程度的整合下能够充分消化吸收目标企业技术知识。吸收能力是指主体认识到外界新知识并且吸收、应用与商业目的的能力。并购后，企业若要成功地整合目标方企业的资源，则需要对这些资源有起码的理解，因而并购方企业的“吸收能力”，就显得十分关键。二是资源相似性能够拓展企业的技术知识基础，通过并购双方有效的并购整合可以带来技术的规模经济。已有研究表明：整合相似性资源能够通过规模经济效应提高研发生产效率，提升技术创新产出（Hall，1990；Hitt et al.，1991；Henderson & Cockburn，1996；Capron，1999）。因此，不难推测，目标企业相似性资源所带来潜在收益的实现需要高程度并购整合让两个公司相似的资源能够在同一组织架构下发挥效用，即对于资源相似性较高的并购事件，企业若想在并购中达到预期的效果，便需要对并购双方的相似资源进行整合。自主性方面，在资源相似性较高的并购中若给予相似的目标公司自主性，目标公司管理者倾向于抵抗合并后所要求的改变，诸如在他们控制下的资源的丧失诸如权利和威望，这可能会阻碍相似资源有意的合理化，因此低程度自主性较为适合。

资源互补性是并购后企业进行资源的重组和开发的基础（Kim & Finkelstein，2009；Sarkar et al.，2001），互补性被定义为那些独立存在、相互支持的资源特点（Tanriverdi & Venkatraman，2005；Wang & Zajac，2007）。互补性利用有差异的资源来完善公司实现价值创造，并让双方相互增强（e. g.，Milgrom & Roberts，1995）。相对于相似性资源，整合互补性资源需要很大的努力，因为其并购整合过程更为复杂，也更具挑战性。资源互补性与相似性对并购整合的影响路径存在较大差异，首先，对于资源互补性较高的并购，由于并购双方技术资源及研发路径存在较大差异，并购方对目标方知识并不熟悉，因而，其技术吸收能力相对较低，一定程度上阻碍了并购上对目标企业的学习，降低了并购整合过程中所能带来的技术创新能力提升。其次，当并购整合发生在资源相似性的公司中路径冲突会比较低，而在资源互补性的情况下冲突会比较高，因此高程度并购整合反而可能会破坏了这些有价值的技术资源。自主性方面，为了实现具有互补性资源的目标方的潜在价值，并购者需要依赖目标管理者关于互补性元素和他们联合的意愿的知识，给目标公司大量自主性程度可能促进目标公司员工合作，增加关键研发人员的生产力，同时促进他们分享知识和将他们技术和并购公司技术联合方式的想法。

在现实的并购中，并购双方往往同时存在资源的相似性与互补性，而这两种资源的联系性的共存也会对并购后整合程度与目标方自主性的选择产生一定的交互影响。资源相似性与资源互补性的交互对并购整合程度的影响：首先，当资源相似性高时，较大的技术冗余减少了企业创造全新知识的机会，因此在并购整合阶段企业的适宜选择高程度整合以实现效率协同。然而，当并购双方同时存在互补性资源时，一方面，资源的互补性要求企业维持必要的知识吸收能力，促进并购双方知识与资料的双向流动，此时企业会倾向于降低相似性资源的并购整合程度；另一方面，互补性资源的存在增加了并购双方在并购整合过程中的摩擦成本，高程度的整合会通过研发路径冲突、制度冲突、文化冲突等形式对并购双方的关键资源产生一定消极影响。其次，由于并购双方的资源相似性会促进互补性资源在整合过程中的被理解、吸收与消化，在并购整合过程中资源互补性所带来的潜在摩擦成本也会随着并购方资源相似性的提高而得到减弱。综上所述，可以推断，企业对高程度整合所产生的并购双方间摩擦成本与通过消除冗余资源带来的效率增加进行权衡，削弱了资源相似性与资源互补性对于并购整合程度的直接影响。因此，资源相似性与互补性对于并购整合程度存在负向交互作用。

资源相似性与资源互补性的交互对目标方自主性的影响：首先，当资源相似性高时，给予目标企业高的自主性可能会阻碍相似资源有意的合理化，且并购方管理目标公司业务所需的知识和能力已经具备，目标方自主性所带来的潜在利益是不确定的，因此在并购整合阶段企业的适宜选择低目标方自主性以避免效率损失。然而，当并购双方同时存在互补性资源时，目标企业的异质性知识是并购方所稀缺且需要的，此时保留目标企业关键资源，维持其持续创新能力是并购整合的关键，如若给予目标企业低自主性，很有可能引发目标企业关键人员的不满，导致核心资源的流失。二者的同时存在会促使企业对高目标方自主性所产生的相似性资源的效率损失与低目标方自主性所产生的互补性资源的耗损进行权衡，削弱了资源相似性与资源互补性对于目标方自主性的直接影响。因此，资源相似性与互补性对于目标方自主性也存在负向交互作用。

不同类型联系性在并购中价值创造的机理不同，并购双方资源的不同联系性之间的交互作用也影响着并购整合方法。因此，在不同的资源相似性和互补性强弱组合下，为促进技术创新，并购企业所采取的与之匹配的最优并购整合策略有所不同。

在资源相似性弱互补性强的情况下，进行较低程度的并购整合有利于技术创新。一是高程度并购整合虽然能够提供较好的协作机制会带给并购双方更有效率的知识流动，但此时由于并购双方技术资源及研发路径之间相似性较弱而差异性较大，其技术吸收能力相对较低，一定程度上阻碍了并购整合过程中对目标企业的学习，降低了并购整合程度在技术学习路径中所能带来的技术创新能力提升。二是并购整合将产生较大摩擦成本，破坏目标企业的创新资源。由于并购双方研发路径、管理方式等存在差异性，高程度的整合将带来较大的摩擦成本，破坏目标企业研发人员的生产积极性，甚至导致关键员工的离职。三是如果并购双方的技术领域相差很远，即技术相关性很弱，那么创新的过程和规则也会差异很大，在这种情况下，并购后双方的知识资源整合将会耗用大量的成本，甚至会产生相互抵触和矛盾，从而不利于并购后的技术创新。因此，当资源互补性强相似性弱时，一方面由于吸收能力较弱，其技术吸收与消化受到一定阻碍；另一方面由于并购双方在研发路径上的差异，使得并购整合对目标企业创新资源的破坏性较大，摩擦成本高于资源相似性强互补性弱的情况。

当并购双方资源相似性弱互补性强时，由于互补性的价值来自于两个企业的差异性资源，需要给予目标企业较高的自主性来避免破坏其持续的创新能力。一方面，较高的自主性程度有利于关键人员的留任以及增加研发人员的生产力。当在并购整合过程中给予目标企业较大的自主性时，会提高目标方员工的归属感与心理舒适度，进而降低其对整合的反感与抵制，提升目标方员工的合作态度，促进并购双方之间的协作，更重要的是，给予目标企业自主性能够降低员工的离职率，保护目标企业核心技术资源。另一方面，当并购双方互补性较强时，并购企业对于目标企业的资源、经营模式等不熟悉，而目标企业的原有经营管理团队对企业更为了解，且更有经验，并购方对于互补性资源的利用需要依赖目标方管理层的知识，依赖其团结一致实现潜在的价值。因而此时给予目标公司管理者一定的决策制定权力是必要的。因此，我们认为在并购双方资源相似性弱互补性强的情况下，偏向于采取低程度整合与高目标方自主性的综合并购整合策略。故，本文提出假设：在中国民营企业海外并购中若并购双方资源互补性强相似性弱，则低程度并购整合与高程度目标方自主性有利于并购后技术创新。

（三）吉利并购整合沃尔沃的案例分析①

1. 吉利并购沃尔沃的案例背景分析

浙江吉利集团（下文简称“吉利”）始建于1986年，是我国著名的民营汽车品牌企业，目前已成为以汽车制造及零部件生产为主的大型汽车集团。吉利初期坚持“制造老百姓开得起的汽车”的理念，获得了快速发展。由于意识到技术创新能力在汽车行业的重要性，2007年，吉利提出从“低价取胜”转向“技术领先”的战略宣言，开始探索战略转型。2009年（即并购沃尔沃的前一年），吉利全年共销售轿车32.67万辆，比上一年增长了近60%，在中国轿车市场上所占的份额也增至4%以上，其中有1.93万辆出口至海外②，成为国内汽车行业十强。在并购沃尔沃之前，吉利先后两次涉足国际并购，分别是2006年收购了英国锰铜公司30%的股权以及2009年对世界第二大变速器厂家——澳大利亚DSI自动变速器公司的全资收购，这为此后吉利对沃尔沃的并购累积了必要的经验。

沃尔沃汽车集团（下文简称“沃尔沃”）成立于1924年，是国际著名的豪华汽车制造商，名列世界20大汽车公司之一。沃尔沃的总部位于瑞典，是北欧地区最大的汽车制造企业，其产品质量上乘、性能优异，尤其是在安全系统方面更是享誉世界，被称为“世界上最安全的汽车”。2006年的世界品牌500强中沃尔沃名列第232名，在2007年跃升至第185名。然而由于受到2008年金融危机的影响，沃尔沃的销量开始出现大幅下降，沃尔沃轿车2007年的销售量为45.83万辆，2008年的销售量同比下跌了18.3%，到2009年沃尔沃汽车销量降至33.48万辆，当年的亏损高达6.53亿美元。出售沃尔沃，回笼资金发展福特自身品牌成为福特汽车应对此次危机的解决方案。

① 资料来源：浙江吉利控股集团官方网站和《吉利汽车控股有限公司历年年报》。

② 资料来源：《吉利汽车控股有限公司2009年年报》。

2010年3月28日，吉利与福特汽车签署有关沃尔沃汽车的股权收购协议，以18亿美元的价格成功收购了沃尔沃汽车的全部股权。通过此次收购吉利获得了沃尔沃旗下4000名研发人员；其所有的9个系列轿车产品；三个最新平台；沃尔沃完善的销售与服务网络，全球的2500家经销商（覆盖100多个国家与地区，其中欧洲市场与北美市场分别占60%与30%）；以及高度自动化、年产能60万元的生产线。

2. 资源联系性特征：资源互补性强、相似性弱

（1）并购双方技术互补性强相似性弱

吉利与沃尔沃除了最终产品都是汽车之外，在技术与研发层面的共同之处较少，二者技术资源上更多地体现为互补性。虽然吉利一直致力于自主研发，成立了自己的汽车研究学院，发动机、变速器、电子电气研究所，储备了必要的科研人才，拥有CVVT发动机、变速器、BMBS等多种专利与核心技术。但是不可否认的是吉利在技术与自主创新能力方面与沃尔沃仍然存在较大差距，难以达到欧洲在安全技术等方面的标准。沃尔沃研发实力强劲，拥有4000名高素质人才组成的研发队伍，具备研发、生产豪华车型的能力，满足欧6、欧7排放规则的车型与发动机的研发与生产能力，以及在汽车主动、被动安全领域的国际领先技术。而这些技术研发能力与知识产权正是满足吉利由中低档汽车向清洁能源汽车等高端产品转型发展战略所缺乏和需要的。因此在技术水平与研发实力上并购双方呈现互补性强相似性弱的特点。

（2）并购双方产品互补性强相似性弱

沃尔沃属于汽车行业高端品牌，在国际市场上认可度很高，曾被誉为“最安全豪华轿车”。沃尔沃汽车不仅在北欧市场上声誉斐然，在美国也颇具知名度，曾一度成为美国汽车市场上进口最多的汽车品牌，位列世界汽车十大品牌。而反观吉利，则是以生产中低端汽车为主，“制造老百姓开得起的汽车”的理念虽然为吉利带来了较为丰厚的利润以及快速的成长，但也给吉利的品牌打上了低端汽车的烙印，在国际市场上品牌认可度不高、知名度较低。因此，沃尔沃的品牌形象为“高端豪华”而吉利则“质平价廉”，二者在产品和品牌上具有较高互补性和较低的相似性。

（3）并购双方市场互补性强相似性弱

吉利很早便将眼光放向国际市场，实施“走出去”的国际化战略，然而却步履维艰，2009年吉利汽车的出口量占全年总销量的比例仅5%。吉利汽车的出口增长乏力的原因，不仅来源于其技术与产品的相对落后，同样也与吉利在海外的销售网络较少有关。而与此相对，沃尔沃则在全球拥有逾2500家经销商，覆盖100多个国家与地区，其中欧洲市场与北美市场分别占60%与30%，与吉利汽车的营销渠道形成了较好的互补。因此，吉利与沃尔沃市场资源亦呈现相似性强互补性弱的特点。

（4）并购双方财务互补性强相似性弱

沃尔沃之所以陷入亏损，主要由于金融危机导致其销量骤降，无法维持相应的高成本投入。根据资料显示，沃尔沃在研发上的投入几乎与奔驰、宝马等高端品牌持平，但其销量却远远落后于这二者。2008年金融危机使得沃尔沃销量出现大幅下，最终无法弥补高昂的成本。而与之相对的，吉利的核心竞争力恰好是其低成本优势。吉利并购沃尔沃之后，若将吉利汽车的生产移植到国内，则其生产成本将大幅降低。吉利汽车在并购前经过几年的快速发展，业务与经营能力均得到较大提升，为并购整合提供了较好的资金基础。

（5）并购双方文化互补性强相似性弱

已有的研究往往从国家文化与组织文化两个层面对并购双方的文化差异进行分析。国家文化方面，本章使用Hofstede六维度方法来衡量两个国家间的国家文化差异，这六个维度分别为：权力距离（power distance）、独立性（individualism）、男性/女性度（masculinity/femininity）、不确定性规避（uncertainty avoidance）、长期/短期取向（long-term/short-term orientation）以及放纵/克制（indulgence/restraint)。从图6－8中可以看到，霍夫斯坦德（Hofstede）的文化六维度中除了不确定性规避之外，中国和瑞典在其他五个维度上均存在很大的不同。我国文化强调的是崇尚权威、集体主义，具有较强的男性主义取向，并倾向于追求长期目标，而瑞典文化的突出特点是不崇尚权威、主张个人主义、男性主义取向较弱，偏好短期目标。组织文化方面，沃尔沃经过多年的历史沉淀已经形成了较为成熟的企业文化并融入到沃尔沃各个层次。而吉利作为典型的中国民营汽车企业，具有中国企业的普遍特色，其成本控制、以利为本的企业文化与沃尔沃关注品质、以人为本的理念存在较大互补性。因此，并购双方国家和企业文化具有相似性弱互补性强的特征。

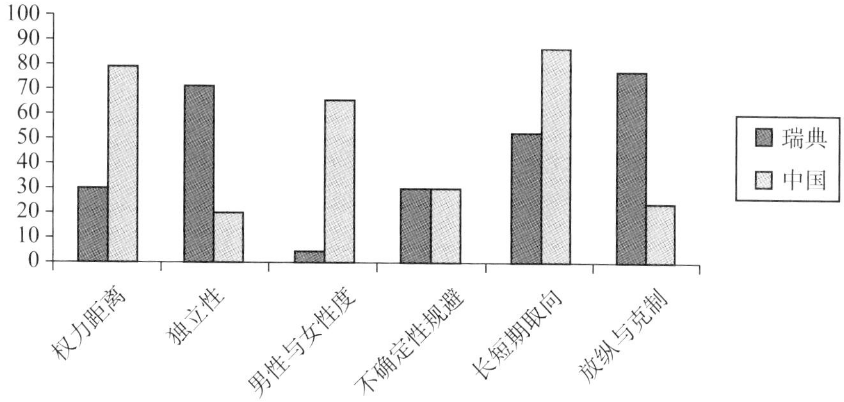

图6－8　中国与瑞典文化差异

资料来源：Hofstede 网站：http：//www. geerthofstede. com/.

从上文的分析可知，总体而言，吉利与沃尔沃的并购属于资源相似性弱、互补性强的类型。然而，交易成功仅仅是并购的第一步，如何进行有效的并购整合，真正实现潜在的协同效应，是吉利所需解决的重要问题。实施与并购双方资源联系性不同强弱组合相匹配的并购整合策略，不仅可以促进潜在协同效应的实现，而且有利于并购整合风险的降低甚至消除。那么并购后吉利采取了怎样的并购整合策略？该策略是否与并购的联系性类型相匹配，从而提升协同效应、降低并购整合成本？下文我们将对这两个问题进行逐一分析。

3. 并购整合策略：低程度整合与高目标方自主性

①并购整合策略一：实施技术、管理与业务的低程度整合，给予目标企业高度自主性，避免过高磨合成本。

吉利意识到自身与沃尔沃之间在技术、管理、品牌等方面互补性强而相似性弱，因此在并购之初便提出“吉利是吉利，沃尔沃是沃尔沃”的并购整合原则，尽量保持沃尔沃在技术、管理和业务经营上的相对独立性，不干涉沃尔沃日常的运营管理。并购后，吉利并未对沃尔沃原有的组织构架进行变革，其主要高层管理团队也得到了保留，仍负责沃尔沃的日常事务，管理层拥有较高的自主权。沃尔沃原研发中心、研发人员以及经销商网络亦得到保留，继续坚持沃尔沃的“安全”“环保”的经营理念，亦延续了沃尔沃注重管理层讨论来制定决策的制度，尊重沃尔沃原有的人才管理机制。

②并购整合策略二：采取“双品牌”的品牌整合策略，保持沃尔沃的品牌独立，保护其高端品牌价值，促进品牌协同效应。

沃尔沃属于高端豪华车品牌而吉利属于低端品牌，二者的品牌差异性明显，这不仅给品牌整合带来了一定的困难，同时有可能会影响到两个品牌各自的发展。因此，在两个品牌的对接中，吉利并没有急于将沃尔沃的高端生产技术应用到吉利的汽车品牌中，而是决定“分而治之”，继续维护和加强沃尔沃原有高端品牌的地位，保护其在“安全”和“环保”方面的全球声誉。即，在对品牌的整合上，吉利奉行品牌独立，吉利与沃尔沃两个品牌各自运营，互不干扰。

③并购整合策略三：实行“降规模成本”的财务整合措施，结合吉利自身的成本优势与沃尔沃技术优势，促进生产与经营的协同效应。

沃尔沃的优势在于其先进的生产技术，而其劣势正是较高的成本。李书福曾提到一个“降规模成本”概念，他指出，沃尔沃高额研发投入造就了其大量的知识产权与技术，但由于销售的规模较小，因而分摊到每一辆车上的成本就比较高，这便直接导致了沃尔沃的连年亏损。因此，吉利的任务便是，如何将沃尔沃的技术优势充分发挥与吉利的成本优势结合起来，扩大销量，降低成本，实现并购整合收益。因此，吉利采取了扩大生产规模，获取规模效益的财务并购整合策略。

④并购整合策略四：倡导“全球性企业文化”的文化整合理念，包容多种文化，提高并购双方的文化认同，降低文化冲突成本。

由于认识到文化差异对并购双方融合过程中带来的摩擦和风险，针对沃尔沃重视人人平等的管理决策理念，吉利本着以人为本的企业文化，在并购后鼓励员工包容不同的理念与信仰，并提出建立全球性的企业文化的口号。具体而言，首先设立了专门的企业文化研究中心，探讨全球型企业文化理念，希望能够构建学习型组织，结合并购双方各自的优势，达到求同存异的境界。其次，设立“企业联络官”，该职位的目的是通过策划活动、组织调研等形式充分了解目标企业的文化需求，化解并购可能带来的文化冲突。此外，建立有效的沟通机制，加强吉利与沃尔沃员工之间的沟通与交流，使其核心价值观逐渐趋同。最后，考虑到瑞典的工会在员工薪酬待遇上具有较大的发言权，并购后吉利十分重视与工会的沟通合作。可以说，吉利的文化整合是企业海外并购的成功典范，也为并购后企业目标的实现奠定了较好的基础。

⑤并购整合策略五：加强“并购整合能力”的建设，缩小并购双方差距，提高整合的合理性与有效性。

客观来说，沃尔沃比吉利拥有更先进的技术研发能力和管理制度，因此，吉利在整合过程中十分注重整合能力的建设：一方面，吉利在并购整合过程中不断学习沃尔沃的技术与管理体系以缩小与沃尔沃之间的差距；另一方面，并购后吉利在国内实行了“千名研究生培养计划”，对员工进行业务、外语、国际文化、国际法律等方面的培训，提高自身的并购整合能力，为并购整合的顺利进行提供保障。同时，聘用专业的并购整合咨询机构负责并购后整合的可行性研究与方案指导，提高并购整合策略的合理性与有效性。

可以看到，由于吉利与沃尔沃在技术、产品、市场、管理与文化维度上具有相似性弱互补性强的特征，该并购属于资源相似性弱互补性强类型，若强行将沃尔沃的互补性资源导入吉利，将出现转化难度大、并购整合成本高等问题。因而为避免冲突，吉利尽量保持了两者在管理、技术和品牌上的独立性，采取了低程度整合与高目标方自主性的并购整合模式，从后文的实施效果来看，该策略确实促进了并购后的技术创新。

4. 吉利并购沃尔沃的创新绩效

在并购沃尔沃后，吉利通过实施低程度整合与高目标方自主性的整合策略，保留了沃尔沃的研发资源，保护了目标企业持续的创新能力，从而使自身的技术创新能力得到提升，而从长期来看，并购整合对技术创新的积极影响也在其财务绩效上有所体现。

（1）创新绩效

由于采取了适当的并购整合方法，吉利通过对沃尔沃的技术学习，自主创新能力得到了较大提升：通过对沃尔沃在安全方面的学习，吉利熊猫、帝豪 EC7/EC8、英伦 SC515 等自主研发的产品先后获得了 C－NCAP 五星安全评价，而全球鹰 GX7 更是获得了“超五星”的安全评价。此外，发动机方面，4G18CVVT 产品具备了世界先进水平；而 Z 系列自动变速器，荣获了中国汽车工业科技进步一等奖。从专利数据来看（表6-3），并购后不论是在发明专利还是实用新型方面，吉利汽车专利申请数量均出现了较大程度的增长，专利产出远远高于并购前。

表6-3 吉利并购沃尔沃前后专利申请数量

专利类别	2007年	2008年	2009年	2010年	2011年	2012年
发明专利	7	19	77	173	258	518
实用新型	117	209	699	1380	1785	2466

资料来源：中外专利信息服务平台。

由表6-4可以看出，无形资产方面，并购后无论是存量上还是无形资产占总资产比例上均实现了质的飞跃。无形资产占非流动资产的比例从2009年的16.25%增长到2012年的24.42%，无形资产的存量由2009年10.6968亿元增至2012年的28.1450亿元，其增值幅度高达163%。

表6-4 吉利并购沃尔沃前后无形资产

项目	2008年	2009年	2010年	2011年	2012年
无形资产（万元）	65715.5	106967.9	144859.3	222174.5	281449.7
非流动资产（万元）	504041.7	658277.8	829001.0	1059072.2	1152487.4
占比（%）	13.04	16.25	17.47	20.98	24.42

资料来源：吉利汽车控股有限公司2008~2012年年报。

（2）财务绩效

并购整合对于企业技术创新的影响最终也会体现在企业的财务绩效上，因此，我们同样对吉利并购沃尔沃之后的财务指标进行必要的分析。沃尔沃的销售市场主要集中于欧洲与美国，借助于沃尔沃庞大的营销渠道，吉利扩展了自身在这些国家和地区的销售网络，并开始逐步向亚太新兴市场扩张。具体来说，2011年全球销量达到44.9万辆，同比增长20%，其中日本和德国等地区的销量增幅高达50%，当年的汽车出口量近4万台，同比剧增120%。2012年，吉利汽车出口量首次突破10万台大关，与上一年相比暴涨164%。2011年中国企业联合会、中国企业家协会联合公布了“2011中国100大跨国公司及跨国指数”，其中吉利的跨国指数高居第一。从表6-5中的财务数据来看，并购后吉利的总资产、净资产、销售收入、毛利润、净利润均呈现上涨态势。毛利率、总资产收益率和净资产收益率在并购后短期内出现一定下滑随后不断上升。

表6-5 吉利并购沃尔沃前后财务数据

项目	2009年	2010年	2011年	2012年	2013年
总资产（百万元）	18802.189	23974.343	27596.758	31379.826	33599.308
净资产（百万元）	7096.520	9077.677	10150.115	13204.024	16229.691
销售收入（百万元）	14069.225	20099.388	20964.931	24627.913	28707.571
销售成本（百万元）	11528.489	16399.684	17144.820	20069.092	22941.904
毛利润（百万元）	2540.736	3699.704	3820.111	4558.821	5765.667
净利润（百万元）	1319.028	1549.711	1715.849	2049.786	2680.248
毛利率（%）	18.06	18.41	18.22	18.51	20.08
总资产收益率（%）	7.02	6.46	6.22	6.53	7.98
净资产收益率（%）	18.59	17.07	16.90	15.52	16.51

资料来源：吉利汽车控股有限公司2009~2013年年报。

5. 案例分析小结与启示

通过吉利并购沃尔沃的案例可以看到，当并购双方资源相似性低互补性高时，由于核心技术仍掌握在目标企业手中，能够保留目标方核心管理层对目标方研发活动发挥持续管理作用是很重要的。因此，实施较低的并购整合程度与较高的自主性有利于缓解并购双方的冲突，最大限度稳定目标企业的关键人员，保留其持续创新能力。即，对本文的假设提出了经验支撑。因此，当并购双方资源互补性强、资源相似性弱时，较低程度整合与较高程度目标方自主性能够缓解整合中的摩擦效应，有助于目标方留下关键的研发人员与研发资源，有利于技术创新。

五、民营企业国际化与技术创新：未来展望

（一）民营企业国际化与技术创新发展趋势分析

1. 民营企业国际化动因与技术创新发展趋势分析

技术创新与转型升级逐步成为民营企业国际化最重要的动因。例如，2010～2014 年浙江上市公司发生的63 起海外并购中，接近一半的并购方企业在并购公告中披露，进行海外并购是为了提高企业技术能力或产品附加值。吉利收购沃尔沃、万向收购美国 A123、卧龙集团收购奥地利 ATB 公司、日发精机并购意大利 MCM 公司等并购案例都体现出技术寻求型动因。《2015 年中国企业并购市场回顾与 2016 年展望》指出当前民营企业的海外投资越来越倾向于追逐技术、品牌和专业，技术寻求型国际化是中国民营企业获取核心竞争力，快速提高其行业地位的有效方式，未来民营企业的技术寻求型国际化比重将继续增大。

2. 民营企业国际化区位与技术创新发展趋势分析

中国民营企业近年来对欧美等技术发达国家的海外投资数量与比例均快速增长，2014 年对欧盟直接投资 97.87 亿美元，同比增长 116.3%，对美国投资 75.96 亿美元，同比增长 96.1%[①]。欧美市场成为民营企业国际化区位选择的新热点，原因在于，一是中国经济正处于转型升级的关键时期，海外投资的民营企业更加重视欧美市场品牌、技术、渠道；二是欧洲经济的持续低迷，过去欧洲相对优秀的企业，目前生存状况都比较艰难，给中国企业提供了并购及合作的机会，且相对北美地区而言，欧洲的投资环境友好度、可供选择的标的存在较大的优势。因此，随着中国民营企业国际化程度的加深，未来中国民营企业将进一步向欧美等发达地区扩张，对具有先进技术、知名品牌的优质公司进行海外投资。

3. 民营企业国际化行业分布与技术创新发展趋势分析

技术密集型制造业与高科技行业逐步成为民营企业国际化获取技术创新的主要行业。据中国商务部对外投资统计数据显示，2015 年中国装备制造业对外直接投资 70.4 亿美元，同比增长 154.2%，交通运输、电力、通信等产业对外直接投资累计约116.6 亿美元，同比增长80.2%，制造业成为中国对外直接投资最大亮点。同时，2015 年中国企业海外并购交易数量增长40%，共实现382 起海外并购，创历史新高，交易金额增长21%[②]。伴随国家发展战略性新兴产业的方针，未来阶段民营企业在

---

① 资料来源：《2014 年度中国对外直接投资统计公报》。
② 普华永道发布的《2015 年中国企业并购市场回顾与 2016 年展望》。

国际化行业中将进一步转向与制造业转型升级相关的产业，通过海外投资获取高端制造能力，实现产业国际化。

4. 民营企业国际化模式选择与技术创新发展趋势分析

中国民营企业外向国际化起步虽晚，但近年来发展迅速，2014 年中国对外投资流量按全球国家（地区）连续第三年排名第三位，存量排名全球第八位①。绿地投资与海外并购等模式都成为中国民营企业外向国际化的有效方式，特别是2008 年后中国民营企业进入海外并购跨越发展阶段，海外并购成为中国民营企业快速获取先进技术提升企业竞争力的途径。未来在保持高水平内向国际化的同时，外向国际化水平也会更进一步提高，中国民营企业特别是高科技行业会通过海外并购快速扩张。

（二）民营企业国际化与技术创新的国际经验借鉴

1. 发达市场国家企业国际化与技术创新经验

日本是具有代表性的通过国际化、海外先进技术引进实现技术与经济快速发展的国家，通过“引进——消化——改良——自主创新”的路径走上了技术强国之路。第二次世界大战后，日本民营企业通过大量引进国外先进技术，进口先进机械设备及生产工序，以较快的速度实现了钢铁、机械、半导体、电视、微电子等技术的现代化，中小企业在轻工业领域国际竞争力快速提升，促进了第二次世界大战后日本经济的发展，1968 年日本 GDP 为世界第二。在此时期内，日本对于引入的国际尖端技术不仅仅是简单的使用与模仿，而是着重于加强对引进技术的消化与吸收，并在此基础上改良与创新，日本企业技术研发投入比不断提高，创新能力快速提升，建立了属于日本的技术体系，形成了一批具有国际知名度的日本民营企业，如丰田、三菱、索尼、东芝、松下等，其产品技术含量和质量精益求精，通过差异化、高档化和时尚化产品定位，逐步创建国际品牌，享誉全球。根据日本工业技术院的调查，20 世纪 60 年代中期日本机械行业研究费中有 16. 9% 用于技术引进，68. 1% 用于对引进技术二次创新，电子行业研究费的 24. 4% 用于技术引进，48. 1% 用于二次创新。进入 20 世纪 80 年代，日本由“贸易立国”转向“技术立国”，强调由依靠技术引进带动经济增长向创造性自主技术开发促进经济发展的转变，出台了许多扶持鼓励中小企业技术创新的制度与政策，研究开发能力有了较大提高，此后“技术立国”政策不断丰富与发展，使日本成为技术强国。第二次世界大战之后日本企业通过引进先进技术在短时间内赶上了发达国家，通过技术引进完成了产业结构升级。

纵观日本第二次世界大战后短短数十年内通过国际化发展为科技强国的历程，具有以下几个特点：一是通过引进国外尖端技术快速实现现代化生产；二是引进先进技术不局限于使用与模仿，注重改良与创新；三是政府鼓励技术创新，确立与不断丰富“技术立国”政策；四是产品形成国际知名品牌，具有高附加值。

2. 新兴市场国家企业国际化与技术创新经验

新兴市场中印度特别是其制药业与 IT 行业是较典型的通过国际化实现技术创新的典范。21 世纪以来，印度对外直接投资量持续增加，投资方式多样，以跨国并购最为显著，对外投资行业选择逐渐向高科技与现代服务业转移，形成了一些有实力的跨国公司。印度对外投资以私营企业为主体，行业集中于其具有竞争力的制药业、软件业等，以软件业为例，20 世纪 90 年代以来，以软件业为代表的印度电子信息技术产业取得快速发展，软件业已成为印度的支柱产业，其发展经验值得借鉴与学习。印度企业通过并购发达国家技术型企业而直接获取技术和专利，雇用当地高水平的研发人员直接参与

① 资料来源：UNTCAD《2015 世界投资报告》。

研发，充分利用国外人力资源，同时收集相关信息，跟踪国际科技动态，推动了国内高新技术产业的发展和传统产业的技术改造。

国际化是赶超型国家获取技术创新和产业升级的重要战略。韩国企业通过“并购—整合—追赶—超越”的路径，在海外市场上广泛进行技术并购以实现技术研发水平的增长。如韩国三星电子20世纪80年代开始逐步收购美国中小型科技公司，至1994年韩国在大规模集成电路技术中已占据国际领先地位。

（三）民营企业国际化促进技术创新的政策建议

1. 民营企业国际化促进技术创新的途径分析

（1）强化核心资源识别，谨慎甄选海外技术资源

民营企业在海外技术获取过程中，准确全面的事前评估提高并成功率大有裨益。如在吉利并购沃尔沃案例中，吉利集团早在2002年便有意向收购沃尔沃，于2007年着手组建专门调研沃尔沃的“V”项目办公室，研究两者合并的可能性。2008年底，当福特宣布将出售沃尔沃时，吉利迅速组建了谈判小组，并通过其全球并购咨询顾问LCF洛希尔银行，联合众多专业机构，对该并购项目进行深入全面的评估。与此相对的，TCL对阿尔卡特的并购中，他们低估了并购整合的难度，认为阿尔卡特手机业务的员工仅有1000多人，且仅有研发和营销体系，整体组织结构也较为简单，于是在对欧美市场了解不够充分，而且缺乏丰富的海外收购经验的基础上，未聘请专业的并购咨询公司，便轻率地自行制定了收购阿尔卡特的方案。可以说TCL对目标企业草率的评估方式为其日后并购整合的失利埋下了伏笔。

民营企业国际化过程中，机会型的海外并购居多，在清晰的战略指导下的国际化成长较少。民营企业应明确企业国际化目标，与国外企业多接触多储备，明确规划布局，科学周密地制定国际化战略规划。国际化路径应当与企业的整体发展战略保持一致，才能使得国际化具有目的性与方向性，实现技术升级的最终目标。

聘请国际上信誉好、经验丰富的中介机构对东道国及投资标的的经济法律环境、产业政策、在其行业中的地位、投资标的的发展状况、价值观或企业文化、并购目标的组织构架、资产权益状况等进行充分调查，对投资标的是否具有一定的发展潜力及可塑性并有利于企业的长远发展做出客观评估和判断。利用海外投资的专业智库和海外并购研究与管理机构寻求战略决策服务，提高民营企业海外投资标的甄选阶段的应变能力和决策能力。

（2）选择恰当技术整合策略，实现民营企业技术创新

企业获取海外技术资源后，整合战略应该结合并购双方资源相似性与互补性的强弱情况，从如何更有利并购后实现协同效应、降低摩擦成本的角度去选择与之匹配的并购整合模式，通过整合提高企业的技术创新能力。当并购双方资源互补性强、相似性弱时，并购方自己不具备足够的吸收与消化能力，应先以保留原目标企业的竞争优势为首要目标，避免过多的干涉，因而适宜采取低程度整合并给予目标方较高的自主性。当并购双方资源相似性强、互补性弱时，并购双方具有较大的资源重叠，并购企业对于目标企业的技术、研发与生产经营路径较为熟悉，此时应消除部分冗余资源、对资源进行优化配置，因而适宜采取高程度整合并给予目标方较低的自主性。当并购双方资源相似性与互补性均强时，适宜采取较高程度整合并给予目标方较高的自主性。

文化差异是国际化所面临的一大难题，许多国际化战略的失败来源于文化冲突，如上汽并购韩国双龙。民营企业国际化过程中要尽量做到尊重对方的原有文化，包括企业原有的价值观、习惯和规章制度等，即便是在强势文化企业并购弱势文化企业的情况下，文化的相互尊重仍然是重要且必要的。比如，吉利对沃尔沃的并购能够获得成功，在文化整合方面所做的努力是可圈可点，并购初期吉利便

深刻认识到文化差异带来的潜在风险，因而倡导建立全球性的企业文化，包容不同的信仰和理念。而TCL并购阿尔卡特的案例中，在并购整合阶段，TCL并没有制定详细的文化融合方案，而是大力推行以TCL为主的企业文化，忽视了文化的差异性，增加了原阿尔卡特员工的不满情绪。

注重民营企业技术与研发能力，提高自身的技术水平，增加对东道国的资源吸收能力和支撑能力。进行管理团队的建设，提高企业管理层的并购整合能力。放眼全球，凡是成功进行国际化的跨国企业，均有一批具备跨国经营管理经验和能力要求的人力资源。而我国民营企业由于进行海外投资的时间相对较短，普遍缺乏跨国经营，尤其是并购整合人才，企业管理层的海外并购整合能力相对较弱。因此，跨国公司应将培养国际化经营人才作为“走出去”的一大战略重点。

（3）主动规避国际化风险，保障技术获取战略顺利实施

当海外投资区域风险发生的可能性较高以及风险的影响性较大的情况下，民营企业采取的中止、放弃某种决策方案或调整、改变某种决策方案的风险处理方式。民营企业要重视运用境外保险方式转移区域风险。我国已于1988年加入了“多边投资担保机构（MIGA）”。MIGA为成员国企业的跨国投资提供担保。担保的风险主要是非商业性风险。“海外投资多元化战略”是分散我国海外投资风险的主要措施，有利于企业避免在东道国的投资方面开展恶性竞争和盲目跟随，使我国民营企业海外投资获得最好的整体效益。

2. 民营企业国际化促进技术创新政策建议

（1）构建战略决策服务体系，帮助企业研判整合的资源基础

建议一：建立专业战略决策的分析指导智库。

通过聘请包括技术分析、战略管理，行业分析，资产并购等领域的专家建设针对中国民营企业国际化的专业智库，对海外投资及海外并购项目及相关数据进行动态分析，提供权威的研究报告，以降低信息不确定性导致的民营企业对海外的技术资源基础的判断偏误。

建议二：成立海外投资的促进机构为企业提供战略决策的信息。

例如，美国商务部成立了海外投资的促进机构，主要为企业拓展海外投资提供各类信息、咨询、同行性研究、培训、举办研讨会、展览及其他相关服务。新加坡经济发展局为促进本国企业海外投资，在一年内组织了十余次新加坡厂商和外国厂商的圆桌会议、几十次赴国外考察团。对此我国应予以借鉴。

建议三：政府搭台在中国举办具有国际影响力的工业博览会。

德国每年一届举办的汉诺威工业博览会，博览会上展出科技界的前沿产品、技术和解决方案，为技术寻求型企业提供行业和技术前沿的一手信息。我国应成立全国性的海外投资服务与促进机构，为并购企业了解目标企业和国际产业的各项信息提供平台，提高民营企业的资源研判能力和决策能力。

（2）建立专业分析智库，帮助企业提高资源整合能力

建议一：建立专业的国际化分析指导智库。

通过聘请包括技术分析、战略管理、海外投资及并购整合领域的专家建设针对中国民营企业国际化的专业智库，为中国民营企业国际化投资与国际化经营实施提供咨询建议。例如，韩国政府建立了OIS（overseas investment system）海外投资系统，提供海外投资专家的在线沟通服务，也可以在目的地国家建立常设机构，熟悉当地的政府、人脉、企业家资源、社会运行规则等，利用此类机构及培养的人才发挥整合决策的支撑作用。

建议二：政府应加强中国企业海外并购与整合管理培训。

法国建立了较为完善的企业海外投资培训体系，政府与银行、科研机构、大学和企业联合制定专门用于企业海外拓展方面技术和管理人员的培训计划，并执行带薪培训，政府补贴培训期间员工50%的工资。

(3) 建立国际化案例库，树立国际化模式的成功典范

建议一：建设国际化投资与国际化经营的案例库。

收录中国民营企业国际化投资与国际化经营的全面信息构建案例库，组织设立论坛、高端交流会进行中国民营企业以提升技术创新为目标的国际化经验推广等。

建议二：成立海外并购企业联合会。

为海外并购的民营企业提供良好的交流平台，沟通企业与政府的联系，定期组织高端交流会等进行海外投资整合经验推广，提高海外并购企业管理整合水平。

建议三：运用新闻媒体引导构建中国民营企业成功国际化模式。

如日本丰田的全球扩张发展战略已被公认为“丰田模式”，其内涵是决策循序渐进，力求实现本土化管理，同时也注意企业文化的整合。因此，我国集团政府应加强新闻媒体的宣传引导，树立中国民营企业成功的并购整合模式，在甄别并购双方资源相似性与互补性基础上，选择合适的整合策略，如“吉利模式”在资源互补性强、资源相似性弱的并购中，并购方企业应选择低程度整合，同时给予目标方高程度自主性，将有利于技术创新。

(4) 推动海外投资的文化融合，促进民营企业降低技术整合成本

建议一：提供国际化投资的东道国文化信息支持。

政府应加强海外投资公共信息服务，以美国为例，美国驻外使馆所设的经济商业情报中心、政府特设机构等都为本国海外投资企业提供最新和最可靠的东道国文化和市场信息。中国也应对不同国别进行相关的产业和文化投资环境的研究，加深并购企业对海外目标方企业的文化与管理方式的理解，促进中国企业在并购后降低整合摩擦成本，创建有益于创新的公司文化。

建议二：提升目标方对中国企业的文化认同。

日本制定《海外投资行动指针》倡导企业对外投资应兼顾社会责任以提升海外形象。我国应充分利用海外使、领馆及相关机构，加强海外并购公共信息服务，提倡企业在海外并购时注重与当地社会、业界的融合，增强目标企业对中国民营企业文化的认同度和信任度，降低文化冲突。

建议三：营造宽松的整合环境，注重对目标方员工的激励。

政府应引导民营企业尽量保留目标企业的原有人事管理制度和薪酬制度，并合理对目标方技术人员予以激励。在有条件的情况下，在目标方所在国设立独立的由双方研发人员共同组成的技术研发中心，这样能使目标方研发人员在原有社会文化环境下工作，同时也拓宽了目标方人才的事业空间。

参考文献

[1] 陈菲琼．中国海外投资的风险防范与管控体系研究 [M]．北京：经济科学出版社，2015.

[2] 陈菲琼．推动海外并购整合促进产业竞争优势 [N]．光明日报，2015-11-26.

[3] 陈菲琼．民营企业海外并购整合研究 [M]．杭州：浙江大学出版社，2013.

[4] 陈菲琼．民营科技企业国际化战略 [M]．北京：经济科学出版社，2006.

[5] 陈菲琼，陈珧，李飞．技术获取型海外并购中的资源相似性、互补性与创新表现：整合程度及目标方自主性的中介作用 [J]．国际贸易问题，2015 (7).

[6] 陈菲琼，丁宁．全球网络下区域技术锁定突破模式研究——OFDI逆向溢出视角 [J]．科学学研究，2009，27 (11)：1641-1650.

[7] 陈菲琼，范良聪．基于合作与竞争的战略联盟稳定性分析 [J]．管理世界，2007 (7)：102-110.

[8] 陈菲琼，冯显敏，孙晓光．民营科技企业国际化成长模式分析 [J]．浙江大学学报（人文社会科学版），2006，36 (2)：122-129.

[9] 陈菲琼，韩莹．创新资源集聚的自组织机制研究 [J]．科学学研究，2009，27 (8)：1246-1254.

[10] 陈菲琼，黄义良．组织文化整合视角下海外并购风险生成与演化 [J]．科研管理，2011，32 (11)：100-

106.

[11] 陈菲琼，王旋子．制度视角下中国资源型海外投资区域风险研究［J］．科研管理，2012，33（10）：121－128.

[12] 陈菲琼，虞旭丹．企业对外直接投资对自主创新的反馈机制研究：以万向集团 OFDI 为例［J］．财贸经济，2009（3）：101－106.

[13] 陈菲琼，钟芳芳．中国海外直接投资政治风险预警系统研究［J］．浙江大学学报（人文社会科学版），2012（1）：87－99.

[14] 陈菲琼，钟芳芳，陈珧．中国对外直接投资与技术创新研究［J］．浙江大学学报（人文社会科学版），2013，43（4）：170－181.

[15] 顾露露，Reed，R. 中国企业海外并购失败了吗？［J］．经济研究，2011（7）：116－129.

[16] 冼国明，杨锐，技术积累、竞争策略与发展中国家对外直接投资［J］．经济研究，1998（11）.

[17] 吴彬，黄韬．二阶段理论：对外直接投资新的分析模型［J］．经济研究，1997（7）.

[18] 于开乐，王铁民．基于并购的开放式创新对企业自主创新的影响——南汽并购罗孚经验及一般启示［J］．管理世界，2008（4）：150－158.

[19] 周小春，李善民．并购价值创造的影响因素研究［J］．管理世界，2008（5）：134－143.

[20] Almeida，P.（1996），Knowledge Sourcing by foreign multinationals：Patent citation analysis in the US semiconductor industry，Strategic Management Journal，17，pp. 155－165.

[21] Amdt Olaf，Sternberg Rolf. Do manufacturing firms profit from intraregional innovation linkages？An empirical based answer［J］. European Planning Studies，2000，8：P465－485.

[22] Audretsh，D. P. and Feldman，M. P.（1996），R&D Spillovers and the Geography of Innovation and Production，American Economic Review，Vol. 86，pp. 630－640.

[23] Berman E.，J. Bound，and S. Machin，（1997），"Implications of Skill－Biased Technological Change：International Evidence." NBER Working Paper #6166.

[24] Blomström，M.，Fors，G. and R. E. Lipsey（1997）Foreign Direct Investment and Employment：Home Country Experience in the United States and Sweden，Economic Journal，107，pp. 1787－1797.

[25] Blomström，M. and Kokko，A.（1998），Multinational Corporations and Spillovers'，Journal of Economic Surveys，Vol. 12，pp. 247－277.

[26] Brainard，S. L.（1993）An Empirical Assessment of the Factor Proportions Explanation of Multinational Sales，NBER Working Paper，No. 4583.

[27] Capron，L. & Hulland，J. Redeployment of brands，sales forces，and general marketing management expertise following horizontal acquisitions：a resource-based view［J］. Journal of Marketing，1999，63：41－54.

[28] Cassiman，B.，Colombo，M. G.，Garrone，P. & Veugelers，R. The impact of M&A on the R&D process－An empirical analysis of the role of technological-and market-relatedness［J］. Research Policy，2005，34（2）：195－220.

[29] Chen H，Chen T－J. Network linkages and location choice in foreign direct investment［J］. Journal of International Business Studies，1998，29：445－468.

[30] Chesbroughhw. The era of open innovation［J］. Mit Sloan Management Review，2003，44：35－41.

[31] Coe，D. and Helpman E.，（1995），International R&D Spillovers，European Economic Review，vol. 39（5），pp. 859－887.

[32] Cohen，W. M. & Levinthal，D. A. Absorptive capability：A new perspective on learning and innovation［J］. Administrative Science Quarterly，1990，35：128－152.

[33] David T. Coe；Elhanan Helpman；Alexander W. Hoffmaister（1997），North－South R&D Spillovers，The Economic Journal，Vol. 107，pp. 134－149.

[34] Feenstra，R.，（1996），Trade and Uneven Growth，Journal of Development Economics，Vol. 49（1），pp. 229－256.

[35] Feenstra，R. and G. Hanson，（1996a），"Foreign Investment，Outsourcing，and Relative Wages，" in R. Feenstra and G. Grossman，eds. Political Economy of Trade Policy：Essays in Honor of Jagdish Bhagwati，Cambridge，MA：MIT Press，

1996.

[36] Feiqiong Chen & Yin Wang., Integration risk in cross-border M&A based on internal and external resource: empirical evidence from China, Quality & Quantity, (2014) 48: 281 -2951, SSCI.

[37] Feiqiong Chen & Xu, Yangmin, Democratization in the host country and institutional risk of cross-border M&A: an empirical study on Chinese listed enterprise, Quality & Quantity, 2014.02, 48: 1013 -1025, SSCI.

[38] Feiqiong Chen & Zhong, Fangfang; Chen, Yao, Outward foreign direct investment and sovereign risks in developing host country, economic modeling, 2014.04, 41 (2014) 166 -172, SSCI.

[39] Fosfuri, A., Motta, M. and Ronde, T., (2001), Foreign direct investment and spillovers through workers' mobility, Journal of International Economics, vol. 53 (1), pp. 205 -222.

[40] Hall, B. The impact of corporate restructuring on industrial research and development [J]. Brookings Papers on Economic Activity: Microeconomics, 1990: 85 -124.

[41] Harrison, J. S., Hitt, M. A. & Hoskisson, R. E, et al. Synergies and post-acquisition performance: Differences versus similarities in resource allocations [J]. Journal of Management, 1991, 17 (1): 173 -190.

[42] Head K, Ries J. (2002), Offshore production and skill upgrading by Japanese manufacturing firms. Journal of International Economics 2002; 58; 81 -105.

[43] Henderson, R. & Cockburn, I. Scale, scope and spillovers: The determinants of research productivity in drug discovery [J]. RAND Journal of Economics, 1996, 27 (1): 32 -59.

[44] Helpman, Elhanan, (1985), "Multinational Corporations and Trade Structure," Journal of Political Economy 92: 451 -471.

[45] Jaffe, A. B., M. Trajtenberg and R. Henderson (1993). "Geographic localization of knowledge spillovers as evidenced by patent citations", The Quarterly Journal of Economics 108 (3): 577 -598.

[46] James H Love. Technology sourcing versus technology exploitation: an analysis of us foreign direct investmentflows [J]. Applied Economics, 2003, 35: 1667 -1678.

[47] Kim, J. Y. & Finkelstein, S. The Effects of strategic and market complementarity on acquisition performance: Evidence from the US commercial banking industry, 1989 -2001 [J]. Strategic Management Journal, 2009, 30: 617 -646.

[48] Kogut, B., Chang, S. (1991), Technological capabilities and Japanese foreign direct investment in the United States, The Review of Economics and Statistics, Vol. 73, pp. 401 -413.

[49] Kokko, A. (1994), "Technology, market characteristics, and spillovers", Journal of Development Economics, Vol. 43, pp. 279 -293.

[50] Kuemmerle, W. (1999). "Foreign Direct Investment in Industrial Research in the Pharmaceuticals and Electronics Industries - Results of a Survey of Multinational firms", Research Policy, Vol. 28, pp. 179 -193.

[51] Lall, S. (1980). "Vertical inter-firm linkages in LDCs: an empirical study", Oxford Bulletin of Economics and Statistics 42: 203 -226.

[52] Lee Branstetter (1999). "Is Foreign Direct Investment a Channel of Knowledge Spillovers? Evidence from Japan's FDI in the United States", NBER working paper.

[53] Lipsey, R. E. (2002) Home and Host Country Effects of FDI, Paper for ISIT Conference on Challenges to Globalization, Lindingö, Sweden.

[54] Lundvall, B. (1992). National system of innovation: towards a theory of innovation and interactive learning, London, Pinter.

[55] Patel, P. and K. Pavitt, (1998), National systems of innovation under strain: the internationalisation of corporate R&D, SPRU Electronic Working Papers Series, 22, Science Policy Research Unit, University of Sussex.

[56] Pearce, R. D (1999). Decentralised R&D and Strategic Competitiveness: Globalsied Approaches to Generation and Use of Technology in Multinational Entreprises, Rearch Policy, Vol. 28, pp. 157 -178.

[57] Peter J Lane, Jane E Salk, Marjorie A Lyles. Absorptive capacity, learning, and performance in international joint ventures [J]. Strat. Mgmt. J., 2001, 22: 1139 -1161.

[58] Piachaud, Binaca. Outsourcing technology [J]. Research Technology Management, 2005, 48: 40 -6.

[59] Powell W W. Learning from collaboration: knowledge and networks in the biotechnology and pharmaceutical industries [J]. California Management Review, 1998, 40: 228 - 240.

[60] Mariotti S, Mutinelli M, Piscitello L. (2003) Home country employment and foreign direct investment: evidence from the Italian case. Cambridge Journal of Economics 2003, 27: 419 - 431.

[61] Markusen J. & Maskus, K., (1998), Estimating the Knowledge - Capital Model of the Multinational Enterprises, University of Colorado manuscript.

[62] Maskell P, Malmberg A. Localized learning and industrial competitiveness [J]. Cambridge Journal of Economics, 1999, 23: 167 - 185.

[63] Milgrom, P. & Roberts, J. Complementarities and fit strategy, structure, and organizational change in manufacturing [J]. Journal of Accounting & Economics, 1995, 19 (2 - 3): 179 - 208.

[64] Neven, D. and Siotis, G., (1996), Technology sourcing and FDI in the EC: An empirical evaluation, International Journal of Industrial Organization, vol. 14 (5), pp. 543 - 560.

[65] Nigel, D and James, H. L. (2003), Foreign Direct Investment, Technology Sourcing and Reverse Spillovers, The Manchester School, Vol 71. No 6, pp. 659 - 672.

[66] Roger J. Calantone, Michael A. Stanko. Drivers of outsourced innovation: an exploratory study [J]. Journal of Product Innovation Management, 2007, 24: 230 - 241.

[67] Sarkar, M., Echambadi, R., Cavusgil, S. T. & Aulakh, P. S. The influence of complementarity, compatibility, and relationship capital on alliance performance [J]. Journal of the Academy of Marketing Science, 2001, 29 (4): 358 - 373.

[68] Siotis G., (1999), Foreign Direct Investment Strategies and Firms' Capabilities, Journal of Economics & Management Strategy, Blackwell Publishing, vol. 8 (2), pp. 251 - 270.

[69] Sourafel, G. and Holger, G. (2005) Foreign direct investment, spillovers and absorptive apacity: evidence from quantile regressions, Discussion Paper.

[70] Steven Globerman (1979), Foreign Direct Investment and 'Spillover' Efficiency Benefits in Canadian Manufacturing Industries, The Canadian Journal of Economics/Revue canadienne d' Economique, Vol. 12, No. 1. (Feb., 1979), pp. 42 - 56.

[71] Tanriverdi, H. & Venkatraman, N. Knowledge relatedness and the performance of multibusiness firms [J]. Strategic Management Journal, 2005, 26 (2): 97 - 119.

[72] Teck - Yong Eng. Relationship value of firm in alliance capitalism and implications for FDI [J]. International Journal of Business Studys, 2007, 15: 43 - 68.

[73] Van Pottelsberghe de la Potterie, B. And Lichetenberg, F. (2001), Does foreign direct investment transfer technology across borders, Review of Economics and Statistics, vol 83, pp. 490 - 497.

[74] Walid Hejazi; A. Edward Safarian (1999), Trade, Foreign Direct Investment, and R&D Spillovers, Journal of International Business Studies, Vol. 30, pp. 491 - 511.

[75] Wang, L. & Zajac, E. J. Alliance or acquisition? A dyadic perspective on interfirm resource combinations [J]. Strategic Management Journal, 2007, 28 (13): 1291 - 1317.

[76] Wolfgang Keller (2004), International Technology Diffusion, Journal of Economic Literature, Vol. 42, pp. 752 - 782.

[77] Yamawaki H., (1993), International competitiveness and the choice of entry model: Japanese multinationals in US and European manufacturing industries, A CEPR Workshop, Oxford. 12 - 13 November, pp. 28.

第七章　民营经济发展与民间金融*

民间金融，又被称为地下金融，是指个体、家庭、企业之间绕开正规的金融体系而直接进行金融交易活动的行为及其相应的制度。通常来说，民间金融是民间资本自发形成的，与资金融通等金融服务相关联、未纳入国家正规金融管理体系（游离于国家正规金融监管体系之外）且主要服务于居民家庭、中小企业尤其是个体经济的机构组织与运行机制的总称。民间金融的具体表现形式有民间直接借贷、集资、互助会、私募基金、储蓄互助社、地下钱庄、地下投资公司、典当行、民间票据贴现市场等。

中华人民共和国建立以后，改革开放以前，我国严格实行的计划经济时期，民营经济与民间金融严厉禁止。十一届三中全会以后，改革开放开始进行，农村个体工商户和私营经济也逐渐兴起，这些经济主体的资金需求日趋强烈，我国的民间金融市场也在此过程中逐渐发展起来。

一、民间金融与经济发展：历史回顾

改革开放40年来，中国经济发展取得了巨大成就，作为经济的重要载体，中小企业和民营企业成为重要的组成部分，甚至是中国经济的主要推动力。非正规金融对于中小企业融资发挥了不可替代的作用。

大量的理论和经验研究表明，金融发展是促进经济增长的一个关键因素（Goldsmith，1969；King，Levine，1993；La Porta et al.，2002）。然而正规金融机构信息不对称导致的道德风险和逆向选择导致中小企业面临信贷约束（Stiglitz & Weiss，1981）。这一现象，在法律制度和金融体系不完善的发展中国家尤为突出。对大量发展中国家的实证研究表明，非正规金融对于中小企业的作用远大于正规金融（Woodruff，2001；Aliber，2002；Isaksson，2002）。在中国40多年的转型过程中，中国的正规金融体制主要支持效率相对低下的国有企业，而不支持带动中国经济持续快速发展的民营企业。支持中国高速经济增长的金融制度不是国有的正规金融，而是由当地百姓自发提供金融服务的民间金融部门（Dasgupta，2004；Allen. et al.，2005；Braverman & Guasch，1986；Tsai，2004）。

民间金融能够有效弥补正规金融的缺失，满足民营中小企业的融资需求，从而有效优化资源配置和分散金融风险，提供灵活多样的金融产品和服务（林毅夫、孙希芳，2005；Linton，2006；潘士远、罗德明，2006）。民间金融对经济增长的作用机制主要体现在拓宽中小企业融资渠道，从而提高资源配置效率，增加资本积累并带动经济增长（Tang，1995；Besley & Levenson，1996；Lardy，1998）。

（一）民间金融发展现状

经过40年发展，我国民间资本在农村经济、民营经济和社会发展进程中扮演着越来越重要的角色。我国的民间金融主要发源地在农村，尤其是沿海地区农村，如浙江、福建、广东等。从1986年

---

* 研究人员：罗德明、游勇、崔文倩、蒋雯夏。

开始，农村民间借贷规模已经超过了正规信贷规模，而且每年以19%的速度增长。在经济相对发达的东南沿海城市，企业之间，特别是民营企业之间的直接临时资金拆借或高于银行固定利率性质的民间借贷数量巨大，估计仅2000年企业之间直接拆借或借贷的金额高达800亿~1000亿元人民币。2005年中央财经大学的一份对全国20个省份进行的实地调查结果，显示2005年底全国民间金融的规模约为7400亿~8300亿元，约占当年年底全部正规金融机构的存款余额的4%和正规金融机构的贷款余额5%。2011年中国人民银行课题组对全国6300多家民间借贷方的抽样调查结果显示，截至2011年上半年，全国民间借贷总量约为3.8万亿元。

（二）民间金融产生的历史背景

改革开放40年来，中国经济取得了巨大成就，一个重要的原因就是民营经济的持续快速发展。然而，根据过去40年的经验及相应研究都表明中国的正规金融体制难以支持民营经济的发展。金融抑制作为发展中国家和地区经常出现的一个特征，在过去40年的中国金融业中也有出现。金融抑制是指，由于发展中国家的资金供给不足，政府往往规定利率上限，并歧视性地对待民营企业。结果导致得到资金的往往是和政府机构有着密切关系的行业和部门，而新创办的、具有较大不确定性的中小企业难以从正规金融渠道获得贷款。中国的金融体制格局中，银行在金融体系中长期高度垄断，政府往往会对名义利率的上限做出硬性规定。与此同时，较高的通货膨胀率则进一步拉低了实际利率水平。一方面，较低的利率水平导致社会闲余资金不愿流入银行体系；另一方面，较低的贷款利率又刺激了借款者的高额需求，这必然导致资金的需求远大于供给。在此条件下，银行等金融机构只能以配给的方式授信，在资金价格受管制的情况下，国有商业银行更倾向于将资金借给经营较稳定的国有企业和大型民营企业，而风险较高的中小企业难以从正规金融机构获得资金，不得不求助于民间金融组织。这一体制将不可避免地导致金融错配：资金流向效率较低的企业。民营企业无论是直接融资还是间接融资，都面临困境。民间金融正是在这种背景下出现的。

银行主导的金融体系下，民营企业面临间接融资困难。商业银行对国有企业融资有政策倾向，而对于民营企业限制繁多。虽然国家和地方不断地出台相应的政策来帮助解决民营企业融资难题，但传统金融机构“嫌贫爱富”现象一直存在。虽然部分民营经济体制企业可以通过“灰色通道”获得贷款，但贷款金额有限，且贷款成本高。大多数规模小的民营企业，由于抵押资产不足，银行的抵押贷款制度和担保机构的贷款担保制度却都很严苛，得不到担保机构的担保，银行为规避风险，也就拒绝为这些企业提供贷款。目前，我国传统金融机构服务的客户80%以上都是大企业或者是有实力的企业，大企业做一单比小微企业做上百单赚的都多。此外，信息不对称使得大企业相比小企业风险更小，因而银行做小微企业的金融服务的投入产出效率很低，从而难以满足广大中小企业的金融服务需求。广大中小企业一直面临贷款难，融资难的困扰。据统计2015年，中国6100万家中小企业中，有90%以上的贷款需求得不到满足。

资本市场尚未完全市场化，民营企业缺乏直接融资渠道。在国有银行一家独大的金融体制格局之下，中国的债务融资和股权融资发展缓慢、形式单一。主要服务于民营中小企业的小额信贷机构相对缺乏，私募股权市场、场外交易市场也不发达。因此，中小民营企业发展所需的资金需求长期得不到满足。在这一金融体制背景之下，正规金融组织和民间金融组织之间的资源无法联结为一个统一的市场。

我国的债券主要有企业债券、国债和金融债券。政府侧重发展国债，对企业债券进行了许多管制，例如，对发行债券的企业“门槛”设得很高，要求严苛。我国多数小规模的民营企业直接被拒之门外。达到“门槛”要求的企业，债券的规模并不由市场决定，而是由行政审批决定。企业债券品种少而单一，集中在基础设施和公用事业项目上，发行主体主要是国有大型企业。

（三）民间金融发展阶段

过去相当长的时间，民间金融以各种隐蔽的方式从事交易活动。改革开放以来，民间金融普遍存在，由于它的便利性和在社会经济中发挥着越来越重要的作用，这一行为已逐渐被人们所认同，同时也得到了政府等相关部门的重视和肯定，民间金融市场渐渐浮出水面，阳光化、透明化已是大势所趋。

1. 民间金融市场的诞生和发展（1979~1995 年）

改革开放之前，我国对于民营经济和民间金融都是严格禁止的。改革开放之后，随着经济的不断发展，经济发展过程中资金供给也越来越多，但长期绝对禁止民间金融政策导致了资金供给不足，为了多途径动员社会资金，政府逐渐放松了对民间金融的管制。私人借贷最初是存在于血缘、业缘、地缘关系比较亲密的交易双方中，范围比较小，社会关系网络紧密，因此能够有效地避免因信息不对称产生的金融风险，同时也能有效地解决逆向选择问题和较好地克服道德风险。政府在此阶段稍微放松了对私人借贷的管制，部分地承认其合法性并保护其相关权益。在 1986 年的《民法通则》中，规定合法的借贷关系受法律保护，但没有明确规定合法借贷关系的评判标准和主体资格。再如，1991 年国家规定民间金融利率不得高于银行同类贷款利率的四倍。此规定显示，政府在原则上是默认了自然人之间、自然人与企业之间的民间借贷的合法性。

中央也逐渐放开了对民间信用组织的管制。例如，1980 年代末兴起的农村信用合作基金会，由于得到了政府的大力支持而遍布全国。1992 年底，全国就已经建立了乡一级农村信用合作基金会 1.74 万个，村一级农村合作基金会 11.25 万个。平均意义上，36.7% 的乡和 15.4% 的村拥有农村信用合作基金。农村信用合作基金有效地支持了当时乡镇企业的发展。

2. 民间金融管理与清理阶段（1995~2004 年）

邓小平同志南方谈话之后，我国掀起了改革开放第二波热潮。民营经济的发展对资金的需求，促进了民间金融发展。民间金融向民营经济输入大量资金。同时，民间金融在局部地区也出现了多种危机。从 1995 年以后，政府对民间金融的监管开始逐渐加强。

例如，1992 年以后，农村合作基金逐渐被地方政府控制，一度成为乡镇政府的“第二财政”和“钱袋子”。乡镇的行政干预、乱支乱用，造成了农村合作基金严重亏损。1996 年，中央发布《国务院关于农村金融体制改革的决定》，农村基金会进入了整顿发展阶段。1997 年 11 月，中央决定全面整顿农村合作基金会。1999 年 1 月，国务院发布 3 号文件，正式宣布全国统一取缔农村合作基金会。

1990 年代中期开始的对民间金融整顿清理，加强了中央政府对于民间金融风险的控制。

3. 民间金融走向合法化、正规化（2004 年以后）

（1）民间金融的合法化

2004 年，中国人民银行在中国区域金融运行报告中明确肯定了民间金融额补充作用。这是央行首次正面、积极评价民间金融。

在 2004 年以后，越来越多的民间金融开始走向公开化和合法化。

2004 年中央 1 号文件提出：鼓励有条件的地方，在严格监管、有效防范金融风险的前提下，通过吸引社会资本和外资，积极兴办直接为“三农”服务的多种所有制的金融组织。

2005 年中央 1 号文件提出：有关部门要抓紧制定农村新办多种所有制金融机构的准入条件和监管办法，在有效防范金融风险的前提下，尽快启动试点工作。

2006年中央1号文件再次提出：鼓励在县域内设立多种所有制的社区金融机构，允许私有资本，外资等参股。大力培育由自然人、企业法人或社团法人发起的小额贷款组织，有关部门要抓紧制定管理办法，引导农户发展资金互助组织，规范民间借贷。

2006年，央行在山西平遥、贵州江口、四川广汉和陕西进行民间小额信贷的试点工作。

2007年，证监会发布了《村镇银行管理暂行规定》《村镇银行组建审批工作指引》《贷款公司管理暂行规定》等行政许可实施细则文件。

2014年，全国首部金融地方性法规《温州市民间融资管理条例实施细则》在温州民政府第35次常务会议审议通过，自2014年3月1日起施行。

（2）民营银行

2013年国务院正式出台了《关于金融支持经济结构调整和转型升级的指导意见》是促进民营银行发展的重要文件。该文件发布后，全国各地掀起了兴办民营银行的热潮。2013～2015年，已在工商总局核名的民营银行共计317家。截至2015年5月，我国首批试点的五家民营银行（天津金城银行、深圳微众银行、上海华瑞银行、温州民商银行和浙江网商银行）全部拿到监管部门的开业批复。

（四）民间金融的主要形式

我国民间金融由来已久，其存在形式多种多样，组织化程度高低不一，既有传统的民间金融形式的复兴和回归，也有新形式和新组织的创新和发展。图7－1给出了我国民间金融主要组织形式。

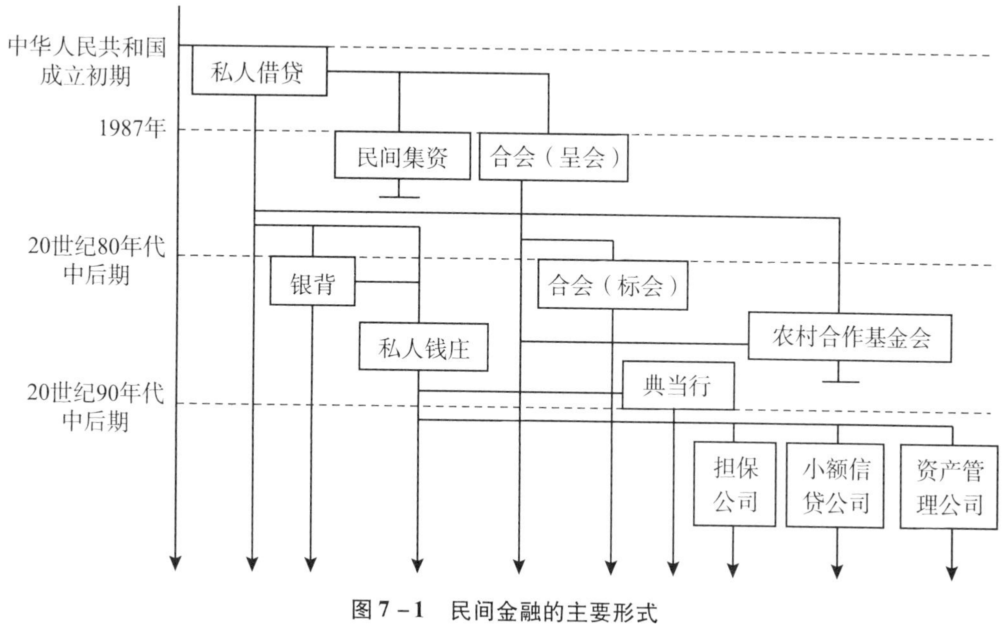

图7－1 民间金融的主要形式

资料来源：钱敏：非正规金融演化路径与监管对策研究——以温州为例［D］. 上海：复旦大学，2009.

1. 民间借贷

民间借贷分为民间个人借贷活动、公民与企业之间的借贷、企业与企业之间的借贷，也包括个体（包括个人与企业）通过民间金融中介发生的借贷。依据民间借贷的组织，可以分为简单的民间借贷、民间金融中介。

非商业性的自然人之间的借贷（或原始的民间个人借贷活动）在农村一直存在，是一种建立在亲情、友情等血缘、地缘关系上，在亲朋好友之间进行借贷的一直融资形式，是农村家庭之间平滑消费的一种主要方式。例如，某个家庭发生短期重大事件（例如生病、受伤、建房、红白喜事），需要一笔相对较大的资金，而这个家庭没有足够的财力支付时，通常会以零利息或者很低的利息向亲朋好友借款，并约定在将来某个日期偿还借款，以应对目前的短期资金（流动性）冲击。

商业性的民间借贷最早出现在南方发达地区，例如，广东、福建、浙江、江苏等省。这些地区的民营经济发展非常迅速，而金融发展与全国类似，相对欠发达，跟不上民营经济发展的需要。政府对银行进行控制，有偏向地支持国有企业，而不是民营企业。特别是，在收紧银根时，民营企业不仅难以获得新的贷款，而且先前获得还未到期的贷款也被迫即刻收回（银行违约），对民营经济产生重大冲击。因此，这些地区的中小企业融资难问题特别突出，而民间资本非常充足。民间资本借此机会“非法”地进入实体经济，成为促进民营经济发展的重要力量。

目前，全国许多经济开放城市中，民间借贷已经由“非法”变成“合法”。这反映在相关的法律制度中。例如，根据《合同法》第二百一十一条规定：“自然人之间的借款合同约定支付利息的，借款的利率不得违反国家有关限制借款利率的规定”。同时根据最高人民法院《关于人民法院审理借贷案件的若干意见》的有关规定：“民间借贷的利率可以适当高于银行的利率，但最高不得超过银行同类贷款利率的四倍”。简单的民间借贷，是指民间不通过合法的民间金融中介进行的借贷，包括民间个人借贷活动、公民与企业之间的借贷、企业与企业之间的借贷。例如，亲戚朋友之间的资金周转，企业与企业之间的资金周转。其中，借方与贷方都不具金融机构的特征。

合法的民间金融中介，是指个人或者企业通过合法的民间金融中介获得资金。在法律制度上，如果不对民间金融中介的资金来源作特别规定，那么，民间金融中介与标准的银行中介或者地下钱庄看上去没有特别的差异。标准的金融中介可以合法地吸收存款。也就是说，投资者（包括个人、企业、其他各种组织）可以合法（也受法律保护）地在这样的金融中介存款。区别于合法的金融中介，地下钱庄（也称地下银行）同样可以吸收个体存款，但这样的投资行为不受法律保护。例如，地下银行没有存款保险机制，这样的金融机构在破产时，存款人不能获得任何由政府提供的存款保险赔偿。地下银行也不受相关的法律与规章制度制约和保护。例如，获得贷款的个体违约不偿还资金时，地下钱庄难以获得相应的法律援助。

民间金融中介区别于银行、地下银行的是，法律制度对民间金融中介的资金来源有规定：不能吸收存款。也就是说，民间金融中介的所有者，可以是由多个投资者组成的伙伴关系，亦即合伙人。图7－2给出了民间金融中介的资金来源与去向情况。

图7－2　民间金融中介资金的来源与去向

民间金融中介正规化，是指民间金融中介合法化，受到相应法律、法规、条例的保护与规制。

2. 合会组织或互助会

互助会是民间金融组织的一种重要形式，一般被国外学术界称为轮转储蓄与信贷协会（rotating savings and credit associations，ROSCAS）。作为一种非正规的金融制度，互助会在发展中国家中扮演着重要的角色。在我国，就规模而言，融资数额较大的合会多分布在经济较为发达的东南沿海地区，尤以浙江、福建为多。福建的某个“合会”甚至涉及金额20多亿元，参加人数多达60多万人其融资的规模令人吃惊。合会在农村的分布非常广泛，参与者大多数是熟人，他们之间的信贷关系不依靠政府公信部门。在一般情况下，会员对违反规定的人不会动用法律手段，而是依靠他们自己定下的规则来执行。只有在“倒会”的情况发生后，农民才不得不通过法律解决问题。

互助会是一种建立在亲情、友情等血缘、地缘关系上，在一种特定团体内部成员之间进行集中借贷并定期、分批、依次偿还的互助合作型民间金融形式。它不仅历史悠久，而且广泛存在，在发展中国家和移民社区尤为流行。互助会在我国也有着悠久的历史，经历过政策打压和“倒会”危机。但在每次严重危机后，它都能重新发展起来。这充分反映了其内生的自我繁殖和发展能力。在金融创新层出不穷的今天，古老的互助会仍然占有一席之地，足以说明它存在的合理性。

互助会一般由发起人（会首）邀请若干人（会脚或会员）参加，约定时间按期举行，每次收集一定数量的会金，轮流交由一人使用借以互助。会首优先使用第一次会金，以后按次序轮流交会脚使用。

在发展中国家，互助会是民间金融的一种重要信用形式。互助会本质上是一种具有储蓄和借贷功能的互助组织，它有效地鼓励和促进了储蓄，同时部分地满足了成员的借贷需求。互助会的成员一般彼此比较熟悉，其相互选择、相互监督、社会制裁等机制，较好地保证了履约问题。在每次集会时缴纳会费，类似于定期进行储蓄；所有成员的分散资金被集中起来作为信贷资金来源，利用了规模经济的优势。另外，互助会的成员一般是固定的，只对内部成员提供信贷服务，可见它在一定程度上具有信用合作的特点。国内对这种组织比较通俗的叫法是会，如在我国浙江、福建等省份较为流行的标会、抬会、合会等。这种民间自发的互助机构是非正式金融市场中一种非常重要的组织形式。

从经济功能的角度看，互助会可以分为两类：消费性的会和投资性的会。在消费性的互助会中，会员将得会的钱用于一次性大额消费，例如，建造房屋、婚丧嫁娶、支付重病治疗或购买耐用消费品。在投资性的会中，会员将得会的钱用于投资，如进行长期投资（购买固定资产）、短期投资（应付流动性冲击），或购买其他金融证券（如存入银行，进行民间放贷，加入其他互助会，购买国债、股票等）。

从得会次序的制度角度看，互助会可分为：轮会、标会和摇会。轮会在起会时就对资金使用机会的分配顺序加以固定，分配顺序一般由会首和其他成员协商决定。轮会的优点是会员可以选择得会次序，急需资金或善于经营的人可以把得会次序安排在靠前，而乐于储蓄或手中有闲钱的人，可以稍后得会。而缺点是轮会在运作之前的组织成本要相对高于标会，因为它需要根据成员资金需求的偏好进行搜寻和匹配，并在匹配不能够完全一致的时候进行协商，这些都需要支付成本。会脚缴纳的会金按得会先后次序不同而不同，得会越早，缴纳会金越多。根据会首和会脚在各期的资金收入和支出方式的不同，轮会又可分为两种形式，一种是跟会，即在互助会成立的时候，会脚的应付金额都已经规定好，而会首支付金额随轮会次序不断变化。另一种是定息轮会，即会脚在收到会款之后，在以后每次会期都要加付之前约定的固定利息。而标会是指，在每一轮聚会时，由过去没有得会的会员通过投标确定这一轮的得会者。标会由会脚通过投标竞得每期资金的使用机会，标价最高的会脚获得这一期的会金，但在第一期会东不需要竞标（相当于标价为零）就可以获得资金的使用机会。已经中标的会脚称为“死会”，意指在中标之后的余下各期该会脚不能再参与竞标；还未中标的会脚称为“活会”。按照郭（Kuo，1996）的分类标准，标会又可分为两种：贴水标会（permiunl bid rosca）。一个会脚中标以后，该会脚在余下各期必须额外支付与标价金额相同的资金；贴现标会（disocunt bid rosca）。一个会脚中标时，其他“活会”分别向其提供的会金扣除了与标价金额相同的资金，而“死会”在提供会金时不享受这种扣除，但会东在有些贴现标会中可以享受这种扣除。

3. 民间集资

民间集资是指某个企业同时从多个投资者获得资金的方式，如图 7 - 3 所示。也就是说，民间集资是指一个企业在一段时间内向多个投资者融资。

区别民间金融中介和民间集资，关键在于投资者是否形成伙伴关系。如果投资者能合法地形成伙伴关系，那么，这样的组织模式就很类似于民间金融中介（例如，贷款公司）。如果不能形成伙伴关系，这样的融资模式就是民间集资。

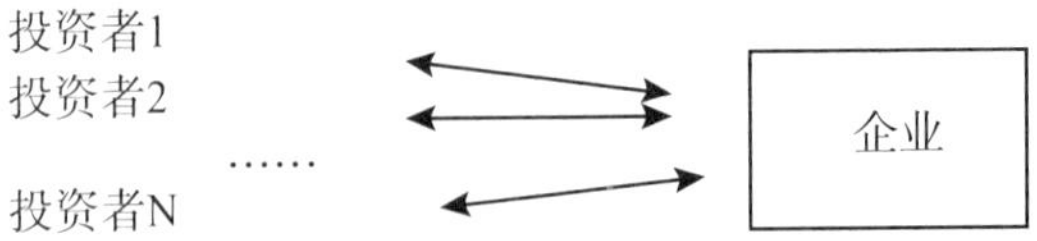

图 7－3　民间集资情况

早期的民间集资，通常是指中小民营企业、个体工商户常以“保证金”、职工集资、合股经营、吸纳外地资金入股等形式直接从民间筹集资金，用以维持或扩大生产经营规模。这些投资者，可能是一个松散的团体，例如，提供保证金的职工或客户，企业职工集资中的职工、合股经营的股东。可能是分散的外部投资者，例如，外地投资者。外地投资者与企业之间一般会有一个联系人，这个人充当中间人（或中介）的角色。图 7－4 给出了民间金融中介集资的情况。

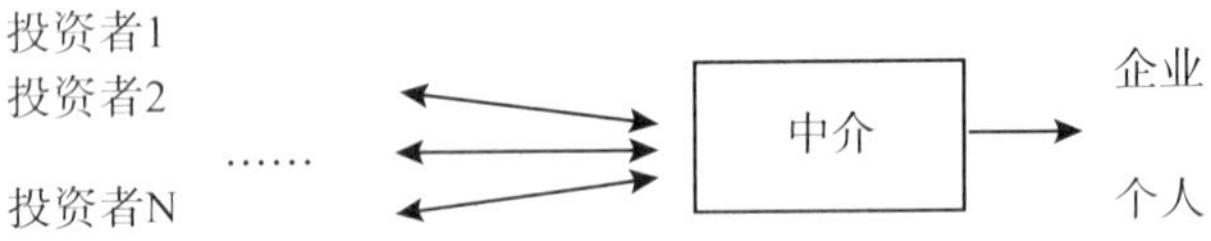

图 7－4　民间集资与民间金融中介

目前的民间集资，更多地表现为企业在同一时段内向多个投资者融资。其中最根本的问题是，企业可能以旧债抵新债。出现这种可能性的关键，是外部投资者出现了协调问题：外部投资者不知道该企业以前的财务状况。如果企业财务报表能真实地体现企业目前的财务状况，外部投资者可以依据企业财务报表披露的信息，结合项目的特征，确定债务合同。那么，以新债抵旧债的问题应该不存在。

民间集资中存在严重的信息不对称：外部投资者不知道企业的资本结构。中小民营企业的财务制度非常不健全。外部投资者难以从企业财务报表中获取对该企业不利的信息。一般情况下，民间集资期限较长，参与的人员较多，人均集资的金额较小，筹资相对比较简便，利息也相对固定，利率水平与银行同期贷款利率相比略高，但同时风险也较大，债权人往往会面临债务人无法如期偿还本息的风险。

民间集资对我国民营经济的起步和发展解决了不少问题，到 20 世纪 90 年代以后，我国民间掀起了一阵集资狂潮，但由于当时我国的市场经济存在着许多缺陷，而且缺乏有效的监管和控制，在此期间不免会鱼龙混杂，一些不法分子打着集资的幌子圈钱欺诈，严重扰乱了社会和金融市场秩序。国家为了打击非法集资和变相募集股份活动，1998 年，国务院和央行先后对变相吸收公众存款、非法集资等做出了明文规定，约束和规范了我国民间集资活动。从此，监管权限扩大，民间集资活动也大大减少。

（五）民间金融发展问题和挑战

1. 民间金融的风险和监管问题

民间金融自身存在较高的金融风险。相比于正规金融制度，民间金融处于地下和半地下的经营状态，金融机构难以进行监管，民间金融的参与者得不到有效保护。虽然有研究表明民间融资违约率较低，但是一旦违约，参与者的利益很难得以保护。

民间金融还可能对政府的经济调控行为产生影响，由于民间金融的存在，政府的宏观调控目标可能大打折扣。当央行试图通过货币政策来调控经济时候，只能通过正规金融机构实现，民间金融由于未纳入监管中，可能会减弱宏观政策的效果，甚至是起到相反作用。比如，中国银行试图减少货币供应量，提高再贴现率，正规金融机构利率等也相应提高，而民间金融的利率却没有像正规金融机构一样提高或者没有提高那么多。这样的话，虽然正规金融的信贷收紧，但是民间金融提供的资金使得市场上的货币供给并没有达到预期的收缩量，甚至根本没有变化。

民间金融的地下性，使得其处于监管的灰色地带。近年来，不断地看到有人利用民间金融机构的不透明性进行诈骗，有的民间金融机构则参与洗钱和地下经济。很多时候，民间金融的融资方式具有“庞氏”融资特征，以备受争议的“吴英案”来看，民间金融不透明的运作方式使得监管机构很难界定其到底是非法集资诈骗还是企业的正常经营借款。

2. 民间金融的法律制度制约

民间金融发展到今天虽然取得了很大的进步，但是也要看到民间金融的发展时至今日仍然面临这法律法规方面的难题。目前我国的金融体系是一个以正规金融为主的体系。不仅四大国有商业银行具有国有性质，其他股份制商业银行也都是由各级政府管辖并拥有控股权，连城市信用社和农村信用社都具有官方金融的性质。民间金融在法律制度和环境上具有很大的劣势。

我国金融资产8%集中于国有独资商业银行，而且还不断发生非国有金融部门的资源向国有金融部门集中的趋势。20世纪90年代的金融改革在基本保持原有所有制结构的前提下，原城市信用社被重组为有政府投资并控股的新的准国有机构——城市商业银行。农村信用社曾作为农业银行的基层机构，承担部分政策性业务，1996年行社分家后，信用社向合作金融的方向发展，但2003年改革试点，信用社交由省级政府管理，中央政府对农村信用社的亏损补贴5%并实行一系列优惠政策，以化解历史包袱，说明中央政府对其经营亏损负责，农村信用社并不是真正的合作金融组织。可以说，在我国，凡是得到法律认可、纳入了政府监管体系的金融机构，包括农村信用社和城市信用社都具有了官办金融的性质，而民营金融机构不能得到法律的认可。如浙江曾有三个私人钱庄领了营业执照，而后又被取缔。农村合作基金会，在全国各地都得到了快速发展，但也被作为非法组织取缔了。民生银行作为我国第一家民营银行采取了官办金融的经营机制。被称为国内首家民营银行的浙商银行2004年7月底试运营，但浙商银行重组过程基本上由地方政府一手主导，其董事长内定为浙江省政府副秘书长，行长是中国人民银行杭州分行行长，2016年IPO后，国资委控股份额增加，民营股份进一步收缩，谈不上是真正意义上的民营银行。得到法律认可的金融机构，都成为官办金融机构。我国虽然对金融业进行了股权结构多元化、投资主体多样化的改革，但以国有金融为主的框架仍未被打破，金融业的改革步伐远远赶不上民营经济发展的需要。①

二、我国私募基金发展研究②

改革开放40年来，我国经济的不断发展，资本市场的不断完善。作为资本市场重要力量的私募基金更是飞速发展。我国私募基金起步于资本市场不发达的改革开放早期，当时国内法律及相关配套体系不够完善，加之私募基金本身的高风险性，国内庞大的私募基金很长一段时间内处于法律监管体系之外的灰色地带。但随着国内资本市场的不断完善，私募基金逐步走向阳光化、合法化。

私募基金发源于美国，美国在相关的研究上也比较成熟，中国由于金融开发起步晚，政策制约等原因，对私募基金的引入比较晚，国内的相关研究起步较晚。特雷纳、夏普和詹森（Treynor、Sharp and Jensen）在基金业绩的研究上做出了突出贡献，分别提出了特雷纳指数、夏普指数和詹森指数奠定了业绩分析的基础。随后维卡斯和那拉扬（Vikas and Narayan，2000），博伦和巴斯（Bollen and Busse，2004），伯顿和阿塔努·萨哈（Burton and Atanu Saha，2005）等研究了从业绩持续性等角度

① 引用自看准网《2016我国民间金融发展问题探讨》。

② 本节内容取材于罗德明、蒋雯夏：《我国私募基金发展研究》。

对基金的业绩影响因素做出了分析。

在基金业绩之外，学者们从不同的角度对私募基金的激励机制进行比较深入的研究。沃克曼（Volkman，1995）研究了基金规模、基金目标、基金管理者的努力程度和基金管理费率与基金长期业绩之间的关系。他指出基金规模和目标与基金业绩没有稳定的关系，而基金管理低的基金有明显较高的业绩，而管理费高的基金业绩不佳。埃德温、马丁和克里斯托弗（Edwin、Martin and Christopher，2003）发现，激励合同中包含激励业绩报酬的基金比不包含激励业绩报酬的基金表现出更好的选股能力，但承担着更大的风险。吉尔－巴佐和鲁伊斯－威尔杜（Gil－Bazo and Ruiz－VerDu，2009）补充了他们的观点，证实了基金收取的管理费越高，扣除费用前的业绩越差，即管理费和基金业绩之间存在负向相关性。冈珀斯和勒纳（Gompers and Lerner，1999）在研究中指出基金经理业绩分成比例与其业绩表现没有显著的相关性。总而言之，私募基金的业绩激励的影响最终归结为私募基金的风险与回报、最优私募基金利益分成比例和最优激励合同等（Ang and Sorensen，2012）。

随着中国的金融开放，私募基金开始进入我国的金融市场。作为公司业绩的重要影响因素，激励制度也引起了大量国内学者的兴趣。一些学者从理论的角度，对资金投入、管理费用、薪酬合约、管理规模、分成比例以及组织形式对基金管理人的激励进行了讨论（宋永辉、尤丽屏，2006；项海容、刘星，2008；肖欣荣、田存志，2011；倪进峰，2012）。韩德宗、宋红雨（2002）运用相对业绩排序法对国内基金的激励机制的经验研究发现我国基金公司的激励制度是否有效值得进一步考察。曾德明、刘颖和龚红（2005）的研究则表明，基金管理费与投资组合的收益无相关性，而与投资组合的系统风险及总风险正相关，从而管理费模式的激励制度不是完全有效的。夏斌（2005）发现管理费与基金净值增长率之间没有线性关系，而与规模高度相关。肖奎喜（2007）发现开放式基金的总费用率与其业绩呈正比例，体现出基金激励制度存在一定的激励作用。李豫湘和刘栋鑫（2009）的研究发现，基金管理人更愿意扩大基金规模以获取更多的管理费收入。

在我国现行的监管体系下，阳光私募基金逐渐成为我国私募基金的主体。阳光私募基金，是指符合现行法律法规要求，以信托形势发行，主要用于投资证券市场的基金，其主要面对对象是高净值的个人投资者和特定的机构（汪洋，2011；龚鹏程，2009）。我国阳光私募基金存在法律不明确、组织混乱、监管缺乏规范化、监管体系和责任体系无法律介入等问题，立法保护和监管是阳光私募的未来大势所趋（李慧，2011；章林，2010；陈向聪，2009）。

（一）我国私募基金的发展历程

私募基金是一种面向特定对象募集资金的投资基金，可以理解为通过非公开方式向少数投资者（包括个人和机构）募集资金而设立的基金。私募股权基金起源于美国，在20世纪末，不少富有的私人银行家通过律师、会计师等的介绍和安排，将闲置资金投资于风险较大的石油、钢铁、铁路等新兴产业。这类投资完全由投资者个人决定，并没有中介或专门机构组织，这就是私募股权基金的雏形。近些年来随着中国经济的不断发展和人民财富的稳步提高，中国出现了一大批富裕阶层。普通的公募基金无法满足他们私人定制的特殊要求，造就了私募基金近些年来的飞速发展。

我国的私募基金始于1993年，发展至今规模已经超过了公募基金，成为国内证券市场重要的机构投资者之一了。根据晨星中国研究中心发布的《2013年私募证券投资基金年度报告》，截至2013年底，市场上尚在运行的阳光私募总数达到1345只，2013年新成立的阳私募产品数量达到158只，平均每月成立13只。目前，市场上所有私募基金管理的阳光私募类产品总规模已经超过3000亿元人民币，发展速度十分迅猛。到2015年，我国私募基金公司已经发展到4153家，有发行阳光私募产品的私募基金有1492家。截至2016年4月，已经登记的私募基金管理人达到2.58万家，管理基金实缴规模达到4.94万亿元。①

① 数据来自私募排排网统计数据。

按照私募基金的发展历史、产品创新和市场的监管程度来分，我国私募基金的发展轨迹可以划分为4个阶段①。

第一阶段（1993~1997年）为不规范的封闭式基金试点阶段。主要特点是：都是封闭式契约型基金；基金的治理结构和内控机制匮乏；基金投资活动混乱；基金市场法制建设滞后，缺乏监管体系；规模小，市场没有层次，体系混乱。总之，这个阶段下的私募基金发展较为缓慢，或者以半地下的形式出现较多，处于市场监管的“灰色地带”。

第二阶段（1997~2001年）为规范的封闭式基金试点阶段。在封闭式基金不规范运行不断出现风险问题之后，监管部门开始加强对于封闭式基金的监管。1997年10月我国颁布了《证券投资基金管理暂行办法》，标志着我国规范的封闭式基金试点阶段的开始。主要包括两个方面：一是对“老基金”的规范、扩募和重新上市；二是规范的“新基金”的发行上市。规范的封闭式证券投资基金试点拉开了我国证券投资基金业规范发展的序幕，经过短短三年的发展，不论在基金监管法规体系上、基金的运作规范程度上、还是在基金的发展规模上都取得了可喜的成绩。但是仍然存在和产生了很多问题，基金管理公司突出的道德风险行为就是其中之一。2000年，中国财经杂志披露了震惊证券界的“基金黑幕”事件，揭露了基金管理公司存在严重的道德风险——1998年以来被调查的国内10家基金管理公司旗下22只基金大量违规违法操作的行为：对倒制造虚假繁荣、高位接盘、大股东利益输送、信息误导等。管理当局意识到封闭式基金的封闭式是直接导致了基金管理公司的为所欲为的原因，在缺乏自由退出权的情况下，基金持有人对基金管理公司的投资和不同的学者对基金业的发展阶段的划分方式不一样，有些学者按照萌芽、发展、繁荣这样的生命周期来划分。

第三阶段（2001~2004年）为开放式证券投资基金试点阶段。以2001年9月首只开放式基金“华安创新”的设立和10月《开放式证券投资基金试点办法》的出台为标志。这个阶段的特点是：开放式基金迅速发展，封闭式基金开始边缘化，基金公司内控机制加强，建立了独立董事制度；基金品种不断创新；基金治理问题层出不穷，基金业缺乏一部统一的规范基金发展的法律。

第四阶段（2004年至今）是私募基金走向合法化和阳光化阶段。以2004年6月颁布的《中华人民共和国证券投资基金法》为标志。基金法明确规定契约型基金作为我国基金的主导模式。2004年，私募基金开始与信托公司合作，推出信托投资计划，标志着私募基金正式开始阳光化运作。2006年，证监会下发了有关专户理财试点办法征求意见稿，规定基金公司为单一客户办理特定资产管理业务的，每笔业务的资产不得低于5000万元，基金公司最多可从所管理资产净收益中分成20%。由于专户理财只向特定客户开放，且有进入“门槛”、不能在媒体上具体推介，事实上就如同基金公司的私募业务。2007年，《合伙法》颁布，私募基金开始建立合伙企业，标志着私募基金的国际化步伐明显加快。随着2009年创业板的上市，由于高额的回报，我国私募更是迎来了一个高潮。基金创新层出不穷，债券基金、指数基金、伞形基金、保本基金、货币基金、可转债基金、上市开放式基金（LOF）、交易型开放式指数基金（ETF）、可投资海外市场的QDII基金、QFIIA基金等国际市场标准的基金品种相继出现；基金治理问题仍然严重。

（二）私募基金的类型

国际上私募基金主要分为三种形式：分别为公司型、有限合伙人制和信托型私募基金。

公司型私募基金是指根据公司法律制度，以公司形式和治理结构来安排和管理的私募基金。投资人在认购基金份额后成为基金的股东，基金的重大事项和投资决策由公司董事会决定。这种形式在美国较多，我国目前公司型私募基金较少。公司型私募基金有较完整的公司架构，运作比较规范。但是公司型私募基金的重要缺点是存在双重征税。一般公司型私募公司会选择三种方式克服这一缺点：

① 这里参考廖赛君：我国公司型基金发展问题研究［D］．武汉：华中科技大学，2007.

①将公司注册在避税天堂，如开曼、百慕大等地；②将私募基金注册为高科技企业（可享受诸多优惠），并注册于税收比较优惠的地方；③借壳，即在基金的设立运作中联合或收购一家可以享受税收优惠的企业，以享受税收优惠的企业为载体。

有限合伙人制是国外最常见的私募基金组织形式，由发起人担任一般合伙人（GP），投资人担任有限合伙人（LP）。一般合伙人须承担无限法律责任，有限合伙人承担以认缴的基金份额为限的法律责任。一般合伙人也是基金的实际管理人，除了收取管理费外，依据有限合伙的合同享受一定比例的利润分成。2007 年 6 月 1 日我国开始正式实施《合伙企业法》后，已允许出现有限合伙的形式。私募机构在信托产品中充当一般受益人的角色，并按照一定比例投入资金作为保底的资金，同时在获得超额收益时一般受益人也可以获取超出预期部分一定比例的收益。

信托型私募基金一般是由投资者、信托公司和基金管理人三方共同设立，通过建立信托关系而设立的一种集合投资组织形式。它是在新《合伙企业法》实施以前，我国私募基金阳光化唯一的合法方式。目前，信托制是我国私募基金唯一的合法形式，这一形式在平衡投资者和基金管理人的权利和义务上具有一定优势，能够防范基金管理人的道德风险，降低代理成本。

（三）私募基金与民营企业发展

股权私募基金的特点主要体现在未公开发行的募集方式、全部或主要投资于上市公司股权及专业化管理等方面。从融资模式上来说，具有发行成本低、发行方式灵活、保密性强及收益回报率高等优点，但同时也具有流动性差，缺乏监管以及高风险的特点。

基金募集和设立方面，私募股权基金采取私募形式，募集对象为特定的机构和个人，基金募集为非公开方式，不通过公开市场操作，而是基金发起人通过私下与投资人协商、召开专门路演会等方式进行，基金由基金发起人负责设立。投资方式方面，私募基金采用股权性投资方式，主要为普通股、优先股或可转换债券等，投资对象主要为未上市、高成长的企业，投资期限一般为 3～8 年。投资后管理方面，私募股权基金参与被投资企业的经营管理与提供增值服务。退出方面，私募股权基金投资的最终目的是获利，PE 获利最终是通过退出来实现，因此 PE 在投资之前就设置了退出机制，如上市（IPO）、并购或管理层收购等方式退出。[①]

私募股权基金相比于一般融资，不仅仅是“融资”，更是“融智”，对民营企业的发展具有重要影响。与一般性融资相比，私募股权基金具有投资后管理的优势，在股权投资之后能够为被投资企业提供专业化的管理方式，一定程度上具有咨询的特点。特别近年来随着越来越多机构投资者的加入，私募股权基金的这一优势会更为明显。私募股权基金对于完善我国金融市场，缓解中小企业融资难题，改善中小企业经营状况，促进经济转型升级都具有重大意义。

私募股权基金对我国民营企业的发展影响的现实作用机理主要体现在以下三个方面。

第一，私募股权基金深化资本市场，改善民营企业公司融资结构。我国资本市场直到现在为止发展仍不健全，银行体系在我国金融体系中占主导地位，银行信贷的比例远超过债券市场的直接融资，而对于以中小企业为主的民营企业来说，银行信贷通道并不通畅。私募股权基金作为一种直接融资手段，其发展能够提高企业直接融资比例，为企业提供更多的融资方式和选择。从这个角度来看，私募股权基金的发展和完善可以深化我国的资本市场，建立起支持民营中小企业从低到高的企业融资平台，消除中小企业的金融约束，从而改善民营企业的融资困境。

第二，私募股权基金提高公司质量，完善民营企业的公司治理水平。当前随着我国经济的不断发展，宏观经济增速放缓不可避免，产能过剩和经济下行压力使得民营企业的经营环境相比以前也面临更多难题。民营企业积极运用私募股权基金促进产业结构调整、促进金融改革及参与国际并购的金融

① 田慧敏．私募股权基金与民营经济发展［J］．中国市场，2014（36）：41－45.

工具，对于提高民营企业公司质量，完善民营企业公司治理水平都有重要意义。一般来说，中小企业的管理能力和治理水平不高，而私募基金则可以通过聘请高水平的中介机构、协议约定等方式参与到中小企业的经营活动之中来，使得被投资企业的公司治理水平得到提高，从而提高企业的核心竞争力。此外，私募基金在此过程中也可以实现对被投资企业的内部监管，降低道德风险。

第三，私募基金加速技术创新，推动民营企业转型升级。民营企业是技术创新的主力军，技术创新需要资金的支持，特别是民营企业技术创新的初期发展阶段，由于受到银行信贷条件的限制，民营企业很难得到银行的资金支持。由于私募股权基金对其投资者的资格有一定的条件限制，要求投资者必须具备较强的风险识别和风险承受能力，因此私募股权基金可以投向风险较高的投资领域，加速技术创新，支持处于起步阶段的高科技企业、高技术产品或并购重组阶段扩张型的民营企业，从而改善民营企业的资产结构和运营资源，提升企业经营业绩，推动民营企业产业转型升级。①

（四）阳光私募基金的兴起

1. 阳光私募基金简介

“阳光私募”是指资产管理公司（或者投资公司）通过信托机构，向特定投资人发行证券投资集合资金信托计划，由信托公司作为受托人，银行为托管人，资产管理公司作为投资顾问，进行证券投资活动，这里的资产管理公司就被称为“阳光私募公司”。与普通私募基金相比，阳光私募基金运作上更为规范、透明，它的设立需要经过监管机构备案，资金实现第三方银行托管，有定期业绩报告，因而风险相对来说更小一些。信托型私募基金是我国“阳光私募”的主要组织形式，一般为有限责任公司和合伙制企业，核心负责人为公司发起人或合伙人，享有对企业利润的剩余索取权。

公开数据显示，国内第一支阳光私募基金，是由云南国际信托有限公司于2003年8月1日正式成立的《云南信托中国龙集合资金信托计划》，募集资金1000万元，产品期限为5年，资金托管银行为招商银行，其收费除了按照资金1.5%比例收取管理费以外，年度提取超额收益的20%作为业绩提成。其成立标志着私募证券投资基金依靠信托平台开始规范化和透明化运作，正式踏上阳光化的探索之路。

2014年私募备案制实施，私募基金正式被纳入监管。2014年也因此被看作“私募元年”，2015年私募基金更是空前发展，不论是管理人新增数量还是私募基金产品发行数量都有极高的增长。

从图7-5中可以看出，从私募基金产品数量来看，2012年之前，我国阳光私募基金的发展较为缓慢，2012以后，阳光私募基金的发展较为迅速，在2014年和2015年更是达到了井喷式的发展。

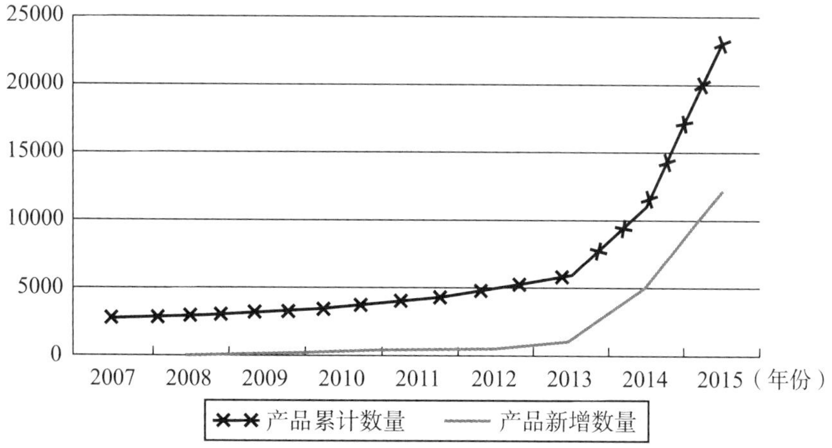

图7-5　历年阳光私募基金成立数量

资料来源：朝阳财富基金研究中心：《中国私募基金2015年报》。

① 田慧敏．私募股权基金与民营经济发展［J］．中国市场，2014（36）：41-45.

2. 阳光私募基金运营模式与地域分布

我国阳光私募的运行模式大体上分为两种：上海模式与深圳模式。上海模式指的是其发行的集合信托计划是结构性的，所谓结构性就是将计划参与者分为一般受益人和优先受益人，前者是普通客户，一般保证一个固定的目标收益率，后者一般就是阳光私募公司，通过投入一定规模的自有资金作为优先受益人的利益保障，但同时也拥有提取超额收益的权力，这种模式比较适合风险偏好保守的客户，因在上海市场此种方式产品发行较多，故称上海模式。深圳模式指的是其发行的集合信托计划是非结构性的，也称开放式，与上海模式不同，基金参与者不做等级区分，收益同享，风险共担。除此之外，其他方面与上海模式并无太大区别，此种方式产品在深圳市场发行较多，故称深圳模式。①

图7－6表明，阳光私募在我国的地域分布也极不平衡，主要集中在北京、上海、深圳三个金融发达的城市，其他城市的分布较为松散。根据朝阳财富基金研究中心数据，截至2015年12月31日，全国阳光私募投资顾问已有24879家，相比较2014年，涨幅高达56.8%。北京、上海、深圳三个地区私募管理人数量占总数的比重高达63.27%，比上年占比也高出将近四个百分点。而这种聚集趋势的成因，主要是三大金融中心可以提供更为优质的配套服务。北京、上海、深圳不仅在交易，清算，托管等方面可以为私募提供更专业的支持，而且在同业的交流，资金的募集上也更为便利。

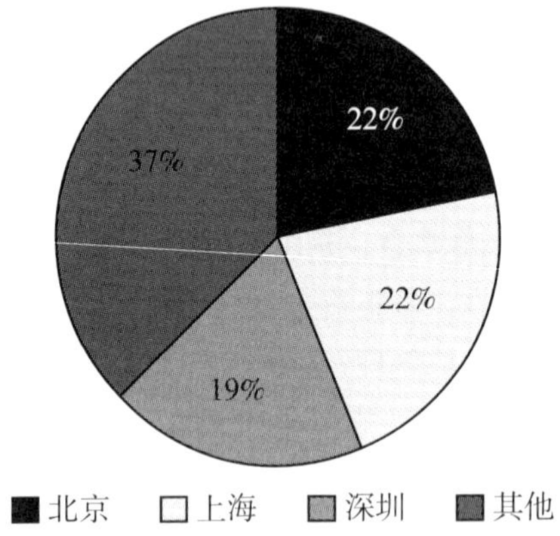

图7－6　2015年阳光私募基金地区分布

资料来源：朝阳财富基金研究中心。

3. 阳光私募基金兴起的原因

2003年开始，我国第一支阳光私募出现。到现在已经有10来年，而阳光私募在我国的兴起并且得到大发展也仅是最近几年的事情，它的兴起是国内法律环境、市场环境和私募基金自身谋求新发展等多方因素共同作用的结果。

首先，从法律环境方面来看，针对规模巨大的私募基金还存在严重的体制缺失，私募基金没有明确的法律地位，很长一段时间里，我国的私募基金一直游离于监管的边缘，也处于地下和半地下的经营状态。一方面，私募基金的市场广阔；另一方面针对私募基金的相关法律也迟迟不见出台，《证券投资基金法》《信托法》《合伙企业法》虽然对阳光私募还没有明确的界定，但也或多或少地给了阳光私募一点相对合法的存在空间。因而阳光私募成为国内众多私募基金另辟蹊径的必然选择。2004年6月颁布的《中华人民共和国证券投资基金法》，明确规定契约型基金作为我国基金的主导模式。同年，私募基金开始与信托公司合作，推出信托投资计划，标志着私募基金正式开始阳光化运作。

其次，从市场环境方面来看，近年来随着我国经济的快速发展，社会闲散资金越来越多，同时国

① 罗世炜．浅析我国阳光私募的兴起与发展［J］．中国市场，2011（9）：58－60.

内资本市场的不断深化也为阳光私募的出现和成长提供了土壤。随着改革开放不断深化，特别是中国加入 WTO 之后，资本市场对外开放进程不可阻挡，国内资本市场也开始提供包括阳光私募在内的多种投资工具，证券市场的投资品种、工具也日趋丰富，这为社会闲散资金投资理财提供了支持和可能，它们为投资者提供了更加具有灵活性、个性化的投资理财服务。阳光私募也因此得以迅速发展，成为资本市场上重要的一个组成部分。

最后，从私募基金自身发展方面来看，行业监管和规范化发展是大势所趋。随着早期开拓式和不规范的发展模式积累的风险日趋显现出来，规范化和合法化能够更进一步地促进其健康发展。私募行业发展早期的“坐庄”盈利模式逐步失效，给私募基金造成了严重打击，也给其带来了极其不佳的声誉，尤其是在监管者的眼中，更是一个“坏孩子”形象。私募基金要继续生存和发展，进一步被投资者、监管机构认可，就必须从灰色地带中走出来。为改变形象，私募基金本身也在积极的做出改变，如 2008 年 5 月 10 日，由深圳市金融顾问协会倡导发起私募证券基金同业公约，正式向成员单位颁布。同业公约从私募基金募集、投资及从业人员等领域进行自我规范。阳光私募的兴起正是私募基金行业谋求改变的具体体现。正是在上述因素的共同作用下，阳光私募在我国逐步兴起，并在短短的几年内呈现出爆发式的增长态势。

（五）我国私募基金的激励制度创新

阳光私募基金得以迅速发展的原因除了上文中提到的种种宏观背景因素之外，还有一个不得不引起重视的原因是微观制度创新。私募基金行业的激励制度对于中国私募行业的健康发展也具有重要意义。本节主要从这个角度来探讨我国私募基金行业的激励制度创新影响我国私募基金行业发展的作用机理。

1. 我国基金公司激励现状

伴随着 2006 年私募基金业绩的辉煌，大量公募基金优秀的基金经理纷纷转入私募基金。原因有二：一是公募基金经理的年收入一般在几十万元和数百万元的区间，而私募基金经理的年收入动辄上千万元。只要业绩达标，私募基金经理就可以提取额外的浮动激励费用，并且一般私募经理都会投资自己管理的基金，加之基金本身的增值，使公募基金经理和私募基金经理的身价相差迥异。二是私募基金行业的持仓限制相较于公募基金较松，基金经理可以更加放开的施展拳脚。但同时由于私募基金的不透明，使信息不对称更加严重，可能会给投资人带来巨大的损失。由此可见，私募基金行业的激励制度和运营模式与私募基金行业的发展壮大关系密切。

国际上私募基金主要分为三种形式：分别为公司型、有限合伙人制和信托型私募基金。公司型私募基金，是指根据公司法律制度，以公司形式和治理结构来安排和管理的私募基金。投资人在认购基金份额后成为基金的股东，基金的重大事项和投资决策由公司董事会决定。这种形式在美国较多，我国目前公司型私募基金较少。公司型私募基金有较完整的公司架构，运作比较规范。但是公司型私募基金的重要缺点是存在双重征税。一般公司型私募公司会选择三种方式克服这一缺点：①将公司注册在避税天堂，如开曼、百慕大等地；②将私募基金注册为高科技企业（可享受诸多优惠），并注册于税收比较优惠的地方；③借壳，即在基金的设立运作中联合或收购一家可以享受税收优惠的企业，以享受税收优惠的企业为载体。

有限合伙人制是国外最常见的私募基金组织形式，由发起人担任一般合伙人（GP），投资人担任有限合伙人（LP）。一般合伙人须承担无限法律责任，有限合伙人承担以认缴的基金份额为限的法律责任。一般合伙人也是基金的实际管理人，除了收取管理费外，依据有限合伙的合同享受一定比例的利润分成。2007 年 6 月 1 日我国开始正式实施《合伙企业法》后，已允许出现有限合伙的形式。私募机构在信托产品中充当一般受益人的角色，并按照一定比例投入资金作为保底的资金，同时在获得超额收益时一般受益人也可以获取超出预期部分一定比例的收益。

信托型私募基金一般是由投资者、信托公司和基金管理人三方共同设立，通过建立信托关系而设立的一种集合投资组织形式。它是在新《合伙企业法》实施以前，我国私募基金阳光化唯一的合法方式。目前信托制是我国私募基金唯一的合法形式，这一形式在平衡投资者和基金管理人的权利和义务上具有一定优势，能够防范基金管理人的道德风险，降低代理成本。

目前，我国的公募基金普遍只收取固定比例的管理费作为基金管理人的报酬。不同的基金类型，管理费的比例也不尽相同。一般 QDII 基金管理费约 1.8%，是公募基金投资类型中最高的。次之是股票型和混合型基金（约 1.5%），指数型基金较低，一般为 0.5% ~1%。债券型基金与货币型基金因为收益一般较低，收取的管理费比率也最低，债券型基金约为 0.7%，货币型基金约为 0.33%。

信托型私募基金的管理费分为两个部分：固定管理费和浮动管理费。其中固定管理费以基金净资产为计算基础，提取净资产 1.5% 作为基金管理人的报酬。这部分费用主要支付给基金的受托人，即信托公司。而私募管理团队的报酬主要来源于浮动管理费，与基金业绩挂钩，提取的比例一般为 20%，按月计提。部分私募基金的提取原则是当基金净值创出历史新高时，针对创新高的超额收益收取激励费，以往的收益不再计提。也有私募公司规定当基金业绩超过某一业绩基准指标后，可以提取超额收益 20% 的费用作为激励费。

阳光私募根据投资人和管理人权利义务的不同，将基金划分为结构化私募基金和非结构化私募基金，二者在激励利润的提取方式上有些许不同。结构化私募基金中私募基金管理人是普通受益人，需要向资金池中投入一定的保底资金。当发生资产损失时需要优先垫付保底资金。而投资人是优先受益人，当基金有盈余时享有优先提取利润的权利。普通受益人，即基金管理人可以在投资者获取固定收益（预期收益率乘以投资金额）后，获取超额收益的一部分。而当基金发生亏损时，基金投资人在基金管理人之后有偿付的义务。非结构化私募基金中，投资人与基金管理人不存在权利义务上的优先关系。基金管理人只是以投资顾问的角色参与到基金的管理中。当基金获得盈余时基金管理人可以提取全部收益的 20% 左右作为激励报酬，并同时提取 1.5% 左右的固定管理费。当基金亏损时，基金管理人不承担投资风险。

对比国内外公募基金（在美国为共同基金）和私募基金的激励制度后，我们发现公募基金或共同基金的激励制度可以概括为“高固定收入，低业绩费收入”，而私募基金的激励制度可以概括为“低固定收入，高业绩费收入”。本节的目的就在于比较这两种不同的激励模式，判断学界普遍认可的“固定管理费 + 激励管理费”模式在我国是否对基金管理人的行为起到了正向的激励作用。

2. 变量定义、数据来源与描述性统计

目前，学界对基金业绩的评价方法有许多种，大致可以分为以下三类：一是未经风险调整的收益，包括基金累计收益率、基金净值收益率等；二是经过风险调整的方法，包括夏普指数、特雷纳指数和詹森指数，以及改进后的风险调整方法，包括估价比率、M2 测度、业绩指数、效用指数、多因素模型等；三是无基准的业绩评价方法，主要有 PCW 法、ESM 法等。我们发现在文献综述中，国内学者大多采用的是经过风险调整的经典方法，包括詹森指数、特雷纳指数、夏普比率等方法来对我们基金业绩进行实证研究。此外，也有部分学者采用多因素模型和 DEA 方法对基金业绩进行评价。本节中我们采用的是最常用的夏普指数和詹森指数作为被解释变量代表基金的业绩。下面我们对夏普指数和詹森指数的理论依据进行简要的介绍。

（1）夏普指数

夏普指数由诺贝尔经济学奖得主威廉·夏普（William Sharpe）提出，是以 CAPM 为理论依据，以资本市场线（CML）为基点，经过风险调整的金融资产业绩评价指标。夏普指标反映了单位基金净值的增长率超过无风险收益率的程度。其计算公式如下：

$$S=\frac{E(R_p)-R_f}{\sigma} \tag{7-1}$$

其中，$E(R_p)$ 为投资组合预期报酬率，R_f 为无风险利率，δ 为投资组合的标准差。在本节中无风险利率以央行一年期定存利率为准，投资组合的标准差以基金月度收益率的平均标准差表示。

当夏普指数越大时表明基金的单位风险所获得的风险回报越高，基金的业绩越好；当夏普指数为负时表示基金的单位风险收益低于无风险利率，本节中夏普指数为负意味着基金收益率低于银行1年期定存利率。只有当基金的夏普指数为正时，对基金的夏普指数进行排序才具有经济意义。

（2）詹森指数

詹森指数是由美国经济学家迈克尔·C. 詹森（Michael C. Jensen）在1968年提出的以CAPM理论为基础的金融资产业绩衡量指标。詹森指数通过比较考察期内基金收益率与由资本资产定价模型CAPM得出的预期收益率的差值，也即基金的实际收益率超过所承受的风险对应的预期收益率的部分来评价金融资产的收益率。詹森指数综合考虑了基金的收益率和风险因素，比未经风险调整的单纯比较基金收益率更科学。其计算公式如下：

$$Jensen=R_{i,t}-[R_{f,t}+\beta_i(R_{m,t}-1)] \tag{7-2}$$

其中，$R_{m,t}$为市场基准组合在 t 期的收益率，$R_{i,t}$为 i 基金在 t 期的收益率，$R_{f,t}$为 t 期的无风险收益率，β_i 为基金投资组合的系统风险系数。当詹森指数为正时表明基金业绩表现优于市场基准组合，大的越多，业绩越好；反之，当詹森指数为负时，表明基金业绩不如市场基准组合。

通过对已有文献的梳理，我们选取了基金的浮动激励费率为控制变量，同时选取基金规模、基金经理工作年限、基金公司成立年限、基金固定管理费率等作为其他待选解释变量，对表示基金业绩的夏普指数和詹森指数进行多元回归分析。各解释变量的定义如表7-1所示。

表7-1　　解释变量及其定义

解释变量	变量名称	定义
Pfmfee	浮动激励费率	公募基金全部为0，私募基金浮动管理费率以上年基金公司年报中的公开数据为准
Fixfee	固定管理费率	以基金公司去年公开年报中的数据为准
Size	基金规模	公募基金取样本区间基金的平均规模，私募基金取基金的实际发行规模
Time	基金成立时间	基金自成立之日起至2014年4月，单位为年
Time1	基金公司成立时间	基金公司成立的年限
Experience	基金经理从业时间	基金经理从事证券行业的工作年限

第一，私募基金样本选取。本节中私募基金的备选样本为2007年1月1日截至2013年9月30日之间成立的，且成立时间在半年以上的拥有完整资料的阳光私募。根据这样的筛选条件，我们选择了29个私募基金样本用于实证研究。由于这样选取的样本较少，为了增加研究结果的准确性，在不同的研究目的下本节选取了不同的样本。

第二，公募基金样本选取。本节中公募基金的备选样本为2007年1月1日至2013年9月30日之间成立的，且成立时间超过半年的公募基金。之所以采用2007年之后成立的公募基金是因为这样能够与私募基金样本的成立时间取得最大的重叠，以使公募基金和私募基金的宏观经理环境具有可比性。接着我们从样本中提取了开放式混合型基金，剔除了货币型基金、债券型基金、股票型基金和其他风格基金。本节中对公募基金投资风格的划分是根据《证券投资基金运作管理办法》确定的。该办法自2004年7月1日起施行，其中第四章第二十九条规定："基金合同和基金招募说明书应当按照下列规定载明基金的类别：

（一）百分之六十以上的基金资产投资于股票的，为股票基金；

（二）百分之八十以上的基金资产投资于债券的，为债券基金；

（三）仅投资于货币市场工具的，为货币市场基金；

（四）投资于股票、债券和货币市场工具，并且股票投资和债券投资的比例不符合第（一）项、第（二）项规定的，为混合基金；

（五）中国证监会规定的其他基金类别。"

之所以选择开放式混合型基金是因为我国混合型基金对股票仓位都有明确的上下线限制。在2007年之前，混合型公募基金对股票类投资的上限多为95%，但2007年后基金公司普遍将股票投资的上限调整为80%，下限一般为20%，以在获得一定风险报酬的同时降低风险。一般而言，混合型基金股票最低仓位不能低于60%，债券最高仓位不能高于80%，只要基金设计的投资比例范围与这两条不相抵触，就可以作为混合型基金看待。按照这样的筛选标准，我们选择了166只开放式混合型公募基金为实证研究样本。

第三，其他数据来源。本节以1年期定期存款利率作为无风险收益指标，其数据来源与中国人民银行网站。阳光私募和开放式混合型公募基金的数据来自wind资讯客户端，wind资讯对公募基金投资风格的划分以上文中证监会2007年发布的《证券投资基金运作管理办法》为准。由于阳光私募信息的不完全公开性，部分数据如基金经理的工作年限和学历等wind资讯中也未收录。基金经理的工作年限和学历的数据主要来自好买基金网和私募排排网上对私募基金经理的介绍。

因为研究目的不同，以下对样本基金所做的描述性统计中所取样本有所不同。针对不同研究目的选取样本的标准会在下文中分别指出。

第四，基金成立时间比较。表7－2是对样本基金的成立时间的描述性统计，所取样本为2007～2013年底成立的拥有明确成立时间的开放式混合型公募基金和阳光私募。从中我们可以看出公募基金的数量总体来说远远超过私募基金。从基金公司成立的年份分布来看，公募基金的成立时间比较平均，私募基金的成立时间波动性很大。

表7－2　　基金成立时间比较

样本基金成立时间（年）	公募基金		阳光私募	
	基金数量	占比（%）	基金数量	占比（%）
2007	16	9.64	10	34.48
2008	19	11.45	2	6.90
2009	20	12.05	1	3.45
2010	8	4.82	0	0.00
2011	25	15.06	10	34.48
2012	27	16.27	5	17.24
2013	51	30.72	1	3.45
总计	166	100.00	29	100.00

资料来源：Wind资讯。

第五，基金经理经验比较。如表7－3所示，公募基金选取了2001年成立至今历任时间最长的基金经理进行统计，私募基金选取了2007年以来基金经理中历任时间最长者进行统计。

从表 7－3 中我们可以看出公募基金的基金经理中硕士占到绝大多数，比例超过 80%，而在私募基金中硕士虽然也为主流，本科和博士学历也都超过 10% 的比例。

表 7－4 给出了基金经理工作年限比较。从表 7－4 中我们可以看出私募基金经理的平均从业年限远远高于公募基金。这说明私募基金对基金经理投资水平的要求更好，也同时说明私募基金更能吸引到从业时间长，投资经验丰富的基金经理。

表 7－3　　基金经理学历比较

基金经理学历	开放式混合型公募基金		阳光私募	
	数量	占比（%）	数量	占比（%）
本科	13	3.96	160	11.51
硕士	276	84.15	1045	75.18
博士	39	11.89	185	13.31
总计	328	100.00	1390	100.00

资料来源：Wind 资讯、私募排排网、好买基金网。

表 7－4　　基金经理工作年限比较

基金经理工作年限（年）	开放式混合型公募基金		阳光私募	
	数量	占比（%）	数量	占比（%）
<1	29	9.93	29	8.48
1～3	88	30.14	12	3.51
3～5	83	28.42	40	11.70
5～7	54	18.49	10	2.92
7～9	30	10.27	13	3.80
>9	8	2.74	238	69.59
总计	292	100.00	342	100.00

资料来源：Wind 资讯、私募排排网、好买基金网。

第六，基金规模比较。表 7－5 给出了基金规模比较。从表 7－5 中我们可以看出开放式混合型公募基金的规模远远超过私募基金的规模。公募基金的平均资产规模达到 11.20 亿元，而阳光私募的平均资产规模只有 0.82 亿元，两者差异悬殊。而且从标准差可以看出公募基金的规模相差很大，而私募基金的规模差异较小。

表 7－5　　基金规模比较　　单位：亿元

基金规模（亿元）	公募基金	阳光私募	全部基金样本
Mean（平均数）	11.20066	0.816848	9.656401
Median（中位数）	4.886728	0.5645	3.834251
Maximum（最大值）	159.0214	4.8345	159.0214
Minimum（最小值）	0.074899	0.059	0.059
Std. Dev.（标准差）	18.88462	0.932591	17.80912

资料来源：Wind 资讯。

第七，基金业绩比较。表7-6给出了各类基金业绩的比较。从表7-6可以看出，2007~2013年底阳光私募经风险调整后的两个业绩指标——夏普指数和詹森指数，无论从平均值还是中位数来看都明显优于公募基金。但从最大值来看公募基金中也有一些黑马业绩卓越。从基金业绩的标准差来看，私募基金业绩的标准差明显高于公募基金，说明私募基金的总体风险水平高于公募基金。

表7-6　基金业绩比较

描述性指标	夏普指数		詹森指数	
	公募基金	阳光私募	公募基金	阳光私募
Mean（平均值）	0.01375	0.307272	0.069959	0.131328
Median（中位数）	0.1089	0.6668	0.03485	0.0756
Maximum（最大值）	2.7111	2.4115	0.52	0.4431
Minimum（最小值）	-3.5812	-1.615	-0.2414	-0.2352
Std. Dev.（标准差）	0.879148	0.966727	0.127468	0.216367

资料来源：Wind资讯。

第八，基金固定管理费率比较。表7-7展示了混合型公募基金和阳光私募固定管理费率的描述性统计，从中我们可以看出公募基金的平均固定管理费率为1.5%左右，而阳光私募的固定管理费率相对较低，平均值为0.9%。这也说明了公募基金的激励制度偏向于“高固定—低浮动”模式，而私募基金偏向于“低固定—高浮动”模式。

表7-7　基金固定管理费率比较

固定管理费率（%）	公募基金	阳光私募	全部基金样本
Mean（平均数）	1.393072	0.912759	1.321641
Median（中位数）	1.50	1.00	1.50
Maximum（最大值）	1.50	1.25	1.50
Minimum（最小值）	0.60	0.22	0.22
Std. Dev.（标准差）	0.165228	0.233772	0.245895

资料来源：Wind资讯。

3. 研究假设

基于国内外的相关研究，本节对于解释变量对被解释变量的假设如下。

假设1：基金规模和基金业绩之间存在倒“U”形的非线性关系。因为随着基金规模的扩大，规模效应会导致基金的单位费用下降，但到达一定规模后基金经理会失去灵活性，使他们很难在期望价格实现自由的证券买卖。另外大规模的资金可能使基金经理加大投资风险，投资于次优股票。因此，超过最优基金规模后，基金业绩会出现下降。

假设2：基金经理证券业工作年限与基金的业绩成正相关关系。在国内基金经理的工作年限越久，越能积累足够的证券业经验，拥有更好的选股能力和择时能力，基金业绩也会相对更好。

假设3：基金公司的成立年限与基金的业绩成正相关关系。基金公司成立的时间越长，发行的基金产品数量越多，积累的基金管理经验越多，公司治理结构越完善，越能吸引到优秀的基金经理，进而带来更优异的基金业绩。

假设4：基金的浮动管理费率与基金的业绩存在正相关关系。基金的浮动管理费率直接影响了基金经理可以得到的浮动激励报酬。越高的业绩激励比例越能激励基金经理努力工作，进而带来更高的基金业绩。

假设5：基金的固定管理费率与基金的业绩成负相关关系。因为不论基金业绩好坏，基金经理都能得到基金净值乘以固定管理费率的报酬，越高的固定报酬意味着基金经理不用非常努力也可以拿到高额的利润，这会降低基金经理的积极性，导致基金业绩下降。

4. 实证结果及分析

首先我们选取控制变量浮动管理费率作为唯一的解释变量对基金的夏普指数进行回归得到方程1；接着我们引入固定管理费率作为解释变量，得到方程2。其次我们依次引入了基金经理的工作年限、基金成立年限、基金规模及其平方、基金公司成立年限作为解释变量。当引入的变量使所有解释变量系数显著并且 R^2 有明显提高时，我们保留该解释变量至下一个方程，当解释变量改变了原本显著的解释变量的系数正负号，或使原本显著的解释变量不显著，或降低了 R^2，我们将舍弃该解释变量。最后我们尝试引入一些符合经济原理的解释变量，例如TimeExp（基金成立年限和基金经理工作年限的交叉项），Time1Exp（基金公司年限和基金经理工作年限的交叉项）等加入到模型中进行回归，最终挑选出符合上述规则的解释变量。按照这样的顺序，我们分别对夏普指数和詹森指数两个代表基金业绩表现的指标进行了回归，得到的结果分别如表7－8和表7－9所示。

表7－8　　以夏普指数为被解释变量的实证结果

解释变量	方程1	方程2	方程3	方程4	方程5	方程6	方程7
PFMFEE	2.984*** (0.0054)	5.230*** (0.0001)	5.664*** (0.0000)	4.793*** (0.0003)	5.214*** (0.0001)	4.885*** (0.0003)	5.427*** (0.0001)
FIXFEE		0.933*** (0.0030)	0.880*** (0.0058)	0.780** (0.0156)	0.812** (0.0117)	0.776** (0.0168)	0.631* (0.0550)
EXPERIENCE			－0.015 (0.3397)				
TIME				0.054* (0.0707)	0.056* (0.0599)	0.054* (0.0881)	0.102*** (0.0088)
SIZE						0.004 (0.6033)	
SIZE2						－4.61E－09 (0.481)	
TIME1					－0.0007 (0.1113)		
TimeExp							－0.0068* (0.0546)
R－squared	0.039	0.083	0.087	0.098	0.110	0.101	0.116

注：参数下括号中数据为显著水平的概率值（p值）；*，**，***分别代表在10%，5%，1%水平下显著性。

表7-9　　以詹森指数为被解释变量的实证结果

解释变量	方程1	方程2	方程3	方程4	方程5	方程6	方程7
PFMFEE	0.693*** (0.0001)	1.310*** (0.0000)	1.436*** (0.0000)	1.386*** (0.0000)	1.491*** (0.0000)	1.486*** (0.0000)	1.485*** (0.0000)
FIXFEE		0.256*** (0.0000)	0.241*** (0.0000)	0.195*** (0.0001)	0.213*** (0.0000)	0.215*** (0.0000)	0.211*** (0.0000)
EXPERIENCE			-0.0043** (0.0647)	-0.0065*** (0.0080)	-0.0049** (0.0386)	-0.0049** (0.0408)	-0.0012* (0.7941)
TIME				0.0135*** (0.0036)	0.0133*** (0.0030)	0.0143*** (0.0026)	0.0179*** (0.0068)
SIZE						0.000123 (0.9116)	
SIZE2						-5.56E-10 (0.5514)	
TIME1					-0.000236*** (0.0003)	-0.000237*** (0.0003)	-0.000228*** (0.0005)
TimeExp							-0.000949 (0.3407)
R-squared	0.081150	0.205497	0.219607	0.253685	0.303720	0.307630	0.307083

注：参数下括号中数据为显著水平的概率值（p值）；*，**，***分别代表在10%，5%，1%水平下显著性。

浮动管理费率系数在以夏普指数和詹森指数为被解释变量的方程中系数始终为正，且在0.05的水平下保持显著。这意味着浮动激励费率与基金的业绩表现存在显著的正相关关系，即浮动管理费率越高，基金经理工作越努力，基金的业绩越好。浮动激励费用对基金经理起到了有效的激励作用。

在以夏普指数为被解释变量的方程组中，固定管理费率的系数随着其他变量的加入逐步下降，且显著性水平也有所下降，但其显著性水平一直维持在0.1以上。在以詹森指数为被解释变量的方程组中，固定管理费率的系数显著为正。因此，我们判断固定管理费率与基金的业绩表现呈显著的正相关关系。假设中我们认为固定管理费率越高，不论基金盈亏，基金经理都能获得固定的收益。但在现实生活中可能存在只有基金业绩好的基金经理才有机会管理固定管理费率较高的基金。

基金经理的工作年限在以夏普指数为被解释变量的方程组中不显著，因此被剔除。但在以詹森指数为被解释变量的方程组中，基金经理的工作年限与詹森指数呈现显著的正相关关系。夏普指数和詹森指数的区别在于：詹森指数假设投资者充分分散了非系统性风险，即只考虑了超额收益率的大小；夏普指数分母为基金的全部风险，因此在考虑超额收益大小的基础上同时考虑了基金投资组合对风险的分散程度。因此，在这种情况下我们倾向于认为基金经理的工作年限与基金的业绩关系不显著。同时，由于基金经理的工作年限很难统计，不同的网站对此的统计标准有所不同，该数据的准确性也有待商榷。

基金成立时间的系数与基金的业绩表现在以夏普指数和詹森指数为被解释变量的方程组中都是显著为正的。这意味着基金的成立时间越长，基金的业绩表现越好。可能的解释是基金成立时间越长，基金经理对此类基金规模的投资组合操盘方式研究越深，基金的业绩表现越好。

在以夏普指数和詹森指数为被解释变量的方程组中，基金的规模与业绩都并不是假设中的倒“U”形关系。基金的规模和基金规模的平方项在两个回归结果中都不显著。可能的解释是规模小的基金和规模大的基金有不同的投资策略。规模小的基金投资仓位变动更灵活，而规模大的基金虽然丧失了一定的流动性，但存在规模效应。

在以夏普指数为被解释变量的方程组中基金公司的成立时间与基金的业绩关系不显著；但在以詹森指数为被解释变量的方程组中，基金公司的成立时间与基金的业绩呈显著的正相关关系。一般认为基金公司成立的时间越长，发行的基金产品数量越多，积累的基金管理经验越多，公司治理结构越完善，越能吸引到优秀的基金经理，进而带来更优异的基金业绩。

在两个方程组中我们都尝试加入了一些符合经济意义的交叉项，最终只有基金成立时间和基金经理的工作经验两个变量的交叉项，在以夏普指数为被解释变量的方程中通过了显著性检验，但其在以詹森指数为被解释变量的方程中与詹森指数的关系不显著。因此，我们还是剔除这一变量。

5. 研究结论

从上述分析和实证研究中我们可以得到以下结论。

在样本选取区间内开放式混合型公募基金的业绩平均低于阳光私募的业绩表现，但同时混合型公募基金业绩的标准差也小于阳光私募的业绩标准差，表明阳光私募的投资风险高于混合型公募基金。

公募基金“高固定—低浮动”激励模式和私募基金“低固定—高浮动”激励模式的不同是导致结论一的原因之一。一是较高的浮动管理费率可以更好地激励基金经理提高其努力程度，使其业绩更优异；二是高浮动管理费模式的私募基金更容易吸引到投资经验丰富又有进取心，同时希望满足声誉和个人报酬的基金经理。从基金经理的描述性分析中我们可以看到公募基金经理的工作经验和学历普遍比私募基金经理弱一些。

激励制度不同并不是导致私募基金业绩优于公募基金业绩的唯一原因，还有很多因素我们在实证研究中无法量化，而这些变量也会对基金业绩产生影响。比如我国公募基金经过十几年的发展，有一套比较完善的基金经理监督机制和公司治理机制，为了规避基金经理的道德风险一般会对投资组合设置仓位的上下限，这在一定程度上限制了公募基金经理的业绩表现。因为当基金经理判断未来市场呈下跌趋势时，却可能因为仓位限制错失规避全部风险的机会；或当基金经理判断市场走高时无法将仓位提到足够高以获得更好的业绩。在私募基金中一般不会对基金经理的投资组合设置仓位限制。另外，结构化私募需要向资金池中投入一定的保底资金，当发生资产损失时需要优先垫付保底资金。这也使基金管理人有更努力工作的动力，能够更好的激励基金经理。

三、P2P 网络贷款：发展状况与经验[①]

自 2005 年第一家 P2P 网贷平台佐帕（Zopa）在伦敦上线以来，P2P 在全世界范围里飞速繁荣发展。以互联网为代表的信息技术大幅降低了信息不对称和交易成本，使得个人对个人借贷重新焕发了活力，极大地拓展了民间金融的内涵（谢平等，2014）。作为民间金融和互联网金融的结合，P2P 借贷也在我国经历着高速发展。从制度背景出发分析 P2P 平台在中国兴起的研究认为，国内金融管制导致的投资、融资渠道不畅，以及中小企业普遍存在融资难问题是 P2P 平台能够在中国迅速繁荣的一个重要原因（王皓，2016；陈中放、胡军辉；2016）。

近年来，P2P 交易平台的完善和数据挖掘技术的应用使得关于 P2P 的微观研究逐渐兴起。赖安等（Ryan et al.，2007），赫尔岑斯坦等（Herzenstein et al.，2009，2011），拉詹等（Rajan et al.，2010），珀普和西德诺（Pope and Sydnor，2011），大西和沃泰克（Onishi and Uetake，2012），杜阿尔特等（Duarte et al.，2012），菲德曼和吉恩（Feedman and Jin，2014），廖理等（2014），分别利用普罗斯珀（Prosper），佐帕（Zopa）以及拍拍贷、人人贷等 P2P 网站的微观交易数据，从借款特征（利率、金

① 本节内容取材于罗德明，陈璐璐.《P2P 网贷平台风险控制工具及其效果——基于信息不对称和金融契约的分析》，浙江大学经济学院，2017 年。

额、借款期限等信息）、硬信息（已被证实的财务信息，如收入、债务等）、软信息（图片、文字描述、未被确认的信息）、朋友关系等角度，研究各种信息披露内容与借贷表现之间的关系，对贷款成功率、最终利率和违约率的影响。其他一些研究，通过对 P2P 平台层面数据进行的平台间比较研究，从行业监管、交易模型、借款额度、风险控制等角度来理解 P2P 网络借贷市场（梅蕾，2014）。杨光荣、时旭辉（2013）和王建静（2014）分别从网贷平台的流动性和参与者的角度出发阐述 P2P 网贷可能存在的风险。

P2P 网络借贷（Peer-to – Peer Lending）是指个体与个体之间，通过第三方互联网平台实现的直接借贷行为，即借款人在 P2P 平台网站上发布借款请求，投资人从中进行选择，投资一定的金额，资金的供需双方直接进行联系和匹配。每个借款人的借款需求，一般由多位投资人满足。借款人需定期还本付息，并向平台支付一定的中介费。图 7 –7 给出了标准的 P2P 运营模式。

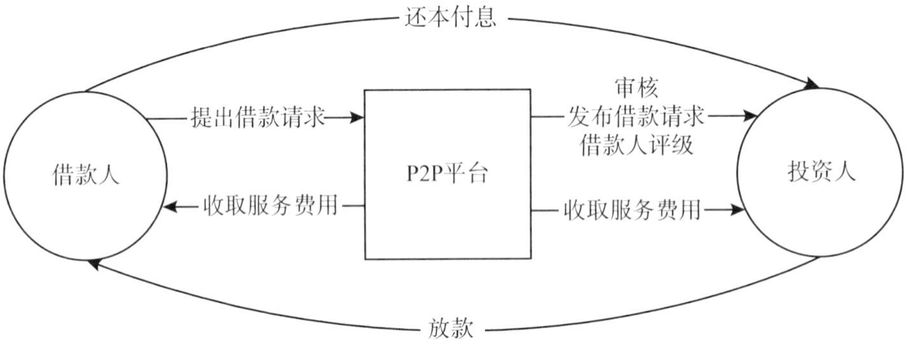

图 7 –7　P2P 平台运营模式

2010 年以来，P2P 在中国发展非常迅速。2014 年底，中国共拥有 1575 家 P2P 平台，实现借贷 2528 亿元，出现了红岭创投、陆金所、温州贷、鑫合汇等许多知名网贷平台企业。

另外，由于行业进入门槛较低，缺乏有效的监管，网络借贷行业在迅速增长的同时，也出现了一系列的问题。出现跑路、停业、投资人提现困难的平台，即问题平台。在 2013 ~2014 年迅速攀升，2013 年有 76 家平台出现问题，2014 年一年内便有 275 家问题平台出现。截至 2014 年底，累计出现了 367 家问题平台，占平台总数量的 23.2%。

P2P 网络借贷是一个匿名的、无法面对面交流、确认的网络平台，投资者的投资决策主要取决于借款人在网络上披露的信息内容，因此信息不对称情况非常严重。借款人通常拥有更强的信息优势。一方面，信息问题可能会导致低质量的借款人选择进入信贷市场，产生逆向选择问题；另一方面，借款人与投资人在签订了不完全契约后，借款人可能资金挪用到其他违规的高风险投机活动中，由于存在信息不对称问题和非常高的事后监督成本，贷款者在较短的时间内，无法监控到借款者的违规行为。于是掌握信息优势的借款者，为了使自身利益最大化，而隐瞒处于信息劣势一方的投资人，损害了贷款者的合法利益，产生道德风险问题。

我国缺乏健全的征信体系，逾期和坏账的追讨、惩戒机制不健全，信息中介的模式难以担保投资人的资金安全。与国外纯粹信息中介的平台相比，国内的 P2P 平台在借款人的认证和筛选、投资人的保护等方面，往往扮演了更加重要的角色。对于中国 P2P 市场上的投资人而言，除了选择借款项目，更重要的是选择一个风险管理能力较强的 P2P 投资平台。因此，P2P 平台需要通过披露自己的投资人保障措施，向投资人传递其优秀的风险管理能力。为了吸引投资人，约有 50% 的 P2P 平台声称在借款人逾期还款时，对投资人的本金和利息进行垫付。P2P 平台采用了多种方式，对投资人收益进行保障，例如，37.49% 的平台设立了风险准备金，33.20% 的平台上的标的由担保公司进行担保，7.94% 的平台由合作的小贷公司提供无条件逾期垫付的类担保，另有 3.11% 的平台采取实物抵押，12.71%

的平台用资本金垫付逾期借款。为了消除投资人对平台挪用资金的担忧，31.54%的平台声称对用户资金进行第三方支付机构托管。[①] 除此之外，很多P2P平台在其主页和门户网站上，公布其接受风险投资的金额，以及作为各互联网金融行业协会理事的身份，来增强投资人对平台运营能力的信心。此外，P2P主要门户网站上的网友推荐和评论信息，也是投资人在选择P2P平台时的重要参考。

本章抓取了中国网络借贷行业门户网站——网贷之家上的平台交易数据和背景资料数据，基于P2P平台层面数据进行平台间比较研究，来理解中国P2P平台网络借贷市场，试图厘清P2P平台的生存与发展特征。

（一）P2P网络借贷的历史

P2P网络借贷的概念，源自2005年3月成立于英国的第一家P2P平台佐帕（Zopa）。2007年，中国第一家P2P借贷平台拍拍贷成立。2009年，国内首家推行本金保障制度和投资人担保制度的P2P平台——红岭创投成立。目前，知名的P2P平台还包括美国的普罗斯珀（Prosper）和借贷俱乐部（Lending Club），日本的阿卡什（Aqush），中国的人人贷和陆金所等。

1. 国外P2P平台发展历程

佐帕和成立于2006年的美国首家P2P平台普罗斯珀，在运营初期均采用贷款拍卖的模式：借款人在网站上发布借款需求，设定愿意支付的最高利率，投资人根据借款人的历史记录、信用评级等信息自行评估违约风险，在此基础上降低利率进行竞拍，利率更低的投资者获得一定额度的投资机会。拍卖结束后，网站将竞拍成功的投资人的资金交给借款人。普罗斯珀作为信息中介，其收入来源为向借贷双方收取的1%～3%的服务费，而并非如传统银行般收取利差。投资人需要承担借款人的违约风险，普罗斯珀不提供资金保障等服务。

美国P2P领域的后起之秀借贷俱乐部则引入了贷款评级制度，根据不同的评级提供预设利率，这种制度可以更快地促成贷款。借贷俱乐部的盈利模式与普罗斯珀类似，但预设利率使其规模迅速扩张，自2007年起交易额平均每年增加2.74倍，一跃成为美国最大的网络借贷平台，占据了75%的市场份额，并在2014年底成功上市。2010年后，普罗斯珀也抛弃了贷款拍卖的做法。目前，借贷俱乐部和普罗斯珀占据了美国P2P行业98%的市场份额，美国的P2P市场高度集中。如图7－8所示，这两个P2P平台发展非常迅速，2014年其成交量分别为3.5万亿美元和1.6万亿美元。

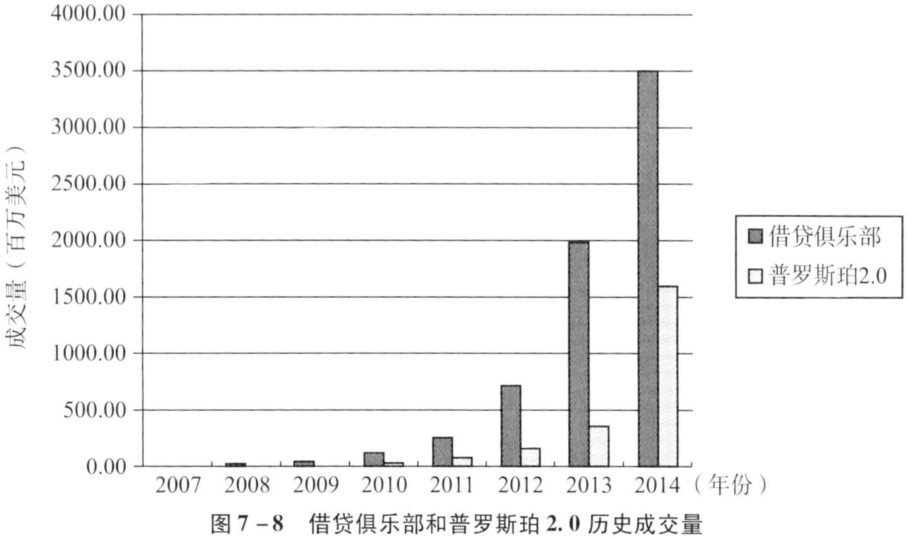

图7－8　借贷俱乐部和普罗斯珀2.0历史成交量

资料来源：https：//www.nsrplatform.com/.

① 数据来自网贷之家网站。

图7－9描述了投资回报率（ROI）随时间变动的趋势。普罗斯珀2.0自成立以后，就持续给投资者带来8.0%～11.0%的比较稳定的投资回报。借贷俱乐部给投资者带来的回报日益增加，从2009年的4.57%，增加到2014年的9.39%。

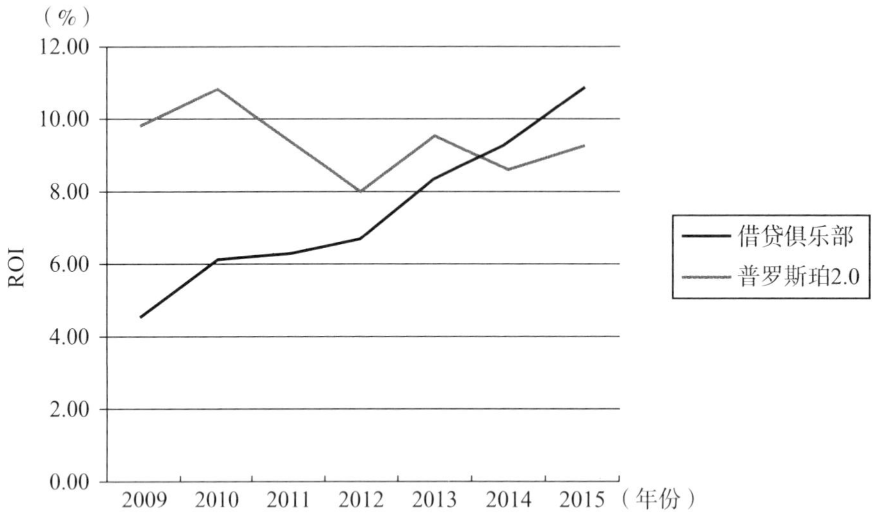

图7－9　借贷俱乐部和普罗斯珀投资回报率

资料来源：https：//www.nsrplatform.com/.

表7－10和表7－11分别描述了普罗斯珀和借贷俱乐部自2007年起至2015年5月的历史绩效表现。两家平台的借款存续时间和每笔借款金额大致相同。普罗斯珀的投资回报率在2014年之前始终高于借贷俱乐部，本金损失概率也高于借贷俱乐部。借贷俱乐部在2007年和2008年成立之初，本金损失概率超过了10%，造成了平均为负的投资回报率，但2009年后本金损失概率降低至10%以内，投资回报率不断攀升，成交量也迅速增长，2014年其成交量和借款笔数约为普罗斯珀的2倍。

表7－10　普罗斯珀2.0绩效特征①

借款成立时间（年）	投资回报率（%）	本金损失概率（%）	借款存续时间（月）	借款笔数	成交量（百万美元）
2009	9.82	7.08	67.69	2034	8.89
2010	10.85	7.26	59.27	5652	26.94
2011	9.40	10.53	46.43	11228	75.14
2012	7.92	10.76	35.46	19553	153.18
2013	9.46	6.35	22.01	33908	357.39
2014	8.58	4.64	10.5	123197	1598.75
2015	9.29	2.91	5.11	9002	120.19

① 普罗斯珀2.0是指2009年普罗斯珀在美国证券交易委员会（SEC）注册后的绩效表现。因为在注册后，其改变了原有的荷兰式拍卖模式，采用了预设利率的方法，投资人无法对利率产生影响。因此，我们仅关注其在2009年后的数据。表7－10和表7－11数据来自：https：//www.nsrplatform.com/#！/. 本金损失概率（loss）为nsrplatform对当前交易估算的损失本金的概率。本金损失概率和投资回报率的计算标准见https：//www.nsrplatform.com/#！/stats/roi。

表 7-11 借贷俱乐部的绩效特征

借款成立时间（年）	投资回报率（%）	本金损失概率（%）	借款存续时间（月）	借款笔数	成交量（百万美元）
2007	-3.44	14.81	92.6	603	4.79
2008	-0.27	11.83	84.96	2393	19.98
2009	4.57	7.40	71.03	5281	51.81
2010	6.09	5.85	59.36	12537	126.35
2011	6.26	6.66	47.45	21721	257.36
2012	6.68	7.43	34.93	53367	717.94
2013	8.35	5.91	23.22	134756	1982.00
2014	9.39	4.30	11.72	235629	3503.84
2015	10.89	1.85	4.65	84277	1290.04

与借贷俱乐部和普罗斯珀相比，佐帕在借贷交易的进行和还款环节，进行了更多干预和介入，也采取了更多措施对投资人进行保护。佐帕在整个交易过程中的服务包括：信息发布对接、相关法律文件准备、对借款人进行信用认证、坏账发生时雇用代理机构为投资人追讨欠账等。佐帕实行双向收费的制度，收取借款人每笔 0.5% 以及投资人年借款额 0.5% 的服务费。在佐帕上，借款人平均支付 5.6% 的利率（明显低于大多数银行的贷款利率），投资人获得平均 4.9% 的利率（而银行活期存款的利率几乎为 0）。[①]

值得指出的是，借贷俱乐部和普罗斯珀的借款持续时间，在 2009~2015 间，都在显著缩短，从 2009 年的平均 70 个月，下降到 2015 年的 5 个月左右。借款持续时间变短的同时，本金损失概率也在显著下降，而成交额在大幅度上升。

2. 中国网贷行业发展历程

图 7-10 给出了 2010~2014 年间网贷行业的发展历程。自 2010 年开始 P2P 平台从 10 个，发展到 2014 年 1575 个。模式也经历了非常大的变化，从信息中介的模式，发展到具有线上线下各种监督、对投资者进行各种保护的多样模式。

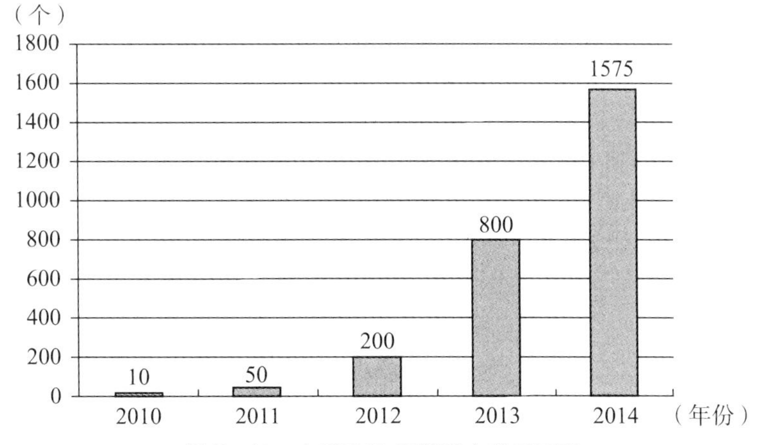

图 7-10 中国 P2P 运营平台发展历程

① http://www.economist.com/news/finance-and-economics/21597932-offering-both-borrowers-and-lenders-better-deal-websites-put-two.

2007年8月，中国第一家P2P网络借贷平台“拍拍贷”成立。拍拍贷坚持信息中介的运营模式：借款人在网站上发布借款需求信息，金额一般较小且多为个人信用贷款，拍拍贷确认其身份和信用等级，存款人根据平台上的信息自主选择借款人，并承担借款人违约风险。拍拍贷没有线下审贷环节，不对单笔贷款提供担保。图7－11给出了拍拍贷的运营模式示意图。除去向客户收取的账户管理费和充值手续费等收入，拍拍贷的利润来自于成交服务费。

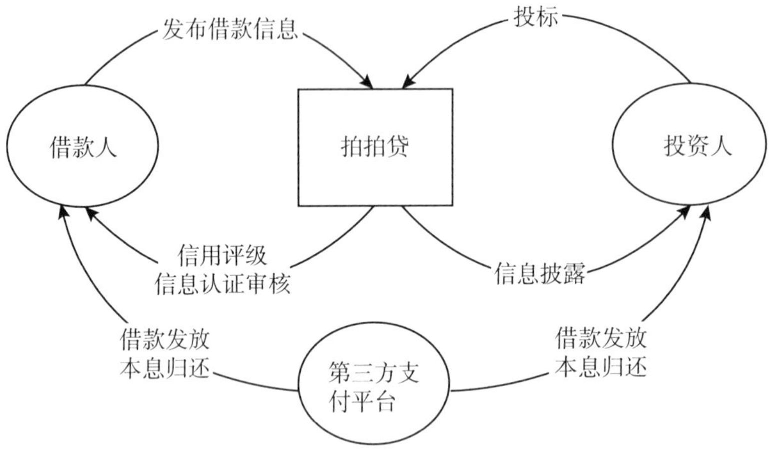

图7－11 线上中介平台“拍拍贷”运营模式

纯粹的信息中介平台运营成本低，平台承担的风险较小，这种模式对风险评估技术和个人征信系统要求非常高。但因我国缺乏健全的征信体系，逾期和坏账的追讨、惩戒机制不健全，这一模式难以担保投资人的资金安全，P2P行业发展速度缓慢。网贷之家数据显示（见图7－10），截至2010年，中国P2P平台的数量只有10家。

2009年，红岭创投上线，并首次推出了“本息垫付”的平台担保方式，投资人只要缴纳180元的年费，出现坏账时P2P平台进行本金垫付。平台垫付模式增强了投资人的信心，吸引了大量投资人，带来了整个行业的爆发性增长。本息垫付模式可以促使平台成交规模的快速增长，但也增加了平台的运营风险，对其风险控制能力提出了较高的要求。红岭创投也开创了个人对企业的P2B模式，借款人多为企业，单笔借款金额非常高，引入担保公司和实物抵押来提供保障，这种模式的平台扩张速度非常快，远高于最初的纯线上中介模式。图7－12给出了“红岭创投”运营模式示意图。

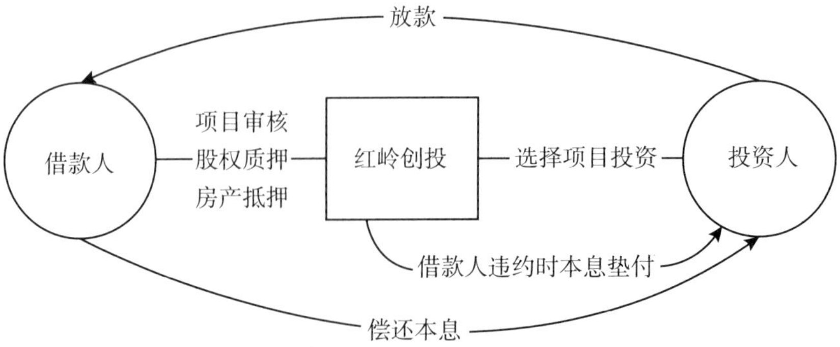

图7－12 “红岭创投”运营模式

2012年后，P2P行业出现了一些线上与线下管理相结合的平台，以寻找本地借款人为主。在线下对借款人进行实地调查和认证，获得借款人更加可信的信息，解决隐藏信息［亦即阿克洛夫（Akerlof）提出的莱蒙（lemon）问题］的问题。一些平台与线下的小贷公司和担保公司合作，借款人由这些公司进行开发和审核，平台在线上吸引投资人。

2011 年起，平台数量产生了井喷式增长，保持了每年 3～4 倍的增长率。图 7－10 表明，中国 P2P 运营平台从 2011 年的 10 家，增加到 2014 年 1575 家。图 7－13 表明，中国 P2P 平台成交量，从 2012 年的 212 亿元，猛增至 2014 年 2528 亿元，达 12 倍。图 7－14 表明，P2P 平台的投资人数，从 2011 年的 2.8 万人，增加至 2014 年的 118 万人；借款人数，从 2011 年的 8000 人，增加到 2014 年 63 万人。

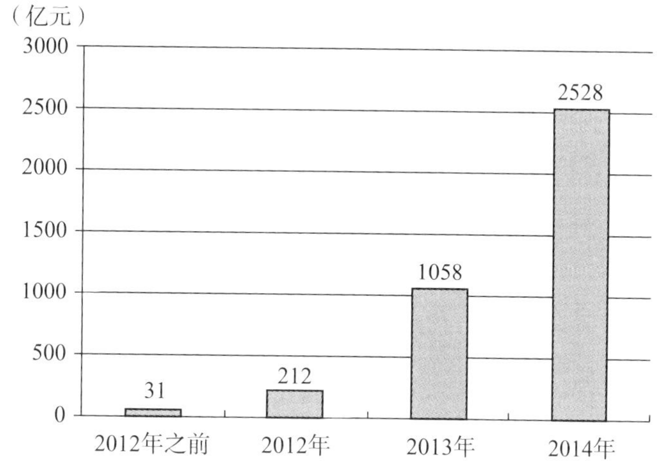

图 7－13　中国 P2P 市场成交量

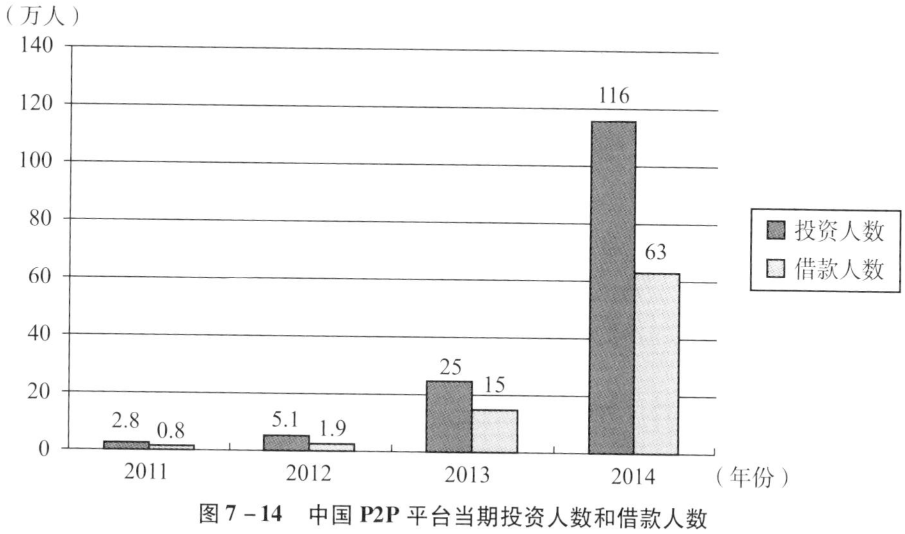

图 7－14　中国 P2P 平台当期投资人数和借款人数

由于行业进入“门槛”较低，缺乏有效的行业监管，网络借贷行业在迅速增长的同时，也出现了一系列的问题。图 7－15 给出了 2011～2014 年间问题平台数量。出现跑路、停业、投资人提现困难的平台，即问题平台，在 2013 年和 2014 年迅速攀升，2013 年有 76 家平台出现问题，2014 年一年内便有 275 家问题平台出现。截至 2014 年底，累计出现了 367 家问题平台，占平台总数量的 23.2%。

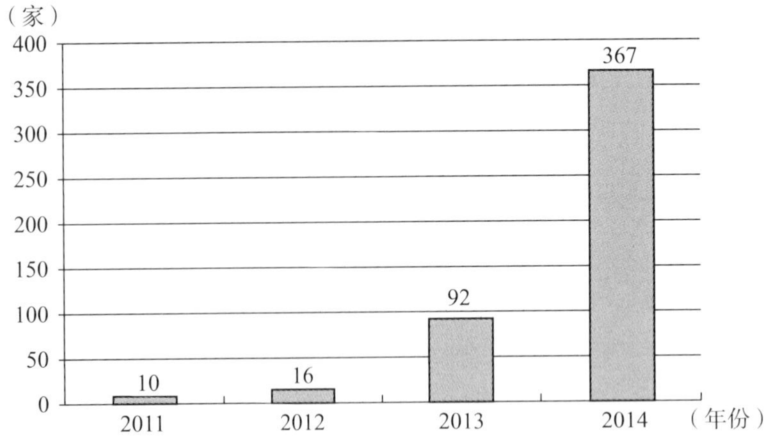

图 7－15　P2P 行业问题平台数量

（二）中国 P2P 网络借贷行业现状

1. 地域分布

表 7－12 描述了 2015 年 5 月，中国网络借贷行业的地域分布。P2P 网络借贷行业主要集中在经济较为发达的东部沿海地区。广东省的 P2P 平台数量最多，共有 379 个，占全国的 19.48%；其次是浙江、山东和北京，数量分别为 270 个、263 个和 219 个，占比分别为 13.87%、13.51% 和 11.25%。排名前 4 的这四个地区，总共有 1031 个 P2P 平台，占全国 58.1%。排名前八的广东、浙江、山东、北京、上海、江苏、四川、湖北这八个地区，总共有 1508 个 P2P 平台，占全国 77.6%。

表 7－12　　中国 P2P 网络借贷平台的地域分布

省市	平台数量	平台数量占比（%）	成交量（亿元）	成交量占比（%）	累计问题平台数量	贷款余额（亿元）	综合利率（%）	平均借款期限（月）
广东	379	19.48	200.75	32.93	119	482.31	14.65	4.22
浙江	270	13.87	86.98	14.27	84	139.16	15.06	1.96
山东	263	13.51	15.82	2.60	114	42.69	20.75	3.18
北京	219	11.25	146.4	24.01	33	666.31	12.32	11.2
上海	141	7.25	69.95	11.47	49	328.86	12.48	14.83
江苏	119	6.12	19.63	3.22	39	68.39	19.10	4.86
四川	60	3.08	13.45	2.21	31	36.16	13.95	4.25
湖北	59	3.03	9.71	1.59	23	27.83	17.37	4.1
其他	436	22.40	46.94	7.70	169	140.43	18.66	4.3
全国	1946	100	609.62	100	661	1932.14	14.54	6.79

资料来源：网贷之家网站，统计日期截至 2015 年 5 月。

P2P 平台融资成交量最大的是广东省，5 月成交量达到 200.75 亿元，占总成交资金的 32.9%。其次是北京、浙江与上海，成交额分别为 146.4、86.98 和 69.95 亿元，分别占比 24.01%、14.27% 和 11.47%。成交量排名前四的四个地区，总成交额为 504 亿元，占全国 P2P 成交金额的 82.69%。成交量排名前八的广东、北京、浙江、上海、江苏、山东、四川与湖北，融资总额 562.68 亿元，占 P2P 平台总融资额的 92.3%。

表7－12也表明，P2P平台数量越多，出现的问题平台数量也越多。在2011～2015年，广东省共出现119家问题平台，数量排名第一；山东省共出现114家问题平台，数量排名第二；浙江省出现84家问题平台，数量排名第三。这三个省出现的问题平台总数等于322家，占问题平台总数的48.7%。问题平台与现存平台比这个指标，各省都比较大，四川为51.67%，山东为43.35%，广东为41.40%。从这个数据看，P2P平台风险很高。

截至2015年5月，P2P平台贷款总余额总计1932.14亿元。其中，北京市的P2P平台贷款余额最高，为666.31亿元，占P2P平台贷款总余额的34.49%；其次是广东省，为482.31亿元，占P2P平台贷款总余额的24.96%；第三是上海市，为328.86亿元，占P2P平台贷款总余额的17.02%%；第四是浙江省，为139.16亿元，占P2P平台贷款总余额的7.2%。平台贷款余额排名前四的地区，北京、广东、上海与浙江的贷款余额为1616.64亿元，占P2P平台贷款总余额的83.67%。

各地区的利率差异也比较大。例如，2015年5月的P2P平台贷款，山东和江苏综合利率较高，分别为20.75%和19.1%。在表7－12所示的P2P平台数量排名前8的地区，北京和上海的综合利率最低，分别为12.32%和12.48%；其他地区虽然P2P平台规模小，但综合利率比较高，为18.66%。所有地区的综合利率都远高于同期5.1%的银行一年贷款基准利率。

平均借款期限最短的地区是浙江省，仅2个月，最长的是上海市，达到了14.83月，大多数省份的P2P借款均为1年以内的短期借款。

2. 市场份额

表7－13给出了2014年3月至2015年3月，成交量排名前20的P2P平台绩效数据，包括成交量、成交量占比、平均利率、平均借款期限和累计待还金额。红岭创投市场规模最大，贷款金额为284.4亿元，贷款金额占比为13.42%；其次是陆金所，贷款金额为129.6亿元，贷款金额占比6.11%。排名前5的P2P平台贷款金额为662.75亿元，占据了31.27%的市场份额。排名前10的平台贷款金额为919.2亿元，占据了43.37%的市场份额。排名前20的平台贷款金额1238.1亿元，占据了58.41%的份额。

表7－13　　近一年排名前20的P2P平台

排名	名称	成交量（亿元）	成交量占比	平均利率	平均借款期限（月）	累计待还金额（亿元）
1	红岭创投	284.4385	13.42	0.1361	6.21	129.6634
2	陆金所	129.5552	6.11	0.0843	32.08	114.4267
3	温州贷	103.6591	4.89	0.1395	0.68	5.649521
4	鑫合汇	74.56287	3.52	0.1014	1.08	9.440525
5	PPmoney	70.5359	3.33	0.1287	2.76	33.79855
6	微贷网	68.5627	3.23	0.1542	2.03	13.52099
7	有利网	49.29149	2.33	0.1007	11.24	40.59897
8	积木盒子	48.669	2.3	0.0999	6.13	21.59532
9	人人贷	46.79599	2.21	0.1228	28.86	52.76518
10	爱投资	43.13499	2.03	0.1302	9.06	36.37301
11	合拍在线	42.00052	1.98	0.145	1.65	4.959768
12	钱爸爸	39.42046	1.86	0.1331	1.31	5.083127
13	投哪网	33.30398	1.57	0.1251	2.25	11.14125

续表

排名	名称	成交量（亿元）	成交量占比	平均利率	平均借款期限（月）	累计待还金额（亿元）
14	宜人贷	31.94542	1.51	0.117	33.76	36.10415
15	冀龙贷	29.94623	1.41	0.185	11.21	30.046
16	你我贷	29.7942	1.41	0.1286	30.08	31.25561
17	团贷网	28.96759	1.37	0.1498	6.01	16.55998
18	国诚金融	28.87437	1.36	0.1775	2.1	6.103093
19	88 财富网	28.19013	1.33	0.0772	2.87	8.443579
20	招商贷	26.53102	1.25	0.2132	2.99	5.115272
	总成交量	2119.667				

资料来源：网贷之家网站，统计截止日期为 2015 年 5 月。

这 20 个 P2P 平台贷款平均利率，差别非常大。平均利率较低的有，88 财富网为 7.72%，陆金所为 8.43%。平均利率较高的有，招商贷为 21.32%，冀龙贷为 18.5%。

平均借款期限，在这 20 个 P2P 平台间差异也特别大。例如，温州贷基本上是非常短期的拆借，平均借款期限只有不到 20 天，鑫合汇只有 1 个月多点，钱爸爸的平均借款期限也只有 40 天。而你我贷、陆金所和宜人贷的平均借款期限较长，达到了 2.5～3 年。

表 7－14 对 P2P 平台的成交量排名进行汇总，可以看出前 10 名 P2P 平台的排名在一年内较为稳定，市场份额比较集中，前 20 位平台占据了行业约 60% 的市场份额。

表 7－14　　P2P 平台成交量排名汇总

排名	近一周	近一月	近一季度	近一年
1	红岭创投	红岭创投	红岭创投	红岭创投
2	陆金所	PPmoney	PPmoney	陆金所
3	PPmoney	陆金所	陆金所	温州贷
4	E 租宝	E 租宝	E 租宝	鑫合汇
5	温州贷	温州贷	微贷网	PPmoney
6	鑫合汇	微贷网	温州贷	微贷网
7	有利网	鑫合汇	积木盒子	有利网
8	宜人贷	金信网	金信网	积木盒子
9	金信网	积木盒子	宜人贷	人人贷
10	你我贷	易贷网	鑫合汇	爱投资

资料来源：网贷之家网站，数据统计截止日期为 2015 年 4 月 10 日。

接下来的分析，将基于我们从网贷之家获取的每日成交量排名在前 250 名左右的 P2P 平台的日成交量、借款笔数、借款人数、投资人数、平均满标用时、平均借款金额、平均借款期限、平均借款利率等数据。我们也获取了这 250 个 P2P 平台的背景资料数据库，包括平台资金的第三方托管情况、投标有无本息保障、风险准备金机构与金额、担保公司与担保金额、是否发生提现困难和跑路等问题、成立时间、注册资金等背景信息，以及网友对 P2P 平台的评价信息。这 250 余家平台占据了绝大部分的市场份额，因此以此为样本进行的分析，非常具有代表意义。①

① 样本内所有平台的总成交量为 1780.2529 亿元，而行业总成交量为 2119.667 万元，样本内平台的市场份额为 83.99%。

删除缺失值和重复值、日成交量为0和频率不足30天的观测值后，我们抓取到了249家P2P平台自2014年4月9日至2015年4月8日的日交易数据，共计51938条数据。我们对平台层面的连续变量数据进行缩尾处理（winsorize），即将分位数处于（1%，99%）之外的观察值用1%和99%分位数值替换。

3. P2P平台交易数据特征

表7-15给出了平台日成交量（vol，单位：万元），成交笔数（bill），满标用时（time，单位：秒），平均利率（i），借款期限（period），投资人数（inv），借款人数（bor）以及平均每笔借款金额（loanpb）的描述性统计。

表7-15 平台交易数据描述性统计

变量名	含义	Obs	Mean	Std. Dev.	Min	Max
vol	日成交量（万元）	51938	354.525	688.4217	1.44	4221.75
bill	日成交笔数	51938	52.15357	175.3249	1.00	1309
time	满标用时（秒）	49490	40170.57	70382.63	1.60	420595
i	利率	51819	17.71045	6.244741	7.07	37.41
period	借款期限（月）	51817	4.485838	6.054904	0.23	32.4
inv	日投资人数	51847	291.8029	663.7156	0.00	4603
bor	日借款人数	51847	29.39871	94.73445	0.00	681
loanpb	Vol/bill	51938	45.8546	84.50171	0.307544	500

表7-15表明，平台日成交量的均值为354.525万元，最大日成交量4221.75元，最小1.44万元。日成交笔数平均52笔，最大1309笔，最小1笔。满标用时平均11.16小时，最大用时116.8小时，最小用时1.6秒。平均利率17.71%，最高利率37.41%，最低利率7.07%。平均借款期限4个半月，最长32.4个月最短1个星期。平均每笔交易的金额为45.85万元。

图7-16是P2P网络借贷平台成交金额对数的分布图。由平台日成交量的分布图可以看出，约45%的观测点，日成交量在10万元以下，约70%的观测点日成交量在30万元以下，只有8.7%的观测点，日成交量超过了1000万元。日交易量的分布比较集中。

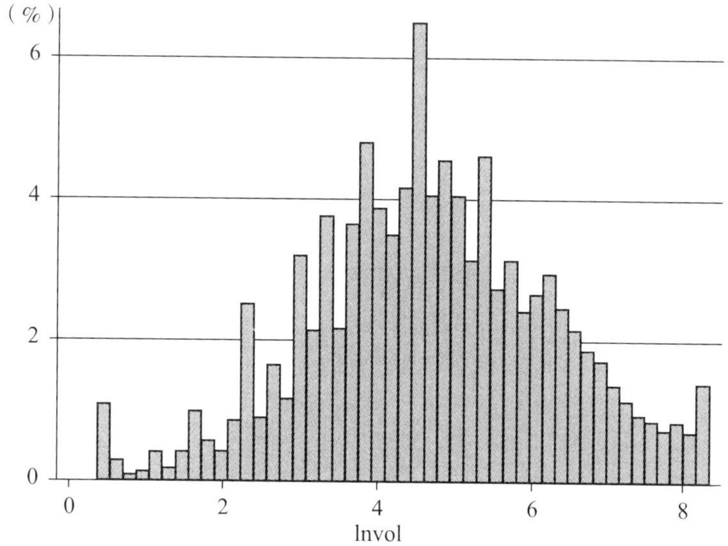

a. 日成交量对数（lnvol）

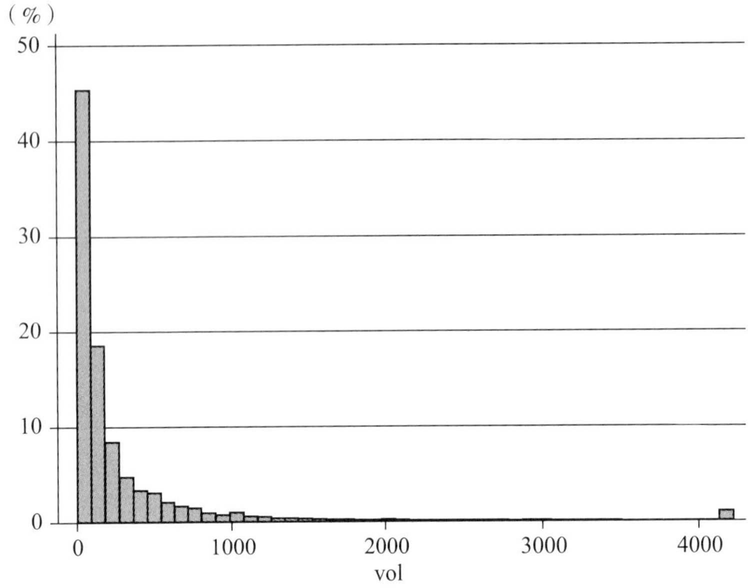

b. 日成交量（vol）

图7－16　P2P平台日成交量分布

图7－17中平台成交笔数的分布，呈现了类似的模式。超过90%的观测点，每日成交笔数在100笔以内。

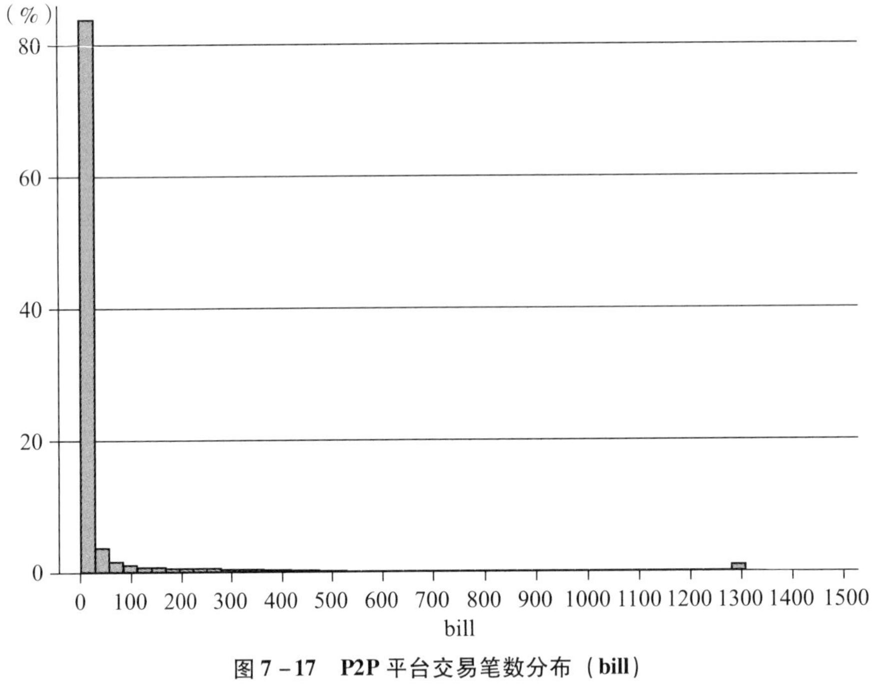

图7－17　P2P平台交易笔数分布（bill）

图7－18描述了样本中平台利率的分布图。图7－18表明，P2P平台的利率水平体现了的较大的差异。最低的利率水平为7.07%，也有观测点的利率水平达到了37.41%，利率的中位数为16.94%。2015年3月1日起，金融机构1年期贷款基准利率为5.35%，一年期存款利率为2.5%。可见，样本中P2P平台的利率全部高于1年期存贷款利率，平均利率约为基准利率的3倍，14.79%的观测点利率超过了1年期贷款利率的四倍[①]——约24%。

① 最高人民法院发布的《关于人民法院审理借贷案件的若干意见》民间借贷的利率可以适当高于银行的利率，各地人民法院可根据本地区的实际情况具体掌握，但最高不得超过银行同类贷款利率的四倍（包含利率本数）。超出此限度的，超出部分的利息不予保护。

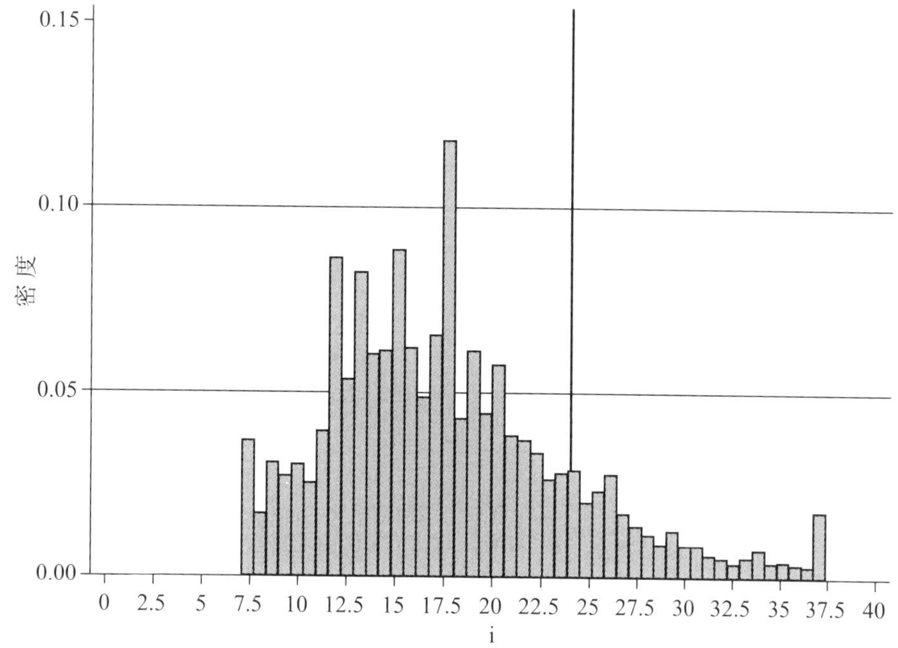

图 7 - 18 P2P 平台利率分布（i）

图 7 - 19 给出 P2P 平台日投资人数分布图（a. 是日投资人数分布，b. 是日投资人数对数分布）。图 7 - 20 给出了 P2P 平台日借款人数分布图（a. 是日借款人数分布，b. 是日借款人数对数分布）。极少数的 P2P 平台，每日吸引了大量的投资人和借款人，而大多数平台每日的投资人数和借款人数都相对较少。P2P 平台的活跃度呈现了两极化趋势。具体而言，92.97% 的 P2P 平台观察值日投资人数少于 1000，92.59% 的 P2P 平台观测值日借款人数少于 100。此外，日借款人数远少于日投资人数，这证实了借款项目大多需要多个投资人的资金支持。

图 7 - 21 给出了 P2P 平台平均每笔借款金额分布图。如图 7 - 21 所示，14.45% 的观测值每笔借款金额在 5 万元以下，16.88% 的观测值每笔借款金额在 5 万 ~ 10 万元之间。可见，P2P 借款以小额借贷为主，77.54% 的每笔借款金额在 50 万元以内，只有 10.62% 的观测值每笔借款金额在 100 万元以上。

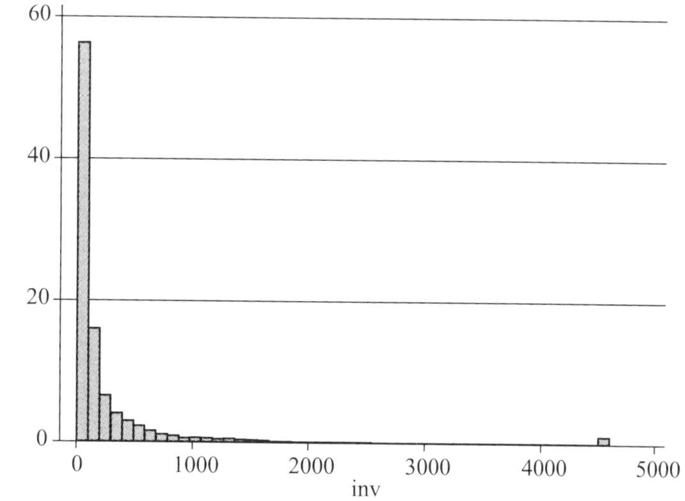

a. 日投资人数分布（inv）

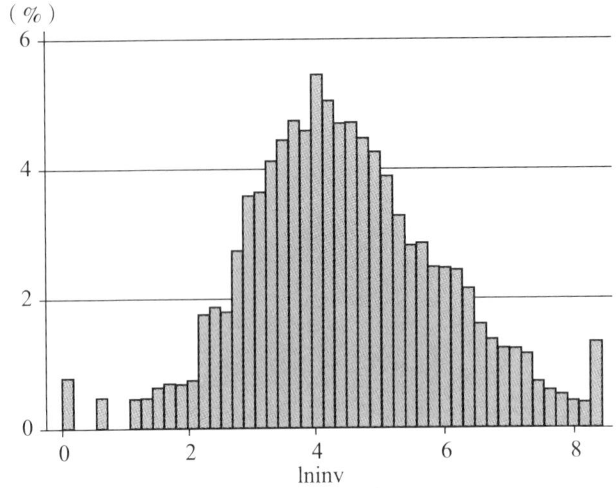

b. 日投资人数对数(lninv)

图 7－19　P2P 平台日投资人数分布

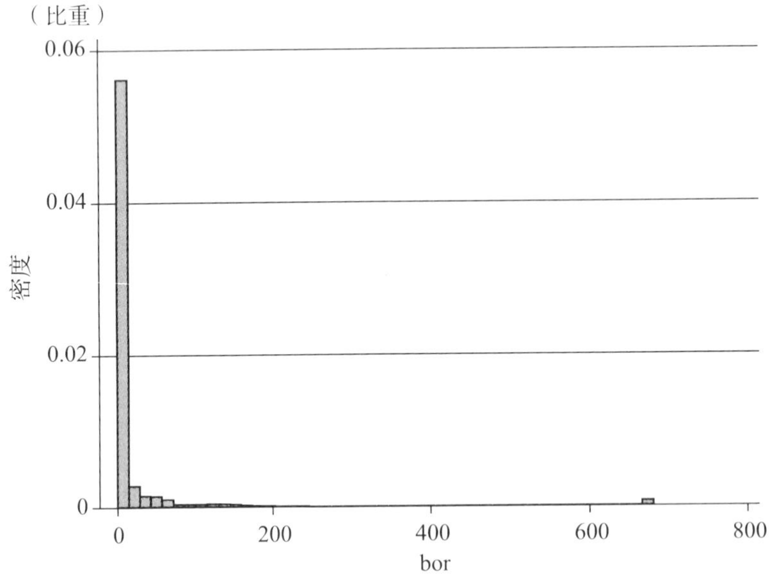

a. 借款人数分布（bor）

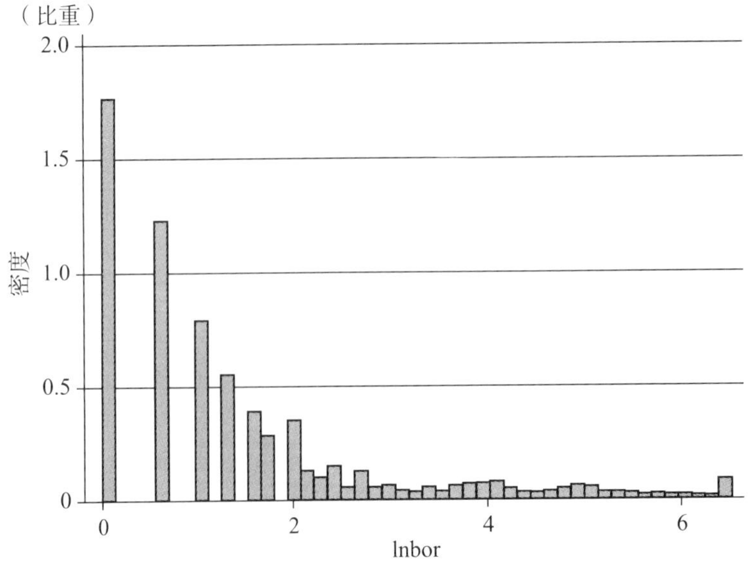

b. 借款人数对数（lnbor）

图 7－20　P2P 平台日投资人数分布

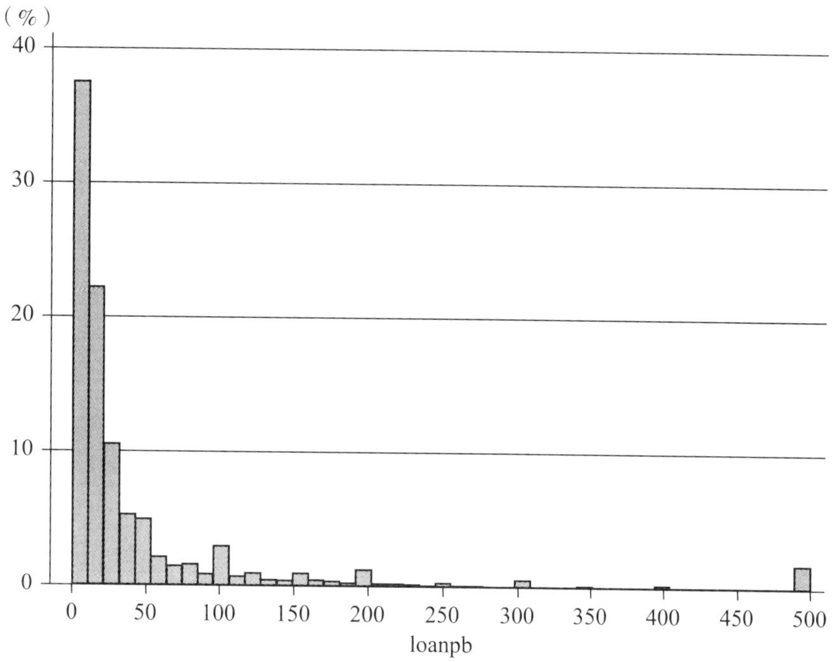

图 7-21 P2P 平台平均每笔借款金额分布

4. 平台背景

图 7-22 给出了 P2P 平台的年龄特征。如图 7-22 所示，样本中最年轻的平台仅成立 3 个月，年龄最长的平台已成立 6 年多，平台的平均运营时间为 19 个月，成立时间在 3 年以上的平台不足 7%，大多数平台在 2011 年之后成立。

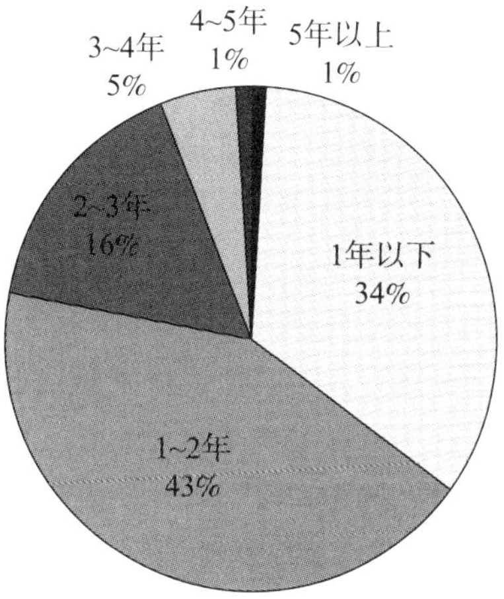

图 7-22 P2P 平台运营时间分布

样本中，民营系平台数量最多，占据了 93.05% 的比例，其次是国有资本背景的平台，占据了 4%，银行背景的平台最少，只有 2 个。

5. 保障方式

P2P 网络借贷信息不对称情况非常严重。从而存在严重的逆向选择、道德风险问题。为了解决这两方面的信息不对称问题，很多平台都推出“本息保障”计划，试图向投资者发送可信信息，来吸引投资人。样本 217 家平台中，有 109 家对所有投资人提供了本金和利息保障，有 132 家对所有投资人提供了本金保障。

中国的P2P平台采用了多种方式，对投资人的收益进行保障。

第一，风险准备金。37.34%的平台设立风险准备金，平台每笔借款成交时，提取一定比例的金额放入“风险备用金账户”。借款出现严重逾期时，通过“风险备用金”向投资人垫付此笔借款的剩余出借本金或本息。57家平台披露了风险准备金的数量，分布在3.5万元至1亿元之间，均值为1057.411万元。图7－23给出了风险准备金占年成交量之比分布图。48%的P2P平台的风险准备金占年成交量之比小于1%。19%的平台的风险准备金占年成交量之比在1%～2%。10%的P2P平台的风险准备金占年成交量之比位于2%～5%。10%的P2P平台的风险准备金占年成交量之比位于5%～10%。13%的P2P平台的风险准备金占年成交量之比大于10%。

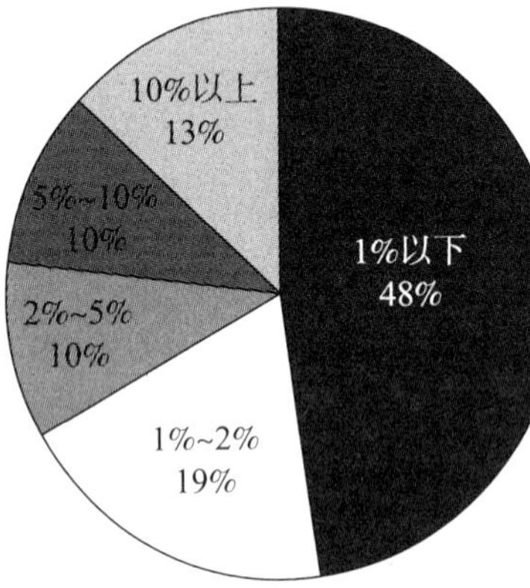

图7－23　风险准备金占年成交量之比分布

67%的P2P平台的风险准备金占年成交量之比小于2%。而且，风险准备金占年成交量之比的中值为1.02%。这意味着大多数平台需要把坏账率控制在2%以内，而这对P2P平台的风险控制能力提出了非常高的要求。特别是在P2P平台可能存在逆向选择问题，借款人的还贷能力不如传统银行业的情况下。目前中国尚无行业统一的违约率计算标准，P2P龙头平台陆金所公布的坏账率在5%～6%，而据业内人士估算，“现在和银行比，P2P的信贷技术不足还是很明显的，所以坏账率不低，业内比较普遍的流行措辞是坏账率介于2%～3%，但是常见的坏账率可能在5%～8%，超过10%的也不少见。”①

第二，担保公司担保。81家平台的标的由担保公司进行了担保，其中52家为融资性担保公司，占总数的21.85%。第三方担保是国内P2P发展中诞生的独有模式，国外平台借贷俱乐部，普罗斯珀，佐帕均没有第三方担保。由于国内没有成熟的征信体系，且平台的运营时间较短，平台为了增加投资人的信心，扩大平台规模，而推出了第三方担保机制。第三方担保公司为借款项目提供担保时，通常需要签订担保合同，收取担保费用（约3%～5%），如果借款发生违约，大多数P2P平台的担保公司会承担一般或连带责任。图7－24描述了陆金所的网络金融产品稳盈－安e运营模式图。最重要的特征是，平安旗下担保公司提供担保。需要注意的是，首先，国内P2P平台大多提供一般责任担保，即借款人完全没有偿还能力时才会赔付，而非连带责任担保；其次，只有融资性担保公司在符合担保杠杆比例内进行的担保才有实际效力，而很多P2P平台并未公布担保公司的具体名称，或者与非融资性担保公司合作，甚至虚拟了担保关系。

第三，抵押。样本中有7家平台采用抵押模式，要求借款人以一定的资产（房产、汽车等）进行抵押，足值抵押和变现能力强的抵押物可以增强还款保障能力，典型的抵押模式平台包括互利网、91旺财等。需要注意的是，违约的房产抵押贷款，诉讼过程会耗费大量的时间和金钱成本，最后能收回的资金非常有限。因此，即使有房产和车产抵押，信贷也不是“零风险”的。

① 来自中国经济周刊报道，见http://www.ceweekly.cn/2014/0909/92101.shtml.

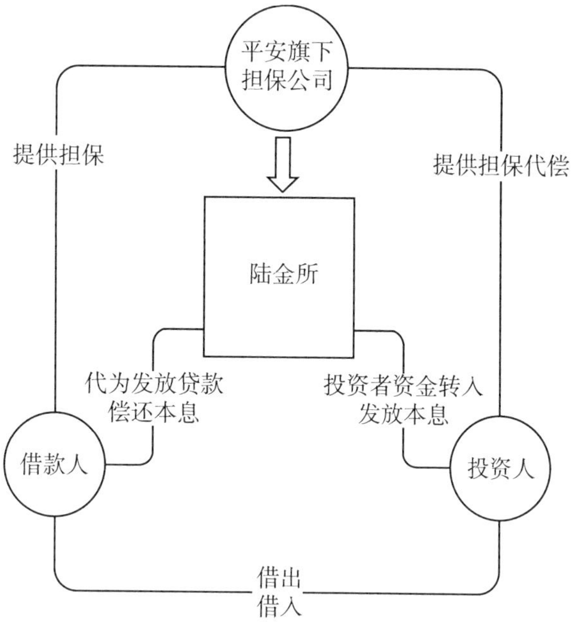

图 7-24 陆金所稳盈-安 e 运营模式

第四，平台垫付。33 家平台承诺在借款违约时，平台用自有资金进行垫付。而采用担保、风险准备金等模式的平台，事实上也以自有资金进行最后的垫付资金来源。平台注册资金的分布如图 7-25 所示，均值为 4371.705 万元。

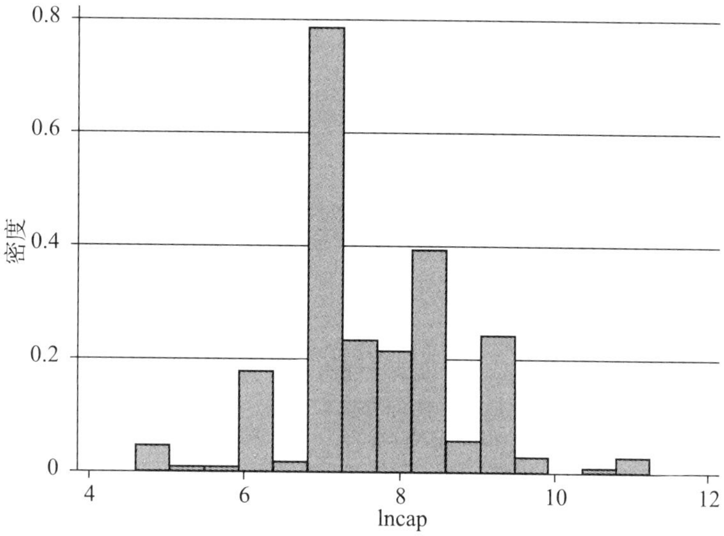

图 7-25 P2P 平台注册资金分布（lncap）

第五，小贷公司审贷。样本中 22 家平台与小贷公司合作，占比 9.13%，由合作的小贷公司提供无条件逾期垫付的类担保。P2P 平台主要负责网站的维护和投资人的开发，而借款人由线下小贷公司或担保公司开发和审核，平台再次审核后把借款信息发布到网站上，接受线上投资人的投标，小贷公司或担保公司将承担完全担保或连带责任。这种模式下，风险控制的重心在小贷和担保公司，典型的平台包括有利网、金信网等。有利网的运营模式如图 7-26 所示。首先，有利网与全国范围内的小额贷款公司合作，一旦产生了符合双方合作要求的贷款客户，小贷机构就将客户推荐给有利网。所有由小贷公司推荐的借款人需要按时还本付息，小贷公司对此提供 100% 连带责任担保。接下来，有利网会对借款人进行第二道详细审核，包括基本信用情况、借款金额、时间等，将通过审核的借款人信息发布在平台上，推荐给投资人，最后由出借人对平台项目进行投资。

此外，投资人还面临着平台层面的风险。在交易过程中，投资人需要先将资金转入平台提供的账户中，再由平台集中所有的募集资金来统一放款，平台坏账率增加，赔付率过高的时候，平台可能挪用资金。样本中有76家平台对用户资金进行了第三方支付机构托管，占比31.54%。托管机构有汇付天下和银行账户等。我们采用probit模型对问题平台的研究也发现，把资金托管到第三方机构的平台，平均而言发生提现困难、跑路、停业等问题的概率也较低。

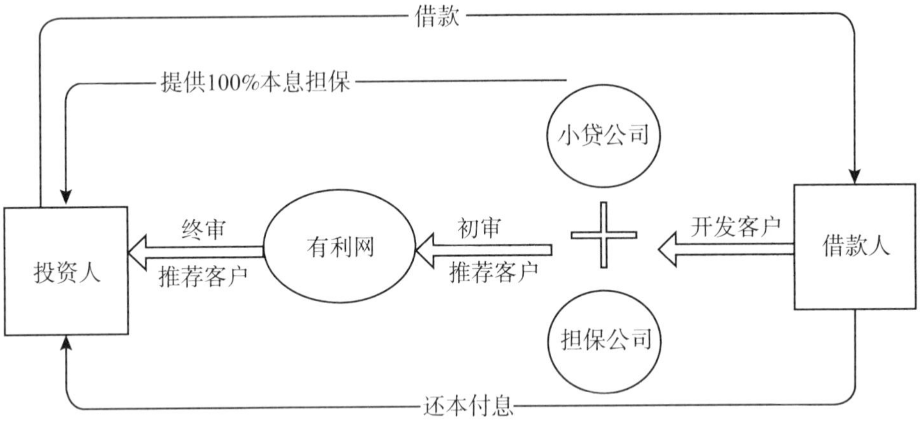

图7-26 有利网运营模式

(三) P2P行业的风险与问题

1. 交易层面的风险

P2P平台上的投资人面临着一系列信息不对称问题。目前，我国多数P2P平台是自律性地披露借款人信息，但是披露内容差异很大，质量参差不齐。根据图7-27所示，国泰君安证券研究表明，75%以上的平台会披露融资者的基本信息，超过50%的平台披露了融资用途，而不足50%的平台披露还款资金来源，几乎所有平台都未披露贷后资金流向情况。

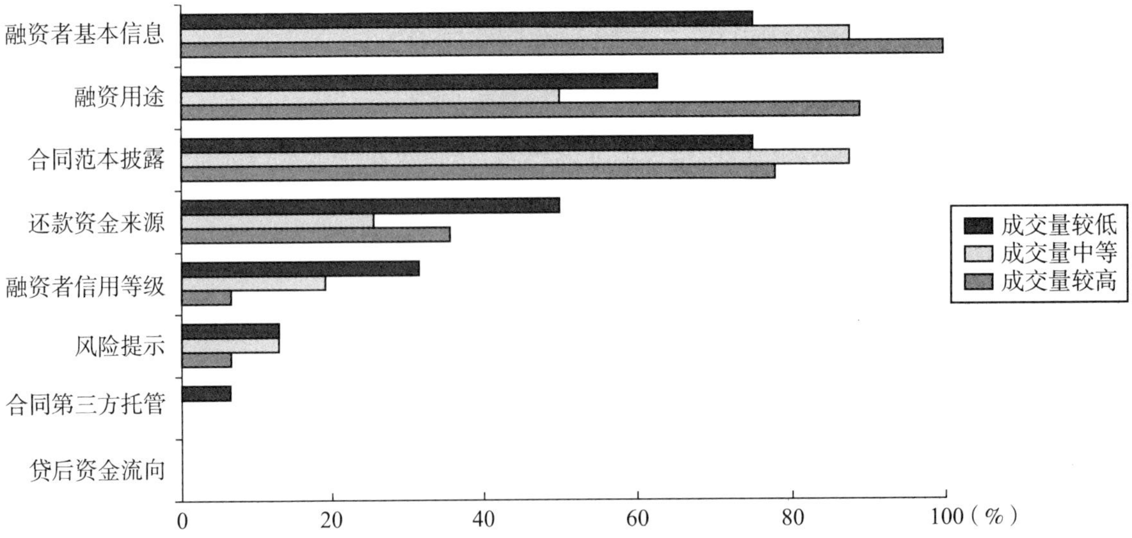

图7-27 P2P平台信息披露状况

资料来源：相关平台网站，国泰君安证券研究。

可见，在我国P2P信贷市场上，借款人拥有着更强的事前和事后信息优势。而信息不对称，会造成信贷市场的逆向选择和道德风险问题。

（1）逆向选择

由于目前P2P市场的信息披露制度不完善，很多平台不对借款人信息进行实地认证，借款人的违约记录没有实现平台间的共享，借款人可能会隐瞒不利信息甚至谎报信息。例如，2014年8月红岭创投1亿元资金的广州纸业项目坏账，源自企业对抵押品的瞒报现象，4家造纸公司与仓库物流合伙犯罪，将货物重复抵押给银行进行骗贷。[①] 由于事前的信息不对称，P2P网络借贷中的投资人为了防范违约风险，往往要求较高的借款利率，从而信用等级高的借款人退出了信贷市场。而信用较差或风险较高的借款人，由于在其他渠道无法获得借款，留在了信贷市场上。因此，在逆向选择的P2P市场中，次品驱逐良品，导致P2P平台上的资金需求者普遍违约风险较高，资金配置效率低下。

减低网络借贷市场逆向选择的有效途径包括。

第一，提供P2P借贷市场信息披露的正向激励，建立强制性信息披露制度和外部信用评价体系，以降低网络借贷市场普遍存在的信息不对称。P2P平台可以担当监督者，通过建立信用评级、实行风险定价等措施，减轻逆向选择问题。

第二，P2P平台对借款项目进行筛选。例如：佐帕运用信用评级的方式来审查借款人的资质，首先根据借款人的个人信用记录将其信用等级分为四个等级，如果借款人情况过于糟糕在这四类评级之外，则会被网站拒之门外。

第三，提供其他信息（软信息）：P2P网站应促使借款人披露愿意支付的最高利率、对借款原因的文字描述、图片等信息。研究发现，使用软信息的投资人，可以更好地做出投资决策。借款人愿意支付的最高利率，也对项目风险起到了信号传递的作用。

第四，建立声誉体系：如果借款人在一个平台上反复借款，则P2P平台可以向投资人披露借款人的还款记录，从而提高对借款人的约束力，缓解信息不对称问题。

（2）道德风险

在借贷交易发生后，P2P平台上的投资人无法对借款人的行为进行监管，掌握信息优势的借款人，为了使自身利益最大化，可能会挪用资金到违规的高风险投机活动中，而隐瞒处于劣势方的投资人，使投资人的利益遭受损失。

减缓道德风险问题的有效途径包括以下几点。

第一，对借款人实行抵押机制可以提高借款人项目投资的谨慎性，降低了网络借贷市场的道德风险。在进行借款活动前，设定抵押品的最低标准，一定程度上可以对借款者进行筛选以减少逆向选择的发生；贷款后，由于抵押品的存在，借款者的投资选择相对谨慎，从而缓解了道德风险问题的发生。

第二，改善内外贷款清收管理机制、提供贷款偿还激励，也可以缓解道德风险。

第三，完善个人和企业征信系统，并对网贷平台开放个人和企业征信系统查询权限，以减少信息不对称带来的逆向选择和道德风险。

2. 平台层面的风险

在问题平台研究数据库中，样本内共包括1057家P2P网络借贷平台，这些平台分布在广东、四川、山东、浙江、湖南、上海等20个省（直辖市、自治区）。其中，有86家平台在2011～2015年5月，发生过提现困难、跑路、停业等问题，定义为问题平台。把P2P平台的背景按照民营系、国资系、银行系和上市公司系进行分类，发现86家平台全部为民营系。

表7－16给出了描述P2P平台的主要变量的统计特征。在821家披露是否有本息保障的信息P2P

---

① 资料来源：http：//www. yicai. com/news/2014/08/4013117. html.

平台中，有61%的平台明确提出了提供本息保障。其中，还在正常运行的783家平台中，有60%的平台明确给出了提供本息保障条款，而在倒闭的38家问题平台中，79%的平台提供本息保障条款。这似乎给我们一个启示，在提供本息保障的前提下，如果平台风险管理水平跟不上，可能会导致平台容易出现问题。

表7－16　主要变量描述性统计

变量	正常平台			问题平台			总体		
	平均值	标准差	平台数	平均值	标准差	平台数	平均值	标准差	平台数
提供本息保障	0.5977	0.4907	783	0.7895	0.4132	38	0.6066	0.4888	821
用户资金托管	0.2770	0.4478	971	0.1279	0.3359	86	0.2649	0.4415	1057
设立风险准备金	0.2101	0.4076	971	0.1628	0.3713	86	0.2062	0.4048	1057
风险准备金数额	92952.63	1072561	155	299.8308	273.6143	13	85783.07	1030268	168
是否由担保公司担保	0.2225	0.4161	971	0.1512	0.3603	86	0.2167	0.4122	1057
其中，融资性	0.1946	0.3961	971	0.0930	0.2922	86	0.1864	0.3896	1057
非融资性	0.0762	0.2655	971	0.0814	0.2750	86	0.0766	0.2661	1057
担保数额	48509.06	141942.5	105	9930.1	18575.67	10	45154.37	136113.1	115
注册资金（万元）	3444.352	7347.072	968	2621.198	2837.334	86	3377.188	7090.244	1054
平台运营时间（月）	14.1308	9.5566	971	19.3023	11.6519	86	14.5516	9.8397	1057
利率（%）	16.8823	5.4347	896	16.6043	5.7240	72	16.8616	5.4542	968
是否接受过风险投资	0.0206	0.1421	971	0	0	86	0.0189	0.1363	1057
是否加入行业协会	0.0402	0.1964	971	0.0349	0.1846	86	0.0397	0.1954	1057
第三方征信	0.0536	0.2252	971	0	0	86	0.0492	0.2164	1057

1057家平台披露了是否有用户资金托管的信息。表7－16表明，有282家平台表明了采用用户资金托管的策略，占比为26.5%，其余的平台没有采用该策略。其中，有27.7%还在正常运行的平台表明了采用用户资金托管的策略；而已经倒闭的问题平台，只有12.8%的平台表明了采用用户资金托管的策略。

1057家平台披露了是否设立风险准备金的信息。表7－16表明，有218家平台明确表明有设立风险准备金的策略，占比20.6%，其余的平台没有采取改策略；而在86家披露是否设立风险准备金的信息的问题平台中，只有16.3%的企业具有这一风险管理机制。

在这218家明确表明采用设立风险准备金策略的平台中，168家平台披露了风险准备金数额。不难发现，虽然有13家问题平台也采取了设立风险准备金策略，但这些平台的设立风险准备金非常小。这13家问题平台的平均设立风险准备金，只是这155家正常平台平均值的0.3%。问题平台的设立风险准备金，几乎视同没有。

1057家平台披露了是否由担保公司担保的信息。在这1057家平台中，有229家平台明确表明采用了由担保公司担保的策略，占比21.67%，其余平台则没有采取该策略。表7－16表明，相对于正常平台，问题平台中，采用由担保公司担保策略的比例偏低，只有15.12%。由担保公司担保的策略，可分为2个子项目：融资性担保和非融资性担保。在表明采用了由担保公司担保的策略的这229家平台中，有197家平台表明，他们采取了融资性担保，占1057家平台的18.64%。表7－16表明，相对于正常平台，问题平台中，采用融资性担保策略的比例偏低，只有9.3%。在表明采用了由担保公司担保的策略的这229家平台中，有81家平台采用非融资性担保策略，占1057家平台的7.66%。表7－16表明，正常平台和问题平台采用改策略的比例相当，没有明显差异。在表明采用了由担保公司担保的策略的这 229 家平台中，有 115 家平台披露了担保数额的信息。相对于正常平台，问题平台的平均担保数额，只是正常平台的 20.5%，可见问题平台的担保数额偏低。这可能是导致平台破产的一个重要因素。

1054 家平台披露了注册资金的信息。表 7－16 表明，P2P 平台的平均注册资本为 3377 万元。其中，正常平台的平均注册资本 3444 万元，问题平台的平均正常资本只有 2621 万元，是正常平台的 76%，表明问题平台的正常资金偏小。

1057 家平台披露了平台运营时间的信息。1054 家平台的平均运营时间为 14 个半月。其中，正常平台的平均运营时间为 14 个月，而问题平台的平均运营时间为 19 个月零 10 天。平台运营时间越长，越容易出现问题平台。

968 家平台披露了平台平均利率。表 7－16 表明，问题平台和正常平台间的贷款利率没有明显差异。

1057 家平台披露了是否接受过风险投资的信息。表 7－16 表明，有 20 家平台接受过风险投资，占比 1，89%，数量非常少，而且这 20 家平台都是正常平台。1057 家平台披露了是否加入行业协会的信息。表 7－16 表明，有 42 家平台加入了行业协会，占比不到 4%，比例非常小。并且，在正常平台和问题平台中，加入行业协会的比例差别不大。1057 家平台披露了是否采用第三方征信的策略。表 7－16 表明，只有 52 家平台采用第三方征信的策略，占比非常小，5% 不到，而且这 52 家采取第三方征信的策略平台，都是正常平台。问题平台都没有采用第三方征信。问题平台的用户推荐人数，以及从提现、体验和服务方面的网友评分，均低于正常平台。

表 7－17 给出了 P2P 平台的地域分布。表 7－17 表明，1057 家平台，东部沿海一带拥有 761 家，占比 72%；中部 168 家，占比 15.89%；西部 128 家，占比 12.11%。86 家问题平台中，东部沿海一带拥有 58 家，占比 67.44%；中部 10 家，占比 11.63%；西部 18 家，占比 20.93%。东部地区 P2P 平台数量最多，中部次之，西部最少；东部地区问题平台数量最多，但西部地区问题平台的比率高于中部和东部地区。

表 7－17　　P2P 问题平台的地域分布①

地区	P2P 平台总数	占比（%）	问题平台数	占比（%）
东部	761	72.00	58	67.44
中部	168	15.89	10	11.63
西部	128	12.11	18	20.93
全国	1057	100	86	100

资料来源：网贷之家网站，统计截止日期为 2015 年 5 月。

表 7－18 给出了这 86 家问题平台出现违约的时间分布。表 7－18 表明，这 86 家问题平台发生的时间位于 2014 年 2 月至 2015 年 5 月之间，尤其是 2014 年 10 月至 2015 年 5 月，是网贷平台问题发生的高峰期。

采用 probit 模型的回归分析发现，提供本息担保会显著提升平台的问题发生概率。如果平台经营者不具备足够的征信、审贷和风险控制能力，一方面盲目扩大业务规模；另一方面又做出过高的资金回报或担保承诺，可能会导致坏账率激增，被投资者挤兑而倒闭。而对用户资金进行第三方平台托管

① 东部包括北京、天津、河北、辽宁、上海、江苏、浙江、福建、山东、广东、海南等 11 个省（市）；中部包括山西、吉林、黑龙江、安徽、江西、河南、湖北、湖南 8 个省（市）；西部包括四川、重庆、贵州、西藏、云南、陕西、甘肃、青海、宁夏、新疆、内蒙古、广西 12 个省（市、区）。

的 P2P，会有显著更低的问题发生概率。

表 7－18　　P2P 平台问题发生时间分布

问题发生时间（年、月）	Freq.	Percent	Cum.
2014.02	1	1.16	1.16
2014.04	1	1.16	2.33
2014.08	3	3.49	5.81
2014.09	1	1.16	6.98
2014.10	5	5.81	12.79
2014.11	7	8.14	20.93
2014.12	16	18.6	39.53
2015.01	14	16.28	55.81
2015.02	17	19.77	75.58
2015.03	9	10.47	86.05
2015.04	4	4.65	90.7
2015.05	8	9.3	100
总计	86	100	

资料来源：网贷之家网站，统计截止日期为 2015 年 5 月。

平台发生提现困难、跑路、停业等问题的原因有以下几点。

①平台是以欺骗、自融为目的的诈骗性平台。例如 2013 年 10 月 17 日，上线仅 3 天就跑路的福翔创投，其实际控制人身兼数职，用秒标吸引消费者，承诺月息率高达 2.1%，设立支出以骗贷为目的，拿到投资便迅速跑路。

②平台经营者不具备足够的风险控制能力，却盲目扩大业务规模，又做出本息担保承诺或过高的投资回报承诺。项目一旦发生违约，平台如果催收出现困难，无法收回资金，平台将不得不垫付资金。如果金额巨大，风险准备金或担保公司不足以弥补，或引来挤兑，则平台非常容易倒闭。标的金额较大的平台，风险更为集中，更容易出现提现困难的问题。

③平台进行期限错配，构建资金池。利用沉淀资金放款或将投资于短期项目的资金用于长期融资项目。一旦资金链断裂，极易出现限制提现甚至卷款跑路。

（四）P2P 网络借贷行业监管建议

由上文分析可见，国内 P2P 网络借贷行业的信息不透明，运营不规范，已成为制约行业发展的障碍。因此，网络借贷行业的关键是通过准确、公正的信息披露，降低网络信贷市场上的信息不对称，增加对投资人权益的保护，促进整个行业的健康有序发展。P2P 平台的质量核心，是确保披露的信息完全、准确，以降低信贷市场的信息不对称。

1. 降低交易层面风险的建议

为了降低交易层面的风险，网络借贷平台应向投资者披露以下信息：借款人匿名的个人信息、往期还款表现、风险等级、借款标的金额利率、借款目的、还款保障和还款计划等，并及时更新借款人的还款进度和资金使用状况，提高事前和事后的信息披露质量。对于第三方担保机构担保的借款标的，应明确融资性担保公司的名称、担保责任、担保金额和机构资质，方便投资人查询。国内 P2P 平台可以借鉴佐帕的模式，建议投资人进行小额分散化投资。

应加强个人和企业的征信体系建设，将网络借贷平台发生的信用逾期、借贷信息等录入央行征信系统，并对网络借贷平台开放征信系统的查询权限，实现平台间逾期黑名单的信息共享，筛选掉信用记录较差的借款人，提高借款人的违约成本，降低信用风险。在此基础上，中国的P2P平台才能更好地回归信息中介的本质。

为了降低平台层面的违约风险，监管部门或行业自治协会，应设立平台信息的披露规范，实施平台资金的第三方托管，建立平台的进入“门槛”与退出机制。

2. 降低平台层面风险的建议

首先，准确、客观的P2P平台运营信息，是投资人选择平台，以及平台监管的基础，但是目前仅有少数平台披露运营信息，且逾期率等指标的统计标准不统一，缺乏横向比较的基础。网络借贷平台应秉持公平、准确的原则，向监管部门披露平台运营模式、风险控制体系、风险控制人员资质等信息，定期汇报财务状况，统一逾期贷款的定义标准，公开实际违约率数据。

其次，为了规避平台挪用资金的风险，要求P2P平台实施资金第三方托管制度，选择不具关联关系的银行作为托管机构，从而实现自有资金和借贷资金的有效隔离，推动P2P平台资金使用的透明化。借鉴英国FCA的管理准则，P2P平台不能成为自己平台的借款者，从而避免自融和关联投资带来的平台跑路风险。

最后，明确最低运营资本、管理人员资质和平台IT系统等方面的进入“门槛”。若网络借贷平台破产，P2P平台必须隔离资金，并对已存续的借贷合同继续管理，委托第三方接管，以保障未到期的融资项目仍然有效，并可得到有序的管理，直至借贷双方资金结清为止。发生纠纷时，用户在向P2P平台投诉无果时，可以向监管部门或行业协会寻求帮助。

四、民间金融：未来展望

随着我国经济的发展，私人财富和社会财富不断累积，民间资本已成为我国国有资本、跨国资本以外的第三支力量。私人的消费与投资行为引起的社会金融需求上已经成为金融业务中增长最快的部分。我国居民在储蓄投向方面的选择非常有限，居民储蓄在正规金融领域大致有两方面投向：一是用于银行存款购买国债或手持现金。这种投向尽管安全，但收益率太低；二是用于证券市场、期货市场等风险领域的投资。在资本市场不健全的情况下，许多居民不愿接受这种高风险的投资工具。为了提高收益率，民间资本纷纷投向民间金融市场。

从资金需求角度来看，银行主导的金融体系下，民营企业面临间接融资困难。中小企业无法从银行信贷中得到足够的资金来源。而在当前资本市场不健全的情况下，民营企业缺乏有效的直接融资渠道。在银行一家独大的金融体制格局之下，中国的债务融资和股权融资发展缓慢、形式单一。主要服务于民营中小企业的小额信贷机构相对缺乏，场外交易市场也不发达，中小民营企业发展所需的资金需求长期得不到满足。正规金融市场并不能满足中小企业的资金需求。

只要金融抑制存在，正规金融难以满足中小企业需求，中小企业的融资难题就难以解决。资本市场的不健全也使得私人资本和民间资本缺乏有效的投资途径。在这种情况下，民间金融市场就自然有了其生存空间。从功能的角度来看，民间金融也是我国正规金融的补充，和正规金融一道满足不同层次、不同需求的金融服务。从国外的发展经验来看，一国金融体系的发展也是越来越复杂多样。在此过程中伴随着金融创新。随着我国资本市场的不断开放和深化，我国金融市场结构也将越来越多样化，民间金融在此过程中必将发挥更重要的角色。

因此，在改变金融抑制状态，深化金融体制改革的大背景下，走向正规化、合法化，是民间金融发展的必然选择。在为民间金融提供更多机会的同时，资本市场改革也打破了民营资本进入正规金融行业的壁垒。从微观层面，民间金融的微观制度创新是民间金融市场长远健康发展的保证。这既是我国民间金融市场的发展趋势，也是未来民间金融的发展方向。

（一）民间金融走向“阳光化”与“合法化”

各种民间金融形式如各种基金会、私人钱庄、企业集资等要取得合法形式，银行监管机构对其加强监管。私人钱庄等民间金融机构涉及许多公众的借贷活动，在一定程度上为正规金融机构尚无法发挥作用的领域融通资金做出了贡献，但由于它们未经有关部门批准，其业务活动也不受有关部门监督，很容易引发借贷纠纷和金融诈骗事件，扰乱金融秩序。早期民间金融的发展过程已经出现了这种问题。无论是从自身发展角度，还是监管部门的角度来看，民间金融的规范化经营都变得越来越必要。对一些确实具备一定的注册资本金、能够依法经营、履约率较高的私人钱庄等“非法”金融机构，应允许其在一定期限内转为合法民间金融机构，予以正式化，对其加强管理和监督。如温州地区的私人钱庄，作为一种自助的资金组织形式，解决了中小企业和个人的资金困难，但是始终面临法律难题，也出现过高利贷等的一些不规范的运作问题。2008 年 7 月浙江率先在全国开展小额贷款公司试点，随后温州快速地出现了大量的小额信贷公司，合法的小额信贷公司一定程度上取代了私人钱庄的作用，抑制了民间借贷的高利贷行为，规范了民间借贷市场。在我国私募基金市场的发展中，以信托型基金为主的阳光私募基金发展也越来越快，逐渐成为我国私募市场的主流。

在民间金融合法化、阳光化的过程中，必然伴随着对民间金融的监管。降低民间金融市场准入制度的同时和加强规范监管，引入合理的退市制度是十分必要的。金融机构必须符合成立条件、制定相应的行为准则、遵守行为规范才能够设立。我国目前仍没有建立统一的、完善的民间金融组织破产清算制度，由于民间金融缺乏相应的法律制度，经营风险高，民间金融组织的破产退出会对整个或部分金融环境造成不利影响，从而威胁金融市场的发展，损害参与主体的利益。所以，建立民间金融组织破产清算制度迫在眉睫，这对建立民间金融的公平竞争良好环境有重要作用。

（二）民营资本进入金融行业的壁垒逐渐被打破

随着我国金融体制改革的推进，在民间金融走向合法化的同时，民营资本进入正规金融机构的壁垒也渐渐被打破，从体制上增强了正规金融机构吸收社会资本金、社会服务功能的作用，同时也增加了民营资本的投资途径。

民间资本进入正规金融机构，主要是进入银行业。从改革开放初期没有民营资本进入，到股份制改造过程中对民营资本的放松，再到现在民营商业银行的出现，民营资本进入银行业的壁垒也在慢慢打破。让民间投资人以股份合作的形式加入地方中小金融机构，成立地方性股份合作银行；对农村信用社进行股份制、股份合作制改造，成立农村合作银行或农村商业银行。2013 年 7 月国务院正式出台了《关于金融支持经济结构调整和转型升级的指导意见》，开始鼓励和扶持民间资本筹办并自主经营、自负盈亏的民营商业银行，打破了银行业对民间资本的限制。尤其是在党的十八届三中全会上制定了《中共中央关于全面改革若干重大问题的决定》，其中明确规定了民间资本和依法并按照相关标准成立中小银行，使得民间资本具备进入金融行业的资格。

（三）民间金融市场的微观制度创新

制度创新是民间金融市场快速发展的一个重要原因。虽然长期以来的金融抑制制度政策客观上促进了民间金融的发展，但民间金融的长远发展和健康发展离不开其微观制度创新。无论是民间借贷灵活多变的融资模式，还是阳光私募基金的激励制度，都属于民间金融的制度创新。这些创新正是民间金融相对于正规金融机构的优势，也是它们具有强大生命力的原因。

参考文献

［1］鲍伦树，我国私募基金的委托代理问题研究［D］. 上海：华东师范大学，2007.

［2］曾德明，刘颖与龚红，管理费激励与基金绩效：对中国基金的实证研究［J］. 湖南大学学报（社会科学版），2005（2）：35－38.

［3］陈向聪. 中国私募基金立法问题研究［M］. 北京：人民出版社，2009.

［4］龚鹏程. 论私募基金监管制度的建构［J］. 南京大学法律评论，2009（1）：72－75.

［5］顾楠，王健. P2P 金融真的是高收益低风险么？. http：//www. cenet. org. cn/index. php？ siteid＝1 & a＝show & catid＝102 & typeid＝0 & id＝66218.

［6］韩德宗，宋红雨. 证券投资基金激励约束机制的实证研究［J］. 数量经济技术经济研究，2002（4）：110－113.

［7］李安方，美国私募基金的运作机制［J］. 证券市场导报，2001（5）：22－26.

［8］李慧. 当前我国私募基金法律确认问题的探讨［J］. 价值工程，2011，30（20）：290－291.

［9］李鹏飞. 浅析国内 P2P 网贷平台现状［J］. 新经济，2015（2）：21－22.

［10］李卿含. 我国阳光私募基金发展问题及其对策研究［D］. 沈阳：辽宁大学，2014.

［11］李豫湘，刘栋鑫. 开放式基金管理费与基金业绩、规模间的关系研究［J］. 财会月刊，2009（21）：78－80.

［12］韩德宗，宋红雨. 证券投资基金激励约束机制的实证研究［J］. 数量经济技术经济研究，2002（4）：110－113.

［13］廖理，李梦然，王正位. 聪明的投资者：非完全市场化利率与风险识别——来自 P2P 网络借贷的证据［J］. 经济研究，2014，49（7）：125－137.

［14］林采宜. P2P 监管，到底管什么？ http：//opinion. caixin. com/2015－05－19/100810413. html.

［15］林毅夫，孙希芳. 信息、非正规金融与中小企业融资［J］. 经济研究，2005（7）：35－44.

［16］刘建香，钱省三. 风险基金管理中的最优激励合同研究［J］. 上海理工大学学报，2001（1）：39－42＋48.

［17］刘煜辉，欧明刚. 基金激励合约的经济学分析［J］. 数量经济技术经济研究，2003（3）：19－24.

［18］梅蕾. P2P 网络借贷平台运营模式研究［D］. 呼和浩特：内蒙古大学，2014.

［19］倪进峰，从契约设计角度看中国私募证券基金企业创新发展的路径选择——通过比较分析公司制与有限合伙制私募企业的激励机制［J］. 经济研究导刊，2012（30）：91－94.

［20］潘士远，罗德明. 民间金融与经济发展［J］. 金融研究，2006（4）：134－141.

［21］潘士远，罗德明. 为什么民间金融市场在中国重要？［J］. 南方经济，2009（5）：36－44.

［22］彭振中，谭小芬与严立业，基金费率结构与基金业绩——理论模型及基于中国的实证研究［J］. 山西财经大学学报，2010（1）：30－35.

［23］史晋川，严谷军. 经济发展中的金融深化——以浙江民营金融发展为例［J］. 浙江大学学报（人文社会科学版），2001，31（6）：70－76.

［24］汪洋. 我国阳光私募基金结构、问题及发展浅析［J］. 时代金融旬刊，2011（1）：22－23.

［25］王皓. 我国 P2P 网贷平台发展模式研究［D］. 南京：南京大学，2016.

［26］王建静. P2P 网络借贷风险的法律控制［D］. 成都：四川省社会科学院，2014.

［27］武凯. 基金管理费制度安排的激励效应与优化选择［J］. 证券市场导报，2005（8）：33－37.

［28］项海容，刘星. 私募股权投资基金薪酬合约的激励机制研究［J］. 经济经纬，2009（1）：146－149.

［29］肖奎喜. 开放式基金的费用率与其业绩关系实证分析［J］. 价格月刊，2007（8）：28－30.

［30］肖欣荣，田存志. 私募基金的管理规模与最优激励契约［J］. 经济研究，2011（3）：119－130.

［31］谢平，邹传伟. 互联网金融模式研究［J］. 金融研究，2012（12）：11－22.

［32］谢平，邹传伟，刘海二. 互联网金融手册［M］. 北京：中国人民大学出版社，2014.

［33］杨光荣. 我国 P2P 网络借贷信用风险研究——以人人贷顾问有限公司为例［D］. 广州：暨南大学，2014.

［34］盈灿咨询，清华大学中国金融研究中心. 2014 年中国网络借贷行业年报. http：//www. investide. cn/news/

113756. html.

[35] 章林. 中国私募基金问题研究 [J]. 中国商界, 2010 (2): 87.

[36] 赵忠辉, 我国的私募证券投资基金的发展模式选择研究 [D]. 上海: 复旦大学, 2008.

[37] 中国社会科学院金融研究所. 中国 P2P 网贷行业发展与评价报告. http: //upload. jnlc. com/2014/1012/1413080299751. pdf.

[38] Agarwal V, Naik N Y. Multi - Period Performance Persistence Analysis of Hedge Funds [J]. Journal of Financial and Quantitative Analysis, 2000, 35 (3): 327 - 342.

[39] Agarwal, V., N. D. Daniel and N. Y. Naik, Role of managerial incentives and discretion in hedge fund performance. [J]. The Journal of Finance, 2009. Vol. 64 (5): pp. 2221 - 2256.

[40] Aghion P, Hart O, Moore J. Improving Bankruptcy Procedure [J]. Wash. u. l. q, 1994, 72 (3).

[41] Aghion P. An Incomplete Contracts Approach to Financial Contracting [J]. Review of Economic Studies, 1992, 59 (3): 473 - 94.

[42] Aliber M. Informal Finance in the Informal Economy: Promoting Decent Work among the Working Poor [C]. //Software Engineering Workshop, 2006. SEW'06. 30th Annual IEEE/NASA. IEEE, 2002: 3 - 6.

[43] Allen F, Qian J, Qian M. Law, finance, and economic growth in China [J]. Journal of Financial Economics, 2005, 77 (1): 57 - 116.

[44] Ang, A. and M. Sorensen, Risks, returns, and optimal holdings of private equity: A survey of existing approaches [J]. The Quarterly Journal of Finance, 2012. Vol. 2 (03).

[45] Arena, Marco. "Bank failures and bank fundamentals: A comparative analysis of Latin America and East Asia during the nineties using bank-level data." Journal of Banking & Finance 32. 2 (2008): 299 - 310.

[46] Banerjee, Abhijit. 2004. Contracting Constraints, Credit Markets, and Economic Development, in M. Dewatripoint, L. Hansen and S. Turnovsky, eds. Advances in Economics and Econometrics: Theory and Applications, Eight World Congress of the Econometric Society, Volume III. Cambridge University Press, pp. 1 - 46.

[47] Beck T, Levine R. Stock markets, banks, and growth: Panel evidence [J]. Journal of Banking & Finance, 2002, 28 (3): 423 - 442.

[48] Besley T, Levenson A R. The Role of Informal Finance in Household Capital Accumulation: Evidence from Taiwan [J]. Economic Journal, 1993, 106 (434): 39 - 59.

[49] Bollen N P B, Busse J A. Short - Term Persistence in Mutual Fund Performance [J]. Review of Financial Studies, 2005, 18 (2): 569 - 597.

[50] Braverman A, Guasch J L. Rural credit markets and institutions in developing countries: Lessons for policy analysis from practice and modern theory [J]. World Development, 1986, 14 (10): 1253 - 1267.

[51] Calomiris, Charles W., and Joseph R. Mason. "Consequences of bank distress during the Great Depression." American Economic Review (2003): 937 - 947.

[52] Carpenter, J. N., Does option compensation increase managerial risk appetite? [J]. The journal of finance, 2000. Vol. 55 (5): pp. 2311 - 2331.

[53] Chemmanur, Thomas J., and Paolo Fulghieri. "Investment bank reputation, information production, and financial intermediation." Journal of Finance (1994): 57 - 79.

[54] Chen D, Han C. A Comparative Study of online P2P Lending in the USA and China [J]. Journal of Internet Banking & Commerce, 2012, 17 (2): 1 - 15.

[55] Chen, Q. and W. Jiang, Career concerns and the optimal pay-for-performance sensitivity [R]. working paper.

[56] Chung, J., et al., Incentives of private equity general partners from future fundraising. Unpublished working paper, Ohio State University, [J]. 2010.

[57] Chung, K. H. and H. Zhang, Corporate governance and institutional ownership [J]. Journal of Financial and Quantitative Analysis, 2011. Vol. 46 (01): pp. 247 - 273.

[58] Coase, R. H., [J]. The nature of the firm. economica, 1937. Vol. 4 (16): pp. 386 - 405.

[59] Cole, Rebel A., and Jeffery W. Gunther. "Separating the likelihood and timing of bank failure." Journal of Bank-

ing & Finance 19. 6 (1995): 1073 - 1089.

[60] Conning, Jonathan and Christopher R. Udry. 2007. Rural Financial Markets in Developing Countries, Handbook of Agricultural Economics.

[61] Das, S. R. and R. K. Sundaram, A discrete-time approach to arbitrage-free pricing of credit derivatives [J]. Management Science, 2000. Vol. 46 (1): pp. 46 - 62.

[62] Das, S. R. and R. K. Sundaram, Fee Speech: Signaling, Risk - Sharing, and the Impact of Fee Structures on Investor Welfare, [J]. working paper, Department of Finance, Stern School of Business. 2000.

[63] Das, S. R. and R. K. Sundaram, Fee Speech: Signaling, Risk - Sharing, and the Impact of Fee Structures on Investor Welfare. [J]. Review of Financial Studies, 2002. Vol. 15 (5): pp. 1465 - 1497.

[64] Dasgupta B. Capital Accumulation in the Presence of Informal Credit Contract: Does Incentive Mechanism Work Better than Credit Rationing Under Asymmetric Information? [J]. Computing in Economics & Finance, 2005.

[65] Diamond, D. W. 1984. "Financial Intermediation and Delegated Monitoring." Review of Economic Studies 51 (3): 393 - 414.

[66] Dixit, Avinash. 2004. Lawlessness and Economics: Alternative Modes of Governance (Gorman Lectures, University College London). Princeton University Press.

[67] Do, V., R. Faff and J. Wickramanayake, An empirical analysis of hedge fund performance: the case of Australian hedge funds industry [J]. Journal of Multinational Financial Management, 2005. Vol. 15 (4): pp. 377 - 393.

[68] Duarte, J., Siegel, S., & Young, L. A. (2014). Do Individual Investors Form Rational Expectations? Evidence from Peer-to - Peer Lending. Evidence from Peer-to - Peer Lending (July 28, 2014).

[69] Elton, E. J., M. J. Gruber and C. R. Blake, Incentive fees and mutual funds [J]. The Journal of Finance, 2003. Vol. 58 (2): pp. 779 - 804.

[70] F. Allen, J. Qian, and M. Qian, 2005, "Law, Finance and Economic Growth in China", Journal of Financial Economics, 77, 57 - 116.

[71] Freedman, S., & Jin, G. Z. (2014). The signaling value of online social networks: lessons from peer-to-peer lending (No. w19820). National Bureau of Economic Research.

[72] Gale, Douglas and Martin Hellwig, 1985. Incentive - Compatible Debt Contracts: The One - Period Problem, Review of Economic Studies 52: 647 - 663.

[73] Gavin, Michael, and Ricardo Hausmann. "The roots of banking crises: the macroeconomic context." (1996).

[74] GIL BAZO, J. and P. RUIZ VERDÚ, The relation between price and performance in the mutual fund industry. [J]. The Journal of Finance, 2009. Vol. 64 (5): pp. 2153 - 2183.

[75] Gompers, P. and J. Lerner, An analysis of compensation in the US venture capital partnership [J]. Journal of Financial Economics, 1999. Vol. 51 (1): pp. 3 - 44.

[76] Grossman, S. J. and O. D. Hart, An analysis of the principal-agent problem [J]. Econometrica: Journal of the Econometric Society, 1983: pp. 7 - 45.

[77] Hart, Oliver and John Moore, 1994. A Theory of Debt Based on the Inalienability of Human Capital, Quarterly Journal of Economics, 109: 841 - 79.

[78] Herzenstein, M., Andrews, R. L., Dholakia, U., & Lyandres, E. (2008). The democratization of personal consumer loans? Determinants of success in online peer-to-peer lending communities. Boston University School of Management Research Paper, (2009 - 14).

[79] Herzenstein, M., Sonenshein, S., & Dholakia, U. M. (2011). Tell me a good story and I may lend you money: the role of narratives in peer-to-peer lending decisions. Journal of Marketing Research, 48 (SPL), S138 - S149.

[80] Holmstrom, B. and P. Milgrom, Multitask principal-agent analyses: Incentive contracts, asset ownership, and job design. [J]. JL Econ. & Org., 1991. Vol. 7: pp. 24.

[81] Isaksson A. THE IMPORTANCE OF INFORMAL FINANCE IN KENYAN MANUFACTURING [J]. 2002.

[82] Jensen, M. C. and W. H. Meckling, Theory of the firm: Managerial behavior, agency costs and ownership structure. [J]. Journal of financial economics, 1976. Vol. 3 (4): pp. 305 - 360.

[83] King R G, Levine R. Finance and Growth: Schumpeter Might Be Right [J]. Quarterly Journal of Economics, 1993, 108 (3): 717 -737.

[84] Kircher, Philipp, and Andrew Postlewaite. "Strategic firms and endogenous consumer emulation." The Quarterly Journal of Economics (2008): 621 -661.

[85] Klein, B., R. G. Crawford and A. A. Alchian, Vertical integration, appropriable rents, and the competitive contracting process [J]. JL & econ., 1978. Vol. 21: P. 297.

[86] Klein, Benjamin, and Keith B. Leffler. "The role of market forces in assuring contractual performance." The Journal of Political Economy (1981): 615 -641.

[87] Levine R. Financial intermediation and growth causality and causes [M]. //Banking Systems around the Globe: Do Regulation and Ownership Affect Performance and Stability?. National Bureau of Economic Research, Inc, 2012: 31 -96.

[88] Liang Q, Teng J Z. Financial development and economic growth: Evidence from China [J]. Journal of Development Economics, 2006, 17 (4): 395 -411.

[89] Malkielburton G, SahaAtanu. Hedge Funds: Risk and Return [J]. Financial Analysts Journal, 2006, 61 (98): págs. 80 -88.

[90] Metrick, A. and A. Yasuda, The Economics of Private Equity Funds, forthcoming Review of Financial Studies [R]. 2009.

[91] Metrick, A. and A. Yasuda, The economics of private equity funds [J]. Review of Financial Studies, 2010. Vol. 23 (6): pp. 2303 -2341.

[92] Micco, Alejandro, Ugo Panizza, and Monica Yanez. "Bank ownership and performance. Does politics matter?." Journal of Banking & Finance 31. 1 (2007): 219 -241.

[93] Michèle S M. Goldsmith (R.) - Financial Structure and Development [J]. Revue Économique, 1970, 21: 491 -492.

[94] Nanda, V., M. P. Narayanan and V. A. Warther, Liquidity, investment ability, and mutual fund structure [J]. Journal of Financial Economics, 2000. Vol. 57 (3): pp. 417 -443.

[95] Onishi, K., & Uetake, K. (2012). Unobserved Risk Type and Sorting: Signaling Game in Online Credit Markets.

[96] Pope, Devin G., and Justin R. Sydnor. "What's in a Picture? Evidence of Discrimination from Prosper. com." Journal of Human Resources 46. 1 (2011): 53 -92.

[97] Porta R L, Lopez - De - Silanes F, Shleifer A. Government Ownership of Banks [J]. The Journal of Finance, 2002, 57 (1): 265 -301.

[98] Rajan, U., Seru, A., & Vig, V. (2010). The failure of models that predict failure: distance, incentives and defaults. Chicago GSB Research Paper, (08 -19).

[99] Revell J R S, Goldsmith R W. Financial Structure and Development [J]. 1970, 80 (318).

[100] Ross, S. A., The economic theory of agency: The principal's problem [J]. 1973.

[101] Ryan, J., Reuk, K., & Wang, C. (2007). To fund or not to fund: Determinants of loan fundability in the prosper. com marketplace. WP, The Standord Graduate School of Business.

[102] Stiglitz J E, Weiss A. Credit Rationing in Markets with Imperfect Information [J]. American Economic Review, 1981, 71 (3): 393 -410.

[103] Strahan P E, Weston J P. Small business lending and the changing structure of the banking industry 1 [J]. Journal of Banking & Finance, 1998, 22 (6 - 8): 821 -845.

[104] Tang S Y. Informal credit markets and economic development in Taiwan [J]. World Development, 1995, 23 (5): 845 -855.

[105] Thomson, James B. "Predicting bank failures in the 1980s." Federal Reserve Bank of Cleveland Economic Review 27. 1 (1991): 9 -20.

[106] Townsend, Robert, 1979, Optimal contracts and competitive markets with costly state verification, Journal of Economic Theory 21: 265 -293.

[107] Tsai K S. Beyond Banks: The Local Logic of Informal Finance and Private Sector Development in China [C].// 2009.

[108] Volkman, D. A. and M. E. Wohar, Determinants of persistence in relative performance of mutual funds [J]. Journal of Financial Research, 1995. Vol. 18 (4): pp. 415 -30.

[109] Whalen, Gary. "A proportional hazards model of bank failure: an examination of its usefulness as an early warning tool." Economic Review 27. 1 (1991): 21 -30.

[110] Williamson, O. E. , The economic intstitutions of capitalism [M]. 1985: Simon and Schuster.

[111] Woodruff C M, Zenteno R. Remittances and Microenterprises in Mexico [J]. Ssrn Electronic Journal, 2001.

[112] Zagoria D, Lardy N R. China's Unfinished Economic Revolution [J]. The China Journal, 1999, 77 (Volume 42): 420 -421.

第八章　民营经济发展与资本市场*

一、民营企业发展的资本化进程

自我国改革开放以来，民营企业迅速发展壮大。据2015年国民经济和社会发展统计公报显示，民营企业实现的利润占全年规模以上工业企业实现利润的36.54%，它们在增加就业、促进创新、繁荣经济等各个方面扮演着不可替代的愈来愈重要的角色，民营经济已经成为国民经济不可分割的重要组成部分。民营企业的繁荣发展与资本市场也有紧密的联系，自从1992年第一家民营企业华源实业（000014）上市以来，民营公司上市的热潮只增不减，其数量与规模都越来越发展壮大。截至2015年12月31日，沪深股市的民营上市公司数量有1773家，总股数有12623亿股，其中流通股数有9525亿股，流通总市值为153123亿元，在股市中占有举足轻重的地位。2015年6月11日国务院发布的《国务院关于大力推进大众创业万众创新若干政策措施的意见》明确支持符合条件的创业企业上市或发行票据融资，并鼓励创业企业通过债券市场筹集资金；积极研究尚未盈利的互联网和高新技术企业到创业板发行上市制度，推动在上海证券交易所建立战略新兴产业板等。这些政策的实施将给民营企业的发展提供更好更有利的资本市场环境。探究民营企业的资本化进程可以更好地为民营企业根据自身所处的发展阶段提供借鉴与参考。

（一）民营企业的融资结构与融资成本

民营企业的正常经营和发展壮大与融资活动密切相关，因而它们的融资结构与融资成本是一个值得关注的问题。近十余年来随着民营企业资本化进程的加快加深，融资结构中的内源性融资由于其独特优势仍然占据一定比例，而外源性融资与新型融资方式所占比例则不断上升。融资成本则在有所波动中总体呈现下降的趋势。本节对此进行一个粗浅的探讨分析。

1. 民营企业的融资结构

企业自成立以来直到发展壮大甚至衰败没落，会伴随着各种不同融资方式的变化，从自有资金、留存收益、股东增资到股权融资、债务融资、战略投资等。在民营企业资本化的进程中，探索出现了更多种类的能够有效降低融资成本的新型融资方式并且还会不断创新，引入境外风险投资机构的资本与谋求海外上市也已经变得很普遍。

不同的企业会选择不同的融资组合，从而形成不同的融资结构。同一企业在不同的阶段也会形成不同的融资结构。企业的资本结构影响企业的融资成本、市场价值、治理结构和总体经济的增长与稳定。具有良好资本结构的企业往往有较好的发展前景，能给投资者带来较高的回报。

主要利用留存收益、股东增资、折旧摊销、向股东和员工借贷等方式来获取资金的内源融资由于

---

* 研究人员：汪炜、翟良钵。

其融资成本为机会成本较低，仍然在企业融资结构中占有一定比例。当企业进入追求技术进步和资本密集的阶段后，内源融资难以有效满足其需要。外源融资可以主要分为股权融资和债务融资两大类，它在企业融资结构中的比例呈现上升趋势：当企业需要的资金量比较大时，股权融资由于不用定期还本付息就占很大优势，但股份易被恶意收购并且融资成本较高；据统计，全国中小微企业创造了80%的就业、60%的GDP和50%的税收，而小微企业获得的贷款在全部贷款中的比例仅20%多一点。民营企业与国有公司相比从银行取得贷款仍然存在相当难度；企业发行债券的标准也有一定高度，这对一些小型民企来说是可望而不可即；通过民间借贷来筹集资金也是一大有效途径，但这种资金规模较小、范围分散，并且使用成本比较高。企业的融资结构是企业一定时期筹资组合的结果，在很大程度上决定着企业的偿债和再融资能力，决定着企业未来的盈利能力，是企业财务状况的一项重要指标，相对于十多年前也出现了一定的显著变化。

图8-1是统计的沪深股市中2003年到2015年每年12月31日的民营上市公司相关情况，上市家数从2003年的525家增长到了2015年的1773家，增长了近2.4倍，相应地，已流通股数也一直呈井喷趋势；总市值在2008年和2011年有两次下降外，其余年份均为正增长，从3792亿元到153123亿元，惊人地增长了近40倍。反映出越来越多的民营企业在发展壮大到一定程度后选择到资本市场进行股权融资。

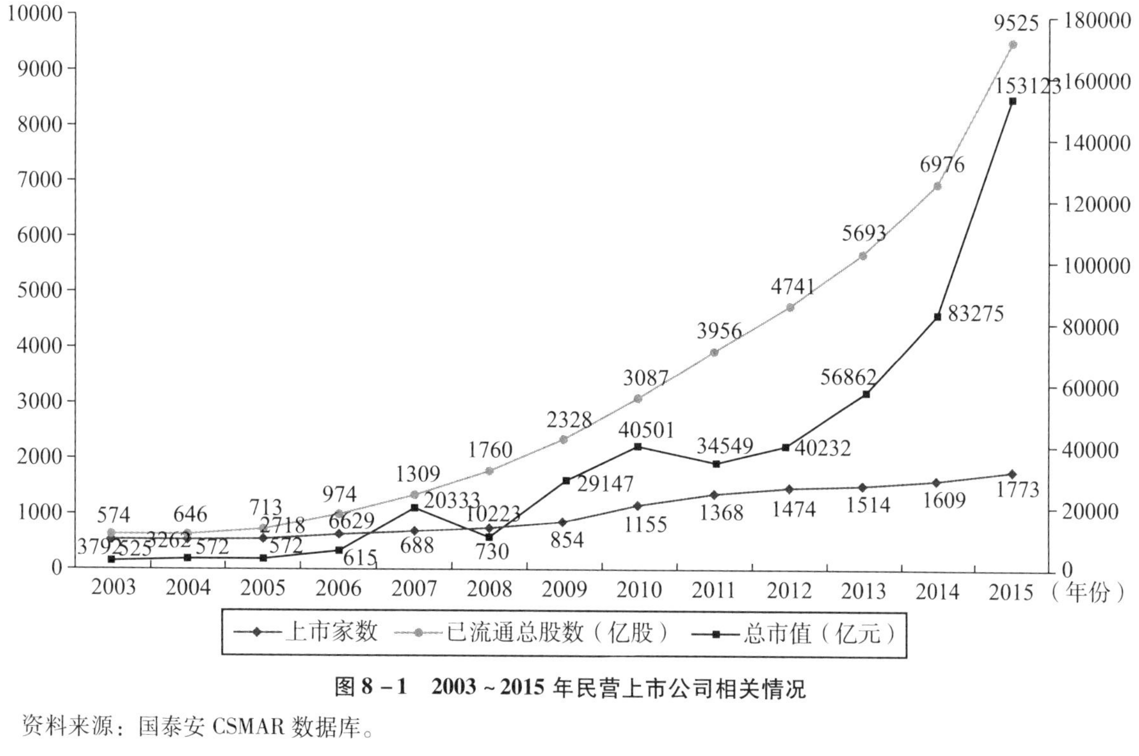

图8-1 2003~2015年民营上市公司相关情况

资料来源：国泰安CSMAR数据库。

债务融资主要采用银行借款、发行债券、货币市场融资和民间借贷等方式来筹集资金，需按期还本付息。图8-2是我国民营企业2003~2012年不同融资渠道中变化最明显的银行贷款比例变化趋势图。随着其他融资方式的发展，由银行贷款提供的融资比例出现了相对下降。

图8-3、图8-4是2012年12月份和2015年12月份社会融资规模增量（总额分别为16282亿元、18151亿元人民币）中如人民币贷款、外币贷款、委托贷款、信托贷款、未贴现银行承兑汇票、企业债券、非金融企业境内股票融资等不同方式所占的比例。其中人民币贷款比例从29%增加到41%，企业债券比例从14%增加到18%。更多的民营企业也倾向于选择债券融资方式。

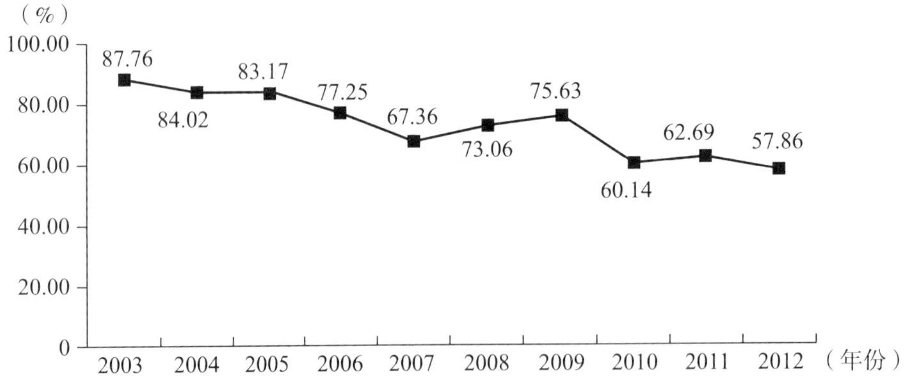

图 8-2　2003~2012 年企业融资渠道中银行贷款比例变化

资料来源：中国人民银行。

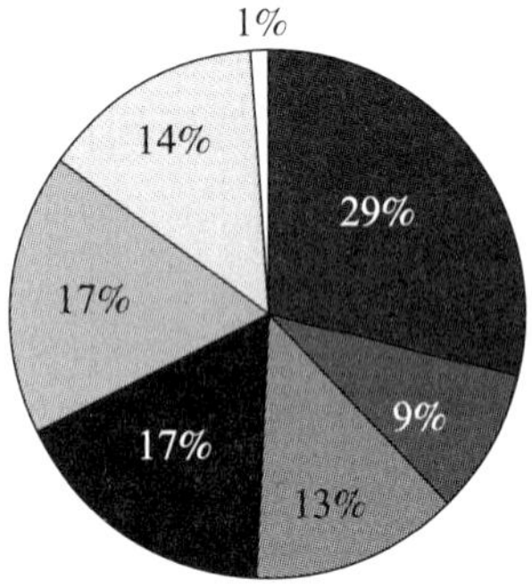

图 8-3　2012 年 12 月社会融资规模增量情况

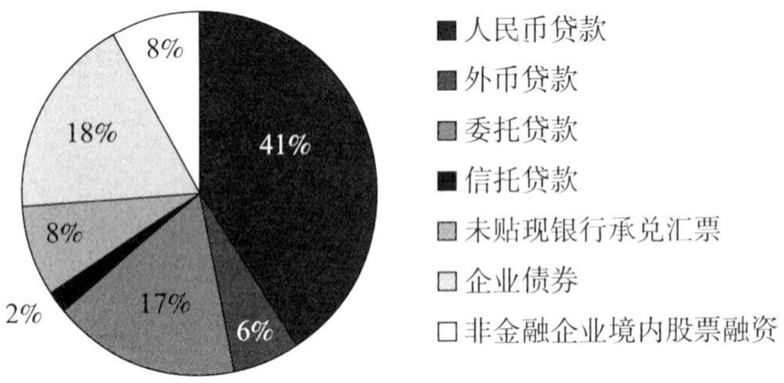

图 8-4　2015 年 12 月社会融资规模增量情况

资料来源：中国人民银行。

实践中已然形成的新型融资方式难以穷尽，简单举如下四例：

①寻找风险投资基金、私募股权基金进行投资。以技术研发为核心的高新技术中小型企业在起步阶段会尝试寻找风险投资基金、私募股权基金进行投资。根据普华永道马尼特里（MoneyTree）报告，2014 年的第一个季度，风险投资增长超过了 57%，是自 2001 年峰值后的最大增长。从 Wind 资讯可知，我国的私募股权基金净值从 2013 年 10 月的 27527.62 亿元增长到 2016 年的 9 月份的 82249.23 亿元，三年间规模增长了近两倍。

②使用众筹融资。自 2011 年众筹模式开始在中国实行以来，发展迅速，尤其适合处于教育、研发、艺术、影视、动漫等行业的中小企业。根据塞汀瓦斯特（SeedInvest）的报告，在线平台筹集到的资金从 2013 年的 50 亿美元增长至 2014 年的 100 亿美元。

③选择股权质押融资。由公司股东等股权出质人出面，以其拥有处分权并能依法转让的公司股权作为标的，通过订立书面出质合同将股权质押给银行等金融机构以担保债务履行而申请贷款。

④争取 Q 板、E 板、新三板融资。在 2012 年成立的上海股权托管交易中心是除新三板外唯一被国务院批准设立的场外资本市场（OTC），已形成“一市两板”格局（Q 板、E 板）。主板和创业板是核准制，成功率较低；而新三板采取的是备案制，挂牌条件相对较低、成功率高、速度比较快、成本比较低。

2. 民营企业的融资成本

融资难在任何社会任何阶段都会有，在中国这一现象更加突出；融资贵在任何企业都会有，在小微企业上的表现更为突出。2008~2013 年间，温州民营企业主“跑路”、鄂尔多斯民间金融风险、陕西神木投资公司破产潮、山西柳林民间借贷链条断裂等一系列事件，不断将民营企业融资成本风险引入人们的视线。近年来，我国已经连续出台一系列政策措施，大力支持小微企业融资，为小微企业创造更适宜的融资环境。但融资难、融资贵依然是民营企业反映强烈的突出问题之一。

目前资金的成本具体是多少，我们可以从以下四张图中有个大致的了解。

图 8－5 是 2002～2015 年金融机构人民币贷款基准利率的变化情况，可见 1 年以内、1～5 年、5 年以上的利率变化趋势是相同的，从 2002～2008 年一直呈现上升趋势，从 2008～2015 年是在震荡中下行，平均利率分别为 5.96%、6.31%、6.51%。尤其是 2011 年下半年以来，基准利率一直在下调。这促进了资金的流动，带动了经济发展，对于民营企业来说也是创造了更好的外部经济环境。各家商业银行在基准利率基础之上制定的利率不尽相同，但是仍然比民间利率要低得多。

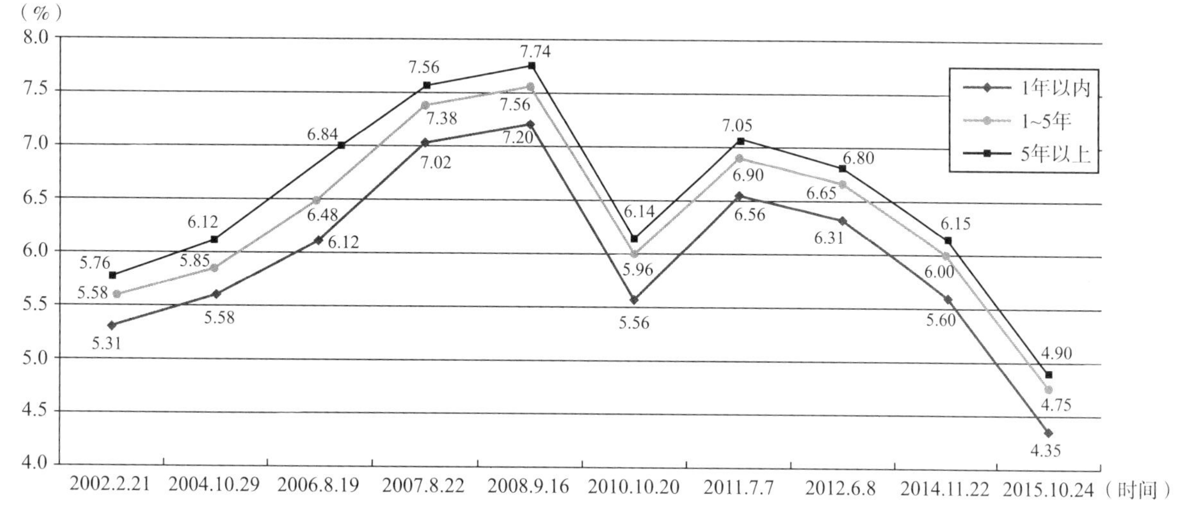

图 8－5　2002～2015 年金融机构人民币贷款基准利率

资料来源：中国人民银行。

温州指数内涵体系旨在为温州乃至全国民间融资市场提供了一个“风向标”，提升民间融资价格透明度，进而改善和优化民间融资市场资源配置。图 8－6 是按日发布的 1 年以上温州地区民间融资综合利率，三年中的平均年利率为 15.92%，比 1～5 年和 5 年以上的基准利率高出约 1.5 倍。

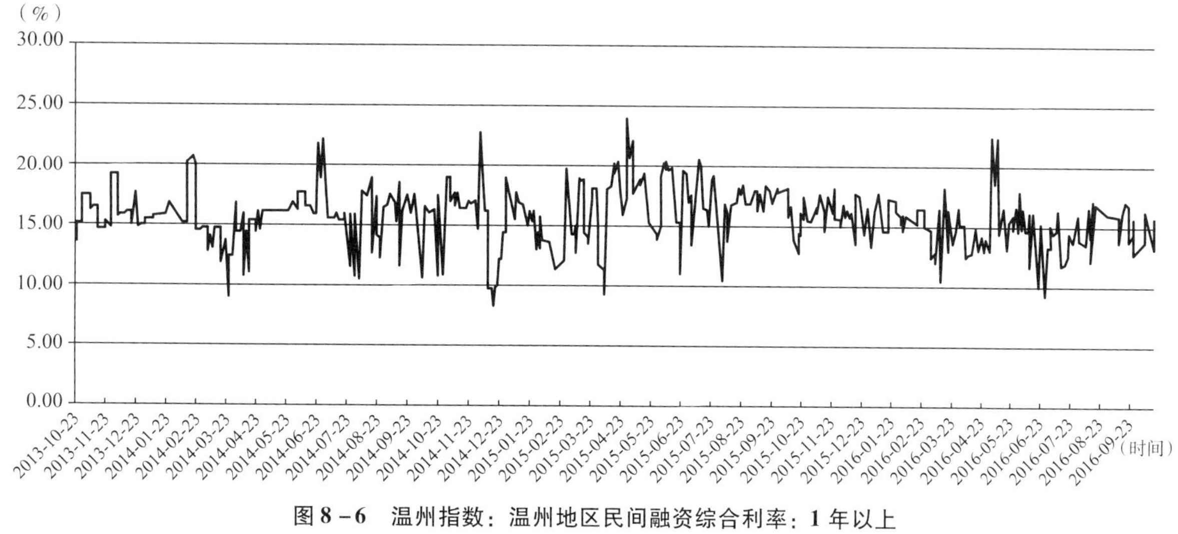

图 8－6　温州指数：温州地区民间融资综合利率：1 年以上

资料来源：Wind 资讯。

图 8 -7 是按季统计的温州指数中社会直接借贷利率与民间借贷服务中心利率，年平均利率分别为 16.52% 和 16.31%。社会直接借贷利率总体上呈现下降趋势，在一小段时期内也有波动上升的区间。民间借贷服务中心利率不管是上升还是下降，变化幅度都比社会直接借贷利率更大，从 2015 年 9 月份以来一直呈下降趋势，尤其是 2016 年下半年以来下降幅度巨大，这样的民间融资环境也有利于民营企业的进行更合理的融资安排。

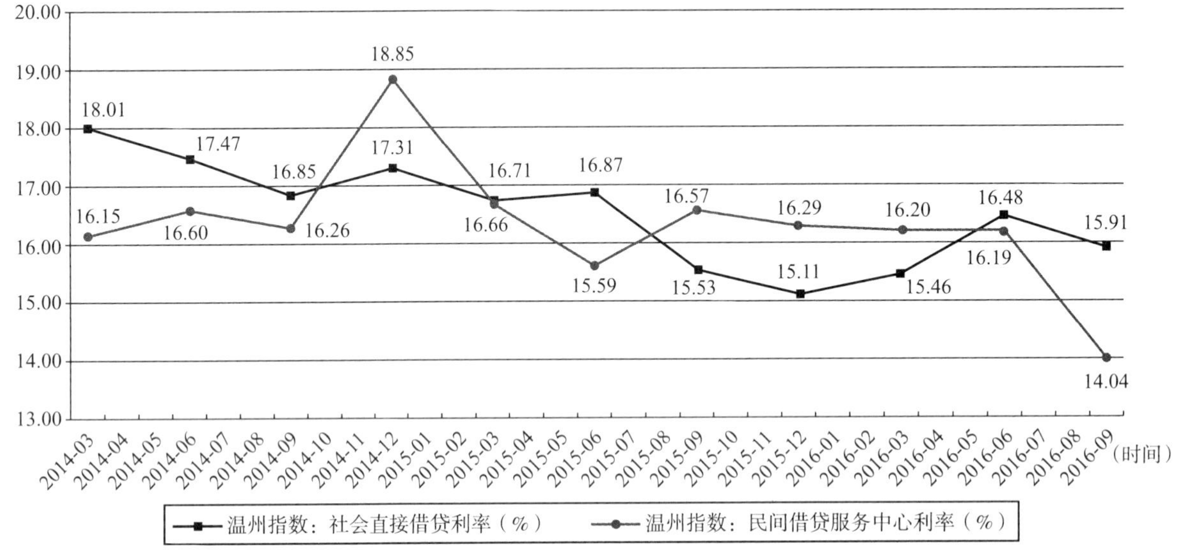

图 8 -7　社会直接借贷利率与民间借贷中心利率

资料来源：Wind 资讯。

由于从 2012 年 11 月开始到 2014 年初 IPO 暂停，图 8 -8 是第七次 IPO 重启后民营企业上市的首发市盈率情况，可以看到，受重启带来的利好影响，2014 年 1 月和 2 月的市盈率分别达到了 28.996 和 29.393 之高，这两次上市的民营企业股权融资成本也达到了最低。其后每次市盈率基本围绕在 20 上下波动，重启以来的平均市盈率为 21.586。

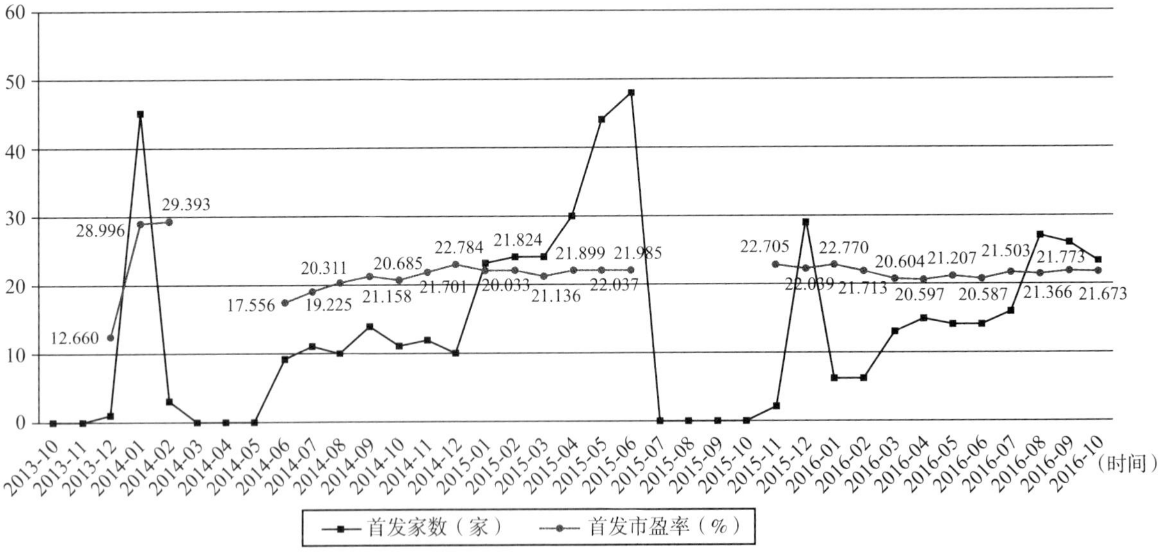

图 8 -8　民营企业上市首发市盈率情况

资料来源：Wind 资讯。

总体而言，民营企业融资结构发生了显著变化，融资成本有所下降，新型融资方式的兴起和多层次资本市场的初步完善为民营企业的多元化融资提供了更便捷的渠道，这些都有利于民营企业在促进经济发展中发挥更大作用。但是民营企业融资困境问题还未得到根本性解决，期待各相关主体通力合作，加快资本市场的发展改革，从而突破民营企业发展的资金“瓶颈”。

（二）民营企业治理结构规范化进程

近10年来，资本市场的不断发展为民营企业拓宽融资渠道、实现规模扩张创造了大量的机会。与此同时，民营企业的资本结构也发生了显著的变化，外部股权资本的引入对民营企业的治理水平提出了更高的要求，民营企业治理结构逐渐规范化。

1. 上市推动民营企业规范治理

近10年，我国民营上市公司的数量从615家增加到1773家，增幅达188.29%，越来越多的民营企业成功对接资本市场，借助资本的力量实现规模扩张、技术升级和产业整合等。民营上市公司“董事会规模”“独董占董事会比例”“董事长与总经理两职合一”“实际控制人是否担任董事长或总经理”等情况的变化见表8－1。

表8－1　我国民营上市公司董事会规模和结构情况

项目	2006年	2013年	2014年	2015年
民营上市公司数量	615	1514	1609	1773
董事会规模	8.8822	8.4089	8.2791	8.2070
独立董事的比例	0.3578	0.3753	0.3763	0.3795
董事长与总经理兼任情况（同一人＝1）	0.1848	0.3656	0.3805	0.3881
实际控制人是否担任董事长或总经理（担任＝1）	0.3512	0.7213	0.7272	0.7439

资料来源：csmar（国泰安数据库）。

比较发现，近10年来，我国民营上市公司的董事会规模趋向缩小，这也与国外的一些研究结论相一致。雅尔马克（Yermack，1996）以1984到1991年度的452家美国公司为研究样本进行了经验分析。结果显示，董事会规模与公司价值之间呈现出负相关的曲线关系。即当董事会的规模从小型向中型变化时，公司价值的损失最大。他认为，具有较小规模董事会的公司具有较高的市值。艾森伯格（Eisenberg）等（1998）进行的研究进一步地肯定了雅尔马克的结论。吴（Wu，2000）考察了从1991～1995年期间董事会规模的变迁，发现董事会的规模总体上呈现出缩小的趋势，吴认为，市场参与者可能认为小规模的董事会在监督经理层方面比规模相对较大的董事会做得更好。

此外，独立董事在董事会中的占比不断提高，2015年的均值已接近38%，表明上市的民营企业已经超出了证监会对董事会中至少包括1/3独立董事的要求，民营企业更加重视外部监督的作用。虽然董事长与总经理兼任的比例有所提高，但即使是2015年也不到40%，总体来说，上市民营企业的治理结构较为规范。

然而，实际控制人担任董事长或总经理不断增加，说明民营企业的实际控制人加强了对企业管理的参与，民营企业“放权”的实践还有较长的路要走。

2. 民营企业逐步“去家族化”

随着民营企业规模扩张的需求，外部资本开始进入企业进而打破了产权的封闭性。与时代应运而生的，是传统家族企业开始走上制度化、专业化管理的规范道路，呈现出“去家族化”的趋势。

根据《2012中国民营企业500强调研分析报告》，民营企业呈现“去家族化”的特点。2011年，民营企业500强非家族控股企业达到292家，绝大多数已经建立起规范民主的决策机制，企业的决策权掌握在董事会和股东大会的分别有363家和269家。从经营效益来看，采用现代企业制度和科学民主决策方式的企业，优于家族控股企业和企业家个人决策的企业。

福布斯连续六年对中国上市家族企业进行调查，并推出《中国家族企业调查报告》，调查范围包括沪深两地上市的民营家族企业和在港交所上市的内地民营家族企业。如图8－9和图8－10所示，在2014年调研的747家上市家族企业中，有86%的家族仍牢牢地将股权与经营权掌握在手，家族核心人同时也是企业的所有者，而将经营大权交付于外姓职业经理人的家族企业约有100家。

而在香港上市的内地家族企业中，由家族成员担任CEO的比例继续下降，更多的职业经理人进入了家族企业参与管理。

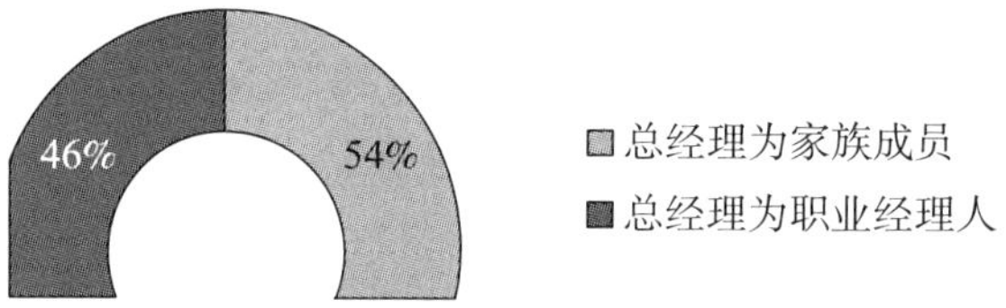

图8－9　A股上市民营企业总经理亲属关系构成

资料来源：《福布斯2014年中国家族企业调查报告》。

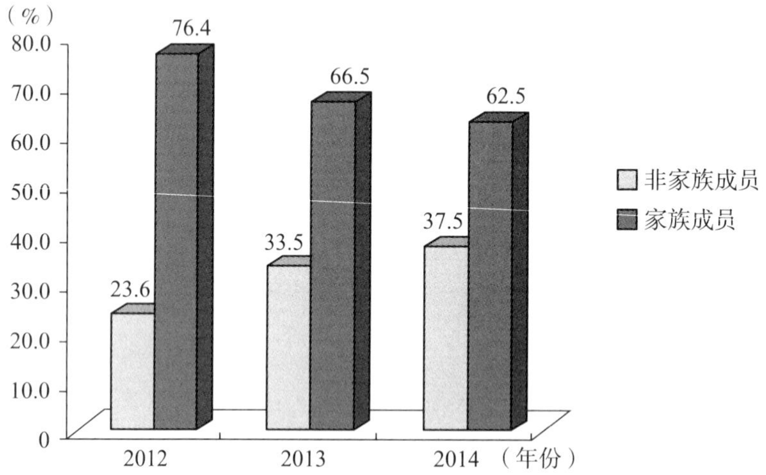

图8－10　香港上市民营企业CEO亲属关系构成

资料来源：《福布斯2014年中国家族企业调查报告》。

《福布斯2015年中国家族企业调查报告》显示，为了平衡家族成员与企业治理间的关系，规避家族内讧对企业造成的负面影响，已有超过40%的家族企业选择在股权上保持对企业的控制，而在经营权上由职业经理人代为打理的传承模式（见图8－11）。

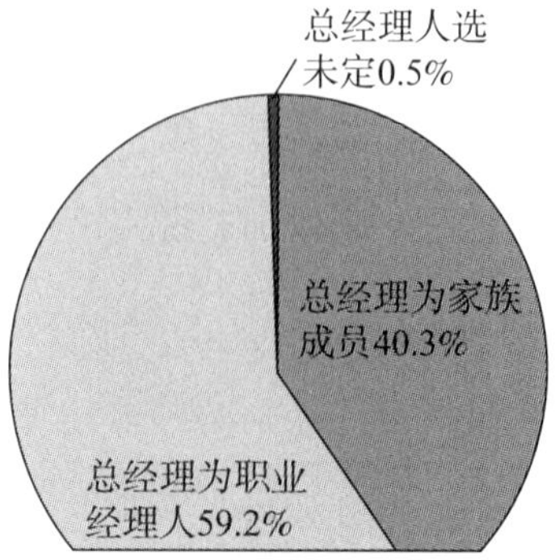

图8－11　中国家族企业总经理亲属关系构成

资料来源：《福布斯2015年中国家族企业调查报告》。

3. 民营企业“去家族化”典型案例

家族企业的经营管理常常受到来自家族自身的重要影响。家族的繁荣昌盛能为企业的健康发展提供充足的人才储备，同时家族精神的延续也潜移默化地影响着企业品牌的形成。但在现实中，由利益纠纷引起的内部争斗和接班问题导致的反目成仇现象也在不断重复。职业经理人的启用，为家族企业平衡家族成员与企业治理间的关系打开了新的思路。

广东顺德“千亿母航”美的集团①于2012年宣布正式换掌舵人，70岁的创始人何享健将管理权棒交予职业经理人方洪波，家电巨头美的正式迈入职业经理人掌控时代，开了中国现代企业传承先河。其实何享健早就做好了资本安排，部署10多年，让后代走资本路线，即资本控股而不是直接接班。

早在1997年，职业经理人制度就开始在美的全面实施，同年，美的开始推行事业部制改造，集团成为投资监控和服务中心。2000年初，美的管理层成立了“顺德市美托投资管理公司”，实施管理层收购，并于2001年完成，进一步将产权结构清晰化。2006年，美的电器实施了股权分置改革方案。

2009年，何享健辞任美的电器董事局主席及董事职务，原董事局副主席、总裁方洪波继任董事局主席，并兼任总裁。

2011年，美的集团的控股股东美的投资控股将其所持有的美的集团15.30%的股权转让予融睿投资与鼎晖投资两家投资人。通过部分股权转让，美的集团形成创始人股东、投资人等多方股东共同持股的多元化的股权结构，公司治理也进一步完善。

2012年，美的集团对外公告，创始人何享健不再担任美的集团董事长，方洪波接任美的集团董事长。

当然，美的集团的去家族化模式有其特殊条件，一是发展处在战略转型期，去家族化具有迫切性。1996年，美的空调在业内从前三跌倒第七，家族化经营模式制约了这家家电龙头企业的发展，要突破“瓶颈”务必改变现有管理模式，进行必要的管理机制改革。二是酝酿多年，分步进行，尽量减少阻力。三是人才培养和管理机制准备充分，水到渠成。正是在这些内外条件成熟的条件下，美的又走出了“去家族化”的重要一步。因此，广大民营企业在实行“去家族化”的过程中，应该做好必要的准备，任何急功冒进的行为，都会对企业及其控制家族造成伤害。

（三）民营企业的境外融资热潮

随着我国经济转型和产业结构的调整，新兴行业的创业公司如雨后春笋般涌现。电子商务、在线教育、互联网金融、社交网络、旅游服务、医疗健康等领域的创业民企，受制于国内融资成本、融资条件等方面的限制，转而谋求境外融资，早期通过引入境外风险投资机构的资本，快速占领市场份额，实现规模扩张，进而谋求海外上市以获取全球的资本助力。

1. 境外风投缓解初创民企融资“瓶颈”

20世纪90年代以来，随着我国科教兴国战略的实施和我国高科技产业的迅速发展，国际风险投资公司开始进入我国市场②。早在1992年，美国太平洋风险投资公司在中国成立，这是由美国国际数据集团（IDG）投资成立的中国第一个外资风险投资基金。IDG曾投资了天极网、腾讯、搜房、携程、百度、分众传媒、迅雷、网龙等多家当时新兴的中国互联网公司，为这些民营背景的企业提供了早期的资金支持。

1999年初，在华登国际投资公司主导下，高盛、华晶网路基金、软银及新加坡政府联合向新浪

---

① 根据 http：//home. ifeng com/special/hometa/kmeidi/. 网络公开资料整理。

② 根据 http：//news. chinabyte. com/215/1221215. shtml；https：//www. aliyun. com/zixun/content/2_6_355322. html；http：//news. chinabyte. com/213/1221213. shtml，网络公开资料整理。

网投资2500万美元，创下了中文网站境外融资的先例；1999年11月，新浪再获6000万美元国外风险投资；2000年2月，当当网获得第一笔来自IDG、卢森堡剑桥和日本软银等机构600万美元的风险投资；2000年11月，方正控股公司获得软银1000万美元注资，这是方正成立以来获得的首次国际风险资本……海外风险投资机构的出现，帮助这些具有前景的科技型民企突破了融资瓶颈，迎来了资本暖流。

图8－12显示，2006年中国新募集的风险资本中，外资占据主导地位，有68.7%的资本为境外资本，中国内地资本仅占31.3%。而到了2012年，新募集风险资本中由外资机构募集的资本量为363.02亿元，占比降至45.47%，本土机构新募集的风险资本占比达到54.53%。可见，随着中国风险投资行业的快速崛起，境外风投的资本占比逐渐下降，但它仍是我国风投行业的风向标，对我国风投资本的流向具有重要的引导作用。

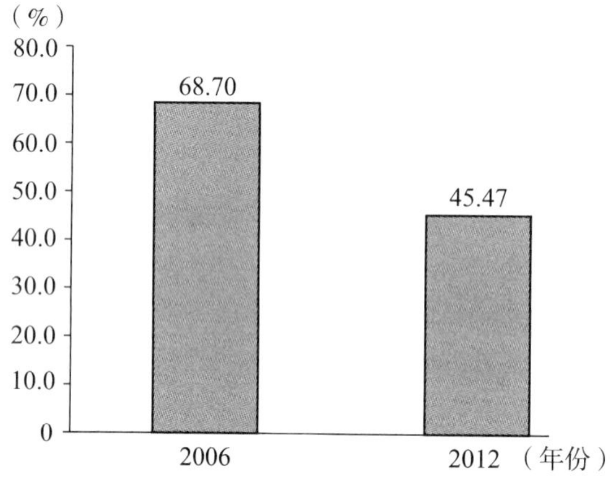

图8－12　新募集风投资本中外资占比

资料来源：中国风险投资研究院。

以P2P行业为例，2014年，风投机构加速抢注中国P2P行业，尤其是众多外资风险资本更是迅速完成了在中国P2P行业的战略布局。相关数据显示，外资风险资本注入的平台的投资成交额目前已经占据整个P2P行业总成交额的半壁江山，并且一些获得外资风投注入的平台进入高速增长阶段，大有后来者居上的态势。2015年，随着P2P行业的监管的落地，更多国外风投涌入了该行业。

2. 新兴行业民企赴美IPO成主流

加快实施“走出去”战略，是中国在新一轮对外开放中的一项重要战略决策，这也是中国企业积极参与经济全球化、顺应世界经济发展趋势的一种必然选择。过去，我国企业“走出去”，主要是以国有企业为主；近年来，中国企业，尤其是民营、民资企业赴海外融资及IPO的企业家数越来越多，规模也越来越大。从表8－2可以看出，香港一直是中国企业境外融资的主要市场。

表8－2　　2013～2015年中国企业海外新上市家数

上市地点	2013年	2014年	2015年
香港交易所	56	74	74
纽约交易所	4	6	2
纳斯达克	4	9	9
澳大利亚交易所	0	0	3
法兰克福交易所	1	5	0
伦敦AIM	1	2	1

续表

上市地点	2013 年	2014 年	2015 年
新加坡交易所	0	0	0
合计	66	96	89

资料来源：清科集团：《中国企业上市年度研究报告》2013～2015 年。

从 2009 年下半年开始，中概股赴美上市掀起了热潮，在美国上市的中概股以中小市值公司为主，且多为优质的民营企业。根据大智慧投行统计显示，2010 年共有 43 家企业成功赴美上市，融资金额达 262.21 亿元人民币，达到金融危机之后的高峰。2012 年，美国资本市场对中概股的热情跌至冰点，全年仅有 2 家中国企业赴美上市。

2013 年，伴随上市热再度升温，民营的高科技互联网公司又成为"出海"的主流。2014 年中国企业所涌现出的赴美上市热情达到顶点，全年共有 15 家企业陆续在美完成 IPO，募资总额达到创纪录的 304.52 亿美元，阿里巴巴一家独占其中的 82%，成为中国民营企业的境外融资典范。

2014 年在美上市的 15 家企业中，乐居、猎豹移动、聚美优品、智联招聘、阿里巴巴和一嗨租车等 6 家纷纷选择登陆纽交所，而达内科技、爱康国宾、微博、途牛网、京东商城、迅雷、乐逗游戏、天华阳光和陌陌等 9 家则选择了纳斯达克。这些上市企业的行业分布集中于电商平台、职业教育、医疗健康、社交网络、旅游服务、电子游戏等领域，均为新兴行业的民营企业，反映出中国民营企业借助境外资本市场推动我国经济转型升级的重要作用。

3. 阿里巴巴的历次华丽海外融资①

作为民营企业一个代表之一，从阿里巴巴诞生的那年起，资本就和它的命运紧密联系在一起。阿里巴巴的历次华丽的融资，无论是 VC、PE 还是最后的 IPO，都使其业务规模不断发展壮大，经营管理也逐步提升和完善。

第一，早期三轮 VC 助阿里熬过互联网寒冬并发动战略转型。1999 年 3 月，阿里巴巴电子商务公司在杭州成立，启动资本 50 万元。1999 年阿里巴巴获得 500 万美元的第一轮投资，由高盛牵头，联合美国、亚洲、欧洲的投资机构，包括新加坡汇亚（Transpac Capital）、瑞典银瑞达集团（Investor AB）和新加坡政府科技发展基金。2000 年，马云为阿里巴巴引进第二轮 2500 万美元的投资，软银领投 2000 万美金，富达、汇亚资金、TDF、Investor AB、日本亚洲投资公司等跟投 500 万美元。2004 年，阿里巴巴第三轮融资 8200 万美元，成为当时中国互联网历史上融到的最大的一笔资金。软银牵头出资 6000 万美元，其余 2200 万美金由富达、TDF 和 GGV 出资。

这三轮 VC 融资对阿里巴巴的创业历程至关重要。前两轮使得阿里在 2001 年互联网泡沫破灭之前储备了过冬的粮草。第三轮则推动了阿里巴巴的从 B2B 到 C2C 的转型战略，当时阿里巴巴刚熬过互联网寒冬，正准备向风头正劲的 eBay 发起挑战，急需真金白银，而软银的 6000 万美元助推了淘宝在 C2C 领域里夺得霸主地位。

第二，阿里巴巴获得产业资本雅虎的 10 亿美元投资。2005 年，阿里巴巴获得产业资本雅虎 10 亿美元投资。这成为阿里巴巴融资史上 VC 与 PE 分水岭。雅虎的进入，给了前期投资阿里巴巴的 VC 们非常好的套现机会，VC/PE 基金开始大规模退出。当时，雅虎以 10 亿美元现金、雅虎中国的所有业务、雅虎品牌及技术在中国的使用权，换取阿里巴巴集团 40% 股份及 35% 的投票权。

这次交易之后，阿里巴巴的资本结构大局已定：马云确保了对阿里巴巴的长期控制权；雅虎得以涉足中国这一最大的电子商务市场和结盟最优秀的电子商务公司；阿里巴巴获得了雅虎 7000 万美元

① 根据网络公开资料 https：//www.aliyun.com/zixun/content/2_6_325168.html、招股书、公司年报等整理。

直接投资和软银1.8亿美元可转债资金，确保了淘宝的生存，并得到了梦寐以求的搜索技术，可以打造完整的电子商务链，产业资本伴随着技术为阿里巴巴的跨越式发展打下基础。

第三，阿里巴巴在香港的“一进一退”，为集团整体上市做准备。2007年资本市场正处牛市，是合适的融资时机，就阿里巴巴的B2B业务而言，商业模式已经成型，经营也相对稳定，此时公司的最需要的是复制已有商业模式进行快速业务拓展，而上市恰好能为其提供所需资金来源。

2007年，阿里巴巴集团在香港联交所挂牌上市（1688.HK），成功融资116亿港元，创下中国互联网公司融资规模之最。互联网企业的一个重要特点是，在初创时期，有良好的商业模式和专利技术，但是缺少资金。阿里巴巴在香港的成功上市，为其快速业务拓展提供了资金上的支持和保障，这对互联网企业的发展十分关键。

随着淘宝、支付宝、天猫成为阿里巴巴集团最有价值的业务，而B2B业务逐渐边缘化，B2B业务模式面临巨大的挑战，需要进行转型和升级。对于上市公司而言，大型战略调整需要按照规则进行披露，从而导致公司受到投资者和竞争对手的压力，而私有化后，B2B业务可以与集团旗下其他资源进行整合。2012年，阿里巴巴宣布了一项无附加条件的收购方案，开启退市进程。

阿里巴巴选择退市顺应了市场的发展趋势，是业务战略转型的需要，私有化之后的阿里巴巴集团进行了业务梳理整合，厘清商业模式、理顺管理权，以退为进，为集团整体上市做准备。

第四，阿里巴巴赴美IPO获得巨大成功。美国时间2014年9月19日上午，阿里巴巴正式在纽交所挂牌交易，股票代码为BABA。截至当天收盘，阿里巴巴股价暴涨25.89美元报93.89美元，较发行价68美元上涨38.07%，市值达2314.39亿美元，超越脸书网（Facebook）成为仅次于谷歌的全球第二大互联网公司。阿里巴巴也以218亿美元的融资额创造了美股史上的最大规模的IPO。通过启动绿鞋机制，阿里巴巴实现了额外募集33亿美元，这使得阿里本次上市的融资额达到约250.3亿美元，正式成为全球有史以来最大规模的IPO。

从阿里巴巴目前业务上来看，约86%的订单来自中国境内，而从融资金额、股东背景、股权结构等来看，阿里却是一家国际化公司。加速公司业务的国际化进程，从产业层面促进其成为真正的跨国公司，是阿里巴巴下一步的重点。

阿里巴巴在美国的IPO意义重大，资本市场为阿里巴巴提供的远不止资本这么简单，上市意味着公司内部治理将更加科学完善、更加法制化，在全球市场的声誉、认可度将会升华到一个新的阶段，也更加有利于公司开拓国际业务市场。

二、民营企业转型升级与创业资本市场

民营企业作为市场化的产物，伴随着我国市场化进程数十年蓬勃的发展。全国的民营企业中，中小型民营企业占了大多数，在国民经济中占据着重要的地位。根据国家数据统计显示，我国私营企业在册数量在近十年内从2005年的400万户增长到2014年的1500万户，增长速度稳定而高效。然而随着外部竞争的激烈化，浙江省原有的民营企业大多出现后程乏力的情况。税收过高、融资不易、生产成本不断上升的困境使得浙江省民营企业升级转型的需求日渐加深，如何成功转型升级成为了一个新的课题。

（一）民营企业转型升级

民营企业转型升级的模式有许多分类，有的从产权制度、政府产业结构和管理方式进行分类；有的从重组并购、优化治理结构、改变管理机制的方式进行分类；有的从产业模式、商业模式、企业战略的方式进行分类。本文根据转型驱动者的不同，将民营企业转型升级的模式分为依靠自身进行产业转型、依靠子女代际传承进行产业转型和依靠转型投资家进行产业转型三种模式。不同的模式有不同

的优缺点，但三种模式下都有典型的转型成功案例。

1. 民营企业转型升级模式

依靠自身进行产业转型是指企业家通过自身的企业家能力，主动将自己的企业从一种发展模式转变到另一种发展模式。目前我国企业家的水平参差不齐，有些企业家在创业初期因为政策环境的优势抓住了机遇实现了企业的扩张和财富的积累。但是由于缺少系统性的管理经验，且大多数民营企业采用家族式的管理方式使得企业决策权完全集中于企业家一人，这往往使得企业家很难约束自己。企业转型常常伴随着管理模式从一人到管理层的转变，因此在依靠自身进行产业转型升级的过程中企业家需要做到放权。除了放权改变管理模式，企业家还需要有足够的企业家能力对企业的经营模式和产业模式进行改变，这对企业家自身能力的要求相当高。经典的企业家依靠自身进行产业转型的案例有宗庆后的娃哈哈，宗庆后通过自身的企业家能力将娃哈哈集团的产品由单一的矿泉水转型成适应多种市场需求的产品线，并且通过跨界合作使得娃哈哈集团在诸如童装和教育领域都占有一定的市场份额。

依靠子女代际传承进行产业转型是指老一代的企业家没有足够的能力和先进的思想对原有的企业进行自主转型升级，通过将企业的决策权交给自己的子女，让自己的子女进行企业的转型升级。中国文化中“家”和“传承”的思想起着相当重要的作用，民营企业多为家族式管理，家文化对于企业运营起到了至关重要的影响，包括代际传承方面。许多企业家由于自身缺少科学的管理知识与，在企业运营到一定“瓶颈”期时没有能力自身进行企业的转型升级，因此往往将企业交给更加年轻的下一代进行转型升级。这些子女往往受过更加良好的教育，懂得现代的管理办法，更加适合对企业进行转型升级。目前，我国的民营企业正处于一个交替的高峰，根据相关数据显示，作为浙江省民营企业大市的温岭市中将会有79.6%的企业在近10年内面临着代际传承子女交班。国内较为典型的子女传承进行民营企业转型升级的成功案例有均瑶集团进行代际传承，通过二次传承将企业的控制权由王均瑶传至弟弟王均金再传至儿子王翰，在这多次的家族式传承过程中均瑶集团完成了跟进大厦集团收购项目，明晰集团的未来走向，逐步建立起现代企业管理制度。

依靠转型投资家进行产业转型是指企业家通过收缩自己原有产业，将资金用于投资其他公司股权并获得收益的转型方式。目前我国正处在经济的转型期，生产成本的增加和后发优势的消失使得企业的生存条件越来越严峻，许多中小型企业迫切的需要资金进行融资。由于现行信用体系的缺陷，中小型的民营企业很难通过银行贷款或者民间借贷的方式进行有效的融资，因此风险投资的外部资本支持成为了最主要的融资手段之一。在这样的大背景下，有相当一部分的民营企业家选择了将自己原有产业收缩的方式将资金投向其他公司进行股权投资。这种从民营企业家转型升级成为风险投资家的方式在近年来非常普遍。吴世春、徐小平都是非常典型的从企业家转型为风险投资家的案例。

2. 民营企业转型升级模式评价

本文提出的三种民营企业产业转型升级的模式是基于转型升级主导者而分类的，这三种模式都有过成功的案例也各有各的优点和缺陷，本节将对依靠自身进行产业转型、依靠子女代际传承进行产业转型和依靠外部资本支持进行产业转型三种模式进行评价和分析，找出各自适合的企业类型。

对于依靠自身进行产业转型的模式，优势在于第一代创业的企业家拥有创业者最宝贵的经验与毅力，经历过创业期白手起家的这些企业家具有艰苦朴素、行事果断、为人处世老练等优秀的品质并且对自己的企业了如指掌，在民营企业决策权集权化的大背景下，依靠企业家自身进行转型升级可以免去很多不必要的摩擦损耗，大大提升转型升级的效率。缺陷在于这些企业家的素质仍然较低，无法建立科学的管理体制和合理的企业发展规划。在获得一定的原始资本积累后更倾向于挥霍和享受，容易失去转型的动力。且转型升级意味着管理层代替企业家一人进行企业的决策，企业家并不会愿意接受这种权利约束。我国企业家的经营理念较为落后，传统眼光的限制使得企业家只按照固定的思路经营，这在企业进行产业转型时可能会走向错误的方向造成不必要的损失。

对于依靠子女代际传承进行产业转型的模式，优势在于这些富二代子女一般都受过良好的教育，大部分人还有海外留学经历，具有较为先进的思想和宽泛的知识面，对于先进的管理体系和良好的企业发展路径有着较强的接受性。相较于他们的父辈，这些富二代子女们更愿意且更重视现代化的公司管理体制与发展战略，更为重视资本运作与产业规划，可以认识到企业现有的不足而做出改变。这些优点使得富二代子女们在进行产业转型时不会因为传统的思想而产生过多的束缚，从而为企业转型升级减少阻力。缺陷在于由于补偿心理的存在，一些企业家因为不希望子女再受到自己所受到的挫折经常会更加溺爱自己的子女，这使得这些富二代子女常常并不具备坚韧的品质与吃苦耐劳的思想。在经营企业的过程中，这些富二代子女往往会出现好高骛远和眼高手低的情况，这使得虽然他们具备现代化的企业管理知识却无法通过自己的努力帮助企业进行产业转型。此外，大部分民营企业需要政府关联的支持，而许多企业家无法将自身的政府关联直接转移给自己的子女，因此会因此损失一部分社会资源，也会对企业产业转型增加难度。例如，王安电脑公司，鼎盛时期年营业额曾达 30 亿美元，王安本人曾经名列美国第五大富豪，但由于王安一意孤行将职位传给自己的儿子王列而忽视了其能力的不足，使得王安电脑公司老员工出走、业绩下滑，很快就退出了历史的舞台。

对于依靠转型投资家进行产业转型的模式，优势在于外部资本支持诸如风险投资可以有效地解决中小型民营企业融资困难的问题，因此市场需求较大。且企业家拥有较为丰富的创业经验，可以有效得识别出有潜力的企业进行投资。除此之外，进行股权投资的收益率也是相当可观的。缺陷在于由于企业和风险投资互相之间的利益关系不同，可能会面临诸多的风险。对于转型为风险投资家的企业家而言可能会面临信息不对称的风险，企业会为了得到风险投资而夸大自己的收益率。企业家虽然拥有较为丰富的创业经验，但是对于风险投资中的一些具体操作并不是很了解，因此可能会出现信息不对称而引发的道德风险，为企业家造成不小的损失。

3. 转型升级案例

对于依靠自身进行产业转型，南存辉的案例非常典型①。南存辉出身于浙江温州，最初以亲戚的几百块钱租下了一个小柜台做低压电器生意，在当时的柳市这种小柜台不计其数。1984 年，南存辉预见到了低压电器的前景乐观，合伙将自己的小柜台升级，创办了乐清县求精开关厂。创办初期南存辉获得了极大的成功，成为了当地低压电器行业的佼佼者。1990 年，随着企业的发展，家族式管理模式出现了非常大的弊端，效率低下且决策混乱，南存辉在这个时候果断与合伙人分家，自己建立了正泰，正泰成立几年内就达到了 5000 万元的销售额。1998 年，南存辉认为家族式的管理模式依然没有完全消除并且对正泰的管理不利，因此南存辉力排众议选择了进行股份制的改革，弱化南氏家族的股权绝对数，对家族控制的集团公司核心层（即低压电器主业）进行股份制改造，把家族核心利益让出来，并在集团内推行股权配送制度，将最优良的资本配送给企业最为优秀的人才。就这样，正泰的股东由原来的 10 个增加到现在的 100 多个，南存辉的股份下降至 20% 多，资产却膨胀了数十倍。现如今正泰是同行业内的龙头企业。

对于依靠子女代际传承进行型，严昊的案例非常典型②。严昊的父亲严介和是中国有名的企业家，号称“全球华人第一狂人”，创办了太平洋公司。严昊从小便在父亲的企业中耳濡目染，学习到了很多企业经营的知识与经验。大学毕业后，严昊直接升任董事长，第二年到苏辰集团（集团刚刚收购的一家国企）出任董事局主席，上任第一年就让这个过去连年亏损的老国企扭亏为盈，盈利 8000 万元，成就了事业的第一桶金。半年时间，严昊勾画出苏辰集团未来蓝图，两年时间，苏辰集团产值、利润皆创巅峰，攀得历史新高。2011 年，严昊亲自挂帅承建广西柳州园林园艺博览园。钻研技

① 朱应召．南存辉的成功之路［J］．致富时代，2009（9）．
② 王甬平．拓宽眼界，沉淀心灵是企业家的境界——访太平洋建设集团严介和［J］．宁波经济：财经视点，2013（7）．

术、克服困难，大赶工期，半年时间，完美交付项目，获“先进集体”，钢结构展览馆主体项目获“中国钢结构金奖”。2016 胡润全球富豪榜中，严昊财富 910 亿元位列大陆第 6，全球第 62。

对于转型投资家型，吴世春的案例非常典型①。吴世春 1999 年毕业于吉林大学，先后在华为、百度工作。2004 年与孙志强创办的商之讯公司，主做企业 IM。2006 年和陈华一起创立酷讯网。2008 年从酷讯网离职转做天使投资人。酷讯网在创办初期是国内一流的垂直搜索平台，吴世春和合伙人也因此获得了很多的融资。但是随着 2008 年金融危机的到来，吴世春敏锐得察觉到了垂直搜索领域的危机，在和合伙人商量未果之后，吴世春果断离开酷讯网，转而成为一名天使投资人。目前吴世春的梅花天使创投专注互联网领域的早期创投，已经投资了数十个项目且其中大部分都运作良好。

4. 民营企业转型升级的几点意见

对于依靠自身进行产业转型的模式，企业家的意识和态度对于转型成功与否起到了决定性的作用。然而从以往来看，在产业转型升级的过程中大部分民营企业家有着许多需要改善的地方。首先是对自我认知的不够产生的居功自傲，由于大部分民营企业的创业期间企业家都起到领袖的作用，因此这种过度集权的管理办法可能会使得企业家盲目自信，从而导致决策的随意，在企业产业转型的过程中起到负面的效果。其次是大部分的民营企业家并没有意识到科学化管理的重要性，大部分的民营企业因为家族式的管理方法导致内部权力结构混乱，企业家在进行产业转型时如果不能意识到管理制度上的缺陷并下定决心改正的话将会对产业转型造成不小的阻力。最后是要避免目标不明确的盲目转型，许多企业家意识到了转型的必要性却没有很好地评估自己的企业，从而导致了企业产业转型升级过程中目标不明确。正确认识自己企业所处的水平对于企业转型至关重要，在转型前应该制定好长久的发展战略以避免唯利是图的决策破坏转型升级的整体规划。

对于依靠子女代际传承进行产业转型的模式，富二代子女们虽然通常都接受过良好的教育，懂得现代化的企业管理制度和健康的企业发展规划的重要性，但是由于缺乏实践经验和吃苦耐劳的品质，这些继承人很可能会出现眼高手低不切实际的情况。在面临这些问题时，富二代子女们应做好吃苦的心理准备，在不断的挫折和困难中锻炼自己的毅力和企业家精神，向自己的父辈们学习。另外，由于中国民营企业对于政府关联的依赖程度较高，而大部分政府关联都不能随着代际传承而直接转嫁给子女，因此如何建立属于自己的政府关联并挖掘属于自己的社会资源成为子女接班人的另一大难题。富二代子女应该不单单依赖父辈的社会资源与政府关联，积极发展自己的社会资源并为自己所用，这样才能更好地领导企业进行产业转型。

对于转型投资家进行产业转型的模式，由于风险投资确实能够为中小型民营企业解决融资难的难题从而帮助这些企业进行产业转型，因此本文依然鼓励部分民营企业家转型升级为风险投资家。但是在和需要投资的企业进行合作的同时，也要进一步控制可能会产生的风险。投资家要凭借自己丰富的经验找到优秀的潜力企业进行投资，同时也要学习正规的风险投资的经验，以免发生不必要的亏损。企业家和风险投资家在合作时应该相互诚信，避免信息不对称风险和道德风险从而导致合作的失败。最后，如何做好从做实业的企业家到做投资的风险投资家的角色转变也是一个重要的难题。

（二）创业投资市场发展

中国创业投资最早开始于 1992 年，当时 IDG 刚进入到中国投资市场。随着国内资本市场逐渐的完善，2004 年中小板、2009 年的创业板，进一步推高整个国内资本市场的发展，随着中国国内资本市场的完善，中国本土的创投机构或者中国本土的创投的投资有一个比较明显的提升。我国创投业由小到大，经历了艰难曲折的发展历程，其命运与我国市场经济体制渐进式改革息息相关。经济体制改革加快了，市场机制的作用充分发挥了，创投业就获得快速发展，否则就停滞不前，甚至衰退。

---

① 阿里云资讯网，https：//www. aliyun. com/zixun/aggregation/18466. html.

1. 创业投资的内涵

创业投资最早由美国创业投资协会（NVCA）提出，NVCA 认为，创业投资是一种权益资本，是由专业机构提供的投资于极具增长潜力的创业企业并参与管理；英国创业投资协会（BVAC）认为，创业投资是专门投资在具有发展潜力或快速成长的公司及需要并购与重整以实现再创业的未上市企业的投资行为；经济合作与发展组织（OECD）认为，创业投资是通过为高科技企业和专业化的中小企业提供股权资本，并通过股权转让来实现收益的投资行为。本文研究的创业投资是创业投资机构向创业企业进行股权投资，以期通过发展成熟后转让企业股权获得资本增值收益的方式。

创业投资的经营方针是在高风险中追求高回报，特别强调创业企业的高成长性；其投资对象是那些不具备上市资格的处于起步和发展阶段的企业，甚至是仅仅处在构思之中的企业。它的投资目的不是要控股，而是希望取得少部分股权，通过资金和管理等方面的援助，促进创业公司的发展，使资本增值。一旦公司发展起来，股票可以上市，创业投资者便通过在股票市场出售股票，获取高额回报。

一方面民营企业或者初期的创业企业常常因为资产规模小、不确定性大和产权风险大的原因，使得创业投资在金融领域分工成为一种特殊的金融模式，在一定程度上解决了民营企业的融资限制问题；而另一方面，创投资本的运作机制也为民营企业的成长起到积极的作用。作为主动型投资者，创业投资对被投资企业的贡献体现在事后对被投资企业的监督管理上的增值服务以及在企业公开发行市场中所起到的认证功能、市场力量功能和筛选、监督功能。创投资本对中小企业成长的作用主要表现为两个方面：一是通过为被投资企业注入增值服务，包括战略咨询、市场开发、完善管理层建设和公司治理结构等，为被投资企业带来内在价值的提升；二是通过其在公开资本市场上声誉，即创业风险投资公司的认证功能和市场力量，向市场传递一个价值信号，从而降低被投资企业在首次公开发行市场上的折价率，提升企业的市场价值。

2. 创业投资的发展

近 10 年我国创投业更是飞速发展，统计显示，2014 年创投基金新成立基金 305 支，较上一年度同比增长 83.73%，已经获得披露的基金募资金额共计 3958.44 亿元（美元基金已折算人民币计算），较上一年度同比增加 198.95%。近 7 年的基金募集情况如图 8－13 所示。

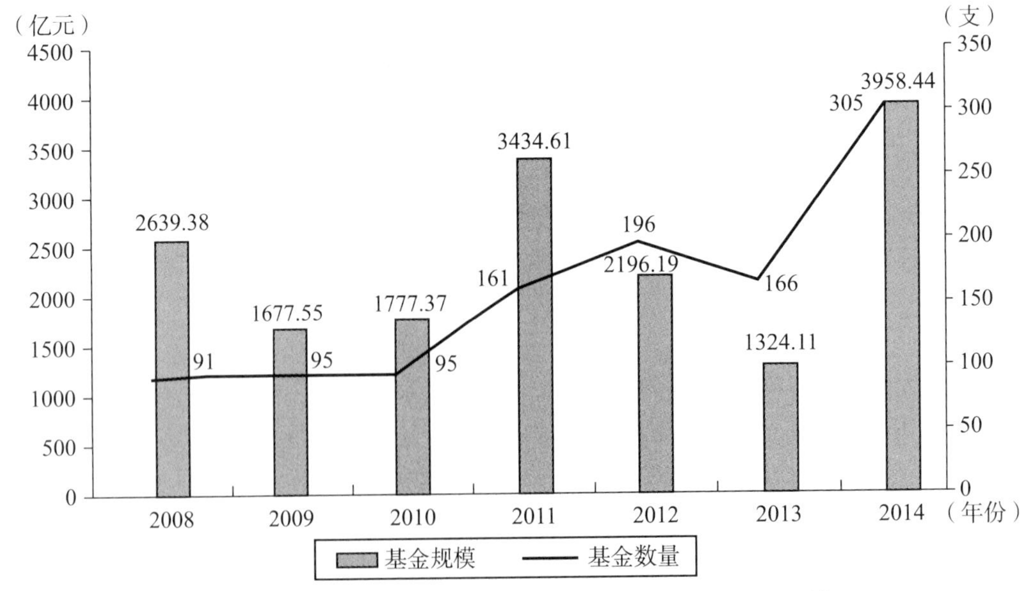

图 8－13　2008～2014 年度中国创投市场基金募集数量及规模

资料来源：EZCapital 统计数据。

无论是基金数量和基金规模，我国创投业近10年来发展迅速，且近年来呈现快速发展，我们认为这是由于受IPO重新开闸，互联网创业浪潮的持续升温影响，整个投资行业也迅速升温。整体来看，不但2014年的基金募资相对于前几年有大幅上升，而且投资情况也明显好转，统计数据显示，2014年共披露中国创投市场投资事件1360例，较上年同比增加35.59%，而投资金额也有较大的幅度的增长——获得披露的投资金额共计2040.45亿元，同比增长66.17%。已经基本接近于投资非常活跃的2009~2011年这段时期的数值。2008~2014年的投资情况对比如图8-14所示。

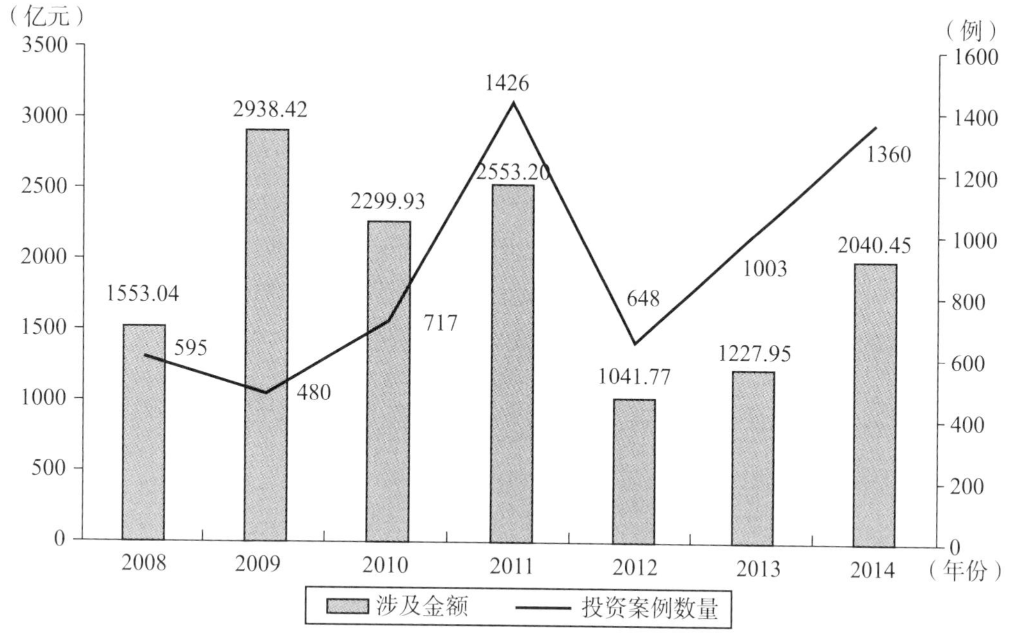

图8-14 2008~2014年中国创投市场投资案例数量及金额

资料来源：EZCapital统计数据。

创业投资敢于冒风险的本性决定了它专注为创新企业提供发展资本和增值服务，培育企业成长壮大以期获取高收益，一旦成功，有可能培育出一个新兴产业，其作用之大，绝非其他金融业所能及。创业投资资金特性使得资金的投向大多分布于新兴行业，其中互联网和TMT占到50%以上，而有更多资金投入到生物医药、互联网金融、机械制造、文化这一类的基金当中去。

由于我国实行的是大陆法系，信托关系极不发达，而创投基金的内部治理却要求建立健全信托机制。在实践中，我国创投基金在这方面存在严重缺陷，特别是投资与管理人之间究竟应实行怎样的信托管理制度并不太明确。因此，在执行信托义务与谨慎原则上还处于探索阶段，并常常发生不应有的矛盾和纠纷。这是制约我国创投基金形成核心竞争力的最大障碍，也是监管制度严重滞后以及行业自律管理弱化的重要原因。要使我国创投业在国际上在竞争力，就必须学习和借鉴国际经验，大胆引进欧美先进的法律制度和管理经验，并结合我国实际，创建出一套有效的创投信用制度体系。

（三）企业创始人和风险投资家的博弈

近年来随着民营企业融资需求的扩大，越来越多针对民营企业的投资公司也相继成立，根据数据显示自2005~2014年的10年间我国私营企业投资者人数从1000万人上升到了3000万人。2014年全年风险投资为民营企业投入达到1605378万美元。风险投资在向创业企业提供资本支持的同时，也在公司战略财务管理等方面，向创业公司提供专业化的增值服务风险资本与创业企业的合作，这不仅解决了创业企业在成长初期缺乏资金缺乏先进管理经验的问题，也帮助先进科技成果产业化，提升企业效益。同时，也为风险投资企业带来了高额的投资回报，实现了资本的增值，提升了社会资源的配置效率。但风险投资与创业公司之间的信息不对称，有可能阻碍这一合作机制的顺利实施，造成了市场失灵。进一步分析可以发现，在风险资本与创业企业合作的不同阶段，信息不对称带来了不同的治理问题，双方的博弈也有着不同的特点。

1. 企业创始人与风险投资家的分阶段博弈

民营企业与风险投资合作可以有效地解决企业融资难题和缺乏科学管理经验的缺陷，帮助企业更好地发展和转型，提升企业的效益。但由于风险投资与企业之间利益的不同，双方可能会出现信息不对称使得合作机制失灵。通过进一步研究可以发现，企业创始人和风险投资家的博弈主要分为三个阶段，即风险投资初次投资阶段、风险投资继续投资阶段和风险投资退出阶段。

在风险投资初次投资阶段，由于需要融资的企业远远大于风险投资能够投资的企业数量，因此风险投资家常常会从数百份商业计划书中进行甄别找到最具投资价值的企业进行投资。在初次选择期间，风险投资家和企业创始人之间存在着很严重的信息不对称，企业创始人对自己企业的经营状况和盈利前景有着很清晰的认知，但是风险投资家要想了解清楚这些情况却往往要付出巨大的代价。为了获得风险投资，企业往往会利用许多手段隐瞒企业的真是经营状况。在这个阶段，如果创业企业家从风险投资家中获得的私人收益低于对低质量企业进行信息隐瞒的成本，创业企业家就会愿意拿出高质量的企业进行风险投资。如果创业企业家从风险投资家中获得的私人收益高于对低质量企业进行信息隐瞒的成本，那么创业企业家就会选择拿出低质量企业并进行信息隐瞒来吸引风险投资。对于风险投资家而言，项目的预期收益越大，调查成本越低则更有可能选择调查。

在风险投资继续投资阶段，企业与风险投资已经建立了合作的关系，在这一阶段的博弈主要是委托—代理的风险问题。风险投资家无法对企业创始人的努力程度进行监督和评价，为了能够降低道德风险的可能性，风险投资家往往会采取分阶段投资的方式对企业进行投资，即当企业完成这一阶段的目标后会得到一部分资金奖励和这一阶段的投资，若企业没有完成这一阶段的目标则会失去风险投资。风险投资家要想达到收益最大化就要保证企业家一直保持努力和决策的质量，根据分析可得当企业家的努力带来的边际收益和边际成本相同时，企业家可以一直保持优秀的努力水平。风险企业家主要的激励手段为增加企业家的私人奖励、增强企业家对企业未来发展的信息、进行分阶段任务和投资来降低道德风险。

在风险资本退出阶段，由于任何风险投资的目标为通过前期的资金投资换取后期的收益，风险投资家并不需要取得企业的控制权，因此选取一个合理的退出方式是博弈的最后一个阶段。风险资金的退出核心是股权如何在风险投资和企业家之间进行分配，总体来说的退出方式有三种：公开发行股票、股权转让、破产清算。发展顺利的企业会选择发行股票或股权转让，若企业发展不顺利提前破产清算也是一种止损的好方法。对于发行股票的方式进行退出，风险投资可以获得资本增值的收益的同时也可以增加声誉方面的收益，企业家也会获得很高的个人收益。根据分析可知，企业发展得越好、上市费用越低、个人收益越大则企业越愿意采用 IPO 的方式进行风险投资的退出。

2. 博弈风险

任何形式的合作都会有风险，企业创始人和风险投资家之间的合作由于双方利益的不同也会有风险的存在，这些风险主要是因为企业的所有者和经营者的不同造成的。所有者的目标是使得企业的收益最大化，经营者的目标是使得个人收益最大化，在此期间会产生的风险主要为道德风险和逆向选择风险两种。

道德风险是指经营者利用自己拥有更多信息的优势刻意隐瞒一些关键信息，减少自己的投入和努力以此使得自己的收益最大化。例如企业创业家在吸收融资的同时也失去了对企业的一部分控制权，这样一来风险投资家就可以通过损害企业家利益来换取公司收益使得自己的效益最大化，这种道德风险包括了隐蔽信息和隐蔽行为。常见的隐蔽行为风险有企业家为了获得风险投资而故意夸大自己企业的优点而隐蔽自己企业的缺点，由于风险投资家作出投资选择时很大程度上依靠的是企业家提供的这些信息，因此很容易造成错误的投资决策。隐蔽行为风险指的是风险投资家和创业企业家一方可能会通过以损害另一方利益为前提实现自己受益最大化，例如风险投资家强行控股夺取企业的控制权、企业家转移资产制造虚假财务信息等。这两种行为产生的道德风险都会对企业家和风险投资家双方带来损害，也使得这种合作关系终止。

逆向选择风险是指一方由于另一方提供的一些错误信息使得自己做出与自己目标相违背的选择。在信息劣势的情况下，企业创始人和风险投资家主要是通过另一方给予的信息和条件做出自己的判断。但是如果企业家和风险投资家一方提供的信息有误，则会使另一方做出与自己初始目标相违背的决定。例如，由于企业家对自己的企业运营状况的了解，当企业家为了获得下一阶段的投资时可以谎报自己的经营状况，风险投资家就有可能因此而做出错误的决断使自己的投资失败。同样的情况，由于风险投资家对企业运作和现代化管理手段比较熟悉，在为企业制定发展战略和管理层组织时风险投资家可能会刻意做出有利于自己的建议，更有甚者可能会逐步侵占企业的控制权，这也会使得企业家在听取风险投资家意见后做出有损自己利益的决策。

典型的企业创始人和风险投资家的博弈案例为永乐电器，2003 年时曾达到过 100 亿元的营业额和当时的苏宁、国美相媲美。为了进行扩张永乐电器选择了摩根士丹利进行风险投资融资，但由于永乐电器对自己定位和认知过高，导致在扩张之余营业效率的下降，最终没有完成和风险投资的对赌协议落得被国美收购的下场。

3. 博弈案例——永乐电器①

永乐电器创建于 1996 年，是一家民营股份制的家电连锁销售企业，2003 年的销售额超过了 100 亿元，占据当年上海家电销售市场 65% 的份额，以绝对的优势压制着当时的苏宁和国美等现如今的家电销售企业。为了扩大企业的竞争力，永乐电器引入了两家风险投资进行融资，进一步扩展自己的销售渠道。

由于永乐电器高层对企业盲目的自信和错误的定位，在与风险投资制定对赌协议时将协议目标制定过高最终导致的协议的失败。具体协议内容如下：2005 年 1 月，两家投资机构承诺以总代价 5000 万美元认购永乐 3. 63 亿股和 5913 万股股份，同时签订一份对赌协议，以永乐 2007 年的净利润 P（须扣除非核心业务）为考核指标：若 P＜6 亿元，管理层向投资方转让 9395 万股；若 6 亿元＜P＜6. 75 亿元，管理层转让 4697 万股；若 6. 75 亿元＜P＜7. 5 亿元，不做任何调整；若 P＞7. 5 亿元，投资方向管理层转让 4697 万股。投资机构在投资后持有永乐 20% 的股份，高于陈晓约 15% 的个人股。

2005 年起，获得大量风险投资的永乐电器开始大规模扩展门店数目，由原先的 92 家扩展到 193 家，规模扩充了近一倍。与此同时永乐电器在香港上市，以 134 倍的超额认购筹集了超过 10 亿港币的融资。但是在一切光鲜亮丽发展进程的背后却隐藏着一个问题，快速的扩张和融资并没有带来盈利的增长，由于经营效率的降低，2006 年的上半年永乐电器的盈利只有 1500 万元左右，与对赌协议中的 6 亿元相差甚远，单个门店的收益率下降了 37%。

2006 年，永乐电器为了完成对赌协议的标准，开始疯狂合并收购大中电器企业，希望通过收购获得规模效应以此提升自己的利润。在此同时摩根士丹利突然发布公告公开看衰永乐电器的股价，在禁售期到期后摩根士丹利疯狂地抛售了永乐电器的股票并以此引发了一连串的连带效应。

2006 年 7 月，由于风险投资机构的做空运作，永乐电器的股价大幅度跳水，公司盈利降低，最终不得已以 52. 7 亿港币的价格被竞争者国美收购。永乐电器由于对自身定位的盲目自信导致自己在

① 孙茹，范抒. 中小企业引入私募股权投资的风险分析——基于永乐电器案例分析 [J]. 商业经济，2016 (16).

与风险投资家博弈的过程中签订了错误的协议标准，最终导致了企业被收购的结局。

4. 对企业创始人与风险投资家的评论

企业创始人和风险投资家在进行合作时，应该互相信息公开尽量避免信息不对称所造成的道德风险和逆向选择风险。企业家应该时刻注意自己对企业的控制权，避免由于融资带来的股权稀释使得自己丧失对企业的控制权。风险投资家应该在进行投资前进行对企业的调查和研究，避免由于企业隐瞒真实经营状况所造成的损失。

在风险投资进入继续投资阶段时，由于风险投资家无法对企业家的努力行为进行评价，企业家可能会通过转移资产的方式实现个人利益。因此，为了使企业家将重心放在经营企业上，风险投资家可以和企业家签订分阶段的投资合约，通过一定的激励使得企业家的努力程度最大化。

由于风险投资的特殊特性，在创业初期风险投资的边际贡献率是很高的。随着企业的发展成熟风险投资的边际效益就会递减，因此选择一个合适的时间和方式退出可以实现资本最大化增值。当企业发展良好时，IPO 是最优的退出方案，风险投资家在收获声誉的同时企业家也可以收货不菲的个人收益。例如，蒙牛集团和摩根士丹利的合作案例，双方约定为期 3 年并注入 3 亿元风险融资，但是由于蒙牛集团发展迅速在 1 年内完成合约条件，风险投资提前通过换购的方式进行退出。

（四）创投资本的筛选和声誉机制

创投资本是培育、筛选优质企业的重要推手，也是民营企业摆脱融资困境的利器，尤其是对加速创业企业完成上市计划和加快培育科技创新企业进程有着重要作用。

同时，优秀的创投机构受到创业企业和投资者的青睐，为此研究创投资本的筛选和声誉机制有着重要的意义，而创投声誉既是创业投资机构与交易者重复博弈的结果，也是一种能吸引更优秀创业企业和招募更知名承销商的积淀性因素。

1. 创投资本筛选企业的机制

创投资本参与企业价值创造的第一个环节是被投资企业的选择。出于投资收益的考虑，创投资本需要筛选出那些具备增值潜力的企业进行投资，而出于声誉的考虑，创投资本更希望投资那些能够在其帮助下实现价值显著提升的企业。

受到创投资本青睐的创业企业家具备什么样的特征？他们中，有一大部分来自大公司的“分派”：即创业者从原雇主公司辞职后创业。另一类较受风险投资青睐的创业者是系列创业者，即此前曾有过成功创业经验的创业者。但学者们对于系列创业者创立的企业是否能获得更高的估值、其创业成功率是否更大等问题，并未能得到一致结论。该领域的研究揭示的正是受创投资本青睐的企业家的人力资本特征。

尽管创业企业家人力资本的异质性较强，但学者们依然得以发现其中的关键因素——创业企业家的行业经验——无论是在前雇主公司的从业经验，还是之前在该行业的创业经验，都将有助于提升创业家此次创业的成功率和企业的存活率，因而也备受创投资本青睐。若此次创业无法充分利用之前创业所得的经验，企业家亦无法轻易获得风险投资的投资。

无论对于融资需求迫切的企业，还是对于希望吸引创业投资资本聚集以促进当地中小企业发展的地方政府，有一个问题都至关重要，急需解答：什么样的企业能够吸引、获得创投资本的投资？

麦克米拉尔（MacMillall，1986）通过问卷调查的方式，问卷调查研究了创投资本筛选企业时最着重的因素。调研问卷考察了企业家的素质、企业家的经验、产品和服务的特征、市场环境特征、企业财务特征等五大类因素，结果发现，企业家的素质，而非企业的商业模式，是创业投资筛选企业时最为关注的因素。但问卷调查的有效性受制于调研取样过程的合理性，而随着创投资本的爆发式增长，需要调研采访的样本数量却呈现指数化增长，采用问卷调研进行研究的难度大大增加，而准确度却大大降低，因此，更多的学者通过研究“最终被创投资本所投资的企业具备什么特征和共性”来研究筛选企业的标准。例如，卡普兰（Kaplan，2009）的研究就得到了不一样的结论。卡普兰等人发现，企业从被创投投资到上市的过程中，往往商业模式保持一致但管理团队则历经更换，这表明风险投资筛选企业的关键因素是商业模式而非管理团队。普里（Puri，2012）则采用（企业规模、年龄、行业、地域）匹配的方法比较有、无风险投资持股的企业，发现风险投资参股企业更年轻、成长更快、规模更大。这表明可规模化而非盈利能力是创投资本筛选企业的指标。因德尔斯特（Inderst，2009）发现，创业投资更能在高竞争性行业、具有网络效应或规模经济的行业中体现价值，只有在符合这些特征的行业中企业才能实现快速增长和规模扩张。

创业投资公司的投资对象大多是初创或快速成长的高科技企业，偶尔他们也会投资于市场前景广阔的传统行业、具有新的商业模式的零售业或某些特殊的消费品行业。这些行业一般都提供高附加值的技术、产品或服务，并能获得长期而且有保障的盈利。创业投资公司也会对下面四种情况感兴趣：亏损企业：通过引入资金、管理和技术达到扭亏为盈；管理层收购：帮助公司内部的管理人员或（与）外部的管理团队买下公司；杠杆收购：内部融资收购或第三方融资收购；资本结构重组：股东变更、以股权置换债权以及股东部分套现。

2. 创投资本声誉机制

创业投资声誉主要是基于其从业经验和存续时间、专业技能、掌握募集资金的规模以及创业投资机构既往业绩等凝聚而成。

在创业资本市场，创业企业尤其是高科技企业无信用历史，不能用自己的资产做抵押，也不能在公众面前披露更多的产品信息。所以，创投资本市场相对来说是一种信息极不对称的市场。正是由于专业化的创业投资机构出现，架起了投资者与创业企业家之间的桥梁，有效地降低了信息不对称带来的逆向选择和道德风险。声誉对创业投资家至关重要。首先，已进入市场的创业投资家要维护其良好的声誉。其次，声誉还可以起到行业进入的壁垒作用。从这种意义上讲，声誉是一种租金，它是对高声誉者的一种奖励。也正是在这种意义上，诺斯将声誉视为一种有价值的资产，认为声誉与制度一样减少了交易的不确定性，降低了交易成本。

冈珀斯（Gompers，1996）提出“声誉效应假说”。冈珀斯发现，相比成立时间较长的创业投资，年轻的创业投资会更急于让被投资企业上市，以尽快建立声誉、为新基金募集资金。因此创投的经验与声誉（成立年数、此前参与的 IPO 次数、管理的资金规模）与成立新基金所需时间、新基金所募集的资金正相关，而与企业 IPO 所需时间正相关、与 IPO 折价率负相关。创业投资在企业 IPO 后卖出其股份时，需权衡“继续管理、监督企业运作的成本”和“因其卖出而导致的股价下跌”，而出于自身声誉的考虑，创业投资仅卖出未被高估的股票，即不去利用市场的无效率。实证研究亦表明风险投资声誉与 IPO 折价率显著负相关。也有学者采用匹配样本比较有、无风险投资参与对 IPO 折价率的影响发现，有风险投资参与的 IPO 折价率显著高于无风险投资参与的 IPO 折价率；并且风险投资声誉与 IPO 折价率的交叉项、风险投资声誉与 IPO 规模的交叉项，都与新募集基金的规模显著负相关，说明新成立的风险投资能够通过向市场传递信号，获得更多，即提前敦促公司上市带来的收益（新募集基金规模更大）弥补了风险投资参与 IPO 高折价率所带来的成本。

在众多的市场参与者竞争的情况下，长期而言，声誉对创业投资的行为就有很大的约束力。郭建鸾的实证研究显示，成立时间较短的创业投资趋向于比成立时间较长的创业投资更重视建立声誉，因为这对组建新基金至关重要，为此，倾向于更快地将所投资的创业企业推荐公开上市，为自己争得声誉，继而组建新的合伙基金。

当声誉本身成为一种资产时，创业投资家就会更加努力工作以维护他们的声誉。创业投资家对自己的声誉越重视，其作为激励约束手段的作用越大。只要形成一个有效的创业投资家市场，创业投资家出于声誉方面考虑，总是倾向于选择对投资者效用最大化的行动，以获得市场对他的信任，期望管理更多的基金。声誉不仅提高创业投资家的工作效率而且便于创业投资家向投资者融资。高声誉的风险投资家（表现为经营年份更长的风险投资家）也往往比低声誉的投资者（表现为经营年份较短的风险投资家）能一次募集更大规模的基金，这也增大了声誉对于年份短的风险投资家的吸引力通过对比高声誉和低声誉的风险投资所支持的风险企业的不同业绩表现。声誉与长期业绩存在正向关系，声誉越高，长期业绩也越高。

3. 创投资本如何筛选企业——以深创投为例①

深圳市创新投资集团（简称深创投）于2002年10月正式成立，前身为1999年8月26日成立的深圳市创新科技投资有限公司。强大的股东背景汇聚超群的资本实力——42亿元人民币注册资本、高达100亿元人民币的可投资能力、管理着外部100亿元人民币的资本，造就中国资本规模最大、投资能力最强的本土创业投资机构。主要股东包括深圳市人民政府国有资产监督管理委员会、深圳市星河房地产开发有限公司、上海大众公用事业集团股份有限公司、福建七匹狼集团有限公司、深圳市立业集团有限公司、广东电力发展股份有限公司、深圳市亿鑫投资有限公司、深圳市福田投资发展公司等。

17年间接洽项目数万个，已投资项目664个，领域涉及IT、通信、新材料、生物医药、能源环保、化工、消费品、连锁、高端服务等，累计投资金额约228亿元人民币。

丰富的创业投资经验成就众多经典案例，境内外资本市场成功上市的企业包括潍柴动力、德宏股份、光力科技、中飞股份、万林股份、信息发展、爱迪尔、金一文化、合力泰、智美控股、百洋股份、太空板业、勤上光电、明泰铝业、拓尔思、好想你、明阳风电、洲明科技、东方日升、乐视网、郑煤机、欧菲光、兆驰股份、达实智能、多氟多、当升科技、世联地产、中科电气、鑫龙电器、齐心文具、海陆重工、福晶科技、特尔佳、同洲电子、中材科技、科陆电子、远望谷、怡亚通、A8音乐、丰泉环保、易居中国、三诺电子、网龙网络等109家企业。

纵观深创投诸多成功的案例，他们也总结了自身的投资理念以及筛选企业的标准，如下。

第一，讲求科学投资理念。在投资上大多以增值为目的，以退出为导向，以服务为手段，打造投资产业链和价值链。不仅为被投企业提供资金支持，更重要的是在内部管理、后续融资、政府资源、企业上市等方面提供个性化以及全方位的增值服务，帮助企业快速健康发展。通过与被投企业的共同努力，使企业的价值急剧增长，最终实现共赢效应。首选上市，为被投资企业选择全球最佳上市地，也寻求合理的产权或股权转让，乃至企业出售，并接受特定条件的股份回购。

第二，注重行业选择。主要选择国家重点扶持的行业，锁定投资领域和方向，目前来说主要是战略新兴产业所涉及的领域，还同时关注现代高端服务、物流、连锁等具有创新特质的领域。一般来说，创投只选择自己熟悉的行业或领域进行投资，对于不熟悉而又看好的行业，会招聘具有相关行业投资经验的投资人才来开展投资业务。

第三，把握投资阶段。主要针对创业企业所处的不同发展阶段进行组合投资，早、中、晚三个阶段三管齐下，悉心筛选高成长潜质项目。锁定IPO项目，并以重点扶持成长期、成熟期项目为主，能够在较短时间上市，实现增值退出；同时兼顾培育种子期项目，避免成熟期项目投资者过多而导致恶性竞争。

第四，确定刚性投资标准。遵循一定的投资标准：一是要有团结、稳健、高效的创业团队。行业内流行“宁投一流的团队，二流的项目；不投一流的项目，二流的团队”；二是项目所处行业属于国

① 李万寿. 创业投资政府引导基金的意义和深创投的实践［J］. 中国风险投资，2011（1）.

家政策鼓励支持的范围，且具有高成长性；三是项目技术水平要在国内领先或具有较高的行业准入技术门槛；四是商业模式要具有创新性；五是被投资企业必须是行业或子行业的前几名；六是项目单位没有法律障碍和不利于上市的硬伤。

第五，重视风险防控。注重风控管理，普遍将风控理念融入到企业文化当中，在完善和优化投资流程的基础上，建立健全风控体系，建立项目的层级筛选机制，内部考察结合外聘专家意见，坚持流程不动摇，依次对项目进行把关，把项目风险降到最低。将风控理念融入到企业文化之中，在完善和优化流程的基础上，推动建立以全面质量管理为核心的全员风控体系，并将风控体系纳入公司考核、激励机制中，使公司员工和企业的长期、短期利益高度一致，让每个员工都具备风险意识。项目一般要经过七级筛选：投资经理、投资部门、中介机构（财务、法律、投行）、风险控制部、部委会、投委会和董事会。

第六，加强激励约束。为降低项目投资风险，同时更好地激励和约束项目经理，一般要求项目经理对负责的投资项目进行“跟投”，即由个人拿出资金与公司共同投资，类似风险金，项目收益较好时获利，项目产生风险时对项目经理作为惩处。也允许公司其他员工进行跟投。深创投在企业内部实行“2 +8”奖励，即：项目净收益的2%奖励项目团队，公司年度净利润的8%奖励全体职工。

三、民营企业发展与并购市场

经过40年的改革发展，我国民营经济在国民经济中的作用越来越重要，民营企业的产生、成长和发展历程对我国建设社会主义市场经济具有重要意义。并购是现代企业快速成长与发展的重要途径，民营企业通过并购市场提升自身发展能力和外部竞争力正在成为一种流行趋势。近年来我国并购市场发展异常迅速，并购市场向国内并购、海外并购和外资并购等三个方向齐头并进迅猛推进。根据普华永道发布的数据，2011～2015年，中国企业并购交易数量和金额呈爆发式增长态势，交易数量由2011年的5538件增至2015年的9420件，累计增幅达70.1%；完成交易金额由2011年的220亿美元增至2015年的7337亿美元，累计增长了2.3倍。2015年，中国并购市场异常火爆，全年完成交易9420件，比上年增长了37%，交易金额上升了84%达到7337亿美元，创下历史最高水平。①

在当前经济环境下对民营企业并购行为的研究具有重要意义，本部分主要研究民营企业在并购过程中需要处理的几个主要问题，分别从民营企业的并购动机与模式、民营企业的并购融资、并购中的控制权问题以及民营企业的并购绩效等几个方面分析。我们希望通过本文的研究梳理我国民营企业在并购中所遇到的主要问题，加深对民营企业并购行为的理解，以有助于提升民营企业未来在并购市场中的绩效。

（一）民营企业的并购动机与模式

由于我国民营企业的特殊性，在不同的发展阶段进行的并购行为呈现出不同的并购动机，进而决定其并购模式。不同的并购动机和模式，对企业并购过程中的融资结构和风险，以及并购后的整合具有重要影响，所以下面我们将对我国民营企业近些年的并购动机和模式进行梳理。

1. 民营企业的并购动机

企业并购动机是企业并购研究的重要内容，西方学界早期主要从并购增加企业价值的角度

① 资料来源：普华永道：《2015年中国企业并购市场回顾与2016年展望》。

来研究该问题，形成了诸多解释并购动机的理论，如协同效应理论、市场控制力假说、效率理论、行业冲击假说、价值低估假说等。随着公司金融理论和企业并购市场的不断发展，随后学界还从外部股东与掌握企业控制权的职业经理人之间的利益冲突上解释企业并购动机，如代理理论等。

协同效应理论（Mulherin and Boone，2000）认为，企业并购主要主动在于并购能提高企业效率，主要体现在企业经营、财务和管理上的协同效应，企业通过并购实现规模效应、范围经济和公司治理结构的改善。金（Kim）和辛格尔（Singal，1993）提出的市场控制力假说认为，企业通过并购扩大企业规模，提高其市场控制力以实现垄断收益。协同效应理论和市场控制力假说为企业横向并购提供了理论解释。效率理论主要从交易费用节约的角度解释企业并购动机，威廉姆森（Williamson，1971）认为，通过纵向并购，企业能控制上下游、有效削弱机会主义、有限理性和不确定性对企业的影响，进而节约交易费用，提高交易效率。行业冲击假说（Mitchell and Mulherin，1996）认为，企业并购具有明显的行业聚集现象，为应对市场环境的不确定性，企业通过并购以提升其市场竞争力。价值低估假说建立在 Tobin（1969）Q 值理论基础之上的，认为企业并购主要是寻找证券市场上被低估的企业家，通过并购来提高企业收益。

企业并购的代理理论主要从公司股东与实际管理者之间利益不一致的角度分析企业并购动机，其核心在于企业经营的代理成本问题。该理论对企业并购动机的解释可以分为以下几个方面：一是曼纳（Manne，1965）认为，当目标公司有代理问题是，并购可以降低代理成本，他认为并购是一种控制代理问题的外部机制；二是马勒（Muller，1969）从管理主义出发，认为代理人的报酬决定于公司规模，因此代理人有动机通过并购使公司规模扩大以提高其报酬；三是罗尔（Roll，1986）提出了自大假说，认为企业决策者为增加企业资产，过于自大，过度估计了目标企业的未来价值而忽略了并购后可能的负的协同效应，而做出了并购决策。

我国理论界对企业并购动机的研究多延续西方经济学界的思路，由于我国经济的特殊性质，并购市场中存在国有企业、民营企业等多元并购主体，并面临着不同的并购环境，以至于我国民营企业在并购市场中具有一些特有动机。主要体现在以下几个方面。

第一，消融行业壁垒，拓展经营领域。我国经济改革的历史进程就是从计划经济向市场经济逐步转变，在传统的计划经济体制下，许多行业由于政策性原因把民营企业排除在外，民营企业在许多产业和行业方面遭遇到严重的歧视和政策壁垒。民营企业在发展过程中，随着自身实力的增强，实现企业继续发展和成长是民营企业内在发展的持续动力，通过并购途径来跨越壁垒进入相关产业和行业正成为一种正向激励。因此在民营企业的诸多并购活动中，通过并购规避行业壁垒占据很大比重。2015 年美亚光电对中粮工程、德润环境对重庆水务以及德玛信息对贵阳市第六人民医院的并购等案例都在某种程度上反映了该种并购动机。

第二，低价获得国有资产。由于国有企业的产权所有者虚置，在国企改革过程中，容易造成国有资产的低价出售。这也成为民营企业并购的一大动机。许多民营企业通过协商的方式在国有企业改革过程中并购被低估的国有资产，获得并购收益。如乐山东能集团并购犍为县电力集团的案例就是典型的低价获得国有资产的案例。1999 年，雅戈尔按照承担债务方式并购亏损的国有浙江光华纺织集团，当年就扭亏为盈，实现利润 320 万元。

第三，完善治理结构，建立现代企业制度。我国许多民营企业大多是家族式企业，在民营企业发展壮大到一定规模以后，原有的管理模式已成为企业继续发展的障碍，产权不清、治理结构混乱等问题会随着民营企业规模的不但发展而放大。通过并购途径建立现代企业、构建健全的法人治理机制，已成为越来越多民营企业并购的主要动机。

第四，获得品牌、技术等核心竞争力。我国民营企业的优势主要体现在成本上，而品牌、技术、市场渠道等是其最欠缺的，为在未来的竞争中占据优势地位，民营企业通过并购手段获得品牌、技术等获得竞争优势，已逐渐成为民营企业并购行为的重要目的。根据 Wind 数据库统计，2009 ~2013 年间我国并购市场共发生以获取技术为目标的并购事件 677 起，其中 2009 年 52 起，2013 年 243 起，短短 4 年，以技术为目标的并购案增长了 3 倍多。例如，海尔集团在发展过程中就是靠大量并购而实现多元化发展道路的，复兴实业在选择并购目标时关注的就是目标企业的财务、价值和团队的竞争力。2004 年联想电脑对 IBM 公司全球 PC 业务的收购、2008 年吉利控股集团对福特汽车旗下的沃尔沃轿车公司的全部股权完成收购，正体现了我国民营企业并购的这一动机。

第五，拓展融资渠道。由于我国民营企业在发展过程中的特殊性，民营企业的组织形式多为家族制和合伙制，一般具有规模较小、产权结构混乱等特征，这决定了其在我国资本市场中的弱势地位。我国民营企业在发展过程中随着融资需求的逐步提高，资金约束成为其发展的重要瓶颈，需要解决融资困难的问题。另外，我国商业银行在现有的风险管控模式和政策体制下，还无法满足民营企业的资金需求，而民间融资虽然在缓解民营企业的资金需求方面发挥了重要作用，但是在政策层面还有很长的路要走，短期内还无法充分解决民营企业的资金约束问题。随着我国资本市场的发展，通过并购的手段获得资本市场上股权融资资格、拓展其融资渠道、提升民营企业实力，已越来越成为民营企业并购的一大动力。借壳上市是我国民营企业并购的特有动机，目前中国 A 股市场中很多民营企业使用并购壳资源的方式实现上市融资。2015 年我国并购市场中，民营企业进行的大型借壳上市并购不断上演，A 股市场借壳上市并购事件有 77 件，其中绿地控股借壳金丰投资、分众传媒借壳七喜控股、申通快递借壳艾迪西、巨人网络借壳世纪游轮等 8 起并购案交易总金额均在 100 亿元以上。

2. 民营企业的并购模式

根据不同的划分标准，我国民营企业并购模式可以做如下分类。

按照并购双方所处行业的相关性，可以将并购模式划分为横向并购、纵向并购和混合并购三种方式：一是横向并购，是指市场中具有竞争关系的企业之间的并购关系，比如生产同种产品或替代性较强的产品的厂商之间的相互并购，其目的在于消除竞争，扩大并购企业的市场份额，增强市场势力以形成规模效应。如 2006 年国美对永乐的并购，加强了其渠道整合能力，放大了规模优势，提高了国美的行业地位。二是纵向并购，是指企业与其上下游企业之间的合并，以形成产品生产、销售和营销等环节的整合，形成纵向一体化企业，具体可分为前向一体化和后向一体化，并购后企业可以降低交易成本、增强市场垄断地位。如阿里巴巴 2005 年对雅虎中国的收购就属于该种模式。三是混合并购，是指既非竞争对手又非客户或供应商关系的企业之间的并购。一般来说混合并购是企业多元化发展的主要途径，根据企业的不同发展目的，混合并购具体可分为产品扩张并购、市场扩张并购、纯粹扩张并购，企业混合并购的主要目的是分散经营风险，实现多元化经营。如万达集团在并购市场中采用的就是混合并购模式，如 2015 年以来万达集团对澳大利亚 HOYTS、美国传奇影业（AMC）、瑞士盈方体育传媒集团等企业实施的并购活动。

按照并购前后并购主体法人地位的变化情况，可以将并购模式划分为收购控股、吸收合并和新设合并三种类型：一是收购控股，是指并购企业用现金、股票或者二者的混合去购买目标企业的权益和资产，以获得目标企业控制权的行为，收购控股的目标是获得目标公司的经营收益权，目标企业的法人地位并不随并购完成而消失。目前，我国民营企业并购活动中这种模式逐渐成为主流。二是吸收合并，是指一家企业将另一家企业完全合并，被并购企业的法人资格消失，而并购企业的法人资格继续保留，吸收合并以后，并购企业的规模会增大。如 2003 年 TCL 集团吸收合并 TCL 通讯，并购后 TCL 通讯法人不复存在，其资产并入 TCL 集团。三是新设合并，是指两家或两家以上的企业通过并购行为重新组合为一家新的企业，原来的企业法人资格消失，原有企业的资产和负债归新设立的企业所有。如2015年美团与大众点评的合并、滴滴打车与快滴的合并，2016年上半年，蘑菇街、美丽说和淘世界三家企业合并后成立新的企业美丽联合集团，均属于此种模式。

按照并购形式的不同，可以把并购模式划分为要约并购、协议并购两种类型：一是要约并购，是指并购企业向被并购企业的股东发出收购要约，按照公告的条件收购公司股票，获得企业控制权的并购方式，根据我国《证券法》规定，当收购方持有某企业总股份的30%时，如果要继续收购必须采用要约收购的方式，并向该企业所有股东发出公开收购要约。如2006年深圳茂业商厦有限公司对成都商场集团的收购就属于要约收购，雨润集团通过在二级市场持续举牌南京中商，最终成为其第一大股东。二是协议并购，是指收购方与被收购企业的控股股东直接协商，不通过二级证券市场直接达成股权收购协议，以实现企业控制权转移的一种收购方式。协议收购的基础是控股股东持股比例比较集中。目前，我国民营企业的大多受收购属于此种类型，1993～2004年间发生的A股市场并购案中，协议收购比例高达99.6%。

（二）民营企业的并购融资

随着我国并购市场的不断发展，企业并购交易的数量和金额不断增长，为完成并购交易，企业需要筹集大量的并购资金。表8－3显示，2015年我国并购市场中完成交易总额达7337亿美元，同比增长84%，其中单笔交易金额在10亿美元的并购事件超过114件。图8－15反映的是近五年我国并购市场中的完成的交易数量和金额变化趋势。当前，我国企业在并购市场中所支付的交易金额呈逐年增多趋势，如何筹集如此大规模的资金是决定企业并购成败的关键因素。在企业并购融资的过程中，如何筹划融资模式、管控融资风险是企业并购融资的核心问题。

表8－3　2011～2015年我国并购融资市场的发展状况

项目	2011年		2012年		2013年		2014年		2015年	
	数量（件）	金额（10亿美元）	数量（件）	金额（10亿美元）	数量（件）	金额（10亿美元）	数量（件）	金额（10亿美元）	数量（件）	金额（10亿美元）
战略投资者										
国内	3262	118	2667	88.2	2704	145.8	4180	238	4819	445.3
国外	482	17.3	286	9.1	275	14.9	354	23.4	318	14.3
财务投资者										
私募股权基金交易	529	45.4	358	45.4	392	35.4	593	71.5	1062	192.1
风险投资基金交易	903	1.8	486	1	738	0.8	1334	1.3	2735	4.4
合计	1432	47.3	844	46.4	1130	36.3	1927	72.9	3797	196.5
中国企业海外并购										
国有企业	40	23.1	41	38	57	38.5	78	27.4	80	29.1
民营企业	139	6	124	10.6	118	11.1	145	14.3	207	22.2
财务投资者	27	13.3	26	11.9	25	1.1	49	14	95	16.1
合计	206	42.5	191	60.3	200	50.6	272	55.7	382	67.4
香港企业	183	8.3	166	12.8	164	9.4	214	21.8	199	26.3
总计	5538	220	4128	204.9	4448	255.9	6898	397.8	9420	733.7

资料来源：普华永道：《2015年中国企业并购市场回顾与2016年展望》。

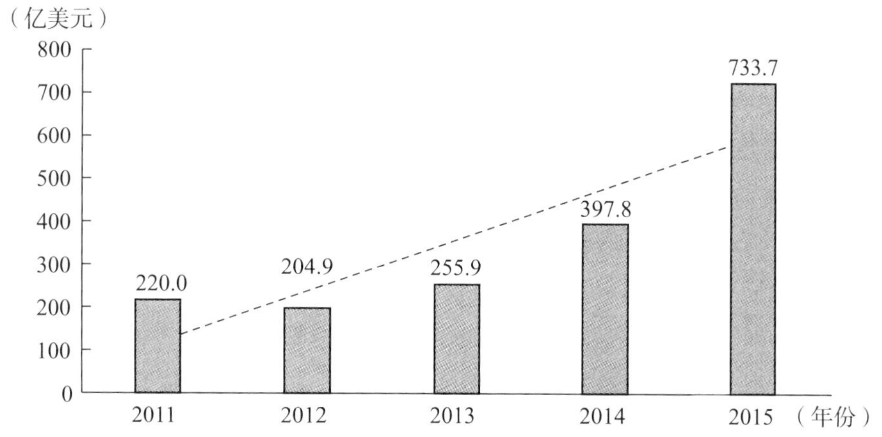

图8－15　2011～2015年我国并购市场交易金额

资料来源：普华永道：《2015年中国企业并购市场回顾与2016年展望》。

1. 并购融资模式

并购融资是决定企业并购成败的关键因素，企业在进行并购融资时一般会优先考虑融资成本，并结合企业自身实际情况选择不同融资方式组合。企业并购的资金来源可以是企业内部留存资金，也可以是债券和权益融资手段带来的外部资金，当然还可能使用认股权证、可转换债券等混合融资手段。根据资金的不同来源，我们把企业并购融资分为内源性融资、外源性融资和混合融资三种模式。

第一，内源性融资，是指企业将其在长期发展经营中积累的可自主支配的资源转化为并购资本的过程，主要包括：经营留存收益、自有资本、折旧以及未使用未分配的各种专项基金。内源性融资一般利用的是企业的自有资金，不需要支付股利或利息，融资成本较低。由于内源性融资具有自主性、低成本性等特点，企业在选择融资渠道时往往会优先考虑内源性融资。对企业而言，这种融资方式使用方便、财务风险较小，也不会有稀释控制权的风险。这种融资方式在我国民营企业并购的早期阶段占据重要的地位，当前，随着民营企业并购规模的扩大，融资需求亦水涨船高，内源性融资一般不足以满足并购的需求，只占民营企业并购融资总额的很少一部分。

第二，外源性融资。外源性融资包括债券融资和权益融资两种模式，并各有其特点。

债务融资是按照约定的价格和用途向外借债进行融资的一种方式，主要包括借款融资和发行债券融资两种方式。借款融资的对象主要是商业银行等金融机构，在我国资本市场不成熟的背景下，是我国民营企业并购的重要融资方式。借款融资一般融资过程简单，可以快速筹集所需大量资金，但是银行在贷款时往往要求企业提供资产质押或抵押，在日后的经营过程中受到的约束较多。债券融资是企业在相关规定的约束下，通过发行承诺在一定期限内还本付息的有价证券进行融资，该有价证券一般包括：抵押债券、信用债券和垃圾债券等。债券融资有助于企业调整资本结构，并且不会稀释企业股东权益，有利于保障企业控制权稳定，同时，由于债券利息是固定的，且具有抵税功能，有利于企业控制融资成本。但一般债券融资受发行程序、债券期限等约束，难以满足企业并购的资金需求。由于我国对企业发行债券的法律限制较多，我国民营企业通过发行债券进行并购融资的案例较少。

权益融资主要指并购企业通过向其他投资者出售所有权的方式交换资金，主要通过发行股票的方式进行融资。由于权益融资不是债务，不需要偿还，企业可以长期使用并能保障企业的最低资金需求。但是通过权益融资，企业的股权结构发生变动，容易稀释企业的控制权。由于我国对发行股票的种种限制，股权融资在我国资本市场中所发挥的作用还远远没有得到释放。在我国民营上市企业在并购过程中所能采取的融资方式可分为两种：一是并购企业在股票市场发行新股或向原股东配售新股；二是以换股方式实现收购。

第三，混合融资，是指混合了多种融资方式的融资工具。企业在进行融资时往往会组合多种融资方式，以达到优化融资渠道、丰富融资方式、降低融资成本的目的，是我国企业的主要并购融资方式。在资本市场上，可转换证券和认股权证企业进行并购融资常用的两种工具。可转换证券可分为可转换债券和可转换优先股，它可以让持有人在任何时候以规定的价格和比例自由转化为普通股和优先股，这种融资工具兼有债券和股权的特点，因此利率一般不高，能有效降低企业的融资成本。对企业而言，可以通过灵活的手段设计出报酬率和转换溢价不同的可转换债券，投资者一般会长期持有，便于企业获得长期资本。但是如果股票价格变化较大时，发行这种可转换债券可能会损害公司股东的利益，企业控制权可能被稀释。认股权证一般随债券发行，是企业给予债券购买者的一种优惠，它让持有人可以选择在合适的时候按照特定的价格购买企业一定的普通股。认股权证可在企业出现信用危机或财务紧张时发行，可以有效降低企业的融资成本。另外杠杆收购也是企业可选择的一种融资渠道，它可以使经营好的小企业并购效益下滑的大企业，但是这种并购方式后期的财务风险较大，在我国还没有民营企业使用过这种并购融资方式。

随着并购市场的发展，单笔并购金额逐渐增大，企业在不可能依靠单一融资渠道获得所需并购资金，在现实的案例中企业往往通过多种融资渠道和模式搭配，统共筹措并购资金。以吉利并购案为例，① 2010 年吉利控股与美国福特汽车公司达成收购协议，吉利以 15 亿美元的价格完成对沃尔沃汽车公司 100% 股权的收购。吉利集团通过 2 亿美元票据和 13 亿美元完成了这笔并购资金的支付。在这笔资金中，只有少部分为自有资金，大部分为外源融资，既有权益融资又有债券融资，另外还运用了卖方融资的特殊手段。吉利集团的并购融资结构如下：内源融资为吉利自有资金 41 亿元人民币，外源融资共约 68 亿元人民币，其中中国建设银行伦敦支行提供约 14 亿元人民币低息贷款作为债务融资，由大庆国资委提供 30 亿元人民币和上海国资委提供 10 亿元人民币共 40 亿元人民币的权益融资，另外福特公司提供约 14 亿元人民币的特殊融资，吉利集团在完成融资后，又向欧洲投资银行、瑞典银行和中国家开发银行取得了约 105 亿元人民币的后续运营融资。

2. 并购融资风险

企业在选择合适的融资模式筹集并购资金时，需要充分考虑融资的风险问题，对并购融资风险的识别和控制是尤为重要。对企业并购融资风险的管控需要充分考虑企业融资过程中的信息状况、融资机构、支付方式、现金流以及汇率波动等因素，进行综合考量。我们根据企业在并购过程中的资金使用情况，把企业并购融资风险划分为融资安排风险、融资结构风险、融资使用风险和融资权益风险。企业在并购融资过程中需要充分考虑以上融资风险，做好风险的筹划以降低并购失败的可能。

第一，融资安排风险。融资安排是企业并购规划中的重要一环，在整个并购环节中处于非常重要的地位。企业并购可以使用自有资金完成，也可以通过增加债务、发行股票等手段筹集并购资金。当企业以自有资金进行并购时虽然可以降低财务风险，但也可能产生巨大的机会成本，因为抽调企业自有资金进行并购时，往往会造成企业正常运营困难，当企业面临的不确定性增加时，企业可能会发生运营风险。企业并购融资出需要考虑资金的来源问题，还需要考虑并购资金的时间安排，如果并购融资安排不当或衔接失当，也可能会产生并购融资风险。并购融资超前会增加企业的资金成本，融资滞后则可能耽误整个并购计划的顺利实施，甚至造成企业并购计划的流产。

第二，融资结构风险。纵观并购市场，企业的并购融资需求日益旺盛，再难通过单一的融资模式筹集资金，多渠道融资往往是并购企业的现实选择，选择不同的融资模式会产生不同的融资结构，所以企业并购还面临着融资结构风险。企业融资结构风险主要由企业融资过程中对资本结构的影响产生的，主要变现为资本结构的债务资本与股权资本的比例，以及债务资本中的长期债务和短期债务的比例等。企业并购融资的不同安排会对并购的后续进行以及并购后的整合和后续经营影响重大。企业在

① 资料来源：《吉利汽车控股公司 2011 年年报》和投资界网站。

发展过程中，会面临诸多不确定因素，也存在一些新的发展机会，当企业在未来需要资金支持时，企业先前的融资结构安排会影响其后续融资，一旦企业融资发展不顺利，将会增加企业的机会成本，会产生新的融资风险。

第三，融资使用风险。企业在并购过程中发生的费用主要包括以下三类：并购价格、并购费用和支付增量投入。其中并购价格是支付给目标企业股东的买价，并购费用是为保障并购完成所需要支付的各种交易费用和中介费用，增强投入主要是并购成功后，并购企业的整合费用，包括为启动目标企业的存量资源、发挥并购优势而需要支付的启动资金，输出管理、技术、品牌等整合手段以及其他配套投入。在企业并购资金的使用安排上，企业首先需要支付并购费用，其次是需要支付给并购目标股东的买价，最后是并购整合的增量支出。在企业并购资金的使用上，需要在时间和空间上对资金作出合理安排和分配，如果并购资金在结构上安排不当会影响到企业的并购效果。

第四，融资权益风险。企业在并购融资模式的选择中，由于权益融资不受偿付时间的限制，降低了企业融资的资本风险，企业可以通过发行股票迅速筹集到大量资金，往往被大多数企业所选择。但是通过发行股票进行融资会给企业带来一定的风险。一是股票的发行容易影响企业的投票权，发行太多普通股容易分散企业的控制权，致使企业成为被并购目标，引起企业控制权的转移；二是过多的权益融资使企业无法达到平均资本成本的最优化结构，会增加企业融资成本；三是和债券融资相比，通过发行股票进行融资失去了资本的税前抵付优势；四是当企业未来盈余激增时，对外发行新股使新老股东享有同样的权利，容易使新股东坐享其成；五是企业发行普通股的审查成本较高，定价和债券相比通常较低，同时承销费用较高，增加了企业融资成本。

在我国民营企业并购过程中，由于对融资风险的认识和防范不到位，融资失败造成的案例俯拾皆是，如炎黄传媒的失败就是一个典型的案例。① 创立于2004 年的炎黄传媒，在创业之初发展迅猛，于2006 年获得软银赛富 500 万美元第一轮投资，2007 年获得 3500 万美元的第二轮投资，在获得两轮投资后。炎黄传媒利用融资在全国开始了并购扩展的抢跑之路。炎黄传媒并购了许多地方性媒体公司，甚至不惜高价抢夺资源，截至2007 年底，炎黄传媒在全国共有 32800 块液晶屏。但是炎黄传媒创始人由于缺少对融资风险的把控，并与投资人签署了对赌协议，这为企业以后的衰落埋下了伏笔。2008 年金融危机爆发，资本市场遭遇寒冬，炎黄传媒的 4000 万美元融资消耗已空，同时由于缺乏对并购企业的整合，收入增长乏力，对赌失败，投资人分众传媒停止了与炎黄传媒合作，同时炎黄传媒创始人拒不执行与投资人之间的对赌协议，最终导致炎黄传媒收入急剧下滑，人员大量流失，企业经营停滞不前。

（三）并购中的控制权问题

企业并购的核心问题是围绕企业控制权展开的，在并购市场中，并购双方围绕企业控制权进行博弈，最终实现控制权的转移。下面我们将从企业控制溢价、企业控制权度量以及控制权争夺等方面进行论述。

1. 控制权溢价

企业并购的核心问题是获得目标企业的控制权，其控制权溢价是并购双方关注的关键问题。在现实的企业治理中，控制权是一种对企业资产具有排他性使用的权力，即对企业资源的充分利用、对日常经营活动进行决策的权力，在企业具体运营中，控制权包括对企业主要管理人员的任免权、对企业重要经营活动的决策权和监督权。而我国民营企业的普遍治理结构是所有者和经营者的统一，所以我国民营企业的控制权一般掌握在其所有者手中。

在并购实践中，为获取企业控制权所付出的高于非控股股份的部分就是通常所谓的控制权溢价。

① 资料来源：投资界网站和清科网站相关分析报道。

若并购目标企业为上市公司，控制权溢价就表现为收购有控制权股东的股份必须高于少量股权交易的每股价格。通常学界把这种控制权溢价看作新控股股东对原控股股东放弃控制权的一种补偿。

一般认为控制权溢价的存在是基于以下两点之上的：一是并购后新的管理层带来的公司价值的增长；二是获得企业控制权后的私人收益。关于控制权溢价来源的研究主要有五个理论：协同效应、抱负驱使论、剥削公司股东论、剥削利益相关者论，以及剥削目标公司雇员理论。协同效应理论认为控制权溢价来源于并购后企业价值的提升，而企业的这种价值提升来源于并购后各种协同效应为企业带来的价值。抱负驱使理论认为，人们具有控制更大公司的抱负，受此驱使会为了获得并购企业的控制权而支付溢价，通常把这种溢价看作为获得心理满足而支付的成本。后面三种理论在对待控制权溢价问题上，其观点的本质是相同，即都认为控制权溢价来源于剥削，其区别是剥削的对象不同，包括公司的股东、公司的利益相关者以及目标公司的雇员。在企业并购过程中，控制权溢价是围绕控制权的交易而产生的，一般可以把控制权溢价分为公共利益和私人利益，前面两种理论可以被视为控制权溢价的公共利益解释，认为其来源于并购后企业价值的增加，后面三种理论可以被认为是对私人利益的解释。

控制权溢价在我国民营企业并购过程中广泛存在，它既可以看作为获得其他企业控制权所必须支付的代价，也可以看作转让企业控制权所获得的收益。相关研究表明，民营企业并购过程中的控制权溢价水平普遍高于其他，而且正相关于企业规模和控制权人对企业的控制力。

我们以 CSMAR 中国民营企业上市数据库为依据，选取我国 A 股上市民营企业在 2010 ~ 2015 年间的 8892 个面板数据，分析结果如图 8 - 16 所示，企业每股净资产呈上升趋势。

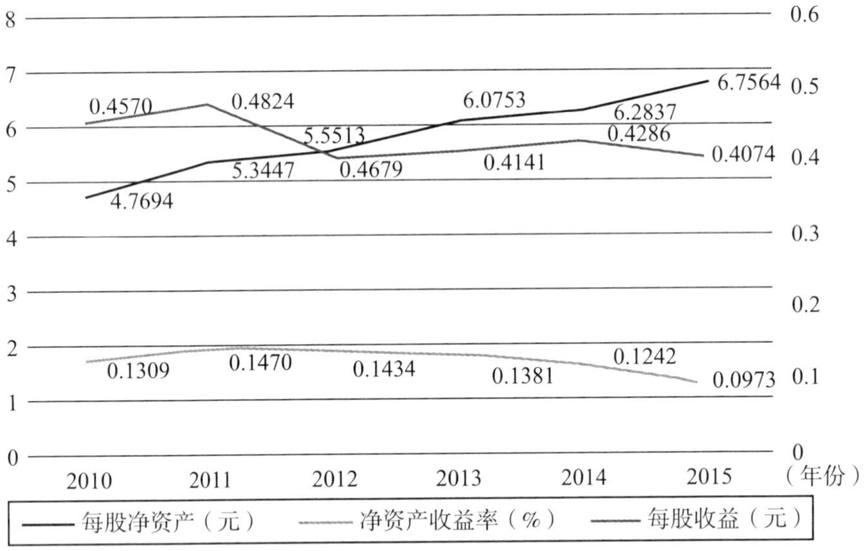

图 8 - 16　2010 ~ 2015 年间我国 A 股上市民营企业主要财务指标

资料来源：CSMAR 数据库。

2. 控制权度量

在并购市场中，控制权转移是企业并购的实质，并购企业在获得在目标企业控制权的过程中需要支付控制权溢价，而企业控制权溢价显著正相关于控制权所有者对企业的控制力。企业家是否能真正控制企业？如何度量企业的控制权？这是我国民营企业治理中的重要问题。

控制权作为对企业业务经营和决策的主导权力，可以通过企业内部的管理机制来进行，也可以通过母子公司之间的控股关系实现，也可以通过相互持股来进行。企业的所有权并不等于企业的控制权，企业的所有权是剩余索取权和控制权值之和。由于控制权的性质，近来的诸多研究认为，企业的所有权和控制权是一种非对称关系，所有权是控制权的基础，但并非是获得控制权的唯一途径，企业的所有权表现的是企业的股权结构，一般认为企业的控股权总是小于控制权，如单个股东只要拥有51%的控股权就可以对公司拥有100%的控制权。对企业而言，控制权大小不但决定于大股东拥有的股权数量，还决定于其他股东的股权结构比例。例如，若某企业最大股东拥有20%的股权，若其他股权特别分散，那么这个股东就对该企业具有有效地控制权。同样，若其他另有四个股东，每个股东同样拥有20%的股权，那么如要实现有效控制权，至少需要三位股东联合。

现实中，控制权不仅取决于公司的股权结构，还与公司的决策机制有关。对于股份有限公司，董事会由股东会投票选举，并对股东会负责、执行股东会的决议，董事会负责日常的经营决策。所以控制权既体现在最大股东对公司日常决策和公司行动的有效控制上，更重要地应体现在其对股东大会投票结果的有效控制。从根本上说，某股东对股东会投票结构的控制力就是企业控制权的最终体现。

所以企业控制权是由企业的控股结构和决策机制共同作用的结果，我们把企业控制权的大小称为对企业的控制度。根绝张小茜、汪炜（2008）的研究结果，随着企业第一大股东持股比例增加，控制权人对企业的控制度增加，企业的持股结构、各股东的意见、决议机制等都是影响控制权大小的重要因素，持股比例较低的大股东也可以通过一定的决议机制设计、收集其他股东投票权等方式，调整其他股东出席会议并支持其他意见的概率等方式获得对企业较高的控制度。

我国民营企业的控制权水平对其在并购市场中的表现具有重大影响，我国民营企业独特的股权结构对其控制权产生重要影响。我国民营企业股权结构具有集中度高、制衡度低的特点，控制权实现方式包括直接持股、金字塔控制、交叉持股和多重持股。余澳（2010）认为，我国民营上市企业第一大股东的持股比例虽然与国外上市公司相比较高，但仍然低于国有企业。同时和国外企业相比，我国民营企业第二大股东和第一大股东所有权差距更大。通过研究，我们发现我国民营企业控制权具有如下特征：一是所有权和控制权高度分离，我国民营企业最终控制权人所有权偏低而控制权偏高，二者分离度较高，根据郎咸平等（2000）测算，我国民营企业上市公司最终控制人所有权均值仅为25.19%，而控制权却达到34.40%；二是主要以小股东控制为主，许多民营上市企业的实际控制人并没有直接持有上市公司的股票，而是通过其他形式实现对上市公司的控制；三是控制权具有金字塔结构特征，我国民营企业的控制权主要以间接控制为主，企业终极控制者通过金字塔股权结构实现对企业的控制。

我国民营企业的股权结构和控制权结构导致了我国民营企业权力配置的失衡。民营企业控制权的高度集中造成了企业内部治理权力与责任、风险的严重不对等，造成企业内部治理结构失衡。另外我国民营企业的控制权结构容易导致企业内部人控制，企业治理效果弱化，以及容易伤害中小股东权利等问题。

我们选取2015年底我国沪深A股民营上市公司为研究对象，以CSMAR中国民营企业上市数据库为依据，剔除ST上市公司后，最终获取1740家民营上市公司为样本进行分析。如表8-4所示，从终级控制人股东控制方式看，我国民营上市公司主要采用直接控制、金字塔式、多重持股等方式来对上市公司进行有效控制；如表8-5所示，从终极控制人类型来看，目前我国民营上市公司主要以自然人和家族控制为主，其中国家控股在民营企业上至公司中占有一定比例。

表8-4　2015年我国A股上市民营企业终极控制人控制方式分布情况

控制方式	数量（家）	占比（%）
直接控制	607	34.89
金字塔式	562	32.30
多重持股	528	30.34
其他	43	2.47
总计	1740	100.00

资料来源：CSMAR数据库。

表 8 - 5　　2015 年我国 A 股上市民营企业终极控制人分布情况

终极控制人类型	数量（家）	占比（%）
自然人或家族	1617	92. 93
国家控股	68	3. 91
公众持股	16	0. 92
集体、外商和港澳台	6	0. 34
其他	33	1. 90
总计	1740	100. 00

资料来源：CSMAR 数据库。

3. 控制权争夺与法律救济

企业并购的实质是实现控制权的转移，由于在并购过程中新的投资者的介入，考虑到并购后企业价值的变化情况，新旧大股东、其他中小股东和管理层等围绕企业控制权的争夺时有发生。控制权争夺是指企业外部人员和内部不同利益阶层之间为获取企业控制权而采用的各种的竞争战略和行动，在并购中，它包括发起方的主动争夺和目标方的反争夺。在控制权市场上，发起方主动争夺的方式包括并购和代理权竞争，目标方进行反争夺的方式有毒丸计划、焦土政策等。各方对企业控制权的争夺除了直接控制企业并其运营，还包括攫取企业经营管理权、决策权等。

企业控制权的争夺会对企业价值产生重要影响。从积极方面看，控制权争夺能提高投资者的财富，因为企业实际控制者往往能控制董事会，打破董事会、监事会以及管理层之间的制衡关系，导致大股东侵害企业以及中小股东的利益，而控制权的争夺能抑制大股东攫取私人收益的境况。另外各方围绕控制权的争夺，不管能否实现控制权转移都能提高企业的监督管理水平，有效遏制控制权私人收益。从消极方面看，控制权竞争可能不利于企业的正常经营和发展，导致企业股价震荡起伏，并使控股股东面临控制地位被削弱的风险。另外，由于当前关于控制权的立法不完善，控制权的争夺不利于规范控制权的转移，企业并购过程的负面效应日趋显著，不利于规范企业控制权的争夺，伤害中小股东对企业的信心，造成企业价值受损。对我国民营企业而言，投资者与企业创始股东之间的控制权争夺，往往会导致创始人离职以及企业市场价值的下滑，而投资者绝对控股、目标短期化，以及不规范的企业制度等会阻碍创始人与投资者的长期合作。企业管理层的变化会影响企业战略决策的连续性，在一定时期内可能会影响企业的经营业绩。

近年来，我国民营企业频发关于企业控制权争夺的事件，如国美控制权争夺、雷士照明控制权争夺以及阿里巴巴的控制权争夺等事件，表明我国民营企业中的控制权争夺问题越发凸显。2015 年至今，宝能与万科之间的控制权之争持续发酵，各利益相关方围绕万科的控制权进行博弈。① 整个事件始于 2015 年宝能出手，8 月 4 日宝能一致行动人共持有万科 15. 04% 的股份，成为万科的第一大股东，其后各方增持万科股票，围绕万科控制权大战开始，截至 12 月，宝能共持有万科 24. 29% 的股票。12 月 18 日万科 A 股宣布停牌。2016 年 3 月 13 日万科发布公告要以新发行的方式收购深圳地铁资产，遭到华润和宝能的一致反对。同时宝能提出召开董事会，罢免王石、郁亮等重要董事。回顾整个万科控制权之争，其根源在于万科股权的结构性缺陷。万科股权高度分散，并没有一个真正有约束力的控股股东。万科一直存在管理层、股东和董事会之间信息交流的不畅。从今天资本市场的发展看，这种股权结构显然已经落伍。从理论上说，董事长领导董事会对股东负责，管理层对董事会负责。实际上股权分散的公司都容易有一个毛病，那就是管理层控制了董事会，导致了掌权者为自己谋利，比如获取高额报酬。直到现在，王石在万科的股份少到几乎可以忽略不计，而从治理公司的董事

① 资料来源：万科集团官方网站和清科网站相关报道。

会结构看来，他代表的是管理层的利益。王石自认为他为万科做出的最大贡献是建立制度、团队和品牌，并从一堆多元化的方向中选择了房地产，正如他所说，他所做的一切正是为了让公司摆脱一个人控制。而王石的角色确实尴尬，职业经理人是要负责实际管理和公司运营的，而王石再也没有新的贡献了，这也影响他在这场控制权争夺大战中的发挥。而宝能正希望通过获得大股东地位进而入住董事会，用宝能自己的话说它入主万科是“要健全更完善的管理组织架构”。在这场波折不断的斗争中，最弱势的仍然是万科的中小股东。当所有底牌摊开，筹码尽出，最终问题才将揭晓答案。问题还在持续，宝万之争集中反映了我国民营企业在并购市场中的控制权问题。

虽然企业控制权争夺的最主要主体是原控制方和新控制方，但是企业本身、中小股东、企业债权人和地方政府等相关者的利益都会受到影响。对企业的原控制方而言在应对控制权争夺时，寻找合适的应对措施至关重要，其中法律救济是最常用的抵御控制权争夺的手段。企业原控制人寻求法律救济的第一步往往是请求法院禁止并购企业继续恶意收购，此时并购方为继续并购需要充分证明自己并购行为是合法的。在此期间，目标企业能为自己争取时间，采取有效措施抵御其被进一步收购。在我国当前的法律环境下，目标企业的起诉理由一般有如下几条：一是公司被收购后会引起行业垄断；二是并购方在并购过程中信息披露不充分、不及时；三是收购方的主体资格、收购程序、资金来源以及经营过程存在违规之处等。

（四）民营企业的并购绩效

在并购市场中，不管企业的并购动机如何，最后判断一个企业并购成功的标准在于企业并购后的绩效是否提高。我们主要从并购企业的财务和股权溢价角度对企业并购绩效进行分析，并分别从不同并购动机、融资方式、控制权结构和并购整合等方面对企业并购绩效的影响进行论述。

1. 民营企业并购绩效的度量

并购绩效是企业并购的主要目的，是衡量企业并购成败的关键因素，在这里我们仅仅考虑并购对并购企业的绩效影响。学界对并购绩效的评价方法是建立在企业财务数据和股价基础上的收益评估方法。事件研究法认为企业股票价格的波动可以反映出企业活动的影响，这种影响一般通过非正常收益来体现。使用该方法对企业并购绩效进行研究时，把企业并购活动当作单个事件，同时确定一个时间反映周期来考察并购活动对企业股票价格的影响，其中反应周期的选择在评价企业并购绩效中极为关键，若周期过短，则很难得到真实的结果；若周期过长，得到的结果难以排除其他因素的影响。在事件分析方法中，企业股东能否从企业并购行为获利是评价企业并购绩效的焦点，结论主要有正收益、微弱正收益以及负收益，根据有关研究得出，企业的经营业绩并没有因为企业的并购行为而得到系统性提高。

财务指标通常被用于评价企业并购的中长期绩效，该方法基于并购企业所公开的财务数据和财务报表，对企业绩效进行综合运算，并对企业的相关指教进行纵向和横向比较，以便清晰地得出并购活动对企业绩效的影响情况。现有的诸多研究表明，企业的并购行为仅仅改善了资产管理，效率并没有得到提升。另外还存在其他评估企业并购绩效的方法，比如对不同企业并购时段股东收益的衡量等。

国内对民营企业并购绩效的研究主要是在以上两个方法基础上进行的，通过事件研究法，对并购企业而言，并购绩效显著为正与显著为负的比例分配基本一致，并购活动中，被并购企业的并购绩效大多数都为正。朱滔（2006）通过对我国上市公司 1989 ~ 2002 年间发生的 1415 起并购事件的分析，得出结论：目标企业在短期内获得了 12.1% 的收益，并购企业在短期内获得了 1.2% 的收益，长期来看并购企业股东的财富损失较大。通过财务指标的分析，我国学者发现，总体而言并购绩效呈上升的态势。具体而言，上市公司并购当年绩效有较大提高，随后绩效下降甚至抵消了之前的绩效提高，并购并没有实质性提高并购企业的经营绩效。曾辉和李晶晶（2016）通过选取 2002～2012 年间我国民营上市公司跨国并购的财务数据进行分析，认为我国上市民营企业的并购绩效具有 N 字形结构，其具体结论如表 8－6 所示。

表 8－6　企业并购前后隔年财务指标变情况

单位：%

项目	企业的获利能力	股东的获利能力	企业的短期偿债能力
前一年	5.11	89.88	5.01
并购当年	95.59	17.52	－13.11
第一年	167.51	－35.90	－31.64
第二年	23.25	14.02	62.72

资料来源：根据曾辉、李晶晶（2016）研究结果整理。

2. 并购绩效的影响因素

在并购市场中，影响企业并购绩效的因素是复杂的，通过研究分析，我们认为影响企业并购绩效的最主要因素是以下集中，分别是并购动机、融资方式、控制权结构、并购整合。

第一，并购动机。虽然企业并购动机对企业并购绩效的影响是显著的，但由于外界很难完全理解企业的真正并购动机，所以关于并购动机对并购绩效的系统性影响的文献相对较少，现在的研究大多基于特定并购动机对并购绩效的影响展开的。根据贝尔科维奇（Berkovitch）和纳拉亚南（Narayanan，1993）的研究结论，不同并购动机中并购企业与总体并购绩效的关系见表 8－7。

表 8－7　并购动机与并购绩效的关系

并购动机	目标公司与总体短期绩效关系	目标公司与收购公司短期绩效关系
代理动机	负	负
协同动机	正	正
管理者过度自信假说	零	负

资料来源：根据贝尔科维奇和纳拉亚南（1993）研究结果整理。

并购动机还通过影响并购模式间接对企业并购绩效产生影响，因为不同的并购模式往往由并购动机决定的。研究发现相关并购所创造的价值比不相关要高，巩文群（2015）通过对 2007～2012 年间我国企业纵向并购数据的分析得出如下结论，产业间关联程度越强，上下游产业之间的纵向并购行为对中间产业纵向并购的正向影响越强。苏玉梅（2014）通过对 2010～2012 年企业并购样本研究发现不同的并购模式对企业并购绩效的影响有重大，从长期绩效检验结果看，横向并购最好，其次是混合并购，最后是纵向并购。不同并购模式在并购前后的超额报酬率如图 8－17 所示。

第二，融资方式。企业并购融资方式是对企业并购绩效的另一个重要影响因素，不同的融资方式代表着不同的交易成本和融资风险。由于我国资本市场存在的弱式有效和功能的锁定效应，翟进步等（2011）研究发现权益融资方式显著提升了收购企业的市场绩效和股东财富，而债务融资方式则降低了收购公司的市场绩效但没有损失股东的财富。进一步研究发现，选择权益融资方式的并购企业其未来财务绩效上升，而选择负债融资方式的公司其财务绩效下降。张自巧（2014）通过对 2008～2010 年我国 A 股市场中企业并购数据研究，认为企业内源融资能力对并购绩效具有正向影响。

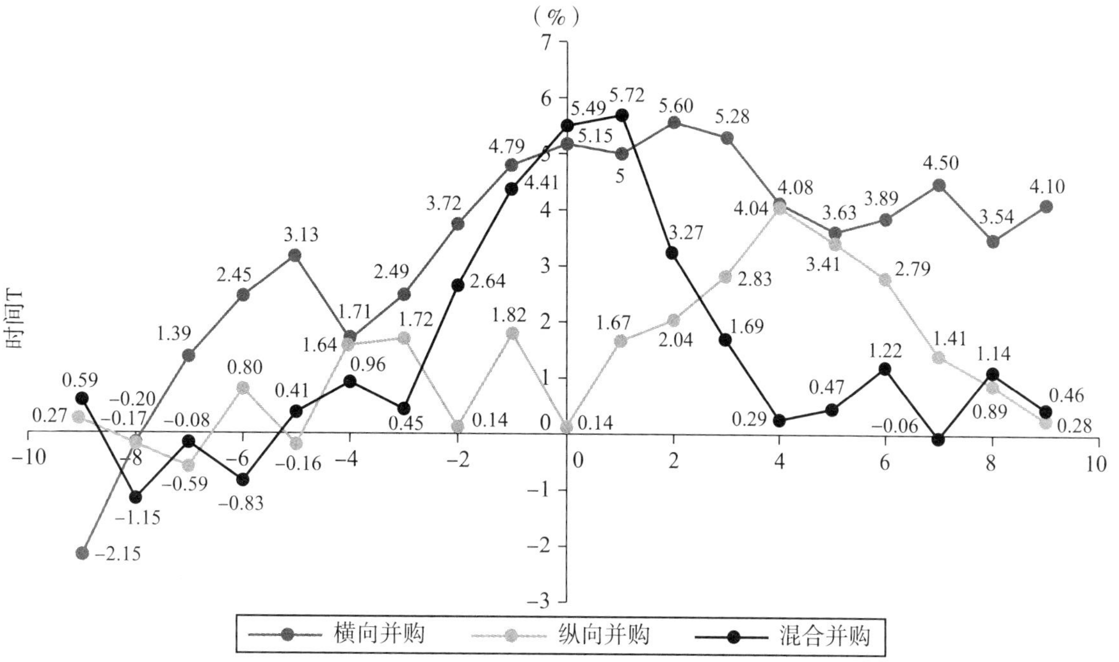

图 8－17　企业不同并购模式下累计超额报酬率趋势

资料来源：苏玉梅（2014）研究数据绘制而成。

第三，控制权结构。控制权结构状况对企业并购绩效具有重要影响。高管变更、收购方性质、大股东和高管持股比例等影响控制权结构的因素都会影响企业并购绩效。汪炜等（2015）通过对我国上市公司 2009～2013 年间发生的上市企业并购重组案例的研究，发现不同性质的终极控制权人对企业并购行为具有不同的影响。另外，发生并购的企业高管变更对企业并购行为的影响显著大于同期其他上市企业，唐建琼（2011）发现上市公司进行控制权交易当年，高管发生变动的比例高达 54%，这种变化有利于新大股东进行企业整合，同时企业高管受控制权市场的约束会更努力地工作。但石水平（2012）研究发现，虽然控制权转移后企业业绩在第一年会得到改善，但是这种改善仅仅是暂时的，长期来看高管变更与企业绩效呈负相关关系，总体看来控制权转移并没有提高企业业绩。高勇强等（2013）认为，单纯的控制权转移以及高管变化无法提高企业业绩。许多学者通过研究发现，企业控制权从国家直接控股机构转移到法人控股机构，或者民营企业做并购主体，均能提高公司的治理效率，并增加目标企业的长期收益。徐莉萍（2005）通过对 1996～2000 年间发生的 262 个企业并购案例的研究，发现私有化能更好地界定产权，对提高经营绩效具有更强的激励动机，当控制权转移给民营企业其并购绩效比转移给国有企业更显著。和国有企业相比，民营企业的并购绩效获得更显著的积极业绩，唐建琼（2011）认为，民营企业具有更强的动机去监管企业高管，能更好地解决股东与经营者的代理问题。王慧杰（2010）发现管理层是否持股以及股权的集中度的变化对企业并购绩效影响显著的正相关。

第四，并购整合。企业并购后的整合状况对企业并购绩效影响显著，研究发现整合是企业并购价值创造的来源，重视并购后的整合可以为企业带来绩效的长久提升。辛婷婷（2010）认为并购后的企业整合对企业并购交易的成败起到决定性作用，并购后企业资源整合程度越高越有利于企业价值的提升。刘睿智等（2014）通过研究得出类似结论，认为企业并购后的战略整合、管理整合、人力资源整合和文化整合能够明显改善并购企业的财务和市场业绩；但资产和债务整合仅仅改善企业的财务绩效，对市场绩效无显著影响。针对不同的情况，企业整合内容的选择对并购绩效的影响巨大，研究发现，对财务绩效影响最大的是战略整合，而文化整合对市场绩效的影响最大，其测算的并购整合内容与并购结果的相关分析结果如表 8－8 所示。

表 8－8　相关分析结果

变量	1	2	3	4	5	6	7
1. 战略整合	1.000	0.335	0.460	0.535	0.158	0.422	0.480
2. 企业文化整合		1.000	0.408	0.470	0.077	0.402	0.323
3. 人力资源整合			1.000	0.519	0.058	0.466	0.428
4. 资产以债务整合				1.000	0.234	0.438	0.496
5. 管理整合					1.000	0.245	-0.022
6. 财务绩效						1.000	0.365
7. 市场绩效							1.000

注：以上均为1%显著水平下的分析结果。
资料来源：刘睿智（2014）研究结果整理。

李善民等（2010）通过研究企业整合的程度和速度对并购绩效的影响发现，并购目标企业市场绩效的表现与并购企业市场整合和生产运作整合的程度、速度呈正相关关系，因此企业为提高并购绩效需要关注市场和生产运营整合。

四、资本市场助推民营经济发展：未来展望

民营经济的多元化特征决定了其融资结构的质异性，其发展客观上需要多层次资本市场的支撑。民营经济融资不仅要解决量的问题，同时要实现结构的优化。我国的银行信贷和主板市场难以成为解决民营经济融资问题的最佳出口，要满足民营经济的融资需求，必须优化资本市场结构，推进创业板市场创新，发展壮大企业债券市场，建立和规范场外股权交易市场等。

（一）中国资本市场的多层化

我国资本市场经过20多年的发展，已经初步形成了多层次化的资本市场结构，在股权交易市场方面，形成了主板、中小板、创业板、新三板、区域性股权交易市场和券商柜台交易市场五级层次。其中，主板由上交所和深交所的主板、深交所的中小板构成，深交所的创业板属于二板市场层次，新三板（全国中小企业股份转让系统）是三板层次，区域性股权交易市场是四板层次，尚处在试点阶段的券商柜台交易市场是五板层次，但是，总体而言各层间转板机制尚未建立，市场制度和法治保障还需要进一步完善。其中，主板和二板是交易所市场，新三板、四板、五板一起构成我国的场外市场，新三板是全国性的公募市场，四板和五板是区域性的私募市场；债券市场方面，目前已经形成了交易所债券市场、银行间债券市场和场外债券市场三个层次，债券产品丰富多样并仍在不断创新中；股权投资市场已分化出天使投资、创业投资（VC）及募股权投资（PE）层次；基金业也已经形成了一定的规模，出现了公募和私募的分野且目前私募基金正呈星星火燎原之势；衍生工具市场已经出现了上海期货交易所、郑州商品交易所、大连商品交易所、中国金融期货交易所和上海国际能源交易中心等多个市场；交易方式方面，适应各个市场不同的特点，采用竞价、做市商等多种交易方式。总之，我国资本市场也已经呈现了多层次的发展态势，并且随着经济发展和改革的深入推进，向着更深化、更完善的多层次演进。

从2010年的12%到2015年前三季度的20%，我国直接融资比重以每年1.6%的速度增长，显示出资本市场在近年来的大踏步发展，有力地支持了国民经济平稳发展和结构调整。具体来看，伴随改革开放深入推进，我国资本市场基础性制度建设不断完善，多层次市场体系逐步健全，机构投资者队

伍日益壮大，中介机构服务水平明显提升，市场创新活力得到激发，对外开放水平显著扩大，市场监管不断加强，资本市场在促进国民经济发展方式转变方面发挥了重要作用。尤其是在多层次资本市场建设方面，主板、中小企业板、创业板、新三板、区域性股权交易市场、柜台市场组成的多层次股权市场体系初步形成；债券市场、期货与衍生品市场发展迅速，市场层次日益丰富，市场覆盖面进一步增大，为不同规模、不同行业、处于不同发展阶段的企业提供融资渠道，有效支持了更多中小企业运用资本市场发展壮大，推动了创新创业活动和战略新兴产业发展，有效服务国民经济发展的需要。

1. 股票市场成绩斐然

在多层次资本市场中，股票市场资源配置功能显著增强。截至 2015 年 6 月，沪深两市上市公司共计 2797 家，其中主板公司 1550 家、中小板公司 767 家、创业板公司 480 家，总市值 62.7 万亿元，较 2010 年末的 26.5 万亿元增长了 136.4%，居全球第二位，仅次于美国股票市场。截至 2015 年 8 月，5 年内沪深两市共有 747 家公司完成首次公开发行并上市，累计融资额 5849.53 亿元；共有 1371 家企业完成再融资，筹集资金 2.47 万亿元；上市公司并购重组交易总金额为 4.6 万亿元。股票市场首发融资、再融资、并购重组活跃，对于盘活经济存量，带动增量，推动经济升级和经济结构转型，起到了关键的支撑作用。

2. 新三板市场突飞猛进

在多层次资本市场中，新三板取得了突破性的发展。截至 2015 年 8 月，新三板挂牌公司合计 3359 家，覆盖了境内 31 个省（自治区、直辖市）和 82 个行业门类。其中，民营企业占比 95%以上，高新技术企业占比 77%。挂牌公司总市值 1.41 万亿元，市场累计交易额为 1419.81 亿元。投资者账户合计 17.29 万户，其中，机构投资者 1.55 万户。2010 年来，新三板挂牌公司累计融资 780.67 亿元，并购重组交易总金额为 105.04 亿元。

新三板作为中国多层次资本市场的关键创新，为民营企业，特别是创新创业型企业的发展，提供了公平的资本平台。随着新三板制度供给的进一步完善以及中介机构的活跃，新三板将在未来支撑起中国资本市场的脊梁，成为中国最大的创新创业型企业资本集散地和最活跃的创投资本主战场。如 2015 年 12 月 7 日，新三板上的千年老二百合网宣布收购中概股上的行业龙头世纪佳缘，这是新三板公司收购中概公司第一例。在业务上，世纪佳缘秒杀百合网；但百合网在新三板，可以轻松融到 10 亿元以上人民币，而世纪佳缘在美股中概只有私有化一条路可走。于是在登陆新三板 6 天后，百合网向世纪佳缘伸出了橄榄枝。

3. 区域性股权市场蓬勃发展

在多层次资本市场中，区域性股权交易市场亦取得了很大成绩。截至 2015 年 6 月，全国已设立 34 家区域性股权交易市场，共有挂牌股份公司 2742 家，展示企业 3.02 万家，累计为企业实现各类融资 2818 亿元。证券公司柜台市场累计开立投资者账户 358.56 万个，共有 21 家柜台市场试点公司的 8692 只私募产品通过柜台市场发行，发行金额 6203.43 亿元，实现转让交易 1022 笔，转让金额 133.04 亿元。如齐鲁股权托管交易中心是依据国家“蓝黄”两大经济区发展战略的政策规定，于 2010 年 12 月正式建立的山东省非上市公司股权托管转让平台。这一平台通过组织开展非上市公司股权托管、挂牌交易，建立中小企业直接融资渠道，促进非上市公司规范运作，并通过不断地培育孵化，为更高层次资本市场输送优质上市后备资源，努力打造一个功能突出、辐射力强、具有投资价值的国内先进的区域性股权交易市场平台，为主板、中小板、创业板市场提供重要基础支撑。

4. 期货市场不断创新

期货市场作为资本市场的重要组成部门，近年来得到了快速发展，为服务实体经济平稳健康发展做出了重要贡献。市场监管层大力加快期货品种创新，原油期货市场建设取得重大进展，扎实推进农产品期权等上市研发工作。加快推进期货市场对外开放和场外衍生品市场建设，扩大期货保税交割试点。积极提升期货市场服务实体经济的能力，完善产业客户参与期货市场的税收、会计等制度保障，培育和发展期货市场机构投资者。截至 2015 年 6 月，我国期货市场共有 51 个品种，包括 46 个商品期货品种和 5 个金融期货品种。5 年内共上市了 27 个期货品种，包括 23 个商品期货品种和 4 个金融期货品种。我国期货市场成交总量达 87.6 亿张，成交金额 1221.8 万亿元，商品期货成交量连续位居世界前列。

期货产品是期货市场功能实现的载体，期货市场在品种建设方面取得了很大进展。首先，通过进一步开发包括股指期货、国债期货等在内的金融期货新品种，完善了金融期货的产品链，满足了金融机构风险管理精细化、多元化的需要，也使得国内期货市场由此进入了商品期货和金融期货协调发展的新阶段，保持了和国际期货市场发展的同步。其次，新开发上市了一些重点基础大宗商品期货，包括铁矿石、焦煤等，特别是原油期货的上市，使得国内商品期货市场服务对象的产业链更完善，为满足基础产业链的风险管理提供了有效的市场和工具。再次，研究和构建了包括期权、场外市场等在内的新工具、新市场的发展体系，有利于加强期货市场功能实现的手段和途径，为更多的企业参与期货市场实现风险管理的需求提供了更多的选择。最后，国内期货市场新品种的不断上市和功能的逐步发挥，在满足国内企业风险管理需求的同时，也为在国际上争取大宗商品的话语权提供了基础。

5. 债券市场动力强劲

作为债券市场重要组成部分，交易所债券市场在过去 5 年实现了快速发展。截至 2015 年 6 月，我国交易所市场各类债券托管面值 2.95 万亿元，分别较 2010 年末增长 370.57%。2010 ~ 2015 年，我国累计发行公司债券 1.94 万亿元，较上一个五年增长 447.12%；现券和回购交易额分别为 7.77 万亿元和 273.3 万亿元，较上一个五年分别增长 299.42% 和 1561.42%；累计发行资产证券化产品 81 只，发行金额 963.7 亿元，较上一个五年增长了 487.62%。

短期来看，2015 年，交易所公司债公开发行规模已逾 3700 亿元人民币，其中仅第三季度就高达 2334 亿元，几乎匹敌发行量最高的 2012 年度总额。发行规模爆发式放量的同时，一级市场中标利率屡创新低，二级市场收益率也一路下行，信用利差已缩窄至历史低位。

市场的发展离不开监管层的强力推动。证监会近年来持续大力推进债券市场建设，深化债券市场互联互通。积极开展资产证券化业务，推动信贷资产证券化产品在证券交易所上市交易，推进政策性金融债在交易所市场发行上市，为商业银行在交易所市场发行减记债补充资本提供制度支持。进一步完善债券发行体制，以信息披露为核心，强化市场信用约束。

近年来，交易所债券市场实现了高速发展，为服务实体经济发挥了重要作用。一方面，它优化了社会融资结构、降低了融资成本；另一方面，促进了近年来利率市场化的进展，也成为宏观调控的重要平台，支持了积极财政政策的实施。此外，为境外机构进入银行间债券市场，交易所市场也起到了一定作用。

6. 注册制改革增添活力

证券发行注册制是证券发行申请人依法将与证券发行有关的一切信息和资料公开，制成法律文件，送交主管机构审查，主管机构只负责审查发行申请人提供的信息和资料是否履行了信息披露义务的一种制度。2015 年底，国务院常务会议审议通过了授权国务院在实施股票发行注册制改革中调整适用《中华人民共和国证券法》有关规定的决定草案。2016 年 3 月 12 日，中国证券监督管理委员会主席刘士余表示，注册制是不可以单兵突进的，研究论证需要相当长的一个过程。虽然这意味着股票发行注册制改革将暂缓施行。但从核准制到注册制的改革大趋势是不会改变的。

注册制的施行将会降低民营企业新股发行门槛，提升入市效率。注册制以严格的信息披露制度为核心，只要证券发行申请人提交的与新股发行有关的信息、资料充实、充分、齐全，并及时地予以提交和公开，只要披露的信息符合新股发行的条件，证券监管机构对申请信息只进行形式性审查，不再进行实质性审核判断，这样有效降低了民营企业新股公开发行的门槛，提高了入市效率，降低企业入市的周期和成本。在A股核准制下，由于上市标准严格，中小型民营企业特别是高科技产业的公司为了解决融资问题只能到美国、中国香港等地上市，有的甚至因为无法融资导致经营困难，失去了最好的发展机会。一旦注册制全面推行，更多的优质民营企业得到上市机会，将有助于降低其融资成本、减轻负债压力，解决了企业初期发展的资金障碍。

注册制的特点是宽进严管、权责归位、信息透明。客观地看，我国民营企业多从“草根”起家，且以家族式管理为主，不少企业存在产权不清晰、管理不规范、财务制度不健全等弊病。这些弊病，与注册制对上市企业的要求是不相符的，毫无疑问将会成为这些民企上市的障碍。这对于民营企业既是挑战也是机遇，只要民营企业能顺应注册制的主导思想，加强自身管理水平和信息披露制度建设，就能在改革的大潮中迎来转型发展的机遇，实现民营企业的再腾飞。

（二）新三板市场推动科技型民企强势崛起

为了更好地促进科技型中小企业的发展，作为融资平台的新三板应运而生，在新三板挂牌的企业通常具有企业规模小、回流资金较少、利润存在较大增长空间等特点。科技型民营企业在成长期是最迫切需要投资的，此时企业自身的风险较大，而新三板市场的推出为科技型民营企业带来了新的平台。在新三板挂牌的企业，通过新三板市场良好的运行机制不仅可以促进公司知名度的扩大，而且有助于企业资本结构的完善，同时，科技型民营企业可以在新三板平台上进行融资。企业通过在新三板市场挂牌，使用股本转让、定向增资等融资方式促使自身的成长。具有较大进步的企业可以选择转入创业板上市甚至于主板市场上市，从而增加在科技型企业生命周期全程对融资平台的需求，故此，新三板是科技型企业转至高级市场上市的良好平台。

由表8-9可见，从2006~2015年，10年来新三板挂牌企业数量不断地攀升。2006~2009年保持平稳增长，虽然在2010年出现了小幅下挫，但2014~2015年，新三板的挂牌企业数出现了井喷式增长，于2015年达到了近年来的顶峰，共有5729家企业在新三板市场挂牌，且成功成交笔数、成交股数、成交金额也均达到最高，甚至均超过历年数量总和。

表8-9　新三板历年成交数据

年度	挂牌企业数（家）	成交笔数（笔）	成交股数（万股）	成交金额（万元）
2006	10	235	1511	7814
2007	24	499	4325	22472
2008	41	479	5381	29259
2009	59	874	10702	48216
2010	74	635	6886	41678
2011	97	827	9544	56028
2012	200	638	11456	58432
2013	363	989	20200	81400
2014	1572	67509	121387	667004
2015	5729	2821236	2789072	19106225

资料来源：Wind数据库。

2014 年以来，新三板扩容至全国、交易结算系统上线、做市商制度落实以及做市商扩容等大事件使新三板成为多层次资本市场发展建设的亮点。2014 年来，新三板企业数量、融资规模、并购数量等都实现了迅猛增长，新三板作为我国多层次资本市场的重要组成部分，已经初露峥嵘。

新三板市场作为一种场外市场，首先能够为民营企业提供直接融资，解决其在初创阶段的高资金需求和高风险的矛盾，特别是为创业期、创新型、高科技企业提供融资渠道。其优势如下。

1. 广阔的融资渠道

新三板经过近 9 年的发展已经取得了可喜可贺的成绩，截至 2016 年 4 月新三板挂牌企业已经超过 6000 家，募集资金超过了 400 亿元。新三板雨后春笋般的发展态势为民营企业在今后的发展谋求更广阔的融资渠道提供了良好的借鉴和经验。民营企业进入到新三板之后最大的优势就是能够获得新的融资渠道。新三板的门槛没有主板、创业板和中小板那么高，民营企业通过自身的努力可以达到新三板的要求，并最终进入到场外交易市场中。另外，新三板的挂牌时间并不会影响到民营企业的正常生产经营，加之其是受到国家监督的场外交易市场，操作的规范性和正规性能够获得保障，并且具有完善的退出机制，能够在吸引更多的投资者的基础上提升股权的流动性，民营企业的融资效率能够获得大大的提升。新三板完善的退出机制使得民营企业最终走出了向银行贷款难的困境。企业的财务风险在股权式融资模式下比债券式融资要低，这样企业能够获得更加平稳的发展机会。所以，民营企业完全可以在恰当的时机进入到新三板中，获得有力的资金支持。

2. 提升民企形象

民营企业通过新三板向广大投资者传递着其已经进入到正规的融资渠道和平台中来的信号，这表示其已经走向了正规化发展和规范化发展的道路。只有发展前景良好的民营企业才会主动向外界谋求融资，尤其是股权融资。所以新三板能够为民营企业在行业和产业内赢得良好的形象，给外界一个良好发展的信号。这种信号能够起到良性循环的作用，为民营企业赢得更多的投资，增强社会和客户对企业的信赖程度，降低信息沟通的成本。

3. 财富效应提升企业价值

民营企业新三板挂牌之后，风险投资和私募股权投资机构能够及时关注到民营企业，公司这样就获得了流动性溢价，企业以资本市场正常的市盈率获得融资吸引到投资者之后，公司整体价值相较于挂牌前能够获得显著的提升。民营企业的融资能力自然而然就会获得提升。新三板市场能够通过制度建设为挂牌的非上市股份有限公司提供有序的股份转让平台，使得风险资本和私募基金能够大胆地进入并且顺利地退出，使风险资本多了一条有效的退出通道，从而能够推动风险资本对于民营企业的投资，促进投资的良性循环，提高资源的流动和使用效率。

4. 提升民企治理水平

很多民营企业的管理模式停留在家族式管理上，企业的所有权和经营权难以分离，财务管理混乱是必然现象，内部管理制度缺乏也普遍存在。民营企业在登陆新三板之后就必须要保持一定的挂牌条件，这样就在客观上强迫了民营企业必须提升自身的管理水平和治理能力。另外，民营企业在进入新三板之后，要按照上市公司的信息披露要求进行信息披露，严格的信息披露制度也使得民营企业不得不规范自身的管理制度和水准。

5. 帮助民企吸引人才，提升企业实力

在新三板上市后，企业股份的流动性大大增加，这便于企业实施股权激励计划等，鼓励员工参与企业价值创造，从而帮助民企留住人才。民营企业在创业板上市，也将极大地提高在国内外的知名度，打开产品在国内和国际市场的销路，壮大企业实力。同时，企业具备了以资本运作的方式实现超常规发展的可能。通过战略性收购、兼并同类企业，可以减少竞争对手，扩大市场份额。

（三）区域性股权市场夯实民企发展基础

2012年5月，中国证监会下发了《关于规范区域性股权交易市场的指导意见（征求意见稿）》，从政策层面首次确认中国场外市场包括四个层次：沪深主板为一板，深市创业板为二板，新三板为三板，区域性股权交易市场为四板。8月底，证券业协会明确了区域市场的定位，规定证券公司以两种方式参与：一是以区域性股权交易市场会员的身份开展相关业务；二是在会员基础上，可入股区域性股权交易市场。10月初明确了证券公司可参与区域性股权交易市场。

区域股权交易市场被定位于为省级行政区内中小微企业提供股权、债权转让和融资服务的区域性股权交易市场。一个繁荣的区域性股权交易市场十分利于地方经济发展：一方面，有助于打造区域性经济金融中心；另一方面，有助于整合各类资源为区域经济建设服务。中国证监会的统计数据显示，目前国内区域性股权市场已达37家，初步形成“一省一市场”的格局，其中大多数由当地券商参股。据不完全统计，截至2015年7月末，区域性股权交易市场挂牌的企业数量合计已超3万家，是主板、中小板、创业板、新三板挂牌公司总和的近5倍，总资产约为4147亿元。从市场定位来看，各地区域股权交易中心主要是为企业搭建投融资服务平台，不单纯以营利为目的，具备一定的社会服务职能。从发展模式来看，深圳前海股权交易中心采取的是互联网战略，企业免费进入。各区域股权交易中心积极开展金融衍生等综合融资服务，如股权质押融资、发行私募债等。区域股权市场有如下融资优势：

1. 融资模式：适应企业，定位准确

从区域股权市场融资实践可以看出，现有区域股权市场的融资模式包括股权私募融资和债券私募融资，同时附带股权质押融资、知识产权质押融资等。上述融资模式以股权私募融资为主，体现了区域股权市场“私募市场”的定位。天津股权交易所股权私募融资包括挂牌前私募和挂牌后私募；浙江股权交易所首次成功实行私募债融资模式；广州股权交易中心首次推行知识产权融资模式，开创了我国区域股权市场服务民营企业融资的新模式。上述融资模式源于市场创新，适应民营企业的融资需求。我国民营企业群体复杂性、多样性决定对于任何以其为对象的融资产品创新都是一项挑战。

2. 融资效率：简单快捷，优于场内

现有典型区域股权市场挂牌企业每次融资时间基本在2～3个月。如天津股权交易所对截至2013年6月30日的291家企业挂牌前首次融资用时进行统计：其中117家企业首次融资用时1～2个月；72家企业首次融资用时2～3个月；15家企业首次融资用时3～4个月；87家企业首次融资用时1个月以下。再如浙江股权交易中心2012年11月发行首只私募债，从申报到成功募资仅用不足1个月时间，募集资金1亿元。相对于场内交易市场，区域股权市场具有简单快捷、成本低、效率高的特点。企业在场内交易所上市一般至少需要1～2年时间，上市企业增发和后续融资仍需要经历烦琐的程序和审批，融资历时周期长，不利于企业在短时间内募集发展所需资金。

3. 自律规则：缘于市场，自成体系

区域股权市场在几年的实践中，已形成相对完善的自律规则。如天交所制定的规章制度、业务规则、工作流程、操作手册、文件指引共5大类计213项，其余大部分区域股权市场均有10余项自律规则。区域股权市场的自律规则涵盖股权定向增资、私募债、股权质押融资、信息披露、投资者适当

保护、风险防范与应急管理等方面，自成体系，基本满足市场需求。

4. 与互联网金融天然融合

场内交易所主要进行大规模和集中方式的股票发行，并且强调标准化交易；区域性股权交易市场的运行特征主要表现为私募、小额、分散、非标准化。这些特征更符合互联网时代的发展趋势；以沪深交易所为代表的主板市场本质上是工业文明的产物，而区域性股权交易市场则符合互联网时代发展趋势，具有入口、连接、开放及降低交易成本等一系列特征。区域性股权交易市场如能在借鉴国外发达市场经验的基础上，基于“互联网”技术开展创新，有望实现国家战略、资本市场深度及广度扩张与互联网科技的融合。

5. 各地政府扶持中小企业的着力点

在注册制的趋势之下，我国资本市场将快速扩容，不同层次的市场容量将大量增加；随之而来的是大量有价值的中小企业股权成为重要的投资标的。从这一角度看，区域性股权交易市场作为一个大型的孵化器，能够系统地发现、培育、孵化和服务大量中小企业、培育出新产业；也可能充分利用资本市场中介服务，实现资源在不同行业之间、不同企业之间进行合理的嫁接和分配，引导资本流向创新型中小企业。

6. 区域性股权交易市场的“互联网+”模式——以浙江股权交易中心为例①

浙江股权交易中心成立于2012年10月18日，是浙江省人民政府依据国家有关监管部门的规定，结合浙江省经济金融特色，为着力解决“两多两难”、推进温州金融改革试验区建设、加快经济转型升级而建立的区域性股权交易市场。截至2016年6月底，共有挂牌企业2266家，其中成长板222家，创新板2044家，托管企业1712家，投资者总数约6万人，总市值约400亿元。

浙江股交中在板内层次细分上极富特色，创立初根据浙江省未上市企业规模、发展阶段等省情进行板内细分，设立了创新板、成长板两个层次，创新板面向省内符合产业导向的初创型、高科技型企业，成长板则面向具有较大规模、较好基础、较强盈利能力的优质企业，重点是浙江上市后备企业、具有良好商业模式或股权投资项目的优质企业、历史遗留问题公司、退市公司等。2014年9月，鉴于交易所IPO“注册制”落地在即、浙江上市后备企业较多、交易所上市进展缓慢的现实，浙江股交中心在原成长板基础上，进一步细分、新设拟上市企业板块，旨在促进与沪深交易所直接对接，在规范企业治理、强化信息披露、满足上市条件等方面下功夫，使其提前得到资本市场的规范和培育，以缩短上市进程。

鉴于浙江民营企业多实行家族化管理模式、现代公司治理结构缺失和决策、约束化制不健全、融资结构过度依赖银行信贷导致资产负债率普遍偏高，浙江股交中心一方面通过对挂牌企业进行股份制改造，严格执行会计准则和财务报告制度等现代企业治理制度，完善公司治理结构，规范经营决策，助力企业规范发展、提升企业治理水平；另一方面构建融资平台，为企业开解从资本市场获得直接融资这一新的融资渠道、降化资产负债率，有效改善资本结构，化解其固有的资金链、担保链弊病引致的财务风险。股改和直接融资“两手抓”助力企业提升管理绩效，增强风险防控能力，进而稳定其成长预期。

浙江股权交易中心通过私募股权、私募债等方式帮助挂牌企业筹集资金，严守私募市场这条底线，将中小企业融资风险严格限制在小众投资范围内，强调市场自治，规则公开，将市场有序运转的枢纽调节到市场自我管理、自我约束上来，避免风险无序扩散。在服务模式上，将企业挂牌展

---

① 资料来源：浙江股权交易中心官网 http：//www. zjex. com. cn.

示、培训咨询、融资交易捆绑在一起，同时高度重视互联网技术在市场体系构架中的运用。依托互联网平台为投资者构建小众非标准化、客户定制式的服务，注重投资者与企业的沟通，打造一个知根知底、相互交流的网上部落，形成一套适应中心企业特征需求的综合投融资投入体系。浙江股交中心在适合区域性股权交易市场的金融产品创新方面走在全国各地前列，在私募债、小贷公司定向债、私募优先股等方面都创造了“全国首单”。在互联网金融的大趋势下，浙江股权交易中心正积极探索股权众筹业务。截至目前，已推出两个互联网金强平台“浙里投”和“浙里融”。“浙里融”股权众筹平台是区域性股权交易市场探索股权众筹的典型代表，也是我国现有的资本市场推出的首家互联网金融平台。“浙里融”平台为创业项目提供资金募集、创业指导，为合格投资人推荐创业项目。平台拥有资深专业的团队、全方位的线上线下推广渠道、规范安全的制度监管以及方便快捷的一站式服务。截至2016年6月，“浙里投”累计融资金额124亿元，累计开户数39万人。可以说，浙江股权交易中心是我国建立多层次资本市场，助推民营经济蓬勃发展的一次成功实践。

（四）多层次资本市场合力助推民企成长

健全多层次资本市场体系，是发挥市场配置资源决定性作用的必然要求，是推动经济转型升级和可持续发展的有力引擎，也是维护社会公平正义、促进社会和谐、增进人民福祉的重要手段。多层次资本市场有利于调动民间资本的积极性，将储蓄转化为投资，提升服务实体经济的能力；有利于满足日益增长的社会财富管理需求，改善民生，促进社会和谐；有利于促进产业整合，缓解产能过剩；有利于促进科技创新，促进新兴产业发展和经济转型。有利于创新宏观调控机制，提高直接融资比重，防范和化解经济金融风险；还有利于提高我国经济金融的国际竞争力。

1. 可以满足不同发展阶段民营经济的融资需求

根据金融成长周期理论，在企业成长的不同阶段，随着信息约束、企业规模和资金需求量等约束条件的变化，企业的融资结构也在发生变化。即处于早期成长阶段的企业，其外源融资的约束强，融资渠道窄，企业主要依赖内源融资；而随着企业规模的扩大，可抵押资产的增加，资信状况的改善，融资渠道将会不断扩大，获得外源融资尤其是股权融资将会逐步上升。

事实上，由于民营经济是一个囊括了多种经济成分的群体总称，各个不同的民营经济单位所处的发展状态各异，因此，民营经济的融资需求千差万别。如何更好地在内源融资、债务融资及股权融资之间保持一个合理的结构和比例，实现民营经济融资成本的最小化，是关系我国民营经济健康发展的关键。而要保证民营经济融资结构的合理有效性，资本市场的发展必须做到体系完善和结构优化。

2. 符合民营经济高成长性及创新性的融资需求

金融经济学认为，对于风险较低的业务，通过债务融资方式较为合适，但对于风险较高的增长机会，股权融资方式则更为可行。高成长企业之所以对财务危机更敏感，更需要股权资本的支持，主要原因在于，这类具有高增长机会的企业往往与科技创新相伴而生。尽管其创新一旦为社会所接受，便有广阔的发展前景，但并非所有的创新都能取得成功。对于这类企业，通过债务融资方式，对出资者而言，预期收益与潜在风险并不对称，加上企业规模偏小，又缺乏有力的经营和信用记录，因此，出于对自身利益的维护，出资者往往难以认可并给予信用支持；相反，通过股权融资方式，出资者的预期收益与潜在风险是对称的，且股权投资者较债权人普遍具有更高的风险承受能力，因此，高成长企业取得股权融资的可能性会更大。

在我国，高成长性企业同样是以中小企业为主体，主要集中在民营经济阵营中。以中小企业为主的民营经济在成长中面临风险大、规模小等制约因素，单纯依赖于大银行贷款和主板市场融资并不现实。因此，发展多层次资本市场就成了破解民营经济融资难和优化融资结构的唯一出路。

3. 有利于民营经济更好地参与市场竞争

民营企业面临着巨大的行业竞争压力，拥有充足资金的企业可能采取掠夺行动，消耗财务脆弱企业的资金资源，从而迫使其退出产品市场竞争。因此，在一个竞争激烈的市场环境下，仅有经营效率高并不能保证企业生存，“财务力量”同样是一项竞争优势，也是基本的生存条件。企业只有同时兼备高经营效率和充足财务资源，才能保证企业生存，为了维持该优势，企业财务政策将趋于保守。因此，在市场竞争激烈的行业，高财务杠杆对企业后续投资能力和价格战的承受能力具有显著的负面影响，使企业处于经营和战略上的劣势。当然，出于财务安全考虑而一味采取低负债策略同样不利于提高企业的市场竞争力，特别是在内源融资和外部股权融资均受限的情况下，只会限制企业的发展壮大，进而削弱其市场竞争力。所以，要保证长期生存并稳定发展，企业需要拥有充足的财务资源和稳健的资本结构，而这一切都需要建立在一个结构合理、层次多样化的资本市场环境下。

4. 有利于提供优化准入机制和退市机制，提高上市公司的质量

从非证券资本市场到证券资本市场，从场外市场到创业板市场、主板市场，入市标准逐步严格，企业素质也呈阶梯式上升，这实际上提供了一个市场筛选机制。一方面，在下一级市场上挂牌交易的企业经过培育，将会有优秀企业脱颖而出，从而进入上一级市场交易；另一方面，对于长期经营不善，已不符合某一层次挂牌标准的企业，则通过退出机制，退出到下一级市场交易。这样形成一种优胜劣汰机制，既有利于保证挂牌公司的质量与其所在市场层次相对应，又能促进上市公司努力改善经营管理水平，提高上市公司质量。

5. 有利于防范和化解我国的金融风险

直接融资有利于分散融资风险，能有效地避免风险向金融系统集中，从而降低金融系统性风险。从国外经验看，在间接融资为主的金融体系中，一旦经济实体发生严重问题，就会导致大量银行坏账，金融体系的脆弱性往往将经济拖入长期不振的境地。因此，多层次的资本市场通过改善上市公司质量、满足多元化的投资需求，吸引资金进入资本市场，扩大直接融资额度，从而降低金融风险。而且随着多层次资本市场体系规模的扩大，直接融资比重的提高，会逐步形成风险程度存在明显差异的子市场，风险承担主体呈现多元化，有利于实现金融市场的稳定，分散和化解金融风险。

除了以上功能，多层次资本市场结构客观上还可以通过对民营经济的资本结构调整进而影响其内部公司治理，并最终促进民营经济提高内部管理水平。另外，随着资本市场结构优化，市场的价格发现和资源配置功能将会进一步提高，从而会为民营经济发展提供更多的避险便利。

参考文献

[1] 肖韵．中国民营上市公司融资结构分析［J］．企业研究，2011（12）．

[2] 赵恒．我国中小型企业融资现状的调查分析及创新研究［J］．商场现代化，2011（10）：71－3．

[3] 韩春明．经济周期中我国民营企业融资问题研究［D］．北京：首都经济贸易大学，2014．

[4] 李婷．中国民营企业融资问题与对策［J］．合作经济与科技，2016（2）：53－4．

[5] 寿欣，吴淑涵，胡铧尹．中小企业融资结构的选择［J］．管理观察，2014（18）：90－2．

[6] 石晓飞．民营企业转型期企业家行为研究［D］．保定：河北大学，2007．

[7] 李敢．产业转型升级中的民企承继问题——以“富二代”接班议题为例［J］．产经评论，2012（3）：76－82．

[8] 单东．浙江中小民营企业转型升级问题研究［J］．经济社会体制比较，2014（2）：35－42．

[9] 蒋伟，李蓉．风险投资与创业企业的博弈分析［J］．金融论坛，2014（9）：35－39＋56．

[10] 全蓉．政治关联、风险投资对企业绩效的影响研究［D］．成都：西南财经大学，2014.

[11] 杨艳萍．创业投资的风险分析与风险控制研究［D］．武汉：武汉理工大学，2003.

[12] 高玲娜．对赌协议在我国民营企业融资中的应用分析［D］．成都：西南财经大学，2013.

[13] 郭建鸾．创业投资家的声誉机制［J］．生产力研究，2004（10）.

[14] 刘晓明，胡文伟，李湛．基于信息不对称假说的风险企业 IPO 折价原因：来自声誉效应的解释［J］．上海交通大学学报，2012（9）.

[15] 叶小杰．风险投资声誉、成功退出与投资收益——我国风险投资行业的经验证据［J］．经济管理，2014（8）.

[16] 曾辉，李晶晶．上市民营企业跨国并购绩效研究［J］．商场现代化，2016（9）：88－90.

[17] 高勇强，熊伟，杨斌．控制权转移、资产重组与 CEO 更替对企业绩效的影响［J］．当代经济管理，2013（2）：24－31.

[18] 巩文群．上下游产业纵向并购行为的涟漪效应［D］．大连：东北财经大学，2016.

[19] 郎咸平．中小股东被奴役之路［N］．财经时报，2000.12.19.

[20] 李善民，刘永新．并购整合对并购公司绩效的影响——基于中国液化气行业的研究［J］．南开管理评论，2010（4）：154－160.

[21] 刘睿智，胥朝阳，周超．并购整合对企业并购绩效影响的实证研究［J］．北京交通大学学报（社会科学版），2014（2）：49－57.

[22] 石水平．控制权转移真的改善了企业绩效吗？——来自上市公司高管变更的经验证据［J］．暨南学报（哲学社会科学版），2012（3）：64－76＋162.

[23] 苏玉梅．并购模式对公司并购绩效影响研究［J］．财会通讯，2014（2）：26－28.

[24] 唐建琼．我国上市公司控制权转移与财务绩效关联研究［J］．学术论坛，2011（10）：161－165.

[25] 汪炜，陆帅．终极控制人、市场化程度与企业并购［J］．现代财经（天津财经大学学报），2015（8）：90－100.

[26] 王慧杰．控制权转移对公司价值影响的实证研究［D］．长春：吉林大学，2010.

[27] 辛婷婷．不同并购动机下的我国上市公司并购绩效研究［D］．上海：上海师范大学，2010.

[28] 徐莉萍，陈工孟，辛宇．产权改革、控制权转移及其市场反应研究［J］．审计研究，2005（5）：75－79＋88.

[29] 余澳．我国民营上市公司股权结构、控制权特征对公司治理的影响［J］．经济纵横，2010（5）：122－125.

[30] 翟进步，王玉涛，李丹．上市公司并购融资方式选择与并购绩效："功能锁定"视角［J］．中国工业经济，2011（12）：100－110.

[31] 张小茜，汪炜．持股结构、决议机制与上市公司控制权［J］．经济研究，2008（11）：40－50＋61.

[32] 张自巧．内源融资能力、公司治理质量与并购绩效［J］．财经问题研究，2014（6）：51－56.

[33] 朱滔．上市公司并购的短期和长期股价表现［J］．当代经济科学，2006（3）：31－39＋125.

[34] 林志平．直接融资促进产业发展优势分析［J］．特区经济，2011（4）.

[35] 朱从玖．多层次资本市场的发展需要进一步的深化和加强［J］．市场观察，2014（4）.

[36] 李由．我国多层次资本市场发展问题的思考［J］．资本市场，2007（7）.

[37] 高峦．中国场外交易市场发展报告（2012－2013）［M］．北京：社会科学文献出版社，2013.

[38] 纪敏，王新华．中国民营经济融资报告［A］．中国民营经济发展报告 No.10（2012～2013）［C］．2013.

[39] 杨浩明．2012 年珠三角地区民营经济发展报告［A］．中国民营经济发展报告 No.10（2012～2013）［C］．2013.

[40] Yermack D，Yermack D. Higher market valuation of companies with a small board of directors［J］. Journal of Financial Economics，1996，40（2）：185－211.

[41] YiLin Wu. Honey，CalPERS Shrunk the Board［J］. Ssrn Electronic Journal，2000.

[42] Doukas，J. Gonenc，H. Long-term performance of new equity issuers. venture capital and reputation of investment bankers［E］. New York University and Hacettepe University working paper，2000.

[43] MacMillan，I. C.，Siegel，R. & Narasimha，P. N. Criteria uesd by venture capitalists to evaluate new venture proposals［J］. Journal of Business venturing，1986，1（1）：119－128.

[44] Kaplan. S，N.，Sensoy，B. A. & Stromberg，P. Should investors bet on the jockey or the horse? Evidence from the

evolution of firms from early business plans to public companies [J]. The Journal of Finance, 2009, 64 (1): 75 - 115.

[45] Puri, M. & Zarutskie. R. On the Life Cycle Dynamics of Venture Captial and Non - Venture Capital Financed Firms [J]. The Journal of Finance, 2012. 67 (6): 2247 - 2293.

[46] Inderst, R. & Mueller, H. M. Early-stage financing and firm growth in new industries [J]. Journal of Financial Economics, 2009, 93 (2): 276 - 291.

[47] Gompers, P. A. Grandstanding in the venture capital industry [J]. Journal of Financial economics. 1996. 42 (1): 133 - 156.

[48] Lin, T. H. & Smith, R. L. Insider reputation and selling decisions: the unwinding of venture capital investments during equity IPOs [J]. Journal of Corporate Finance, 1998, 4 (3): 241 - 263.

[49] Lee, P. M. & Wahal. S. Grandstanding, certification and the underpricing of venture capital backed IPOs [J]. Journal of Financial Economics, 2004, 73 (2): 375 - 407.

[50] Berkovitch E, Narayanan M P. Motives for Takeovers: An Empirical Investigation [J]. Journal of Financial & Quantitative Analysis, 1993, 28 (3): 347 - 362.

[51] Kim E H, Singal V. Mergers and market power: Evidence from the airline industry [J]. American Economic Review, 1993, 83 (3): 549 - 569.

[52] Manne H G. Mergers and the Market for Corporate Control [J]. Journal of Political Economy, 1965, 73 (73): 351.

[53] Mitchell M L, Mulherin J H. The impact of industry shocks on takeover and restructuring activity ☆ [J]. Journal of Financial Economics, 1996, 41 (2): 193 - 229.

[54] Mueller D C. A Theory of Conglomerate Mergers [J]. Quarterly Journal of Economics, 1969, 83 (4): 643 - 59.

[55] Mulherin J H, Boone A L. Comparing acquisitions and divestitures [J]. Journal of Corporate Finance, 2000, 6 (2): 117 - 139.

[56] Roll R. The Hubris Hypothesis of Corporate Takeovers. [J]. Journal of Business, 1986, 59 (59): 197 - 216.

[57] Tobin J. A General Equilibrium Approach to Monetary Theory [J]. Journal of Money Credit & Banking, 1969, 1 (1): 15 - 29.

[58] Williamson O E. The Vertical Integration of Production: Market Failure Considerations [J]. American Economic Review, 1971, 61 (2): 112 - 23.

[59] Weston J F, Brigham E F. Managerial Finance [M]. New York: Drydenpress, 1970.

[60] Beger A N, Udell G F. The Economics of Small Business Finance: the Role of Private Equity and Debt Market in the Financial Growth Cycle [J]. Journal of Ranking and Finance, 1998 (22): 613 - 673.

[61] Myers S C. Determinants of corporate borrowing [J]. Journal of Finance, 1977 (5): 147 - 175.

[62] Hovakimian, A. T. Opler, S. Titman. The Debt-equity Choice [J]. Journal of financial and Quantitative Analysis, 2001 (36): 1 - 24.

中　篇

第九章　民营经济的法律制度保障*

市场经济是法治经济，民营经济的发展离不开健全的法律制度。中华人民共和国成立后，我国对民营企业进行了渐进性的社会主义改造，民营企业一度在中国内地失去了其应有的法律地位和创造力。改革开放以来，民营企业逐渐找到了发展的广阔空间，民营经济在国民经济中占据了越来越重要的地位，发挥着越来越重大的作用，在江浙一带的一些经济发达地区，民营经济甚至成为经济发展的主力军。我国法律适应经济发展的大潮，及时反映社会经济发生的深刻变化，对民营企业的法律保护日益重视。纵观世界各国的经济发展实例，社会秩序安定、法制精神彰显时期，往往是经济发展速度较快的阶段。与经济改革同步进行的法制建设，在确认、完善和促进民营经济发展中发挥了重要作用。我国《宪法》及其修正案对民营经济法律地位的确认，不断为民营经济的存在和发展清除制度性障碍；民商法律制度的逐步完善，有效地保护了民营企业的财产所有权，为民营企业创造了相对稳定和可预期的营商环境；各类市场主体法明确了各类民营经济的法律地位；经济法制度在确保和规范民营企业的公平竞争、维护竞争秩序中也发挥着重要作用。只有建立健全有利于民营经济发展的法律体系，才能构建一个最有利于民营企业发展的政策法律环境和制度保障体系。

一、民营经济的法律制度保障：历史回顾

纵观中国民营经济近40年的发展历程，我们可以将民营经济的法律保障制度的建设划分为以下四个阶段，分别为：1949～1976年民营经济法制的初创及曲折发展时期、1978～1991年民营经济法制的复兴时期、1992～2007年民营经济法制的快速发展时期以及2008年以来民营经济的法制深化时期。

（一）民营经济法制的曲折发展时期

1. 1949～1956年的民营经济法制的初创时期

从中华人民共和国成立初期我国的社会经济结构来看，个体，私营等非公有制经济成分构成了国民经济的主体，国营经济在社会经济中占的比重相对较小。因而，如何正确对待为数众多的非公有制经济，继续发挥它们在经济建设中的积极作用，便成了恢复和发展国民经济的关键所在。因此，中华人民共和国成立前夕就开始了新中国的民营经济法制的建设。1949年9月29日中国人民政治协商会议第一届全体会议通过的《共同纲领》这一宪法性文件，第30条首次对民营经济做出了原则规定："凡有利于国计民生的私营经济事业，人民政府应鼓励其经营的积极性，并扶助其发展"，"保护工人，农民，小资产阶级和民族资产阶级的经济利益及其私有财产"。前者有选择地确立了民营经济的法律地位，后者原则确立了民营经济的法律保障。同时，我国另行制定了专门调整民营经济关系的行政法规，即1950年12月30日政务院公布的《私营企业暂行条例》，政务院财政经济委员会又分别于

* 研究人员：周黎明。

1950年7月15日，1950年12月22日和1951年3月30日颁布的《关于私营企业股东有限责任问题的指示》《私营企业重估财产调整资本办法》《私营企业暂行条例施行办法》等行政规章。以上宪法性文件连同多部行政法规、规章共同组成了初创时期民营经济法制的基本渊源。

这段时间，民营经济获得了较快的发展。1952年与1949年比较，私营工业户数增加了21.4%，职工人数增加了25.1%，总产值增加了54.2%；私营商业户数增加了6.9%，从业人员增加了2.2%，营业额增加了18.6%（中国城市统计年鉴，2004）。

1952年下半年，随着人民政权的巩固和经济的恢复以及国内外形势的变化，国家对社会主义改造的步骤有了新的认识，并于1953年对过渡时期总路线作了完整的表述。即：在一个相当长的时期内，逐步实现国家的社会主义工业化，并逐步实现对农业、对手工业和对资本主义工商业的社会主义改造。其实质，就是使生产资料的社会主义所有制成为我国国家和社会的唯一的经济基础。至此，我国对民营经济的政策从利用和限制转变为改造并最终消灭。在这期间，仍然出现了一些民营经济法律制度，如：1954年9月2日政务院第223次会议通过的《公司合营工业企业暂行条例》，1955年11月9日全国人大法案委员会第二十四次会议通过的《农业生产合作社示范章程草案》，1956年6月30日第一届全国人大法案委员会全体会议通过的《高级农业生产合作社示范章程》，1956年2月8日，国务院制定《关于目前私营工商业和手工业的社会主义改造中若干事项的决定》。以上法律制度真实反映了国家对个体经济和个体手工业的矛盾态度，但同时也为20世纪80年代民营经济复兴奠定了基础。

2. 民营经济法制的曲折发展及停滞时期（1957~1976年）

在1956年下半年，我国各地的个体经济尤其是个体手工业在合作化完成以后却有了一定程度的发展。这种现象的出现，主要是受供求关系的影响，因为国营经济和集体经济生产的产品无法满足社会需要，有些产品和某些服务性行业，出现了供不应求的现象（陈曦，2007）。然而，从1957年开始，随着国内政治形势的急剧变化，党对个体、私营经济的政策也发生了重大变化。国家继续加强对残存的私营工业、个体手工业和对小商小贩进行社会主义改造与取缔，民营经济再次受到严重的打击。随后在以阶级斗争为纲的政治氛围中，不仅私营经济被视为社会主义的异己势力而予以消灭，基本上荡然无存。残存的个体经济也被作为资本主义的自发势力予以取缔。1966~1976年，“文革”10年，社会动荡，法制名存实亡。至1975年统计，全国有证的个体商贩只剩8万人，比1964年50多万人减少85%（王炳林，1995）。至十一届三中全会，个体经济已基本被消灭殆尽，所剩无几。民营经济的法制发展陷入停滞期。

然而，中国社会主义建设的实践证明，民营经济因为有与我国现有的经济发展水平相适应的一面，虽然几经浩劫，却依然保持着旺盛的生命力。十一届三中全会以后，个体私营经济的再生和迅猛发展充分证明了这一点。

（二）民营经济法制的恢复发展时期

十一届三中全会后，改革开放政策的实施为新的民营经济政策的实施创造了良好的条件。十一届三中全会开始改革开放，采取的第一个步骤就是“放开、搞活”，开始允许城乡劳动者的个体经济和个体工商户存在。“个体户”的出现，打破了原来单一的公有制经济形式，但也引发了社会对个体经济合法性的质疑，这就需要法律制度的及时确认和保护。

1981年7月，国务院发布《关于城镇非农业个体经济若干政策性规定》，明确了“个体经济对公有经济的拾遗补缺作用，规定城镇户口的待业青壮年，可以申请个体经营，退休职工中，有专长技艺的，经批准可以从事个体经营，……请一至二个帮手，带三至五个学徒（七人以下为限）。”这是国务院第一个有关个体经济的行政法规，为个体经济的恢复和发展提供了直接的法律依据。但是，当时私营经济还处于发展之初，国家对其还是抱着“看一看”的态度，所以在1982年修改宪法的时候，只是重新确立了个体经济的法律地位，而对其性质还是定位为“公有制经济的补充”。1982 年宪法第 11 条规定：“在法律规定范围内的城乡劳动者个体经济，是社会主义公有制经济的补充。国家保护个体经济的合法的权利和利益。国家通过行政管理，指导、帮助和监督个体经济”。“补充”意味着个体私营经济还不具有社会主义经济的性质，这就为宪法的进一步修正留下伏笔。随后，1986 年 4 月，全国人大颁布《民法通则》，确立了个体工商户和个人合伙的法律地位。这样，有了宪法和民法的保护，个体经济迅速发展，很快在全国活跃起来。个体经济的蓬勃发展不可避免地带来了雇工人数的增多。依当时的规定，凡私人雇工人以上的就不再是个体经济了，很容易构成 1979 年刑法中的破坏社会主义经济秩序罪。因此。当时引发了激烈的社会争论：是否允许私营经济存在？如果允许，则必须在法律上给予私营企业以相应的法律地位。1988 年 4 月，全国人大七届一次会议通过了一项宪法修正案，在原第 11 条的基础上，增加了第 3 款关于私营经济的规定：“国家允许私营经济在法律规定的范围内存在和发展。私营经济是社会主义公有制经济的补充。国家保护私营经济的合法权利和利益，对私营经济实行引导、监督和管理。”本次修正给予私营经济法律上的地位，大体比照个体经济，仍然定性为“社会主义公有制经济的补充”，由此，确立了私营经济在我国的“合法性”，实现了私营经济从非法状态到合法状况的历史性转变。同年 6 月，国务院颁布了《中华人民共和国私营企业暂行条例》，这是改革开放后的第一部私营企业法规。《条例》明确规定，“私营企业是指企业资产属于私人所有、雇工八人以上的营利性的经济组织”。从法律上对个体经济和私营经济作了界定，雇工不足 8 人，为个体经济；雇工 8 人以上即为私营经济。

这样，改革开放以后，花了 10 年左右的时间，我国基本解决了个体经济和私营经济存在和发展的合法性问题，奠定了民营经济在我国的法律地位。至此，民营经济法制建设开始日趋向规范化。

（三）民营经济法制的快速发展时期

1992 年以后，随着改革开放的深入发展，民营经济的发展也进入突飞猛进阶段。民营经济作为公有制经济必要的和有益的“补充”，其迅猛发展的势头自然会引起了人们极大的关注。十一届三中全会以来关于民营经济认识的三次重大变化分别是：首先，在 1982 年《宪法》中肯定了个体工商户的法律地位，虽然仅仅是“补充”，但这是一次了不起的理论突破，它以国家根本大法的形式，正式承认了个体经济的法律地位。其次是 1997 年十五大报告明确指出，非公有制经济是社会主义市场经济的重要组成部分，以公有制为主体、各种经济成分共同发展是社会主义初级阶段的基本经济制度。第三次重大的理论创新和突破，是 2002 年与 2003 年的十六大和十六届三中全会，以及 2004 年《宪法》修正案，提出要“大力发展和积极引导非公有制经济。个体、私营等非公有制是促进我国社会主义生产力发展的重要力量”，对非公经济有许多方面的理论突破和创新，并对非公有制经济和私有财产明确的保护。

这一期间，1999 年 3 月通过了《中华人民共和国宪法修正案》。这个修正案共六条。《修正案》的一个重要内容是对个体私营经济等非公有制经济的规定进行了修改。其中第五条将现行宪法第十一条“在法律规定范围内的城乡劳动者个体经济，是社会主义公有制经济的补充，国家保护个体经济的合法的权利和利益”，“国家通过行政管理，指导、帮助和监督个体经济”，“国家允许私营经济在法律规定的范围内存在和发展。私营经济是社会主义公有制经济的补充。国家保护私营经济的合法的权利和利益，对私营经济实行引导、监督和管理”修改为：“在法律规定范围内的个体经济、私营经济等非公有制经济，是社会主义市场经济的重要组成部分，国家保护个体经济、私营经济的合法的权利和利益。国家对个体经济、私营经济实行引导、监督和管理”。

这一时期立法和推进法治进程的重要内容之一，是如何将宪法精神与原则在上述政策中予以体现，从法律制度上保障民营经济的合法权益，为民营经济的发展进一步提供法律保障。1997 年 2 月颁布的《中华人民共和国合伙企业法》、1999 年 8 月公布的《中华人民共和国个人独资企业法》以及与此相关的《中华人民共和国合伙企业登记管理办法》和《个人独资企业登记管理办法》，进一步从法律角度规范了个体、私营企业的资产组织和经营形式，确认了其市场主体地位，加强了对企业财产的保护，进一步为非公有制经济发展提供了法律保障。2002 年 6 月颁布的《中华人民共和国中小企业促进法》，则进一步加强了对以个体私营为主体的中小型企业的法律保护，力图以法律的形式，从资金、政策等方面为中小企业的创立和发展创造有利的环境。2004 年《宪法修正案》将“国家对个体经济、私营经济实行引导、监督和管理”修改为“国家鼓励、支持和引导非公有制经济的发展，并对非公有制经济依法实行监督和管理”，同时，该修正案还特别规定“公民的合法的私有财产不受侵犯。国家依照法律保护公民的私有财产权和继承权。国家为了公共利益的需要，可以依照法律规定对公民的私有财产实行征收或者征用并给予补偿。”这一修正，突出了公民的合法私有财产的不可侵犯性，有利于保障民营企业的生存权，同时征用补偿条款的增加，有利于维护公民私有财产权利，消除了其财产被国家无偿征用或征收的担忧，从而有利于保护公民的私有财产权，保障民营企业的生存权，同时也意味着民营经济逐步成为中国国民经济的最重要的力量之一。

在我国，民营经济的法律地位的确立和保障，很大程度上是通过宪法这一根本大法来确认和保障的。1988 年的宪法修正案承认了民营经济的合法地位，但是没有承认市场经济体制。1993 年的宪法修正案直接确认了社会主义市场经济体制，从而间接地保障了民营企业的法律地位。1999 年 3 月的宪法修正案，确认了民营企业与公有制企业之间的平等法律地位。2004 年 3 月的宪法修正案将《宪法》在民营企业产权保障方面，通过出台《公司法》《乡镇企业法》《合伙企业法》和《个人独资企业法》等大量法律、法规和政府规章，逐步形成了综合民事、行政、刑事等法律手段，对民营企业的产权确认、产权交易和产权保护进行全方位保障的制度体系。民营企业的产权得到有效保障，民营经济快速发展，除私人独资企业得到较快发展外，私人合伙企业，私人股份企业也大量涌现，同时私营企业与国有企业，集体企业及其他所有制企业实行以资本为纽带的多种形式的联合也得到了加强，由此形成了由私营企业参与的多样化的混合所有制企业。在民营企业竞争权保障方面，我国先后制定了《关于制止低价倾销工业品的不正当价格行为的规定》《关于打破地区间市场封锁、进一步搞活商品流通的通知》《反不正当竞争法》《关于禁止公用企业限制竞争行为的若干规定》《关于制止低价倾销行为的规定》《关于禁止在市场经济活动中实行地区封锁的规定》《关于禁止串通招标投标行为的暂行规定》等专门调整竞争及垄断问题的法律、法规和规章。除此之外，还颁布了诸如《价格法》《招投标法》等内含规范制约政府的行政行为，维护民营企业的合法权益的法律规范，有效避免并惩处随意行政的侵权行为。在企业经济发展权保障方面，尤其注意保护中小企业的合法权益。制定了《中小企业促进法》《关于科技型中小企业技术创新基金的暂行规定》《中小企业融资担保机构风险管理暂行办法》等法律法规，有力地促进和保障了民营企业的经济发展权，为民营经济的发展提供了良好的法制环境。

尤其值得一提的是，2007 年有两部重要的法律获得了通过，分别是第十届全国人民代表大会第五次会议于 2007 年 3 月 16 日通过的《中华人民共和国物权法》和第十届全国人民代表大会常务委员会第二十九次会议于 2007 年 8 月 30 日通过的《中华人民共和国反垄断法》。《物权法》的制定实现了宪法原则，从下位法的角度界定产权内涵，完善了民营经济法律保护框架，也为民营经济平等法律地位的保障提供了最直接的法律依据。《反垄断法》对预防和制止垄断行为，保护市场公平竞争，提高经济运行效率，维护消费者利益和社会公共利益，促进社会主义市场经济健康发展起到了重要作用。

1992 ~ 2007 年的 10 多年时间，是我国民营经济法制的快速发展时期。从民营经济法制复兴时期开始，民营经济逐渐取得合法地位，民营经济法律制度逐步从无到有，从纷繁到系统，呈现了民营经济法制是营经济发展，与时俱进的趋势。这种趋势不仅体现在政府对民营经济认识的不断发展上，也体现在应运而生的大量法律法规上。更重要的是，民营经济法制对于民营经济的发展提供了全方位的法律保障，具体来讲，民营经济的生存权、产权、竞争权和经济发展权得到了逐步完善。围绕这四种权利的完善，国家制定和修改了宪法、民法、商法、行政法、刑法、经济法等方面的大量法律，民营经济法制逐步呈现对民营经济企业的产权、竞争权和经济发展权进行全方位的确认和保障的态势（陈柳裕，2006），民营经济法律制度逐步向现代化、市场化、系统化、科学化方向发展。

（四）民营经济法制深化发展时期

我国通过宪法及四次宪法修正案宣示了民营经济的法律地位，《物权法》的则进一步明晰了产权问题，用法律保护私有财产，进一步为民营经济平等法律地位的保障提供了最直接的法律依据（甄红菊，2009）。2008 年 8 月 1 日起，《反垄断法》开始实施。反垄断法明确规定，禁止大型国企借控制地位损害消费者利益，这对民营经济的发展起到了良好的促进作用。

2007 年 6 月 29 日，《中华人民共和国劳动合同法》颁布，并自 2008 年 1 月 1 日起施行。《劳动合同法》给民营企业和外资企业带来巨大震动：华为、沃尔玛作为民企和外企的代表，在新法实施之际率先制造了“辞职门”事件。随后不少中小企业纷纷效仿，掀起对策性的“工龄清零”运动或大裁员（颜蕾，王志媛，2009）。应该说，《劳动合同法》实施后民营企业受到的影响可能最大，因为民营企业是当前中国劳资关系矛盾冲突最多的发源地。劳动者被侵权的弱势地位现象也最为突出。调查表明，《劳动合同法》实施运行后，民营企业数量在增加、职工人数在增长、企业平均利润也在增加。总体而言，民营企业在实施《劳动合同法》过程中，提高了长期劳动合同签订的比例、逐步兑现了节假日加班工资的支付、扩大了职工福利范围、减弱了主动性裁员动机（何新易，2010）。

为了促进循环经济发展，提高资源利用效率，保护和改善环境，实现可持续发展，2008 年 8 月 29 日通过了《中华人民共和国循环经济促进法》，自 2009 年 1 月 1 日起施行。该法对引导和规范民营企业更注重环保及资源的利用效率。2008 年 10 月 28 日，《中华人民共和国企业国有资产法》通过，自 2009 年 5 月 1 日起施行。该法的立法目的是为了维护国家基本经济制度，巩固和发展国有经济，加强对国有资产的保护，发挥国有经济在国民经济中的主导作用，促进社会主义市场经济发展。

2009 年 2 月 28 日，十一届全国人大常委会第七次会议通过了《中华人民共和国食品安全法》。2015 年 4 月 24 日，新修订的《中华人民共和国食品安全法》经第十二届全国人大常委会第十四次会议审议通过。被称为“史上最严”的食品安全法通过后，网购食品被纳入监管。随着市场经济竞争日益激烈，建立和加强内部控制制度已成为民营中小企业增强市场竞争力与提升管理水平的必然举措。食品安全法的施行，使我国食品企业尤其是广大民营中小食品企业在新形势下面，临着巨大的挑战和机遇。在这一背景下，广大民营中小食品企业应切实加强内部管理控制，提高整体经营管理水平，保证和促进企业持续健康发展。

2010 年 7 月 1 日，《中华人民共和国侵权责任法》正式实施。这是我国首部对侵权责任做出责任规定的法律。这部法律之所以备受国人关注，就是因为它的每一个条款都与公民的权益息息相关。无论是交通事故、医疗事故、污染事故，还是高空抛物等，只要公民的民事权利受到损害，你就可以从这部法律中找到维权依据。诸如“精神损害赔偿”“同命同价”等亮点，更是给中国百姓以新的期待。这部法律与民营企业同样是息息相关。比如它对所有的“缺陷产品”都会追究责任。该法明确规定：“因产品缺陷危及他人人身、财产安全的，被侵权人有权请求生产者、销售者承担排除妨碍、消除危险等侵权责任”；“产品投入流通后发现存在缺陷的，生产者、销售者应当及时采取警示、召回等补救措施。未及时采取补救措施或者补救措施不力造成损害的，应当承担侵权责任”……这些规定表明，我国已经进入产品的普遍召回时代。而此前，我国只有食品等少数产品实行召回制度。从现在起生产和销售缺陷产品将会受到制约。企业对此必须引起高度重视，依法规范自己的行为。

随后，《中华人民共和国社会保险法》2010 年 10 月 28 日通过并公布，于 2011 年 7 月 1 日施行；《发票管理办法》于 2011 年 2 月 1 日起施行；《个体工商户条例》2011 年 11 月 1 日起施行；《招标投标法实施条例》2012 年 2 月 1 日起施行。

特别值得一提的是公司注册资本登记制度的改革。2014 年 2 月 14 日，国家工商总局下发通知，决定自 2014 年 3 月 1 日起停止对领取营业执照的有限责任公司、股份有限公司、非公司企业法人、合伙企业、个人独资企业及其分支机构、来华从事经营活动的外国（地区）企业，以及其他经营单位的企业年度检验工作。该项改革将企业年检制度改为年度报告制度，任何单位和个人均可查询，使企业相关信息透明化。企业不再需要像过去那样每年都要上门到工商机关递交书面年检材料。企业只要在规定的期限内，通过市场主体信用信息公示系统向工商行政管理机关报送年度报告，并向社会公示就行了。企业年度报告与公示的内容以及发布方式，国家将制定专门的规定。年报公示制度使企业相关信息透明化，任何单位和个人均可查询。

2014 年通过并于 2015 年实施的修订后的《行政诉讼法》，进一步对政府机关的行为进行了约束与规范，并进一步严格了政府机关的法律责任。2015 年 1 月 1 日，新修订的环境保护法正式实施。新法在环境保护基本理念、公众参与、法律责任等方面都作出了重要修改。

在电子商务方面，国家出台了一系列法律法规及部门规章来加以调节，具体有 2010 年：《电子商务示范企业创建规范》；2011 年颁布了《关于开展国家电子商务示范城市创建工作的指导意见》与《第三方电子商务交易平台服务规范》；2012 年颁布了《关于促进电子商务健康快速发展有关工作的通知》《商务部关于利用电子商务平台开展对外贸易的若干意见》；2013 年颁布了《证券投资基金销售机构通过第三方电子商务平台开展业务管理暂行规定》《关于进一步促进电子商务健康快速发展有关工作的通知》《商务部关于促进电子商务应用的实施意见》《关于跨境电子商务零售出口税收政策的通知》。

2014 年可以称为“中国民营经济法治年”，颁布了很多对民营经济影响深远的政策和法律规定。2014 年 2 月，国务院印发《注册资本登记制度改革方案》，改革工商登记制度，推进工商注册制度便利化，这对加快政府职能转变、创新政府监管方式、建立公平开放透明的市场规则、保障创业创新，具有重要意义。6 月，国务院发布《关于进一步加强涉企收费管理减轻企业负担的通知》，进一步推进简政放权，建立权力清单制度，为企业尤其是中小企业减轻负担，激发企业特别是小微企业的活力，其意义重大。此外，国务院发布《关于促进市场公平竞争维护市场正常秩序的若干意见》，围绕使市场在资源配置中起决定性作用和更好发挥政府作用，着力解决市场体系不完善、政府干预过多和监管不到位等问题，坚持放管并重，放宽市场准入，实行宽进严管，激发市场主体活力，平等保护各类市场主体合法权益，维护公平竞争的市场秩序，促进经济社会持续健康发展。8 月，国务院发布《关于多措并举着力缓解企业融资成本高问题的指导意见》，保持货币信贷总量合理适度增长、抑制金融机构筹资成本不合理上升、缩短企业融资链条、清理整顿不合理金融服务收费、提高贷款审批和发放效率、完善商业银行考核评价指标体系、加快发展中小金融机构、大力发展直接融资、积极发挥保险和担保的功能与作用、有序推进利率市场化改革等十项举措，为解决企业融资成本高的问题提出了治本之策。特别值得一提的是，8 月份国务院还发布了《关于金融支持小微企业发展的实施意见》，对进一步做好小微企业金融服务工作，全力支持小微企业良性发展，提出了具体的意见措施。如确保实现小微企业贷款增速和增量“两个不低于”的目标；加快丰富和创新小微企业金融服务方式；着力强化对小微企业的增信服务和信息服务；积极发展小型金融机构；大力拓展小微企业直接融资渠道；加大对小微企业金融服务的政策支持力度等。10 月，国务院发布《关于扶持小型微型企业健康发展的意见》，提出从建设小企业创业基地、完善融资担保政策、设立创业投资引导基金、就业扶持等方面，为中小企业发展壮大保驾护航。同时，国务院发布《政府核准的投资项目目录（2014 年本)》，对进一步深化投资体制改革和行政审批制度改革，加大简政放权力度，切实转变政府投资管理职能，使市场在资源配置中起决定性作用，确立企业投资主体地位进行了部署。11 月 26 日，国务院发布《关于创新重点领域投融资机制鼓励社会投资的指导意见》，《意见》通过发挥民间资本对投资的拉动作用带动经济增长，更重要的是，它对解除行业过度管制、满足社会服务需求、矫正金融供给体系等都做了明确要求，为社会资本在投资领域实现“进得去、进得好”将起到重要作用。2014年，国务院还多次发文取消和下放了部分行政审批权限，简政放权，为企业发展疏通道路。

不难发现，2014年，这些对规范市场发展、约束行政权力将起到积极作用的具体措施，均是从法治建设的角度出发，以制度规范为目标，促进市场良性健康发展的意图十分明确。

2015年是中国法制建设的开局之年，我们不能否认，改革开放40年来，在经济快速发展的同时，社会建设在不少地方却出现了短板，法治建设的缺位日益凸显。在进入改革攻坚期后，社会利益格局的调整和利益群体的分化，使经济社会深层次的问题逐渐显露，教育、医疗、收入分配、社会保障、社会福利等民生问题突出；不同经济层面的不公平和歧视现象依然存在，要缓解社会转型期的各种失衡现象，建立有效的平衡机制，法治建设任务艰巨。

此外，2015年8月29日通过的《刑法修正案（九）》及2016年4月18日最高人民法院与最高人民检察院推出的关于《刑法修正案（九）》的司法解释，其中关于商业贿赂方面的修订，明显加重了商业贿赂行为的法律责任，这对民营企业在招投标及做项目过程中常见的商业贿赂问题更进一步敲响了警钟，同时也促使民营企业在经营过程中需要更加遵守法律法规提出了更高的要求。

通过对中华人民共和国成立以来民营经济法制演变考察，我们不难看出民营经济法制在调整内容、调整手段等各方面的演变轨迹。随着经济体制由计划经济体制向市场经济体制的转型，相关法律制度在内容上也呈现出“体现计划经济体制要求”到“反映现代化市场经济体制要求”的过渡。民营经济顺应这一趋势，逐步形成了现代法治经济的法律框架。

二、民营经济的法律制度演变：区域视角

改革开放以来，浙江的民营经济不仅在全国率先发展，并且始终处于领跑者的地位。浙江的民营经济之所以具有这样的地位，有其深刻的政治、经济、历史、文化背景，其中，政府超前的观念与意识、政府行为的适当介入，民营经济法律制度的建设，均起到了积极的推动作用。浙江的民营经济从无到有，其经济总量从小到大，已经形成了一种新的生产力，有力地推动着浙江经济社会的发展。

从浙江民营经济30多年的发展历程来看，浙江省各级政府对民营经济进行适度的调控与管理，为民营经济的发展营造宽松的环境，同时，通过提供各种政策性支持和法律制度建设，为浙江民营经济持续快速健康发展奠定了关键性的基础。

（一）地方政府对民营经济的政策法规

浙江各级政府及其部门对民营经济的政策法规可以划分为三个阶段，每个阶段有着不同的侧重点，体现出较强的针对性。

1. 第一阶段：20世纪70年代末至20世纪90年代初

改革开放之初的几年，国家对民营经济的政策尚不明朗，个私经济还没有取得合法地位，社会上对个体老板和雇工现象有着许多歧视。在这样的政治环境下，浙江各级政府充分尊重群众的首创精神，从实际出发，坚持“三个有利于”的标准，坚持不争论的原则，较少对群众自主的创业行为设定各种禁区，较少明令禁止，较少大面积打压。这种默许的做法，实际上是在特定的历史条件下的一种支持，形成中央和基层群众之间的一个缓冲，有利于推进制度创新，给民营经济创造了比较宽松的发展环境，使得浙江民营经济得以超前发展。一个创造性的例子是：允许个私企业挂集体企业的牌子，即所谓“戴红帽子”或归入村以下乡镇企业。这一政策，很好地保护了刚刚产生不久的个私民营企业，加快了孵化和发展民营经济的步伐。

浙江的民营经济发端于温州、台州地区，因此，在如何扶持和规范民营经济发展的探索和实践中，这两个地区的地方政府也走得较前列。

1978 年，温州市政府颁发了全国第一份私营企业地方性法规——《温州市私营企业管理暂行条例》，为私营企业提供地方性的法律保护，该条例后来成为国家《私营企业暂行条例》的蓝本。

1980 年 8 月 11 日，温州市革命委员会批转市工商局《关于对个体工商业户进行全面整顿、登记、发证工作的报告》，至该年年底，温州市区 1844 户个体工商户得到登记、发证，从而确定了个体工商户的合法地位。

1982 年 6 月，台州温岭县工商局从有利于生产力解放和商品经济发展出发，率先突破工商行政管理禁区，向牧南工艺品厂等四家企业核发“联户企业”的营业执照。这为全国首例，同时也是台州股份合作企业发展的开端。

1982 年温州市委市政府召开了温州农村专业户和重点户代表参加的“两户大会”，明确宣布了发展商品经济的鼓励措施。

随着个体、私营经济通过合伙、合作、合资、合股不断发展为股份合作制经济，温州从 1987 年开始制定了一系列以扶持、扶正、扶优股份合作制经济为主要目的的地方性法规，如 1987 年颁布的《温州市挂户经营管理暂行规定》《温州市私人企业管理暂行办法》（这是全国最早的私人企业管理办法）、《关于农村股份合作企业若干问题的暂行规定》（这是全国第一份关于股份合作企业的地方性法规），1988 年颁布的《关于私营企业和股份合作企业若干问题的通知》，1989 年颁布的《关于股份合作企业规范化若干政策问题的通知》，1990 年颁布的《批转〈关于股份合作企业规范化若干政策规定的报告〉的通知》等，这些文件为民营经济的健康发展，尤其是为股份合作制企业的机制形成、制度创新、结构完善，创造了非常有利的政策环境。对于产权问题，温州市政府还专门制定了《温州市推进企业兼并实现企业产权转让的暂行规定》《温州市企业产权转让程序和温州市企业产权交易市场事务所章程》两个文件。

台州市针对民间“联户企业”的大量出现，及时总结经验，于 1986 年出台了《关于合股企业的若干政策意见》，成为全国第一个鼓励、支持股份合作经济发展的官方文件。1987 年 10 月，台州地委、行署进一步明确提出“取两南（苏南、浙南）之长，走自己之路，大力发展股份合作经济”。之后，股份合作经济在台州全面推开，发展迅猛，对台州整个经济格局产生了巨大影响。

20 世纪 80 年代初，义乌市稠城镇、廿三里镇出现了自发的小商品市场，义乌市政府在调查研究、总结经验的基础上，于 1982 年 9 月做出开放小商品市场的决策，明确提出“四个允许”，即允许农民进城经商、允许农民长途贩运、允许开放城乡集市贸易、允许多渠道竞争。这一政策的出台，极大地鼓励了义乌小商品市场的发展。1984 年，义乌市提出“兴商建县”的发展思路，进一步确立了小商品市场在义乌经济发展中的龙头地位，从而使义乌赢得了先发优势。

1984 年，浙江省委、省政府把大力扶持乡镇企业作为全省经济发展的战略重点，明确提出了要突破乡村两级办企业的框框，实行“四个轮子”（乡、村、联户、个体）一齐转，直接促成了浙江乡镇企业的跳跃式发展。可以说，浙江私营企业，尤其是农村私营企业的发展，在 1989 年前主要得益于对乡镇企业的大力扶持和“四个轮子”一齐转。

党的十三大之后，为加强对全省民营经济的规范化管理，浙江省先后颁布了《浙江省人民政府关于鼓励乡镇企业多出口多创汇的补充通知》（1988 年 6 月）、《浙江省城乡个体工商户税收征收管理办法》（1989 年 9 月）、《中共浙江省委、浙江省人民政府关于加强城乡个体工商户和私营企业管理的通知》（1991 年 2 月）、《浙江省人民政府关于扶持乡镇集体企业稳定发展若干政策措施的通知》（1991 年 9 月）和《浙江省人民政府关于完善我省乡镇企业管理体制若干问题的通知》（1991 年 3 月）等文件。

在第一阶段，浙江各级政府的扶持主要是为民营经济尤其是个体私营经济的成长创造比较宽松的外部政策环境。

2. 第二阶段：20 世纪 90 年代初到 90 年代末

1992 年浙江省私营企业协会召开成立大会，个体劳动者协会召开第二次代表大会，浙江省个私经济也在市场经济启动的大环境中迈开了步伐，省委省政府陆续出台了一系列扶植政策和措施。

1993 年初省委办公厅、省政府办公厅下发的《关于促进个体、私营经济健康发展的通知》，对个私经济的社会作用予以充分肯定，继续放宽政策，为个体、私营经济健康发展提供良好的外部环境。省委、省政府领导更加旗帜鲜明地提出要“积极鼓励和支持各地因地制宜发展个体私营经济”“经济不发达地区更要支持发展个体、私营经济，使之成为本地经济的重要增长点。”在全国，浙江省较早把个私经济作为新增长点来抓，对民营经济发展起了很好的促进作用。

1992 年温州市政府颁布了《关于鼓励个体私营经济进一步发展的决定》和《关于大力发展股份合作企业的规定》，1993 年颁布了《温州市城镇集体企业实行股份合作制改组试行办法》，1994 年颁布了《温州市股份合作企业管理规定》《温州市国有企业公有民营试行办法》等。这些政策给民营经济撑开了“保护伞”，及时解决了个体、私营和股份合作制经济发展中遇到的重要问题，指明了发展方向。

台州地区 1992 年颁发了《关于进一步完善股份合作企业的通知（试行）》，1993 年颁发《台州地区股份企业试点实施意见（试行）》《中共台州地委办公室、台州地区行署办公室关于恢复扶持挂牌乡（镇）村集体企业原有性质的若干意见》，1994 年颁发《台州地区行政公署关于加快企业产权制度改革的若干意见》《台州地区行政公署关于企业产权制度改革中几个问题的意见》等文件，全力扶持民营经济发展。

作为主管个私经济管理的主要职能部门，浙江省的各级工商行政管理部门，也积极鼓励和支持个体私营经济发展。

1993 年 4 月，省工商局下发《关于加强领导、促进我省个体私营经济上新台阶的通知》，浙江各地在个私企业注册登记、税收、贷款、用地等方面为个私经济发展主动“松绑放权”。

1997 年，省工商局提出开展“八二〇”工程，主要内容是扶优促强 20 家私营企业集团、培植 20 只私营企业产品著名商标、培育 20 家外向型企业、扶持 20 个重点个体私营经济专业村、吸纳下岗职工从事个体私营经营、动员十大私营企业扶贫、培育 20 个重点个体私营经济开发区、培训 200 名私营企业者。同时，各地方政府的其他职能部门从 1992 年以来，把扶持个体私营经济发展、提供服务作为本职工作来对待，使个体私营经济发展中遇到的征地、用电、供水、交通及资金信贷，得到了一定的保障。

在这一阶段，特别是到了 20 世纪 90 年代中期，浙江省民营经济得到迅猛发展，达到了初次发展的高峰，但同时，在发展的过程中也出现了一些问题，主要表现为假冒伪劣产品和坑蒙拐骗行为。针对这一情况，在浙江省《关于促进个体、私营经济健康发展的通知》中，将各级政府在民营经济发展中的角色定为“管理、打击、扶持、引导”，提出以“质量立省”，同时各级政府及时提出了“二次创业”“二次腾飞”的战略构想，帮助民营企业进行自身产品结构、技术结构和组织结构的改造更新和升级，从而使浙江民营经济逐步走上了规范化管理的道路。如 20 世纪 90 年代以后，温州假冒伪劣产品问题从整体上损坏了温州产品的声誉，削弱了温州产品的竞争力，严重影响了温州民营经济的发展。地方政府及时担负起了打假治劣的重任，提出了“质量立市”的口号，通过地方立法，进行全面整顿，严厉打击假冒伪劣产品，加强质量管理。1994 年，温州市政府在全国率先制定了“质量立市”的地方性法规——《温州质量立市实施办法》，并提出实施“358 质量系统工程”，明确了以市场机制与政府监督管理相结合的原则，采用“打击、堵截、疏导、扶持”的方针，通过宣传教育、打假治劣、引导管理、创牌扶优等措施，来落实“质量立市”的目标。在此基础上，温州市连续制定和颁布了《中共温州市委、市人民政府关于开展第二次创业的决定》（1994 年）、《中共温州市委、市人民政府关于加强产品质量管理提高我市经济发展水平的决定》（1994 年）、《中共温州市委、市人民政府关于开展创建温州百家明星企业活动的决定》（1994）、《温州市人民政府关于扶持重点骨干企业发展若干政策的通知》以及《温州市人民政府关于进一步推进工业结构调整和扶持重点骨干企业的若干政策》（1997）等文件，提出以质量和品牌为核心的二次创业的战略目标，引导广大民营企业树立质量意识，使温州民营经济的声誉得以恢复和提高。

这一阶段是浙江民营经济的快速成长时期，但在快速发展的过程中也出现了一些波折和问题，浙江的各级地方政府出台相应的政策和法规予以规范，引导民营经济良性发展。

3. 第三阶段：从 20 世纪 90 年代末起至今

这一阶段最明显的一个特征是通过政策和法律法规对民营企业的强力扶持。1997 年党的十五大的召开及随后通过的宪法修正案，2002 年 11 月党的十六大和 2003 年党的十六届三中全会的召开，确立了民营经济的政治合法性，进一步拓宽了民营经济的发展空间，使浙江民营经济在一个更加宽松的政治、政策和社会舆论环境下开始了新一轮的蓬勃发展。但民营经济发展的观念差异、政策差异、环境差异、乡镇企业带动和专业市场拉动的差异，及建立在这些差异基础之上的浙江民营经济的先发优势也正在逐步消失，而且浙江“民营经济的结构性、素质性矛盾日益突出，资源和环境制约的问题不断显现，保持原有竞争优势的压力越来越大”。面对机遇和挑战，浙江省各级政府在继续完善原有的各项扶持和规范民营经济发展的方针政策的同时，又推出一系列新的促进民营经济进一步发展和提高的政策，积极推动浙江民营经济在新的阶段实现新的飞跃。

1997 年 12 月 23 日，浙江省委、省政府及时下发了浙江省第一个以省委名义下发的扶持个体私营等非公有制经济发展的政策性文件——《关于大力发展个体私营等非公有制经济的通知》，要求各地党委政府把大力发展个体私营经济作为一件大事来抓。

2002 年 1 月，省政府出台了第一个有关中小企业发展的综合性政策性文件——《关于鼓励和促进中小企业发展的若干政策意见》，该《意见》包含了涉及中小企业产业结构调整、制度创新、财政金融扶持等 7 个领域的 25 条政策意见，促进中小企业发展的政策体系框架初步形成。

2002 年 7 月，省政府出台了《浙江省人民政府关于建设“信用浙江”的若干意见》，采取措施打造“信用浙江”，创建良好的信用环境，提升民营企业的综合竞争力。同月，省委、省政府下发了《关于进一步加快民营科技企业发展的若干意见》，大大放宽民营科技企业的准入标准，鼓励发展多形式、多层次的民营科技企业，鼓励和支持民营科技企业加大科技投入，要求各类金融机构改进信贷服务以增加对民营科技企业的信贷投入，并设立专项资金支持科技型中小企业的研发项目。2003 年 1 月，浙江省政府出台了《关于促进和引导民间投资的意见》，对民间投资予以政策支持，鼓励民间资本投向能源、公共事业等垄断性、基础性行业，为民间投资的发展提供了一个更为公平合理的政策环境。2004 年 1 月，《浙江省民间投资登记备案管理办法》开始实施，对非政府资金项目实行核准制和备案制，不需审批。根据“谁投资、谁决策、谁收益、谁承担风险”的原则，《浙江省民间投资登记备案管理办法》规定除了禁止类和限制类项目外，境内公民和法人使用自有资金在浙江范围内进行的符合国家和省有关法规、规划的投资建设，一律实行备案管理，不再审批项目建议书和可行性研究报告。项目当事人或者委托代理人只需到指定的登记备案办理点或者网站，向项目所在地投资主管部门提出申请，主管部门在收到申请之日起一个工作日内必须办结备案手续。这为浙江民营企业的发展释放了更大的空间，有利于民间资本突入一些“禁地”。

2004 年 2 月，中共浙江省委、浙江省人民政府出台了《关于推动民营经济新飞跃的若干意见》，这个文件的出台为浙江民营经济在新一轮发展中实现再次腾飞指明了方向。2004 年 12 月，浙江省政府下发了《关于印发温台沿海产业带发展规划的通知》，对浙江民营经济发展最早、最活跃的温台地区的产业发展进行了长远的规划，提出了“统筹发展”的主题，要求温台地区创新发展模式，加快经济增长方式从粗放型向集约型转变，经济体制从初级市场经济向现代市场经济转变、经济社会结构从有所失衡、城乡分割向协调发展、城乡一体化转变。2005 年 1 月，浙江省委办公厅、省政府办公厅出台《关于加强非公有制经济组织人才队伍建设的若干意见》，规定非公有制经济组织人才在引进、培训、科研、专业技术资格评审等方面，与国有企事业单位人员享受同等政策和待遇。2005 年 4 月，浙江省人民政府办公厅下发了《关于学习贯彻国务院鼓励支持和引导个体私营等非公有制经济发展若干意见的通知》，指出省政府将在调查总结各地推动民营经济新飞跃工作的基础上，研究制定进一步促进个体私营等非公有制经济发展的政策措施。

2008 年以来，继《浙江省促进中小企业发展条例》之后，浙江省相继颁布《浙江省人民政府关于促进中小企业加快创业创新发展的若干意见》《浙江省人民政府办公厅关于促进小型微型企业再创新优势的若干意见》《浙江省人民政府办公厅关于推进民营企业对接现代技术现代金融工作的意见》等一系列政策规章，促进中小企业的发展与培植。其中特别注重有重点地培育发展研发设计服务、知识产权服务、检验检测服务、科技成果转化服务、节能减排技术推广服务、信息技术服务、网络数字内容服务、电子商务服务、生物技术服务等高技术服务小微企业。

在采取措施加快发展对小微企业创业风险投资方面，鼓励和促进社会各类资本特别是民间资本进入小微企业创业风险投资领域。凡对本省小微企业进行投资的创业风险投资机构，政府通过设立创业投资风险补偿专项资金的形式，给予一定比例风险补贴，设立中小企业发展基金，专项用于支持初创期的科技型和高技术服务型小微企业创业。鼓励股权投资管理机构设立主要投资于高层次人才创业创新项目的股权投资基金，其母基金和政府创业风险投资引导基金积极给予支持。完善创业投资退出机制，建立健全统一互联、流转顺畅的全省产权交易市场体系。

特别值得一提的是，为加强供给侧结构性改革，做好去产能、去库存、去杠杆、降成本的相关工作，2016 年 4 月 8 日，浙江省人民政府办公厅发布《关于进一步降低企业成本优化发展环境的若干意见》，进一步减轻企业负担，降低企业生产经营成本，优化发展环境，促进经济平稳健康创新发展。意见提出降低企业税费负担、用工成本、用能成本、融资成本、用地成本、物流成本、外贸成本、制度性交易成本等 8 个方面，共 30 条意见。对各地、各部门出台和落实降低企业成本、优化发展环境的政策措施情况，将适时开展督查。其中包括：全面实施“营改增”。从 2016 年 5 月 1 日起，将“营改增”试点范围扩大到建筑业、房地产业、金融业、生活性服务业，并将所有企业新增不动产所含增值税纳入抵扣范围，确保所有行业税负只减不增；减征地方水利建设基金。按现有费率的 70% 征收地方水利建设基金；完善新型墙体材料管理；全面落实减税清费政策；合理把握最低工资标准调整节奏和力度，最低工资标准原则上每 2 年调整 1 次，调整幅度基本与劳动生产率相协调；完善工资保证金制度；降低社会保险费；继续推进“机器换人”，鼓励企业加大以智能制造为主攻方向的“机器换人”投资，每年减少生产一线简单用工 50 万人以上，规模以上企业提高劳动生产率 8% 以上；降低一般工商业及其他用电价格；扩大电力用户直接交易范围和规模；降低企业用气价格；引导金融机构主动帮扶企业；创新企业融资机制和方式，大力发展应收账款融资，进一步扩大应收账款质押融资规模，支持金融机构提高信用贷款比例。积极推广专利权质押、商标权质押和排污权抵押贷款等融资创新，大力发展设备融资租赁，支持符合条件的工业企业集团设立财务公司，探索开展企业集团财务公司延伸产业链金融服务试点，加快完善政策性融资担保体系；提高企业直接融资比重；防范化解企业资金链担保链风险；减免城镇土地使用税，对新建国家鼓励和扶持产业项目的企业、占地广的深加工农业龙头企业，可在一定期限内作为“确属发展前景较好，但目前亩产税收贡献不大”的纳税人，享受城镇土地使用税差别化减免优惠政策；创新土地出让方式。积极推行工业用地弹性年期出让，鼓励各地采用出让年限小于 50 年、长期租赁、租让结合、先租后让等方式供地；下调土地出让竞买保证金和履约保证金；支持标准厂房建设；全面规范港口、机场、公路经营性收费，禁止限定经营、强制服务、强行收费行为；大力发展多式联运；清理规范进出口环节和海关监管区服务收费；优化出口退税办理，对出口企业实行分类差异化管理，下放审批权限，简化审核手续，开展“互联网+便捷退税”创新试点，推进出口退税无纸化管理，加快出口退税进度；提高检验检疫通关便利化水平；支持跨境电子商务发展，鼓励企业直接与海外客商进行交易，积极培育中小企业外贸代理平台；加强涉审中介治理；降低企业纳税成本，大力推广网上办税，积极推行企业涉税事项全省通办，优化办税流程，简并申报缴纳次数，对增值税小规模纳税人实行按季缴纳增值税，对小型微利企业实行按季预缴企业所得税。

（二）地方政府各相关职能部门的规定

1998年11月16日，省工商局发出《关于支持部分私营企业申报自营进出口权的通知》，积极扶持私营企业发展外向型经济，扩大浙江产品在国际市场的占有率。1999年7月7日，浙江省工商局组织实施了扶优扶强的个体私营经济“7100”工程。

1999年11月，原省计经委出台了《浙江省鼓励和引导非国有投资的若干意见》，加强对民间投资的政策引导力度。2000年，省政府办公厅转发了《省工商局关于进一步发挥工商行政管理职能支持企业改革和发展若干意见》的通知，要求地方各级党委、政府在法律、法规范围内为个私经济配送“政策套餐”，对各种不平等政策进行清理，为各类市场主体公平参与市场竞争创造了更为宽松的环境。

2002年4月，浙江省经济贸易委员会同浙江省中小企业局出台《浙江省鼓励和促进中小企业发展的指导意见》，对省政府《关于鼓励和促进中小企业发展的若干政策意见》的贯彻进行了具体部署。

2002年7月，浙江省工商局出台《关于完善准入机制、放宽准入条件十方面举措》，在降低市场主体创业门槛，促进民营企业做大做强及产业调整、制度创新、品牌经营、外向发展、投资扩张、营造公平环境、信用环境、维护合法权益、提高企业素质等多方面给予政策优惠和扶持引导。2002年9月，省工商局出台十大政策举措，加大对著名商标评定的改革力度，加大对驰（著）名商标的保护力度，加大对企业品牌战略的引导服务力度，其中包括全面完善省著名商标认定办法，努力激发企业创牌积极性。同月，省政府下发了《关于进一步培育和发展大型企业集团的若干意见》，省经贸委会同有关部门选择的26家将重点培育发展的企业集团，绝大部分是民营企业。2002年11月，省工商局出台了《贯彻十六大精神助动个体私营经济提升提速发展若干措施》，在降低市场主体创业门槛、产业调整、制度创新、品牌经营、外向发展、投资扩张以及营造公平环境、提高企业素质等方面推出十大举措，着力培育、引导、促进、规范，努力推进个体私营经济提升提速发展。2003年浙江省工商局全面启动和实施“六千三百”工程。2003年3月21日，省工商局下发了《进一步贯彻落实推动个私经济发展十大举措、推进“六千三百”工程实施方案》。2003年4月，沪苏浙三地工商部门签署协议，本着“信息共享、优势互补、携同共管、共同发展”的原则，签署了合作会议纪要。这个会议纪要的签署为浙江民营经济的发展优化了整体环境，开拓了更为广阔的空间。

2003年，浙江还启动了个私企业“5511培训计划”，即用5年时间对5万名高层经理特训，对50万名高级管理人员业务轮训，对1000名总裁进行EMBA研修，100万名技术人员进行职业技能培训等，以全面提升浙江民企的人员素质。

2005年，浙江省政府于3月底转发给16个部门《关于在全省开展为企业服务活动的意见》，确定2005年为“企业服务年”。

2006年7月28日，浙江省第十届人民代表大会常务委员会第二十六次会议通过了《浙江省促进中小企业发展条例》，自2006年11月1日起施行。该条例对中小企业的发展，尤其是引导创办科技型、资源综合利用型、环保节能型、农产品加工型等中小企业，重点扶持初创的、具有成长性的中小企业，对浙江省的民营企业的发展而言，意义尤为深远！

2006年11月30日，《浙江省企业商号管理和保护规定》经浙江省十届人大常务委员会第二十八次会议审议通过，于2007年3月1日起正式实施。这是国内首部专门保护企业商号的地方性法规，由此，浙江企业的商号有了“保护伞”。这是全国第一部商号保护地方性法规。

2007年5月，浙江省杭州市委、市政府联合下发了《杭州市民营企业家健康体检和疗养休假制度》，决定从2007年开始，每年安排纳税大户中的150名民营企业家进行专项体检和疗养休假，所需费用由政府财政支付。

2007年12月6日，浙江省工商局发布公告，全国首个“工商营业执照网上标识”在浙江正式启用，这是工商部门向网络经济领域的一次亮剑行动。消费者网上购物时一旦出现问题，即可通过新开通的“浙江省网络经济服务监管网”（zjnet. zjaic. gov. cn）进行投诉举报。

2007年3月通过的《物权法》，强调对公私财产要平等保护，这使民营企业更加放心地去创造更多财富。同时出台的《企业所得税法》，结束了内外有别的企业所得税立法，为民营企业营造了一个公平的税制环境。同年8月，全国人大常委会表决通过《反垄断法》，这对民营经济的发展而言也不啻为一针兴奋剂。

2010年4月，浙江省工商局出台债权转股权办法，开展债权出资试点，收效明显。2012年，浙江省工商局与省财政厅、省物价局等部门，为促进民营企业的进一步发展，推出十项举措服务民营经济，具体包括：一是为小微企业减负，免征小型微型企业注册登记费、年检费的政策，这项政策三年中可减轻企业负担近4亿元，惠及百万小微企业。二是通过债权转股权化解经营困难，深化债权转股权登记的措施；2012年后在允许以对公司经营中产生的合同之债出资的基础上，开放“经人民法院生效裁判确认的债权”和“公司破产重组或者和解期间，列入人民法院批准的重整计划或者裁定认可的和解协议的债权”两类新的债权出资。三是支持企业合并分立，在企业合并分立方面做了一些调整，更方便企业优化资源配置，比如之前的政策规定，企业只能和同类型企业合并分立，如有限责任公司只能和有限责任公司合并，不能和股份有限公司直接合并。今后，企业合并分立时可以依法自主选择登记为有限责任公司或股份有限公司；新政策还允许企业进行多种形式合并分立，简化了登记手续。四是扩大小额贷款公司覆盖面，在偏远乡镇、山区设立分支机构，扩大业务覆盖面。五是放权给省内重点区域，扩大经济强县、国家三大战略区等重点区域的授权。

2014年，浙江省财政厅发布《关于印发浙江省促进中小企业发展专项资金管理办法的通知》，研究制定了《浙江省促进中小企业发展专项资金管理办法》，以促进中小企业发展专项资金的管理。

2016年浙江省人民政府办公厅发布《关于进一步降低企业成本优化发展环境的若干意见》之后，各相关部门相互配合，在进一步减轻企业负担，降低企业生产经营成本方面起到了很好的作用。

由于民营经济的地位得到党和政府的充分肯定，浙江省各级政府促进民营经济发展的政策导向明朗，鼓励、引导、服务的政策职能日益凸显，政策制定及立法逐渐趋向以经营规模为划分标准，以中小企业代替民营企业或个体私营企业的称谓，从政策法规的制定上淡化了所有制的划分。各级地方政府充分发挥“看得见的手”的作用，将民营经济政策上升到省的发展战略的高度，积极、主动、明确地提出全面推动民营经济实现新飞跃的配套政策和措施，政策体系日趋完善，内容涉及民营经济的准入、融资、监管和权益保障等方面，一个全方位的促进公平竞争的有利于浙江民营经济发展的政策环境已初步形成。

（三）民营企业法律保障的地区比较

1. “温州模式”中民营经济的地方政府规制及法律制度保障

温州三面临江，一面靠海，交通条件较为恶劣，在地理环境和区位方面没有天然优势，这一点与交通便利的苏南及珠江三角洲地区有较大不同。由于历史上交通比较闭塞，区位条件较差，国家投资不足，自然资源也无明显的优势，1978 年以前温州的经济发展非常缓慢，属浙江省内经济较为落后的地区。改革开放后，温州初步走出了一条通过率先市场化来促进区域经济社会迅速发展的新路子，从而形成了我国工业化和市场化过程中著名的“温州模式”（史晋川、朱康对，2002）。同时，由于人多地少，传统农业欠发达，但手工业、商业却相对发达。重商、功利、自立、务实的特定区域文化形成了温州人特有的冒险、务实与创新的“温州精神”（陈文理，2005）。中华人民共和国成立以来长期以计划经济为主要色彩的政府管理模式，使得温州地方政府可以利用的政治、经济资源极为薄弱，既无政策优势，集体经济的发展又如此不足，使得温州人少有对政府和集体的期许，只有寻求一种制度外的力量来弥补，这种力量就是个体、私有经济。可见，温州模式在政府管理层面的必然选择只能是“强市场—弱政府”的地方政府管理模式。

面对个体经济和私营经济的萌芽于发展，温州市政府进行了较好的呵护和引导，1978 年，温州市政府颁发了全国第一份私营企业地方性法规——《温州市私营企业管理暂行条例》，为私营企业提供地方性的法律保护，该条例后来成为国家《私营企业暂行条例》的蓝本。随后，1980 年 8 月 11 日，温州市批转市工商局《关于对个体工商业户进行全面整顿、登记、发证工作的报告》，确定了个体工商户的合法地位。1986 年出台的《关于合股企业的若干政策意见》，成为全国第一个鼓励、支持股份合作经济发展的官方文件。上述地方性法规的颁布，对温州地区个体工商户的发展起到了很好的推动作用。

温州市政府通过一系列地方政策的制定和推广，成为民营经济表达制度创新需求的有效信道和有力载体。随着个体、私营经济通过合伙、合作、合资、合股不断发展为股份合作制经济，温州市政府从 1987 年开始制定了一系列以扶持、扶正、扶优股份合作制经济为主要目的的地方性法规，其中仅在 1987 ~ 1997 年期间就相继出台了 9 个地方性法规，如 1987 年颁布的《温州市挂户经营管理暂行规定》《温州市私人企业管理暂行办法》，1988 年颁布的《关于私营企业和股份合作企业若干问题的通知》，1989 年颁布的《关于股份合作企业规范化若干政策问题的通知》，1990 年颁布的《批转〈关于股份合作企业规范化若干政策规定的报告〉的通知》等等，扶持和引导民营经济发展，提升了制度创新体系的整体功能，使得温州民营企业的发展基本上沿着一条较为平稳上升的轨迹演变。

温州市地方政府积极传递和满足民营企业制度创新的愿望，同时通过制定一系列地方性法规为民营企业制度创新提供了足够的法律制度保障。

这种政策与法律制度上的保障，很好地契合了温州民营经济的特点。温州的民营经济在很大程度上是依托密切的人际关系网络而发展起来的，地方政府制度变迁中的很多变通措施、过渡形式，都是在地方政府和民营企业双方利益的让渡与交换后，再由正式的制度安排加以确认和规范。这种紧密相关的利益把地方政府和民营企业凝聚在一起，民营企业在微观层面上的主动创新与地方政府在宏观层面上的引导和规范发生多重互动，从而在整体上推动了温州经济市场化的扩展和民营经济的发展。这使得温州地方政府的制度创新无论从时间、深度或是力度方面都明显优于其他地区，形成温州民营经济在发展中的体制落差优势（陈国权、麻晓莉，2004）。“挂户”经营，“戴红帽”企业，股份合作制企业，这一系列创新政策与法律制度保障下的对于私有产权方式富有创造性的制度安排，在很大程度上促成了民营企业与传统合作经济制度的结合，降低了地方政府为争取中央的许可所承受的压力，缓和了民营经济的发展与中央政府原有制度规定的摩擦和冲突，从而扩大了民营经济生存和发展的弹性空间。温州地方政府的一系列创新型的地方性政策法律制度，较好地保障了温州民营经济在相对较少地受到传统体制和中央现行制度的限制下进行创新，也让温州独享了制度创新的优先权所带来的区域制度性经济增长的好处。

2.“珠江三角洲模式”中民营经济的地方政府规制及法律制度保障

珠江三角洲地区有着独特的地理位置和区位优势，这里交通远比温州地区发达，自然资源比较丰富，传统农业比较发达，但工业基础相对薄弱，因此原有的国有、集体企业相对不太发达。在区位方面其最大优势在于地理上与我国港澳地区接壤，文化上同属岭南文化系列，最重要的是我国港澳地区具有不同于中国大陆的制度框架。同时，两地的经济落差形成特有的资金、技术、管理和人才的市场要素流动。改革开放政策实行以来，中央实行一定程度的倾斜政策，广东地区获得先发的政策优势，所以，珠江三角洲地区的经济发展要先行一步。基于珠江三角洲自身的经济发展水平和既有制度框架，珠江三角洲模式既没有抛弃传统优势，也没有拒绝甚至勇于吸纳新的经济成分和制度因素。实践中，乡镇集体经济、国有经济成分、私人经济成分，港、台资企业，三资企业等都能在这一地区得到较快发展，从而体现出各种经济成分的比较和竞争优势。

与温州模式的“弱政府—强市场”，在旧有制度体系内部所进行的“内生渐进式制度创新模式”不同，珠三角模式总的特点是“强政府—强市场”模式。其表现有：中央控制早期较弱，同时给予地方政府在改革开放中一定的自主权和政策支持。如果说温州模式是对旧有制度的依赖和精雕细琢，依赖地方政府的动员和推动，在原国有、集体企业内部所进行的边际改进，则珠三角模式则是一种“外向型的制度创新模式”，改革在初始阶段也主要由中央和地方政府驱动，同时市场要素在原有萌芽的基础上与政府改进的方向大体同步，并互相推动彼此的改进过程。地方政府在改革过程中始终扮演着积极角色，拥有丰富的政策和市场资源，同时市场因素在改革的过程中不断发展和累积，并逐渐具备取代政府力量成为改革主体的能力。此外，港澳等异质市场与制度要素的引入更是具有关键性的意义。中央与地方政府在区域经济发展中发挥着主导的作用。珠江三角洲地区独特的地理位置和人文环境，加上政策的倾斜和鼓励，外来制度因素和变量，特别是港澳的资本主义因素的合理成分在珠江三角洲地区也能够得到很好的利用，通过引入外来变量，在不同制度的冲突和比较借鉴中形成和演进从而形成新的制度创新的参照和源泉。区域内各种所有制性质的企业都能找到合适的发展环境和条件，外向型经济格局能够很快的形成，市场因素得到了很好的发育，并逐渐在整个制度创新过程中发挥着越来越重要的作用。

20 世纪 70 年代末，我国开始进行社会主义经济制度的改革，在这场改革中广东是先行省份。1999 年 7 月 1 日，《广东省个体工商户和私营企业权益保护条例》正式实施。该条例虽然晚于温州市 1978 年颁布的《私营企业管理暂行条例》，但作为一部对私营企业权益保护的地方性法规，意义非常重大，事实上，这是全国第一部保护个体私营企业权益的省级地方性法规。为了促进民营经济的迅速发展，广东地方政府相继颁发了一系列法规和文件，如《关于加快民营经济发展的决定》及 12 项配套文件、《广东省贯彻实施〈中华人民共和国中小企业促进法〉指导意见》《关于加快广东省中小企业信用担保体系建设的意见》《关于加快我省中小企业服务体系建设的意见》等。为保障民营企业的合法权益，广东地方政府又相继颁布了《广东省促进民营企业发展条例》《加快民营经济发展的有关配套文件的通知》，推动对《广东省关于加快民营科技企业发展的实施意见》《广东省关于促进个体私营经济加快发展的实施办法》《广东省财政扶持中小企业发展专项资金管理办法》《广东省百强民营企业认定暂行办法》《广东省关于放宽民营资本投资领域的实施办法》《广东省关于支持民营经济发展若干用地政策的实施办法》《广东省关于扶持外向型民营企业发展的实施办法》《广东省关于鼓励民营企业吸纳下岗失业人员再就业的实施办法》《广东省关于扶持民营农产品加工企业发展的实施办法》《广东省民营经济统计试行办法》《广东省关于为民营企业人员循因公渠道办理出国手续的试行办法》《广东省关于设立省民营企业投诉中心的实施办法》，2011 年，又推出《广东省人民政府关于进一步鼓励和引导民间投资的若干意见》，上述政策法规的出台与实施，对推动广东省民营经济的发展具有十分积极的作用。

以“温州模式”为代表的浙江民营经济在 20 世纪 90 年代开始发力，出现了一大批有竞争力的民营企业。从《中国民营企业 500 强》榜单上来看，浙江民营企业 2015 年上榜 138 家，2016 年上榜 134 家，上榜数量已经连续 18 年居全国首位。目前来看，浙江已相对广东具备一定优势，这可能是因为浙江过去在经济发展过程中对民营经济更重视一些，因而显得发展速度要快一些，格局要好一些。如果要学习浙江，主要是要学习他们发展民企的战略思想，高度重视民营经济的发展，不断创新，用有效的制度和政策来支持民营企业做大做强。

在民营经济的发展阶段上，温州市的政策及法律制度保障，在发展的第一阶段基本处于“无为”的层面上；在民营经济发展的第二个阶段，政府开始加强调控和监管，成为“有为的政府”，颁布了一系列政策和地方性法律法规，为温州个体私营经济的发展，起到了非常好的引导和保障作用。因此，温州股份制的改造比珠三角地区早，由于股份制产权明晰，带来体制上的优势。温州模式下的民营经济的股份制改造领先珠江三角洲模式的民营经济近10年，为民营经济发展提供了很好的发展空间。温州民营经济发展的第三个阶段是“适度政府”阶段，政府通过各项政策法规，利用“有形的手”与“无形的手”相结合来促进民营经济的发展。

与浙江相比较，广东的特点与优势主要是对外开放格局非常好，外向型经济比较发达。广东20年来引入外资稳居全国首位，拥有一大批强势的外资企业、港台地区企业等。改革开放以来，民营经济从无到有，从小到大，迅速发展，逐渐成为影响广东经济发展的一支举足轻重的力量。

地方政府对民营经济稳定与适度的法律制度保障，关系到这个区域内民营经济的持续稳定发展。地方政府自身角色的转变，以及通过及时制定合理、适度的成文法律法规，对于引导和促进区域内民营经济发展有着至关重要的作用。

三、民营企业的组织形式与法律规定

中华人民共和国成立之初，政务院于1950年12月30日颁布了《私营企业暂行条例》，规定了私营企业的组织形式分别为：独资企业、合伙企业和公司，公司又包括无限公司、有限公司、两合公司、股份有限公司、股份两合公司。

改革开放以后，在20世纪80年代初采取以个体经济为主要形式，初步完成了必要的资本积累，之后，民营经济逐渐过渡到以个体工商户、独资企业、合伙企业、公司企业同时并存的局面，且逐渐形成了公司企业占主导地位的格局。

作为民营经济发展比较快且在社会经济生活中所占比重较高的省份的浙江省，其企业组织形式的构成与全国的私营企业组织形式的构成大体相同。根据浙江省工商联非公有制经济情况调研课题组1998年的调研数据显示，民营企业中各类组织形式的比例大致为：独资企业39.1%、合伙企业10.7%、有限公司34.7%、股份公司11.1%、中外合资企业4.4%。总体来说，个人合伙企业比例少于个人独资企业，而个人独资企业的比例又少于公司制企业的比例（有限公司与股份公司的总体比例占45.8%）（胡虎林、余永祥、陆介雄，2004）。

（一）个体工商户、个人独资企业的法律规定

我国《民法通则》第二十六条将“个体工商户”界定为“公民在法律允许的范围内，依法经核准登记，从事工商业经营的，为个体工商户”。我国现行《宪法》则对个体工商户及个人独资企业等私营经济的法律地位规定为：“在法律规定范围内的个体经济、私营经济等非公有制经济，是社会主义市场经济的重要组成部分。国家保护个体经济、私营经济的合法权利和利益。”

1999年8月30日，九届人大常委会第十一次会议通过了《中华人民共和国个人独资企业法》，并于2000年1月1日实施。该法第二条规定：“本法所称个人独资企业，是指依照本法在中国境内设立，由一个自然人投资，财产为投资人个人所有，投资人以其个人财产对企业债务承担无限责任的经营实体。”

《个人独资企业法》的通过，对民营企业的发展起到了非常大的助推效应。在该法颁布之前，公司作为一类重要的组织形式，其对注册资本的严格规定，将很多有意成立公司的主体挡在了门外，而个人独资企业无须注册资本的限制，“一块钱即可成立企业”，且个人独资企业不再要求“雇工八人以上”，这对许多私营经济主体成立企业起到了很大的推动作用。

事实上，我国现行的立法对个体工商户与个人独资企业的区分并不明晰。两者都以个人或家庭财产作为经营活动的基础，

个体工商户与个人独资企业的区别，主要体现在以下几个方面。

第一，个人独资企业必须要有固定的生产经营场所和合法的企业名称，而个体工商户可以不起字号名称，也可以没有固定的生产经营场所而流动经营。

第二，个体工商户的投资者与经营者是同一人，都必须是投资设立个体工商户的自然人。而个人独资企业的投资者与经营者可以是不同的人，投资人可以委托或聘用他人管理个人独资企业事务。

第三，个人独资企业可以设立分支机构，也可以委派他人作为个人独资企业分支机构负责人。这一规定，说明了个人独资企业不但可以在登记管理机关辖区内设立分支机构，也可以在异地设立分支机构，由设立该分支机构的个人独资企业承担责任。而个体工商户根据规定不能设立分支机构。另外，个体工商户虽然可以异地经营，但随着各地近几年相继简化了外来人员的登记手续，从而使个体工商户的异地经营这一规定逐渐淡化。由此可以看出，个人独资企业的总体规模一般大于个体工商户。

第四，个人独资企业与个体工商户的法律地位不尽相同。在民事、行政、经济法律制度中个人独资企业是其他组织或其他经济组织的一种形式，能以企业自身的名义进行法律活动。而个体工商户是否能够作为其他组织或其他经济组织的一种形式，一直是国内民法学家的争论对象。在日常法律活动中，个体工商户的法律行为能力往往受到一定的限制，更多的时候，个体工商户是以公民个人名义进行法律活动的。事实上，国内就有许多法律专家提出个体工商户不是法律意义上的企业。另外，个人独资企业与个体工商户作为市场主体参与市场经济其他活动的能力不同，如个人独资企业可以成为公司的股东，从而以企业名义享有公司股东的权利和义务，而个体工商户一般不能以企业名义作为公司股东，只能以个人投资者（自然人）身份成为公司股东。

第五，个人独资企业与个体工商户在财务制度和税收政策上的要求也不尽相同。事实上，这也是投资者较关心的问题。根据《个人独资企业法》的规定，个人独资企业必须建立财务制度，以进行会计核算。值得一提的是，个人独资企业的财务制度是个人独资企业的必备条件，不以任何部门的要求而改变。而个体工商户由于情况复杂，是否要建立会计制度争论较多，在即将实施的新《会计法》中也只做了原则规定。按照目前的执法情况看，个体工商户可以按照税务机关的要求建立账簿，如税务部门不作要求的，也可以不进行会计核算。另外，在税收政策方面，由于我国的税收法律制度是一个相对独立的体系，它与市场主体法律制度之间没有统一的联系。目前税务部门认定一般纳税人和小规模纳税人的标准并不是以企业的市场主体地位不同而划分的。一般来说，个体工商户较难认定为一般纳税人，而个人独资企业如符合条件则可以认定为一般纳税人。

《个人独资企业法》颁布实施之初，我国的个人独资企业并没有如想象的如雨后春笋一样大量出现，其中一个重要原因在于个人独资企业最初的税收采用双重征税制，即既要征收个人所得税，又要征收企业所得税，这无疑大大加重了个人独资企业的税负。2000 年 7 月，国务院决定自 2000 年 1 月 1 日开始对个人所得税、合伙企业依照个体工商户征收个人所得税，不再征收企业所得税。所以，税收待遇的区别不再是个体工商户与个人独资企业的主要区别。

个体工商户与个人独资企业的债务责任问题，有待于今后立法上的进一步完善。目前，我国的法律对个体工商户与个人独资企业的债务责任的规定基本上是一致的。《民法通则》第 29 条规定：个体工商户的债务，个人经营的，以个人财产承担；家庭经营的，以家庭财产承担。《个人独资企业

法》第 31 条则规定：个人独资企业财产不足以清偿债务的，投资人以其个人的其他财产予以清偿。家庭出资经营个人独资企业的，要以家庭共有财产承担清偿债务的无限责任。司法实践中认定家庭共同经营是有严格限制的，《个人独资企业法》第 18 条规定：投资人在申请企业设立登记时，明确其以家庭共有财产作为出资的，应当依法以家庭共有财产对企业债务承担无限责任。它要求必须有明确证据证明是以家庭共同财产出资经营才可以。也就是说只有在申请设立企业登记申请书或有关证明文件中注明，而不是其后实际意义上的家庭共同经营，否则，不能以家庭共有财产清偿个人独资企业债务。投资人对个人独资企业的无限责任，还体现在企业的解散和清算中，该法第 28 条规定：个人独资企业解散后，原投资人对个人独资企业存续期间债务仍应承担偿还责任。但债权人 5 年内未向债务人提出清偿请求的，该责任消灭。我们认为，目前个体工商户与个人独资企业的债务责任问题，还有待于我国统一破产法的出台才能得以解决。尤其是，今后我国统一破产法的出台，不应采取商人破产主义，而应该采取一般人破产主义，即承认所有不能清偿债务的债务人，不论其是商人还是自然人，都应该具有申请破产的资格。这对于我国民营经济的退出机制，将会产生深远的影响。

（二）合伙企业及相关法律规定

合伙企业是民营经济非常重要的组织形式之一。我国 1950 年颁布的《私营企业暂行条例》曾对合伙企业作了简单的规定，1956 年完成对企业的社会主义改造之后，虽然个人合伙形式还存在，但作为企业形态的合伙企业已经消失殆尽。改革开放后，个人合伙和企业合伙开始大量出现，但自然人之间的合伙企业的立法却迟迟未能出台。1988 年 4 月 12 日通过的《民法通则》，将“个人合伙”作为专节规定在“公民（自然人）”一章中，作为公民的特殊形态，而将“企业合伙”放在“联营”一节中，在“法人”一章加以规定，以“半紧密型（合伙型联营）”的形式加以体现并对相关条件和责任作了规定。1997 年 2 月 23 日《中华人民共和国合伙企业法》颁布，该法对合伙企业的设立、企业财产、企业事务执行、企业与第三人关系、入伙和退伙、企业解散和清算、法律责任等问题作了详细的规定。这对市场经济条件下合伙企业形式的民营企业的发展具有重要意义。

根据《合伙企业法》第二条规定：合伙企业是指依法在中国境内设立的由各合伙人订立合伙协议，共同出资、合伙经营、共享收益、共担风险，并对合伙企业债务承担无限连带责任的营利性组织。

合伙企业具有如下特征。

第一，合伙企业成立的基础是合伙契约，该契约规定了合伙人相互之间的权利义务，只对合伙人具有约束力，不能对抗外部第三人。

第二，合伙企业由合伙人共同投资，财产由合伙人共有，出资方式也比较灵活，除了货币、设备、无形资产外，甚至可以用劳务出资。

第三，合伙企业由全体合伙人共同经营，如合伙协议无特别约定，每一个合伙人都有权执行合伙企业事务。

第四，合伙人共享收益，共担风险，对合伙企业债务承担无限连带责任。

2006 年 8 月 27 日，修订后的《合伙企业法》由全国人大常委会第 23 次会议通过，自 2007 年 6 月 1 日起施行。修订后的合伙企业法，增加了有限合伙和特殊的普通合伙这两种合伙企业形式。有限合伙企业由普通合伙人和有限合伙人组成，普通合伙人对合伙企业债务承担无限连带责任，有限合伙人以其认缴的出资额为限承担责任。特殊的普通合伙企业则对专业服务机构中合伙人的责任作出了特别规定，修改后的合伙企业法规定，以专业知识和专门技能为客户提供有偿服务的专业服务机构，可以设立为特殊的普通合伙企业，适用本法关于特殊的普通合伙企业的责任规定。

修订后的《合伙企业法》所增加的两者合伙企业形式，丰富了民营企业的组织形式。其中特别值得一提的是有限合伙。有限合伙是一个来自英美法系的概念。英国颁布的《有限合伙法》、美国的

《统一有限合伙法》中都对有限合伙作了类似的规定。从大陆法系和英美法系对有限合伙的定义来说，各国立法对有限合伙的概念界定大同小异。有限合伙能够有效地吸引外来融资，从经济学上来说，除了借助行政或者财力达到的垄断企业外，高投资高回报率的企业一般都存在高的亏损风险，由于风险投资的高风险的特征，使得普通合伙方式无法适应其要求。对于普通合伙来讲，由于普通合伙人必须对合伙企业的债务承担无限责任，为了避免可能带来的无限债务，在企业实际发展中，这种合伙方式一般会规避高的风险项目，而采取谨慎小心的态度，同时多个合伙人的之间的相互信任也是保证企业正常发展的关键，外来的融资在规避风险的动机下也会尽量避开这种形式的投资，因此这些特点都使得合伙企业难以摆脱规模小、资本不足的局限性，以致在经济快速发展的大潮中显得力不从心。而公司形式因其所有股东都承担有限责任，也不能给予投资人充分的资金安全有效运作的保障。有限合伙修正了有限责任的缺陷，其最大的特征就是在于责任的有限责任和无限责任并存，相得益彰，实现了社会资源的最佳配置。通过普通合伙人的设立，强化了合伙人的激励机制，增强了其团结和凝聚力，使得有限合伙具有稳定性和安全性，同时有限责任使得有限合伙人的责任得以减轻，拓宽了融资渠道，减轻了投资人的投资风险。普通合伙人通常以自己的业绩和声誉来吸引投资，使社会投资者能够明显地区别风险投资家的综合素质，在投入资本的时候避免盲目。有限合伙有利于降低运营的成本，并使风险投资和“有限合伙”更契合，并能够最大程度地减少道德风险，而且存在便捷的退出通道。这对有资金但又不愿意冒险的民营经济主体，是一种十分适合的投资组织形式。

（三）公司及相关法律规定

公司是现代企业最典型、最主要的组织形式，也是民营经济中最为重要的组织形式。公司具有产权明晰、权责明确的特点。我国公司法的立法本意是打破传统的按企业所有制性质不同而分别立法的模式，而按企业的组织形式不同来对企业立法，以此构建社会主义市场经济宏观体制的微观基础。由于公司股东相对较多，公司可以募集比个人独资企业和合伙企业更多的资金，从而可以进行更大规模的企业化经营。另外，公司股东出资之后，对公司财产不再直接享有所有权而只是享有股东权，公司对公司资产享有法人财产权，公司股东仅以出资额为限，对公司债务承担有限责任，而不需以个人财产对公司债务承担无限责任，这大大降低了股东的投资风险。

随着改革开放的不断深入，公司法的立法活动开始提上日程。规范意义上的立法活动开端于1983年，国家经济委员会和体制改革委员会着手起草公司法。1986年1月，《有限责任公司和股份有限公司条例草案》（征求意见稿）由国家经济委员会起草公布，之后以征求意见和建议拟定《有限责任公司条例》和《股份有限公司条例》。1987年，上述送审稿上报国务院。国务院在研究这两个条例时认为股份公司尚属试点性质，不宜在全国以行政法规形式加以规定，有限公司适应我国经济发展需要，在实践中也已积累了较多的经验，可以先行通过。1991年国务院法制局与国家体改委以送审稿为基础，会同有关部门反复修改，于1991年8月形成《有限公司法（草案）》，并提交国务院常务会议审议。但由于有限公司法与全民所有制工业企业法的关系，国有独资公司是否列入等问题未予解决，未获通过。后有关部、委、办对草案作了进一步修改。

1992年春，在邓小平南方谈话后，股份制企业发展升速，民营经济进入了快速的发展轨道，为适应规范化的需要，1992年5月15日，《有限责任公司规范意见》与《股份有限公司规范意见》一道由国家体改委正式发布。《有限责任公司规范意见》共计11章79条，《股份有限公司规范意见》共计12章119条，以大陆法系的公司制度为蓝本，在全面总结了自1978年以来我国公司制度实践经验的基础上，系统规定了有限公司和股份公司的基本原则、设立、公司治理、资本（股份）、合并与分立、解散与清算、财务会计、法律责任等基本制度。其后，相关部、委、办也相继发布了十余项配套文件，初步形成了极有特点的中国公司法律制度体系。

同一时期，我国不少经济发达地区的地方性公司法规也对公司制度予以规范。最早的是广东省的

《广东省经济特区涉外公司条例》（1986 年 9 月），1992 年 3 月深圳市又制定了《深圳市有限责任公司暂行规定》。之后，上海市、海南省都相继颁布了本地的公司法规。这些地方性公司法规、规章的制定，不仅规范了本地公司的行为，也为全国统一的公司立法提供了有益经验。

1993 年 12 月 29 日，第八届全国人民代表大会常务委员会第五次会议通过了《中华人民共和国公司法》，标志着完整意义的公司法正式出台。该法于 1999 年、2004 年、2005 年多次修正，现行版本由全国人民代表大会常务委员会于 2013 年 12 月 28 日发布，2014 年 3 月 1 日实施。

根据公司法的规定，公司是依照公司法规定的条件设立的，以营利为目的的具有法人资格的经济组织。公司的基本特征主要有：

第一，公司是资本的联合而形成的经济组织。公司是由许多投资者投资，为经营而设立的一种经济组织，具有广泛的筹集资金的能力，这种功能是适合社会生产力发展需要的，所以它有发展的优势。

第二，公司具有法人资格。也就是从法律上赋予公司以人格，使公司像一个真实的人那样，以自己的名义从事经营，享有权利，承担责任，起诉应诉。

第三，公司股东承担有限责任。这就是指公司一旦出现了债务，这种债务仅是公司的债务，由公司这个拟人化的实体对债权人负责，而公司股东不直接对债权人负责；公司的股东对公司债务仅以其出资额为限，承担间接、有限的责任，这就为股东分散了投资风险，使股东在投资中不致影响投资外的个人财产，所以这种责任形式具有吸引力。

第四，公司是以营利为目的的。这是反映公司基本属性的一个特征，因为投资者投资于公司是有一定利益追求的，希望从公司取得收益；从经济整体来说，公司资产的增值是社会发展的需要。公司以营利为目的，这也使公司与其他经济组织和社会组织有所区别。

第五，公司实行所有权与经营权分离。在通常情况下，特别是在有相当规模的公司中，投资者入股仅仅是为了投资的收益，而不是为了自己去经营；为了公司的发展，他们委托专业的经营者负责经营。所以公司中的基本关系是投资者出资，从公司获取股利，经营者受委托为股东从事经营，对股东负责。

第六，公司依照法律设立和运行，是规范化程序较高的企业组织形式。公司的发起设立、对内对外关系、内部治理结构、合并分立等，都是依照法律规范来办理，公司是一种企业形式与法律形式相结合的体现。

第七，公司是永续存在的企业组织形式。这就是说，公司投资者的股权可以转让，投资者可以流动，但公司仍然可以作为一个独立的实体而存在，公司仍然可以正常地从事经营活动，公司的存在并不取决于其投资人具体是谁，永续存在是其重要的特征。

我国公司法规定的公司分为有限责任公司和股份有限公司两类。这两类公司的最主要共同点是责任的有限性。股东都以出资额或持有的股份为限承担有限责任，公司都以其全部资产对公司债务承担责任。有限责任公司与股份有限公司的区别，主要体现在规模、设立方式、管理要求等方面，因此这两类公司适合不同需求的投资者。民营经济在选择公司形式时，应考虑发起人的财产能力、经营能力、长远需求。

总体特点上，有限责任公司作为规模较小、私密性高的公司形式，保护股东之间的信任关系，是人合性与资合性的结合，公司运营上具有灵活性，其设立、运作步骤简单；股份有限公司则规模庞大，公众性强，通过发行股票融资，往往股东人数众多，公司的决策也按持股票数量掌握话语权，是典型的资合公司。出于保护公众的目的，无论从设立条件还是设立程序上说，股份有限公司的设立比有限责任公司的设立都更严格、更复杂。两种公司形式具体差异表现在：一是股权表现形式存在差异。有限责任公司的权益总额不作等额划分，股东的股权是通过所认缴的出资额比例来表示，股东表决和偿债时以其认缴的出资额比例享有权利和承担责任；而股份公司的全部资本分为数额较小、每一股金额相等股份，股东的表决权按认缴的出资额计算，每股有一票表决权。二是设立方式及流程存在差异。有限责任公司只能由发起人集资，不能向社会公开募集资金，也不能发行股票，不能得上市。股份有限公司除了可以使用有限责任公司的设立方式外，还可以向社会公开筹集资金并上市融资，但设立流程比较复杂。三是股东人数限制上有不同。有限责任公司的股东不得多于 50 人，保护了公司的封闭性；股份有限公司必须有 2 ~200 位发起人，股东人数无限制，上市公司拥有上百万人的股民都是公司股东。四是公司资本规模存在较大差异。一般来说，股份公司的资本规模比有限公司大很多。五是组织机构设置规范化程度存在不同。有限公司比较简单、灵活，可以通过章程约定组织机构，可以只设董事、监事各一名，不设监事会、董事会；股份有限公司的要求高，必须设立董事会、监事会，定期召开股东大会，而上市公司在股份公司的基础上，还要聘用外部独立董事。六是股权转让与股权的流动性方面存在较大差异。有限责任公司，股东之间可以相互转让出资额。向股东以外的人转让出资时，必须经股东会过半数股东同意，因而股权的流动性差，变现能力弱；而股份有限公司的股票公开发行，转让不受限制，上市公司股票则流动性更高，融资能力更强。七是社会公开方面，有限责任公司的生产、经营、财务状况，只需按公司章程规定的期限向股东公开，供其查阅，无须对外公布，财务状况相对保密；股份有限公司，并且要定期公布财务状况，上市公司要通过公共媒体向公众公布财务状况，相比较更难操作，公司财务状况也难于保密，更容易涉及信息披露、内幕交易等问题。

（四）温州民营企业组织形式的演进

某种意义上，温州民营企业组织形式的演变模式，正是我国民营企业组织形式演变的一个缩影。

温州民营经济的组织形式，从法律制度的层面，相继经历了个体工商户、个人独资企业、合伙企业、有限责任公司和股份有限公司的演变过程。温州民营经济在起步阶段，选择与传统的家族制度相联系的企业组织形式和管理制度，也就是以个体工商户和个人独资企业为代表的个人业主制和两人以上合伙经营的合伙制。

1979 年 11 月 30 日，中国第一家个体工商户诞生在温州。温州做纽扣生意的章华妹，成为了中国的第一个个体工商户，注册资本为 150 元，经营地址为温州市解放北路 83 号，工商证字第 10101 号。在章华妹领到了中国第一张个体户营业执照后，整个温州乃至全国都在发生翻天覆地的变化。到 1981 年底，全国城镇个体工商户发展到 185 万户，从业人员 227 万人，比 1980 年的从业人员翻了一番多（夏芬娟，2013）。

随着个体工商户的不断增加，个人独资企业也快速发展起来。个人独资企业，又可以称为自然人企业、个人企业或独资企业。个人业主制是一种最早产生又最简单的企业形态，流行于小规模生产时期。个人业主制无论是财产权或者经营管理权，都有相当大的独立性。然而，个人业主制企业又必须对企业的全部债务负无限责任。根据我国的《个人独资企业法》第二条，个人独资企业是指依照本法在中国境内设立，由一个自然人投资，财产为投资人个人所有，投资人以其个人财产对企业债务承担无限责任的经营实体。当企业资不抵债时，企业必须以个人财产来清偿企业债务。同时，由于业主个人同家庭与企业联系过于密切，业主个人和家庭的变动必然会影响企业的经营管理，企业与企业主同存亡。个人业主制企业与业主个人之间的连带关系，也会使企业的发展规模，受个人资金的有限性和个人信用有限性的制约。

2000 年 4 月 19 日，经温州瑞安市工商局登记注册，温州瑞安市基亚电器厂 41 岁的老板吴成武，成为《个人独资企业法》实施后温州市第一位个人独资企业执照的持有者。这家个人独资企业的注册号为330381290001，主要从事汽摩配、电器、电子配件及墙壁开关等产品的生产和销售，申报的投资额为人民币 28 万元，企业创办人表示已做好了以全部家庭财产承担无限责任的思想准备。该企业的创办人此前一直想办一家属于自己的企业，但因种种限制没能如愿，《个人独资企业法》的实施终于促使其有了自己的企业（温州侨乡报，2000）。

合伙制是指两个以上公民按照协议，各自提供资金、实物、技术等，合伙经营、共同劳动，必须由两个或两个以上的公民组成，参加合伙的公民必须是有民事行为能力的公民。合伙制是各合伙人在自愿的基础上联合起来，如果违背自愿原则，就不具备合伙的条件。合伙制必须具备一定的资产和经营条件，包括资金、技术、设备、场地等必要条件。合伙制必须建立在协议基础上。合伙制的财产分为两部分：一部分是合伙人各自的投资；另一部分是合伙经营积累的财产。后一部分财产是为了达到经营共同事业的目的，而与各合伙人个人财产划分开来的独立财产。合伙制组织没有自己独立财产，所以对合伙经营积累的财产只能归合伙人共有，而不是归合伙组织所独有。从一定意义上说，合伙制企业是个人业主制企业的放大，二者本质上是相同的。即合伙人对企业债务承担无限清偿责任。不仅如此，由于合伙人之间还存在着一定的连带责任，即要求有清偿债务能力的合伙人，对没有清偿能力的合伙人应负债务承担的连带责任。由此可见，业主制企业中个人与企业之间连带性所带来的弊端，在合伙制企业中不仅没有被消除，而且是被放大了。任何主要合伙人的疾病、死亡以及家庭的变故，都会直接影响企业的存在和发展。同时，由于每个合伙人都有参加管理的权利，每个合伙人皆能代表公司，对内对外都很容易产生意见分歧，影响决策效率。合伙制企业筹措资金的能力，仍然极为有限，无法满足企业大规模拓展的要求。这在某种意义上体现的是民营企业所面临的结构失衡。

《中华人民共和国合伙企业法》于1997年2月23日第八届全国人民代表大会常务委员会第二十四次会议通过，2006年8月27日第十届全国人民代表大会常务委员会第二十三次会议修订，自2007年6月1日起实施。修订后的《合伙企业法》，增加了有限合伙的规定。其主要原因是发展风险投资的需要。我国原有的《合伙企业法》因没有有限合伙的规定，限制了愿意参与合伙、但不愿承担无限连带责任的投资者的投资选择，也限制了风险投资事业在我国的发展。修订后的《合伙企业法》拓展了合伙人范围，允许“法人和其他组织”可以设立合伙企业，丰富了合伙企业类型，新增了有限合伙企业及特殊的普通合伙企业。有限合伙企业由普通合伙人和有限合伙人共同组成，在普通合伙人承担无限连带责任的基础上，允许有限合伙人以其认缴的出资额为限对合伙企业债务承担责任。随着经济的发展，发展风险投资迫切需要在法律中规定有限合伙制度。风险投资是20世纪60年代快速发展起来的一种股权投资方式，主要通过持有股权，投资于在创业阶段有快速成长可能的科技型中小企业，以促进这类企业的技术开发、创业发展和资金融通。这种投资常用的组织形式是有限合伙，即在至少有一名合伙人承担无限责任的基础上，允许其他合伙人承担有限责任，从而将具有投资管理经验或技术研发能力的机构或个人，与具有资金实力的投资机构有效结合起来。由于现行合伙企业法没有规定有限合伙制度，而且有的条文对设立有限合伙形成直接限制，使我国风险投资难以采用这一制度。为此，新的合伙企业法增加了有限合伙制度。有限合伙是对合伙企业债务承担无限责任的普通合伙人与承担有限责任的有限合伙人共同组成的合伙。这种组织形式由具有良好投资意识的专业管理机构或个人作为普通合伙人，承担无限连带责任，行使合伙事务执行权，负责企业的经营管理；作为资金投入者的有限合伙人依据合伙协议享受合伙收益，对企业债务只承担有限责任，不对外代表合伙，也不直接参与企业经营管理。该制度能很好地将有良好投资意识的专业管理机构或个人的管理才能和富裕的资金结合起来。

2007年7月16日，温州东海创业投资合伙企业从市工商局领取了合伙企业营业执照，成为温州市第一家有限合伙企业。这是新《合伙企业法》、《合伙企业登记管理办法》实施后温州市成立的第一家有限合伙企业。该有限合伙企业由9家规模企业及一个自然人组成，出资总额达5亿元人民币，主要从事对工业、农业、商业、服务业等项目的投资。作为合伙人的9家企业中有8家是温州乐清的本土民营企业，包括环宇集团有限公司、民扬集团有限公司及佑利控股集团有限公司等，他们作为有限合伙企业的有限合伙人，将以自己的出资额为限对合伙企业债务承担有限责任；另一家为北京上规模的专业投资机构，该投资机构将作为有限合伙企业的普通合伙人，对企业债务承担无限连带责任。

据该企业人员介绍，他们之所以强强联合成立风险投资有限合伙企业，就是看中了该企业类型的制度优势，它将具有良好投资意识的专业管理机构和拥有雄厚资金的投入者灵活地结合起来，实现双赢收益，称得上是为“能人和富人的共舞创造了平台”（蔡小龙、夏海鹏，2007）。

现代市场经济的一个重要标志就是资本社会化。与此相联系的是产生了公司治理层的资本社会化是企业管理革命的起点。资本社会化的具体实践就是股份制、公司制。我国民营企业要适应现代市场经济的需要，就必须从自身的生存和发展出发，从壮大自身的力量、强化自身的竞争力着眼，走股份和公司制的道路。这既是目前我国民营企业发展的一个新特点、新趋势，也是今后民营企业长远发展的方向。温州民营企业也不例外。股份制则是以股份形式明确了企业的产权，改变了业主制为主要形式的民营企业产权不明晰的状况，同时，股份制还允许职工持股，使得职工不仅以劳动者身份参加劳动，而且以所有者身份参与管理，大大提高职工的积极性。实际调查资料表明，股份制是现行温州民营企业选择最多的一种企业所有制组织形式，约占温州民营企业数的54.18%。到20世纪90年代以后，采用有限责任的公司制便成为温州民营企业发展的必然选择（许经勇等，2000）。

2006年新年伊始，中国第一家一人有限责任公司在素有“中国个体私营经济发祥地”的温州成立。2006年1月1日是《中华人民共和国公司法》实施的第一天，虽然恰逢元旦假期，但温州市工商局工作人员放弃休息，特事特办，1日上午，为王毅诚开通了绿色通道，上午9点半，王毅诚从温州市工商局领取了他期待已久的“温州市温信电脑租赁有限公司”营业执照，注册号为3303002007781。因此“温州市温信电脑租赁有限公司”便成为最早拿到营业执照的“一人公司”。与一般的有限公司不同的是，这家公司只有一个人，在其《企业法人营业执照》上注明了公司的性质：有限责任公司（自然人独资），注册资本为10万元。这家一人公司是2016年《公司法》突破有限责任公司至少有两人的限定后，我国成立的首家一人公司（《法制日报》，2006）。中国第一家一人公司在温州诞生具有特别的意义，一人公司在经营上具有不可比拟的灵活性，对于以个体私营经济闻名的温州来说无疑是一次很好的机遇。

随着越来越多的民营企业采用公司制，资金有限的人合制的有限责任公司体制在一定程度上限制了公司的进一步发展，温州的民营企业开始谋求上市融资。2006年8月23日，尤小平家族控制的浙江华峰氨纶股份有限公司（华峰氨纶，股票代码002064）在深圳中小板成功上市，这是浙江温州第一家民营企业的A股上市公司。2009年12月25日，金龙机电股份有限公司作为在创业板成功上市，这是温州本土第一家在创业板上市的民营企业。温州的民营企业，从早期的个体工商户，历经个人企业、合伙企业、有限合伙、有限责任公司、一人公司、股份有限公司等多种组织形式。温州民营企业组织形式的演进过程，正是我国民营企业组织形式演进的一个典型缩影。

（五）民营企业与现代企业制度的建立

现代企业制度是社会化大生产和现代市场经济发展的产物，其不受所有制的限制。建立现代企业制度的目的是为了发展社会生产力。要发展生产力，就要选择资源配置的最佳方式。我国从计划经济资源行政配置方式，转向市场经济的资源市场配置方式，无疑是一个重大突破。在市场经济条件下，要使竞争规律起重要作用，必须以所有制的多元化结构、多种经营方式下的主体多元化为前提条件。民营经济同市场经济有着天然的联系，它是参与国有企业改造的重要力量，也是吸纳社会剩余劳动力，发展社会生产力的重要渠道。因此，建立现代企业制度是以所有制多元结构为基础的社会主义市场经济的内在需求。

现代企业制度的核心内容包括三个方面：一是完善企业法人制度，要求产权明晰；二是严格的有限责任制度，要求权责明确；三是科学的企业领导体制和组织管理制度，要求企业建立相对独立、相互制衡且相互协调的权力机构、决策机构、执行机构及监督机构。具体来说，上述内容涉及四个方面，即：产权明晰、权责明确、政企分开、管理科学。

1. 产权清晰

所谓“产权清晰”，主要有两层含义：一是有具体的部门和机构代表国家对某些国有资产行使占有、使用、处置和收益等权力。二是国有资产的边界要“清晰”，也就是通常所说的“摸清家底”。首先要搞清实物形态国有资产的边界，如机器设备、厂房等；其次要搞清国有资产的价值和权力边界，包括实物资产和金融资产的价值量，国有资产的权力形态（股权或债权，占有、使用、处置和收益权的分布等），总资产减去债务后净资产数量等。

2. 权责明确

“权责明确”是指合理区分和确定企业所有者、经营者和劳动者各自的权利和责任。所有者、经营者、劳动者在企业中的地位和作用是不同的，因此他们的权利和责任也是不同的。从权利的角度来看，所有者按其出资额，享有资产受益、重大决策和选择管理者的权利，企业破产时则对企业债务承担相应的有限责任。企业在其存续期间，对由各个投资者投资形成的企业法人财产拥有占有、使用、处置和收益的权利，并以企业全部法人财产对其债务承担责任。经营者受所有者的委托在一定时期和范围内拥有经营企业资产及其他生产要素并获取相应收益的权利。劳动者按照与企业的合约拥有就业和获取相应收益的权利。与上述权利相对应的是责任。严格意义上说，责任也包含了通常所说的承担风险的内容。要做到“权责明确”，除了明确界定所有者、经营者、劳动者及其他企业利益相关者各自的权利和责任外，还必须使权利和责任相对应或相平衡。此外，在所有者、经营者、劳动者及其他利益相关者之间，应当建立起相互依赖又相互制衡的机制，这是因为他们之间是不同的利益主体，既有共同利益的一面，也有不同乃至冲突的一面。相互制衡就要求明确彼此的权利、责任和义务，要求相互监督。

3. 政企分开

“政企分开”的基本含义是政府行政管理职能、宏观和行业管理职能与企业经营职能分开。这首先要求政府将原来与政府职能合一的企业经营职能分开后还给企业，改革以来进行的“放权让利”“扩大企业自主权”等就是为了解决这个问题。其次，政企分开还要求企业将原来承担的社会职能分离后交还给政府和社会，如住房、医疗、养老、社区服务等。应注意的是，政府作为国有资本所有者对其拥有股份的企业行使所有者职能是理所当然的，不能因为强调“政企分开”而改变这一点。当然，问题的关键还在于政府如何才能正确地行使而不是滥用其拥有的所有权。

4. 管理科学

“管理科学”是一个含义宽泛的概念。从较宽的意义上说，它包括了企业组织合理化的含义；从较窄的意义上说，“管理科学”要求企业管理的各个方面，如质量管理、生产管理、供应管理、销售管理、研究开发管理、人事管理等方面的科学化。管理致力于调动人的积极性、创造性，其核心是激励、约束机制。要使“管理科学”，当然要学习、创造，引入先进的管理方式，包括国际上先进的管理方式。对于管理是否科学，虽然可以从企业所采取的具体管理方式的“先进性”上来判断，但最终还要从管理的经济效率上，即管理成本和管理收益的比较上做出评判。

现代企业制度与传统的国有企业制度不同，与改革以来形成的过渡性企业制度也不同。这种不同，表现在：一是通过建立和完善现代企业制度，国家依其出资额承担有限责任，企业依法支配其法人财产，从而改变以往政企不分，政府直接经营管理企业，承担无限责任，企业则全面依赖于政府的状况。二是企业内部建立起由股东大会、董事会、监事会、经理层构成的相互依赖又相互制衡的治理结构，党组织在贯彻党的路线、方针、政策上发挥监督保证作用，从而改变以往企业领导体制上权力不明、责任不清，要么“一元化”领导，缺少监督制约，要么相互扯皮摩擦、内耗过大的状况。三是企业以生产经营为主要职责，有明确的盈利目标，改变以往企业办社会，职工全面依赖企业，企业对职工承担无限责任的状况。四是企业按照市场竞争的要求，形成适宜的企业组织形式和科学的内部管理制度，从而改变以往作为政府行政体系附属物，大而全，小而全，内部管理落后的状况。五是企业各种生产要素有足够的开放性和流动性，与外部的资本市场、经营者市场、劳动力市场及其他生产要素市场相配合，通过资产的收购、兼并、联合、破产，通过经营者的选择和再选择，通过劳动者的合理流动，使企业结构得以优化，竞争力得到有效提高。

四、民营经济的政府监管法律制度

我国民营经济的发展，尤其是改革开放后民营经历了从小到大、从弱到强、与时俱进的发展历程，与政府的引导与监管密不可分。政府对民营经济的监管，不仅体现在宏观层面上的经济调控，还体现在微观经济运行机制上的监督、管理和服务。我国的民营经济的政府监管法律制度，不同于西方国家以私有制为基础的市场经济的监管，我国的民营经济监管是建立在公有制为基础的市场经济的监管，不仅要适合民营经济自身发展的需要，还要考虑与社会主义市场经济协调发展相结合。改革开放以来，民营经济的高速发展是我国经济体制改革中的最大亮点，然而由于金融抑制、市场资源配置和信贷资源供求关系等各方面原因，民营经济发展也遭遇到了诸多“瓶颈”，考虑到民营经济的分散性、与社会联系的紧密性，政府适时的、审慎的、松紧适度的监管是很有必要的。但同时，由于各方面的原因，政府监管法律制度也存在较多的不足，在民营经济的发展水平越来越高且在国民经济中的地位越来越重要的情形下，弥补制度的不足，构建更有效率的民营经济政府监管法律制度是十分必要的。

（一）民营经济政府监管法律制度现状

改革开放以来，我国民营经济的发展取得了令人瞩目的成绩，同时，政府对民营经济的监管也在不断加强与完善，民营经济的政府监管法律制度也在日益完善。其中，监管的法律体系，机构设置与内容形式等方面，都日趋合理化。具体来说，我们民营经济的政府监管体系主要由三个部分组成，分别是：关于民营经济主体监管的法律制度、关于民营经济市场主体行为监管的法律制度以及与民营经济相关但并不直接约束的相关法律制度。

1. 关于民营经济主体监管的法律制度

对民营经济主体的监管主要是指对民营经济组织形式的设立、存续、变更及退出机制等一系列市场运行过程的监管。目前这一方面的法律法规主要有：《个人独资企业法》（1999 年 8 月 30 日颁布，2000 年 1 月 1 日起施行）、《合伙企业法》（1997 年 2 月 23 日颁布，2006 年 8 月 27 日修订并于 2007 年 6 月 1 日起施行）、《公司法》（1993 年 12 月 29 日颁布，经 1999 年、2004 年、2005 年、2013 年多次修正，现行版本于 2013 年 12 月 28 日颁布，2014 年 3 月 1 日施行）。

2. 关于民营经济市场主体行为监管的法律制度

民营经济主体行为的监管也是政府对民营经济监管的重要内容，这一类的法律法规主要有：经济竞争法系列［包括《反不正当竞争法》（1993 年 9 月 2 日颁布通过，1993 年 12 月 1 日施行）、《消费者权益保护法》（1993 年 10 月 31 日颁布，2009 年 8 月 27 日、2013 年 10 月 25 日两次修订）、《产品质量法》（1993 年 2 月 22 日颁布，2000 年 7 月 8 日修订）、《反垄断法》（2007 年 8 月 30 日颁布，2008 年 8 月 1 日起施行）、《价格法》（1997 年 12 月 29 日颁布，1998 年 5 月 1 日施行）］；知识产权法系列［包括《商标法》（1982 年 8 月 23 日颁布，2013 年 8 月 30 日第三次修订）、《专利法》（1984 年 3 月 12 颁布，2008 年 12 月 27 日第三次修订）、《著作权法》（1990 年 9 月 7 日通过，2010 年 2 月 26 日第二次修订）］；税法金融法系列［包括《税收征管法》（1992 年 9 月 4 日颁布，于 2015 年 4 月 24 日第三次修订）、《增值税暂行条例》（1993 年 12 月 13 日颁布，2008 年 11 月 5 日修订）、《企业所得税法》（2007 年 3 月 16 日颁布，2008 年 1 月 1 日施行。2016 年 5 月 1 日开始全面实施“营改增”，将“营改增”试点范围扩大到建筑业、房地产业、金融业、生活性服务业，并将所有企业新增不动产所含增值税纳入抵扣范围，确保所有行业税负只减不增）、《票据法》（1995 年 5 月 10 日颁布，2004 年 8 月 28 日修订）、《发票管理办法》（1993 年 12 月 23 日发布，2010 年 12 月 20 日修订）］；劳动法系列［包括《劳动法》（1994 年 7 月 5 日颁布，2009 年 8 月 27 日修订）、《劳动合同法》（2007 年 6 月 29 日颁布，2012 年 12 月 28 日修订）］；契约法系列［包括《合同法》（1999 年 3 月 15 日颁布）、《仲裁法》（1994 年 8 月 31 日颁布，1995 年 9 月 1 日施行）、《担保法》（1995 年 6 月 30 日颁布，1995 年 10 月 1 日施行）］；食品安全法系列［包括《食品卫生法》（1995 年 10 月 30 日颁布，2009 年 6 月 1 日起废止，取而代之的是 2009 年 2 月 28 日颁布并于 2015 年 4 月 24 日修订的《中华人民共和国食品安全法》］；环保法系列［包括《环境保护法》（1989 年 12 月 26 日颁布，2014 年 4 月 24 日修订）、《水污染防治法》（1984 年 5 月 11 日颁布，2008 年 2 月 28 日第二次修订）］；房产土地及资源法系列［《矿产资源法》（1986 年 3 月 19 日颁布，1996 年 8 月 29 日修订）、《森林法》（1984 年 9 月 20 日颁布，1998 年 4 月 29 日修订）、《土地管理法》（1986 年 6 月 25 日颁布，2004 年 8 月 28 日第二次修订）、《城市房地产管理法》（1994 年 7 月 5 日颁布，2007 年 8 月 30 日修订）］等一系列法律法规。

3. 其他相关的法律法规

除了上述针对民营经济主体和主体行为监管的法律之外，还有一些法律法规虽然不直接约束民营经济的行为，但却起到了非常重要的间接管理的作用，如《民法通则》（1986 年 4 月 12 日颁布，2009 年 8 月 27 日修订）、《物权法》（2007 年 3 月 16 日颁布，2007 年 10 月 1 日施行）、《科技成果转化法》（1996 年 5 月 15 日颁布，2015 年 8 月 29 日修订）、《产业振兴纲要（1996 ~ 2010 年）》（1996 年 12 月 24 日颁布）等法律法规及部门规章。

（二）政府监管的组织体制

我国民营经济监管的组织体制是国家不设立主管机关，各有关行政管理和行政执法机关按照国家规定的各自职责范围对民营经济实行监督管理。相关的行业主管部门依法对民营经济主体的生产经营进行共同指导及管理。因此，我国的政府监管组织体制主要体现在四个层次：第一个层次是工商、财税、物价、公安、卫生、劳动等部门发挥行政执法职能依法管理；第二个层次是政府相关部门的行业管理，包括工业、商业、供销、粮油、物资等行业部门的规划、指导及相应的规范管理；第三个层次是通过群众性的社会团体组织，比如个体劳动者协会、民营企业协会等形式进行的自我监管和服务等活动；第四个层次是群众性监督管理和社会监督，比如依靠消费者协会、新闻媒体监督等形式解决相关的纠纷。

在上述政府监管的组织体制中，工商行政管理机关在民营经济的监管中起到了最关键的作用。

工商部门对民营经济的监管涵盖了多个方面，包括民营经济的设立、主体的变更及消灭、主体行为的规范等各个环节，都需要有工商部门的直接或间接参与监管。国务院赋予工商行政管理部门管理民营经济的职能定位主要是：依法监督管理个体工商户、个人合伙和私营企业，规范其生产经营行为，引导个体、私营经济健康发展。具体包括上述市场主体的注册登记、确立市场主体资格、对上述市场主体的经营行为的监管、民营经济内部财务状况及资金使用的检查、对市场主体的生产行为竞争、行为的监管及对违规行为的查处等。

（三）政府监管法律制度的重构

民营经济本身的性质决定了其生产的盲目性和客观上的无序性，因此，从维护经济秩序和宏观经济协调的角度出发，加强对民营经济的管理和引导，才能使其与整个国民经济相协调并有序健康发展。

1. 当前民营经济监管法律制度存在的问题

从目前我国民营经济的发展情况来看，尚存在如下问题。

首先，民营经济的监管法律制度存在双轨性。

目前，我国对民营经济监管的法律体系具有较为明显的双轨特征，政府对民营经济监管的法律，一方面沿袭了部分具有计划特征的法律法规；另一方面又建立了一系列符合市场经济内在特征的法律法规。从对经济主体的监管角度来看，中国关于企业的分类可以说是比较混乱的。按照企业规模的大小，我们习惯把企业分为大型企业、中小型企业；按照企业的所有制性质，又可以分为国有企业、集体企业、私营企业；按照资本构成，又可以分为内资企业、港澳台商投资企业和外商投资企业；而其中很多种类又可以继续分类，如私营企业又可以分为个人独资企业、合伙企业、有限责任公司、股份有限公司等多种类组织形式。企业分类的混乱，必然引起企业立法的混乱。按照经济分类的角度，中国在20世纪50年代对私改造完成后至70年代末，这将近30年的时间里，商事组织只有国营企业（后来又相继改称为全民所有制企业、国有企业）和集体所有制企业。不过，当时的企业根本不能称之为商事组织，因为既没有商事立法，又没有商法观念，更没有商事组织应当具备的独立性，充其量只不过是各级政府机关的附属物而已。故日本有些学者干脆指出：中国这一时期根本就没有真正的企业。由于中国法定的经济分类和事实上存在的法律分类所形成的企业处于并列状态，相应的企业立法也形成两个系列：一个系列由1988年公布的《全民所有制工业企业法》，1990年、1991年、1996年公布的《乡村集体所有制企业条例》《城镇集体所有制企业条例》和《乡镇企业法》，1988年公布的《私营企业暂行条例》，1993年公布2005年修订的《公司法》，1979年公布2001年修订的《中外合资经营企业法》，1988年公布2000年修订的《中外合作经营企业法》，1986年公布2000年修订的《外资企业法》组成。另一个系列由1997年公布的《合伙企业法》，1999年公布的《个人独资企业法》、2005年公布的《公司法》，以及作为上述三个法律尤其是公司法特别法的三部三资企业法、1995年外经贸部《关于设立外商投资股份有限公司若干问题的暂行规定》等法律法规组成。当然，这种具有中国特色的分类方法，并非是一种好现象，淡化甚至取消企业的经济分类标准，以法律分类标准取而代之是企业分类的必然趋势。

其次，民营经济监管机构职能重复交叉的现象严重。

如前所述，工商行政管理部门是我国民营经济的重要监管部门，全面负责对民营经济的生产经营活动的监管，其他有关的行业主管部门主要负责业务指导和协助管理等监管职责。但在具体实践中，我国许多地方行政部门擅自改变民营经济的主管部门以及各类管理收费部门、缴费标准及使用途径，出现较为普遍的多重管理，交叉管理的混乱监管现象，从而给民营经济增加了负担，同事也阻碍了民营经济的健康稳定发展。造成这一现象的重要原因之一是工商行政管理部门与乡镇企业部门的职权划分界限比较模糊，容易造成监管上的重复交叉与相互矛盾。另外，工商行政部门与城建、卫生、公安、土地、环保等职能部门的行政职能交叉，各部门很容易从各自的利益出发，分割监管权限，甚至越权监管，无法发挥协调监管的作用，造成了侵犯民营企业合法权益的现象，相关部门对监管权力的滥用，也事实上阻碍了民营经济的发展。

最后，民营经济监管中，政策调整和法律调整并存。

应该说，改革开放以来，民营经济的发展壮大离不开党和国家政策的有力扶持。在很长一段时间内，我国对民营经济一直“政策先行、法律确认”的监管模式，这也符合之前的渐进式改革模式。然而，随着市场经济的逐步深入，加快市场体制立法，规范完全市场机制已成为当下市场转轨的重要环节。政策调整的存在，使政府对民营经济参与市场行为过强监管的透明度无法树立，从而民营经济的发展不再仅仅是在市场上的交易与竞争，还取决于政府部门的交易，这不仅助长了政府部门的腐败行为，还打破了平等竞争的市场机制。因此，以法律的规范性、稳定性来调整各种经济关系，不仅是维护市场主体利益和市场交易秩序的需要，也是当前市场经济的内在要求。逐渐摆脱政策调整，建立法律调整的权威，这是今后民营企业监管的正确取向。

2. 民营经济政府监管法律制度重构的思考

我国在建立市场经济体制的过程中，政府对市场的监管，很显然是必要的，但必须看到我国经济特点与西方国家的差异而在市场监管上有所区别。西方国家实行的是市场机制完善的私有制经济，而我国则是以公有制经济为主导的，多种经济成分并存的多元所有制经济。其中，民营经济又是在从传统计划经济向市场经济转轨过程中，不断挣脱传统体制的束缚而获得发展的，市场机制也远未达到完善阶段。政府与市场既具有矛盾性又具有统一性，一方面，政府的过度介入会破坏市场本身的运行机制；另一方面，要达到资源的最优配置，政府的行为必须依靠市场的基础性作用。要想保持经济的高效有序运行，必须要寻求政府与市场的平衡点，在发挥两者各自优势的基础上，形成经济运行更加有效的监管机制。

第一，需要打破所有制界限，顺应市场经济的内在要求，构建民营经济的政府监管法律制度。

市场经济的一个核心要求是平等，具体包括机会的获取上的平等与市场竞争中主体的平等。这就要求政府对市场实行统一的无差别的监管，不区分主体的差异，打破所有制的界限，按照统一的要求和程序，政府仅充当裁判的角色。从而达到维护公平的市场法则的结果。

第二，确立以扶持为主要手段的监管方式，出台法律法案加大对中小企业的金融扶持和信息帮助。在完善的市场体系下，中小企业与大企业的竞争和交易中处于不利地位，而中小企业的存在又是保持竞争、维护效率的重要条件，因此，应当采取对中小企业扶持的监管措施。对民营经济的监管法律制度，也应转变为对中小企业的监管和扶持，具体包括：继续加强立法，进一步建立健全为中小企业服务的金融机构体系，可以考虑建立扶持中小企业发展的国家政策性银行；进一步建立健全信贷担保制度，发展适合中小企业的融资方式；建立财政贴息机制，为产品有市场的高新技术中小企业提供贴息贷款；鼓励设立支持中小企业发展的风险投资基金，鼓励和扶持中小企业投资于高新技术和新兴产业领域；调整现行股票、债券发行条件，鼓励中小企业通过证券市场融资，组织社会人力资源，建立培训制度，为中小企业培训经营管理人员。加强中小企业在科技开发、出口及国际市场开拓等方面的扶植，重点加强资金、技术和信息的支持。

第三，建立对中小企业的财政支持政策体系，促进中小企业的技术创新和制度创新。具体包括清理对各种经济成分中小企业的不合理收费，建立规范的中小企业税收制度，明确政府提供公共物品和服务的费用应当由税收来承担，除此不应当再收费用。建立支持中小企业发展的政府采购制度，建立社会保障体系，增大财政对中小企业融资的支持力度。政府采取适当措施扶持中小企业进行技术创新，如建立有序的人才流动渠道，建立健全法律规制手段，建立技术创新基地，推动科技创新和成果转化。完善支持系统，鼓励和支持科研单位为中小企业提供技术咨询、指导服务政府应逐步建立职业经理人市场，有计划地健全职业经理人市场管理法律法规，促使民营企业改变落后的管理模式，进行制度创新。

第四，严格执法，树立法律调整的权威性，形成以法律调整为主，政策调整为辅的监管法律制度。

市场经济是法治经济，离开了完善的法律体系，市场经济本身就失去了最基本的保障体系。市场经济建设本身就包含了市场法律体系的建设与完善，因此，通过严格执法来树立法律的权威性，是建立和完善市场经济的重要前提和保障。与政策调整相比，法律调整具有更好的稳定性、透明性和公平性。基于此，以确定的法律来调整市场经济主体之间、政府与市场之间的关系，不仅有利于保证市场的稳定和高效，还可以防止行政权力过分介入市场破坏市场本身的运行机制，从而有助于降低交易费用，减低风险成本。对民营经济来讲，树立法律调整的权威性，也可以减少政府部门的人为限制和不规范行政，这对民营经济的健康稳定发展具有重要意义。

五、民营经济的劳动法律制度

我国劳动力市场的发展，劳动者与企业之间雇佣关系的基本形成以及矛盾的产生和激化过程，在很大程度上也就是劳工、企业、地方政府三方间博弈的过程。而劳资关系问题上的法律制度保障也不是一步到位的，它是一个从无到有、从松到紧、从政府默许到干预的过程。

在默许阶段，劳动者迫于需要改变生活环境而进城打工，此时的劳动者是一个松散性的群体。他们进行分散无序的流动，自身力量弱小，缺乏保护能力。另外，在城市迅速发展初期，对劳动者有大量需求。面对庞大的外来人群，地方政府毫无经验并低估了劳工的力量，既赞成劳动者向城镇转移，认为有利于提供大量的廉价劳动力为当地经济发展做贡献和缓解欠发达地区剩余劳动力就业的压力，又难以实施有效的政策积极加以引导。因此，作为特殊的理性“经济人”，地方政府对企业的行为是默许的。它允许企业在当地投资办厂，进行“经济投票”，使大量的外资引入，促进了民营经济快速发展并提供大量的就业机会。

面对民营经济的快速发展，原先无序的劳资矛盾时有升级，政府开始打破沉默，相继颁布相应的法律法规，对劳资关系予以法制化约束。其中，《劳动法》《工会法》《劳动合同法》等法律法规的颁布，政府要求企业遵守相应的法律法规，对企业与用工者的劳动制度进行规范，并要求民营企业成立工会组织，并认真履行最低工资制，落实劳动条件及《劳动法》《工会法》《劳动合同法》中的有关条款等。

政府通过制定相应的法律、法规及规章制度，对民营经济的劳动制度予以积极干预。民营企业开始接受了政府的要求，同时也确信政府出于自身利益的考虑，为了当地经济 GDP 快速增长和政绩最大化，开始主动配合当地政府的行为，积极接受干预与协调。同时，地方政府从自身角度考虑，认为上级政府在考核功绩时，不再仅仅停留在 GDP、税收等纯粹的宏观经济指标层面上，更多的是关注农村剩余劳动力转移等国家战略目标实现情况的指标以及政府的社会形象等方面。所以，在相应法律法规及地方政府部门规章的约束下，地方政府加大执法力度，制约企业的违法用工行为，从而维护公平竞争的市场秩序。

（一）劳动合同法实施后我国民营企业劳资关系现状

民营经济已经成为我国国民经济的重要组成部分，在逐渐成为吸收就业大军重要领域的同时，劳资矛盾也越来越激烈。而以《劳动合同法》为核心的一系列法律法规的出台实施，又极大地增加了民营企业的用工成本和管理成本。为实现短期利润、降低内部成本，很多民营企业存在着超强度生产等诸多非法手段和用工方式。这势必会引起劳动者的强烈不满，进一步加重劳资关系的紧张。《劳动合同法》作为一部保护劳动者权益的基本法律，从起草至今，其合理性和可行性一直倍受争议，甚至有人认为它在增加企业用工成本的同时，变相地增加了劳动者的就业难度，是种两害行为。不排除这种情况的存在，但是《劳动合同法》在规范企业用工制度、促进我国劳动力市场成熟和步入法制化的作用是不能否认的。劳动合同法正在改变我国已有的劳动关系的格局，对劳资双方的力量对比和地位进行重新调整。因此，在此转变过程中，我国劳动关系呈现出新的特点和趋势。

《劳动合同法》是我国在1995年颁布实施《劳动法》之后，最重要的一部劳动法律。作为一部特别法，在沿袭和保留《劳动法》相关规定的基础上，有许多新的内容，具体包括：扩大了《劳动法》的使用范围，增加了民办非企业单位等组织及其劳动者；对用人单位不与劳动者签订书面劳动合同的情形做了严格而明确的规定：超过一个月低于一年不与劳动者订立书面劳动合同承担双倍工资责任，超过一年不订立推定建立无固定期限劳动合同关系；对试用期做了新的规定。试用期的期限明确规定最多不能超过6个月；同时，针对企业在试用期期间任意压低劳动者工资甚至不支付工资的现象，规定不能低于劳动合同约定工资的80%，如果这一标准低于当地最低工资标准，则按最低工资标准执行；劳动者与用人单位签订无固定期限劳动合同提出了新的要求，规定：劳动者在同一用人单位连续工作10年以上或劳动者连续两次与同一用人单位签订固定期限劳动合同的均可以与用人单位签订无固定期限劳动合同，用人单位无权拒绝；增加了事实劳动关系，规定引起劳动关系产生的基本法律事实是用工，而不是订立劳动合同，即使用人单位没有与劳动者订立劳动合同，只要存在用工行为，劳动关系即建立，与用人单位存在事实劳动关系的劳动者即享有劳动法律规定的权利；根据实际需要增加维护用人单位合法权益的内容，比如，规定了竞业限制制度和依法裁减人员的制度；限制了违约金的使用范围，《劳动合同法》规定，只有在培训务期和竞业限制两种情形下用人单位才能约定劳动者支付违约金，除此之外均不得设置违约金情形；强调了合法性原则，规定用人单位必须严格执行劳动定额的标准用工，不能强迫劳动者加班，加班必须按法定标准支付加班费用；修改和完善了经济补偿金制度，劳动者因用人单位违法行为解除劳动合同，用人单位也应当依法支付经济补偿，同时，向高收入劳动者支付经济补偿金的限额做了重新规定，并规定劳动合同终止时，用人单位应当依法向劳动者支付经济补偿的情形；对劳务派遣行为做出了明确的法律规定。

《劳动合同法》的制定和实施，对当前劳资冲突严重的劳动关系现状有重大的扭转作用，主要体现在以下几个方面：一是书面劳动合同的签订率显著提高。劳动合同作为劳资双方确立权利义务的法律依据，已经成为劳动者维权的有力工具和纠纷的司法解决基础。《劳动合同法》实施之前，由于国家没有足够重视，再加上企业规避义务的心里，导致了书面劳动合同签订率非常低。然而，新法实施后的劳动合同签订率大大提高。二是进一步确立了劳动者的主体地位。由于我国劳动关系不和谐的主要原因就是劳资力量的不平衡，即强资本弱劳工，新法明确规定了劳资双方在签订劳动合同时的平等自愿原则，劳动者可以根据自己的意愿选择终止劳动合同而不需要向企业支付任何赔偿金（约定情形除外）。另外，针对劳动争议仲裁时效过短，劳动者由于来不及寻求救济而导致权益无法维护的现象，也做了时效延长。这些规定都大大地提高了劳动者的主体地位。三是促进人力资源的合理配置，最大限度发挥人才效用，使劳动关系更加市场化。劳动合同法在劳动合同期限方面对企业做了更严格的规定，而对劳动者却放松了限制，这就有利于劳动力的方便流动。一般的劳动者只需提前一个月书面通知用人单位（试用期期间为3天）就可以随时辞职去寻找新的工作岗位和工作机会，而不用向企业支付违约金。另外，对用人单位设定违约金的限制，也进一步激活劳动力市场的活跃发展，对劳动者灵活自主的择业创造制度条件。四是劳动争议案件短时期内急剧增加。《劳动合同法》的实施后，我国劳动争议案件急剧增加，许多案件是以新的方式表现出来。《劳动合同法》的刚性规范及强制条款，必然会约束用人单位在处理劳动关系时的非理性行为，促使用人单位不敢轻易突破法制与道德的底线，这对于缓解劳资对抗、促进劳资双赢格局的形成是有益的。

（二）民营企业劳动关系中存在的主要问题

我国民营企业涉及门类众多，行业分布范围很广，其具体情况也是千差万别。在党的政策的鼓励和支持下，民营企业获得较大的发展，出现了像联想、正泰、苏宁、新希望等资产规模较大、员工众多、知名度较高的民营企业。这些企业具备相当规模，在激烈的市场竞争中站稳了脚跟、经济效益比较好，诚信度较高，在社会上有一定影响。同时，这些企业内部已经开始建立并完善现代企业制度，规范法人治理结构，人力资源管理体系逐步完善，在实践中形成了具有本企业特色的企业文化。同时，这类民营企业利润获得更加依赖于高技术人才、先进设备和大量的流动资本，因此，相对来说，这类民营企业在劳动关系方面存在的问题并不突出，或者说这些大型民营企业劳动关系总体上是比较和谐的。与此相对应，我国目前更多的还是资产规模较小、员工较少的中小企业。这些中小企业大多属于劳动密集型企业，平均寿命不足5年，也正是这些企业恰恰是劳动关系问题和矛盾比较普遍和多发对象。当前，我国民营企业劳动关系中还存在一些问题。

1. 民营企业与劳动者不签订劳动合同问题

长期以来，我国由于劳动力资源供大于求，部分民营企业经营者利用劳务市场的这一特点，在招用劳动者时不与劳动者签订合同。虽然《劳动合同法》实施后，不签合同的问题有了一定的改善，但在民营企业中，不签合同的问题依然普遍存在。由于不签合同，民营企业的经营者在执行劳动法律规范方面违法行为屡屡发生。

2. 民营企业劳动者的工资收入分配问题

工资是普通劳动者的主要收入来源，工资收入分配是否合理直接关系到劳动者的切身利益，关系到劳动者的生活水平和质量，关系到劳动者的生活安全感受，关系到收入分配制度合理与否，以至关系到社会稳定。因此，劳动者的工资收入分配是否合理公正，是劳动关系中的重要问题。而在当前实践中，民营企业劳动者的工资收入分配恰恰存在着不合理、不公正的问题。

第一，普通劳动者工资增长机制尚未建立。出于追求经济利益最大化的考虑，一些民营企业并没有伴随企业利润的增长为劳动者提高工资，甚至一些企业劳动者确定的工资标准就是政府所规定的最低工资标准。根据劳动保障部劳动工资研究所发布的福建省企业职工工资增长机制调研报告（2007）的数据显示，与其他类型的企业相比，民营企业劳动者工资增长幅度为最小。上述数据充分表明，在目前的民营企业中，劳动者的工资正常的增长机制并没有形成。在长期的改革发展中，民营企业、民营企业主，包括民营企业中的中高层管理人员在企业发展中获益匪浅，而处于一线的广大劳动者在普遍受益的情况下，相对来说，劳动者的利益增长速度呈现明显的下降趋势。

第二，最低工资制度在部分民营企业没有得到有效贯彻执行。最低工资制度是由国家通过立法程序制定的有关最低工资问题的一项制度，也可以称作最低工资保障制度。这一制度在一些民营企业没有得到有效执行，或变相不执行，或者以试用期为名，或者以提供食宿等待遇为名，或通过延长劳动者工时等方式，变相压低了劳动者的工资水平，侵犯了劳动者的合法权益。

第三，拖欠工资，特别是拖欠农民工工资问题仍然存在。拖欠工资一直是我国侵害劳动者合法权益中最为突出的问题，占各类劳动违法行为的首位。

3. 民营企业劳动者的社会保险问题

社会保险是维护社会稳定的安全网，是经济与社会发展的减震器，是合理配置劳动力资源和建立现代企业制度的重要条件。我国的社会保险制度主要构成为：养老保险、医疗保险、失业保险、工伤保险和生育保险五大险种。社会保险是社会保障体系的核心内容，对维护劳动者权益、构建和谐劳动关系具有重要作用。经过30多年的努力和发展，我国民营企业的社会保险经历了由计划经济体制向社会主义市场经济体制的转变，在民营企业的养老、医疗、工伤、失业和生育保险方面，对于关系广大劳动者切身利益的一系列现实问题进行了有的放矢的关注和解决。

但是，与国有企业相比较，民营企业社会保险发展还是相对滞后，问题还比较突出，面临的困难还很多。具体包括：

第一，民营企业社会保险覆盖面仍然比较狭窄。虽然近些年来民营企业社会保险处于不断发展之中，覆盖面有所扩大，但是与国家政策和制度规定的范围相比较仍然有差距。如国家的社会保险政策规定，任何企业的劳动者都要参加社会保险，而现实中，这一政策规定还远没有实现。民营企业社会保险覆盖面狭窄，也就说明还有相当数量的劳动者没有被纳入到社会保险之中，还没有得到国家社会保险制度的保障，从而也就成为有可能导致劳动关系不和谐的潜在的风险因素。

第二，民营企业社会保险关系转移困难。劳动关系和谐的重要表现之一是劳动力的自由流动，而劳动力的自由流动必然带来社会保险关系转移问题。民营企业劳动者流动性强，其中又以农民工的流动表现更为突出。因此，社会保险关系转移困难实际损害到劳动者的合法权益。以养老保险为例，根据我国养老保险的基本原则，劳动者在缴纳养老保险费达到一定年限后，可以享有领取基本养老金的权益。农民工在城镇就业，流动性特点比其他群体更为突出。在他们返乡或中断就业时，今后再到城镇就业的时间、目的地都具有不确定性，又由于跨省转移接续基本养老保险关系不畅，农民工很难对自己的未来有明确和稳定的预期，因此出现了大批农民工退保的现象。农民工退保后，只能领取个人账户储存额，单位缴费的权益没有体现出来，这实际损害了农民工的养老保险权益。

第三，民营企业普通劳动者收入低影响了社会保险的进一步推进。在收入有限的情况下，一部分劳动者对于缴纳保险费确实难以承受。这也在一定程度上影响了社会保险的进一步推进。

4. 民营企业劳动者的劳动争议问题

劳动者与用人单位之间是一种既对立又统一的关系，既存在利益冲突，同时又互相依赖。冲突的存在必然导致劳动争议的发生。近年来，随着民营经济突飞猛进的发展，伴随之的相关劳动争议也不断攀升。民营企业劳动争议的缘由大多集中在劳动报酬、保险福利、工伤和解除劳动合同等涉及劳动者最基本权利方面。民营企业劳动者维权以自我救济为主，显现出劳动者的弱势地位。民营企业劳动者与雇主作为两大利益团体，发生利益争议甚至冲突，在市场经济条件下是不可避免的。如果作为能够发挥协调作用的工会或者作为发挥执法监督作用的政府能够真正发挥作用，劳动争议乃至冲突就会尽可能地减少。但事实上，我们国家现阶段民营企业工会发展缓慢，没有承担其应有责任；政府立法渐趋完善，但执行起来由于种种原因导致执法弱化。因此，作为处于弱势的劳动者只能自助，甚至是通过非正常手段、非正常渠道维权，甚至发生劳动者群体性事件。

5. 民营企业劳动者的劳动保护问题

从实践看，民营企业较多存在劳动者劳动安全问题。我国的民营经济虽然获得了迅猛发展，但总的来说还处于发展初期，相当数量民营企业是新建企业，企业规模小，且以劳动密集型企业为主，企业的资本积累相对有限。很多的民营企业主为了追逐利润，极力降低成本，导致企业生产条件简陋、生产环境恶劣，忽视与劳动者健康生命息息相关的劳动保护。从而导致劳动者出现职业病和工伤事故的比例较高。

劳动合同法颁布以后，要求修改、废止《劳动合同法》的呼声不断，客观上加剧了劳资双方的对立。事实上，《劳动合同法》在漫长的审议和民主讨论阶段就备受争议，有人甚至认为，我国金融危机的原因不是美国的次贷危机，而是事实《劳动合同法》的结果。更有政协委员在两会时提出废除无固定期限劳动合同的提案。为了适应新的经济发展形式，《劳动合同法实施条例》做了一些调整，但并没有改变企业艰难的生存环境，尤其是出口贸易和劳动密集型企业。

自 2002 年以后，随着国企改制的推进和市场经济的逐渐成熟，政府从企业的劳动关系中退出，这时候的政府希望在市场经济的引导下通过劳资双方的自主博弈达到平衡，因此在制度设计上采取了放任式的自行协调机制。但是因为劳资双方的力量过于悬殊，这种自行协调式的劳动关系机制反而使劳资矛盾的不断激化。这其中，政府管制的缺位是很重要的原因。

（三）民营企业劳动关系的完善

1. 以政府监管与强化法律监督机制相结合，维持劳动关系的基本稳定

从理论上讲，在劳动关系市场化之后，政府已经从劳动关系中退出，从而担当规制者、监督者、控制者、调节与仲裁者的角色。但是，鉴于我国企业内部劳动者与雇主之间的力量失衡，以及缺少相应的有效的企业劳动关系调整机制，政府在承担上述角色时，依然需要对企业雇主的用工行为和企业劳动关系进行有效的规制和监管。这种政府监管与强化法律监督机制相结合的方式，主要通过政府利用劳动政策的制定和实施来干预和规范劳动关系。从《劳动合同法》引起的强烈反响看，此法已经触碰到了劳动关系的实质性问题。因此，中央政府应当强制推行新法的实施和执行，对于地方政府为保护企业利益、争取投资采取规避新法或打折执行的情况一定要加以惩处。这不仅能提高法律的权威性和有效性，更重要的是能表现出规范劳资关系的决心，从而来维持劳动关系的稳定。

随着我国法律建设的不断发展和完善，我国的劳动法律制度基本形成了以《劳动法》和《劳动法合同法》为基础，以配套法规相结合的相对独立的劳动法律体系。因此，在当前民营企业劳动关系中应坚持有法必依、执法必严、违法必究，在完善民营企业劳动法律关系中需要强化法律监督机制，以保证劳动法律规范在民营企业得以切实贯彻执行。具体包括劳动行政部门设立劳动监察机构，对单位和劳动者遵守劳动法律、法规及规章的情况进行检查，依法纠正和查处违法违规行为，例如包括对矿山安全的监察以及一些存在安全隐患的产品的安全的监察等。

2. 建立和完善企业内部劳动关系管理机制，增强自我约束机制

企业内部劳动关系的管理机制，一般通过制定和实行企业规章制度的方式来推行。因此，企业的规章制度是企业管理的重要手段，是企业的“宪法”，是解决企业和员工劳动争议的重要依据，能指导企业正确执行日常管理，同时对员工的行为起到引导和纠正作用。规范的企业规章制度是企业法制化的基础和表现，对规避和调节劳资纠纷起到十分重要的作用。

同时，民营企业和劳动者建立良好的劳动关系需要良好的自我约束机制。针对民营企业实行劳动合同制度存在的问题，应从以下几个方面来增强自我约束机制。

首先，需要普及劳动法教育，增加法制观念和守法意识。部分民营企业的经营者不懂法、不守法的一个很重要的原因是没有接受过基本的劳动法教育，没有形成良好的法律意识。因此，从民营企业的设立阶段开始，各级政府的普法机构就应该对民营企业的经营者进行普法教育，明确在即将建立的劳动法律关系中自己的主体地位，依法享有的权利。

其次，依法规范劳动合同。劳动合同是民营企业与劳动者建立劳动关系的法律形式，因此，依法规范劳动合同是建立民营企业劳动法律关系的重要条件。民营企业应当与劳动者明确订立劳动合同应遵循的基本原则，并规范劳动合同的内容，依法规定劳动合同的期限、工作内容、劳动保护和劳动条件、劳动报酬以及违反劳动合同的责任等内容，并规定劳动合同的形式和劳动合同的订立程序，规范劳动合同的变更行为及解除条件，明确违反劳动合同的责任等内容。

3. 增强相互制约机制，推进集体劳动关系的构建与调整

在规范的市场经济中，劳动关系的协调应该是集体性调整，即劳动者形成一个集体力量与雇主交涉劳动条件等问题。这种协调机制的关键因素是要有一个能够真正代表劳动者的工会组织。然而，由于种种原因，我国的工会组织并未能成为劳动者的代表，从而在劳动关系的三方协商机制中，本应作为一方的工会和劳动者却是相对分离的。所以，目前我国劳动关系的格局事实上并不是法律制度所涉

及的三方结构，而是一种“三方四主体”。也就是说，劳动者并没有形成一个共同的“劳方”，劳动者实际上游离于这一机制之外。所以，劳动者的组织和代表性问题，已经成为影响我国劳动关系法制化调整的关键，解决这一问题的基本选择就是要确认并实现工会作为劳动者代表的法律要求，使劳动者和工会真正形成一个共同的主体。

民营企业相互制约机制主要是通过民营企业工会的劳动法律监督和签订集体合同来实现。根据《劳动法》《工会法》及相关的规定，工会劳动法监督的内容包括对用人单位执行工作时间和休息休假制度的监督、对用人单位劳动保护条件的监督、对执行有关女职工和未成年工的特殊劳动保护进行监督、对用人单位侵犯职工合法权益的行为进行监督，等等。同时，对发生的停工、怠工事件进行协商和调解、参与劳动争议的处理、参与维护职工合法权益的集体合同的签订等。

六、民营经济法律制度保障：未来展望

随着民营经济在数量规模、提高就业和财税贡献方面的地位不断提升，其发展过程中的法制保障的问题也日益变得重要。然而，由于当前重政策、轻法律；重制定、轻执行的问题较为突出，民营企业参与市场经济平等竞争仍然遭遇现实尴尬，对民营企业法制保障监督相对疲软，民营企业法律风险内控机制仍然较为薄弱（汤新华、邓嵘，2015）。为此，需要在宪法中进一步明确民营经济的法律地位及对民营经济的法律保护，加快形成系统配套的保障民营经济发展的法律体系，按照法律适用平等的要求实现司法公正，依法发挥行业协会商会的积极作用，通过完善民营经济的法律制度，建立能够促进营经济发展的法治环境，是我国民营经济长期良性发展的基础。

完善民营经济发展的法制保障，需要把树立和维护宪法法律权威放在重要位置，同时加强民营企业管理人员的培训引导，建立增强法律意识、诚实守信、依法经营、公平竞争、诚信纳税、积极履行社会责任，使民营经济的发展进入良好的良性循环轨道。具体来说，在以下几个方面逐渐完善之。

（一）立法上放宽民营企业市场准入条件

行业垄断的存在，不仅影响市场主体之间的公平竞争，而且也对民营经济在市场准入方面形成了一道壁垒。尽管《反垄断法》出台并实施多年，但其第七条第一款规定：“国有经济占控制地位的关系国民经济命脉和国家安全的行业以及依法实行专营专卖的行业，国家对其经营者的合法经营活动予以保护”，此规定确认了这些行业中国有经济垄断地位和垄断利益的合法化，对民营经济的准入无疑形成了事实壁垒。

因此，对哪些行业关系国民经济命脉和国家安全以及哪些行业须实行专营专卖应具体化，并且在解释上应做限缩性解释，以便民营经济能够进入到更多的行业。按照中央和国家关于“凡是国家法律没有明令禁止民营经济进入的行业领域，都向民营经济开放，凡是我国政府承诺向外资逐步开放的投资领域和国有资本退出的领域，民间资本都可以加快进入”的原则加强各方面改革。具体包括：一是推进基础设施建设和社会公共服务业领域向民营资本开放，加快政府部门所属经营性事业单位改革步伐，对公交、供水、供气等领域的国有企业进行产权多元化改造。将城市基础设施、环卫、绿化等公用事业领域面向社会公开招标，加大对医疗、卫生、文化、教育、体育等社会事业经营性领域的改革力度，广泛吸收民间投资。二是取消对民营企业发展的限制性和歧视性规定，降低民间投资的产业门槛，简化工商登记手续，制止乱摊派、乱收费、乱集资现象，打破地区分割和行业壁垒。在税收、土地使用、企业开办、进出口等方面取消一切不利于民营经济发展的限制。三是从战略高度重新考虑民营经济的定位问题，确立人们对民营经济是经济增长主力、社会主义市场经济的主要成分的新认识，逐步消除民营经济只是“边缘经济”的错误看法，取消歧视性的不公平政策以满足民营经济发展的

新要求。

鉴于目前我国缺乏直接规范民营经济市场准入的法律法规这一状况，我国应尽快完成相关的立法工作。针对地方在民营经济市场准入方面标准不一，“明松暗紧”的情况，应以国家统一立法为宜。但针对不同行业各自的特点，可分别制定与之相适应的具体办法和措施。全面清理和整顿现存的与民营经济市场准入等权利有关的法律法规，尤其是系统修订由行业部门起草、旨在保护行业部门权利和利益的“旧法”，废除歧视性的法律法规条款，排除不公平的市场准入壁垒，给民营经济以真正的“国民待遇”，使其获得不因“所有制身份”而限制进入市场的“通行证”。允许民营资本进入法律法规未禁止的基础设施、公用事业及其他行业和领域，同时，加快公用事业市场化进程，消除制约和阻碍民营经济发展的体制性障碍，从而为民营经济拓展出新的发展空间。例如，对于涉及国家安全的领域，如军工、通信等行业，可以以限定投资比例的方式让民营经济参与有关研发和经营活动；对于涉及公众安全的航空、铁路运输领域，涉及公众利益的金融服务领域、公用事业领域（如供水、供气、供热、污水垃圾处理等）、社会事业领域（如教育、医疗卫生等），以及有限资源利用领域（如煤炭、石油天然气、矿藏等），则通过发放许可证的方式，让有资质的民营经济以投标等方式从事经营，但相关资质条件和准入要求应具体化、公开化和一视同仁；对于其他领域，则应完全向民营经济开放。这样，不仅可以加快民营经济的发展，还可以将一部分国家资金转移到国家急需发展和比较薄弱的行业中去，从而更好地促进整个国民经济的协调发展。以《行政许可法》为依据，进一步深化行政审批制度改革，减少审批事项，简化审批手续。改革当前的审批制为政府核准制，除非那些产业造成环境污染，社会效益差要对其实施严格审核外，其余的一般性竞争产业要允许民营企业全面进入，企业提出进入要求，政府就应该核准。因为民营经济对于行政权力而言，应该是服务的对象而不是索取的对象。所有的行政机关都是服务机关、服务岗位，所有的国家公务员都是服务员。要重塑政府机构及成员的利益观念，要切断政府官员从审批事项中获取利益的途径，建立制度，强化监督。

与此同时，允许准入的同时应加强准入后的监管。民营经济以盈利作为其生存的保障，往往受利益驱使而作出与诚信经营原则相背离的行为，从而对他人的利益造成损害，如果这种事情发生在与公众利益密切相关的公共事业领域和社会服务领域，更会伤及国家及公众利益。因此，市场准入条件的放宽，不代表市场准入后监管力度的放松。有关主管部门在政府职能转变后，应担负起“裁判员”的职责，加强对准入后民营经济经营活动的监管，对相关的违规行为进行查处，必要时可以依法将其剔除出局。

要想切实放宽民营经济的市场准入，就必须进一步转变政府职能。各级政府部门应进一步提高服务意识，要根据民营经济发展的特点，深入调查研究，解决实际问题。要以《浙江省人民政府关于促进中小企业加快创业发展的若干意见》为指导，全面清理、修订和废止与放宽民营经济市场准入精神相违背的规章和规范性文件，最大限度减少审批事项，简化审批程序，提高办事效率。同时，应进一步推进政务公开，定期或不定期地公布有关投资政策、土地供应计划、城市总体规划、专业布局规划等投资信息，并将职责落实到人。因为再好的制度如果缺乏相应的问责机制，也难以得到有效遵守，所以，我国有必要制定相应的法律法规，以对相关公务人员在工作中的怠职、渎职行为依法予以惩处，形成问责机制法定化。

同时，促进政府由管制型模式向服务型模式转型，增强服务意识，拓宽服务领域，完善和规范服务行为。具体包括：制定扶持民营经济发展的政策，健全政策落实情况检查机制；强化服务落实机制，切实提高职能部门的服务意识、服务素质和服务水平；进一步清理、精简行政审批事项，完善审批程序性规定，缩短行政审批时限，提高审批效率；培育中介服务体系，加强对中介机构的管理和监督，规范其工作程序和操作规程；政府应加快建立包括政策信息、技术信息、市场信息在内的与民营投资有关的投资信息网络和发布渠道，引导民营投资健康发展。

（二）建立推动产权主体多元化的法律保障体系

建立现代企业制度将产权明晰作为一个首要的目标，民营企业的产权问题，也因此得以在现代产权制度之下提上日程。近年来，各地普遍开始重新界定产权，进行产权制度改造，这是意识到明晰产权的重要性而开展的预防性措施。在认真评估资产的基础上明晰产权，既要避免国有资产的流失，又要防止对民营企业财产的侵占；对经营亏损的民营企业，要明确产权关系，采取租赁、拍卖等措施，盘活存量资产，有条件的要大力推行和规范股份合作制经济。同时，按照“谁投资，谁受益”的原则清理和修订限制民营经济发展的法律法规和政策，消除体制性障碍，并将该原则作为划清产权边界、确定产权归属的唯一准则，使民营经济具有更加宽松的营运环境和更加强大的盈利能力。给予民营经济更多的投资模式和经营方式的选择，这是民营经济未来发展的根本保障。由产权主体单一化的独资企业向产权主体多元化的股份制企业转变。产权主体的多元化不但可以分散企业的经营风险，为企业的进一步发展提供更多的资金保证，还能从根本上改变不合理的企业治理结构。

（三）建立有利于民营企业融资的法律保障体系

要解决民营企业融资难的发展“瓶颈”问题，从法律的角度出发，应该逐步完善与民营企业融资有关的法律制度建设，建立多渠道的融资服务体系，同时进一步健全民营企业信用担保体系，加强投融资制度改革。

首先，完善间接融资体制，逐步提高银行等金融机构对民营企业的扶持力度。进一步深化商业银行改革，使市场机制在金融资源配置中起主体作用，为民营企业融资奠定基础，提高民营企业间接融资效率，对不同所有制的企业实行同等的贷款原则，并积极发展民营银行。

其次，完善直接融资体系，积极探索风险投资机制，扩宽融资渠道。我国应制定相关立法，降低上市发行门槛，非公有制企业在资本市场上发行上市与国有企业一视同仁。在加快完善中小企业板块和推进制度创新的基础上，分步推进创业板、新三板市场，允许一部分经营管理搞得好、利润率较高、有较大发展前途的民营企业，在符合发行债券条件的情况下，向社会发行一定数量的债券；制定民营企业风险防范化解机制，鼓励民营企业独资或以股份形式组建和经营风险投资公司，不断完善风险创业的金融支持体系。

最后，健全支持民营企业融资的信用担保法律体系的逐步建立。

建立民营企业的信用担保体系，有利于降低银行风险，鼓励金融机构向民营企业增加贷款。与此同时，加强信用立法，构建包括国家管理制度、企业和个人社会信用征信制度在内的信用法律体系，不断地改善民营企业的信用形象和提升其信用等级。

通过考察我国民营经济发展的历程，我们不难发现，国家法律环境的改善，是民营经济发展的根本保障。而单单通过理顺产权关系、降低市场准入门槛、拓宽融资渠道是远远不能营造出民营经济发展所需要的法律环境的。我们还应从法律的角度，改革当前对民营经济不合理的税收政策、建立民营企业的社会保障以及用人机制、降低民营企业的商业秘密和知识产权风险，同时提高民营企业自身的法律意识等。只有随着法律制度的逐渐完善和法律环境的日趋优化，民营经济才会有更大的发展空间，才能为我国的经济发展做出更大的贡献。

参考文献

［1］Thomas Raiser，高旭军译，德国资合公司法（第3版）［M］. 北京：法律出版社，2005.

［2］（日）末永敏和，金洪玉译，现代日本公司法［M］. 北京：人民法院出版社，2000.

［3］蔡小龙，夏海鹏．我市有了首家有限合伙企业［N］. 温州日报，2007. 8. 6.

［4］陈柳裕．建国以来民营经济法制的发展进程及其演变轨迹［J］. 人大复印报刊资料，2006（8）.

[5] 陈文理. 地方政府管理模式的制度创新及其作用——珠江三角洲模式、苏南模式和温州模式的比较 [J]. 武汉大学学报, 2005 (1).

[6] 陈曦. 建国以来民营经济法制进程研究 [D]. 西南交通大学, 2007.

[7] 池方景. 金融危机背景下民营企业的法律风险及其防范 [J]. 法治研究, 2010 (1): 103-105.

[8] 费安玲. 意大利民法典 [M]. 北京: 中国政法大学出版社, 2004.

[9] 何新易. 劳动合同法对民营企业用工的影响 [J]. 南通大学学报 (社会科学版), 2010, 26 (3).

[10] 姜彬. 美国的企业法律风险防范制度及对我国的启示 [M]. 青岛: 中国海洋大学出版社, 2010.

[11] 李泫永. 我国民营经济法律制度的发展嬗变 [J]. 商业时代, 2009 (13): 50-51.

[12] 刘德光. 国外企业法人治理机制对中国的借鉴意义 [J]. 湖北社会科学, 2001 (11): 26-27.

[13] 刘诚. 论经济民主与民营经济的政府监管 [J]. 福建政法管理干部学院学报, 2005 (9): 70-73.

[14] 李晓霞. 美国与德国劳动法律体系概述与比较 [J]. 国外社会科学, 2006 (1).

[15] 李玉虎. 关系规则、经济政策、法律制度在经济发展中的作用——以我国民营经济法制进程为例 [J]. 经济法学家, 2014 (1): 116-121.

[16] 梁茵. 构建民营企业和谐劳动关系研究 [D]. 长春: 东北师范大学, 2011.

[17] 林秋琴. 民营企业产权法律风险初析 [J]. 广西政法管理干部学院学报, 2006 (7): 93-96.

[18] 娄成, 冯峥峰. 国外企业法律形态与我国企业立法模式探析 [J]. 法学论坛, 1995 (4): 21-23.

[19] 吕敏. 改革开放30年我国民营经济法律制度的发展轨迹及思考 [J]. 上海企业, 2008 (12): 9-12.

[20] 毛德龙, 张林海. 论我国民营企业法律保障的理念 [J]. 企业活力, 2006 (3): 26-27.

[21] 单东. 关于创新和完善民营企业法律保障体系的问题 [J]. 特区经济, 2006 (8): 12-14.

[22] 史晋川, 朱康对. 温州模式研究: 回顾与展望 [J]. 浙江社会科学, 2002 (3): 5-17.

[23] 史晋川, 钱滔. 制度创新与民营经济成长——以浙江台州为例的历史制度分析 (HIA) [J]. 浙江学刊, 2005 (2): 177-185.

[24] 史晋川, 金祥荣, 赵伟. 制度变迁与经济发展: 温州模式研究 [M]. 杭州: 浙江大学出版社, 2002.

[25] 汤新华, 邓嵘. 我国民营经济发展法治保障研究 [J]. 经济研究参考, 2015 (28): 14-17.

[26] 王保树. 公司法律形态结构改革的走向 [J]. 中国法学, 2012 (1): 106-116.

[27] 王炳林. 中国共产党与私人资本主义 [M]. 北京: 北京师范大学出版社, 1995.

[28] 温州诞生全国首家一人公司, 法制日报, 2006年01月10日, 新浪网转载网址: http://finance.sina.com.cn/g/20060110/10202262777.shtml.

[29] 温州首家个人独资企业新鲜出炉, 2000年4月20日, 温州侨乡报, 新浪网转载网址: http://news.sina.com.cn/china/2000-4-20/83394.html.

[30] 夏芬娟, 温州诞生中国首个个体户, 浙江在线, 2013年1月18日。http://news.ifeng.com/history/zhongguoxiandaishi/special/dxpsd3/detail_2013_01/18/21352916_0.shtml.

[31] 许经勇, 张一力, 张玲玲. 温州民营企业体制演变轨迹剖析 [J]. 财经论丛: 浙江财经学院学报, 2000 (6): 1-7.

[32] 颜蕾, 王志媛. 新劳动合同法对民营企业的影响及其对策 [J]. 重庆工学院学报 (社会科学版), 2009, 23 (2): 22-24.

[33] 徐维, 陈东平. 珠江模式及其发展前景: 广东民营经济发展路径研究 [M]. 北京: 中央编译出版社, 2011.

[34] 岳锐洁. 经济法在民营企业发展中的作用研究 [J]. 才智, 2012 (16): 8-9.

[35] 张辉. 中国公司法制结构性改革之公司类型化思考 [J]. 社会科学, 2012 (9): 90-98.

[36] 甄红菊. 论物权法对民营经济法律改进的影响 [J]. 当代经济, 2009 (5): 36-37.

[37] 郑艳馨. 美国公用企业管制制度及对我国的启示, 经济法论丛, 2011 (2): 131-155.

[38] 钟学志. 建立现代企业制度是民营经济健康发展的必由之路 [J]. 哈尔滨经济管理干部学院学报, 2004 (3): 4-5.

[39] 国家统计局城市社会经济调查总队. 中国城市统计年鉴 [M]. 中国统计出版社, 2004 (3): 299.

[40] F Caron, J Vanthienen, B Baesens, Comprehensive rule-based compliance checking and risk management with process mining, Decision Support Systems, 2013, 54 (3): 1357-1369.

[41] John H. Willes, John A. Willes, International Business Law: Environments and Transactions, The McGraw – Hill Companies. Inc, 2005.

[42] RA Posner, S Shavell, A Review of Steven Shavell's Foundations of Economic Analysis of Law, Harvard University Press, 1983, 44 (2): 405 – 414.

[43] Ray August, Don Mayer, Michael Bixby, International Business Law: Text, Cases, and Readings, Pearson Education, Inc., Upper Saddle River, New Jersey, 07458, 2009.

第十章　民营经济与混合所有制经济*

中国民营经济的发展是20世纪人类最重要的成果。民营经济在中国的发展壮大，不仅提升了中国经济发展规模与水平，也改善了中国百姓的生产与生活，发展了社会主义市场经济。民营经济本身的发展直接丰富了中国经济的所有制结构和内涵，是中国混合所有制经济（包含民营、国有混合，以及民营、国有并行）的内容，更是改善国有和集体经济的重要制度创新机制。民营经济在参与改造国有和集体经济中发挥了重要作用，并将继续扮演重要角色，民营经济的发展和生命力是中国混合所有制经济发展进程的动力。本文主要研究民营经济与中国不同所有制经济的发展，总结民营经济与混合所有制经济发展进程，为中央关于加大民营经济参与国有经济的混合所有制经济发展战略的实施献计献策。全篇分为五个部分，第一部分主要是总结民营经济与混合所有制经济的发展进展，从四个阶段性特征加以阐述；第二部分主要研究民营经济的市场准入和产业准入问题；随后的第三部分，将着重阐述要素市场化改革，解构要素市场保障民营经济和国有经济混合发展的机制问题；第四部分，观察和研究民营和国有混合所有制经济发展中的产业重组法律保障问题；第五部分，结论和政策建议。

一、民营经济与混合所有制经济：历史回顾

从1978年开始，中国的民营经济经历了一个从无到有的过程，并最终逐渐发展壮大，成为了我国社会经济极为重要的组成部分。截至2013年底，我国登记注册的私营企业达到1253.9万户，个体工商户达到4436.3万户，并且这些企业贡献了2013年超过60%的全国GDP总量，据不完全统计，至少有19个省级行政区的民营经济对当地GDP贡献超过50%，而同时2013年民营规模以上工业企业增加值累计增速为12.4%，超过了国有及国有控股企业的6.9%和全部工业企业的平均水平9.7%。[①] 可以说，我国的民营经济发展至今，已经成为了我国经济增长最为重要的推动力之一。中国30余年来的经济增长奇迹中，有很大一部分要归功于民营经济的蓬勃发展。然而，作为我国传统经济模式重要组成的国有经济也一直在经济发展中扮演着重要角色，民营经济这30余年的发展历程中，几乎时刻都可以看到其与国有经济之间的互补互动过程。总结起来，自1978年改革开放以来，民营经济发展及其对中国混合所有制经济的推进，可以分为四个重要阶段，每个阶段都有其特定时期的发展规律与特征。

第一个发展阶段：1978～1996年，民营经济与市场化发展的起步与成长。在1978年十一届三中全会后，个体和私营经济率先在我国乡镇中发展起来，而后随着国家政策的逐步放开，个体和私营经济逐渐在城镇中发展开来，大量农村和城市的闲散劳动力为这些较为原始的个体和私营企业的发展提供了充足的劳动力，为这些企业的茁壮成长提供了巨大的推动力。在全国各地个体和私营经济的兴起过程中，依靠乡村行政领导人和社区集体力量，同时以大中城市工业为依托的“苏南模式”和利用民营化和市场化的力量的“温州模式”成为了较为典型的发展模式，也代表了当时两种较为典型同

---

* 研究人员：王志凯、朱文杰。

① 资料来源：中华全国工商业联合会．中国民营经济发展报告（2013～2014年）[M]．北京：社会科学文献出版社，2015.

时又是因地制宜的发展思路。随后随着改革开放的进一步深入，民营企业也经历了兼并扩张，并逐渐从家庭作坊式的工场转向现代化的股份合作制企业制度。然而这一时期的民营经济在我国的社会主义市场经济中更多地扮演一种补充和完善的角色，民营经济还是在夹缝中成长，价格双轨制的存在便是民营经济与国有经济经营的截然区别。当然，这一时期民营经济的发展，其与国有经济还是并列成就了中国社会主义混合所有制经济。

第二阶段：1997～2007年，民营经济与混合所有制经济发展的实质推进阶段。这一阶段的标志是十五大和十五届一中全会提出的"国有企业三年脱困目标"，即用三年左右的时间，通过改革、改组、改造和加强管理，使大多数国有大中型亏损企业摆脱困境，力争到2000年底大多数国有大中型骨干企业初步建立现代企业制度。在这一阶段的国有企业改革中，大量中小型国有企业由于"抓大放小"政策，采取了改组、联合、兼并、租赁、承包经营和股份合作制、出售等多种形式，逐渐转变为民营经济的一部分。2005年提出的"非公三十六条"更是进一步鼓励民营资本进入一些过去国有资本绝对垄断的领域，例如电信行业。这一阶段的民营经济的大发展是伴随着我国国有经济的改造而形成的，可以说正是从这一时期开始，民营经济与国有经济逐渐转向交流合作的混合发展状态。

第三阶段：2008～2012年，国有企业承担了抵御全球经济危机的重任。随着2008年全球性金融危机的到来，伴随着国外需求的大幅减少，大量缺乏抵抗风险能力的民营企业陷入了停产倒闭的风潮。当时为了保持经济增长和就业水平，维护社会稳定，中央政府推出了"四万亿"刺激计划，而国有企业作为主要的投资渠道成为了中央和地方资金主要的投资对象。同时由于在前一阶段中存在国有企业被低价贱卖甚至赠送，造成国有资产流失的问题，受到学界和社会猛烈的批评。在经济危机和强大的批驳民企鲸吞国资的舆论下，这一时期国有企业责无旁贷地担当了国家经济命脉的重任，而民营经济的发展则由于内外经济环境所限而被抑制。

第四阶段：2013年至今，大力发展混合所有制经济的春天。2013年，党的十八大以后，中国经济发展又进入了一个全新的阶段。随着大力发展"混合所有制经济"概念的提出，民营经济和国有经济的发展正迎来新的春天。过去在下游行业从事加工和配套的大量民营企业，转而成为中国经济主要的生力军；但今天的中国在生产要素领域，依然是由国有经济把持，生产要素市场化程度仍较低。《国务院关于国有企业发展混合所有制经济的意见》的提出，承接了"非公三十六条"鼓励民营经济进入传统国有垄断领域的趋势，提出了一系列逐步放开的政策，逐步实现生产要素市场化，以推进要素在国有、民营经济部门合理流动并公平、效率配置，鼓励民营资本和国有资本混合发展。

可以看出，我国改革开放以来的经济发展经历了一个从民营和国有经济双轨并列到二者逐渐交融，最终走向生产要素市场化进程。

（一）民营经济的起步与成长

事实上，在1978年十一届三中全会之前，作为民营经济前身的乡镇集体经济——社队经济，在经济发达的苏南地区已经有了很不错的发展；十一届三中全会为这些社队企业正式赋予了合法的身份，加之这些企业之前取得的良好成绩，他们被作为改革开放政策的一部分而被大力鼓励发展。由于在政策层面上得到了扶持，个体和私营经济于是在缺乏农村社队集体企业积累的浙东南温州，在十一届三中全会之后如雨后春笋般地兴起。其兴起和发展的一个重要作用，就是繁荣社会主义商品经济。

从全国来看，以非国有经济作为民营经济的外延，那么改革开放后的民营经济发展则先是苏南模式的乡镇企业，接着是温州的家庭作坊、家庭工场，再到后来的温州、义乌各地的专业市场和相关的块状经济为特色的区位经济发展模式。当然，这一阶段民营经济成长与发展，也包括珠三角的"三来一补"加工制造业模式，山东国有企业直接成建制转为民营的模式。所谓浙江与专业市场相伴生的块状经济，是指在一定地域范围内，形成特色产业有明显的专业化产销基地，并由特色产业带动当地经济和社会发展的一种区域经济组织形式，它是农村工业化的产物，是民营经济市场化与工业化、城镇化结合的内容。

众所周知，在中国民营经济发展和多种所有制并存的混合发展阶段与进程中，苏南模式和温州模式是较为典型的两种发展模式。所谓苏南模式，主要是依靠乡村行政领导人和社区集体力量，同时以大中城市工业为依托来发展当地的民营经济，也可以说是依靠传统的国有经济来发展私营经济的一种模式。随着前文提到的社队企业的兴起，苏南地区的乡镇私营经济已经具有了一定的发展基础，涉及纺织、食品、服装、农机具、机械、电子、冶金、化工、建筑材料等多个行业。在此基础上，随着国家政策的进一步放开和扶持，苏南地区的这些乡镇民营企业形成了以社区集体所有制为基本所有制度，开展社队副业为业务特征的发展模式，而这些企业的大量收入最终也弥补了当时地方政府捉襟见肘的财政收入，成为其预算外收入的重要来源。然而这些企业并不是真正意义上的乡镇企业，它们在管理制度上政企不分，企业招工时要照顾每个家庭，而最终获得的利润需要补助地方政府的财政收入。

而温州模式则与苏南模式存在明显的区别。由于温州地区本身缺乏大型工业基础，因而它无法像苏南地区那样依托大中城市工业来发展乡镇工业企业，其发展是自下而上自发形成的较为纯粹的民营经济（史晋川，2006）。温州地区依靠其传统的外贸和家庭手工业。1980 年前后温州地区兴起了大量家庭手工工场，由于当时私营经济还没有得到合法地位，因而这些工场往往选择挂户经营在当地的国有乡镇企业名下，同时也有集体企业逐步划小经营，最终变为纯粹的个体企业。随着私营经济地位得到最终的承认，这些原本地下经营的企业也逐渐公开经营，最终形成了大量温州的小型家庭企业。随着现代公司管理制度的逐步传入以及民营企业之间的兼并联合，这些小型企业中的一些逐渐大型化并在治理制度上逐渐转向现代有限责任公司制度。

作为中国民营经济的初创期，在 1978～1996 年这段时间内，民营经济经历了巨大的发展，成为了改革开放以来中国经济奇迹的重要组成部分。特别是 1992 年邓小平南方谈话之后，中国开始逐步明确建设中国特色的社会主义市场经济体制，民营经济发展的制度环境明显改观。经过自 1992 年以来我们党的一系列政治程序对代表浙江现象的温州民营经济制度模式的不断总结肯定和理论升华，全国范围自 20 世纪 90 年代后半期开始在不同所有制经济中展开了推行民营经济的制度机制工作的产权改革，极大地支持了民营经济参与国有集体经济改革，也促进民营经济自身的发展。而后来中央又适时提出了股份制是社会主义公有制的主要实现形式这一方法论，江泽民同志在 1997 年党的“十五大报告”中就加以明确了①，并指出“非公有制经济是我国社会主义市场经济的重要组成部分。对个体、私营等非公有制经济要继续鼓励、引导，使之健康发展。这对满足人们多样化的需要，增加就业，促进国民经济的发展有重要作用”②。这为民营经济在发展社会主义混合所有制经济中的积极作为打开了更多的渠道。

而作为我国传统经济主要组成部分的国有经济在这段时间依然扮演着重要的角色，在价格双轨制取消之前，国有经济控制着上游的原材料市场，而民营企业需要以比计划价格高得多的市场价格从国有企业获得原材料（这其中大多是冠以集体“红帽子”的乡镇集体企业）。而随着 20 世纪 90 年代后期大量乡镇企业逐步改制，脱离与地方政府之间的关联，变为纯粹的私营企业，国有经济成分在私营经济发展中原本扮演的一部分助力角色逐渐衰退，国有经济和民营经济开始了在中国社会主义经济中并行发展的两种经济成分，二者之并行发展中也有逐步形成配套合作，民营经济成为社会主义公有制经济的重要补充。

---

①② “中国共产党公有制实现形式可以而且应当多样化。一切反映社会化生产规律的经营方式和组织形式都可以大胆利用。要努力寻找能够极大促进生产力发展的公有制实现形式。股份制是现代企业的一种资本组织形式，有利于所有权和经营权的分离，有利于提高企业和资本的运作效率，资本主义可以用，社会主义也可以用。非公有制经济是我国社会主义市场经济的重要组成部分。对个体、私营等非公有制经济要继续鼓励、引导，使之健康发展。这对满足人们多样化的需要，增加就业，促进国民经济的发展有重要作用”。参见 1997 年江泽民同志在党的第十五次全国代表大会上的报告。http：//xibu. tjfsu. edu. cn/elearning/lk/15c. htm。

（二）国有企业民营化与民营经济发展

这个时期，随着民营经济发展与市场化的初步成熟，大量原本从政治安全考量出发的“戴红帽”的乡镇集体企业开始面临着产权清晰化的转型问题；而相当数量的国有企业又因经营不善，面临亏损和冗员负担的重荷，亟须找到解决问题的出路。一方面，乡镇集体企业希望脱离地方乡镇政府的控制和国有经济部门的干扰，以便更好地博弈于商品市场；另一方面，国有经济自身的低效为地方政府增加了大量财政负担，而随着经济社会市场化的发展，过去地方中小型国有企业解决地方就业的职能逐渐弱化，政府不得不花费财政资金补贴低效国企亏损。在这样的背景下，实施国有企业改制、减员、增效，建立现代企业制度，成为经济领域最为重要的改革目标。这一改革的标志则是党中央和国务院1998年提出的国有企业“三年脱困目标”，当时任副总理朱镕基领导的1998～2000年国有企业三年脱困的改革攻坚目标。这一时期除了对于大中型国有企业实行减员增效改革，建立法人治理的现代企业制度外；还对地方中小国有企业采取兼并、重组、出售、转制等方式，直接引入民营企业的有效市场化运作机制。

在这一改革攻坚战役下，早自1996年以来，国有和集体企业户数持续减少，而私营企业户数则持续增加。这一方面是源于国有企业经营不善而亏损倒闭增加，私营企业则自身通过改革、投资等进一步发展，新生私营企业数量增加；另一方面也是由于大量小型国有企业在“抓大放小”政策的指导下采取了改组、联合、兼并、租赁、承包经营和股份合作制、出售等多种形式，相当一部分国有企业转为纯粹的私营企业。

中国共产党十五大和十五届一中全会提出了要用三年左右的时间，通过改革、改组、改造和加强管理，使大多数国有大中型亏损企业摆脱困境，力争到2000年底大多数国有大中型骨干企业初步建立现代企业制度。而当时在1997年，国有及国有控股工业企业实现利润806.5亿元，大中型亏损企业6599户，12个省（自治区、直辖市）整体亏损①。尽管亚洲金融危机的到来为这场改革增加了难度，但从表10－1来看，随后的两三年内，大批国有企业受到以上政策的影响而退出或改制，到2000年私营企业的户数首次超越国有企业。最终，2000年过后，从重点脱困对象看，6599户国有大中型亏损企业已减少4098户，这些企业有些实现了扭亏为盈，有些通过关闭破产退出了市场，还有的被兼并或进行了改制。同时2000年前10个月，国有小企业实现利润9.94亿元，后两个月实现利润继续增加，从而结束了连续六年净亏损的局面。

表10－1　　**1992～2011年各类所有制企业户数发展情况**

年份	国有企业		集体企业		私营企业	
	户数	增长率（%）	户数	增长率（%）	户数	增长率（%）
1992	1547190	—	4159417	—	139633	—
1993	1951695	26.14	5156519	23.97	237919	70.39
1994	2166331	11.00	5456818	5.82	432240	81.68
1995	2218612	2.41	5337734	－2.18	654531	51.43
1996	2163346	－2.49	5013416	－6.08	819252	25.17
1997	2078348	－3.93	4470469	－10.83	960726	17.27
1998	1836289	－11.65	3736365	－16.42	1200978	25.01
1999	1649870	－10.15	3172471	－15.09	1508857	25.64

① 资料来源：盛华仁，关于国有企业改革与脱困情况的报告。http：//www.npc.gov.cn/wxzl/gongbao/2001－03/09/content_5132035.htm.

续表

年份	国有企业		集体企业		私营企业	
	户数	增长率（%）	户数	增长率（%）	户数	增长率（%）
2000	1492164	-9.56	2627061	-17.19	1761769	16.76
2001	1317822	-11.68	2208516	-15.93	2028548	15.14
2002	1172477	-11.03	1885879	-14.61	2638324	30.06
2003	1049744	-10.47	1625482	-13.81	3287161	24.59
2004	915997	-12.74	1393719	-14.26	4024053	22.42
2005	794530	-13.26	1206996	-13.40	4719490	17.28
2006	716913	-9.77	1094245	-9.34	5441403	15.30
2007	637434	-11.09	963494	-11.95	6030505	10.83
2008	568793	-10.77	856677	-11.09	6574171	9.02
2009	498176	-12.42	756060	-11.75	7401539	12.59
2010	457820	-8.10	647858	-14.31	8455158	14.24
2011	422128	-7.80	591171	-8.75	9676776	14.45

资料来源：工商行政管理统计汇编（2011）。

进入21世纪，国务院确定的建立现代企业制度百户试点企业，以及各地选择的试点企业，共计2700户，绝大部分实行了公司制改革。列入520户国家重点企业的514户国有及国有控股企业中，有430户进行了公司制改革，占83.7%。其中，282户企业整体或部分改制为有限责任公司和股份有限公司，民营资本也参与了国企股份制改造，实现了国有经济投资主体多元化①。改制企业初步建立起了现代企业制度的框架，公司法人治理结构已基本形成，在实现政企分开、转换经营机制、加强科学管理等方面，迈出了重要步伐。

这一时期，给民营经济带来大发展的原因是重大的国内外环境变化，还有包括中国于2001年正式加入世界贸易组织WTO。自此，中国民营企业以迅猛的出口规模加入国际市场，而随着中国市场建设的不断推进与完善，中国民营经济的区域产业成长与开放发展也不断增强。中国东部沿海浙江、江苏一带由民间自发创业成长的民营经济推动了长三角区域制度变迁和区域市场的发育，而长三角区域市场的完善及开放发展，在中国正式加入WTO后，又促进了这一区域国际贸易的发展和经济的国际化。截至2007年12月末，中国外汇储备达到了1.53万亿美元的水平（网易财经，2008）。2008年中国国际收支发展趋势依然惯性前行，国际收支顺差的压力不断攀升。

毫无疑问，民营企业参与国际化，特别是民营制造业企业其在直接出口贸易上的发展，对中国的外汇收益起到了积极稳妥的贡献作用。但我们也应清醒看到，一方面民营企业对外贸易是建立在简单加工制造产品之上的，这样的生产贸易出口纯属低水平过度竞争，也一直是我国与西方国家之间贸易摩擦不断的制造源。而另一方面，中国民营企业的对外投资发展却一直举步维艰、蹒跚不前，与国企的国际化投资相比，民营企业的对外投资确实是乏善可陈。其中原因：民营企业自身总体规模偏小，技术和装备薄弱，其自身力量不足以支持其跨国投资发展，此乃是直接原因；而中国的要素市场化程度不足，主要的生产要素（土地和资金）掌握在政府和国企手中，呈现要素资源的高度政府垄断，要素资源在国企过度低效配置，民营企业没有办法获取要素资源，自然民营企业也就没有条件和可能以跨国投资的姿态进入国际市场。打破要素资源的高度垄断，实现要素市场化，这是促进民营和国有

① 资料来源：盛华仁，关于国有企业改革与脱困情况的报告。http://www.npc.gov.cn/wxzl/gongbao/2001-03/09/content_5132035.htm.

合作，携手并进参与国际市场的重要改革举措。

2005 年颁布的《国务院关于鼓励支持和引导个体私营等非公有制经济发展的若干意见》（“非公三十六条”）提出了涵盖放宽非公有制经济市场准入、加大对非公有制经济的财税金融支持、完善对非公有制经济的社会服务、维护非公有制企业和职工的合法权益、引导非公有制企业提高自身素质以及改进政府对非公有制企业的监管，共计六大原则三十六条促进非公有制经济发展的建议，并明确提出要允许非公有资本进入垄断行业、公用事业和基础设施、社会事业、金融服务业、国防科技工业建设等领域，同时鼓励非公有制经济参与国有经济结构调整和国有企业重组，参与西部大开发、东北地区等老工业基地振兴和中部地区崛起。[①] 可以说“非公经济三十六条”是我国民营经济发展和国有经济改革历史上里程碑式的文件，它所提出的建议不仅能够调动民营经济的长远发展，同时也试图将原本双轨并列、上下游分明的民营与国有经济成分融合起来，从整体上提升全国各个领域的经济效率。

在这一时期，中央政府试图通过国有企业改制等一系列政策促进国有经济提升效率，而同时这也是在试图解决双轨制带来的历史遗留问题，使国有经济和民营经济在融合的过程中互相促进发展。然而这场改革中出现的一系列国有资产流失问题以及 2008 年金融危机的到来，暂时阻碍了民营经济和国有经济的进一步改革和发展。

（三）2008 年金融危机中的民营经济发展

2008 年金融危机的到来，对于大量以出口贸易为主要业务的中小型民营企业无疑产生了巨大的冲击。金融危机导致国际需求减少，从而大幅降低了一般贸易和加工贸易总额。民营企业受到的冲击使得一些民营企业缩减生产规模，有一些则不得不破产倒闭。表 10－2 以温州为例，对比了 2008 年前后以民营企业为主的温州对外贸易情况，数据直接反映出全球经济危机给中国以出口为主的民营制造业带来的根本性冲击。

表 10－2　　2008 年金融危机前后温州对外贸易情况对比

年份	出口总额		一般贸易		加工贸易	
	数额（亿元）	同比增长率（%）	数额（亿元）	同比增长率（%）	数额（亿元）	同比增长率（%）
2007	101.48	25.6	96.67	26.2	4.79	14.2
2008	119.04	17.3	112.31	16.2	6.69	39.8
2009（1～5 月）	38.53	－12.67	35.94	－13.79	2.59	0.6

资料来源：何守超．金融危机冲击下的民营企业国际化模式转型：基于温州企业的分析［J］．经济社会体制比较，2010（2）：184－188.

在民营经济受到巨大冲击的情况下，为了维持经济增长和社会稳定，抵御金融危机，我国选择采取了“积极的财政政策和适度宽松的货币政策”，并于 2008 年 11 月正式确定了扩大内需为目标的 4 万亿元投资计划。这一计划主要举措包含了建设保障性安居住房，农村基础设施，铁路、公路和机场等重大基础设施，医疗卫生和文化教育事业，生态环境建设，同时支持高技术产业化建设和产业技术进步，支持服务业发展，提高城乡居民收入，提高粮食最低收购价格，提高农资综合直补、良种补贴、农机具补贴等标准，增加农民收入，以及在全国所有地区、所有行业全面实施增值税转型改革，取消对商业银行的信贷规模限制，合理扩大信贷规模[②]。

而同时地方政府也要通过配套资金支持中央的投资计划。而这些投资项目规模巨大，且相当一部

① 具体措施详见：《国务院关于鼓励支持和引导个体私营等非公有制经济发展的若干意见》http：//www.gov.cn/zwgk/2005－08/12/content_21691.htm.

② 资料来源：国务院出台扩大内需十措施确定 4 万亿元投资计划 http：//finance.sina.com.cn/g/20081109/19215484791.shtml.

分具有公共产品的性质，因此大量资金通过政府或者政府设立的融资平台被投向了国有企业来执行。图10－1清楚地展现了2008年金融危机后国有企业注册资金从危机前的逐年减少转变为逐年增加，且增速逐年加快。国有经济被作为了“担当国家经济命脉”的角色。

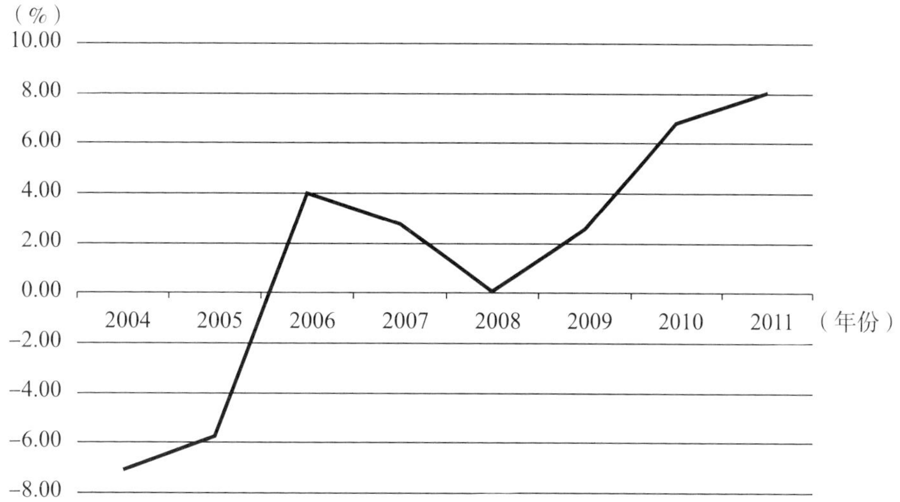

图10－1　国有企业注册资金增长率变化

资料来源：工商行政管理统计汇编（2011）。

这一时期出现的国有资产流失问题也让一些学者对于产权改制这样的国有企业改革方法提出了质疑。例如，时任香港中文大学教授郎咸平认为，正确的改革方式是“推动人事改革，用市场化的薪水来吸引职业经理人，政府通过股东会、董事会来监管职业经理人”，而不是在国有资产没有明确价格转化机制的情况下贸然引入民间资本，最终将国企“拱手送人”。

但是应当指出，2008年金融危机的到来对于原本的国有企业改革和民营企业转型升级的路线是一个巨大的阻碍，它使得部分本应被淘汰的国有企业通过政府投资的资金继续存活下来，而存活的企业则出现了大量产能过剩的问题。产能过剩所导致的企业经济生产效率低下、资源浪费等问题是明显的负面影响。

有学者研究了2005～2008年中国制造业26个行业上市公司和行业的数据，分析地方政府的干预对于企业产能过剩，以及国有企业低成本扩张行为的影响（王立国、鞠蕾，2011）。由于地方政府为了实现经济增长、就业稳定以及自身晋升等多重目标，有激励通过政府投资行为促进地方的经济表现，而传统上受到政府控制较大的国有企业则成为了这种投资较为明显且直接的途径，而过多的资金会使得企业的投资决策降低谨慎性，最终便会出现产能过剩等一系列问题。后来有人用相应的RBC模型分析了类似问题，发现政府的政策性补贴确实会加大产能过剩现象发生的可能性（耿强等，2011）。而这些问题时至今日对于中国经济造成了非常巨大的困扰。

国有经济在关乎国家经济战略安全的领域以及维持经济稳定方面确实有其至关重要的作用，尤其是在我国这样的世界大型经济体内，风险和波动带来的影响是巨大的。但也绝不能因此而放弃用民营化的机制改造那些效率低下的中小型国有企业，因为从长远来看，提高经济生产效率是保持经济长期增长的关键。也正因如此，这就使得发挥民营经济高生产效率，创造制度环境让民营企业参与国有经济改造，建设和发展混合所有制经济，就成为当下中国市场化改革的重点目标。

（四）国有经济与民营经济的互补共进

2013年底党的十八届三中全会公报《中共中央关于全面深化改革若干重大问题的决定》（以下简称《决定》）颁布，标志着中国的经济社会改革进入了一个新的阶段。2008年金融危机的影响使得民营经济的正常发展受到了冲击，而大量政府投资尽管起到了稳定经济增长的效果，却也造成了产能过剩、产业转型升级和国有企业改革进展缓慢。而长期以来一直存在的国有垄断领域既限制了国有和民营企业自身的发展，又造成了市场分割，不利于生产要素在国有和民营部门之间的流动。在中国经济分割的市场结构下，国有企业对于上游关键生产要素行业的垄断是其得以在最近 10 年取得良好业绩的关键，然而这种良好的业绩是没有经济效率的（Li，et al.，2012）。很显然，继续引入民营资本，促进民企和国企融合，对于国有和民营经济的发展都有益处。

在这样的背景下，《决定》中明确提出了要“积极发展混合所有制经济。国有资本、集体资本、非公有资本等交叉持股、相互融合的混合所有制经济，是基本经济制度的重要实现形式，有利于国有资本放大功能、保值增值、提高竞争力，有利于各种所有制资本取长补短、相互促进、共同发展。允许更多国有经济和其他所有制经济发展成为混合所有制经济。国有资本投资项目允许非国有资本参股。允许混合所有制经济实行企业员工持股，形成资本所有者和劳动者利益共同体”。[①] 同时，与“非公三十六条”相似，《决定》同样提出了要“支持非公有制经济健康发展。非公有制经济在支撑增长、促进创新、扩大就业、增加税收等方面具有重要作用。坚持权利平等、机会平等、规则平等，废除对非公有制经济各种形式的不合理规定，消除各种隐性壁垒，制定非公有制企业进入特许经营领域具体办法”，并且“鼓励非公有制企业参与国有企业改革，鼓励发展非公有资本控股的混合所有制企业，鼓励有条件的私营企业建立现代企业制度”。可以说从基本精神而言，《决定》与 2005 年颁布的“非公三十六条”是一脉相承的。

而 2015 年颁布的《国务院关于国有企业发展混合所有制经济的意见》（以下简称《意见》）则可以被视为实现混合所有制的具体行动指南。[②] 在这份《意见》中明确表示“重要通信基础设施、枢纽型交通基础设施、重要江河流域控制性水利水电航电枢纽、跨流域调水工程等领域”“重要水资源、森林资源、战略性矿产资源等开发利用”“江河主干渠道、石油天然气主干管网、电网等”“核电、重要公共技术平台、气象测绘水文等基础数据采集利用等领域”“国防军工等特殊产业，从事战略武器装备科研生产、关系国家战略安全和涉及国家核心机密的核心军工能力领域”这些传统上国有独资或绝对控股的领域，其中的竞争性业务允许“非国有资本”进入进行开发和经营。可以说这份意见基本延续了放宽对民营资本限制的基本思路，通过积极推动民间资本参与国有企业改革来达到国有和民营经济双赢的目的。

而在积极推进国有企业混合所有制改革的同时，地方政府的投资方式也急需改革，以防止出现过去的那种干预过多、产能过剩的情况，而 PPP 模式则正好提供了一个解决问题的途径。意见提出了要“通过投资补助、基金注资、担保补贴、贷款贴息等，优先支持引入社会资本的项目”，而在成果评估方面则要“以项目运营绩效评价结果为依据，适时对价格和补贴进行调整”，同时“加强信息公开和项目储备，建立综合信息服务平台”。另外，为了解决“国退民进”时期出现的一系列国有资产流失问题，对于国有资产定价形成机制的改革也是必要的。意见同时也提出了一系列监管机制和国有企业负责人激励机制的相关意见。

可以说，混合所有制改革是在我国国有经济改革和民营经济发展到一定程度、具有一定经验积累以后的必然结果。金融危机带来的冲击使得民营经济需要寻求转型升级，而国有经济则要坚持改革，进一步提升自身的经济效率，而上一轮国有企业改革积累的经验表明，双方可以通过合作互补的方式进行互相帮助，而不能够再像 20 世纪八九十年代那样双轨并列、联系不足。

毫无疑问，混合所有制经济发展需要给与民企的市场准入和产业准入，打破行业和领域的市场垄断、政府管制，创造民营企业和国有经济公平的发展环境。这一切其实从根本上需要政府职能转变，

---

① 资料来源：中共中央关于全面深化改革若干重大问题的决定 http：//www. gov. cn/jrzg/2013 - 11/15/content_2528179. htm.

② 资料来源：国务院关于国有企业发展混合所有制经济的意见 http：//www. gov. cn/zhengce/content/2015 - 09/24/content_10177. htm.

更需要要素市场化改革的支持。只有实现了政府职能转变和要素市场化改革（当然，这二者也是密切相关的，要素市场和改革成功了，政府职能就会规范很多），才能够为国有企业改革提供民营化的机制动力；也只有实现要素市场化，才能够使得生产要素资源在国有与非国有经济领域合理流动，实现科学配置，最大程度地提升中国的全要素生产率。而时下中央提出的供给侧结构性改革，也是为了提高经济效率，将主要关注劳动、投资和效率，从而实现中国经济的效益和质量型增长。下面的第二部分，将着重阐述民营经济的市场和产业准入问题，这个问题解决了，也就为民营经济参与国有经济的混合所有制经济发展提供了公平的环境平台。

二、民营经济的市场与产业准入

在我国民营经济的发展历程中，民营经济的市场准入与产业准入一直是影响民营经济发展的重要问题，这也是中国发展混合所有制经济和国有企业“混改”推进缓慢的一个原因。在我国传统的计划经济体制下，几乎所有的行业都是由国有经济一手包办的，民营经济在初创时期艰难地在计划与商品经济的双轨制下谋求一线生机，并逐步获得政府承认取得合法地位，这一努力的过程，实质上也是民营经济最早的市场和产业准入经历。

民营经济在面对政府主导的市场和产业进入规制时，总是处于相对弱势的一方，这一方面是由于信息的不对称；另一方面也是由于国企以及相关政府部门人为设置进入壁垒。民营企业要规避这些市场与产业准入的壁垒，必须付出高昂的代价和成本。在传统自然垄断行业中，政府往往选择让国有企业来进行经营，然而这种经营方式不仅效益不高，同时也造成了今天国有企业缺乏市场竞争力的状况。随着传统垄断竞争理论的发展，以及诸如 BOT、PPP 等公私合营方式的引入，那些自然垄断行业的垄断性变得不再“自然”，不再那样所谓的顺理成章，而随着思想的转变，我国政府也逐渐放松了对于民营企业的部分市场准入的规制。但在实际操作过程中，阻碍民营企业的市场和产业进入壁垒，依然以种种方式存在，个中深层原因还是在于政府转变职能不力。

政府对于市场准入和产业准入的规制，限定了民营企业的发展边界，而这种规制的放松，往往也就能够成为民营企业快速发展的推手。探讨民营企业面临的市场和产业准入问题，讨论进一步放松规制使民营企业拥有更广阔的发展空间和天地，这对于中国经济结构调整和转型，推动中国经济可持续发展，意义重大。而且，随着民营经济的发展，中国的所有制结构更趋完整和合理，民营企业在中国的经济社会发展和就业改善中已经具有很强的代表性，民营企业完全可以担当国家重大经济战略。

（一）政府管制与民企的准入

中国民营经济的发展，伴随着改革开放以来计划经济向市场经济不断过渡的过程，在这个计划向市场过渡的过程中，民营经济逐步得以萌芽、成长和壮大。当然，民营经济发展的前提是在商品经济逐步发展和市场经济稳步培育中，一些生产和经营领域逐步向私营和民营放开，进而带来民营经济的大发展。直接说，民营经济就是在政府对经济和流通领域不断放宽或放开管制，而得以从无到有、从小到大的成长。

1. 政府给予民营经济市场和产业准入的方式

在产业经济学理论中，市场和产业准入是进入壁垒的一部分。在我国，民营企业所面对的市场和产业准入问题，一般来自于政府规制，即管制性壁垒（汪伟，史晋川，2005）。由于长期的计划经济体制形成了国有经济“大包大揽”的局面，因此民营经济在初创时期几乎无法进入任何行业进行合法经营，处于一种介于计划与市场之间的夹缝中生存的尴尬地位，直到 2003 年中央明确提出股份制是社会主义公有制的重要实现形式，民营经济才被政府和社会作为合法的经济主体而制度化的承认和接受，民营经济才开始大踏步进入市场竞争和发展。而后随着民营经济的快速发展，越来越多的行业放松了管制，向民营经济打开大门。而“非公三十六条”的政策出台，明确要逐步向民间资本开放一些长期自然的政府垄断行业，比如通信、电力等。从发展进程而言，政府对于民营企业的进入规制是在逐渐放松的。而从历史上来看，政府对于民营企业的进入规制主要有以下这样两种方法。

第一种方法：出台产业指导性政策，明确哪些领域允许民企和社会资本进入。这种政策性规制民营经济和国有经济的各自发展天地，是最为主要和直接的规制民营经济市场、产业准入。2013 年颁布的《国务院关于国有企业发展混合所有制经济的意见》中，明确对于“重要水资源、森林资源、战略性矿产资源等开发利用”，要“实行国有独资或绝对控股”，但是又提出“在强化环境、质量、安全监管的基础上，允许非国有资本进入，依法依规有序参与开发经营”。类似的规定还出现在通信、核电、国防军工等官方自然垄断或国家重大战略性行业，这类指导性政策文件，直接明确规定了民营资本能否进入某一特定行业。可以看到的是，大多数关系国计民生、国家安全的战略性产业，都基本是排除民企准入的。

第二种方法：通过行政审批制度，给民企进入设置一些行业障碍。在国有企业改革的推进中，大量国企依然处于政企未分的状态，政府为了保护国有垄断性企业的利益以及自身从国有企业那里得到的税费收入利益，依然会利用行政手段对有可能威胁国有垄断性企业地位的民营企业实行进入阻挠（杨天宇，2003）。而为了消除这种产业进入阻碍，民营企业往往会寻求建立政治关联（Park S H，Luo Y，2001；Li H，et al.，2008；Chen C J P，et al.，2011），类似“戴红帽”，或者向政府官员提供租金等手段，而这无疑大大提高了民营企业的产业和市场进入成本，这同时又在很大程度上保护了低效的国有企业。

这样的两种民企市场和产业准入的规制方法，在过去和现在的民营经济发展过程中屡见不鲜。随着改革的稳步推进，许多不合理的对民企市场和产业准入的限制、障碍，已经逐步得到了清除，使得民营经济的经营范围大大拓宽。但必须看到，政府对于民营企业的市场和产业准入依然存在很多规制，而且，这类规制和障碍随着经济发展中的周期性衰退，政府往往会对民企的约束和规制更强。纵使社会对放开民企的产业和市场准入有着强烈的要求，但这类障碍依然会顽强地存在。

2. 民营企业规避或突破政府规制的发展案例

在中国民营经济发展的过程中，经常可以观察到的一种经济现象是，转型经济中民营企业的成长，总是不断地面临各种进入壁垒并努力消解壁垒障碍，民营企业进入的产业也主要是与生产方式转变和经济转型相联系的一类产业。民企进入壁垒不仅源自一般市场环境中的竞争压力，更重要的是来自于转型经济中政府保护国有企业而对特定行业进行的管制（汪伟、史晋川，2005）。我国民营企业起步较晚，且面临着大量国有企业的压制和竞争，政府从渐进改革和保护国有企业出发而设置的进入规制，不仅影响到了民营企业的进入过程，同时也会持续影响其经营和投资的决策行为。

吉利集团在发展壮大过程中，有过多次规避和突破政府规制政策的博弈过程。事实上，在吉利集团发展的早期（1989 年），便遭遇到了政府的规制带来的阻碍产业进入的打击，当时由于未能进入全国电冰箱生产企业名录，吉利不得不退出制冷设备产业市场，这是典型的由政府设置的市场进入壁垒。随后在转入同样需要生产许可才能进入的摩托车市场和产业的过程中，面临相似问题的吉利集团选择与嘉陵摩托车厂合资的方式，在台州建厂投产，借助嘉陵摩托车厂的生产许可证生产并进入市场。同样的经验，也被运用到随后的汽车生产领域。从吉利被阻碍在电冰箱生产之外，到借道嘉陵摩托进入摩托车生产，以及日后运用同样办法进入汽车领域而成长壮大，我们从中不难发现，在民营经济发展过程中，政府的进入规制直接决定了民营企业的业务范围，简简单单的准入许可就可以决定一个初创期的民营企业的生死。很显然，这种规制，无论是出于保护国有企业利益还是其他的目的，都极大地增加了民营企业的产业和市场进入成本，甚至对其构成了巨大的生存压力。

而在一些国有垄断性质更强的行业，例如国防工业、基础能源工业等，民营企业往往会面对更大的进入和生存压力。国防军事工业由于其产品的特殊性质长期以来被视为必然的国有垄断行业，因为国有企业相对更容易受到监管和控制。而“非公三十六条”以及后来出台的《国务院关于国有企业发展混合所有制经济的意见》，则在这些相关领域提出了尝试引入民营资本的可能，这是在我国国有军工企业基础平台薄弱、设施落后，原始创新能力、集成创新能力和供给推动能力相对不足，国防工业整体优势难以充分发挥的背景下提出的（汪浩瀚，2008），而引入民营企业加入的目的正是看中其大量的资金支持以及生产效率较高的特点。然而，民企在实际的进入过程中，国有军工集团强大的行业垄断、相关审批制度的不完善以及缺乏有效的信息沟通渠道和机制，大大降低了民营企业进入这一行业的实际可操作性。

面对这类规制，一些民营企业为了规避自身因为被排除出主营业务而可能面临倒闭的风险，会寻求各种各样的方法以消解政府设置的进入壁垒。吉利集团通过与生产许可目录内的国有企业进行合资的方式，来规避产业和市场准入的规制，这种方法是一种典型的市场化正常交易行为，打破国内规制条例障碍，获取产业和市场准入，寻求发展生机。也有些民营企业通过迂回海外注册，将自己的身份转变为外资企业后，再返回国内市场与国有企业和真正的外资企业同台竞争，即所谓的“维尔京现象”（孔凡河、马倩，2006）。

而另一种行之有效的方法，则是通过寻求政治关联，来达到规避产业和市场准入的规制，甚至获得竞争优势的手段。已有的研究发现，尽管“非公三十六条”明确鼓励民营企业进入一些传统国有垄断行业，尽管政府明确取消了许多行政审批权，但政府依然对一些行业准入进行所谓必要的规制。事实上，今天，行政审批这一民企面对的进入壁垒并没有真正消失，行业准入的放宽也只是“相对”的（罗党论、刘晓龙，2009）。进一步的研究表明，拥有良好政治关系的民营企业更容易进入相关行业并获得相对更好的业绩，实证研究的结论证实了政治关联这种规避规制的手段具有显著的效果。很显然，尽管拥有高政治关联的企业能更容易地进入相关受规制行业并获得较高收益，但是从社会福利的角度来讲，这样的结果显然不是最优的，因为过多的规制增加了企业的进入成本同时降低了市场竞争的效益。

相比较突破产业与市场准入规制的企业，那些未能规避准入的企业往往会面临困境。主营业务遭到进入规制的民营企业，不得不寻求像吉利集团那样转行，或者只能接受退出市场的命运。在现实中，许多民营企业在形成一定规模后，往往会寻求投资机会以增强业务的多样性，进而保证公司的持续发展。过多的产业与市场准入规制显然会限制企业的投资渠道，导致企业的投资决策行为偏离最优。如图 10－2 所示，我国私人投资大量集中在制造业和房地产业，两项相加常年保持在总量的 75%～80%。而在制造业投资中，诸如面对城乡燃气生产和供应、城市生活用水的生产和供应，民营企业对这些国有垄断行业的投资幅度明显较小，尽管这些行业事实上的投资需求巨大。

综上所述，我们不难发现，尽管政府在政策层面放松了对于民营企业的产业和市场进入规制，但是在实际操作过程中，依然需要进一步的制度保障。民营企业在我国国有垄断性行业，尤其是国家重大战略性行业中，属于潜在实力型市场参与主体，如果希望民企能够顺利进入这类产业和市场，政府不仅应该提供政策层面的支持，而且政府更应该在市场层面保护民营企业避免国有企业设置的诸多进入壁垒，破除垄断。政府对于这些政策的实际执行，决定了许多民企是否会寻求政治关联这样的无效率手段进入市场。

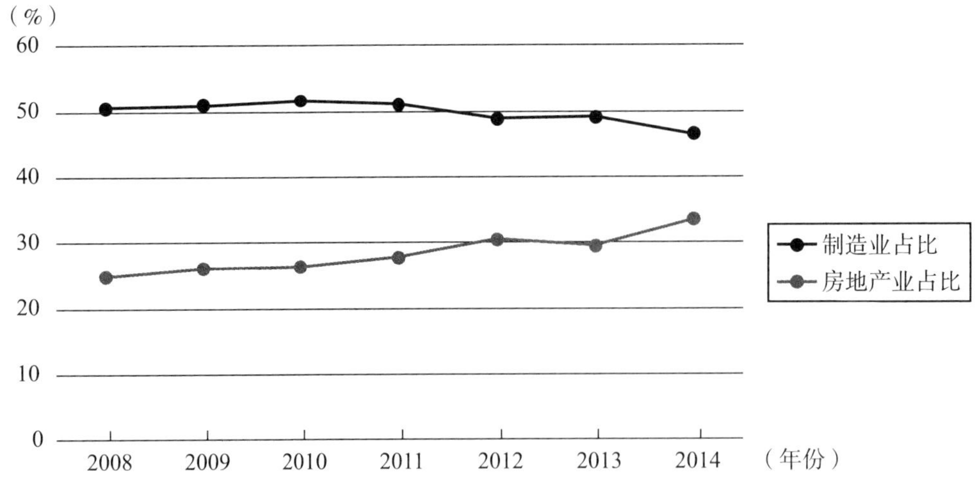

图 10-2 私人控股固定资产投资份额

资料来源：中国统计年鉴（2014 年）。

（二）国家战略与民营企业

在我国传统的计划经济体制下，国有企业很自然地成为了国家经济战略的执行者。改革开放以来，民营企业获得了巨大的发展，也在发展的过程中展现了自身经济效率高的特点，然而传统计划经济体制遗留下来的国企和民企双轨问题，依然一直在困扰中国混合所有制经济发展。传统国有垄断行业对于民企的准入限制，不仅阻碍了民企的发展，也同时束缚了这些市场或产业利用民资进一步转型升级，提高经济效率的进程。同时，在我国重大经济战略执行的过程中，国有企业与政府之间的密切关联，使得其更容易获得执行国家经济战略大任的机会，相应国企发展可以获得国家大规模资金投入。2008 年金融危机后的“4 万亿”扩大投资，其中的大部分被国有企业揽入囊中，这便是一个典型的例子。但是，我们必须指出，民营企业自身较高的经济效率，使得它们可以合理地分配和利用资金，实现更大的经济收益。今天的中国，民营企业已经成长壮大起来，它们亦可担当国家重大经济战略要任。

1. 民营经济对社会就业和经济增长的贡献日益加大

事实上，今天的民营企业已经在我国经济发展中发挥重大作用，民营企业其对于固定资产投资、出口和就业等关键经济指标的贡献[①]，也早已超越国有企业（见表 10-3 和表 10-4），这一事实也已经得到了中国社会各界的广泛认同。相比之下，尽管国有及国有控股企业拥有政府的支持，但在经济表现上落后于民营经济。

表 10-3　　国有与民营企业城镇固定资产投资增长率对比　　单位：%

年份	国有及国有控股企业	民营经济
2008	22.5	33.0
2009	35.2	32.5
2010	18.0	32.0

① 截至 2013 年底，全国个体私营经济从业人员 2.19 亿人，同比增长 9.7%，其中私营企业 1.25 亿人，同比增长 10.9%，个体工商户 0.93 亿人，增长 8.2%，民营企业连续多年在就业方面持续贡献，即使经济出现下滑，民企对就业的贡献依然保持稳定。资料来源：中国民营经济发展报告（2013～2014 年）。

续表

年份	国有及国有控股企业	民营经济
2011	11.1	42.3
2012	14.7	25.4
2013	16.3	22.8

资料来源：中华全国工商业联合会．中国民营经济发展报告（2013～2014年）［M］．北京：社会科学文献出版社，2005.

表10－4　国有与民营企业出口增长率对比　单位：%

年份	国有及国有控股企业	民营经济
2008	14.4	27.9
2009	－25.7	－11.1
2010	22.7	42.2
2011	14.1	32.2
2012	－4.0	21.0
2013	－2.8	19.1

资料来源：中华全国工商业联合会．中国民营经济发展报告（2013～2014年）［M］．北京：社会科学文献出版社，2005.

从表10－3和表10－4中我们可以清楚地看到，2008年金融危机以后，民营企业在固定资产投资和出口增长率这两项关键指标上一直以较大幅度领先国有及国有控股企业，尤其是在对外贸易领域，在2013年出口9167.7亿美元，进口5764.8亿美元，增幅分别高于整体增幅11.2和20.5个百分点①。对外贸易是我国经济发展最为重要的驱动力之一，现在可以说民营经济在中国经济最为关键的领域，已经毫无悬念地成为主力军。

2. 民营经济担当国家战略重任的代表性案例

尽管民营经济最初的发展集中在轻工业和零售业等行业，与重工业等国家重大战略性行业以及自然垄断行业有一定的距离，甚至长期以来受限于政府的进入规制而无法参与这些行业的投资，但是最近这种情况事实上已经得到了改观。2012年发布的《国家能源局关于鼓励和引导民间资本进一步扩大能源领域投资的实施意见》指出，“非国有煤矿产量约占全国的40%，民营水电站装机约占全国的26%，民营风电装机约占全国的20%，民营炼油企业加工能力约占全国的18%，火电、水电、煤炭深加工等领域已经涌现出一批非公有制骨干企业。民间资本在太阳能热利用、生物质能开发以及晶体硅材料、太阳能热水器、太阳能电池制造等领域居于主导地位，在风电设备制造产业发挥着重要的作用。民间资本已经进入西气东输三线建设等国家‘十二五’重点项目建设领域”②，也就是说事实上在自然垄断行业的领域，民营经济也已经有了一些发展基础和市场份额，并且民营经济已经在参与国家重大能源工程项目。

在“新经济”领域，随着中国“互联网＋”“大众创新、万众创业”等战略的推进，互联网金融业务作为我国经济中产业创新的代表，吸引了一大批民营资本进入，为金融行业带来了巨大经济效益

① 资料来源：中国民营经济发展报告（2013～2014年）。

② 资料来源：国家能源局关于鼓励和引导民间资本进一步扩大能源领域投资的实施意见 http：//www.nea.gov.cn/2012－06/20/c_131665600.htm.

和活力，互联网金融以普惠金融为目的，这和民营经济贴近社会增加就业并适应市场竞争是吻合的，一些民营投资者更成为了互联网金融行业的龙头。作为民营经济大省，浙江拥有良好的自主创业环境及相关政策扶持，再加上民间资本充裕，民营经济得以快速发展并成为民间资本财富增长和地方财政收入的重要来源。而传统的金融行业和相关业务，作为事关国家经济安全的重要领域，一直以来主要由国有大型银行占主导地位，民间资本虽可以尝试民营银行，但充其量也只是尝试。然而浙江省却发展出了以阿里巴巴等民营企业旗下的金融服务公司为代表的一大批新型互联网金融企业，使浙江成为了互联网金融领域的龙头。阿里巴巴作为浙江乃至全国领先的民营互联网企业，其旗下的互联网金融业务的规模和效益均在国内领先，覆盖了支付、众筹、理财、信贷、征信等互联网金融的全部领域，并且在不断的自身发展和政府扶持下，其经济辐射和带动作用也日益显现，培育带动出了一大批相关领域的互联网金融企业，初步形成了一个比较完备的互联网金融生态体系。尽管目前由于经济环境以及互联网金融行业发展过快等一系列原因，存在诸如"P2P 平台跑路"等问题，但 P2P 网贷、众筹、第三方支付、互联网银行、传统金融机构等不同金融平台之间的实际合作与互补，在推进整个行业更加快速和多样化的发展，努力构建、完善互联网金融健康生态圈。

另一大主要由民营企业主导的创新产业——电子商务，已逐渐成为我国新经济中重要的组成部分。根据艾瑞网的相关调查数据，2015 年中国电子商务市场交易规模 16.4 万亿元，增长 22.7%，其中网络购物增长 36.2%。而根据预测，2016 ~2018 年电子商务市场规模依然会以超过 17% 的速度继续增长下去[①]。而电子商务产业中的主力军正是如淘宝、京东这样极具影响力的大型民营企业，而政府也逐渐通过政策引导和扶持鼓励这一已具有长足发展的行业的进一步发展，2016 年年初跨境电商试点城市的确定，就明确了力图促进相关行业进一步发展的目标[②]。而杭州作为试点城市之一，拥有中国（杭州）跨境电子商务综合试验区（杭州下城跨境电子商务产业园、杭州下沙跨境电子商务产业园、杭州空港跨境电子商务产业园），已经着力在跨境电子商务交易、支付、物流、通关、退税、结汇等各环节的技术标准、业务流程、监管模式和信息化建设等方面进行先行先试，通过制度创新、管理创新、服务创新和协同发展，力图破解跨境电子商务发展中的深层次矛盾和体制性难题，打造跨境电子商务完整的产业链和生态链，逐步形成一套适应和引领全球跨境电子商务发展的管理制度和规则，为推动我国跨境电子商务的发展提供可复制、可推广的经验。杭州坐拥阿里巴巴这样的大型电子商务企业，自然也会将跨境电商发展列为主要目标。

不难发现，在类似互联网金融这样的新兴产业领域，民营经济已经利用市场的发展机遇获得了快速的发展，而政府在其发展过程中所扮演的是一个从放手电商发展，到给予必要的扶持、监督。如今，中国在启动消费的作为中，农村广阔的市场亟待激发。阿里巴巴已经承担起了发展中国农村电商的大任，包括京东商城，都积极投身到农村电商发展和农业的产业化经营之中。对于民营企业本身而言，担当国家重大发展战略也意味着重大发展机遇，这当然是市场空间和产业空间向民营企业的实质开放，有助于形成中国真正的所有市场主体公平竞争局面。

在担当国家战略方面，民营企业早已展现不同寻常的身手，并且在一些特定的产业领域，尤其是"新经济"领域，取得了显著的成果。而随着未来"一带一路""互联网 +""大众创新、万众创业"等国家重大发展战略的进一步推进，以及中国在新形势下应对全球经济与金融风险的需求，民营经济与民间资本的作为会越来越大。利用民营企业的资金和有效管理机制来更好地推进相关国家战略的发展，推动中国经济、社会和文化等领域发展，既是我国实现产业升级的途径之一，也是实现我国经济持续健康发展的现实需求。而要做到让民营企业健康发展并担当国家战略，就需要政府在现有的基础上转变政府职能，为民营企业做好制度供给和公共服务供给的角色。

---

① 资料来源：艾瑞咨询，2015 年中国互联网核心数据 http://news.iresearch.cn/zt/260791.shtml#a2.

② 资料来源：人民网，"天津等 12 城市获批跨境电商试点" http://finance.people.com.cn/n1/2016/0111/c1004-28035264.html.

（三）政府职能与公平市场

中国政府职能的定位及其转变过程，是伴随着我国经济改革开放的历程而不断进步发展的（陈国治，2004；华论祥，2004；朱光磊、于丹，2009；侯保疆，2003；黄庆杰，2003；薛澜、李宇环，2014；杨建顺，2007；刘雪华，2008）。所谓政府职能，是指政府在一个国家的经济、社会等诸领域的所需承担的责任和功能。公共经济学理论认为，政府职能主要包括保持宏观经济协调、稳定发展，提供公共产品以及调节收入分配、维护社会公平三大职能。

1. 政府机构和政府职能转变的历程

中国的经济体制改革肇始于20世纪70年代末，在90年代初邓小平南方谈话后达到一个高峰，而我国政府职能也伴随着这种发展历程而不断改进、转变与完善。随着“以经济建设为中心”的政策重点得到明确，中国政府部门的相关机构及相应职能也做出了相应调整。中国政府机构的职能逐渐从原本计划经济时代的“运动员”转变为市场经济的“裁判员”，开始更多地扮演一种市场规范和监管者的角色，而民营经济的蓬勃发展也正是在政府不断放松对于市场准入和放开对生产资料的控制开始的。

从1982年开始，中国政府开始了适应商品经济发展的政府机构改革，其主要思想便是“减政放权”，且随着商品经济和市场经济的发展推动，这种改革趋势不断推进和深化。1982年机构改革以提高政府工作效率，实行干部年轻化为内容，1988年机构改革则以“简政放权、搞活企业”为内容，“体现了机构改革的精简化的方向特征”；而1993年以转变职能、政企分开、理顺关系、精兵简政为内容；1998年机构改革进一步强调了转变政府职能，优化政府组织结构，体现了政府机构改革的分权化、市场化的方向特征。在中国加入世贸组织后，2003年以政府职能应集中于经济调节、市场监管、社会管理和公共服务为内容的机构改革，体现了政府管理经济的体制要适应世界贸易组织规则的要求，在此基础上来定位与调整中国的国际化方向。而2008年以深化行政管理体制改革，完善政府的公共服务职能为内容的政府机构改革，体现了政府职能服务化改革的方向（何颖，2010）。中国政府职能转变的脉络，从历年政府工作报告中就可窥见一斑。1978～2003年中国政府是以经济建设职能当先、追求发展效率的偏态发展态势，而直到2004年以后，中国政府改革转向以经济建设、政治建设、文化建设、社会建设、生态文明建设协调并重的发展态势，“科学发展观”和“构建社会主义和谐社会”的提出引导和推动了中国政府职能向全面协调发展的转变（邓雪琳，2015）。可以说中国政府机构改革的目标和机构的设置，正越来越朝着公共经济学所阐述的政府三大职能的方向发展，在以经济建设为中心的同时，提供公共产品、维护社会平等的职能也逐渐得到了越来越多的重视，逐渐摆脱了计划经济时期大包大揽的作风。

作为改革的重点，经济领域政府机构职能转变一直是重中之重，而这一领域的改革由于涉及政府不同层级、政府与市场、政府与企业等多重经济和政治关系，改革的具体事项较为复杂，渐进式的改革成为了最主要的方式，价格双轨制便是渐进改革背景下的产物。1993年，随着邓小平南方谈话坚定了国人改革开放和发展市场经济的信心、决心，随后党的十四大《中共中央关于建立社会主义市场经济体制若干问题的决定》（以下简称《决定》）颁布，提出了对于政府管理经济的职能要求，即“主要是制定和执行宏观调控政策，搞好基础设施建设，创造良好的经济发展环境”。同时，“要培育市场体系，监督市场运行和维护平等竞争，调节社会分配和组织社会保障，控制人口增长，保护自然资源和生态环境，管理国有资产和监督国有资产运营，实现国家的经济社会发展目标。政府运用经济、法律和必要的行政手段管理国民经济，不直接干预企业的生产经营活动”①。这一《决定》中所

① 资料来源：中共中央关于建立社会主义市场经济体制若干问题的决定 http：//cpc. people. com. cn/GB/64162/134902/8092314. html.

提出的政府职能转变方向成为了以后历次政府体制改革的指导性方向，1994 年的财税体制改革、20 世纪 90 年代末期的国有企业体制改革等，都是对这一《决定》的具体和深化。

而 2003 年发布的《中共中央关于完善社会主义市场经济体制若干问题的决定》，则继续承接 1993 年的《决定》，提出要深化行政审批制度改革，切实把政府经济管理职能转到主要为市场主体服务和创造良好发展环境上来。加强国民经济和社会发展中长期规划的研究和制定，提出发展的重大战略、基本任务和产业政策，促进国民经济和社会全面发展，实现经济增长与人口资源环境相协调。加强对区域发展的协调和指导，积极推进西部大开发，有效发挥中部地区综合优势，支持中西部地区加快改革发展，振兴东北地区等老工业基地，鼓励东部有条件地区率先基本实现现代化。

总之，政府职能转变，其目的就是"完善政府重大经济社会问题的科学化、民主化、规范化决策程序，充分利用社会智力资源和现代信息技术，增强透明度和公众参与度"①。2013 年《中共中央关于全面深化改革若干重大问题的决定》，进一步明确和深化了这一改革目标和方向。可以说我国政府职能在经济发展领域的转变脉络是非常清晰的，即从计划经济下的政府占主导逐步形成市场为主的格局，最终达到"市场起决定性作用"的改革目标。

2. 中国政府职能转变和改革中存在的问题

在中华人民共和国成立后，计划经济体制下我国大政府的传统逐渐形成并持续了 30 年之久，且传统的行政体制与市场经济发展之间存在不少矛盾与冲突，因而政府职能的转变势必是一场持久战，这也在客观上造成了我国政府职能转变过程中出现的种种问题。

目前，我国政府在职能改革中存在的最为关键的问题是较为偏重经济职能，对于社会管理和公共服务职能的重视还没有达到与经济发展水平相匹配的程度。以教育事业的公共投入为例，作为政府提供的公共服务之一，教育事业的投入尽管从 1993 年的《中国教育改革和发展纲要》中便首次提出国家财政性教育经费的支出在 20 世纪末占 GDP 的比例应该达到 4% 的目标，但实际到了 2012 年才实现②，而同时我们可以看到大量政府资金被投向了能够产生更直接经济产出的竞争性领域。当然。这一问题事实上涉及我国政府财税体制、各级政府协调等诸多问题。尽管中央政府发布的文件多次强调政府职能要向社会管理和公共服务职能进行转变，然而在医疗、公共安全、教育等重要的公共服务领域，我国依然存在着从业人数短缺、部分地区财政经费不足、服务质量有待提高等一系列问题。

政府职能改革中存在的第二个关键问题是，改革缺乏理论和制度基础。尽管改革具有非常明确的方向，但是我国长久以来的大政府模式使得我国缺乏在市场经济下减小政府规模后如何实施政府职能的经验，且过去所遗留的种种思维和习惯往往会阻碍改革的进程。我国改革过程中一个较为明显的特征是改革先行，而相关制度则要等改革进行到一定的程度再进行弥补。例如，我国财政收入中目前最主要的增值税，还没有相关法律规范，而只有暂行条例。尽管先行先试这种方式具有改革启动快、效率较高的优点，但是随着我国市场经济的发展，对于良好市场制度的需求是越来越强烈。民营企业和国有企业的发展，都需要制度进行规范，历史上改革初期假货横行的现象，以及双轨制时期"官倒"的产生，就是相应市场制度不完善的结果。随着我国经济的不断发展，势必要求政府对于制度的建设，要具有时效性和前瞻性。

政府职能改革中存在的第三个关键问题是，不重视发展非官方组织来推动政府职能转变。在经济领域随着民营经济占比的不断提升，许多产业都是民营经济占主导，而民营经济鱼龙混杂的属性使得我国迫切需要建立一套完善的行业自检自律机制，这样既能规范市场，也能降低政府的行政成本，减少政府不必要的职能消耗，从而在源头上加快政府职能转变的进程。然而，我国目前显然缺乏相关的

---

① 资料来源：中共中央关于完善社会主义市场经济体制若干问题的决定（全文）http：//cpc. people. com. cn/GB/64162/64168/64569/65411/4429165. html.

② 资料来源：搜狐教育，"教育经费硬指标首次实现占 GDP4% 目标" http：//learning. sohu. com/20130104/n362320912. shtml.

措施，从而使得对于利用民间力量推动政府职能转变，重视不足。目前在中国存在的大量行业自律组织，往往是诸如中国银行业协会这样受到政府直接管控较大的官方或半官方组织，这些非政府组织只能说是政府监管在行业内的延续，而非行业自律或非政府组织监督。

3. 切实转变政府职能，促进民企更大发展

中国民营经济的持续发展，要求我国政府必须切实推动其政府职能的不断转变。针对我国目前在政府职能转变中存在的问题，政府可以从以下几个方面加强工作。

首先，政府需要继续明确自身角色，加快向社会管理和公共服务职能的转变。转变的关键在于加快财政资金向相关领域的倾斜，尤其是在医疗、公共安全、教育等关键领域需要持续加大投入。

其次，政府需要扮演好制度供给者的角色，为今后的改革提供更加明确的指导和更为良好的制度环境。民营经济的快速发展离不开政府的制度供给，只有良好的制度保障民营企业的正常经营和利益，才有整个民营经济的快速发展。例如互联网金融，其发展离不开杭州以及浙江地区营造出的良好制度环境。而在财税体制、市场监管等领域的一系列法律制度，也需要随着时境变迁进行不断的完善和修订。

最后，要大力鼓励行业自律，并发挥社会组织在推进政府职能转变上的作用。中国经济的迅速发展，产生了对行业自律组织和社会民间组织的需求。行业自律组织的协调和监管自律，不仅可以帮助进一步规范市场秩序，改善市场环境，也能够降低政府管理的压力。中国需要在现有的官方、半官方行业自律组织的基础上，逐渐降低其官方成分，让企业逐渐适应行业自律的环境，最终形成政府监管与行业自律双管齐下的良好制度环境。

三、要素市场化改革与混合所有制经济发展

混合所有制经济能否成功发展，有赖于前文所阐述的政府职能转变的支持，但其核心主要在于要素市场化能否实现。今天中国供给侧结构性改革的核心其实在于体制改革和创新，以便为要素资源在不同所有制经济主体和不同地区及部门的合理流动，为资源的科学、合理配置，提供良好的市场环境。中国的经济改革，其实是伴随着社会主义市场经济体制的建立与完善过程，而完善的市场体系则是生产要素合理流动、资源优化配置的基础保证。在社会主义公有制基础上因改革开放逐步发展的民营经济，其本身就是中国混合所有制经济发展起步的体现，但要混合所有制经济深化发展，必须有要素市场化改革为前提。

（一）商品市场与民营经济发展

在过去30多年的市场化改革进程中，民营经济的繁荣与市场建设的长足发展是分不开的。特别是中国东南沿海浙江、江苏一带的产业集群与专业市场结合，更是体现了“小商品、大市场”的相互依存和促进发展。当然，这一时期的市场建设成就主要体现在商品市场的建设与不断完善，以及与之相配套的初级工业化民营经济发展，表现在专业市场的繁荣。这个时期各地虽然也在加大要素市场建设发展步伐，但要素市场发展一直存在明显不足。

民营经济的创业和发展是从家庭作坊起步的，创业的技术和资金都很薄弱，只能集中于低技术的劳动密集型产业（产品）。虽然初级工业化是低技术的劳动密集型的低端产业，但如塑料、皮革、包装、服装、五金、制鞋、纺织、化纤、文具、纽扣、皮带等，这些多是小商品或典型的日用消费品，却无疑是拥有无限的市场。在改革开放前十多年中，我们国家商品严重短缺的年代，加以中国改革进程中的制度变迁的政治约束，使得全国其他地区的经济发展与浙江温州的民营经济之间存在明显的制

度后发劣势，因而浙江的民营经济发展取得了占尽制度机制与市场的双重先发优势效应。在这样的前提环境下，“小商品、大市场”迅速造就了浙江围绕专业市场的在全国占据绝对优势的产业和产品的扩散集聚地位。

可以说从改革开放始至现在，浙江在全国一直是专业市场最发达的省份，义乌中国小商品城、绍兴中国轻纺城多年稳坐全国专业市场前两名，更进而成为名震东南亚辐射世界的小商品市场。整个浙江的专业市场体系发育始于20世纪80年代初，在80年代中期成型，专业市场体系的形成大大降低了商品生产和交易的成本。民营经济在浙江正是紧密依靠这些专业市场，从户帮户、村带村，逐步向一乡一品、一县一业的连片经营拓展，终于形成了基础在一家一户，规模达千家万户的块状经济，这些块状经济通过市场将其产品辐射到全国以至世界各地。块状经济结合专业市场建设的发展推动了小城镇的建设，带来了产业积聚的空间变化，使得各类专业市场的建设发展与优势产业的培育、城镇建设等紧密结合起来，形成了浙江省内各具特色的专业化发展的产业经济。

随着发展壮大，不少家族制企业的组织形式开始向股份合作制和公司制企业转变，而企业组织形式的改变则是民营经济走向生产专业化和集群发展的制度与管理前提。民营企业通过组织形式的发展和改进，积极实施资本经营、企业并购，活跃了区域经济，推进区域市场经济向现代市场经济过渡，带来了集市贸易市场向现代市场网络的演进。原来国人一直的印象是，浙江现象的民营经济产品与市场的联系主要是依靠小商品市场，从集市贸易式的小商品市场到专业市场。但现在看来这实际上只是发展初期市场形式演进的一个阶段。从集市贸易、专业贩运户和个体商业户，到地产外销、外产地销的专业市场和长途贸易的个体商业户商业经营企业，再到依靠购销网络和长期供货合同的无形市场，这是浙江民营经济发展中市场形式和产业形式不断协同发展和整合的结果。著名的义乌小商品市场则经历了一个把半开放的“小商品市场+家庭作坊”模式，演进为全开放的“营销网络+采购加工订单+资本经营”模式的过程（王志凯，2007）。这种市场形式由低级到高级的发展扩大了市场容量，市场容量的扩大又反过来促进了生产发展，形成了生产与经营的良性循环，这极大促进了民营经济产业集群的成长与发展。

现在，随着电子商务等新型商业业态的发展，服务民营经济市场和流通的渠道和手段更加便捷、有效。尤其是杭州以阿里巴巴为代表的大型电商的发展，已经为民营中小企业提供了极佳的商业平台，促进了民营企业生产扩张和国内外流通的扩大，提升了民营企业的国际竞争力。特别是进入“十三五”，国家号召电商下乡，促进农村物流和消费发展，改善农民生产和生活，这必将为农村的非农产业发展和现代农业发展带来更大的契机。现代农业和农村非农产业都是民营经济范畴，电商下乡就是为降低现代农业和农村非农产业发展的成本，进而促进现代农业和农村非农产业的更好发展。而且，电商本身，许多都是民营经济，著名的阿里巴巴也是民营经济主体，这更体现了商品市场与产业集聚发展的良性互动关系。

尽管民营经济发展和其市场商业业态不断创新，最大限度地促进了商品市场和产业集聚的经济效益，但由于要素市场发育不足，民营经济难以通过市场竞争进入更广阔的产业领域和市场，难以从进入市场公平获取资本，所有这些都阻碍了民营企业的转型升级。民营经济被要素非市场化及政府的产业、市场准入规制，排除在新型工业化和先进制造之外，或者起码说是民营企业难以在新型工业化和先进制造业发展中大展身手。

（二）要素市场与新二元经济结构

如果说市场建设的起初阶段，人们首先想到的是商品市场特别是消费品市场建设，而相对忽略了要素市场建设，那么，时至今日的要素市场确实需要大力建设和发展了。应该说有型的要素市场和交易平台建设推进，都是有目共睹的，譬如一些地方的生产资料市场和技术交易市场建设，包括人才市场建设、债券市场和股票市场建设等，确实有目共睹。但实质的问题也是最大的问题，还是在于有型的要素市场建设，并非实现真正的要素市场化。借着20世纪80年代浙江市场蓬勃发展和向全国的扩散，现如今中国各地的市场体系都已经具有相当的规模，形成了与各地经济发展相适应，综合市场与专业市场结合、批发市场与零售市场结合、城区工业品市场与乡镇农副产品市场协调、生产资料市场与生产要素市场渐次发展的市场化格局。这当中，不同层级和规模的地方市场、区域市场和全国市场在不断建设和完善之中，形成了比较好的对接，成为引导和推进中国经济发展的主要驱动力量，全国和地方经济的发展充满活力。

但随着市场经济的深入，市场建设存在的问题也越发突出：主要表现在商品市场发展很快，但要素市场发展不足；各地对有型市场建设似乎更为重视，但却人为忽视市场功能的发挥；各地也出现市场建设偏重地方利益和需求，缺乏区域与区域之间的沟通、协调和整合。诚然，作为从计划经济体制转轨而来的市场经济国家，观念上是存在计划经济的定势，这也难怪20世纪80～90年代市场建设，大家首先想到的是消费品和生产资料进入市场，也就是商品市场，自然忽视了生产要素包括劳动力、资本和土地也是商品（当然，中国的土地国家所有制，也是影响生产要素市场发育的因素之一），要素市场必然发展不足。

市场建设当然可以搞活流通、增加社会劳动就业、提高人民生活水平，但市场建设更大的作用与功能则在于合理配置资源，引导生产要素流动和产业结构调整，这是市场建设和培育中要重视的内容。中国经济存在明显的地方壁垒和市场分割，地方利益使然导致市场建设也成为一种地方政府的相互攀比、重复建设，导致资源浪费、效益低下，这是多年来中国经济系统性效益不足的原因。要实现中国区域间的协调发展，首先要实现市场建设特别是各类市场，包括商品市场和要素市场的协同和联动。

除了这里分析到的市场建设和培育存在的偏重地方利益、重形式轻功能、重商品市场轻生产要素市场等问题以外，还有就是要素的市场化严重不足。这样的不完善的要素市场，加上要素市场化的严重不足，导致中国经济在过去几十年一直存在的“城乡二元”结构之外，又出现了两个新二元结构：一是民营经济与国有经济并存的新二元结构（史晋川，2016）。土地生产要素国家所有，资本生产要素也是主要掌控在国有商业银行手中，土地、资金的配置主要向生产要素低效配置的国有企业倾斜，而可以高效配置生产要素的民营企业却很难获取生产要素，特别是资金，最终导致国有经济和民营经济处于双轨二元的发展结构；二是要素市场本身在建设和发展中形成了新的二元结构。打破城乡户籍隔阂的制度改革消除了城乡二元生产要素市场，但由于政府的管理缺位、越位、错位，导致了新的城市二元劳动力市场和城市二元土地市场，分别对应民营和国有经济，使得民营经济和国有经济处在不同的竞争层面。民营企业与国有企业相比，得不到银行资金，在土地获取和用工上也都存在明显的民营企业困难，导致民营经济近期的发展走入停滞甚至倒退的境况。

事实上，除了生产要素市场发育不足导致的新二元结构问题以外；传统的城乡二元资本市场和劳动力市场因素在不同地区或多或少依然存在，有些地区还很严重。我们可以把县域经济看作农村，那么，1993年财税和金融改革规定中国国有商业银行在县及一些行政建制地域的机构都只有吸纳存款功能而没有贷款功能，这就决定了城乡资本市场的巨大差异。民营经济主要是从县域农村起步的，现如今除了少数做大做强的民企可能搬迁到更高层级的城市外，绝大部分依然在县域农村的乡村故土。这些民营企业要做大和做强，非常需要资本投入的支持，但可惜的是县域农村没有融资渠道，因为国有商业银行在县域农村只有吸纳存款的储蓄功能，而没有贷款职能。因此，民营企业只好转而寻求非正规金融，包括地下钱庄的资金支持，钱庄的高利贷极大地加重了民营企业的资金成本，阻碍了民营企业的做大做强。

资本市场的二元结构，导致民营企业通过正规金融进行直接融资和间接融资都非常困难。一方面，民营企业大多比较难走债券、股票等的直接融资路径，因为中国的证券发行是发行审批制，证券委的发审大员对民营企业充满歧视和不屑，民营企业就很难跨出IPO这一大关；另一方面，银行、保险、证券和投资公司，基本都是国有的，四大国有商业性银行首先的定义是“国有”，而后才是象征性的“商业”；其他一些地方商业性银行，如兴业银行是福建省财政厅办的，光大银行是直属国务院的部级公司光大集团旗下的，等等。主要归政府所有的银行和保险又更倾向于为国有企业融资，民营企业的融资难问题在中国十分突出。

作为生产要素核心的土地、资本，土地市场和资本市场都是典型的国企和政府控制的天下，民营经济的发展和民企参与混合所有制经济改革的难度之大，在中国是自然可以想象的。

（三）改革与混合所有制经济发展

通过前面的分析，我们已经知道生产要素市场化不足的缺陷，主要是在于经济体制和政府管理体制上的缺陷。诸如，国有企业的体制缺陷，导致政府和企业是共生体，政企不分，国有资产管理的权责难以明确，资源垄断和市场垄断盛行；国有银行体系过于庞大，产权制度其实不如其他实业性国有企业明确，国有银行顾名思义是归政府的，产权过于单一，其服务自然也就唯政府是从，重视为国有企业融资服务，而极大地忽略对民营企业的金融服务支持；政府管理体制存在缺陷，强势政府的投资过于强悍，挤压社会投资机会，影响民营企业的投融资和发展。而国有企业素来存在低效和浪费，资源和要素过多地配置在国有企业，最终导致中国经济效率的低下和增长的困境。国有企业必须突围，必须进行市场化改革，引进民营经济的市场化机制，发展混合所有制经济，这应该是一条有效的改革路径。

既然中国现在出现的民营经济和国有经济截然不同的发展环境和路径这样新的二元经济结构，加快要素市场化改革当然可以直接推动民营经济和国有经济的混合发展。生产要素的市场化在中国市场建设之中不是没有重视，也不是没有推进，主要根源还是因为中国的市场化改革形成的市场经济主体不完全造成的。今天，民营企业和民营经济可以说是真正的市场主体了，但国有企业、国有商业银行还远非市场主体。要加快要素市场化改革进程，首先要在中国形成真正的市场主体，这是实现生产要素市场化的基础。

1. 健全和完善国有资产管理体制，规范国有企业公司法人治理结构

作为市场主体的企业必然是和市场有着紧密内在联系的，其直接的表现就是：企业以市场为依托，不依赖于政府；企业以追求市场利润最大化为目标，遵循市场规律的调节；企业所需生产要素从市场获取，产品销售也通过市场实现；企业的生产过程和销售过程与市场密切相关，增强企业的市场责任和社会责任。

依法落实企业自主权，转变政府职能，推进简政放权；推动企业完善市场化经营机制，推进公司制股份制改革，积极引入各类投资者；促进企业公平参与市场竞争。准确把握依法履行出资人职责的定位，重点是管好运营好资本，确保国有资产的保值、增值；加强对国有资产运营的监督，防止国有资产流失；建立科学的国有企业决策机制，确保国有企业持续稳定发展。

建立国有企业规范的公司法人治理结构，这是国有企业实施市场化运营机制，成为真正独立的市场主体之前提。由单一国有资本组成的企业，经营责任不明确，权责利不分，管理机制缺乏活力，生产缺乏效率，非真正的市场主体。公司制是现代企业制度的有效形式，是实现企业所有权和经营权分离的最有效制度安排。公司制的基础在于有效的公司治理，公司治理结构是公司制度发挥作用的基础，是现代企业制度建设的核心内容。民营经济与国有经济的混合所有制发展，是打破单一国有资本企业的责权利不分弊端、形成制衡并科学配置公司控制权的必然选择。

2. 改革国有商业银行，使其成为真正的市场主体

国有商业银行由于经常受到政府的干预，承担许多政府的任务和为没有效率的国有企业提供贷

款，因而国有商业银行的呆账和坏账一直比较多。要使国有商业银行成为真正的市场主体，打破政府的干预非常关键；实现银行的公司治理结构，可以从体制上让银行不再以政府的指定和安排作为资金配置的依据。要银行有这样的独立性，必须要妥善处置银行的不良资产，并补充银行的资本金，这是完善银行公司治理结构的前提。

中国的不良贷款其实不只是银行体系本身的问题，而是中国财政体系的问题。中国地方政府通过城市投融资平台举债、财政部发行债券，都是通过银行发行和购买；国有商业银行100%股权由国家持有，银行的70%~90%的贷款都是给了国有企业（其中有不少是政府帮助企业担保或直接干预银行贷款的结果）。鉴于这样的情况，银行的不良资产处置政府需要承担大量责任，这也就是为什么中国的银行道德风险低于其他国家的原因，因为中国的银行都是政府的，政府必须承担也不得不承担债务的责任。其实这也很正常，因为即使在西方国家银行是私人的，一旦银行破产，政府也不得不承担银行清盘损失的60%。

银行的不良资产，其实就是政府性债务，政府必须去化解。要改革国有银行使其成为真正的市场主体，政府性债务的处置和管理就非常重要。解决政府性债务问题，中国财政部进一步加大了债务发行的管控，同时推出置换债计划供地方政府新债换旧债，以延迟债务偿付周期；再就是，政府推出债转股计划，将企业欠银行和政府的债务转为银行的股份，让银行参与到企业的管理之中，以提高债务的运行效率和风险管控效果。

放宽民营企业的市场准入，鼓励引导民企参与国企改革。随着中国由计划经济向市场经济的转变，非国有经济的市场准入在不断扩大，传统服务业、流通领域和制造业，民营经济都取得长足的发展。但在国有及所占据的行政垄断、资源垄断或市场垄断领域，民营经济依然很难涉足。为了推进混合所有制经济发展，促进民营经济发展和国有经济改革，必须打破这类垄断，放开民营企业的市场准入。首先对于资源类基础行业，应允许并积极吸引民营企业进入，采取各种形式拓宽非公有制资本进入的渠道。一是鼓励民间社会资本采取联合、联营、集资和入股等方式进入基础资源类行业；在资源基础类行业采取特许经营招标投标形式，选择项目法人的方法吸引民间资本投资资源基础类行业；盘活资源类存量资产，吸引民营资本进入。二是鼓励民营资本和民营企业进入社会公共事业领域，加快市政公用基础设施投资和发展步伐。为此，需要改革公用事业的国有体制，为民营企业的进入创造条件：转变政府直接管理市政公用事业的模式，加快政企分开步伐；加快公用事业单位的企业化改革，改革城市公用企业产权制度；市政公用企业作为市场主体，将主要从事城市市政、公用设施等的生产、经营和作业，其原先承担的市场管理和监督职能全部收归政府管理部门。三是鼓励和引导民营企业参与国有企业改革，发展混合所有制经济。要分类型、多方式推动国企发展混合所有制经济，促进国有企业转换经营机制，提高国有资本配置和运行效率，实现各种所有制资本取长补短、相互促进、共同发展。

只有通过这一系列工作，使得国有企业、国有商业性银行和民营企业都成为平等的市场主体，要素的市场化改革才能达到预定的目标；也只有要素市场化改革的推进，才能够为民营经济参与混合所有制经济发展创造条件，促进要素资源在国有经济和民营经济之间的自由流动，实现要素资源的合理与科学配置，支持中国经济的生产率提高和长期稳定增长。

四、民营经济与混合所有制经济：未来展望

毫无疑问，发展混合所有制经济就是为了提升国有经济的发展效率，就是为了扩大民营经济的发展空间。前文论述的民营经济市场准入、产业准入，以至要素市场化改革的深入，都是为了创造一个民营经济、国有经济作为公平竞争市场主体的发展环境，都是为了实现资源和要素的合理流动、高效

配置，以达到经济的健康、可持续增长目标。

党的十八届三中全会公报明确指出市场是资源配置的决定性力量，要充分发挥民营经济的市场化机制，加大其在中国经济结构转型与产业升级中的积极作用；要运用民营经济的制度机制去改造国有经济，让民营经济和国有经济合作，发展混合所有制经济。所有这些决策都为民营经济参与中国经济结构转型和产业升级，奠定了很好的制度基础。

（一）民营经济与“一带一路”建设

“一带一路”倡议，这是中国倡导和推动的以亚洲发展为契机的新一轮全球化，是中国和亚洲的全球化战略，对于中国和亚洲等发展中国家、新兴市场经济国家在新一轮全球化中扮演积极角色，意义非同寻常。尤其是“一带一路”倡议可以延伸中国经济的发展空间和延长中国经济增长周期，为中国经济结构再平衡提供回旋的余地。“一带一路”倡议构想将串起欧亚大陆和非洲，有望建成世界最大的经济圈，勾画了中国、亚洲和世界的全球化愿景，并最终缔造全新的全球经济治理体系。

“一带一路”倡议的重要内容是共建国际通道和经济走廊，拓展投资和贸易的发展空间，为沿线国家创造互利共赢的发展机会，也为中国的企业走出去带来更多的便利。共建国际通道和经济走廊，需要交通基础设施的投入建设，发展经济走廊离不开走廊沿线开发区和工业园的建设，需要投资和产业集聚。这就需要“一带一路”倡议建设的相关各方加强合作，充分运作好“亚投行”的多边投融资体系，并积极鼓励和支持民间资本参与到“一带一路”建设中来（凤凰财经，2015-03-09）。民间资本带着民营制造业落户，可以一定限度通过市场化机制解决“一带一路”建设资金和更好地实现产业集聚。

由此我们不难看到“一带一路”与混合所有制经济之间有着密切的关系。“一带一路”大的基础设施互通互联，以及大的基础资源产业建设，包括地区性经济走廊建设等，无疑都需要国有企业强大的资本和技术装备去开拓，其开拓的形式多种多样，可以有投资合作、并购重组等方式。在全球化的市场竞争环境中，国有企业的对外投资和并购重组，其背后的强大支撑是中国的国家财政实力和资本，这从资本实力上决定了中国在全球市场的投资、并购及重组运作是一个有力的竞争者。当然，我们很清楚国有企业及国有资本投资运作效益的低下，我们也更清醒地知道国有资本进行国际基础设施和基础资源投资、并购中绕不开的障碍——全球同业竞争者会以中国的国有企业参与国际投资、并购是一种不正当市场竞争行为而加以排斥，理由是国有企业不是市场竞争的公平主体（王志凯，2015）。而民营企业参与的混合所有制经济，则可以化解国有企业、国有资本在“一带一路”建设中所可能招致的不正当竞争质疑，让其投资并购的强大实力得以发挥，更有民营企业参与的混合所有制经济保证的资本运作效益。

确实，民营企业在中国的市场化进程和对外开放中一直走在前列。民营企业在中国参与全球经济合作和竞争中，最具市场的敏锐性；相比国有企业参与全球化，民营企业参与国际分工协作的行为也最符合国际市场惯例，容易为国际社会接纳（江濡山，2015）。民营企业在中国参与全球经济中居功至伟，但中国民营企业的国际化之路其实是非常艰辛，融资难是民营企业在国内外市场拓展的一大障碍，而民企在中国遭遇人为歧视则是由来已久。国家实施“一带一路”战略，要加强对民营企业参与“一带一路”建设的金融支持，推动民营企业产业资本与金融资本的衔接，鼓励民营企业组团参与“一带一路”重大基础设施项目建设投标和参与海外并购。支持民间资本参与“一带一路”重大投资项目建设，设立政府参与但不控股的混合投资基金，帮助民营企业和民间资本参与“一带一路”。

（二）民营经济与新型城镇化

过去30多年的中国经济社会飞速发展，主要是中国民营经济发展与城市化进程推动的产业、人口集聚。虽然民营经济发展存在依赖出口、产业和产品集中于传统制造业，农村城镇化、区域城市化又严重滞后于工业化和农村非农产业发展；但民营经济增加了社会就业，富裕了农民和农村，促进中国贸易出口增长和创汇增加。当然，民营经济的产业、产品结构低端，结合其他诸多因素作用的累加，导致中国经济增长方式粗放，也更放大了今天突出的经济结构性问题。进行经济结构调整和产业转型升级，发展新兴产业和推进新型城镇化，就成为中国经济社会继续向好发展的必然选择。发展新兴产业和推进新型城镇化，显然不是要把民营经济的传统制造业统统抛弃，而是要不断提升民营制造业的质量，推动产业向全球产业链和价值链高端转移，并逐步实现自主掌控市场。

新型城镇化给混合所有制经济的发展带来了契机。新型城镇化推进过程中，有大量的财政基础设施投资项目，可以通过 PPPs 的模式——公私合营去加快投融资建设，并且民营企业和民间资本通过 PPPs 的模式参与新型城镇化建设进程中的公共基础设施建设运营，可以大大提高建设和运营效率。现在，发改委牵头的传统基础设施领域 PPPs 项目，基本都是城镇化推进过程中的基础设施与公共服务产品项目；财政部牵头的现代服务业领域的基础设施 PPPs 项目，包括智慧城镇建设中的电子商务新型商业业态、现代物流、智慧交通等，也都是新型城镇化建设中不可或缺的基础设施与公共服务产品。

新型城镇化战略是落实公共财政改革和实现公共服务均等化的重要举措，新型城镇化为中国经济结构再平衡提供了空间载体和平台。李克强总理强调新型城镇化第一位的，是人的城镇化。也就是说中国在中西部和内陆地区的新型城镇化建设，可以让农民工回到家乡解决城镇户籍问题，包括当地农民向非农产业转移和实现市民化（新华网，2013－03－17）。解决了城镇户籍和实现了市民化，原来的农民就可以享受城镇户籍居民享有的福利保障权益，以及文化、教育、医疗等权益，回乡农民工和农村转移出来的农民就可以也可能实现居住社区化，从而可能实现城镇人口的集聚。但这里笔者讲的是可能而不是必然，回乡农民工和农村转移出来的农民是否真的能够留在新型城镇化中集聚，还要看新型城镇化是否给他们提供了就业机会。也就是说新型城镇化建设，必须要有产业的集聚支撑。

众所周知，不同层级的城市对经济和人口的集聚效应是不一样的。中国的经济发展与城市化的现实是：大城市和特大城市对人口、产业的集聚功能强大，面广量多的城镇往往很难集聚产业，一些产业型的城镇也主要是传统工业化的结果。传统工业化在过去 30 多年中对中国的经济增长和现代化具有极大的贡献，传统工业化都是劳动密集型产业，吸纳就业能力强，是以产业集聚和人口集聚推动城镇化的重要力量。

除却传统工业化的产业集聚和就业贡献服务新型城镇化的人口集聚外，新型城镇化建设中大量以 PPPs 为投资模式的社会公共服务和公共产品供给，也是就业和人口集聚的重要经济部类。新型城镇化推进过程中大力发展的社会公共服务和公共产品供给，也给民营企业和民间资本带来了直接的介入领域和空间。城镇化的产业人口集聚，需要教育、医疗、养老等产品和服务的支持，这类社会公共服务和公共产品的提供本身就是很大的市场商机。如果单靠政府去提供社会公共服务和公共产品，一是政府提供这类服务和产品其效益、效率总是不尽如人意；二是服务质量难保证；三是服务态度也不会比企业和社会非营利性机构好，另外，政府的财力和经历也有限。相反，如果充分调动民营企业和民间资本的力量，既可以保证公共服务和公共产品的供给，也给民营企业和民间资本带来了新的增长空间。毫无疑问，新型城镇化进程中的社会公共服务和公共产品供给，也是民营经济与混合所有制经济发展的契机。

中国人口规模决定了其传统产品市场是极其巨大的，传统产品在国内的销售不仅直接改善中国百姓的民生幸福，也会扩大内需并促进生产发展。中国在传统产业、产品领域的劳动力廉价优势，西方发达国家是无论如何不能比的；东南亚和非洲、南美的发展中国家，则不可能与中国在传统产品的规模化生产上相拼。在推进新型城镇化的进程中，中国依然有很大的空间和余地对传统产业进行布局，依靠传统产业支撑城镇化建设。从事传统产业和产品的企业，可以通过在国内市场做大、做强，而实现在全球市场的竞争战略；逐步奠定中国传统产业、产品的国内、国际地位，实现新型城镇化产业发展、人口集聚与城镇建设的结合。

（三）国企改革和混合所有制经济发展

市场经济就是法治经济，市场经济要求政府不要做干预经济的违背市场规律之事，各市场主体也要依法进行生产、消费和经营，尊重价值规律，公平竞争。十八届三中全会公报明确了市场对资源配置起决定性作用，十八届四中全会又专门就依法治国和依法行政做出决定，在市场经济中，“政府行政必须遵循法无规定不可为，民众行动则赋之法无禁止都可为”，这是一个根本原则（王志凯、王雪松，2015）。政府要加快行政审批制度改革，减少审批，清理政府审批权限，实行行政管理的负面清单，明确列出禁止的产业和项目，不在负面清单上的，都由企业和个人依照市场规则自主决定其投资发展。

发展混合所有制经济的方向，中央已经指明，党的十八届三中全会《决定》指出，“国家保护各种所有制经济产权和合法利益，保证各种所有制经济依法平等使用生产要素、公开公平公正参与市场竞争、同等受到法律保护，依法监管各种所有制经济。”在法治轨道上推进混合所有制经济发展，公司治理结构现代化是必须做的功课。不让发展混合所有制经济走样，必须按照公司法的规范，建立现代企业制度，完善法人治理结构。只有真正完善法人治理结构，各种所有制资本在混合所有制经济中方能取长补短、相互促进、共同发展。

在鼓励和推进民营企业参与国有企业改革的努力中，一切遵循依法依规、公开透明的原则。严格遵守有关法律法规，履行相关程序，确保程序公开、规则公开和结果公开，加强社会监督，切实防止暗箱操作和国有资产流失。要完善市场体系，优化要素市场化的环境，加快要素市场化的相关制度和配套政策完善，解决影响要素自由流动的突出问题和矛盾，确保资源和生产要素在民营经济和国有经济之间合理流动、科学高效配置，推进国企改革和混合所有制经济的健康发展。

参考文献

[1] 中华全国工商业联合会，中国民营经济发展报告（2003~2014）[M]. 北京：社会科学文献出版社.

[2] 史晋川（主编），中国民营经济发展报告[M]. 北京：经济科学出版社，2006.

[3] 新浪新闻，2000-03-05，实现国企改革和脱困三年目标是今年中国政府工作的重中之重（原中新社发）[EB/OL]. http://news.sina.com.cn/china/2000-3-5/68091.html，2008年5月26日上网浏览。

[4] 网易财经，2008-01-11，2007年底外汇储备达1.53万亿美元（原上海证券报发）[EB/OL]. http://money.163.com/08/0111/20/41V2A43100251OFT.html，2008年1月18日上网浏览。

[5] 王立国，鞠蕾. 地方政府干预，企业过度投资与产能过剩：26个行业样本[J]. 改革，2012（12）：52-62.

[6] 耿强，江飞涛，傅坦. 政策性补贴，产能过剩与中国的经济波动——引入产能利用率RBC模型的实证检验[J]. 中国工业经济，2011（5）：27-36.

[7] 盛华仁，关于国有企业改革与脱困情况的报告[EB/OL]. http://www.npc.gov.cn/wxzl/gongbao/2001-03/09/content_5132035.htm.

[8] 何守超. 金融危机冲击下的民营企业国际化模式转型：基于温州企业的分析[J]. 经济社会体制比较，2010（2）：184-188.

[9] 汪伟，史晋川. 进入壁垒与民营企业的成长——吉利集团案例研究[J]. 管理世界，2005（4）：132-140.

[10] 杨天宇，政府审批制度改革与民营企业的市场准入[J]. 财经问题研究，2003（11）：13-16.

[11] 汪浩瀚. 从民营企业的市场准入看我国国防工业的体制与机制创新[J]. 经济体制改革，2008（4）：48-51.

[12] 孔凡河，马倩. 我国民营企业的市场准入困境——“维尔京现象”透视[J]. 特区经济，2008（8）：108-109.

[13] 罗党论，刘晓龙. 政治关系，进入壁垒与企业绩效——来自中国民营上市公司的经验证据[J]. 管理世界，

2009（5）：97－106.

［14］陈国治．温州民营经济发展和政府职能转变［J］．企业经济，2004（4）：19－21.

［15］华论祥．民营经济发展和政府职能定位［D］．杭州：浙江大学，2004.

［16］朱光磊，于丹．建设服务型政府是转变政府职能的新阶段——对中国政府转变职能过程的回顾与展望［J］．政治学研究，2009（6）：67－72.

［17］侯保疆．我国政府职能转变的历史考察与反思［J］．政治学研究，2003（1）：83－88.

［18］黄庆杰．20世纪90年代以来政府职能转变述评［J］．北京行政学院学报，2003（1）：34－39.

［19］薛澜，李宇环．走向国家治理现代化的政府职能转变：系统思维与改革取向［J］．政治学研究，2014（5）：61－70.

［20］杨建顺．论政府职能转变的目标及其制度支撑［J］．中国法学，2007（6）：25－31.

［21］刘雪华．论服务型政府建设与政府职能转变［J］．政治学研究，2008（4）：108－113.

［22］何颖．中国政府机构改革30年回顾与反思［J］．中国行政管理，2008（12）.

［23］邓雪琳．改革开放以来中国政府职能转变的测量——基于国务院政府工作报告（1978～2015）的文本分析［J］．中国行政管理，2015（8）：30－36.

［24］王志凯．中国民营经济发展与区域制度变迁［J］．浙江大学学报（人文社科版），2007（2）：99－109.

［25］史晋川．供给侧结构性改革要破除新二元经济结构［EB/OL］．2016－03－17，来源：网易财经，http：//money. 163. com/16/0317/21/BID0GFRN00251LKI. html，2016年3月18日上网浏览。

［26］凤凰财经．2015－03－09，民营企业是参与"一带一路"建设的中坚力量（原二十一世纪经济报道发）［EB/OL］．http：//finance. ifeng. com/a/20150309/13538784_0. shtml，2015年5月27日上网浏览。

［27］王志凯．"一带一路"战略与"亚投行"的使命［J］．浙江省委党校学报，2015（6）：5－9.

［28］江濡山．中国面临大汉以来的最大机遇［EB/OL］．（来源于新浪财经），2015－08－03，http：//finance. sina. com. cn/zl/china/20150803/115822861084. shtml，2015年8月15日浏览于新浪网财经频道。

［29］新华网．2013－03－17，李克强：新型城镇化的核心是人　必须保护农民利益（来源于新华网）［EB/OL］．http：//news. xinhuanet. com/2013lh/2013－03/17/c_115053973. htm，2013年3月28日浏览于新华网。

［30］王志凯，王雪松．以法治理念创新城市执法与服务［J］．中共贵州省委党校学报，2015（3）：60－64.

［31］蔡燕聪．我国电子商务发展现状，问题与对策研究［J］．中国商贸，2012（5）：122－123.

［32］陈斌，佘坚，王晓津，赖建清．我国民营上市公司发展实证研究［J］．证券市场导报，2008（4）：42－47.

［33］Cao L. Chinese privatization：Between plan and market［J］. Law and Contemporary Problems，2000，63（4）：13－62.

［34］Cao Y，Qian Y，Weingast B R. From federalism，Chinese style to privatization，Chinese style［J］. Economics of Transition，1999，7（1）：103－131.

［35］Park S H，Luo Y. Guanxi and organizational dynamics：Organizational networking in Chinese firms［J］. Strategic management journal，2001，22（5）：455－477.

［36］Chen C J P，Li Z，Su X，et al. Rent-seeking incentives，corporate political connections，and the control structure of private firms：Chinese evidence［J］. Journal of Corporate Finance，2011，17（2）：229－243.

［37］Li H，Meng L，Wang Q，et al. Political connections，financing and firm performance：Evidence from Chinese private firms［J］. Journal of development economics，2008，87（2）：283－299.

［38］Li X，Liu X，Wang Y. A Model of China's State Capitalism［J］. Working paper，2012.

［39］Naughton B. Chinese institutional innovation and privatization from below［J］. The American Economic Review，1994，84（2）：266－270.

第十一章　地方政府与民营企业产权保护*

“民营企业”是相对于各级政府及下属机构所创办的“公营企业”而言，指由民间个人或民间组织所创办和经营的企业。在当代中国，民营企业有两种主要的存在形态：一种是在法律上正式注册的私营企业，包括独资企业、合伙制企业、有限责任公司、股份有限公司等；另一种是在法律上虽然未正式注册为私营企业，但是，在实际上，是由民间个人或民间组织所投资创办和经营的企业。后一种存在形态是因政治或法律的限制，投资者和经营者难以设立正式的私营企业，只能在地方政府的默许之下，以变通的方式，设立带有集体制或合作制色彩的准私营企业。因此，后一种形态的民营企业往往是过渡性的，一旦在政治上和法律上得到允许，它们都将转变成正式的私营企业。

中国民营企业在近半个世纪中的兴起，可以追溯到计划经济时期20世纪70年代人民公社和生产大队创办的社队企业。此后，经历了私营企业初步发展、乡镇企业改制、国有企业“抓大放小”改革、地方政府大力招商引资等发展历程，民营经济现已成为当代中国市场经济的重要基础。作为这一发展过程的一个重要支撑条件——对民营企业的产权保护，与地方分权密不可分（Montinola et al.，1995；Qian & Weingast，1997；Blanchard & Shleifer，2001；Landry，2008；Xu，2011；张维迎、栗树和，1998；曹正汉，2006）。本章将考察地方分权与民营企业产权保护之间的关系，着重分析最近十余年在民营企业产权保护上所遇到的新问题。

一、地方政府与民营企业的产权保护：历史回顾

我们首先分析1978～2002年地方分权与民营企业产权保护的关系，然后分析2002年以来的十余年间，民营企业在产权保护上遇到的新问题。

（一）地方政府与民营企业产权保护的历史

1978年是当代中国民营企业从计划经济体制的夹缝中兴起的标志性年份；2002年则是中国向市场经济转型迈出了关键性一步的年份，这一年中国加入了世界贸易组织。在这24年间，民营企业经历了从戴“红帽子”、到获得独立的合法身份、再到向大多数行业扩张，产权保护逐渐加强。在这一过程中，地方政府发挥了重要的推动作用。

1. 1978～1988年：地方政府与私营企业的兴起

在1978～1987年，私营企业在中国从无到有，逐渐发展起来，但是，在法律上却是不合法的。在此期间，地方政府对私营企业的保护通常是采用戴“红帽子”的策略，即允许个人以社队或股份合作的名义，创办企业和从事经营活动（曹正汉，2006）。

1978年12月，中共中央十一届三中全会通过《关于加快农业发展的若干问题的规定》，提出

* 研究人员：曹正汉、冯国强。

“社队企业要有一个大发展，国家对社队企业分别不同情况，实行低税或免税政策”，赋予社队企业合法身份和经营条件。1979 年 2 月，国家工商行政管理局召开各省（自治区、直辖市）工商行政管理局局长会议，提出各地可以批准城镇失业人员从事修理、服务和手工业等个体经营，个体工商户开始合法化。1981 年 10 月 17 日，中共中央、国务院发布《关于广开就业门路，搞活经济，解决城镇就业问题的若干决定》，允许个体工商户雇用两个帮手，有特殊技艺的可以带 5 个以内的学徒。这是后来规定雇工 8 人以上则为“私营企业”的由来。到 1981 年底，全国城镇个体工商户有 185 万户，从业人员 227 万人（曹正汉，2006，第 45 页）。此后，雇工 8 人以上的“私营企业”也在全国各地冒了出来。安徽省是私营企业发展较早的省份之一，1983 年，雇工 8 人以上的私营企业有 370 家，1984 年新开业 644 家，1985 年新开业 1336 家（曹正汉，2006，第 46 页）。

然而，在 1988 年之前，私营企业一直是不提倡的，私营企业之所以能在这种形势中兴起和经营，主要原因是得到了各省、市、县政府的默认和保护。在此期间，中央政府对待私营企业的政策是采取模糊策略，又默认地方政府采用变通的办法发展私营企业。1984 年，中共中央发布《关于 1984 年农村工作的通知》，强调农村个体工商户和专业户雇工不应超过 7 人，同时也说：目前雇工人数超过规定人数的，若实行了一些有别于私营企业的制度，如从税后利润中留一定比例的积累，作为集体公共财产，在利润分配上给工人一定比例的返还等，就具有合作经济的因素，应当帮助他们继续完善提高，可以不按资本主义的雇工经营看待（曹正汉，2006，第 48 页）。[①] 中央政府的模糊策略为地方政府留下了操作空间，各地先后出现了各有特色的私营经济发展模式，其中，影响最大的是“温州模式”。1978 ~ 1987 年，温州市政府和下属县政府先后发明了“挂户经营”和“股份合作制”等地方政策，以保护私营企业和鼓励私营经济发展（曹正汉，2006，第 70 ~ 79 页）。

到 1987 年，中央政府对待私营企业的政策开始明朗化。1987 年 1 月，中共中央在《关于把农村改革引向深入》的文件中，首次承认私营经济有存在的必要性，应当“允许存在，加强管理，兴利抑弊，逐步引导”。这里的“逐步引导”不再是导向合作经济，而是引导私营经济“健康发展”。1987 年 10 月，中共中央十三大报告进一步阐述了关于私营经济的政策，提出私营经济是公有制经济的必要补充，适度发展私营经济有利于促进生产，活跃市场，扩大就业。1988 年 4 月，第七届全国人大通过宪法修正案，在《宪法》第 11 条加入一段话：“国家允许私营经济在法律规定的范围内存在和发展。私营经济是社会主义所有制经济的补充。国家保护私营经济的合法权利和利益，对私营经济实行引导、监督和管理”。同年，国务院颁布《中华人民共和国私营企业暂行条例》，允许私营企业注册和经营。至此，私营企业获得了有条件的合法地位，但是，产权保护问题并未得到完全解决。所谓“有条件的合法地位”，是指政府仍然掌握着对私营企业的自由裁量权：私营企业的经营范围得由政府划定，经营活动是否合法也必须由政府来判断。这也意味着，日后私营企业仍然需要艰难地面对政府可能的侵权或打压行动。

2. 1992 ~ 2002 年：乡镇企业改制、招商引资与私营企业大发展

1989 ~ 1991 年，中央政府加强对经济、政治和意识形态的控制，市场化改革停了下来，私营企业受到冲击。[②] 1992 年中国重新启动市场化改革，私营企业进入快速发展时期。此时，地方政府推动私营企业发展的策略之一是推行乡镇企业改制，也就是把集体所有制的乡镇企业改组为有限责任公司

① 中央政府的模糊策略来源于最高领导人对待私营企业的态度。如 1984 年 10 月，邓小平在中顾委一次会议上说：“前些时候那个雇工问题，相当震动啊！大家担心得不得了。我的意见是放两年再看。那个能影响我们的大局？如果你一动，群众就说我们的政策变了，人心就不安了。你解决了一个‘傻子瓜子’，会牵动人心不安，没有益处。让‘傻子瓜子’经营一段，怕什么，伤害了社会主义吗？”引自《邓小平文集》第三卷，第 91 页。“傻子瓜子”是指当时安徽省一家有名的私营企业。

② 如在 1989 ~ 1991 年间，国务院三次派出调查组到温州，调查温州私营经济是否符合社会主义方向，第三次调查的结论是，温州私营经济有一些不容忽视的消极因素，如偷税、漏税、雇工劳动条件差、分配不公、冲击国有集体企业职工队伍等，需要治理整顿（曹正汉，2006，第 80 页）。

等类型的私营企业。

（1）乡镇企业改制

乡镇企业改制的背景是地区竞争和中央政府实行分税制改革。地区竞争源于中央政府的一项策略，即在实行政治集权的同时，在行政上、财政上、经济管理上实行地方分权，以调动地方政府发展经济的积极性（曹正汉、史晋川，2009）。地区竞争促使地方政府放弃效率低、风险高的乡镇企业，转向支持效率较高又不承担经营风险的私营企业（张维迎、栗树和，1998；曹正汉，2006，第191～197页）。所以，在1992年，当中央政府重新启动市场化改革时，地方政府就开始推动乡镇企业及地方国有企业的改制（张维迎、栗树和，1998）。这场由地方政府发起的改制运动，又因中央政府实行的另一场改革——1994年分税制改革，而得到加强。分税制改革在财政领域削弱了地方分权，但是，却迫使地方政府更加重视本辖区内的税收收入，促使地方政府放弃对税收贡献较低的乡镇企业，转向发展税收贡献较高的私营企业和外资企业。因此，1994年以后，乡镇企业改制的步伐大大加快了。到1998年底，各地基本上完成了乡镇企业改制任务（苏南因乡镇企业特别发达，其改制比其他地区晚3～4年）。

乡镇企业改制是继20世纪80年代地方政府给私营企业戴"红帽子"之后，运用政府力量促进私营企业发展的另一项重大举措。地方政府对乡镇企业改制的主要目标，是把企业的所有权、控制权和经营权集中到企业的经营者手中，以加强经营者的责任，提高企业可持续发展能力。这是一项非常复杂的工作，而且具有一定的政治风险。其中，难度最大的一项工作是剥离企业职工和社区成员对乡镇企业所拥有的成员权（折晓叶、陈婴婴，2004；2005）。这一项工作涉及变更职工身份（由集体企业职工变为私营企业雇员），及对职工因身份变更进行补偿，包括为职工缴纳社会保险和安置下岗职工（曹正汉，2014，第61～83页）。第二项难度大的工作是资产评估和明晰产权，涉及乡镇企业与社区的关系（许多乡镇企业是以村庄的名义创办，并使用村庄提供的土地和建筑物作为经营场所）、企业创办人和经营者的关系（有不少创办人也是实际出资人）、与地方政府的关系（地方政府通常为乡镇企业提供土地使用权和合法经营资格，还可能为企业贷款提供担保和税收优惠）、与职工的关系（在企业初创时期，职工可能只拿非常低的报酬，也可能集资资助企业）等。处理这些复杂关系需要依靠地方官员的勇气和谋略（曹正汉，2014，第61～83页）。

乡镇企业改制完成之后，形成了一大批具有市场竞争力的私营企业，其中一部分又通过发行股票和公司上市，发展成同行业举足轻重的大企业（曹正汉，2014，第73～78页）。

（2）地方政府招商引资

此时，私营企业发展还受到地方政府招商引资的推动。1994年，地方政府在推行乡镇企业改制的同时，也在调整地区发展战略，由原来直接办企业，转向建设工业园区和招商引资。导致这种战略转型的原因，是在中央政府推行市场化改革的背景之下，市场竞争和地区竞争日益加剧的结果（曹正汉、史晋川，2009）。出于地区竞争和招商引资的需要，地方政府竞相改善投资环境，建设基础设施，提供优惠政策，以鼓励本地私营企业发展，及吸引外资企业和外地私营企业进入，带来私营企业大发展。

（3）私营企业的规模与发展速度

表11－1和表11－2分别列出了1992～2002年，私营企业及其他类型企业的户数和注册资金总数。从中我们可以看出，1992年以后，私营企业数迅速增长，而国有企业和集体企业则处于萎缩之中。

表11－1　　1992～2002年各类所有制企业户数与增长率

年份	国有企业		集体企业		私营企业	
	户数（家）	增长率（%）	户数（家）	增长率（%）	户数（家）	增长率（%）
1992	1547190		4159417		139633	
1993	1951695	26.14	5156519	23.97	237919	70.39

续表

年份	国有企业		集体企业		私营企业	
	户数（家）	增长率（%）	户数（家）	增长率（%）	户数（家）	增长率（%）
1994	2166331	11.00	5456818	5.28	432240	81.68
1995	2218612	2.41	5337734	-2.18	654531	51.43
1996	2163346	-2.49	5013416	-6.08	819252	25. 17
1997	2078348	-3.93	4470469	-10.83	960726	17.27
1998	1836289	-11.65	3736365	-16.42	1200978	25.01
1999	1649870	-10.15	3178247	-15.09	1508857	25.64
2000	1492164	-9.56	2627061	-17.19	1761769	16.76
2001	1317822	-11.68	2208516	-15.93	2028548	15.14
2002	1172479	-11.03	1885879	-14.74	2435300	20.05

资料来源：国家工商行政管理局：《工商行政管理统计汇编》（1992～2002 年）。

表 11-2　国有、集体、外资、私营企业注册资金情况

年份	国有企业		集体企业		外商投资企业		私营企业	
	资金总额（亿元）	增长率（%）	资金总额（亿元）	增长率（%）	资金总额（亿元）	增长率（%）	资金总额（亿元）	增长率（%）
1992	17618	31.17	8242	40.47	1159.87	159.72	221	79.67
1993	25462	41.87	13226	60.47	2456.31	111.77	681	208.14
1994	28869	13.38	15768	19.22	3122.75	27.13	1448	112.63
1995	31664	9.68	16231	2.94	3991.23	27.81	2622	81.08
1996	32844	3.73	17265	6.37	4414.85	10.61	3752	43.10
1997	36249	10.37	16244	-5.91	4598.14	4.15	5140	36.99
1998	34880	-3.78	15125	-6.89	4672.87	1.63	7198	40.04
1999	43510	24.74	13162	-12.98	4635.49	-0.80	10287	42.91
2000	46764	7.48	11993	-8.88	4839.50	4.40	13308	29.37
2001	46850	0.18	10807	-9.89	5057.92	4.50	18212	36.85
2002	47494	0.01	9945	-0.80	5521.19	9.16	24756	35.93
平均增长		10.22		1.90		16.89		60.30

资料来源：国家工商行政管理局：《工商行政管理统计汇编》（1992～2002 年）。

在此期间，私营企业注册资金也大幅增加，从 1992 年 221 亿元，增加到 2002 年 24756 亿元，增长了 112 倍。[①]

3. 地方分权与地区竞争：对私营企业的产权保护机制

以上简要叙述说明，1978～2002 年，民营企业的兴起和发展，除了逐渐得到中央政府认可和法律保护之外，还依赖于地方分权。关于地方分权有助于保护私营企业的原因，经济学家的解释主要是

① 国家工商行政管理局：《工商行政管理统计汇编》（1992～2002 年）。

地区竞争理论[①]。这一理论强调，在实行地方分权之后，中央政府可以在地区之间引入竞争机制，使得地方官员在经济发展上，或者，在政治晋升上，必须展开相互竞争，从而约束地方政府的行为，激励他们保护投资者的产权（Montinola et al.，1995；Qian & Weingast，1997；Maskin et al.，2000；Li & Zhou，2005；周黎安，2007；Xu，2011）。

接下来我们将指出，2002 年之后，虽然地方分权所形成的地区竞争机制仍然发挥着对私营企业的保护作用，但是，这种机制的局限性逐渐显露出来，给部分私营企业带来了严重的产权保护问题。

（二）民营企业产权保护所遇到的新问题

前述历史回顾说明，民营企业发展受到地方政府的保护和推动，同时，中央政府也逐渐放松对民营企业的限制，使得民营企业逐渐获得有条件的合法地位。然而，“有条件的合法地位”意味着民营企业的经营范围得由政府划定，经营活动是否合法也必须由政府来判断。从表面来看，这种法律地位似乎有其合理性，毕竟任何企业都应遵守法律，所谓“合法经营”。但是，如果我们考虑到中国民营企业特殊的经营环境，则这种“有条件的合法地位”就隐含着严重的产权保护问题，而且是地区竞争机制所难以解决的问题。

中国民营企业的经营环境之特殊性，最突出的是国家垄断（或者控制）了一些关键行业、关键资源和关键市场，因此，民营企业的经营活动有可能触及国家垄断或控制的市场和资源，从而与中央政府或地方政府发生利益冲突。一旦某个民营企业被卷入这种利益冲突，而它又依赖政府来判断其经营活动是否合法，不难想象，此时，这家民营企业在法律上就处于非常不利的地位。

由国家控制的最重要的行业是金融业，这意味着大多数民营企业都需要依靠国家控制的银行系统，才能获得合法的金融资源。这种经营环境有利于国有企业贷款和融资，而不利于民营企业。在民营经济发展初期，因市场空间较大，民营企业的盈利能力较强，这种不利的经营环境还不至于严重限制企业经营和发展。当市场竞争加剧之后，融资难就成为约束民营企业发展的一项主要因素。其后果是，一部分民营企业为了解决融资问题，被迫绕开银行系统向公众借款或融资，这就可能触犯国家设立的“非法集资罪”。

由国家控制的资源和生产要素一般都是有关国计民生的，最重要的有石油、煤炭、土地，它们都由中央政府或地方政府所掌握。因此，民营企业在进入这一类资源开采领域时，或在使用这一类资源要素时，一旦与中央政府或地方政府发生利益冲突，其产权就很难获得政府保护。

2002 年以后，民营企业在产权保护上遇到的新问题，主要是因这种经营环境的特殊性所导致的。下面是我们梳理的一部分典型案例，从中可以看出这一问题是普遍存在的。

1. 非法集资罪的典型案例

（1）孙大午案[②]

孙大午是河北大午农牧集团有限公司董事长。1985 年初，河北省徐水县郎五庄村村民孙大午和妻子承包了家乡一块被称为“憋闷疙瘩”的荒地，靠养殖 1000 只鸡、50 头猪起家。到 2002 年，大午集团发展成集养殖业、种植业、加工业、工业、教育业为一体的大型科技民营企业集团。

但是，大午集团很难从银行获得贷款，而企业发展又需要资金，孙大午便另觅途径。从 1995 年开始，孙大午便从亲戚那里筹钱，由大午集团出具借据，承诺给以一定的利息。这种模式后来扩大到

① 也有学者依据中国经验，提出另一种解释：在实行地方分权之后，私营企业与地方官员更容易建立非正式的合作关系，从而在地区内部形成非正式的适应性制度，以保护企业产权（Tsai，2007）。这种解释与地区竞争理论不矛盾。但是，这种解释可能得出的结论是，这种“非正式的合作机制”所形成的产权保护，可能是歧视性的，而不是普适性的。所以，我们在讨论地方分权有利于产权保护的机制时，忽略这种解释。

② 该案例材料引自许志永：“一个民营企业的非法生存——大午集团成长调查报告”，2003 年 7 月 24 日。http：//xuzhiyong2012.blogspot.com/2012/11/blog-post_8187.html.

大午集团的员工。在1300名员工中，共有900余名把钱借给了大午集团。这些员工的亲戚又带来了1000家储户，然后户户相传，借款对象逐渐扩大到了附近的几个村庄。大午集团财务处下设了业务人员，这些人员的主要任务是在附近的村庄销售大午公司的产品，他们同时兼着“吸储”任务，哪家有钱要存了，可以直接找到他们。官方因此质疑这些人是大午集团设置的10余个“吸储点”。

大午集团向职工和附近村民所借的所有款项，均信守承诺还本付息，没有带来任何社会危害。据说是因当地信用社举报，地方政府才立案查处。徐水县有关部门是这样定性“孙大午案”的：1993年以来，大午集团未经中国人民银行批准，违反《中华人民共和国银行法》和《非法金融机构和非法金融业务活动取缔办法》的有关规定，采取高于银行利率、不缴纳利息税的手段，私自下设10余个非法吸储代办点，公开向内部及周边村镇群众变相吸收公众存款；自1995年7月1日到2003年，累计吸收公众存款达1.8亿元，余额达3526万余元，吸收储户4600多个，触犯了《中华人民共和国刑法》第176条的规定，涉嫌非法吸收公众存款罪。

2003年7月5日，当地公安部门以涉嫌“非法吸收公众存款罪”为名正式逮捕孙大午。羁押半年后，在媒体和各界呼吁之下，当地法院以“非法吸收公众存款罪”判处孙大午3年有期徒刑，缓刑4年，算是从轻发落。但是，大午集团遭到重创，有几家工厂停工，工人流失。大午集团创办的大午学校也受到波及，学校建设受阻。①

（2）吴英案②

浙江东阳商人吴英是一位传奇人物。1981年出生，1995年初中毕业到美容店学徒，再到东阳市读技校，之后在美容行业和房地产行业创业，积累了原始资本。2005年，吴英成为喜来登俱乐部的老板，又在东阳开出千足堂，在义乌开出千足堂分店。2006年，吴英在湖北荆门开设两家信义投资担保有限公司，开始介入民间借贷、铜期货等交易。

2006年8月之后，吴英开始在浙江东阳市广为人知。东阳市工商局的资料显示，2006年8月至同年10月，吴英在东阳市工商局注册成立本色商贸有限公司、本色车业有限公司、本色广告传媒有限公司、本色网络有限公司、本色概念酒店等12家实业公司，在此基础上，又注册成立了浙江本色控股集团公司（注册资金1亿元），出任董事长。2006年10月底，因为媒体的连续报道，吴英及本色集团开始闻名全国，报道主要集中于“一夜暴富”“神话”这类字眼上。尤其引人注意的是，吴英授权其助理接受记者的电话采访时表明，本色公司上半年的固定资产投资已达3.5亿元，没有一分钱是银行贷款，全是自有资金。2006年11月1日，吴英接受时代周报记者独家采访，将数亿元“自有资金”来源，归结为期货、炒房、美容业3个渠道。面对舆论对其巨额财富来源的质疑，2007年1月24日，吴英在杭州开了个小范围的新闻发布会，表示：“本色的资金都是清白的。”

然而，2007年2月7日晚10时，正在北京筹措资金的吴英被东阳市公安机关刑事拘留。根据警方调查，吴英的钱更多来自民间借贷，吴英多次以月息3分以上的高利率向社会公众借款，涉嫌金融犯罪。

2009年4月16日，浙江省金华市中级人民法院开始审理吴英案。检察机关指控：2005年5月至2007年2月，吴英以非法占有为目的，用个人或企业名义，采用高额利息为诱饵，以注册公司、投资、借款、资金周转等为名，从林卫平、杨卫陵、杨卫江等人处非法集资，所得款项用于偿还本金、支付高息、购买房产、汽车及个人挥霍等，集资诈骗人民币达3.89亿元。吴英当庭表明：“我对检察机关的指控有异议，借钱是为了公司经营，我没有挥霍。”

2009年12月18日下午，金华市中级人民法院依法作出一审判决，以集资诈骗罪，判处被告人吴英死刑，剥夺政治权利终身，并处没收其个人全部财产。吴英不服一审判决提起上诉。2012年1月18日下午，浙江省高级人民法院对吴英案进行二审宣判，裁定驳回上诉，维持死刑判决。

---

① 万静波：“亿万富翁孙大午的梦和痛”，《南方周末》，2003年11月6日。

② 该案例材料引自夏芬娟：“亿万财富是怎样炼成的”，《浙江在线——今日时报》，2006年10月31日。

2012 年 4 月 20 日，最高人民法院裁定不核准吴英死刑，将案件发回浙江省高级人民法院重新审判。2012 年 5 月 21 日，浙江省高级人民法院经重新审理后，作出终审判决，以集资诈骗罪判处吴英死刑，缓期两年执行，剥夺政治权利终身，并处没收其个人全部财产。本色集团公司也破产清算。

（3）曾成杰案①

曾成杰曾是湖南三馆房地产开发集团有限公司总裁，湘西州政协委员。2003 年 6～9 月，湘西州政府对州图书馆、体育馆、群艺馆、电力宾馆、东方红市场等建设项目实行整合开发，公开招标，简称"三馆项目"。曾成杰获得"三馆项目"的整体开发权。但是，州政府财政困难，对"三馆项目"不出资，加上银行银根收缩，曾成杰征得湘西州政府同意，采取民间融资的办法进行开发建设。从 2003 年 11 月 15 日开始，三馆公司与投资者陆续签订集资协议，这些协议都经州政府"三馆项目"指挥部审查，由吉首市公证处公证。为此，州政府在三馆公司设立现场办事机构，协助公司集资，出资者既有普通民众，也有政府官员。

2008 年全球金融危机爆发，国务院加强宏观调控。6 月，湘西州委、州政府下发内部文件，要求党政干部退出民间集资。因此，党政干部提前向三馆公司收回本金和利息，引发其他投资者的恐慌，出现挤兑风潮。

2008 年 11 月 11 日，湖南省公安机关以涉嫌"非法吸收公众存款罪"，拘留曾成杰，随后被逮捕。2011 年 5 月 20 日，长沙中级人民法院以集资诈骗罪判处曾成杰死刑，并处没收个人全部财产。曾成杰不服判决，提起上诉。2012 年 1 月 19 日，湖南省高级法院驳回曾成杰上诉，维持长沙中院原判，报请最高人民法院核准。2013 年 6 月 14 日，最高人民法院核准曾成杰死刑。7 月 12 日，曾成杰被执行死刑。

2. 石油领域的典型案例——陕北油田案

1994 年 4 月 13 日，因陕北油田储量低，且零星分散，中国石油天然气总公司打算放弃一部分开采区域，遂与陕西省人民政府签订《关于开发陕北地方石油资源的协议》："从中石油长庆石油勘探局依法登记的工业带勘探范围内划出约 500 平方千米，由安塞等 6 县组织开发"，"从陕西延长油矿管理局依法登记的区域内划出约 580 平方千米，以委托、联合等方式，由延安等 7 市县组织开采。"这个协议签订之后，延安、榆林地区各县成立了 15 家钻采公司。获得石油区块的这些县钻采公司没有开采能力，只好采取招商引资、出让井位的方式，引入民营企业和民间投资者开采石油。至 2000 年底，延安、榆林两市 14 个产油县区共引进民营企业和个体投资者 1039 家，打油井 4473 口。

20 世纪 90 年代后期，中石油经过勘探，在陕北地区发现了储量超 10 亿吨的"安塞—靖安"特大油田，以及靖边、榆林两个大型气田。② 曾被视为"鸡肋"的陕北油田，突然变成了"黄金"。1999 年 5 月，国务院办公厅转发国家经贸委等部门《关于清理整顿小炼油厂和规范原油成品油流通秩序意见的通知》。同年，国家经贸委、国土资源部联合发布《关于陕北地区石油开采秩序情况调查的报告》，指出："陕北各县石油钻采公司多不具备石油勘探开发资格，……联营单位成分十分复杂，不具备油气勘探开采的资质条件"，并提出应严禁未经国务院批准的任何单位和个人从事石油和天然气的勘探、开采业务。那些被延安、榆林各县引进的民营采油者面临被清理。

2002 年，受国务院委托，国家经贸委、监察部等有关部门到陕西，要求立即收回原招商引资联合开发油井的所有权、经营管理权和收益权（"三权"）。2003 年 5 月，陕西省政府石油整顿办公室下发给榆林市政府《关于采取果断措施彻底收回联营单位油井收益权的紧急通知》，要求"立即对联营单位所打油井收益权的收回情况进行一次全面检查，下决心于 2003 年 5 月底以前全部彻底收回"。这个文件随后被下发到各钻采公司和联营公司。2003 年 8 月，榆林市靖边县开始收回"三权"。最终，

① 该案例材料引自刘俊："曾成杰的死刑之路"，《南方周末》，2013 年 7 月 18 日；陈有西："集资诈骗罪为何成为民营企业家的'专属'罪名"，《南方周末》，2013 年 7 月 18 日；罗莎："曾成杰案始末"，《新民周刊》，2013 年 7 月 24 日。

② 引自中国石油天然气集团公司，2002，《关于对陕西地方石油企业整顿与重组的意见》。

民营投资者被全部清理出陕北油田，其油井被并入陕西省政府所属的延长石油集团公司。

3. 煤炭开采领域的典型案例——浙江商人在山西投资煤矿案

2006 年 2 月 28 日，山西省政府发布《山西省煤炭资源整合和有偿使用办法》，开始公开向民间投资者出售煤炭资源的采矿权，鼓励民间资本投资开采煤矿。这一项政策吸引了大批浙江商人（主要是温州人）到山西购买煤矿。但是，他们万万没有想到，两年之后，山西省政府的政策发生大逆转，令他们深陷困境之中。

2008 年 9 月，山西省政府发布《关于加快推进煤矿企业兼并重组的实施意见》，在煤炭开采领域启动兼并重组。在这份文件中，省政府指定了六家国有煤矿作为全省兼并主体，分别是大同煤矿集团、山西焦煤集团、阳泉煤业集团、潞安矿业集团、晋城无烟煤集团、中煤能源平朔公司。其中，中煤能源平朔公司属中央政府所属企业，其余五家均为山西省政府所属企业。省政府还为这六家煤矿划定了各自的兼并范围，以避免这六家企业为争夺兼并对象而发生竞争。[①] 2009 年 4 月，山西省政府发布《关于进一步加快推进煤矿企业兼并重组整合有关问题的通知》，新的文件在原方案基础上，增加了两家省属煤矿作为兼并主体，分别是山西煤炭运销集团公司、山西煤炭进出口集团公司。此外，为了安抚各个市政府，新文件也允许各市政府提议其下属的地方国有煤炭企业作为兼并主体，报请省政府同意后，参与本市兼并重组工作。

山西省政府发起的这场兼并重组行动，使浙江商人遭受重大损失。据 2009 年 7 月浙江泽大律师事务所赴山西省调查的结果，当时，浙江商人在山西设立的煤矿企业有 450 余家，投资煤矿 500 余个，投资额超过 500 亿元；此次兼并重组，给浙江商人造成的投资损失约 250 亿元。[②]

以上所述的因经营环境的特殊性，给民营企业带来的产权保护问题，与 2002 年之前民营企业面临的产权保护问题是不一样的。2002 年之前，民营企业面临的产权保护问题，主要是在竞争性市场上经营合法性问题和政治合法性问题。解决这两个问题，基本上与省级以下的地方政府没有利益冲突，甚至是符合地方政府的利益；与中央政府的利益可能有暂时的冲突（影响到竞争性市场上国有企业的利益），但是，从中央政府的市场化改革目标来说，则是一致的。因此，2002 年之前民营企业的经营合法性问题和政治合法性问题，可以依靠地方政府的支持和中央政府逐渐放宽限制，逐步得到解决。然而，2002 年以后，民营企业面临的产权保护问题，已不是竞争性市场上的经营合法性问题和政治合法性问题，而主要是与中央政府或地方政府的利益冲突所引起的，因此，是单纯依靠地区竞争机制难以解决的，需要通过建立法治与改革国家垄断及国家控制的体制，才能有效解决。

不过，在现行经济体制和行政体制之下，我们发现，仍然存在着一种机制——即纵向制约的机制——有助于解决（至少是缓解）新的产权保护问题。在本章以下部分，我们主要探讨这种机制及其发挥作用的前提条件，并运用各省份在 2008 ~ 2013 年煤炭行业兼并重组的资料，检验我们的主要观点。

二、煤炭行业兼并重组与民营煤矿产权保护

（一）我国煤炭行业的兼并重组

中国煤炭行业“兼并重组”，是指 2008 ~ 2014 年，在国务院指导之下，以提高煤炭生产集中度为

① 山西省政府为这七家煤矿划定的兼并范围是，大同煤矿：大同矿区、轩岗矿区、朔南矿区、河保偏矿区；山西焦煤集团：西山矿区、离柳矿区、乡宁矿区、汾西矿区、霍州矿区、霍东矿区、岚县矿区、石隰矿区；阳泉煤业集团：阳泉矿区、东山矿区；潞安矿业集团：潞安矿区、武夏矿区；晋城无烟煤集团：晋城矿区；中煤能源平朔公司：平朔矿区。引自山西省人民政府：《关于加快推进煤矿企业兼并重组的实施意见》。

② 参见何晓春：《煤矿兼并重组，浙商资本受伤有多重?》，载《浙商》，2009 年 10 月 28 日。

目标，由各省（自治区、直辖市）强制推行淘汰、关闭、及兼并重组小煤矿的行政运动。国务院发起这场兼并重组运动的原因是，煤炭开采领域“产业集中度低、技术落后、煤炭资源回采率低，资源浪费和环境污染严重，生产安全事故多发，不能适应经济和社会发展需要”。[①]

在各省实施兼并重组之前，2008 年 10 月，国家发展改革委联合国家能源局、国家安全生产管理总局、国家煤矿安全监察局，向各省下达关闭小煤矿计划。这份计划显示，2008 年，全国共有年产量在 30 万吨以下的小煤矿 14069 座，三年内应关闭 2501 座，技能改造或大矿托管 1616 座，到 2010 年底，小煤矿总数控制在 9952 座。[②] 这一份计划文件后来成为各省确定兼并重组目标的主要依据。值得注意的是，这份计划文件所指的 14069 座小煤矿，原属于乡镇煤矿，1998 年以后通过企业改制和矿产权转让等方式，绝大多数已转为私营企业，即本文所指的“民营煤矿”。所以，兼并重组的对象主要是这些小规模开采的民营煤矿。

最早推行兼并重组的省份是山西省，“兼并重组”一词也起源于山西。2008 年 9 月和 2009 年 4 月，山西省政府分别发布《关于加快推进煤矿企业兼并重组的实施意见》和《关于进一步加快推进煤矿企业兼并重组整合有关问题的通知》，在全省范围内启动对小煤矿的兼并重组。到 2010 年底，山西省各市（县）基本完成了省政府下达的兼并重组任务。[③]

2010 年 10 月，在总结山西经验的基础上，国务院办公厅转发发展改革委《关于加快推进煤矿企业兼并重组若干意见》，要求各产煤省（自治区、直辖市）全面开展对小煤矿的兼并重组工作，并授权各省级政府根据当地实际情况，制定本省煤矿企业兼并重组总体规划和实施方案，并组织实施。这意味着国务院把推行兼并重组的行政权力下放到各省级政府，由各省份自主制定政策，自主实施。

关于各省份推行兼并重组的时间及主要政策，详见本文附录《2008 ~ 2013 年各省推行兼并重组的时间及主要文件一览表》。

（二）对民营煤矿的产权保护程度：省际比较

兼并重组涉及关闭和兼并大批小煤矿，这些小煤矿基本上属于民营煤矿，因此，与民营矿主的利益可能发生直接冲突。在兼并重组过程中，民营矿主关心的核心问题：一是行业准入问题，即与国有煤矿企业相比，民营煤矿是否有平等机会成为兼并主体，而不是被动地接受国有煤矿的兼并？二是煤矿估价问题，即他们合法经营的煤矿，如果被关闭，或者被其他煤矿企业兼并，其资产（包括矿产权）能否得到公平估价，其投资能否得到合理补偿？我们把这两个问题统称为民营煤矿的产权保护问题。

对于上述产权保护问题，中央政府提出了原则性意见，如“坚持充分发挥市场机制作用与政策引导、政府推动相结合，……坚持减少煤炭开发主体与维护企业职工与投资者合法权益相结合”，“支持符合条件的国有和民营煤矿企业成为兼并重组主体，鼓励各种所有制煤矿企业以产权为纽带、以股份制为主要形式参与兼并重组”。[④] 至于如何维护投资者的合法权益，符合什么条件才能成为兼并主体，则由各省份自己决定。因此，在兼并重组过程中，各省对民营煤矿的产权保护程度就可能出现明显差异。

我们采用两种方法评估和比较各省份对民营煤矿的产权保护程度之差异。一种方法是从结果上进行比较，即比较各省份在兼并重组之后，民营煤矿产量占全省煤矿总产量的比重变化，以评估兼并重组在总体上对民营煤矿所带来的后果。另一种方法是从政策上进行比较，即比较各省份的兼并重组政

① 参见国务院办公厅转发发展改革委《关于加快推进煤矿企业兼并重组若干意见》，2010 年 10 月 16 日。

② 引自国家发展和改革委员会、国家能源局、国家安全生产管理总局、国家煤矿安全监察局《关于下达“十一五”后三年关闭小煤矿计划的通知》，2008 年 10 月 7 日。

③ 山西省政府所推行的兼并重组，给民营煤矿造成了重大投资损失，也引发了广泛争议。详见本文第五节。

④ 引自国务院办公厅转发发展改革委《关于加快推进煤矿企业兼并重组若干意见》，2010 年 10 月 16 日。

策，以评估民营煤矿在政策上是否受到歧视。

1. 第一种方法：按兼并重组结果评估各省份民营煤矿的产权保护程度

表11-3列出了各省份（自治区、直辖市）在兼并重组前后，民营煤矿产量占全省煤矿总产量的比重及变化。这一项比重变化从总体上反映了各省份（自治区、直辖市）兼并重组对民营煤矿所带来的结果。

表11-3　各省（自治区、直辖市）兼并重组前后民营煤矿产量在全省煤炭总产量中所占比重及变化

省、自治区、直辖市	民营煤矿产量占全省煤炭总产量的比重（%）（＊表示该年份为该省兼并重组开始实施的年份）						兼并重组前后民营煤矿产量所占比重的增减率＝[2013（或2012年）年的比重－兼并重组启动前一年的比重)/兼并重组前一年的比重]（%）
	2008年	2009年	2010年	2011年	2012年	2013年	
北京	16.3	26.1	2.6*	0	0	0	-100
河北	3.53	2.60	1.46	1.06*	0	0	-100
山西	28.24	19.04*	0	0	0	0	-100
内蒙古	57.08	63.50	85.25	82.52*	80.47	—	-5.6
河南	34.54	27.94	0*	0	0	0	-100
黑龙江	30.49	29.80	33.50*	31.10	26.66	21.0	-29.5
吉林	35.07	28.42	27.34	27.34	17.87	—*	不确定
辽宁	15.74	15.00	17.50	18.69	17.01*	16.27	-12.9
安徽	4.51	3.50	3.30	3.60	2.47*	0	-100
江西	56.17	56.00	56.10	57.20	61.00*	—	不确定
福建	76.80	72.50	77.00	79.00*	78.00	72.84	-5.4
湖北	82.36	85.52	88.30	89.30*	90.10	87.43	-1.0
湖南	81.87	91.19	90.34	91.41*	93.62	—	+3.5
四川	77.14	76.17	76.65	74.74	—	—*	不确定
重庆	69.45	69.20	68.50	67.30	63.05*	62.86	-6.9
贵州	75.22	74.66	75.29	76.43*	75.78	87.43	+16.1
云南	79.06	79.80	81.60	78.55*	79.37	—	-2.7
广西	16.23	23.20	18.50	18.30	16.80*	—	不确定
陕西	35.13	43.35	52.06	51.74*	49.05	49.04	-5.8
甘肃	10.46	12.72	17.78	15.28*	13.83	16.11	-9.4
宁夏	6.93	4.26	5.22*	2.90	0	0	-100
新疆	36.80	47.26	50.74*	62.65	65.41	—	+38.4
青海	53.59	57.8	47.8*	55.8	58	—	+0.3

资料来源：《中国煤炭工业年鉴》，及各省统计年鉴、统计公报，剔除了山东、江苏两省，因为这两省在兼并重组前一年几乎没有民营煤矿（即民营煤矿产量占比接近于0）。“—”表示数据缺失。另外，在煤炭工业统计上，民营煤矿对应的统计口径是“乡镇煤矿”。

依据表11-3最后一列所标出的“兼并重组前后民营煤矿产量所占比重增减率”，除四个省份因缺乏数据无法比较之外，我们把其余省份分成四类。

第一类是在兼并重组之后，民营煤矿产量所占比重下降了100%，这意味着民营煤矿基本上消失了，共有6个省（市），包括北京、河北、山西、河南、安徽、宁夏。这意味着，在这些省（市），民营煤矿要么被关闭，要么被国有煤矿所兼并。

第二类是民营煤矿产量所占比重有明显下降，下降比率在 -10% ~ -30%，共有 2 个省份，分别为黑龙江、辽宁。

第三类是民营煤矿产量所占比重有所下降，下降比率在 0 ~ -10%，共有 6 个省（自治区、直辖市），分别为内蒙古、云南、重庆、陕西、甘肃、青海。在这些省份，兼并重组之后，虽然民营煤矿产量所占比重略有下降，但保持了基本稳定。

第四类是在兼并重组之后，民营煤矿产量所占比重不但没有下降，反而有所上升，共有 5 个省（自治区），分别为福建、湖北、湖南、贵州、新疆。

我们认为，上述分类反映了各省份对民营煤矿的产权保护程度存在着显著差别。这种差别最明显地表现在第一类省份和第四类省份之间。在第一类省份，兼并重组导致民营煤矿基本消失，说明在这些省份，对民营煤矿的产权保护较差。首先，在这些省份，民营煤矿基本上被剥夺了行业准入资格，它们在兼并重组过程中要么被关闭，要么被国有煤矿企业所兼并。其次，在煤矿估价和投资补偿上，由于民营矿主没有选择余地，不具备与政府或与国有煤矿平等协商的条件，因此，难以达成公平的交易价格，或获得合理的投资补偿。

与此相反，在第四类省份，兼并重组之后民营煤矿产量所占比重有所上升，说明民营煤矿受到了较好的产权保护。其原因也有两条。一是在这些省份，兼并重组并未剥夺民营煤矿的行业准入资格，只是要求其扩大生产规模和提高开采技术水平。事实上，大多数符合开采条件的民营煤矿并未被国有煤矿兼并，而是通过联合组建股份公司，或相互收购等方式，完成兼并重组任务。二是对于那些被兼并（或被收购）的民营煤矿来说，由于市场上有众多民营煤矿企业作为兼并主体，所以，它们在很大程度上有自由选择的空间，在谈判兼并条件或收购价格时，与兼并者大致处于平等地位。

第二类省份和第三类省份则介于第一类和第四类之间。相对而言，在民营煤矿的产权保护程度上，第三类省份接近于第四类省份，而与第一类省份有着显著差别。在第三类省份，兼并重组之后民营煤矿产量所占比重虽然略有下降，但保持基本稳定，说明有相当一部分民营煤矿通过相互联合或扩大规模而成为兼并主体，也说明被兼并（或被收购）的民营煤矿在一定程度上具有自主选择的空间。基于类似的理由，我们认为，第二类省份（其民营煤矿产量所占比重增减率在 -10% ~ -30%），对民营煤矿的产权保护高于第一类，但是，略低于第三类。

2. 第二种方法：按兼并重组政策评估各省份民营煤矿的产权保护程度

我们以民营矿主关心的两个核心问题——行业准入问题和煤矿估价问题为中心，梳理各省份发布的兼并重组的主要文件（文件目录见本文附录），辅之以考察各省份下属市（县）政府制定的兼并重组实施方案，归纳出各省份的兼并重组政策之基本特征，据此评估各省份（自治区、直辖市）在政策上对民营煤矿的产权保护之差异（见表 11 -4）。

表 11 -4　按各省（自治区、直辖市）的兼并重组政策评估民营煤矿的产权保护程度

省、自治区、直辖市	各省份兼并重组政策之基本特征			按各省份兼并重组政策评估民营煤矿的产权保护程度		
	兼并主体的产生方式	民营煤矿在兼并重组中的地位	被兼并（或被关闭）煤矿的定价方式	民营煤矿能否独立或联合做兼并主体	被兼并煤矿是否有平等议价地位	兼并重组政策是否有利于保护民营煤矿的产权
北京	市政府只保留一家市属国有煤炭企业——北京京煤集团，其余小煤矿全部关闭	被关闭	由市政府制定补偿标准	否	否	非常不利

续表

省、自治区、直辖市	各省份兼并重组政策之基本特征			按各省份兼并重组政策评估民营煤矿的产权保护程度		
	兼并主体的产生方式	民营煤矿在兼并重组中的地位	被兼并（或被关闭）煤矿的定价方式	民营煤矿能否独立或联合做兼并主体	被兼并煤矿是否有平等议价地位	兼并重组政策是否有利于保护民营煤矿的产权
河北	省政府指定两家省属煤炭企业——开滦集团、冀中能源集团——作为全省煤矿的兼并主体	被兼并或被关闭	（1）采矿权估价由省政府规定，按采矿权原价款，计算剩余资源储量的采矿权价值；（2）其他资产以兼并主体为主导，进行资产评估	原则上不允许	否	非常不利
山西	省政府指定9家国有煤矿企业作为主要的兼并主体，并为每一家兼并主体划定了兼并区域	原则上被兼并或被关闭	（1）采矿权估价由省政府规定指导价；（2）其他资产以兼并主体为主导，进行资产评估	原则上不允许	否	非常不利
内蒙古	由各市（盟）政府和下属县（旗、区）政府与辖区内煤矿企业协商确定，以民营企业为主	可以申请做兼并主体，也可以联合组建兼并主体	中介机构评估，市场定价	是	基本具有	有利
河南	省政府指定了5家国有煤炭企业作为主要的兼并主体，并为每一家兼并主体划分了兼并范围	被兼并或被关闭	（1）采矿权估价由省政府规定，按当初政府出售采矿权的原始价格计算； （2）其他资产以兼并主体为主导，进行资产评估	否	否	非常不利
黑龙江	省政府支持省属国有企业——龙煤集团作为兼并主体，实际上，由各市（县）政府协调矿区内企业确定	在不影响龙煤集团和其他国有煤矿的前提下，可以申请做资源整合主体，也可以联合组建整合主体	由整合和被整合煤矿谈判和协商决定	部分允许	部分具有	较不利
吉林	企业自主申报，以民营煤矿企业为主	可以申请做兼并主体，也可以联合组建兼并主体	中介机构评估，双方自愿协商一致	是	是	有利
辽宁	省政府支持三家省属煤矿企业作为兼并主体，其余兼并主体由各市政府确定	可以联合组建兼并主体	由双方谈判和协商决定	部分允许	部分具有	较不利
安徽	由省属和市属国有煤矿企业作为整合主体，兼并和整合其他小煤矿	被兼并或被关闭	政府制定补偿标准，或以整合主体为主导，进行资产评估	否	否	非常不利

续表

省、自治区、直辖市	各省份兼并重组政策之基本特征			按各省份兼并重组政策评估民营煤矿的产权保护程度		
	兼并主体的产生方式	民营煤矿在兼并重组中的地位	被兼并（或被关闭）煤矿的定价方式	民营煤矿能否独立或联合做兼并主体	被兼并煤矿是否有平等议价地位	兼并重组政策是否有利于保护民营煤矿的产权
江西	主要由民营煤矿自愿协商，联合组建兼并主体	可以申请做兼并主体，也可以联合组建兼并主体	中介机构评估和自愿协商	是	是	有利
福建	由市（县）政府与辖区内煤矿企业协商决定，如果辖区内有大型国有煤矿，则国有煤矿可以优先做兼并主体	可以申请做兼并主体，也可以联合组建兼并主体	中介机构评估和自愿协商	基本允许	基本具有	较有利
湖北	由市（县）政府协调矿区内企业自愿（或联合）确定，主要由民营煤矿联合组建兼并主体	可以申请做兼并主体，也可以联合组建兼并主体	中介机构评估和自愿协商	是	是	有利
湖南	由市（县）政府协调矿区内企业自愿（或联合）确定，主要由民营煤矿联合组建兼并主体	可以联合组建兼并主体	中介机构评估和自愿协商	基本允许	是	有利
四川	由市（县）政府协调矿区内企业自愿（或联合）确定	可以申请做兼并主体，也可以联合组建兼并主体	中介机构评估和自愿协商	是	是	有利
重庆	区（县）政府协调，企业自主申报或联合组建	可以申请做兼并主体，也可以联合组建兼并主体	中介机构评估和自愿协商	是	是	有利
贵州	省政府制定申报资格，企业自主申报	可以申请做兼并主体，也可以联合组建兼并主体	中介机构评估和自愿协商同意	是	是	有利
云南	由市（县）政府协调矿区内企业自愿（或联合）确定，以民营煤矿为主	可以申请做兼并主体，也可以联合组建兼并主体	中介机构评估和双方协商同意	是	是	有利
广西	由市（县）政府协调矿区内煤炭企业确定	可以申请做兼并主体，也可以联合组建兼并主体	中介机构评估和双方协商同意	是	是	有利

续表

省、自治区、直辖市	各省份兼并重组政策之基本特征			按各省份兼并重组政策评估民营煤矿的产权保护程度		
	兼并主体的产生方式	民营煤矿在兼并重组中的地位	被兼并（或被关闭）煤矿的定价方式	民营煤矿能否独立或联合做兼并主体	被兼并煤矿是否有平等议价地位	兼并重组政策是否有利于保护民营煤矿的产权
陕西	省政府规定省属国有煤矿周边的小煤矿由该国有煤矿兼并或托管，其余矿区由市（县）政府协调各煤矿确定	在没有大型国有煤矿的矿区，民营煤矿企业可以做兼并主体，也可以联合组建兼并主体	中介机构评估和双方协商	部分允许	大部分具有	较有利
甘肃	由市（县）政府协调矿区内煤炭企业自主申报或联合组建兼并主体	可以申请做兼并主体，也可以联合组建兼并主体	挂牌出让、拍卖或双方协商一致	是	是	有利
宁夏	自治区政府支持国有煤矿做兼并主体	被兼并或被关闭	被关闭煤矿由省、市（县）制定补偿标准；被兼并煤矿在兼并主体主导之下，进行补偿或折价入股	原则上不允许	否	非常不利
新疆	由各市（县）政府协调辖区内煤炭自主申报或联合组建兼并主体	可以申请做兼并主体，也可以联合组建兼并主体	中介机构评估和双方协商确定	是	是	有利
青海	无须兼并重组	民营煤矿只要具备合法手续和安全生产条件，继续经营				较有利

资料来源：各省份出台的有关文件，包括省政府颁发的兼并重组实施意见、指导意见或实施方案等，也包括部分市（县）政府制定的兼并重组实施方案等。

3. 两种方法的综合：各省份对民营煤矿的产权保护程度之比较

比较表 11－3 和表 11－4，不难看出两者之间具有高度一致性：兼并重组之后，民营煤矿产量所占比重大幅度下降的省份，也是其政策不利于保护民营煤矿产权的省份；反之，兼并重组之后，民营煤矿产量所占比重上升（或略有下降）的省份，也是其政策有利于（或较有利于）保护民营煤矿产权的省份。所以，我们可以依据表 11－3 和表 11－4 对各省份进行分类，比较各省份在兼并重组过程中，民营煤矿所受到的产权保护程度之高低。

综合表 11－3 和表 11－4，我们按高、较高、较低、低四个等级，对民营煤矿的产权保护程度进行分类（见表 11－5）。各等级的定义方法，及对各省份分类的结果，详见表 11－5（不包括数据缺失的吉林、江西、四川、广西）。

表 11 - 5　　按民营煤矿所受到的产权保护程度对各省份分类

在兼并重组过程中民营煤矿所受到的产权保护程度	评估方法		省份
	第一种方法：兼并重组之后民营煤矿产量所占比重的增减率	第二种方法：兼并重组政策是否有利于保护民营煤矿的产权	
高	上升 （0 ~ +38.4%）	有利	湖北、湖南、贵州、新疆、青海
较高	略有下降 （0 ~ -10%）	较有利	福建、内蒙古、云南、重庆、陕西、甘肃
较低	明显下降 （-10% ~ -30%）	较不利	黑龙江、辽宁
低	-100%	非常不利	北京、河北、山西、河南、安徽、宁夏

资料来源：笔者自行整理。

（三）地方分权层级与产权保护程度

各省份在民营煤矿的产权保护程度上的差异，可能受多种因素影响。其中一个因素是各省在启动兼并重组之前，民营煤矿产量所占比重（简称“民营比重”）的高低。我们从表 11 - 3 和表 11 - 5 中不难看出，产权保护归入“高”和“较高”的 11 个省份，有 9 个在启动兼并重组之前一年，其民营比重超过了 50%，只有甘肃和新疆未达到 50%（分别为 17.78% 和 47.26%）；反之，产权保护归入“低”和“较低”的 8 个省份，在启动兼并重组之前一年，其民营比重全部低于 30%。这说明，民营比重越高，地方政府［特别是市（县）政府］越有激励保护民营企业，同时，也面临着来自民营矿主抗议和投诉的更大压力；反之，民营比重越低（即国有比重越高），地方政府越有能力通过国有煤矿兼并民营煤矿，同时，其面临的民营矿主的压力也越小。

不过，民营比重的高低并不能决定民营煤矿的产权保护程度。在表 11 - 3 中，山西、河南、黑龙江三省在兼并重组前一年，民营比重均在 30% 左右，明显高于甘肃（17.78%），但是，这三省对民营煤矿的产权保护程度均低于甘肃。这说明，初始的民营比重仅是影响地方政策的一个因素。我们在下文将证明，只有当地方分权到达市（县）政府层级，这一因素才能对地方政策产生显著影响。

我们发现，在影响各省份民营煤矿的产权保护程度的诸多因素中，具有普遍意义的一个因素是地方分权的层级。所谓“地方分权的层级”，是指与兼并重组密切相关的行政权力主要掌握在哪一级地方政府手中。如果是主要掌握在省级政府手中，即为“省级层面的地方分权”；如果下放给了市（县）政府，即为“市（县）层面的地方分权”。此种地方分权的层级与各省份民营煤矿的产权保护程度，存在着高度相关性。

1. 各省份地方分权的层级

与兼并重组密切相关的行政权力，主要是以行政区为单位，制定兼并重组方案的权力。这种兼并重组方案包括如下主要内容：确定（或拟定）兼并主体企业、拟定被兼并（或被关闭）矿井名单、明确每一家兼并主体拟兼并的矿井名单等。这些内容对应着三项主要的行政权力，分别是：对兼并主体的认定权，被兼并（或被关闭）矿井名单的决定权，对各兼并主体的兼并范围之认可权。

对于上述三项行政权力，中央政府在《关于加快推进煤矿企业兼并重组若干意见》这一份文件中，已经统一下放给了各个省级政府。但是，在各省份内部，是否向市（县）政府下放权力，则有三种情况。

第一种情况是，这三项行政权力主要掌握在省级政府手中，原则上不下放给市（县）政府。当然，省政府制定的兼并重组方案，需要由市（县）政府执行和实施，但是，市（县）政府只有执行的责任，没有决策权。我们把这种情况界定为“省级层面的地方分权”。

第二种情况是，省级政府提出兼并重组所要达到的目标，及遵循的基本原则，然后按属地管理原则，把这三项行政权力下放给市（县）政府，由市（县）政府决定如何行使这三项权力，并完成兼并重组任务。我们把这种情况界定为“市（县）层面的地方分权”。在这种情况下，省级政府主要保留了制定目标的权力，及对市（县）政府进行监督、审查和考核的权力，市（县）政府则负责制定和实施兼并重组方案。

第三种情况介于上述两种之间，即对于这三项行政权力，有相当一部分下放给了市（县）政府，但是，也有相当一部分掌握在省级政府手中，由省级政府直接行使。这意味着，在市（县）行政区内，市（县）政府能够部分地行使这三项权力，我们把这种情况界定为“市（县）层面局部的地方分权”。

按照上述界定方法，并依据各省份颁发的兼并重组主要文件（见附录），并参照部分市（县）政府制定的兼并重组实施方案，我们测量出各省份的地方分权层级（详见表 11－6）。

表 11－6　各省份地方分权层级测量表

省、自治区、直辖市	在兼并重组过程中，行政权力主要在哪一级政府手中			地方分权的层级
	对兼并主体的认定权	被兼并（或被关闭）矿井名单的决定权	对兼并主体的兼并范围的认可权	
北京	无兼并主体（市政府决定关闭所有小煤矿，仅保留京煤集团）	市政府	—	省级层面
河北	省政府	省政府	省政府	省级层面
山西	省政府	省政府	省政府	省级层面
内蒙古	盟（市）政府	盟（市）政府	盟（市）政府	市（县）层面
河南	省政府	省政府	省政府	省级层面
黑龙江	市（县）政府拥有部分认定权	市（县）政府	市（县）政府拥有部分认可权	局部的市（县）层面
吉林	市（县）政府	市（县）政府	市（县）政府	市（县）层面
辽宁	市（县）政府拥有部分认定权	市（县）政府	市（县）政府拥有部分认可权	局部的市（县）层面
安徽	省政府	省政府	市（县）政府拥有部分认可权	省级层面
江西	市（县）政府	市（县）政府	市（县）政府	市（县）层面
福建	市（县）政府	市（县）政府	市（县）政府	市（县）层面
湖北	市（县）政府	市（县）政府	市（县）政府	市（县）层面
湖南	市（县）政府	市（县）政府	市（县）政府	市（县）层面
四川	市（县）政府	市（县）政府	市（县）政府	市（县）层面
重庆	区（县）政府	区（县）政府	区（县）政府	区（县）层面
贵州	市（县）政府	市（县）政府	市（县）政府	市（县）层面

续表

省、自治区、直辖市	在兼并重组过程中，行政权力主要在哪一级政府手中			地方分权的层级
	对兼并主体的认定权	被兼并（或被关闭）矿井名单的决定权	对兼并主体的兼并范围的认可权	
云南	市（县）政府	市（县）政府	市（县）政府	市（县）层面
广西	市（县）政府	市（县）政府	市（县）政府	市（县）层面
陕西	市（县）政府	市（县）政府拥有部分决定权	市（县）政府	市（县）层面
甘肃	市（县）政府	市（县）政府	市（县）政府	市（县）层面
宁夏	自治区政府	自治区政府	自治区政府	省级层面
新疆	市（县）政府	市（县）政府	市（县）政府	市（县）层面
青海	无兼并主体	市（县）政府	市（县）政府	市（县）层面

资料来源：各省份及部分市（县）发布的兼并重组文件。

2. 地方分权层级与产权保护程度

比较表11－5与表11－6，我们可以发现，各省份在地方分权的层级与产权保护程度之间，存在着明显的相关性，即地方分权越接近于市（县）层面，对民营煤矿的产权保护程度也越高（见表11－7）。

表11－7　地方分权层级与产权保护程度的相关性

省、自治区、直辖市	地方分权层级	对民营煤矿的产权保护程度
北京	省级层面	低
河北	省级层面	低
山西	省级层面	低
内蒙古	市（县）层面	较高
河南	省级层面	低
黑龙江	局部的市（县）层面	较低
吉林	市（县）层面	不确定
辽宁	局部的市（县）层面	较低
安徽	省级层面	低
江西	市（县）层面	不确定
福建	市（县）层面	较高
湖北	市（县）层面	高
湖南	市（县）层面	高
四川	市（县）层面	不确定
重庆	区（县）层面	较高
贵州	市（县）层面	高
云南	市（县）层面	较高
广西	市（县）层面	不确定
陕西	市（县）层面	较高
甘肃	市（县）层面	较高

续表

省、自治区、直辖市	地方分权层级	对民营煤矿的产权保护程度
宁夏	省级层面	低
新疆	市（县）层面	高
青海	市（县）层面	高

资料来源：笔者自制。

表11-7显示，剔除因数据缺失而无法判断的四个省份，在其余十九个省份中，凡是地方分权到达市（县）层面的省份，其对民营煤矿的产权保护程度都处于“高”或“较高”水平；凡是地方分权停留于省级层面的省份，其对民营煤矿的产权保护程度都处于“低”水平；而地方分权层级介于前两者之间的省份（即黑龙江和辽宁），其对民营煤矿的产权保护程度也处于前两者之间（即处于“较低”水平）。

三、地方分权层级与产权保护机制

地区竞争机制之所以难以解决民营企业所面临的新的产权保护问题，其原因之一是，这种机制依赖于一个前提条件：生产要素能够跨地区自由流动。显然，在许多情况下，这一前提条件并不成立。对投资者来说，有一些重要的生产要素，如土地、矿产资源、建筑物、基础设施等，是不可移动的；即使是可以自由流动的货币资本，一旦转化为固定资产投资，也难以自由地转移到其他地区。

不过，我们发现，即使是对于那些关键的生产要素不能跨地区流动的行业，如果相关的行政管理权能够下放到县级政府，那么，将能显著地提高对民营企业的产权保护程度。一项经验依据是，在2008～2013年间，中央政府为了整治煤炭行业事故多发和污染严重等问题，要求各省（自治区、直辖市）对中小煤矿（主要是民营煤矿）进行兼并重组，并把相关的行政权力授予各省级政府。我们发现，在兼并重组过程中，各省份对民营煤矿的产权保护程度出现了系统性差异：凡是向市（县）政府下放权力的省份，其对民营煤矿的产权保护程度均较高；凡是未向市（县）政府下放权力的省份，其对民营煤矿的产权保护程度均较低。这说明，尽管煤炭行业的关键性生产要素——煤矿是不能跨地区流动的，但是，地方分权的层级仍然对产权保护具有显著影响。

上述发现说明，在地方分权与产权保护之间，除了地区竞争机制之外，还有其他机制也在发挥作用，此种机制即是我们所说的“纵向制约的机制”。我们首先用一个简单的数理模型证明此种产权保护机制是存在的，并揭示地方分权层级对此种机制作用的影响。

（一）地方分权层级与产权保护的理论模型

1. 纵向制约的机制

“纵向制约的机制”内生于政治集权与行政分权的治理结构之中。就最简化的情况来说，这种治理结构是指中央政府主要执掌治官权，包括选拔、任免、考核地方官员的权力，同时，按属地管理原则，把对企业和民众的行政管理权下放给地方政府，形成“中央治官，地方治民”的结构（曹正汉，2011）。在这种治理结构内，保护投资者的权力和责任落到了地方政府手中，相应地，地方政府也面临着上下两个方向的制约：一是来自中央政府的监督，如果地方政府滥用行政权力，将可能面临中央政府的干预，甚至惩罚；二是来自投资者的约束，如果地方政府侵犯投资者的产权，或者保护一部分投资者，压制其他投资者，投资者就可能向地方政府提出抗议，甚至向中央政府投诉。这种上下两个方向的制约，在一定条件下，能够对地方政府侵犯产权的行为构成约束，从而发挥着保护私营企业产权的作用。

当然，纵向制约的机制与地区竞争机制并不冲突。在地区竞争机制能够发挥作用的条件下，投资者面对地方政府侵权，可以用退出相威胁，这将提高投资者投诉的有效性，强化纵向制约机制的作用。尽管如此，纵向制约的机制仍然具有独立意义。

第一，与地区竞争机制相比，纵向制约的机制依赖于不同的前提条件。地区竞争机制依赖于生产要素能够跨地区自由流动。纵向制约的机制不依赖生产要素的自由流动，而是依赖于中央政府对地方政府的激励导向及监督能力，以及投资者针对地方政府的侵权行为进行有效投诉的能力。因此，在地区竞争机制难以发挥作用的行业，纵向制约的机制就具有重要意义。

第二，这两种机制的有效性与地方分权层级具有不同的关联。对地区竞争机制来说，其发挥作用的前提条件与地方分权的层级关联不大。这是因为，如果一家企业所需的生产要素是不可移动的，那么，无论地方分权到达哪一个层级，都改变不了生产要素的这种特征。然而，对纵向制约的机制来说，其发挥作用的前提条件却与地方分权层级紧密相关。我们将证明，相对于省级层面的地方分权，如果把地方分权延伸到市（县）层面，能够有效地降低投资者的维权成本，提高其投诉能力，使得纵向制约的机制更容易发挥作用。

2. 一个简化的数理模型

布兰查德和施莱弗曾用一个简化的数理模型论证了地方分权若要发挥保护产权的作用，需要加一个前提条件，即中央政府具有激励和惩罚地方官员的能力（Blanchard & Shleifer，2001）。在他们的模型中，地方官员有两种选择：可以选择保护企业产权，从而鼓励投资和推动经济增长；也可以选择掠夺企业，并从中获得私人收益（记为 b），当然，这将打击企业投资和抑制经济增长。无论地方官员如何选择，其结果都体现在地区净产出上，记为 y（y 也可以理解为地区税收收入）。为了控制地方官员的行为，中央政府有两种手段，分别为税收分成和政治奖惩。税收分成是允许地方政府分享地区净产出（y），分享比例记为 a（a 由中央政府决定），分享额为 ay。政治奖惩是影响地方官员的仕途，如果地方官员掠夺企业，那么，他只有 p 的概率继续留任（换言之，中央政府撤换他的概率为 $1-p$）；如果地方官员保护企业产权，推动经济增长，他有 q 的概率继续执政。q 反映了中央政府依绩效对地方官员进行激励的强度（简称“绩效激励强度”），q 越大，意味着对地方官员推动经济增长的激励也越强；$1-p$ 反映了中央政府依绩效对地方官员进行惩罚的强度，$1-p$ 越大（即 p 越小），意味着对地方官员掠夺行为的惩罚也越强（Blanchard & Shleifer，2001）。

不过，布兰查德和施莱弗仅考虑两级政府——中央政府与地方政府，而且，忽略了投资者投诉对地方官员的约束作用，所以，他们未能完整地论述纵向制约的机制。因此，我们需要对他们的模型做出两项修正。

第一项修正是把投资者（或企业主）引入模型。在引入投资者之后，地方政府若要侵犯企业产权，就可能引发投资者的抗议和投诉。然而，投资者能否有效地进行投诉行动，受制于相关行动所需付出的成本（即“维权成本”），我们记这一项成本为 c。① 此时，地方官员如果采取掠夺行为，其能保住职位的概率 p 就与投资者的维权成本（c）相关，记为 $p(c)$。

第二项修正是把地方政府分成两个层级，分别为省级政府和市（县）政府；同时，假定中央政府直接管辖省级政府，再由省级政府管辖市（县）政府。作此修正之后，地方分权就有两种不同的层级。一种是中央政府向省级政府分权，但是，省以下实行垂直管理，不向市（县）政府分权，我们称之为“省级层面的地方分权”。另一种是“市（县）层级的地方分权”，即在前一种地方分权的

① 维权成本包括三个部分：一是投资者向地方政府发起抗议行动所需付出的成本；二是地方政府可能采取打压行动，给参与抗议的投资者所带来的利益损失；三是投资者向中央政府投诉，动员中央政府关注和介入，所需付出的成本。详见本文第五节。

基础上，省级政府进一步向市（县）政府下放权力。

做出上述两项修正之后，我们可以讨论地方分权层级与产权保护之间的关系。

首先，如果地方分权处于省级层面，那么，对企业进行监管的行政权力就直接掌握在省级政府手中，投资者面对的是省级官员可能的侵权行为，他们投诉的对象是省级政府。假设投资者针对省级政府发起投诉的成本是 c_1，那么，若要省级官员采取保护企业产权的行为，其条件为：

$$q \geqslant \theta p(c_1) \tag{11-1}$$

在式（11－1）中，$\theta = b/ay$，其含义为，相对于保护企业产权所能分享的收入，省级官员通过掠夺企业所获得的收益之比例。也就是说，中央政府对省级官员的绩效激励强度（q）必须超过 $\theta p(c_1)$，使得省级官员保护企业产权所能分享的收入（qay）超过了掠夺企业所获得的收益 $bp(c_1)$，省级官员才有意愿保护企业产权。在这里，q 相对于 $p(c_1)$ 越大，表明中央政府的激励导向越偏向于经济增长，对省级官员的监督能力也越强，因此，省级官员越有动力和压力约束自己的行为。

其次，如果地方分权的层级到达市（县）层面，那么，对企业进行监管的行政权力主要掌握在市（县）政府手中，投资者面对的是市（县）官员可能的侵权行为，他们抗议和投诉的对象是市（县）政府。为了简化模型，我们假设省级政府与市（县）政府的关系复制了中央政府与省级政府之间的关系，即省级政府主要执掌市（县）官员的人事管理权，同时，在财政上按比例（a）与市（县）政府分享其辖区的净产出（y）。在此假设之下，若要市（县）官员采取保护企业产权的行为，其条件为：

$$q \geqslant \theta p(c_2) \tag{11-2}$$

在式（11－2）中，c_2 为投资者针对市（县）政府发起抗议和投诉，所需付出的维权成本；q 与 $p(c_2)$ 分别为市（县）官员在保护企业和掠夺企业的条件下，继续任职的概率；$\theta = b/ay$。条件（11－2）的含义为，只有当省级政府对市（县）官员的绩效激励强度（q）超过了 $\theta p(c_2)$，市（县）官员才愿意约束自己的行为，保护企业产权。

比较式（11－1）和式（11－2），由于 $c_1 > c_2$，$p(c)$ 是 c 的递增函数，我们可以推断：$p(c_1) > p(c_2)$。[①] 这意味着，在中央政府同等的绩效激励强度之下，条件（11－2）比条件（11－1）更容易满足，即与省级层面的地方分权相比较，市（县）层面的地方分权更有利于约束地方官员的行为，促使他们保护企业产权。

3. 假说

为了进一步比较地方分权的层级对产权保护的影响，我们需要排除两种极端情况。

第一种极端情况是，中央政府对地方官员的绩效激励强度过低，使得无论在哪一种层级的地方分权之下，都不足以激励他们采取保护企业产权的行动。[②] 此时，地方分权的层级不影响产权保护程度。[③] 第二种极端情况是，中央政府具有强烈的经济增长导向，同时，又具有强大的监督能力和控制能力，使得地方分权无论处于省级层面，还是到达市（县）层面，都能迫使地方官员保护企业

---

① 推理如下：首先，$c_1 > c_2$，其原因是，相对于向市（县）政府发起抗议行动，投资者若针对省级政府发起抗议和投诉，需要在更大范围内进行组织与发动，面临着更强有力的政府的打压，同时，还需要动员中央政府关注和介入，因此，维权成本更高（详见本文第五节）。其次，$p(c)$ 是 c 的递增函数，即 $p'(c) > 0$。其原因是，当投资者的维权成本下降时，面对地方官员侵犯企业产权，他们更有可能发起抗议和投诉，也更有可能引起中央政府（或省级政府）关注和介入，这将降低地方官员继续任职的概率。所以，$p(c_1) > p(c_2)$。

② 这种情况意味着 $0 \leqslant q < \theta p(c_2)$。在此种情况下，由于 $p(c_1) > p(c_2)$，我们也得出 $q < \theta p(c_1)$，即条件（11－1）和条件（11－2）均不成立。

③ 导致这一结果有两种原因。一种原因是中央政府对省级政府，及省级政府对市（县）政府，在激励导向上严重偏离了经济增长目标，致使地方官员缺乏推动经济增长的动机。另一种原因是中央政府对省级政府，及省级政府对市（县）政府，其监督能力严重不足，致使中央政府（及省级政府）难以按绩效奖励和惩罚地方官员，地方官员也就不必重视经济绩效。

产权。[①] 此时，地方分权层级也不影响产权保护程度。

总之，地方分权层级是否影响产权保护程度，与中央政府对地方官员的绩效激励强度相关。只有当绩效激励强度位于上述两种极端之间，对地方官员的约束既依赖中央政府的激励和监督，还依赖投资者发起抗议和投诉，地方分权层级才影响到对企业的产权保护程度。[②]

我们把上述讨论提炼成如下假说：

假设中央政府对地方官员拥有较强的监督和控制能力，并且具有一定的经济增长导向，那么，地方分权层级对产权保护程度就具有显著影响。具体而言，省级层面的地方分权因投资者的维权成本较高，投资者难以通过投诉影响省级官员的行为，导致对私营企业的产权保护程度较低；市（县）层面的地方分权因降低了投资者的维权成本，投资者较容易通过抗议和投诉影响市（县）官员的行为，因此，对私营企业的产权保护程度较高。

在通常情况下，上述假说的前提条件在中国是成立的。首先，中央政府对地方官员具有充分的控制能力，使得地方官员必须响应中央政府的激励导向。其次，中央政府对地方官员的激励导向是多目标的，经济增长是其中一项重要目标，其他目标（如维稳、社会控制、环境保护、生产安全等）也具有相当程度的重要性。因此，我们可以用中国的经验事实对假说进行检验。在本文以下部分，我们采用中国煤炭行业兼并重组与产权保护的省际比较，检验上述假说。

（二）煤炭行业兼并重组对理论模型的检验

我们现在进一步论述，前述各省份的地方分权层级与产权保护程度之间的关系，符合上述假说的前提条件及推断的结论，因此，可以作为对假说的一项实证检验。

关于假说的前提条件——中央政府对地方官员拥有相当程度的控制能力，在中国煤炭行业显然是成立的。这一点无须赘述。除此之外，我们需要从两个方面进行论述。

第一，在中国煤炭行业，中央政府对地方官员的激励导向，符合假说的前提条件，即中央政府具有一定程度的经济增长导向。同时，这种增长导向又没有高到非常强烈的程度，或者说，没有高到压倒其他目标的程度。

第二，确实如假说所推断的，地方分权层级之所以影响到产权保护程度，是因为影响到投资者的投诉成本之高低，从而影响到对地方官员的约束程度。

1. 中央政府的激励导向：强调多重目标

在中国煤炭行业的监管上，中央政府既强调经济增长目标，也强调其他重要目标，如安全生产、环境保护、资源开采效率等。所以，在煤炭行业的兼并重组上，中央政府对各省级政府的激励导向是多维度的：既强调经济发展，要求各省份通过兼并重组，实现煤炭工业可持续发展；也强调安全生产及资源与环境保护，要求各省份通过兼并重组，改善安全生产条件，提高煤炭资源回采率，加强环境保护。[③]

中央政府强调多重目标的原因，首先，在于煤炭开采易发生安全事故，易造成资源浪费，也易破坏生态环境。其次，中央政府认为，煤炭工业曾经长期粗放发展，在安全生产和环境保护上积累了多种矛盾，需要着手解决（至少是缓解）这些矛盾。[④] 为此，在推行兼并重组上，中央政府向各省提出

---

① 这种情况意味着 $\theta p(c_1) \leq q \leq 1$。在此区间内，绩效激励强度（$q$）足够大，既大于 $\theta p(c_1)$，也大于 $\theta p(c_2)$，所以，条件（11－1）和条件（11－2）同时成立。

② 此时，绩效激励强度 q 位于区间［$\theta p(c_2)$，$\theta p(c_1)$）之内。

③ 参见国务院办公厅转发发展改革委《关于加快推进煤矿企业兼并重组若干意见》，2010 年 10 月 16 日。

④ 中央政府认为："煤炭工业长期粗放发展积累的矛盾仍很突出，全国煤矿企业多达 1.12 万个，企业年均产能不足 30 万吨，产业集中度低、技术落后，煤炭资源回采率低，资源浪费和环境污染严重，一些地区煤炭勘查开发秩序混乱，生产安全事故多发，不能适应经济和社会发展需要。"引自国务院办公厅转发发展改革委《关于加快推进煤矿企业兼并重组若干意见》，2010 年 10 月 16 日。

的指导思想和主要目标是：

"坚持安全发展、集约发展、清洁发展、可持续发展，加快煤炭企业兼并重组，……提高煤炭生产集约化程度、安全水平和科技水平，有序开发利用煤炭资源，促进煤炭工业健康发展，保障国家能源安全。……通过兼并重组，安全生产条件明显改善，煤炭资源回采率明显提高，环境保护与治理得到加强，煤炭开发秩序进一步规范。"①

此种多重目标对省级政府的激励导向，符合假说的前提条件。同时，在中央政府的监督之下，各省对下属市（县）政府的激励导向也是多重的，与中央政府的激励导向基本一致，无须赘述。

2. 地方分权层级与投资者的投诉成本

依据假说的推断，在煤炭行业的兼并重组过程中，相对于省级层面的地方分权，市（县）层面的地方分权能够降低民营矿主发起抗议和投诉的成本，从而更有利于保护民营煤矿的产权。我们首先提供两个典型省份的证据，说明这一推断与经验事实是相符的。

山西省和贵州省同为煤炭大省，但是，在兼并重组过程中，地方分权的层级不一样。前者属于省级层面的地方分权，兼并重组的行政权力主要掌握在省级政府手中；后者把行政权力下放到市（县）政府，属于市（县）层面的地方分权。我们比较这两个省份的民营矿主面对地方政府侵权，如何作出反应，可以具体说明地方分权层级如何影响到民营矿主的投诉成本及抗议行动。

（1）山西省民营矿主的困境

2008 年 9 月，山西省政府发布《关于加快推进煤矿企业兼并重组的实施意见》，开始启动兼并重组工作。在这份文件中，省政府指定了七家国有煤矿作为全省兼并主体，分别是大同煤矿集团、山西焦煤集团、阳泉煤业集团、潞安矿业集团、晋城无烟煤集团、中煤能源平朔公司。其中，中煤能源平朔公司属中央政府所属企业，其余六家均为山西省政府所属企业。省政府还为这七家煤矿划定了各自的兼并范围，以避免这七家企业为争夺兼并对象而发生竞争。② 2009 年 4 月，山西省政府发布《关于进一步加快推进煤矿企业兼并重组整合有关问题的通知》，新的文件在原方案基础上，增加了两家省属煤矿作为兼并主体，分别是山西煤炭运销集团公司、山西煤炭进出口集团公司。此外，为了安抚各个市政府，新文件也允许各市政府提议其下属的地方国有煤炭企业作为兼并主体，报请省政府同意后，参与本市兼并重组工作。此后，山西省煤炭行业兼并重组主要按这两份文件来实施。

山西省政府的意图是，主要利用省属国有煤矿兼并整合中小煤矿，做大做强省属国有煤矿。不过，为了激励各市政府执行省政府的政策，也允许市政府通过兼并重组扩大自己控制的企业。市政府对下属县（市、区）也采用类似的策略。如晋城市按照山西省政府《关于加快推进煤矿企业兼并重组的实施意见》和《关于进一步加快推进煤矿企业兼并重组整合有关问题的通知》，其辖区内 232 座煤矿经过兼并重组，只能保留 129 座；省政府把此项兼并重组的权利主要授予给了三家省属国有煤矿——晋城无烟煤集团、山西煤炭运销集团公司、山西煤炭进出口集团公司。晋城市政府在执行省政府的政策上，也向省政府提出要求，把市属国有煤炭企业——兰花集团——增列为兼并主体；同时，也允许各县（市、区）政府联合晋城无烟煤集团和兰花集团，组建由县政府控股的煤炭公司，作为本县（市、区）的兼并主体，兼并剩余的小煤矿。③ 以晋城市下属阳城县来说，在兼并重组之前有煤矿 64 座，市政府下达的兼并重组任务是把 64 座煤矿整合成 28 座。该县兼并重组的结果是：①山西晋城无烟煤矿业有限公司（晋城无烟煤集团下属公司）兼并重组 16 座煤矿（整合为 4 座煤矿）；

---

① 引自国务院办公厅转发发展改革委《关于加快推进煤矿企业兼并重组若干意见》，2010 年 10 月 16 日。

② 山西省政府为这七家煤矿划定的兼并范围是，大同煤矿：大同矿区、轩岗矿区、朔南矿区、河保偏矿区；山西焦煤集团：西山矿区、离柳矿区、乡宁矿区、汾西矿区、霍州矿区、霍东矿区、岚县矿区、石隰矿区；阳泉煤业集团：阳泉矿区、东山矿区；潞安矿业集团：潞安矿区、武夏矿区；晋城无烟煤集团：晋城矿区；中煤能源平朔公司：平朔矿区。引自山西省人民政府：《关于加快推进煤矿企业兼并重组的实施意见》。

③ 参见晋城市人民政府：《晋城市加快推进煤矿企业兼并重组整合工作实施方案》，2009 年 4 月 29 日。

②山西煤炭运销集团公司兼并重组15座煤矿（整合为8座煤矿）；③阳城县阳泰煤业有限公司（阳城县政府控股公司）兼并重组24座煤矿（整合为12座煤矿）；④阳城县皇城相府（集团）实业有限公司（村办集体企业，属阳城县北留镇皇城村所有）单独保留2座煤矿，并兼并重组7座煤矿（整合为2座煤矿）。①

所以，山西省煤炭行业兼并重组是在省政府强力推行之下，省、市、县三级政府所属的企业对全省煤炭资源的重新分配。显然，这种兼并重组的对象主要是民营煤矿。对于这一点，山西省地方官员并不隐讳，他们承认兼并重组是煤炭开采领域的一次利益大调整和再分配，要求民营矿主服从大局。②

山西省政府所推行的兼并重组，导致民营煤矿基本消失。特别是来自浙江的民营矿主，其投资遭受了重大损失。③ 然而，在兼并重组过程中，民营矿主没有在山西省发起有效的维权和投诉行动，而是被迫接受了这一结果。其原因是，被兼并的民营矿主陷入于地方政府布置的维权困局之中：如果他们抗议县级政府强迫他们签订兼并重组协议，这种抗议是无效的，因为县级政府只是执行省、市政府的指令；如果他们抗议省政府的政策，或者向中央政府投诉，则省政府和市政府会严令县级政府运用维稳手段管住他们，不准他们到省政府抗议或上访。④ 因此，在山西省内部，民营矿主的投诉成本很高，纵向制约的机制已难以发挥保护民营煤矿的产权的作用。⑤

值得注意的一点是，来自浙江的民营矿主无力在山西发起集体抗争行动，只好回到浙江，通过浙江媒体和浙江的律师抗议山西省政府的侵权行为。⑥ 民营矿主通过浙江省浙商资本投资促进会，向全国人大常委会上书，向中央政府投诉山西省政府，呼吁中央政府保护民营煤矿的产权，质疑山西省政府的兼并重组政策的合法性。⑦ 然而，由于这些抗议和投诉行动是发生在浙江省，对山西省政府和中央政府都没有产生任何实质性影响，既没有促使山西省政府改变兼并重组政策，也没有引起中央政府介入。即使是在浙江省发起抗议行动，这些民营矿主仍然不敢在媒体上露面，担心遭到山西省地方政府的惩罚。⑧ 而且，这些民营矿主在浙江省的投诉行动还受到浙江地方政府的控制。温州平阳县是浙江籍煤老板最集中的县，2009年11月，有30多位平阳籍煤老板回到平阳，试图发起“万人签名抗议活动”，但遭到平阳县政府阻止，未能实施。⑨ 最终，这些浙江商人在蒙受巨额损失之后，绝大多数黯然离开了山西。

---

① 上述阳城县兼并重组方案，于2009年9月18日经山西省政府批准。见山西省煤炭企业兼并重组整合工作组办公室文件“晋煤重组办发［2009］42号”。

② 参见晋城市人民政府办公厅：《关于加快推进煤矿企业兼并重组整合工作的通知》，2009年9月23日；晋城市人民政府：《晋城市加快推进煤矿企业兼并重组整合工作实施方案》，2009年4月29日。

③ 据2009年7月浙江泽大律师事务所赴山西省调查的结果，当时，浙江商人在山西设立煤矿企业450余家，投资煤矿500余个，投资额超过500亿元；此次兼并重组，给浙江商人造成的投资损失约250亿元。参见何晓春：“煤矿兼并重组，浙商资本受伤有多重?”，《浙商》，2009年10月28日。

④ 例如，晋城市政府告诫下属县（市、区）政府官员：对失职渎职、工作不落实导致发生影响稳定的重大事件的，将严肃追究有关领导和人员的责任。参见晋城市人民政府办公厅：《关于加快推进煤矿企业兼并重组整合工作的通知》，2009年9月23日。

⑤ 被兼并的矿主即使找媒体投诉，也是非常谨慎，不敢透露自己的真实身份。有一位民营矿主接受了记者采访，事后给记者打电话：“已被政府盯上了，到外面去多几天。”引自曹海东、李廷祯：“煤老板绝地反击，质疑山西煤改违法”，《南方周末》，2009年11月5日。

⑥ 2009年11月8日，投资山西煤矿的浙江商人主联合浙江浙商资本投资促进会和多家浙江媒体，在杭州市召开“地方产业政策延续性与企业投资信心”研讨会。实际上，会议主题是浙江商人控诉山西省政府侵犯民营煤矿的产权，希望在浙江寻求政府和媒体的支持。

⑦ 浙江省浙商资本投资促进会、浙江杭天信律师事务所：《关于要求对山西省人民政府（晋政发［2009］10号）（晋政发［2008］23号）规范性文件内容的合法性合理性问题进行审查处理的公民建议书》，2009年11月9日。

⑧ 据《南方人物周刊》报道，温州电视台播出了一段采访，其中有一位温州煤老板抗议山西省的兼并重组政策。随后，山西省某主要官员在会议上点名批评该煤老板，该老板很快在兼并重组的协议书上签了字。煤老板如此谨小慎微的原因是：我们的矿还在山西，如果让那边知道我们出来讲话，赔偿款可能分文都拿不到。引自徐琳玲：“温州煤老板的命运”，《南方人物周刊》，2009年11月24日。

⑨ 引自徐益平：“浙商上书国家，指山西煤改违宪”，《东方早报》，2009年11月10日。

（2）贵州省民营矿主的集体行动

与山西构成反差的是贵州。贵州省于2011年4月启动煤矿兼并重组，采用向市（县）分权的方式，“以市、州、地，及有关县、市、区为单位”分别进行。省政府把兼并重组的主要目标——兼并重组之后保留的煤炭企业数及矿井个数——分解到各市（州、地），同时，把相关的行政权力下放给各市级政府。[①] 各市级政府又进一步把兼并重组的目标分解到下属县（市），行政权力也下放给县（市）政府。因此，在贵州省，与兼并重组相关的行政权力基本上都下放到了县（市）政府手中。[②]

然而，由县（市）政府决定谁是兼并主体，谁是被兼并者，也可能侵犯民营煤矿的产权。毕节市是贵州产煤大市之一，兼并重组之前，有煤矿518个；省政府最初下达的目标是，兼并重组之后，毕节市只能保留48家煤炭企业，也就是要把518个煤矿整合到48家企业之中，每一家企业的产能不得低于200万吨/年[③]。金沙县是毕节市下属重点产煤县之一，在兼并重组之前有煤矿117个[④]，分属于50余家煤矿企业，其中，绝大多数是民营企业。[⑤] 毕节市政府要求金沙县通过兼并重组，把煤矿企业数削减到10余家，那些准予保留的企业就作为金沙县的兼并主体，负责兼并和整合全县117个煤矿。2011年5月上旬，金沙县政府拟定出兼并主体企业名单，同时规定年产量在9万吨以下的煤矿一律关闭，其他煤矿都必须整合到拟定的兼并主体企业之中。随后，县政府召集全县煤矿矿主开会，宣布兼并重组方案和兼并主体企业名单，要求在一个月内各兼并主体企业与被兼并矿井必须就兼并事项完成协商，签署兼并重组协议。在这次会议上，许多矿主向县政府领导人提出质疑：这份兼并主体企业名单是如何产生的？为什么有些企业可以当兼并主体，而有些产能相近的企业却要被兼并？政府要关闭我们的矿，谁来承担投资损失？县政府领导人无法做出满意回答。

此次会议之后，金沙县部分民营矿主通过县煤炭行业协会进行联络和协调，要求允许民营煤矿自愿联合组建企业集团作为兼并主体。在5月26日上午，50多名矿主集中在金沙县政府提出有关诉求。当日下午，县政府召集矿主代表商讨矿主们提出的要求。县政府领导人承诺尽快向省政府反映矿主们的要求，并在会议上默认民营煤矿可以通过自发组建股份公司或者挂靠大公司，来完成兼并重组任务。此后，金沙县并未完全按照县政府拟定的兼并主体企业名单来实施兼并重组，大多数民营煤矿都是通过自发联合，组建成股份公司，以达到省政府规定的兼并重组要求。至于必须关闭的煤矿，矿主们找到了一种市场化的解决办法，就是把它卖给希望成为兼并主体的企业，让买主来关闭它，然后向政府申报，把被关闭煤矿的剩余储量和产能计入买主的总储量和总产能之中，帮助买主把产能提高到200万吨/年。[⑥]

此外，2012年下半年，金沙县还发生了一起上访事件——部分民营矿主到贵州省政府上访，反映兼并重组过程中出现的问题和矿主的诉求。[⑦] 为此，当时分管工业的副省长王江平到毕节市考察煤炭企业兼并重组、安全生产和维稳工作，并在金沙县召集毕节市煤矿矿主座谈会，听取矿主们的意见和要求。[⑧]

2012年12月，贵州省政府发布《贵州省煤矿企业兼并重组工作方案》，对兼并重组政策作了有利于民营煤矿的调整。依据这份《工作方案》及随后发布的《贵州省煤矿企业兼并重组实施细则》，

---

① 参见贵州省人民政府办公厅关于转发省能源局等《加快推进煤矿企业兼并重组工作指导意见》的通知。

② 参见六盘水市人民政府《关于加快推进煤矿企业兼并重组工作的实施意见》，2011年5月。

③ 引自贵州省人民政府办公厅关于转发省能源局等《加快推进煤矿企业兼并重组工作指导意见》的通知，附件《全省煤矿兼并重组分解目标》。

④ 引自丁豆网：《金沙煤矿情况分布表》，http：//www. docin. com/p－209818583. html，2011年5月26日。

⑤ 据笔者调查，2011年，在金沙县开采煤炭的企业中，只有一家属于国有性质，名为“贵州连云矿业公司”，其余均为民营企业。贵州连云矿业公司是江苏省连云港市国资委所属企业，2011年，该公司在毕节市（包括金沙县）拥有9座矿井。

⑥ 以上资料除特别注明外，均来源于笔者对金沙县煤矿矿主的访谈。

⑦ 笔者于2015年2月在金沙县做调查，该县最大民营煤矿企业——贵州黎明能源集团——总经理在访谈中确认，2012年发生过矿主赴省政府上访一事。

⑧ 《毕节日报》：“副省长王江平到我市调研煤矿企业兼并重组及安全生产工作”，2013年7月13日。

兼并主体不再由市（县）政府决定，改为煤炭企业依据省政府制定的资质条件自主申报，由市（县）政府负责审查，报省政府审核确认。其中，主要的申报条件是，企业年生产能力不低于150万吨（六盘水市和毕节市不低于200万吨）。所以，新的政策实际上是认可民营煤矿自愿联合、自行组建股份公司的普遍做法，把这种做法提升为兼并重组的主要方式。

（3）地方分权层级与投资者的投诉成本

为什么在山西投资的民营矿主，面对有关方面的侵权行为，未能发起有效的投诉行动，也未能动员中央政府介入，只能接受不利的结果？而贵州的民营矿主却能够利用集体投诉手段争取更有利的结果？其原因是，两省在兼并重组过程中，因地方分权的层级不同，影响到民营矿主的投诉成本之高低，决定了民营矿主能否有效地发起投诉行动。

投资者的投诉成本包括三项：第一项是组织成本，即投资者向地方政府发起投诉行动所需付出的组织成本；第二项是地方政府施加的成本，即地方政府可能采取打压行动，给参与投诉的投资者所带来的利益损失；第三项是动员上级政府介入需付出的成本，即投资者通过上访、寻求媒体帮助等，动员中央政府（或省级政府）关注和介入，所需付出的成本。通过比较在不同的地方分权层级之下，上述三项成本的变化，我们可以比较地方分权层级对投资者的投诉成本之影响。

①组织成本的比较。投资者若要通过投诉等向地方政府施加压力需要组织集体行动。然而，集体行动受到组织成本的约束，这一项成本主要受投资者的人数、地域分布范围、组织化程度等三个因素的影响。这三个因素对组织成本的影响方向是：投资者人数越多、在地域上分布范围越大或组织化程度越低，其发起集体行动的成本越高。显然，地方分权层级影响到这三个因素的变化，从而影响到组织成本的高低。

在省级层面的地方分权之下，民营矿主若要针对省级政府发起集体行动，需要在全省范围内进行组织和动员，而且，由于民营矿主没有建立省级行业组织，处于松散状态，组织难度非常大，所以，组织成本非常高。与此相反，市（县）层面的地方分权能够有效地降低这一项组织成本。在市（县）层面的地方分权之下，抗议行动针对的是县级政府，其组织范围缩小到一个县，涉及的人数也只是该县的民营矿主；而在一个县的范围内，这些矿主通过人际关系网络和县煤炭行业协会等组织，能够紧密地联系在一起。所以，相对于省级层面的地方分权，在市（县）层面的地方分权之下，民营矿主发起集体投诉的组织成本大为下降。

②地方政府施加的成本之比较。这一项成本与地方政府调控投资者的能力成正比，调控能力越强，能施加的成本也越大。显然，与市（县）政府相比，省级政府面对民营矿主的投诉，拥有更强大的调控能力，故能施加更大的成本。省级政府能动用更大的警察力量，掌握着更大的司法权，控制着更多的政治资源和经济资源，并能直接命令市（县）政府采取调控行动。因此，民营矿主若要针对省级政府发起投诉，其承受的后果要比针对市（县）政府严重得多。

③动员上级政府介入所需付出的成本之比较。一般来说，这一项成本与上级政府的级别成正比，级别越高，动员其介入的难度越大，所需付出的成本也越高。在省级层面的地方分权之下，民营矿主针对省级政府发起抗议和投诉，需要动员中央政府介入，其难度较高；而在市（县）层面的地方分权之下，民营矿主针对市（县）政府发起抗议和投诉，只需动员省级政府介入，其难度降低了。所以，相对于省级层面的地方分权，市（县）层面的地方分权降低了投资者动员上级政府介入的成本。

把上述三项成本加总，我们可以得出结论：在省级层面的地方分权之下，投资者的投诉成本较高，而市（县）层面的地方分权能够有效地降低投资者的投诉成本。这一结论支持了前述假说：相对于省级层面的地方分权，市（县）层面的地方分权因降低了投资者的投诉成本，故投资者能够较容易通过抗议和投诉手段约束市（县）官员的行为，从而更有利于保护私营企业的产权。

四、民营企业的产权保护：未来展望

2002 年之前和 2002 年以后，民营企业都存在着产权保护问题，但是，问题的性质却不一样。2002 年之前，民营企业所面临的产权保护问题，主要是在竞争性市场上，它们是否有经营合法性与政治合法性。当时，解决这一问题的途径主要是通过地方分权，由地方政府对民营企业提供保护，及推动民营企业发展；同时，中央政府逐渐放松对民营企业的限制，民营企业逐渐获得有条件的合法地位。然而，2002 年以后，民营企业所面临的产权保护问题，恰恰是源于它们的“有条件的合法地位”。这种“有条件的合法地位”意味着，民营企业的经营范围得由政府划定，经营活动是否合法也必须由政府来判断。实际上，这种“有条件的合法地位”赋予了中央政府和地方政府对民营企业拥有最终的自由裁量权。但是，这种“有条件的合法地位”隐含着严重的产权保护问题，即民营企业可能因其经营活动触及到中央政府垄断利益，或者与地方政府（或地方官员）发生利益冲突，导致企业主和企业本身都可能处于巨大风险之中。这种新的产权保护问题，是单纯依靠地方分权和地区竞争所难以解决的。

我们发现，在现行经济体制和行政体制之下，仍然有部分地应对和缓解新的产权保护问题的策略，那就是把经济领域的行政管理权下放到市（县）政府，能够起到强化纵向制约的机制的作用，从而有助于提高对民营企业的产权保护程度。其原因是，在地方分权的治理结构中，投资者除了利用地区竞争机制之外，还可以利用纵向制约的机制来保护其产权；但是，纵向制约的机制能否有效地发挥作用，依赖于投资者发起抗议和投诉的成本之高低。相对于省级层面的地方分权，市（县）层面的地方分权能够降低投资者发起抗议和投诉的成本，从而更有利于纵向制约的机制发挥作用，因此，提高了对民营企业的产权保护程度。

当然，解决民营企业所遇到的新的产权保护问题，还应该改变民营企业依附于政府的、“有条件的合法地位”，使得民营企业具有独立的、与政府判断无关的合法地位。要做到这一点，必须推动中国法治的进步，及推动经济体制进一步改革，特别是改革国家在一些关键领域实行垄断和控制的体制。可以说，新的产权保护问题不仅仅是民营企业发展的问题，更是国家建设的一个核心问题。从这一点来说，在未来，中国的民营企业家不能仅仅依靠政府（或政府官员）来解决产权保护问题，而要意识到自身承担了一项重大责任：企业家需要为自己做公共产品，也就是积极地参与到国家建设的进程之中，推动市场经济体制的完善，推动法治的建设。

附录

2008～2013 年各省推行兼并重组的时间及主要文件一览

省、自治区、直辖市	启动时间	颁发的主要文件	备注
北京	2010. 10	北京市政府办公厅转发市安全监管局、市煤矿安全监察分局《关于北京市 2010 年小煤矿整顿关闭工作方案的通知》	北京市对小煤矿没有采用兼并或重组的办法，而是由市政府下令全部关闭。在 2010 年 6 月 30 日之前，关闭全市 24 个小煤矿，其中房山区 18 个，门头沟区 6 个
河北	2011. 4	关于加大小煤矿关闭力度加快推进煤矿企业兼并重组的决定	
山西	2008. 9	①关于加快推进煤矿企业兼并重组的实施意见；②关于进一步加快推进煤矿企业兼并重组整合有关问题的通知	

续表

省、自治区、直辖市	启动时间	颁发的主要文件	备注
内蒙古	2011. 3	内蒙古自治区煤炭企业兼并重组工作方案	
河南	2010. 2	河南省煤炭企业兼并重组实施意见	在兼并重组之前，河南省已经关闭了年产量在15万吨以下的小煤矿。此次兼并重组的目标是，指定大型国有煤矿企业作为兼并重组主体，分区域兼并全省年产量在15万~30万吨的所有民营煤矿
黑龙江	2010. 1	①黑龙江省政府《黑龙江省矿产资源开发整合工作总体方案》(2010年1月)； ②黑龙江省安监局省煤炭生产安全管理局等《关于进一步加快煤炭资源整合工作的通知》； ③黑龙江省政府办公厅《关于加快煤矿整顿关闭和资源整合有关问题的通知》	黑龙江省政府没有采用“兼并重组”的说法，而是区分为“煤矿整合”和“煤矿关闭”这两项工作
吉林	2012. 1	①吉林省人民政府办公厅转发省发展改革委《关于加快推进煤矿企业兼并重组工作实施方案的通知》； ②吉林省人民政府《关于修订吉林省煤矿企业兼并重组实施方案的通知》	第①个文件开启改革，正式执行以第②个文件为主
辽宁	2012. 5	辽宁省人民政府办公厅转发省煤管局《关于加快推进煤矿企业兼并重组工作方案的通知》	
安徽	2010. 10	安徽省政府办公厅转发省经济和信息化委、安徽煤矿安全监察局《关于进一步深化煤矿整顿关闭工作意见的通知》	安徽省煤矿兼并重组的基本原则是淘汰民营煤矿。采取的办法是：①关闭全省年产量在9万吨以下的小煤矿；②对年产量在9万吨以上的小煤矿进行整合，即由国有大中型煤矿企业兼并、收购小煤矿
江西	2012. 3	江西省人民政府办公厅《关于印发江西省推进煤矿企业兼并重组工作方案的通知》	
福建	2011. 10	福建省经贸委等五部门联合发布《福建省加快推进煤矿企业兼并重组工作方案》	
湖北	2011. 7	湖北省人民政府办公厅《关于印发湖北省煤矿企业兼并重组实施方案的通知》	
湖南	2011. 6	湖南省人民政府办公厅《关于加快推进煤矿企业兼并重组的实施意见》	
四川	2013. 3	四川省人民政府《关于推进煤矿企业兼并重组的实施意见》	
重庆	2012. 7	重庆市人民政府《关于加快推进煤矿企业兼并重组工作的意见》	
贵州	2011. 4	①贵州省人民政府办公厅关于转发省能源局等《加快推进煤矿企业兼并重组工作指导意见》的通知； ②贵州省人民政府办公厅转发省能源局等部门《贵州省煤矿企业兼并重组工作方案（试行）》的通知； ③《贵州省煤矿企业兼并重组工作实施细则》	

续表

省、自治区、直辖市	启动时间	颁发的主要文件	备注
云南	2011.8	云南省人民政府办公厅《关于加快推进煤矿企业兼并重组指导意见》	
广西	2012.12	广西壮族自治区人民政府办公厅转发自治区工信委《关于加快推进煤矿企业兼并重组指导意见》	
陕西	2011	陕西省政府《关于“十二五”期间深入开展煤矿整顿关闭资源整合和淘汰落后产能工作的通知》	陕西省政府没有采用“兼并重组”的说法，而是在关闭部分小煤矿的基础上，再对小煤矿进行整合
甘肃	2010.5	①甘肃省人民政府《关于进一步加强煤矿资源整合兼并重组和安全生产工作的意见》；②关于加强2011年煤矿资源整合兼并重组和安全监管工作的通知	
宁夏	2010.10	宁夏回族自治区政府《关于进一步深化煤矿整顿关闭工作的意见》	宁夏回族自治区政府的基本原则是淘汰民营煤矿。采取的办法是：①关闭年产量在10万吨以下的全部小煤矿；②对符合条件的小煤矿进行整合，整合方式主要是由国有大型煤炭企业兼并、收购或控股小煤矿
新疆	2011.6	关于落实加快推进煤矿企业兼并重组若干意见有关问题的通知	
青海	2010		青海省政府没有大规模推行民营煤矿兼并重组，仅要求各市（县）关闭非法生产和严重缺乏安全开采条件的小煤矿，主要从2010年开始实施

资料来源：各省份政府及部分市（县）政府公开发布的文件。

参考文献

［1］曹正汉．民营经济发展与公有经济产权变革［M］．北京：经济科学出版社，2006.

［2］曹正汉．产权的社会建构逻辑——从博弈论的观点评中国社会学家的产权研究［J］．社会学研究，2008（1）.

［3］曹正汉．中国上下分治的治理体制及其稳定机制［J］．社会学研究，2011（1）.

［4］曹正汉．国家与市场关系的政治逻辑［M］．北京：中国社会科学出版社，2014.

［5］曹正汉，史晋川．抓住经济发展的主动权：中国地方政府应对市场化改革的策略［J］．社会学研究，2009（4）.

［6］曹正汉，冯国强．地方分权层级与产权保护程度——一项产权的社会视角的考察［J］．社会学研究，2016（5）.

［7］刘世定．公共选择过程中的公平：逻辑与运作［A］//刘世定．占有、认知与人际关系［M］．北京：华夏出版社，2003.

［8］刘世定．占有制度的三个维度与占有认定机制——以乡镇企业为例［A］//刘世定．占有、认知与人际关系［M］．北京：华夏出版社，2003.

［9］申静，王汉生．集体产权在中国乡村中的实践逻辑［J］．社会学研究，2005（1）.

［10］张静．土地使用规则不确定：一个法律社会学的解释框架［J］．中国社会科学，2003（1）.

［11］张静．二元整合秩序：一个财产纠纷案的分析［J］．社会学研究，2005（3）.

［12］折晓叶，陈婴婴．资本如何运作？——对改制中资本能动性的社会学分析［J］．中国社会科学，2004（4）．

［13］折晓叶，陈婴婴．产权怎样界定？［J］．社会学研究，2005（4）．

［14］中国社会科学院社会学研究所．中国社会学（第五卷）［M］．上海：上海人民出版社，2008.

［15］周黎安．中国地方官员的晋升锦标赛模式研究［J］．经济研究，2007（7）．

［16］周黎安．转型中的地方政府：官员激励与治理［M］．上海：上海格致出版社，上海人民出版社，2008.

［17］Blanchard，Oliver & Andrew Shleifer 2001，"Federalism with and without Political Centralization：China vs. Russia"，*IMF Staff Papers* 48.

［18］Landry，Pierre F. 2008，*Decentralized Authoritarianism：The Communist Party's Control of Local Elites in the Post－Mao Era*. New York：Cambridge University Press.

［19］Li，Hongbin and Li－An Zhou，2005，"Political Turnover and Economic Performance：The Incentive Role of Personal Control in China"，*Journal of Public Economics*，Vol. 89，pp. 1743－1762.

［20］Maskin，Eric，Yingyi Qian & Chenggang Xu 2000，"Incentives，Scale Economies and Organization Forms."*Review of Economic Studies* 67.

［21］Montinola，G.，Yingyi Qian & Berry Weingast，1995，"Federalism，Chinese Style：The Political Basis for Economic Success in China."*World Politics* 48（1）．

［22］O'Brien，Li Langjiang，McAdam，et al.，2006，*Rightful resistance in rural China*，Cambridge：Cambridge University Press.

［23］Qian Yingyi，and Weingast，1997，"Federalism as a commitment to preserving market incentives"，*Journal of Economic Perspectives*，Vol. 11，No. 4，pp. 83－92.

［24］Sugden，R.，1989，"Spontaneous Order"，*Journal of Economic Perspectives* 3.

［25］Sugden，R.，1986，*The Economics of Rights*，*Cooperation and Welfare*，Oxford：Basil Blackwell.

［26］Xu Chenggang，2011，"The fundamental institutions of China's reforms and development"，*Journal of Economic Literature*，Vol. 49，No. 4，pp. 1076－1151.

第十二章　民营企业创新与知识产权保护*

改革开放以来，我国民营企业的创新①经历了从接受大城市国有企业的技术扩散、模仿、吸收消化再创新到自主创新的不同历史阶段。同样，我国的知识产权②保护制度也经历了从完全空白到创建和逐步完善的不同阶段。但总体而言，我国民营企业的创新严重缺乏关键技术和核心技术的创新，主要还是附在别人身上进行模仿创新，自主创新的比重还不大，我们把这种民营企业创新的现状，概括为“缺心少魂”。究其原因，是由于我国缺乏一个有效的知识产权保护制度，导致民营企业只能主要靠不断循环推出新产品这种自我实施的短期保护措施，品牌、新产品的生命周期越来越短，企业只能从事浅层次、短期的创新，并与被普遍模仿形成恶性循环。大规模的欺骗性交易充塞市场，诚实交易者不断被逐出市场。本文从历史角度，梳理了我国民营企业创新及知识产权保护制度的演化，从理论上简要解释了民营企业创新“缺心少魂”问题。根据我国地区制度效率存在东、中、西（东北）阶梯式差别并与区域创新效率差别的关联性，验证了知识产权保护制度在民营企业创新发展中的作用。

一、民营企业创新与知识产权保护：历史回顾

中国民营企业创新与知识产权保护的历史沿革大致可分为以下四个阶段：一是1978～1982年，民营企业萌芽与知识产权保护空白阶段；二是1982～1992年，民营企业成长与知识产权初步建立阶段；三是1992～2002年，民营企业快速发展与知识产权逐步完善阶段；四是2002年至今，民营企业发展新阶段与知识产权保护全面完善阶段。

（一）民营企业萌芽与知识产权保护空白阶段

1949年，我国城镇个体劳动者有约900万人，经过公私合营及资本主义工商业的社会主义改造，到1956年个体工商业经济和私营经济基本被消灭，至1978年，全国个体劳动者仅剩两万人，民营经济处于近乎“消失”的状态。始于农村“包产到户”的诱致性制度变迁揭开了民营经济发展的序幕，

---

* 研究人员：金祥荣、赵雪娇。

① “创新”概念的起源为美国经济学家熊彼特在1912年出版的《经济发展概论》中提出：创新是指把一种新的生产要素和生产条件的“新结合”引入生产体系。它包括五种情况：引入一种新产品，引入一种新的生产方法，开辟一个新的市场，获得原材料或半成品的一种新的供应来源，新的组织形式。熊彼特的创新概念包含的范围很广，如涉及技术性变化的创新及非技术性变化的组织创新。到20世纪60年代，随着新技术革命的迅猛发展，美国经济学家华尔特·罗斯托提出了“起飞”六阶段理论，对“创新”的概念发展为“技术创新”，把“技术创新”提高到“创新”的主导地位。费里德曼（1973；1982）将“技术创新”总结为“技术的、工艺的和商业化的全过程，其导致新产品的市场实现和新技术工艺与装备的商业化应用”，在内生经济增长理论中，技术创新是经济长期增长的关键要素，因此，本文所关注的与知识产权保护这一制度条件有重要联系的创新活动指的是技术创新。

② “知识产权”是指人类智力劳动产生的智力劳动成果所有权。它是依照各国法律赋予符合条件的著作者、发明者或成果拥有者在一定期限内享有的独占权利，一般认为它包括版权（著作权）和工业产权。本文所讨论与民营企业创新相关联的知识产权保护主要针对“工业产权”，工业产权则是指包括发明专利、实用新型专利、外观设计专利、商标、服务标记、厂商名称、货源名称或原产地名称等在内的权利人享有的独占性权利。20世纪80年代以来，随着经济的快速发展和新技术革命的到来，知识产权制度发生了引人注目的变化，特别是近些年来，科学技术日新月异，产业结构调整步伐加快，竞争日趋激烈，知识或智力资源的占有、配置、生产和运用已成为经济发展的重要依托，知识产权保护作为一项制度安排的地位和作用日趋凸显。

改革开放初期，乡镇集体经济得到快速发展，20 世纪 80 年代中后期，个体、私营经济成为民营经济主力，1992 年邓小平南方谈话激发了对外开放的动力，外资、外贸进入全面发展时期，近十几年来，我国民营经济实力持续增强，创新能力、竞争能力不断提高，进入新的发展高潮。

十一届三中全会以后，我国的改革首先从农村开始。1978 年，在全国农村普遍实行家庭联产承包经营责任制，推动了农村社会生产方式和交换方式的变革，为个体私营经济的再生创造了历史前提。在这样的背景及政策鼓励下，个体经济快速发展起来。在农村，大量的剩余劳动力为了寻求就业渠道，一部分人由乡镇到城市进入商业、饮食业、服务业、建筑业从事个体经济活动，另一部分人在“离土不离乡”的国家政策引导下，就地从农业转向非农产业，或是自己从事各类经营活动，或是进入各类乡镇企业。在城市，1979 年初，为了解决城镇中的就业压力，国家允许一部分有正式户口的闲散劳动力从事修理、服务等个体手工业劳动。据国家工商行政管理局统计，1981 年全国个体经济 182. 9 万户，从业人员 227. 4 万人，注册资金总额 45773. 2 万元，其中，农村个体经济 96. 1 万户，从业人员 121. 8 万人，注册资金总额 24767. 6 万元。这一时期，民营企业开始出现萌芽。民营企业的出现是个体经济发展的内生需求，随着个体经济的不断发展，一部分个体户手中的资金日益增多，生产经营规模逐步扩大，对雇工人数的限制难以满足其发展需求，于是出现了本质上为民营企业的“承包大户”“个体大户”。

这一时期民营企业发展的特点：一是萌芽探索式发展，国家没有出台相应政策，没有合法地位；二是技术含量低，进入行业少，由个体经济发展起来的民营企业多半集中在商业、餐饮、服务业等，对技术革新的要求较低；三是地区发展不平衡，原集体经济力量较雄厚的地区民营企业发展缓慢，而原集体经济力量薄弱，但商品经济活跃，如温州等，民营企业发展则较快。但民营企业一部分挂靠国有或乡镇企业，那时称为“戴帽”企业；另一部分为“无品牌、无商标、无知识产权、无正规销售网络”的“四无”企业。

这一时期，我国民营企业的发展程度尚未形成对创新活动的内在需求，也不具备成为创新主体的客观条件，民营企业的创新活动近乎为零。与此同时，我国知识产权保护制度仍是一片空白。因此，经济社会环境的历史条件决定了该阶段我国民营企业创新与知识产权保护都未出现的客观事实。

（二）民营企业成长与知识产权制度初步建立

受市场导向的激励作用，民营企业快速进入成长阶段。尽管当时国家对民营企业发展采取了较为谨慎的态度，采取“不鼓励，不禁止”政策，但实际上是对民营企业发展的默许和支持，为其提供了相对宽松的政治、经济和社会环境，促进了民营企业由萌芽探索式发展步入快速成长阶段。1988 年前，民营企业还未取得合法地位，因此多以“专业大户”“新经济联合体”等称谓代替，据原中共中央书记处农村政策研究室组织的全国 28 个省、市、自治区的 272 个村的 37422 户调查，1984 年参加新经济联合体的农户占比 3. 2%，专业户占比 3. 5%。其中新经济联合体雇工经营的比例达 51%，专业户雇长工的比例达 15. 7%。到 1988 年 6 月，国务院颁布《中华人民共和国私营企业暂行条例》，正式确立民营企业的合法地位，从法律意义上看，我国民营企业在这个时候才正式产生，随后，在各地工商行政管理机关办理注册登记的民营企业大大增加。到 1988 年底，全国（除西藏、山西、黑龙江）已注册的民营企业发展到 40638 家，雇工人数达到 723782 人。如果加上大量挂集体企业牌子和混杂于个体工商户、个人合伙及乡镇、街道企业中的民营企业在内，实际的民营企业估计有 20 多万家①。与此同时，以农村剩余劳动力为主、不受国家计划控制为特点的乡镇企业异军突起，在 1984 ~ 1988 年乡镇企业发展的黄金时期，乡办企业增加了两万多个，个体和联户办企业增加了 1600 万个，乡办企业平均 59 人，产值 578. 5 万元②。

---

① 中共中央书记处农村政策研究室资料室．中国农村社会经济典型调查（1985 年）［M］．北京：中国社会科学出版社，1987：20.

② 董辅礽．中华人民共和国经济史［M］．北京：经济科学出版社，1999：208 – 211.

这一时期民营企业发展的特点：一是从在灰色地带中夹缝求生到正式取得合法地位，民营企业在法律上受到保护；二是行业分布拓展、技术含量有所提高，主要集中在轻工业、运输业、建筑业和加工制造业，这些行业的私营企业占其总户数的 81.8%，从业人员占其总人数的 89.1%，资金占总资金的 83.4%①；三是区域发展不均衡，主要集中在东南沿海地区。

该阶段民营企业的主要技术来自于国有企业的技术扩散，以温州模式和苏南模式②为例，由于温州和苏南农村紧靠中国最大的经济中心上海，且紧邻杭州、宁波、苏州、无锡、常州等发达的大中工业城市，可以接收到较强经济、技术辐射，温州和苏南农民与这些城市的产业工人存在密切的血缘和非血缘联系，可以得到项目指导和技术指导。因此，温州和苏南地区企业在技术上主要依靠模仿上海、杭州、苏州等城市的国有企业，再加上该地区水路交通发达、距离中心市场较近的优势条件，温州及苏南企业得到快速发展。此外，宁波纺织产业、浙江永康五金业等的主要技术均来自于当地或附近城市国有企业的技术扩散。

与此同时，知识产权保护也经历了由一片空白到初步建立的过程，1982 年制定《中华人民共和国商标法》并于次年 3 月 1 日起实施；1984 年制定《中华人民共和国专利法》并于次年 4 月 1 日起实施；1990 年制定《中华人民共和国著作权法》并于次年 6 月 1 日起实施，至此，中国建立起知识产权保护制度的基本框架。知识产权保护作为我国创新制度的重要组成部分，其形成与发展在制度经济学的视角看来属于典型的诱致性制度变迁。说其为诱致性制度变迁，是因为原有的制度环境已经难以满足创新活动微观主体的实际需求，在创新活动得不到有效激励、技术创新与经济发展脱节的现实矛盾下，对于制度变迁的需求不断提升，从而诱发了科技体制改革和知识产权保护制度的建立。

（三）民营企业快速发展与知识产权逐步完善

从邓小平 1992 年南方谈话到 2002 年党的十六大胜利召开的十年，是中国改革进程中具有十分重大意义的十年，更是中国民营经济发展最具突破性的十年，民营企业出现了超常规的发展速度，进入了突飞猛进发展的黄金时代。在一系列鼓励民营经济发展的政策指导下，各地也相继出台了各种有利于民营企业发展的具体措施和办法，民营经济迅速进入了一个新的发展高潮。在这一时期民营企业（不含集体企业）以年均 12.1 万户的速度在增长。1992～1997 年，受邓小平南方谈话的影响，民营企业的户数从 14 万户增加到 96.1 万户，增长了约 17.3 倍，而同期的国有企业增长为负，外商投资企业平均增长速度也不到 10%。同期，民营企业的从业人员从 231.9 万人增长到 1349 万人，注册资金由 221 亿元增加到 5140 亿元③。1997 年召开的十五大把非公有制经济作为社会主义市场经济的重要组成部分，非公有制经济在国民经济中的地位大幅度提升，极大地推动了民营企业的发展。据国家工商总局统计，1998 年私营企业总数为 120.1 万户，比上年同期增长 25%，注册资本金 7198 亿元，比上年同期增长 40%，产值 5853 亿元，比上年同期增长 49%，而同期国有企业的增长率下降了 -3.78%。到 2001 年末，中国仅民营企业总数已达 202.5 万户，注册资本 18212 亿元，从业人员 2714 万人④。

这一时期民营企业发展的特点：一是经营领域不断拓展、科技含量不断提升，不仅进入制造业、商贸流通、房地产开发等完全竞争性行业，而且进入交通、能源、水利、城建、通信、环保等基础设施和文化、教育、卫生、体育等领域；二是外资、外贸快速发展，1983～2002 年，对外贸易总额由 860.1 亿美元增长到 6207.7 亿美元，到 2002 年，在出口贸易中民营企业占比达 9.7%，进口贸易民营企业占比 6.7%，外商直接投资额由 9.2 亿美元增长到 527.43 亿美元；三是大型企业不断涌现，

---

① 张宗和．中国现阶段非公有制经济研究［M］．北京：经济管理出版社，2000：172.

② “苏南模式”一词是费孝通先生在年所写的《小城镇·再探索》中提出来的，主要是指江苏省长江以南苏州、无锡和常州等苏南地区通过发展乡镇企业实现非农化发展的方式。

③ 张厚义、明立志．中国私营企业发展报告（2003）［M］．北京：社会科学文献出版社，2004：5.

④ 张厚义、明立志．中国私营企业发展报告（2003）［M］．北京：社会科学文献出版社，2004：4.

2002 年，全国有 20 家企业销售收入超过 50 亿元，如联想集团、广厦控股等。

该阶段我国民营企业的创新方式为模仿创新为主，引进、吸收、消化、创新为辅的模式。一方面，虽然我国民营企业得到了快速发展，但其掌握的技术仍然相对落后；另一方面，外资、外贸的快速发展和我国先后制定“以资金换技术”“以市场换技术”的政策使得引进国外技术并加以模仿创新成为可能。这一时期，中国先后加入世界知识产权保护组织（WIPO）、世界贸易组织（WTO）等与制定知识产权保护制度相关的国际组织，签订《保护工业产权巴黎公约》《与贸易有关的知识产权协定》（TRIPS）、《专利合作条约》（PCT）等知识产权国际保护条约，积极主动融入到国际知识产权保护体系中，建立起完备的知识产权保护制度①。民营企业创新与知识产权保护的共生共建性进一步显现，首先，大型企业创新行为与融入国际市场的需要倒逼知识产权保护制度完善，随着开放型经济逐步建立，中国已被纳入国际经济的框架当中，与此同时，大型民营企业对创新活动具有强烈的内生需求，从而诱致了创新制度的变迁，促使知识产权保护制度不断完善。其次，在知识产权保护制度建立后，民营企业采取完全模仿的形式已经不能继续维持，而在对外开放的大环境中，国外先进技术被相继引进。因此，在这一时期，由于技术的相对落后和制度环境的限制，我国民营企业转向以模仿创新为主要技术来源。同时通过购买、合作等方式学习国外先进技术，在此基础上进行相对本土化的创新，同时，由于大型民营企业得到发展，企业具备研发投入的能力，企业自主创新的萌芽开始显现。

（四）民营企业发展新阶段与知识产权保护全面完善

2002 年党的十六大提出了“必须毫不动摇地巩固和发展公有制经济，必须毫不动摇地鼓励、支持和引导非公有制经济发展”和完善保护私人财产的法律制度，并充分肯定了“在社会变革中出现的民营科技企业的创业人员和技术人员、受聘于外资企业的管理技术人员、个体户、私营企业主、中介组织的从业人员、自由职业人员等社会阶层，都是中国特色社会主义事业的建设者”。政策的全面支持又一次激发了民营企业的发展热潮，到 2003 年底，民营企业户数达 300 万户、从业人员增加到 4088 万人、注册资本达 35000 亿元，分别增长 23.2%、19.9% 和 41.4%。随着市场经济环境的不断完善和改革的持续深入，我国民营企业发展迎来了崭新的机遇。特别是创新能力持续提高。其中，到 2014 年，我国 R&D 经费总量为 13015.6 亿元，排名居世界第 2 位；我国 R&D 经费投入强度达到 2.05%，其中来源于企业的资金为 9817 亿元，占 R&D 经费的 75.4%，财政科技拨款达到 6455 亿元，占财政总支出的 4.25%；全国开展 R&D 活动的规模以上工业企业共 6.4 万个，占全部规模以上工业企业的 16.9%，拥有研发机构的规模以上工业企业共 4.8 万个，占比为 12.6%，规模以上工业企业有 R&D 人员 363.3 万人，比上年增长 7.6%。发明专利申请量占专利申请总量的比重继续上升，达到 39.3%，企业发明专利申请量持续高速增长，国内企业发明专利申请量占国内发明专利申请量的 60.5%；发明专利授权量占国内总量的 56.5%。2014 年我国科技人力资源保持稳定增长，总量达到 7512 万人；R&D 人员总量上升至 371.1 万人年，R&D 研究人员总量达到 152.4 万人年，居世界首位。

这一时期民营企业发展的特点：一是所在行业全面拓展，在重工业、金融业、基础设施等领域均占有较高比重；二是技术含量大幅提高，在一些新行业、新领域、新商业模式中，我国民营企业在产值和技术上走在了世界的前列，如阿里巴巴、华为等。

该阶段我国民营企业创新模式呈现模仿创新为主、自主创新并重的局面。在一些传统行业中，尽管主要技术仍掌握在发达国家行业巨头手中，但受制度条件的制约和来自全球市场的竞争压力，企业通过创新升级突破原有技术瓶颈的内在需求不断增强，以吸收消化再创新为主要形式的模仿创新已然成为我国民营企业的主要技术来源。而在新兴行业中，特别是一些高技术含量的全球性新兴行业如通信技术、互联网等，涌现出大批具有国际竞争力的中国民营企业。这类企业在全球框架下的技术起点

① 柳福东．中国知识产权三十年之成长［J］．知识产权，2008（18）：6.

近乎一致，自主创新成为其得以快速发展的原始动力，在相对完善的知识产权保护制度下，民营企业自主创新能力不断被激发。

然而，知识产权保护制度在法律层面的逐步完善并不意味着切实有效的创新激励机制完全建成，在制度执行的层面仍然存在着执行力度不足、司法干预严重、威慑作用有限、选择性执法等一系列问题，因此，激励和保护创新的制度环境仍需完善。

这一方面为企业进行模仿创新提供了现实可能；另一方面，民营企业自主创新仍然面临较大的制度成本，民营企业的创新行为偏好呈现扭曲，由于面临巨大成本—收益压力和制度环境约束可能导致的创新成果被模仿的风险，在需要较高投入成本的深层次、周期长的革命性创新层面，民营企业缺乏有效激励。相反，民营企业更偏好于在一些投入少、回报快的项目上进行创新，然而这类创新项目往往具有浅层次、周期短的特征，且由于制度执行和监管的不完善而容易在同行业间被模仿，企业的自主创新最终陷入短、浅层次创新—普遍模仿—再推短、浅层次创新的恶性循环中。

民营企业和知识产权制度共同经历了探索式建立、共生化发展、扭曲性现状的演化式发展过程，中国由计划经济时代到改革开放，民营企业从无到有探索式建立的特征造就了其独特的技术来源和创新方式，知识产权制度也随着经济社会发展要求而探索式建立。随着企业创新的内生需求和开放型经济的外在压力下，民营企业创新和知识产权保护制度共生发展。现阶段相对完善的知识产权制度在执行层面仍存在种种问题，对企业创新行为的激励产生偏误，企业自主创新陷入短而浅层次的非良性循环中。此外，对创新资源的非市场性分配使得企业创新与知识产权保护制度形成扭曲性现状。关于我国民营企业创新与知识产权保护的演化关系具有以下三点特征。

1. 制度缺位为民企模仿创新式发展提供现实可能

中国民营企业的技术获得犹如资本的原始积累一样是在无保护、无基础的环境下进行的，因此自然选择了模仿之路。民营企业的先天不足，导致其只能依靠国有企业技术扩散和企业间模仿作为技术来源，而知识产权保护制度的缺位为其提供了可行的环境。

2. 企业创新推动了知识产权保护制度的建立和发展

技术创新是指在生产体系中引入“新的组合”，运用创新的知识和新技术、新工艺，采用新的生产方式和经营管理模式，提高产品质量，开发生产新的产品，提供新服务，占据市场并实现市场价值。因此，企业创新是以市场为导向的，是企业重要的无形资产，而知识产权制度是保护智力成果的重要法律制度，同时知识产权制度又是随着科学技术的进步、文化艺术的繁荣和经济发展而不断发展的。当企业创新行为的内在需求以及经济开放倒逼知识产权制度建立发展完善。

3. 知识产权制度促进企业技术创新

知识产权制度建立和完善，为企业创新活动奠定了法律基础，为激励企业技术创新行为提供了良好的制度条件，企业创新要获得成功，需要市场引导、绩效激励、制度保障，知识产权的确立就是一种直接的创新激励产权。同时，知识产权制度催化了企业创新，为合理配置技术创新资源、正确选择技术创新的方向和途径提供了科学的依据。

二、民营企业创新的“缺心少魂”

（一）民营企业创新的现状与问题

创新对于民营企业持续发展有着重要的意义，一方面，创新可以提高物质生产要素的利用率，减少投入，从而降低成本；另一方面，创新可以增强企业产品或服务的差异化程度，从而增强企业在市场中的竞争能力。然而由于创新自身高投入、高风险的特性，以及市场环境和政策条件的约束，民营企业创新的内在动力没有被激发出来。特别是知识产权保护制度虽然在法律层面已经相对完善，但在执行层面，仍存在选择性执法，以及地方政府激励扭曲导致的地方保护与市场分割等问题，导致知识产权保护的法律威慑性不足，企业仿冒的经济及法律成本都相对较低，因而使得我国民营企业创新仍处在短周期、低层次的恶性创新循环中。

1. 中国企业创新的整体情况

根据中国企业家调查系统《2015 年中国企业家成长与发展专题调查报告》的数据显示，整体来看，近年来我国企业在创新方面的进步较为明显，企业家大都具有较强的创新意识，企业创新能力明显提高，创新投入持续增加，企业创新实践有效地促进了企业绩效的提升。调查显示，企业研发投入占销售收入的比重呈上升趋势，大学生员工比重持续提高；企业家越来越重视企业的研发能力，自主研发逐渐成为企业开发新产品的最主要方式。调查分析发现，企业家创新意愿强和创新投入多的企业，在经营绩效、盈利水平等方面有更好的表现。调查还发现，当前我国企业在创新方面仍面临一些亟待解决的问题，主要包括：创新人才短缺、创新资金来源单一、创新绩效不佳、创新环境不完善、企业家创新动力不足等。调查显示，创新人才短缺始终被企业家认为是阻碍企业创新的最主要因素；企业创新资金来源仍以自有资金为主，通过资本市场获得创新资金的渠道仍不畅通；作为衡量企业创新产出的重要指标之一，新产品销售占销售总额比重的增速有所减缓，表明当前企业创新成效有待进一步提高；从创新环境看，企业家认为，缺乏鼓励创新的社会环境、创新风险与收益不对称、知识产权保障不力等是阻碍创新的主要因素；企业家未来创新意愿不足，对未来增加创新投入较前几年更为谨慎，这一现象值得关注。

我国企业创新存在以下四个特征：一是部分行业存在研发投入增长快而创新人才匮乏的现象，其中制造业尤为明显；二是企业研发投入占比存在显著的分化态势，不同地区、规模、经济类型的企业间差距进一步拉大；三是大多数企业的创新模式以渐进式创新为主、突破性创新偏少，企业从注重营销创新转向以技术创新为主；四是绩效越好、竞争力越强的企业创新意愿越强，而创新意愿越强的企业，创新产出越好。

我国企业创新的基本情况（见表 12 - 1），包括研发机构、专利申请、资格认定等在内的各项指标，民营企业并不占据优势，特别是在研发机构设立以及国内、外专利申请上，外商及港澳台企业明显优于民营企业，而国有及国有控股企业与民营企业在这些指标上基本持平。此外，从不同地区看，东部地区企业最高，中部地区企业次之，而西部地区企业最低；从不同规模看，大型企业高于中型企业，中型企业高于小型企业，这反映了创新的资源依赖特点，即具有一定规模的企业在创新基本指标方面表现更好；从发展阶段上看，成长期和成熟期的企业明显优于创业期和衰退期的企业，这说明企业的成长与创新密切相关，而随着创新的衰退企业也将进入衰退。

表 12 - 1　企业创新的基本情况　　单位：%

项目	总体	地区			规模			经济类型			发展阶段			
		东部	中部	西部	大型企业	中型企业	小型企业	国有及国有控股企业	外商及港澳台企业	民营企业	创业期	成长期	成熟期	衰退期
建立了自己的研发机构	58	59.5	56.8	51.2	62.6	60.7	55.9	49.2	60.2	59.4	55.1	64.6	57	35.2
近 3 年内获得过国内专利	55.2	57	52.5	49.3	65.7	58.4	51.8	51.2	59.3	54.6	52.8	62.1	53.3	35.2

续表

项目	总体	地区			规模			经济类型			发展阶段			
		东部	中部	西部	大型企业	中型企业	小型企业	国有及国有控股企业	外商及港澳台企业	民营企业	创业期	成长期	成熟期	衰退期
拥有高新技术企业认定证书	37.3	38.2	36.6	33.3	45.8	43.2	33	35.3	36.4	35.7	33.3	44.8	35.7	16.9
位于高新技术园区内	26.8	27.7	25.6	24	23.9	25.7	27.8	23.4	24.8	25.9	32	33.2	23.1	12
近3年内获得过国际专利	7.1	8.9	4.8	0.9	12.9	8.7	5.3	5.8	15.5	6.1	9.1	7.5	7.5	3.8
建立了海外研发机构	3	3.6	2.1	0.9	8.8	4.2	1.3	3	13.1	2.1	2.1	2.9	3.4	2

资料来源：中国企业家调查系统——《2015年中国企业家成长与发展专题调查报告》。

创新投入是取得创新成果的保障，而新产品销售收入是创新成果的反映。表12－2给出了中国企业创新投入及产出的基本情况，我们看出，民营企业在研发人员数比例为9.4%，明显弱于国有及外资企业，但在新产品销售占销售额比例为24.1%，优于国有及国有控股企业的19.7%和外商及港澳台企业的22.1%。结合表12－3、表12－4我们看出，2008～2014年，民营企业研发投入增加情况、与上年相比研发投入增加的企业比重以及研发投入占销售额的比重整体上呈现逐年上升的趋势，因此，从历史数据和走势判断，民营企业具有更强的创新潜力。此外，从不同地区看，东部地区企业无论从创新投入还是创新产出方面均有一定优势；从不同规模看，小型企业在创新投入占比和创新产出占比方面占据优势；从企业发展阶段来看，无论是创新投入占比还是创新产出占比，都表现为创业期和成长期的企业高于成熟期和衰退期的企业。

表12－2　　企业创新投入及创新产出情况　　单位：%

项目	总体	地区			规模			经济类型			发展阶段			
		东部	中部	西部	大型企业	中型企业	小型企业	国有及国有控股企业	外商及港澳台企业	民营企业	创业期	成长期	成熟期	衰退期
研发人员占员工总数比例	10.2	11.1	7.3	9.5	8.1	8.9	11.1	10.8	9.2	9.4	21.6	11.2	8.4	7.3
研发投入占年销售额比例	6.7	7.5	4.8	5.2	3.8	6.6	7.2	4.1	4.5	6.7	13.2	6.8	6.3	4.1
新产品销售占年销售额比例	24.1	25.1	23.1	19.3	23	21.8	25.1	19.7	22.1	24.1	31.6	25.6	22.5	19.5

资料来源：中国企业家调查系统——《2015年中国企业家成长与发展专题调查报告》。

表12－3　　与上年相比研发投入增加的企业比重　　单位：%

年份	总体	地区			规模			经济类型		
		东部	中部	西部	大型企业	中型企业	小型企业	国有及国有控股企业	外商及港澳台企业	民营企业
2014	57.2	58.2	52.9	58.7	61.2	60.7	54.7	45.7	57.2	57.9
2013	42.5	43.7	40.5	39.6	47.8	46.6	39.2	35.5	46.9	42
2012	37.5	37.7	35.3	39.7	42.4	42.5	33.5	28.5	41.5	36.7
2011	43.1	42.9	42.7	44.5	50.1	48.9	38.1	35.3	42.5	43.2

续表

年份	总体	地区			规模			经济类型		
		东部	中部	西部	大型企业	中型企业	小型企业	国有及国有控股企业	外商及港澳台企业	民营企业
2010	46.5	46.9	47.6	45.5	55.7	50.1	42	40.9	53.3	45.5
2009	40.9	41.3	39.4	41.1	48.8	42.9	37.4	35.7	39.6	41.5
2008	47.2	46.4	47.8	51	52.8	50.6	43.1	41.9	48.8	47.9

资料来源：中国企业家调查系统——《2015 年中国企业家成长与发展专题调查报告》。

表 12-4　企业研发投入占销售收入的比重　单位：%

年份	总体	地区			规模			经济类型		
		东部	中部	西部	大型企业	中型企业	小型企业	国有及国有控股企业	外商及港澳台企业	民营企业
2014	6.7	7.5	4.8	5.2	3.8	6.6	7.2	4.1	4.5	6.7
2013	5	5.2	4.7	4.2	3.6	4.6	5.4	3.7	4.6	4.8
2012	4.9	5.1	4.5	4.2	3.6	4.7	5.2	3.4	3.5	4.7
2011	5.2	5.2	5.1	5.1	4.3	4.6	5.8	3.4	5.1	5
2010	5.2	4.5	4.8	4.3	4.5	5.4	3.5	4.8	4.8	4.8
2009	4.6	4.7	4.3	4.3	3.2	4.5	4.8	3.4	5.3	4.4
2008	4.7	4.8	4.4	4.5	3.8	4.6	5	3.6	5	4.7

资料来源：中国企业家调查系统——《2015 年中国企业家成长与发展专题调查报告》。

2. 模仿及模仿创新的现状依然存在

知识产权保护力度不足会阻碍创新的内在逻辑是模仿行为导致企业创新激励不足。企业长周期、深层次的创新需要较高的研发投入，只有在创新成果能够带来巨大收益时企业才会有足够的激励去进行创新。当相关监管缺位，抄袭、仿冒等违法行为容易逃避惩罚，或者不用付出巨额代价时，企业的创新成果被模仿的风险就会大大提高，创新的投入—产出比就会大幅降低甚至为负。因此，为了降低研发成本，企业偏向于进行短周期、浅层次的创新，由于模仿行为的滞后性，企业可以迅速收回成本，取得较高的收益。

浙江省是中国民营经济发展作为典型的省份之一，课题组针对浙江省内企业设计了关于企业经营、创新、仿冒等问题的调查问卷。根据问卷整理结果（表 12-5）可以看出，企业产品研发的主要方式是“基于其他产品上略做改进”这一比重高达 45%，而企业“完全自主研发”的比例较低，仅占 20%，且集中在产值 1 亿元以上的大、中型企业。根据表 12-6 的数据显示，“经常”被其他企业模仿的情况为 17.5%，“有时”被其他企业模仿的情况高达 50%，而“没有”被其他企业模仿的情况仅占 7.5%，这说明企业存在较为严重的被邻近企业模仿的情况。该结果一方面证实了我国民营企业创新仍然处在短周期、浅层次的创新阶段；另一方面间接说明企业短周期、浅层次创新与企业间相互模仿形成了双向因果关系，即短周期、浅层次创新更易被模仿，而模仿的普遍存在提升企业进行长周期、深层次创新的成本，从而激励企业继续维持短周期、浅层次创新。

表 12－5　企业产品研发情况

产品研发情况	企业年产值						小计（%）
	<500 万元	500 万～1000 万元	1000 万～5000 万元	0.5 亿～1 亿元	1 亿～5 亿元	>5 亿元	
（1）完全自主开发	0	0	0	5	5	10	20
（2）基于其他产品上略做改进	0	0	5	12.5	20	7.5	45
（3）模仿临近企业的产品	0	0	0	0	5	0	5
（4）其他企业委托加工	0	2.5	5	12.5	5	0	30
小计（%）	0	2.5	10	35	35	17.5	100
企业拥有专利的情况	无	有					
比重（%）	70	30					
拥有不同类型专利的企业	①有外观设计和实用新型专利的企业				②有发明专利的企业		
比重（%）	83.3				16.7		

资料来源：课题组根据调查问卷统计整理。说明：所填数字为比重。

表 12－6　企业被本地企业的仿冒情况

被其他企业仿冒	企业年产值						小计（%）
	<500 万元	500 万～1000 万元	1000 万～5000 万元	0.5 亿～1 亿元	1 亿～5 亿元	>5 亿元	
（1）经常		0	0	5	5	7.5	17.5
（2）有时		0	10	15	20	5	50
（3）很少		0	0	10	10	5	25
（4）没有		2.5	0	5	0	0	7.5
小计（%）	0	2.5	10	35	35	17.5	100

资料来源：课题组根据调查问卷统计整理。说明：所填数字为比重。

在针对企业如何处理被模仿行为时，根据问卷整理的结果（见表 12－7）可以看出，通过法律途径直接向法院起诉的仅占 2.5%；有 45% 的企业选择向工商部门反映，但在我国知识产权保护制度法律体系中，工商部门仅对保护注册商标专用权具有监督管理职能，而对技术创新的仿冒等侵权行为并没有约束能力；15% 的企业选择直接找仿冒企业进行沟通；37.5% 的企业选择其他解决方式。企业没有将法律渠道作为抵制侵权行为的主要渠道说明，我国不断完善的知识产权制度在执行层面仍然存在选择性执法等问题和其他有待改进的空间。因此，企业缺乏足够的创新激励，特别是在模仿普遍存在和监督、保护力度不足的情况下，企业利润最大化的天然属性会导致其规避长周期、深层次的创新，采取成本较小的短周期、浅层次的创新，从而形成现阶段我国民营企业自主创新能力较弱、核心技术和关键领域创新不足的情况。

表 12－7　针对仿冒行为企业采取的对策

企业采取行动	企业年产值						小计（%）
	<500 万元	500 万～1000 万元	1000 万～5000 万元	0.5 亿～1 亿元	1 亿～5 亿元	5 亿元以上	
（1）直接找仿冒企业	0	0	0	5	5	5	15
（2）向工商部门反映	0	0	5	20	12.5	7.5	45

续表

企业采取行动	企业年产值						小计（%）
	<500万元	500万～1000万元	1000万～5000万元	0.5亿～1亿元	1亿～5亿元	5亿元以上	
（3）向法院起诉	0	0	0	0	2.5	0	2.5
（4）其他	0	2.5	5	10	15	5	37.5
小计	0	2.5	10	35	35	17.5	100

资料来源：课题组根据调查问卷统计整理。说明：所填数字为比重。

（二）民营企业创新“缺心少魂”的机制分析

1. 制度—结构—行为—绩效理论

知识产权保护旨在通过适当保护知识成果创造者的利益来激励技术创新和技术扩散，它是激励创新、保护创新和实现有序、有效创新的制度保障。对作为技术创新主体的企业而言，知识产权保护不够会挫伤企业自主创新的积极性，削弱其创新的动力，最终影响企业竞争力和经济增长，因此，知识产权保护是民营企业创新的制度前提和重要保障。创新活动则是知识产权保护作为一种制度安排的制度绩效，即创新活动的增加是知识产权制度绩效提升的表现，民营企业作为创新活动最重要的主体之一，其发展程度是衡量知识产权保护制度绩效的关键指标。从制度经济学的角度分析，按照制度变迁的成因可将其分为“诱致性制度变迁”和“强制性制度变迁”，诱致性制度变迁是指现行制度安排的变更或替代，或者是新制度安排的创新，它由微观主体在响应有制度不均衡引起的获利机会时所进行的自发性变迁。而强制性制度变迁指的是由政府法令引起的变迁，其主体是国家。一般说来，任何一个大的社会制度变迁过程都是诱致性制度变迁和强制性制度变迁的结合，制度变迁往往由诱致性制度变迁开始，借强制性制度变迁来推进，然后达到强制性制度变迁和诱致性制度变迁的结合。本文将按照制度—结构—行为—绩效的框架展开分析。

2. 民营企业以短周期、浅层次创新为主

根据上文分析，从制度—结构—行为—绩效理论上看，知识产权制度对于民营企业创新保护相对缺位，民营企业自身在组织结构上对于创新的激励相对不足，从而难以激发民营企业创新行为，创新绩效表现较弱。

基于以上分析，我们发现中国民营企业创新仍集中在短周期、浅层次的创新，还未真正成为创新投入、创新研发、创新产出等技术创新的主体，中国民营企业依靠技术创新创造的价值还未成为经济增长主流的根源。

从创新投入和研发上看，首先，“新常态”下企业突围面临技术创新人才匮乏，我国从事科研开发的科技人员虽然60%在企业，但绝大多数集中在国有企业，而民营企业从事技术创新的人员不足且流失严重，数据显示，2012～2014年3年间，民营企业制造业500强研发人员占员工总人数比重小于10%的企业数持续达60%之多。其次，2014年我国R&D经费有75.4%来自于企业，但民营企业占比不足50%，技术创新投入意愿不足，企业和市场的扩张速度远远快于创新周期，使得不少中小企业难以静下心来搞创新，导致创新的内在动力不足。最后，创新资金来源不足也是企业发展转型的瓶颈，民营企业资本社会化程度低且总量小，难以应对技术创新成本高、回收期长等风险。另外，融资难、融资贵，民营企业在资金方面面临较大制约。

从创新产出上看，就国家对企业技术创新的产出的要求看，企业在科技成果、新产品、项目数量

上所占比重应是最高的，可是实际并非如此，在我国有技术开发机构的大中型企业每年开发的新产品中，能达到国际水平的不足3%，在全国完成的省部级重大科技成果中，企业完成的不到30%。其中，民营企业的完成度更低，在2015年度国家科学技术进步奖获奖（通用项目）获奖名单中，特等奖2项，其主体均为国有企业，一等奖10项，其中仅一家民营企业，二等奖129项，其中民营企业占比不足10%。表12－8给出了2014年发明专利申请量居前10位的国内企业，虽然在公司数量上一样，但在专利申请总量上看国有企业大幅超越民营企业，且一些重大领域关键技术的突破仍以国有企业为主。在新产品产出上，民营企业的技术创新主体地位没有体现。

表12－8　发明专利申请量居前10位的国内企业（2014年）

排名	企业名称	企业性质	申请量（件）
1	国家电网公司	国有企业	10091
2	华为技术有限公司	民营企业	4119
3	中国石油化工股份有限公司	国有企业	4073
4	中兴通讯股份有限公司	国有控股	3270
5	联想（北京）有限公司	民营企业	2260
6	京东方科技集团股份有限公司	民营企业	2183
7	腾讯科技（深圳）有限公司	民营企业	1770
8	中芯国际集成电路制造（上海）有限公司	国有企业	1524
9	中国石油天然气股份有限公司	国有企业	1390
10	北京奇虎科技有限公司	民营企业	1358

资料来源：中国科技统计网站。

综上所述，在知识产权保护制度在执行层面的不完善导致民营企业自主创新的有效激励不足，再加上民营企业自身资金、人才的缺乏进一步弱化了其创新能力。从现实看来，我国民营企业创新仍处在短周期、浅层次的水平中，民营企业还未成为科技创新的主体。

三、区域创新经济效率的差异及影响因素

上文从宏观层面上分析了我国民营企业创新与知识产权保护的历史沿革，以及民营企业创新问题出现的制度性根源。本节将从微观角度出发，研究在我国现有知识产权保护制度框架下，创新资源在不同地区、不同创新主体间的配置问题，探寻创新经济效率出现的差异及影响因素，不难验证，我国创新效率的地区差异与地区之间的制度效率存在东、中、西（东北）阶梯式差别有高度关联性。

目前，被公认的创新主体主要有企业、高等院校、科研院所三大类（吴玉鸣，2007），地区的创新活动正式通过这三大主体既独立又相互关联的创新生产活动体现出来，虽然地区创新生产效率的高低并不是三大创新主体创新效率的简单加总，但三大主体对创新资源的获取能力和创新生产能力直接关系到地区创新生产效率的高低。因此，本节运用随机前沿分析方法测算中国不同区域创新投入与创新产出间的生产效率及影响因素，并深入挖掘区域创新生产效率差异的特征和来源。根据创新主体的差别将这一层面的效率测算细分为区域企业、高校和科研机构创新生产效率三类，从而全面测算了中国不同地区创新生产的综合创新生产效率和三大创新主体的创新生产效率，以此深刻理解地区创新活动的来源和主导力量，发掘各地区创新活动的特征和独有模式。这对提出科学、有针对性的改进区域创新生产效率的政策建议是必不可少、意义重大的工作。

考虑生产单元的有限性与数据的可获得性，本文选取1999~2008年中国30个省级行政区的创新产出与投入面板数据来具体度量创新生产效率。运用基于面板数据的SFA方法测算创新生产效率。

（一）区域划分与数据说明

按照东、中、西部的划分方式，其中东部区块包括北京、天津、河北、辽宁、上海、江苏、浙江、福建、山东、广东和海南等11个省市；中部区块包括山西、吉林、黑龙江、安徽、江西、河南、湖北、湖南等8省；西部区块包括重庆、四川、贵州、云南、陕西、甘肃、青海、宁夏、新疆、广西、内蒙古等11个省市、自治区。

根据历年的《中国统计年鉴》得到的基础数据，可以计算整理得到东、中、西部地区相应的综合指数。从表12-9中可见，东部和中、西部地区的经济水平差异明显。从静态横向比较，1999年，东、中、西部地区GDP比重分别为56.65%、23.95%、17.41%，到2008年该比例变为58.45%、23.84%、17.70%。显然东部地区的GDP超过了中、西部地区的总和，且东部地区的GDP份额仍有缓慢上升的趋势。同时，通过表中数据可计算，1999年东、中、西部地区的人均GDP之比为2.5∶1.26∶1，2008年该比例为2.3∶1.16∶1，显然，东部地区人均GDP是中、西部的两倍。从动态趋势看，全国GDP年平均增长速度为15.76%，东、中、西部地区的年平均增长速度为16.16%、14.68%、15.97%。从产业结构的角度，中、西部地区表现出明显的以农业为主的格局，虽然10年间农业比重不断下降，但到2008年该比例仍在15%左右，相比之下，东部地区的产业结构明显优于中、西部地区，工业、服务业的比重逐年上升，而农业的比重到2008年已下降到7%。所以，不论是静态还是动态分析，抑或产业结构分析，都表明我国区域经济发展呈现出“东强西弱”的总格局。至于东、中、西部地区的创新能力又表现出何种差异，三个区域的经济发展水平和发展阶段是否正是造成创新效率差异的主要原因，成为十分值得研究的课题，这也是本文要解决的一个重点问题。

表12-9　东、中、西部区块基本经济情况

年份	人口数（万人）			GDP（亿元）			产业结构		
	东部	中部	西部	东部	中部	西部	东部	中部	西部
1999	46394 (37.42)	41979 (33.86)	35590 (28.71)	49610.95 (56.65)	22706.16 (25.93)	15248.41 (17.41)	12.59∶48.67∶38.73	20.79∶45.42∶33.78	23.72∶41.13∶35.13
2000	49133 (39.01)	41564 (32.99)	35269 (27.99)	55689.58 (57.35)	24865.17 (25.61)	16537.16 (17.03)	11.44∶49.16∶39.38	19.15∶46.22∶34.62	22.19∶41.63∶36.17
2001	47922 (37.87)	42414 (33.52)	36184 (28.59)	61393.17 (57.58)	27124.65 (25.44)	18109.71 (16.98)	10.93∶48.66∶40.40	18.43∶46.25∶35.32	20.96∶40.85∶38.19
2002	48231 (37.90)	42596 (33.47)	36424 (28.62)	68289.06 (57.94)	29650.7 (25.16)	19919.51 (16.90)	10.17∶48.91∶40.91	17.67∶46.77∶35.54	20.01∶41.47∶38.51
2003	48621 (37.95)	42829 (33.43)	36652 (28.61)	79283.4 (58.57)	33301.08 (24.60)	22770.16 (16.82)	9.21∶51.18∶39.60	16.27∶48.05∶35.68	19.37∶42.99∶37.65
2004	49251 (38.14)	43037 (33.33)	36853 (16.83)	95305.76 (58.46)	40349.51 (24.75)	27373.63 (16.79)	9.09∶52.86∶38.05	17.02∶49.15∶33.82	19.45∶44.47∶36.08

续表

年份	人口数（万人）			GDP（亿元）			产业结构		
	东部	中部	西部	东部	中部	西部	东部	中部	西部
2005	50609 (39.52)	41738 (32.59)	35699 (27.88)	117933.7 (59.70)	46362.07 (23.47)	33242.1 (16.83)	8.11: 51.41: 40.48	16.21: 47.38: 36.41	17.68: 42.92: 39.40
2006	51177 (39.72)	41797 (32.44)	35876 (27.84)	137844.2 (59.73)	53628 (23.26)	39236.13 (17.00)	7.49: 51.89: 40.62	14.95: 48.88: 36.17	16.17: 45.36: 38.46
2007	51774 (39.94)	41847 (32.38)	36014 (27.78)	163369.9 (59.35)	64390.61 (23.39)	47521.95 (17.26)	7.11: 51.57: 41.31	14.43: 49.55: 36.01	15.97: 46.45: 37.58
2008	52279 (40.05)	42025 (32.19)	36235 (27.76)	191041.1 (58.45)	77922.09 (23.84)	57860.67 (17.70)	7.04: 41.95: 41.01	14.41: 50.85: 34.73	15.56: 48.22: 36.21

注：括号内数字为其占全国总人口及 GDP 的比重（%）；产业结构为第一产业、第二产业、第三产业比重。

（二）东、中、西部创新生产效率的比较

测算模型如下：

$$\ln P_{it} = \beta_0 + \beta_1 \ln IK_{it} + \beta_2 \ln IL_{it} + \beta_t t + (\nu_{it} - u_{it})$$

$$\ln P_{it} = \beta_0 + \beta_1 \ln IK_{it} + \beta_2 \ln IL_{it} + \beta_t t + \frac{1}{2}\beta_{12} \ln IK_{it} \ln IL_{it} + \frac{1}{2}\beta_{1t} t \ln IK_{it} + \frac{1}{2}\beta_{2t} t \ln IL_{it}$$

$$+ \frac{1}{2}\beta_{11}(\ln IK_{it})^2 + \frac{1}{2}\beta_{22}(\ln IL_{it})^2 + \frac{1}{2}\beta_{tt} t^2 + (\nu_{it} - u_{it})$$

其中，i 代表本文所选区域，t 代表时间，P 代表观察单元的创新产出，IK、IL 分别代表创新生产过程中的创新资本投入和创新劳动投入。为了进一步考察影响创新效率的非技术因素，将技术非效率模型具体化为：

$$u_{it} = \delta_0 + \delta_1 GOV(0)_{it} + \delta_2 Bank(0)_{it} + \delta_3 Link1_{it} + \delta_4 Link2_{it} + \delta_5 HTh_{it} + \delta_6 K_{it} + \delta_7 FD_{it} + w_{it}$$

上述随机前沿模型和技术非效率模型中各变量的具体说明详见表 12－10。

表 12－10　　创新生产效率模型的变量描述

变量名称	符号	变量说明
创新产出	P_{it}	专利申请量
创新资本投入	IK_{it}	R&D 经费内部支出（万元）：以 2000 年不变价格
创新劳动力投入	IL_{it}	R&D 人员全时当量（人年）
时间趋势	t	$t=0, 1, 2\cdots\cdots 9$
政府支持	$GOV(0)$	地区科技活动经费筹集中政府资助比例（%）
金融支持	$Bank(0)$	地区科技活动经费筹集中银行贷款比例（%）
主体间联系 1	$Link1$	地区高校科技活动经费筹集中企业资金的比例（%）
主体间联系 2	$Link2$	地区科研机构科技活动经费筹集中企业资金的比例（%）
知识溢出 1	HTh	高新技术产业产值占地区工业总产值份额（%）
知识溢出 2	K	$K_i = \sum \mid S_{ij} - S_j \mid$，$S_{ij}$表示行业 j 在地区 i 的份额，S_j 表示行业 j 在全国的份额
知识溢出 3	FDI	外商投资总额占地区固定资产投资的份额（%）

本文所使用的基础数据大部分来源于2000～2009年《中国统计年鉴》和《中国科技统计年鉴》，如无特殊之处不再说明。表12－11给出了全部变量的描述性统计结果。

表12－11　　变量的描述性统计

变量	个数	均值	标准差	最小值	最大值
P（项）	300	10410.830	17545.790	124.000	128002.000
IK（万元）	300	652294.100	902602.800	8306.000	4879503.000
IL（人年）	300	41274.810	39847.880	813.000	238683.800
GOV(0)	300	0.270	0.214	0.057	3.184
Bank(0)	300	0.066	0.038	0.000	0.234
*Link*1	300	0.302	0.152	0.000	0.764
*Link*2	300	0.053	0.050	0.000	0.365
HTh	300	0.092	0.083	0.004	0.379
K	300	0.310	0.135	0.095	0.819
FDI	300	0.073	0.061	0.006	0.268

在表12－12中，东部地区的创新生产效率平均值是最高的，之后是中部地区，最低为西部地区。不同地理区块的创新效率分布又有所不同，虽然东部地区的效率得分均值最高，但内部各地区的效率差异较大，得分最低的仅为0.493，即在充分生产的情况下，可有一半以上的创新资源闲置。该地区为北京，这与我们直观的认识有较大差异，作为高校林立、科技活动极为旺盛的政治、经济中心，经常被树为创新发展的标杆，中关村的发展模式更是被视为中国科技园区发展的典范。而本文测算的创新生产效率却显示北京的创新生产活动处于严重的无效配置状态，资源浪费极高。这需引起高度重视，特别是对北京创新效率和发展模式的探讨应立专项研究。创新生产效率得分最高的地区也在东部地区，以致东部地区的标准差相对较高。同样，西部地区的标准差也很高，这一方面是因为创新效率最低的地区在西部，另一方面西部地区有个别省份的创新生产效率得分较高，如重庆、新疆。说明重庆作为西部地区唯一的一个直辖市，其带动作用已开始显现，而新疆活跃的创新活动和较高创新效率值得有关部门重视。

表12－12　　东、中、西部地区创新生产效率值统计

地区	平均值	标准差	最小值	最大值
东部地区	0.798	0.141	0.493	0.940
中部地区	0.659	0.082	0.553	0.776
西部地区	0.554	0.158	0.281	0.786
均值	0.670	0.127	0.443	0.834

在表12－13中，企业的创新生产效率值最高为东部地区，最低并不是西部地区而是中部地区，这说明西部地区的企业在国家西部大开发的政策引导下已开始在市场化浪潮中活跃起来，相反一度处在政策真空地带的中部地区，其企业创新生产效率较低。2006年4月，国务院出台了《关于促进中部地区崛起的若干意见》，中部崛起政策正式实施，这是继东部沿海开放、西部大开发和振兴东北等老工业基地之后的又一重要的国家经济发展战略，这一战略对中部地区企业发展的影响需要接受时间的考验。

表 12 – 13　　东、中、西部三大创新主体创新生产效率值统计

	企业创新生产效率				高校创新生产效率				科研院所创新生产效率			
地区	平均值	标准差	最小值	最大值	平均值	标准差	最小值	最大值	平均值	标准差	最小值	最大值
东部地区	0.240	0.135	0.071	0.525	0.695	0.076	0.554	0.799	0.726	0.136	0.451	0.853
中部地区	0.147	0.060	0.075	0.230	0.642	0.056	0.562	0.720	0.684	0.092	0.479	0.745
西部地区	0.186	0.164	0.084	0.667	0.619	0.113	0.362	0.723	0.608	0.096	0.450	0.760

高校的创新生产效率值呈现了传统的梯度分布，东部地区的平均值最高，西部地区的平均值最低。但从标准差来看，西部地区的标准差最大，这意味着西部地区的创新生产效率地区差异较大，不仅效率值最低的两个地区内蒙古和青海都属西部地区，同时效率值在 0.7 以上的地区重庆、甘肃也位于西部地区，最大值是最小值的 2 倍。

科研院所的创新生产效率值同样是东部地区平均值最高，之后是中部地区，最低是西部地区。但标准差的情况与高校创新生产效率不同，东部地区反而最大。这和上文对科研院所创新生产效率的频度分析不谋而合。效率值最大的地区都处在东部地区，但效率值最低的几个地区同样有处于东部的地区。

（三）各地区创新主体效率差异分析

以地区方位为基准的地区划分，虽然恰好体现了地区经济发展上的差异，但对于文中出现的 30 个省区的创新生产效率来说，可能存在如下不足。一方面，可能在有些区块之间创新生产效率的差异不明显；另一方面，又可能出现在同一区块内部创新生产效率差异较大的现象。如地区创新生产效率值最低的陕西，得分仅为 0.388，而同属西部地区的重庆该创新效率值高达 0.802；企业创新生产效率测算中辽宁的得分为 0.071，而同属东部地区的浙江得分为 0.525；高校创新生产效率中青海的得分仅为 0.362，而同属西部的重庆和甘肃都高达 0.72；科研院所的创新生产效率也有同样情况，海南的得分仅为 0.45，而同属东部的福建、广东都高达 0.85。因此，有必要以创新生产效率的高低对本研究观察单元进行重新分类，本部分将采用统计学中聚类分析的方法，分别按照上文测算的四类创新生产效率进行地区划分。

聚类分析是一种将数据聚集成类，使类与类之间的相似性尽量小，而类内的相似性尽可能大的数据挖掘方法（罗菲菲、刘贵金和安景琪，2005）。对 30 个省区的创新生产效率进行聚类，实际上就是将创新生产效率最接近的地区归为一类。为了便于和原本的三大区块比较，仍然将创新生产效率值分为三类，分别为创新生产效率高效区、创新生产效率中效区和创新生产效率低效区。借助统计软件 SPSS17.0 所进行的四个创新生产效率聚类分区结果详见表 12 – 14 ~ 表 12 – 17。

可见，在以地区创新生产效率值为依据的聚类分区中，原东部和中部的地区基本仍处在创新生产的高效区和中效区，而大部分原属于西部的地区跃升至创新生产的中效区，甚至是创新生产的高效区，如新疆和重庆。以地区企业创新生产效率值划分的创新区域是这四种依据中最偏离原东、中、西区块的划分。几乎所有的东部地区都降级为创新生产中效部，甚至创新生产低效区，大部分中部地区降级至创新生产低效区，而原属于西部地区的重庆跃升为创新生产的高效区。以地区高校创新生产效率为依据的聚类分区，原属东部的地区除河北、海南外，基本保持在创新生产的高效区，而大部分原属于中部和西部的地区晋级至创新生产的高效区和中效区。以地区科研院所创新生产效率值划分的区域与东、中、西部的分类差异相对较大，原东、中、西部的地区被分散分布在创新生产的高效、中效、低效区。

表 12-14　　地区企业创新生产效率结果

地区	1999 年	2000 年	2001 年	2002 年	2003 年	2004 年	2005 年	2006 年	2007 年	2008 年
北京	0.96	0.91	0.94	0.94	0.95	0.95	0.95	0.95	0.96	0.97
天津	0.94	0.86	0.90	0.92	0.94	0.96	0.92	0.91	0.92	0.88
河北	0.74	0.72	0.78	0.83	0.85	0.94	0.89	0.88	0.89	0.90
山西	0.89	0.79	0.83	0.88	0.91	0.94	0.90	0.92	0.93	0.94
内蒙古	0.83	0.89	0.92	0.87	0.90	0.95	0.91	0.93	0.92	0.95
辽宁	0.82	0.78	0.76	0.76	0.72	0.89	0.82	0.77	0.77	0.81
吉林	0.90	0.78	0.80	0.76	0.85	0.93	0.88	0.89	0.90	0.91
黑龙江	0.52	0.87	0.88	0.87	0.90	0.95	0.93	0.93	0.93	0.92
上海	0.96	0.95	0.94	0.94	0.93	0.96	0.94	0.94	0.94	0.93
江苏	0.87	0.88	0.87	0.86	0.87	0.93	0.88	0.89	0.91	0.94
浙江	0.93	0.89	0.90	0.89	0.92	0.96	0.94	0.95	0.96	0.93
安徽	0.79	0.80	0.84	0.78	0.89	0.94	0.91	0.92	0.92	0.88
福建	0.76	0.87	0.89	0.91	0.92	0.96	0.94	0.94	0.95	0.86
江西	0.78	0.59	0.54	0.56	0.63	0.88	0.83	0.81	0.81	0.91
山东	0.91	0.89	0.89	0.89	0.90	0.94	0.90	0.90	0.90	0.93
河南	0.93	0.80	0.81	0.84	0.90	0.95	0.90	0.91	0.92	0.92
湖北	0.94	0.79	0.77	0.80	0.74	0.89	0.75	0.73	0.86	0.83
湖南	0.90	0.85	0.84	0.87	0.91	0.95	0.92	0.92	0.93	0.78
广东	0.92	0.81	0.79	0.81	0.85	0.93	0.89	0.90	0.92	0.89
广西	0.92	0.87	0.90	0.88	0.90	0.94	0.91	0.91	0.92	0.83
海南	0.92	0.96	0.96	0.96	0.94	0.97	0.96	0.96	0.97	1.00
重庆	0.90	0.81	0.90	0.90	0.92	0.95	0.91	0.92	0.91	0.94
四川	0.61	0.67	0.80	0.80	0.87	0.94	0.87	0.87	0.91	0.88
贵州	0.71	0.62	0.63	0.67	0.75	0.92	0.88	0.88	0.91	0.94
云南	0.88	0.88	0.88	0.88	0.91	0.95	0.90	0.92	0.91	0.95
陕西	0.24	0.27	0.37	0.21	0.34	0.76	0.57	0.68	0.60	0.86
甘肃	0.86	0.58	0.81	0.77	0.68	0.92	0.87	0.89	0.91	0.96
青海	0.95	0.91	0.91	0.93	0.90	0.95	0.93	0.93	0.93	0.96
宁夏	0.94	0.88	0.89	0.92	0.92	0.93	0.91	0.91	0.90	0.88
新疆	0.97	0.95	0.96	0.96	0.96	0.97	0.96	0.96	0.96	0.96

表 12-15　　地区科研院所创新生产效率结果

地区	1999 年	2000 年	2001 年	2002 年	2003 年	2004 年	2005 年	2006 年	2007 年	2008 年
北京	0.67	0.72	0.70	0.66	0.77	0.72	0.72	0.70	0.69	0.70
天津	0.80	0.93	0.76	0.68	0.67	0.68	0.67	0.76	0.78	0.73
河北	0.55	0.46	0.51	0.45	0.45	0.42	0.93	0.37	0.36	0.46
山西	0.83	0.74	0.71	0.67	0.65	0.78	0.73	0.76	0.75	0.64
内蒙古	0.77	0.77	0.56	0.51	0.39	0.43	0.49	0.32	0.47	0.58
辽宁	0.88	0.84	0.85	0.82	0.80	0.80	0.78	0.80	0.83	0.77

续表

地区	1999 年	2000 年	2001 年	2002 年	2003 年	2004 年	2005 年	2006 年	2007 年	2008 年
吉林	0. 89	0. 78	0. 75	0. 72	0. 76	0. 70	0. 72	0. 71	0. 72	0. 64
黑龙江	0. 80	0. 84	0. 76	0. 75	0. 71	0. 72	0. 57	0. 92	0. 69	0. 57
上海	0. 83	0. 84	0. 74	0. 88	0. 85	0. 74	0. 82	0. 82	0. 73	0. 68
江苏	0. 73	0. 76	0. 60	0. 65	0. 70	0. 85	0. 65	0. 71	0. 78	0. 67
浙江	0. 73	0. 73	0. 72	0. 78	0. 75	0. 73	0. 64	0. 62	0. 77	0. 82
安徽	0. 73	0. 65	0. 51	0. 75	0. 60	0. 58	0. 67	0. 66	0. 57	0. 52
福建	0. 88	0. 90	0. 90	0. 91	0. 85	0. 85	0. 82	0. 85	0. 83	0. 75
江西	0. 45	0. 65	0. 50	0. 46	0. 54	0. 47	0. 47	0. 45	0. 44	0. 36
山东	0. 86	0. 88	0. 83	0. 80	0. 84	0. 84	0. 87	0. 82	0. 84	0. 75
河南	0. 69	0. 55	0. 51	0. 67	0. 79	0. 81	0. 61	0. 67	0. 77	0. 83
湖北	0. 70	0. 69	0. 69	0. 78	0. 83	0. 86	0. 83	0. 62	0. 71	0. 73
湖南	0. 72	0. 85	0. 77	0. 56	0. 60	0. 73	0. 74	0. 69	0. 82	0. 88
广东	0. 81	0. 83	0. 83	0. 85	0. 88	0. 88	0. 87	0. 88	0. 85	0. 82
广西	0. 70	0. 65	0. 61	0. 74	0. 70	0. 62	0. 48	0. 57	0. 65	0. 60
海南	0. 26	0. 53	0. 48	0. 27	0. 35	0. 53	0. 51	0. 55	0. 50	0. 54
重庆	0. 70	0. 62	0. 75	0. 70	0. 65	0. 59	0. 77	0. 75	0. 66	0. 72
四川	0. 57	0. 61	0. 44	0. 49	0. 38	0. 50	0. 48	0. 52	0. 66	0. 55
贵州	0. 66	0. 80	0. 70	0. 71	0. 56	0. 80	0. 85	0. 87	0. 86	0. 79
云南	0. 67	0. 63	0. 63	0. 60	0. 69	0. 61	0. 52	0. 52	0. 54	0. 61
陕西	0. 40	0. 57	0. 37	0. 36	0. 54	0. 41	0. 41	0. 38	0. 46	0. 60
甘肃	0. 61	0. 63	0. 69	0. 56	0. 64	0. 54	0. 67	0. 58	0. 62	0. 67
青海	0. 67	0. 57	0. 73	0. 57	0. 52	0. 37	0. 46	0. 41	0. 51	0. 69
宁夏	0. 48	0. 80	0. 76	0. 68	0. 58	0. 33	0. 52	0. 50	0. 62	0. 58
新疆	0. 80	0. 75	0. 70	0. 65	0. 79	0. 69	0. 77	0. 75	0. 80	0. 74

表 12－16　　地区高校创新生产效率测算结果

地区	1999 年	2000 年	2001 年	2002 年	2003 年	2004 年	2005 年	2006 年	2007 年	2008 年
北京	0. 51	0. 72	0. 77	0. 73	0. 82	0. 74	0. 75	0. 75	0. 78	0. 77
天津	0. 66	0. 72	0. 70	0. 72	0. 76	0. 75	0. 75	0. 85	0. 78	0. 77
河北	0. 54	0. 61	0. 76	0. 77	0. 70	0. 68	0. 74	0. 79	0. 77	0. 82
山西	0. 48	0. 72	0. 80	0. 87	0. 85	0. 75	0. 81	0. 82	0. 80	0. 81
内蒙古	0. 16	0. 86	0. 67	0. 75	0. 58	0. 63	0. 72	0. 64	0. 71	0. 74
辽宁	0. 54	0. 80	0. 78	0. 84	0. 87	0. 81	0. 80	0. 79	0. 78	0. 77
吉林	0. 60	0. 69	0. 83	0. 79	0. 81	0. 77	0. 75	0. 71	0. 75	0. 75
黑龙江	0. 43	0. 59	0. 65	0. 77	0. 59	0. 69	0. 69	0. 72	0. 70	0. 72
上海	0. 62	0. 82	0. 76	0. 79	0. 81	0. 82	0. 81	0. 80	0. 82	0. 80
江苏	0. 54	0. 71	0. 76	0. 66	0. 77	0. 76	0. 79	0. 78	0. 78	0. 79
浙江	0. 66	0. 78	0. 75	0. 76	0. 82	0. 82	0. 85	0. 82	0. 86	0. 86
安徽	0. 54	0. 55	0. 81	0. 75	0. 78	0. 79	0. 77	0. 70	0. 73	0. 78

续表

地区	1999 年	2000 年	2001 年	2002 年	2003 年	2004 年	2005 年	2006 年	2007 年	2008 年
福建	0.40	0.76	0.65	0.71	0.77	0.75	0.79	0.80	0.81	0.75
江西	0.54	0.62	0.66	0.81	0.71	0.62	0.70	0.79	0.82	0.81
山东	0.59	0.74	0.73	0.71	0.82	0.82	0.84	0.81	0.79	0.81
河南	0.51	0.84	0.66	0.65	0.77	0.82	0.85	0.90	0.85	0.86
湖北	0.53	0.79	0.79	0.72	0.77	0.78	0.77	0.83	0.80	0.79
湖南	0.49	0.64	0.70	0.83	0.83	0.76	0.82	0.82	0.83	0.77
广东	0.57	0.77	0.72	0.68	0.76	0.79	0.83	0.75	0.78	0.77
广西	0.50	0.34	0.76	0.70	0.61	0.68	0.84	0.72	0.78	0.79
海南	0.47	0.91	0.73	0.59	0.66	0.40	0.67	0.76	0.74	0.77
重庆	0.57	0.63	0.80	0.74	0.86	0.82	0.81	0.84	0.80	0.83
四川	0.50	0.56	0.80	0.83	0.77	0.78	0.89	0.80	0.78	0.80
贵州	0.41	0.73	0.81	0.69	0.82	0.81	0.85	0.87	0.81	0.84
云南	0.49	0.79	0.74	0.61	0.72	0.69	0.87	0.77	0.77	0.88
陕西	0.42	0.89	0.55	0.70	0.73	0.71	0.75	0.74	0.74	0.76
甘肃	0.55	0.54	0.80	0.81	0.82	0.80	0.75	0.81	0.79	0.76
青海	0.63	0.42	0.47	0.43	0.42	0.57	0.66	0.38	0.34	0.47
宁夏	0.42	0.74	0.73	0.29	0.93	0.79	0.76	0.78	0.73	0.71
新疆	0.40	0.63	0.62	0.66	0.66	0.78	0.85	0.93	0.72	0.78

表 12－17　　地区创新生产效率和三大创新主体创新生产效率的聚类分区结果比较

项目	创新生产高效区	创新生产中效区	创新生产低效区
地区创新生产效率	天津、辽宁、上海、江苏、浙江、福建、山东、湖北、湖南、广东、重庆、新疆	河北、山西、内蒙古、吉林、黑龙江、安徽、江西、河南、广西、海南、贵州、云南、宁夏	北京、四川、陕西、甘肃、青海
地区企业创新生产效率	浙江、重庆	天津、上海、江苏、山东、河南、湖南、广东	北京、河北、山西、内蒙古、辽宁、吉林、黑龙江、安徽、福建、江西、湖北、广西、海南、四川、贵州、云南、陕西、甘肃、青海、宁夏、新疆
地区高校创新生产效率	北京、天津、山西、辽宁、吉林、上海、江苏、浙江、福建、山东、河南、湖北、广东、重庆、贵州、云南、甘肃、宁夏	河北、黑龙江、安徽、江西、湖南、广西、海南、四川、陕西、新疆	内蒙古、青海
地区科研院所创新生产效率	天津、山西、辽宁、吉林、黑龙江、上海、浙江、福建、山东、湖北、湖南、广东、贵州、新疆	北京、江苏、安徽、河南、广西、重庆、云南、甘肃、宁夏	河北、内蒙古、江西、海南、四川、陕西、青海
原地区分类	北京、天津、河北、辽宁、上海、江苏、浙江、福建、山东、广东、海南	山西、吉林、黑龙江、安徽、江西、河南、湖北、湖南	内蒙古、广西、重庆、四川、贵州、云南、陕西、甘肃、青海、宁夏、新疆
	东部	中部	西部

纵观这四种创新生产效率的分类，可得到以下有趣的结论。

第一，30个省区中只有浙江，在四种分类依据中都被划分至创新生产的高效区。特别是在地区企业创新生产效率的分类中，其他经济发达地区都降级至创新生产的中效区和低效区，唯有浙江仍处在创新生产的高效区。这说明浙江的地区创新生产高效率是企业、高校、科研院所三大创新主体共同提高的结果。浙江之所以能保持三大创新主体的高效创新生产，必有其内在原因，而这是极有必要探讨的课题。

第二，继浙江之后，原属东部地区的天津、上海、江苏、山东、广东在创新生产上也有较好表现。这些地区除了地区企业创新生产效率被划分至中效区，地区高校创新生产效率和地区科研院所创新生产效率都被划分在高效区。

第三，原属中部地区的湖北、湖南被划分至地区创新生产的高效区。其中，湖北的情况更为特别。湖北的企业创新生产效率处于低效区，而高校创新效率和科研院所创新效率却处在高效区，这明显说明这个地区创新生产的高效率，主要是由当地的高校和科研院所的创新生产高效率带动的。

第四，原属西部地区的重庆也被划分至地区创新生产的高效区。在仅有的两个企业创新生产高效区中，重庆占据了一席之地，且在地区高校创新生产中同样有不俗表现。对此，主要得益于国家直辖市的地位，因为同属一个地区的四川创新生产效率却都较低。重庆在企业、高校、科研院所的创新活动以及总体创新环境上的经验和做法值得西部其他省区借鉴和学习。

第五，继重庆之后，原属西部地区的新疆、贵州、云南、甘肃、宁夏在高校或科研院所的创新生产活动上效率较高。这说明西部大开发使西部部分高校和科研院所的创新活动不断增加，创新效率也不断改善。

第六，在30个省区中，北京的地区创新生产效率降至低效区在高校创新生产高效运行的同时，北京企业的创新生产效率却被划分在了低效率区域。对此结论应从北京的创新资源流动特点以及创新方式等方面做专项研究。

四、民营企业创新与知识产权保护：案例分析

基于上述理论与实证分析，本节从个体层面出发出发，分析正泰集团和华为两家民营企业在自主创新与知识产权保护中的经典案例，为知识产权保护制度的完善和民营企业创之路的选择提供更为具体的参照。

（一）正泰集团与施耐德的知识产权之争①

正泰集团是中国输配电行业的龙头企业，其与施耐德集团长达十几年的专利纠纷终于尘埃落定。1994年，刚进入中国电气市场不久的施耐德公司高层参观位于温州乐清市的正泰集团。施耐德公司的代表看到产品后认为正泰集团的产品和其公司产品十分相像，正泰公司总裁南存辉很奇怪，太像了有什么关系，像又不犯法。施耐德公司已经持有该元件的外观专利，并因此把正泰公司告上法庭。南存辉回忆起当时："那个时候我们对知识产权没有这个概念，那是第一堂课。"20世纪90年代以来，施耐德公司一直设法控股并购正泰公司，先后提出以80%、51%和50%控股的几个方案收购正泰股权，但谈判均以失败告终。"非常巧合的是，每次并购遭到拒绝后，施耐德就会马上起诉正泰公司。在过去的十余年间，施耐德在德国、意大利、法国等国家对正泰提起24项专利诉讼，双方代理人至少15次站在法庭上唇枪舌剑。"

① 卢燕明，吴高毅．南存辉：正泰"享受"跨国对决［J］．进出口经理人，2008（6）．

与当时知识产权保护意识薄弱不同的是，正泰集团在发展中不仅提高知识产权保护意识，还投入大量资金进行自主创新，于2007年4月26日正式起诉施耐德公司专利侵权。这是一场持续近三年的官司，2006年7月，正泰公司发现施耐德公司生产的5个型号产品侵犯了其专利权，随后将该公司起诉至温州市中级人民法院。最终以正泰公司获得了1.575亿元的赔偿金并达成和解告终。这起案例也打破了一直以来中国企业和外国企业在"技术创新"的竞争中几乎丧失了话语权的局面，当惯了"被告"的正泰集团也在此次纠纷中成功转身。

正如正泰集团董事长南存辉所说："这起纠纷的意义在于它向世界证明了中国民企不仅知识产权保护意识不断提高，而且开始学会运用法律手段进行自我保护。中国正在从制造能力走向制造权力时代。谁掌握了知识产权，并善于运用商标、知识产权、技术能力等法律赋予的权力进行自我保护，谁就获得了生存和发展的根本。"

（二）华为集团的自主创新之路[①]

华为作为中国最大的创新性企业之一，其坚持创新为本的理念始终贯穿在华为的企业精神中。根据华为2015年财报显示，华为2015年研发投入高达596亿元人民币（92亿美元），其比重占销售收入15%，比2014年的408亿元增加了188亿元人民币，同比增长46.1%。国家知识产权局公布的最新许可备案登记信息显示，2015年华为向苹果许可专利769件，苹果向华为许可专利98件。据华为公开资料显示，华为在2012年年底就已拥有7万多人的研发队伍，占员工人数的48%，是全球各类组织中研发人数最多的公司；从1992年开始，华为就坚持将每年销售额的至少10%投入研发。

前段时间，华为公司宣布，在美国和中国提起对三星公司的知识产权诉讼，包括加州北区法院和深圳中级人民法院。华为在诉讼中要求三星公司就其知识产权侵权行为对华为进行赔偿，这些知识产权包括涉及通信技术的高价值专利和三星手机使用的软件。

华为在对自身创新经验的总结中得到：科技创新者只有对创新成果拥有知识产权并获得合理回报，他们创新的积极性才能得到保护，创新的动力才可持续。保护知识产权是维护市场秩序、促进企业深度投资的必要手段。正如华为轮值CEO胡厚崑所说："创新需要开放合作，更需要公平竞争的市场环境以及知识产权保护的制度土壤，这已成为保持企业创新活力的必要条件。"

五、民营企业创新与知识产权保护：未来展望

民营企业没有成为创新的主体，根本上是由于公平的产权界定、严格的知识产权保护、规范的市场秩序的建立做的还远远不足。现阶段中国民营企业创新仍处在以模仿创新为主，模仿创新与自主创新并存的阶段，知识产权保护制度在法律层面的相对完善和执行层面的种种问题仍是制约企业创新行为的重要"瓶颈"。实证分析发现，中国民营企业面临严重的"缺心少魂"问题，企业还没有完全成为R&D投资主体，有些企业过分迷信外国产品和技术，以购买替代创新，企业为实现发展壮大，主要通过外延扩大再生产，没有采用新技术和开发新产品创新方式，缺乏在核心技术、关键领域的创新，仍以短周期、浅层次创新为主。创新资源在区域间及各个创新主体间也存在着严重的错置，各创新单元的创新效率也存在差异。对于未来中国民营企业的创新发展之路，我们期待从以下四个方面得到改善。

（一）知识产权保护制度的完善

一是在立法层面，现阶段依然有着法制不健全，保护意识不强，保护手段不硬等方面的不足，知

① 李莉，安筱鹏．华为公司自主创新的实现路径与经验启示［J］．高科技与产业化，2008（7）．

识产权侵权现象依然比较普遍，这严重挫伤了各个创新主体的积极性，影响了社会的公平诚信。针对目前知识产权保护制度的惩罚力度低、威慑力不足，导致侵权成本低的问题，未来的改革在于法制的进一步健全，科学管理得到不断加强，特别对反复性、群体性侵权和假冒专利、屡查屡犯等违法行为能做出严厉的处罚，将有利于促进企业守法，更好地维护市场秩序，保护企业健康发展，从而更加充分地发挥知识产权保护制度的激励作用。

二是在执法层面，在知识产权保护制度的执行层面还存在着两个方面的问题，一方面是知识产权法律体系相对完善；另一方面是执行力度不够，且存在选择性执法的问题。未来的改革在于执法力度的提高。知识产权法院的成立将提升知识产权创造、运用、保护、管理和服务实力，专利行政执法跨区域、跨省份协作机制的作用得到充分发挥，全国或者跨区域知识产权行政执法的效率得到提高，同时执法人员队伍建设不断加快，行政执法力度不断增强。对于跨区域专利行政执法协作机制依照各负其责、协作配合、信息共享的原则，使立案协作、联合执法达到更好的效果，这将会对遏制反复性、群体性侵权案件起到重要的作用。在问责机制、追诉机制得以健全的情况下解决诉讼成本高、执法效率低的问题。未来将有全国性的知识产权违法企业曝光查询平台、诉讼平台，降低诉讼成本，提高惩罚力度，有利于建立知识产权行政执法的权威性，有利于相关职能部门或企业在招投标项目申报等方面对相关企业进行信用查询，维护自己和其他企业的权益，同时有利于维护权利人的权益，推动违法企业改过自新，从而形成和谐健康有序的市场秩序。

（二）大企业领导的国家创新体系的建立

在构建新型国家创新体系中，企业特别是民营大企业的主体地位将要得到强化。由于普遍模仿的现象依然存在，导致创新领先企业的创新激励不足，从而形成短周期浅层次创新模仿的恶性循环机制，使得创新市场秩序混乱。在坚持鼓励大众创业、万众创新的政策指导下，中小企业创业创新活力得到全面激发。由于企业是经济活动的基本单元，是技术创新的主体，也是推进产学研合作、促进科技与经济结合的关键环节，而民营企业是我国市场经济中最具活力的组成部分，民营企业的天然属性使得其相比于国有企业来讲更加贴近市场、反映真实的市场供需情况，技术创新成为企业发展的根本动力，利益驱动下的民营企业为提高其核心竞争力，更有动力投入到技术创新中去。在以市场为导向的环境下，民营企业拥有更强的创新转化能力，将技术创新成果转化为生产力，提升社会财富。另外，民营大企业的规模优势、资金优势、技术优势使得其有条件成为国家创新体系中的主导力量，因为从事的创新是长期的、深层次的、核心领域和关键技术层面的创新。事实证明，我国一批拥有强大技术实力的民营大企业在国际市场竞争中占据强有力的优势地位，如通信领域的华为、互联网领域的阿里巴巴、制造业领域的格力等，在核心技术、关键领域上都有很高的自主创新能力。又由于其市场化程度高、竞争充分，从而拥有更强的激励去建立自己的品牌商誉，努力维护创新的市场秩序。在不久的将来，区域和国家新型创新体系将以产权清晰的龙头大企业为主导。

（三）创新资源配置的市场化进程推进

目前，我国创新资源配置仍由政府主导，创新成果转化成专利技术的效率低，转化为经济效益的比例更低。在非市场化导向的环境下，政府对创新管理的“边界”模糊，政府在资源配置、攻关目标，商品化产业化全过程都在起主导作用，科技管理部门对于研发管理的过度干预会导致技术创新的效率损失。同时，高校及科研院所占据了重要的创新资源，但是其创新成果与市场需求的匹配度较差，市场化程度低，然而，目前仍有70%的科研力量游离于企业之外，存在于高校和科研机构中，科技人才与企业的脱离严重阻碍了我国民营企业的技术创新。在未来，市场应该真正成为配置创新资源的力量，市场环境更加统一、开放、竞争、有序，企业真正成为技术创新的主体，政府与市场的边界更加明晰，市场对技术研发方向、路线选择、要素价格和各类创新要素配置的导向作用得到充分发挥。

（四）知识产权保护与创新能力的国际化水平

积极融入知识产权保护的国际公约和体系中，国内知识产权保护的国际影响将得到提高，跨国公司核心技术转移拥有足够的保护和激励，引进外资和国外先进的技术成果促使提高创新能力。同时将有更多的中国企业走出去，通过合作、共建及并购等方式，引进创新人才、提升创新能力，从而促进新常态下企业的转型升级。在我国将搭建更多的国际创新平台，使得国内外创新资源、创新成果的交流合作不断加强，在更大范围、更宽领域和更高层次上参与到国际分工、合作和竞争中去。未来中国的创新将是着眼于世界，以海纳百川的胸怀在经济技术、思想观念、经营管理上，与外界融合，与世界接轨。

参考文献

［1］中共中央书记处农村政策研究室资料室．中国农村社会经济典型调查（1985年）［M］．北京：中国社会科学出版社，1987.

［2］董辅礽．中华人民共和国经济史［M］．北京：经济科学出版社，1999.

［3］詹映．我国知识产权保护水平的实证研究——国际比较与适度性评判［J］．科学学研究，2013（9）.

［4］刘小鲁．知识产权保护、自主研发比重与后发国家的技术进步［J］．管理世界，2011（10）.

［5］张宗和．中国现阶段非公有制经济研究［M］．北京：经济管理出版社，2000.

［6］赵彦云，刘思明．中国专利对经济增长方式影响的实证研究：1988～2008年［J］．数量经济技术经济研究，2011（4）.

［7］马一德．创新驱动发展与知识产权战略实施［J］．中国法学，2013（4）.

［8］张厚义，明立志．中国私营企业发展报告（2003）［M］．北京：社会科学文献出版社，2004.

［9］吴汉东．知识产权法的制度创新本质与知识创新目标［J］．法学研究，2014（3）.

［10］柳福东．中国知识产权三十年之成长［J］．知识产权，2008，18（6）.

［11］沈国兵，刘佳．TRIPS协定下中国知识产权保护水平和实际保护强度［J］．财贸经济，2009（11）.

［12］李春涛，郭培培，张璇．知识产权保护、融资途径与企业创新——基于跨国微观数据的分析［J］．经济评论，2015（1）.

［13］董晓芳，袁燕．企业创新、生命周期与聚集经济［J］．经济学（季刊），2014（2）：767－792.

［14］林炜．企业创新激励：来自中国劳动力成本上升的解释［J］．管理世界，2013（10）：95－105.

［15］董晓庆，赵坚，袁朋伟．国有企业创新效率损失研究［J］．中国工业经济，2014（2）.

［16］宋河发．专利保护程度评价体系与中美保护程度比较［J］．科学学研究，2007（4）.

［17］程惠芳，蒋泰维，胡慧芬，潘信路．国家创新体系对企业国际竞争力影响的经验分析［J］．世界经济，2008（1）.

［18］孙文杰，沈坤荣．技术引进与中国企业的自主创新：基于分位数回归模型的经验研究［J］．世界经济，2007（11）.

［19］李平，随洪光．三种自主创新能力与技术进步：基于DEA方法的经验分析［J］．世界经济，2008（2）.

［20］陈国宏，郭弢．我国FDI、知识产权保护与自主创新能力关系实证研究［J］．中国工业经济，2008（4）.

［21］苗妙，魏建．知识产权行政执法偏好与企业创新激励——基于转型期“大调解”机制政策效果的分析［J］．产业经济研究，2014（6）：102－110.

［22］阳立高，贺正楚，柒江艺，韩峰．发展中国家知识产权保护、人力资本与经济增长［J］．中国软科学，2013（11）.

［23］刘思明，侯鹏，赵彦云．知识产权保护与中国工业创新能力——来自省级大中型工业企业面板数据的实证研究［J］．数量经济技术经济研究，2015（3）：40－57.

［24］史宇鹏，顾全林．知识产权保护、异质性企业与创新：来自中国制造业的证据［J］．金融研究，2013（8）：136－149.

[25] 林炜. 企业创新激励：来自中国劳动力成本上升的解释 [J]. 管理世界，2013 (10).

[26] 尹志锋，叶静怡，黄阳华，秦雪征. 知识产权保护与企业创新：传导机制及其检验 [J]. 世界经济，2013 (12)：111－129.

[27] 冯晓青. 企业知识产权战略、市场竞争优势与自主创新能力培养研究 [J]. 中国政法大学学报，2012 (2)：32－46.

[28] 胡凯，吴清，胡毓敏. 知识产权保护的技术创新效应——基于技术交易市场视角和省级面板数据的实证分析 [J]. 财经研究，2012 (8)：15－25.

[29] 董雪兵，朱慧，康继军，宋顺锋. 转型期知识产权保护制度的增长效应研究 [J]. 经济研究，2012 (8)：4－17.

[30] 聂辉华，谭松涛，王宇锋. 创新、企业规模和市场竞争：基于中国企业层面的面板数据分析 [J]. 世界经济，2008 (7).

[31] 王华. 更严厉的知识产权保护制度有利于技术创新吗? [J]. 经济研究，2011 (2)：124－135.

[32] 吴延兵. 企业规模、市场力量与创新：一个文献综述 [J]. 经济研究，2007 (5).

[33] 郑亚莉，宋慧. 中国知识产权保护对高技术产业竞争力影响的实证研究 [J]. 中国软科学，2012 (2).

[34] 乔磊，陈凡. 科技进步与知识产权变迁 [J]. 科学学研究，2011 (3).

[35] 龚志军，杨峥嵘. 知识产权保护中的企业主体作用 [J]. 商业研究，2009 (12).

[36] 赵志强. 国外技术创新的知识产权保护制度比较研究 [J]. 学理论，2010 (16).

[37] 李莉，闫斌，顾春霞. 知识产权保护、信息不对称与高科技企业资本结构 [J]. 管理世界，2014 (11).

[38] 叶静怡，李晨乐，雷震，曹和平. 专利申请提前公开制度、专利质量与技术知识传播 [J]. 世界经济，2012 (8).

[39] 袭著燕，迟考勋，杨阜城. 区域科技创新政策设计理论框架构建 [J]. 科技进步与对策，2014 (5).

[40] 余长林. 知识产权保护与我国的进口贸易增长：基于扩展贸易引力模型的经验分析 [J]. 管理世界，2011 (6)：11－23.

[41] 李莉，闫斌，顾春霞. 知识产权保护、信息不对称与高科技企业资本结构 [J]. 管理世界，2014 (11)：1－9.

[42] 金祥荣，茹玉骢，吴宏. 制度、企业生产效率与中国地区间出口差异 [J]. 管理世界，2008 (11).

[43] 庄子银. 知识产权、市场结构、模仿和创新 [J]. 经济研究，2009 (11).

[44] Allred, Brent B, Walter G Park. Patent rights and innovative activity: Evidence from national and firm-level data. Journal of International Business Studies, 2007.

[45] Amy Jocelyn Glass, Kamal Saggi. Intellectual property rights and foreign direct investment [J]. Journal of International Economics, 2002 (2).

[46] Anton, J. J, H Greene, D. A. Yao. "Policy Implications of Weak Patent Rights". Innovation Policy and the Economy, 2006.

[47] Bessen J, Hunt R M. The software patent experiment. OECD Conference Proceedings. Patents, Innovation and Economic Performance, 2004.

[48] Cefis, E, Marsili, O. A matter of life and death: innovation and firm survival. Industrial and Corporate Change, 2005.

[49] Clarke George, Lixin Colin Xu, Heng-fu Zou. Finance and Income Inequality: Test of Alternative Theories. World Bank Policy Research Working Paper 2984, 2003.

[50] Debasis Mondal, Manash Ranjan Gupta. Innovation, imitation and intellectual property rights: A note on Helpman's model. J. Econ, 2006.

[51] Elena Huergo, Jordi Jaumandreu. How Does Probability of Innovation Change with Firm Age? [J]. Small Business Economics, 2004 (3).

[52] Frank Van Oort. Innovation and agglomeration economies in the Netherlands [J]. Tijdschrift voor economische en sociale geografie, 2002 (3).

[53] Guobing Shen. Nominal level and actual strength of China's intellectual property protection under TRIPS agree-

ment. Journal of Chinese Economic and Foreign Trade Studies, 2010.

[54] Helpman Elhanan. Innovation, imitation and intellectual property rights. Econometrica, 1993.

[55] Klaus E Meyer. Perspectives on multinational enterprises in emerging economies. Journal of International Business Studies, 2004.

[56] Kausik Gangopadhyay, Debasis Mondal. Does stronger protection of intellectual property stimulate innovation? [J]. Economics Letters, 2012 (1).

[57] Koleda G. Patents "novelty requirement and endogenous growth. Revue de" conomie Politique, 2005.

[58] Lina Wang. Intellectual property protection in China [J]. International Information and Library Review, 2004 (3).

[59] Lee G. Branstetter, Raymond Fisman, C. Fritz Foley. Do Stronger Intellectual Property Rights Increase International Technology Transfer? Empirical Evidence from U. S. Firm – Level Panel Data. The Quarterly Journal of Economics, 2006.

[60] Mei – Chih Hu, John A. Mathews. China's national innovative capacity [J]. Research Policy, 2008 (9).

[61] Madden G, Savage S J. Telecommunications productivity, catch-up and innovation. Telecommunication Journal, 1999.

[62] Nunnenkamp Peter, Julius Spatz. Intellectual Property Right s and Foreign Direct Investment: A Disaggregated Analysis. Review of World Economics, 2004.

[63] Patricia Higino Schneider. International trade, economic growth and intellectual property rights: A panel data study of developed and developing countries [J]. Journal of Development Economics, 2005 (2).

[64] P Schneider. International trade, economic Growth, and intellectual property rights: A panel data study of developed and developing studies. Journal of Development Economics, 2005.

[65] Robert W. Helsley, William C. Strange. Innovation and Input Sharing [J]. Journal of Urban Economics, 2001 (1).

[66] S Kanwar, REvenson. Does intellectual property protection spur technological change? . Oxford Economic Papers, 2003.

[67] Sorin M. S. Krammer. Drivers of national innovation in transition: Evidence from a panel of Eastern European countries [J]. Research Policy, 2009 (5).

[68] Shih-tse Lo. Strengthening intellectual property rights: Experience from the 1986 Taiwanese patent reforms [J]. International Journal of Industrial Organization, 2010 (5).

[69] Sunil Kanwar. Business enterprise R&D, technological change, and intellectual property protection. Economics Letters, 2007.

[70] Ted O'Donoghue, Josef Zweimüller. Patents in a Model of Endogenous Growth [J]. Journal of Economic Growth, 2004 (1).

[71] Walter G. Park. International patent protection: 1960 – 2005 [J]. Research Policy, 2008 (4).

[72] Xiaolan Fu, Qing Gong Yang. Exploring the cross-country gap in patenting: A Stochastic Frontier Approach [J]. Research Policy, 2009 (7).

[73] Yee Kyoung Kim, Keun Lee, Walter G. Park, Kineung Choo. Appropriate intellectual property protection and economic growth in countries at different levels of development [J]. Research Policy, 2011 (2).

第十三章　民营经济发展与民营企业家参政议政*

改革开放后中国民营经济快速发展，不但在经济上造就了一批具有相当经济实力的民营企业，使部分民营企业家积累了可观的经济财富，而且在政治上，部分民营企业家通过当选各级人大代表或政协委员获得正式的政治地位和政治权力。这表明，中国转轨过程中出现了兼具经济实力和政治权力的特殊群体。因而，研究中国民营企业家参政议政的决定因素及其经济、社会影响，对理解中国这个转型与发展中大国的政治和经济体制未来走向无疑具有重要启示（陈钊、陆铭和何浚志，2008）。而中国民营企业家参议议政的决定因素及其影响是一个涉及面广、复杂的问题，选择合理的切入视角非常重要，而阿塞莫格鲁、约翰逊和鲁滨逊（Acemoglu，Johnson & Robinson，2005）提出的经济与政治互动理论为研究上述问题提供了启示。

阿塞莫格鲁等（2005）把政治权力划分为法律政治权力（de jure political power）和事实政治权力（de facto political power）。并认为，法律政治权力来源于当前的正式法律制度，事实政治权力来源于当前的经济资源配置；二者共同决定当前的经济制度和未来的政治制度，而当前的经济制度又决定了当前的经济绩效和未来的经济资源分配。经济与政治互动理论强调经济资源分配与政治权力之间是相互作用。基于此，本章拟从阿塞莫格鲁、约翰逊和鲁滨逊（2005）提出的经济与政治互动理论视角，来分析中国转轨过程中民营经济发展对民营企业家参政议政资格获得的影响，以及民营企业参政议政对民营企业发展的影响，具体内容如下：一是民营经济发展与民营企业家参政议政：历史回顾。对中国改革开放后民营经济发展的政治环境和民营企业家参政议政历程进行系统梳理。二是民营企业的经济实力与民营企业家的参政议政。分析民营企业经济实力对民营企业家获得参政议政资格的影响，以及区域民营经济发展对民营企业家参政议政影响的协同效应和竞争效应，提出相应的理论假设；并以上市民营企业为研究样本，对相关理论假设进行实证检验。三是民营企业的政治关联与民营企业的发展。基于中国转轨背景下企业家参政议政是民营企业建立政治关联（political connection）、积累企业政治资本（political capital）的重要途径，从政治关联角度分析民营企业家参政议政影响民营企业发展的微观机理。四是关于民营经济发展与民营企业家参政议政的研究展望。

一、民营经济发展与民营企业家参政议政：历史回顾

民营企业家参政议政资格的获得与中国民营经济发展的政治环境变化密切相关，而中国民营经济发展与民营企业成长所处的政治环境之间是相互作用的：一方面，改革开放后政治环境的逐步改善促进了中国民营企业的成长和民营经济的发展；另一方面，民营企业的成长和民营经济对国民经济发展日益重要的贡献，又为民营经济发展创造了更为宽松的政治环境，进而为民营企业家参政议政带来了契机。下面以反映中国民营经济发展所处政治环境变化的关键事件为基础对民营企业家参政议政情况进行简要的历史回顾。

---

* 研究人员：胡旭阳、史晋川。

我们把中国民营经济发展的政治环境划分为以下几个阶段来考察和回顾中国民营企业家参政议政的历史历程：第一阶段，民营经济发展的政治观望期（1978～1991 年）与民营企业家的参政议政；第二阶段，民营经济发展的政治肯定期（1992～2003 年）与民营企业家参政议政；第三阶段，民营企业家主动寻求政治参与阶段（2003 年之后）。第一阶段与第二阶段的区别在于：在第一阶段，由于政治意识形态的制约，民营企业的主要任务通过不同途径寻找政治合法性，且民营企业中除少数集体企业（以乡镇企业为代表）负责人获得参政议政的机会外，私营企业的业主无法获得参政议政机会；而在第二阶段，私营企业家与集体企业负责人一样获得参政议政的机会。第三阶段与前面两个阶段的区别在于，在第一、第二阶段，民营企业家参政议政资格更多的是政府因民营企业的经济、社会贡献而赋予民营企业家的政治荣誉，而在第三阶段，民营企业家开始积极主动寻求参政议政的机会，并且民营企业家参政议政的动机呈现多元性。

（一）民营经济发展观望期的民营企业家参政议政

1. 政治观察期民营经济发展面临的政治环境

1978 年召开的中国共产党十一届三中全会做出了实行改革开放的重大战略决策，发展社会主义经济成为中国社会主义建设的核心任务，这也为中国民营经济的再度萌芽和发展奠定了基础。然而，在改革开放初始阶段，中国民营经济和民营企业发展面临着较为不利的外部政治环境，这与中国改革开放前实施的政治制度和经济制度所造成的路径依赖密切相关。

在中华人民共和国成立之初的社会主义改造期，党和政府实施了对官僚资本没收，对私人资本利用、限制、改造的政治和经济政策。这导致了国营经济和私营经济发展面临着完全不同的政治环境，国有经济获得了完全的政治支持，而对私营经济在政治上至多是中性的。随后受“大跃进”“人民公社”“以阶级斗争为纲”等“左”倾思想和做法的影响，在意识形态上把私营经济与资本主义等同起来，私营企业在政治上遭到完全否定，这也导致改革开放前中国的私营经济和私营企业基本绝迹。

尽管 1978 年党的十一届三中全会纠正了以往“左”倾错误思想并做出了改革开放的重大战略决策，但由于意识形态和制度惯性的原因，在改革开放初期党和政府对私营经济和私营企业的发展在政治上仍处在“观察”状态，这主要体现在政府颁布实施的政策方面。比如，1981 年 7 月 7 日国务院颁布实施的《关于城镇非农业个体经济若干政策性规定》首次提出了发展个体经济，但也做出了许多限制：一是个体经济未经批准一律不得营业；二是对个体经济的人数进行了严格的限制，规定学徒人数不得超过 5 人。尽管没有对私营经济发展采取否定的态度，但中央高层还是对私营企业的发展有所顾虑。1983 年中共中央 1 号文件《关于当前农村经济政策的若干问题》要求对有雇工的私营经济，采取“不宜提倡、不要公开宣传，也不要急于取缔的”的方针政策。1983 年中共中央 1 号文件的“不宜提倡、不要公开宣传”用语表明中央和政府高层对于私营经济和私营企业的发展采取了观察态度，显然，这与改革开放初期意识形态中“左”倾遗留思想有关。

在政治观察初期，个体经济的快速发展对国民经济发展和社会就业的重要贡献，为私营经济的进一步发展赢得了更为宽松的外部政治环境。1987 年的党十三大提出了以公有制为主体的前提下继续发展多种所有制经济，并在政治上把私营经济一定程度的发展定位为公有制的必要和有益补充。1988 年中华人民共和国宪法修正案提出了国家保护私营经济的合法权利和利益。这表明，民营经济发展的外部政治环境有所改善。

然而好事多磨，尽管改革开放后中国民营经济发展的外部政治环境逐步完善，但也并非线性式上升的。1989 年受经济政策和政治意识形态争议的影响，原来一直处于改善状态的政治环境发生恶化，一些诸如“私营经济是资产阶级自由化的社会基础”“发展私营经济是搞私有化”等观点开始出现，整个社会意识形态和政治环境开始对私营经济发展极为不利，并使个体经济受到重创（吴金群，2009）。

2. 民营经济发展政治观望期的民营企业家政治参与

对于那些看到中国改革开放政策带来巨大商机的私营企业家而言，在改革开放初期，通过参政议政获得较高的社会和政治地位是一种奢望，更为现实的做法是如何使自己企业经营活动获得政治合法性，避免政治风险带来的“灭顶之灾”。

与对私营经济和私营企业政治上的歧视和排斥不同，在意识形态和政治层面，集体所有制企业与全民所有制企业一样“根红苗正”。在这种背景下，许多私营企业主通过“挂户经营”和“戴红帽”方式与公有制和集体所有制企业建立联系，获得政治合法性，避免企业经营中的政治风险。比如，在改革初期，许多温州家庭作坊挂靠在一家公有制企业名下，各自以这家公有制企业的名义从事生产和销售活动。随着规模的扩大，部分家庭作坊组建合伙企业，在工商登记时，企业的所有制性质登记为集体所有制（曹正汉，2006）。因而，“挂户经营”和“戴红帽”可以说是政治观察期中国私营企业政治行为和政治策略的萌芽。

在民营经济发展的政治观望期，由于以下原因，在政治上不可能赋予民营企业家尤其是私营企业家很高的政治地位：一是改革开放前的“左”倾意识形态的影响仍旧存在。相对于国有经济和集体经济，党中央和政府高层对于私营经济的发展仍存在一定程度争议。二是民营经济（主要是私营经营）正处于发展初期，尽管发展速度迅猛，但在经济总量上仍旧不能与国有经济和集体经济相提并论。

表13－1是浙江省和江苏省第七届全国人大代表中来自企业界的人大代表①。从表13－1可知，尽管浙江省、江苏省是中国改革开放后民营经济起步最早且在今后成为中国民营经济最发达的省份，但在改革开放初期，这两个省的企业界全国人大代表均来自国营企业或集体所有制企业，没有私营企业家当选全国人大代表，仅浙江省金华县的倪长生是从事家庭养殖业的“私营业主”。在上述集体企业中，部分企业的当家人（厂长）在后来的企业改制中成为企业的主要所有者，比如浙江省上虞县徐灿根在1988年以上虞县风机厂厂长身份当选第七届全国人大代表；此后该厂改制为浙江上风实业股份有限公司，并与2000年在深圳证券交易所上市，徐灿根成为公司的实际控制人。

表13－1　浙江省和江苏省第七届全国人大代表中来自企业界的代表

省份	企业家姓名	企业名称	企业性质	职位
江苏	叶慧英	常州第三棉纺织厂	集体企业	副厂长
江苏	孙昌树	江南光学仪器厂	集体企业	副总工程师
江苏	宦继和	镇江路面机械制造总厂	集体企业	全国劳模
江苏	吴锡军	南京化学工业公司	国有企业	高级工程师
江苏	徐英锐	南京龙潭中国水泥厂	集体企业	厂长
江苏	沙启亮	南京有线电厂	国有企业	高级工程师
江苏	刘　建	南通醋酸化工厂	国有企业	工程师
江苏	贾沛德	曙光仪器厂	国有企业	总工程师
江苏	龚维新	苏州电冰箱厂	国有企业	厂长
浙江	秦吉强	杭州洗衣机总厂	国有企业	厂长、全国劳模
浙江	匡　衍	杭州市丝绸工业公司	国有企业	总工程师

① 表13－1的数据主要通过百度搜索获得的，数据搜集步骤如下：第一，通过百度搜索全国第七届全国人大代表各省份的名单；第二，根据名单搜索每个人大代表的相关信息，判断各位全国人大代表是否为来自企业界的代表以及在企业所担任的职务。由于第七届全国人大代表的选举发生在1988年，少数全国人大代表的信息缺失，无法判断其具体的身份，因而表13－1的数据不是完全的。此外，表13－1的数据不包括先担任企业负责人（厂长），然后担任政府官员的人大代表；比如戴顺智曾担任南京化学工业公司的高管，后来担任南京市副市长、江苏省副省长。

续表

省份	企业家姓名	企业名称	企业性质	职位
浙江	张炳祥	宁波铝制品二厂	集体企业	厂长
浙江	徐灿根	上虞风机厂	集体企业	厂长
浙江	阮　晖	温州冶金机械厂	国有企业	厂长
浙江	倪长生	—	家庭养猪场	—
浙江	孙玉宝	镇海石油化工总厂	国有企业	厂长
浙江	贺美丽	浙江宁波水表厂	国有企业	女车工
浙江	徐序坤	常山县微生物总厂	集体企业	厂长
浙江	张玉兰	浙江省湖州市永昌丝绸厂	集体企业	厂长

（二）民营经济发展政治肯定期的民营企业家参政议政

1. 邓小平“南方谈话”后中国民营经济发展进入政治肯定期

1989 年发生的政治事件所导致的政治意识形态“左”倾化对个体经济发展带来了不利影响（吴金群，2009），但这种局面并没有持续很长时间。1992 年 1 月 18 日至 2 月 21 日，作为中国改革开放的总设计师，邓小平同志先后视察了深圳、珠海、上海等地，发表了一系列重要谈话，史称“南方谈话”。邓小平同志的南方谈话进一步重申了“三个有利于”和改革开放的基本国策。这为处于政治观望期的私营经济发展扫除了政治思想障碍，中国民营经济发展逐步进入政治肯定期，民营经济发展的外部政治环境不断得以改善，这可以从党中央一系列重要方针政策的变化中体现出来。

1992 年 10 月召开的党十四大提出了以公有制（包括全民所有制和集体所有制）为主体，个体经济、私营经济和外资经济为补充，多种经济成分长期共同发展的经济纲领，肯定了民营经济发展的重要贡献。1993 年 11 月召开的党十四届三中全会提出了国家要为各种所有制经济平等参与市场竞争创造条件，对各类企业一视同仁。尽管私营经济仍旧是公有制的补充，但党的十四届三中全会首次提出了赋予私营经济平等的竞争地位。

而 1997 年召开的党十五大除了再次重申依法保护各类所有制企业的合法权益和公平竞争环境外，首次提出了“非公有制经济是我国社会主义市场经济的重要组成部分，对个体、私营经济等非公有制经济要继续鼓励、引导，使之健康发展”。党的十三大、十四大对于非公有制经济成分的定位是公有制的补充，公有制是主体；而党的十五大则把非公有制经济定位为社会主义市场经济的重要组成部分，以私营企业为主体的民营经济不再仅仅是公有制的补充。由此可见，党的十五大再次对民营经济的发展做出了政治上的肯定和支持。

2002 年党的十六大报告中再次强调了非公有制经济是社会主义市场经济的重要组成部分，并提出了“必须毫不动摇地鼓励、支持和引导非公有制经济发展”的政治纲领；再次延续了党的十五大对非公有制经济的政治肯定；并且党的十六大肯定了私营企业主为“中国特色社会主义事业的建设者”。

由此可见，从 1992 年召开的党十四大到 2002 年召开的党十六大，党中央对非公有制经济的定位从公有制的有益补充到社会主义市场经济的重要组成部分的重要转变表明，对于民营经济的发展，从原来的政治观望逐步转变为政治上的肯定。

2. 民营经济发展政治肯定期的民营企业家参政议政

在进入民营企业发展的政治肯定期后，中国私营经济发展的政治环境不断改善，这不但降低了民营企业发展的政治风险，也为民营企业家（尤其是私营企业家）政治地位的提升带来了更为宽松的政治环境，民营企业家参政议政的机会不断增加，政治地位不断得以提升。

（1）政治肯定期中国民营企业家参政议政的标志性事件

在民营企业发展的政治肯定期，民营企业家政治地位的提升可以从民营企业家参政议政的标志事件中得以反映。

第一，1993 年初第一批私营企业家当选第八届全国政协委员。1992 年初邓小平同志的南方谈话和 1992 年 10 月召开的党十四大提出了“私营经济是全民和集体所有制的补充”的政治纲领，消除了 1989 年政治事件引起的笼罩在私营经济发展上的“阴霾”。作为政治上对民营经济发展肯定的具体体现，1993 年一批私营企业家通过工商联界别和经济界别当选第八届全国政协委员，这些企业家包括刘永好（四川新希望公司）、张宏伟（黑龙江东方集团）、李安民（山西安泰集团）等。私营企业家首次当选全国政协委员体现为政治上对私营业主群体的肯定。

第二，在 2003 年的省级政协换届中，有民营企业家当选省政协副主席，晋升副省级干部行列。2003 年初，浙江传化集团董事长徐冠巨先生和重庆力帆集团董事长尹明善先生分别当选浙江省政协副主席和重庆市政协副主席，民营企业家首次晋升副省级干部行列。这进一步体现了政治上对民营企业主和民营经济的充分肯定。

（2）政治肯定期民营企业家参政议政情况的进一步分析

1993 年初首批私营企业家当选全国政协委员和 2003 年初徐冠巨、尹明善先生分别当选浙江省和重庆市政协副主席是民营经济发展步入政治肯定期后民营企业家参政议政的两个标志性事件，但并不足以全面体现民营企业家参政议政情况。下面进一步从第八届至第十二届全国人大代表和全国政协委员中来自企业界代表人数和比例变化角度来分析政治肯定期的政治环境变化对民营企业家参政议政的影响。表 13－2、表 13－3 分别为第八届至第十二届全国人大代表和全国政协委员中来自企业界的代表（委员）的人数和所占比例。

表 13－2 的数据表明，在 1993 年当选的 2978 名第八届全国人大代表中，来自企业界的人大代表数为 296 人，比例为 9.94%；而 2003 年当选的 2985 名第十届全国人大代表中，来自企业界的人大代表数为 574 人，比例为 19.23%；从第八届到第十届，全国人大代表中来自企业界代表的比例几乎增加了一倍。而在来自企业界 296 名第八届全国人大代表中，136 名是民营企业家，占企业界全国人大代表的 45.95%；在来自企业界 334 名第十届全国人大代表中，334 名是民营企业家，占企业界全国人大代表的 58.19%，比例超过 50%①。

表 13－2　　第八届至第十二届全国人大代表中来自企业界代表的人数和所占比例

级别	全国人大代表数	来自企业界代表		企业界中民营企业家代表	
		人数	占总代表的比例（%）	人数	占企业家代表的比例（%）
第十二届	2987	762	25.51	439	57.61
第十一届	2987	730	24.44	388	53.15

① 在来自企业界的第八届全国人大代表中，民营企业家所占比例为 45.95%，已经接近了 50%；而在来自企业界的第十届全国人大代表中，民营企业家占比为 58.19%；相对于第八届全国人大代表而言，来自民营企业界的人大代表比例似乎提升不大。需要注意的是，在我们的统计数据中，民营企业指国有企业以外的所有制形式，包括私营企业、乡镇集体企业等，并未对不同形式做出具体区分。而从第八届（1993～1997 年）到第十届（2003～2007 年）再到第十二届（2012～2017 年），在民营企业的构成中，私营企业比例不断上升，乡镇集体企业因为改制、原来挂靠“戴红帽”企业的“脱红帽”等原因比例不断下降。而乡镇企业改制和原来挂靠企业的“脱红帽”主要发生在我国民营经济发展的政治肯定期，因而从第八届开始，私营企业家占企业界全国人大代表的比例不断提高。

续表

级别	全国人大代表数	来自企业界代表		企业界中民营企业家代表	
		人数	占总代表的比例（%）	人数	占企业家代表的比例（%）
第十届	2985	574	19.23	334	58.19
第九届	2979	398	13.36	231	58.04
第八届	2978	296	9.94	136	45.95

资料来源：通过百度搜集相关资料整理而成。

表13－3的数据表明，来自企业界的全国政协委员人数从第八届的220人上升到第十届的372人，再到第十二届的433人，所占比例也从10.13%上升到16.94%和19.35%，所占比例提升近一倍。而来自企业界的全国政协委员中，民营企业家的人数从第八届的126人上升到第十届的228人，再到第十二届的300人，占全部企业界政协委员的比例接近70%。

表13－3　第八届至第十二届全国政协委员中来自企业界委员的人数和所占比例

级别	全国政协委员数	来自企业界代表		企业界中民营企业家代表	
		人数	占总代表的比例（%）	人数	占企业家代表的比例（%）
第十二届	2237	433	19.35	300	69.28
第十一届	2237	502	22.44	340	67.73
第十届	2238	372	16.94	228	61.29
第九届	2196	310	14.12	208	67.09
第八届	2172	220	10.13	126	57.22

资料来源：通过百度搜集相关资料整理而成。

与全国人大代表通过选举产生不同，全国政协委员主要通过34个界别以协商方式产生，其中香港和澳门地区的全国政协委员人数和比例要远远超过其他省份（北京除外），并且港澳地区的政协委员主要是来自企业界。表13－4是剔除来自港澳地区企业家人数后民营企业家当选全国政协委员的人数和占全部委员人数的比例。

表13－4的数据表明，在不考虑来自港澳地区的民营企业家当选全国政协委员的情况下，在220名来自企业界的第八届全国政协委员中，民营企业家为47人，占企业界委员总数的21.36%；而在433名来自企业界的第十二届全国政协委员中，民营企业家为180人，占比提升到41.57%。由此可见，民营企业家在企业界的全国政协委员中所占比例也是不断上升。

表13－4　不考虑港澳地区后民营企业家当选全国政协委员情况

界别	企业界委员数	民营企业家数	来自港澳地区委员人数	扣除港澳地区委员后的民营企业家	
				人数	占企业家委员总数的比例（%）
第十二届	433	300	120	180	41.57
第十一届	502	340	144	196	39.04
第十届	372	228	117	111	29.84

续表

界别	企业界委员数	民营企业家数	来自港澳地区委员人数	扣除港澳地区委员后的民营企业家	
				人数	占企业家委员总数的比例（%）
第九届	310	208	130	78	25.16
第八届	220	126	79	47	21.36

资料来源：通过百度搜集相关资料整理而成。

（三）民营企业家参政议政的新特征

在民营经济发展的政治肯定期后，党中央对民营经济发展的政治肯定态度得到延续和进一步的稳固。2007 年召开的党十七大提出了两个“毫不动摇”：“毫不动摇地巩固和发展公有制经济，毫不动摇地鼓励、支持、引导非公有制经济发展”。“两个毫不动摇”体现了公有制经济与非公有制经济的平等地位。2012 年召开的党十八大延续了党十七大提出的两个“毫不动摇”方略；而且对于非公有制经济，党十八大除了提出“毫不动摇地鼓励、支持、引导非公有制经济发展”外，还进一步提出“保证各种所有制经济平等使用市场要素、公平参与市场竞争、同等受到法律保护”。由此可见，在民营经济发展的政治肯定期之后，民营企业发展所面临的政治环境继续完善。

民营经济发展政治环境的不断完善使民营企业家获得了更多的参政议政机会，民营企业家的政治地位也不断提高，这可以从表 13 - 2、表 13 - 3 的数据中得以体现，民营企业家当选全国人大代表和政协委员的人数和比例总体不断增加。

之所以把 2003 年之后民营企业家参政议政划分为第三个阶段，是因为相对于政治肯定期，2003 年之后民营企业家参政议政的动机、作用都较以前发生了重要变化，出现了一些新特征。

1. 民营企业家参政议政动机的多元化

在民营经济发展的政治观察期，中国民营企业发展（尤其是私营企业）面临较大的政治风险，获得政治合法性是民营企业所迫切追求的。而与合法性授予部门建立一定的联系是组织获得合法性的重要途径（Suchman，1995），民营企业家当选人大代表或政协委员可以视为政府赋予民营企业的政治荣誉，标志着民营企业与政府建立了联系，从而获得政治合法性，消除了企业发展中的政治风险。因而，在民营经济发展的政治观望期，民营企业家追求政治参与的动机主要在于获得政治合法性。

而在政治肯定期，民营企业发展面临的政治风险大大下降，但民营企业发展面临的所有制歧视仍旧普遍存在。所有制歧视使民营企业难以通过市场途径获得政府部门所掌握的资金、土地等生产要素。因而民营企业积极与政府部门建立联系，通过非市场途径来获得政府部门所掌握的生产要素，而当选各级人大代表或政协委员成为建立与政府部门联系的重要途径之一（胡旭阳，2006；罗党论等，2009）。因而，在民营经济发展的政治肯定期，由于所有制歧视的原因，通过建立政治关联进而获得政府所掌握的生产要素是民营企业家参政议政的重要动机所在。

而在民营经济的政治肯定期之后，民营企业发展所面临的政治环境和要素市场环境发生了重要变化：一是民营企业发展面临的政治合法性和政治风险问题大大下降，通过参政议政获得政治合法性的动机已没有必要；二是随着中国市场体系尤其是要素市场逐步完善，通过参政议政获得经济利益的动机势必会下降。

由此可见，随着通过参政议政来追求政治合法性和获得经济利益的动机下降，那么民营企业家参政议政应该呈现下降趋势；然而事实却相反，民营企业家参政议政的“需求”并未下降反而上升了，民营企业家追求参议议政的动机更加迫切（Li and Liang，2015；陈钊等，2008；邓建平等，2009），如何解释这种现象？

显然仅从经济动因假说角度不能对上述现象做出完全合理的解释。民营企业家参政议政的动机不仅有经济利益维度，还有非经济利益维度。邬爱其和金宝敏（2009）认为，除了企业发展的经济动机之外，民营企业家参政议政的动机还在于提高个人的社会地位。而李和梁（Li & Liang，2015）进一步从中国儒家文化传统角度解释民营企业家的商业成功与参政议政的关系；他们认为，受中国儒家文化传统影响，事业的成功会促进民营企业家的人生目标从自我导向到社会导向的转变，企业家参政议政的动机不再是为了企业的发展，而是去追求他们心目中的“亲社会”动机：服务社会和有益于公众，而参政议政是实现上述动机的重要渠道。因而民营经济发展进入政治肯定期后，参政议政动机的多元化，尤其是非经济动机的影响越来越显著是民营企业家参政议政的新特征之一。

2. 民营企业家参政议政步入竞争期

1993 年初第一批私营企业家当选全国政协委员，这可以视为政府通过提升私营企业家的政治地位来体现政治上对私营经济的肯定和重视；同时早先来自企业界的人大代表往往是各级劳动模范。因而，民营企业家当选人大代表或政协委员往往是一种政治荣誉，由政府部门授予，企业家往往是被动接受的。

然而由于通过参政议政建立与政府良好关系进而可以为自身谋求经济利益和非经济利益（社会地位和政治地位），当选人大代表或政协委员成为许多民营企业家的积极追求（邓建平等，2009）。在各级人大代表和政协委员数量相对固定的情况下，这必然导致民营企业家在参政议政方面的竞争。其中企业慈善捐赠成为民营企业家为获得参政议政资格而实施的竞争策略之一。由于企业慈善行为可以减轻地方政府在社会责任方面的投入，使地方政府有更多的资源来追求“政绩”，从而有助于建立和维护与地方政府的良好关系；这样民营企业家可以通过地方政府和党委的推荐而当选（或再度当选）人大代表或政协委员。因而慈善捐赠成为民营企业在参政议政竞争中胜出的手段之一。而一些经验研究表明，中国民营企业的慈善捐赠与民营企业的政治关联度正相关（贾明和张喆，2010；梁建等，2010）。

因而，不同于在民营经济发展的政治观察期和肯定期，民营企业家参政议政更多是政府赋予的政治荣誉；在民营经济发展的政治肯定期之后，民营企业家之间为了获得参政议政资格而展开竞争是民营企业家参政议政不同于以往的另一新特征。

3. 参政议政成为民营企业家实施企业政治行为和政治战略的平台

在民营经济发展进入政治肯定期后，民营企业家的参政议政不仅仅代表政治身份或政治荣誉，更是获得了一个政治参与的平台，进而便于企业政治行为和政治战略的实施。下面以吉利集团董事长李书福先生的参政议政为例来说明这个问题。

吉利集团于 1997 年进入轿车生产行业，成为中国第一家生产企业的民营企业。而汽车行业作为资本密集型行业对推动地方经济发展无疑具有重要作用，因而浙江省和台州市两级政府积极支持吉利集团的发展（汪伟和史晋川，2005）。而李书福先生也因企业对地方经济发展的贡献分别于 2003 年、2008 年、2013 年当选第十届、第十一届、第十二届全国政协委员。

当选全国政协委员，不但给企业和企业家本人带来了政治荣誉，而且也有利于企业的发展。2005 年 3 月召开的全国政协十届三次会议上，全国政协委员、浙江吉利控股集团董事长李书福先生作为汽车行业的代表向大会提交了《加大保护和扶持中国本土汽车品牌的力度》提案；并在 2005 年 3 月 4 日全国政协十届三次会议举行的界别联席讨论会上，李书福就《自主创新是中国汽车工业的根本出路》专题向温家宝总理进行汇报，引起了国家领导和政协委员的极大关注①。尽管中国是汽车消费大国，但缺乏市场认可的本土汽车品牌，发展本土汽车品牌得到政府和社会认可。在这种背景下，李书

---

① http：//www. geely. com/general/memorabilia. html？year = 2005.

福先生利用自己是全国政协委员的便利游说中央政府保护和扶持包括自身在内的本土汽车品牌，把"一己之利与本土汽车品牌发展的民族大义"有机地结合起来。吉利集团的案例表明，企业家参政议政成为民营企业实施政治战略和政治行为谋求有利竞争环境的重要政治平台，这是进入政治肯定期之后，民营企业家参政议政的另一重要特征。

民营企业家参政议政成为中国社会经济转轨中政商关系的重要特征，并且在中国民营经济和民营企业发展经历从改革开放初始的政治观察，到后来政治肯定的外部政治环境变迁过程中，民营企业家参政议政特征发生了重要变化。

第一，民营企业家参政议政的动机转变：从追求政治合法性、经济利益到非经济利益与经济利益并重。

第二，民营企业参政议政实现手段的转变：从政府授予的政治荣誉到主动追求，民营企业为获得参政议政资格而展开激励竞争。

第三，民营企业家参政议政功能性的转变。从政治荣誉到实施企业政治行为和政治战略的政治平台。

二、民营经济发展对民营企业家参政议政的影响

既然存在驱动民营企业家参政议政的内在动力，同时外部政治环境的改善也为民营企业家参政议政创造了条件，那么什么因素决定民营企业家能否当选人大代表（或政协委员）以及人大代表或政协委员的级别呢？显然影响民营企业家政治参与和政治地位的因素是多方面的（Li et al.，2006；陈钊等，2008），而我们关注民营企业的经济实力是否是决定民营企业家参政议政的关键因素，以及区域民营经济发展对民营企业家参政议政的影响。

（一）民营经济发展与民营企业家参政议政的理论分析

1. 民营企业的经济实力对民营企业家参政议政影响的理论分析

阿塞莫格鲁、约翰逊和鲁滨逊（2005）认为，社会的政治权力有两个来源：政治制度和经济资源的分配；政治制度决定了法律制度上的政治权力（de jure political power），经济资源的分配决定了事实的政治权力（de facto political power），二者共同决定了当前的经济制度和未来的政治制度，而当前的经济制度决定了当前的经济绩效和未来的资源配置。

根据阿塞莫格鲁等（2005）的经济政治互动理论，经济资源是政治权力的重要来源之一，即使政治制度没有赋予资源所有者法律上正式的政治权力，资源所有者可以运用资源获得事实的政治权力。巴兰特和鲁滨逊（Baland & Robinson，2008）的研究表明，在智利，土地所有者让渡部分土地租金给雇农，这种租金让渡不但是信息不对称条件下的激励措施，而且也使得地主控制了雇农的政治行为。地主以撤回租金作为威胁，迫使雇农按照地主的政治意愿投票。显然，土地所有权是地主控制雇农政治行为进而获得政治权力的关键。

从经济政治互动理论角度看，随着民营企业的成长和经济实力的增强，企业的经济实力有可能成为我国民营企业家的政治权力来源。下面结合中国政治制度安排来分析民营企业经济实力影响民营企业家参政议政和获得政治权力的机理。

在我国的政治制度安排上，人民代表大会是法定的最高权力机关，政治协商会议具有对国家的大政方针和群众生活的重要问题进行政治协商和对党和政府行使民主监督的权力，因而民营企业家当选人大代表或政协委员意味着获得了宪法赋予的正式的政治权力。而在中国地方官员"晋升锦标赛"

制度下，民营企业的经济实力成为决定民营企业家获得正式的政治权力的关键因素。

所谓官员“晋升锦标赛”是指上级政府对多个下级政府部门的行政长官设计的一种晋升竞赛，竞赛优胜者将获得政治晋升（周黎安，2007）。由于对多任务、多目标的政治组织绩效的考核缺乏充分统计计量，相对的 GDP 增长成为一种次优的考核地方政府政绩和决定官员政治晋升的具有信息量的指标（王永钦等，2007），相关的经验证据也表明中国地方政府官员的晋升与地方的 GDP 增长密切相关（Li & Zhou，2005）。

在官员晋升锦标赛制度的约束下，追求地方 GDP 增长成为地方政府和官员的重要任务，地方政府官员必然对为地方经济发展做出重要贡献的企业“另眼相看”，从而有助于具有经济实力的民营企业家获得正式的政治权力。这是因为，在我国各级人大代表或政协委员的产生过程中，各级地方政府和党委有重要影响，各级地方政府和党委可以根据本地政治和社会经济发展的需求来提名推荐候选人。一些地方的领导人常常为了留住一些纳税大户，或者是激励那些为本地社会经济发展做出贡献的企业负责人，而倾向于将他们作为推荐的人大代表或政协委员候选人（陈钊、陆铭和何志俊，2008）。为此，我们提出如下理论假设 1。

理论假设 1：民营企业的经济实力越强，民营企业家越可能当选各级人大代表或政协委员，民营企业的经济实力与民营企业家获得参政议政资格的可能性正相关。

2. 区域民营经济发展对民营企业家参政议政影响的竞争效应与协同效应

我国不同地区的经济发展水平和民营经济发展程度存在显著差异，民营经济越发达的地区，民营企业的数量也越多，经济实力强的民营企业也越多。地区民营经济发展对民营企业家参政议政的影响可能存在两种效应：竞争效应和协同效应。

地区民营经济发展与民营企业家参政议政的竞争效应。在 1993 年首批民营企业家当选全国政协委员时，参政议政是政府主动赋予民营企业家的一种政治荣誉。然而随着民营经济的发展，民营企业家通过参政议政建立政治关系面临着激烈竞争。这种竞争源于：政治关系的经济价值性和政治地位。政治关系对民营企业是一项有价值的资源，它可以给关联企业带来融资便利、优惠税收等好处，而企业都有动机追求有价值的资源。此外，随着民营企业数量和规模不断扩大，越来越多的民营企业家把当选人大代表或政协委员视为追求政治身份和企业发展的手段（邬爱其和金宝敏，2008），当选人大代表或政协委员的愿望非常迫切（邓建平和曾勇，2009）。这意味着，在参政议政方面，民营企业间存在激烈竞争。在各级人大代表或政协委员数量相对固定的情况下，一个地区的民营经济发展程度越高，民营企业的数量越多，民营企业家在参政议政上的竞争越激烈。为此，提出如下理论假设。

理论假设 2a：民营企业所在地区的民营经济发展水平越高，具有经济实力的民营企业数量越多，民营企业家参政议政的竞争越激烈，在其他条件相同的情况下，民营企业家获得参政议政资格的可能性越小；此为区域民营经济发展对民应企业家参政议政影响的竞争效应。

区域民营经济发展与民营企业家参政议政的协同效应。一个地区的民营经济发展程度越高，民营经济对区域经济社会发展的贡献越大，民营企业家越可能得到地方政府的重视，这样各级党委和政府在提名人大代表候选人时会增加来自企业界代表的数量和比例，而在政协委员的产生中来自经济界的人数和比例也可能增加。为此，提出如下的理论假设。

理论假设 2b：一个地区的民营经济发展水平越高，地方政府对民营企业家越重视，在地方政府对人大代表或政协委员的提名中，来自企业界的人数和比例会更高，进而增加民营企业家获得参政议政资格的可能性；此为区域民营经济发展对民应企业家参政议政影响的协同效应。

以上分析表明，区域民营经济发展对民营企业家参政议政的影响可能存在两种相反效应：协同效应和竞争效应，前者增加了民营企业家参政议政的可能性，而后者降低了民营企业家参政议政的可能性。那么哪种效应会占据主导地位呢？

我国人大代表有乡（镇）、县、市（地区）、省和全国五个级别，而政协委员有县、市、省和全国四个级别。对于人大代表或政协委员，级别从下往上，人数呈金字塔形，级别越低，人数越多。随着人大代表或政协委员级别的上升，政府官员所占比例会上升，来自企业界的人大代表或政协委员的比例和数量会下降；也就是说，随着参政议政级别的提高，竞争效应逐步取代协同效应而占据主导地位。下面举例来说明这个问题。

假如A县的民营经济非常发达，那么县委和县政府在推荐县人大代表候选人时，可以增加来自企业界代表的人数和比例，以凸显县委和县政府对民营企业家的重视和“礼遇”，在这种情况下，民营企业家当选人大代表的可能性会因为来自企业界代表人数和比例的增加而提高。进一步假设A县属甲市管辖，甲市同时还管辖B、C、D等县，这些县都属于民营经济发达、民营企业数量众多的地区。那么在甲市人大代表推选中，甲市的市级（党委、政府、人大部门）官员会占据相当大比例，同时来自A、B、C、D县级官员会占据一定比例，这样势必会造成非政府部门人大代表比例下降；从而导致来自不同县的企业界县级人大代表之间为获得市级人大代表资格而竞争。据此，提出如下的理论假设。

理论假设3：随着人大代表或政协委员级别的提高，区域民营经济发展水平对民营家参政议政的竞争效应逐步取代协同效应占据主导地位。

（二）民营企业家参政议政的研究样本与相关数据

1. 研究样本

民营上市公司是经济实力最强和社会影响力最大的民营企业群体，选择民营上市公司作为研究民营企业经济实力与民营企业家参政议政关系的样本具有代表意义。具体而言，我们的研究样本为2003～2013年末在上海证券交易所和深圳证券交易所上市的民营上市公司，民营上市公司是指最终实际控制人为自然人（不包含实际控制人为上市公司、集体企业）的上市公司；本文的民营企业家指民营上市公司的实际控制人，他们是企业的所有者。

2. 变量定义和数据来源

（1）被解释变量—民营企业家的参政议政

与陈钊、陆铭和何志俊（2008）、李等（Li，et al.，2006）的定义相似，本文以民营企业家当选各级人大代表或政协委员来表示民营企业家的参政议政，并以变量pc来表示，pc的赋值情况如表13－5所示。

表13－5　政治关系和政治地位的赋值情况

政治地位	变量赋值	政治地位	变量赋值
非人大代表或政协委员	0	县级人大代表（政协委员）	1
地市级人大代表（政协委员）	2	省级人大代表（政协委员）	3
全国人大代表（政协委员）	4		

关于民营企业家当选人大代表或政协委员的数据，首先从国泰安CSMar数据库获得民营上市公司实际控制人及其简介的资料；然后通过百度搜索引擎对关键字“实际控人姓名＋人大代表（政协委员）＋公司注册地”进行搜索，最后确定实际控制人是否当选人大代表（政协委员）及其级别。

（2）解释变量

检验理论假设1的解释变量为民营企业的经济实力。民营企业的经济实力是一个模糊的概念，陈钊等（2008）的实证研究中把企业资产规模视为企业经济实力的体现。借鉴他们的做法，本文也以民营企业家实际控制的民营上市公司的资产规模（单位为万元，并取自然对数）来表示民营企业的经济实力，并以变量 ln（asset）来表示，数据来自国泰安 CSMar 数据库。

检验理论假设 2 的解释变量为地区民营经济发展水平。一般而言，区域的民营经济越发达，具有实力的民营企业数量越多，可能上市的民营企业数量也越多。因而本文利用某年度某省份民营上市公司数量来代表不同省份的民营经济发展水平，以变量 num 来表示。

（3）控制变量

除了民营企业的经济实力和地区经济发展水平会影响民营企业家的参政议政外，我们还控制以下因素的影响：民营上市公司的上市年限（l_time）、资产负债率（debt）、第一大股东持股比例（own）、是否存在一致行动人（co_hold）、公司的慈善捐赠（donation）、税收贡献（营业税加所得税）（tax），后二者均取自然对数。此外，我们还控制了年份效应和省级效应。为了排除异常值的影响，对所有连续变量进行缩尾（1%）处理。

3. 模型设定

由于我国人大代表或政协委员从下往上分为未当选、县、市、省、全国不同级别，分别取值 0、1、2、3、4，因而我们采用多项式 logistic（mlogit）回归模型来分析民营企业家参政议政的影响因素。

（三）民营企业家参政议政的实证研究结果分析

1. 相关性分析结果

表 13－6 是变量的相关性分析结果。相关性分析结果显示，变量 pc1 与 ln（asset）的相关系数为 0.205，且在 1% 水平显著，民营企业的资产规模与民营企业家参政议政的可能性正相关，这与理论假设 1 的预期一致。变量 pc1 与 num 的相关系数为－0.049（1% 水平显著），一个省份的民营上市公司数量与民营企业家参政议政的可能性负相关，这与理论假设 2b 预期一致，相关性分析结果似乎支持区域民营经济发展对民营企业家参政议政影响的竞争效应占据主导地位。此外，变量 pc1 与 donation 的相关系数为 0.190（1% 水平显著），民营企业慈善捐赠水平与民营企业家参政议政的可能性正相关，与其他文献的研究结论一致。

表 13－6　　变量的相关性分析结果

	pc1	ln（asset）	num	market	debt	own	co_hold	donation	tax
pc1	1								
ln（asset）	0.205***	1							
num	－0.049***	0.099***	1						
market	0.001	0.044***	0.575***	1					
debt	－0.018	－0.053***	－0.044***	－0.028**	1				
own	－0.013	－0.018	0.014	－0.020*	0.005	1			
co_hold	－0.011	0.019	0.001	－0.002	－0.006	－0.045***	1		
donation	0.190***	0.363***	0.108***	0.022*	－0.026**	0.004	0.002	1	
tax	0.131***	0.730***	0.080***	0.058***	0.003	－0.009	0.009	0.341***	1

注：①由于变量 pc 为分类变量，不便于作相关性分析；为此，在相关性分析中我们采用变量 pc1，它是一个哑变量，如果民营企业家当选各级人大代表或政协委员，取值为 1，否则为 0。②*表示 10% 水平显著，**表示 5% 水平显著，***表示 1% 水平显著。

2. 实证分析结果

表13－7为mlogit回归分析结果，其中民营企业家没有当选人大代表或政协委员（pc取值为0）为基准组。mlogit回归结果表明，理论假设1基本上是成立的，这体现为变量ln（asset）在模型（2）、模型（3）、模型（4）、模型（5）的系数分别为0.109、0.326、0.647、1.147，均大于零，说明随着企业规模的增加，民营企业家当选各级人大代表或政协委员的可能性增加，且在模型（3）、模型（4）、模型（5）中变量ln（asset）的系数均在1%水平显著，仅在模型（2）不显著。由此可见，民营企业的资产规模越大，民营企业家当选各级人大代表的可能性越高，民营企业的经济实力有助于民营企业家获得参政议政的资格。

表13－7 民营企业家参政议政影响因素的mlogit模型回归结果

变量	基准	(2)	(3)	(4)	(5)
	0	1	2	3	4
ln（asset）		0.109 (0.0928)	0.326*** (0.0627)	0.647*** (0.0634)	1.147*** (0.0826)
num		0.00456* (0.00247)	－0.00280* (0.00144)	－0.00099 (0.00131)	0.00170 (0.00170)
debt		0.527* (0.307)	－0.374* (0.208)	－0.542** (0.211)	－1.614*** (0.283)
own		－0.200 (0.317)	－0.0457 (0.100)	－0.154 (0.216)	0.0467 (0.148)
ln（tax）		－0.225*** (0.0550)	－0.136*** (0.0382)	－0.0612 (0.0384)	－0.0212 (0.0498)
l_time		－0.0421*** (0.0131)	－0.0236*** (0.00804)	－0.00411 (0.00786)	0.0891*** (0.00952)
donation1		0.0544*** (0.00970)	0.0562*** (0.00652)	0.0335*** (0.00658)	0.0584*** (0.00910)
co_hold		－0.160 (0.248)	－0.0784 (0.160)	－0.140 (0.172)	0.111 (0.205)
年份、省际效应		控制	控制	控制	控制
方程特征	N＝7424， Pseudo R^2＝0.1511， Log likelihood＝－9213.7835				

注：*表示10%水平上显著，**表示5%水平上显著，***表示1%水平上显著；括号中为p值。

在模型（2）中，变量num的系数为0.00456（10%水平显著），一个省份民营上市公司数量越多，民营企业家当选县级人大代表或政协委员的可能性越大，这表明在县级人大代表或政协委员层面，区域民营经济发展水平对民营企业家参政议政的影响是协同效应占据主导地位；而在模型（3）中，变量num的系数为－0.0028（10%水平显著），系数显著小于零，这表明在地市级人大代表或政协委员层面，区域民营经济发展水平对民营企业家参政议政的影响是竞争效应占据主导地位，民营企业数量越多，民营企业家获得参政议政的可能性越小。而在模型（4）、模型（5）中，变量num的系数分别为－0.00099、0.00170，但在统计上不显著，这表明，区域民营企业数量的多寡不是影响民营企业家当选省级及以上级别人大代表或政协委员的显著因素，区域民营经济发展对民营企业家参政议政影响的竞争效应与协同效应大致相当。

在其他影响变量中，donation 的系数在模型（2）~ 模型（5）中均大于零，且在 1% 水平显著，民营企业的慈善捐赠增加民营企业家当选各级人大代表的可能性，与预期一致；变量 ln（tax）的系数在模型（2）、模型（3）中显著小于零，这可能与民营企业家参政议政建立政治关联，从而获得政府税收优惠有关。

综上所述，在中国经济社会转轨背景下，民营企业的经济实力与民营企业家参政议政之间存在密切关系，民营企业的经济实力越强，民营企业家当选各级人大代表或政协委员的可能性越大，这在一定程度上印证了阿塞莫格鲁等（2005）提出的政治经济互动理论，即经济资源或经济实力是政治权力的重要来源。

此外，中国区域民营经济发展对民营企业家参政议政的影响体现出中国特定政治体制的影响。区域民营经济发展对民营企业家参政议政的影响具有两面性：一方面，区域民营经济越发达，地方党委和政府对民营企业家越重视，进而增加来自企业界的人大代表和政协委员的数量，从而提高民营企业家当选人大代表或政协委员的可能性，形成协同效应；另一方面，地区民营经济越发达，民营企业家数量越多，在来自企业界人大代表或政协委员数量相对固定的情况下，民营企业家当选人大代表或政协委员的可能性下降，形成竞争效应。我们的实证研究表明，是竞争效应占据主导地位还是协同效应占据主导地位与人大代表和政协委员的级别有关：对于县级人大代表或政协委员，协同效应占据主导地位；对于地市级人大代表或政协委员，竞争效应占据主导地位；而对于省级及以上人大代表或政协委员，竞争效应与协同效应大体相当。

三、民营企业家参政议政与民营企业的发展：政治关联视角

上一节的分析表明，经济资源配置是政治权力的重要来源，民营企业的经济实力是民营企业家获得参政议政资格的重要影响因素；而本节延续阿塞莫格鲁等（2005）的经济政治互动理论思路，分析民营企业家参政议政对民营企业发展的影响。当前对民营企业家参政议政如何影响民营企业成长的研究主要有新政治经济学和公司政治战略（corporate political strategy）两种切入视角。

新政治经济学视角主要从企业政治关联（political connection）来分析企业家参政议政的微观和宏观经济影响。企业政治关联是指企业与政府组织、政治人物或政府官员之间的密切关系，企业政治关联在不同的国家有不同的形成途径和表现形式（Faccio，2006）。现有研究文献认为，中国民营企业政治关联主要表现为：企业家或企业高管的从政经历、政治网络关系（吴文峰等，2008；张建君和张志学，2005；Li and Zhang，2007）和民营企业家的参政议政（胡旭阳，2006；Li et al.，2006；邓建平和曾勇，2009）。因而从新政治经济学角度看，民营企业家参政议政是民营企业建立政治关联的重要途径。

公司政治战略研究文献认为企业可以通过政治行为和政治策略从政府或政治人物那里谋求有利自身发展的资源和外部非市场环境，进而建立竞争优势，而企业政治行为和政治战略的实施需要以企业政治资源或政治资本（political capital）为基础。企业政治资源或政治资本是指企业拥有的能够通过政治过程影响政府决策来提升企业绩效的各种要素组合（Frynas et al.，2006；卫武，2006；Birner and Witter，2003；Sun et al.，2010）。而在中国政治体制下，民营企业家参政议政为民营企业提供了接近政府官员和积累政治资本的途径。

尽管新政治经济学和公司政治战略从不同视角来分析民营企业家参政议政对民营企业发展的影响，但二者之间是密切关联的。民营企业家参政议政是中国政治体制下民营企业建立政治关联、积累企业政治资本的重要途径，甚至部分文献把民营企业政治关联与民营企业政治资本视为等价的术语（Nee and Opper，2010），因而两个分析切入视角在一定程度上是等价，下面侧重于从政治关联视角

来梳理关于民营企业家参政议政影响民营企业发展的机理。

（一）民营企业的政治关联与企业绩效“悖论”

正如以上分析所指出的，在政治观察期和政治肯定期，民营企业发展面临外部政治环境不确定和所有制歧视带来的不利影响：法律制度对民营企业（尤其是私营企业）的产权保护不充分、地方政府部门的随意摊派、融资难、行业准入面临的行政壁垒等。这些不利影响的形成或多或少与地方政府的行为不当或行政干预有关，而民营企业家参政议政形成的政治关联可以缓解上述不利因素的影响，为政治关联企业带来直接的经济利益，因而民营企业政治关联构成了关联企业的战略资产（strategic asset）。

1. 政治关联作为战略资产给关联企业带来的直接经济利益

（1）民营企业政治关联的产权保护效应

在中国转轨过程中，法律制度对民营企业产权的保护并不充分，民营企业发展面临着来自部分地方政府“掠夺之手”的威胁，部分地方政府部门的乱收费、乱摊派、乱罚款等不规范行为就是地方政府“掠夺之手”的具体表现（Allen et al，2005；陈抗等，2001）。

而法与金融学的研究表明，在正式的法律制度不能为中小投资者提供充分产权保护的情况下，投资者会寻求法律替代机制。因而在法律制度不能为民营企业提供充分产权保护的情况下，民营企业有动机寻求法律替代机制来保护自身的产权（Allen et al，2005）；而政治关联就发挥了民营企业产权保护的法律替代机制的作用（胡旭阳，2006；杨其静，2010；田利辉和张伟，2013）。李、孟和张（Li，Meng and Zhang，2006）发现，法律制度越不完善、企业非正式税负越重的地区，中国私营企业家越可能参与政治；罗党论和唐清泉（2009）的实证研究表明，民营上市公司所在地区产权保护水平越差，企业越容易跟政府形成政治关系。

除了作为法律替代机制发挥产权保护的功能外，政治关联可能会使企业经营活动少受地方政府行为的干扰。薛爽等（2013）的研究表明，2010 年是我国实现“十一五”规划的万元 GDP 单位能耗必须下降 20% 目标的收官之年，地方政府为了实现上述目标必然要对企业生产的能耗情况进行干预。在此背景下，具有政治关系的民营企业可能会比没有政治关系的民营企业受到的干预要少。

（2）民营企业政治关联的融资便利效应

中国民营企业发展中普遍面临所有制歧视带来的融资难问题，而大量的经验研究表明，民营企业政治关联便利了关联企业获得外部的债务和股权融资。

冯天丽和井润田（2009）利用全国私营业主普查数据发现，金融市场发展越落后的地区，企业家当选人大代表或政协委员的愿望越迫切；罗党论和唐清泉（2009）发现，金融发展越落后的地区，民营上市公司越有动机建立政治联系。这说明融资难是民营企业建立政治联系的驱动因素之一。而余明桂和潘红波（2008）发现，有政治关系的民营企业比无政治关系的民营企业获得更多的银行贷款且贷款期限更长；而且在金融发展越落后、法治水平越低和政府侵害产权越严重的地区，政治关联的贷款便利效应越显著。周（Zhou，2009）发现，私营企业家的参政议政显著影响企业能否获得银行贷款，这种效应对中小企业更为显著。于蔚等（2012）认为，政治关联通过两种微观机制便利民营企业债务融资：信息效应和资源效应。具有政治关联的企业更可能是经营效率较高的企业，政治关联降低了资金供求双方关于企业未来业绩的信息不对称，此为信息效应；同时政治关联能够增强民营企业的资源获取能力，提高企业未来的总收益，降低资金供给方提供资金的风险，此为资源效应。邵挺（2011）的研究表明，在政府主导的企业评级中，民营企业家的政治身份可以显著提高企业的评级等级，便于民营企业获得融资。

除了债务融资外，政治关联还便利了关联民营企业获得外部股权融资。公开发行股票融资是企业获得外部股权融资的重要途径，而不论是在审批制还是核准制下，中国首次公开发行市场均受政府的干预，政治关联有助于关联民营企业获得股票发行资格。刘等（Liu et al.，2013）的研究发现，企业高管的政治关联提升了关联创业企业通过股票发行审核获得上市的可能性；而李和周（2015）发现，民营企业的政治关联显著提高其通过股票发行审核的可能性，并且关联企业的发行市盈率更高、在发行前被监管部门抽中进行现场审计的可能性更低。

（3）民营企业政治关联的财政补贴效应和税收优惠效应

现有研究还表明，民营企业的政治关联能够给关联企业带来政府税收上的优惠。吴冲锋、吴文锋和芮萌（2009）发现，高管具有政府背景的民营上市公司在所得税适用税率和实际所得税率上都显著低于高管没有政府背景的公司；并且公司所在省市的企业税外负担越重，这种税收优惠效应越明显。李维安和徐业坤（2013）发现，民营企业家的政治身份能够产生避税效应，拥有政治身份的企业实施了更多税收规避行为，并且政治身份的避税效应具有异质性：政治身份层级越高、拥有本地政治身份的民营企业，其政治身份的避税效应更为明显。

除了税收优惠之外，政治关联还能为民营企业带来更多的政府补贴。余明桂、回雅甫和潘红波（2010）、郭剑花和杜兴强（2011）、潘越、戴亦一和李财喜（2009）均发现，与地方政府建立政治关联的民营上市公司能够获得更多的财政补贴。但他们所强调的机制并相同，余明桂等（2010）认为，政治关联的财政补贴效应是关联企业寻租的结果；这种财政补贴效应在制度环境差的地区越强；郭剑花等（2011）则认为，政治关联企业受到政府干预度更大，需要承担更多的社会责任，而政府补贴则是对企业承担社会责任的补偿；潘越等（2009）则认为，政治关联能够使关联企业在处于财务困境时获得更多的政府补贴。

（4）民营企业政治关联的去行业准入壁垒效应

在中国经济转轨过程中，许多行业准入面临着非常高的政府行政壁垒，而现有研究表明，政治关联有助于关联企业克服行业准入的行政壁垒，为关联企业带来更多的成长机会。胡旭阳（2006）的案例研究表明，万向集团在其发展过程中先后进入政府高度管制的保险业、信托业、金融租赁等行业，这与其创始人鲁冠球的政治关联有密切关系。罗党论和刘晓龙（2008）对2004～2006年民营上市公司的研究表明，民营企业与政府的政治关联越高，其进入高壁垒行业的可能性越大，政治关联发挥了去行业准入壁垒的作用。胡旭阳和史晋川（2008）对2004年中国民营500强的研究表明，民营企业家当选人大代表或政协委员显著提高了民营企业进入房地产、金融、传媒、制药、采掘业等政府管制行业进行多元化投资的可能性。

2. 政治关联与民营企业绩效“悖论”现象

在民营企业发展面临所有制歧视的背景下，政治关联能够给关联民营企业带来产权保护、融资便利、税收优惠、政府补贴和管制行业准入等经济利益，基于此，一个合理的推论就是，政治关联与民营企业绩效之间存在正相关关系，政治关联有助于提升关联企业的绩效。然而经验研究并未给出关于政治关联与民营企业绩效关系的一致证据，不同研究的结论相差很大：一是二者之间是正相关关系。田利辉和张伟（2013）发现，政治关联有助于提升我国上市关联企业的长期绩效，并且这种关系仅存在于民营上市公司中，而对国有上市公司则不显著；Feng等（2013）发现，企业家当选人大代表或政协委员的企业IPO后的表现更好；罗党论等（2009）提供的证据表明，政治关系有助于民营企业进入政府管制行业，进而提高企业的经营绩效。二是二者之间是负相关关系。邓建平等（2009）发现民营企业实际控制者的政治关联度越高，企业的经济绩效越差；张敏、张胜、申慧慧和王成方（2010）的研究表明，虽然政治关联便于民营企业获得长期贷款，但贷款对政治关联企业的价值产生了负面影响，政治关联影响信贷资源的配置效率。李维安等（2010）的研究结果表明，企业的政治联系指数越高，公司的绩效（财务业绩、市场业绩和资产周转率）越差。三是二者之间没有显著关系。而吴文锋等（2008）发现整体上政治关系对民营企业绩效的影响是中性的，企业高管的政府背景并没有显著影响公司价值。何德旭等（2011）的研究表明，民营企业的政治关联并不影响企业价值。

这就产生了如下的“悖论”：既然政治关联能够给关联企业带来诸如融资便利、税收优惠等直接经济利益，那么它为什么并不一定能提升关联企业的价值或绩效呢？换言之，为什么民营企业的政治关系与民营企业的竞争优势和绩效之间不能直接画等号呢？如何解释上述“悖论”现象呢？

虽然上述研究主要关注政治关联给关联企业带来直接的经济利益，然而并未考虑政治关联可能给关联企业带来成本和风险；此外，上述研究主要关注的是民营企业政治关联与企业绩效之间的直接关系，而忽略了政治关联影响企业业绩的机理。而后续研究不但关注政治关联的成本和风险，探寻政治关联与企业绩效关系的状态依存情况，而且更加关注关联企业对关联企业的公司治理机制、企业战略选择的长期影响，进而对政治关联与企业绩效“悖论”现象提供解释。

（二）民营企业政治关联与企业绩效“悖论”的解释

1. 民营企业政治关联的成本

民营企业家通过参政议政建立政治关联，一方面，可以给企业带来诸如融资便利、税收优惠等好处；另一方面，政治关联的建立是需要花费成本和资源的（杨其静，2011），而且政治关联使企业经营更可能受政府行为和目标的干扰，增加企业成本，降低企业效率。

（1）政治关联企业的经营活动会受到地方政府目标的干扰

梁莱歆、冯延超（2010）的研究表明，政治关联企业的雇员规模和薪酬成本都显著高于非关联企业，且企业政治关联程度越高，这种效应越明显；何德旭和周中胜（2011）发现，民营企业的政治关联与公司的雇用人数及雇佣成本均呈显著正相关，且这种关系在市场化程度低的地区更为突出。这表明，政治关联企业的雇佣政策受到地方政府实现扩大就业、促进社会稳定目标的干扰。

（2）民营企业的慈善捐赠与民营企业的政治关联维护

高勇强等（2012）认为，中国民营企业的慈善捐赠更多是“工具性的”，而非企业社会责任的有机构成和一贯体现；而梁建等（2010）、高勇强等（2011）、薛爽和肖星（2011）发现，民营企业家的政治参与对慈善捐赠有显著的正效应。而戴亦一等（2014）则更直接地指出中国民营企业的慈善捐赠在某种意义上是为建立政治关系而付出的成本。他们利用地方政府（市委书记）换届作为“准自然实验”，发现地方政府换届后，企业慈善捐赠的倾向和规模都会显著增加，并且在实证方法上他们的研究有助于克服以往研究面临的内生性问题。这表明，在中国转轨过程中，民营企业的捐赠行为是策略性的，利用慈善捐赠来巩固政治关系，以进一步获得政府的支持，慈善捐赠成为民营企业维护政治关联的成本。

此外，民营企业家还必须要花费很多时间与政府官员打交道以维护良好的政治关系（Zhang、Tang and Wong，2015），进而增加了关联企业的相关成本。由此可见，政治关联的上述成本会部分抵消政治关联的好处。

2. 民营企业政治关联价值的权变性

尽管大部分研究把企业政治关联视为企业的战略资产，然而部分研究也认为企业政治关联的价值或“生产性”是权变的（Arnoldi and Villadsen，2015）。孙、麦拉因和赖特（Sun，Mellahi and Wright，2012）认为，影响公司政治关系价值的权变性决定于企业所处的非市场环境、市场环境、组织内部要素和组织间要素等因素。

（1）制度环境（非市场、市场环境）与政治关联价值的权变

相关研究表明，民营企业所处地区的市场化水平越低，政府干预程度越高，政治关联的税收补贴

效应越大（余明桂等，2010）、融资便利效应越强（余明桂和潘红波，2008），但企业的雇佣人数更多和雇佣成本也更高（何德旭和周中胜，2011）。贾（Jia，2016）发现，民营企业参政议政与企业市场能力存在正相关关系，但这种关系受制度环境的调节，法律制度越完善、对政府制约越多、对民营企业发展支持越强的省份，上述正相关关系越弱。

（2）组织间要素与企业政治关联价值的权变

企业政治关联代表着企业与政府两种组织之间的特定联系，关联方式的差异会影响企业政治关联的价值。阿诺尔迪和维拉德森（Arnoldi and Villadsen，2015）的研究表明，中国企业政治关系对企业绩效的价值与企业政治关系的层级有关，与中央政府的政治关系能够提升企业绩效，但与地方政府的政治关系对提升企业绩效的作用不如与中央政府的关系。贾（2014）发现，那些是工商联会员会的企业家追求当选人大代表或政协委员的愿望更加迫切，她认为企业集体政治行为与个体政治行为之间是互补的，而马、芮和吴（Ma，Rui and Wu，2015）的研究表明，加入工商联是民营企业家当选人大代表或政协委员的途径。

（3）组织内要素差异与政治关联价值的异质性

企业是嵌入在不同的政治网络关系中，因而企业政治关联是异质的，企业的政治关系类型和组合是不同的，其价值具有异质性（Sun，Mellahi，Wright and Xu，2015）。郑、辛格和米切尔（Zheng，Singh and Mitchell，2015）对1993~2003年中国电视机行业的研究表明，政治关联可以提高关联企业的绩效和生存概率两种作用，且上述作用与企业的以往业绩表现有关，对于以往业绩差的企业，企业政治关系提升企业生存概率的作用更大；对于以往业绩好的企业，提升企业绩效的作用更大；并且上述作用更多来自与地方政府的政治关系，而与中央政府政治关系的作用不大。陈、李、苏和孙（Chen，Li，Su and Sun，2011）发现，政治关联企业的控股股东更可能占据董事会董事长或CEO的位置，这便于控股股东侵吞从政治关联获得的利益。此外，政治关联的类型和级别的异质性影响政治关联的价值。杜兴强、郭剑花和雷宇（2009）发现，民营上市公司的政府官员类政治关联对企业业绩有显著的、负向的影响，而代表委员类政治关系则具有显著的、正向影响。杜兴强、陈韫慧和杜颖洁（2010）还发现，除了政治关联与企业业绩的关系与政治关联的类型有关，企业真实业绩与政府官员类政治联系的强度均显著负相关，与代表委员类政治关联的层级高低均显著正相关。郝项超和张宏亮（2011）却发现，与民营企业家的政治身份相比，民营企业聘请的高管的政府官员背景有助于民营企业获得更多贷款、期限更长且条件更为宽松。

3. 企业政治关联的风险

对于关联企业而言，作为战略资产的政治关联也会给企业带来风险，甚至在一些情况下可能转变成企业的负债，比如相关政治人物的死亡（Roberts，1990；Faccio & Parsley，2009）、企业支持的政党在竞选中被对手击败（Siegel，2007）会造成政治关联价值的消失，甚至给关联企业带来不利的影响（Fisman，2001；Johnson and Mitton，2003）。而在中国转轨过程中，企业政治关联的风险与制度变迁和政府反腐政策密切相关。

（1）制度变迁与企业政治关联的风险

邓晓飞、辛宇和藤飞（2016）指出了中国政治制度变迁给政治关联带来的风险。以2013年中组部有关文件所引发的上市公司官员独立董事辞职事件考察企业政治关联的价值，他们发现，政治关联的消失对民营上市公司的股价造成了显著的负面影响，且这种冲击在治理环境越差的地区越显著，民营企业的政治关联在面临外部冲击时存在不确定性和脆弱性。

（2）中国政府反腐与企业政治关联的风险

与企业有密切关系的政府官员因贪腐而受到查处，原来与被查处官员的联系变成了企业的负债，因为关联企业可能会成为新任官员“整肃”的对象。孙等（Sun et al.，2015）通过事件研究对2006

年中央政治委员陈良宇因腐败受到调查对上海上市公司的影响表明，高层通过政府官员私人关系建立政治关联的上市公司超额收益显著为负。

（三）民营企业政治关联影响关联企业发展的机理

政治关联的价值是权变的、异质的和有风险的，因而政治关联与民营企业绩效和价值之间的关系也可能是权变、异质的。另外的研究则尝试通过分析政治关联影响民营企业发展的机理来揭示政治关联对关联企业发展的长期影响，目前文献主要关注两方面的问题：政治关联对关联企业公司治理机制和企业经营战略的影响。

1. 政治关联对关联民营企业公司治理的影响

（1）政治关联与公司的会计信息质量

雷光勇等（2009）对中国上市公司的研究表明，有政治关联的上市公司倾向于选择低质量的审计师，而无政治关联的上市公司倾向于选择高质量的审计师，政治关联弱化了审计对公司财务报告的鉴证作用。杜兴强等（2009）的研究表明，总体上民营上市公司的政治关联降低了会计稳健性，进一步对企业政治关联的形式进行区别后发现，代表委员类政治联系降低了会计稳健性，政府官员类政治联系对会计稳健性的影响不显著。

（2）政治关联与董事会功能的异化

现有文献表明，政治关联还异化了董事会的功能和作用。范等（Fan et al.，2007）对中国上市公司的研究发现，政治关联降低了关联企业董事会的职业性、独立性。游家兴等（2010）对因业绩不佳而被特殊处理的上市公司的研究表明，高管的政治关联越密切，高管因业绩低劣被迫离职的可能性越小；而周林洁和邱汛（2013）的研究表明，不具有政治关联的高管变更与企业绩效负相关，而具有政治关联的高管其变更与业绩的负相关关系较弱；这是因为对非国有企业，政治关联的高管对企业具有很高的额外价值且难以替代。查泽马、刘、鲁和高（Chizema、Liu、Lu and Gao，2015）分析了中国上市公司董事会政治关联与高管报酬之间的关系，发现二者之间呈负相关关系，且董事会中政治关联董事人数越多，企业高管与一般员工间的薪酬差距越小，政治关联弱化了企业高管报酬与企业绩效之间的关联。由此可见，政治关联弱化了公司治理对企业高管的激励、约束机制，政治关联不是企业的资源而是“诅咒”（You and Du，2012）。

（3）政治关联与中小股东权益保护

伯克曼等（Berkman et al.，2010）发现，在中国证监会3次旨在提升中小投资者保护的监管政策颁布后，那些原来公司治理较差的企业股价获得显著正超额收益，市场预期中小投资者因此受益；但那些有政治关联的企业并未从相应监管中受益，这表明，政治关联企业中小股东利益更可能受到大股东侵害。潘红波和余明桂（2010）发现，政治关联加剧了控股股东的掠夺行为和利益输送，尤其在投资者保护水平比较低的情况下更为显著。贺小刚等（2013）发现，政治关联增加了民营上市公司的破坏性行为（关联交易更为频繁、交易额也更大）。这表明，政治关联带来的政府庇护使关联企业侵害中小股东利益的违规行为得不到及时查处（许年行等，2013）。

（4）政治关联与民营企业治理家族化

政治关联使民营企业的公司治理结构家族化特征更加明显。胡旭阳（2013）的研究表明，民营上市公司实际控制人的政治关联度越高，董事会和公司高管中家族成员的数量越多、比例越高。陈凌和王昊（2013）把家族介入和政治关联视为民营企业发展的制度替代机制，并发现在制度环境差的情况下，家族介入与企业政治关联之间正相关，企业政治关联度越高，家族介入程度越高。何轩等（2014）的研究指出，企业家对制度环境的不利感知降低家族企业代际传承意愿，但占据有利的政治地位可以抵御不利制度环境感知的影响，增加家族企业创始人把企业传递给下一代的意愿。徐等

（Xu et al.，2015）发现中国家族企业代际传承决策中，创始人的政治关联是一个重要因素，创始人的政治关联增加了家族二代担任企业董事长、CEO 或董事的可能性，这是因为家族内部接班可以避免政治关联价值的损失。

2. 政治关联与民营企业经营战略的选择

除了对关联企业的公司治理产生影响外，现有研究表明，政治关联还对企业的经营战略，尤其是投资策略产生全方位的影响，进而影响企业的长期绩效表现。

（1）政治关联与民营企业的投资行为

政治关联的融资便利与政府管制行业准入便利对关联企业的投资行为产生重要影响。于文超和何勤英（2013）研究表明，政治关联通过缓解企业的融资约束促进企业投资，但对投资效率没有显著影响；胡旭阳和史晋川（2008）、郑建明等（2014）认为，政治关联有助于关联企业进入政府管制行业进行多元化投资；张敏等（2009）发现，政治关联企业的多元化程度显著高于非政治关联企业，政治关联帮助企业获得了更多的多元化资源，而且与非关联企业相比，多元化并未增加企业的风险。潘越等（2009）认为，企业政治关联可以作为地区社会资本的替代机制促进企业投资。徐业坤等（2013）认为，政治不确定性影响民营企业的投资支出，政治关联企业特别是企业家具有人大代表、政协委员等政治身份的企业投资支出受政治不确定性的影响程度更大。夏立军等（2011）发现，非国有企业高管的中央政府部门的任职经历有助于企业跨省投资。

钱先航和徐业坤（2014）则从风险承担角度分析了政治关联对企业投资的影响。他们发现，我国地级市政府官员的更迭显著增加民营上市公司的风险承担行为，但民营上市公司实际控制人的政治身份会弱化这种关系，企业家的政治身份成为民营企业抵御不确定性的重要工具，原因在于政治身份能够给企业家带来政府政策方面的信息优势。蔡卫星等（2011）发现政治关联增加民营企业投资的关系受其他因素调节，地区经济增长率和企业规模会弱化上述关系。

（2）政治关联与企业的 R&D 投入

现有研究表明，政治关联影响企业的 R&D 的投入，尽管结论并不一致，但大部分文献都认为政治关联降低了关联企业的研发投入，阻碍了企业的创新活动。陈爽英等（2010）从社会资本角度考察民营企业家政治关系对研究投资的影响，并发现，不同于民营企业家的银行关系资本、协会关系资本，民营企业的政治关系对民营企业的研发投入倾向和研发投资强度呈显著的消极影响。贺小刚等（2013）发现，政治关联民营企业比非关联企业的技术人员比例更低、人均专利数量更少、无形资产比例更低；他们认为，政治关联能够为关联企业带来更容易的投资机会，降低了关联企业进行风险更大的 R&D 投资愿望。党力等（2015）的研究则从另一角度印证了政治关联对企业研发投资的负面影响。他们认为，由于十八大后中央加大反腐，政治关联的收益会下降，因而反腐会激励企业创新；他们的实证研究表明，反腐对非国有企业创新有更普遍的正面影响，并且反腐败越强的省份，有政治关联企业的创新水平增幅越大。

另外的研究并不只关注政治关联对企业 R&D 投入倾向和数量的影响，更关注政治关联影响企业 R&D 投入的机理。连军等（2011）认为，为了满足地方政府追求政绩的偏好，政治关联民营企业相对于没有政治关联的民营企业进行了更多的资本投资；并且在市场化程度低的地区，政治联系加剧固定资产投资对 R&D 投资的挤占，不利于企业通过 R&D 构筑核心竞争力以实现长期可持续发展，但这种挤占效应在市场化高的地区不存在。袁建国等（2015）认为，政治关联阻碍了中国企业的创新活动，降低了创新效率，加剧了企业的粗放式经营、阻碍企业自主创新；其机理在于：一是政治关联通过降低市场竞争使企业缺乏技术创新的动力；二是助长过度投资导致资源分散对创新产生挤出效应。

与上述研究强调政治关联降低企业的 R&D 投入不同，康华等（2013）认为，由于资金优势、政策优势等原因，民营企业政治关联会有助于增加关联企业的研发活动。而 Zhang，Tan 和 Wong

(2015) 发现，政治关联对民营企业创新活动的影响与创新类型有关，政治关联可以提高探索性创新（exploratory innovation）活动的效果，而对开发性创新（exploitative innovation）活动的绩效没有影响。

(3) 政治关联与企业并购行为

魏江等（2013）发现本地政治关联有助于企业在产业内实施区域内或跨区域并购，而中央政治关联则有助于企业在本产业外实施区域内或区域间并购；并且要素市场发育程度越高，高管政治越能够促进并购的实施。江若尘等（2013）等将企业政治关联划分为政治关联广度（政治网络关系）和政治关联深度（权力等级）两个维度，发现民营企业政治关联广度比政治关联深度更有利于增强其并购能力，而政治关联深度对企业跨地区并购能力的作用比政治关联广度大。

四、民营企业发展与民营企业家参政议政：未来展望

以上基于企业政治关联视角的研究为理解中国经济社会转型背景下民营企业发展与民营企业家参政议政的经济政治互动关系提供了洞察力；然而在关于民营企业家参政议政对民营企业自身发展以及对中国未来经济社会转型有何影响方面，在研究内容、思路和方法方面仍旧有许多亟待深入研究的问题。

（一）民营企业家参政议政经济影响的动态性

1. 微观层面上，家族企业代际传承所产生的政治关联影响的动态性问题

家族企业是中国民营企业的主体，而经过40年的发展，许多改革开放后成长起来的家族企业步入代际传承阶段：创始人退休而创始人子女接班。家族企业创始人有动机把企业独特的资源传递给家族继承人以保“家业常青”，而在中国经济社会转轨过程中民营企业家通过参政议政积累的企业政治资本构成了家族企业重要的战略资产，那么家族企业创始人是否有动机把企业的政治资本转移给继承人呢？

而一些迹象表明，中国家族企业在代际传承中正积极地通过政治身份代际传递来实施企业政治资本代际转移。胡旭阳和吴一平（2016）提供的更为系统的经验证据表明，中国家族企业创始人参政议政显著增加继承人参政议政的可能性，并且继承人更可能在继承企业控制权后（担任公司的总经理或董事长）获得参政议政的资格，但他们并未研究家族企业政治资本代际转移对继承后民营企业发展的影响。比如说，政治资本代际转移是否会影响家族企业传承后的经营战略、研发投入等？民营企业政治资本的融资便利、税收优惠效应等是否会随企业的代际传承而呈现动态衰减等？

因而研究家族企业创始人与继承人参政议政的代际传承影响家族企业成长机理是研究民营企业政治资本动态经济影响的重要方向。

2. 宏观层面上，政治关联企业是中国市场化进程的推动者还是阻碍者

在产权保护不充分、要素市场不完善、政府对经济活动干预严重的制度环境下，民营企业家通过参政议政等方式建立政治关联是对所处制度环境的理性反应（罗党论等，2009）。而参政议政使民营企业家获得一定的政治谈判力，那么民营企业家如何使用这种政治影响力可能会对我国未来经济社会转型产生重要影响。

一方面，政治关联能够关联企业带来融资便利、税收优惠、财政补贴等好处，政治关联便利了民营企业寻租，政治关联企业成为既得利益者。在这种情况下，政治关联民营企业家可能没有动机利用参政议政所产生的政治权力来推动制度建设、完善民营企业发展的制度环境，甚至民营企业家参政议

政带来的租金和既得利益可能使政治关联民营企业成为中国市场化进程和产权制度完善的阻碍者。

另一方面，尽管政治关联更够给关联企业带来经济利益，但是政治关联也使关联企业面临政治不确定性，比如因政治关系消失或政治人物的失势而失去价值的风险，且来自政治关联提供的产权保护毕竟不如正式法律制度提供的保护强；此外，政治关联的经济利益可能为维护政治关联的成本所抵消。因而从降低政治关联的风险和成本角度，民营企业家有动机推动市场基础制度的完善而非仅仅依靠政治关联攫取的短期租金，而参政议政所具有的政治谈判能力可能促进民营企业家成为中国市场化进程和产权制度完善的推动者。

政治关联企业到底是中国市场化进程和产权制度完善的积极推动者还是阻碍者会对中国未来经济社会转型产生重要影响，这也是从宏观角度考察民营企业政治关联经济影响动态性的重要视角。菲斯曼和王（Fisman and Wang，2015）发现，中国政治关联企业的工人死亡率显著高于非关联企业；他们认为政治关联有助于关联企业规避生产安全监管，增加了社会成本。而李和梁（Li and Liang，2015）则认为，民营企业家的参政议政增加了民营企业家的社会担当和社会责任。显然上述研究在企业政治关联的长期社会效应方面并未取得一致结论。因而对这个具有重要现实意义和理论意义的问题，需要在上述少数零星文献的基础上，展开系统性的研究。

（二）民营企业家参政议政经济影响的异质性

民营企业家建立政治关联的途径、动机不一样，这意味着民营企业政治关联及其经济影响具有异质性，而目前研究对于民营企业政治关联经济影响的异质性关注不够，这是未来研究需要关注的问题（Sun et al.，2012）。

1. 现有研究忽视民营企业不同类型政治关联的异质性

政治关联是企业与官员或政治人物之间密切的关系（Faccio，2006），政治关联的表现形式和形成路径与企业所在国家的正式和非正式制度密切相关。在中国转轨过程中，民营企业可以通过参政议政、聘请前政府官员出任高管或以往政府部门任职履历、社会关系等途径建立政治关联。在研究企业政治关联的经济影响方面，除了少数文献考虑了企业政治关联的类型与层级的差异外，大部分研究文献都把民营企业家（或高管）的政府部门履历背景与参政议政（当选人大代表或政协委员）等同起来，而不同类型政治关联的形成机理并不相同，它们的经济影响是否有异质性需要进一步深入分析。

2. 民营企业家参政议政动机的异质性

关于民营企业家参政议政的动机，早期文献强调经济利益的影响：在中国经济社会转型初期，由于市场体系和市场支持制度不完善，民营企业家通过参政议政建立良好的政企关系进而谋求有利的竞争环境（Li et al.，2006；胡旭阳，2006；罗党论和唐清泉，2009）。根据经济动因理论假设，随着我国市场体系的逐步完善，民营企业家参政议政的热情应该下降。然而现实情况是民营企业家参政议政的热情并未随我国市场化进程的加快和市场体系的完善而下降，反而上升了，民营企业家参政议政现象越来越普遍（陈钊等，2008；邓建平等，2009；李和梁，2015），显然仅从经济动因维度不能对此做出完全合理的解释。这里需要考虑民营企业家参政议政动机的异质性。

民营企业家参政议政的动机不仅有经济利益维度，还有非经济利益维度。邬爱其和金宝敏（2009）认为，除了企业发展的经济动机之外，民营企业家参政议政的动机还在于提高个人的社会地位。而李和梁（Li and Liang，2015）进一步从中国儒家文化传统角度解释民营企业家的商业成功与参政议政的关系；他们认为，受中国儒家文化传统影响，事业的成功会促进民营企业家的人生目标从自我导向到社会导向的转变，企业家参政议政的动机不再是为了企业的发展，而是去追求他们心目中的“亲社会”动机：服务社会和有益于公众，而参政议政是实现上述动机的重要渠道。

目前，关于民营企业家参政议政的非经济动机和影响的研究处于起步阶段，比如现有研究考察了民营企业参政议政与民营企业的慈善捐赠之间的关系，但对慈善捐赠以外的企业社会责任与民营企业家参政议政的关系并未有更多的涉及。

3. 不同类型民营企业家政治关联的异质性

一般把非国有企业等同于民营企业，而民营企业有不同类型：集体企业、外资企业、公众持有企业、家族企业等类型。现有研究较少关注不同类型民营企业政治关联经济影响的差异性，尤其是非家族民营企业与家族企业政治关联影响的差异性。家族企业与非家族企业的重要差异在于：家族企业的决策受家族社会情感财富（socioemotional wealth）得失的影响。社会情感财富是指家族凭借其所有者、决策者和管理者的身份从家族企业经营中获得的非经济利益，具体包括行使权力的能力，满足归属、情感和亲情的需要，在企业内部长久保持家族价值观，维系家族控制，保全家族社会资本，建立和维持正面的家族形象和声誉，履行基于血缘关系的家族义务，以利他主义对待家族成员、企业控制权在家族内部传承等（Gomez－Mejia et al.，2007；窦军生等，2014）。

社会情感财富理论强调家族企业的决策不仅受利润等财务目标的影响，还受社会情感财富的非财务目标的影响；而企业家参政议政可以通过提升企业合法性、正面的企业形象、家族社会地位等途径提高家族企业的社会情感财富。目前，研究民营企业家参政议政影响的文献并未区分家族企业与非家族企业，忽略了企业家参政议政是家族企业的社会情感财富重要来源的异质性。因而，未来研究需要进一步从社会情感财富角度解析企业家参政议政对不同类型民营企业影响的异质性。

（三）民营企业家参政议政与其他形式的政治关联

朱和钟（Zhu and Chung，2014）对台湾地区企业的研究表明，企业不同类型政治关系之间是相互作用，他们的研究创新在于不是仅仅强调政府与企业的双边关系，而是进一步分析了企业不同政治关系的组合及其相互作用对企业战略的影响。

朱等（2014）研究的启示是，企业不同政治关系间不是相互独立而是相互作用的。而中国民营企业不但通过参政议政建立政治关系，也可能通过聘请具有政府背景的高管建立政治联系，那么民营企业不同类型政治关联之间是替代还是互补关系呢？比如说，与企业有关联的政府官员因贪腐受到调查时，民营企业家参政议政的政治身份是恶化还是减轻了关联政府官员受查处的不利影响呢？这也是需要进一步研究的问题。

（四）民营企业政治关联研究的深化与拓展

要对民营企业政治关联影响的动态性、异质性等问题进行深入研究，研究方法和思路的拓展是必不可少的。

1. 运用演化经济学方法来考察企业政治关联与制度演化的互动关系

现有研究文献更多强调中国民营企业建立政治关联是对所处制度环境理性适应的结果，但演化经济学强调企业与制度环境间的作用并非单向的，而是双向、相互的。比如，迪勒曼和弗拉基米尔（Dieleman and Wladimir，2008）关于印尼萨利姆（Salim）集团与苏哈托政权关系的分析就充分说明企业与政治制度环境之间共同演化。

显然，中国经济社会转轨过程中民营企业家通过参政议政建立政治关联，一方面，为企业适应产权保护不充分、存在所有制歧视的制度环境提供了便利；但另一方面，参政议政使民营企业家具有一定的政治谈判能力，为民营企业通过政治渠道影响制度环境提供了可能。而目前的研究都集中于考察企业政治关联对企业发展的影响，对后者关注并不多。而关于民营企业政治关联影响的动态演变是未来研究的重要方向，因而演化经济学将为研究上述问题提供了方法论指导。

2. 从战略整合视角拓展研究民营企业家参政议政影响的思路

民营企业家参政议政的动机和影响是多维的，因而是许多学科关注的研究领域：新政治经济学侧重于从收益—成本角度考察民营企业政治关联的经济影响；战略管理学侧重于考察政治关联对民营经营战略的影响；公司政治战略学侧重于考察企业家参政议政对企业政治战略和政治行为的影响。但不同学科之间关于民营企业参政议政的研究很大程度上是相互割裂的，而目前从学科整合角度来研究中国民营企业家参政议政的文献仍旧比较少，因而学科整合角度将有利于更为全面地考察中国民营企业家参政议政的经济、社会影响。

企业的市场战略与非市场战略的整合有助于提升企业的竞争力（Baron，1995；1997），而企业政治战略是企业非市场战略的重要组成部分。以上关于民营企业家参政议政的研究表明：一方面，民营企业家通过参政议政建立的政治关联对企业的多元化投资、并购、研发投资等市场策略产生了影响；另一方面，民营企业家参政议政也为中国民营企业实施政治战略和政治行为提供了渠道和政治平台（胡旭阳，2013）。但目前的研究并未从市场战略与政治战略整合视角来考察中国民营企业家参政议政对民营企业发展的影响，因而市场战略与政治战略整合为我们提供了新的研究思路。

附录

附表 13－1　第十二届全国人大代表和政协委员的构成

代表团	全国人大地表			全国政协委员		
	人大代表数量	企业界代表数	民营企业家代表数	政协委员数量	企业数	民营企业数
北京市	55	9	5	963	126	46
天津市	43	7	4	51	23	17
上海市	59	16	5	93	8	7
重庆市	61	14	7	33	6	5
河北省	126	53	38	32	7	6
山西省	70	14	5	16	2	2
内蒙古	58	11	6	27	3	2
辽宁省	102	45	21	42	7	5
吉林省	65	17	5	26	4	3
黑龙江省	93	32	23	19	2	2
江苏省	150	39	30	52	4	3
江西省	80	20	9	21	4	4
浙江省	96	28	25	36	8	6
安徽省	113	34	19	19	1	1
福建省	68	16	9	41	10	7
山东省	175	76	49	40	7	6
河南省	172	56	32	29	2	2
湖北省	118	32	16	31	4	2
湖南省	119	51	26	29	1	1
广东省	161	59	44	82	38	27

续表

代表团	全国人大地表			全国政协委员		
	人大代表数量	企业界代表数	民营企业家代表数	政协委员数量	企业数	民营企业数
广西	90	14	8	27	1	1
海南省	25	2	2	19	3	2
四川省	148	35	20	51	7	2
贵州省	73	12	5	20	2	2
云南省	91	9	2	42	4	2
西藏	20	2	1	39	4	3
陕西省	70	19	10	38	5	3
甘肃省	54	10	2	29	2	1
青海省	22	5	0	14	2	2
宁夏	21	1	0	17	3	3
新疆	60	10	1	38	7	5
香港	36	12	8	170	109	103
澳门	12	2	2	39	17	17
台湾	13	0	0	12	0	0
解放军	268					
总计	2987	762	439	2237	433	300

附表 13－2　　**第十一届全国人大代表和政协委员的构成**

代表团	全国人大地表			全国政协委员		
	人大	企业数	民营企业数	政协	企业数	民营企业数
北京市	58	9	3	963	160	47
天津市	45	11	3	53	11	10
上海市	64	18	2	102	25	18
重庆市	62	19	9	32	6	6
内蒙古	58	11	4	30	3	3
广西	88	7	4	28	1	1
西藏	20	1	1	28	2	2
新疆	60	8	0	35	4	3
宁夏	19	0	0	17	3	3
河北省	121	44	28	31	6	5
山西省	69	14	7	21	5	5
辽宁省	110	40	21	41	6	3
吉林省	69	17	8	27	5	3
黑龙江	102	27	13	23	5	5
江苏省	157	47	31	53	6	6
浙江省	90	18	15	36	9	8
安徽省	114	29	18	21	3	3

续表

代表团	全国人大地表			全国政协委员		
	人大	企业数	民营企业数	政协	企业数	民营企业数
福建省	62	16	11	43	4	4
江西省	80	11	3	21	4	4
山东省	181	74	46	34	4	3
河南省	166	63	34	30	5	4
广东省	160	51	32	67	23	20
湖南省	118	54	34	26	4	3
湖北省	124	41	19	37	10	9
海南省	19	1	1	19	6	4
四川省	148	29	9	54	4	2
贵州省	66	9	1	23	3	2
云南省	91	8	0	41	4	3
陕西省	68	18	8	32	6	5
甘肃省	48	10	2	33	4	2
青海省	21	3	0	16	3	2
香港	36	14	13	176	133	120
澳门	12	7	7	32	25	22
台湾	13	1	1	12	0	0
解放军	268	—	—	—	—	—
总计	2987	730	388	2237	502	340

附表 13－3　　第十届全国人大代表和政协委员的构成

代表团	全国人大地表			全国政协委员		
	人大	企业数	民营企业数	政协	企业数	民营企业数
北京市	59	10	5	643	48	17
天津市	45	6	1	66	11	7
上海市	64	18	7	117	16	6
重庆市	62	14	5	40	5	2
内蒙古	58	8	4	32	3	2
广西	87	8	6	29	3	2
西藏	20	1	0	28	2	1
新疆	60	4	1	39	3	2
宁夏	19	0	0	17	1	1
河北省	121	43	32	53	11	3
山西省	69	16	5	31	4	3
辽宁省	112	38	21	65	9	3
吉林省	67	15	12	34	6	3
黑龙江	102	28	17	31	3	3
江苏省	156	37	27	105	13	6

续表

代表团	全国人大地表			全国政协委员		
	人大	企业数	民营企业数	政协	企业数	民营企业数
浙江省	89	21	19	87	16	7
安徽省	115	28	17	32	6	1
福建省	63	14	9	54	9	5
江西省	80	12	5	32	5	2
山东省	180	65	43	62	6	3
河南省	165	49	33	44	8	7
广东省	162	29	15	85	26	7
湖南省	118	23	12	45	5	1
湖北省	123	31	14	56	9	5
海南省	19	1	0	18	4	2
四川省	147	16	5	63	6	3
贵州省	66	5	0	22	2	2
云南省	91	6	2	38	0	0
陕西省	68	13	8	30	4	3
甘肃省	48	6	3	29	2	1
青海省	21	0	0	15	2	1
香港	36	8	5	145	104	100
澳门	12	1	1	29	19	17
台湾	13	0	0	22	1	0
解放军	268					
总计	2985	574	334	2238	372	228

附表 13－4　　第九届全国人大代表和政协委员的构成

代表团	全国人大地表			全国政协委员		
	人大	企业数	民营企业数	政协	企业数	民营企业数
北京市	59	7	4	717	61	14
天津市	45	6	2	51	8	5
上海市	67	14	5	102	15	7
重庆市	58	5	1	28	4	3
河北省	120	26	15	70	7	5
山西省	68	12	2	19	2	1
内蒙古	57	5	2	33	2	1
辽宁	116	22	10	54	9	3
吉林省	72	9	6	36	1	1
黑龙江省	105	21	14	28	3	2
江苏省	151	20	18	70	4	3
江西省	79	7	4	28	3	2
浙江省	89	18	12	51	4	3

续表

代表团	全国人大地表			全国政协委员		
	人大	企业数	民营企业数	政协	企业数	民营企业数
安徽省	112	17	14	39	5	2
福建省	64	14	10	42	2	2
山东省	185	54	39	63	4	2
河南省	163	38	27	46	7	3
湖北省	126	19	8	41	4	2
湖南省	119	17	9	41	2	2
广东省	166	21	15	78	8	5
广西	90	3	1	31	2	1
海南省	18	1	0	18	3	3
四川省	151	11	2	73	9	1
贵州省	66	6	2	26	1	0
云南省	88	2	0	41	1	1
西藏	20	0		28	0	0
陕西省	67	10	2	30	2	2
甘肃省	46	3	2	31	1	1
青海省	19	3	0	15	1	1
宁夏	18	0	0	18	0	0
新疆	59	2	1	32	0	0
香港	35	5	4	159	115	110
澳门	0	0	0	29	20	20
台湾	13	0	0	28	0	0
解放军	268	—	—	—	—	—
总计	2979	398	231	2196	310	208

附表 13 – 5　　第八届全国人大代表和政协委员的构成

代表团	全国人大地表			全国政协委员		
	人大	企业数	民营企业数	政协	企业数	民营企业数
北京市	62	6	2	740	39	3
天津市	49	9	2	61	5	3
上海市	70	13	5	108	11	4
重庆市	0	0	0	14	2	0
河北省	110	17	11	71	4	2
山西省	69	8	1	33	2	2
内蒙古	63	5	4	33	3	3
辽宁	146	17	7	51	5	1
吉林省	88	8	4	32	4	2
黑龙江省	131	8	2	33	3	1
江苏省	137	15	8	70	4	2

续表

代表团	全国人大地表			全国政协委员		
	人大	企业数	民营企业数	政协	企业数	民营企业数
江西省	83	3	2	25	3	1
浙江省	117	23	11	64	7	0
安徽省	103	7	5	35	1	0
福建省	69	10	4	50	5	2
山东省	179	39	21	56	4	2
河南省	152	24	15	30	3	1
湖北省	113	10	3	40	3	1
湖南省	112	11	4	48	3	2
广东省	162	26	14	86	11	7
广西	89	0	0	32	2	2
海南省	17	1	0	16	1	1
四川省	205	14	3	69	4	1
贵州省	72	6	1	23	0	0
云南省	83	2	1	42	3	2
西藏	19	0	0	29	0	0
陕西省	66	4	2	35	2	0
甘肃省	43	4	2	27	1	1
青海省	17	1	0	17	0	0
宁夏	14	1	1	19	0	0
新疆	58	4	1	38	2	1
香港				102	72	68
澳门				21	11	11
台湾	13	0	0	22	0	0
解放军	267	—	—	—	—	
总计	2978	296	136	2172	220	126

注：1997 年第八届全国人大五次会议通过设立重庆直辖市的议案；1997 年香港回归，1999 年澳门回归。
资料来源：本文作者通过搜索网络有关资料整理而得。

参考文献

［1］蔡卫星，赵峰，曾诚．政治关系、地区经济增长与企业投资行为［J］．金融研究，2011（4）：100－112.

［2］曹正汉．民营企业在组织形态上的政治特征及其演变［J］．新政治经济学评论，2006，1（2）：1－24.

［3］陈抗，Hillman，顾清扬．财政集权与地方政府行为变化——从援助之手到攫取之手［J］．经济学（季刊），2002，2（1）：111－130.

［4］陈凌，王昊．家族涉入、政治关联与制度环境——以中国民营企业为例［J］．管理世界，2013（10）：130－141.

［5］陈爽英，井润田，龙小宁，邵云飞．民营企业家社会关系资本对研发投资决策影响的实证分析［J］．管理世界，2010（1）：88－97.

［6］陈钊，陆铭，何志俊．权势与企业家参政议政：一项实证研究［J］．世界经济，2008（2）：39－49.

［7］戴亦一，潘越，冯舒．中国企业的慈善捐赠是一种“政治献金”吗？——来自市委书记更替的证据［J］．经

济研究，2014（2）：74－86.

［8］党力，杨瑞龙，杨继东．反腐败与企业创新：基于政治关联的解释［J］．中国工业经济，2015（7）：146－160.

［9］邓建平，曾勇．政治关联能改善民营企业的经营绩效吗？［J］．中国工业经济，2009（2）：98－108.

［10］邓晓飞，辛宇，藤飞．官员独立董事强制辞职与政治关联丧失［J］．中国工业经济，2016（2）：130－145.

［11］窦军生，张玲丽，王宁．社会情感财富的理论溯源与应用前沿追踪——基于家族企业研究视角［J］．外国经济与管理，2014（12）：64－71.

［12］杜兴强，陈韫慧，杜颖洁．寻租、政治联系与"真实"业绩——基于民营上市公司的经验证据［J］．金融研究，2010（10）：135－157.

［13］杜兴强，郭剑花，雷宇．政治联系方式与民营上市公司业绩："政府干预"抑或"关系"？［J］．金融研究，2009（11）：158－173.

［14］杜兴强，雷宇，郭剑花．政治关系、政治联系方式与民营上市公司的会计稳健性［J］．中国工业经济，2009（7）：67－80.

［15］冯天丽，井润田．制度环境与私营企业家政治联系意愿的实证研究［J］．管理世界，2009（8）：81－91.

［16］郝项超，张宏亮．政治关联关系、官员背景及其对民营企业银行贷款的影响［J］．财贸经济，2011（4）：55－61.

［17］何德旭，周中胜．民营企业的政治联系、劳动雇佣与公司价值［J］．数量经济与技术经济研究，2011（9）：87－91.

［18］贺小刚，张远飞，连燕玲，吕菲菲．政治关联与企业价值——民营企业与国有企业的比较分析［J］．中国工业经济，2013（1）：103－115.

［19］何轩，宋丽红，朱沆，李新春．家族为何意欲放手？——制度环境感知、政治地位与中国家族的代际传承意愿［J］．管理世界，2014（2）：90－101.

［20］胡旭阳．民营企业家的政治身份与民营企业的融资便利——以浙江民营百强为例［J］．管理世界，2006（5）：107－113、141.

［21］胡旭阳．政治关系与民营企业的竞争优势：基于战略管理视角［M］．杭州：浙江大学出版社，2013.

［22］胡旭阳，史晋川．民营企业政治资源与民营企业的多元化投资：以中国民营500强为例［J］．中国工业经济，2008（4）：4－13.

［23］胡旭阳，吴一平．中国家族企业政治资本代际转移研究：基于民营企业家参政议政的实证分析［J］．中国工业经济，2016（1）：145－160.

［24］高勇强，何晓斌，李路路．民营企业家社会身份、经济条件与企业慈善捐赠［J］．经济研究，2011（11）：111－123.

［25］高勇强，陈亚静，张云均．"红领巾"还是"绿领巾"：民营企业慈善捐赠动机研究［J］．管理世界，2012（8）：106－114.

［26］郭剑花，杜兴强．政治关联、预算软约束与政府补贴的配置效率——基于中国民营上市公司的经验研究［J］．金融研究，2011（2）：114－128.

［27］贾明，张喆．高管的政治关联影响公司慈善行为吗？［J］．管理世界，2010（4）：99－113.

［28］江若尘，莫材友，徐庆．政治关联维度、地区市场化程度与并购——来自上市民营企业的经验数据［J］．财经研究，2013（12）：128－141.

［29］康华，王鲁平，杨柳青．民营上市公司政治关系对研发活动的影响研究［J］．科研管理，2013（8）：9－16.

［30］雷光勇，李书峰，王秀娟．政治关联、审计师选择与公司价值［J］．管理世界，2009（7）：145－155.

［31］李维安，邱艾超，古志辉．双重公司治理环境、政治联系偏好与公司绩效——基于中国民营上市公司治理转型的研究［J］．中国工业经济，2010（6）：85－95.

［32］李维安，徐业坤．政治身份的避税效应［J］．金融研究，2013（3）：114－129.

［33］连军，刘星，连翠珍．民营企业政治联系的背后：扶持之手与掠夺之手：基于资本投资视角的经验研究［J］．财经研究，2011，37（6）：133－144.

[34] 梁建，陈爽英，盖庆恩．民营企业的政治参与、治理结构与慈善捐赠 [J]. 管理世界，2010（7）：109－118.

[35] 梁莱歆，冯延超．民营企业政治关联、雇员规模与薪酬成本 [J]. 中国工业经济，2010（10）：127－137.

[36] 罗党论，刘晓龙．行业壁垒、政治关系与企业绩效 [J]. 管理世界，2009（5）：97－106.

[37] 罗党论，唐清泉．中国民营上市公司制度环境与绩效问题研究 [J]. 经济研究，2009（2）：106－118.

[38] 钱先航，徐业坤．官员更替、政治身份与民营上市公司的风险承担 [J]. 经济学（季刊），2014，13（4）：1437－1460.

[39] 潘红波，余明桂．政治关联、控股股东利益输送与民营企业绩效 [J] 南开管理评论，2010（4）：14－27.

[40] 潘越，戴亦一，李财喜．政治关联与财务困境公司的政府补助——来自中国 ST 公司的经验证据 [J]. 南开管理评论，2009，12（5）：6－17.

[41] 潘越，戴亦一，吴超鹏，刘建亮．社会资本、政治关系与公司投资决策 [J]. 经济研究，2009（11）：82－94.

[42] 邵挺．政治资本、企业评级与政企纽带 [J]. 南方经济，2011（1）：3－13.

[43] 田利辉，张伟．政治关联影响我国上市公司长期绩效的三大效应 [J]. 经济研究，2013（11）：71－86.

[44] 王永钦，张晏，陈钊，陆铭．中国的大国发展道路——论分权式改革的得失 [J]. 经济研究，2007（1）：4－16.

[45] 汪伟，史晋川．进入壁垒与民营企业的成长——吉利集团案例研究 [J]. 管理世界，2005（2）：132－140.

[46] 魏江，寿柯炎，冯军政．高管政治关联、市场发育程度与并购战略——中国高技术产业上市公司的实证分析 [J]. 科学学研究，2013（6）：856－863.

[47] 卫武．中国环境下企业政治资源、政治策略和政治绩效及其关系研究 [J]. 管理世界，2006（2）：95－109.

[48] 吴金群．公司治理变迁的政治基础 [M]. 杭州：浙江大学出版社，2009.

[49] 邬爱其，金宝敏．个人地位、企业发展、社会责任与制度风险：中国民营企业家政治参与动机的研究 [J]. 中国工业经济，2008（7）：141－150.

[50] 吴文锋，吴冲锋，刘晓薇．中国民营上市公司高管的政府背景与公司价值 [J]. 经济研究，2008（7）：130－141.

[51] 吴文锋，吴冲锋，芮萌．中国上市公司高管的政府背景与税收优惠 [J]. 管理世界，2009（3）：134－142.

[52] 夏立军，陆铭，余为政．政企纽带与跨省投资——来自中国上市公司的经验证据 [J]. 管理世界，2011（7）：128－140.

[53] 徐业坤，钱先航，李维安．政治不确定性、政治关联与民营企业投资 [J]. 管理世界，2013（5）：116－130.

[54] 许年行，江轩宇，伊志宏，袁清波．政治关联影响投资者法律保护的执法效率吗？[J]. 经济学（季刊），2013，12（2）：373－406.

[55] 薛爽，肖星．捐赠：民营企业强化政治关联的手段？[J]. 管理世界，2012（11）：102－112.

[56] 薛爽，洪昀，陈昕．股权性质、政治关系与地方政府拉闸限电——来自有色金属行业的经验证据 [J]. 金融研究．2013（6）：130－142.

[57] 游家兴，徐盼盼，陈淑敏．政治关联、职位壕沟与高管变更——来自中国财务困境上市公司的经验证据 [J]. 金融研究，2010（4）：128－143.

[58] 杨其静．政治关联与企业成长 [J]. 教学与研究，2010（6）：38－43.

[59] 杨其静．企业成长：政治关联与能力建设 [J]. 经济研究，2011（10）：54－66.

[60] 于蔚，汪淼军，金祥荣．政治关联和融资约束：信息效应与资源效应 [J]. 经济研究，2012（9）：125－139.

[61] 于文超，何勤英．投资者保护、政治联系与资本配置效率 [J]. 金融研究，2013（5）：152－166.

[62] 余明桂，回雅甫，潘红波．政治联系、寻租与地方政府财政补贴有效性 [J]. 经济研究，2010（3）：65－77.

[63] 余明桂，潘红波．政治关系、制度环境与民营企业银行贷款 [J]. 管理世界，2008（8）：9－21.

[64] 袁建国，后青松，程晨．企业政治资源的诅咒效应——基于政治关联与企业技术创新的考察 [J]. 管理世界，2015（1）：139－155.

[65] 张建君，张志学．中国民营企业家的政治战略 [J]. 管理世界，2005（7）：94－105.

［66］张敏，张胜，申慧慧，王成方．政治关联与信贷资源配置效率——来自我国民营上市公司的经验证据［J］．管理世界，2010（11）：143－153.

［67］郑建明，刘琳，刘一凡．政治关联的结构特征、多元化驱动与公司价值［J］．金融研究，2014（2）：167－179.

［68］周林洁，邱汛．政治关联、所有权性质与高管变更［J］．金融研究，2013（10）：194－206.

［69］周黎安．中国地方官员的晋升锦标赛模式研究［J］．经济研究，2007（7）：36－50.

［70］Allen F.，J. Qian & Qian，M. Law，finance and economic growth in China［J］. Journal of Financial Economic，2005，77：57－116.

［71］Arnoldi J.，& Villadsen，A. Political ties of listed Chinese companies，performance effects，and moderating institutional factors［J］. Management and Organization Review，2015，11（2）：1－20.

［72］Baland，J. & Robinsin，J. A. Land and power：theory and evidence from Chile［J］. American Economic Review，2008，98（5）：1737－1765.

［73］Baron，D. P. Integrated strategy：market and nonmarket components［J］. California Management Review，1995，37：47－65.

［74］Baron，D. P. Integrated strategy，international trade policy，and global competition［J］. California Management Review，1997，39：145－169.

［75］Berkman，H.，R. A. Cole & Fu，L. J. Political connection and minority-shareholder protection：evidence from security-market regulation in China［J］. Journal of Financial and Quantitative Analysis，2010，45（6）：1391－1417.

［76］Birner，R. & Witter，H. Using social capital to create political capital. In The commons in the New Millennium：Challenges andadaptation（pp. 291－334）.（2003）. Cambridge and London：MIT Press.

［77］Chen，C. J.，Z. Li，X. Su & Sun，Z. Rent-seeking incentives，corporate political connections，and the control structure of private firms：Chinese evidence［J］. Journal of Corporate Finance，2011，17（2）：229－243.

［78］Chizema，A.，X. Liu，J. Lu，&Gao，L. Politically connected boards and top executive pay in Chinese firms［J］. Strategic Management Journal，2015，36（6）：890－906.

［79］Dieleman，M.，& Sachs，M. W. Co-evolution of institutions and corporation in emerging economics：How the Salim Group morphed into an institution of Suharto's crony regime［J］. Journal of Management Studies，2008，47（5）：1274－1300.

［80］Faccio，M. Politically connected firms［J］. American Economic Review，2006，96（1）：369－386.

［81］Faccio，M. & Parsley，D. C. Sudden death：taking stock of geographic ties［J］. Journal of Financial and Quantitative Analysis，2009，33（3）：683－718.

［82］Fan，P. H. J.，T. J. Wong & Zhang，T. Politically connected CEOs，corporate governance and post－IPO performance of China's newly partially privatized firm［J］. Journal of Financial Economics，2007，84（2）：330－357.

［83］Feng，X.，A. C. Johansson，& Zhang，T. Political participation and entrepreneurial initial public offerings in China. Journal of Comparative Economics，2014，42：269－285.

［84］Fisman，R. Estimating the value of political connections［J］. American Economic Review，2001，91（4）：1095－1102.

［85］Fisman，R. & Wang，Y. The mortality cost of political connections［J］. Review of Economic Studies，2015，82：1346－1382.

［86］Fryans，J. G.，G. A. Pigman & Mellahi，K. First mover advantages in international business and firm-specific political resources［J］. Strategic Management Journal，2006，27（4）：321－345.

［87］Gomez－Mejia，L. R.，K. Haynes，M. Nuñez－Nickel，Jacobson，K. J. L.，& Moyano－Fuentes，J. Socioemotionalwealth and business risks in family-controlledfirms：Evidence from Spanish olive oil mills［J］. AdministrativeScience Quarterly，2007：52，106－137.

［88］Jia，N. Are collective and private political action substitutes or complements? Empirical evidence from China's private sector［J］. Strategic Management Journal，2014，35：292－315.

［89］Jia，N. Political strategy and market capabilities：evidence from the Chinese private sector t［J］. Management and

Organization Review, 2016, 12 (1): 1-28.

[90] Johnson, S. & Mitton, T. Cronyism and capital controls: evidence from Malaysia [J]. Journal of Financial Economics, 2003, 67: 351-382.

[91] Li, H., L. S. Meng, &Wang, Q. Why do entrepreneurs enter politics? [J]. *Economic Inquiry*, 2006, 44 (3): 559-578.

[92] Li, X., & Liang, X. A Confucian social model of political appointments among Chinese private-firm entrepreneurs [J]. Academy of Management Journal, 2015, 58 (2): 592-617.

[93] Li, H. Y., &Zhang, Y. The role of managers' political networking and functional experience in new venture performance: evidence from China's transition economy [J]. Strategic Management Journal, 2007, 28: 791-804.

[94] Li, G. & Zhou, H. Political connections and access to IPO markets in China [J]. China Economic Review, 2015, 33: 76-93.

[95] Li, H. & Zhou, L. A. Political turnover and economic performance: The incentive role of personnel control in China [J]. Journal of Public Economics, 2005, 89: 1743-1762.

[96] Liu Q., J. Tang, and Tian, G. Does political capital create value in the IPO market? Evidence from China [J]. Journal of Corporate Finance, 2013, 23: 395-413.

[97] Ma, G., O. M. Rui, & Wu, Y. A springboard into politics: Do Chinese entreperneurs benefit from joining the government-controlled business association [J]. China Economic Review, 2015, 36 (5): 166-183.

[98] Nee, V. & Opper, S. Political capital in a market economy [J]. Social force, 2010, 88 (5): 2105-2132.

[99] Roberts, B. E. A dead senator tells no lies: seniority and the distribution of federal benefits [J]. American Journal of Political Science, 1990, 34 (1): 31-58.

[100] Siegel, J. Contingent political capital and international alliances: Evidence from South Korea [J]. Administrative Science Quarterly, 2007, 52 (4): 621-666.

[101] Suchman, M. C. Managing legitimacy: strategic and institutional approaches [J]. Academy of Management Review, 1995, 20: 571-610.

[102] Sun, P., K. Mellahi & Wright, M. The contingent value of corporate political ties [J]. Academy of Management Perspectives, 2012, 26 (3): 68-82.

[103] Sun, P., K. Mellahi, M. Wright, & Xu. H. Political tie heterogeneity and the impact of adverse shocks on firm value [J]. Journal of Management Studies, 2015, 52 (8): 1036-1063.

[104] Sun, P., H. Xu, & Zhou, J. The value of political capital in transition China [J]. Economic Letters, 2010, 110: 189-192.

[105] Wang, Y. Politically connected polluters under smog [J]. Business and Politics, 2015, 17 (1): 97-123.

[106] You, J. Y., & Du. G. Are political connections a blessing or a curse? Evidence from CEO turnover in China [J]. Corporate Governance: An international Review, 2012, 20 (2): 179-194.

[107] Xu, N., Yuan Q., Jiang X., & Chan, K. C. Founder's political connections, second generation involvement and family firm performance: evidence from China [J]. Journal of Corporate Finance, 2015, 33 (8): 243-259.

[108] Zhang, J., J. Tan, & Wong, P. K. When does investment in political ties improve firm performance? The contingent effect of innovation activities [J]. Asia Pacific Journal of Management, 2015, 32: 363-387.

[109] Zheng, W., K. Singh, & Mitchell, W. Buffering and enabling: the impact of interlocking political ties on firm survival and sales growth [J]. Strategic Management Journal, 2015, 36 (11): 1615-1636.

[110] Zhou, W. Bank financing in China's private sector: the payoffs of political capital [J]. World Development, 2009, 37 (4): 787-799.

[111] Zhu, H. &Chung, C. Portfolios of political ties and business group strategy in emerging economies: evidence from Taiwan [J]. Administrative Science Quarterly, 2014, 59 (4): 599-638.

第十四章　民营企业发展与民间商会*

随着改革开放与市场化进程的不断加深，中国民营企业得到了巨大发展，其地位与相关政策制度均发生了历史性的根本变化，其作为国民经济的重要组成部分，在解决就业问题、缩小贫富差距、促进社会和谐发展等方面发挥着日益重要的作用。而随着我国市场经济体制的深化与全球经济一体化程度的加深，越来越多的民营企业家们都意识到单凭个人的力量很难在激烈的国内外竞争中求得发展。由此为企业服务的民间商会①也不断涌现，它们在代表同业或不同业企业利益、引导企业发展、促进市场经济更加规范化方面发挥着不可替代的作用。

在逐步建立市场经济体制的进程中，民间商会与民营企业的发展体现出共生性的特点。与民营企业的迅猛发展类似，改革开放后民间商会的“民间性”与“自律性”逐渐得到党与政府部门的重视，作为连接政府、企业、市场的桥梁与纽带，民间商会在市场化改革和民营化推进中成为发展最好最快的社会组织。同时，民间商会与民营企业的互动发展仍然受到来自外部与内在的重重阻碍。从外部看，直接登记制度的实施与政府放权后新的监管模式都带来一定挑战，行业协会和商会的相关法律也尚不完善。从内在看，行业协会和商会自身职能定位的不清晰、内部治理运营能力的不足、对外合作的不规范等都在一定程度上阻碍其发挥更大的作用。

随着我国简政放权政策的深化，政府微观经济治理职能逐渐减少，民间商会将在更大程度上承担起行业规范与监管的职能，这意味着民间商会的进一步发展将面临前所未有的机遇与挑战。梳理改革开放以来民间商会与民营企业的互动发展历程，总结其互动发展的原因，剖析现阶段两者进一步互动发展的阻碍因素，从民间商会、民营企业、政府三个层面提出切实有效的措施和对策，将有利于促进民营企业和民间商会在未来更深入更广泛地合作互动发展，有利于加快政府部门的职能转变。

一、民营企业与民间商会：历史回顾

改革开放以来，我国民营企业的发展与民间商会组织的壮大密切相关，二者在我国社会主义市场经济中的角色也日趋重要，不断促进着我国民营经济的成长和发展。梳理改革开放以来二者的互动演进历程，对寻找新时期民营企业与民间商会进一步互动发展的改革突破口大有裨益。

（一）起步发展阶段：1978～1990年

在改革开放以前，我国的社会组织数量极少，整个20世纪60年代，全国性社团数量不足100家，地方性社团约为6000家。“文革”结束后的1977年10月，中共下发的41号文件提出：“各民主党派和工商联应恢复组织，开展活动。”同年12月，中共中央统战部召开各民主党派中央、全国工商

---

* 研究人员：李建琴、韩灵馨、邓雅姗。

① 民间商会是指由独立的经营单位、事业单位或由自由商人、企业职员等自愿组成，保护和增进全体成员既定利益的非营利性组织。一种典型的商会是行业协会，是指“同行业企事业单位在自愿基础上组织起来，为增进同行业共同利益的松散的经济团体。”（苏东水，2000）以地域为划分标准，商会又可以分为本地商会和异地商会，如温州市的温州商会即为本地商会，而温州市以外地区的温州商会则为异地商会。本文所指的民间商会包括商会和行业协会。

联临时领导小组会议。此时工商联的工作开始在全国各地逐渐恢复。

改革开放之前的工商联由各类工商业，即国营企业、私营企业、合作社、公私合营企业等联合组成，而且以国营企业为领导，其主要对象是私营工商业者。它和一般的商会组织有极大区别。一般商会作为私营工商界的社会团体组织，具有“民间性”的性质与“自律性”的职能特征，而那时的工商联则是一个以国营企业为主导，具有统一战线性质的人民团体，具有政治、经济“二位一体”的双重性质和职能特征，因而从性质和职能上看，那时的工商联都不能和市场经济下的商会组织相提并论。

1978 年党的十一届三中全会之后，随着市场经济体制的确立和政府经济管理职能的提升，发展为市场经济服务的良性商会成为时代的客观要求，真正意义上的具有较强自主性的民间商会开始产生与壮大，积极培养商会的“民间性”与“自律性”得到了党与政府部门的重视，工商联逐步恢复了其在市场中应展现的姿态。在新型商会中，以温州商会最为知名，其成为全国商会发展的借鉴对象与商会研究的典型案例。在改革开放的第一个十年中，即到 1989 年，全国性社团剧增至 1600 家，地方性社团达到 20 多万家（王名、刘国翰、何建宇，2001）。

在此期间内，工商联的面貌也发生了深刻的变化。一些地市的工商联组织借鉴历史上同业公会的经验，在当地党与政府部门的指导下，开始进行行业商会的第一阶段的试点工作。1986 ~ 1991 年的六年间，工商联结合地区经济的发展形势，组建起包括百货、饮食、百货、饮食、服装、医药、轻纺等与流通、市场、服务方面有关的行业商会。至 1989 年，北京、天津、上海、广东、四川、江苏以及广州、杭州、宁波、重庆等省市和一些县建立了 100 个同业公会和同业小组（张铁军，2006）。

与此同时，民营经济与民营企业也正经历快速复苏之路。1979 年 9 月，叶剑英在庆祝中华人民共和国成立 30 周年大会上提出：目前在有限范围内继续存在的城乡劳动者个体经济，是社会主义公有制经济的附属和补充。这也是中央在十年动荡之后第一次明确地肯定个体经济在国家经济中的地位，在随后 1982 年的五届人大第五次会议更是正式确立了新时期个体经济的法律地位。在 1988 年，中央通过了《中华人民共和国宪法修正案》，在法律上保证了私营企业的合法身份地位。在政策的刺激与引导下，民营企业以极快的速度成长起来，根据国家工商行政管理总局的统计，到 1989 年底，私营企业的数目达到 90581 户，投资者为 214224 人，注册资金合计达到 844776 万元，当年总产值为 974005 万元，从业人口达到 1640051 人（张厚义、明立志，1999）。其中在农村的私营企业占全国私营企业总户数的 80.74%，其从业人员占全国私营企业从业人员总数的 83.45%，其资金占全国私营企业资金总额的 83.60%。但是在这一阶段，单个私营企业规模一般不是很大，雇工人数在 20 人以下的约占 70%，私营企业的平均资金规模约 5 万元左右（何金泉，2001），它们有着分散、资产规模小、经济实力较弱等特征，参政议政的需求和能力都较低。

（二）快速发展阶段：1990 ~ 2000 年

进入 20 世纪 90 年代后，改革开放的广度与深度达到更高的水平，政府和企业对工商联的要求也随之提高，1991 年在《中共中央批转中央统战部〈关于工商联若干问题的指示〉的通知》（下简称《通知》）指出，工商联是党领导下的人民团体，赋予工商联作为“党和政府联系非公有制经济人士的桥梁”和“政府管理非公有制经济的助手”的职能，要求工商联在坚持统战性为主的同时，兼有经济性和民间性以开展工作，充分发挥民间商会的作用，明确了工商联的主要工作对象是私营企业、个体工商户、“三胞”投资企业和部分乡镇企业（张铁军，2006）。此时的工商联与商会的性质与职能靠拢，工商联逐渐拥有了商会的“民间性”性质。各地工商联的建设步伐进一步加快，到 1993 年的全国工商联“七大”召开时，县级以上的组织已达到 2299 个之多，与 5 年前相比增加了 53.8%，乡镇也建立了许多分会，工商联组织网络进一步巩固与健全，在东北、西北、华北与西南等地的工商联还建立了协作工作制度。

从 1991 年《通知》下发，行业协会的试点也进入了第二阶段，工商联在第一阶段试点的基础上进行了调整，按照《通知》的要求，重点选择发展“零星分散的、政府不易照顾的行业”。其中，1999 ~2003 年的五年间，各级工商联新组建的行业商会（同业公会）就达 2056 个，平均年增长率为 20.4%（黄孟复、张之龙、王以铭，2005）。

反观民营经济，自 1989 年开始陷入了三年停滞不前的局面。由四通集团原总裁事件的政治风波引发了一股主张限制私营经济发展的理论思潮，认为私营经济冲击了公有制的主体地位，引发了诸如社会分配不公等问题。从国家统计局的数据中可以看出，1989 ~1991 年私营企业的增速均不到 10%，远低于 1992 年之后三年黄金时期的增速。而 1992 年邓小平的南方谈话与同年 10 月召开的中共十四大成为民营经济的重要转折点，从政治上突破了姓“社”姓“资”问题的争论困境，并明确提出“多种经济成分长期共同发展”，终将民营企业压抑的热情释放出来。1993 ~1995 年的三年间，是私营经济空前膨胀的时期，国家统计局数据表明，私营企业户数及其从业人数都以年增长率超过 50% 的速度飞速发展，注册资金在 1993 年甚至以三倍速度增长。

这一阶段，私营经济与私营企业主团体的实力都有大幅提升，他们也表现出更加积极的政治参与倾向，中央在 1991 年 7 月下发了《通知》这一文件，及时把非公有制经济认识纳入统一战线范围，安排代表人士进入政协和工商联参政议政，维持了私营企业家实现政治诉求的有序状态。在参与各种政治—社会组织的私营企业主中，担任各级人大常委及以上职务的私营企业主占比为 14.5%，担任各级政协常委及以上职务者占比 28.2%，担任各级工商联执委及以上职务者占比 74.1%，担任各级个私协会常务理事及以上职务者占比 54.0%（张厚义、明立志、梁传运，2003）。此时的民间商会也有了一个新的身份，即成为私营企业主阶层实现政治参与的重要渠道。这一渠道拉近了政府与企业的距离，成为连接政府与企业的重要桥梁与纽带。

我国私营企业 1989 ~1999 年的发展情况见图 14 -1。

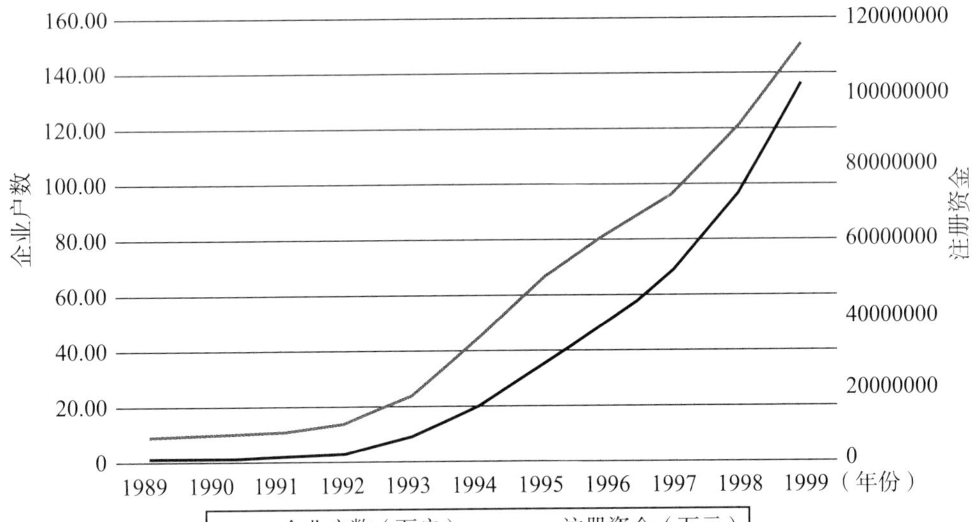

图 14 -1 我国私营企业发展情况（1989 ~1999 年）

资料来源：中国工商总局、中国国家统计局。

（三）全面发展阶段：2000 年以后

进入 21 世纪后，一系列针对民间资本、民营企业和民营经济的利好政策相继出台：2002 年党的十六大提出要放宽民间资本的市场准入领域，其中税收、土地、投融资和对外贸易等方面的措施促进了市场的公平竞争；2003 年十六届三中全会提出的现代产权理论，使私有财产权与非公有制经济得到进一步保护；2005 年国务院发布《关于鼓励支持和引导个体私营等非公有制经济发展的若干意见》

（简称非公经济36条），为民营企业提供了更多的财税、金融以及社会服务支持；2010年国务院再次发布《关于鼓励和引导民间投资健康发展的若干意见》（简称新36条），进一步鼓励和引导民间投资，支持非公经济发展。民营企业的发展呈现出新的趋势，以高科技产业为代表的民营企业获得迅猛发展。据国家统计局的数据表明，截至2014年底，我国个体工商户数量已达4984.06万户，较上年增长12.3%；从业人数达到10584.6万人，比2013年增长13.4%。进入21世纪以来私营企业也一直维持着两位数的增长率，2014年底我国已有私营企业1546.37万户，是1999年底的10倍以上；从业人数达到14390.4万人，是1999年底的7倍多。

与此同时，民间投资也呈高速增长。国家统计局数据表明，私营经济固定资产投资占全社会固定资产投资比例稳步增长，从2006年底的17.5%上升至2014年底的29.2%，其中2013年私营经济固定资产投资占全社会固定资产投资比例为27.2%，首次超越国有经济固定资产投资占比。2014年我国全社会固定资产投资总额为51.2万亿元，比上年增长6.57万亿元，增幅为14.7%；同期私营经济固定资产投资达到14.95万亿元，较上年增长23.4%，高出同期国有经济固定资产投资增长率9.6个百分点（见图14-2）。民营经济作为国民经济的重要组成部分，自21世纪以来规模持续扩大、数量不断增长、经济和社会效益明显提高，在全社会解决就业问题、缩小贫富差距、促进社会和谐发展等方面发挥着日益重要的作用。2007~2015年我国私营企业户数与增幅见图14-3。

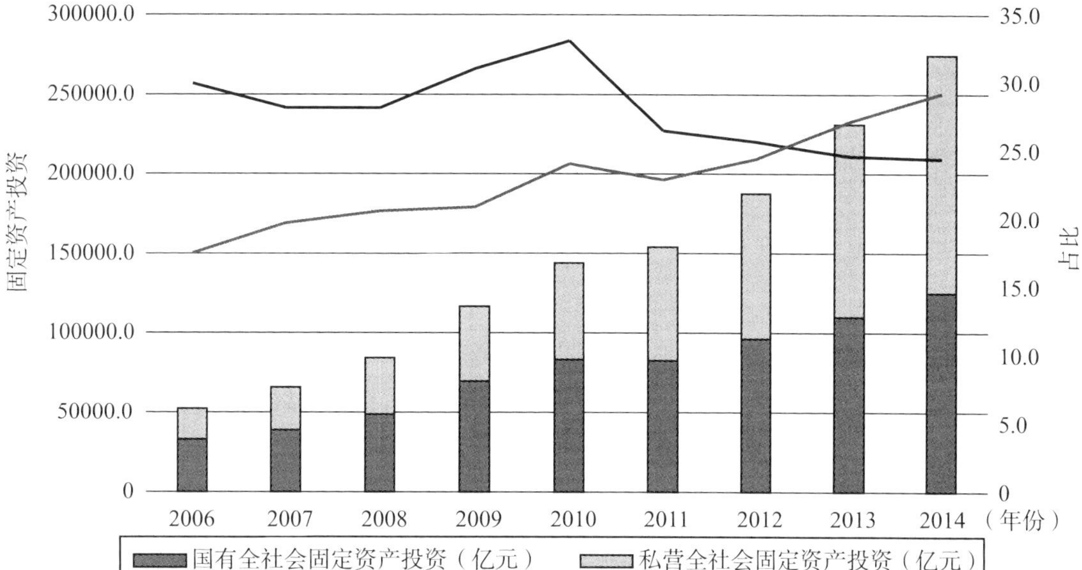

图14-2　全社会固定资产投资（2006~2014年）

资料来源：国家统计局。

自2001年开始，全国工商联正式在国家民政部登记注册为“中国民间商会”，工商联从此具有了总商会的性质。与此同时，在我国建设服务型政府的大背景下，行业协会在协同政府管理社会事务中也获得了更多的资源支持，与政府形成了良好的互助关系，在服务企业与服务社会方面的作用不断凸显。事实上，相比于其他类型的社会组织，行业协会、商会因为与经济发展和市场化改革更具有直接联系而得到了政府的优先培育和支持，成为社会组织中发展最快最好的类型（郁建兴，2014）。中华全国工商业联合会的数据表明，除了2013年，其余各年商会组织数量均呈现大幅增长。2013年数量大幅减少的原因主要是早期成立的商会有些已经名存实亡；有的商会同工商联联系松散，实际上已脱离工商联。有些地方没有考虑这些情况，造成商会数量统计有增无减，而2013年通过商会数据库的信息采集进行了核减。

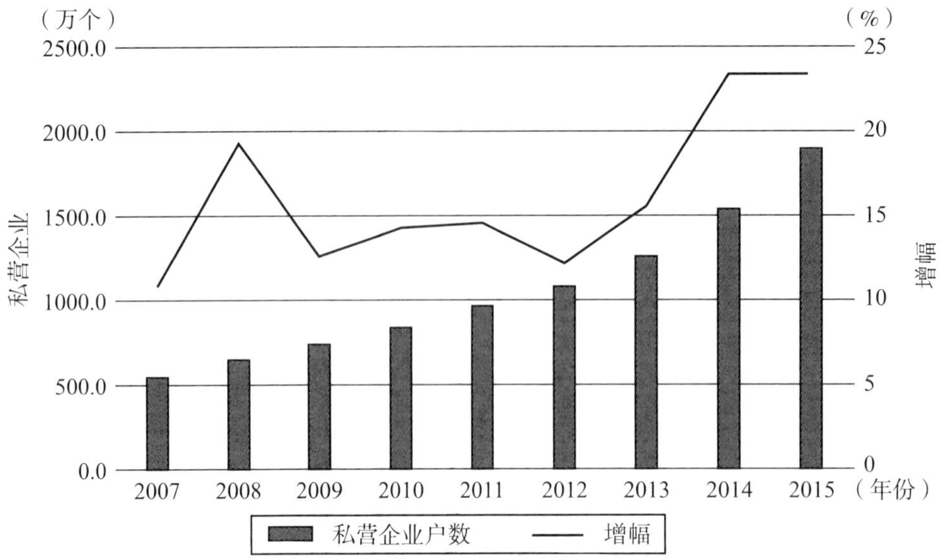

图 14－3　私营企业户数与增幅（2007～2015 年）

资料来源：中华全国工商业联合会。

根据全国工商联的统计数据，截至 2015 年底，各级工商联共有商会 41679 个，与 2014 年底相比，增加 4698 个，增长 12.7%（见图 14－4）。其中，行业协会 12668 个，占比 30.4%；乡镇商会 15939 个，占比 38.2%；街道商会 3865 个，占比 9.3%；异地商会 5825 个，占比 14.0%；其他（含市场、园区、楼宇、村）商会 3382 个，占比 8.1%。各类型商会数量都有所增长，其中异地商会随着各地经济交流合作日趋紧密，数量增长比例最大。

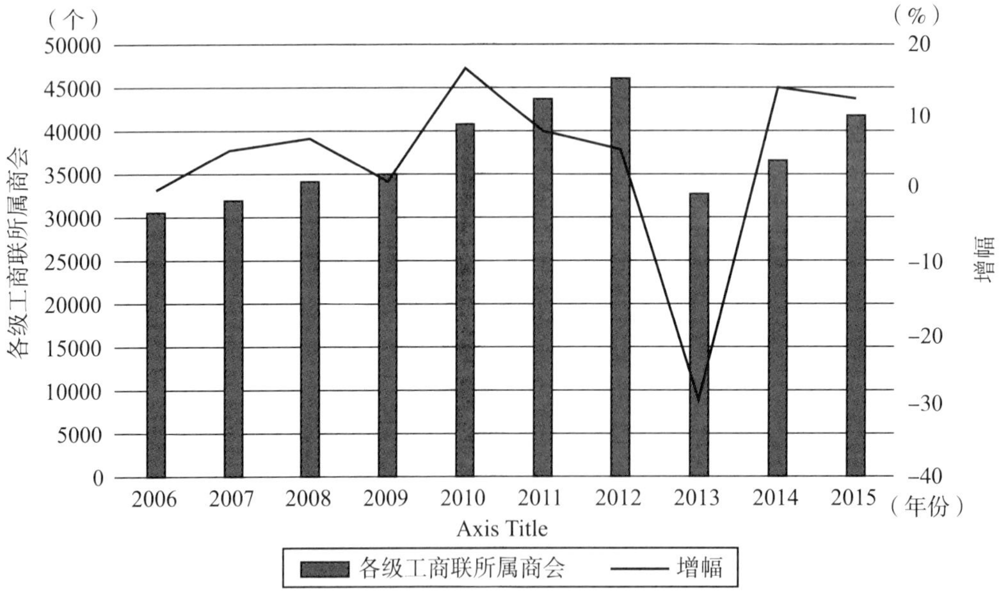

图 14－4　2007～2015 年各级工商联所属商会与增幅

资料来源：中华全国工商业联合会。

尽管如此，在 21 世纪初十余年的商会发展黄金期中，商会管理体制僵化的弊端逐渐显露，这促使地方政府开始积极进行制度创新，比如，广东市政府自 2012 年起推行的直接登记制度与一业多会制度，成为全国商会改革的先进代表。2013 年党的十八届三中全会明确指出，将解放和增强社会活力作为社会体制改革的主要目标。这将开启我国行业协会商会“自治”和“竞争”的新格局，行业协会商会的基本属性也将从政府行业管理的助手转变为依法自治的互益性组织（张建民、何宾，2014）。

二、民营企业与民间商会的理论分析

关于商会的研究，国外学者大多运用新制度经济学工具（Greif，1993；Milgrom and Weingast，1994；McMillan and Woodruff，1999，2000；Milgrom，North and Weingast，1990）或者直接将其纳入到新制度经济学的分析框架来分析的（Schneiberg，Mark and Hollingsworth，J. Rogers，1990；Klein，1998；青木昌彦，2001）；而国内学者多从历史和现状出发，侧重于分析商会的生成机制、有效性及其局限（秦诗立，2001；秦诗立、岑丞，2002；张旭昆、秦诗立，2003；陈剩勇、马斌，2003；郁建兴、吕再明，2004；李建琴、王诗宗，2005；等）。运用已有理论，可以解释我国民营企业与民间商会的互动发展机理，即作为我国民营经济的市场主体，民营企业出于减少交易成本，扩大集团共同利益的理性需求，促成了具有独立第三方特征的民间商会的诞生；反过来，民间商会不仅作为民营企业的代表，是最有效率的集体产品提供者，还作为企业个体之间的再组织，使得会员企业形成空间集聚，在区域经济发展中发挥带头作用。而在外部制度大环境中，政府的引导与逐步放权也将为民间商会与民营企业的互动发展创造更加适宜的环境，为商会获得独立性提供更多可能。

（一）民营企业与民间商会：交易成本理论视角

同业集群的民营企业在发展中难免产生相互之间的交易成本，对内部生产者之间的利益进行协调时，又会产生相应的管理成本，故民营企业需要一个独立的组织整合资源、制定规划，消除单个企业间的往来成本。交易成本理论认为组织的产生和存在是对交易成本的一种节约（Coase，1937），因而商会的产生也是对交易成本的节约。在孤立的交易中，交易双方都有欺骗对方的激励，从而可能陷入“囚徒困境”。相比于重复博弈和法律，建立关系型契约（在企业间即为商会组织）被认为是一种较好的解决办法，特别是在转型国家和发展中国家更是如此（McMillan and Woodruff，2000；Rrcanatini and Ryterman，2000）。解决的关键在于保证交易中合作均衡的实现，但在保证交易合作均衡实现的市场治理机制中，商会并不是一种必然选择；它与其他市场治理机制之间只是一种互补关系（青木昌彦，2001），但如果要达到有效率的贸易规模，则商会的出现就是一种必然选择，因为商会同时具有信息搜集传递功能和成员间的协调和执行能力。

国内学者也用交易成本理论解释了中国商会的生成，认为商会的产生是对市场失效和政府失效所产生交易成本的一种节约，商会在提供公共物品和俱乐部物品时，具有比企业和政府更低的交易成本优势（秦诗立，2001；秦诗立、岑丞，2002）。即使是官民二重性质的商会，也可以用交易成本理论加以解释，即市场主体在面临“组织”与“不组织”时，组织成本小于交易成本，选择“组织”；而当“自组织”成本大于“官方组织”成本时，则选择由官方来组织商会（于晓虹、李姿姿，2001）。另外，法律与关系型契约之间存在一种替代关系，对中国这样一个转型期的发展中国家来讲，一方面，体制转型本身使企业间的交易成本大幅上升，需要一种新秩序来降低交易成本；另一方面，与新体制对应的法律体系不健全不仅导致运用法律的成本较高，而且使交易者因违约成本比较低而选择违约或欺骗行为，进而导致交易成本的上升（McMillan and Woodruff，2000；Rrcanatini and Ryterman，2000）。为了节约交易成本，民营企业更多选择关系型契约来完成交易，进而需要借助一个正式组织来实现需求，而具有信息提供和行动协调功能的商会正是这样一种具有独立第三方特征的组织，这既是我国转型时期民间商会与法律替代关系的一种解释，更是民营企业组建民间商会的内在动力。

在研究商会的国内文献中，对温州商会的研究最值得关注。因为温州商会的生成大多由民营企业自发组建，因而温州商会更具有民间商会的“民间性”。温州民间商会的产生及演进路径，不是由单个人设计的理想化的制度变迁，而是一种由哈耶克所推崇的“人类合作的扩展秩序”，即一种自生自发的，产生于诸多未明确意识到所作所为会有如此结果的人的各自行动，并在他们的反复博弈中形成的制度。陈剩勇、马斌（2004）从政治学角度解释了这种自发形成的商会生成机制，认为我国民间商会尤其是温州民间商会的兴起是一种“对制度的需求创造出制度的供给”。具体来说，商会的生发机制主要表现在以下四个方面：一是基于企业家的共同利益需要；二是克服行业内企业的“搭便车”问题；三是预期收益大于预期成本；四是地方政府的支持提供了一个合理的生成和发展空间。浙江省政府办公厅、省政府研究室调研组则将温州民间商会的生成机制，解释为区域经济发展环境下市场主体的自我需求，即当地民营经济发展构筑了商会产生的经济基础、民营经济自我发展的需要直接催生了商会的出现、政府的支持和引导为商会的成长创造了宽松的环境（王玉珍，2005）。

（二）民间商会与民营企业：俱乐部理论视角

企业需求的产品可以根据性质分成几类：私人产品、公共产品、俱乐部产品、政治产品。现有的经济学理论已经证明：私人产品由市场来提供是最有效率的；非排他性的公共品由政府提供最有效率。那么什么是俱乐部产品？布坎南认为现实世界的产品是纯粹私人产品和纯粹公共产品的混合，具有俱乐部的性质（Buchanan，1965）。国内学者认为商会就是生产同类产品的企业克服负的外部性、获取正的外部性的一种俱乐部式的制度安排，或是一个外部性内部化的俱乐部组织（黄红华，2005）。此与商会的非营利社团理论也颇为相似，正是商会增加了会员企业间的信任感，才形成了正的外部性。行业秩序、行业信息以及行业群体的认同等内容是俱乐部提供的一些重要产品，是一些介于私人品与公共品之间的集体产品（混合品），因而由该集体志愿组成的组织更能代表该集体的利益，是最有效率的该类产品提供者（郑慧，2006）。所以，民间商会对于广大民营企业来说，是提供俱乐部产品的最适当组织，它供给的俱乐部产品包括行业秩序、行业信息、组织维权以及行业群体的认同、行业地位、社会地位、沟通渠道、合作渠道等。企业最需要商会的俱乐部产品的时候即是当企业发到一定规模，而又未成长为实力雄厚的大企业的时候。

商会及其俱乐部机制的作用机理大致为：一是通过企业会员的自主参与而形成为组织，使得同一行业内的企业间相互确立信任、合作、互惠以及网络资源共享。二是作为一种自主治理的制度安排，行业组织在既定环境约束下，能够通过社会关系网络攫取资源，获得外部信任，具有保护或增进自身利益或价值的职能。三是行业协会还能够对不同层面的参与者提供各自所需的“选择性激励（惩罚）”，在对会员提供有价值资源的同时，对会员实施有效监督，使得会员背叛、违约和退出等具有较高成本约束（张善杰，2008）。商会供给的俱乐部产品有着如下的特性：一是具有很大的供给弹性；二是具有排他性，但有较高的溢出效应，因而带来比较普遍的“搭便车”现象；三是具有较弱的非竞争性，一般俱乐部产品在被会员消费时是不会影响到其他会员的（郑慧，2010）。

作为一种制度安排，商会能否有效运行的关键取决于它所具备的制度能力，具体说是诱导会员提供资源，遵守商会旨在实现集体目标时所制度规则和决策的能力，因而如何发挥自身所具有的组织优势和功能是商会有效运行的关键（Doner and Schneider，2000）。显然，通过集体行动实现共同利益和提供公共产品方面，商会比政府具有更大的优势，因为小集团总会比大集团对共同利益的追求更有效率（Olson，1965）。

（三）民间商会与民营经济：空间集聚与增长极理论视角

克鲁格曼在其空间经济学理论中指出，经济的演化可能导致“中心—外围”格局的产生。假设在一个经济体中只有农业和制造业两个部门，当制造业迅速发展且占据的份额越来越大时，在经济总量不变的前提下农业部门所占据的份额就越来越小；制造业开始形成一种较强的凝聚力，使得原本制造业和农业两个部门平衡的地区出现倾斜，制造业地区不断吸收大量的资源，积累优势并形成产业集聚中心，成为中心区域，而相反地，农业地区就逐渐处于非产业化的外围，成为外围区域。如果将

“中心—外围”理论模型应用到多个地区与连续空间，那么集聚因素将使得不同地区和空间出现规模更大的集中（藤田昌久、保罗·R·克鲁格曼、安东尼·J·维纳布尔斯，2011）。商会组织作为企业个体之间的再组织，使得会员企业在商会所在地区形成特定的空间集聚。企业的空间聚集必然也是资金、技术、人才、信息等经济要素和产品、产值等经济产出的集中，从而形成高密度经济区（梁琦，2004）。通过商会在该区域间起到协调和纽带的作用，在行业内部与行业之间穿针引线，使该区域形成竞争与合作平衡的均衡局面，同时加速集群内企业的成长速度，在区域民营经济的发展中起到带头作用，为地区的民营经济发展铺路架桥。

商会同样促进了区域内部增长极的形成。佩鲁（Perroux，1955）在其增长极理论中描述的增长极就是一个经济空间中的中心单元，这个单元最有经济活力，同时具备支配效应，增长极就是以主导产业为主的推进型产业。在佩鲁的理论中，增长极通过主导产业和被推进型产业之间的前向联系和后向联系，使产业之间形成相互协作的关系，共同促进区域经济的发展。之后，布德维尔（1966）将佩鲁的增长极理论发展为与区域相关的城镇体系理论，该理论认为区域的核心城市就是增长极，增长极由于对周边地区的影响力大小不同存在增长极等级体系。区域增长极作为一个区域内的中心，不断对这个区域的其他地区产生辐射影响，不断向外扩散，使得区域增长极周围总是存在一层又一层经济特征相近的辐射地带，这也是符合区域经济的梯度变化理论的。

从增长极理论看商会带动区域民营经济发展，可以将商会经济看成一种集聚经济。由增长极理论可以得知，区域内企业的集聚或者是企业家的集聚可以促进增长极的形成。商会通过集合区域内企业来促进区域增长极的形成，同时通过区域增长极来加强商会所在区域对于周围区域的影响和辐射力度。通过将商会所在区域变成核心区域，可以带动周围欠发达区域的发展，促进整片区域内经济的整体发展。

通过企业集聚，民间商会可以改善企业生存的外部环境，提高区域内民营企业的产业竞争力。从义乌温州商会的经验来看，虽然在义乌经商的温州籍企业本来就不在少数，但是正是因为商会的成立，使得在义乌经营的八百多家民营企业得以抱团发展，产生集聚力量，吸引更多的温州企业在义乌集聚，通过互相之间的上下游合作和联合投资，获得更大的集体利益。同时，义乌作为浙中地区的核心城市的功能也得到提升，对于整个浙中地区以及长三角地区都发挥着强大的辐射和集散作用。

三、民营企业与民间商会互动机理分析

随着民营经济的发展，民间商会也在不断地生成、发展、提升和完善；而民间商会基本职能的完善、运营能力的提升与社会身份的正式化，为民营企业的发展、行业与社会的互动起到了积极的推进作用。民营企业是民间商会形成和发展的基础，民间商会是民营企业参与社会治理以及行业自治的重要方式，两者形成了良性的互促机制。同时，在特定的经济形势和政策环境下，民营企业和民间商会的互动发展机制也受到多方面的不同影响。

（一）企业与商会互动的性质

中国民营企业与民间商会的互动发展本质上是由企业的性质和商会的性质决定的。企业是以盈利为目的经济组织，在一定的社会体制下通过提供产品和服务换取收入，有其独立的经济核算体系。为了使企业以至于整个行业可以更好地盈利、发展、履行社会责任，企业和企业家自行组织、自愿参加形成了自治团体，此即是民间商会。因此，民间商会的性质决定了它是为了维护企业和行业利益、推动企业发展而存在的组织。可以说，民间商会正是为了企业发展才应运而生的，这在企业与民间商会的互动发展机制中有所体现。

1. 民间商会的三大职能促进企业发展

商会是企业和企业家自行组织、自愿参加形成的自治团体。民间商会的性质决定了其基本职能和作用主要有三个方面：维护企业的合法权利和利益、为企业服务和进行行业规范。因此，民间商会促进民营企业发展的原因可以从三个角度来讲。

首先，民间商会维护了企业的整体利益，为行业提供了更多发展机会。民间商会是企业和企业家自发组成的团体，代表了企业的整体利益，是行业的代言人。面对多元发展的市场经济，各方利益冲突下，只有通过一定的利益平衡机制进行调节，才能达成各个社会群体对公共性问题的共识，寻求到更加妥善的解决方式。在利益的平衡过程中，民间商会代表的是企业家的整体利益和共同意见，它的出面和从中斡旋能够维护行业在社会事务中的合法权益，为企业谋取更多的利益。如建立行业间的沟通渠道、向政府反映行业诉求等。特别地，民间商会的区域性特征和桥梁纽带作用，在促进区域经济协调发展方面具有其他部门不可替代的优势。如浙江湖北企业联合会在推进鄂浙两省经济合作中发挥了积极作用，得到了省委省政府主要领导的充分肯定。2013 年 4 月，该企业联合会作为鄂浙两省经贸合作洽谈活动的承办单位之一，参与两省经贸活动的组织工作，在该企业联合会牵线搭桥的基础上，两省共签约项目 31 个，协议投资额达 617 亿元（梅德平、汤学兵，2013）。

其次，民间商会聚集和整合了行业资源，可以解决行业内部的公共事务、服务会员企业，从而使行业有序发展。民间商会作为企业自治团体，聚集了行业内优秀的企业家和资源，对本行业的了解程度高，从而有能力为企业提供有效的服务、一定程度上解决企业面临的问题。例如，在上海、浙江、山东、河北等地的江苏商会积极争取与金融机构合作，通过成立小贷公司、设立互助基金等方式为会员企业解决融资问题；更为会员企业提供政策、信息、法律等多方面的服务，缓解了苏商发展中的融资难、商机难、维权难、转型难等问题（吴跃农，2014）。又如天津闽商商会，积极引导企业改变发展思路和经营模式，努力促进企业“强强联合”，在该商会的推动下，卡尔斯阀门制造、凯比特、天津嘉华星港国际“强强联合”，加快开发建设进度，大大地增强企业的经济实力和市场竞争力（王华，2010）。此外，市场经济下的行业内部存在着竞争，许多问题牵扯到多个企业甚至全行业企业，在政府职能转变后，再由政府或是其他部门进行干预和协调并不妥当，而民间商会作为企业的自治团体，可以出面联络和调停，做出的决策也更加妥当和令人信服。

最后，民间商会规范了行业发展，树立了行业形象。民间商会聚集着一批优秀的、具有示范作用的企业和企业家，在形成行业规范的同时，还可以激发企业与企业家的归属感和责任感，对整个行业的企业都有一定的引导和约束作用。如促进企业之间的团结合作、倡导职业道德、执行诚信规则、督促企业和企业家依法纳税等等。商会的积极影响可以使得企业和行业朝着合法、正向、积极的方向发展，进而对于社会整体的发展有所助力。同时，民间商会能够引导企业积极参与公益事业，承担社会责任，树立致富感恩、和谐共赢的理念。如安徽湖北商会自 2006 年成立以来，先后捐款 8000 多万元，捐物 20 多万件，一共援建了 17 所光彩希望小学，帮扶 500 多名大中小学学生就学，参与了 3 个新农村示范点建设，帮扶 6 个村级党支部项目建设（梅德平、汤学兵，2013）。民间商会在社会事业方面的积极牵头更容易引发企业和企业家的热烈响应，激发起服务社会、回报社会的意识，在做出贡献的同时可以树立正面的行业形象。

2. 企业促进商会发展

企业本质上为营利性微观经济主体，在市场中通过提供产品和服务来获取回报。该性质使得企业在自身发展过程中也能促进商会发展。

一方面，企业发展对商会能力提出客观需求。企业发展壮大后，将在行业间和行业内面临更复杂的利益关系，亟需更适宜发展的经济环境和更加完善的行业内部治理机制，因而要求行业管理者拥有更高的能力去为企业争取资源、处理公共性问题、实施内部治理。企业与商会可以视为委托—代理关系，当企业对商会的能力和规模提出更高诉求时，客观上以内部需求激励着商会的发展。例如，企业增加跨区域合作之后，就会对资源的有效配置、相关产业的合理布局、行业内外公共事务的妥善处理等方面产生需求，催生异地商会的设立。随着改革开放后市场经济的发展，跨区域投资成为常态，尤其是全国沿海三大经济中心环渤海、长三角和珠三角，以其独特的资源与区位优势吸引了相当规模的异地企业。为获取更多资源、提升社会地位、维护自身利益、发挥整体优势，一些具有实力的企业异地发展的同时，为顺应经济社会发展需要，充分挖掘软性战略资源，做大做强在外同籍非公经济人士产业，异地商会这一新生事物应运而生。埃莉诺·奥斯特罗姆通过深入调查研究公共池塘资源使用问题后发现，通过公众治理组织的运作，世界各地许多公共池塘资源的使用是有效率的。商会等公共组织的存在确实可以带来共同利益，这也是企业需要商会的原因（埃莉诺·奥斯特罗姆，2000）。

另一方面，企业的发展为商会带来更多的人力、财力、声誉等方面支持。商会的经费主要来源于会员缴纳的会费和企业的赞助费，商会的领导人一般是由会员企业家推选产生，商会的会员企业也是自愿加入商会的。可以说，会员企业的规模直接决定了商会的规模，行业的发展直接促进了商会的发展，而行业的强大与否将直接影响到商会的社会地位和决策权威性。企业盈利的增加，行业规模的扩大和在社会上的重要性的提高，将为商会带来更多经济、人力以及声誉上的支持，从而由外部供给上刺激了商会的发展。以天津福建商会为例，该商会由在津闽商自下而上推动而产生。由于背后有二十多万闽商的支持，天津福建商会具有足够与政府谈判的底气和筹码。经过多年的摸爬滚打，闽商已在水暖阀门、陶瓷、木材、石材、茶叶五大行业成为天津市场主力军，钢材、印刷、电站设备、消防器材、工程装饰、民营医院、房地产开发等行业也异军突起。天津福建商会的会员企业为天津所创造的经济效益足以使其“挺直腰杆”，通过各种策略影响政府决策，获得所需要的资源（王华，2010）。2006 年就有天津福建商会与政府谈判、成功建立并大力开发“福建工业园”的案例。

（二）区域经济推动民营企业和民间商会的互动发展

民营企业和民间商会的互促发展必然受到经济因素的影响。商会以市场需求为导向，凭借着自发的组织形态和自主的管理模式，根据需要进行区域间的合作和联合，最大化地发挥经济联合体和合作实体的优势，使区域和地方经济得以健康的发展（刘文智，2007）。同时，区域经济发展对商会和民营企业的发展也有不可忽视的推动作用。区域和地方经济发展，促使民营企业之间的一系列跨区域合作增加，不仅催生出一系列异地商会，也在资源的有效配置、产业合理布局、人才资金的自由流动等方面对民间商会提出了更高的要求，从而促进了商会自身的发展。例如，2009 ~ 2011 年，南阳市共组织外出招商、参与对外招商活动 30 余次，总计签约招商项目 1133 个，总投资 2380. 8 亿元，合同利用外资 1808. 5 亿元，而其中通过异地商会牵线签约招商项目 586 个，总投资 1236. 24 亿元，合同利用外资 1056 亿元，分别占 51. 7% 、51. 9% 和 58. 4% 。同一时期，异地商会利用亲情、友情与乡情号召在外经商与务工人员返乡创业，兴办了“回归型”企业 2560 个，总投资近 400 亿元（南阳市工商联，2011）。区域间的信息交流和互动由企业或是商会牵头完成，促进了区域经济的发展；反过来，区域经济的发展不仅拉动了企业实力的成长，同时也为商会创造了更多锻炼和提升能力的机会，对于民营企业和商会的互动发展有很大助益。在经济发展的带动下，南阳市成立了 54 家异地商会，不仅加强了南阳市与全国 16 个省份的 26 个主要城市的联系与合作，还通过异地商会之间的关系网络使南阳的商品、服务、资源、信息得到更为广泛的传播。通过一系列高标准的经济活动，商会壮大了自己的规模，强化了自身的运营和服务能力，提高了社会影响力，能够更好地履行职能、促进会员企业的发展。

（三）政治因素推动民营企业和民间商会的互动发展

在中国，相比长期占据主体地位的国有经济，民营经济的发展尚处在起步阶段。在政府逐步开放和完善市场环境的过程中，不仅民营经济突飞猛进，也带动了商会的建立和发展。同时，政府对于商会的政策支持、政府购买商会服务等行为对商会的发展起到进一步的促进作用，不仅使其社会地位有所巩固，还提升了其自身运营的规范和专业程度。随着企业家拥有更强的能力和更高的政治诉求，商会作为合法代表行业利益的组织，为企业家提供了发声的平台，也承担了更多的社会责任。当行业成为一个强大的团体，甚至可以通过操纵垄断市场的规则获取财富时，探索与仲裁员建立替代制裁的必要条件也非常重要（Bruce L. Benson，1999）。

1. 政策环境改善促进民营企业和民间商会的互动发展

经合组织（2001）认为，公共部门和私营部门之间的合作伙伴关系的形成和运作是改善和治理区域经济发展的基础（Christian M. Rogerson，2010）。对民营企业和民间商会而言，开放、宽松、明晰、鼓励性的政策环境能提升企业的实力和商会的自主运营能力，促进双方各自的发展，进而促进彼此的发展。

对民营企业而言，其发展正是随着政策的逐步开放而进行的。改革开放以来，对个体、私营经济的限制逐步放开，产生了民营经济的萌芽；十二届三中全会《中共中央关于经济体制改革的决定》确认了我党发展民营经济的基本方针，其行业结构、从业人员、区域规模都开始逐步形成，此后受政治因素影响，民营经济在政府的整顿和治理下，一度进入发展的低潮；1992 年邓小平同志南方谈话和党的十四大确立了建立社会主义市场经济体制的改革目标，给个体经济、私营经济确立了重要地位，民营经济获得了长足的发展；自 2004 年十六届三中全会上明确提出“放宽市场准入，允许非公有资本进入法律法规未禁入的基础设施、公用事业和其他行业和领域”以来，相关文件如《国务院关于鼓励支持和引导个体私营等非公有制经济发展的若干意见》也相继出台，民营经济发展的体制性障碍逐步消除。政策环境的开放和完善，直接使民营经济在十余年内取得突飞猛进的发展，并逐步成为国民经济的重要组成部分。

对于商会而言，由最初的双重登记制度和“政会一体”的思想，到如今强调政会分开、政府放权的新形势，商会在数量、质量上都得到了显著提升。以上海市为例。上海市一系列的法律条款的颁布对上海市商会行业协会发展有显著的推进作用。2002 年 1 月，上海市政府发布了《上海市行业协会暂行办法》；同年 10 月，市人大颁布了《上海市促进行业协会发展规定》。2010 年 7 月，上海市人大常委会根据经济社会发展的新要求，审议并通过了《关于修改〈上海市促进行业协会发展规定〉的决定》。截至 2013 年底，上海市的行业协会已发展到 243 家（市级 221 家、浦东新区 22 家），已初步形成了门类齐全、覆盖广泛的行业协会体系，涉及国家行业分类标准 20 个门类中的 17 个行业（采矿业、公共管理与社会组织、国际组织三个行业空缺），广泛分布在工业制造、商业流通、现代服务、建设交通等领域。行业协会拥有会员单位近 7.45 万家，涵盖了不同所有制、不同经济规模、不同组织形式的企业，绝大多数规模大、在行业内有重要影响的企业都加入了相应的行业协会（吴洁民，2014）。同样，因相关法律制度完善而得到发展的还有无锡市的商会行业协会。2013 年无锡市工商联对 2003 年经江苏省人大批准实施的《无锡市促进行业协会发展条例》进行的十年评估表明，该《条例》使商会总体呈现数量和质量的提升，初步完成政会分离，建立了归口管理体制，推进了政府职能转移，为无锡市行业协会商会的改革发展提供了法律依据（无锡市工商联，2013）。

2. 政府购买推动了商会发展

政府购买社会组织服务是我国现阶段实践政社合作的主要方式。形式上来讲，即政府通过合同外包、定向委托、公开招标、补贴、特许经营、代金券乃至公司伙伴关系等方式，把社会组织引入到提供公共服务的过程中。2013 年 9 月 26 日，国务院印发的《关于政府向社会力量购买服务的指导意见》分为四个部分，包括充分认识政府向社会力量购买服务的重要性、正确把握政府向社会力量购买服务的总体方向、规范有序开展政府向社会力量购买服务工作和扎实推进政府向社会力量购买服务工作，由此确定并规范了政府向社会组织购买服务的实践方向。“政府向社会组织购买公共服务，有利于促进政府向供给者、决策者和管理者的角色转型；有利于促进社会组织的专业化、正式化和规范化建设，为其发展提供关键的财政和合法性资源；有利于形成资源共享的分工和协力格局，提高公共服务的有效性。通过合同外包、特许经营、补贴和代金券等方式，大量针对老人、残疾人、青少年和贫困人口的服务，以及环境、卫生、培训等服务，都实现了政社合作提供。政府的支持成为社会组织发展的重要推动力。以美国为例，在 2005 年，社会组织创造了美国 10% 的国内生产总值，其收入中有 21% 来自政府的服务合同，9% 来自政府的拨款和补贴”（敬乂嘉，2014）。政府购买商会服务可以使商会向专业化、正式化、规范化的方向发展，对商会的运营能力、社会地位、资源掌控等都有极大的提升，因此，政府购买商会服务对于商会的建设和发展、树立社会形象、掌握社会资源都具有重大意义。同时，为商会提供此类契约性服务将巩固商会对外的法治治理，达到商会在法律责任意义上的独立（贾西津，2014）。

3. 企业家的政治诉求影响了商会发展

商会是企业和企业家的自治团体，企业家行为也将极大程度上影响企业和商会的互动发展。中国社会科学院的社会学者在《当代中国社会阶层研究报告》里指出，随着经济实力的增强和阶层队伍的扩大，私营企业主阶层一定会提出相应的政治要求，并实现一定的政治参与，以表达其阶层意识和合法权益。企业家的政治诉求常常会对商会社会地位的提升起到积极的促进作用，而借助商会的平台也可以有效提升企业家的政治影响力。

在企业家与政府的交往中，除了为企业谋取更多的收益外，还可以通过政府认可获得社会的认可，从而提高企业的社会地位和声誉。但是，企业家直接展开的政治行为具有极大的不稳定性，通过商会等合法组织开展政治行为与公关行为，方式更加稳妥。虽然这样会使私人收益小于组织收益，导致在企业家有机会通过个人行动牟取更大利益时脱离组织，但是大多数少有政治参与机会的企业家会普遍表现出积极的参与意识。因此，在我国现有的政治参与模式下，商会正是企业家与政府之间的利益代表、利益聚合和表达的机制，其存在缓解了多数企业家在参与政治过程中渠道少、层次低、有效性不足的困境。

四、民营企业与民间商会互动发展的问题

改革开放以来，民营企业和民间商会取得了长足的发展，在数量、规模和实力上都有了显著提升，逐步成为国民经济的重要组成部分。然而，在其互动发展的机制中，民营企业和民间商会仍然受到来自经济环境、制度环境以及其自身的阻碍因素的制约。所有制劣势、市场结构和法律政策的不完善、商会自身职能定位不明晰和运营能力弱是限制民营企业和民间商会发展的主要因素。

（一）民营企业发展的问题

民营企业目前已经涉足大多数行业和领域，产业结构不断升级，区域分化渐趋合理，在推动国民经济发展、增加财政收入、解决就业问题、促进对外贸易等方面做出了巨大贡献，已成为中国社会主义市场经济的不可分割的组成部分和推动经济社会发展的重要力量。但由于经济因素与制度环境的影响，民营经济在财政支持、税收制度、市场资源等方面都处于劣势，虽然其增长势头超过国有经济，仍面临着许多发展上的阻碍。同时，民营企业的内部也呈现出规模和实力的不均衡、产权制度不明晰、民营企业家才能有限等问题，一定程度上限制了其自身的发展。

1. 各类经济因素

随着宏观经济进入“新常态”，受到市场需求和资源环境的约束，民营企业发展也进入了瓶颈期。融资难、人才缺乏、信息不畅等因素正在制约着民营经济的发展。

融资方面，民营企业近年来面临着严重的金融困境。作为渐进改革的一种内生现象，民营经济的金融困境源于国有金融体制对国有企业的金融支持和国有企业对这种支持的刚性依赖。民营经济与国有金融体制处于不同的信用联系之中，因此一时无法在国家控制的金融体制中寻求到金融支持（张杰，2000）。为了促进民营经济的发展，国家对民营经济上市融资制度进行了多次创新，尤其是设立了中小板市场和创业板市场等，为民营经济上市融资提供了很好的舞台。但由于资本市场不完善、直接融资制度不健全，规模较小、风险较大的民营企业仍处于上市融资的不利地位。

人才方面，民营经济往往规模较小、人力不足且分工不明确，同时存在着普遍的家族企业现象，很难满足企业对于掌握现代管理知识和先进技术的人才的需求。而由于民营企业不能使员工享有与国有企业职工相同的福利待遇，在人力资源市场中竞争力低，因此面临很强的人员流动性。

信息方面，民营企业往往没有有效的平台获取相关的政策信息、行业信息、市场情况信息，只能通过互联网、人情关系等渠道收集获取分散信息；同时也难以向政府、市场和同行传递自己的产品信息和市场需求，以致难以在激烈的市场竞争中先发制人。

民营经济的发展是对市场经济的推动，在市场竞争越发激烈的今天，民营企业面临着更广泛的市场，也即面临着更多的不确定性，需要民营企业有更大的生产能力、竞争实力和抗风险能力。

2. 制度环境因素

从所有制属性来讲，商会可以分为“体制内”和“体制外”两种，体制内的商会如工商联等，是由政府设置和拨款运营的；而本文所说的民间商会则是由民营企业家自行组织、自愿参加、自主管理的，可以说属于“体制外”。2004 年十六届三中全会上提出允许非公有资本进入法律、法规未限制进入的基础设施、公用事业及其他行业和领域，是对民营经济极大的支持。同时，《国务院关于鼓励支持和引导个体私营等非公有制经济发展的若干意见》、各省（区、市）《关于贯彻国务院鼓励支持和引导个体私营等非公有制经济发展若干意见的实施意见》等文件的相继出台也是政府对于民营经济的支持。然而在体制上民营经济仍然是受到歧视的。从政体上来讲，中国是一个社会主义国家，公有制始终是主导的经济体制，民营经济因所有制上的“先天不足”，使得政府不可能主动给予他们全部的“体制内”利益（周桐宇，2007）。例如，资源方面，民营企业没有办法享受体制内的一些优惠，例如在建设用地方面。在土地指标比较紧张的情况下，地方政府对于投资周期长、见效慢、用地相对较多的一些实体经济项目往往重视不够，难以获得建设用地。再加上国家进行宏观调控土地和信贷是两个闸门，民营经济用地就更为艰难了，从而制约了民营企业扩大生产规模实现更长远的发展（林征智，2013）。又如融资问题上，国有银行会优先解决国有企业的融资问题，其信贷结构和制度安排也会更倾斜于国有企业。

财税支持方面，政府对于民营企业的作用非常有限。由于民营企业一般是粗放型增长模式、以资源损耗和劳动力密集为特点，而政府在进出口贸易、技术创新支持以及税收优惠等方面采取的种种政策对于民营企业收效甚微。同时，由于市场体系的不完善，民营企业有时会受到政府相关职能部门的看不见的壁垒，享受不到正当的社会服务。

3. 企业自身局限性

随着民营经济的发展，民营企业慢慢崛起，在少数民营企业做大做强的同时，大部分民营企业呈现出“数量大、规模小”的典型特点。在管理方面，许多企业家在企业发展之初充当着全能管理者，以自己的意愿和性格领导企业，随着企业规模扩大、结构逐渐完善，不能够仅凭借企业家的灵活管理来运营，还需要建立比较完善的组织管理机制。在市场竞争力方面，许多商家所生产的产品存在着成本较高、技术含量低、可替代性强等不足，因此在愈加激烈的市场竞争中难以脱颖而出。同时还存在如知识产权意识薄弱、品牌意识薄弱、处理问题容易急功近利等问题（林征智，2013）。

以温州的中小企业发展为例，温州民营企业生产的产品主要特点有技术含量低、产品附加值低、市场竞争力不强；高污染、高能耗、生产成本高、对环境污染严重；原创性、自主性产品少，企业自主发展创新能力不强；为别人贴牌生产，企业利润低；外贸依存度高，受国际经济环境影响大。2008年来随着温州本地的土地、电力和人力成本的上涨以及国内其他地区民营经济的发展壮大，温州中小企业的先发优势已不在。而加入世贸组织后，国际市场针对中国商品设置的贸易壁垒越来越多，准入门槛越来越高，首当其冲的就是温州商品，这极大地冲击了温州中小企业的发展（唐涛，2010）。因此，以中小型为主的民营企业如何突破自身局限，获得更多的发展，是对民营经济发展的又一局限。

（二）民间商会发展的问题

正如民营经济面临着经济因素和制度环境的制约，随民营经济发展而产生发展的商会同样面临着经济和制度方面的阻碍。此外，由于商会是企业与企业家形成的自治组织，其职能定位的不明晰和运营能力的欠缺是直接阻碍其均衡、稳定发展的因素。

1. 商会自身因素

民间商会一开始是由企业和企业家自发形成的。随着行业的经济版图的扩大，为了满足自身发展的需要，企业和企业家对于商会的能力和作为提出了更高的要求，需要商会更加规范、专业地履行职能，更好地服务和规范会员企业，为行业谋求更好的发展环境。然而，由于民营经济发展起步晚、法律制度缺乏、市场结构不完善等客观原因，我国的民间商会自身的职能定位、运营机制等都尚不明晰，很难满足行业的诉求。这形成了商会发展的首要阻碍。

①职能定位不清晰。商会的职能定位政府并没有给出明确定义，而是随着经济社会发展的需要而不断变化的。应履行的职能有哪些、哪一部分是固有的、哪一部分是可以调整和授受的；职能之间有哪些主次差别；应当怎样履行职能，这些问题都是指明民间商会该“做什么”“如何做”的关键，然而并没有得到明晰。在有关基本职能定位没有落实的情况下，商会的基本工作将无法展开。

②治理结构不够完善。商会是自制的组织，承担着服务企业的工作，一个清晰的团体治理结构是其依法自制的组织基础。然而，到现在为止，仍然没有完整有效的商会治理机制来保证其决策、执行和监管之间的平衡。组织内各职称的设置、权责、选举机制、决策机制；会员的权利与义务、会员产生的机制、会员参与商会工作的性质等等，由于没有系统的框架，商会的建立与运作没有受到明确地指导，不利商会的发展。

③内部管理运营能力有限。商会是一个组织，需要依靠组织管理理论展开运营。而由于人力财力不足、指导缺乏理论支撑等原因，不少行业协会仍然比较轻视内部组织建设，以致商会的管理运营能力一直都受到限制。如在张冉《我国行业协会声誉机制的失灵与重构：非营利组织层面的一个理论分析》、朱国华、朱庆阳、石田田的《上海市行业协会人事制度研究报告》、上海人才服务行业协会的《做强人力资源服务业服务上海经济发展》文中，分别从声誉机制和人力资源机制反映了商会的管理运营能力不足的问题。

④发展不平衡，总体水平低。目前我国商会发展极其不平衡。从各省（区、市）登记情况来看，北京、天津、河北、辽宁、吉林、黑龙江、江苏、山东、重庆、陕西、甘肃、新疆等省（区、市）的工商联所属行业商会总体登记率较低。各地区的商会数量存在较大的差异，所覆盖的行业也不完整。从各类型商会分布情况来看，行业商会占商会总数的30.4%，乡镇商会占商会总数的38.5%，

街道商会占商会总数的9.3%，异地商会占商会总数的13.8%，市场、楼宇、村商会等其他类型商会占商会总数的8%。同时，即使是经济贸易较发达的沿海地区，商会发展的总体水平仍然较低。例如，对照建设国际化大都市的发展目标，上海行业协会依然存在总体水平不高，数量不多，规模不大，能力不强的问题，主要表现在上海目前行业协会只有200多家，只覆盖了7万多家企业，部分行业协会缺乏号召力、凝聚力和影响力（吴洁民，2014）。

⑤对外合作有风险。目前商会主要且普遍是通过与政府、银行、企业、其他组织等合作来借力发展。但是，没有完整的研究显示对外合作对于商会发展的影响，合作对于行业协会商会发展的意义、合作的现实影响、合作的方式及其创新、合作中的风险及其控制等（郁建兴，2014）。实践中，若是同行业的数个商会合作，则由其中一位或极少数的商会履行的行业自律职责极有可能因为其合法性不足而难以达到为行业引导和自律的效果。因此，对外合作并不一定是有利于商会的行为，而很有可能限制商会的发展。

2. 民营企业影响商会发展

民营企业作为商会形成和发展的基础，与商会形成了互相促进的发展机制。其数量、规模、实力都对相关行业的商会有举足轻重的影响。

①企业数量的影响。商会作为民营企业自发形成的俱乐部，即使是对行业内的一些企业也会有排他性。在潜在会员数较多的行业，对组织或会员有着严格的规模限制，使得行业协会商会往往难以真正成为行业利益的整体代表。从而在规模和能力上限制了商会的发展。正因为如此，不少传统行业协会由于产业结构调整，会员数量减少，缺乏内部活力，经济较为困难。一些行业协会或商会事实上沦为少数大企业或所谓精英的利益代言者。

②企业能力的影响。商会本质上是依托企业而存在的。企业得到促进和发展时，会带动整个行业的资金水平、人才质量的提升，同时还会对商会维护利益、服务企业、进行行业自律的能力有更高的需求。而企业面临损失、规模减小、能力下降的时候，不仅会降低商会运转的资金和人力，对商会的服务能力的需求也会降低，因此企业能力和行业前景也是影响商会发展的重要因素。民营企业存在先天不足，普遍规模较小，素质偏低；一般资金较少，信资程度较差，融资困难；多数从事传统产业，技术人才、管理人才缺乏，低技术、低成本生产中低端产品，产出率低、附加值低，高耗能、高污染。因此，大多数民营企业难以形成自己的竞争力，对外部环境的依赖性强。经济发展进入“新常态”后，民营企业更是难以适应，面临的困难更多、更大。作为依托企业而生的社会组织，在企业发展面临困境的情况下，商会自身也将面临着人员、财力、社会地位等的下滑，因此能否有效地发展自身实力，肩负起稳定民营经济增长的重要使命，切实帮助民营企业提高创新能力、加快转型升级、走出困境、健康发展，仍是对商会的极大挑战。

3. 政府行为影响商会发展

商会的相关法律不完善，政府需要制定和落实更多的政策，以明确商会在社会中的位置，扶持商会的健康发展；同时，在商会和民营企业互动发展中，政府如何与之合作、如何监管、如何引导都将是亟待解决的问题。

①直接登记制度改革带来挑战。《国务院机构改革和职能转变方案》明确规定：“对行业协会商会类、科技类、公益慈善类、城乡社区服务类社会组织实行民政部门直接登记制度，依法加强登记审查和监督管理。健全社会组织管理制度，推动社会组织完善内部治理结构。”直接登记制度取代统一登记制度，一元管理体制取代双重管理体制，意味在政府交还权力给市场的同时，也使商会的发展面临新的挑战。一方面，政府的主动放权将为商会行业协会内外部治理的自我完善提供必要的制度空间；另一方面，政府的退出在一定条件下极易造成制度真空，引发商会行业协会的治理失范（宋晓清，2013）。

②"政会分离"带来挑战。政府是否真的能将权力交还给商会和市场，商会能否有独立自治权力以切实履行其职能，对于商会的发展具有决定性的作用。由于我国的行政权力与经济体制联系紧密，在政府改革制度并提出放权后，仍然会存在着政府实际控制着市场、掌握着商会登记大权的可能性。我国行业协会商会是20世纪80年代政府改革的产物，虽然经过30多年发展，仍然具有浓重的行政色彩。大多数行业协会商会要么直接从政府相关机构转变而来，要么对政府具有较强的依附性。即使那些20世纪90年代后基于市场和行业发展需要建立的行业协会商会，其对政府的行政性也难以去除，有的甚至日益增强。这使得行业协会商会的发展受到政府的过度干预和控制，政府主导作用和相关业务主管部门意志渗透阻碍了行业协会商会有效发展。在此情况下，行业协会商会的发展通常取决于政府和相关业务主管部门的意愿，即有选择地将职能转移和购买服务给予某些他们偏好的行业协会商会，这种偏好和选择具有较强的主观性，并且常常与行业协会商会自身的治理结构与组织能力无关，未能予以制度化。如在福建省行业协会商会的报告中，将难以完全脱离业务主管单位的问题列为了登记管理制度改革后面临的新挑战。如在中小企业居多的福建省泉州地区，行业协会的发起人较难获取一些中小企业和个体工商户的情况，无法掌握全面完整的信息，这与业务主管单位不协助有关。当然，部分会员企业不熟悉发起人的动机，导致无法全力支持发起人的工作（徐晞，2013）。退一步说，政府愿意放权，商会行业协会能否有效承担起政府所转交的职能，又将是一大挑战。随着市场化改革的全面深化，政府在微观经济领域的逐步退出，将为行业协会商会去除行政化、获得独立性提供更多的可能性，而外部制度环境的变化也必将倒逼商会着力于自身的治理结构与组织能力建设。如果商会没有有效的内在治理结构和组织能力，无法进行自我管理和运行，那么商会将无法独立地履行其职能，从而导致治理的失范。因此，在实施政府放权、商会接权的过程中，应该确保政府对商会进行有效的引导和监管，并建立一套更完善的管理制度。

③法律制度不健全。到目前为止，我国尚没有一部全国性的商会法。全国性法律的缺失不仅对商会在各地及全国范围内的发展带来的许多困扰，而且不利于民营经济的发展。为扶持本地商会和民营经济发展，深圳、无锡、上海、温州等地出台地方立法，如《深圳经济特区行业协会条例》《上海市行业协会协会暂行办法》《四川省经贸委工商领域协会管理办法》等。这些地方立法一般包括总则、设立、职能、组织经费、罚则等。总体来说，各地法规均对本地商会和民营经济发展起到了积极作用，但是，各地法规也在名称、设立原则、设立条件、管理体制等方面存在着较大的差异，不可能推广成为全国社会性团体规范化管理的法律依据（魏静，2007）。对异地商会而言，全国各省、市、县对异地商会业务主管单位规定不一，彼此缺乏横向沟通和交流，无法形成对异地商会的统一管理，造成管理疏漏，使异地商会所特有的"两地管理"演化为"两地都不管""多重业务主管"演化为"多重都不管"（李长文，2012）。

由于没有一部较为完善的、全国性的商会法，我国目前对于商会的法律主体定位甚不明晰，商会在经济法律关系中扮演着多元化的角色，一方面，商会与政府彼此之间既独立又在职能上互补；另一方面，商会与成员通过章程形成自律主体与对象的关系；同时，商会自身也参与具体的市场经济运行之中。商会的调节职能可以有效弥补国家失灵与市场失灵所导致的资源配置缺陷，保障市场经济健康有序发展，但不容忽视的实际情况是，我国政府对商会的干预程度过大，加之其自身在市场经济中所扮演的角色多样，导致了对其法律主体地位判定的偏差，也严重影响其运行效率及调节职能的发挥（彭杨，2013）。随着改革的推进，商会的数量将有一个大幅度上升，商会对于商会法存在的需求也更加迫切。没有一部全国性的商会法，对于商会的设立、监管、运营都会形成很大的阻碍，

④监管模型需要转变。目前，登记管理机关普遍把绝大部分时间、资源用于登记、年检等事务性工作，以此来加强对商会的监管。在商会治理转型过程中，登记管理机关应把工作重点转移到政策制定、履行服务性职能等事项中，通过政府购买社会组织服务或成立促进会等辅助性枢纽机构来转移其日常监督管理事务。监督管理权力依然掌握于政府手中，提供服务的社会组织和促进会等服务机构只

具备一定范围内的执行权。登记制度改革后，政府交换权力给市场、打破现有格局之后，应对商会建立新的监管模式，应由双重管理体制下“以行政监督为重点”转变为“重立法、严司法、轻行政”的监督模式（袁方成、陈印静，2013）。为适应这个新的监管模式，商会将有更多的问题需要独立处理，而能否做出合法合理的判断，将是对商会能力的又一挑战。对政府而言，现阶段最迫切需要的是立法机关加快商会治理转型的相应法律、法规的制定，使司法部门的行政诉讼、民事诉讼等监督行为有法可依，也能严格规范行政监督的合法性与合理性。

⑤合作中政府购买面临困境。目前我国的政社合作发展处在政府购买服务阶段，即政府通过一定的形式将原本由自身承担的公共服务转交给社会组织、企事业单位履行。参考广东省人民政府办公厅印发的《政府向社会组织购买服务暂行办法》，政府在购买社会组织服务时，强调权责分明，竞争择优、注重绩效的基本原则，并有购买范围、供方条件、程序方法、资金安排和组织保障上的详尽要求。可以看到，当前政社合作的焦点在于“买什么”“谁来买”“向谁买”“怎么买”“买得值”等问题（敬乂嘉，2014）。一方面可以看到政府在政策制定上的努力；另一方面也证明我国政府购买制度不完善，政社合作发展尚在启动阶段。政府购买虽在商会本身、实现公共服务均等化和商会对外的“政社分开”的法治治理上都有促进作用（贾西津，2014），但也有一定的局限性和发展困境。具体表现为购买范围较窄，购买方式仍以非独立性购买为主。究其缘由，我国政府购买公共服务不仅面临公共服务产品的供给缺陷、市场结构失衡和定价困难的市场困境；也面临公共服务产品准入制度落后、过程管理制度缺失和政策系统不完善的制度缺失（杨方方、陈少威，2014）。公共服务产品面临市场失灵，应如何有效缓解；如何制定合理的定价策略、竞争机制和种类规模平衡的市场结构；进入购买程序、购买过程监管等政策如何制定；高效制定购买目标、减少交叉管理以提高实施效率等方面如何加强，都是在政府购买的实践中亟待解决的问题。

五、民营企业与民间商会：未来展望

随着市场经济的不断推进，民营企业经历了十余年快速增长，表现出很大的发展潜力。可以预见，民营经济在未来的国民经济将占据越来越重要的地位，并成为经济增长的主要推力。而商会作为民营企业自治和参与社会事务的组织，也将发挥越来越重要的作用。结合上章分析到的民营经济和民间商会互动发展的阻碍，本章将进一步讨论或可解决其发展困境、促进其共同发展的政策建议。总的来讲，通过开放经济环境、完善制度环境、加强企业、商会、政府的合作以及协助民营企业和民间商会突破自身的发展局限，将为民营经济开拓出更大的发展空间。

（一）商会自身体制的完善

民间商会是随着20世纪80年代民营经济的发展而迅速崛起的，虽然在经济社会中举足轻重，但尚属于新兴的组织形式，缺乏经验和成熟的发展体制。对于民间商会的性质、职能等许多问题尚且没有明确的澄清。商会究竟属于什么类型的社会组织？应履行哪些职能？应由谁负责运作？在政府与企业间应扮演何种角色？这些基础性问题在理论上一直未被澄清。商会的发展需要外部助力，但更重要的是突破自身定位不清的局限，明晰应履行的职能，获得稳定的社会角色；同时，身为一个自治团体，商会也需要通过自己的努力，提升运营能力，用事实证明自身在社会中是不可或缺的部分。

1. 促进商会的制度改革

（1）明确商会性质与职能定位等基本问题

随着经济社会发展对商会的需求不断变化，政府、企业和学者对民间商会的定位也在变化，各方对商会的性质和职能定位的认识存在差异，而取得这些问题的共识是民间商会蓬勃发展的前提。因此，由政府对商会的性质和职能定位给出统一的、官方的定位是突破民间商会发展“瓶颈”的基础问题。

在鼓励学者们对于民营企业和民间商会的研究时，关于商会的职能研究非常重要。民间商会应履行哪些职能、怎样履行职能、职能之间的差别和主次、与政府合作时哪些职能可以授受以及如何授受等问题，是指明民间商会该“做什么”“如何做”的关键。2014 年民间商会论坛上，关于商会的职能定位是一个重要议题。有学者认为，对行业公共物品的界定应该成为行业协会商会职能研究中的核心问题，研究者们可围绕此问题开展多项研究，比如政府行业管理功能的定位、行业管理中的授权与委托、行业协会商会的职能现状及影响因素、行业协会商会的职能结构优化等等（郁建兴，2014）。

（2）完善商会内部治理模式

为使民间商会加强自身建设，其内部治理的模式应该不断完善，包括选举制度、议事制度、财务制度、人事制度等。我国的民间商会有起点低、规模小、数量多等特点，只有建立完善的制度来约束和引导，才能使商会“搞得活、管得住、不失控”。以人事制度为例，上海市行业协会若要充分发挥其作用，就需要一个能够平稳发挥功能的人才队伍，队伍中的每一个人都必须胜任相应的职位职责，具备相应的知识和技能，为此，建立一套完善的行业协会人事制度将从宏观层面为行业协会吸纳高素质人才提供制度支撑（朱国华、朱庆阳、石田田，2013）。每一个组织都需要一套具体的内部治理制度来维持自身的运营，商会想要不断地巩固自身、合理运营、取得发展，建立一套内部治理模式非常重要。当各个内部制度都渐趋完善之后，商会才可以更专业、更规范、更高效地履行自己的职能。

（3）改善民间商会的运营模式

目前，我国商会主要以服务会员企业为运营模式，具有非营利的性质，其财政来源主要是通过会员企业缴纳会费以及赞助等形式。借鉴外国的成熟、大规模商会的发展经验，可以推行商会在运营模式上“经营与服务一体化”，非营利组织也可以进行经营，其经营的收入用于服务于会员企业，以此可以扩大商会的财政来源，推进商会的市场化。如美国商会，为会员企业提供组织大型会议、举办商务讲座和学术研讨会、帮助企业打官司以及贸易和法律咨询等有偿服务（朱根发，2004）。又如法国商会，在法律范畴内允许商会建立并管理众多的商业设施，包括大型综合商店、公众销售厅、商品仓库、武器测试台、包装和印刷所、展览厅和商品陈列室、商业学校、专业学校、商业和工业知识普及学校。商会也可接管由国家、省政府、市政府建立的同类设施。还可以作为公共工程的受让人或公用事业的负责人，特别是与其管辖区的海港或航道相关的公共工程或公用事业以及机场（张家林，2009）。这两国的商会都具有相当的经营收入，可以提供大规模的活动和高质量的服务，且一定程度上避免了“搭便车”的行为，对经济发展起到正向的作用。在成熟的商会运营中，只依靠会员企业所缴纳的会费以及赞助捐款是远远不够的，虽商会是非营利性组织，仍可以通过行业协会自身的经营收入以补充活动经费，更好的服务于企业与行业。

2. 提高商会自身的运行能力

一是提升从业人员能力和知识技术储备。在健全了商会的内部管理和外部运营机制的前提下，商会要取得发展，自身是否具有足够的运营实力、能否切实代表行业利益、能否提供优质服务至关重要，可通过研讨会、交流会、培训学习等形式加深对行业的认识，提升从业人员能力，发展内部治理和外部合作的实力。为提升自身运营能力，安徽省旅游行业协会采取了包括召开全省旅游行业协会培训交流会议、协会或与旅游专业协会主办或配合协助旅游行政管理部门组织开展行业培训、承办全国旅游类协会研讨座谈会、对 31 个省市旅游协会改革建设情况进行信息跟踪调研等一系列措施（高蔚青，2013）。

二是加强商会间的交流与合作。在“一业一会”制度逐渐瓦解的情况下，商会的数量、质量、类别都会大大增加，加强商会间的交流合作可以使得商会整体实力有所提升。以厦门总商会与台湾城市商协会之间的交流合作为例，厦门总商会积极发挥民间商会的独特优势，先行先试，着力在增进与台湾城市商协会的联系交流上下功夫，多次组织企业家赴台湾考察交流，发展同台湾商协会的合作关系。除了对话往来外，还在尝试互设机构等常态化的交流形式，在厦门市总商会的积极推动和帮助下，高雄中小企业协会、台中商业总会、中华海峡两岸妇女经贸文化交流协会及台湾青年创业协会总会等先后在厦门设立了联络处。民间商会的努力为两岸企业往来厦台开展经贸活动提供了便利，促进了两岸企业的直接对接，进一步开拓了与台湾工商界、科技界、艺术界的合作交往。这样的商会间合作可以促进地域间经贸合作，加快区域经济发展，在交流和合作中也可以学习对方的优秀运营理念，对商会的自身能力也是极大地提升。另一个例子是济南茶叶协会与山东省茶文化协会、山东农业大学茶学系联合创办的山东茶艺职业培训学校。该学校聘请国内茶学专家指导授课，开设了初级班、中级班和高级茶艺师、评茶师培训班等。学员考试合格后将颁发结业证书，并通过参加山东省职业鉴定中心命题考试，获取职业技术等级证书。茶叶协会为培养行业内专门技术人才、规范行业经营秩序做出了突出贡献。

三是引导商会之间公平竞争。引导商会间的公平竞争是促进商会提高自身运营能力、促进商会为会员企业服务的有效手段。为进一步加快商会行业协会的市场化，可以引导商会通过竞争机制来吸引更多的会员企业，并调整自身结构、规模以适应竞争中的发展。面对我国正在进行的“一行一业一会”格局调整，上海市为商会突破“一业一会”局限、引导商会间竞争机制的建立，自 2002 年开始以细化行业协会的分类标准为突破口，探索了行业协会的一业多会，在传统领域和新兴行业引入竞争机制，不仅促进了产业结构的调整，而且带动了新兴行业快速发展。比如，在汽车领域中，上海以细分产业链环节，在已有上海市汽车行业协会（1996 年）的情况下，相继成立了上海汽车配件用品流通行业协会（2002 年）、上海市汽车销售行业协会（2003 年）、上海市汽车维修行业协会（2005 年）及上海市汽车服务行业协会（2013 年）等。在信息服务领域中，则在已有上海市信息服务业行业协会（2001 年）的情况下，相继成立了上海市电子商务行业协会（2002 年）、上海市多媒体行业协会（2002 年）、上海市通信行业协会（2002 年）、上海市信息安全行业协会（2003 年）、上海市互联网公共上网服务行业协会（2007 年）、上海跨境电子商务行业协会（2014 年）等。这些行业协会之间相互联系，彼此协作，运营良好（吴洁民，2014）。由于我国目前商会的会员企业发展情况并不均衡，可能出现的“商会垄断”的问题，即部分大型的、具有行业内垄断地位的企业影响商会的公共决策，为自己牟私利。为防止商会被少数会员操纵、成为“帮会”或行业垄断组织，引入商会竞争机制，让企业自主选择优秀的、有能力的商会，淘汰掉不能代表普遍的企业利益的商会，才能使商会真正为最广大的会员服务。

四是鼓励商会积极参与政策制定与社会事务处理。商会作为企业或行业整体利益的代表，也可以表达企业的政治诉求。通过鼓励商会参与到政策制定和公共事务的处理中，可以给企业和企业家提供参与政治的渠道，可以使对政治参与有潜在诉求的人参与到政策制定与公共事务处理中，提升企业和企业家参政的有效性。从温州民间商会看，民间商会与私营企业主阶层政治参与的现实意义，主要体现在既有的政治体制和权力结构还没有松动和实质性改变的情况下，为私营企业主阶层开辟了一条以组织化、集团化的方式参与或影响政治决策的新渠道，以一种相对有序的方式将私营企业主阶层的利益组织、集中和传达到地方政府的决策体制中，从而促进了政府和社会某种程度上的制度化合作，有效地增强了社会的民主化结构（陈剩勇、魏仲庆，2003）。可见，商会在整合各方意见、提供政治参与渠道并影响政策制定等各方面的作用是肯定的。鼓励商会参与公共事务，也能为政府听取民意、广泛参考意见提供便捷。

（二）行政改革与商会发展

虽然我国已经成为世界第二大经济体，但是经济社会发展环境仍然不稳定，法律仍然有许多缺漏之处，国家对社会关系特征仍没有制度化。在此情况下，政府明晰经济社会体制，构建健全的法律环境，落实制度改革显得尤为重要。为经济社会搭建起一个稳定的、良好的发展平台，引导民营企业合法合理地进行市场竞争，下放行政职能给有能力的社会组织，落实市场监管并有序推进产业结构改革，将使民营经济得以稳健发展。可以说，无论是民营企业发展、民间商会发展，还是两者的互动发展，都受制于经济体制改革的进程、相关的法律法规的出台与完善，政府职能转变和相关权力下放。

1. 厘清我国经济社会体制

目前，我国处于政治转型期，国家与社会关系不断变化和调整，面临着公共权力配置和运作中权力分化与整合问题。政府与社会的关系结构是影响行业协会商会的基本制度安排，社会关系模式主要分为法团主义和多元主义两种。法团主义强调政府主导的、权力和利益的有机整合、和谐一致的社会秩序，被视为与我国的政治发展更加接近。如果从法团主义的角度而言，民间商会组织的社会位置是中介性的，它为国家体制与社会的主要部分之间提供制度化联系，连接国家与自己代表的社会成员，把组织内成员的需求传达到体制中去。民间商会组织实际上被赋予了双重政治角色——既代表其组织群体利益，又担负着超越组织之外的公共责任（吴巧瑜，2007）。

然而，仅用法团主义来概括中国经济社团所折射出的国家和社会关系，是无法准确反映经济社团内部客观存在的社会势差的（龙宁丽，2014）。事实上，我国还远未形成一种特定的国家与社会关系模式，国家对市场和社会的态度具有不稳定、非制度化的特征。这就是说，我国的国家与社会关系还未定型，也因此，要给行业协会商会一个合适的身份定位就比较困难（郁建兴，2014）。尽管如此，随着我国转型期经济结构和组织结构的变化，商会作为必不可少的组成部分，直接受宏观制度的影响，那么，厘清基本制度及其与商会之间的关系，则应成为商会发展的基本前提。

2. 形成健全的法律环境

目前，我国还没国家层面的商会法，只有一些适合地方商会而无法推广至全国的地方立法。因为，此前有观点支持我国国家层面的商会立法应当在理论和实践完备之后，以保证法律的科学性、完备性、稳定性和权威性（黎军，2006），加之我国的商会在立法自治上没有表现出强烈诉求，因此被一再搁置。随着改革的推进，政府逐渐退出市场，社会、企业对于商会功能的需求不断增加，将带来商会的急速发展，也将使商会面临设立、组织、管理、监督等各方面的问题，因此亟须制定一部统一的商会法。从另一角度看，商会作为民间社团，利用自身联络商人、体恤商情的优势，理应在协助国家和地方经济法律的执行方面发挥着积极主动的作用，成为中国经济法律得以贯彻执行的重要社会力量（王红梅，2007）。在未来我国商会立法进程中，应优先解决选择立法模式、商会的法律性质、商会与政府的关系等问题。学者们也对制定民间版商会法草案展开了积极的讨论，虽然部分学者认为条件不成熟，但通过研究树立的法律框架对于商会法的具体制定仍然有很大意义。

3. 营造宽松的政策环境

（1）政府放权，落实一元综合管理模式

在双重登记制度改革为统一登记制度后，政府应逐渐将权力还给市场，并通过政府购买商会提供的公共服务，逐步实现政会分离。在落实改革的过程中，我们可以看到政府在下放权力上的努力。财政部2015年颁布的《关于行业协会商会脱钩有关经费支持方式改革的通知（试行）》中规定，从2018年起，中央财政取消对行业协会商会的直接拨款；在逐步减少直至取消行业协会商会财政拨款的同时，中央财政通过购买服务等方式支持行业协会商会发展，按照政府购买服务相关管理规定，将适宜委托行业协会商会承担的服务事项纳入政府购买服务指导目录，加强信息公开和绩效管理。

从政府的角度看，具体的实施操作上还有许多值得注意的地方。例如，政府向社会组织转移职能工作必须以法律、法规为依据，把政府相关职能和工作事项按不同性质，以委托、授权、购买服务等形式，通过公开公平方式转移给符合条件的社会组织承接。政府部门首先要对承接转移职能的行业协会设置准入条件，开展资质认证，所有政府转移和购买的事项都要实行项目化管理，并对项目谋划、条件评估、资格认定、成效评价等进行全程监管。行业协会商会要对照政府的管理流程，制定相应的承接流程和办法，与政府职能转移管理办法进行无缝对接。政府在转移职能的过程中，应当具体注意“转移什么”“怎么转移”“怎么监管”等问题及其具体的措施。

（2）给商会独立的权力，让其自主经营和管理

商会的第三大职能即是执行行业自律，处理行业内部的问题。而诸如维护行业自律所需要的管理企业的权力、维护市场秩序打击伪劣假冒的权力、协调会员间利益冲突的权力、与政府或者其他行政组织谈判以维护会员利益的权力等在商会体系内外处于高度分散又相互冲突的状态。中国商会体系在构建信息网络、协调会员利益、促进行业自律、开拓海外市场以及职业培训、技术咨询、进出口文件资料提供等方面不足的原因在于我国商会体系缺乏独立、有序的管理权限（崔校宁，2003）。政府在管理商会的过程中，应给予商会足够的、独立的权力，才能使商会落实行业自律、维护企业利益、维持行业秩序。

（3）明晰商会体系层次，整合商会资源

政府应构筑有效的分层管理体系，明晰商会体系内的各层次的定位及职能，促进商会体系内部的有序运转。就我国现阶段市场发育情况和政府的管理理念而言，商会具有的经济、社会职能目前正由一个网络状的经济体系来承担。该体系由四大组成部分构成：以工商局为主要代表的政府职能部门、以工商联为代表的狭义商会、行业自律性组织和中介服务机构（统称为广义商会）。商会体系各组成部分性质定位，与其服务对象、运作目标和职能安排等方面设置的分工协作关系应是相对应的，然而，商会体系内部各组成部分并没有达成明晰的分工和定位，使得不少管理和服务职能出现了一定程度的重叠和冲突。而要建立高效的分层管理机制，商会体系还须对各主要职能本身进行分层，并就商会分工体系各自管辖权力的范围和权力配置的强弱作出明确诠释（崔校宁，2003）。

（4）改革登记制度，完善监管机制

在登记制度全面改革的当下，对于政府放权后的商会能否切实履行职能，更应有合理而完善的监管机制。完善商会的监管机制，主要体现在完善法律法规和相关政策、建立政府各部门联合监管机制、加强财务税收监管和建立健全社会监管机制等四个方面。总的来说，政府应减少行政干预式监管，注重其合规、合理性，采用多元的监管方式，在监管之外不影响商会的正常运营，同时还应重视发挥行业协会商会的自我监管和社会监管的作用，以实现合规性监管与行业协会商会依法自治的统一。

（三）民营企业的商会参与程度

商会与企业之间存在着互相促进、共同发展的关系。民营经济不断发展、市场不断扩大时，民间商会在自身运营和提供行业服务等各方面也渐趋成熟。由此，加强商会和民营企业的互促发展，应鼓励企业积极加入商会、参与到商会的运营中。企业所付出的最小成本只有会费，却能获得在名誉地位、社会资源、合作机会等许多方面的收益，是对企业自身的促进。让会员理解商会，融入商会，商会要通过服务平台吸引更多的会员企业加入，商会规模更大、能力更强，为企业提供的服务也会更优。然后通过项目的合作，才能更好的整合资源，取得共赢。为了实现潜在的成功的区域经济发展合作伙伴的关系，培养合作伙伴之间较高的相互理解和信任至关重要。在很大程度上，可以将这种不信任视为种族隔离，以南非等国为例的调查证明了这会极大程度对南非的区域经济发展规划造成创伤（Christian M. Rogerson，2010）。

商会的经费主要来源于政府拨款、企业的会费支持和部分赞助。在政府逐渐减少拨款的同时，为了维持商会的优质服务，除了商会积极拓宽经营业务、降低自身运营成本等途径之外，企业还可以通

过其他合作方式为商会提供便利，如较低价格租借会议室等活动场地、为商会活动提供一些物资支持等等。企业应自觉地承担促进商会发展的责任，在可以为商会提供便利的时候积极主动地参与和配合。

商会的管理人员一般是自主聘请的，但是由于商会独特的行业和地域特征，会员企业在其从业人员上提供了许多支持。商会的领导者大多是从优秀的企业家中推选出来的，除了对行业的了解外，领导者更应懂得如何经营商会、发展商会，进而取得行业的突破和发展。为此，商会除了吸引会员企业的参与外，还要求商会领导必须有科学的经营商会的意识和理念，并且要在商会的发展过程中懂得创新，了解政府的政策，紧跟时代发展的潮流。在促进企业加强与商会的互动合作上，鼓励优秀的企业家参与商会工作、为行业的发展出力。

附录

附表 14－1　　我国私营企业历年发展情况

年份	企业户数（万户）	增长率（%）	从业人员				注册资金（万元）	增长率（%）
			总数（万人）	增长率（%）	投资者人数（万人）	雇工人数（万人）		
1989	9.06	—	164.0	—	21.4	142.6	844776	—
1990	9.81	8.3	170.2	3.8	22.4	147.8	951552	12.6
1991	10.78	9.9	183.9	8.0	24.1	159.8	1231689	29.4
1992	13.96	29.5	231.8	26.1	30.3	201.5	2211615	79.6
1993	23.79	70.4	372.6	60.7	51.4	321.3	6805159	207.7
1994	43.22	81.7	648.4	74.0	88.9	559.4	14478404	112.8
1995	65.45	51.4	956.0	47.4	134.0	822.0	26217068	81.1
1996	81.93	25.2	1171.1	22.5	170.5	1000.7	37523735	43.1
1997	96.07	17.3	1349.3	15.2	204.2	1145.1	51401193	37.0
1998	120.10	25.0	1709.1	26.7	263.8	1445.3	71980571	40.0
1999	150.89	25.6	2021.5	18.3	322.4	1699.2	102872692	42.9
2000	176.18	16.8	2406.5	19.0	395.3	2011.1	133076867	29.4
2001	202.85	15.1	2713.9	12.8	460.8	2253.0	182122354	36.9
2002	243.53	20.1	3409.3	25.6	622.8	2786.5	347562232	90.8
2003	300.55	23.4	4299.1	26.1	772.8	3526.3	353048863	1.6
2004	365.07	21.5	5017.3	16.7	948.6	4068.6	479359632	35.8
2005	430.09	17.8	5824.1	16.1	1109.9	4714.1	613311253	27.9
2006	498.08	15.8	6586.3	13.1	1271.7	5314.6	760285276	24.0
2007	551.31	10.7	7253.1	10.1	1396.5	5856.6	938731380	23.5
2008	657.42	19.2	7904.0	9.0	1507.4	6396.6	—	—
2009	740.15	12.6	8607.0	8.9	1650.6	6956.4	—	—
2010	845.52	14.2	9417.6	9.4	1794.0	7623.6	—	—
2011	967.68	14.4	10353.6	9.9	1985.7	8367.9	—	—
2012	1085.72	12.2	11296.1	9.1	2200.1	9096.0	—	—
2013	1253.90	15.5	12521.6	10.8	2485.7	10035.9	—	—
2014	1546.37	23.3	14390.4	14.9	2963.1	11427.3	—	—

资料来源：中国工商总局，中国国家统计局。

附表 14－2　　我国国有企业和私营企业全社会固定资产投资状况

年份	全社会固定资产投资（亿元）	国有企业全社会固定资产投资（亿元）	占比（%）	私营企业全社会固定资产投资（亿元）	占比（%）
2006	109998.2	32963.4	30.0	19267.2	17.5
2007	137323.9	38706.4	28.2	27055.6	19.7
2008	172828.4	48704.9	28.2	35575.6	20.6
2009	224598.8	69692.5	31.0	46903.2	20.9
2010	251683.8	83316.5	33.1	60572.3	24.1
2011	311485.1	82494.8	26.5	71338.0	22.9
2012	374694.7	96220.3	25.7	91422.4	24.4
2013	446294.1	109849.9	24.6	121217.1	27.2
2014	512020.7	125005.2	24.4	149539.3	29.2

资料来源：国家统计局。

附表 14－3　　我国私营企业发展情况

年份	私营企业（万个）	增幅（%）	工商联私营企业会员（万个）	增幅（%）
2006	498.1	—	—	—
2007	551.3	10.7	—	—
2008	657.4	19.2	72.5	—
2009	740.2	12.6	—	—
2010	845.5	14.2	92.7	—
2011	967.7	14.4	104.9	13.2
2012	1085.7	12.2	121.1	15.4
2013	1253.9	15.5	151.5	25.1
2014	1546.4	23.3	174.9	15.4
2015	1908.2	23.4	193.7	10.7

资料来源：中华全国工商业联合会。

附表 14－4　　各级工商联所属商会　　单位：个

年份	行业协会	乡镇商会	街道商会	异地商会	其他商会	总数	增幅（%）
2006	7854	17000	3473	780	1528	30635	—
2007	8846	17215	3580	961	1635	32255	5.3
2008	10337	17203	3749	1289	1752	34330	6.4
2009	10764	17201	3789	1398	1668	34820	1.4
2010	14251	17558	4113	2535	2153	40610	16.6
2011	15965	17701	4447	3345	2397	43855	8.0
2012	17036	17735	4575	3983	2939	46268	5.5
2013	10051	13187	2993	4001	2293	32525	－29.7
2014	11395	14615	3443	4733	2795	36981	13.7
2015	12668	15939	3865	5825	3382	41679	12.7

资料来源：中华全国工商业联合会。

参考文献

[1] 苏东水. 产业经济学 [M]. 高等教育出版社, 2000.

[2] 毛春华, 黄筱伟, 陈明衡, 章洁洁. 民营企业融资问题研究 [J]. 上海金融, 2000 (11).

[3]《浙江民营企业家研究》课题组. 浙江民营企业家问题研究 [J]. 嘉兴学院学报, 2001, 13 (5).

[4] 扬纲. 中国民营经济的现状与发展 [J]. 上海投资, 1999 (7): 22 - 24.

[5] 国家计委宏观经济研究院课题组. 完善民营经济投资体制与政策环境 [J]. 经济研究参考, 2002 (58): 2 - 20.

[6] 秦诗立. 商会的性质: 一个市场缺陷与非市场缺陷视角的研究 [J]. 浙江社会科学, 2001 (5).

[7] 秦诗立, 岑丞. 商会: 从交易成本视角的解释. 上海经济研究 [J]. 2002 (4): 52 - 60.

[8] 张旭昆, 秦诗立. 商会的激励机制 [J]. 浙江大学学报, 2003 (3).

[9] 黄红华. 商会的性质. 中共浙江省委党校学报 [J]. 2005 (5).

[10] 郑慧. 企业的需求与商会的俱乐部产品供给分析 [J]. 温州大学学报, 2006 (6).

[11] 张善杰. 俱乐部机制与制度耦合: 枣庄市中小企业信用担保商会效应分析 [J]. 金融发展研究, 2008 (11).

[12] 郑慧. 商会的经济学性质与集体行动研究——以温州商会为例 [D]. 杭州浙江大学博士论文, 2010.

[13] 藤田昌久, 保罗·R·克鲁格曼, 安东尼·J·维纳布尔斯, 梁琦译. 空间经济学——城市、区域与国际贸易 [M]. 北京: 中国人民大学出版社, 2011.

[14] 梁琦. 产业集聚论 [M]. 北京: 商务印书馆, 2004.

[15] 张铁军. 改革开放后中国商会研究 [D]. 吉林: 东北师范大学博士论文, 2006.

[16] 张厚义, 明立志. 中国私营企业发展报告 (1978 ~ 1998) [M]. 北京: 社会科学文献出版社, 1999.

[17] 何金泉. 中国民营经济研究 [M]. 成都: 西南财经大学出版社, 2001.

[18] 王名, 刘国翰, 何建宇. 中国社团改革 [M]. 北京: 社会科学文献出版社, 2001.

[19] 黄孟复, 张之龙, 王以铭. 中国商会发展报告 No. 1 (2004) [M]. 北京: 社会科学文献出版社, 2005.

[20] 张厚义, 明立志, 梁传运. 中国私营企业发展报告 No. 4 [M]. 北京: 社会科学文献出版社, 2003.

[21] 郁建兴. 全面深化改革时代行业协会商会研究的新议程. 2014 年民间商会论坛论文集, 2014.

[22] 张建民, 何宾. 全球化与行业协会商会职能重塑——欧洲法团主义国家的经验及启示. 2014 年民间商会论坛论文集, 2014.

[23] 浦文昌. 深化对民间商会基本问题和新形势新问题的研究. 2014 年民间商会论坛论文集, 2014.

[24] 梅德平, 汤学兵. 湖北商会组织发展现状与促进建议. 2013 年民间商会论坛论文集, 2013.

[25] 刘文智. 民间商会与区域经济的发展 [J]. 环渤海经济瞭望, 2007 (1).

[26] 吴洁民. 上海行业协会的改革发展经验和问题 [C]. 2014 年民间商会论坛论文集, 2014.

[27] 无锡市工商联.《无锡市促进行业协会发展条例》十年评估 [C]. 2013 年民间商会论坛论文集, 2013.

[28] 周桐宇. 中国民间商会与民营企业发展的互动关系研究 [D]. 上海: 复旦大学博士论文, 2007.

[29] 宋晓清. 中国社团管理体制新格局下商会行业协会的治理悖论及其破解途径 [C]. 2013 年民间商会论坛论文集, 2013.

[30] 徐晞. 福建省行业协会商会登记管理制度改革新实践 [C]. 2013 年民间商会论坛论文集, 2013.

[31] 袁方成, 陈印静. 制度变革与商会治理的转型 [C]. 2013 年民间商会论坛论文集, 2013.

[32] 敬乂嘉. 从购买服务到合作治理——政社合作的形态与发展 [J]. 中国行政管理, 2014 (7).

[33] 杨方方, 陈少威. 政府购买公共服务的发展困境与未来方向 [J]. 财政研究, 2014 (2).

[34] 王玉珍. 商会的生成机制及有效性理论综述 [J]. 南开经济研究, 2005 (5): 106 - 110.

[35] 朱根发. 美国行业协会运作特点及对我国的启示 [J]. 现代商贸工业, 2004 (4).

[36] 张家林. 商会的性质、机制与我国商会的转型 [J]. 上海经济研究, 2009 (7).

[37] 朱国华, 朱庆阳, 石田田. 上海市行业协会人事制度研究报告 [C]. 2013 年民间商会论坛论文集, 2013.

[38] 吴巧瑜. 转型期民间商会组织的角色与功能——从合作主义的理论视角分析 [J]. 学术研究, 2007 (8).

[39] 龙宁丽. 国家和社会的距离: 寻求国家社会关系研究的新范式——基于对全国性行业协会商会的实证分析

[J]. 南京社会科学，2014（7）.
[40] 陈剩勇，魏仲庆. 民间商会与私营企业主阶层的政治参与——浙江温州民间商会的个案研究 [J]. 浙江社会科学，2003（5）.
[41] 陈剩勇，马斌. 温州民间商会——自主治理的制度分析 [J]. 管理世界，2004（12）.
[42] 高蔚青. 加快协会去行政化必须坚持不断改革创新 [C]. 2013 年民间商会论坛论文集，2013.
[43] 李建琴，王诗宗. 民间商会与地方政府：权力博弈、互动机制与现实局限 [J]. 中共浙江省委党校学报，2005（5）：5－12.
[44] 崔校宁. 透视中国商会体系的定位和构建 [J]. 商业经济与管理，2003（11）.
[45] 郁建兴. 迎接行业协会商会发展的大时代——后双重管理体制时代的行业协会商会发展 [C]. 2013 年民间商会论坛论文集，2013.
[46] 赵文冕. 温州市推进行业协会商会承接政府职能转移的实践探索 [C]. 2014 年民间商会论坛论文集，2014.
[47] 王红梅. 近代商会法律制度与中国法制近代化 [J]. 社会科学辑刊，2007（1）.
[48] 魏静. 商会法律制度研究 [D]. 重庆：西南政法大学博士论文，2007.
[49] 彭杨. 中国商会的法律主体地位探析 [C]. 2013 年民间商会论坛论文集，2013.
[50] 王华. 中国异地商会成长模式与行为策略研究 [D]. 天津：南开大学硕士论文，2010.
[51] 李长文. 异地商会管理体制：现状、问题及对策 [J]. 甘肃社会科学，2012（2）.
[52] 唐涛. 中小企业困境与加强商会服务职能研究——以温州为例 [J]. 知识经济，2010（4）：92－93.
[53] 张杰. 民营经济的金融困境与融资次序 [J]. 经济研究，2000（4）.
[54] 林征智. 浅析我国民营经济发展的困境与出路 [J]. 企业研究，2013（18）：156－157.
[55] 童方云. 从常州市异地商会工作引发的若干思考 [C]. 2014 年民间商会论坛论文集，2014.
[56] 埃莉诺·奥斯特罗姆. 余逊达，陈旭东译. 公共事务的治理之道 [M]. 上海：上海三联书店，2014.
[57] 郁建兴，吕明再. 温州商会的兴起：温州模式研究的政治社会学范式转型 [J]. 学术月刊，2004（5）.
[58] 于晓虹，李姿姿. 当代中国社团官民二重性的制度分析——以北京市海淀区个私协会为个案 [J]. 开放时代，2001（9）.
[59] 青木昌彦. 比较制度分析 [M]. 上海：上海远东出版社，2001.
[60] 吴跃农. 新形势下全国及海外江苏商会的现状与发展对策 [C]. 2014 年民间商会论坛论文集，2014.
[61] 贾西津. 以统一立法解决现行社会组织中的分类问题 [J]. 中国社会组织，2014（7）.
[62] Buchanan J. M. An Economic Theory of Clubs. Economica，1965（32）：1－14.
[63] Bruce L. Benson. European Journal of Law and Economics，September 1999，Volume 8，Issue 2，pp. 91－151.
[64] Christian M. Rogerson. In Search of Public Sector－Private Sector Partnerships for Local Economic Development in South Africa，Urban Forum，November 2010，Volume 21，Issue 4，pp. 441－456.
[65] Doner，Rrichard F. and Schneider，Ben Ross. Business Association and Economis Development：Why some associations contribute more than others. Business and Politics，2000，2（3）：261－288.
[66] Mancur Olson. The logic of Collective Action. Cambridge，MA：Harvard University Press，1965.
[67] Ronald H. Coase. The Nature of the Firm. Economic，November 1937：386－405.
[68] Avner Greif. Contract Enforceability and Economic Institutions in Early Trade. The Maghribi Traders' Coalition. American Economic Review，1993（83）：525－548.
[69] Paul R. Milgrom，Douglass C. North and Barry R. Weingast. The Role of Institions in the Revival of Trade：The Law Merhant，Private Judges，and the Champagne Fairs. Economics and Politics，1990（2）：1－21.
[70] John Mcmillan and Christopher Woodruff. Interfirm Relationships and Informal Credit in Vietnamm. Quarterly Journal of Economics，1999，114（4）：1285－1320.
[71] Aver Greif，Paul Milgrom and Barry R. Weigast. Coordination，Commitment，and Enforcement：The Case of the Merchant Guild. Journal of Political Economy，1994（102）：745－775.
[72] Perroux. F. Note Sur la Notion de Pole de Croissance. Economic Appliqué，1955.
[73] Rrcanatini Francesca and Randi Ryterman. Disorganization or Self－Organization. 2000. http：//papers. ssrn. com/sol3/papers. cfm？abstract_id＝219268.

第十五章　民营企业发展与社会保障*

诞生于中华人民共和国成立之初，成长于改革开放之后，经历过从计划经济到社会主义特色市场经济的体制转变，紧跟着工业化和城镇化的步伐一路发展变迁，近七十年，我国现代养老保障制度以公平、全面、充足、可持续为目标，以人们日益提高的养老保障需求水平为着力点，在改革的征途上前行不息。其中，工资直接挂钩的养老金计划，处于养老保障体系的中流砥柱地位，历史最久远，覆盖最广泛，基础最深厚，始终是养老保障制度改革的重点。而职业基础养老金及其补充企业年金的实行与完善，都有赖于最重要的一大责任主体——企业本身的发展。随着我国特色社会主义市场经济的深入与发展，民营企业不断发展壮大，现已成为市场经济活动的核心参与者、经济持续前行的主力推动者。作为科技创新、扩大就业、调整结构、税收贡献方面的主力军，民营企业在支持并推动我国养老保障发展上正发挥着不可或缺的重要力量。

本文先以时间为轴纵向回顾了我国养老保障制度的建立与发展，再放眼全球，与代表性各国养老保障制度进行横向对比，第一、第二部分相结合以明确我国养老保障制度的发展定位与总体现状。根据当前制度面临的障碍与问题，在第三、第四部分，我们分别围绕多支柱体系建设和账户设计创新两大改革重难点展开分析讨论。最后，以发展的眼光重新审视机遇与挑战，翘首展望未来，从法律、文化、资金安全等多个方面提出可尝试努力的方向，希望为建立健全真正适宜我国国情、满足人民需求的养老保障体系提供参考。

一、养老保障制度发展：历史回顾

纵观历史，养老保障之实自古存在，养儿、建屋、守田，人们以血缘、权属等传统方式建立起自身与世间其他存在之间最紧密的联系，来实现老有所依。历朝历代，治理者们用各种制度强化着这一联系，如周代有“八十者，一子不从政；九十者，其家不从政”免徭役政策，汉代有被视为我国最早老年保护法的《王杖诏令册》，到唐代还上升到了要求和颜悦色恭谨奉养的精神养老层面。与古代养老制度重在“维系”不同，现代养老保障制度起源于工业化和城镇化进程中，在独立工作、远离家庭后，劳工的个体性越发凸显，原先自然经济形态中以家庭、家族为单位相互依赖的养老方式难以为继，社会层面的养老保障制度方才应运而生。

在我国，现代养老保障制度就诞生于中华人民共和国成立后，真正走出烽火硝烟开始投入经济生产建设之时，相对稳定的社会状态让人们得以长远为计。根据发展特征，我们以改革开放和《社会保障法》颁布为两个关键时点，将养老保障制度发展历程界定为初步建立时期、继往开来时期和发展创新时期，分别进行回顾展开。

（一）养老保障制度的初步建立时期

中华人民共和国之初，百废待兴，作为“兴”的必要劳动保障，1951 年国家正式颁布了《中华

* 研究人员：蒋岳祥、张馨羽。

人民共和国劳动保险条例》（后于1953和1956年分别进行修订），确立了计划经济体制下城镇社会保障体系的基本框架。规定企业养老保险制度覆盖百人以上的所有类型企业，为完全雇主缴费制，涉及企业缴费的项目均计入成本扣除。缴费标准为企业工资总额的3%，其中70%留存，用于建立企业劳动保障基金，其余30%上缴国家进行统一管理。雇员退休后，养老金从企业劳动保障基金中支取，支付标准根据工龄按退休时工资的50% ~70%确定。企业劳动保障基金在形式上具有企业年金最初的影子，但因企业基本均为公有制，此时我国的养老保障制度实质是与计划经济体制相适应的国家保障。而农村养老制度始于1956年，以《一九五六年到一九六七年全国农业发展纲要》和《高级农业生产合作社示范章程》为政策指导，是以五保供养、困难户救济、合作医疗为核心内容的综合保障措施。

初创时期的制度尚且薄弱，不足以发挥其稳定剂作用，反而易受环境变动的影响。由于“文革”期间大范围企业面临严重亏损，基层工会几近瓦解，城镇社保制度也不可避免地受到重创，进入一段逆行。1969年财政部颁发了《关于国营企业财务工作中几项制度的改革意见（草案）》，要求国企停止劳动保险金的提取，社会保险退化为“企业保险”，从国家责任中解锁，且企业退休人员的养老金改计为企业营业外成本，养老保障制度基本被边缘化。

这一阶段养老保障制度的发展颇为艰难，进退皆有之，但作为我国现代养老保障制度的起步，它是社会发展中跨越式的一大步。从路径依赖的视角，其影响力更是持续而深远的。企业、机关事业单位双轨制运行了60余年，保障责任主体虽已从最初的国家演变为现在的单位和个人，但社会统筹比例高、强制性缴费为主的特征仍延续至今。

（二）养老保障制度的继往开来时期

告别十年“文革”，在遭受剧烈冲击之后，整个经济社会步入调整过渡阶段，主要重心都放在解决历史遗留问题、重新搭建制度框架、恢复正常生产生活状态等方面。其间，于养老保障制度发展而言，最为重要的就是重新夯实地基，1978年《中华人民共和国宪法》修正案对劳动者福利、养老、医疗、社会救助等方面提出了新的要求，将此前退化至企业层面的保障水平重新提升到社会层面，恢复养老保障的社会职能，回归社会统筹状态。1982年宪法正式通过，对公民社会保障权益做出了更明确的规定，并确定由民政部负责社会福利、社会救济等相关事务。除对旧制度的取精除粕以外，推陈出新也是这一阶段的主旋律之一，结合对经济体制改革的探索，养老保障制度也在共同缴费和商业化发展方面做出了尝试。1984年与中国人民保险公司合作，建立了专门针对集体企业员工的半商业化养老制度；1986年通过《国营企业实行劳动合同制暂行规定》，设计了以雇主15%、雇员3%为缴费比例的养老保险制度，在养老保障责任共担上做出了初步尝试。

20世纪90年代初，随着我国经济体制改革关键历史节点的到来，建立社会主义市场经济体制改革目标的确定，养老保障也清晰了前进的方向。基于之前调整阶段的有益尝试，1991年，综合性结构改革拉开帷幕，国务院发布《关于企业职工养老保险制度改革的决定》，提出国家、企业、职员三方筹资缴费结构，国家基本养老保险、企业补充养老保险和个人储蓄型养老保险多层次保障结构。在农村养老保障方面，1992年民政部提出了《农村社会养老保险基本方案》，确定建立农村社会养老保险制度，以保障农村老年居民基本生活为目的，以个人缴费为主，集体和国家补贴为辅。时隔一年，1993年党的十四届三中全会通过《中共中央关于建立社会主义市场经济体制若干问题的决定》，社会统筹和个人账户相结合的社会保障制度正式确立，并在实行要求中明确设立专门的社会保障管理机构，司社会保障行政管理之职，而社会保障基金运营管理则与之独立，以保值增值作为基金管理目标。至此，我国社会保障制度框架基本搭建形成。

对20世纪最后这十年，人们最常用的形容就是“摸着石头过河”。虽然已经不是时间轴上那个从无到有的起点，但无可厚非却是新航线上真正意义的启程。在实际运行过程中，难免疑点、难点、盲点重重，1993年开始各地探索一度让养老保障制度陷入碎片化状态，各地对理念理解不一、标准不同，致使宏观层面整体性不足、监管乏力。于是，1997 年国务院颁布《关于建立统一的企业职工基本养老保险制度的决定》，这是新制度以来的第一次整合，是制度在区域上的整合。

统一的制度中往往更能发现问题，21 世纪初全球范围内老龄化渐显，现收现付制运转日益疲乏。我们的统账结合模式中，账户独立性较弱，个人账户资金多被挪用于填补日渐扩大的统筹账户支付缺口。这与统账结合的初衷背道而驰，与制度实质要求相违背，同时严重削弱了制度的可持续性，尤其在老龄化趋势下矛盾将愈演愈烈。2000 年，国务院下发《完善城镇社会保障体系试点方案》，最初以辽宁为试点，尝试做实个人账户，并首次对企业年金的筹资和运行作出了说明。到 2005 年国务院颁布《关于完善企业职工基本养老保险制度的决定》，逐步将试点范围扩大，对企业职工养老保险制度的多个方面提出了完善要求，包括逐步做实个人账户、改革基本养老金计发办法、适时调整基本养老金水平、加强社会保障基金监管、积极发展企业年金等。此后，劳动和社会保障部还相继发布《企业年金试行办法》《企业年金基金管理试行办法》《企业年金基金管理机构资格认定暂行办法》等部门规章和多个规范性文件，规定了企业年金的建立条件、计发办法等，明确了企业年金管理的治理结构和市场化运营规则。

相比于城镇，农村养老保障制度的推行更是举步维艰，因缴费情况堪忧、补助标准不一老农保一度进入停滞状态。但随着城镇化步伐的迈进，农民工大批进入城市，人口的流动进一步萌生了对新型农村养老保障的需求，可以说是对城镇和农村养老保障制度在重合度上的需求。于是 2009 年，国务院发布了《关于开展新型农村社会养老保险试点的指导意见》，重新明确了国家责任，并规定也采取社会统筹与个人账户相结合的模式，与城镇职工基本养老保险保持一致。

（三）养老保障制度的发展创新时期

这一阶段初始，就迎来了我国养老保障制度的一大里程碑。2010 年，《中华人民共和国社会保险法》通过，这是我国第一部社会保障专门法，极大地推动了社会保障的法制化进程，是社保制度走向成熟的一大步。作为根本性、稳定性的国家法律制度，它是社会保障制度中顶梁柱一般的存在，是社会保障法律体系顶层建设中最核心的部分。从社保相关各方来看，《社会保险法》在法律角度对社会保险关系进行了规范，明确了各方法律责任、雇主和雇员的具体权利和义务，为其提供了维护自身合法权益的强有力武器。从社保制度发展来看，《社会保险法》为后续系列规定的制定和实施提供了法理上的出发点，对推动社保制度长远健康发展具有重大促进作用。

《社会保险法》的颁布是深入贯彻落实科学发展观、构建社会主义和谐社会的重大举措，秉承其核心理念，之后我国的社会保障制度发展一直在朝着缩小社会差距、缓和社会矛盾、维护社会公平的方向前进。2014 年，按照党的十八大精神和十八届三中全会要求，国务院正式发布《关于建立统一的城乡居民基本养老保险制度的意见》，合并新型农村社会养老保险制度与城镇居民社会养老保险制度，改革以增强公平性、适应流动性、保证可持续性为重点，致力于消除因户籍制度导致的城乡养老保障差异，促进城乡经济社会协调发展。也是不断推进社会保障全覆盖的重要一步。继 1997 年对企业职工养老保险制度进行全国统一之后，这是第二次整合，打通了城镇与农村养老保障制度壁垒，有效提升养老保障账户的公平性与便携性，长远看更有助于消除城乡二元结构、实现人口意义上的城乡一体化。

完善，先要完整，才能更有效地改善。整合，可以说是近十年来养老保障制度改革的一大主题。距城乡并轨时隔不到 1 年，《关于机关事业单位工作人员养老保险制度改革的决定》出台，提出“一个统一”和“五个同步”，要求机关事业单位与企业从业人员统一实行统账结合的基本养老保险制度，要求机关与事业单位同步改革，职业年金与基本养老保险制度同步建立，养老保险制度改革与完善工资制度同步推进，待遇确定机制与调整机制同步完善，改革在全国范围同步实施。机关事业单位与城镇职工统一的养老保险制度改革实为改革开放以来经历的第三次重大整合，然而民众对三次整合的态度并不一致，甚至只有这次被广泛地简称为“养老金并轨”，可见企业和机关事业单位养老保障

"双轨制"结束的重大意义，在实现制度公平方面迈上了一个崭新的台阶。这道壁垒的打通，进一步实现了劳动力的跨部门流动，缓解了养老金资金压力，增强了民众对养老保障制度改革的信心与参与积极性。

建立健全养老保障制度一直任重而道远。近年来，我国养老保障制度改革呼声高涨，现行制度与人们日益增长的养老需求不匹配已非一日之寒。诚然，改革开放以来，我国经历了经济蓬勃发展的阶段，养老保障制度建设未能追赶上经济发展的步伐，造成相对落后的状态。然而，基于上文历史脉络的梳理，不难发现养老保障制度改革的步伐从未停歇，单从时间轴也能反映出改革的坚定与积极态度。由表 15 -1 数据显示，1995 ~2014 这 20 年间，参保人数翻了两番，累计结余从 429. 8 亿元增长到 31800 亿元。必须肯定的是，回顾过往 60 余年，我国养老保障制度在维护劳动者养老安全、调节社会收入分配、缓冲经济巨大波动等方面都发挥出了不可替代的重要作用。改革开放以来，与法制、社会、经济建设一道，养老保障制度也在不断摸索、不断完善，尝试突破旧格局，尝试面对新挑战。

表 15 -1　　1995 ~2014 年我国养老保障参保人数及资金状况

项目	1995 年	2000 年	2005 年	2010 年	2014 年
城镇参加养老保险人数（万人）	10979. 0	13617. 4	17487. 9	25707. 3	34124. 4
在职职工参加养老保险人数（万人）	8737. 8	10447. 5	13120. 4	19402. 3	25531. 0
离退人员参加养老保险人数（万人）	2241. 2	3169. 9	4367. 5	6305. 0	8593. 4
基本养老保险基金收入（亿元）	950. 1	2278. 5	5093. 3	13419. 5	25309. 7
基本养老保险基金支出（亿元）	847. 6	2115. 5	4040. 3	10554. 9	21754. 7
基本养老保险累计结余（亿元）	429. 8	947. 1	4041. 0	15365. 3	31800. 0

资料来源：人力资源和社会保障事业发展统计公报（1995 ~2014）。

二、养老保障制度的比较研究

以时间为轴，我们已纵向回顾了我国养老保障制度建立与发展，接下来我们将放眼全球，通过横向对比进一步增强对现行制度的认识和定位。从发展的视角看，经济、社会、政治环境时刻在变化，任一国养老保障制度都难以保持完善及充分匹配，持续调整与改革才是常态，所以在养老保障制度发展道路上，没有绝对位置，只有相对评估。与大多数发达国家相比，我国养老保障制度起步晚、起点低，横向比较分析有助于参考借鉴国际经验，提高改革效率。本部分先从养老金资产规模、覆盖率等综合指标入手，对我国养老保障体系总体情况进行评估，再聚焦老龄化这一全球共同面对的人口结构趋势，分析其对各国养老保障制度提出了哪些共同要求，希望能从中探索出未来改革发展方向。

（一）综合指标比较下的养老保障现状

1. 美世养老金综合指数：发展初级阶段，可持续性存忧

根据 2015 年最新的墨尔本美世全球养老金指数，在目前研究覆盖的 25 个国家中，我国与韩国、印度、印度尼西亚排名靠后，养老保障体系处于发展阶段的相对初期，由图 15 -1 的历年趋势看，尚未出现明显突破。结合表 15 -2 与图 15 -2，通过二级指标可以看出，因近几年有发展趋势向好的总体经济做后盾，目前我国养老金充足性尚佳，但可持续性和全面性指标不容乐观。我国和德国的可持续性得分显著低于其他国家，与主要养老金计划仍采用现收现付制有关，更难以抵御未来老龄化威胁。相比之下，德国通过李斯特计划等自愿意志的养老金方案加以补充，提升了养老金制度整体的全

面性，也帮助减慢了现收现付制矛盾积累的速度。

表 15－2　　2015 年墨尔本美世全球养老金指数各国得分情况

国家	总分	充足性	可持续性	全面性
智利	69.1	62.8	65.0	84.8
德国	62.0	76.0	36.8	75.0
瑞典	74.2	71.1	72.6	81.5
英国	65.0	64.2	51.3	85.5
美国	56.3	55.1	54.4	61.1
新加坡	64.7	55.7	65.9	77.2
中国	48.0	62.7	29.8	50.0

资料来源：http：//www. globalpensionindex. com/.

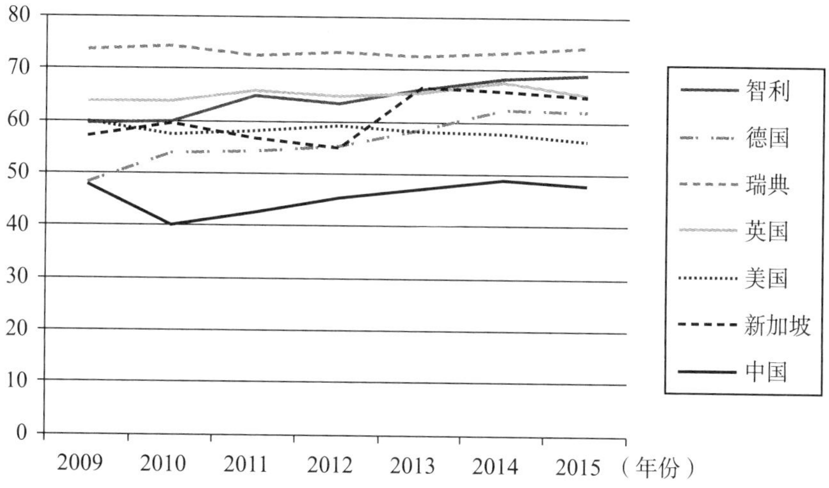

图 15－1　2009～2015 年墨尔本美世全球养老金指数各国分值变化

资料来源：Index M M G P. Melbourne Mercer Global Pension Index ［J］. 2015.

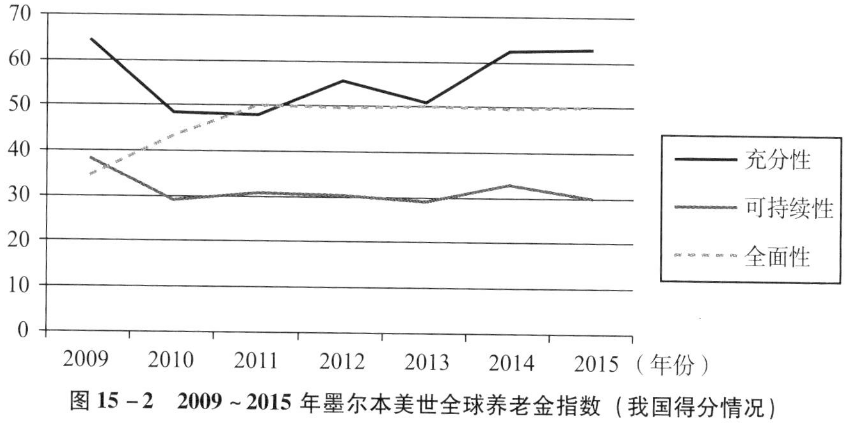

图 15－2　2009～2015 年墨尔本美世全球养老金指数（我国得分情况）

资料来源：Index M M G P. Melbourne Mercer Global Pension Index ［J］. 2015.

我们对问卷中我国得分较低的项目进行了整理，如表 15－3 所示，除个人养老金计划缺失之外，可以发现国际上对养老金制度灵活性、多样性要求越来越高，如针对拥有其他经济来源的失业人员、已达到法定退休年龄但继续工作的老年雇员这些特殊群体的继续缴费安排。该指标的上榜，也足以说明其在被调查的诸多国家中都已受到重视，并在完善和健全制度规定上做出了相应调整。

表 15－3　对墨尔本美世养老金问卷中我国低分项目的统计

	权重	得分
充足性指标：		
个人养老金计划中免税的比例规定，税收激励的存在性	10%	0.0
对于有其他收入来源的暂时失业人员的养老金继续缴费要求	1%	0.0
可持续性指标：		
适龄劳动人口中参与个人养老金计划的比例	20%	2.1
以 GDP 为参照的养老金资产总体水平（包括公共养老金、个人养老金、养老金储备、保证金储备和商业养老保险等）	20%	0.5
对达到法定退休年龄后继续工作的老年雇员的规定，对领取和继续缴费积累的要求	5%	0.0
全面性指标：		
养老金政策被科学制定并有效实施的程度，民众和政府对相关机构的重视程度	10%	0.4
应对养老金投资不良业绩和雇主破产清算等不利情况的养老金资产保障制度	5%	2.5
对新加入参保者的制度信息说明和普及	5%	0.0
对参保者的定期养老金信息披露（包括资产配置、投资工具等）	5%	0.0
参保者向独立监管机构表达意见的渠道畅通性	2.5%	0.0

注：细分指标最高分值为 10 分，本表呈现的是低于 3 分的项目。
资料来源：Indec MMGP. Melbourne Mercer Global Pension Index [J]. 2015.

2. 资产总额指标：养老金规模不足，储备金基础薄弱

从国家层面看，我国养老资产总额严重偏低，养老金规模仅占 GDP 的 1%，加上公共养老储备金也仅有 6.3%。通过表 15－4 对比可知，于美国、英国、智利三国民众，国家养老金可以称得上是“全民大金库”，与 GDP 比值分别达到 83.2%、99.6% 和 62.3%。而具有防御补充性质的公共养老储备金（public pension reserve funds，PPFRs）在越来越多的国家得以构建，用来应对老龄化危机和突发状况下的养老金缺口，预期在未来几年中储备金规模还将继续拓展。瑞典和日本的 PPFRs 与 GDP 比值最大，分别为 28%、26.8%，其中又以瑞典对公共养老储备金更为侧重。

表 15－4　养老金、公共养老储备金资产总额（2013 年）

国家	养老金		公共养老储备金	
	与 GDP 比值（%）	资产总额（百万美元）	与 GDP 比值（%）	资产总额（百万美元）
智利	62.3	162988	2.8	7335
德国	6.1	236932	na	na
瑞典	9.1	53767	28.0	164650
英国	99.6	2810564	na	na
美国	83.2	13946142	16.5	2764431
日本	29.2	1331231	26.8	1223863
中国	1.0	98896	5.3	396825

资料来源：OECD（2015），Pensions at a Glance 2015：Retirement－Income Systems in OECD and G20 Countries.

3. 公平效率指标：实缴比例下滑，替代率处于警戒边缘

覆盖率和替代率常被用作衡量一国养老金公平和效率的重要指标。根据人社部《中国社会保险发展年度报告2014》数据显示①，截至2014年底，我国基本养老保险参保人数已达8.42亿人，总体覆盖率约为80%。但与此相对应的，参保群体中实际缴费比例却在持续下降，仅2014年就下降了2.8%，自2009年已累计下降6.5%。作为强制性计划，覆盖率实际反映的是雇主参与度，而实际缴费情况才是参保者有效参与度的真实反映，这一指标的逐年下滑说明实际参保者积极性受损，对目前养老保障制度的期望值不高，也在一定程度上体现出了养老金制度改革需求。

在此，我们用以下五个国家个人账户养老金覆盖率作对比（见表15-5）。发现作为始终坚持老派制度的代表，德国自愿性个人账户的覆盖率非常突出，远超一向以企业年金为特色的英美，甚至可以与我国、智利的强制性账户覆盖率相媲美，足见德国这一补充支柱的支撑力度，值得我们参考与借鉴。而"福利橱窗"瑞典的养老金制度金字塔属于底盘特别厚实的类型，国民退休养老金覆盖率实在让其他国家望尘莫及，其中由雇主缴费的准强制性职业养老金及其补充性质的额外投保养老金基本实现了全覆盖，是实施个人账户最长久的智利都没有达到的。

表15-5 个人账户养老金覆盖率（2013年）

国家	强制/准强制个人账户	自愿个人账户		
		企业年金	个人账户	合计
智利	78.9	na	na	na
德国	na	56.4	35.2	71.3
瑞典	PPS：~100 QMO：~90	na	36.0	36.0
英国	na	30.0	11.1	43.3
美国	na	41.6	22.0	47.1

注：QMO：Quasi-mandatory occupational 准强制职业养老金；PPS：Premium Pension System 额外投保养老金。
资料来源：OECD（2015），Pensions at a Glance 2015：Retirement－Income Systems in OECD and G20 Countries.

养老金计划的一大重要作用就是帮助参与者在寿命范围内平滑消费，替代率在一定程度上反映了平滑程度。基本上所有国家里，低收入群体的替代率略高，得益于零支柱和一支柱的构建，帮助缩小了老年期的贫富差距，为低收入者提供了一条最低保障线，使其老有所依。表15-6体现的是各国的养老金替代率情况，1代水平工资，0.5、1.5分别代表低、高收入群体的水平。智利自愿账户数据存在缺损，单从强制账户情况看，智利作为拉美改革先锋并没有辜负期望，替代率水平已高于许多发达国家。追求大多数人都到达中等程度福利水平的瑞典，强制性养老计划的替代率非常突出，政策效果与目的也较为相符，缩小了中低收入者之间的差距，而对高收入群体又具有足够的激励。英美两国的养老金制度中，强制性养老保险基本只能起到保障作用，为高替代率做出重要贡献的是企业年金，可见在企业相对成熟的国家，进一步推广企业年金将是成效较为显著的一种途径。在《中国社会保险发展年度报告2014》中，我国养老金替代率为67.5%，但该数据是以"本年度退休人员的平均养老金除以本年度参保职工的平均缴费基数"得到的。而更为通行的计算方法中，分母是职工退休前工资收入水平。在中国养老金融50人论坛上，中国人民大学董克用教授报告中提及②，经他们测算，基本

① 详见 http：//www.mohrss.gov.cn/gkml/xxgk/201507/t20150702_213521.html.
② 详见 http：//www.ocn.com.cn/hongguan/201603/geyig02113719.shtml.

养老保险替代率已经从 1997 年的 70.97% 下降至 2014 年的 45%，已远低于国际劳工组织划定的 55% 警戒线。

表 15-6　　2014 年不同类型养老金计划的替代率

国家	强制性公共账户			强制性个人账户			所有强制性计划			自愿性 DC			总计		
	0.5	1	1.5	0.5	1	1.5	0.5	1	1.5	0.5	1	1.5	0.5	1	1.5
智利	6.8	0.0	0.0	32.7	32.8	32.9	39.4	32.8	32.9						
德国	37.5	37.5	37.5				37.5	37.5	37.5	12.5	12.5	12.5	50.0	50.0	50.0
瑞典	37.0	37.0	27.4	19.0	19.0	37.8	56.0	56.0	65.2				56.0	56.0	65.2
英国	43.3	21.6	14.4				43.3	21.6	14.4	29.8	29.8	29.8	73.1	51.4	44.2
美国	44.4	35.2	29.1				44.4	35.2	29.1	32.6	32.6	32.6	77.0	67.8	61.7
日本	48.8	35.1	30.5				48.8	35.1	30.5				48.8	35.1	30.5

资料来源：OECD pension models，OECD（2015），Pensions at a Glance 2015：Retirement - Income Systems in OECD and G20 Countries，www.oecd.org/pensions/pensionsataglance.htm.

（二）人口老龄化趋势与养老保障制度发展

1. 要求实现收益确定型向缴费确定型的逐渐转移

曾经主流的养老金体系是一个能够相对独立运行的系统，以横向平衡为轴心，以代际转移实现齿轮转合，现收现付制将养老从家庭的情感约束中解绑出来，赋予其更明确的社会意义与责任。然而，自 19 世纪末开始，轴心开始发生位移，作为工业化、现代化步伐迈进的必然结果，人口结构的转变逐渐对与之相关的各项制度安排发起新的挑战。其中，最不容忽视的就是年龄分布的深刻变化，具体来说，是生育率持续低位和预期寿命有效延长共同影响的结果。从近 40 年的数据看，结合图 15-3 和图 15-4，各国在老龄化指标上存在差异减小的趋势，发达国家生育率多已低于世代更替水平，而随着科技发展与医疗水平的提高，预期寿命的线性增长趋势也越发明显。

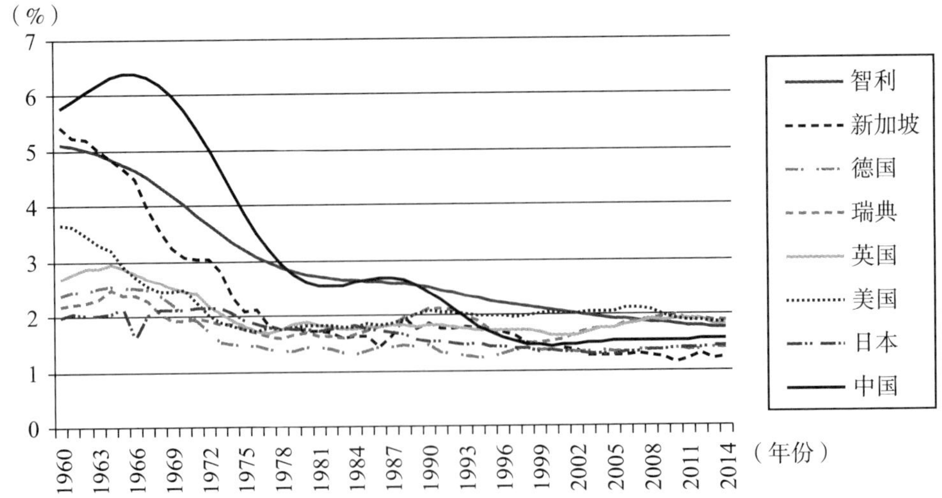

图 15-3　1960～2014 各国总生育率比较

资料来源：The World Bank，http：//data.worldbank.org/indicator/SP.DYN.TFRT.IN.

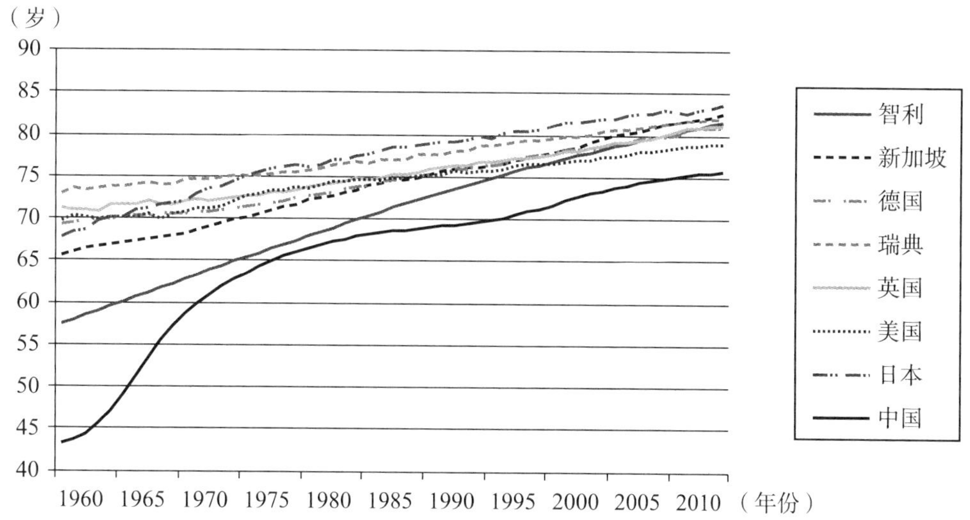

图 15－4　1960～2014 年各国人口出生时预期寿命

资料来源：The World Bank，http：//data. worldbank. org/indicator/SP. DYN. LE00. IN.

老龄化作为人类社会进步发展的一大体现，也逐渐显现出与传统公共养老金制度的非耦合性。劳动人口与老年人口之比的快速上升见图 15－5 各国人口赡养率情况，严重威胁到了原先以现收现付为融资方式、确定收益为支付方式的养老金模式，越来越多的国家意识到若不进行有针对性的改革，其财政充足性、可持续性都将难以维系。于是在 20 世纪 80 年代的养老保障紧缩期，不同程度的改革频现，一改此前单一模式遍天下的状况，为此后福利模式的多样化发展奠定了基础。这一时间段的改革可简要分为 3 种类型：其一以德国为典型，凭借具有较高认可度、支持度的原制度优势，只需采取最温和的参数式改革，可最大程度上保持社会结构的稳定，如改革指数化调整机制、提高法定退休年龄、引入给付的老龄化权重等；其二可参考瑞典，在尝试最基础的参数式未果后，将改革程度提高了一级，重点改变了筹资模式和责任分担机制，建立名义个人账户制，实质即为缴费确定型现收现付制，增强了个人缴费贡献与未来收益之间的关系；其三直接 180 度转型到个人账户制，这也是改革中最釜底抽薪的方式，在智利首当其冲率先尝试且取得良好政策效果之后，拉美众国紧跟其后、纷纷仿效，形成极具代表性的拉美模式。而从这初期改革到今日、甚至可预测的未来，人口老龄化一直伴随着各国的继续发展与前行，如何通过科学有效的养老金制度设计来积极应对老龄化风险，已成为政策制定者及社会各界持续关注和思考的问题。

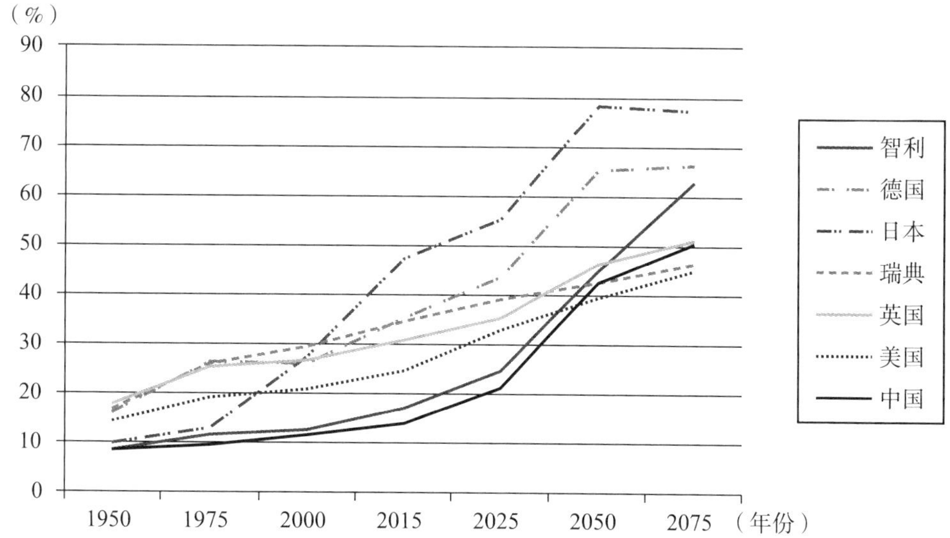

图 15－5　各国人口赡养率

资料来源：DeSA U N. World population prospects：the 2012 revision［J］. Population division of the department of economic and social affairs of the United Nations Secretariat，New York，2013.

2. 要求审慎保障前提下的资产管理差异化

随着主体养老金制度从收益确定型向缴费确定型转变，参保者账户终值水平由固定值变为期间缴费和投资收益共同决定。从国家兜底到全民聚焦养老金投资效益，更显出提高养老金投资管理水平的重要性，以及对养老金产品设计及创新的迫切需求。

养老金资产管理已成为摆在各国治理者和专业管理人面前的重要课题。有别于一般的个人或机构资产管理，养老金资产规模庞大，所有者群体覆盖面广、风险偏好各异、投资目标不同，需要有层次、多样化的养老金产品系列以应对各式需求。然而，养老金作为社会安全网、减震器的特殊地位，又对此提出了更高要求，即必须是按人口特征的有层次、设严格安全线的多样化。

对比美国、智利、瑞典、日本的养老金和养老储备金资产配置可以发现（见图 15－6 和图 15－7），养老金和养老储备金的配置权重之间基本呈现倒置关系。美国和智利养老金中权益占比较大，在

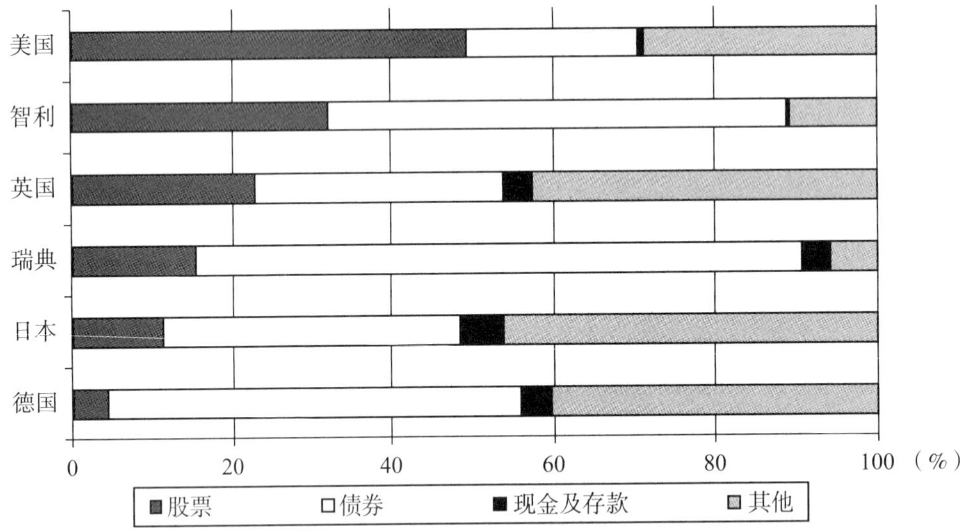

图 15－6　2013 年养老金投资对象比例

资料来源：OECD（2015），Pensions at a Glance 2015：Retirement－Income Systems in OECD and G20 Countries，www. oecd. org/pensions/pensionsataglance. htm.

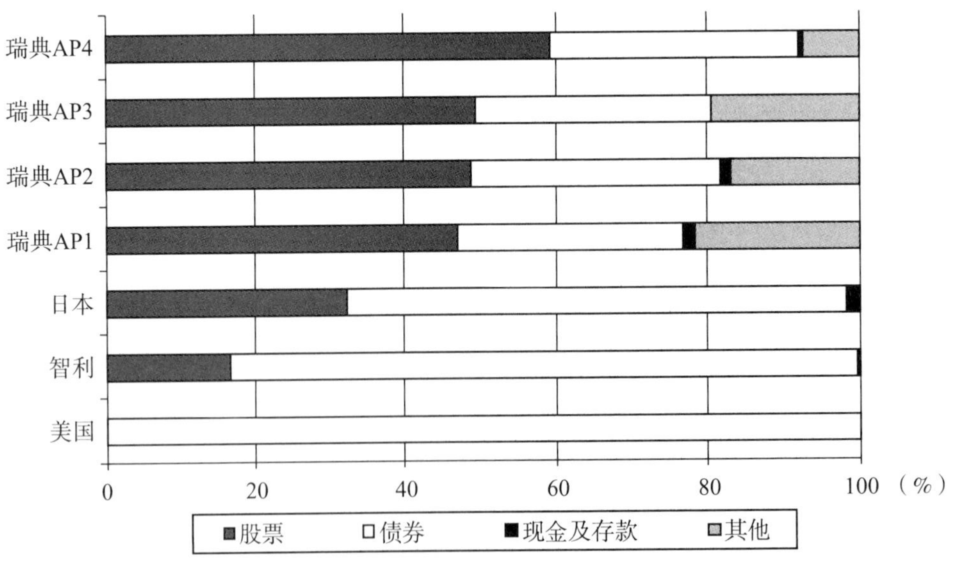

图 15－7　2013 年养老储备金投资对象比例

资料来源：OECD（2015），Pensions at a Glance 2015：Retirement－Income Systems in OECD and G20 Countries，www. oecd. org/pensions/pensionsataglance. htm.

养老储备金中就以固定收益证券为主导，以求达到稳定可靠的最低收益要求。两者之间，又以美国养老金的投资风格更为进取，权益类和其他类资产占比超过70%。瑞典和日本在养老金管理上表现得颇为审慎，特别是瑞典，近80%资产都配置在债券上，以保值为第一要务。在养老储备金方面，瑞典则给予了更大的积极性和灵活性，体现进一步增值要求。

收益率是所有参保者对养老基金投资管理绩效的最直接判断，不论作为储蓄还是投资，增值能力都影响着公众的参保积极性。根据表15-7和表15-8所示，近几年受经济大环境的影响，收益率波动普遍较大，2011年多国显示出负的净投资收益率，但恢复能力都较强，近几年业绩向好。2012~2013年业绩最为突出的当属瑞典的养老储备金，虽因权益类资产比重较大导致波动增加，但除AP6表现不佳之外，AP1~AP4正向波动幅度都远超过负向波动，说明对组合实施了良好的风险管理措施。

表15-7　2010~2013年养老金净投资收益率　单位：%

国别	2010年	2011年	2012年	2013年
智利	8.3	-6.0	5.1	3.5
德国	3.4	1.2	2.7	2.8
瑞典	—	-1.0	7.9	6.7
英国	-2.1	-2.5	—	—
美国	1.1	-2.7	5.5	11.5
日本	-5.2	-3.6	7.3	8.9
中国	4.2	-0.8	—	—

资料来源：OECD（2015），Pensions at a Glance 2015：Retirement - Income Systems in OECD and G20 Countries，www.oecd.org/pensions/pensionsataglance.htm.

表15-8　2010~2013年养老储备基金收益率

国别	2010年	2011年	2012年	2013年
智利	-8.4	9.9	-4.8	7.2
美国	3.1	1.4	2.3	2.3
日本	0.8	-1.7	8.8	15.2
瑞典AP1	7.8	-4.1	11.4	11.0
瑞典AP2	8.7	-4.3	13.4	12.5
瑞典AP3	6.5	-4.7	10.8	13.9
瑞典AP4	8.4	-2.9	11.3	16.2
瑞典AP6	6.9	-9.0	9.3	9.1

资料来源：OECD（2015），Pensions at a Glance 2015：Retirement - Income Systems in OECD and G20 Countries，www.oecd.org/pensions/pensionsataglance.htm.

在直接提供养老金产品，由参保者自行选择的养老金制度中，产品列表的筛选和审核乃是重中之重。在最开始，智利等国市场化养老基金的管制非常严苛，以避免起步摸索阶段的不足和应对公众对改革的怀疑，包括只限定少数几只基金、对每只养老基金中的资产数量都进行了量化约束。随着体制的成熟，约束才慢慢被放松，在一些发达国家甚至被完全放开。现在，养老金的金融重要性越来越突出，已经成为了金融市场的重要补充，等同于银行和保险公司，具体风险设置见表15-9。智利按照风险从高到低提供了A、B、C、D、E五种基金选择。参保人可以根据自己的年龄或风险承受能力选择不同种类的基金。其默认基金的设置反映了生命周期的特征，权益投资比重大的基金分配给年轻人，固定收入工具比重大的基金分配给年长者。但所有参保者都有自主选择的权利，除临近退休时限的老年人被限制于保守型基金之外，其他阶段均可根据自己的风险偏好做出独立判断与选择。

表 15 - 9　　智利养老金品种的投资限制

基金品种	权益类投资限制	默认设置
A	40% ~80%	
B	25% ~60%	35 岁以下
C	15% ~40%	36 ~55 岁男性 36 ~50 岁女性
D	5% ~20%	56 岁以上男性 51 岁以上女性
E	0	

资料来源：智利养老金监管局网站 http：//www. spensiones. cl/portal/orientacion/580/w3 - article - 2835. html 及 http：//www. spensiones. cl/portal/orientacion/580/w3 - article - 2840. html.

三、民营经济发展与多支柱养老保障体系

（一）养老保障多支柱理论

1. 多支柱理论：养老保障体系建设的全球指引

以一概全，全之难现。不论是基于盎格鲁 - 撒克逊国家福利模式，还是欧洲大陆的合作主义福利模式，也不论采用的是大一统的圆饼式制度，亦或碎片化的散饼式结构，养老保障的公平性就在不同受众群体的更精细化内在设计这一方面提出了基础要求。“推行以生命为轴的平滑消费，致力于老年贫困风险的有效管理”，在这一核心目标的指导下，2005 年世界银行的五支柱养老金理论框架问世，为彷徨于养老金制度建设，尤其是迈入开拓性改革阶段的国家点亮了一座灯塔。

实则，世界银行最早于 1994 年就通过《防止老龄危机——保护老年人及促进增长的政策》这一里程碑式的著作，向各国敲响了名为老龄化的警示钟，敲醒因紧盯经济发展而一直关注人口结构前半段的国家，告知他们末段可能存在的绻绻黑云及其正在酝酿的潜在风险。早期的三支柱理论正是此著作的核心内容之一，建议各国将强制性 DB 型（以支定收型）的一支柱、强制性 DC 型（收益确定型）的二支柱、自愿性 DC 型的三支柱有效结合起来，相辅相成以夯实养老保障制度的地基。而通过十年间对各国养老保障运营的跟踪研究和养老保障制度改革中的广泛参与，在原先三支柱的基础上，五支柱新增无须缴费即提供最低保障的零支柱，及涵盖家庭赡养、以房养老等所有非金融养老方式的四支柱，是世界银行在深层挖掘养老保障核心目标、细致考察更广泛群体需求之后，提出的具有建设性和长远视角的完善与补充。

世界银行的“五支柱”理论以保障方式为主要分类标准，国际经济与合作组织（OECD）则在充分吸收解读之后，从各国养老金制度设计角度出发，按保障目的重分类为另一种嵌套式“三支柱”结构。将强制性、资格认定型、具有收入再分配性质的养老保障计划定义为第一支柱，又可分为三类：其一是家计调查型的社会养老救济金（resource-tested or targeted plans），根据养老金领取者的收入情况调整养老金支付额度，向低收入者倾斜；其二是基本养老金（basic pension），为所有领取者提供一致待遇，或根据其工龄进行差异化，与之前的工资收入无关，实行普享型的北欧国家居多，如瑞典；其三是最低养老保障金（minimum pension），往往与第二支柱中的养老保险计划挂钩，在个人养老金低于一定标准时，由国家给予一个最低的养老金保障。第二支柱是强制储蓄型的养老保障计划，在管理方式上分为公共管理和自主管理两类，待遇结构上分为 DB 型、DC 型、积分制、名义账户制。第三支柱是自愿性的企业或个人养老金计划，作为社会养老金的补充。

从图 15 - 8 中可以看出两种分类的相关性，世界银行的分类更扁平化，使消贫（零支柱）、非经济性方式（四支柱）、给付差别（一、二支柱的细分）更为突出，而 OECD 则是对原本“三支柱”进行了概念的拓展和纵向的延伸。

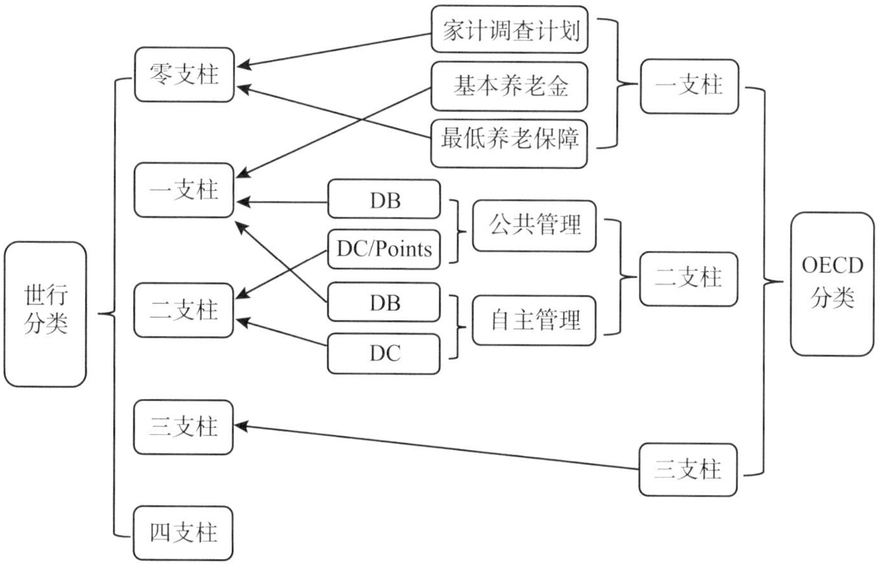

图 15-8　世界银行、OECD 对养老金制度结构的划分方法

2. 我国养老金支柱结构分析与国际比较

为简化分类及更好地与我国情况做对比，我们采用 OECD 的结构划分方法，得到表 15-10 所示的养老金制度结构情况。从该结构比较中，较为明显地体现出了以地域、历史、制度选择所形成的不同福利模式。美国、英国、德国、智利强制性养老金计划中第二支柱占比都高于 80%，更强调缴费贡献。社会民主主义的瑞典追求的是新中产阶级水平的保障，在以提供最低保障为主旨的第一支柱上份额较大。处于东亚福利群的日本，则倾向于一二支柱平分秋色，且国家统筹性质突出。我国养老保障体制中，占比高达 82.26% 的城乡居民基本养老保险，对应的是这一分类结构中的第二支柱，而明确意义的第一支柱是暂时空缺的，相应部分功能目前被包含在低保制度中。

表 15-10　　**各国强制性养老金制度结构（2014）**　　单位：%

国家	第一支柱			第二支柱
	社会救助	基本	最低	
智利		14.7		85.3（DC）
德国	19.0			81.0（Points）
日本	20.1	15.8		64.1（DB）
瑞典		23.2		76.8（NDC+DC）
英国		16.5		83.5（DB）
美国	17.3			82.7（DB）

资料来源：OECD（2015），Pensions at a Glance 2015：Retirement - Income Systems in OECD and G20 Countries，www.oecd.org/pensions/pensionsataglance.htm.

（二）养老保障制度的结构性改革

1. 制度结构原因挖掘应先于参数式调整

根据国际经合组织的三支柱分类理论，我国城乡居民基础养老金属于第二支柱范畴，尚处于起步阶段的企业年金是起补充作用的第三支柱而第一支柱具有资格认定、收入再分配特征的养老金部分则包含在我国的城乡低保中。根据人社部《2014 年度人力资源和社会保障事业发展统计公报》数据①，

① 见 http://www.mohrss.gov.cn/SYrlzyhshbzb/dongtaixinwen/buneiyaowen/201505/t20150528_162040.htm.

2014 年我国基本养老保险基金支出 23326 亿元，年末累计结存 35645 亿元，企业年金基金年末累计结存 7689 亿元。民政部数据显示，年末城乡低保资金支出为 1538.6 亿元。可见，在我国定义下的养老保障体制中，基本养老保险和企业年金规模比重分别为 82.26% 和 17.74%。若以基本养老保障与最低保障的支出做比较，占比分别为 93.81% 和 6.19%。我国目前的养老保险体系几乎全凭第二支柱基本养老金全力支撑，第一支柱的准确性和归属性尚且存疑，第三支柱规模则远未达到有效支持和补充的承重水平，体系完备度仍有很大可提升空间。

按照改革性质，主要可以分为参数改革和结构改革。其中，参数改革能更大程度地保证制度稳定性，实施难度较低，且往往能在中短期内缓解制度矛盾，见效较快，是一项有力的改革工具，被广泛地应用于各国养老保障体系改革中，OECD 的养老金报告显示，在 2013 ~ 2015 年实施了改革的 26 个国家中，有 14 国实行的都是提高工作年限的参数调整①。参数改革易行，但不宜单行，仍然应以制度结构分析、深层挖掘制度原因为前提，与中长期的结构改革相互呼应、相辅相成。图 15 – 9 给出了 2014 年各年龄段老年人就业率的国际比较，由图我们可以更深刻地理解从养老保障体制结构出发的重要性。即使里面所涉及的提高法定退休年龄，这样一项参数式调整，也包含有更深层次的要求。它绝非单纯字面意义，改革措施也并非只是对法定退休年龄进行简单的数字修改，它需要的是具有联动效果的整体劳动力年龄结构上的调整优化。以瑞典、德国、英国为代表的西方发达国家是本身具备改革推行条件，且已经正式推行此项改革政策的。他们的共同特点是，65 岁及以上高龄老年人已享有与其年龄相适应的足额保障，基本都能遵循自然生理规律结束职业生涯，安然开启晚年生活，就业概率低于 20%；积极倡导 60 ~ 64 岁身体状况良好、仍具有劳动能力的老年人适当延长积累年限，鼓励其继续职业追求，通过科学的人口结构测算和健康状态评估后，适当提高法定退休年龄设置；合理认为除特殊情况外，60 岁以下人群均为具备有效劳动能力者，就业率高于 70%。尤其是瑞典，65 岁以上、以下老年人就业率悬殊，较好地体现了制度效果。

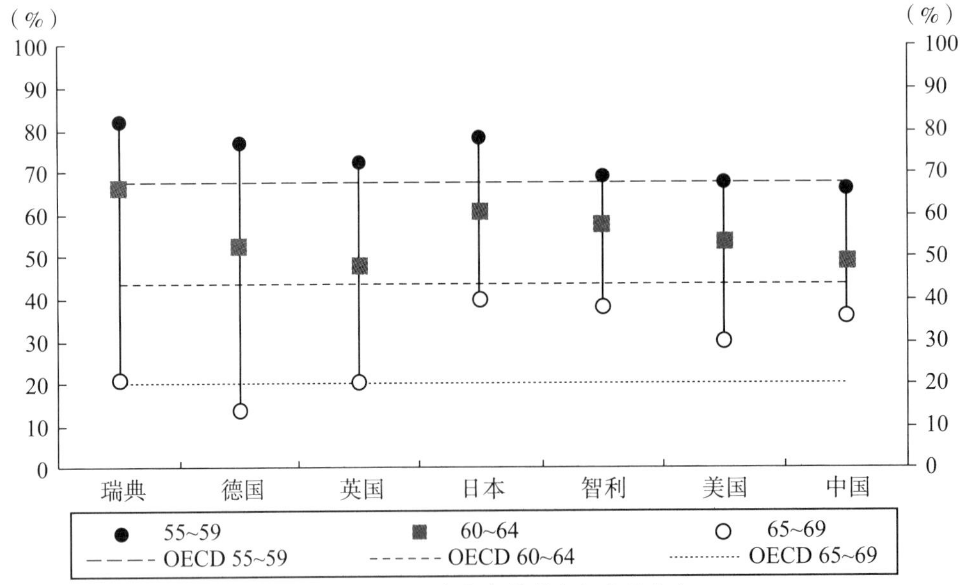

图 15 – 9　2014 年各年龄段老年人就业率

资料来源：OECD（2013），Pensions at a Glance 2013：Retirement – Income Systems in OECD and G20 Countries，www.oecd.org/pensions/pensionsataglance.htm.

近几年来，提高法定退休年龄的呼声和质疑声在我国也是此起彼伏。必须先肯定这是顺应时代发展、合乎人类寿命延长现状的改革思路，且已有许多国家呈现出良好的中短期实施效果，长期效果待继续观测。但是，从我国的各年龄段老年人就业率差距最小就反映出这一差距很大程度上是老年人根

① OECD（2015），Pensions at a Glance 2015：Retirement – Income Systems in OECD and G20 Countries，p19，www.oecd.org/pensions/pensionsataglance.htm.

据自身就业需求自然选择的结果，而非制度因素，可见我们现在需要的改革绝非仅法定年龄而已。收入水平相对较高、已满足现有财富积累的群体，往往会选择在法定或提早退休；收入水平较低、财富积累不足、尚未达到养老需求的群体，无可选择只能继续劳动。而选择按时或提早退休的老年人，其职业分工、劳动类型却可能更适宜继续工作。适当提高法定退休年龄，增加全民养老资金积累，同时要进行的，是让更需要养老支持的群体老有所依，建立明确且足够规模的消贫普惠一支柱。

2. 老年贫困特殊性唤起第一支柱构建需求

作为具有收入再分配性质的强制性养老保障计划，第一支柱旨在通过转移支付来保障低收入者的养老水平。从养老保障制度初设到现在，一支柱基本上已覆盖所有国家，成为不可或缺的重要部分。就连之前实行完全基金制的智利，现已成为提供最低养老保障金最慷慨的国家之一，最低养老保障金水平达到平均劳动力工资的一半以上。针对第一支柱的强化改革是智利在经历2007～2008年金融危机之后所面对和着手的第一大挑战，也是具有开创性地建立了一个新的再分配支柱——团结支柱（SPS），并专门设立了储备基金以达到对中低收入（收入水平较低的60%）实现全覆盖的目的，极大地改进了智利的社会保护网。尤其在经历了动荡的金融危机之后，因经济原因造成的社会稳定团结需求急速上升，此前这一支柱存在的漏洞日益凸显，如何覆盖非正式部门劳动者、自雇劳动者，如何正确在长期贫困、突发危机中找到政府的定位，扮演好适当的干预性角色，都因这场金融海啸而重新浮出水面。智利的二度改革为我国的养老保障制度重新设计带来了两点启示。一是现收现付制、基金积累制也好，待遇确定型、缴费确定型也罢，不存在绝对的制度优劣，只是需要科学配置，根据不同支柱的制度目的用适宜的制度方法加以匹配。二是提醒我们第一支柱在保障社会公平与稳定上具有不可替代的重要地位，它是养老保障本质属性所提出的要求，不因制度类别、形式的改变而减弱，所以在我国的部分缺失不可长久。

从养老保障角度，将再分配型强制性计划划归在最低生活保障中，在合理性方面是存在一定问题的。因为老年贫困实质上有别于一般贫困，我国最低生活保障的主要特征中列明具有临时性，而老年贫困很大概率上会是之后整个生命区间的贫困，且因长寿风险而日增。随着年龄增长，劳动能力逐渐减弱，健康状态逐渐下降，积累的养老资金却在日益减少。设置最低生活保障，要适当考虑鼓励下岗职工、失业人员再就业等因素。相比较而言，最低养老保障的设置目标更简单明确，就是保障老年贫困人口在最后生命区间里的基本生活，故在申领对象、待遇标准、家计调查方法等制度设计上都不尽相同。故在制度安排上，还是有必要明确目的、合理区分，构建起真正意义上的团结稳定支柱，使养老保障的再分配调节剂属性在合适的位置发挥出最大作用，为最需要的群体提供最有效的公共援助，让老有所依有制度可循。

3. 逐渐提高的可持续性要求推动主力支柱改革创新

第二支柱，即强制储蓄型的养老保障计划，可以说是各国养老金体系中具有顶梁柱作用的一个支柱，其内部结构设计也是目前各国养老保障制度改革一大重点。其中，公共账户形式是现代养老保险体制发展以来历史最久远、应用最广泛、到目前依然备受推崇的一种模式。许多研究发现在政策实行上常存在对现有政策的保持原状偏好，过去的政策会对新政策产生机会约束，形成政策路径依赖，所以当前大多数国家的改革都是围绕DB型现收现付制这一基础进行的。

当前，美国的联邦养老保障信托基金OASDI可以说是全球范围内最成熟和完善的养老计划之一，至今已有70多年历史，而随着当年建立储备基金所乘之势——第二次世界大战后，“婴儿潮”步入了老年阶段，曾经构筑现收现付制的优势现在却变成了巨大的挑战，预计到2030年美国65岁以上人口将占到总人口的20%①。美国国会研究局（CRS）的研究报告显示②，虽然现在仍运转正常，但预

① 预测数字来自2015年3月发布的《美国人口规模与组成》报告。

② 2010年8月美国国会研究局（CRS）的研究报告预计养老基金赤字将逐年扩大，2020年、2030年、2036年赤字将分别为1014亿美元、4568亿美元和6516亿美元。

计在未来20年将存在入不敷出的可能，光靠继续参数改革是否能达到成效将有待考量。相比而言，其他国家的类似不可持续情况出现得比美国早，故已经进行了诸多尝试，除了智利完全推翻式的改为个人账户制外，还有一些混合型制度创新，主要有德国的积分制、瑞典的名义账户制和我国的统账结合制。作为影响全欧的俾斯麦式的发端，德国的养老金制度具有极高的连续性，主体实质百年来没有根本性的变化，积分制改革也是在全国统一的养老金现值的基础上再加一个参保者报酬积分份额，积分取决于个人缴费期内历年工资收入与全国平均工资比值之和，延续了合作主义的工资挂钩原则。瑞典的改革要再更进一层，因其合作主义在20世纪80年代就崩塌了，完全由雇主缴费支撑起来的职业养老金令企业不堪重负，为了减轻企业负担、增强经济活力，解决国家财务问题，将支付方式从确定收益转为确定缴费，就运行效果来看也良好地应对了金融危机，这种名义账户制之后还先后应用于拉脱维亚、意大利、波兰等国。

我国的统账结合制则是在结合我国实情之后的又一创新，最早于1993年在党的十四届三中全会提出，确定了统筹基金现收现付、个人账户基金完全积累的制度模式。统账结合的初衷是半现收现付半积累，但从约20年的实践来看，个人账户由于多被用于填补社会统筹缺口而导致长期空账运转，因而从资金流转的轨迹上看实则依然是现收现付制。作为个人账户和公共账户结合的两种形式，名义账户制是“联通式结合”，两个账户基金归总管理，名义账户只是记账符号，统账结合制则理应是“板块式结合”，不同属性基金分开管理、相互独立。鉴于我国养老金体制实质并没有实现严格独立，故多数国内外学者将其认为是一种准名义账户制。

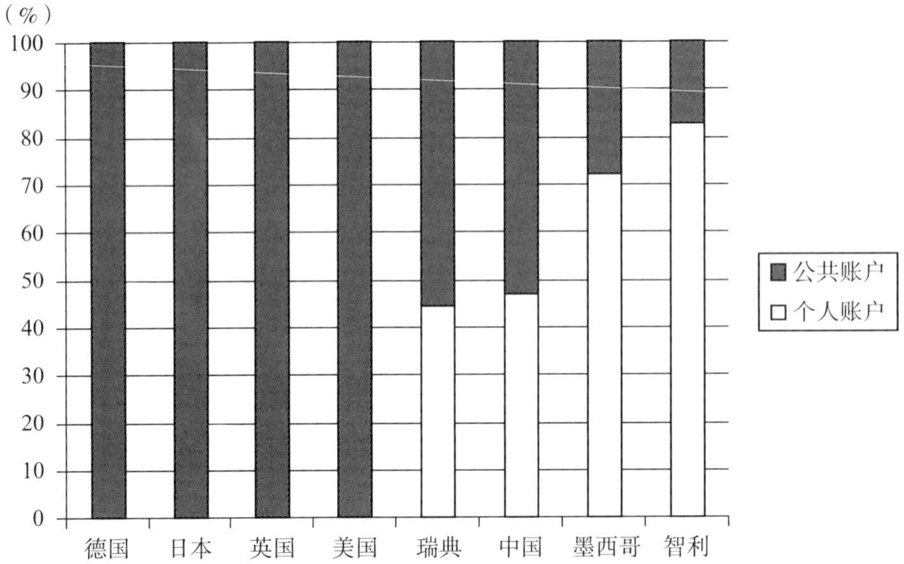

图15-10　强制性养老金的个人和公共账户比例

资料来源：OECD（2015），Pensions at a Glance 2015：Retirement - Income Systems in OECD and G20 Countries，www.oecd.org/pensions/pensionsataglance.htm.

4. 经济发展新形势促进补充支柱拓展加固

我国养老保障体系中企业年金的规模小、占比低、覆盖面窄，一定程度上是由以往的经济结构决定的，而非简单以GDP增速衡量的经济状态来决定的。因为即使在我国经济高速增长的2007~2014年，参加企业年金人数占城镇职工基本养老保险参保人数的比重也仅从4.8%上升至6.8%，只有2%的增幅①。再观之国际，企业年金所在的自愿支柱，虽然早已存在，却都是在21世纪之后才因前两个支柱的支撑力度跟不上社会养老需求而逐渐凸显出重要性。并且，这一自愿支柱能如期发展起来、

① 根据《2007年度劳动和社会保障事业发展统计公报》《中国社会保险发展年度报告（2014）》数据计算。

成为强有力补充力量的，都是已走过上一轮经济转型的科技强国，如美国有401（K）、德国有李斯特计划，甚至可以说超越了补充地位，已成为养老保障体系中的一大重要力量。

当前占比不满20%的企业年金，在经济发展新形势下正面临着机遇与挑战。首先是养老保障体系内源性发展需求。第一、第二支柱支持力度有限，且弹性较小，在应对规模和多样性两方面都日益增长的保障需求时，开始显得力不从心，第三支柱的需求窗口已打开。其次是结构转型为企业年金带来了更大的发展空间。由新科技、新能源推动的转型过后，将会是技术集中度更高、管理体系更健全、竞争力更强的企业，更有动机与能力建立专属企业年金。

（三）民营经济发展与养老保障的平衡

受“三期叠加”阶段的短期特征影响，对养老保障制度改革的迷茫和忧虑情绪有所上升。担心经济增速放缓带来企业压力加重、社保缴费能力下降、体系运转困难等一系列负面效应，在人口老龄化之上又多筑起一道难冲破的关卡。对待这两道关卡，适度的重视与警觉是制度改革发展的良好推动力，对这一阶段养老保障的过度消极态度，却是对养老保障本身功能属性的认知不清和对新常态总体发展阶段的定位不明。仅仅片面强调经济环境对养老保障制度的影响，是对养老保障作为经济安全网这一基本功能的忽视。若存在一张国民的资产负债表，它并不是完全的贷方项目，节流固然是一个方面，但开源才是长效策略。社会保障制度改革，不是在新常态中过河时摸着的石子，而是同一艘船上不可或缺的一部分，必将顺应新常态中经济结构优化升级、市场活力进一步释放的内在发展要求，与经济结构转型同步。同时，也将在改革过程中，逐步发挥其应有作用，为整体经济的稳态健康发展撑起保护伞。将这一阶段养老保障制度改革的重点难点都视为内外因共同驱动下的改革契机，之后接踵而来的将是经济运行质量的显著提升和保障制度公平与效率的双重优化。

1. 人力资本是民企转型的关键要素

在宏观的经济结构转型中，市场化改革的坚定推进，为民营经济发展打开了新的发展空间。民营经济作为社会主义市场经济重要组成部分，将在新的方向上为我国经济提供新的增长点，从而成为带动整体经济的主要动力。在微观的经济结构转型中，企业所面临的不仅是从粗放型向集约型的转变，也不单为从劳动密集型向技术密集型的转变，还需要的是企业管理模式、管理理念的转变，从以资本资产为核心向以人力资本为核心的转变。人力资本，将是转型成功与否的关键决定因素之一，也将成为转型之后民企的核心发展驱动力。而职业养老金计划中的雇主缴费部分、企业自愿设立的企业年金计划，都是当代人力资本投资的重要方式，有助于增强企业凝聚力，调动员工积极性，提高企业在人才市场中的竞争力。

我国刚步入新常态阶段，“保持战略上的平常心态”，也适用于养老保障制度的调整改革与寻找新平衡。养老保障制度改革要与经济结构相协调、与企业转型相适应、与人力资本在经济增长中的贡献度相辅相成。

2. 民营企业结构转型与养老保障改革同步进行需政策引导

多数民营企业本身正处于结构转型期间，面临着诸多不确定性与现实挑战。要在这个过程中，也建设发展覆盖面广、能惠及中小企业雇员的企业年金，需要企业转变治理理念，这是内因，还需要政府引导支持，这是外因，内外因共同作用方可起实效。在政策上有几个方面需要重新考量。

第一，追求并保持养老金总体充足性，根据实际情况适当把握调整各支柱权重配比。目前我国养老保障制度是亭子结构，基本养老保险一柱挑梁。以后其他支柱的构建、加固不应是额外添加，而是起到对基本养老保险承重的分散化。于许多民营企业而言，缴足基本养老保险之余已无力支撑企业年金。未来应建立动态调整机制，实行总量把控，逐步缓解基本养老保险对企业年金发展空间的挤压，要根据实际养老保障需求量实行合理分摊，给企业留出更大的人力资本投资自主权。

第二，进一步推进税收激励，充分调动企业积极性。在年金账户的设置上，应同时给予对参保者和对企业方的税收优惠，适当提高雇主缴费的免税限额，积极推动年金产品的设计创新，配合以明确的给付阶段税收政策，真正发挥出税收递延的优惠性。初期为加大推行力度，也可与政府补贴相结合，强化进入激励。

第三，根据不同企业情况，鼓励相应企业年金产品创新。若由企业层面统一进行投资运营，年金规模大的企业可综合行业特性、发展阶段、雇员年龄分布等因素，采用定制化投资管理方案，而针对中小企业，则应鼓励具有针对性的集合年金产品推出。受企业规模所限，中小企业年金相对体量小，可能尚不到市场机构的投资“门槛”，管理成本的担负能力也有限，市场化运营的佣金费用对他们来说是笔不小的持续性开支。享受政策优惠、专为中小企业提供的低佣金集合管理计划将为其消除建立企业年金的后顾之忧。同时，一只低佣金养老基金的存在，也会在养老基金领域形成一定的鲶鱼效应，对逐步市场化后的养老金管理成本施加控制影响。

四、民营经济发展与养老保障账户创新

（一）统筹账户与个人账户之权衡

1889 年，俾斯麦执政时期的德国政府颁布了《劳工老年残障保险法》，完成了其养老保障制度最初设计中最浓墨重彩的篇章，也正式开启了世界范围内对现代社会养老金制度的发展与探索。这一最初模式以养老金在代际间转移为主要特征，逐步发展成为之后盛行百年的现收现付制（pay as you go，PAYG）。直至 20 世纪 70 ~ 80 年代，新自由主义取代凯恩斯主义成为主流思想。紧跟英国大规模市场化改革的步伐，智利于 1981 年展开了具有颠覆性质的养老保障体制改革，建立起完全的强制性个人账户制度，将养老金非国营化（pension privatization）这一选项推入全球视野。此后，有跟随借鉴，有反驳质疑，有维持观望，但在人口老龄化与金融危机两大飓风级风险的双面夹击下，越来越多的国家陷入养老金统筹账户与个人账户的制度选择困境。

人口结构失衡可以说是个人账户制度的最大推动力之一，虽也有诸多观点认为它不能完美应对老龄化危机，如未来总产出减少导致的需求拉动的通货膨胀，使养老金实际价值缩水严重。但从另外一个角度上看，个人账户提供了这样一种可能：在长期时效内引入市场不确定性，让其随时寻求调整平衡来应对老龄化带来的不确定性。在原则论上，以不变应万变或许常胜，而在方法论中，以动制动，动态调整，也不失为一大可行策略。

对个人账户的顾虑首先来自于制度改革这个问题本身。1944 年国际劳工组织的费城宣言是对这一战后社会政策达成共识的重要声明，通过现收现付制养老政策等达成目标。之后由于发达国家日益增长的养老保障费用、发展中国家的基本社会权利的可持续难题，在 20 世纪 70 年代左右这一共识才逐渐开始走下坡路。尽管现收现付开始面对巨大挑战，寻求出路已难以避免。但养老金的重新配置对宏观经济可能存在重大影响，甚至拉大贫富差距，因为低收入群体、残疾人等弱势群体能够用于个人账户储蓄的收入份额较少，高收入群体则凭税收优惠等原因可能获得更大收益，且养老基金的管理费、佣金存在因市场化而显著提升的可能。因为它很大程度上改变了现行且已较为成熟的战后养老保障制度，不由会令人心生牵一发而动全身的疑虑。

如果人口老龄化对养老金制度的影响是长期且具沙蚀性的，那金融危机对其的冲击就是集中而有爆发力的。尤其在金融危机之后对自由市场资本主义的质疑声越来越大，世界银行也开始纠偏，指出养老金基金制提议可能缺乏必要的前提条件，且难以解决覆盖率和充分性问题。从实践反馈上看，金

融危机给个人账户制带来的重挫，最明显表现在养老金资产本身的骤然缩水上。金融危机导致世界经济发展趋缓，个别甚至停滞或负增长，失业率上升，相当于提高了赡养比，养老金进项减少。为了保持社会制度的正常运转，保障规模变大的中低收入群体的利益，往往需要加大补贴力度，最低保障性质的基本养老金支出增加。同时，养老金在资本市场中还以机构投资者的身份存在，作为投资主体必然受到市场整体阴晴变幻的影响，20 世纪 90 年代曾经的高收益率在 21 世纪初因互联网泡沫受创了一番，到 2008 年金融危机彻底变成了过眼云烟。如此收入降、支出增、投资收益显著下滑造成的困境，是无法单纯依靠养老金筹资方式改革来解决的，无论现收现付制还是个人账户制都不能避免，即使是具有标杆性质的智利，当时金融资产的期望收益率也没能超过工资增长率（即现收现付制下的收益率）。另外，还进一步增大了政府对积累制转型成本的偿债负担。对于已经向个人账户制转型的国家，对改革前养老金历史欠债进行补偿是必须解决的一大难题，多数国家通过国有资产大规模私有化和发行政府认购债券来筹集补偿资金，将原来的隐性债务显性化。庞大的历史欠债需要由多届政府逐步填满，而金融危机无疑使这本已任重道远的过程更举步维艰。此外，除了制度本身反映出的问题，民众对政策的满意度、支持度也是关键性因素。以阿根廷为例，受金融危机影响养老资产仅在 2008 年 10 月一个月间就蒸发掉约 25.8 亿美元（损失 8.7%），许多个人账户损失达到 20%，再加上一路调高的佣金，民众对个人账户制已是怨声载道，面对巨大的收益不确定性，他们更倾向于将个人风险转为国家风险，阿根廷正义党顺势提出重新改回现收现付制并取得了更大多数群体的支持。

一定程度上，金融危机对养老金个人账户进程按下了暂停键，即使是财政出现严重问题，需要向国际基金组织寻求资金支持的国家，也没有再被建议直接改革成基金制。但个人账户制并没有就此消亡。现实中，其实只有阿根廷和匈牙利真正摒弃了它，且这两个国家转回的资产多被用于填补国家负债，阿根廷甚至一度被媒体评估为破产风险最大的国家；其他国家有开始反思，有积极调整，却没有就此全盘否定、一击改回从前。理论上，也尚达不到足够支撑，毕竟一开始推动养老金改革的潜在经济问题并没有得到解决，只是因为危机而恶化了。危机对现收现付制这样的横向平衡制度的短期冲击相对较小，却无法为纵向不平衡提供说服力。总的来说，个人账户的风险敞口来自于两个方面，积累阶段的低回报率问题和支付阶段的未知寿命增加风险。对于现收现付制，低收益率来源于低生产力（人口老龄化）、较低的甚至负的劳动力增长率（人口总量减少），是预期收益的下降；对于基金积累制，在分散化前提下，收益率水平更多得与宏观经济相关，反映在波动率的增加。在长寿风险方面，有学者认为积累制是将养老金完全暴露在了长寿风险中，与现收现付制相比是明显劣势。但实则，现收现付制只是将养老金领取者的长寿风险转嫁给了仍在积累阶段的年轻参保者而已，仅仅是个人层面的消除，在体系整体角度依然存在。虽然在积累制中的年金环节，测算死亡率和预期剩余寿命还是精算难题，测算误差的修正和风险控制还有待进一步完善，但也许正是积累制的显性暴露长寿风险，推动了在这一制度下对冲长寿风险的不断理论探索与实践创新。所以，短期内提高缴费、降低支付、提高退休年龄等参数调整可能见效更快，但个人账户成分的加入必是长远策略。

这个世界上并没有绝对的优势制度，每个国家需要寻找的是一个真正适合本国国情的制度平衡点，协调好长期和短期的关系，长期上将养老重担从政府单肩负重转向国家、企业、个人共担的长远模式，短期上注重转型成本平稳化的分摊设计。改革已是大势所趋，两个极点的制度设计恐怕都难成效。当前的任务更像做一个大额复杂的资产配置，如何评估数量巨大且相对异质的参保者特质，如何设定目标的收益、风险、流动性、可持续性特征指标，如何像构建策略一般在统筹账户与个人账户之间搭建架构并给予合适配比，是制度设计者们面前的艰巨工程。

（二）养老保障个人积累账户功能及统筹程度

在养老保障领域的各个子议题里，公平与效益之间侧重点的争论从未停歇。不过，将个人缴费贡献作为给付水平的重要决定因素，来提高民众参与养老储蓄投资积极性，减少搭便车、大锅饭等“贫功足禄”现象，已经是世界范围内公认的、同时满足公平和效益要求的改革方向。即使是以名义账户模式闻名全球的瑞典，在以名义记账形式记录个人缴费情况的同时，实则其收入关联养老金中还有另一部分实行的是实账积累，用来进一步强化这一改革目标。不同的是，各国根据自身情况，从本国养老保障制度整体出发，寻求各自适宜的个人缴费贡献配比。有的只在自愿养老金部分才突出个人贡献，如德国的李斯特计划，适合现收现付制运营状态尚好的国家；有的在职业养老金中强调这一参数，此方式在原本企业年金就较为成熟的国家中更为通行，如美国、英国等；有的在基础养老金层面就体现个人积累，如新加坡的公积金，瑞典的收入关联养老金；有的在强制和自愿部分都推行个人账户，如敢于第一个吃螃蟹的智利。

我们选取智利、英国、美国、德国、瑞典、新加坡这六个在养老制度构建上颇具代表性的国家，对 DC 型养老金计划中个人账户功能进行了整理（详见附表）。在此，采用的是较为广义的个人账户定义，即体现个人缴费贡献的缴费确定型计划账户。梳理的目的是，通过比较个人账户功能开发情况，明确各国养老保障统筹成分与个人成分的分配比例。在强制支柱和自愿支柱都推行个人账户的智利，无疑是个人账户占比最高的国家，个人账户功能也最多，基本可以作为整理模板，功能项目包括参保者拥有对养老基金的选择权、基金具有较为广泛的投资品种范围、明确的投资回报和资金安全保障、严格的信息披露要求等。

其中最能体现自由度的，是参保者参与个人账户资产投资决策的权利范围，可以说其他许多功能都是围绕这一项展开的。在投资决策自由度方面，以职业养老金为主体的美国和英国可供选择的投资基金范围最广，在符合审慎专家准则前提下，直接开放了资本市场中已有基金产品供其选择。智利虽然一直被公认为积累制的代表性国家，参保者可选的也就是 30 只特定养老基金，且根据年龄层次设定了风险限制。而新加坡的中央公积金主要以统筹为主，只有特别账户投资计划（CPFIS－SA）允许自主投资，但权限狭窄，仅限于保险产品和单位信托基金（固定收益基金），故目前大多数公积金成员并未使用个人投资选择权，而仍由新加坡政府投资管理公司进行统一投资，相当于再次汇入统筹账户。个人账户中的自主投资决策权赋予了参保者对养老金资产一定的控制力，有助于提高国民参与养老保障的自主性与积极性，化被动为主动。

在能够自主投资的账户设计中，默认选项的设定极为重要，它能提升制度的完备性，还能给缺乏自主投资能力的参保者提供标准产品。英美采用的都是生命周期基金（target date fund，TDF），但美国提供的是市场化基金产品，英国则是具有一定统筹性质的国家职业储蓄信托计划（National Employment Savings Trust，NEST）。NEST 相当于一款由国家提供的养老金产品，企业可以选择自主投资运营，满足更个性化的职业养老金管理需求，也可以选择参与 NEST，与其他企业养老金集合管理。它具有两大特点，一是采用自动注册机制，利用心理学中的默认效应，让养老金账户成为了“应有”“已有”，利于扩大养老金覆盖面；二是能满足自雇者、中小企业的集合需求，对雇员人数没有要求，并提供 0.3% 的超低年管理费用，有效减轻了中小规模企业的养老金成本负担。根据 NEST 的统计数据反映，相比于大企业，中小企业在职业养老金信息录入中表现地更为积极，约 75% 的中小企业都没有使用延缓录入期①。同时，调查中还显示出了雇主缴费观念的变化，进一步认同养老金是员工福利的一部分，养老金缴费并不是“上缴”，而只是具有国家监督的员工福利支付渠道。

对于自愿缴费账户，在功能上往往比强制账户更灵活，如美国就存在传统个人退休金账户（IRAs）、罗斯 IRAs 和雇主支持型 IRAs 多种类型，前两者分别为税收递延和前端征税，后者主要适用于中小企业，设立和维护成本较低。有别于其他国家，德国仅在自愿养老金部分突出个人贡献。其中，作为职业养老金补充的李斯特养老金（Riester Rente）具有一定借鉴意义。首先也是给予了较大的自主投资空间，可选投资范围较广。其次是颇具吸引力的优惠政策，年龄低于 25 岁的新入职参保者能享受

① 见 Work and Pensions Select Committee inquiry into pensions auto enrolment：a response from NEST.

200 欧元一次性特别津贴，中低收入家庭可享受直接补贴，包括基础补贴和未成年子女补贴。

（三）民营企业发展、民营资本流转与个人账户

由于我国养老保障体系实质运转模式一直是现收现付制，统筹力度较大，造成了一种养老保障是藏富于国的假象。实际上，一国养老保障制度的终极目标，应当是犹如护城河一般的存在，源自于民，惠之于民，又护之于民，成为藏富于民的一条特殊渠道。通道有国家统筹意志部分，以总体福利为出发点，但通道内实现的依然是民营资本的流转。相比于当前模式，加入个人账户成分，实现与统筹账户有机结合，将进一步拓宽这条通道，促进民间资本流动。

1. 个人账户成分有助于拓展民营企业投资

首先，养老金制度会对民营企业经营投资决策产生影响。对美国企业的研究显示，现收现付制养老金强制缴费责任会对资本支出施加压力。在具有严格投融资约束的企业里，即使控制了养老金状态和未知投资机会之间的关系，资本支出还是会因养老金缴费的增加而显著减少。尤其在主要依靠外部融资的企业，还有资产经历不可预见的价格波动时，这一负效应更为强烈。而采用积累型养老金计划的企业，其投资决策更不易受此因素影响①。可见，目前个人账户型的养老金制度从雇主和雇员角度都相对更能体现藏富于民。

其次，养老基金管理机构市场化为民营企业金融投资拓展了渠道。资本市场不仅仅是真实经济的镜子，其作用也不仅限于作为资本分配的工具，并非完全依存关系，而是存在一定的自主性，有自己发展和扩张的逻辑。许多市场化管理运营的养老金也是其中重要的一部分，在相应资本市场的发展中起到了有力的推动作用②。各国提供的市场化养老基金产品根据定制化程度分，可以分为两类：其一是满足投资限制条件的市场化机构产品，直接放开养老资金对市场已有产品的投资，如美国的401（k）计划。其二是由专门成立的养老基金管理公司提供的定制化养老基金产品，如瑞典和智利。若是第一种情况，则在许多国家养老基金管理机构的市场化自然满足。不但雇员可以选择买入或卖出相应基金份额，雇主还可以直接增持或减持该基金公司股份，从利润和股权价值两方面对基金公司进行激励。若是第二种情况，因本身可能存在分割市场垄断格局，推进养老基金管理公司的市场化更有利于激活行业动力、激发管理人竞争。智利的养老基金公司都是市场化运作的上市公司，由养老基金监管局根据严格地准入“门槛”进行筛选并持续跟踪监督。瑞典的国家养老基金公司还采取“自主投资 + 外包管理”相结合的模式，积极寻找优秀的海外管理人。

我国目前属于由非专门化基金公司提供定制化养老保障基金产品。从参保者角度，由于完全统筹管理，连“用脚投票”都无法进行，不能直接给管理人任何激励，监管部门代为行使的投票权在市场化不足、信息不够透明的情况下也是颇为有限。不过，基金业的市场化进程一直在推进。自 2013 年 6 月修订后的《证券投资基金法》对股东资质条件放宽之后，原先主要由国资控股的许多基金公司都经历了增资扩股或股权变更，股东结构多元化现象明显，民企持股比例增长显著，更有多家民营基金公司如逢春雨顺势而发，仅一年时间，民营企业参股的基金公司占比就由 2013 年的 15% 上升至 2014 年的 23%③。机构股东结构的转变也是养老基金市场化的一个重要方面，带有创业基因的民营资本正逐渐向我国基金领域注入新的活力，进一步带动养老基金产品创新，提升养老保障供给质量。不论未来我国养老资金是继续委托给基金公司代为管理，还是将设立专门的养老基金投资公司负责运

---

① Rauh, Joshua D. “Investment and financing constraints: Evidence from the funding of corporate pension plans.” The Journal of Finance 61.1 (2006): 33 – 71.

② Corpataux, José, Olivier Crevoisier, and Thierry Theurillat. “The expansion of the finance industry and its impact on the economy: a territorial approach based on Swiss pension funds.” Economic Geography 85.3 (2009): 313 – 334.

③ 详见《中国证券投资基金业年报（2013）》《中国证券投资基金业年报（2014）》。

营，民营资本在公司治理中话语权提高，或直接影响养老资金现行投资管理决策过程，或通过间接方式整体改变基金行业环境，都将成为养老基金创新的重要助推力。

2. 个人账户成分有利于提高民营企业直接筹资

随着近几年我国经济持续快速发展，居民生活水平日益提高，个人财富积累显著增长，对个人财富管理的需求也日益旺盛。目前银行、证券等金融机构推出的私人财富管理产品大多针对的都是高净值客户，进入“门槛”较高。而占比更大的中产阶级中，目前似乎有很多人步入了理财迷茫期，手握一笔闲散资金，不甘心于银行存款利息，又无法放弃保值需求。在缺乏专业化投资指导的情况下，个人投资者中有很大比例都难以做出理性适宜的投资决策。所以才不时打起“羊群效应”游击战，余额宝高调推出风头正夯时，以迅雷不及掩耳之势一跃就成为国民钱包；而待到听闻股市走起上行阶梯，散户资金又随之大批涌入期冀着能分到一匙羹。

民众的投资迷茫，这反映出普适性养老保障投资产品的缺失。因为不管对于企业还是个人，税赋都是不可忽视的重要成本，放眼世界各国在个人财富管理方面的研究，具有税收优惠的养老金账户必是备受关注的焦点。通过建立具有税收优势的强制及自愿储蓄账户，并提供一系列受严格监管的专业化投资产品，为国民铺设一条颇具吸引力又相对安全可靠的投资途径，是填补这一缺失的通行方式。尤其是将生命周期产品设定为默认选项，对账户资金实施有效引导，相当于为最缺乏自主投资能力的参保者提供了标准投资方案。对不同类型的参保者都能产生积极作用：若是原本迷茫的，新账户为“羊群效应”游击战中的资金提供了新的归宿，可实现保值增值需求；若是一直保守的，新账户将赋予存款资金新的活力，实现稳健与多元有机结合；若已是理性投资的，新账户也会用税收优惠为其加一砝码，带来正向激励。

同时，新型养老金账户的改革设计，对我国资本市场发展及国家经济转型都具有重要意义。首先，个人财富从传统银行资金中分流出来，有助于改善直接金融和间接金融之间的失衡状态，也能从供给角度缓和国企和民企的信贷融资差异。在传统金融机构中，民营企业融资难现象普遍且持续存在，即使是民营企业500强中，2015年也仍有51%的企业认为融资存在障碍①。根据人民银行的统计②，近年来金融机构各项存款中个人存款占比均超过40%，且从2010年307166.39亿元快速增长至2015年的542214.02亿元。个人财富从银行账户向投资范围更广的养老账户转移，对于民营企业，相当于间接融资渠道收窄、直接融资渠道拓宽。其次，通过专业养老产品引导资金流向，以合理配置的方式有效转移进入资本市场，可以突破一些散户认为国企业绩稳定的固有观念，增大了优秀民营企业被发掘的机会，提高了直接融资渠道的可能性。总体上，个人账户成分能有效提高资源配置效率，通过合理引导个人财富，与资本市场的发展形成良性互动，也为经济发展提供了流向更稳定的资金来源，帮助推动我国经济的可持续健康发展。

五、民营经济与养老保障制度：未来展望

（一）统领性律法与养老保障制度发展

加强立法是推进我国养老保障发展的根本保证，通过构建由规划、法律规划、具体指引共同形成的法律结构，促使养老保障的法制化、规范化。2010年10月我国确立了社会保障领域的第一部具有

---

① 可见 http://finance.ifeng.com/a/20160826/14807515_0.shtml.

② 详见中国人民银行网站，金融机构本外币信贷收支表，http://www.pbc.gov.cn/eportal/fileDir/defaultCurSite/resource/cms/2015/07/2010s01.htm，http://www.pbc.gov.cn/eportal/fileDir/defaultCurSite/resource/cms/2016/01/2016011818514559880.htm.

统领性的律法《社会保险法》，让养老真正开始有法可依。但在实际操作层面，具体到各个细分环节，法律缺失或执法低效依然常见，对有效法律构建的需求仍然迫切。从构建多支柱的养老保障体系、每一支柱的特点、功能定位，到每一种养老金计划的条款设计、每一个参保者账户中的功能安排，都需要清晰明确的法律支持。

养老保障领域的法制建设，一直存在集中度、统一度不足的问题，表现在全国性的立法少，地方性的较多，全国人大及其常委会制定的法律少，部门制定的规章多。从宏观层面看，就是养老保障制度的整体法律框架尚未构建完整，缺乏主设计师，中央与地方不同层级立法角色不够清晰，导致地方只能各自规划，反而到最后更显系统庞杂、管理松散、参差不齐。应以《社会保险法》为纲领，在具有全国普遍性的养老保障问题上明确基本原则或给出政策区间，使地方在制定具体法规时既能因地制宜，与各地情况相适应，又不会偏离总体大方向，降低地域差异过大的概率，为养老公平性提供了保障。

法律保障中另一个不可忽视的方面，是贯穿始终的法律监管。科学立法与有效监管必须同时加强建设，才能相辅相成、共同构筑起具有充分强制力的法律保障。从执法机构角度，监管问题主要表现在养老保障执法力度不强，对违法行为惩戒力度不够。仅在基本社会保险缴费这一个环节就能体现出严重不足，对于不缴欠缴行为，在实际执行上基本只有补缴要求，缺乏相应惩罚措施加以规范约束。从社会广泛监督角度，是民营企业经营者和劳动者的养老保险意识淡薄。我国劳动力供给相对充裕，劳动者容易处于弱势地位，加上我国工会发展落后，缺少能与管理者抗衡的集合力量，本身在维护劳动者权益方面就存在固有缺陷。民营企业职工涉及的人员结构复杂，受教育程度不同，其中不乏劳动风险意识不足的劳动者群体，自身维权观念缺乏，参保意识不强，甚至有些仍受传统认知影响，只将养老保障划定在个人储蓄和家庭赡养责任范畴，对自己合法权益的不知维护，能起到的社会监督作用更是有限，导致民营经济部分养老保障覆盖不够广泛。同时，也存在一些对社会保险法律、对自身社会责任认知不清、意识不足的管理者，未能切实贯彻落实制度规定、为企业的长远发展打下坚实基础。

（二）文化积淀与养老保障制度改革

养老保障制度从养老这一社会问题发源，受历史层叠的制度因素影响，与积淀深厚的文化因素相关。要使养老保障体系与实际紧密贴合，做到最大程度上应民众所需、为参保者广泛接纳与积极落实，就必须在制度文化方面深入考察，为政策落地铺设好一重保障。下文以霍夫施泰德（Hofstede）的国家文化维度理论为参考，从价值观衡量的六个维度，通过表 15 - 11 的各国相对比较，分析我国文化特性可能对养老保障制度的影响。

表 15 - 11　　霍夫施泰德国家文化维度数据

项目	智利	英国	美国	德国	瑞典	新加坡	中国
权力距离（power distance）	63	35	40	35	31	74	80
个人主义（individualism）	23	89	91	67	71	20	20
男性化（masculinlity）	28	66	62	66	5	48	66
不确定性规避（uncertainty avoid-ance）	86	35	46	65	29	8	30
长期取向（long term orientation）	31	51	26	83	53	72	87
自我放纵（indulgence）	68	69	68	40	78	46	24

资料来源：Hofstede Center 官方网站，https：//www. geert-hofstede. com/.

由权力距离和集体主义特征，在目前我国的养老金体制中，尤其是强制性基础养老金部分仍然适宜保持一定的统筹管理。一方面，通过统筹作用进一步增强这一支柱的强制性，有助于将养老进一步从家庭、家族等仅靠情感、声誉等因素维系的小群体中解锁出来，赋予每个个人具有所有权的、享有法律保护的养老权益。另一方面，作为人口大国，金融素养尚且达不到自主进行投资决策要求的民众数量还不容小觑，且我国中小企业数量较多，若完全交由企业层面运营，对小规模企业来说可能也是一种负担。适宜程度的统筹能帮助维护基础养老金的公平性需求，即使在这一支柱中不涉及收入再分配，也能适当避免参保者之间投资收益差距过大，以免进一步拉大贫富差距。不然，本金加收益的双重差距，会威胁到低收入群体的利益，现成的实例就是2008年金融危机之后的智利，只能通过增加零支柱来打补丁。

偏男性化的国家追求事业成就，往往认为工作与生活之间是并列的，而非从属于生活，如英国、美国、德国，他们在养老金体制上的相似点就表现在了对雇主的要求，以职业养老金为核心部分。相比较而言，偏女性化的北欧国家，受詹代法则（Jante Law）影响，追求大家都差不多、全民都“七八分饱”的状态，于是就有了当前相对追求结果公平的福利体制。我国在这一指标上的高分值显示出职业养老金方面的潜在发展空间，包括强制性职业养老金计划和自愿性企业年金。而在不确定性规避指标上低分值则呈现出中国人的接纳性与创业性，这与民营经济的发展休戚相关。以上两个维度再次强调了我们应更有效地发挥民营企业在养老保障中的作用。针对不同保障需求，建立分层多样的职业养老金计划，根据不同企业规模，设计不同种类的养老基金产品。同时为企业所想、思企业所需，提供切实有效的政策激励。

由长期取向和自我约束特征，我国文化中一直鼓励勤俭和勤奋，为未来打好基础，在消费观上更有计划和约束。两个特征的结合，隐含了在德国、中国这样的国家中自愿储蓄与投资的存在和重要性。若没有这些自发的个人财富管理作为有效补充，很难保证现收现付制能否坚挺到现在。而德国通过李斯特计划等将这一自发账户进行了制度化，赋予了税收优惠和极具吸引力的政府补贴，可以说是对这一补充效应做了扩增与加固。可见，我国养老保障补充支柱中的自愿性个人储蓄也早已有了文化基础，只是多以个人储蓄、房产投资等稳健方式积累，且养老资产家庭观念强、代际养老责任重导致储蓄账户目的不明确。未来改革的方向就是将其纳入养老保障体系内，并给予适当激励，通过税收优惠和政府补贴提高参与度，放大这两大特征的作用。站在政策制定者的角度，自愿账户的加入，能成为原本强制账户的强有力支持和补充。

（三）养老保障制度与经济结构相协调

当前正是积极推进民营企业导向的养老保障制度改革的良好契机。一方面，结构转型是现今我国经济工作一大要点，民营经济蓬勃发展正当时，且存在长期发展前景。未来民营企业经济实力将继续大幅提升，企业文化、声誉、社会责任等软实力的重要性也将随之提高。有针对性的养老保障制度改革，能帮助进一步完善民营企业中的劳资关系，促进和谐稳定的企业文化建设，提高企业向心力。另一方面，现行养老保障制度改革方向为民营企业养老保障的完善发展奠定了基础。作为增加就业岗位的主要力量，民营企业中劳动力结构呈现出多样化，进城务工人员也是其中的重要部分。而由于流动性大，进城务工人员的养老保障账户归属与转移此前可谓障碍重重。从2009年“新农保”采取社会统筹与个人账户相结合的模式，与城镇职工基本养老保险保持一致，到2014年城乡并轨，建立统一的城乡居民基本养老保险制度，养老保障账户转移渠道被完全打通，对不断扩大养老保障覆盖范围、保障各层劳动者合法权益意义重大。

压力与动力共存，民营企业也正面临着养老保障制度贯彻落实上的巨大挑战，需要通过对症有效的改革措施来引导和完善。从本质上说，是养老保障制度与当前民营经济发展水平不匹配，与不断调整的所有制结构不匹配。首先，体现在制度设计和制度实施上，养老保障基础管理薄弱，信息化建设滞后，未能实现国家管理层面的资源整合与共享。民营企业数量庞大、规模不一、分布广泛，继续按照传统模式，社保基层管理人员工作难度较大，且极容易出现遗漏。制度方面强制力的实现方式也存在缺陷，管理、监督力度都有待加强，目前个别民营企业缴费工资基数管理不规范、劳动关系不规范等现象依然存在。企业不缴、欠缴或迟缴养老保险费时的惩罚力度明显不足，除按要求补缴之外暂没有任何有约束力的惩治措施，不利于对雇员合法权益的维护、对雇主缴费义务的监督。其次，是民营企业经营者和劳动者的养老保险意识淡薄。我国劳动力供给相对充裕，劳动者容易处于弱势地位，加上我国工会发展落后，缺少能与管理者抗衡的集合力量，本身在维护劳动者权益方面就存在固有缺陷。民营企业职工涉及人员结构复杂，受教育程度不同，其中不乏劳动风险意识不足的劳动者群体，自身维权观念缺乏，参保意识不强，也是造成民营经济部分养老保障覆盖不够广泛的原因之一。同时，也存在一些对社会保险法律、对自身社会责任认知不清、意识不足的管理者，未能切实贯彻落实制度规定、为企业的长远发展打下坚实基础。

（四）养老保障制度与“统账结合”的新定位

以“基础养老金和个人账户养老金组成”的统账结合制最早于1993被设立为养老保障改革的基本方向，于1997年正式实行。改革初衷是期望把再分配调节与个人缴费贡献有机结合起来，形成公平与效率充分兼顾的结合型制度模式。但十多年的探索实践也为我们带来了不少提示与反思，统账结合作为我国首创的社会保障模式，国际上未有先例，可借鉴或需引起关注的他山之石鲜少，从制度设计、框架构建到政策落地、长期运营，都充满了不确定性，对潜在的制度漏洞、操作中可能出现的难点都无法作出置信度较高的预判，可以说政策难度极大。到现今为止制度效果尚不理想，一方面是可能源于固有原因，不断探索、试错、纠偏、再试，是首创初期必然会经历的过程；但另一方面，与制度设计不够准确细致、实际执行浮于表面有很大关联。统账结合，统与账本身的界定就不明确，两者之间如何结合也是缺乏具体指引。更显著的一个问题是，只考虑了从现收现付制直接过渡到基金积累制产生的转型成本我国目前难以承受，却没有在推行之初就充分认识到即使是部分个人账户制，要成为预想中的实账，过渡成本依然不容小觑。正是因为各成分界定、结合定义上的模糊、转型成本的估计缺失，许多地方在实际执行中很容易浮于表面，并没有将统账结合的制度核心落到实处，才形成了这种空账运转、与现收现付制没有实质差别的体制现状。

需要肯定的是，个人账户这一制度成分的添加是顺应时代发展趋势、符合社会发展要求的，是社会养老保障需求的真实反映、老龄化风险应对的必然导向。而如何将这一成分在现行制度中精准定位，能使之与原制度充分融合，减轻“排异反应”；之后如何更大程度地发挥各成分之间的协同效应，实现制度总体“增值”，是我国现今养老保障领域中的关键课题。

基于以下两点思考，我们认为应对统账结合制进行重新界定。一是做实个人账户的试点实践结果并不理想，原试点未实现预期，2008年之后更是不再有地方愿意加入新试点行列，直接在强制性的社会统筹部分转为实账已不具有可操作性。二是若将个人账户视为养老保障制度中的一个成分，以此为角度重新观察，会发现有许多国家都为我们提供了参考与借鉴。比如，德国是在现收现付型强制性养老金计划之外，通过李斯特计划等以自愿性质添加了个人账户成分；瑞典是在统筹账户中加入了名义记账的个人账户标签，再辅以自愿性个人实账。总的来说，都是在充分结合本国国情之后，对现收现付和基金积累两种制度实质的重新解读与合理配置，虽然也都各有局限，有待不断调整完善，但不可否认的是制度重构在整体养老保障体系可持续性的增强、充分性的提升上都做出了巨大的贡献。

根据上文所述，我们认为应将个人账户成分的重新定位与多支柱的确立相结合。在充分认识到落实个人账户是长远目标之后，我们将目光放至现可规划的养老改革，要达到诗和远方，必先从下一步落脚点开始。将个人账户定位到自愿性的补充支柱中，是目前最具优势与可行性的改革方案之一。除对目前主体的基本养老金制度冲击性小、兼容性好，以及在国际范围内有前人足迹可循、起步更顺利之外，更重要的是，自愿性个人养老账户将是极为符合我国民情、与文化特征相符的制度设计。如前文所提到的，我国文化中具有长期导向、自我约束特征，民众本就倾向于通过个人储蓄等方式积累养老资产。有学者对我国养老保障相关数据进行实证研究发现①，法定缴费率提高，会对企业参保概率产生负面影响，但对职工参保概率的影响很小。可见，职工本身的储蓄意愿和空间都比较大。与大多短期导向的西方国家不同，自愿性个人账户在我国的推行会是顺势而为，相当于给政策自然赋予了一道文化保障。再加之个人账户中的税收优惠政策，不论是EET式的税收递延还是TEE式的前端征税，都将为不同税收管理需求的参保者提供储蓄激励。另外，不同的账户设计还能满足各种类型参保者的需求：可选投资工具的多样化能帮助满足高收入参保者的投资需要，加强养老金保值增值目的，提高养老金管理效率；合理的直接补贴能强化对低收入群体的储蓄激励，填补其因边际税率低而造成的税收劣势；高度的灵活性和自主性起到良好的政策兜底作用，有利于扩大养老保障覆盖面，将基本养老金中可能未完整覆盖的非正规部门雇员、已退休人员、工作变动人员、自雇人员等都自动纳入体系。

（五）养老保障制度的高要求与风险控制

不同于其他资产管理，养老金资产有严格的保值要求，其最低收益目标是保障参保者最基本的老年生活需求。一旦跌破最低回报要求，养老金将失去其原先价值，社会保障安全网的破损甚至坍塌，可能造成巨大的社会动荡，形成飓风级的社会危机。由此，养老金的资金安全保障极为重要，是在追求养老保障制度创新、模式创新、产品创新之前的首要要求，是养老金投资管理中的根基。

从基本原则上看，以信托法相对健全的美国为例，除养老金外的其他所有金融机构（基金会、保险公司、银行盈余资金等）的资产管理都遵循谨慎投资者原则（prudent inventor rule），只有养老金管理要求遵循谨慎专家原则（prudent expert rule），也是最高原则标准，要求最严格的审慎管理和最高级别的风险控制。所以，首先要在顶层设计上给资金安全加固防线。

从实际运营上看，主要应从三个方面构建安全防护网。

一是科学制定养老金投资政策，深入分析养老金的风险、收益、流动性等特征要求，合理划定投资对象范围。由于养老金投资者的特殊性，并不是单个投资者，而是由众多参保者共同组成的集合型投资者，异质性显著，可能具有迥异的年龄阶段、风险偏好、财富水平，当前以一概全的养老产品提供方式太过粗放，实际上并没有达到从投资者利益出发的投资管理要求。谨慎与多样化并存是追求的目标：在资产管理人方面，要确定资产配置标准，列明允许投资资产类型，并划定严格的各资产类别可投资权重；在参保者投资选择方面，提供可选养老金产品列表，提供具有生命周期性质的默认产品选项，并引入临近退休参保者的相对高风险投资限制。

二是正视极端风险，科学设立养老储备金，为养老金资金安全再构筑一道屏障。储备金的设立应当区分两个层次，宏观层面的国家养老储备金和微观层面的投资管理机构储备金。国家养老储备金以养老保障国家责任为出发点，在储备金的管理运营上要与养老金相协调，充分体现其基石作用。管理机构储备金则是对养老金资产管理人责任的制度化体现，智利的养老基金公司就必须遵守极为严格的储备金规定，不但要将超出一定行业平均标准的投资回报提取到利润储备金单独管理，还要将部分公司自有资金作为强制储备金，以降低机构风险，优先保障养老金投资者的利益。

三是全民范围的普适版养老保障制度推广教育和及时畅通的信息渠道。目前，有很大比例的参保者对现行养老保障制度的运行逻辑都知之甚少，需要加强对养老保障信息与知识的教育普及，让民众在最初参保时就对制度框架、对自身权利义务具备基本的了解和认知。之后，要确保养老金投资运营信息的及时披露，让参保者能够对自己的养老金实施资产持续关注，而非缴完费之后便不知最终投向。相对应的，养老保障制度意见反馈沟通的桥梁搭建，是促进良性循环的关键环节之一，有助于提高参保者的政策参与度，更有效地推动制度的进一步完善与健全。如果后续设计中包含个人账户内的投资产品自主选择，则还应当注重提高参保者金融素养，开设投资咨询与指导。

---

① 赵静，毛捷，张磊．社会保险缴费率，参保概率与缴费水平——对职工和企业逃避费行为的经验研究［J］．经济学（季刊），2016（1）：015.

附录

各国 DC 型养老金计划个人账户功能比较

	智利	英国	美国	德国	瑞典	新加坡
强制缴费账户:		职业养老金计划，目前 DB、DC 均有，2012 年后新加入者只能选择 DC 型	雇主养老金计划，营利性企业 401（k），非营利组织 403B，州政府及地方政府 457		收入关联养老金中的实账积累部分	公积金特别账户（用于养老、应急和投资）
运营主体	养老基金公司	企业养老金由相应企业，国家职业储蓄信托（NEST）由国家统一提供				新加坡政府投资管理公司、获得政府批准的市场机构
可选基金产品范围	仅限养老基金（目前有 6 家基金公司，各 5 种基金类别）。默认基金类型为：B（35 岁以下）、C（36 ~ 55 岁男性，36 ~ 50 岁女性）、D（56 岁以上男性，51 岁以上女性）；默认基金公司由每两年进行一次的竞拍确定（提供最低佣金的公司）。56 岁及以上男性、51 岁及以上女性不得投资 A 类基金，已退休人员不能投资 A、B 类基金	一般企业养老金自行选择，但要符合英国海关与税收总署规定；NEST 默认选项为生命周期产品，同时提供道德基金、伊斯兰基金等特殊需求产品	企业在投资顾问指导下先确定可选产品范围，雇员可在此范围内自选；或由企业统一投资管理（多为金融企业）。提供具有生命周期性质的 Target Date Fund（TDF）		委托给国家养老基金（AP7），或自行投资最多 5 只国家认可的投资基金	允许选择市场机构（4 家银行、3 家债券经销商、10 家保险公司、3 家投资顾问公司、28 家基金公司）提供的公积金投资计划（CPFIS），默认选项为由政府投资管理公司统一管理
投资对象限制	股票投资限制 A（40% ~ 80%），B（25% ~ 60%），C（15% ~ 40%），D（5% ~ 20%），E（0% ~ 5%）；境外投资限制：不得超过 80%	NEST 以 FOF 形式通过基金投资于房地产市场、发达国家股市、全球债券市场、货币市场等			国家养老基金偏向权益类和另类资产投资，注重海外和新兴市场投资。实行“自主 + 外包”，常面向海外招标投资管理人	市场机构只能投定存、政府债券、年金和养老保险产品，以及部分特定投连险、信托、ETF，政府投资管理公司可投资于国内住房和基建、海外资产，55 岁以后全部转为国债投资

续表

	智利	英国	美国	德国	瑞典	新加坡
自雇者、中小企业政策	强制要求自雇者加入	在自动注册制度基础上，专门成立国家职业储蓄信托，能满足自雇者、中小企业需求，提供 0.3% 超低年管理费，集合投资管理				
补助政策	低收入年轻群体：18 ~ 35 岁，工资低于（最低工资水平 ×1.5）的，最初 24 个月给予补贴。性别平等补助：按生育次数给女性提供补贴，金额为（按最低工资计算的缴费额 ×18 个月）					
缴费要求	缴费率：工资 ×10%。先由雇主按一定比例提高雇员工资水平，再全额由雇员负担，雇主代扣代缴。可在基金公司网点，银行、家庭津贴赔偿基金等监管局许可机构，互联网缴费（银行代扣）。核发工资后 10 日内，未缴需做出“未缴纳声明”，否则将裁定为欠费（需补缴，且有罚金和利息处罚）	缴费率：雇员标准化收入 ×2%（2018 年将提升至 8%）。其中，雇员 0.8%、雇主 1%、政府 0.2%（2018 年将提升至 4%、3%、1%）			该计划缴费率占雇员总缴费的 2.5%	缴费率：1% ~9.5%
享受税收优惠最高缴费额	60UF		雇主免税缴费上限是雇员年收入的 6%，总缴费免税上限每年经通胀调整确定，即使是税后缴费也有限额			

续表

	智利	英国	美国	德国	瑞典	新加坡
税收优惠政策	EET 型，缴费和投资阶段不征，领取时征税	EET 和 TEE（缴费和投资征税，领取时不征）	传统 401（k）为 EET 型，罗斯 401（k）为 TEE 型			
计划间转移方式	从 DB 旧制度转移过来的群体退休时将存入兑现养老金认购债券的资金		可以同时加入传统和罗斯 401（k）计划，但两者之间不能进行现金转移，若雇员离职，其罗斯 401（k）将滚入罗斯 IRAs 计划			
投资回报保障	最低投资回报率：基金过去 36 个月实际回报要求：1. A、B 基金，不得低于（同类基金平均回报率 −4%），C、D、E 基金，不得低于（同类基金平均回报率 −2%）；2. 年均实际回报率均不得低于（同类基金平均回报率 × 50%）					收益率为 max｛十年期新加坡国债利率 + 1%，4%｝，每季调整
养老金安全保障	储备金 = 强制储备金 + 利润储备金。强制储备金来自于基金公司自有资金，金额为养老金净值 1%；利润储备金由投资回报中超过（养老基金行业平均回报率 + 2%）或（行业平均值 × 50%）的超额部分组成。若基金公司破产不影响所管基金，转移至重新选择的基金中				设有信用基金作为储备，并审慎投资以达到保值增值目的	

续表

	智利	英国	美国	德国	瑞典	新加坡
咨询教育服务	客户服务委员会（由各阶层代表组成，对投资进行评估和建议），国家养老金教育基金（设有咨询热线，定期普查），养老金咨询师（独立咨询，费用从个人账户列支，有限额），各基金公司分布各地的分支机构代理业务服务人员		主要为雇主和金融产品供应方提供的投资教育服务			投资顾问公司设计了数量化模型帮助公积金会员确定自己的风险承受能力，帮助其选择适合的产品
运营机构信息披露要求	账户资产变动报告（每4个月）、投资收益报告（每4个月）、佣金结构和管理成本报告、个性化养老金预测信息、基金操作行为信息、宣传册及网站信息、一般公共利益群体上市公司信息披露要求		每年向劳工部上交包含企业养老金计划的经审计的年度财务报表			设有基金业绩调查委员会（FPTC），并引入声誉良好、外部独立的基金业绩调查公司（FTC），运营机构要每季度向 FTC 进行信息披露，每半年向管理当局的投资顾问提供信息
养老金监管局信息披露要求	个人账户资产投资回报指数、养老基金公司服务质量指数（ICSA）（包括事务处理效率、账户管理业绩、客户关系）					FTC 每季度发布业绩与风险监控报告，中央公积金投资计划的投资顾问每季度都要对所有基金的风险归类进行调整
提前领取要求	账户余额高于过去10年平均收入的70%，且高于社会团结养老金上限的80%		发生大于年收入7.5%以上的医疗费用，55岁以后离职、下岗、被解雇或提前退休享受正常领取待遇，允许经济困难提款和计划贷款； 罗斯401（k）在存续5年之后提取免税			

续表

	智利	英国	美国	德国	瑞典	新加坡
给付方式	分期领取、终身年金、即期收入与延期年金、分期领取与即期年金。建有退休金网上咨询和竞价系统（SCOMP）		雇员年满 70.5 岁时必须开始提款，否则将按对应取款额的 50% 征税			年满 55 岁、退休账户至少拥有 40000 新元或者年满 65 岁、退休账户至少拥有 60000 新元，会自动进入公积金终身入息计划（CPF LIFE）和人寿保险年金。他们的一部分退休账户储蓄将用于购买这个年金
自愿缴费账户			IRAs（分为传统、罗斯、雇主支持型，可同时加入）	李斯特养老金（Riester Rente）职业养老金的补充，吕库普养老金（Rürup－Rente）法定养老金的补充		
可选投资产品范围	与强制缴费账户一致		股票、债券、共同存单、共同基金、免佣金共同基金、变动年金、免佣金变动年金、房地产等均可	李斯特：标准李斯特保险金和投资型李斯特保险金、银行储蓄计划、基金储蓄计划、住房李斯特计划（Wohn Riester）（以房养老）。吕库普：仅寿险产品		
税收优惠	最高缴费限额每月 50UF 内免税	提取时 25% 可免税	所有 IRAs 账户年总缴费限额 5500 美元（超过 50 岁每年可多缴 1000 美元），其中免税额度根据参保者收入、申报状态、是否加入雇主养老金计划等有关（基本原则是收入、已参加雇主养老金计划、以个人而非夫妻两人申报的，与免税额度成反比）	李斯特：每年最多可享受免税的缴费金额为 2100 欧元。税收优惠与补贴相互抵偿。吕库普：与其他法定养老金合计最高可享受免税的缴费金额为每年 20000 欧元；领取时应税比例，是 2016 年对 82% 的缴费额进行免税，最多 22766 欧元，2016 年后免税额将达到 84%。对夫妻而言，免税额上限为 45532 欧元。之后每年增长 2%，只 2025 年将达到 100%		

续表

	智利	英国	美国	德国	瑞典	新加坡
自雇者、中小企业政策			雇主支持型 IRA 主要为中小企业设计，又分为简单 IRA 和 SEP IRA。简单 IRA 适合雇员人数小于 100 人的企业，设立和维护成本较低。SEP IRA 适合小型独资和合伙企业，账户所有者可以是雇主本人，缴费全由雇主负责，雇员不可自行缴费。SEP IRA 非独立账户，必须依托传统 IRA 而设立			
可否随时提取	可以，但要支付提取费用（提款额的 3% ~5%）	55 岁之后便可提取	免税提取规定与 401（k）一致，否则失去税收优惠且需缴 10% 罚金	李斯特：62 岁或法定退休年龄之后开始领取，可在退休时一次性领取 30%		
给付要求			传统 IRAs 要求雇员年满 70.5 岁时必须开始提款，否则将按对应取款额的 50% 征税。罗斯 IRAs 没有此年龄要求，可随时存取，甚至作为遗产（继承时也无须缴税）	李斯特：逐月领取，最终余额可退还		
低收入者优惠政策	免征所得税群体领取时只对投资收益部分征税，且可申请政府津贴（自愿账户的 15%）		罗斯计划即有利于年轻时收入较低的参保者	李斯特：给新入职年龄低于 25 岁的参保者提供 200 欧元一次性特别津贴，为中低收入家庭提供直接补贴（基础补贴和未成年子女补贴）（要求上年税前总收入的 4%、最多 2100 欧元用于该账户投资）（夫妻二人均购买则均享受；若一方无权享受公共养老金的，则夫妻中只要有一方购买私人养老金就可领取双人补贴）		

续表

	智利	英国	美国	德国	瑞典	新加坡
性别平等补贴	按生育次数为女性提供额外补贴			李斯特：子女补贴支付给母亲		
自愿储蓄账户（对强制账户的补充）						
存款要求	可定期或不定期存款，最多容纳 24 年存款					
资金使用限制	可自由使用，但每年提款不超过 6 次					
应税要求	存入不征，提取征税，除非转入强制性缴费账户					

参考文献

［1］埃斯克里瓦，郑秉文译．拉美国家养老金制度改革研究［M］．北京：中国劳动社会保障出版社，2004.

［2］邓大松，王增文．声誉机制对我国社会保障基金投资管理人的激励效应［J］．公共管理学报，2008（3）.

［3］房连泉．智利养老金制度研究［M］．北京：中国社会科学出版社，2015.

［4］冯辉．我国养老金筹集和投资管理机制的改革及法律对策——以利益平衡与风险控制为中心［J］．政治与法律，2014（6）：20－35.

［5］贾俊雪，郭庆旺，宁静．传统文化信念，社会保障与经济增长［J］．世界经济，2011（8）：3.

［6］蒋岳祥．瑞典政府养老保险制度改革及其启示［J］．浙江大学学报：人文社会科学版，2003，33（4）：130－137.

［7］李君平．私人财富管理研究述评与展望［J］．外国经济与管理，2014，36（8）：73－80.

［8］李素利，张金隆，刘汕．养老保障政策价值对民营企业职工养老生活支持感的影响机制——以生活满意度和收入为调节变量［J］．心理学报，2014，46（1）：125－140.

［9］李涛，李红．养老金投资规模，投资者保护与股票市场发展——论经合组织国家的经验与中国的选择［J］．金融研究，2004（5）：106－115.

［10］刘振杰．个人资产账户与贫困治理［M］．北京：社会科学文献出版社，2015.

［11］林闽钢，吴小芳．代际分化视角下的东亚福利体制［J］．中国社会科学，2010（5）：181－193.

［12］米红，王丽郦．从覆盖到衔接：论中国和谐社会保障体系“三步走”战略［J］．公共管理学报，2008，5（1）：1－15.

［13］南纳，基达尔，斯坦恩等．挪威福利原则与改革趋势：社会权将更具条件性？［J］．浙江大学学报（人文社会科学版），2012，42（2）：50－67.

［14］孙涛，张晓晶．开放视角下的国家综合负债风险与市场化分担［J］．经济研究，2007（7）：8.

［15］完颜瑞云，陈滔．文化因素影响寿险消费吗？——来自中国大陆地区的证据［J］．上海财经大学学报（哲学社会科学版），2013，15（4）：57－64.

［16］徐晓新，高世楫，张秀兰．从美国社会保障体系演进历程看现代国家建设［J］．经济社会体制比较，2013（4）：019.

［17］邓宏图．转轨期中国制度变迁的演进论解释——以民营经济的演化过程为例［J］．中国社会科学，2004（5）：130－140.

［18］赵静，毛捷，张磊．社会保险缴费率，参保概率与缴费水平——对职工和企业逃避费行为的经验研究［J］．经济学（季刊），2016（1）：15.

［19］郑秉文．“名义账户”制：我国养老保障制度的一个理性选择［J］．管理世界，2003（8）：33－45.

［20］郑秉文．中国社会保障制度60年：成就与教训［J］．中国人口科学，2009（5）：2－18.

［21］郑秉文，房连泉．社会保障供款征缴体制国际比较与中国的抉择［J］．公共管理学报，2007，4（4）：1－16.

［22］周志凯，孙守纪．综合投资理论视角下公共养老储备基金投资管理的国际比较［J］．江西财经大学学报，2013（2）：54－62.

［23］邹铁钉，叶航．形式公平与运行效率的替代效应——基于实质公平的养老改革［J］．经济研究，2014，49（3）：115－129.

［24］邹铁钉，叶航．一个关于养老改革的外文文献综述——基于人口结构，决策环境以及新自由主义的视角［J］．经济与管理研究，2013（10）：31－42.

［25］Benartzi S，Thaler R H. Naive diversification strategies in defined contribution saving plans［J］. American economic review，2001：79－98.

［26］Bikker J A，Broeders D W G A，Hollanders D A，et al. Pension Funds' Asset Allocation and Participant Age：A Test of the Life－Cycle Model［J］. Journal of Risk and Insurance，2012，79（3）：595－618.

［27］Blake D. Pension finance［M］. John Wiley & Sons，2006.

［28］Blake D，Rossi A G，Timmermann A，et al. Decentralized investment management：Evidence from the pension fund industry [J]. The Journal of Finance, 2013, 68 (3): 1133 - 1178.

[29] Cannon E, Tonks I. The value and risk of defined contribution pension schemes: international evidence [J]. Journal of Risk and Insurance, 2013, 80 (1): 95 - 119.

[30] Chalmers J, Reuter J. Is Conflicted Investment Advice Better than No Advice? [R]. National Bureau of Economic Research, 2012.

[31] Corpataux J, Crevoisier O, Theurillat T. The expansion of the finance industry and its impact on the economy: a territorial approach based on Swiss pension funds [J]. Economic Geography, 2009, 85 (3): 313 - 334.

[32] Guercio D D, Reuter J. Mutual fund performance and the incentive to generate alpha [J]. The Journal of Finance, 2014, 69 (4): 1673 - 1704.

[33] Gollier C. Intergenerational risk-sharing and risk-taking of a pension fund [J]. Journal of Public Economics, 2008, 92 (5): 1463 - 1485.

[34] Index M M G P. Melbourne Mercer Global Pension Index [J]. 2015.

[35] JOBS B P B. Pensions at a Glance 2015 [J]. 2015.

[36] Keswani A. Lazy investors, lazy fund managers, lousy performance: National culture and mutual fund management [D]. Lisbon University Institute, 2014.

[37] Mesa - Lago C. Re-reform of Latin American private pensions systems: Argentinian and Chilean models and lessons [J]. The Geneva Papers on Risk and Insurance - Issues and Practice, 2009, 34 (4): 602 - 617.

[38] Orenstein M A. Pension privatization in crisis: Death or rebirth of a global policy trend? [J]. International Social Security Review, 2011, 64 (3): 65 - 80.

[39] Phan H V, Hegde S P. Corporate governance and risk taking in pension plans: Evidence from defined benefit asset allocations [J]. Journal of Financial and Quantitative Analysis, 2013, 48 (03): 919 - 946.

[40] Pool V K, Sialm C, Stefanescu I. It Pays to Set the Menu: Mutual Fund Investment Options in 401 (k) Plans [R]. National Bureau of Economic Research, 2013.

[41] Raddatz C, Schmukler S L. Deconstructing herding: evidence from pension fund Investment behavior [J]. Journal of Financial Services Research, 2013, 43 (1): 99 - 126.

[42] Randle T, Rudolph H. Pension risk and risk-based supervision in defined contribution pension funds [J]. World Bank Policy Research Working Paper, 2014 (6813).

[43] Rauh J D. Investment and financing constraints: Evidence from the funding of corporate pension plans [J]. The Journal of Finance, 2006, 61 (1): 33 - 71.

[44] Sialm C, Starks L T, Zhang H. Defined Contribution Pension Plans: Sticky or Discerning Money? [J]. The Journal of Finance, 2015, 70 (2): 805 - 838.

[45] Tang N, Mitchell O S, Mottola G R, et al. The efficiency of sponsor and participant portfolio choices in 401 (k) plans [J]. Journal of Public Economics, 2010, 94 (11): 1073 - 1085.

[46] Thomas A, Spataro L, Mathew N. Pension funds and stock market volatility: An empirical analysis of OECD countries [J]. Journal of financial stability, 2014, 11: 92 - 103.

[47] Zuo Xuejin, Yang Xiaoping. The long-term impact on the Chinese economy of an aging population [J]. social sciences in china, 2009 (1): 197 - 208.

第十六章　民营企业发展中的劳动关系*

劳动关系是指用人单位与劳动者之间在劳动过程中形成的权利与义务关系，诸如劳动报酬、工作时间、劳动条件、劳动安全卫生、劳动规则、劳动保险、集体谈判等。不同学者对此有不同的提法，比如劳资关系、劳雇关系、雇员关系、劳工关系、产业关系，等等。不论概念怎么取名，其实质都是表征资本与劳动的关系，是资本（生产资料）与劳动力相结合的社会形式所呈现的社会经济关系。在我国，中共十六届六中全会通过的《中共中央关于构建社会主义和谐社会若干重大问题的决定》明确将社会主义市场经济条件下用工单位与劳动者之间的社会经济关系定义为“劳动关系”。尽管有的学者在意区分劳动关系与劳资关系，但就本文的考察内容而言，民营企业发展中的“劳动关系”与民营企业发展中的“劳资关系”，可以不加区分地通用。

恩格斯曾经指出：“资本和劳动的关系，是我们全部现代社会体系所依以旋转的轴心。”① 也就是说，劳动关系是生产关系的重要组成部分，是最基本、最重要的社会关系之一。改革开放以来，我国民营企业发展较快，对社会经济发展的贡献也已举足轻重。与此同时，民营企业劳动关系在形成和发展。劳动关系是否和谐，既直接影响劳动者和企业的切身利益，又关乎国民经济有效运行及社会和谐。本文旨在梳理我国民营企业劳动关系发展历程，结合我国国情探寻民营企业和谐劳动关系之路。

一、民营企业的劳动关系：历史回顾

我国民营企业的劳动关系自改革开放以来随着民营企业的产生、发展壮大而不断演进。对民营企业劳动关系发展历程可以结合两个维度进行阶段划分：一是考虑民营企业劳动关系的实际发展状况，二是结合民营企业发展阶段和相关国家政策重大调整。具体而言大体上可以划分以下三个阶段。

（一）民营企业劳动关系初步形成阶段

1978 年中共十一届三中全会吹响了改革开放的号角。农村家庭联产承包责任制在极大地调动农民生产积极性的同时，也激发了乡镇企业、个体私营经济的恢复和发展。1979 年中央和国务院提出了恢复和发展个体工商业、允许多种经济形式存在的方针。鼓励和扶持城镇行业人员自谋职业，不仅是为了搞活经济，也是为了广泛地开辟劳动就业渠道。1984 年中共十二届三中全会通过的《关于经济体制改革的决定》，提出加快以城市为重点的整个经济体制改革。发展社会主义商品经济，积极发展多种经济形式，注意为城市和乡镇集体经济和个体经济的发展扫除障碍，创造条件，并给予法律保护。特别是在以劳务为主和适宜分散经营的经济活动中，个体经济应该大力发展。同时，在自愿互利的基础上广泛发展全民、集体、个体经济相互之间灵活多样的合作经营和经济联合，有些小型全民所有制企业还可以租给或包给集体或劳动者个人经营。坚持多种经济形式和经营方式的共同发展，是我

---

* 研究人员：郭继强、寿菊萍。

① 恩格斯．卡·马克思“资本论”第一卷书评——为“民主周报”作，载马克思恩格斯全集第 16 卷，人民出版社 1972，263。

们长期的方针。

对于私营经济，1987 年中共十三大报告给予了肯定性的论述："私营经济是存在雇佣劳动关系的经济成分。但在社会主义条件下，它必然同占优势的公有制经济相联系，并受公有制经济的巨大影响。实践证明，私营经济一定程度的发展，有利于促进生产，活跃市场，扩大就业，更好地满足人民多方面的生活需求，是公有制经济必要的和有益的补充。"1988 年 4 月 12 日第七届全国人民代表大会第一次会议通过的《中华人民共和国宪法修正案》第十一条增加规定："国家允许私营经济在法律规定的范围内存在和发展。私营经济是社会主义公有制经济的补充。国家保护私营经济的合法的权利和利益，对私营经济实行引导、监督和管理。"为鼓励、引导私营企业健康发展，保障私营企业的合法权益，1988 年 6 月 25 日国务院令第 4 号发布了《中华人民共和国私营企业暂行条例》，并于 1988 年 7 月 1 日起施行。

可以说，民营企业自改革开放以来是在国家政策调整的夹缝中顽强地自发生长的，并随着解放思想，来自官方的允许、鼓励和引导更使民营经济得到逐渐的发展。相应地，在这一阶段民营企业的劳动关系也在逐步形成，劳资矛盾处于积累过程。比如，尽管劳动部于 1989 年 9 月颁布并施行了《劳动部关于私营企业劳动管理暂行规定》，对劳动关系的各个方面做了规定，意在引导私营企业劳动关系走向规范化，但是，与当时私营企业本身就是利用政策缝隙发展的实际状况和政治环境相适应，私营企业劳动关系往往带有浓厚的家族化和前工业化色彩。私营业主有一段时间是在"担惊受怕"中经营企业，加之一些政策法规过于原则，可操作性不够，从而有关劳动关系的政策法规实际上并没有得以充分落实，劳动者权益也未能得到有效保障。

（二）民营企业劳动关系和逐渐规范阶段

1992 年邓小平同志"南方谈话"和中共十四大标志着我国社会主义改革开放和现代化建设进入新阶段，民营经济得到了快速发展。从 20 世纪 80 年代中后期以集体经济大发展进一步嬗变为 90 年代中后期个体私营经济大发展。

党的十四大明确提出，我国经济体制改革的目标是建立社会主义市场经济体制。这意味着所有制结构、资源配置方式、收入分配制度等诸多方面的重大变革。在所有制结构上，以公有制包括全民所有制和集体所有制经济为主体，个体经济、私营经济、外资经济多种所有制经济长期共同发展，不同经济成分还可以自愿实行多种形式的联合。党的十五大报告（1997 年 9 月）进一步强调，非公有制经济是我国社会主义市场经济的重要组成部分。对个体、私营等非公有制经济要继续鼓励、引导，使之健康发展。在资源配置方式上，1993 年 11 月中共十四届三中全会通过的《中共中央关于建立社会主义市场经济体制若干问题的决定》进一步指出，建立社会主义市场经济体制，就是要使市场在国家宏观调控下对资源配置起基础性作用。在个人收入分配上，要坚持以按劳分配为主体、多种分配方式并存的制度，由国家决定向市场决定的逐步转变。

为改善中小企业经营环境，促进中小企业健康发展，2000 年 8 月国务院办公厅转发《国家经贸委关于鼓励和促进中小企业发展若干政策意见》。2002 年 6 月 29 日，第九届全国人大常务委员会第二十八次会议通过了《中华人民共和国中小企业促进法》，自 2003 年 1 月 1 日起施行。2005 年 2 月国务院发布了《关于鼓励支持和引导个体私营等非公有制经济发展的若干意见》①。所有这些，都为民营经济的大发展拓展了空间，提供了动力。私营企业总规模不断增长，1994 年全国私营企业有 43.2 万户，到 2004 年底，私营企业已达 365.1 万户，10 年间增长了 8.45 倍多；其注册资本由 1994 年底的 1449 亿元增加到 2004 年底的 47936 亿元，增长了 33 倍；私营企业从业人员由 1994 年底的

① 2006 年 11 月国务院办公厅还转发了发展改革委、财政部、人民银行、税务总局、银监会《关于加强中小企业信用担保体系建设的意见》，以促进中小企业信用担保机构持续健康发展。

648万人增加到2004年底的5017万人，增长了7.74倍[①]。私营企业和个体就业总人数也在不断增长，见表16-1、表16-2、表16-3。

表16-1　　1994~2014年私营企业就业人数　　单位：万人

年份	私营企业就业人数		
	城镇	乡村	总计
1994	332	316	648
1995	485	471	956
1996	620	551	1171
1997	750	600	1350
1998	973	737	1710
1999	1053	969	2022
2000	1268	1139	2407
2001	1527	1187	2714
2002	1999	1411	3410
2003	2545	1754	4299
2004	2994	2024	5018
2005	3458	2366	5824

资料来源：相关年份《中国统计年鉴》。

表16-2　　1989~2002年分行业私营企业和个体就业人数　　单位：万人

年份	合计	农、林、牧、渔业	采掘业	制造业	建筑业	交通运输仓储和邮电通信业	批发零售贸易和餐饮业	社会服务业	其他
1989	2142.0	2.6		441.4	24.8	165.0	1272.6	214.3	21.3
1990	2274.3	0.6		469.2	23.3	182.0	1321.0	251.9	26.3
1991	2491.5	0.4		549.9	27.3	200.5	1446.2	244.4	22.7
1992	2699.5			578.8	26.9	207.1	1592.2	283.9	10.6
1993	3312.0		35.7	691.4	35.0	254.6	1926.6	334.4	34.3
1994	4424.2	57.0		1003.6	50.5	360.9	2481.0	412.2	59.1
1995	5569.5	119.5	61.4	1253.5	69.5	419.4	3020.4	552.3	73.5
1996	6188.2	183.5	66.5	1388.3	77.5	468.6	3300.0	612.6	91.2
1997	6791.1	255.0	68.1	1518.5	85.9	501.2	3585.6	680.6	96.3
1998	7823.5	362.1	80.6	1774.7	115.3	559.9	4013.5	795.0	122.4
1999	8262.5	416.2	78.7	1932.3	129.3	564.7	4161.6	853.8	125.9
2000	7476.5	339.0	69.2	1932.9	144.8	445.7	3621.7	776.0	147.1
2001	7474.1	246.1	67.9	1975.2	166.6	417.4	3617.2	808.5	175.3
2002	8152.2	224.4	71.9	2135.4	213.2	402.9	3813.9	917.1	373.5

资料来源：相关年份《中国统计年鉴》。

① 张厚义．中国私营企业报告（2004），社会科学文献出版社，2005年。笔者根据《中国统计年鉴》相关数据加总，2004年城乡私营企业就业人数为5018万人，1994~2004年的就业增长率为6.74%。同理，对全国私营企业数、注册资本的增长计算也都存在类似问题。

表 16-3 2004~2014 年分行业私营企业和个体就业人数 单位：万人

年份	合计	制造业	建筑业	交通运输、仓储和邮政业	批发和零售业	住宿和餐饮业	租赁和商务服务业	居民服务和其他服务业
2004	9604.4	2641.9	324.8	385.1	3671.2	688.0	285.4	591.2
2005	10724.6	2988.1	379.6	398.9	4065.8	720.3	385.9	649.6
2006	11746.0	3345.9	419.3	421.8	4407.3	771.3	462.0	670.3
2007	12749.3	3645.7	477.3	443.7	4771.7	801.2	525.0	706.5
2008	13680.4	3715.6	563.4	451.3	5183.7	860.1	613.1	765.5
2009	9788.9	1984.5	429.2	322.6	4082.0	670.7	593.4	606.4
2010	16425.1	4170.2	723.5	487.6	6388.5	996.4	815.4	956.0
2011	18298.9	4317.2	772.7	512.0	7425.3	1072.4	970.1	1083.2
2012	19924.4	4467.8	840.2	837.7	7721.0	1161.9	1119.6	1149.1
2013	21857.3	4778.9	976.3	8749.4	599.2	1346.2	1272.6	1216.8
2014	24975.0	5074.3	1132.6	10131.8	629.6	1547.9	1598.5	1400.4

资料来源：相关年份《中国统计年鉴》。

在我国从计划经济向市场经济的转型初期，当时社会上存在数量庞大的剩余劳动力需要被经济性吸纳。个体私营经济起步的“草根性”往往造成劳资之间“相对的弱资本与绝对的弱劳动”的关系，劳动关系也普遍存在着不成熟和不规范。而随着我国宏观经济中买方市场逐渐形成，个体私营经济面临着日益激烈市场竞争，劳动关系在经营管理中常常被矮化和边缘化。个体私营经济即便在其后的发展过程中，随着资本积累增加、生产规模扩大，以往家族化和前工业化色彩的劳动关系逐步转变为纯粹市场化的劳动关系，劳动关系在数量不断扩张的同时劳资矛盾或冲突也在凸显和加剧。有关个体私营企业侵犯劳动者权益的事件频频见诸于各种媒体，包括劳动工资太低、还经常遭拖欠；劳动时间被随意延长、劳动强度过大、劳动条件恶劣；劳动者权益受损，资方肆意惩罚员工，甚至侮辱、打骂员工；怠工、破坏生产，个别甚至出现伤害企业主、放火烧厂房等报复行为；劳资争议数量和影响明显上升，如此等等不一而足，令人堪忧①。

如果说 1992 出台的《工会法》已开始着手规范劳动关系，那么，1994 年 7 月 5 日出台的《中华人民共和国劳动法》，标志着我国劳动关系走向规范化发展的新阶段。劳动法对在中国境内的企业、个体经济组织（以下统称用人单位）和与之形成劳动关系的劳动者，在劳动过程中形成的权利义务关系上升到法的形式进行界定和保护。民营企业的劳动关系自然也涵盖在其中。劳动法将劳动合同制度作为法定的用工制度，并对劳动合同和集体合同作了专章规定，标志着我国劳动合同制度的正式建立。这对于破除传统计划经济体制下行政分配用工的劳动用工制度，对于规范自发蛮力生长的个体私营经济中的劳动用工制度，建立与社会主义市场经济体制相适应的用人单位与劳动者双向选择的劳动用工制度，发挥了十分重要的作用。这既为建立市场化劳动关系奠定基础，推动了在市场化基础上建立和运行法制化的劳动关系，又促进了劳动力的合理流动，提高了劳动力资源的配置效率。

1995 年 9 月，全国总工会、中共中央统战部、劳动部、国家工商行政管理局联合发出了《关于在私营企业组建工会和开展工会工作的通知》，进一步对私营企业从工会和集体合同角度对劳动关系进行规范。该《通知》要求私营企业依照《工会法》和《工会章程》的规定建立工会组织。私营企

① 劳资争议数量也明显上升。据《中国劳动统计年鉴》，1996~2005 年各年劳动争议案件数分别为：48121（1996 年）、71524（1997 年）、93649（1998 年）、120191（1999 年）、135206（2000 年）、154621（2001 年）、184116（2002 年）、226391（2003 年）、260471（2004 年）、313773（2005 年）。（注：1996 年前中的统计年鉴没有此项数据。）

业都要按照《劳动法》和有关行政法规的规定，建立协商谈判制度，就有关劳动报酬、工作时间、休息休假、劳动安全卫生、保险福利等方面应享有的权利和待遇等问题，进行协商谈判，并在协商一致的基础上，签订集体合同。

但尽管如此，到2005年3月31日，时任中共中央政治局委员、中华全国总工会主席王兆国仍指出："我们也要清醒地看到，当前我国的劳动关系非常复杂，协调处理的难度也相当大。从目前掌握的情况看，有些问题还比较突出"。劳动者合法权益受到侵害，由此引起的劳动争议案件和纠纷大幅度上升，法院受理的案件每年以30%的速度增长，有些引发了职工群体性事件，有的还在国内外造成了不良影响①。与此相佐证，1994～2014年全国与浙江劳动争议案件数见图16－1。而民营企业的劳动关系问题更大，面临的挑战更严峻，从另一个角度看，构建和谐劳动关系也更为紧迫。

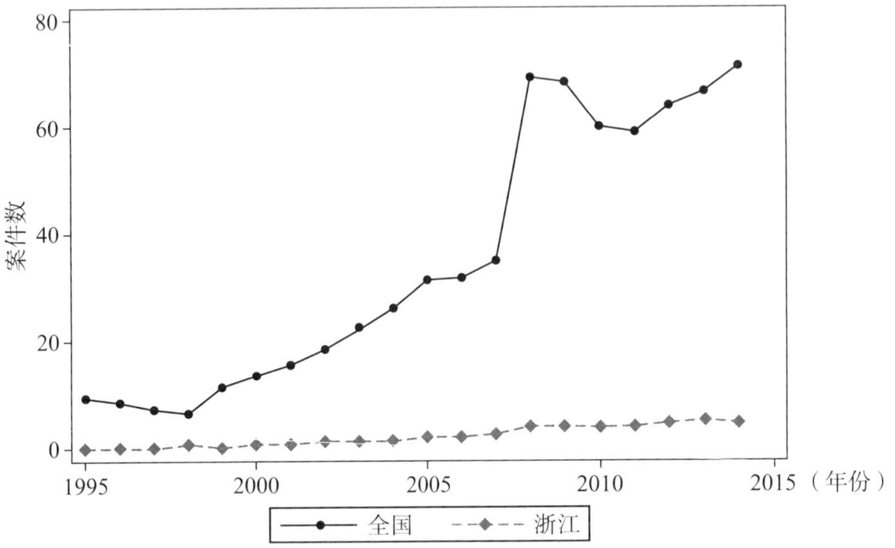

图16－1　1994～2014年全国与浙江劳动争议案件数（万件）

资料来源：历年《中国劳动统计年鉴》。

（三）民营企业和谐劳动关系构建阶段

和谐劳动关系是企业与劳动者通过相互协商，最终双方形成一种互惠共赢的良性互动，和谐稳定，从而既能保障劳动者的合法权益，又能促进企业的健康发展。构建企业和谐劳动关系主要体现在规范用工，依法保障职工在工资福利、工时休假、社会保险、安全卫生、文化发展、民主管理等方面的权益，建立健全劳动关系协商协调机制等方面②。

企业是社会经济体系的细胞，企业和谐劳动关系则是和谐社会的基石。2006年10月，中共十六届六中全会通过的《关于构建社会主义和谐社会若干重大问题的决定》，提出了构建社会主义和谐社会的目标和主要任务，并将"发展和谐劳动关系"作为推进以改善民生为重点的社会建设、构建和谐社会的任务之一。强调要"完善劳动关系协调机制，全面实行劳动合同制度和集体协商制度，确保工资按时足额发放。严格执行国家劳动标准，加强劳动保护，健全劳动保障监察体制和劳动争议调处仲裁机制，维护劳动者特别是农民工合法权益"。2007年10月，中共十七大报告指出："规范和协调

① 转引自关怀．建设和谐社会，企业应依法履行社会责任［N］．工人日报，2006－03－27.

② 全国总工会在2006年9月12日的新闻发布会上发布了和谐劳动关系企业的八个标准：一是严格依法执行劳动合同制度、劳动用工行为规范；二是建立平等协商和集体合同制度；三是依法保障职工劳动经济权益；四是全心全意依靠职工群众办企业，坚持和完善职工代表大会和其他形式的企业民主管理制度；五是尊重和维护职工精神文化权益；六是建立健全工会劳动保障法律监督组织和企业劳动争议调解组织；七是维护女职工和未成年人的合法权益和特殊权益；八是建立健全工会组织，支持工会，依照工会法和中国工会章程开展工作，依法缴纳工会经费。

劳动关系，完善和落实国家对农民工的政策，依法维护劳动者权益”。2011 年 3 月第十一届全国人大第四次会议批准《国家“十二五”规划》设专节对“构建和谐劳动关系”进行阐述，提出了总体目标、基本任务和具体要求。“健全协调劳动关系三方机制，发挥政府、工会和企业作用，努力形成企业和职工利益共享机制，建立规范有序、公正合理、互利共赢、和谐稳定的劳动关系。全面推行劳动合同制度，不断扩大集体合同覆盖面。全面推进劳动用工备案制度。规范劳务派遣用工。改善劳动条件，加快劳动标准体系建设，加强劳动定额标准管理。完善劳动争议处理机制，加强劳动争议调解仲裁，加大劳动保障监察执法力度，切实维护劳动者权益”。2012 年 11 月，党的十八大报告强调：“健全劳动标准体系和劳动关系协调机制，加强劳动保障监察和争议调解仲裁，构建和谐劳动关系。”同时，“推行企业工资集体协商制度。”2013 年 11 月，党的十八届三中全会指出：“创新劳动关系协调机制，畅通职工表达合理诉求渠道。”2015 年 3 月，中共中央、国务院印发了《关于构建和谐劳动关系的意见》，系统阐述了构建中国特色和谐劳动关系的重大意义、指导思想、基本原则、目标任务和政策措施，是指导新时期劳动关系工作的纲领性文件。

国家在 2006 年首次提出发展和谐劳动关系后，我国相关劳动立法也随之密集跟进。为了完善劳动合同制度，明确劳动合同双方当事人的权利和义务，保护劳动者的合法权益，构建和发展和谐稳定的劳动关系，2007 年 6 月 29 日第十届全国人大会常务委员会第二十八次会议修订通过了《中华人民共和国劳动合同法》，自 2008 年 1 月 1 日起施行。这意味着从法律上对劳动合同的进一步规范与标准化。为促进就业，促进经济发展与扩大就业相协调，促进社会和谐稳定，2007 年 8 月 30 日第十届全国人大会常务委员会第二十九次会议通过了《中华人民共和国就业促进法》，自 2008 年 1 月 1 日起施行。2007 年 12 月 29 日第十届全国人大常务委员会第三十一次会议通过了《中华人民共和国劳动争议调解仲裁法》，自 2008 年 5 月 1 日起施行。加强劳动关系立法和执法，有力地推进了和谐劳动关系的发展。

民营企业和谐劳动关系是我国和谐劳动关系的重要组成部分，也是构建我国和谐劳动关系的难点之一。民营企业劳动关系和谐了，不仅可以促进我国民营企业的健康发展，而且还可以为我国和谐劳动关系奠定坚实的基础；反之亦然。在经济转型的大背景下，我国当前新常态呈现“三期叠加”（增长速度换挡期、结构调整阵痛期、以往刺激经济政策副作用消化期）的阶段性特征，经济面临的局势相当复杂，劳资矛盾尤其是民营企业的劳资矛盾日益凸显，构建民营企业和谐劳动关系更加任重而道远。

二、民营企业劳动关系的机理分析

（一）内嵌于民营企业发展模式和发展阶段的劳动关系

民营企业是民营企业劳动关系建立和存续的载体，民营企业劳动关系形成于民营企业运用劳动能力实现劳动过程之中。在这一过程中，从表面上看，民营企业与劳动者两个主体在劳动力市场上是自愿的、平等的交易，但劳动者进入民营企业后则要服从科层制管理，劳资双方的地位、权力的不对等和利益差异就显现出来了，而且民营企业的发展模式对民营企业劳动关系的形成有起着举足轻重的作用。

民营企业劳动关系内嵌于一定社会环境约束下的民营企业发展模式。以我国民营企业发展中经常被提及的“苏南模式”“温州模式”和“珠江模式”为例。这三种模式的形成都与自然环境、交通区位、经济基础、社会历史条件和文化基因密切相关，由此也形成不同特点的劳动关系。在发展之初，首先，“苏南模式”是地方政府推动的乡镇集体企业发展模式，乡镇企业的经营者和劳动者利益分配既与企业经济效益密切相关，也与乡镇政府对所辖区域内收入分配的调节有关，而且企业行为多受制于乡镇特别是乡镇党政领导人的行为，劳资关系比较平稳。其次，“温州模式”是以家庭经营和发展个体私营经济为主的发展模式，资本内源，产权清晰，“小企业、大市场”，自组织发展。早期温州的家庭企业都是在传统的熟人社会中成长起来的，企业员工大多是家庭成员，或者是亲戚、邻里、朋友，等等，不是亲就是故。企业与员工的关系不仅仅只是雇佣与被雇佣的关系，还掺杂着许多血缘、家族、地缘和传统习俗因素，从而是一种建立在熟人关系基础上的劳资关系，有助于缓解彼此的矛盾①。最后，“珠江模式”是以外向型乡镇集体企业和三资企业为主的发展模式，且地方政府积极利用政策和市场两大资源。珠江三角洲地区资本和劳动力由外部植入主导，生产资源和产品“两头在外”，相关产业处于全球价值分工链低端，企业能够获得的利润空间非常有限。与温州的内源性发展相比，珠三角地区企业对劳动力成本的变动也更为敏感，表现为提高劳动者待遇、改善劳动条件的更加困难性（蔡建娜，2007）②。万向东等（2006）根据对珠江三角洲和长江三角洲外来工1000多份的问卷调查资料，从工资、福利、权益保障、人身安全以及外部环境等方面比较分析，认为珠三角外来工人的状况显著不如长三角。因为在珠三角，港台的中小企业和依附它们而发展起来的私有个体企业，处理劳资关系的基本取向是“市场化”，且处理起来简单粗糙的，对工人的待遇就相对来说是较为刻薄。在长三角，国有企业的社会主义传统和乡镇企业的社区关系网络传统较为深厚，在时间上稍后于珠三角被引进的国际大资本在管理上比之港台的中小企业应该更人性化一些。在这种背景下，企业处理劳资关系的模式就必然不是纯市场取向的，形成“人情型”和“法治型”的劳资关系处理模式③。万向东等还认为，除了两地工人的人力资本差异之外，由企业结构等因素造成的制度性差异可能更为重要。总之，在笔者看来，不同的民营企业发展模式决定了不同的劳动关系特点，或者更一般地说，民营企业劳动关系内嵌于一定社会环境约束下的民营企业发展模式。

不过，到了20世纪90年代以后特别是随着国家市场化取向改革的不断深入和体制背景的变迁，这三种模式已经开始趋向融合：传统的“苏南模式”基本趋于终结，产权明晰化和经济外向化已逐渐成为新时期“苏南模式”的主要特征；珠江三角洲地区经济的民营化程度不断提高；市场化和民营化已逐渐成为三大区域经济发展的共同特征（林承亮，2000）。而市场化和民营化则是与“温州模式”的本质特征一脉相承的。在某种程度上，“温州模式”提供了一个在东方文明和东方的意识形态和基础上发展市场经济的典型。2003年，杜润生等农村问题专家撰文对三大模式的异同进行分析后认为，“苏南模式”“温州模式”和“珠江模式”的发展趋势，正呈现趋同化的迹象，向着“浙江模式”，即扩大了的“温州模式”趋同④。

---

① 劳动力供求双方直接接洽或通过亲戚朋友牵线搭桥。这是目前温州农村最为普遍的形式。这与温州农村雇主与雇工之间一般都还未割断血缘、亲缘、地缘关系的现象相吻合。（参见张仁寿、李红．温州模式研究［M］．中国社会科学出版社，1990：146－147。）

② 关于2003年、2004年出现的“民工荒”或民工短缺现象，劳动和社会保障部课题组2004年9月发布的《关于民工短缺的调查报告》结论是，工资待遇低、劳动强度大、工作环境差的劳动密集型企业缺工问题最为突出。工资待遇与缺工有直接关系，月平均工资（含加班费）在700元以下的企业普遍招工较难；700～1000元的企业，招技工较难，但用工基本可保证；1000元以上的企业招工没有问题。

这个调查结论得到许多其他相关调查的支持。例如，深圳市统计局（2004）在《深圳市企业用工情况抽样调查分析报告》中也指出，“在工资结构方面，月薪800元以下的企业或岗位，招工难的现象比较突出，而工资水平越过1000元，福利待遇较好的企业基本上不存在‘招工难’的问题。”又比如，广东省劳动和社会保障厅“2004上半年省级劳动力市场供求暨企业缺工问题分析评估会”得出的结论是，在劳务市场上，月薪1000元，随招随有；月薪700～1000元，基本能招满；月薪700元以下，招工难。

③ 这里所谓“市场型”更强调劳资关系中较为赤裸裸的、冷冰冰的剥削关系或自由放任政策下的老板与员工之间的利益关系。“人情型”意指企业的劳资关系嵌入于传统社区文化和关系网络之中，以人情亲疏远近来处理之。而“法治型”主要是指按照企业社会责任的理念和国家法律法规来处理劳资关系（万向东，2006）。

④ 转引自周建．农村经济三大模式最新发展：殊途同归趋向“浙江模式”［J］．领导决策信息，2003（42）：24.

从更为本质的方面看，正如农村研究界的泰斗杜润生指出的，由于“温州模式”具有“民办，民营，民有，民享”的性质，更贴近社会主义市场经济的模式，因此，三大模式实际上是向着“浙江模式”亦即扩大了的“温州模式”趋同。邓聿文．三大模式：殊途而同归［J］．中国经济周刊，2003（39）．邓聿文．农村经济三大模式殊途同归［N］．中国经营报，2003.10.13.

关于“浙江模式”，有不同的说法和概括。例如，史晋川（2005）认为，“浙江模式”是一种内生的经济制度变迁和经济发展的模式，是在包括自然禀赋和历史禀赋在内的一组特定的约束条件下，区域中民间和政府互动及选择的结果。其基本特征可以概括为：充分尊重和发挥民众敢为天下先的创新精神和坚韧不拔的创业精神，将经济体制改革和区域经济发展有机地融为一体，利用制度创新所形成的改革先发优势，推动区域经济发展和社会进步。罗卫东等（2006）把浙江模式概括为以市场为导向，以民间诱致型制度创新为动力，以农村工业化和小城镇发展为主线的内发型区域经济发展模式。陆立军等（2008）则将浙江模式提炼为一种市场经济模式，是市场、市场体系、市场机制和市场体制形成过程中所具有的浙江地方性特征。尽管学者们的表述见仁见智，各有侧重，但都是从区域经济发展的角度来界定的，有着大同小异的基本内涵。与区域经济发展角度相比，劳动关系只是其中的一个组成部分而已。例如，陆立军等（2008）在浙江模式的普适性意义的几个方面中把劳资关系作为一个方面来考察，即“新的劳资关系的形成与扩展”，认为浙江民营经济发展的历史较长，民营企业的规模较大，劳资矛盾暴露得比较早也比较充分，具有很强的代表性。目前，在浙江，劳资关系是一种自愿互利的新型合作关系，合作与共同利益是主流，冲突与利益对立是支流。与此同时，浙江各级地方政府在处理劳资矛盾和规范劳动关系方面出台了一系列地方性规章，积累了大量的资料和经验。与此相对应，浙江劳动关系处理也比较平稳，参见图 16－1。

在笔者看来，如果结合本文的研究主旨，浙江模式或许可以归纳为是民营经济与专业市场、产业集群相融合，形成民间资本主导的自主型、创业型、市场导向型发展模式。改革开放以来，浙江省充分发挥民营经济的作用，民营经济大发展，已成为民营经济大省①。统计表明，截至 2006 年 12 月底，全省私营企业达 40.64 万户，投资者 92.61 万人，注册资金为 6936.69 亿元，个体户达到 179.8 万户，从业人员有 364.82 万人。全省个私企业实现总产值 12546.91 亿元，社会消费品零售额 4367.55 亿元，分别占全省生产总值的 80.2%、全省社会消费品零售额 82.0%。在 2006 年的全国 500 强民营企业排名中，浙江占 203 席，居全国第一②。第二次经济普查结果也显示，浙江非公有制经济已经成为国民经济的重要组成部分。2004～2008 年，以国有、集体企业形式组成的公有制企业由 4.39 万个持续减少到 2.49 万个，占全部企业数的比重由 2004 年的 14.2% 下降到 2008 年的 5.6%。在以国有、集体企业形式组成的公有制企业中就业的人员也由 170.50 万人减少到 106.61 万人，占全部企业就业人员的比重由 12.3% 减少到 5.7%③。由此不难推断，浙江作为民营经济大省，民营企业的劳动关系在全省劳动关系中举足轻重。

民营企业的劳动关系还与民营企业发展的阶段性及其当时的社会环境密切相关。20 世纪 90 年代特别是 1992 年国家宣布要建立社会主义市场经济体制以来，在多重挤压的夹缝中艰难生长的民营企业获得了更为宽松的社会和政治环境，民营企业得以迅速成长，劳资关系也开始分化。浙江民营经济起初多从前店后厂的小作坊、摇拨浪鼓的小货商等起步，区域经济形态分布多呈“块状经济”，企业“轻、小、加、低”（轻工业、民营企业规模的普遍偏小、加工工业、低档次）特征比较明显。即便后年来民营企业在竞争中发展壮大，形成了大中小企业并存的格局，但中小规模企业仍占绝大多数④。浙江民营经济主要依靠当地老百姓创业，资本供给以内源型为主，初始阶段的企业投资者“乡

① 1999 年，浙江省在发展民营经济方面首创的“四个不限”“三个加大”“三个有”等具有全国标杆意义的创新经验。浙江省当时提出，发展个体私营经济不是权宜之计，而是个战略方针。不限发展比例，不限发展速度，不限经营方式，不限经营规模。加大依法保护力度，加大政策扶持力度，加大环境整治力度。使个体私营企业经营者经济上有实惠，社会上有地位，政治上有荣誉。

② 资料来源：《2006 年浙江个私经济年报》，《2006 年浙江省国民经济和社会发展统计公报》。

③ 转引自 http://www.zj.stats.gov.cn/ztzl/lcpc/jjpc/dec_1980/ktxb_1982/201408/t20140827_143760.html，“浙江统计信息网”中的《浙江企业数量与经济增长的关系研究》。其中，2008 年末浙江私营、外商及港澳台商投资企业达到了 38.17 万个，占全部企业的 84.6%。2008 年末在浙江私营、外商及港澳台商投资企业就业的人员达到了 1287.83 万人，占全部企业就业人员的 69.1%，比全国（56.0%）这一比重的平均水平高出 13.1 个百分点。

④ 在 2006 年浙江全省 40.64 万户民营企业中，25 人以上的约 3 万户，50 人以上的不到 2 万户，100 人以上的只有 7000 户，大量的民营企业主要集中于制造业。

土”气息浓厚。浙江作为市场化改革的先行省份，吸引了大量的外来务工人员到浙江就业，这同时就使民营企业初期那种建立在熟人关系（血缘、家族、地缘）基础上的劳资关系在弱化和分化，而市场化和契约化程度在逐渐增强，企业家在处理劳资矛盾时则可能采取相对“放肆”的方式。加之民营企业数量的不断增加和劳动者维权意识的提高，过去隐藏着的一些劳资关系问题渐渐暴露和凸显出来，尤其是在劳动关系的第二阶段（1992～2005年）。关于民营企业特别是私营企业在这一阶段存在的劳资关系问题，许多研究者从劳动合同、工资水平和支付、劳动时间和劳动强度、工作安全条件、社会保障等多方面进行了考察（夏小林，2004；徐小洪等，2004；姚先国，2005；陈诗达，2006）。其中，有两点特别值得关注。

一是劳资关系分化与企业规模、劳动者素质显著相关。大企业通常在劳动合同、工资支付和劳动安全生产诸多方面做得相对较好，利益关系相对比较协调，劳资关系更加规范，而在小企业特别是一些劳动密集型企业，业主与雇员、雇工利益冲突较多，有的甚至比较尖锐[①]。徐小洪等（2004）特别指出，雇工10多人以下小私营企业（不包括高科技的小企业）中劳资关系紧张，劳动问题严重（问题多、量大），同时又是一个难以解决的问题。另外，私营企业的工人、临时工、外地农民工、小学文化程度以下劳动者，自身素质低，劳动条件劣，劳动待遇差，社会保障少，他们与企业主的矛盾最尖锐。例如，在针织、纺织、皮革、玩具、灯具、工艺品等民营中小型劳动密集型企业，大多实行计件计时工资制度。一些企业通过偏高的劳动定额将工人工资压到最低工资标准以下，工人每天只有通过加班才能拿到略高于最低工资标准水平的工资，超时工作现象严重，激化了劳资矛盾。

二是民营企业劳资关系调整滞后于民营企业的发展。尽管民营企业劳动关系内嵌于民营企业发展模式和发展阶段，但是，一定社会环境约束仍会影响着劳资关系的实际运行，从而可能造成劳资关系调整滞后于民营经济的快速发展。就现阶段而言，造成这种滞后的原因主要有：一是政府认识滞后。各级政府尤其是部分官员对发展经济与调整劳资关系之间有一些似是而非的看法，诸如“要发展，必然有牺牲”论，“时机不成熟论”，“原始积累阶段论”，“解决就业、吃饭必需论”，“劳动者愿意承受论”，“私营企业自主权论”等，造成政府追求经济增长的目标和行为压低或压倒了协调劳资关系的公共管理目标和作为（夏小林，2004；徐小洪等，2004）。二是制度建设滞后。改革开放以来，民营经济恢复和发展，劳动关系日趋复杂，使原来主要处理公有企业劳动关系的法律法规体系一时还难以适应，新的法律法规建设又需要一定的时间，劳资关系制度建设比较滞后。而民营企业尤其是小规模民营企业点多、面广、分散，导致供给相当短缺的劳动执法监察力量往往鞭长莫及，这又在一定程度上进一步助长企业违法违规行为的滋生。三是组织发育滞后。近年来，为加快民营企业组建工会的步伐，完成上级工会下达的工会组建任务，许多民营企业工会“先组建后规范”，工会组织往往不健全，“被组建”。而由于民营企业的特殊性，工会干部多是兼职的，集打工者和工会干部于一身，工会组织即使有也发挥不了应有的作用，职工的权益难以通过工会组织得到有效保护。

总之，民营企业发展正走在市场化和契约化的“人类合作秩序的扩展”之中，民营企业劳动关系也随之处于不断演进之路。上述现象从各个侧面表明，民营企业劳资关系正处于从传统熟人基础上的雇佣关系，转向现代市场经济状态劳动关系的过程之中。在某种程度上，可以说是“成长的烦恼”。

---

① 许峰（2004）曾考察过民营企业劳资关系的层次性、不平等性和不平衡性，认为在民营企业中，业主、雇员、雇工是垂直性的分层结构，在劳资关系上，同样呈现出较强的层次性。劳资关系的不平等性表现在，业主与雇员、雇工的组合看似是自愿的，但由于目前劳动力市场供大于求，企业业主在用工上有更多选择权，雇工为就业或不被业主解雇，往往被迫接受一些不平等的条件，基本上处于被动境地。劳资关系的不平衡性则体现在，在具有一定规模的大企业中，利益关系相对比较协调，各方利益能较好实现，而在小企业特别是一些劳动密集型企业，业主与雇员、雇工利益冲突较多，有的甚至比较激烈。

王春光和李天国（2008）认为，一般来说，大企业的劳资关系越来越规范，比如合同签订率比较高，组建了自己的工会，工人的工作稳定性相对高一些，劳动和生活条件也相对好多，一些大企业自己兴建员工宿舍。在大企业工作，升迁的机会也多得多。温州的一些大企业试图营造温馨的劳资关系，让农民工“带薪休假”。

（二）强政府下“相对弱资本与绝对弱劳动”

民营企业劳资关系的一种新关系，是强政府下的“相对弱资本与绝对弱劳动”关系。对企业劳资关系通常会用“强资本、弱劳动”来形容，这是由劳资关系的特殊属性决定的，也是市场经济体制下劳资关系的普遍现象。众所周知，资本与劳动都是生产过程中不可缺的要素，资本和劳动只有相互结合、共同作用，才能获得生产成果，才有可共同分享的成果基础。从这一角度看，劳资双方是“合作共同体”或“利益共同体”。在市场经济中，劳资双方在劳动力市场上是平等交易的两个主体，但是，进入企业后，劳方从属于资方，根据资方的指挥和管理进行劳动，遵守资方的规章制度。或者说，为了提高企业治理效率和提升企业经济绩效，需要对企业剩余索取权和剩余控制权作出安排。企业从根本上说是资产所有者尤其是专用性资产的所有者创造和分享组织剩余的一种合约安排。在这种安排中，通常是资本掌握剩余索取权和剩余控制权更有效率，从而，形成所谓的“强资本、弱劳动”。这里的劳资关系是对立统一的。对立性表现在，在生产成果既定的情况下，资方（企业）追求利润最大化与劳动者追求工资收入最大化是对立的，资方追求利润最大化和外部竞争压力必然要求成本最小化，而劳动者的工资收入对资方而言则是劳动成本。统一性表现在，劳资双方只有互惠合作，才能把“蛋糕”做大，产生尽可能多的生产成果，才能多分蛋糕，才能实现双赢。如果一方的利益最大化，总是以牺牲另一方的利益为代价，那势必会影响做大蛋糕，注定是没有出路的。

对于现阶段中国民营企业的劳资关系，姚先国（2005）曾提出，与其说是“强资本、弱劳动”，不如说是“相对的弱资本与绝对的弱劳动”。因为民营企业最早最易引入的多是劳动密集型的加工企业，工人中大多文化水平低、职业技能缺、工业性劳动纪律淡、社会阅历浅，再加上受到制度性和观念性的歧视，劳动力廉价且随意被要求加班加点，劳动者地位可以说绝对是弱劳动。而民营企业同样也是在受到多重挤压的夹缝中的中顽强地“草根式”生长，起步晚、起点低、规模小、环境差、实力弱。与国资和外资相比，初期的民营资本在要素获得、市场准入、产权保护、政府政策等方面受到歧视，在企业规模、技术水平、管理能力、资金实力、人才结构上难以匹敌，况且当时还要承受姓资姓社意识形态争论的纠缠和发展的不确定性压力。概言之，相比于国资和外资，民资是相对弱资本。民营企业的优势在于草根性内生自发生长，机制灵活，生命力旺盛。面对这样的生存环境和激烈竞争的市场，民营企业通常只能在降低成本上下功夫，尽快完成原始积累，而这往往又会向劳动者的利益开刀。另外，改革开放以来尤其是1990年代以来我国政府实施的低成本和劳动密集型产业发展战略，在宏观上造成国民收入初次分配发生深刻性变化，导致劳动报酬和资本收益占国民收入比重的差异呈急剧扩大之势。这也可以说是“相对的弱资本与绝对的弱劳动”在宏观国民收入分配上的表现。

现阶段，民营经济为浙江贡献了60%的税收，70%的GDP，80%的出口和90%的就业。民营企业规模化和集团化发展也取得了不俗的成绩。2014年，中国500强的民营企业，浙江省占了138个，连续17年居全国首位。但是，民营小微企业仍占民营企业总数的90%以上，而且本文前面已经指出，劳资关系分化与企业规模显著相关，这意味着即便是作为民营经济摇篮的浙江，民营企业的劳资关系的重点和难点仍可以说是“相对的弱资本与绝对的弱劳动”。

不过，笔者以为，倘若前面再加上“强政府下的”限定词，或许就更加完整了：现阶段我国民营企业的劳动关系存在一种新关系：强政府下“相对弱资本与绝对弱劳动”。这里之所以要强调“强政府”，是因为我国特殊的国情。迄今为止，我国在发展市场经济过程都站立着一个强势政府。政府在推动从计划经济向市场经济转型，逐步从改革开放前那样事无巨细地直接配置企业资源向制定落实发展战略、发展规划、产业政策和宏观调控转变。地方政府则凭借对地区性生产要素特别是土地等的控制权，转向从整体上配置地区资源，经营地区经济。由此演化出一种独特的“双层经营体制”，即地方政府对整个地区的统一经营与私人企业分散经营相结合的经济体制（曹正汉等，2011）。地方政府在经济增长、区域竞争、财政收入、社会稳定、主要领导人个人升迁等多种目标综合考量下，发挥着一种积极的能动作用。对于强政府或强势政府，有着褒贬不一、莫衷一是的观点或评论。其实，我国改革的起点计划经济体制，改革的目标是社会主义市场经济体制，要从资源以行政手段配置为主、无所不为的全能政府，转向资源以市场配置为基础、有所不为的有限政府，而我国现阶段正处于这个转型之中。改革开放40年以来高速经济增长的奇迹，固然可以说市场经济解放了人，解放和发展了生产力，但又何尝不是政府在放权、在自我革新。经济发展是一个动态的结构变迁过程，需要依靠“有效的市场”来形成竞争优势，也要有“有为的政府”来解决结构变迁过程中必然出现的外部性问题和软基础设施完善的协调问题，一个国家只有同时用好市场和政府这两只手才能实现快速、包容、可持续的增长（林毅夫，2012）。关键是政府强势要“强”在哪里？若强势于发展战略规划、公共服务、市场信用体系、市场法治环境，则强势得其所。但如果是强势于过度行政干预、与民争利、搅乱市场秩序、破坏预期稳定，则即使短期有效，也会牺牲长期活力，得不偿失。

从实证分析角度看，我国至今仍是一种“政府主导的市场经济”。如果政府能够注意到经济发展的阶段性，顺势而为，也是民营经济发展之福。以浙江为例，在市场经济发展的粗放时期，政府的强势就体现在“无为”上，越无为，市场发展得越好，民营经济也发展得越快。等市场经济发展到一定程度后，政府的强势就体现宏观协调和引导上。浙江省对民营经济进一步加大政策扶持力度，加大依法保护力度，加大环境整治力度；不限发展比例，不限发展速度，不限经营方式，不限经营规模；让民营创业者经济上有实惠，社会上有地位，政治上有荣誉，并不断推动民营企业上规模、上水平、上档次。另外，民营企业大多清晰地认识到，在现今政治环境下，企业要发展，要低成本有效发展，不仅要懂经济，而且也要“懂”政治，践行“政治经济学”。浙江民营企业以前出现过的“戴红帽”、股份合作制，主动建立工会、党委，企业主谋求各种政治身份等行为，某种程度上都是在自觉不自觉地适应政治环境，获取和利用政治资源，现实地谋求资本利益最大化。因而，浙江民营企业出现了政企契合的发展局面。

然而，从劳资关系的角度看，强政府下的民营企业劳资关系可能呈现出多种状态。在笔者看来，市场经济条件下民营企业理想的劳资关系，劳资双方真正成为契约化劳资关系的博弈主体（协商主体），而政府作为协调者、仲裁者和秩序维护者，则是推动劳资合作博弈。因为劳资双方都在企业生产经营第一线，能够在第一时间感知本企业乃至本行业的动态状况，如果劳资双方真正成为劳资关系第一层面的博弈主体，可以与时俱进地根据因内外部实际状况展开博弈或协商，更容易达成可行的契约或协定。这也是劳资关系的第一道防护堤。而政府则可以做“娘舅”，相对超脱，推动劳资合作博弈，实现三方共赢。但是如果政府直接地冲到企业劳资关系博弈的第一线并加以主导，则劳资关系的处理或协调模式就变为“国家统合模式”。与其他国家相比，我国政府在劳动关系上更具“主导性”，是典型的国家统合模式[①]。且不说在市场经济条件下，政府已经不是契约化劳动关系的一方，倘若政府在第一层面就对劳资关系进行强力干预，则，一是无疑会阻碍劳资自治格局的形成，矮化或放心不下劳资双方的自治水平和博弈能力。而劳资自治本可将绝大部分劳资矛盾化解在自治过程。二是政府即使进行干预，要做到中立和公正是很难的，说到底政府自身也是一个利益群体，有群体和其中的个人的政治利益和经济利益。例如，有的地方政府为了自己的区域竞争力，可能会较多地考虑对资本的吸引力而相对忽视劳动者权益，比较容易偏向资方；更有甚者，还可能形成官商勾结，进而扭曲市场经济条件下本应有的劳资关系状态。万一政府确实做到了中立，比如说直接给出了劳资双方假如自己直接协商时达到合作博弈的均衡点，由于这不是劳资双方自己协商达到的，就也可能认为仍存在政府偏向性即政府偏向劳方或偏向资方，对政府中立结果的合意性大打折扣。三是政府冲到劳资博弈的第一线，不仅不堪重负，还很容易把企业劳资矛盾转化为政府“政劳矛盾”“政企矛盾”或“政民矛

① 国家统合的劳资关系处理模式是指主要由国家决定企业与劳工组织在一个社会结构之中所扮演的角色，并对劳资双方的组织采用有力手段予以干预以实现国家的劳资政策。中国的劳动关系的处理是典型的国家统合模式，政府在劳动关系形成中起着主导作用（潘泰萍，2013；黄越钦，2003）。事实上，我国劳动关系的市场化和契约化转型主要是政府推动所完成的。

盾”，矛头就会第一时间直接指政府尤其是向企业所在地的政府。可见，政府对企业劳资关系的强行干预往往是自讨苦吃，而且劳资关系的稳定性也成问题。

（三）政府、企业、劳工三方协调机制的可能变形

劳动关系三方协调机制是市场经济条件下处理劳动关系的基本制度安排，是协调与平衡劳动关系主体利益需求的重要渠道，是市场经济国家的通行做法。1976 年第六十一届国际劳工大会通过了《三方协商促进国际劳工标准公约》（第 144 号公约），1990 年我国第七届全国人大常委会第十五次会议批准了该公约。2001 年 10 月 27 日新修正的工会法第三十四条第二款规定：“各级人民政府劳动行政部门应当会同同级工会和企业方面代表，建立劳动关系三方协商机制，共同研究解决劳动关系方面的重大问题”。根据我国《工会法》和《劳动合同法》的规定，三方机制要解决的是有关劳动关系的重大问题，如劳动就业、劳动报酬、社会保险、职业培训、劳动争议、劳动安全卫生、工作时间和休息休假、集体合同和劳动合同等。要逐步形成劳动关系“主体协商、三方指导、政府调控、依法规范”的格局，构建契约式的、合作的、稳定和谐的劳资关系。

然而，对民营企业而言，劳资关系的三方协调机制可能出现某种程度的变形。首先，从劳资双方协商主体看，民营企业绝大多数是规模较小的企业，工人群体中多是农民工，文化程度不是很高但流动性高，信息条件不够发达、集体意识仍有待发育，许多雇主常常安排“自己人”担任企业工会主席甚至直接企业管理层兼任。不少工会形同虚设，成为“挂牌工会”“空壳工会”“豆腐工会”，许多工会甚至因雇主控制和主导而变成“老板工会”，成了企业老板代言人，缺乏为职工维权的动力、地位和能力。从而，民营企业劳资双方难以平等地形成契约或劳动合同，企业层面劳资关系双方自主协商的微观基础不坚实。其次，在劳资双方自主协商的微观基础不坚实，但块状经济或区域经济比较发达的地区，可以用产业、行业或区域性“三方机制”来进行某种程度的矫正。因为在产业、行业或区域层面，较之于雇主组织，工会组织会在组织体系、机构设置和人员配备等方面增强相对优势，劳资双方各自的集体行动或许有助于劳资双方在更加平等的基础上合作博弈。而且产业、行业或地区面临着共同的劳动力市场供求变化，面临着相同或类似的制度环境、要素市场环境和产品市场环境。从实际情况看，民营企业劳资关系问题虽然发生在一个个具体企业中，但许多问题经常带有普遍性，会涉及乡镇（街道、社区）或行业。所以，对民营企业来说，与企业层面的三方协调机制相比，产业、行业或区域层面的三方协调机制可以更好地协调和均衡三方的步伐，以共同应对外部环境变化，推动经济增长。

浙江省在省、市、县（区）全部建立三方协调机制的基础上，在全国率先实行三方机制向乡镇、街道、社区、工业园区和行业延伸，为基层协调劳动关系开辟了一个新的社会对话平台。在产业、行业或区域层面的三方协调机制与浙江块状经济和区域经济比较发达的情况相契合，推动了民营企业劳资关系的稳定。

以浙江省温岭市新河镇羊毛衫行业工资集体协商为例。温岭是全国第一家股份合作制企业诞生地，民营经济十分活跃。全市工业企业中民营企业占到 98% 以上。新河镇位于温岭市东北部，羊毛衫是其三大支柱产业之一。羊毛衫行业主要集中在新河镇长屿（9 个行政村）一带。羊毛衫生产起步于 20 世纪 80 年代的家庭作坊，开始时只有三四家作坊承接“开司米”来料加工。90 年代初发展到 10 余家，后逐步形成集选料、精纺、编织、整理、销售于一体的羊毛衫产业集群。到 2002 年共有 113 家羊毛衫企业，年产值约 10 亿元，职工 1.2 万多人，其中 90% 以上是外来务工人员。在这 113 家羊毛衫企业中，上规模的仅有 12 家，其余则是家庭作坊。羊毛衫行业的季节性强，羊毛衫企业是劳动密集型企业，需要相当的操作技能，通常以计件工资为主，从业人员流动性大，跳槽频繁。企业为了应对外部市场的不确定性和在用工旺季留住工人通常会“留一手”，含糊其工价，只是对工人说“先来干着吧，不会亏待你的”。“平时只发生活费，到年底才结算工资”成为当时羊毛衫行业的惯

例。期间若有工人跳槽，企业就想方设法克扣和拖欠工资。这样一来，不仅未能阻止跳槽，反而会激化劳资矛盾。2001~2002 年甚至出现大规模集体跳槽和集体停工等事件。2002 年，100 人以上的集体上访就有 3 批，5~10 人的小规模上访更是家常便饭，羊毛衫行业因劳资纠纷上访事件占了新河镇此类事件的 45%。工人不满、企业头疼、政府担忧。

面对如此棘手的难题，新河镇以“民主恳谈”这一基层民主政治建设为平台①，“创新”出了一条企业与职工平等协商、兼顾劳资双方利益、有效化解劳资矛盾的新路——行业工资集体协商，即依托行业工会与行业协会开展工资集体协商。2003 年 6 月 13 日，新河镇工会主持召开了第一次羊毛衫行业职工工资恳谈会，13 名从各类企业中选派的职工代表与 20 多名企业负责人面对面进行工资协商。经过 6 次协调、10 次工资恳谈会，2003 年 8 月 8 日，羊毛衫行业工会与羊毛衫行业协会签订了《温岭市新河镇长屿羊毛衫行业职工工资（工价）协商协议书》，商定了羊毛衫行业 5 个工种、59 道工序的工价以及工资支付②。此后，新河镇羊毛衫行业每年举行一次工资集体协商，就行业职工工资（工价）进行动态调整，每次工资涨幅都保持在 5%~12%，甚至更高。新河镇长屿羊毛衫行业工资集体协商建立了工资协商共决机制、工资支付保障机制和工资正常增长机制，基本触摸到了劳资两利的工资均衡点，保证了工人工资水平，缓解了劳资纠纷，减少了频繁的跳槽流动，留住了外来务工人员；提高了生产效益，促进了企业发展；在相当程度上也维护了社会稳定和发展。2003 年进行工资集体协商后，全年上访事件降到 17 次，总共涉及 120 人。2004 年进一步降至 3 次，涉及 17 人。2005 年只发生 1 次上访，涉及 3 人。2006 年全年无一次上访。温岭市在新河镇羊毛衫行业工资集体协商取得成功经验的基础上，先后出台了《关于开展非公企业行业工资集体协商工作的实施意见》（2004 年 6 月）、《关于大力推广行业工资集体协商制度的实施意见》（2005 年 5 月）、《关于进一步完善和推进行业工资集体协商工作的意见》（2008 年 3 月）等三个指导性文件，推动、规范和引导工资集体协商健康发展。全市先后在泵业、注塑、鞋帽、船舶修造、轴承等行业组建行业工会和行业协会，推行工资集体协商。2007 年 11 月 21 日国务院总理温家宝在《浙江温岭市新河镇羊毛衫行业工资集体协商机制的主要做法》上批示：“温岭的做法可以总结推广”。2014 年，温岭市新河镇羊毛衫行业成为被中华全国总工会表彰的全国行业集体协商典型。

这里之所以用“创新”出了一条新路子，是因为新河镇工会在搞行业工资协商时并不清楚有关的劳动法规，后来有关部门、研究机构、媒体去考察、指导、了解、报道时才知道，并在随后的工资协商中往这些劳动法规上去套、去提高。诸如 1994 年出台 1995 年起施行的《劳动法》、1995 年劳动部的《集体合同规定》、2000 年的劳动部的《工资集体协商试行办法》等。可见，他们并不是在实施法规，而是在“生成”“创造”法规（徐小洪，2005）。

在笔者看来，与一般的劳动关系三方协调机制相比，新河镇羊毛衫行业工资集体协商存在两种变形。

变形之一是，企业工会不得力，跳出企业，立足行业，争取劳资两利共赢。新河镇羊毛衫企业都是民营企业，2/3 企业只有二三十名员工，绝大部分工人只干半年（淡季多半会离开企业），而且大部分工人文化素质偏低。在这样的企业，组建工会本身就是一个问题。即使组建了工会，工会主席多半也会是企业主的“自家人”或亲信甚至企业主本人，企业工会具有很强的从属性或依附性。这样的企业要在企业层面落实工资集体协商制度很难，即使有制度，大多也是走走形式而已。相比而言，

① 2000 年 8 月 21 日温岭市委专门下发过《中共温岭市委关于在我市非公有制企业开展“民主恳谈”活动的意见》。民主恳谈激发了企业主和职工的民主意识和维权意识，也为羊毛衫行业工资集体协商提供了对话交流的良好平台。

② 羊毛衫行业工资生成机制主要有：一是划分工程工序。将羊毛衫行业全部生产过程划分为 5 个工种、59 道工序（现已进一步划分为 6 大工种、72 道工序）。二是制定工时定额。以工作日写实和测时为主要手段，结合统计分析法和类推比较法测定各道工序的工时定额。三是确定计件单价。参照农村入户劳作的日实际工资作为计件单价的基础，兼顾最低工资标准、物价水平和社会平均工资水平，确定标准工资，再转换为标准工价。最终确定的标准工价经行业协会讨论通过后，作为行业的统一工资标准。

在工资（工价）协商协议书中还明确规定了月工资的支付时间，企业必须按时足额发放。这实际上是建立了工资支付保障机制。

行业工会则更超脱、更具独立性，更能从地区块状经济、行业劳动力供求整体角度看问题，在政府部门的支持下博弈能力也更强。在企业尤其是民营中小企业工会不得力的情况下，行业工资集体协商通过平衡劳资力量或许更容易使劳资双方找到利益的“最大公约数”，形成利益共同体，构建合作型劳资关系。事实上，新河镇羊毛衫行业工资集体协商，通过科学划分工种工序并进行可行性测算（包括本地本行业较之于其他地区的竞争力），统一明确各工序的工价（其实是行业最低工价），稳定了劳资关系，改变了行业内工人频繁跳槽、同业企业间相互“挖人”的用工无序竞争状态。

变形之二是，组建带有准官方色彩的行业工会，推动劳资合作博弈，获得劳资两利。无论是新河镇羊毛衫行业职工工资恳谈会还是签订行业职工工资（工价）协商协议书，温岭市劳动部门等虽然都到场了，但并不直接出面参与谈判或签字，有意识地退至幕后。然而，在我国现行的政治体制框架下，没有党委政府的保驾护航，行业工资集体协商将面临许多很难逾越的障碍。党委政府不仅是劳动争议的调停者，更是集体谈判主导者和推动者，但党委政府又不能长时间一直冲在前面，如何既能做好工资集体协商工作，又能使党委政府慢慢淡出，确实是一个巨大的难题。

三、民营企业劳动关系：未来展望

2016 年 3 月，习近平总书记在全国政协十二届四次会议民建、工商联界委员联组会上强调指出，非公有制经济是我国社会主义市场经济的重要组成部分。毫不动摇鼓励、支持、引导非公有制经济发展。非公有制经济在我国经济社会发展中的地位和作用没有变，我们鼓励、支持、引导非公有制经济发展的方针政策没有变，我们致力于为非公有制经济发展营造良好环境和提供更多机会的方针政策没有变。这让民营企业更感到了温暖，增强了信心。

“十三五”时期，我国总体经济将处于发展新常态，经济增长换挡期、结构调整阵痛期、前期刺激政策消化期三期叠加，经济下行压力加大、经济结构调整加快，企业成本压力增大，企业利润空间下降，劳动关系进入矛盾凸显期。全国工商联发布的 2013 年《中国民营企业劳动关系报告》指出，经济形势的变化使资本规模小、技术水平低、要素禀赋差的民营企业处境更加艰难。民营企业构建和谐劳动关系更加任重而道远。

（一）民营企业工会组织的建设

加强民营企业的工会建设，增强工会的代表性和独立性。民营企业工会是团结工人群众、维护员工合法权益、协调企业与员工劳动关系的基本组织。劳动力市场化、劳动关系市场化意味着工会应成为工人自己独立的意志和利益的代表。特别是在民营企业中“绝对弱劳动”的情况下，劳动者单个人“势太弱”，有的只是“人多”，只有组织起来，才能转化为“势众”，获得集体权利，获得与资方相抗衡的组织力量和谈判能力。但是，目前民营企业工会受资本控制或依附行政权力的问题相当普遍，造成工会很难发挥有效作用。另外，尽管行业、区域工资集体协商在某些方面可以替代乃至优化企业工资集体协商，但企业工会和企业集体协商有其独特性和优势，企业工会这一微观组织的建设仍有其相当的重要性。

积极推进工人民主选举的工会，真正让工会组织在企业中“既有位，也有为”，真正成为劳动者利益的代表。要从法律上或制度上保证工会的独立性，在劳动关系中工会独立于资方，经济上工会主席独立于雇主。通过选举把有胆识、有能力、有威望、有正义感的工人选拔到工会领导岗位上来。要在制度上保护工会领导人的权利和利益，不允许企业主通过解雇工会领导人和工会积极分子削弱工会对资本的制衡力量。建议明确规定企业对工会委员的解雇必须提出的理由和条件，并经劳动部门批准（姚先国，2005），并且明确规定企业须给工会如实提供有关集体协商所需的基础数据。确实，假如工会主席受雇于企业，在企业行政岗位上担任一定或比较重要的职务，意味着端的是老板的饭碗，职业岗位、收入待遇等方面都依附于企业，很难跟老板“较劲”。因此，有条件的地区还可以考虑进一步试点和推进吉林省工会首创的“小型非公企业工会主席职业化”，以进一步破除民营企业工会“空心化”和“虚化”问题。

工会要准确定位、维权谋利、实现双赢。工会要当好员工与企业桥梁和纽带，不能仅仅组织工会活动、过节发礼品、看望生病员工等，而是要进一步把工会打造成维护员工合法权益、构建和谐劳动关系的重要组织。工会要真正“爱职工、为职工、给职工和靠职工”，努力给职工“情的温暖、理的声援、法的支撑”。工会要在劳动合同、劳动报酬、劳动时间、保险福利、休息时间、劳动安全卫生保护和职业培训等方面维护员工的合法权益。例如，劳动安全卫生、劳动保护就是民营企业一直比较突出而现阶段又有能力加以解决的问题，可以作为民营企业现阶段劳动管理的重点突破工作①。工会另一个重要作用是建立合作型劳资关系，实现双赢。在企业与员工的劳资关系中，固然有劳资双方的利益差别和冲突，但也更有劳资双方的相互依存和合作。只有企业生存发展了，员工才能共享企业发展成果，真正实现企业与员工的双赢。要紧紧围绕企业经营目标，通过维护职工合法权益、对职工说服教育以及愿景激励，在企业内部建立协调稳定的劳动关系和合作共事的工作局面。要心往一起想，劲往一处使，尤其是在外部经济形势比较严峻的情况下更应如此。

（二）劳资在产权“双维护”基础上的合作博弈

劳动力产权和物质资本产权“双维护”，形成劳资博弈合作的劳动关系。企业是一种生产组织，一种集合生产要素、从事生产经营活动、以盈利为目的的经济组织，同时，企业也是一种契约（合约、合同），是生产要素所有者之间的一系列契约或者说契约的组合，是个人之间交易产权的一种方式。从更简化、抽象的角度，企业还可以看成是由资本（生产资料）和劳动力这两种不可或缺基本生产要素组成的生产组织，从而也是资本与劳动力的一个特别契约。资本和劳动力相应的产权分别是物质财产权和劳动力产权（或称人力资本产权）②。沿着这条思路，企业劳资关系实质上可以看作是两种产权即劳动力产权（或称人力资本产权）与物质资本产权的博弈关系。劳动者拥有劳动力，企业主拥有物质资本。在平等的权利之间进行权利同权利相对抗，力量起决定性作用③。因此，针对现阶段民营企业“相对的弱资本与绝对的弱劳动”的劳资关系，必须对劳资两种产权即劳动力产权和物质资本产权都进行维护（简称“双维护”），使劳资双方在力量较为均衡的基础上平等合作博弈，从而构建企业稳定和谐的劳资关系。

产权或称财产权利是人们（产权主体）对物品或劳务根据一定目的加以利用或处置以从中获得一定利益的权利，是一束行为权，体现了人们之间的经济权利关系。劳动力产权或者说人力资本产权则是劳动者作为其劳动力的承载者，所享有的天然权利以及劳动者使用他所拥有的劳动力时享有的经济权利。要使“绝对弱劳动”强起来。

一是要提高国家对劳动者权利的界定和保护力度。在法律上要对劳动者进行权利赋予与司法保护。在具体政策上要消除劳动力市场的行政分割和扭曲，实现劳动力自由流动，建立全国开放统一的

---

① 从浙江省私营企业劳资关系的发展阶段分析，现阶段，劳动安全卫生、劳动保护是私营企业劳资关系中最突出的，应该提到议事日程上加以解决的，并且有经济能力加以解决的问题。工资收入等一些低层次基本问题已大致得到解决，社会保险等一些高层次的劳动问题有待于经济发展逐步规范，逐步解决，所以，现阶段，对于绝大部分私营企业来说，最突出的且既有企业自身发展的内在必要，又有经济能力加以解决的就是劳动安全卫生、劳动保护问题。由此，浙江省劳动管理部门应该以劳动安全卫生、劳动保护作为现阶段对私营企业劳动管理的重点工作加以突破（徐小洪等，2004）。

② 姚先国，蔡宁，郭继强．企业产权结构模式与中国的选择［J］．财经论丛，2000（4）：1－6．值得一提的是，周其仁（1996）把市场中的企业看作是一个人力资本与非人力资本的特别合约或契约。

③ 马克思在考察劳资双方在规定工作日界限的博弈中指出：“这里出现了二律背反，权利同权利相对抗，而这两种权利都同样是商品交换规律所承认的。在平等的权利之间，力量就起决定作用。”（《马克思恩格斯全集》第23卷，1975年版，第262页）所以，工作日的实际长度就取决于劳资双方的力量对比。

劳动力市场，实现劳动者在劳动力市场上平等竞争和公平就业。消除劳动力市场上的身份歧视，给予城乡劳动者以同样的“国民待遇”。国家还可考虑在制度上赋予工人和工会组织罢工的权力。这是工人及其组织为维护自身权益而采取的一种可置信威慑的重要手段，增强劳方的博弈能力，形成劳资双方的制衡机制。只有制衡才更容易形成劳资双方的合作博弈。否则，企业内部如果没有相应的制衡机制，无法对企业主侵犯员工权益进行有效制约，员工在企业内部难以维权，就会使出极端手段来引起注意或解决问题，或者走出企业，向社会呼吁，向政府求助，甚至激化矛盾，酿成群体性事件，加大社会成本。当然，罢工也会有负面影响，但两害相权取其轻，而且在实践中也要引导慎用罢工权，政府则要扮演好仲裁、调停的角色。

二是要增强劳动者组织力量。鉴于劳动者个人对组织（企业）的弱势地位，以集体劳资关系弥补和替代个体劳资关系。依靠集体谈判的力量，开展工会与企业集体协商，开展区域性、行业性工会与企业协会或联合会集体协商，以集体合同为载体，增强劳动者工资议价能力，解决民营企业中突出存在的问题包括工作时间、社会保障、劳动安全卫生等问题。值得一提的是，增强劳动者的组织力量并非助长劳资对立，而是要平衡劳资双方的地位和力量，建立起劳资双方共决机制，形成劳资关系良性互动，提升企业核心竞争力，在企业更好发展的过程中获得劳资双方共赢。

三是要加强人力资本投资，增强劳动者的可行能力。“绝对弱劳动”意味着既有劳动力素质倘若仅仅依靠市场调节还不足以资方相抗衡，劳动者必须尽快实现从靠“汗水”到靠“智慧”的转变，提升可行能力。为什么民营企业中农民工、小学文化程度以下劳动者的劳动条件最差，劳动待遇最低，他们与企业主的矛盾最尖锐？为什么小企业中劳资关系紧张，劳动问题严重，而这些小企业往往却不包括高科技的小企业？其中一个很重要的原因就是员工素质不同，人力资本存量不同，可行能力不同。历史经验证明，从长期来看，人力资本、人力资本投资比制度、比法律保护对提升劳动者可行能力更有效，也更重要。加强人力资本投资，除了加强教育投资外，还要加大对培训投资，加大早期人力资本投资。进一步研究企业职工培训，特别是农民工培训的政策，总结过去的成功经验，评估培训效果，完善技术技能培训体系，提升职业教育和技术技能培训的实际效果。采取政府、企业、劳动者个人共同出资的办法，加大培训投资力度，努力培育一批技术技能型、复合技能型、知识技能型人才，并把造就高技能人才与普遍提高职工技能水平相结合，为企业转型升级提供人力和智力支撑。许多研究已经证明，早期人力资本投资的效果要远好于对成年人职业培训。因此，在对已成年农民工进行补偿性职业培训外，还要加强对农村婴幼儿养育、农村普通教育和就业前职业教育的投资，尽力阻断个人素质和能力的代际固化和传承。对于外地农民工子女，要贯彻落实公共服务均等化政策，充分利用城市教育资源，使其享受同等的学前教育、基础教育、职业教育和成人教育，使这些“新生代”更好地成为适应未来现代化建设需要的人才。总之，要建立提高劳动者可行能力的长效机制。政府还可以从提供劳动力供求信息、提高劳动者素质、增进劳动者市场适应性方面，尽可能降低劳动力市场的交易费用。

不仅劳动力产权需要维护，物质资本产权同样需要维护。要使民营企业的“相对弱资本”变强，一是真正落实民营企业的“国民待遇”，为民营企业营造一个公平竞争的发展环境。尤其是在经济下行压力大导致民营企业经营比较困难、产业结构调整带来劳动关系相应调整的情况下，要进一步破除所有制歧视，对所有企业不管是国有企业、外资企业，还是民营企业，都给予平等的待遇。扩大市场准入度，支持民营企业进入法律法规没有明确禁止的行业领域和我国政府已向外资开放或承诺开放的领域。同时继续简政放权，建立新型的政商关系，让党政干部堂堂正正地与企业家接触，为企业办事。二是降低民营企业的发展成本，主要包括融资成本、企业税负、社会保障等成本。金融机构对民营企业融资设置了很多障碍，抬高了融资“门槛”，融资难融资贵，加大了企业融资成本。针对2016年上半年民间投资在全社会投资中的占比出现的近10年间首次下滑，国务院经过专项督查、常务会议讨论之后，2016年7月4日已出台了《国务院办公厅关于进一步做好民间投资有关工作的通知》。

提出了通过整改落实督查中的问题，继续简政放权、营造公平竞争环境、缓解融资难融资贵、降低企业成本负担等8项举措。针对多年以来企业特别是民营企业普遍反映的企业成本持续上升、企业税费负担重、社保缴费负担重，盈利空间不断缩小的实际情况，2016年8月22日国务院印发了《降低实体经济企业成本工作方案》。提出了合理降低企业税费负担、融资成本、制度性交易成本、人工成本、用能用地成本、物流成本、提高企业资金周转效率、鼓励和引导企业内部挖潜等8个方面的举措。希望在今后一个时期能够实实在在地落实这些举措，激发民间投资潜力，降低实体经济企业成本，增加民营企业信心和活力。

在劳动力产权和物质资本产权"双维护"的基础上，努力形成相互结合、相互制衡、相互转化的"劳资共决"的企业产权结构和人力资源管理模式。这里的"劳资协商共决"，意指劳资双方势均平等合作博弈。这既是在建设和谐合作的劳资关系，也是提升企业绩效的需要。对民营企业而言，不能仅仅把员工看作是可利用的人力资源，而且还要把员工看成是可开发的人力资本，劳动力产权能够与物质资本产权分享企业的剩余索取权和控制权。构建劳动力产权与物质资本产权的有效协同和运作机制，劳资共同努力提高企业的运行效率，在实现企业价值最大增值的同时分享企业发展的成果。

（三）政府、企业、劳工三方协调机制的优化

中共十八届三中全会《关于全面深化改革若干重大问题的决定》提出，要使市场在资源配置中起决定性作用。要完善企业工资集体协商制度。要创新劳动关系协调机制，畅通职工表达合理诉求渠道。与这些精神相适应，在笔者看来，市场经济条件下民营企业较为理想的劳资关系，是劳资双方真正成为契约化劳资关系的博弈主体（协商主体），而政府作为协调者、仲裁者和秩序维护者，则是推动"在底线之上的劳资合作博弈"。因为劳资双方都在企业生产经营第一线，能够在第一时间感知本企业乃至本行业的动态状况，毕竟"春江水暖鸭先知"。如果劳资双方真正成为劳资关系第一层面的博弈主体，可以与时俱进地根据因内外部实际状况展开博弈或协商，更容易达成可行的契约或协定。这也是劳资关系的第一道防护堤。如果政府大包大揽继续冲在第一线，不仅欠缺了缓冲转圜的余地，而且还会造成本已虚弱的劳资双方谈判能力、博弈水平止步不前。反之，让劳资双方在第一层面博弈，政府则可以做"娘舅"，相对超脱，守住劳资双方基本权益的底线，在底线之上推动劳资合作博弈，实现三方共赢。这里所强调的在底线之上的博弈，是为了降低协商或博弈的交易成本，提高达成合作博弈均衡的效率。这种劳资关系的处理或协调模式可以称为"政府协调下的劳资自治模式"。

对于民营企业尤其是民营中小企业而言，由于大多数企业单个企业的绝对弱劳动难以跟资本相抗衡，从而，行业层面的三方协调机制具有特别重要的意义。不过，从劳动关系三方协调机制变形的进一步改善角度，地区层面和企业层面集体协商的加入，还可形成三个层面各有侧重的协商结构，以区域性协商为基础、以行业性协商为重点、企业协商为要点，既扩大了工资集体协商的覆盖面，又能够以更低的协商成本提高协商绩效。浙江提出的"区域协商谈底线、行业协商谈标准、企业协商谈增幅"工资集体协商模式，可以看作是对原来单一的行业工资集体协商的改进和优化，值得进一步总结经验并在全国继续推广。

在政府协调下的劳资自治模式中，要守住的"底线"（我们不妨称其为底线Ⅰ）主要是保护劳动者的基本利益以及法律法规规定的最低标准。诸如维持劳动力再生产所必要的人身安全健康、基本生活需要的基本利益，以及由劳动立法直接规定或授权有关部门规定的最低劳动标准、最低社会保障、劳动关系立法等。在"区域协商谈底线"中的底线（我们不妨称其为底线Ⅱ），则是地区性工资集体协商中确定区域内最低工资标准。笔者以为，针对区域那些规模较小、职工流动性较大、工会力量薄弱的小微企业，独自开展工资集体协商的条件并不具备，行业工资集体协商也难以涵盖其中，若进行区域性工资集体协商，则可以有效提高协商工作的覆盖面。底线Ⅱ所说的区域内最低工资标准是区域协商谈出来的底线，应以区域内法定最低工资标准（底线Ⅰ）为基础，结合区域内当时社会经济发

展的实际情况而“谈”出来的。底线Ⅱ通常会高于（至少不低于）底线Ⅰ。显然，底线Ⅱ也为行业工资集体协商和企业工资集体协商划出了协商的底线或可谈判区域的下限，有助于降低交易成本。另外，为了做好本区域工资集体协商工作，本地人力资源和社会保障部门要定期发布劳动力市场工资指导价位（包括高位数、中位数和低位数）、工资指导线，定期调整（法定）最低工资标准，为进行工资集体协商提供依据。

如果说区域协商重点解决职工工资的底线，那么，行业协商重点则是制定行业主体工种的工时定额和工价基准。众所周知，在民营企业现有的生产技术和管理方式下，民营中小企业多采用计件工资制，而且大多数员工也愿意接受计件工资。然而，计件工资又有可能形成空子，让企业规避掉最低工资、加班工资以及特殊情况下的工资支付等限制，其中的关键是工时定额和工价基准（工价标准）有确定。而行业工资集体协商则能够针对行业特点，通过协商“谈出”劳资双方都能接受的较为合理的工时定额和工价基准，减少行业内企业劳动争议，规范同行业竞争秩序。关于行业工资集体协商，本文前文已介绍，此处不再赘述。这里只就加强行业工会建设提些改善建议。对于民营中小企业，企业层面的工会组织通常出现的依附性和作用微弱，区域/行业工会的组织资源和组织能力可以在相当程度上加以矫正。要取得不俗的区域、行业工资集体协商结果，区域、行业工会的组成以及工会主席的人选都十分重要。按照有关法律法规和国际劳工组织规定，工会代表应该由劳动者经民主选举产生。然而，以 2003 年温岭市新河镇羊毛衫行业工资集体协商为例，参加协商的工人代表是企业主推荐的，行业工会主席（工人首席代表）则是镇党委政府指定的乡镇工作人员（兼职工会副主席陈福清）①，“自然生成”的主体与劳动法规规定的主体并不统一。究其原因，主要是工会实际地位与法律地位相差悬殊，倘若工会主席的身份仍是企业员工，在我国现行政治社会环境下，不可避免要受制于企业，工资集体协商的动力、实力和权威性都会大打折扣，况且，工会代表集体协商能力和技巧的培养也需要一个过程。因此，不仅企业层面的工会组织要加强，区域/行业层面的工会组织同样要加强。此外，如何在劳动者中寻找到有才干、有威信、有公心、有服务工友意愿的工人，并通过民主选举担任行业工会主席，也是下一阶段要破题的任务之一。这可以结合抓好专职集体协商指导员队伍建设，严格落实《中华全国总工会关于加强专职集体协商指导员队伍建设的意见》。此外，上海市杨浦区推行的“行业工会建在地区上”，职业化工会干部分级任职制，也可以作为参考。

对于具备协商条件，有协商能力的企业尤其是规模企业，要区域集体协商和行业集体协商的基础上，力促在企业内部独立开展工资集体协商，促进职工工资与企业经济效益和劳动生产率协调增长，努力形成统筹兼顾、劳资共赢、共谋发展的良好局面。正如前面所述，企业是资本与劳动力的一个特别契约，职工和企业主是一个利益共同体，只有企业发展，共同把“蛋糕”做大，大家才能多分“蛋糕”。这就要求企业工资集体协商要结合企业自身特点和经营状况，谈出“个性”，谈出兼顾企业发展和职工利益的协议。企业生产经营顺畅时，通过集体协商建立与企业经济效益和劳动生产率相协调的工资增长机制，形成工资水平、奖金分配、补贴和福利等增长合约，让职工共享企业发展成果，增强职工的获得感、满足感和企业归属感，增强企业的凝聚力、生产力和向心力。企业面临经济下行压力、遇到挫折时，通过集体协商达成对企业保生产、职工保生活的理解和支持，帮助企业克服暂时困难。劳动力产权的剩余分享权既要体现在企业生产经营顺畅时，也要体现在企业生产经营出现挫折时，共度时艰。我国现阶段是在工业化、市场化、城市化和国际化的进程中迎来知识经济的挑战。在知识经济中，人力资本的重要性在上升。实际上，高科技企业中人力资本的重要性已体现得十分明显。一般民营小微企业面临的劳资关系问题，通常不会出现在高科技小微企业。高科技小微企业主要面对的是相对弱资本与强劳动（强人力资本）的关系，在企业人力资源管理中推动和谐劳资关系建

① 其实，目前温岭市的行业工会主席大多都是由乡镇工作人员兼任。关于担任羊毛衫行业工会主席一事，陈福清曾说过：如果从众多企业中选出一个工会主席，来当这个行业工会的主席，那他谈判的底气是不硬的，搞不好惹怒了老板，就会让他走人。而我是不怕的。所以最重要的是，工会主席不能沾企业一分钱。

设具有特别重要的意义。人力资源管理以提升企业绩效、提高企业竞争力为目标，这就要在人力资源规划、招聘与配置、培训与开发、绩效管理、薪酬福利管理、员工关系管理中，尽量缓和乃至消除企业劳资冲突，促进劳资合作，简而言之就是建设合作型劳资关系。未来越来越朝向以信息经济、网络经济、数字化经济为特征的知识经济时代发展，企业管理也从监督为主转向以激励为主，从而，企业人力资源管理与和谐劳资关系建设可以相辅相成，相互促进。民营企业同样面临着转型升级，许多企业已经认识到，职工是企业十分宝贵的财富，企业的生存发展壮大离不开职工的辛勤工作。企业越是善待职工，职工越能发挥创造性，企业发展的后劲就越足，资本所分享的利润也越多，企业劳资关系就越向稳定、合作、契约式的关系发展，就越和谐。

政府在三方协调机制中固然起着协调者、仲裁者和秩序维护者的作用，但政府还以企业社会责任建设、平安地区创建和企业民主建设为契机，推动民营企业和谐劳动关系的发展。企业社会责任是指企业在谋求股东利润最大化之外，还有对其他利益相关者包括员工、消费者、环境等方面责任，以维护和增进社会利益。其中，处理好劳资关系，善待员工是企业社会责任的重要内容之一。例如，杭州市 2009 年开始启动企业社会责任建设，在全国地市级以上城市中最早开展企业社会责任建设，并将其作为城市品牌竞争力的城市之一。杭州通过借鉴 SA8000、ISO26000 国际通行标准，从市场责任、环境责任、用工责任和公益责任 4 个方面，设基本指标、进步指标和个性指标共 50 项指标，分通用类、服务业、建设业 3 个类别，采用量化标准评估企业社会责任履行情况。每两年评估一次，取得了较好的效果。浙江省结合“信用浙江”、“平安浙江”建设来推进工资集体协商工作。浙江自 2010 年开始，把开展工资集体协商列入本省平安市、县（市、区）考核评审条件。杭州也把工资集体协商纳入和谐企业评选体系，获得“杭州市劳动关系和谐企业”荣誉称号的企业将在贷款和项目审批等方面享受优先和优惠。浙江还从企业内部关系推进集体协商。2010 年实施的《浙江省企业民主管理条例》将平等协商单独列为一章，浙江省把企业实行民主管理情况纳入劳动保障监察的内容，并列入企业守法诚信档案。今后，评选企业和经营者涉及社会责任、生产经营管理等荣誉称号时，企业是否实行民主管理将作为依据。所有这些都是有助于将缓解劳资矛盾，推动把和谐劳资关系落到实处。

参考文献

[1] 蔡建娜．从属劳动力市场供求关系转型下的劳动密集型经济增长——珠江模式和温州模式之比较［J］．上海经济研究，2007（3）：43－51.

[2] 曹正汉，史晋川，宋华盛．为增长而控制——中国的地区竞争与地方政府对土地的控制行为［J］．学术研究，2011（8）：76－84.

[3] 陈诗达．和谐劳动关系是现代社会和谐的基础——浙江省劳动关系问题研究［J］．浙江社会科学，2006（3）：105－109，132.

[4] 陈文正．行业工资集体协商的机制构建——浙江省温岭市的调查和思考［J］．北京市工会干部学院学报，2009（3）：29－33.

[5] 关怀．建设和谐社会，企业应依法履行社会责任［N］．工人日报，2006－03－27.

[6] 黄越钦．劳动法新论［M］．北京：中国政法大学出版社，2003.

[7] 李涛．三方主体缺失与私营企业劳资关系协调机制的构建［J］．浙江树人大学学报，2008（5）：54－58.

[8] 林承亮．三大经济发展模式的发展与比较——“长江三角洲与珠江三角洲改革与发展研讨会”述要［J］．浙江社会科学，2000（2）：56－59.

[9] 林毅夫．新结构经济学［M］．北京：北京大学出版社，2012.

[10] 陆立军，王祖强，杨志文．发展社会主义市场经济的浙江模式［J］．经济理论与经济管理，2008（7）：18－22.

[11] 罗卫东，许彬．区域经济发展的“浙江模式”：一个总结［J］．中共浙江省委党校学报，2006（1）：72－79.

［12］潘泰萍．“国家统合”模式下我国集体协商推行效果的实证分析［J］．中国劳动关系学院学报，2013（5）：6－9.

［13］青木昌彦．企业的合作博弈理论［M］．北京：中国人民大学出版社，2005.

［14］荣兆梓等．通往和谐之路：当代中国劳资关系研究［M］．北京：中国人民大学出版社，2010.

［15］史晋川．制度变迁与经济发展：“浙江模式”研究［J］．浙江社会科学，2005（5）：17－22.

［16］汤美芳．浙江省非公经济劳资关系的发育过程和未来展望［J］．资料通讯（浙江省委党校主办），2006（3）：32－37，31.

［17］托马斯·寇肯等．美国产业关系的转型［M］．北京：中国劳动社会保障出版社，2008.

［18］万向东，刘林平，张永宏．工资福利、权益保障与外部环境——珠三角与长三角外来工的比较研究［J］．管理世界，2006（6）：37－45.

［19］王春光，李天国．转型中的中国劳资关系研究——以温州为例［J］．学习与探索，2008（4）：13－21.

［20］吴江，陈谊．非公有制企业劳资关系研究述评［J］．经济学动态，2004（1）：92－95.

［21］吴清军．集体协商与“国家主导”下的劳动关系治理——指标管理的策略与实践［J］．社会学研究，2012（3）：66－89，243.

［22］夏小林．私营部门：劳资关系及协调机制［J］．管理世界，2004（6）：33－52.

［23］徐小洪．冲突与协调——当代中国私营企业的劳资关系研究［M］．北京：中国劳动社会保障出版社，2004.

［24］徐小洪．浙江模式劳动关系——自行协调、走向两利［J］．浙江社会科学，2008（11）：9－15.

［25］徐小洪，陈乐洋，单建明．浙江省私营企业劳资关系主要问题及原因分析［J］．天津市工会管理干部学院学报，2004（3）：26－30.

［26］许峰．我国民营企业劳资关系现状、问题和对策［J］．经济纵横，2004（8）：58－60.

［27］姚先国．民营经济发展与劳资关系调整［J］．浙江社会科学，2005（2）：78－86.

［28］姚先国，蔡宁，郭继强．企业产权结构模式与中国的选择［J］．财经论丛，2000（4）：1－6.

［29］张厚义．中国私营企业报告（2004）［M］．北京：社会科学文献出版社，2005.

［30］张仁寿，李红．温州模式研究［M］．北京：中国社会科学出版社，1990.

［31］周其仁．市场里的企业：一个人力资本与非人力资本的特别合约［J］．经济研究，1996（6）：71－79.

［32］朱圣明．浙江温岭行业工资集体协商调查［J］．广东行政学院学报，2008（6）：82－85，90.

下　篇

第十七章　民营企业发展与农业产业化*

1978 年改革开放后，党和国家工作重心转移到经济建设，民营经济快速发展壮大。民营经济发展早期主要从事的是二、三产业而非农业，原因在于传统农业投资大、周期长、效益不高，产业比较利益低。随着商品市场发展带来的强大需求及民营资本自身的发展壮大，在利润、资源、政策及经营安全的吸引下，民营经济开始渗入农业领域，农业产供销一体化经营兴起并不断发展，农业生产经营模式和产业链效率得到改善与提升，分散的小农生产转变为社会化大生产，促进了农业产业化发展。截至 2015 年底，全国农业产业化经营组织总数达 38.6 万个，带动农户 1.26 亿，农户从事产业化经营户均增收达 3380 元。在民营经济向农业领域渗透的过程中，农业产业化也促进民营经济过程升级、产品升级和功能升级。我国农业产业化发展至今，已成为民营经济的重要组成部分，对推动民营经济增长与转型升级作用明显。近年来，互联网开始成为推动民营经济发展的重要力量，且不断冲击和改造着传统农业。

本章首先分析了民营经济与农业产业化发展的互动影响，然后研究了全球化视域下“互联网+”对龙头企业和农民专业合作社及农业产业化的影响，进而分析了“互联网+”对民营经济与农业产业化良性互动的影响，最后提出了推动民营经济与农业产业化良性互动的对策建议与展望。

一、农业产业化发展：历史回顾

（一）农业产业化的内涵

农业产业化是市场经济发展到一定阶段的产物，也是农业生产水平提高后的必然结果，因此农业产业化必定先诞生于发达市场，然后不断带动经济欠发达地区农业的发展。农业产业化最早起源于 20 世纪 50 年代的美国，80 年代后期农工商一体化、产加销一条龙经营形式开始在我国出现。

1978 年改革开放后，经济改革率先在农村进行，先后在农村实行家庭土地承包经营责任制和农产品流通体制改革，废除了传统的统购统销制度，大大促进了市场经济的发展。但随着农村经济的发展，特别是农村社会主义市场经济体制的确立，农业经济运行中的一些矛盾和问题日益暴露出来：①小生产与大市场之间的矛盾。农民因长期受自然经济的束缚，商品经济意识淡薄，信息闭塞，缺乏按市场规则进行生产和参与市场竞争的能力，生产带有很大的盲目性，无力抵御由市场竞争、农产品价格波动带来的市场风险。农户的组织化程度低，产前、产中、产后分离和严重脱节，农业生产效益低下。农业生产不仅延续着过去陈旧落后的商品交换和交易方式，而且在交换和交易时，由于在市场上不平等的流通地位，导致了流通费用高，农业发展速度和农民收入增长趋缓。②农业经营小规模与农业现代化大目标之间的矛盾。我国农村属于一家一户的家庭承包分散经营，规模狭小，这种狭小的规模经营不利于农业科技和农业机械化的普及、推广和应用，也不利于先进的管理机制在农村的培育

---

* 研究人员：马述忠、刘飞翔。

和运行，导致生产上的严重规模不经济，农业增收困难。显然，这会大大阻碍我国农业现代化的进程。③农业经济效益低与社会效益高的矛盾。农业是国民经济的基础，不但具有非同一般的经济意义，还具有较高的社会效益，具有鲜明的政治意义。但农业比较效益低，具有天然的弱质性，农民收入增长缓慢，农村生产要素过多过快地向非农业转移，农产品加工增值利润大部分流入非农产业，造成农业生产条件恶化，农业人口开始不断涌入大城市（张春华，2012）。针对上述的矛盾一些地区开始探索新的思路和途径，农业产业化便是其中重要的一条。

20 世纪 70 年代，泰国正大饲料公司为了开辟中国市场，由公司向农户提供技术服务和种鸡饲料等生产资料，带动农民家庭发展养鸡业，这是我国较早一批“公司 + 农户”经营模式的实践。1987 年山东省潍坊市所辖诸城市率先提出了通过“商品经济大合唱”，实现贸工农一体化发展的思路，得到了省政府的肯定，并予以宣传推广，这可以看作是山东省农业产业化的萌芽（魏学武，2003）。随后出现了潍坊市所辖寿光市实行以市场带动农户为特色的产加销一体化发展新模式。在此基础上，1993 年山东省潍坊市进一步提出：“确立主导产业、实行区域化布局，专业化生产，依靠龙头企业带动，发展规模经营”的地方发展战略，取得了较好的效果。1995 年下半年，温家宝同志在山东视察农村工作时，充分肯定了农业产业化一体化经营的做法。12 月《人民日报》以超常规的版面介绍潍坊市发展农业产业化的做法，并配发了《论农业产业化》社论。从此政界和理论学界开始了对农业产业化经营含义的探讨。

1995 年 12 月人民日报《论农业产业化》社论中，定义农业产业化是以国内外市场为导向，以提高经济效益为中心，对当地农业的支柱产业和主导产品，实行区域化布局、专业化生产、一体化经营、社会化服务、企业化管理，把产供销、贸工农、经科教紧密结合起来，形成一条龙的经营体制，在家庭经营的基础上，逐步实现农业生产的专业化、商品化和社会化。

温家宝同志在 2000 年召开的全国农业产业化会议上做的发言，认为“农业产业化经营是以市场为导向，以家庭承包经营为基础，依靠各类龙头企业和组织的带动，将生产、加工、销售紧密结合起来，实行一体化经营”。“这种经营方式不仅可以通过龙头企业把市场信息、适用技术、管理经验带给农户，而且能够有效地解决农户分散经营与大市场的联结问题，促进产销衔接和农业结构调整。这种组织形式和经营机制，有力地推动了我国农产品优质化、农业布局区域化和农产品深加工的进程，推动农业结构的战略性调整。在现阶段，对解决农产品卖难，提高农业生产效益，增加农民收入尤其具有重要意义”（孔祥智，2003）。

从学者的研究视角来看，农业产业化又叫贸工农一体化，是“农工商、产供销一体化”的简称。牛若峰（1997）认为，农业产业是以市场为导向，以加工企业或合作经济组织为依托，以广大农户为基础，以科技服务为手段，通过将农业再生产过程的产前、产中、产后诸环节联结为一个完整的产业系统；是实现种养加、产供销、农工商一体化经营，引导分散的农户小生产转变为社会化大生产的组织形式；是系统内“非市场安排”与系统外市场机制相结合的资源配置方式；是市场农业自我积累、自我调节、自立发展的基本经营方式；是以多元参与者主体共同利益为基础的经济共同体（牛若峰，1997）。林毅夫认为，农业产业化是市场经济条件下为适应生产力发展形成的，实质就是生产的专业化。当某些农户实行专业化经营之后，其规模经济就越来越大，同时生产成本也越来越低，从而使那些非专业化农户的生产行为变得不合算，因此农业产业化就成了经济发达地区的必然选择（林毅夫，2000）。牛若峰强调农工商的一体化经营，林毅夫更强调农业产业化带来的规模经济。本文认为农业产业化经营的内涵应该包括以下几个方面。

①农业产业化经营以市场为导向。农业产业化是在社会主义市场经济体制下产生的，市场经济下农业要发展，就必须以国内外市场为导向，根据市场的供需状况调整商品的生产、加工和经销活动。

②农业产业化以规模化经营为基础。中国地少人多，根据 2013 年国务院发布的《关于第二次全国土地调查主要数据成果的公报》，数据显示我国实际耕地 20.27 亿亩，人均耕地从 1996 年的 1.59

亩下降到2009年的1.52亩，远低于世界人均耕地3.38亩水平。以家庭为单位的农户分散经营，经营规模长期凝固化，制约了农业的规模化经营，没有形成集约经营、规模效益。

③农业产业化经营以龙头企业、合作经济组织为载体。龙头企业和合作经济组织具有经济实力较强，经营组织稳定，且抗风险能力强等特点，专门沟通生产基地与市场之间的关系。农户专门负责初级农产品的生产，农业产业化经营实现生产专业化，从而提高产业链的整体效率和经济效益。

④农业产业化经营要实现经营一体化。从宏观角度来看，农业产业化的实质是社会资源和利润的再分配，利用现代科学技术与经营管理及国家宏观调控把农业生产同工业、商业等相互产业部门的紧密结合，形成一种相互关联、互惠互利的农业一体化经营，提高农业产业链的整体利益，从而改善农业在生产经营等方面的不利环境和地位，进而提高农业劳动生产率，以实现其社会平均利润，增加农民收入（税国东，1998）。

（二）农业产业化发展阶段

1. 农业土地改革阶段：1949～1978年

从中华人民共和国建立到十一届三中全会前，中国农村土地政策发生了三次重大变迁。1950年七届三中全会通过土地改革法，全国进行了第一次土地改革运动，使广大农民真正拥有了土地，解放了农村生产力，调动了农民生产的积极性，促进了农村经济的发展。1953年农业开始了社会主义改造，到1956年底全国90%以上农户加入到了农业合作社。1958年毛泽东提出在全国农村普遍建立政社合一的人民公社，消除个体农民土地私有制。农村合作化运动从互助组过渡到合作社最后到人民公社，中国农村实行“三级所有、队为基础”的集体土地所有制。三级所有是指人民公社范围内的土地属于人民公社、生产大队和生产队所有；队为基础是指农村土地的基本部分属于生产队。

虽然生产队在内部生产经营管理和收益分配上拥有自主权，但是由于在全国实行高度集权的计划经济体制和在农村实行基层政权组织和人民公社经济组织合在一起的“政社合一”制度，因此生产队的自主权又服从于完成国家粮油统购、派购等计划任务的需要，生产队的生产计划和产品分配服从生产大队、人民公社和县的计划安排和统一规定（陈佳贵，2008）。在高度集中的计划经济体制下，农村分配上的平均主义十分盛行，生产中没有强刺激和成本约束的机制，传统农业不可能向现代化农业转变。

2. 农业产业化萌芽阶段：1979～1984年

1978年底，安徽省凤阳县小岗村的18户农民，画押签字冒着风险搞起了大包干，给传统的集体土地所有制度捅开了缺口。党的十一届三中全会后，政治上拨乱反正，废除了人民公社化制度，实行家庭联产承包责任制和统分结合的双层经营体制，确立了农户作为农业生产独立经营的主体地位。在土地承包经营权的基础上，以家庭为单位开展农业经营，生产、经营和劳动计量在同一单位进行，生产者的成本、收益趋向一致，这就自动建立起了“多劳多得”的激励机制，极大地调动了农民的生产积极性，彻底解放了农村生产力，我国农产品产量不断提高，从而创造了我国农业持续多年增长的奇迹。随着商品经济的发展，一些农产品专业市场开始形成，剩余农产品流入第二、第三产业，农村剩余劳动力也开始向城市转移，农业生产规模化、专业化趋势开始形成。按照林毅夫的估计，以不变价计算，1978～1984年中国农业总产值增加了42.23%，其中46.8%来自家庭承包制实行所带来的生产率的提高（林毅夫，1994）。对外开放后，外资企业开始进入中国开拓市场，沿海少部分地区出现了广东化州1979年成立的南菜北运农民联合体——同庆果菜北运公司、顺德北窖镇1982年形成“公司+农户”养鸡的农业产业化雏形，同时国内出现了一批专业户、经济联合体和农民技术协会（崔传义，1999）。

3. 农业产业化探索阶段：1985~1992年

1985年1月中央发布《关于进一步活跃农村经济十项政策》，决定实行农产品流通体制改革，废除传统的统购统销制度，代之以合同定购制度，经过“双轨制”逐步缩小政府定价购销范围，逐步扩大市场机制范围，除棉花、粮食、烤烟外，绝大多数农产品市场购销和价格均以放开，大大促进了市场经济的发展（牛若峰，1997）。市场开始在农产品经济上发挥作用，随着城市农产品需求走向多元化，农民面对市场调整作物结构，发展经济作物，提高农业效益。沿海地区由最初的种、养环节逐渐向加工、贸易环节延伸，贸工农开始结成利益共同体，出现了形成联接农户与市场的加工流通龙头企业和专业市场，此时期内外资年均投资农业189项，产销一体化得到发展。1987年山东提倡农村商品经济大合唱，实现贸工农一体化发展的思路，随后潍坊市所辖寿光市实行以市场带动农户为特色的产加销一体化发展新模式，率先开始了农业产业化的探索。

4. 农业产业化发展阶段：1993~2007年

随着我国社会主义市场经济体制的确立，市场对资源的配置作用明显增强。市场经济体制调整农业资源有序流动，农业经济组织形式、再生产经营机制和管理体制不断改善，在经过探索阶段后农业产业化实现了快速发展。1995年下半年，温家宝同志在山东视察农村工作时，充分肯定了农业产业化一体化经营的做法。1996年，农业产业化被写入《国民经济和社会发展“九五”计划和2010年远景目标纲要》，这标志着农业产业化被正式确定为中国农业发展的方向。2001年中国加入WTO后，国外农产品将以更低的价格进入到国内市场，国内市场竞争加剧迫使龙头企业提高农业产业化程度，提高产品质量的同时不断降低经营成本。资本市场支持实体企业能力不断增强，产业化发展的范围扩大、数量增多，一些龙头企业在竞争中实现突围，快速成长为资产实力强、技术设备先进、经营规模大，在国内外市场占有一席之地的集团公司。据农业部产业化办公室调查资料，1996年我国农业产业化经营组织总数11824个，带动农户总数目1995.1万户，占全国农户数目的10%。到2005年我国农业产业化经营组织总数达135725个，带动农户总数目达8726万户，占全国农户数目的35.2%，每户从农业产业化增加收入1336元。

5. 农业产业化加速阶段：2008年至今

金融危机后，国内经济转型发展越发迫切。自2008年起农产品电子商务逐渐成为农产品流通的新形式，新基础设施、新要素、新主导权倒逼农产品流通升级。互联网赋予传统农业、落后农村、弱势农民问题无限的想象空间，在互联网背景下，农民成为网商如王小帮；合作社成为网商如福建中闽弘泰茶叶、山东新民志远薯类蔬菜合作社；传统农产品加工企业触电，如遂昌模式中各类供应商会员。互联网巨头也开始布局农业市场，如2009年丁磊探索安全、健康、美味“第三代养猪模式”，2011年刘强东开始种大米，2012年联想正式组建佳沃集团，全方位改造传统农业①。2013年末农业土地制度迎来政策窗口期，2014年的中央“一号文件”关键词为“全面深化农村改革”，首次提出赋予农民对承包地承包经营权抵押、担保权能，同时建立全国统一的城乡居民基本养老保险制度，农村养老保险的建立将免除农村老人生活的后顾之忧，标志着农村土地流转市场大门正式打开，为农业产业化的进一步发展提供了基础。2014年农业产业化经营组织总数达330000个，带动农户数目12000万户，占全国农户总数比例54.5%，每户从农业产业化中增加收入3000元。

2015年商务部与相关部门研究制定关于加快发展农村电子商务的指导意见，许多企业加大了对农资电商、农业信息化、农村互联网金融等领域的投资。近几年发展如火如荼的跨境电商为农业产业

① http://baijiahao.baidu.com/s?id=1568881691362938&wfr=spider&for=pc.

化的发展带来了新的发展机遇，长期以来中国农业产业化的发展地域性较强，并没有充分利用两个市场两种资源。跨境电商平台在扩大农业市场规模、降低交易成本和行业进入“门槛”方面有显著的效果，进而提高龙头企业的垂直专业化水平，促进我国农业嵌入到全球农业价值链中。

中国是一个农业大国，但也是农业穷国，发达国家的农业产业化发展早已进入了成熟稳定期。与世界发达国家相比，我国进入农业产业化进程时间较晚。由于特殊的国情和历史发展，农业产业化的发展缓慢曲折，我国农村土地制度从一开始便限制着农业产业化的深度发展，随着农村经济体制的改革，统购统销制度的废除，农产品价格市场放开，社会主义市场经济体制的建立，农村商品经济逐渐发展起来。在农业产业化经历了萌芽、探索、发展阶段后，互联网逐渐开始了对传统农业的改造，2014 年政策窗口期国内“互联网 + 农业”企业井喷，2020 年实现全面小康的历史目标的实现关键在于农村农业的发展，可以预期的是在互联网大势下未来农业产业化将有巨大的想象空间。

二、民营经济发展对农业产业化的影响

农村土地家庭承包责任制是现行生产力的基本，调动了个体农户积极性、发挥了小农精打细算、精耕细作优势，从而产生了巨大的制度绩效，基本解决了中国的粮食供给问题。但是这种依靠个人体力劳动的模式从客观上抑制了农业产业链的效率，农业的生产、销售、加工、运输等产业环节没有形成一个完整的体系，大大降低了农业流通效率，且农业生产易与市场脱节，农民增收缓慢。随着我国加入 WTO 后逐渐开放农产品市场，“小农户”与“大市场”之间的矛盾愈加尖锐，民营经济在农业格局的不断变化过程中，已成为我国现代农业产业化的主力军。实践证明，由于龙头企业和以农民专业合作社为代表的合作经济组织市场信息获取能力强，且拥有农业发展所需的雄厚资本、技术和人才优势，农业产业化经营中实行“龙头企业 + 农户”或“农村合作经济组织 + 农户”能有效培育壮大农业产业化经营主体，解决农业产业化进程中资金、技术、市场、人才等困境（丁一，2004），深入推进农业产业化发展，对于促进生产经营模式改善、农业现代化、农民增收、农业增效有着深远而现实的意义。

（一）民营经济对生产经营模式的影响

农地的稀缺性以及家庭联产承包责任制下的“均田制”，决定了我国农户小规模经营的基本格局（张雪梅，1999）。这种格局下小农户与大市场的矛盾日益显现，分散化经营难以实现农业生产的规模化、高效化、现代化，严重制约着农民收入的提高和农村经济的发展。农业产业化经营是解决这一矛盾的主要手段，即引导小农户顺利进入大市场。浙江省龙头企业和农民专业合作社与农户的利益联结方式主要有：“公司 + 农户”“公司 + 基地 + 农户”“公司 + 合作社 + 农户”“合作社 + 农户”“合作社 + 基地 + 农户”“合作社 + 公司 + 农户”，这些模式深刻改变了农业的生产经营、组织管理、市场运行和社会协调方式。

本研究报告深度调研了浙江省地区的农业产业化龙头企业和农民专业合作社跨境电商业务情况，共收回问卷 318 份（龙头企业 185 份，农民专业合作社 133 份）。龙头企业带动型经营组织模式中，三种利益联结方式占样本比例分别为 15%、49% 和 29%，四种合作机制占样本比例分别为 45%、34%、7% 和 8%。农民专业合作社带动型经营组织模式中，三种利益联结方式占样本比例分别为 24%、58% 和 17%，四种合作机制占样本比例分别为 30%、16%、27%、26%。基地作为重要的农业产业化载体，在利益联结方式中占比最高，说明其更符合我国现阶段农业生产力发展的需求，基地的介入既能在一定程度上有效地解决农户分散经营与“大市场”衔接之间的矛盾，又对公司和农户的违约行为有很强的制约作用，有助于维护各方面的利益，提高生产经营效率。

在一定的利益联结方式下，通过特定的利益联结方式，将农户和市场连接起来，实现产供销、农工贸一体化经营。

①龙头企业等经济主体带动下促进农业经营主体效益。农户与龙头企业合作进入市场时，双方通过一定的利益机制进行合作。对农户来说，一方面可以从龙头企业得到生产支持和技术指导，提高生产效率。另一方面，能节省推广与销售费用。于龙头企业而言，通过和农户建立长期稳定的生产合同，能保证原材料的稳定供应，促进企业规模化经营，提高竞争力。

②龙头企业等经济主体带动下降低农业经营主体风险。通过龙头企业与进入市场，农户的生产不再具有盲目性、无序性。稳定的销货渠道解决了“卖难”问题，将销售风险完全转移给龙头企业，农户专心于生产利于促进规模化。在一体化经营过程中，龙头企业避免了货源供应不足的风险损失，致力于农产品的加工、流通和销售，减少经营环节，降低了生产成本。

③龙头企业等经济主体带动下促进农业生产标准化。在中国农产品面向国际市场时，一些国家为保护本国农业企业利益或是出于对本国消费者安全的考虑，对农产品进口设置特定的标准和技术壁垒，在此局面下实现农业标准化生产是打破我国农产品出口困境的重要方式。在分散化经营条件下农户的生产活动完全依靠自我对市场的判断，对农业生产技术掌握水平不一致，导致难以实现标准化的生产。龙头企业强化统一经营的层次，对农业投入品和生产过程进行控制，确保最终产品满足标准化要求。

④龙头企业等经济主体带动下促进农业产业链条延长。实践证明农产品加工和流通领域的利润远大于其生产领域，欧盟发达国家农产品利润60%来自于加工和流通环节。在我国由于加工技术条件的限制，作为农业生产经营主体的农户一般是把初级农产品直接销往市场，没有深入挖掘农产品的利润。龙头企业在连接市场和农户的过程中，将生产环节完全交给农户，自身专注于农产品的加工、流通和销售，分工细化促进农业产业化过程中产品加工、流通业的发展，提高了农产品的附加值，实现农业高效益，推动农业产业化加强了加工业和流通业的发展，延长了农业价值链。

（二）民营经济对农民增收的影响

2004 年年初，党中央发布《中共中央国务院关于促进农民增加收入若干政策的意见》，这是中华人民共和国成立以来第一次以农民增收为主题的中央文件，足以体现在“三农”问题中对农民增收的重视。该《意见》明确指出了龙头企业在推动农业产业化以及促进农民增收的作用，强调各级政府要成立专项资金支持农业产业化的发展，较大幅度地增加对龙头企业的投入。在国家政策的大力支持下，2014 年我国农业产业化经营组织总数达 330000 个，带动农户数目 12000 万户，占全国农户总数比例 54.5%，每户从农业产业化中增加收入 3000 元（见表 17－1）。龙头企业等经济主体在推进农业产业化、促进农民增收具有重要的作用。调研结果显示，龙头企业平均注册资本达到 5675 万元，而农民专业合作社平均注册资本仅有 170 万元，龙头企业带动农户数量大部分都在千户以上，而农民专业合作社带动农户数量大部分是几百户，龙头企业凭借其资本实力在带动农民增收上效果更显著。但其与农民的合作机制主要是订单和合同关系，这种利益合作关系并不牢固，难以发挥最大的联动效用。相反，农民专业合作社与农户的合作机制主要是利润返还和股份合作，此类机制下农户在合作关系中地位得到提高，可以使农户得到更多的利益，充分调动其积极性。

表 17－1　农业产业化经营组织及其对农户的带动作用

指标	1996 年	1998 年	2000 年	2002 年	2005 年	2011 年	2014 年
农业产业化经营组织总数（个）	11824	30344	66000	94000	135725	280000	330000
带动农户数目（万户）	1995.1	4923.3	5900	7200	8726	11000	12000

续表

指标	1996 年	1998 年	2000 年	2002 年	2005 年	2011 年	2014 年
带动农户占全国农户总数目比例（%）	10	15	25	30.5	35.2	50	54.5
每户从农业产业化中增加的收入（元）	—	800	900	1000	1336	2400	3000

资料来源：农业部产业化办公室调查资料汇编。

①龙头企业等经济主体为农户拓宽了市场，稳定农产品的销路。农户在单独进行市场交易时，由于信息失灵以及农产品种植的周期性，其生产过程总是落后于市场周期。当某种产品供不应求价格上涨时，农户往往一哄而上，结果造成供过于求，价格暴跌，农户增产不增收，损失严重。龙头企业规模大，掌握市场信息资源充分，与农户合作生产后，专注于市场开拓，就可以保证农户产出品稳定的销路，增加其收入。

②龙头企业等经济主体有助于提高农产品产量和质量，通过农产品加工促进品牌化销售，提高农产品附加值。在一体化经营过程中，为保证产品的满足质量和产量方面的要求，龙头企业通常会对农业生产的产前、产中、产后环节进行技术指导与服务，同时还会对参与产业化经营的农户进行一定的职业技能培训，帮助农户应用现代农业生产技术，通过对龙头企业的带动，有利于农产品质量和产量的提高。为增加农产品溢价能力，龙头企业会主动对农产品进行处理和加工，创建农产品品牌，提高产品的竞争力，相比起直接销售初级农产品，农户也能从其中获得更多的利益。

③龙头企业等经济主体加快农村富余劳动力转移，增加了农民工资性收入。农产品的加工和流通属于劳动力密集型行业，龙头企业对农业产业化的推动直接促进了农产品加工、服务业的发展，这些产业能够容纳大量的农民就业，充分发挥了农村资源的比较优势。大量的农民从农村土地上解放出来，从事第二、第三产业农村民营经济，不仅解决了农村剩余劳动力就业问题，而且增加了农民的工资性收入。

④龙头企业等经济主体促进农村产业结构的调整和优化，繁荣了农村经济。农业产业化过程中龙头企业会带动地区资源向主导产业并拢，资源配置得到优化，同时本地与之配套的运输、餐饮等服务业会联动发展，农村经济得到迅速的发展，不仅促进了农村城镇化，而且间接地提供了更多非农行业就业岗位，从而增加了农民收入。

（三）民营经济对农业现代化的影响

我国农业的发展很重要的一项内容是提高农业生产率，生产率的提高需要持续不断的人力、资本和技术的投入，目前农业技术创新已成为农业产业化有效发展的关键要素，技术创新要素的增值作用已远大于资金和劳动力的增值作用。农业科技推广是指一种农业新技术、新发明、新成果等从创新源头开始向周围传播，并被广大农户、农民或涉农企业接受、采纳、使用的过程（史金善，2007），其是我国科教兴农的关键性环节，是提高资源利用率，降低成本，提高农产品竞争力的重要手段。长期以来，我国农业科技推广主要受政府驱动，即农业科技成果由政府投资的农业科研部门进行研发，专门的部门进行推广，自上而下的行政命令，强制性地发动和组织基层单位实施，在这种模式下农户被动接受科技推广（董金和，2005）。民营龙头企业是在社会主义市场经济体制下产生和成长起来的，作为市场经济主体，市场竞争压力推动着龙头企业不断提升农产品技术含量，占领技术制高点以赢得市场。相比起政府部门对农业科技的推广，市场作用下龙头企业对农业科技推广的驱动力更为强劲，化被动为主动，龙头企业已成为我国农业现代化的重要推动力量。自 2004 年政府出台《农业机械化促进法》以及一系列配套政策以来，农机具购置补贴逐年上升，补贴覆盖范围不断扩大，农业机械化呈现出整体推进、快速发展的良好态势（见表 17－2）。到 2014 年底，耕种收综合机械化水平达到了 61%以上，按照机耕、机播、机种三个指标计算综合机械化水平，其中三大主粮机械化程度大幅提高，小麦达93.7%，水稻达73.1%，玉米达79.8%。

表17-2　　2004~2013年农业补贴有关指标

年份	农机补贴数额（万元）	实施县数（个）	农机购置总投入（万元）	农机总动力（万千瓦）	综合机械化水平（%）	农机作业服务组织（万个）
2004	3295	66	2491841.66	64140.92	34.32	3223.9
2005	25000	500	2926179.41	68549.35	35.93	3386.3
2006	54000	1126	3195106.77	72635.96	39.29	3502.1
2007	110900	1716	3505958.46	76878.65	42.47	3654.6
2008	400000	全部	4092555.37	82190.41	45.85	3849.6
2009	1300000	全部	6097446.59	87496.10	49.13	3958.9
2010	1550000	全部	7062139.73	92780.48	52.28	4076.0
2011	1750000	全部	7447057.88	97734.66	54.82	4128.1
2012	2150000	全部	8569562.16	102558.96	57.17	4209.0
2013	2175480	全部	8870229.48	103906.75	59.48	4255.5

资料来源：历年《农机统计年报》（农业部农业机械化管理司编）。其中，农机作业服务组织包括农机专业合作社、农机户和其他农机服务组织。

第一，“龙头企业及农村合作经济组织+农户”的推广形式推动我国农业整体科技水平的提高。企业的一切经营以利润最大化为目标，通过科技推广提高了经济效益，在利益的推动下，企业又会以更大的投入从事农业科技推广，加快技术引进的步伐，积极对农户进行生产指导和技术培训。如此循环往复使龙头企业不断拓展应用农业技术的深度与广度，优化农产品的结构和质量，企业竞争力得到有效提升，并最终推动着我国农业整体科技水平的提高。

第二，有利于中国农业科技未来核心竞争力的形成。科技优势是龙头企业立足于市场的核心竞争力，核心竞争力一旦形成，便能获得长期稳定的利益。伴随着社会经济的发展，农业从自给型向商品型转变，人们越来越强调健康、绿色、安全消费，而不仅仅考虑农产品的功能和价格等因素。这些变化给农业龙头企业带来了新的发展空间，促进龙头企业不断提高农业技术的应用水平，增加技术要素在产出中的贡献度，龙头企业带动技术创新的纵深发展直接决定着我国未来农业科技水平。

三、农业产业化发展对民营经济的影响

农业产业化是特定地区一定时期内为充分发挥本地区的区位和资源优势，引导地区资源集中发展优势农业，完善社会基础设施，扩大产品市场，增加农民收入的过程。我国农业产业化发展至今，已成为民营经济的重要组成部分，对推动民营经济增长与转型起着不可替代的作用。结合汉弗莱（Humphrey）和施密茨（Schmitz）提出的全球产业链中产业升级模式①，农业产业化影响民营经济的过程升级、产品升级和功能升级（Humphrey and Schmitz，2000）。

① “升级”指通过放弃过去的专业知识，能更有效地制造产品、制造出更好的产品或者是能从事于需要更多技术的活动（Porter，1990）。汉弗莱和施密茨（2000）提出的全球价值链中产业升级的四种模式，分别是过程升级、产品升级、功能升级和价值链升级。过程升级指引进先进设备和技术、引进新的组织方式等，主要表现为生产流程效率的提高；产品升级指引进更先进的生产线、新产品等，主要表现为更快地研发新产品或改进产品质量；功能升级指增加经济活动的技术含量，获取高价值环节，主要表现为跨越到价值链高价值量环节；价值链升级指把在原价值链获得的知识应用到新的价值链，主要表现为从原价值链跨越到价值量更高的价值链。

（一）农业产业化对民营经济过程升级的影响

在农业产业化产供销一条龙、技工贸一体化经营模式下，通过种养、加工、流通的有机结合，容易发展起资源、技术、资本集中的农业产业集团，从而实现规模化、标准化经营，促进经济效益提高。在民营经济主体带动农业产业化发展的过程中，将生产、加工、流通、销售等环节“内部化”，减少市场不完善所带来的负面影响，保证生产加工环节供需交换正常进行。一方面，农业产业化经营可使民营经济以内部转移来代替外部市场，锁定农产品生产成本，提高民营经济对产经销环节控制程度，有效降低交易成本。另一方面，市场“内部化”有助于资源合理配置，提高生产、加工、流通、销售过程效率，为加工工艺升级创造条件，促进民营经济过程升级。

（二）农业产业化对民营经济产品升级的影响

国内各地有着不同的资源禀赋，包括自然资源、劳动力资源、文化历史资源等，在农业生产上既有各地的优势也有相对应的劣势，没有一处地区适合所有农产品的生产。只有充分发挥各地比较优势，扬长避短，形成各具特色的区域农业结构，才能在国内乃至国际市场上确立有利的竞争地位，促进和保持区域农业的长期稳定发展。一般来说，有效市场会充分发挥地区比较优势，筛选出当地主导产业。如果某一主导农业产业前景好、效益高，龙头企业及农村合作经济组织作为农业市场经济的主体，结合当地比较优势直接筛选出具有前景的主导产业，引导地方农业主导产业持续稳定发展。在农业产业化经营引导下，地方特色主导农业易形成规模化发展，规模化通过降低单位成本直接提高了民营企业的经济效益，同时，还有利于提高农产品标准化水平和质量水平，增强农产品国际竞争力，推动民营经济产品升级。

（三）农业产业化对民营经济功能升级的影响

产业结构是指国民经济各产业部门之间以及各产业内部的组成状态，是产业之间发展水平的动态反映，也是衡量一个国家或地区经济发展水平的重要标志。产业经济学认为，产业结构和经济增长是社会经济发展水平的两个观察维度，两者具有较强的关联性。一方面，产业结构的演进促进宏观经济增长；另一方面，社会经济水平的发展也会带动产业结构变化。随着社会经济发展和科学水平进步，原有的农业产业结构不适应新时代的经济发展要求，迫切需要改变原有农业发展模式及农业产业结构，实现农业产业化经营，增加农业经营附加值，提升全球农业价值链中的地位，更好地满足国民经济发展的需要。

在低层次产业结构中，农业发展模式大部分属于初级农产品的产销，与农业发展相关的工业和商业服务所占比重很小，这种产业结构导致农业整体附加值很低，对整个社会经济的效用很小。通过农业产业化经营，农产品由粗加工向深加工、精加工转变，地方性品牌向全国品牌乃至国际品牌发展，产经销一体化增强农业主体之间的联动性，有助于提高研发能力，与农产品销售有关的包装、储藏、运输及销售、餐饮等服务社会需求增加，有效地延长了农业产业链，带动了民营经济飞速发展。在农业生产经营过程中，民营经济附加值得到有效提高，促进全球农业价值链地位的提升。

四、全球化视域下“互联网+”对民营经济与农业产业化的影响

（一）全球化与“互联网+”的发展趋势

1. 全球化的内涵

全球化进程由来已久，源于资本主义扩张动因下市场经济活动的世界性运动，地理大发现后西方

列强进行大规模的殖民掠夺与贸易标志着全球化的开始，而后日益发展与加深。虽然全球化运动进行了几个世纪，但全球化这一概念最早在 1985 年由经济学家 T·莱维明确提出，他用这个概念形容 1965~1985 年国际经济的巨大变化，即商品、服务、资本和技术在世界性生产、消费和投资领域中的扩张（张骥，2002）。全球化这一概念的诞生就表明其含义指经济全球化。全球化概念一经提出，便被国内外学者、组织广泛接受和使用，1992 年联合国时任秘书长加利在联合国日致辞时称："第一个真正的全球化时代已经到来"。

国内外对经济全球化的研究众多，但关于全球化的定义学术界众说纷纭，尚未达成一致的见解。较具权威性的观点是 1997 年 5 月国际货币基金组织在发表的《世界经济展望》一书中提出的："全球化是指跨国商品与服务交易及国际资本流动规模和形式的增加，以及技术的广泛传播使世界各国经济的相互依赖性增强"（国际货币基金组织，2002）。我国学者对经济全球化的含义也有着多种描述，王忠武认为，经济全球化是指各种资源和生产要素在全地球范围内的高速流动和高效配置、利用，人类活动及其成果与效应在全地球范围内的全面互动、整合与协同（王忠武，2001）。薛敬孝认为，经济全球化通常是全球范围内以优化资源配置为目的的经济一体化过程，是生产、贸易、投资、金融等经济行为在全球范围内的大规模活动，以及随之而来的各国经济制度整合与政策协调和商品、要素价格均等化的趋势，经济全球化过程中有六种表现形式，分别是贸易全球化、投资全球化、金融全球化、生产全球化、技术和信息全球化、人力资本全球化（薛敬孝，2000）。张宝珍认为，经济全球化就是世界范围内各国和各地区经济融合成整体，按照市场经济要求保证生产要素自由流动和合理配置的历史过程（张宝珍，1998）。

除此之外，还有众多学者对经济全球化提出了自己的见解，本文认为应该从如下两个方面来把握经济全球化的内涵。

①经济全球化是在全球市场经济条件下，在生产、投资、贸易、金融等经济活动作用下生产要素自由流动，并实现最优化配置的过程。

②在经济全球化过程中，各国或地区的生产、经营、管理等活动都纳入到全球经济之中，分工协作更加明显，相互之间的依赖性不断增强，推动世界经济向经济一体化发展。

2. "互联网+"的内涵

自 1961 年美国麻省理工学院伦纳德·克兰罗克博士提出分组交换技术开始，至今世界互联网已经发展 50 多年。1995 年被称为中国互联网商业元年（林军，2009），网易和中国黄页诞生，随后搜狐、新浪、腾讯、百度相继成立，2014 年京东和阿里相继在美国上市后，当年百度、阿里巴巴、腾讯、京东四家公司入选全球十大市值最高的互联网企业。国内互联网公司的发展同时带动着传统行业的升级转型，"互联网+"的概念应运而生。"互联网+"的概念最早追溯到 2012 年 11 月在易观第五届移动互联网博览会的发言，他认为"互联网+"是让传统行业的产品与服务和未来的多屏全网跨平台用户场景发生化学反应的公式。2015 年 3 月十二届全国人大三次会议上，李克强总理在政府工作报告提出制订"互联网+"行动计划，积极推动移动互联网、云计算、大数据、物联网等与现代制造业结合，促进电子商务、工业互联网和互联网金融健康发展，引导互联网企业拓展国际市场。

自从"互联网+"被列为国家战略后，政府、企业、学者都对其内涵进行了阐述。国家发改委文件中定义"互联网+"就是为充分发挥互联网在生产要素配置中的优化和集成作用，把互联网的创新成果与经济社会各领域深度融合，产生化学反应、放大效应，大力提升实体经济的创新力和生产力，形成更广泛的以互联网为基础设施和实现工具的经济发展新形态。阿里研究院在《"互联网+"研究报告》中将其定义为以互联网为主的一整套信息技术（包括移动互联网、云计算、大数据技术等）在经济、社会生活各部门的扩散、应用过程，并认为"互联网+"的本质是传统产业的在线化、数据化。腾讯定义"互联网+"是以互联网平台为基础，利用信息通信技术与各行业的跨界融合，推动产业转型升级，并不断创造出新产品、新业务与新模式，构建连接一切的新生态。三种定义大同小异，通俗来说“互联网+”就是互联网加传统行业，但非简单的物理相加，而是相互之间要发生化学反应，两者进行深度融合，发展创造出经济的新生态。

3. 全球化视域下“互联网+”的表现形式

根据中国互联网络信息中心每年发布的报告显示，我国网民数从2002年仅有的5000多万人发展到2014年近6.5亿人，互联网普及率达47.9%（见图17-1）。互联网从基于信息获取和沟通娱乐需求的个性化应用，发展到与医疗、教育、交通等公用服务深度融合的民生服务。近年来，随着互联网的不断渗透，以及支付和物流等基础设施不断完善，跨境电商交易规模持续扩大，在我国进出口贸易中所占比重越来越高。在全球化视域下，“互联网+”的表现形式包括了基于跨境贸易（非传统）、跨境物流、跨境金融服务、跨境品牌营销等多个发展方向。

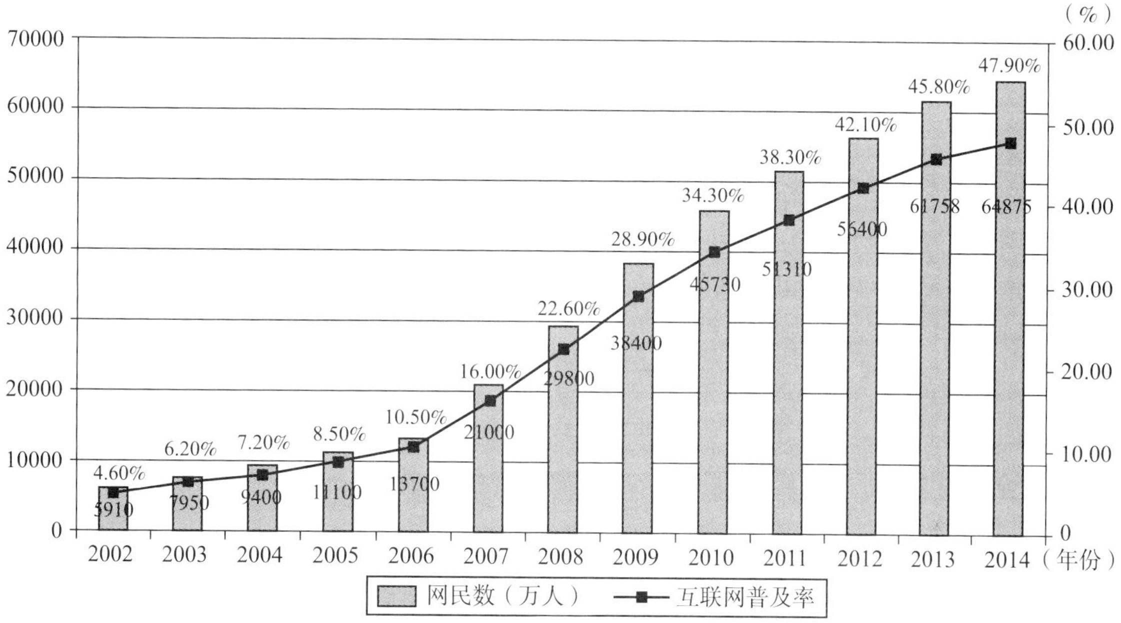

图17-1 中国网民规模和互联网普及率

资料来源：中国互联网发展状况统计报告整理。

①跨境贸易（非传统）。相比较过度依赖线下渠道的传统外贸模式，跨境贸易打破了传统外贸模式下国外渠道如进口商、批发商、分销商甚至零售商的垄断，极大地缩短了传统外贸的供应链，省去了境内外中间商环节，供应链扁平化，价格显著低于一般进出口贸易，大幅提升了全球资源配置的效率。艾瑞咨询数据显示2014年我国跨境电商交易总额4.0万亿元，预计2015年同比增长30%达到5.2万亿元。我国跨境贸易发展表现出三个特点：跨境贸易规模快速增长，在我国进出口贸易中所占的比重逐渐增大，2014年跨境贸易额占进出口总额的15.9%；跨境贸易中出口业务所占比重较大，2014年达到86.7%；跨境贸易中B2B市场规模占绝对优势，2014年交易额占比92.4%。

②跨境物流。跨境物流是跨境电商中最关键的环节，是电商公司构建长期成本优势的重要切入点。消费者对于配送、海外售后要求提升，海外仓储的建设成为竞争力核心。进口电商物流以直购进口、保税进口两种模式开展，出口电商物流主要采取国际小包、跨国快递（DHL、UPS等）、专线物流、海外仓四种模式。以直购进口模式为例（见图17-2），跨境物流的时效性、安全性和服务性对消费者体验具有重大影响。现阶段在跨境电商发展较快的都是对物流要求相对较低的品类，如3C、婚纱。农产品由于保鲜、口味等要求，在跨境电商中应用程度低。

③跨境金融服务。跨境金融服务包括跨境支付、跨境供应链金融服务、跨境理财服务等，通过提供相关的金融服务帮助外贸企业开展跨境贸易，解决企业“走出去”过程中的资金难题，提高其国际竞争力。

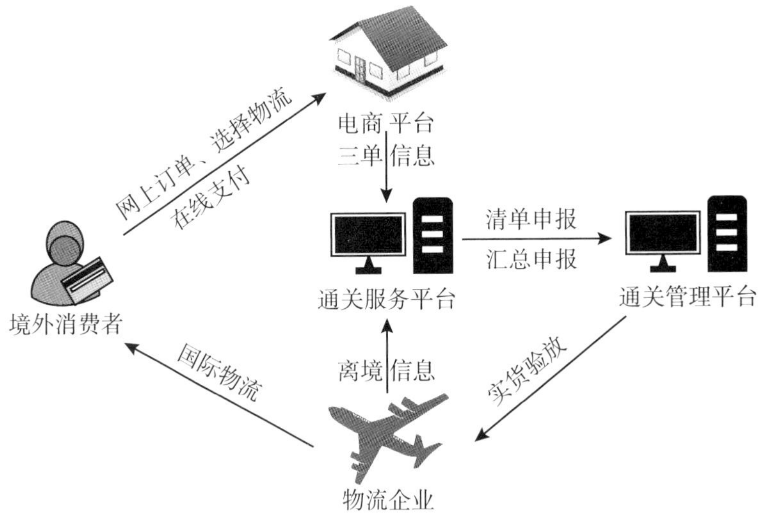

图 17-2　直购进口模式

一达通是中国第一家面向中小企业外贸综合服务平台，汇聚了 3 万多家中小微外贸企业，利用积累的外贸数据，提供贸易融资（包括备货融资、退税融资、信用证融资、赊销融资、远期外汇保值）及保险服务。

④跨境品牌营销。通过提高产品质量、用户体验和让渡价值来培养用户忠诚度，赋予企业独特的品牌文化和情感内涵实现跨境品牌营销，有助于避免同质化竞争和价格战，有效提升跨境贸易的竞争优势，以实现可持续发展。国内有诸多类似于四海商周电子商务有限公司帮助外贸企业创立海外品牌的代运营商，通过提供 IT 技术、运营、市场营销等服务，帮助中国制造业企业实现从 FOB 式的卖方定价到自主市场定价的跳跃。

（二）全球化视域下“互联网 +”对民营经济的影响

过去的三十多年中，中国凭借低廉的要素成本和完善的基础设施，以贴牌加工或加工贸易的形式，参与到由国际大买家或跨国公司主导的全球价值链分工体系中。“中国制造”风靡全球，推动着我国出口一直保持着高速稳定的增长，成为拉动我国经济增长的重要火车头。然而近几年来我国劳动力、能源资源等生产要素成本持续上涨，金融危机后全球市场需求不旺，导致传统外贸模式难以持续，对中国融入 GVC（全球价值链）提出了新的挑战。对于农业民营经济主体来说，受限于规模、质量、成本、品牌、技术等因素，缺少国际知名品牌，在国际市场上完全不具备竞争力，主要局限于资源禀赋型产品，多从事初级的种植、加工业。

本研究报告深度调研了浙江省地区的农业产业化龙头企业和农民专业合作社跨境电商业务情况，共收回问卷 318 份（龙头企业 185 份，农民专业合作社 133 份）。问卷内容共分为五部分，第一部分是填卷人基本信息，第二部分是经济主体基本信息，第三部分是经济主体跨境电商销售情况，第四部分是跨境电商对农业产业化的影响，第五部分是跨境电商对民营经济农产品附加值的影响。从调研结果来看（见图 17-3），从生产到的销售环节，只进行简单分类和粗加工的经济主体占比达 64.07%，拥有国际知名农产品品牌的经济主体只占 3.61%，超过 60% 的经济主体只拥有农产品地区品牌，品牌影响力弱导致同质化竞争激烈，无法形成全国乃至国际大品牌。跨境电商的发展为中国农业融入 GVC 带来了新的机遇，结合调研结果，本文认为跨境电商背景下信息传递便利化，交易成本降低，推动农业过程升级；市场规模扩大，标准化水平提高，推动农业产品升级；品牌销售能力增强，技术应用水平提高，推动农业功能升级。

1. 信息服务增强，交易成本降低，推动过程升级

跨境贸易的发展有效降低了国际市场进入“门槛”以及交易成本，信息传递更趋便利。跨境物流的发展使中国的生产纳入到全球物流体系，促进企业市场扩张从而扩大市场规模。跨境贸易平台为

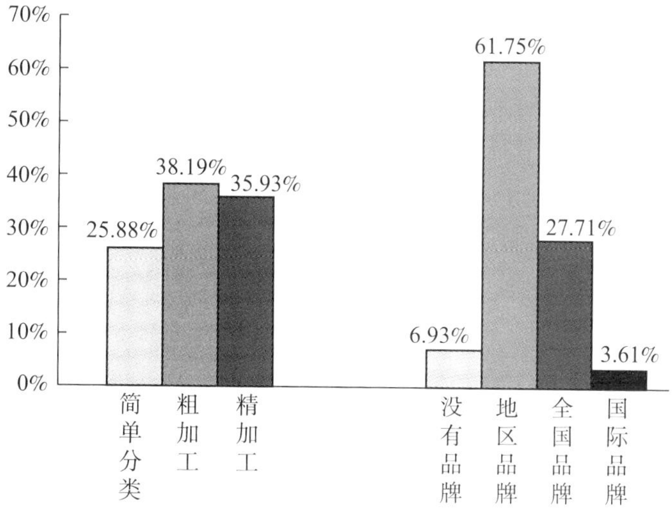

图 17－3　民营经济调研主体农产品加工和品牌情况

资料来源：本文的调研问卷。

业提供了把握全球商机、融入全球市场的机会，商品流国内企通信息传递更加便利，有效降低了交易成本，缩短运营周期。跨境平台提供的专业服务省去传统国际业务中企业和报关行、货代公司、银行、外汇管理局、税务局等多个环节部门的联系，为中小企业完成报关、物流、外汇、退税、融资等多环节的操作，使过去复杂、专业的国际贸易变得简化、透明，解决了企业人才稀缺与融资难的困境。

在调研问卷中，设计了生产过程信息服务能力增强（A）、粗加工转向精加工趋势显著（B）、加工工艺水平提高（C）、流通成本降低（D）、销售过程服务能力增强（E）五个评价指标衡量跨境电商对农业过程升级的推动作用，推动作用由弱至强分别用 1～5 数字评价。从问卷结果来看（见图 17－4），跨境电商对农业过程升级推动作用显著，流通成本降低效应相对较弱，主要因为农产品对于物流有较高的要求，在跨国界运输方面目前还存在较多的问题亟待克服。从是否从事跨境电商比较来看，从事跨境电商业务主体对跨境电商带来的推动作用评价更高，在克服人才、资金、物流等难题后经济主体效益提升明显。从两类经济主体比较来看，跨境电商对龙头企业过程升级推动作用更加显著。

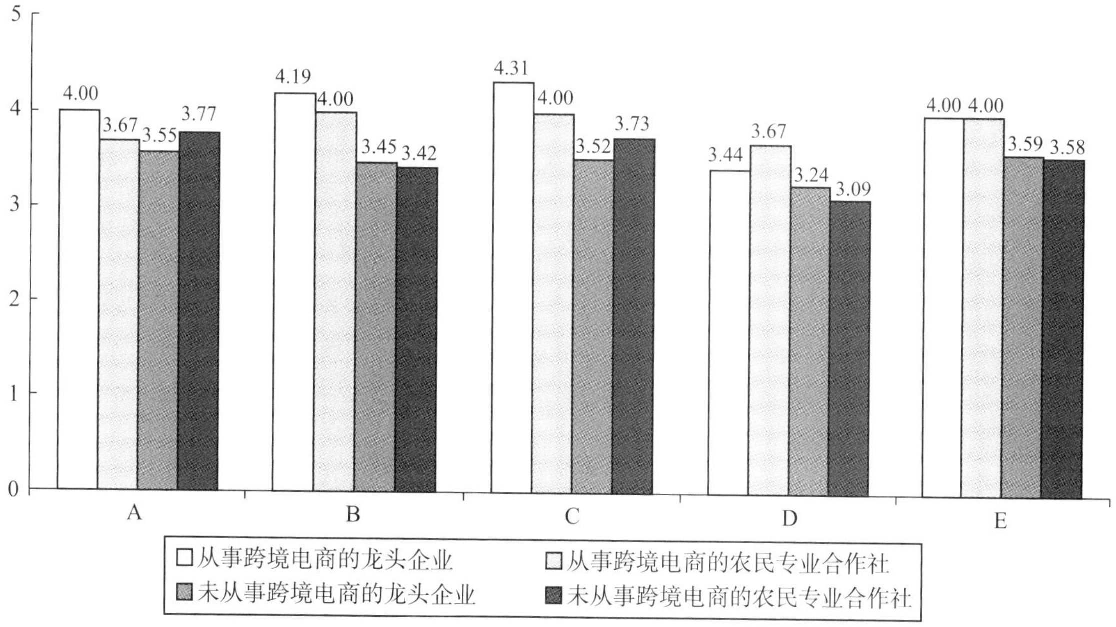

图 17－4　跨境电商对民营经济过程升级的影响

资料来源：本文的调研问卷。

（1）不同类型下跨境电商对龙头企业、农民专业合作社过程升级的影响

图 17－5 显示了跨境电商对不同类型龙头企业过程升级的影响，从中可以看出跨境电商对不同类型的龙头企业过程升级有显著的推动作用，其中对省级龙头企业的影响作用最大，对国家级龙头企业和地市级龙头企业影响作用相当。图 17－6 所显示的问卷结果表明，跨境电商对村干部牵头型农民专业合作社推动作用最显著，可能说明此类合作社相较于其他类型拥有一定政策优势。

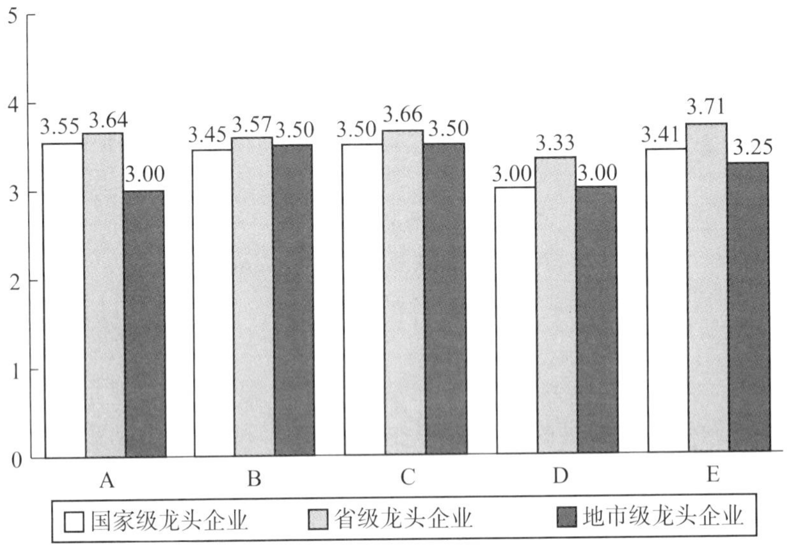

图 17－5　跨境电商对不同类型龙头企业过程升级的影响

资料来源：本文的调研问卷。

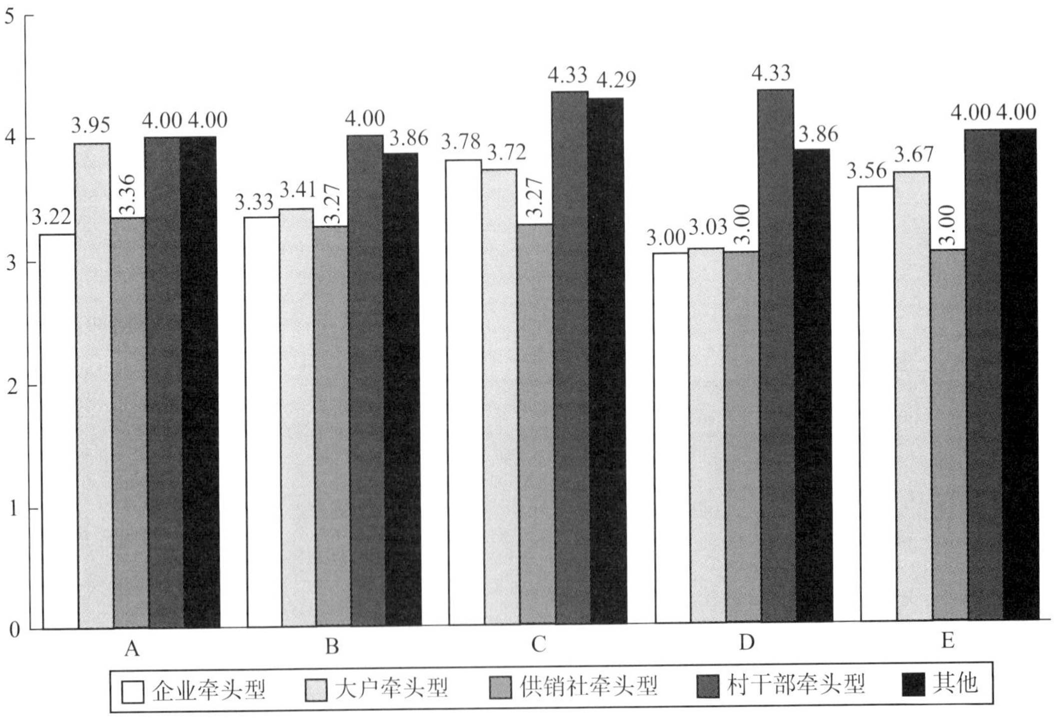

图 17－6　跨境电商对不同类型农民专业合作社过程升级的影响

资料来源：本文的调研问卷。

（2）不同利益联接方式下跨境电商对龙头企业、农民专业合作社过程升级的影响

图 17－7 所显示的问卷结果表明，与农户的利益联接方式影响跨境电商的推动作用，跨境电商对

"公司＋合作社＋农户"利益联接方式下龙头企业的影响最显著，说明合作社作为中间连接机构，在提高农产品质量及生产组织化程度方面发挥效用，新的商业运营模式下带来的效益最大。图 17－8 所显示的问卷调查结果则与此相反，对于农民专业合作社跨境电商对"合作社＋农户"利益联接方式下的影响最显著。

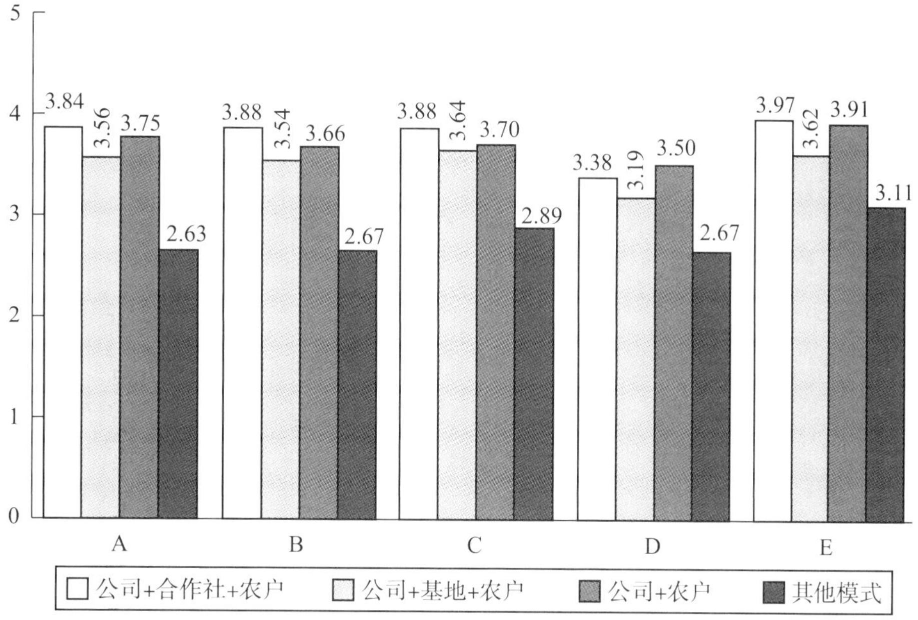

图 17－7　跨境电商对不同利益联接方式龙头企业过程升级的影响

资料来源：本文的调研问卷。

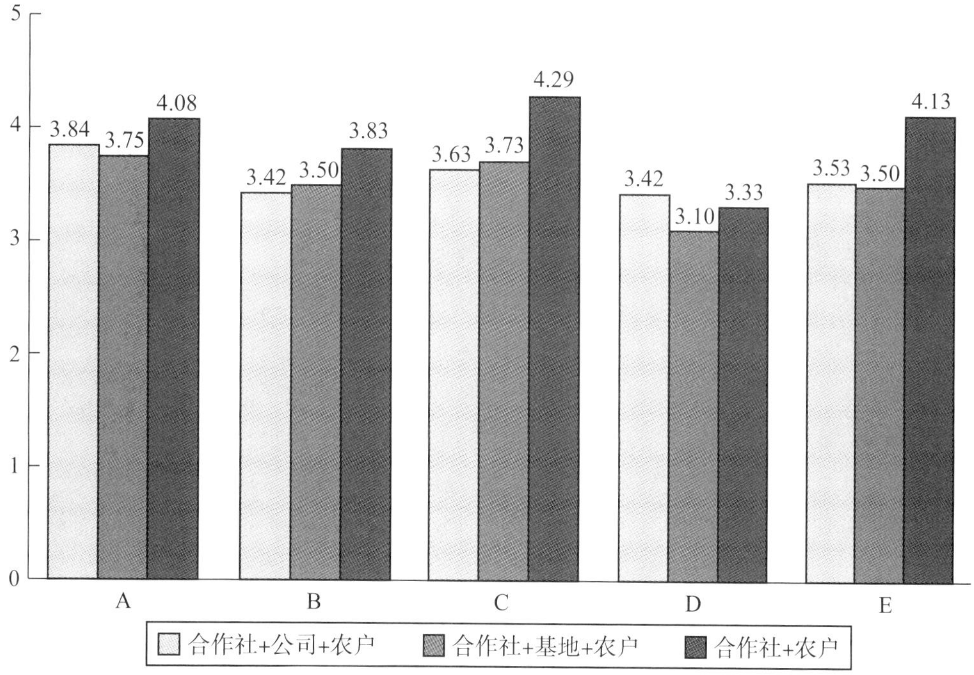

图 17－8　跨境电商对不同利益联接方式农民专业合作社过程升级的影响

资料来源：本文的调研问卷。

（3）不同合作机制下跨境电商对龙头企业、农民专业合作社过程升级的影响

龙头企业与农户的合作关系决定了农户在农业生产中的地位（见图 17－9）。订单交易是最弱的

合作关系，相反股份合作是最为稳定的合作关系，能充分调动农户积极性。调研结果显示跨境电商对股份合作机制下龙头企业的效用最大，说明在股份合作模式下农户即为企业的所有者，在跨境电商销售模式下农户可以直接接触消费者更好地改善服务，提高产品质量，促使效益最大化。而在农民专业合作社中（见图 17－10），合同方式合作机制下影响最显著。

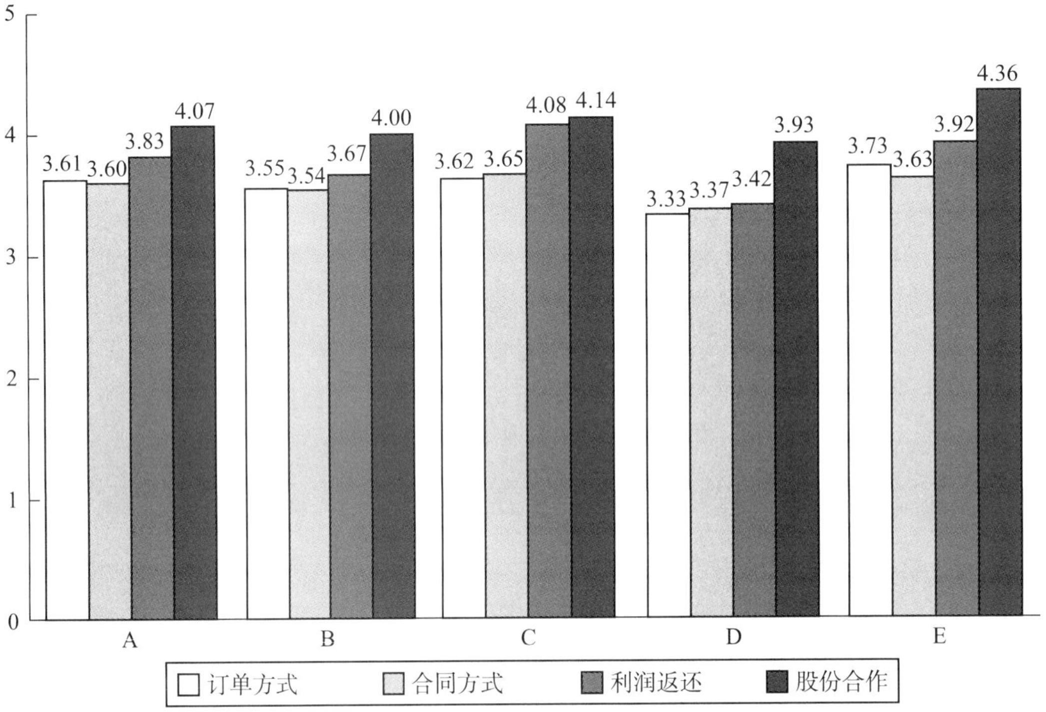

图 17－9　跨境电商对不同合作机制下龙头企业过程升级的影响

资料来源：本文的调研问卷。

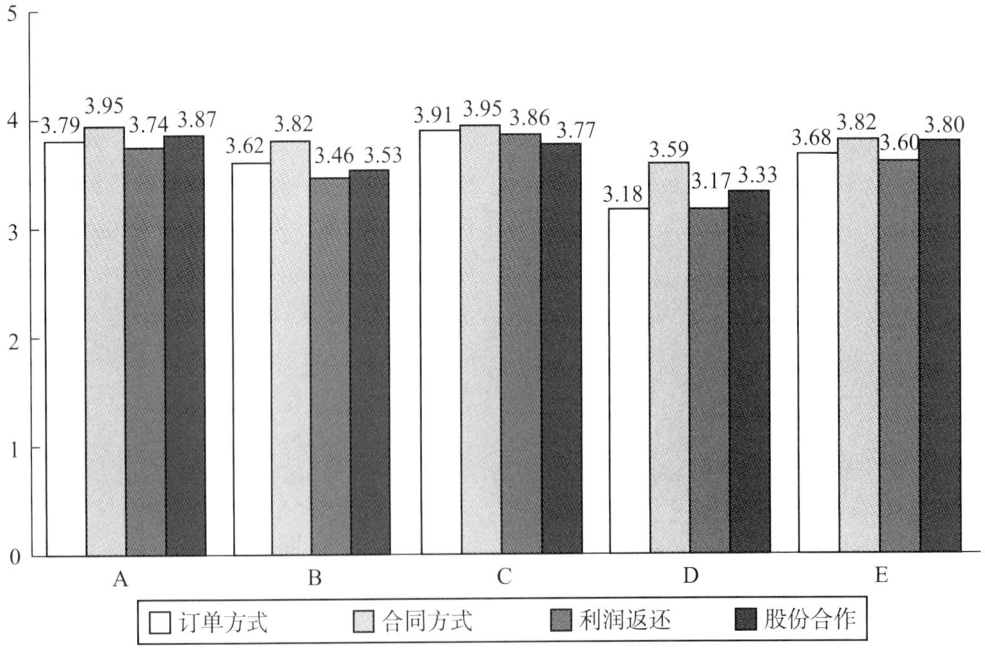

图 17－10　跨境电商对不同合作机制下农民专业合作社过程升级的影响

资料来源：本文的调研问卷。

（4）不同注册资本规模下跨境电商对龙头企业、农民专业合作社过程升级的影响

龙头企业注册资本在下述四个分类区间的样本分别占总样本的53.98%、22.16%、13.63%以及10.23%，如图17－11所示，注册资本在5000万～8000万元之间的龙头企业过程升级效用最显著，说明在新的商业运营模式下，规模适当有助于龙头企业过程升级效用最大化。农民专业合作社的调研结果同样显示这样的结果（见图17－12），注册资本规模越大不是过程升级效用最大化的充分条件。

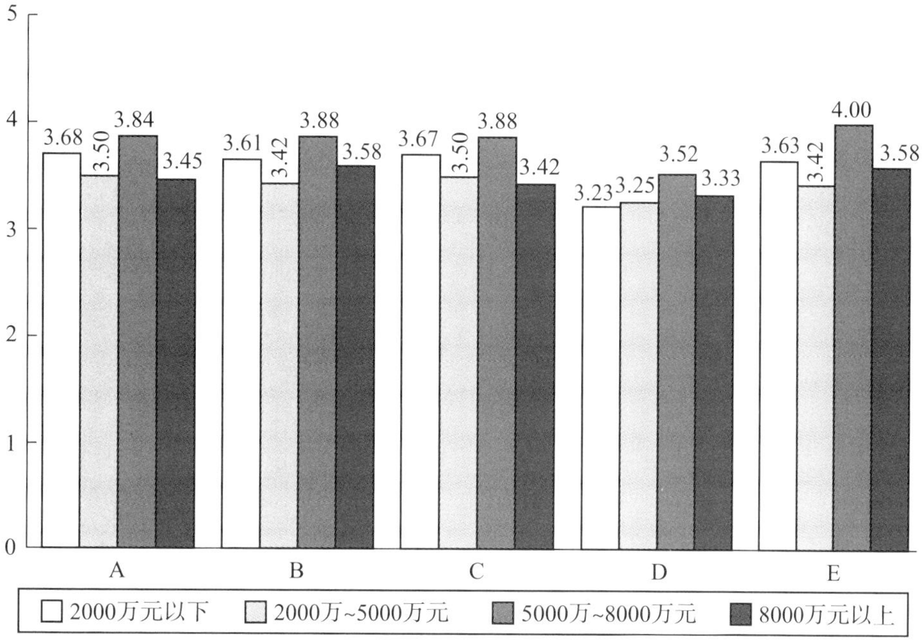

图17－11　跨境电商对不同注册资本龙头企业过程升级影响

资料来源：本文的调研问卷。

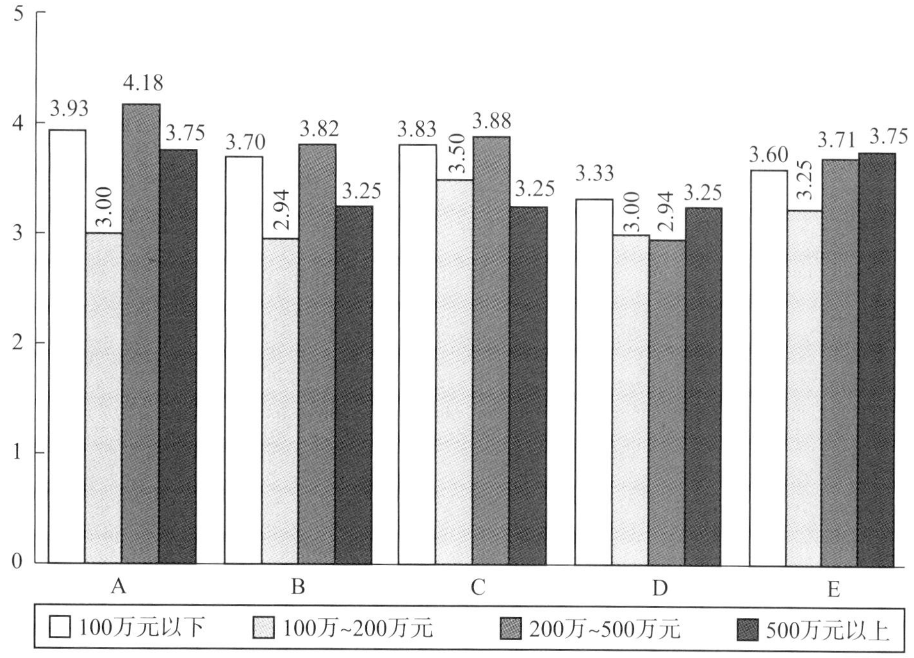

图17－12　跨境电商对不同注册农民专业合作社过程升级的影响

资料来源：本文的调研问卷。

（5）不同人才数量下跨境电商对龙头企业、农民专业合作社过程升级的影响

龙头企业的过程升级除了需具备一定的资本、资源等条件外，还需有人力的支持。企业跨境电商的运营需要专业人才，很多农业企业并不能适应新的商业运营方式，人才储备不够。如图 17－13、图 17－14 所示的调研结果表明，大专学历 20～50 人规模之间的龙头企业在跨境电商销售下效用最大，而非龙头企业人才越多越好。大专学历 10～20 人规模之间的农民专业合作社在跨境电商下效用最大，属于人才数量适中的规模。

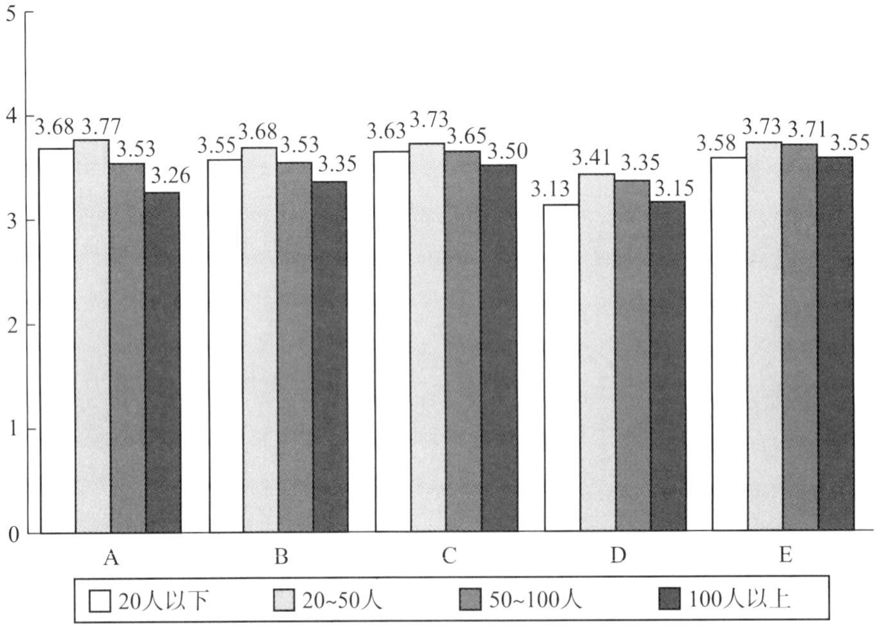

图 17－13　跨境电商对不同人才数量龙头企业过程升级的影响

资料来源：本文的调研问卷。

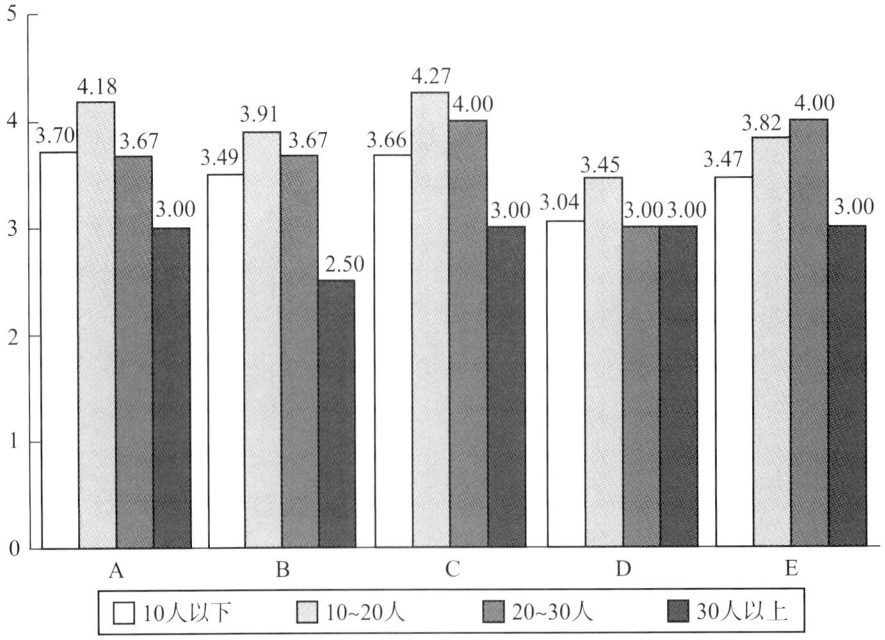

图 17－14　跨境电商对不同人才数量农民专业合作社过程升级的影响

资料来源：本文的调研问卷。

2. 市场规模扩大，质量水平提高，推动产品升级

根据学者对全球价值链的研究①，市场规模的扩大和信息传递的便利化，利于供应商对中间品的投入；市场交易成本和国际市场行业进入"门槛"的降低，利于提高企业外购中间品的比例，两种力量共同促进垂直专业化的深入发展。垂直专业化分工带来的经济效益主要包含两个方面：一是垂直专业化分工促进了国际间的技术转移，二是垂直专业化分工提高了发展中国家的生产效率。在垂直专业化国际分工体系下，发展中国家会自动接受来自发达国家的技术转移、生产指导或组织更新，提升生产技术水平和生产效率，加快产品迭代效率，提高产品质量。

在调研问卷中，设计了产品标准化水平提高（F）、产品质量标识制度加强（G）、产品认证数量增加（H）、优质农产品数量增加（I）、农产品国际竞争力增强（J）五个评价指标衡量跨境电商对农业产品升级的推动作用，推动作用由弱至强分别用1~5数字评价。图17-15所示的调查结果表明，从整体来看，跨境电商对农业产品升级推动作用显著，从是否从事跨境电商比较来看，从事跨境电商业务主体对跨境电商带来的推动作用评价更高，对产品质量标识制度的加强作用评价最高，说明在农产品"走出去"过程中，国外客户注重农产品质量倒逼经济主体提高自身农产品质量，以及加强农产品质量的外在标识。从两类经济主体比较来看，跨境电商对农民专业合作社产品升级推动作用更加显著。

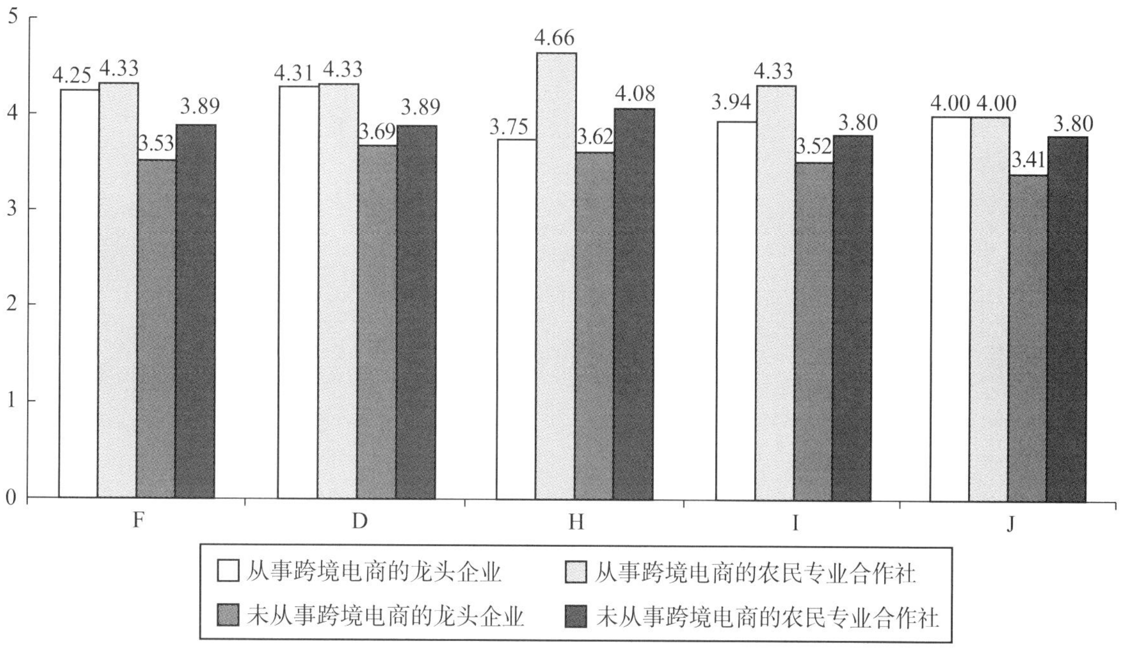

图17-15 跨境电商对民营经济产品升级的影响

资料来源：本文的调研问卷。

（1）不同利益联接方式下跨境电商对龙头企业、农民专业合作社产品升级的影响

利益联接方式影响跨境电商对经济主体产品升级的推动作用，且不同经济主体类型对应效用最大化的利益联接方式不一样。图17-16、图17-17所示的调查结果表明，跨境电商对"公司+合作社+农户"利益联接方式下龙头企业的产品升级推动效用最大，而对"合作社+农户"利益联接方

① 赫默尔斯（Hummels）等（2001）认为通信技术发展促进信息传递便利化，有利于国际间企业相互协调合作完成不同的生产环节，因此垂直专业化贸易取得不断增长。唐东波（2013）以工业数据实证分析，发现市场交易成本和行业进入门槛的降低，有助于增加企业购买中间品的比例，进而提高企业垂直专业化水平。关于垂直专业化分工带来的经济效益研究，刘庆林等人（2010）通过计算中国35个工业行业的生产分割指标，发现中国参与垂直专业化分工有利于生产率的提高，且从发达国家承接的生产环节对生产率的提升作用大于非发达国家。

式下农民专业合作社的产品升级推动效用最大。

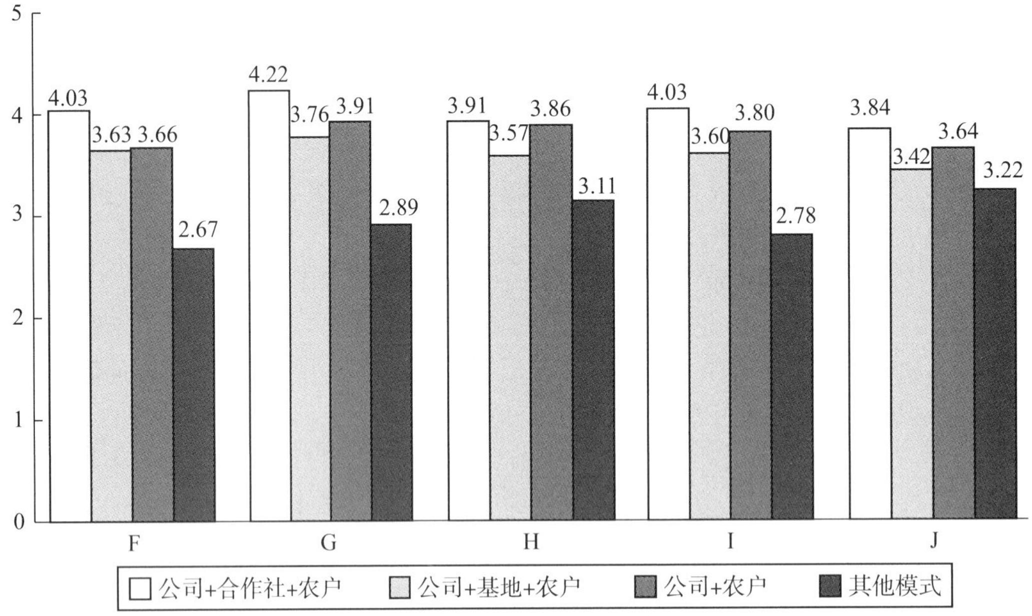

图 17－16　跨境电商对不同利益联接方式下龙头企业产品升级的影响

资料来源：本文的调研问卷。

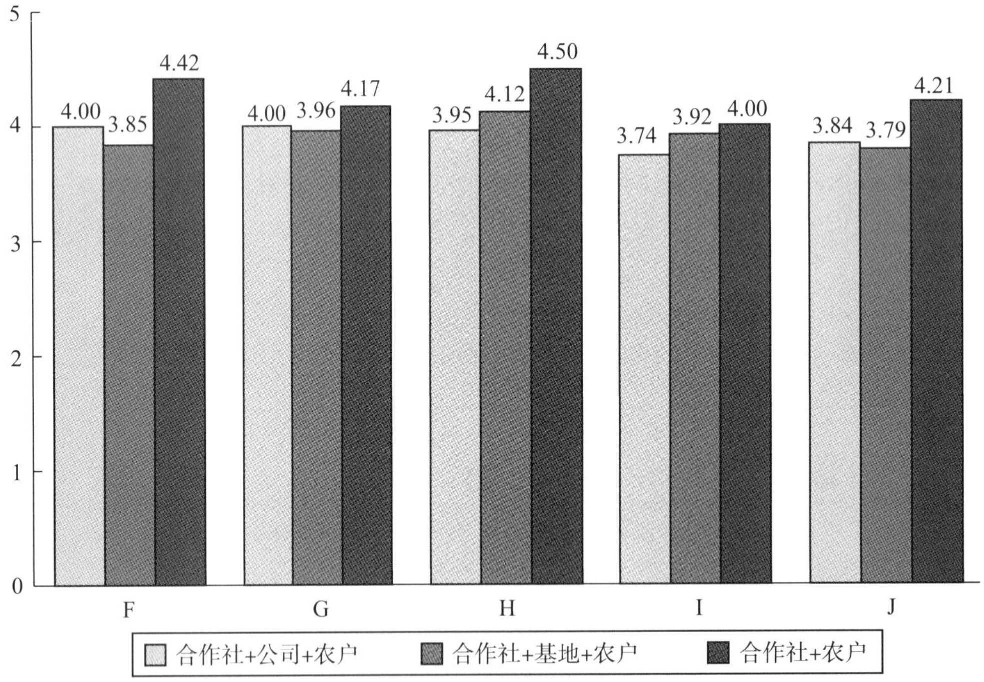

图 17－17　跨境电商对不同利益联接方式下农民专业合作社产品升级的影响

资料来源：本文的调研问卷。

（2）不同合作机制下跨境电商对龙头企业、农民专业合作社产品升级的影响

跨境电商对龙头企业产品升级的促进作用与其和农户合作稳定程度呈显著正向关系，股份合作制下龙头企业产品升级效果最大（见图 17－18）。鉴于农民专业合作社与农户关系更趋稳定，跨境电商对农民专业合作社产品升级的促进作用与其和农户合作稳定程度呈一定程度的不规律性，总体来说合同方式合作机制下影响效用最大（见图 17－19）。

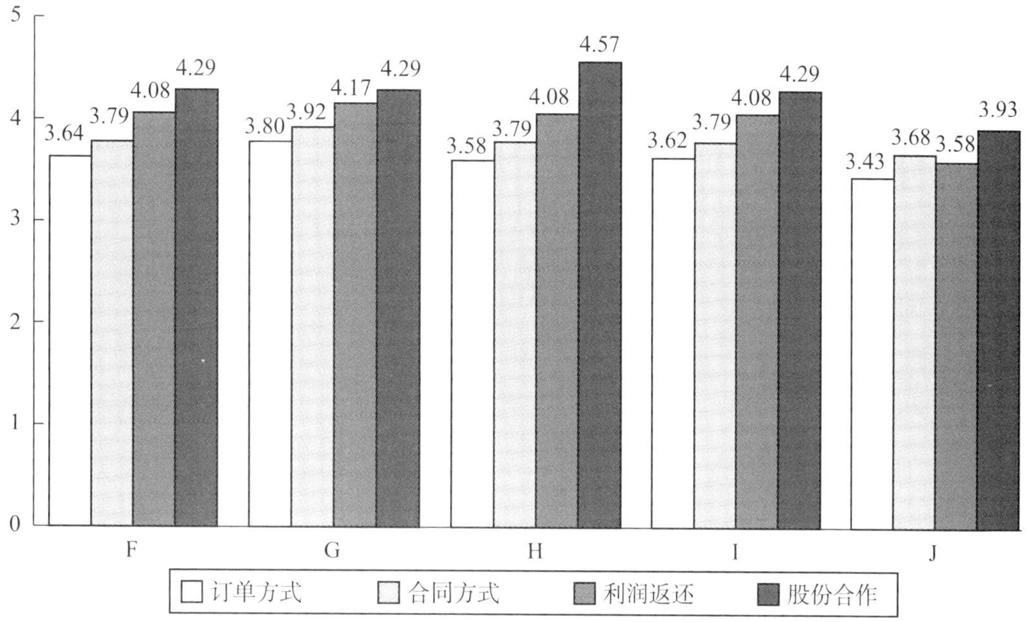

图 17－18　跨境电商对不同合作机制下龙头企业产品升级的影响

资料来源：本文的调研问卷。

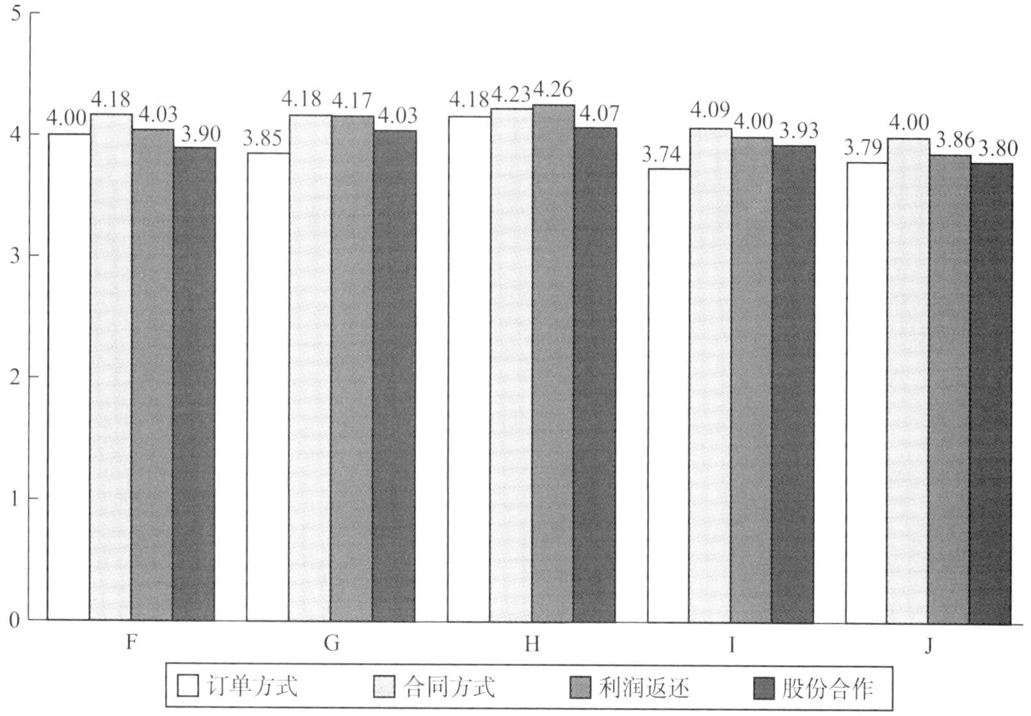

图 17－19　跨境电商对不同合作机制下农民专业合作社产品升级的影响

资料来源：本文的调研问卷。

（3）不同注册资本规模下跨境电商对龙头企业、农民专业合作社产品升级的影响

注册资本在 5000 万～8000 万元之间的龙头企业产品升级效用最大（见图 17－20），注册资本在 500 万元以上的农民专业合作社产品升级效用最大（见图 17－21）。

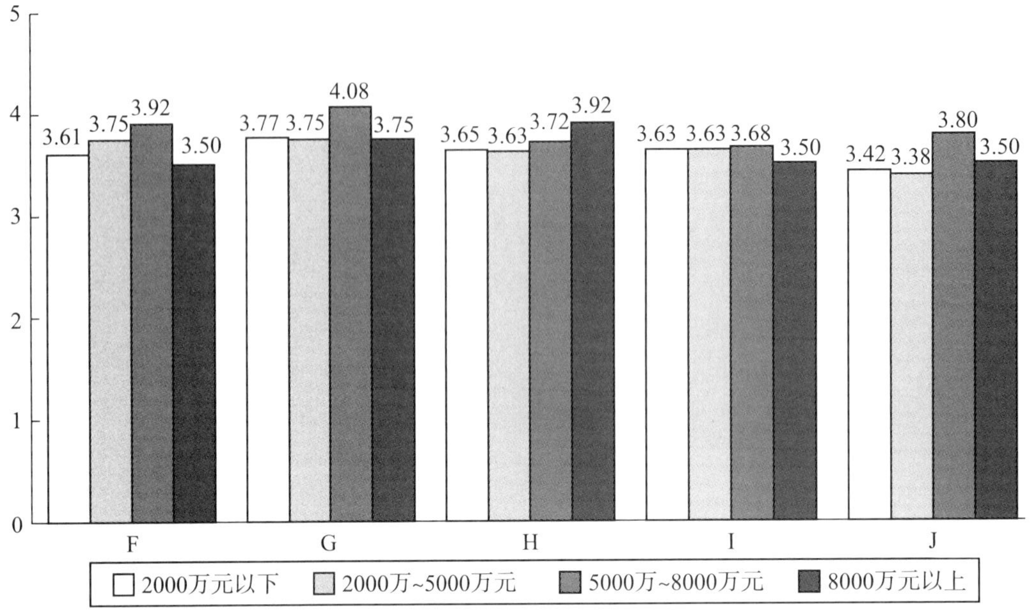

图 17－20　跨境电商对不同注册资本规模龙头企业产品升级的影响

资料来源：本文的调研问卷。

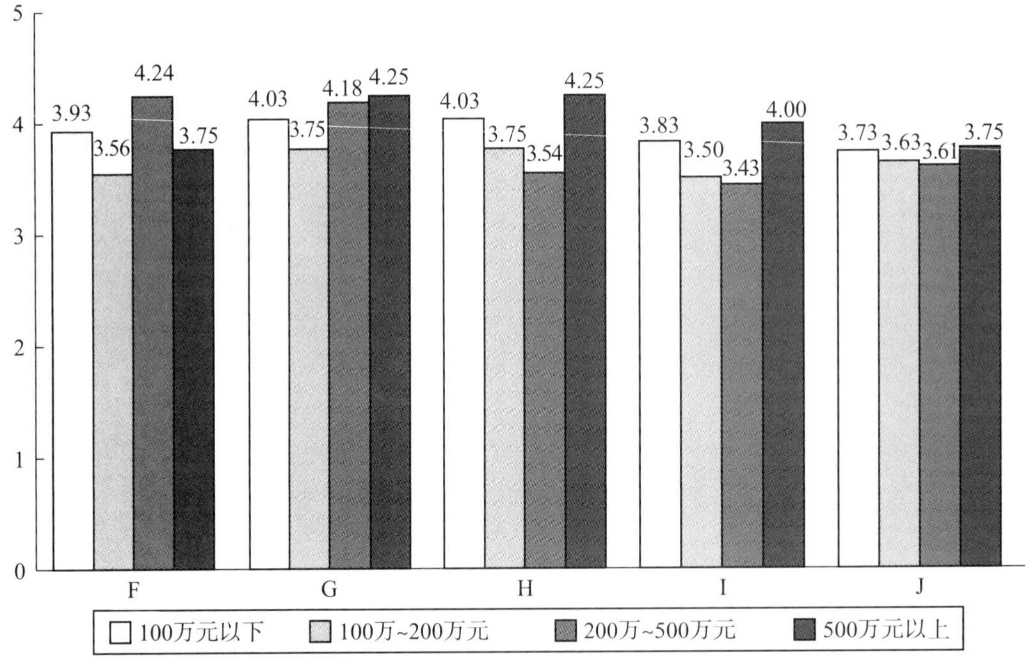

图 17－21　跨境电商对不同注册资本规模农民专业合作社产品升级的影响

资料来源：本文的调研问卷。

（4）不同人才数量下跨境电商对龙头企业、农民专业合作社产品升级的影响

大专学历 20～50 人规模之间的龙头企业在跨境电商影响下产品升级效用最大（见图 17－22），大专学历 10～20 人规模之间的农民专业合作社在跨境电商影响下产品升级效用最大（见图 17－23）。

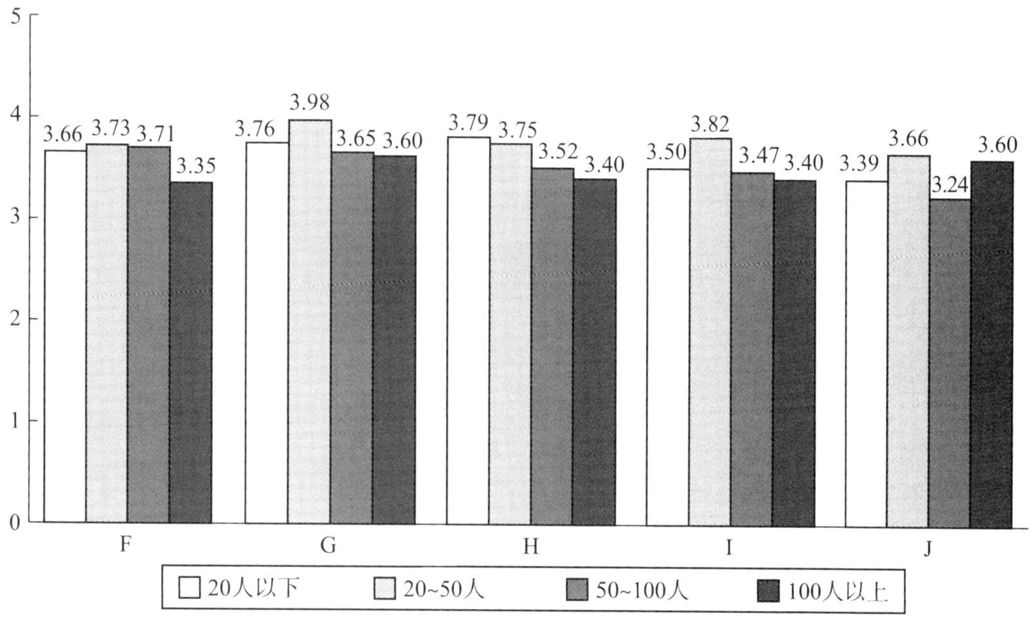

图 17－22　跨境电商对不同人才数量龙头企业产品升级的影响

资料来源：本文的调研问卷。

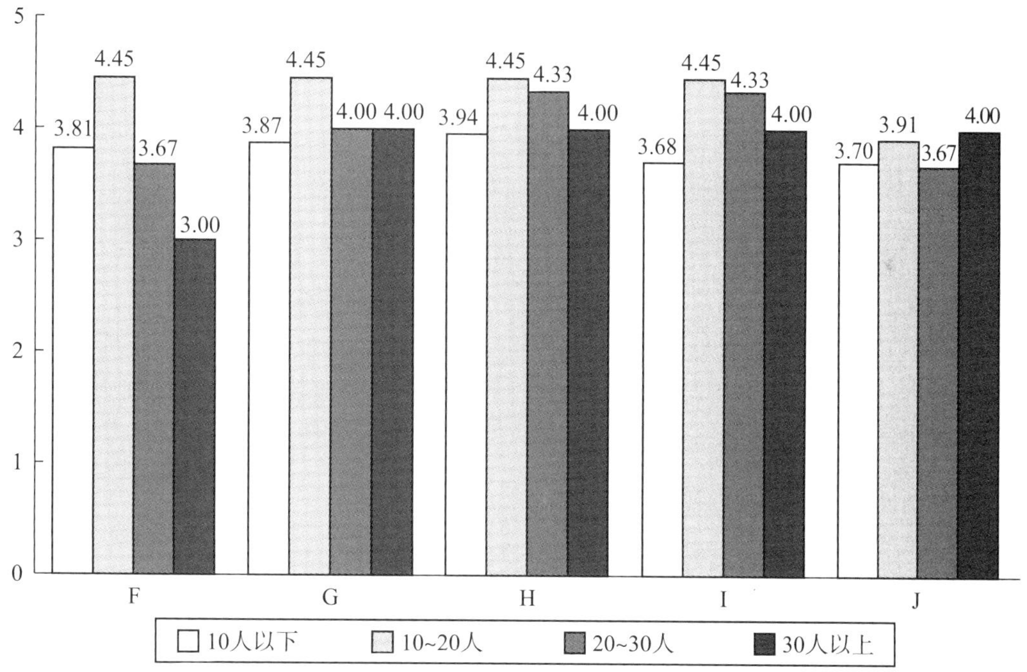

图 17－23　跨境电商对不同人才数量农民专业合作社产品升级的影响

资料来源：本文的调研问卷。

（5）不同产品类型下跨境电商对龙头企业、农民专业合作社产品升级的影响

跨境物流是限制农产品跨境电商向纵深发展的因素之一，不同农产品对物流要求不一样。如图 17－24、图 17－25 调查结果显示，对物流要求较高的如果蔬及花卉在跨境电商影响下效果相对较小，粮油进出口受国家政策限制，受跨境电商影响效用最小。主营产品为其他农副产品的龙头企业和农民专业合作社受跨境电商影响效用最大。

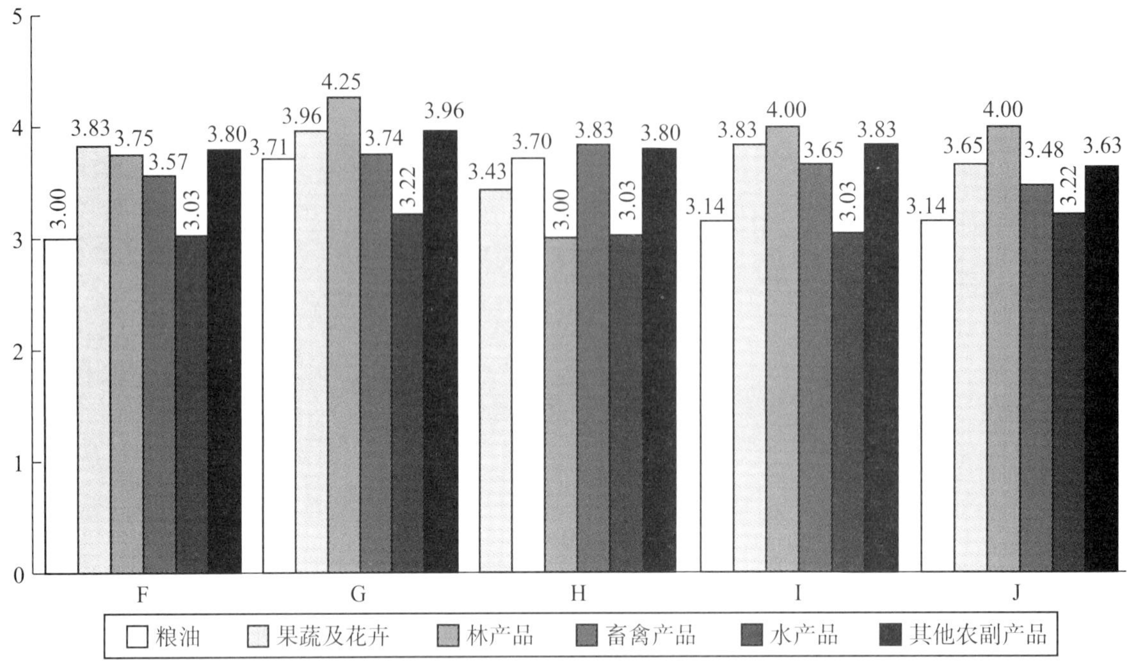

图 17－24 跨境电商对不同产品类型龙头企业产品升级的影响

资料来源：本文的调研问卷。

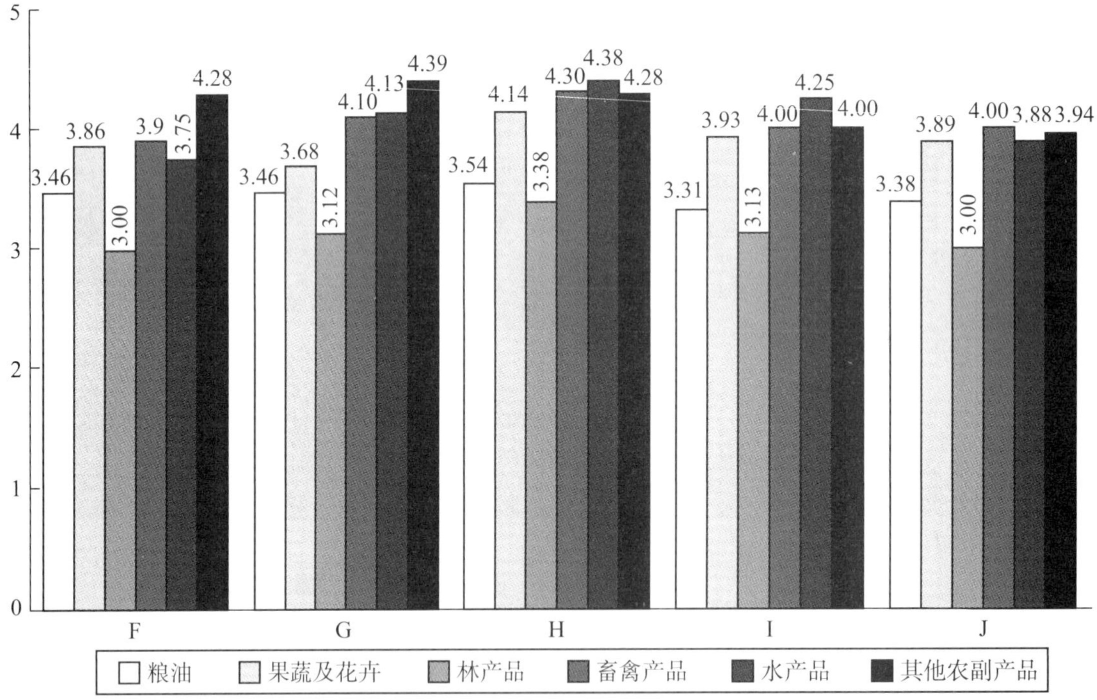

图 17－25 跨境电商对不同产品类型农民专业合作社产品升级的影响

资料来源：本文的调研问卷。

3. 品牌销售加强，技术水平提高，推动功能升级

据农业部《中国农产品品牌发展研究报告（2014）》的数据显示，2008 年我国农产品的注册商标数是 60 万件，到 2012 年商标数增长到 125.15 万件，5 年间翻了一番，产生了一批国内知名食品饮料行业品牌，如伊利股份、洋河股份、贵州茅台、海天味业、双汇发展等。但我国品牌农业基础较差，不少产品竞争力比较小，多数品牌的影响力还仅仅停留在局部地区，跨省跨区域的品牌不多，绝大多数还是以品种、地域等通用名作为品牌，比如说陕西的白水苹果、北京平谷大桃、攀枝花的芒果、海顿芒果等。

国际上知名的品牌屈指可数，缺少一批像荷兰花卉、津巴布韦烟草、法国葡萄酒等在国际市场上具有竞争力的农产品品牌，因此国内不少优势产品只能占据低端市场，无法带来高溢价。跨境电商条件下的GVC（全球价值链）升级过程与传统国际贸易条件下的GVC升级过程有很大不同（见表17-3），随着跨境电子商务的深度发展，国内农业企业绕过全球领先公司面对境外消费者多样化、多层次、个性化的需求，会加强对产品质量、研发设计、品牌销售和快速反应能力的培养。在提升产品制造工艺、质量的同时，加强研发设计、品牌销售，重构外贸行业价值链和产业链，将有效地推动传统产业的转型升级。

表17-3　传统国际贸易条件下和跨境电商条件下GVC升级过程比较

	传统贸易下GVC	跨境电商下GVC
可实现的升级类型	过程升级、产品升级	过程、产品、功能升级
市场需求特征	不接触终端客户，需求稳定	直接接触终端客户，需求不稳定
终端用户控制能力	无	有
品牌构建能力	弱	强
研发设计能力	弱	强
自主创新能力	弱	强
是否为价值链主导企业	不是	是

在调研问卷中，设计了良种研发能力增强（K）、农产品国际品牌数量增加（L）、产品国际知名度提高（M）、供应链服务效益增加（N）、销售端议价能力增强（O）五个评价指标衡量跨境电商对农业功能升级的推动作用，推动作用由弱至强分别用1~5数字评价。图17-26所显示的是跨境电商民营经济功能升级影响的调查结果。从整体来看，跨境电商对农业功能升级推动作用显著，但促进效果明显不如过程升级及产品升级，说明跨境电商在农产品销售领域还处于初级阶段。从是否从事跨境电商比较来看，从事跨境电商业务主体对跨境电商带来的推动作用评价更高，其中约70%的从事跨境电商主体在跨境电商渠道建立了自有品牌，平均利润率达到22%，远高于未从事跨境电商业务主体的7%。从两类经济主体比较来看，跨境电商对农民专业合作社功能升级推动作用更加显著。

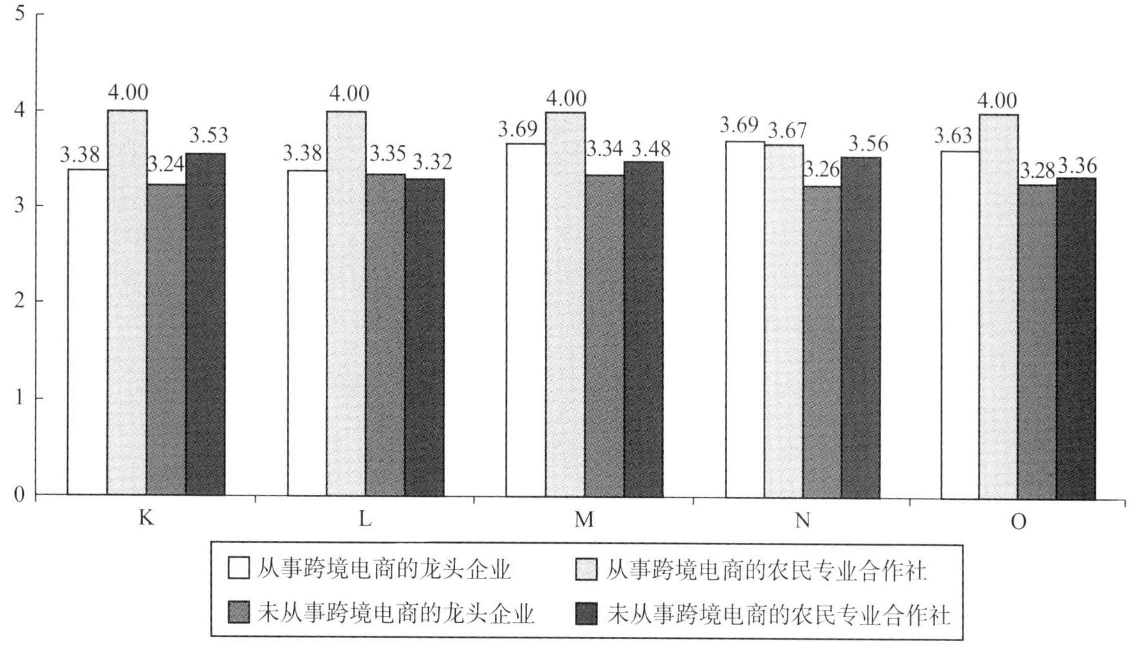

图17-26　跨境电商民营经济功能升级的影响

资料来源：本文的调研问卷。

（1）不同利益联接方式下跨境电商对龙头企业、农民专业合作社功能升级的影响

利益联接方式影响跨境电商对经济主体功能升级的推动作用，且不同经济主体类型对应效用最大化的利益联接方式不一样。跨境电商对“公司 + 合作社 + 农户”利益联接方式下龙头企业的功能升级推动效用最大（见图 17 - 27），而对“合作社 + 农户”利益联接方式下农民专业合作社的功能升级推动效用最大（见图 17 - 28）。

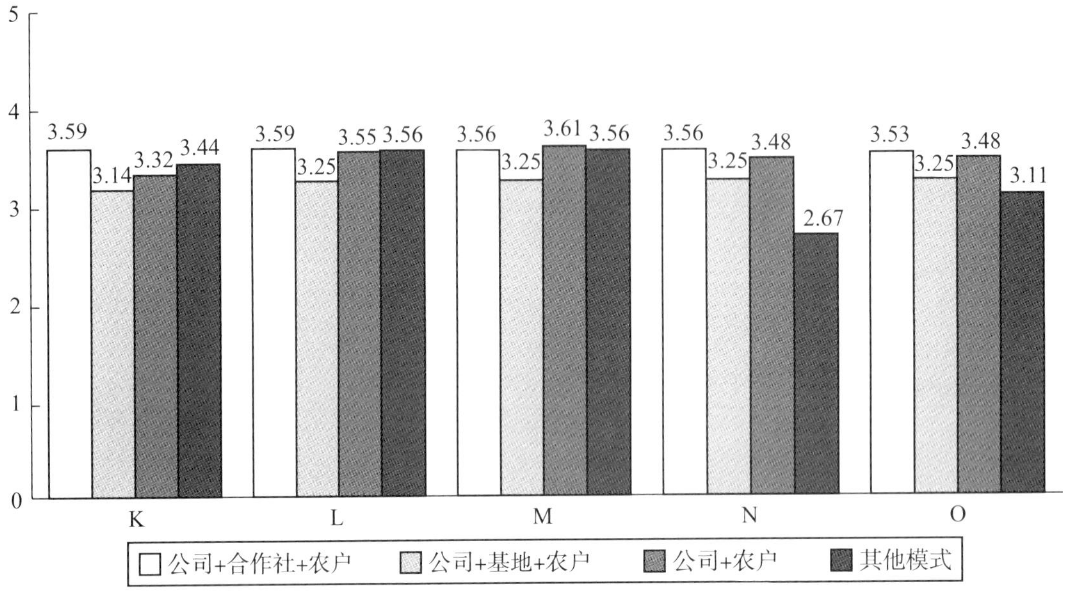

图 17 - 27　跨境电商对不同利益联接方式下龙头企业功能升级的影响

资料来源：本文的调研问卷。

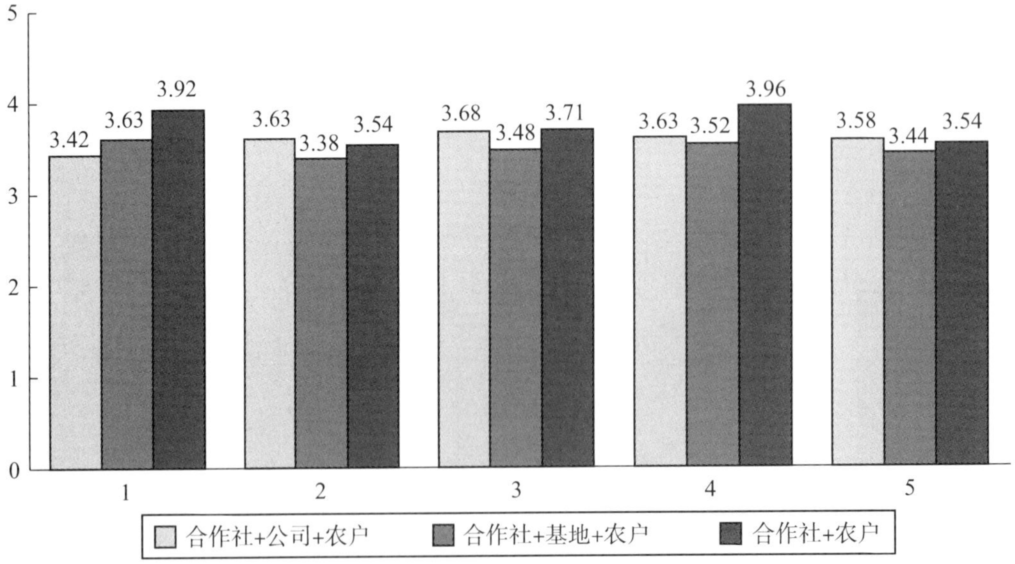

图 17 - 28　跨境电商对不同利益联接方式下农民专业合作社功能升级的影响

资料来源：本文的调研问卷。

（2）不同合作机制下跨境电商对龙头企业、农民专业合作社功能升级的影响

跨境电商对龙头企业功能升级的促进作用与其和农户合作稳定程度呈显著正向关系，股份合作制下龙头企业功能升级效用最大（见图 17 - 29）。而跨境电商对农民专业合作社功能升级的促进作用与其和农户合作稳定程度呈一定程度的不规律性，总体来说合同方式合作机制下影响效用

最大（见图 17－30）。

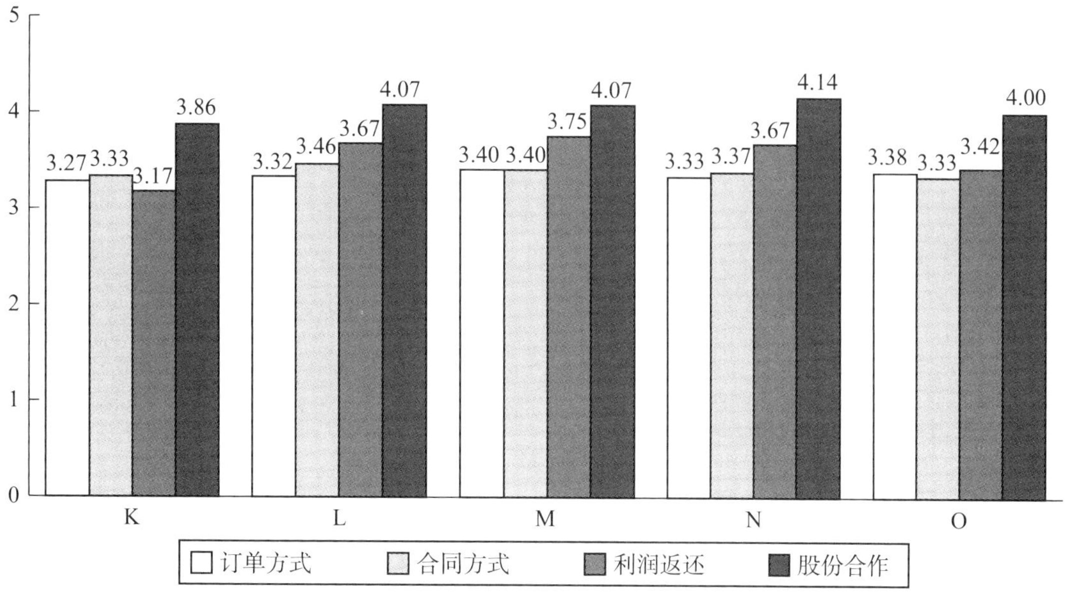

图 17－29 跨境电商对不同合作机制下龙头企业功能升级的影响

资料来源：本文的调研问卷。

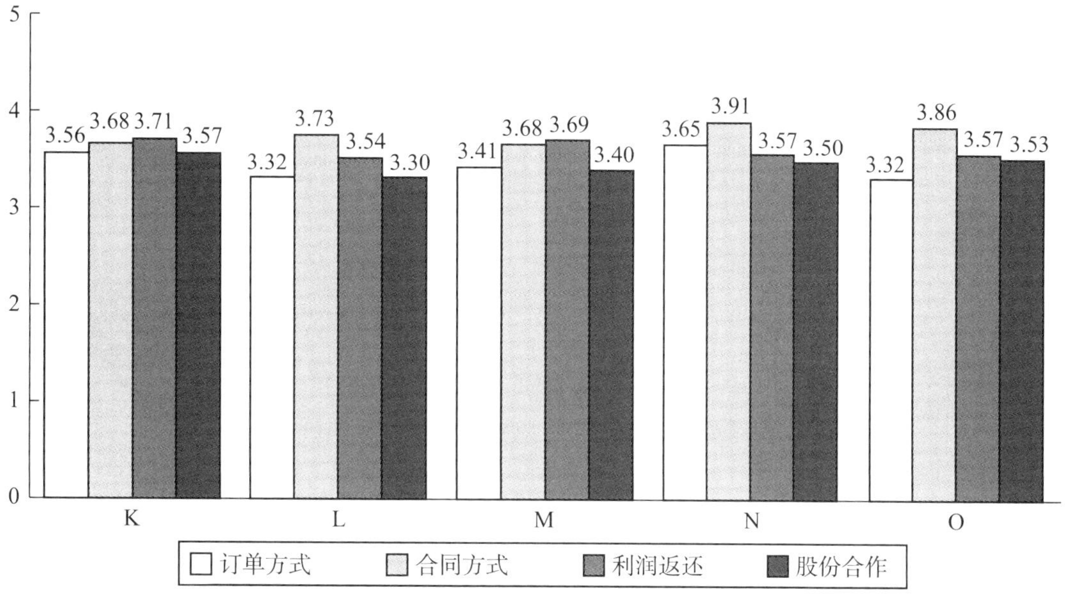

图 17－30 跨境电商对不同合作机制下农民专业合作社功能升级的影响

资料来源：本文的调研问卷。

（3）不同注册资本规模下跨境电商对龙头企业、农民专业合作社功能升级的影响

注册资本在 5000 万～8000 万元之间的龙头企业功能升级效用最大（见图 17－31），注册资本在 200 万～500 万元之间的农民专业合作社功能升级效用最大（见图 17－32）。

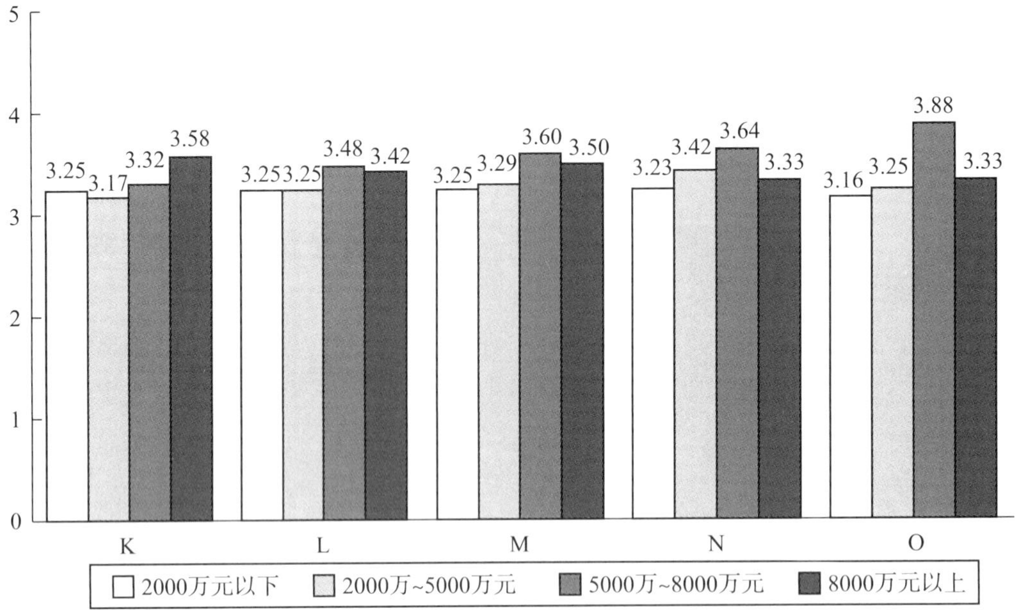

图 17－31　跨境电商对不同注册资本规模下龙头企业功能升级的影响

资料来源：本文的调研问卷。

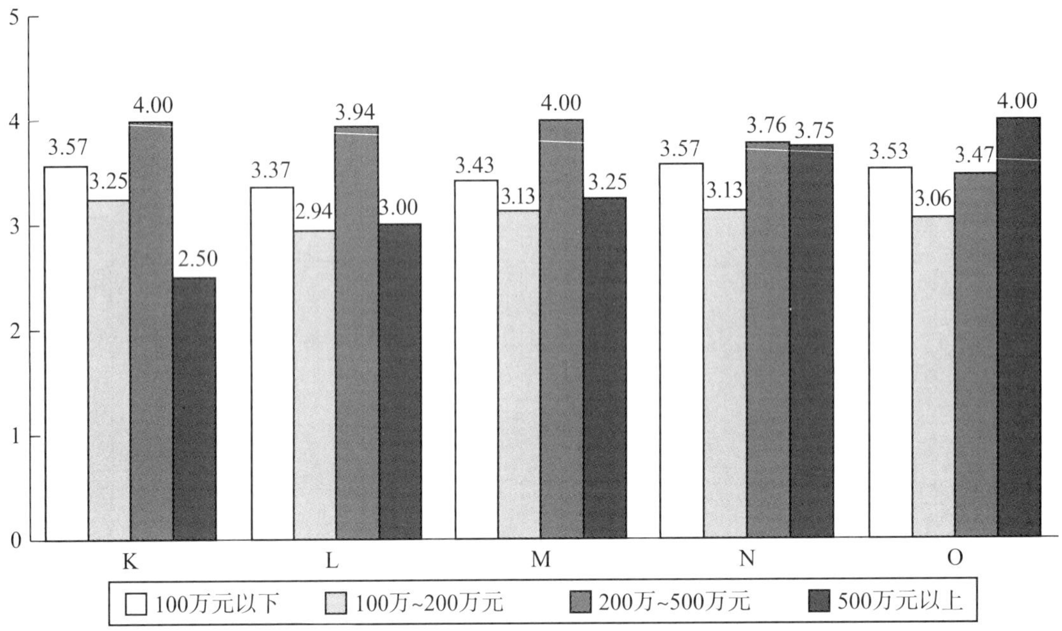

图 17－32　跨境电商对不同注册资本规模下农民专业合作社功能升级的影响

资料来源：本文的调研问卷。

（4）不同人才数量下跨境电商对龙头企业、农民专业合作社功能升级的影响

龙头企业大专学历人数的多寡与其在跨境电商影响下功能升级效用无必然联系（见图 17－33），大专学历 10～20 人规模之间的农民专业合作社在跨境电商影响下功能升级效用最大（见图 17－34）。

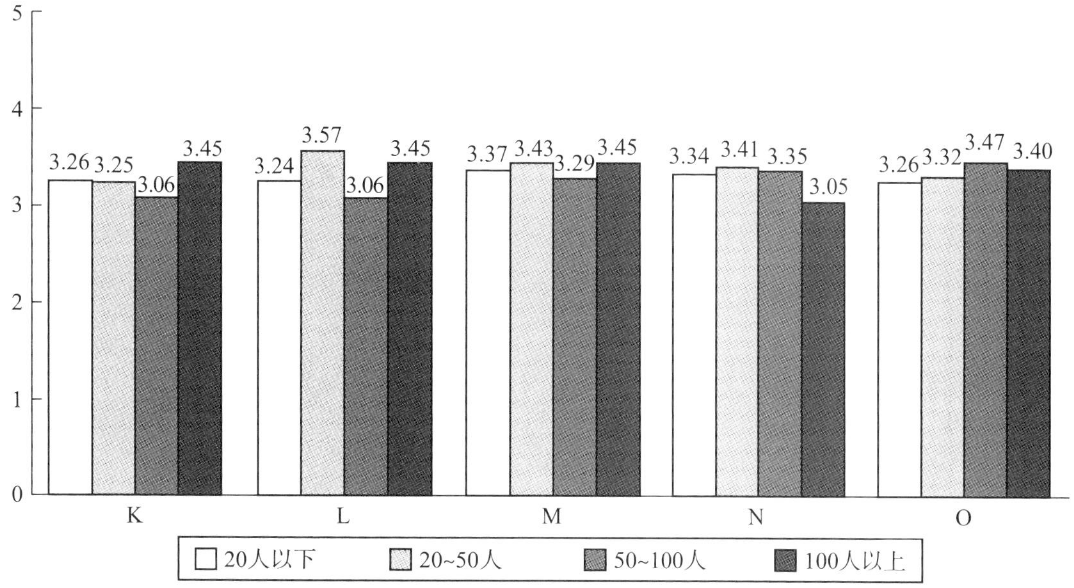

图 17－33　跨境电商对不同人才数量下龙头企业功能升级的影响

资料来源：本文的调研问卷。

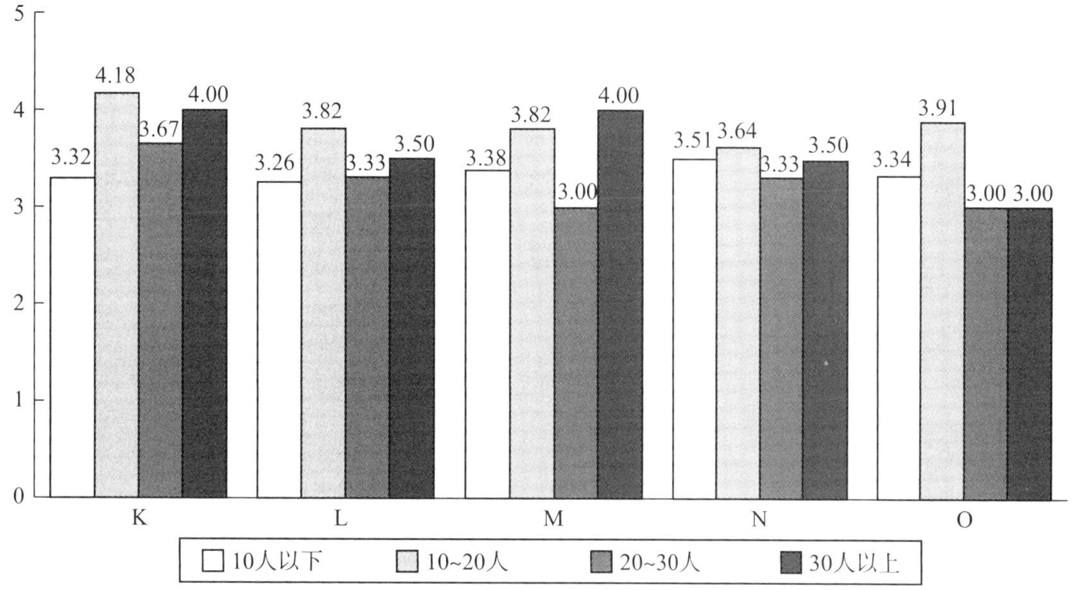

图 17－34　跨境电商对不同人才数量下农民专业合作社功能升级的影响

资料来源：本文的调研问卷。

（5）不同产品加工程度下跨境电商对龙头企业、农民专业合作社功能升级的影响

产品加工程度决定了农产品的附加值，农产品精细化程度越高为企业带来的效益越大，在价值链中处于较高的位置。图 17－35、图 17－36 所显示的调查结果表明，对于只经过简单分类的产品，其在国际市场知名度较低，往往没有形成较大的品牌影响力，因此跨境电商为农产品品牌的塑造、国际影响力的提高有较大的促进作用。而对于经过精加工的产品，其本身在国际市场知名度较高，跨境电商对其功能升级的促进作用主要表现在供应链服务的改善以及销售议价能力的提高。

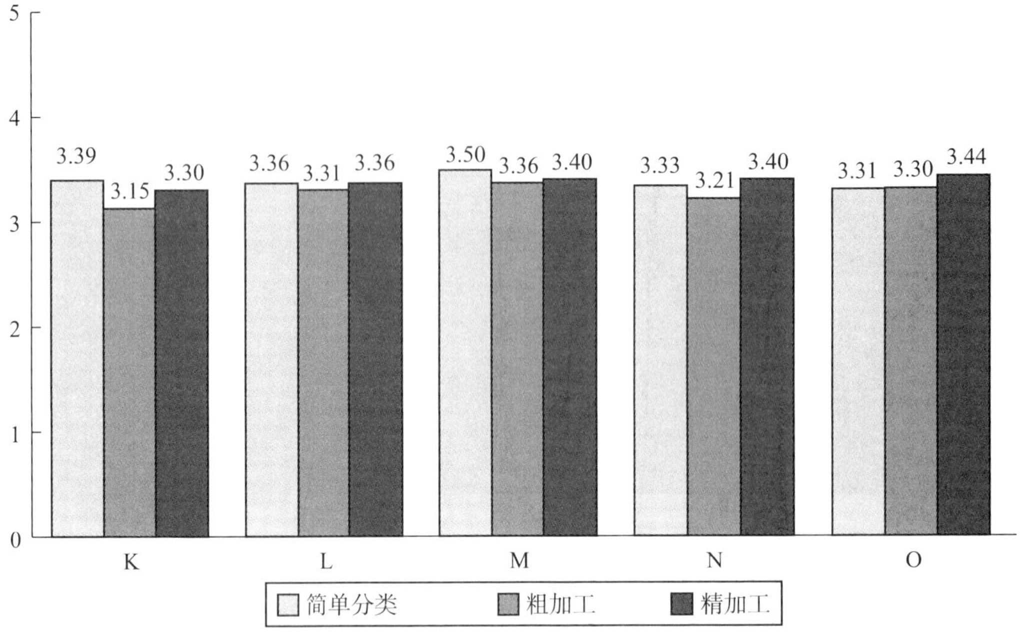

图 17－35　跨境电商对不同产品加工程度下龙头企业功能升级的影响

资料来源：本文的调研问卷。

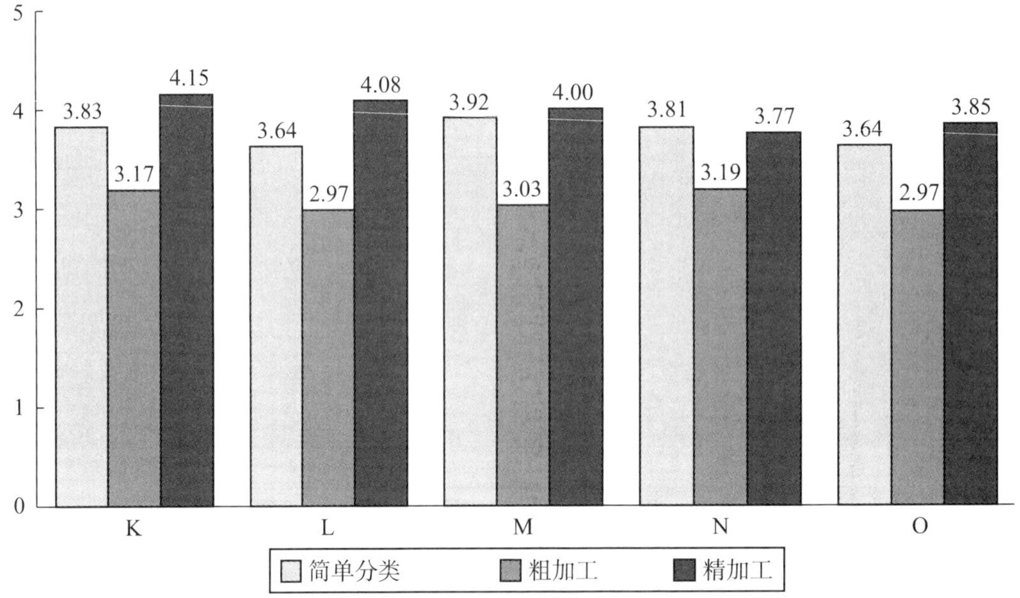

图 17－36　跨境电商对不同产品加工程度下农民专业合作社功能升级的影响

资料来源：本文的调研问卷。

（6）不同品牌种类下跨境电商对龙头企业、农民专业合作社功能升级的影响

品牌是决定农产品国际竞争力强弱的关键因素，也是反映农产品议价能力的重要指标之一。图 17－37、图 17－38 所显示的调查结果表明，跨境电商对龙头企业、农业专业合作社功能升级的促进作用与品牌影响力呈明显的正向关系。在国际市场本身具备一定影响力的国际品牌在跨境电商交易模式下功能升级效用显著。

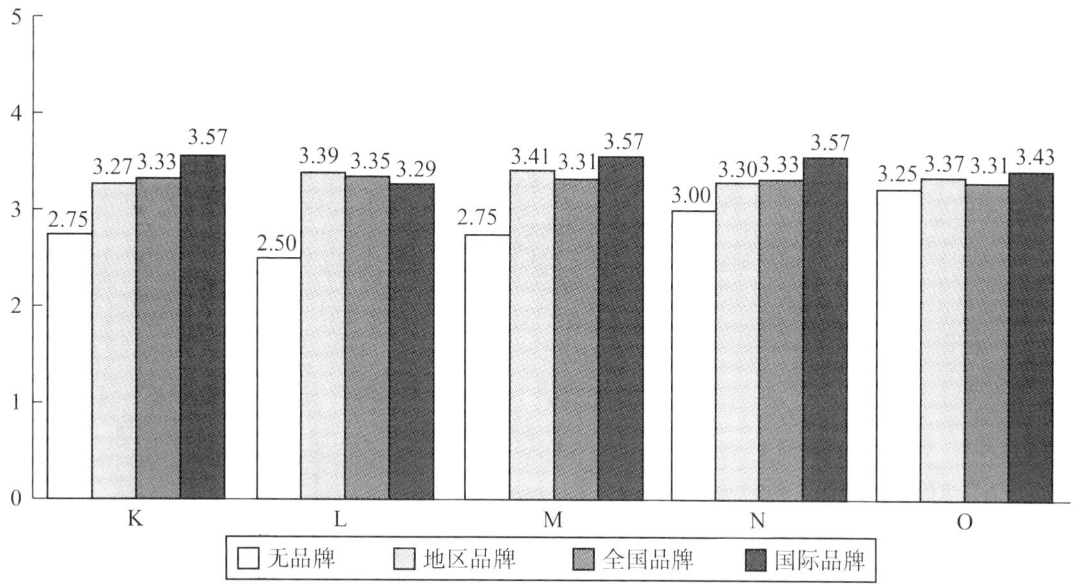

图 17－37 跨境电商对不同品牌种类下龙头企业功能升级的影响

资料来源：本文的调研问卷。

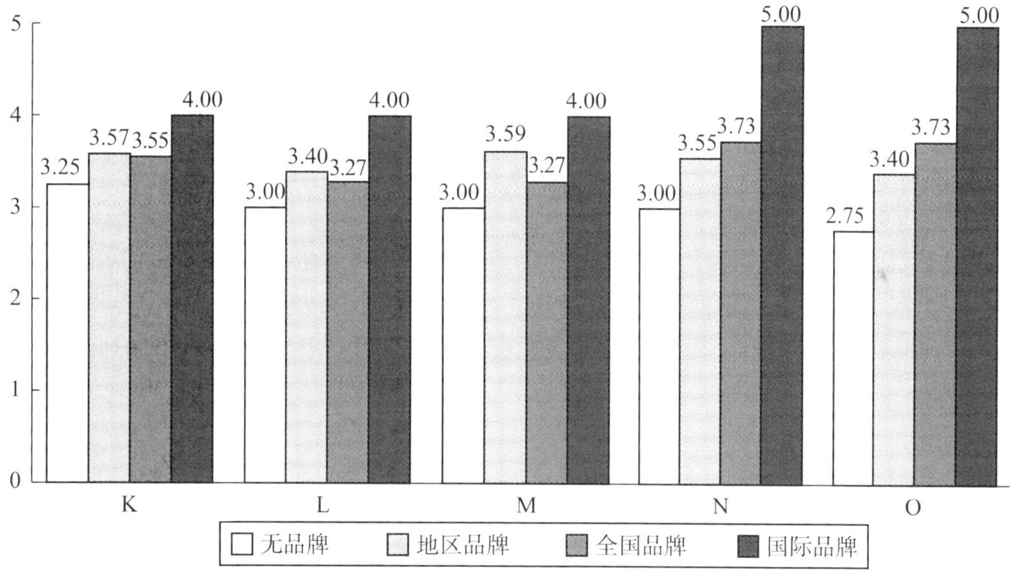

图 17－38 跨境电商对不同品牌种类下农民专业合作社功能升级的影响

资料来源：本文的调研问卷。

（三）全球化视域下“互联网＋”对农业产业化的影响

1. 跨境电商对生产经营模式的影响

我国农业产业化生产经营模式主要有龙头企业带动型、农民专业合作社带动型、专业协会带动型。其中，龙头企业分为国家级龙头企业、省级龙头企业和地市级龙头企业，农民专业合作社分为大户牵头型、企业牵头型、供销社牵头型和村干部牵头型。对浙江省部分地区农业民营经济调研结果显示，国家级、省级、地市级龙头企业占样本总数比例分别为 19%、78% 和 3%，大户、企业、供销社、村干部牵头型农民专业合作社占样本总数比例分别为 58%、15%、13% 和 3%，省级龙头企业和大户牵头型农民专业合作社占比重最大，而其对应的规模和控制资源相对较少，难以达到规模化、专业化、标准化生产条件，在生产成本、技术标准等方面无法形成竞争优势。

在调研问卷中，设计了生产规模化提高（C）、农工商一体化经营程度提高（D）、生产标准化程度提高（E）、农业产业链条延长（F）、特色农业专业化生产趋势增强（G）五个评价指标衡量跨境电商对农业生产经营模式的影响，影响效果由弱至强分别用1～5数字评价，结果如图17－39所示。整体上跨境电商对农业生产经营规模化、一体化、标准化、专业化有较大的影响，指标评价得分均在3以上。两类经济主体比较下，农民专业合作社促进农业生产经营模式改善效果更显著。

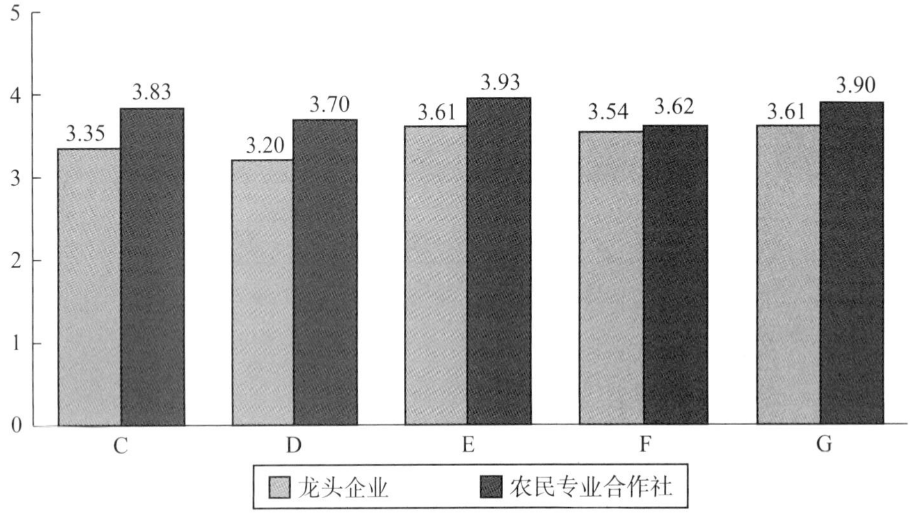

图17－39　跨境电商对农业生产经营模式的影响

资料来源：本文的调研问卷。

（1）不同类型龙头企业、农民专业合作社下，跨境电商对农业生产经营模式的影响

图17－40、图17－41所显示的调查结果表明，不同类型龙头企业、农民专业合作社下跨境电商对农业生产经营模式改善效果不一样，其中省级龙头企业和村干部牵头型农民专业合作社改善生产经营模式效用最大。

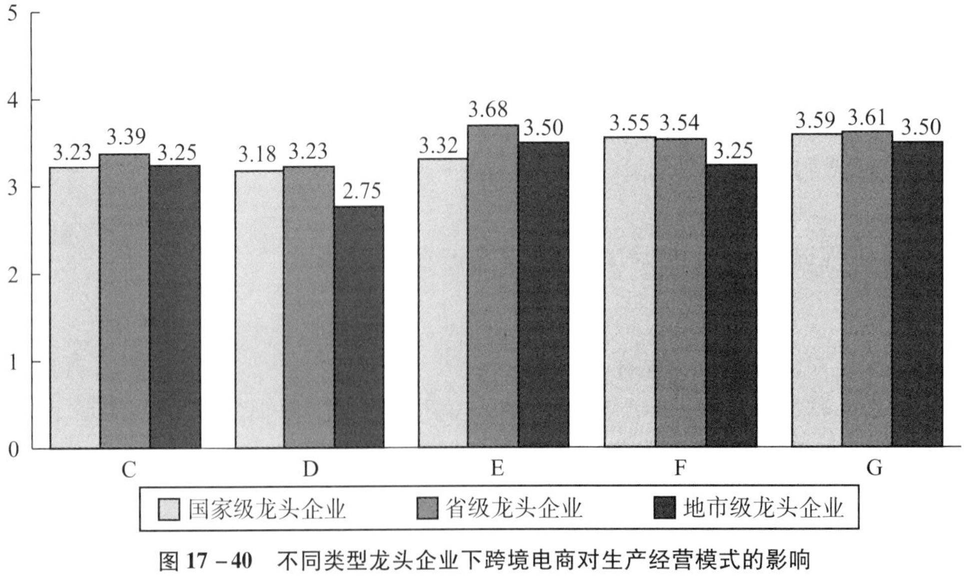

图17－40　不同类型龙头企业下跨境电商对生产经营模式的影响

资料来源：本文的调研问卷。

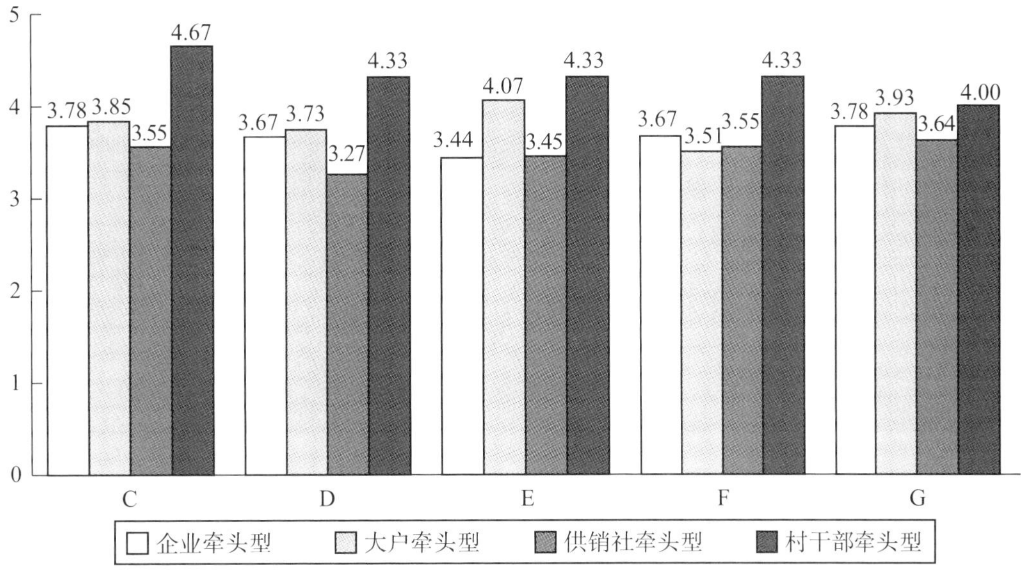

图 17－41　不同类型农民专业合作社下跨境电商对生产经营模式的影响

资料来源：本文的调研问卷。

（2）不同利益联接方式下跨境电商对农业生产经营模式的影响

民营经济与农户形成的利益联接方式影响跨境电商对农业生产经营模式的改善效果，其中“公司＋合作社＋农户”方式下的龙头企业和“合作社＋农户”方式下的农民专业合作改善生产经营模式效用最大（见图 17－42 和图 17－43）。

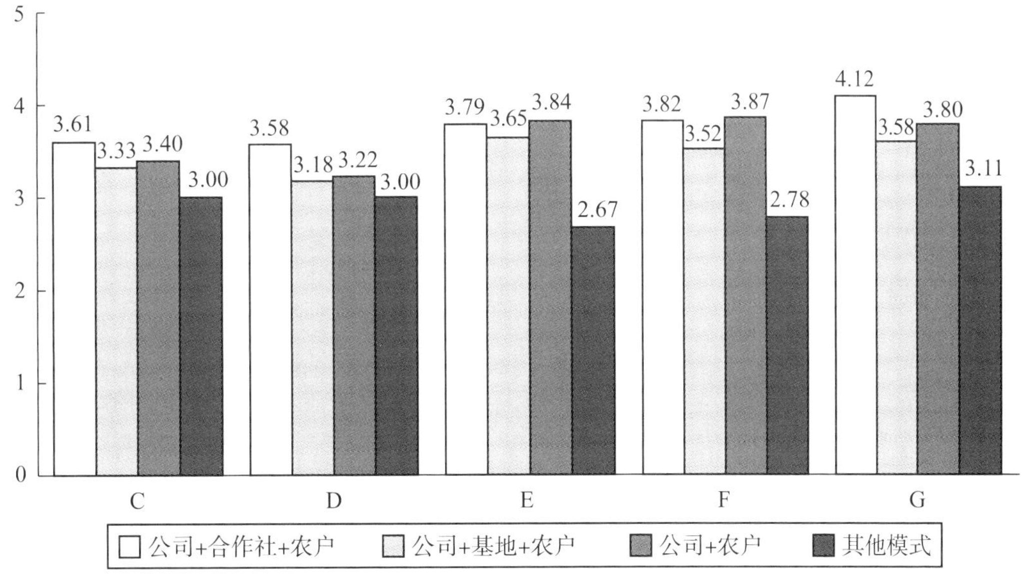

图 17－42　龙头企业不同利益联接方式下跨境电商对生产经营模式的影响

资料来源：本文的调研问卷。

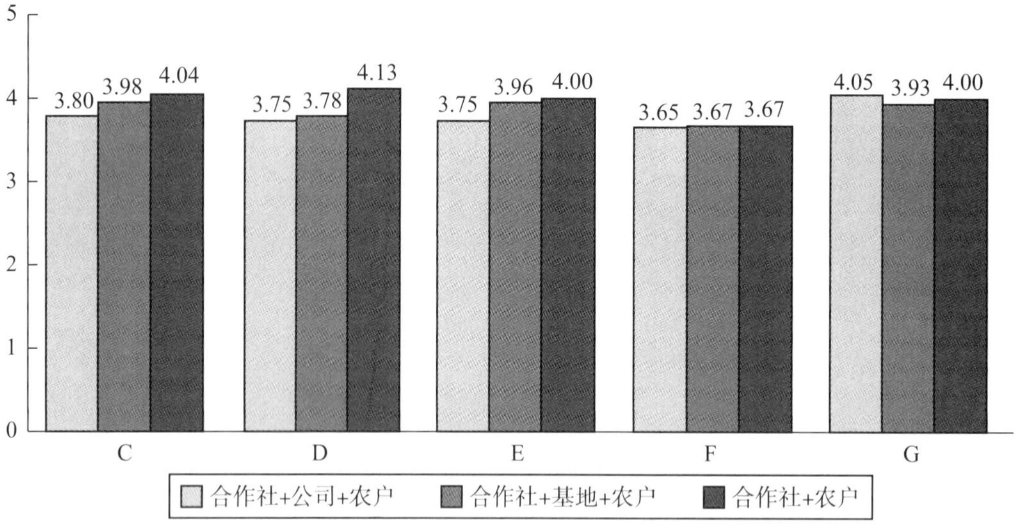

图 17－43　农民专业合作社不同利益联接方式下跨境电商对生产经营模式的影响

资料来源：本文的调研问卷。

（3）不同合作机制下跨境电商对农业生产经营模式的影响

民营经济与农户之间的合作机制影响跨境电商对农业生产经营模式的改善效果，与农户进行股份合作的龙头企业和农民专业合作改善生产经营模式效用最大（见图 17－44 和图 17－45）。

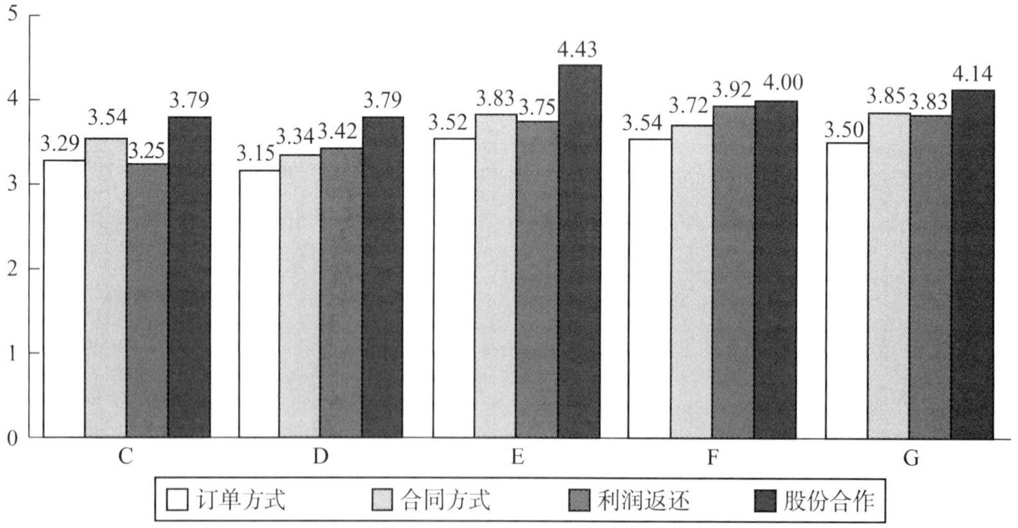

图 17－44　龙头企业不同合作机制下跨境电商对生产经营模式的影响

资料来源：本文的调研问卷。

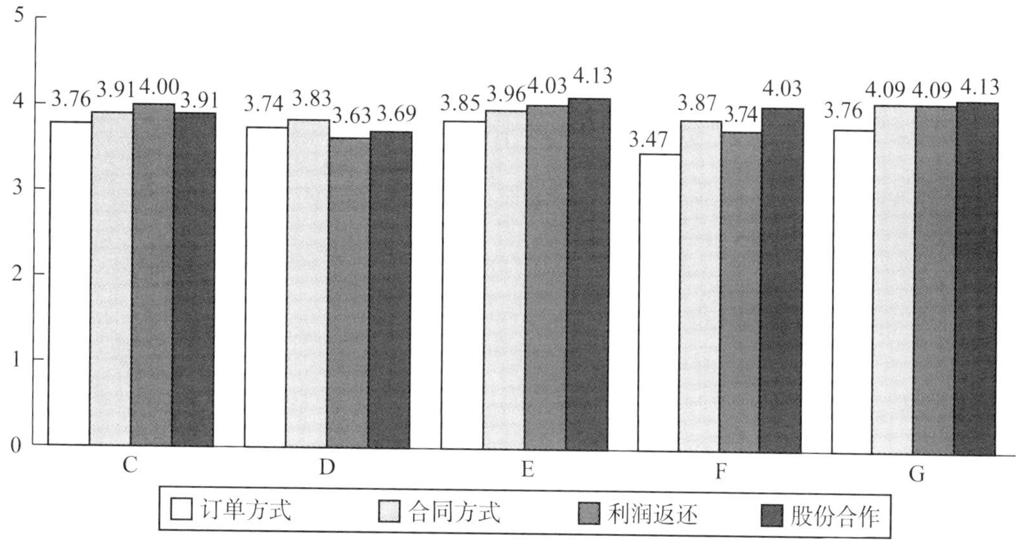

图 17-45　农民专业合作社不同合作机制下跨境电商对生产经营模式的影响

资料来源：本文的调研问卷。

（4）不同注册资本下跨境电商对农业生产经营模式的影响

民营经济注册资本规模影响跨境电商对农业生产经营模式的改善效果，调研结果显示龙头企业注册资本规模在 5000 万～8000 万元之间（见图 17-46）、农民专业合作社注册资本规模在 200 万～500 万元之间是改善生产经营模式的最佳规模（见图 17-47）。

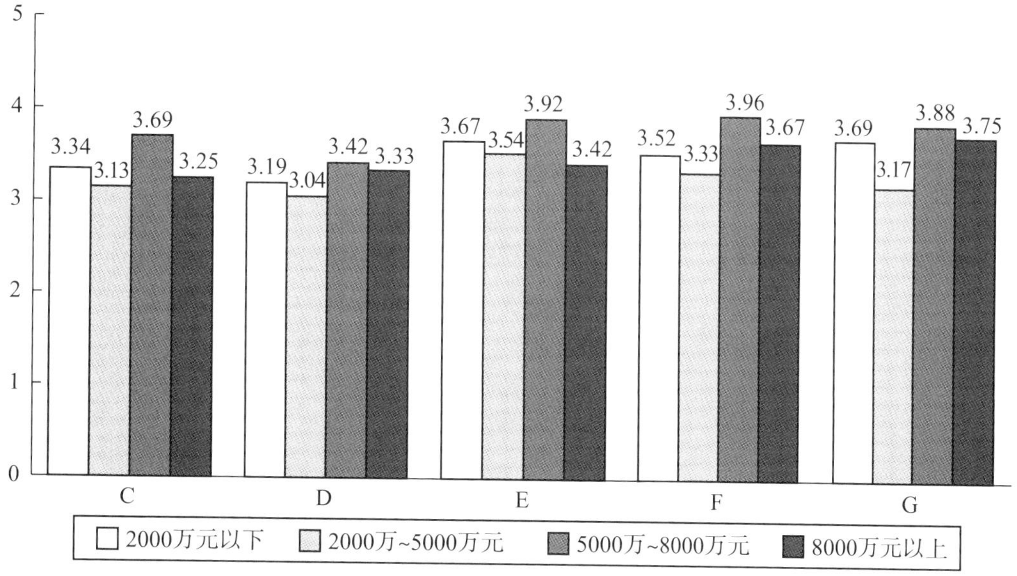

图 17-46　龙头企业不同注册资本下跨境电商对生产经营模式的影响

资料来源：本文的调研问卷。

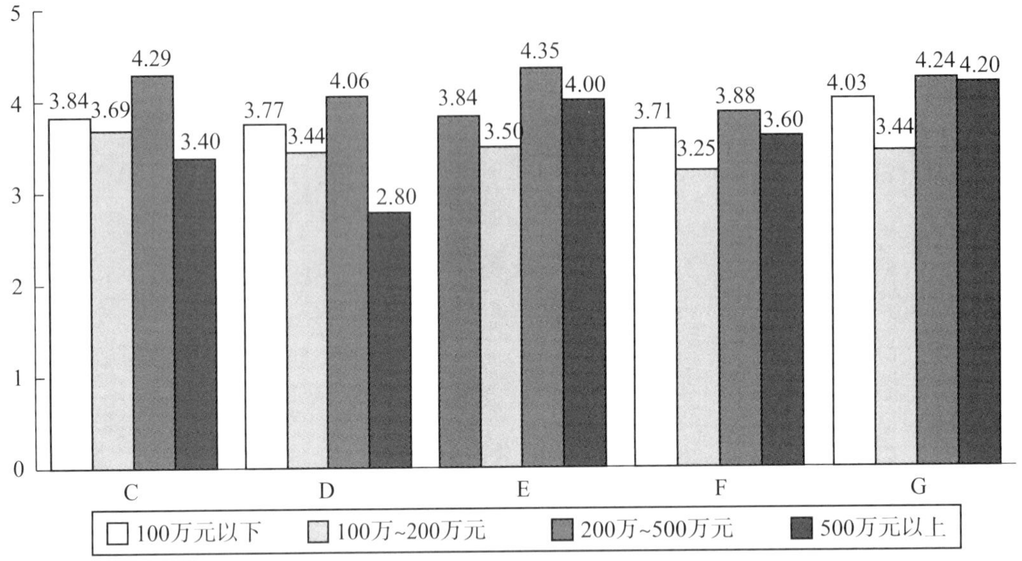

图 17-47 农民专业合作社不同注册资本下跨境电商对生产经营模式的影响

资料来源：本文的调研问卷。

（5）不同人才数量下跨境电商对农业生产经营模式的影响

民营经济人才数量（大专学历以上职工数量）影响跨境电商对农业生产经营模式的改善效果，调研结果显示人才数量在20~50人之间的龙头企业（见图17-48）、10~20人之间的农民专业合作社改善生产经营模式的效用最大（见图17-49）。

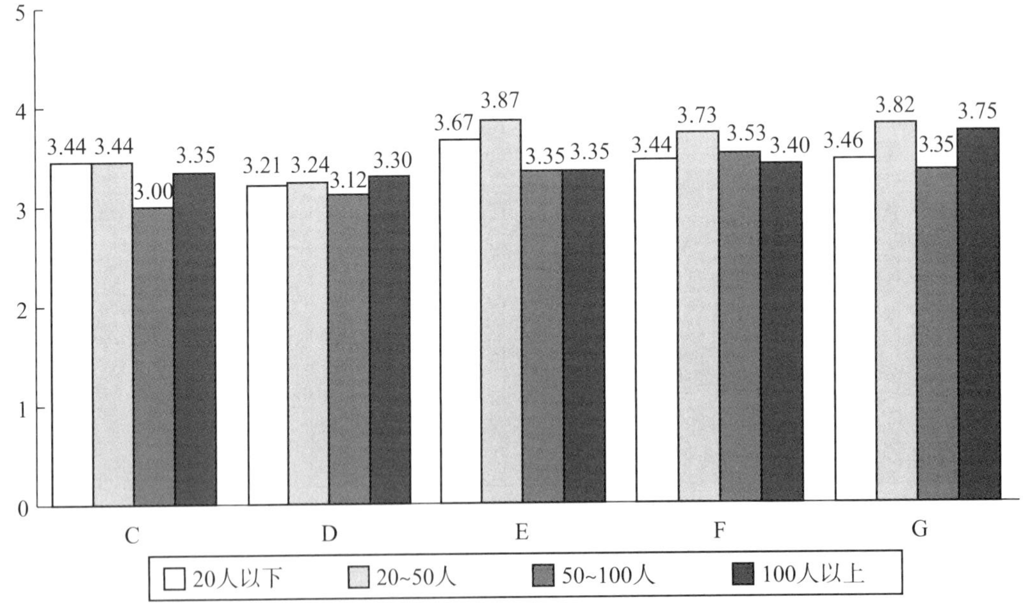

图 17-48 龙头企业不同人才数量下跨境电商对生产经营模式的影响

资料来源：本文的调研问卷。

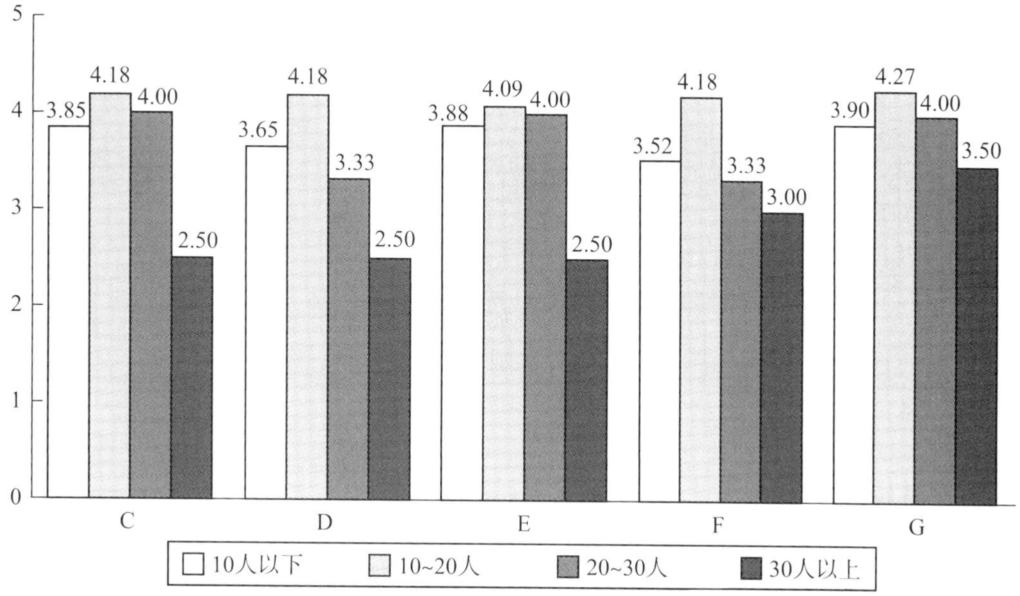

图 17－49　农民专业合作社不同人才数量下跨境电商对生产经营模式的影响

资料来源：本文的调研问卷。

（6）不同营业收入规模下跨境电商对农业生产经营模式的影响

龙头企业营业收入规模影响跨境电商对农业生产经营模式的改善效果，调研结果显示营收规模在1亿元以下的龙头企业对生产经营模式改善的效用最大（见图17－50），原因可能是营收规模较大的龙头企业在海外拥有较稳定的销货渠道，受跨境电商业务影响相对较小。而农民专业合作社对生产经营模式的改善不存在绝对的最佳营收规模（见图17－51）。

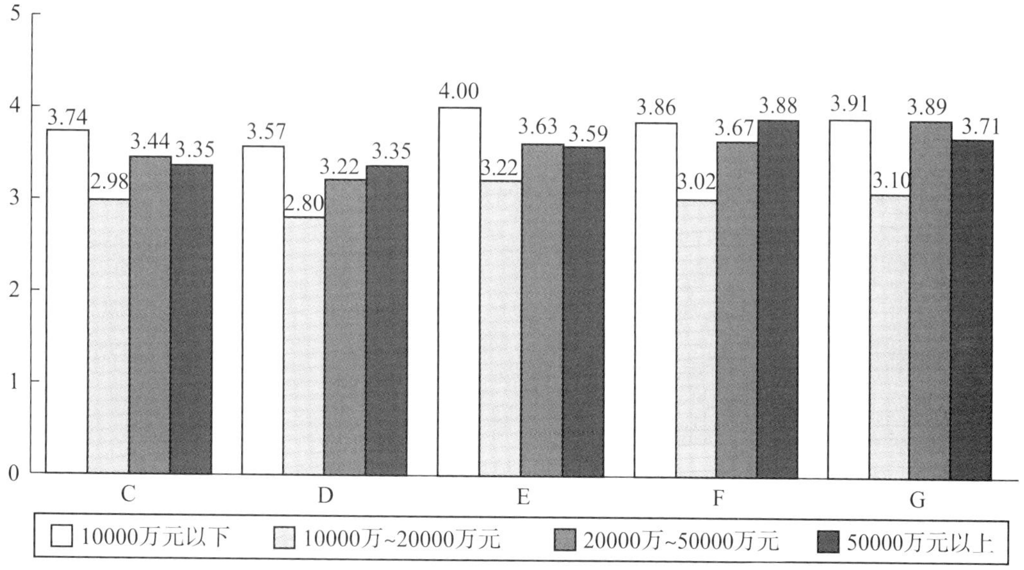

图 17－50　龙头企业不同营业收入规模下跨境电商对生产经营模式的影响

资料来源：本文的调研问卷。

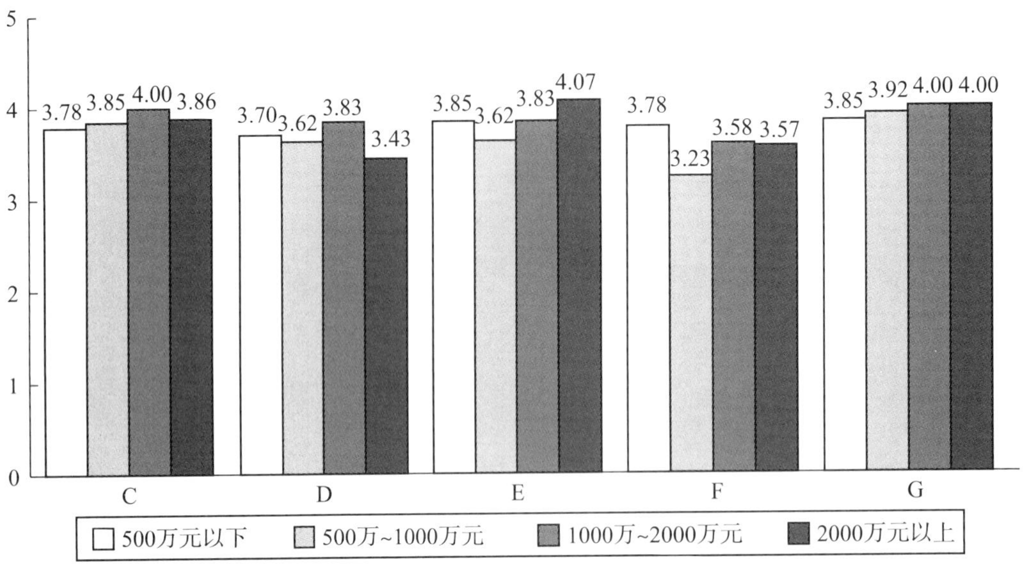

图17－51　农民专业合作社不同营业收入规模下跨境电商对生产经营模式的影响

资料来源：本文的调研问卷。

（7）农民专业合作社不同服务内容下跨境电商对农业生产经营模式的影响

农民专业合作社提供服务内容的差异影响跨境电商对农业生产经营模式的改善效果，如图17－52所显示的调研结果表明，提供集中农资采购服务、商标品牌注册的农民专业合作社对生产经营模式改善的效用最大。

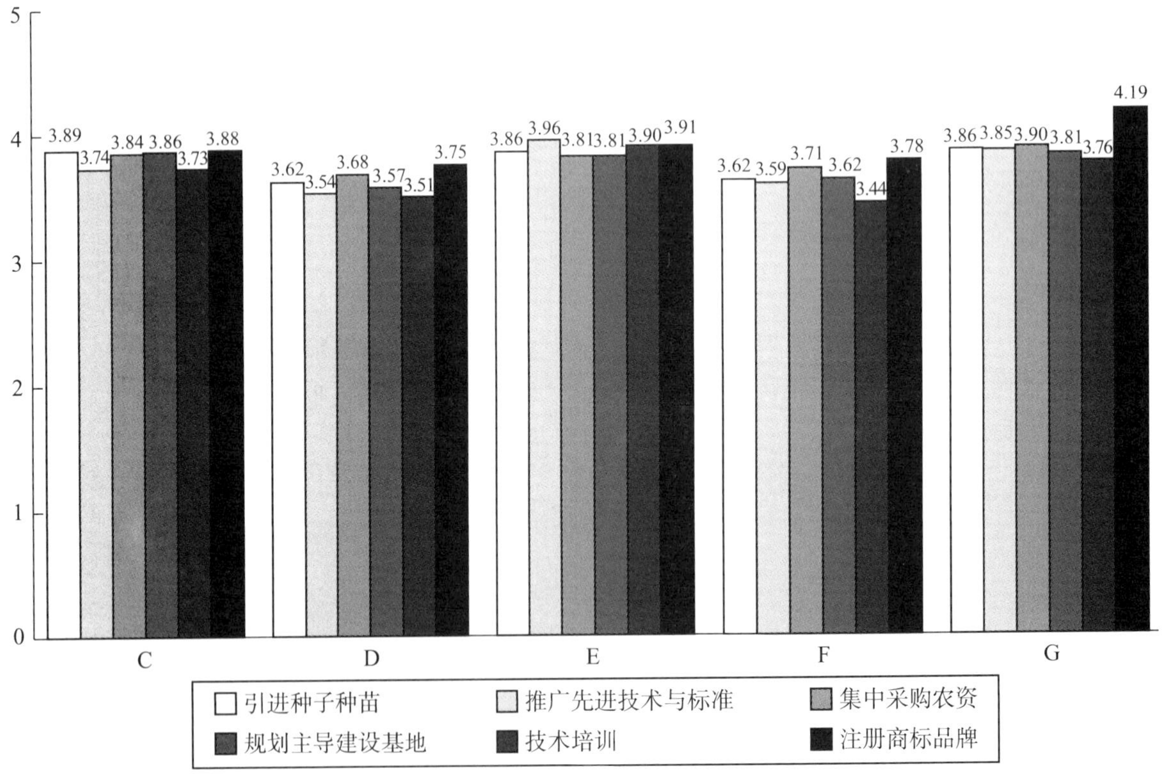

图17－52　农民专业合作社不同服务内容下跨境电商对生产经营模式的影响

资料来源：本文的调研问卷。

2. 跨境电商对农户增收的影响

随着国民经济的快速增长，国内食物消费结构持续升级，本土农产品跟不上居民的消费需求，而导致中国农业在供需矛盾上出现了结构性的过剩，国内部分农业损失较大。由于中国农产品进入国际市场时间较晚，海外经营经验不足，人才和信息的稀缺等限制了海外市场的进一步拓展，国际市场范围与世界第二大国的地位不相称，主要集中于美、日、韩、欧几个热门市场及东盟邻国，市场范围的缩小无疑会导致农产品出口品种单一（如图 17－53 所示，2014 年主要出口品种包括：水产品出口 140.74 亿美元，储存肉出口 88.82 亿美元，蔬菜出口 82.26 亿美元），对国内产业结构调整作用有限，降低了农民生产积极性，阻碍农民增收。跨境电商有助于打破人才和信息缺乏的不利局面，扩大国内农业国际市场规模，促进规模经济效益。

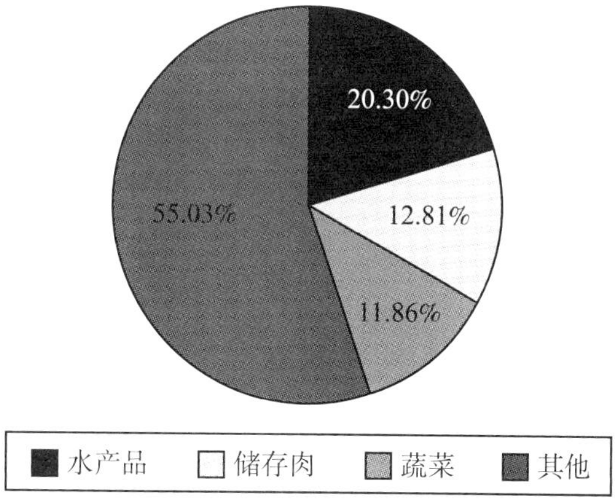

图 17－53　2014 年我国各类农产品出口额占比

资料来源：联合国商品贸易统计数据库。

在调研问卷中，设计了同类产品相比传统外贸毛利更大（H）、农产品收购价格提高（I）、与农户合作关系更稳定（J）、带动农户户数增加（K）、吸纳农村就业人数增加（L）、带动周边经济发展能力增强（M）六个评价指标衡量跨境电商对农民增收的促进作用，促进效果由弱至强分别用 1～5 数字评价。如图 17－54 所显示的调查结果表明，整体上跨境电商对农产品收购价格、与农户合作关系、带动农户数量、带动周边经济的发展都有较大影响，指标评价得分均在 3 以上。可以发现毛利及收购价格提高的评价相对较低，可能因为农产品对跨境物流的特殊要求，导致国际物流成本较高，间接提高了农产品成本。两类经济主体比较下，农民专业合作社促进农户增收效果更显著。

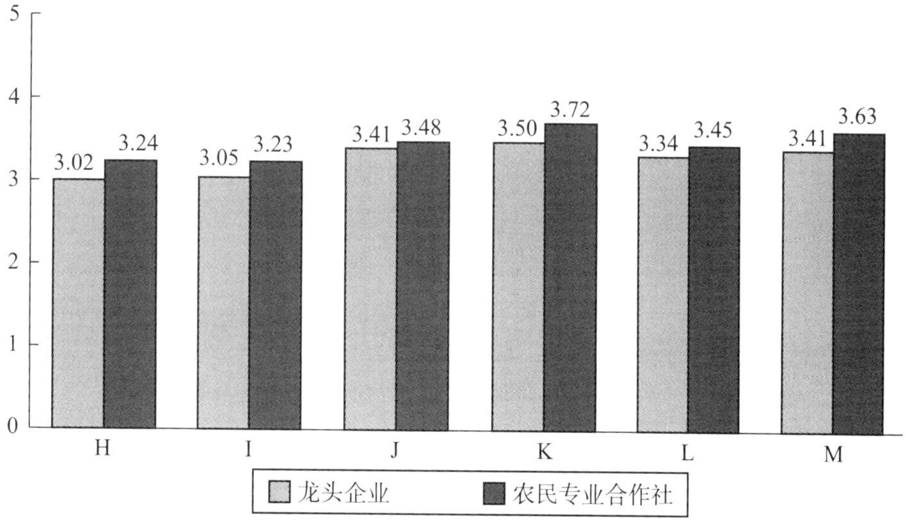

图 17－54　跨境电商对农民增收的影响

资料来源：本文的调研问卷。

（1）不同类型龙头企业、农民专业合作社下跨境电商对农户增收的影响

如图17－55、图17－56所示，不同类型龙头企业、农民专业合作社下跨境电商促进农户增收效果不一样，其中地市级龙头企业和村干部牵头型农民专业合作社下跨境电商促进农户增收效用最大。

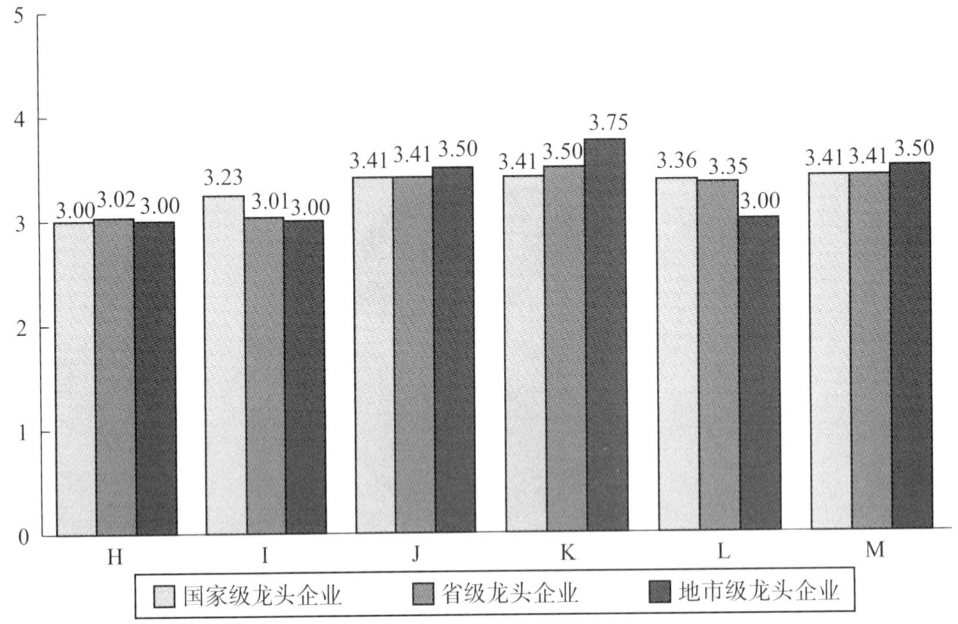

图17－55　不同类型龙头企业下跨境电商对农户增收的影响

资料来源：本文的调研问卷。

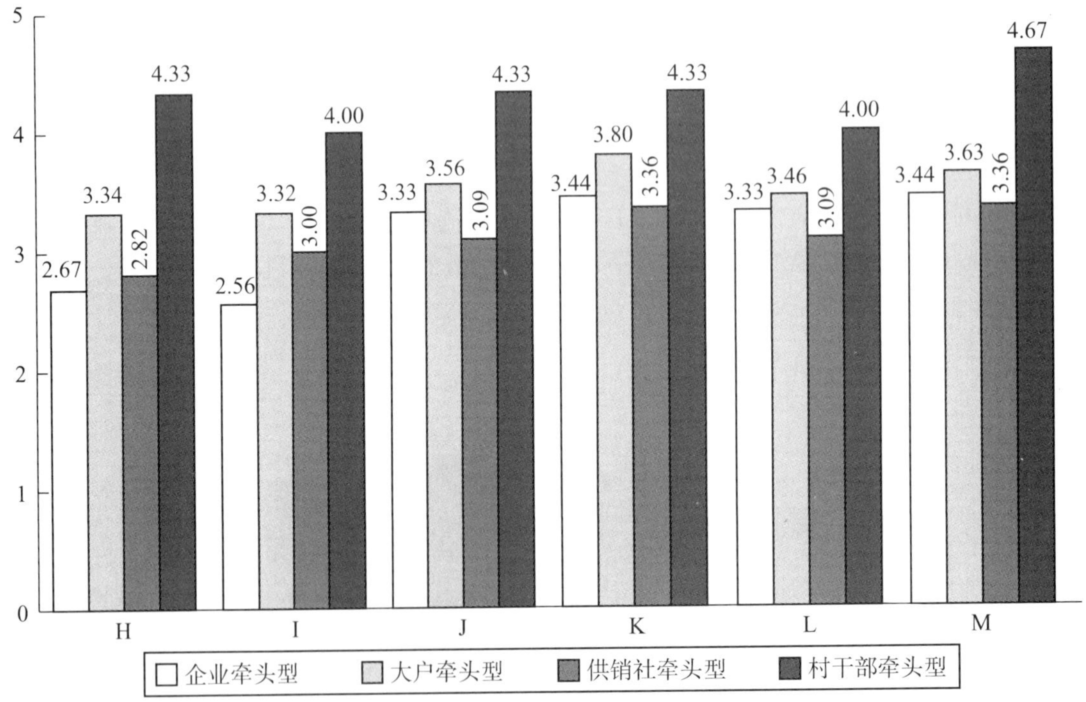

图17－56　不同类型农民专业合作社下跨境电商对农户增收的影响

资料来源：本文的调研问卷。

（2）不同利益联接方式下跨境电商对农户增收的影响

民营经济与农户形成的利益联接方式影响跨境电商对农户增收的促进效果，其中“公司＋合作

社+农户”和“公司+农户”方式下的龙头企业和“合作社+农户”方式下的农民专业合作促进农户增收效用最大（见图17-57、图17-58）。

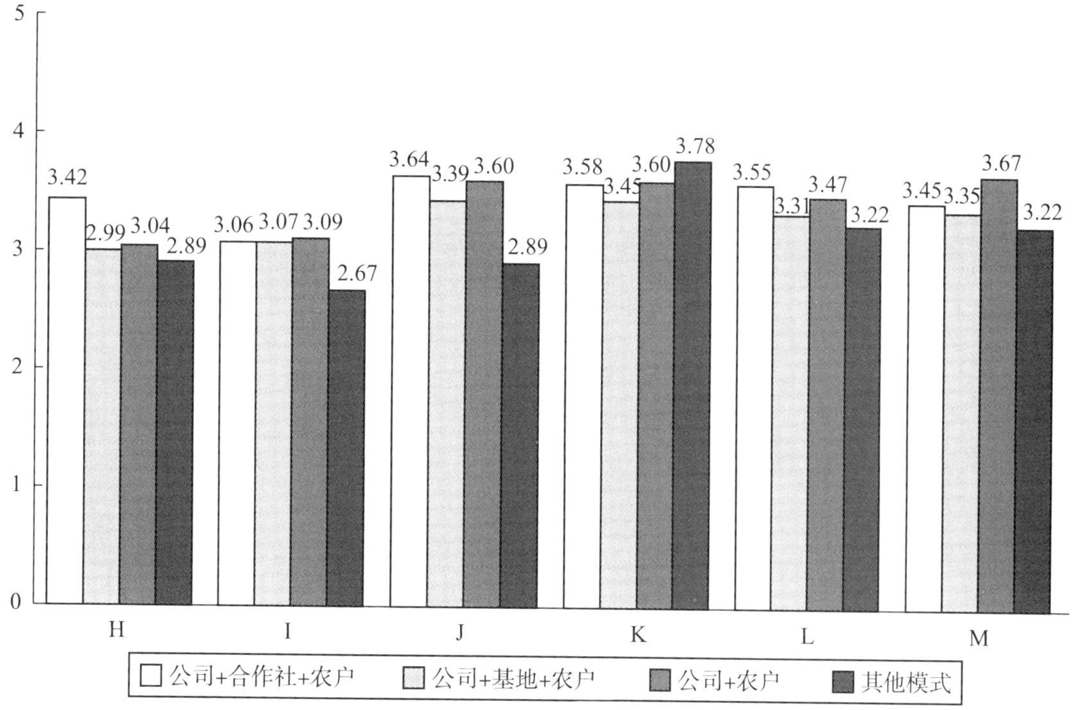

图17-57　龙头企业不同利益联接方式下跨境电商对农户增收的影响

资料来源：本文的调研问卷。

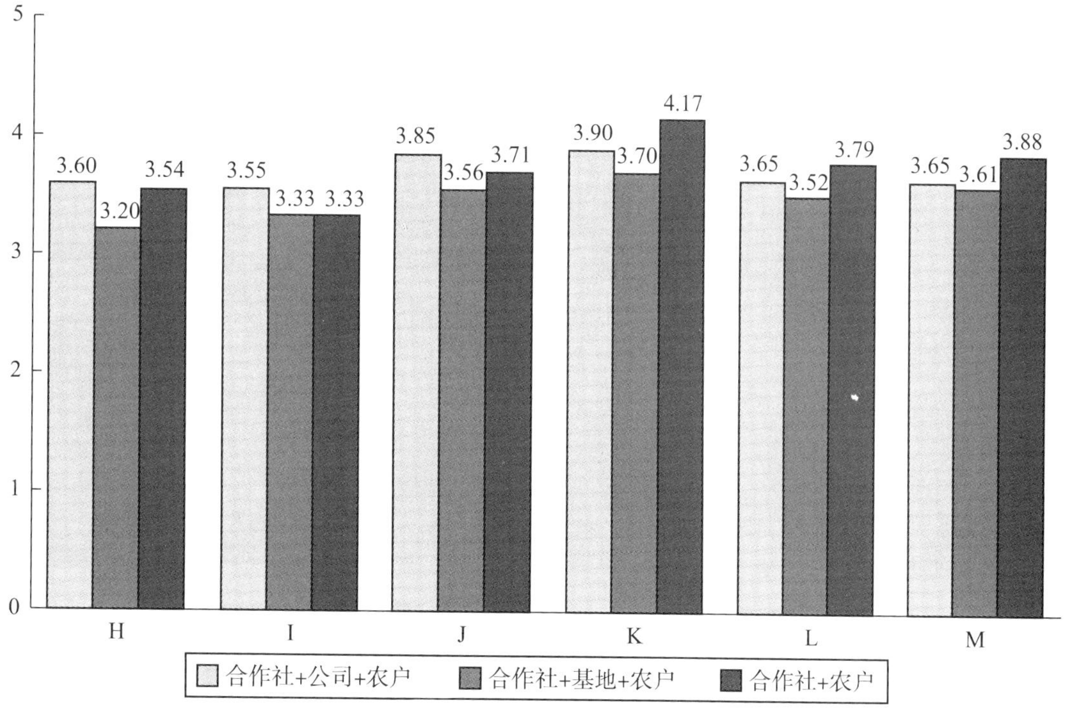

图17-58　农民专业合作社不同利益联接方式下跨境电商对农户增收的影响

资料来源：本文的调研问卷。

（3）不同合作机制下跨境电商对农户增收的影响

民营经济与农户之间的合作机制影响跨境电商促进农户增收的效果，与农户进行股份合作的龙头企业和与农户进行合同采购的农民专业合作促进农户增收效用最大（见图17－59、图17－60）。

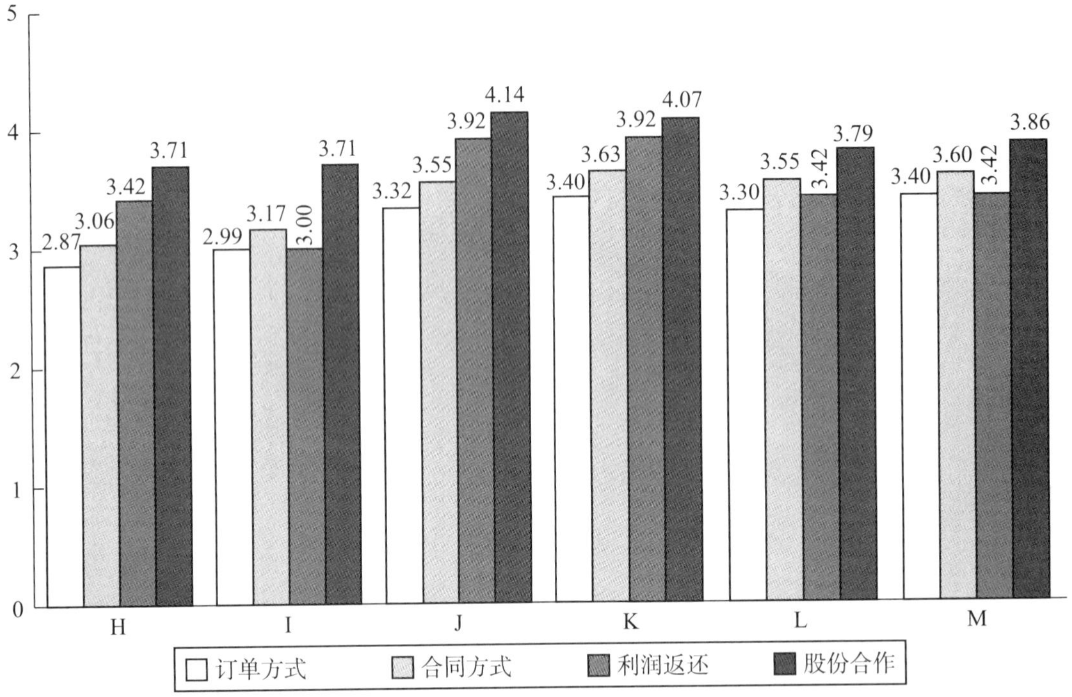

图17－59　龙头企业不同合作机制下跨境电商对农户增收的影响

资料来源：本文的调研问卷。

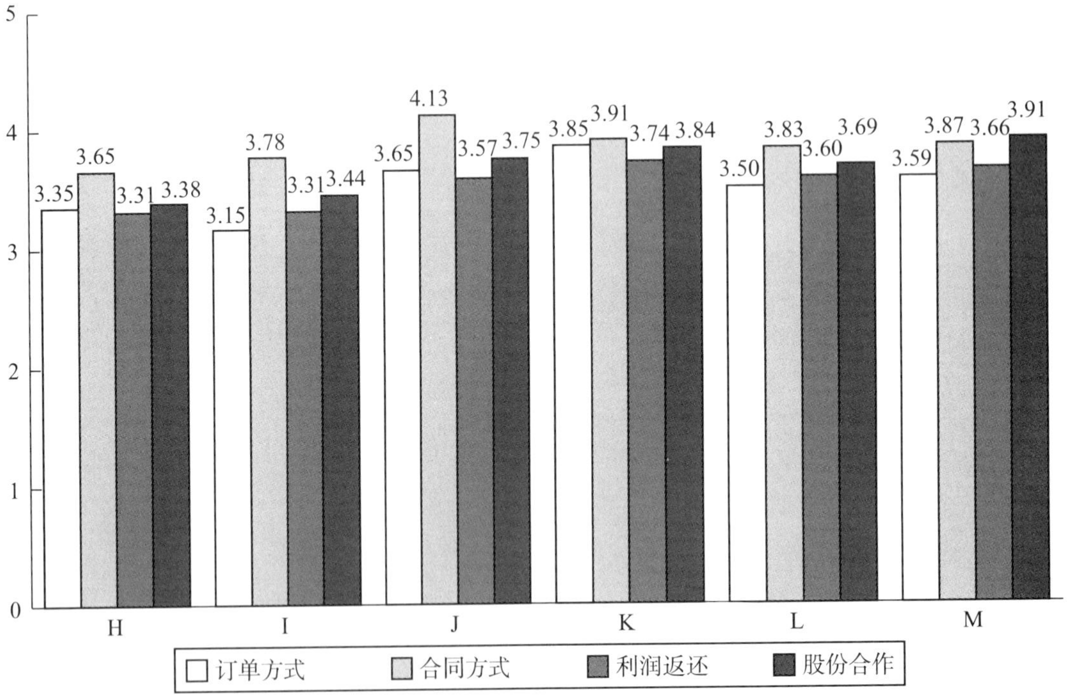

图17－60　农民专业合作社不同合作机制下跨境电商对农户增收的影响

资料来源：本文的调研问卷。

（4）不同注册资本下跨境电商对农户增收的影响

民营经济注册资本规模影响跨境电商促进农户增收的效果，调研结果显示龙头企业注册资本规模在5000万元～8000万元之间、农民专业合作社注册资本规模在200万～500万元之间是促进农户增收的最佳规模（见图 17 - 61、图 17 - 62）。

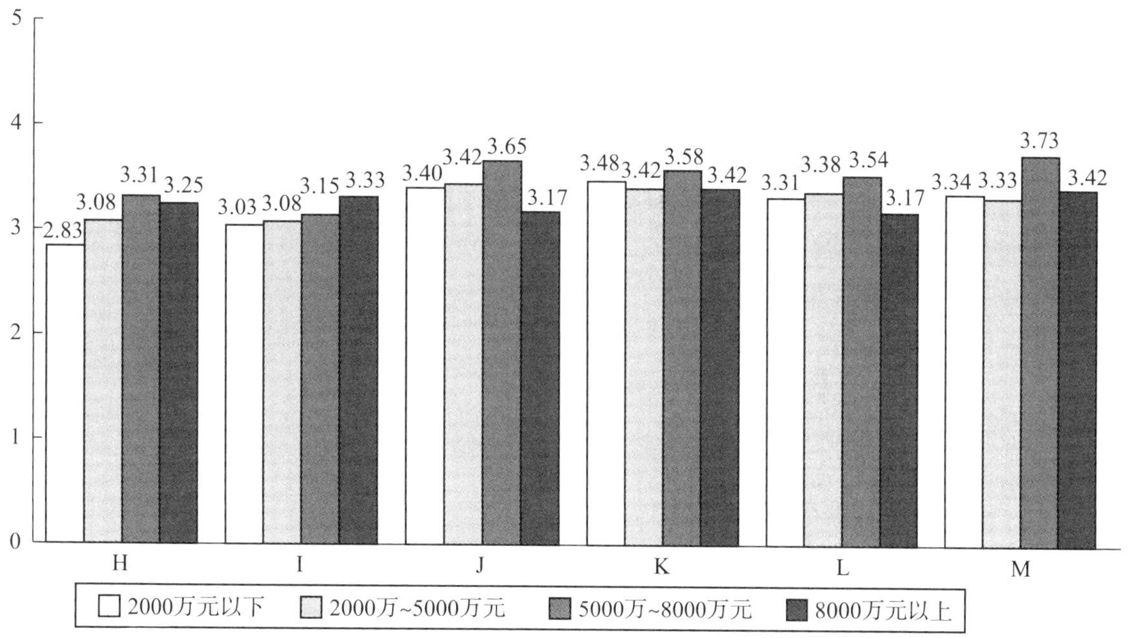

图 17 - 61　龙头企业不同注册资本下跨境电商对农户增收的影响

资料来源：本文的调研问卷。

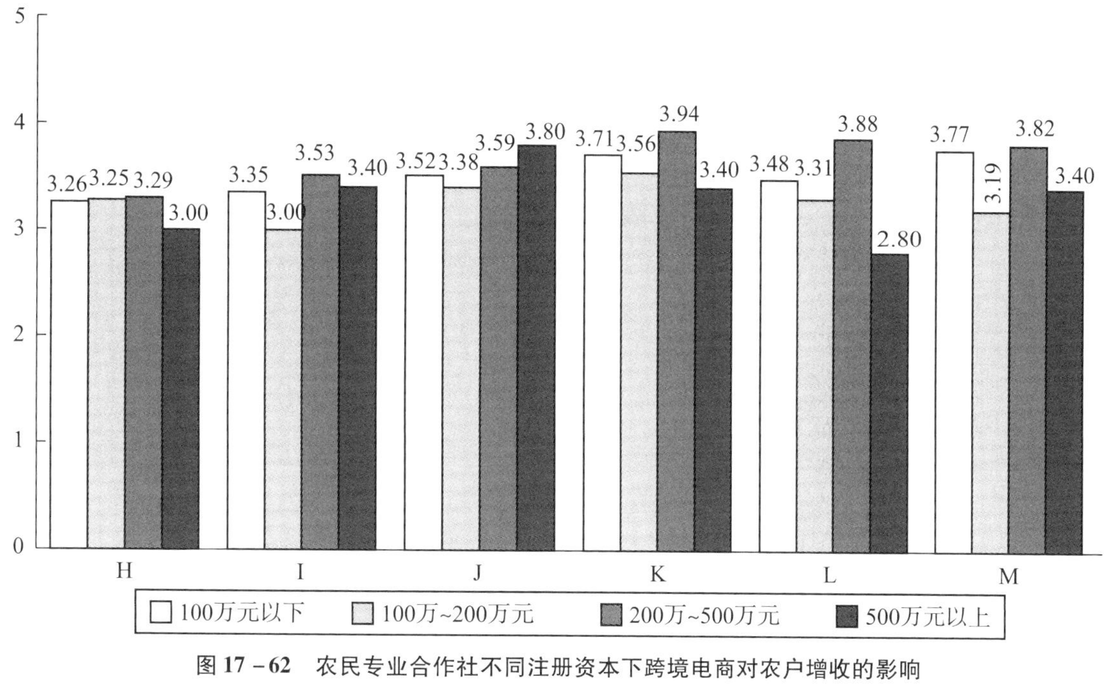

图 17 - 62　农民专业合作社不同注册资本下跨境电商对农户增收的影响

资料来源：本文的调研问卷。

（5）不同人才数量下跨境电商对农户增收的影响

民营经济人才数量（大专学历以上职工数量）影响跨境电商促进农户增收的效果，调研结果显示人才数量在 20 ~ 50 人之间的龙头企业、10 ~ 20 人之间的农民专业合作社促进农户增收的效用最大（见图 17 - 63、图 17 - 64）。

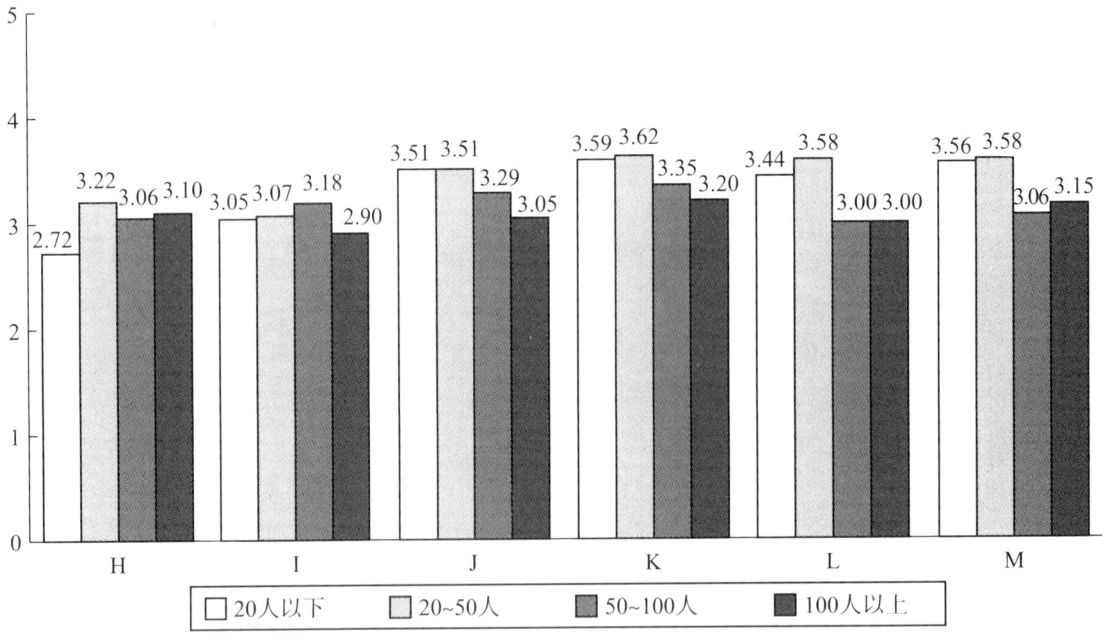

图 17-63　龙头企业不同人才数量下跨境电商对农户增收的影响

资料来源：本文的调研问卷。

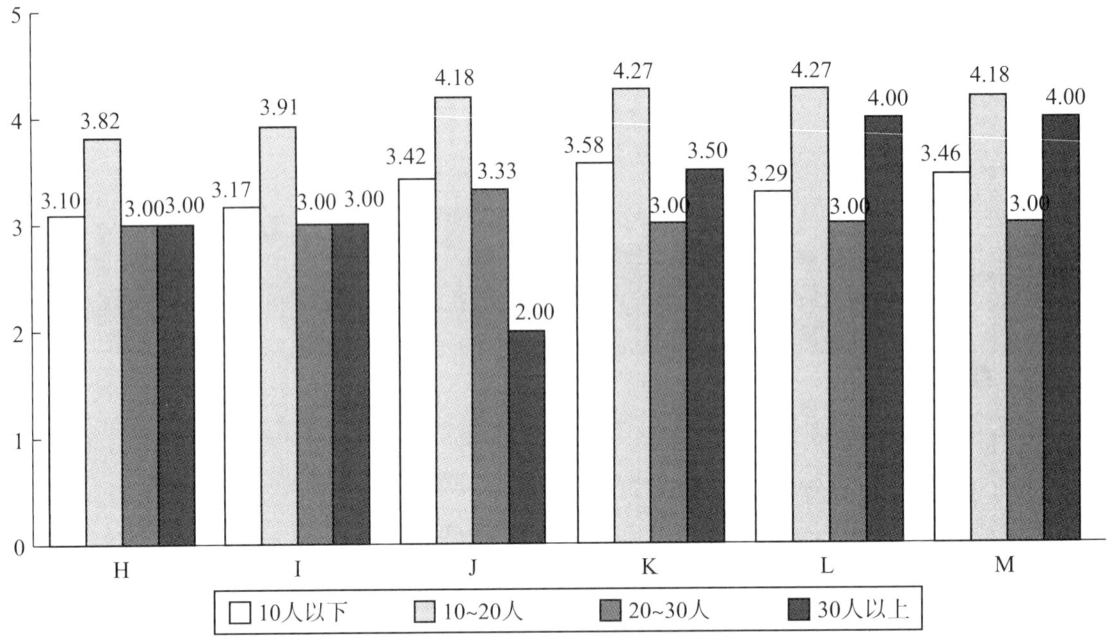

图 17-64　农民专业合作社不同人才数量下跨境电商对农户增收的影响

资料来源：本文的调研问卷。

（6）农民专业合作社不同服务内容下跨境电商对农户增收的影响

农民专业合作社提供服务内容的差异，影响跨境电商促进农户增收的效果。如图 17-65 所显示的调研结果表明，为农户集中采购农资、协助注册商标品牌的农民专业合作社促进农户增收的效用最大，主要原因可能是集中采购农资有助于降低农业生产成本，农产品品牌能显著提高农产品议价率。

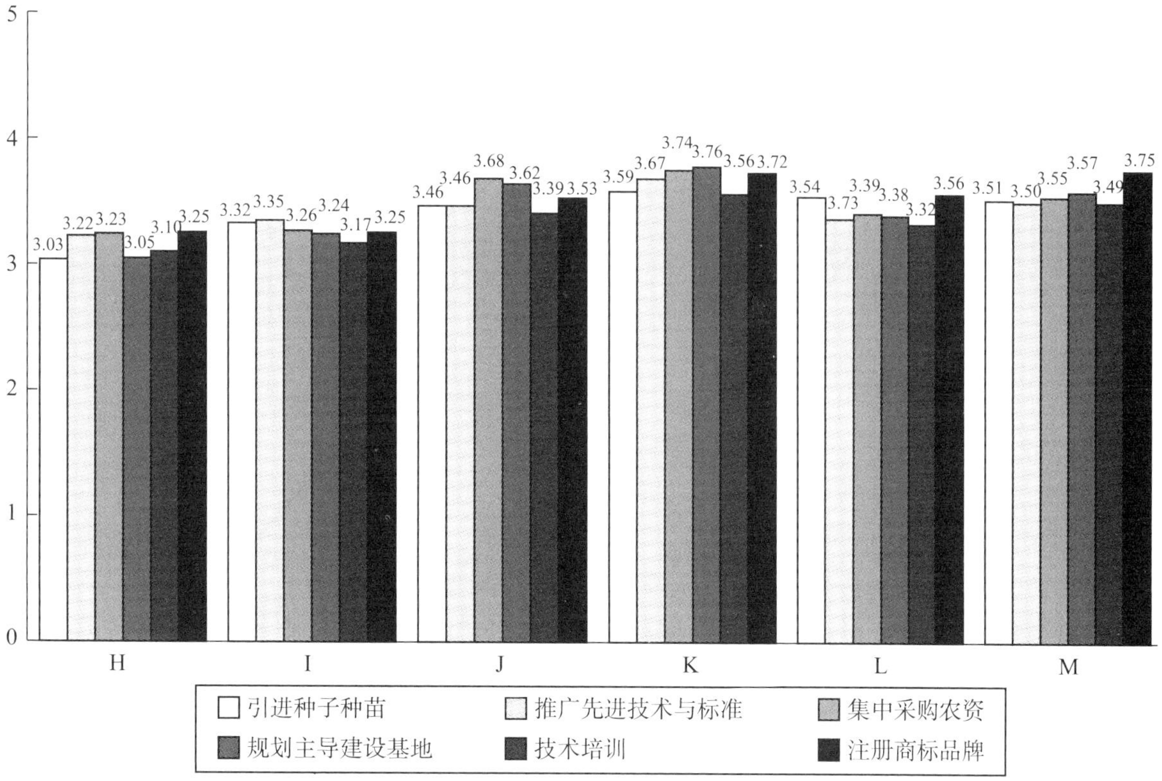

图 17－65 农民专业合作社不同服务内容下跨境电商对农户增收的影响

资料来源：本文的调研问卷。

3. 跨境电商对农业现代化的影响

在全球农业价值链中，种子研发技术与品牌营销处于两端，占据了产业链中大部分的附加值。传统民营经济在一定程度上能带动中国农业向价值链两端发展，但受限于跨国公司对技术和品牌的控制，中国农业向技术和品牌两端升级缓慢，甚至被锁定在初级农产品生产领域。造成这种产业现状的主要原因在于我国对技术研发重视程度不够，农业规模化、标准化程度低，以及由于农产品质量安全追溯制度不完善引起的农产品质量安全问题。据世界粮农组织（FAO）统计分析，近 10 年良种在全球单产提高的作用率占 25% 以上（美国已占 40%），与国际巨头相比，我国种子公司研发投入还很低，研发实力较弱（见图 17－66），我国 50% 以上的生猪、肉鸡、良种奶牛以及 90% 以上的高端蔬菜种子需要从国外进口。公开资料显示，自 1999 年我国开始植物新品种授权以来，有 1.2 万个品种提出申请，截至 2014 年共授权 4488 个，申请量年均增长 40%。但同质化问题较为突出，冒牌、套牌问题严重。在全球市场范围来看，一方面，跨境电商有助于降低全球市场信息不对称性，贸易带来的技术扩散效应和大数据等技术研发条件，有助于提高农业技术研发效率。另一方面，应用信息技术辅助农业生产，利于加强对生产过程的标准化控制，促进规模化提高，改善农产品质量水平，通过整合供应链改善服务，提高农产品国际竞争力。

在调研问卷中，设计了良种覆盖率提高（N）、农业科技应用水平提高（O）、标准化管理水平提高（P）、产品质量水平提高（Q）、融资和保险需求得到有效满足（R）、产品质量安全追溯制度有效建立（S）六个评价指标衡量跨境电商对农业现代化的促进作用，促进效果由弱至强分别用 1～5 数字评价。如图 17－67 所显示的调查结果表明，整体上跨境电商对农业良种覆盖率、科技应用水平、质量及标准化管理水平的提高有较大的影响，指标评价得分均在 3 以上，其中融资保险需求得到有效满足效用最低，说明跨境金融服务并没有普及到广大的龙头企业和农民专业合作社，供给与需求未完全匹配。两类经济主体比较下，农民专业合作社促进农业现代化效果更显著。

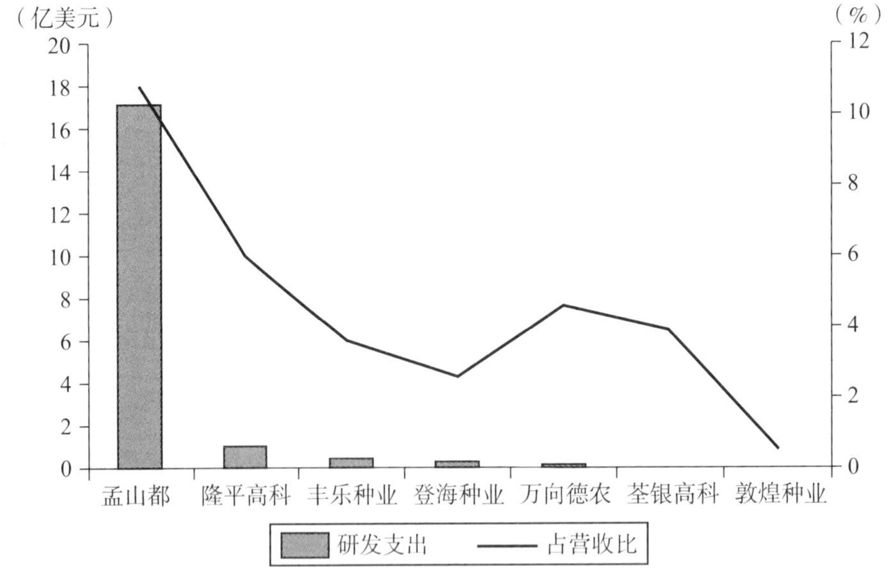

图 17-66　国内外公司种业研发支出对比

资料来源：国联证券研究所的公司网站。

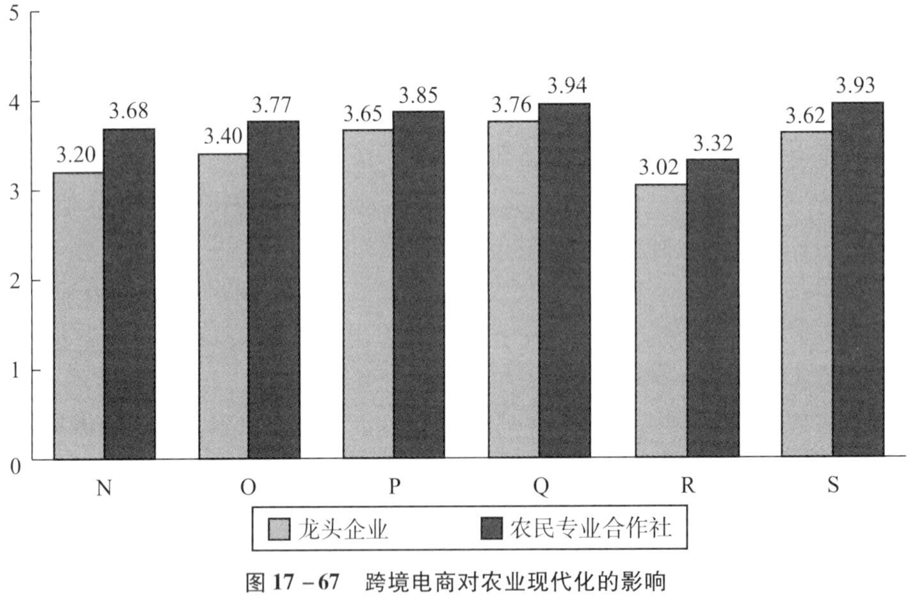

图 17-67　跨境电商对农业现代化的影响

资料来源：本文的调研问卷。

（1）不同类型龙头企业、农民专业合作社下跨境电商对农业现代化的影响

不同类型龙头企业、农民专业合作社下跨境电商促进农业现代化效果不一样，其中省级龙头企业、地市级龙头企业和村干部牵头型农民专业合作社促进农业现代化效用最大（见图 17-68、图 17-69）。

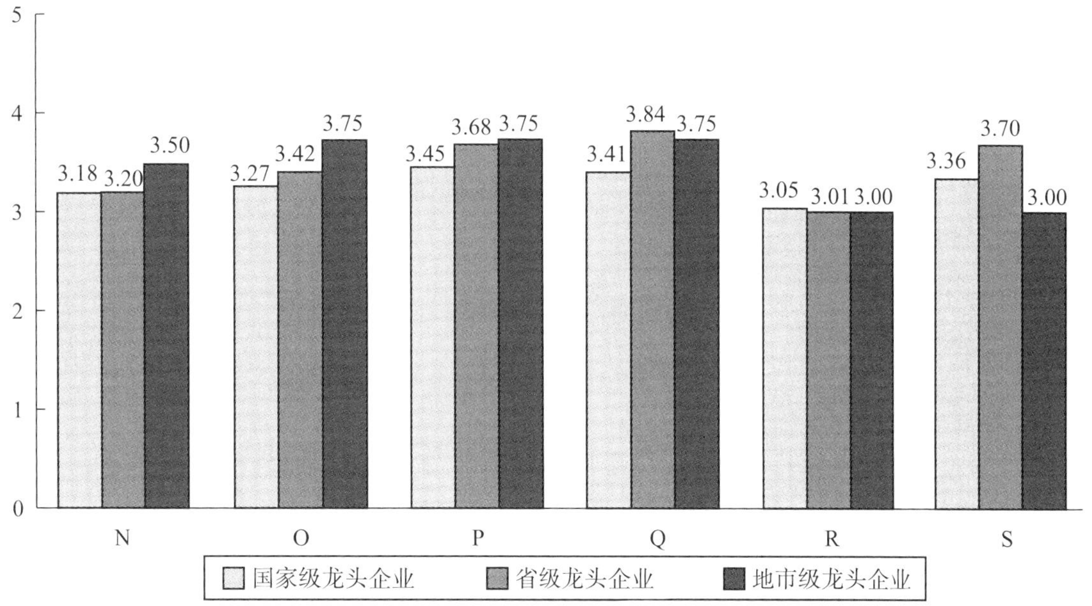

图 17－68 不同类型龙头企业跨境电商对农业现代化的影响

资料来源：本文的调研问卷。

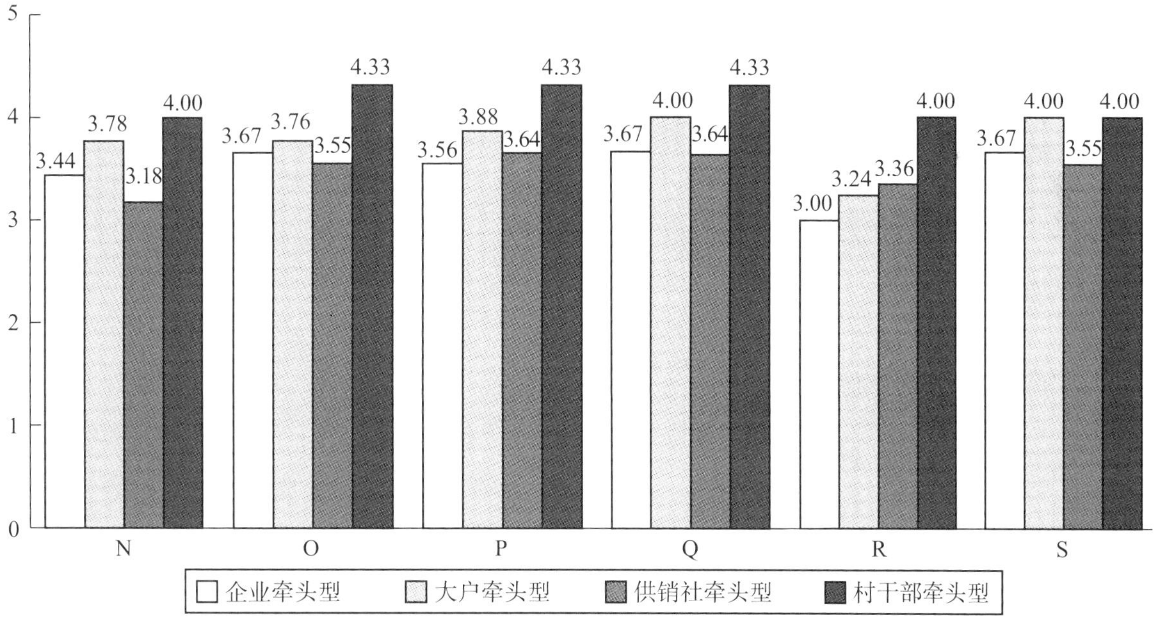

图 17－69 不同类型农民专业合作社跨境电商对农业现代化的影响

资料来源：本文的调研问卷。

(2) 不同利益联接方式下跨境电商对农业现代化的影响

民营经济与农户形成的利益联接方式影响跨境电商对农业现代化的促进效果，其中“公司＋合作社＋农户”方式下的龙头企业和“合作社＋农户”方式下的农民专业合作促进农业现代化效用最大(见图 17－70、图 17－71)。

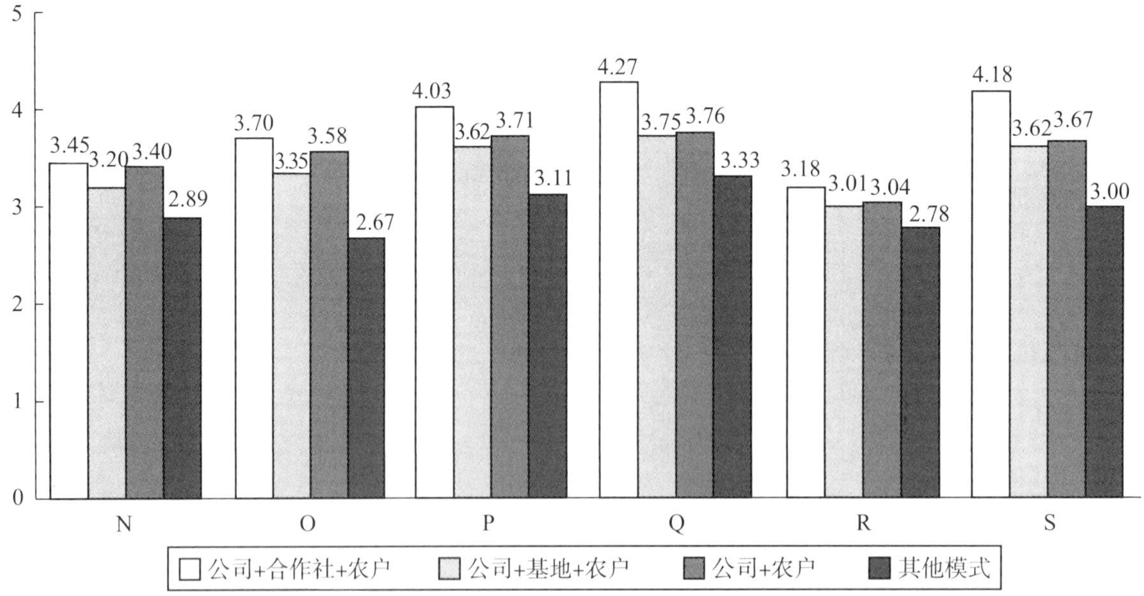

图 17－70　龙头企业不同利益联接方式下跨境电商对农业现代化的影响

资料来源：本文的调研问卷。

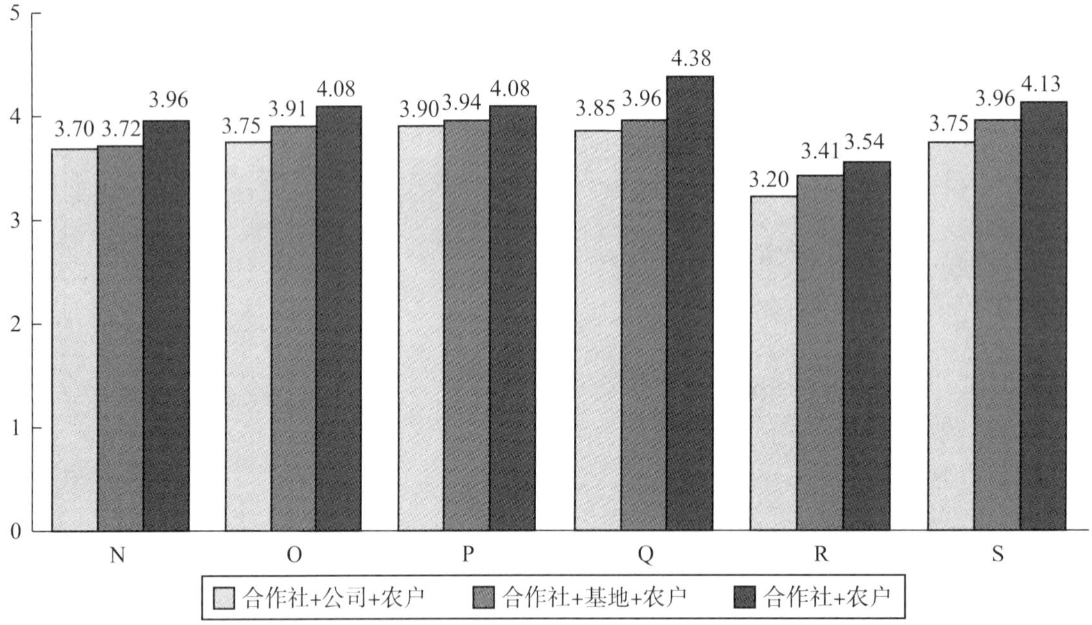

图 17－71　农民专业合作社不同利益联接方式下跨境电商对农业现代化的影响

资料来源：本文的调研问卷。

（3）不同合作机制下跨境电商对农业现代化的影响

民营经济与农户之间的合作机制影响跨境电商促进农业现代化的效果，与农户进行股份合作的龙头企业和与农户进行合同采购的农民专业合作促进农业现代化效用最大（见图 17－72、图 17－73）。

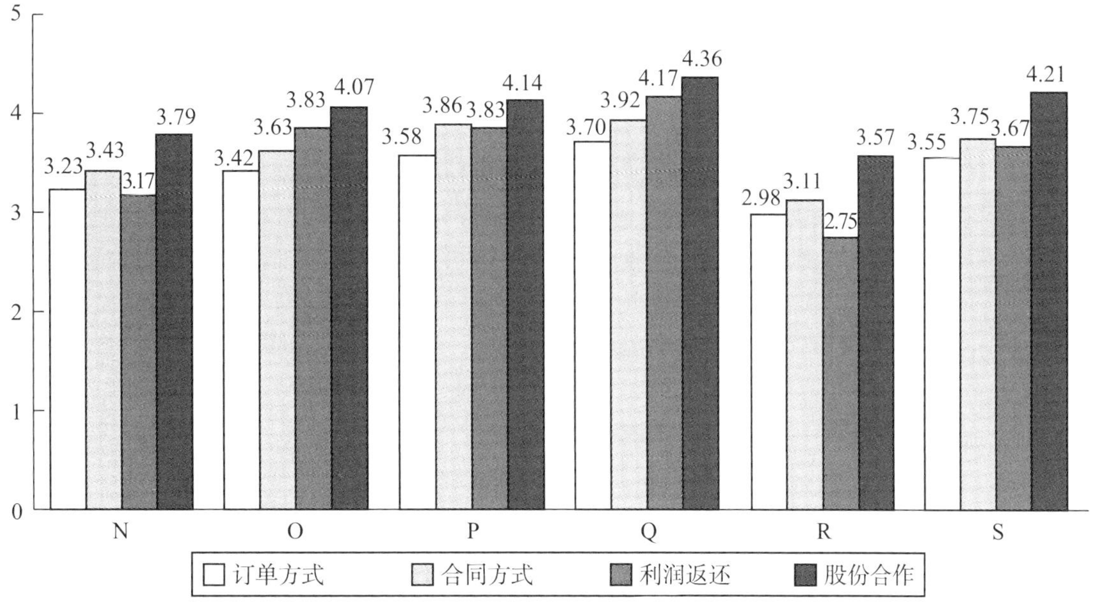

图 17-72 龙头企业不同合作机制下跨境电商对农业现代化的影响

资料来源：本文的调研问卷。

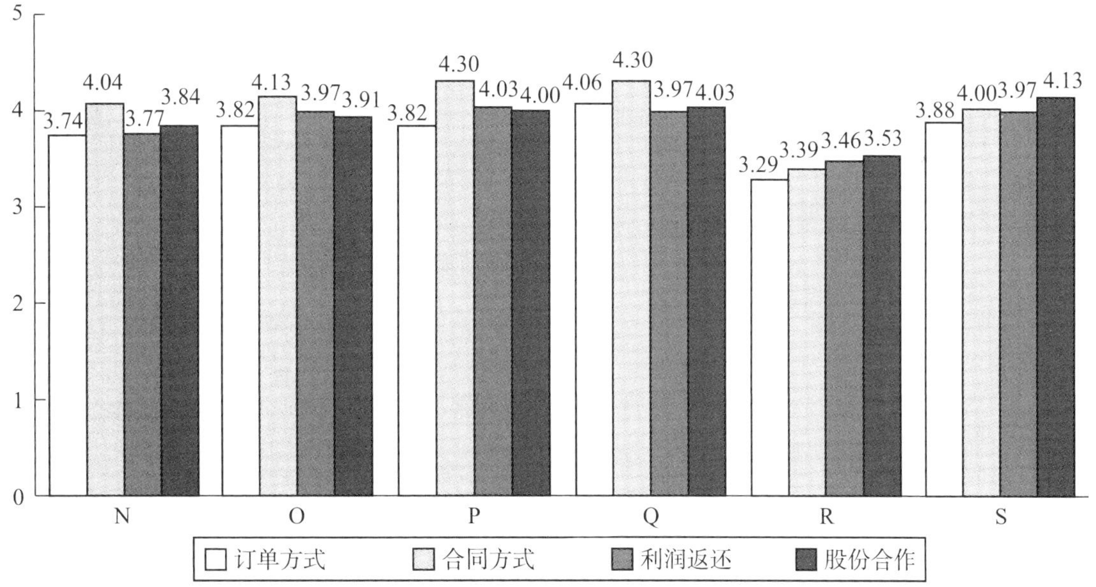

图 17-73 农民专业合作社不同合作机制下跨境电商对农业现代化的影响

资料来源：本文的调研问卷。

（4）不同注册资本下跨境电商对农业现代化的影响

民营经济注册资本规模影响跨境电商对农业现代化的促进作用，调研结果显示，龙头企业注册资本规模在5000万元以上、农民专业合作社注册资本规模在200万元以上是促进农业现代化的最佳规模（见图17-74、图17-75）。

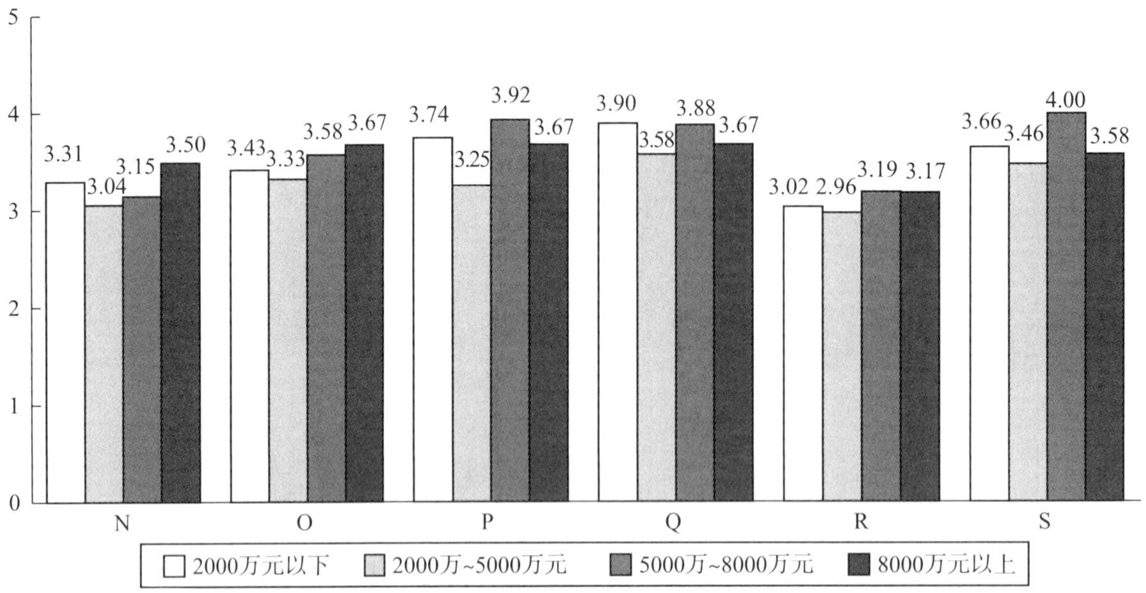

图 17-74　龙头企业不同注册资本下跨境电商对农业现代化的影响

资料来源：本文的调研问卷。

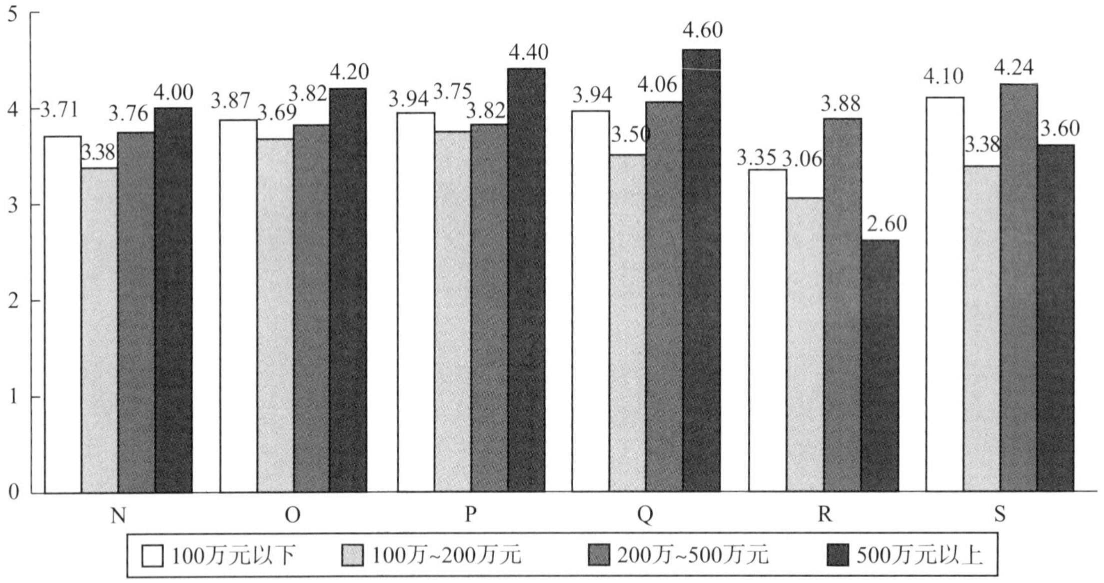

图 17-75　农民专业合作社不同注册资本下跨境电商对农业现代化的影响

资料来源：本文的调研问卷。

（5）不同人才数量下跨境电商对农业现代化的影响

民营经济人才数量（大专学历以上职工数量）影响跨境电商对农业现代化的促进作用，调研结果显示人才数量在 20～50 人之间的龙头企业、10～20 人之间的农民专业合作社促进农业现代化的效用最大（见图 17-76、图 17-77）。

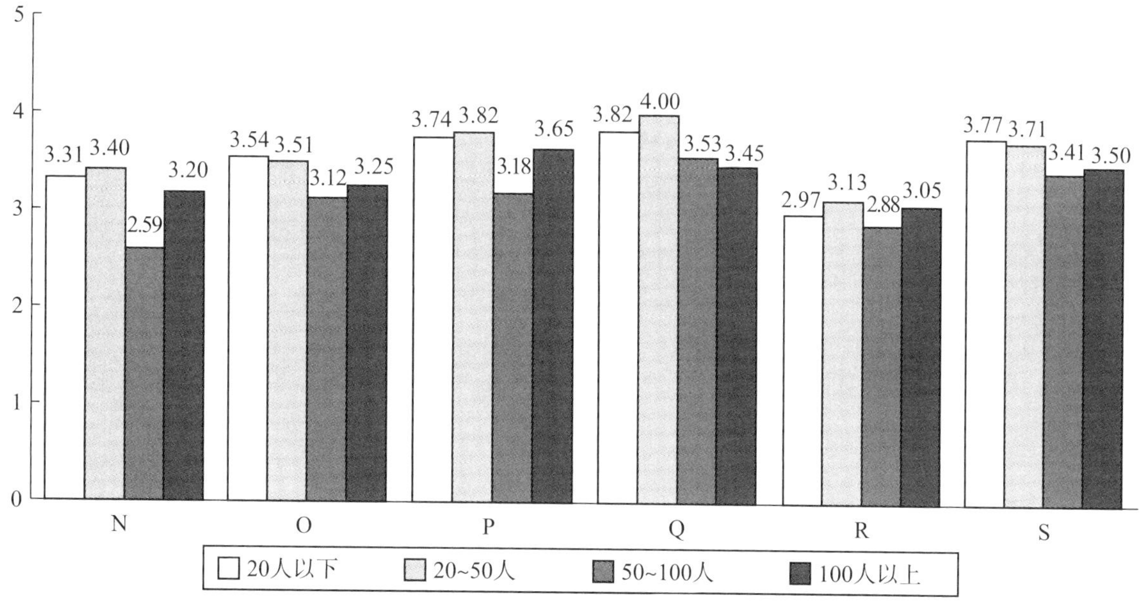

图 17－76 龙头企业不同人才数量下跨境电商对农业现代化的影响

资料来源：本文的调研问卷。

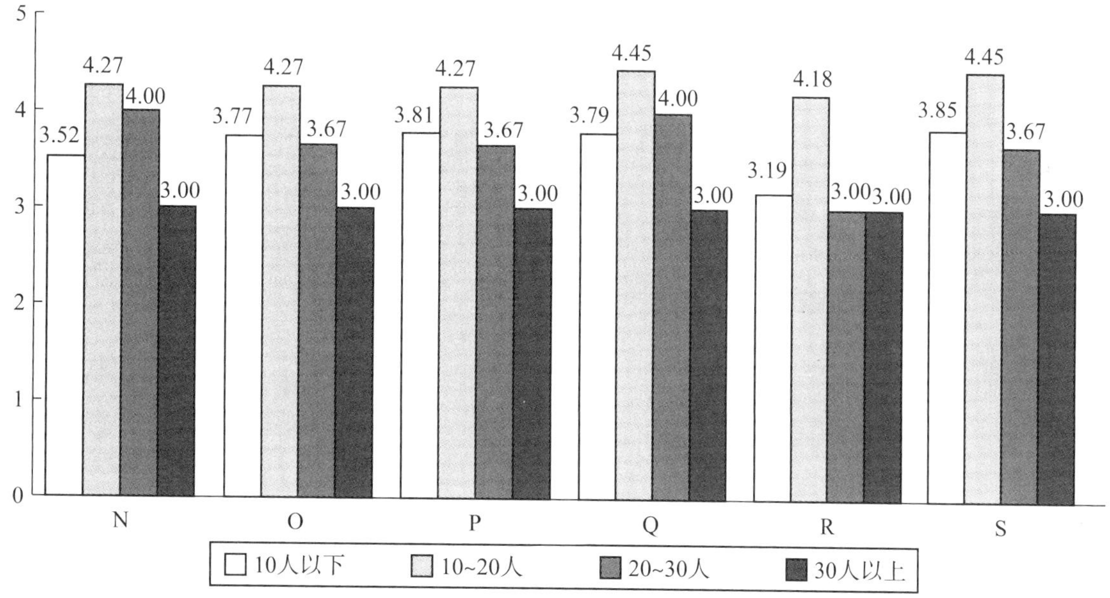

图 17－77 农民专业合作社不同人才数量下跨境电商对农业现代化的影响

资料来源：本文的调研问卷。

（6）不同产品认证类型下跨境电商对农业现代化的影响

农产品“三品一标”是政府主导的安全优质农产品公共品牌，是传统农业向现代农业转变的重要标志。不同产品认证类型的民营经济影响跨境电商对农业现代化的促进作用，绿色食品认证下的龙头企业和有机食品认证下的农民专业合作社促进农业现代化的效用最大（见图 17－78、图 17－79）。

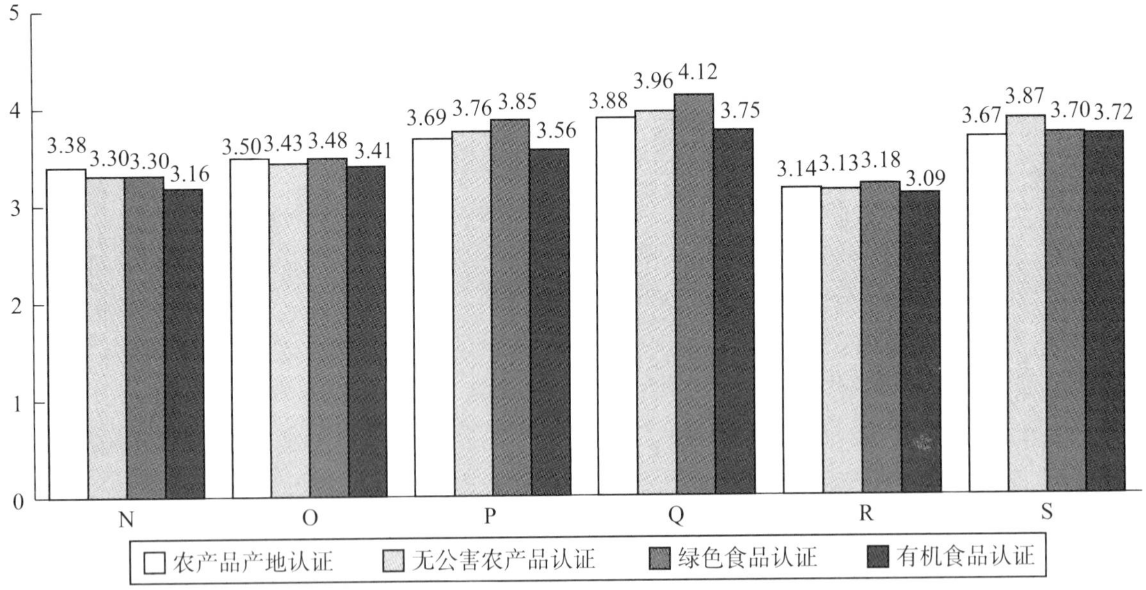

图 17 – 78　龙头企业不同产品认证类型下跨境电商对农业现代化的影响

资料来源：本文的调研问卷。

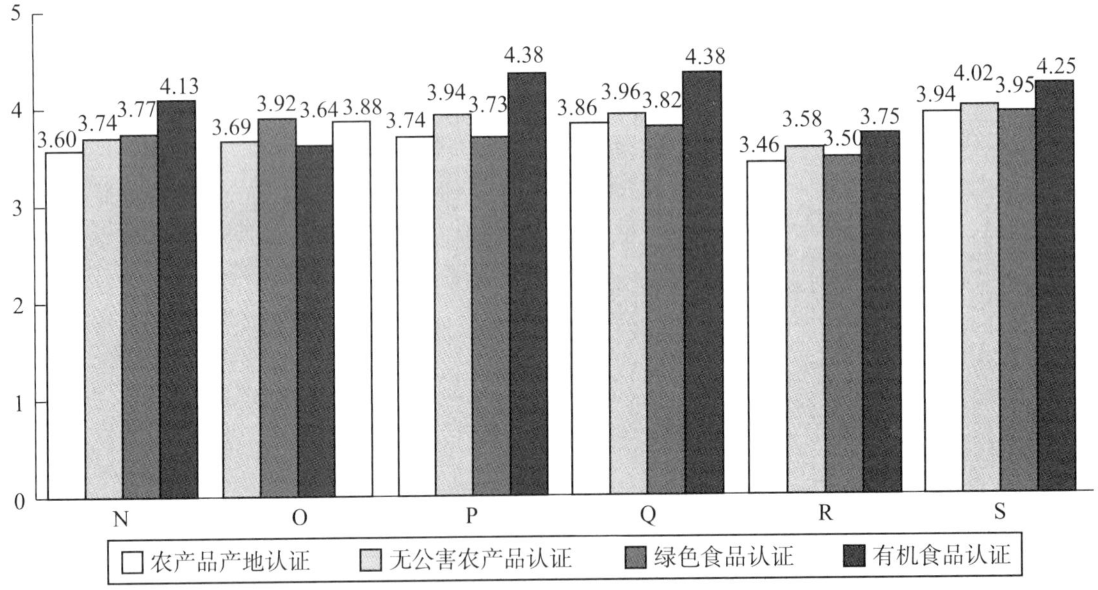

图 17 – 79　农民专业合作社不同产品认证类型下跨境电商对农业现代化的影响

资料来源：本文的调研问卷。

（7）不同技术引进比重下跨境电商对农业现代化的影响

民营经济技术引进比重（技术引进和改造的投资占总支出的比重）影响跨境电商对农业现代化的促进作用，如图 17 – 80、图 17 – 81 所显示的调研结果表明，技术引进比重在 20% ~30% 之间的龙头企业、30% 以上的农民专业合作社促进农业现代化的效用最大。

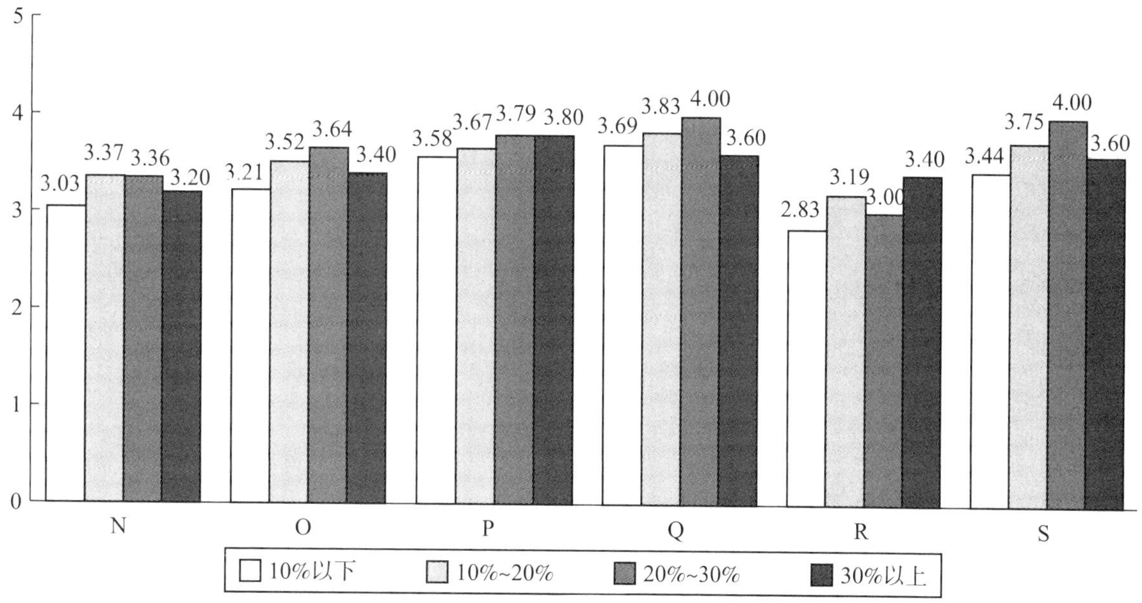

图 17－80 龙头企业不同技术引进比重下跨境电商对农业现代化的影响

资料来源：本文的调研问卷。

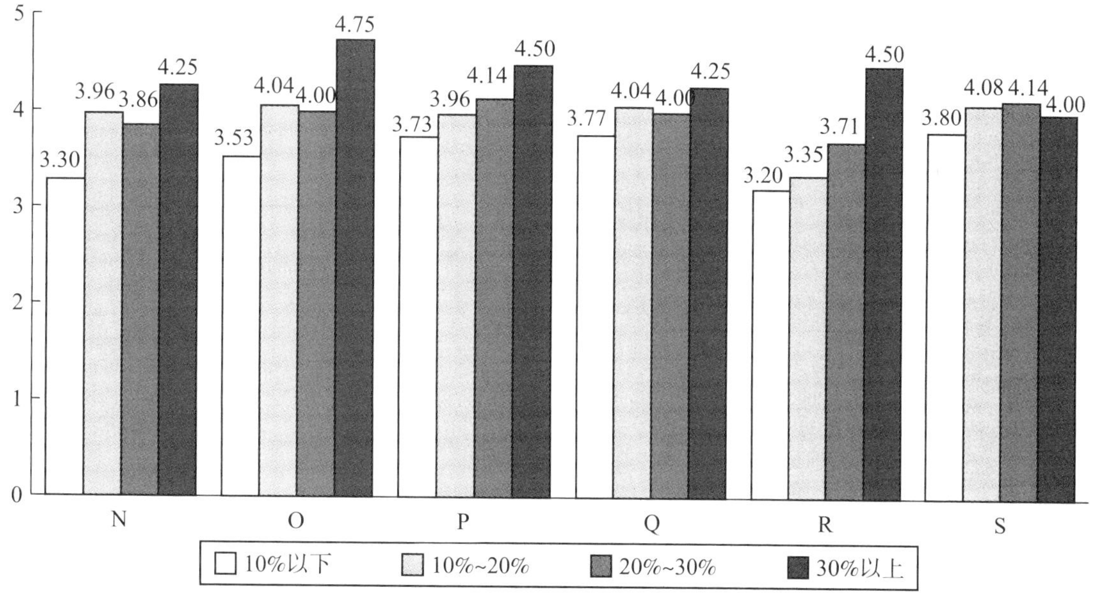

图 17－81 农民专业合作社不同技术引进比重下跨境电商对农业现代化的影响

资料来源：本文的调研问卷。

（8）农民专业合作社不同服务内容下跨境电商对农业现代化的影响

农民专业合作社提供服务内容的差异对跨境电商促进农业现代化效果的影响较小，整体上为农户集中采购农资、协助注册商标品牌、推广先进技术与标准的农民专业合作社促进农业现代化的效用相对较大（见图 17－82）。

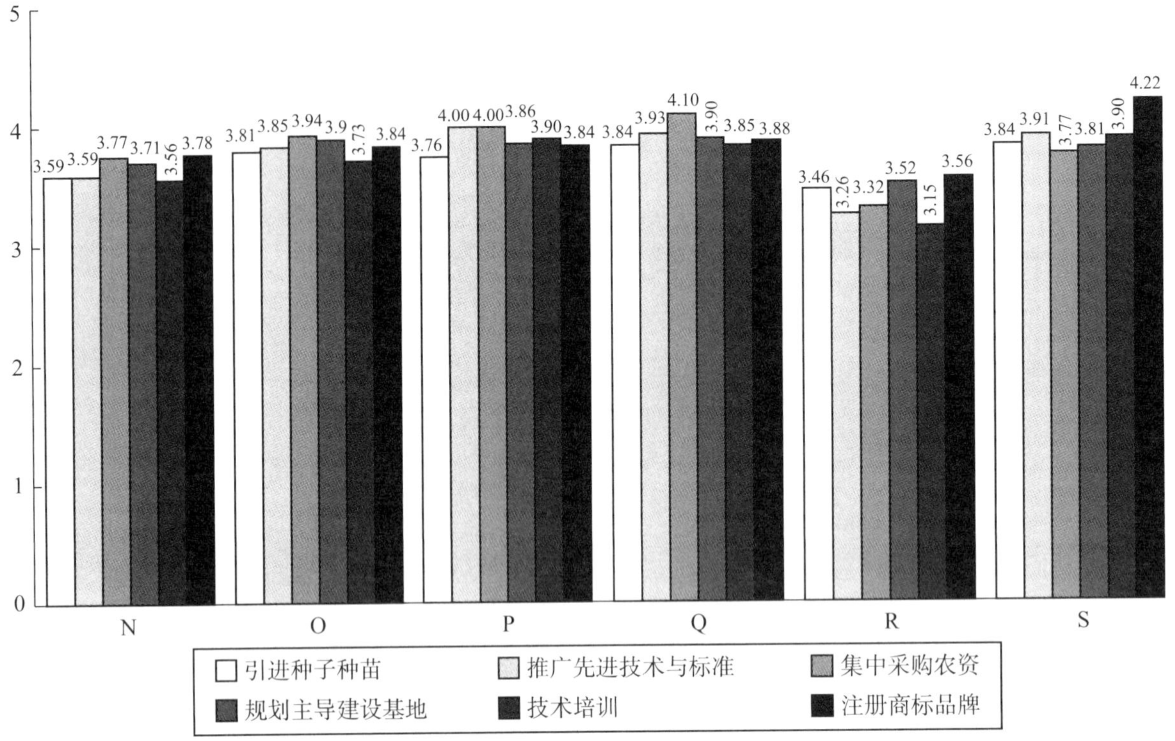

图 17－82　农民专业合作社不同服务内容下跨境电商对农业现代化的影响

资料来源：本文的调研问卷。

（四）全球化视域下“互联网＋”与民营经济和农业产业化的互动

1. 民营经济与农业产业化的良性互动

通过比较民营经济与农业产业化的互相影响，本文认为民营经济升级与农业产业化发展存在一个良性互动机制，且这一良性互动机制是促进农业发展，扭转我国企业在国际分工地位的重要突破口。民营经济升级与农业产业化发展之间存在这样的良性互动关系：民营经济升级，全球价值链地位的提升，其带来的资本、技术、人才的效益将极大地带动农业产业化发展；而在国际市场竞争中，农产品竞争力加强，企业国际分工地位的提升又离不开农业产业化的发展。农业产业化推动民营经济规模化、一体化、品牌化，为其升级创造条件。本文认为，民营经济升级与农业产业化发展的良性互动主要体现在以下三个层次。

（1）农业产经销过程信息化水平提高，促进过程升级与生产经营模式改善良性互动

农业生产、加工、流通、销售过程效率的提高，有助于民营经济优化资源配置，集中资源提高农产品核心竞争力，为加工工艺水平提高创造了前提条件，促进民营经济过程升级。农业生产经营模式的改善主要表现为规模化、一体化、专业化、标准化程度的提高，在效率提升的带动下，民营经济过程升级产生的效益成为改善生产经营模式的内生动力。同时，农业生产经营模式的改善有助于生产、加工、流通、销售过程的进一步提高，由此形成了良性互动机制。本文认为，效率提升可以源自于内部组织结构的变革，也可以源自于过程管理水平的升级，而信息化水平是决定过程管理水平的关键因素，触发民营经济过程升级与生产经营模式的良性互动（见图 17－83）。

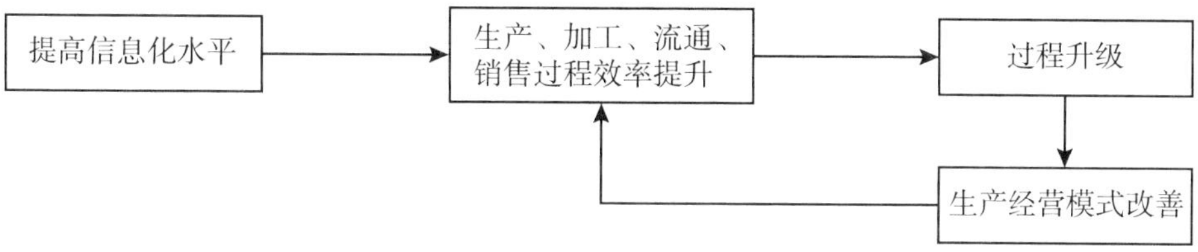

图 17-83 过程升级与生产经营模式的良性互动

（2）农业产经销过程交易成本降低，促进产品升级与农户增收良性互动

民营经济产品升级主要表现为农产品质量提高、认证产品数量增加、质量标识制度加强等方面，市场竞争力明显增强。农产品销售规模扩大，在农业产业化经营下民营经济带动农户意愿更加强烈，促进农户增收。一旦农户尝到了农业生产经营的甜头，激发了内在的主人翁精神，反过来又会提高生产积极性，进一步促进产品升级，由此形成了良性互动机制。在农业领域民营经济大多面临发展资金不足的问题，在国际贸易中国外市场会设置较多的技术标准，我国民营经济想要打开国外市场必须取得产品技术标准合格的认证，这笔前提成本明显会阻碍我国民营经济国际市场的扩张。本文认为，经营毛利的增加有助于提高民营经济农产品进行国际认证的动力，促进其提升农产品质量水平。在生产、加工等固定成本不变的情形下，交易成本成为决定毛利高低的关键因素，触发民营经济产品升级与农户增收的良性互动（见图 17-84）。

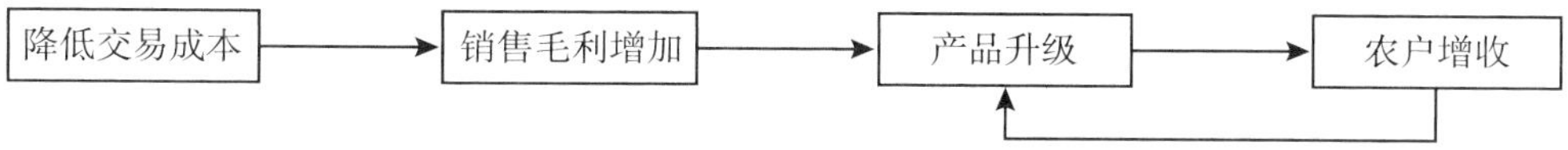

图 17-84 产品升级与农户增收的良性互动

（3）农业产经销过程信息获取能力增强，促进功能升级与农业现代化良性互动

面对当今我国农业企业在国际生产分工中处于“微笑曲线”中间段附加值低位的不利现实，提高研发能力，强化品牌意识，是民营经济发展的根本出路。市场及研发信息的控制对价值链地位提升即功能升级主要表现在两个方面：一是通过对市场需求变化的迅速掌握及时修正市场战略，提高农产品品牌准确定位，促进品牌知名度快速提升；二是通过对研发过程的信息控制，及时修正相关技术参数，使研发与市场需求的变化更加吻合，从而提高研发的成功率，降低研发的市场风险。功能升级有效地提高了民营经济的竞争力及效益，在资本、技术、人才的集聚效应下推动农业现代化发展，农业现代化进一步促使民营经济实现价值链地位的攀升，两者形成良性互动机制，研发与市场的信息获取能力成为触发功能升级与农业现代化的关键因素（见图 17-85）。

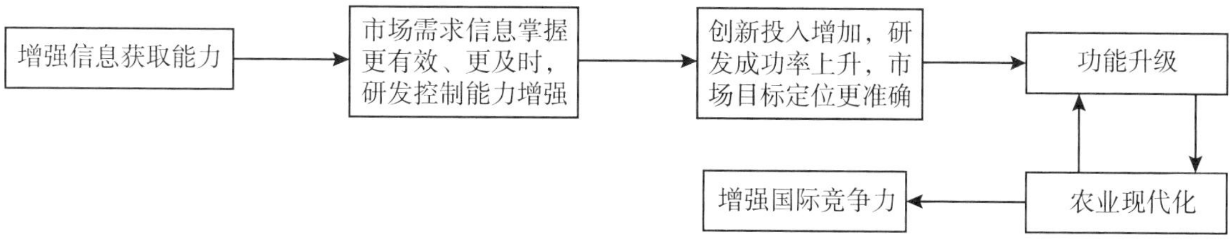

图 17-85 功能升级与农业现代化良性互动

2. 全球化视域下“互联网+”影响民营经济与农业产业化良性互动的因素

“互联网+”代表着现代农业发展的新方向、新趋势，也为转变农业发展方式提供了新路径、新方法。农业部副部长屈冬玉认为现阶段“互联网+”现代农业主要包含了四个内容的提升：一是加快农业电子商务的发展，加强农产品流通的信息化；二是加快信息进村入户，提高农业信息服务能力；三是推进设施农业、畜禽水产养殖、农产品质量安全追溯的农业物联网技术应用；四是加强农业

农村大数据采集分析、共享开放和开发利用，建设全球农业数据调查分析系统。通过对影响民营经济升级与农业产业化发展良性互动影响因素的分析，本文认为全球化视域下“互联网+”有助于推动农业生产、加工、流通、销售过程的信息化，降低产经销交易成本，增强市场、研发信息的获取能力，进而推动民营经济升级与农业产业化发展的良性互动。

在调研问卷中，设计了生产过程信息服务能力增强评价指标来衡量全球化视域下“互联网+”对农业生产、加工、流通、销售过程信息化水平的促进作用，促进效果由弱至强分别用1~5数字评价，结果如图17-86所示。整体上“互联网+”对农业信息化水平提升有较大的促进作用，指标评价得分均在3以上。比较各类市场经济主体的产经销过程，村干部和大户牵头型农民专业合作社及省级龙头企业带动的农业产业化经营过程中信息化水平提升效果最显著。

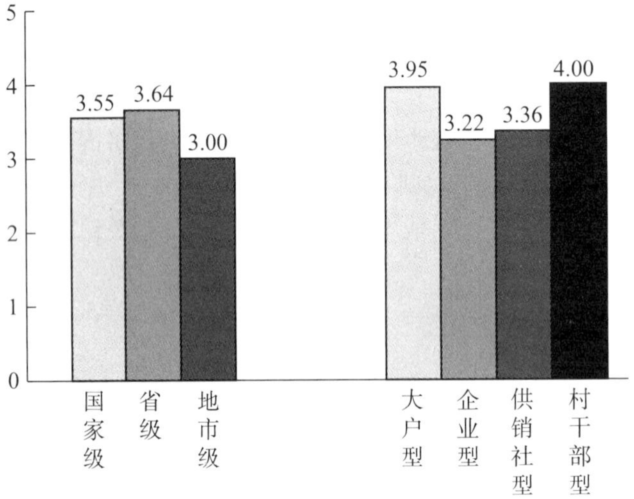

图17-86 “互联网+”对信息化水平提高的促进作用

资料来源：本文的调研问卷。

在调研问卷中，设计了同类产品相比传统外贸毛利更大评价指标来衡量全球化视域下“互联网+”对农产品毛利增加的促进作用，促进效果由弱至强分别用1~5数字评价，结果如图17-87所示。整体上“互联网+”对农产品毛利增加存在一定的促进作用，但总体效果不如对信息化水平促进作用。比较各类市场经济主体的产经销过程，农民专业合作社中村干部和大户牵头型经营农产品毛利增加较多，龙头企业中三类主体经营农产品毛利增加承担差别不大。

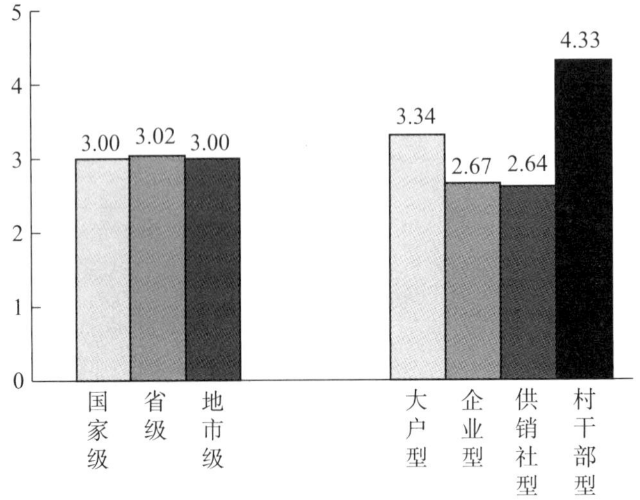

图17-87 “互联网+”对农产品毛利增加的促进作用

资料来源：本文的调研问卷。

在调研问卷中，设计了农业科技应用水平提高评价指标来衡量全球化视域下“互联网+”对市场、研发信息的获取能力增强的促进作用，促进效果由弱至强分别用1～5数字评价，结果如图17-88所示。此处农业科技主要指物联网、大数据等互联网现代化科技，互联网现代科技的应用有助于民营企业更有效、及时地掌握市场及研发信息，为研发能力和品牌定位能力创造条件。整体上“互联网+”对信息获取能力的增强有较大的促进作用，指标评价得分均在3以上。比较各类市场经济主体的农业产业化经营过程，村干部和大户牵头型农民专业合作社及地市级龙头企业的信息获取能力增强效果最显著。

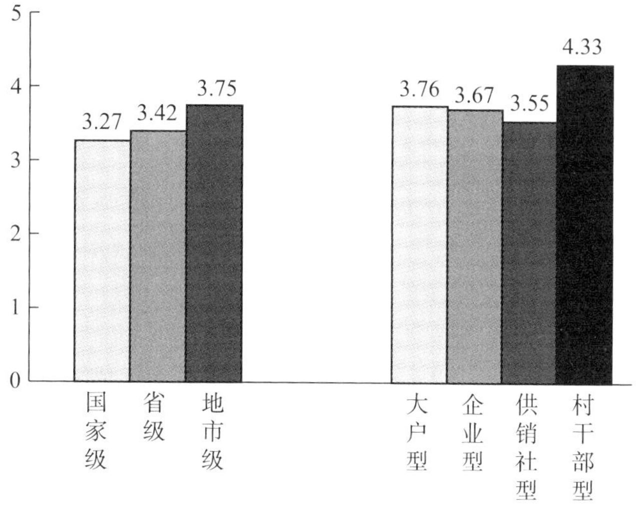

图17-88　“互联网+”对信息获取能力增强的促进作用

资料来源：本文的调研问卷。

五、民营经济与农业产业化：未来展望

基于传统商业形态下民营经济与农业产业化的互动分析，结合全球化视域下“互联网+”给民营经济和农业产业化发展带来的机遇以及跨境电商模式下影响民营经济与农业产业化互动的因素，为提高我国农业产业化水平，提升我国在全球农业价值链中地位，本文提出如下对策建议。

第一，借助互联网渠道，鼓励、扶持我国农业品牌“走出去”。在全球价值链治理中，跨国公司往往对高附加值具有强大的品牌控制力，限制着低端生产环节公司向高附加值环节的攀升，出于订单的依赖性以及销售渠道稀缺，我国农业企业很难顺利实现价值链的跨越。而跨境电商为我国农业民营经济主体“走出去”提供了新的渠道，有助于降低农业企业对大品牌商的依赖程度。具体措施包括：①组织培训，指导农业经济主体开展跨境电子商务业务；②加强财政金融支持，加大对跨境电子商务的资金扶持力度，对跨境电商农业经济主体进行补助，增加出口信用保险的补助力度；③在跨境电商平台使用费用、办理国际认证方面给予补贴；④辅助企业了解进口国的产品技术标准；⑤加强生产、加工方面的技术支持，降低农业经济主体对自然环境的依赖性，丰富产品结构；⑥充分利用报纸、电视、网络、展会、O2O体验中心等渠道优势，扩大跨境电子商务在农业经济主体中的影响力；⑦举办对接会、培训会等形式推动跨境电商平台、服务企业与外贸企业进行业务对接，组织本地企业参加国内外电子商务展会，带动跨境电子商务的交流与合作。

第二，加大农业“互联网+”科技投入，促进信息化生产。互联网借助大数据、物联网、云计算等新兴信息技术改造传统农业，可以提升农业生产各环节的信息化、智能化程度，大幅提高生产效率，有助于发展智慧农业、精细农业、高效农业、绿色农业。大力提高农业互联网技术的投入，有利于促进农业产前、产中、产后信息化，实现“环境可测、生产可控、质量可溯”，提高农业质量效益和竞争力，也能在一定程度上解决食品安全问题，实现由传统农业向现代农业转型。

第三，加强农村网络基础设施建设，提高互联网普及率。基础设施条件的完善，很大程度上可以促进相关产业的发展，并决定着在国际生产网络中的分工。加强网络基础设施的建设，有助于降低我国农业企业在生产信息化过程中的成本，提高利润空间，从而也会有更多地资本投入种子技术研发和品牌建设环节。同时也能提高用户利用互联网接触农产品的便利性，促进企业互联网销售渠道的多元化、低成本化，利于社会整体福利的增加。

第四，加强政策引导，适当提高农业生产规模化及农业企业研发投入，有所侧重地对民营经济给予政策支持。农业生产规模化是农业产业化的重中之重，规模化是解决目前我国农业生产困境的必要条件。规模化生产能降低农业经济主体成本，提高农产品的产出，同时也为农业生产的信息化、现代化提供了条件。现阶段国家政策层面应该鼓励农村土地流转，盘活广大农村的土地经济存量，土地是农业发展的基础，只有解决了土地问题农业民营企业才有更大的发展空间，我国也才有可能提升在全球农业价值链中的地位。同时还应该在税收政策、政府奖励方面激励农业经济主体提高研发投入比重，进一步完善专利商标相关保护法律法规，促使我国农业走向高技术含量道路。影响民营经济在全球价值链中的地位及其与农业产业化互动的因素诸多，在资源有限的条件下，政府应该对省市级、“公司 + 合作社 + 农户”、与农户股份合作、注册资本在5000 万元以上龙头企业，农产品国际影响力较大的龙头企业，村干部牵头型、“合作社 + 农户”、与农户订立合同采购、注册资本在200 万元以上、农产品精加工程度较高、提供品牌注册、农资采购、先进技术推广的农民专业合作社给予更多的政策支持，促进这几类促进农业产业化、提高农业价值链地位效用较大的民营经济发展壮大。

第五，创新农产品流通方式，提高流通效率。在跨境电商交易模式下，随着各国贸易逐渐地开放，信息流、资金流、物流三者中最难实现的物流，在农产品贸易中表现最为明显。不同种类的农产品有不同的仓储条件、运输条件以及保质日期，物流配送及客户体验方面的优势是提高我国农产品国际竞争力的重要保障。于政府而言，应该积极营造有利于电子商务发展的良好环境，通过创新型企业的发展推动流通企业的转型升级，针对农产品重点建设冷链物流工程体系，在国内外加强电子商务仓储配送基地建设，支持物流行业的整合发展，促进社会物流效率提高。

继2010 年和2012 年中央一号文件提出发展农产品电子商务之后，2014 年中央一号文件明确提出要“加强农产品电子商务平台建设”，2015 年中央一号文件提出“支持电商、物流、商贸、金融等企业参与涉农电子商务平台建设，开展电子商务进农村综合示范。”商务部也把农产品电子商务发展作为重点工程，出台多项支持政策，推动农产品电子商务发展。在跨境电商方面，虽然针对农产品出口的全国政策很少，但具有特色农业产业的地方政府多有出台相关政策促进本地农业走向世界，如云南省推动高原特色农产品销往东南亚市场，内蒙古助推炒货开拓中东、欧洲市场等。

调研市场数据反映出农产品跨境电商还面临诸多问题未解决，严重制约着农产品市场的进一步发展，如①产品选择问题。农产品不同于工业品在于，农产品具有更强的自然性，无法做到像工业品生产的标准化、批量化、经常化、稳定化，按现有的跨境电商模式进行农产品贸易，必然很难经受住市场的考验。另外，不同种类的农产品要有不同的仓储条件、运输条件、客户定位、产地等，选择的产品不同，其对应的仓储、物流、资金和利润等都有很大的差异。②标准化问题。农产品的标准化问题一直难以解决，缺乏农产品的质量标准，使农产品生产过程中出现无标可依或有标不依的情况，导致农产品质量缺乏公信力，即使产后每个产品的口感、颜色、性状、大小等都不同，造成了产品售卖的难度和难以保证用户体验。③物流成本及时间问题。农产品跨境电商最大的问题是物流成本，农产品品质对时效性要求较强，而冷链物配是个很庞大的系统工程，需要连续性的高额投入，物流、配送、快递、宅配等成本都较高，投资回报周期长，一般的农产品跨境电商企业很难解决。公开数据显示，如果一笔电商交易额单价是100 元，农产品的物流成本会占到25% ~40%，相比之下，电子产品、服装的物流成本只占5%。④农产品质量信任问题。在农产品质量安全方面，国内法律法规不如发达国家完善，相关农产品质量追溯技术不如国外应用广泛。加之国内发生过较大的农产品质量安全事件，国外还存在对我国农产品质量的不信任问题。⑤农产品成本问题。农业属于弱质产业，我国农业资源紧缺、劳动生产率低是国内农产品成本较高的根本原因。国内价格补贴无形中又提高了农产品的成本，导致农产品国际竞争力弱，很难打开国际市场。市场存在的问题便是民营经济发展的机遇，也说明农产品跨境电商存在着规模巨大的潜在市场，本文认为未来我国农业市场会表现出如下三种趋势。

趋势一：农产品国际流通方式创新，跨境电商市场规模加速增长。目前对农产品跨境电商最大的限制因素是特殊农产品高昂的物流成本，随着跨境贸易、跨境物流、跨境金融、跨境品牌营销服务业的完善，农产品贸易壁垒降低，农产品跨境电商电商与顾客建立起良好的购物体验，国际农业电商市场规模将实现爆发性增长。

趋势二：互联网与农业全产业链叠加，实现由传统农业向现代农业转型。将物联网、大数据等互联网技术应用到农产品生产过程中，可以有效控制整个生产流程，促进生产环节的智能化、精细化，确保产品品质。在经营环节，互联网的应用提升信息透明和交易公平性，提高从田间到餐桌的效率。

趋势三：民营经济走上品牌化、技术化驱动的发展道路。农产品属于天然食品，进口方最担心的是食品安全问题，也就是对品牌的信任问题，在跨境电商中信任问题更为突出。未来“三品一标”产品（无公害农产品、绿色食品、有机农产品和农产品地理标志）将成为农产品跨境电商市场的主角，我国现有中国地理标志产品5000多个，绿色食品总数超2.1万个。“三品一标”农产品容易在国际市场迅速取得市场认同，利于农产品“走出去”过程中品牌的建设。农产品跨境电商市场分工更加细化，有助于解决标准化、产品安全性、物流、技术等四大难题。商务部在“互联网+流通”行动战略中提出在国外建设100个海外仓的计划，未来我国跨境农产品市场中消费体验、商品质量、品牌感知都会取得很大的进步。相对来说，目前中国农产品国际品牌较为稀缺，在品牌、技术发展道路上想象空间很大，依靠跨境电商提高我国在全球农业价值链中的地位并非没有可能。

参考文献

[1] 刘红斌，吴新．温氏“公司+农户”经营模式研究［J］．企业经济，2004（11）．

[2] 孙晓霞．东北地区农业产业化组织模式研究［D］．长春：吉林大学，2008．

[3] 张雪梅．农业产业化经营组织模式优化探讨［J］．农业技术经济，1999（6）：13-16．

[4] 喻国华．专业合作组织在农业产业化中的实践模式［J］．农业经济，2008（3）．

[5] 单东．民营经济论［M］．运城：山西经济出版社，2005．

[6] 毛泽东．毛泽东选集［M］．北京：人民出版社，1990．

[7] 冯秀悬．论民营经济的内涵与外延［J］．广东社会科学，2003（3）．

[8] 黄文夫．走向21世纪的中国民营经济［J］．管理世界，1999（6）．

[9] 茅于轼．中国民营经济的发展与前景［J］．国家行政学院学报，2001（6）．

[10] 王劲松，史晋川．中国民营经济的产业结构演进［J］．管理世界，2005（10）．

[11] 刘儒，周丽涛．民营经济内涵辨析与公有经济民营化［J］．西安交通大学学报，2004（4）．

[12] 晓亮．论民营经济的十个认识问题［J］．南方经济，2001（1）．

[13] 周志纯．解放思想，抓住机遇实现民营经济第二次创业［J］．理论月刊，1999（8）．

[14] 阳小华．民营经济内涵问题探析［J］．江汉论坛，2000（5）．

[15] 李国荣，彭松建．民营经济概论［M］．北京：北京大学出版社，2008．

[16] 陈德萍．我国民营经济成长条件研究［D］．南昌：江西财经大学，2004．

[17] 张厚义，明立志．中国私营企业发展报告（1978~1998）［M］．北京：社会科学文献出版社，1999．

[18] 中国私营经济年鉴2000~2001，中华工商联合出版社，2003（1）．

[19] 单忠东．民营经济三十年——思考与展望［M］．北京：经济科学出版社，2008．

［20］中华全国工商联合会黄孟复．中国民营经济发展报告（2011～2012）［M］．北京：社会科学文献出版社，2012.

［21］张春华．城乡一体化背景下农业产业化组织形式研究［D］．武汉：华中师范大学，2012.

［22］魏学武．统筹城乡开始上路［A］//毕泗生．中国农业、农村、农民前沿问题报告［M］．北京：人民日报出版社，2003.

［23］孔祥智．聚焦三农——180位专家学者破解三农难题［M］．北京：中央编译出版社，2003.

［24］牛若峰．农业产业一体化经营的理论框架［J］．中国农村经济，1997（5）.

［25］林毅夫．再论技术、制度与中国农业发展［M］．北京：北京大学出版社，2000.

［26］税国东．农业产业化：农村经济发展的必然选择——蓬溪县农业产业化经营问题探讨［J］．农村经济，1998（12）.

［27］陈佳贵．中国农村改革30年研究［M］．北京：经济管理出版社，2008.

［28］林毅夫．制度、技术与中国农业发展［M］．上海：上海人民出版社，1994.

［29］崔传义．我国农业产业化的进展和组织创新［J］．经济研究参考，1999（88）.

［30］牛若峰．农业一体化经营的理论与实践［J］．经济研究参考，1997（54）.

［31］张骥．经济全球化与当代社会主义的发展［M］．北京：中央编译出版社，2002（1）.

［32］国际货币基金组织．世界经济展望［M］．北京：中国金融出版社，1997（45）.

［33］王忠武．试论全球化的基本内涵及其表现［J］．东方论坛：青岛大学学报，2001（1）：71－73.

［34］薛敬孝，曾令波．论经济全球化的内涵和表现形式［J］．北华大学学报，2000（1）：65－69.

［35］张宝珍．经济全球化需要研究的十大问题［J］．世界经济，1998（9）：27.

［36］林军．沸腾十五年——中国互联网1995～2009［M］．北京：中信出版社，2009.

［37］唐海燕，张会清．产品内国际分工与发展中国家的价值链提升［J］．经济研究，2009（9）：81－93.

［38］曹红玉．浅析跨境电商在中小外贸企业发展中的作用［J］．商业经济研究，2014（31）：61－63.

［39］唐东波．市场规模、交易成本和垂直专业化分工——来自中国工业行业的证据［J］．金融研究，2013（5）：181－193.

［40］白嘉，张会新．垂直专业化分工的技术溢出效应研究——基于行业和地区面板数据的经验证据［J］．中国软科学，2013（8）：176－192.

［41］刘庆林，高越，韩军伟．国际生产分割的生产率效应［J］．经济研究，2010（2）：32－43.

［42］吕乃基，兰霞．微笑曲线的知识论释义［J］．东南大学学报，2010（3）：18－22.

［43］唐海燕，张会清．中国在新型国际分工体系中的地位——基于价值链视角的分析［J］．国际贸易问题，2009（2）：18－26.

［44］倪洪兴．统筹两个市场两种资源确保农业产业安全［J］．中国农村经济，2011（5）：57－81.

［45］丁一．民营经济发展与农业产业化［J］．农村经济，2004（11）：36－38.

［46］陆文聪．民营经济与农业产业化发展［M］．北京：经济科学出版社，2006（17）.

［47］李建民．论农业结构调整与农业投融资体制改革［J］．农业经济问题，2000（6）：24－28.

［48］张雪梅．农业产业化经营组织模式优化探讨［J］．农业技术经济，1999（6）：13－16.

［49］史金善．农业龙头企业应成为现代农业技术创新扩散体系的重要组成部分［J］．农业技术经济，2007：84－91.

［50］董金和．我国农业技术推广体系发展现状与改革研究［D］．北京：中国农业大学，2005.

［51］朱海霞．论重点农业产业化龙头企业对陕西县域经济发展的促进［J］．经济地理，2004（4）：505－509.

［52］林冰霞．农业产业化是实现农业规模经营的最佳途径［J］．农村经济研究，1999（4）.

［53］卢艳，刘明．我国农业产业分工与价值链延伸——基于微笑曲线理论的分析［J］．当代经济，2013（3）：116－118.

［54］谭力文，赵鸿州．基于全球价值链理论的地方产业集群升级研究评述［J］．武汉大学学报，2009（1）：56－63.

［55］周煜．基于全球价值链的中国汽车产业升级路径分析［J］．科技进步与对策，2007（7）：83－87.

［56］唐海燕，张会清．产品内国际分工与发展中国家的价值链提升［J］．经济研究，2009（9）：81－93.

[57] 郑鹏，李崇光．农业现代化背景下农产品流通现代化的路径选择 [J]. 中国流通经济，2012 (5)：24-29.

[58] 郎平．互联网对世界经济的影响 [J]. 国际经济评论，2000 (5)：25-28.

[59] Poter, M. Competitive Advantage: Creating and Sustaining Superior Performance [M]. New York: The Free Press, 1985.

[60] Stigler, G. The Division of labor is limited by the extent of market [J]. Journal of Political Economy, 1951, 185-193.

[61] Hummels, David, Jun Ishii. The nature and growth of vertical specialization in world trade [J]. Journal of International Economics, 2001 (54): 75-96.

[62] Balassa, B. Trade creation and trade diversion in the European Common Market [J]. The Economic Journal, 1967: 1-21.

第十八章　民营经济发展与工业环境污染*

改革开放40年以来，中国在经济上取得了令世界瞩目的成绩，但是经济发展上的耀眼成绩却是以环境状况的不断恶化为代价的。一方面，中国经济保持了较高的增长速度，目前已经成为全球第二大经济体，成功实现了从一个贫困落后的低收入国家向中等收入国家的跨越。另一方面，伴随着经济的中高速增长，中国的环境状况却每况愈下，尤其是进入21世纪以来，中国工业尤其是重工业高速增长，高能耗、高污染的重工业发展给环境带来了巨大的压力。根据世界银行和国家环保总局①于2007年共同发表的一份研究报告，中国室外空气污染和水污染对中国所造成的健康和非健康损失的总和约相当于每年1000亿美元（约相当于中国GDP的5.8%）。②

本章分析我国民营经济发展（聚焦在工业部门的民营企业）对环境所造成的影响。首先系统回顾民营经济发展对工业环境污染的影响；然后分别从工业污染物排放总量、工业污染物排放强度和工业污染治理等三个方面入手，重点比较分析2001～2014年期间民营工业和国有工业在这三个方面的差异和发展变化趋势；最后，在上述比较分析的基础上，展望民营经济发展对环境的未来影响，并提出引导和促进民营经济绿色发展的相应政策建议。

一、民营经济发展与环境污染：历史回顾

（一）民营经济发展对环境影响的历程

按照民营经济尤其是民营工业的发展阶段，民营经济发展对环境的影响可以分为如下四个历史时期和阶段。

第一个时期是改革开放前，民营工业由于基本上没有得到发展，对环境基本上没有产生较大的影响。改革开放前，中国工业是以国有经济为主导的，民营经济仅在少数特殊时期有一定的发展，因此在这一时期民营经济对环境的影响微乎其微。中华人民共和国成立后，为加快工业经济发展，建立了以城市为主导的工业计划经济体制，集中建设了156项大中型工矿企业。在这些工矿企业中，虽然采取了程度不同的工程措施，如污水处理和消尘除尘设施，但是还是出现了程度不同的工业污染和城市污染。③ 在1958年“大跃进”运动中，在“大炼钢铁”和“大搞群众运动”方针的指导下，中央政府曾试图将计划体制扩展到农村工业上去，一度出现了“县县办工厂，乡乡办工厂”的农村工业化运动④，这些小工厂产生的工业“三废”放任自流，没有采取任何处理措施，对环境产生了一定的影响和破坏。但是，这些农村工业是由行政机构盲目建立起来的，一哄而起后又一哄而散。1962年，

---

* 研究人员：张自斌。

① 国家环保总局于2008年3月升级组建成为国家环境保护部。

② The World Bank and State Environmental Protection Administration of P. R. China. Cost of Pollution in China – Economic Estimates of Physical Damages. 2007. http://siteresources.worldbank.org/INTEAPREGTOPENVIRONMENT/Resources/China_Cost_of_Pollution.pdf.

③ 张坤民．中国环境保护事业60周年［J］．中国人口·资源与环境，2010，20（6）．

④ 史晋川．中国民营经济发展报告［M］．北京：经济科学出版社，2006．

中共中央和国务院发布《关于发展农村副业生产的决定》，规定人民公社和生产大队一般不办企业，已办的企业不具备正常生产条件的应该一律停止。依照此精神，全国自1962年开始裁撤农村社队企业，两年后农村社队企业基本上销声匿迹。

第二个时期是从1978年改革开放后至20世纪80年代早期，民营工业开始萌芽和发展，开始对一定地区和范围内的环境产生一定的影响。民营经济兴起于1978年改革开放后，以私营企业、港澳台投资企业和外商投资企业为代表的多种所有制获得了较快的发展，民营经济所涉及的一些行业已经开始对环境产生了一定的影响。以民营经济典型的"苏南模式"为例，社队工业在改革开放后有了较快的发展，行业范围已经涉及纺织、食品、服装、农机具、机械、电子、冶金、化工、建筑材料等行业。① 在改革开放初期，我国环境法治建设才刚刚开始起步，还没有相应的环境保护规划和管理部门②，对环境保护制度执行率偏低。而民营企业由于普遍规模较小，难以负担污染处理设施成本及运行费用，污染物一般都是直接排放到环境当中，因此对环境产生了一定的影响。为此，国务院于1984年专门出台规定，要求各地采取必要的措施，以加强对乡镇、街道企业的环境管理。③ 但是，在该时期内，由于民营工业经济在全国工业经济中所占比例还较小，因此对环境的影响范围还较为有限，仅在民营工业比较发达的苏南等部分地区和部分行业有所表现。

第三个时期是从20世纪80年代中期至2000年左右，民营工业开始快速增长，开始对环境造成较大的影响。在这一时期，民营工业对环境带来了两次比较大的冲击：一是从1980年代中期，特别是1984~1988年乡镇企业（尤其是乡镇工业）的异军突起，给环境带来了较大的冲击；二是1992年后，在各地掀起新一轮经济投资高潮过程中，民营工业获得了进一步的发展，给环境带来了进一步的冲击。④

图18-1是国有控股、集体经济、城乡个体及其他经济工业总产值占全国工业总产值比重变化趋势图。从图18-1中可以看出，从80年代开始，国有工业总产值所占比重逐年下降，城乡个体及其他经济工业总产值所占比重逐年上升。1983年非国有工业总产值占工业总产值的比重为26.64%，其中集体经济占比为25.74%，城乡个体及其他经济占比仅为0.9%；到了1989年，非国有工业总产值占工业总产值的比重已达到了43.94%，其中集体经济占比为35.69%，城乡个体及其他经济占比为8.25%。从1992年开始，受新一轮经济投资热潮的影响，非国有（主要是城乡个体及其他经济）工业

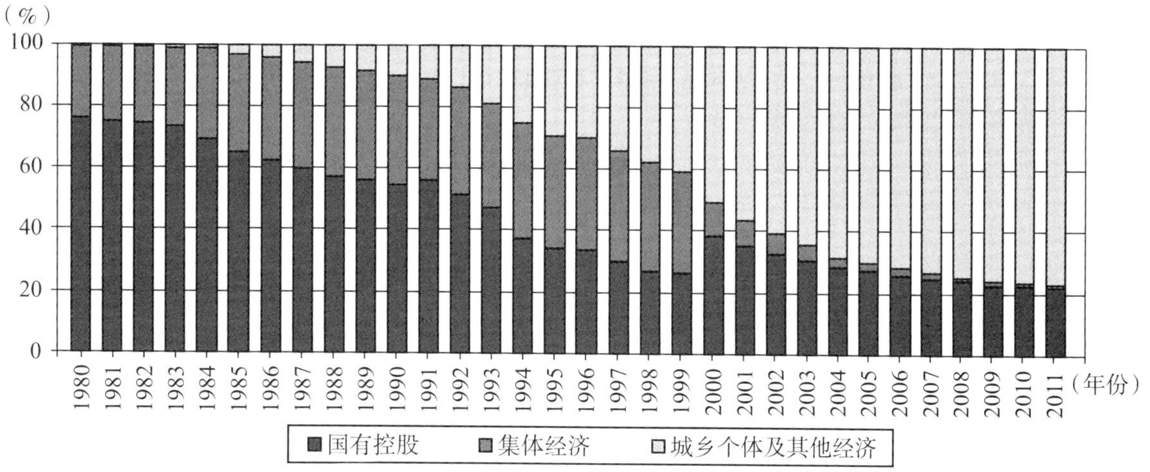

图18-1 不同经济体工业总产值占全国工业总产值比重变化趋势（1980~2011年）

资料来源：中国工业统计年鉴（2012年）。

① 史晋川. 中国民营经济发展报告［M］. 北京：经济科学出版社，2006.

② 我国到1982年5月才成立城乡建设环境保护部，并且直到1988年，国家环保局才正式从城乡建设环境保护部中分出，成为国务院直属机构，以加强对环境保护的规划和管理。

③ 国务院，关于加强乡镇、街道企业环境管理的规定，1984年9月27日。

④ 中国科学院可持续发展战略研究组. 2013中国可持续发展战略报告——未来10年的生态文明之路［M］. 北京：科学出版社，2013。

开始加速增长，到1999年非国有工业总产值已占全国工业总产值的71.79%，其中集体经济占比为32.78%，城乡个体及其他经济占比为41.07%。非国有工业主要集中在市场竞争比较激烈的纺织、造纸、化工等行业[①]，在这些行业中，非国有企业已经开始逐渐占据主导地位，是主要的工业废水和工业废气排放来源。

第四个时期是自进入21世纪以来，民营工业在中国再次重工业化的过程中扮演了重要的作用，对环境产生了较为严重的影响。进入21世纪以来，尤其是从2002年下半年开始，我国重工业开始加速增长，各地兴起了重化工热，纷纷上马钢铁、水泥、化工、煤电等高耗能、高排放项目，从而开始了再次重工业化的过程，而民营工业在这一进程中也获得了快速的发展。

图18－2是重工业和轻工业的环比年增长趋势。从图18－2中可以看出，2003年重工业总产值比上年增长33.4%，大大高于轻工业总产值14.8%的增长速度，2004年重工业总产值增长速度更是高达50.3%。图18－3是重工业总产值占工业总产值比重的时间趋势图。从图18－3中可以看出，从1980~1999年，重工业总产值占工业总产值的比重基本保持在略高于50%的水平，但是从2000年开始，重工业所占比重一下子跃升到超过60%的水平，随后该比重逐年增加，到2011年，重工业总产值占工业总产值的比重已达到了71.8%。

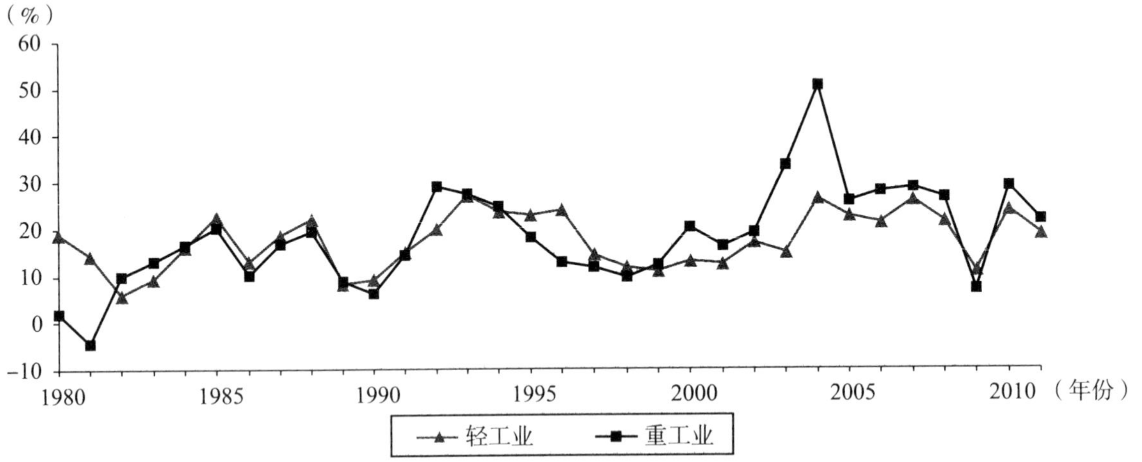

图18－2　重工业和轻工业总产值环比年增长率（1980~2011年）

资料来源：中国工业统计年鉴（2012年）。

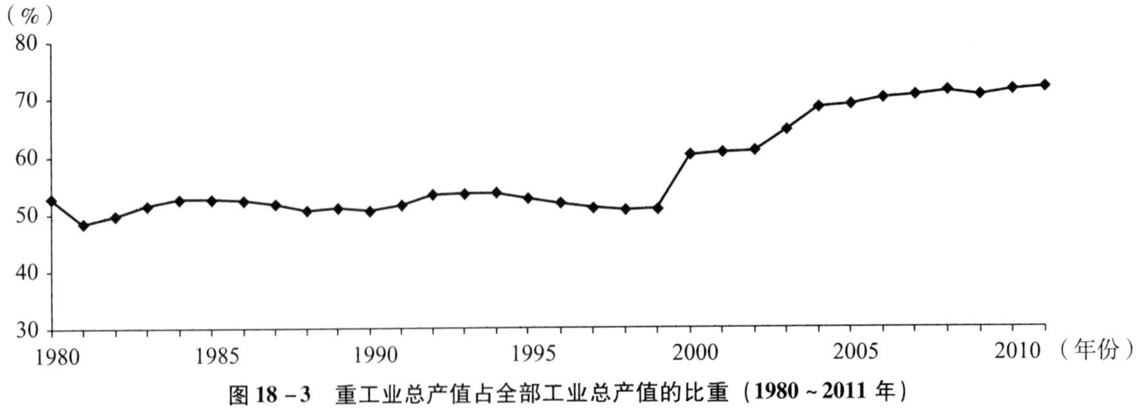

图18－3　重工业总产值占全部工业总产值的比重（1980~2011年）

资料来源：中国工业统计年鉴（2012年）。

---

① 中华全国工商业联合会课题组．中国民营经济的三大历史性变化［J］．经济理论与经济管理，2007（3）．

由于重工业的高污染和高排放特性，中国工业的再次重化发展对环境造成了巨大的压力。工业三废排放从2000年左右开始持续增长，直到国家自“十一五”时期开始实施强制性的节能减排政策以后，环境污染持续恶化的势头才得到了初步的遏制。

（二）工业三废排放的不同阶段特征

图18-4是全国废水排放趋势图。从图18-4中可以看出，从1980年以来，全国工业废水排放量基本经历了两个倒U形阶段：从1980年到2000年为第一个倒U形阶段，从2000年以后为第二个倒U形阶段。在第一个倒U形阶段，工业废水排放量从1980年开始逐年增加，到1988年达到两个倒U形时期的最高峰；从1989年开始，随着《中华人民共和国水污染防治法》《关于防治水污染技术政策的规定》《水污染物排放许可证管理暂行办法》等政策的实施，工业废水排放量开始逐年下降，到1997年达到该倒U形时期的最低点。工业废水排放量在1998年经历了一定幅度的上升，随后两年又略有下降。但是，从2000年开始，工业废水排放量经历了第二个倒U形阶段的上升时期，尤其是在2005年，工业废水排放量在2004年基础上增长了9.93%。到2007年，工业废水排放量达到第二个倒U形阶段的最高峰。随后，“十一五”时期开始实施的节能减排政策逐渐开始发挥作用，工业废水排放开始进入下降通道，除在2010年略有上升以外，其他年份都呈下降趋势，其中2010年到2014年年均下降3.56%。[①]

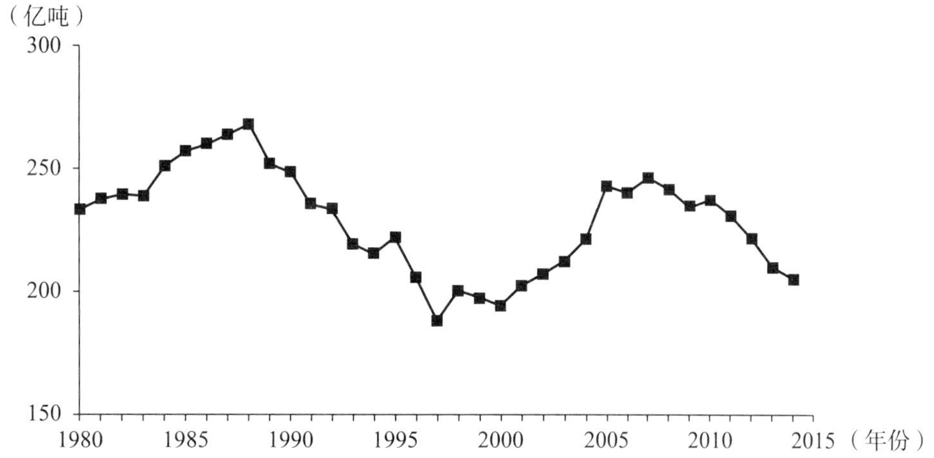

图18-4　全国工业废水排放量（1980~2014年）

资料来源：中国统计年鉴，中国环境年鉴，中国环境统计年鉴。

图18-5是全国工业二氧化硫排放趋势图。从图18-5中可以看出，与全国工业废水排放相类似，工业二氧化硫排放基本上也经历了2个倒U形阶段：从1990年到1999年为第一个倒U形阶段，从2000年到2014年为第二个倒U形阶段。在第一个倒U形阶段，工业二氧化硫排放量从1990年开始逐年增加，到1997年达到第一个倒U形阶段的最高点，随后两年保持下降趋势。但是从2000年开始，工业二氧化硫排放开始进入了第二个倒U形阶段的上升通道，在经历了2001的小幅下降并在2002年保持相对稳定以后，从2003年开始大幅上升，到2006年达到第二个倒U形阶段的最高点，随后才在节能减排强制性政策的约束下进入下降通道。

① 本章涉及年平均变化率时均是指几何平均。

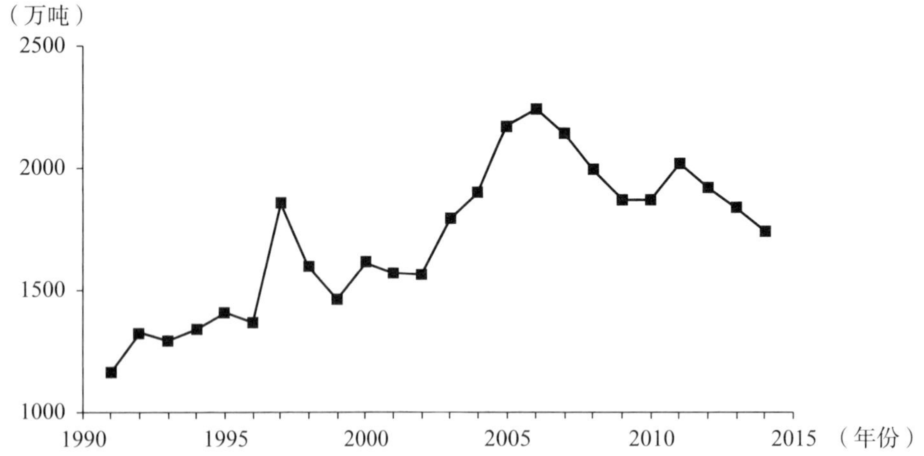

图 18－5　全国工业二氧化硫排放量（1991～2014 年）

资料来源：中国统计年鉴，中国环境年鉴和中国环境统计年鉴。

图 18－6 是全国一般工业固体废弃物产生量趋势图。从图 18－6 中可以看出，从 1980 年到 2011 年，除少数年份一般工业固体废弃物产生量略有下降以外，大部分年份产生量均保持增长趋势，但是在 2000 年以前，产生量增长较为缓慢，年均增长率仅为 2.54%，而从 2000 年至 2011 年，产生量经历了快速增长，年均增长率高达 13.32%。从 2012 年开始，一般工业固体废弃物产生量才基本保持稳定并略有下降。

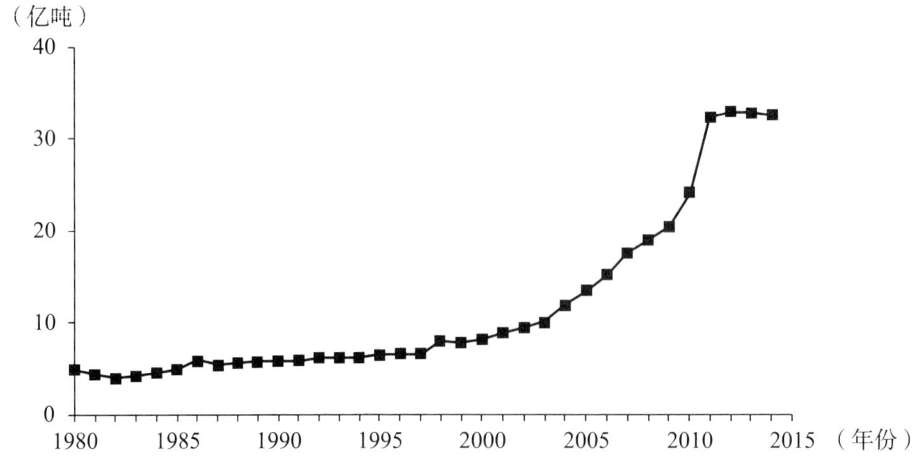

图 18－6　全国一般工业固体废物产生量（1980～2014 年）

资料来源：中国统计年鉴，中国环境年鉴和中国环境统计年鉴。

进入 21 世纪以来，民营企业在中国工业重化发展过程中发挥了重要的作用。在“十五”和“十一五”期间，民营企业在钢铁、化工、煤炭、电力等重工业的投资、资产和收入规模均不断提高，从而对环境产生了严重的影响。根据全国工商联规模以上民营企业调研数据，在“十五”期间，黑色、有色金属冶炼及压延加工业是民营工业增长最快的行业，民营工业的销售收入从 2000 年的 880 亿元增加到 2005 年的 7973 亿元，增长了 8 倍，年均增长 58.38%；化学纤维制造业中，民营工业销售收入从 2000 年的 1099 亿元增加到 2005 年的 4704 亿元，增长了 3.3 倍，年均增长 33.75%。① 在 2006～2009 年期间，民营投资在采矿业中的比重由 23% 提高到 34.5%，在电力、热力的生产和供应业中的

① 中华全国工商业联合会课题组．中国民营经济的三大历史性变化［J］．经济理论与经济管理，2007（3）．原文计算的是算术平均增长率，分别为 55% 和 34%。

比重由 11.5% 提高到 13.6%。[①]

民营工业在重工业的快速增长，不可避免地对 21 世纪以来我国的环境带来了严重的影响。目前民营企业已经成为我国工业三废排放的重要来源。就工业废水排放来说，2001 年民营工业排放占全国总排放的 38.39%，到 2014 年这一比例已达到了 57.92%；就工业二氧化硫排放来说，2001 年民营企业排放占全国总排放的 32.61%，到 2014 年这一比例已达到了 42.28%；而就一般工业固体废弃物产生量来说，2001 年民营企业产生量占全国总产生量的 30.69%，到 2014 年这一比例已达到了 39.23%。[②]

二、民营经济与工业污染物排放总量

（一）民营经济范围界定与数据来源

民营经济范围的界定，一般有广义和狭义两种定义。广义的民营经济是对除国有和国有控股企业以外的多种所有制经济的统称，包括个体工商户、私营企业、集体企业、港澳台地区投资企业和外商投资企业。狭义的民营经济则不包括港澳台地区投资企业和外商投资企业。[③] 本文采用广义的民营经济范围界定，具体来说，所有制分类中除国有企业、国有联营、国有与集体联营、国有独资的有限责任公司等四种所有制类型界定为国有外，其他的所有制类型均划归为民营经济。以下分析中有时为了明确，也把广义的民营经济称为非国有经济（或非国有企业）。

本部分及以下部分的数据均来自于中国环境监测总站，包括 2001～2014 年分地区、分所有制工业二位码主要污染物排放数据。我们选取工业废气中的主要污染物工业二氧化硫、工业废水中的主要污染物化学需氧量、以及一般工业固体废物产生量作为主要分析对象，研究民营企业与国有企业在污染物排放总量、污染物排放强度以及污染治理等三个方面的表现。针对污染物排放总量和污染物治理，我们从全国、地区和行业三个角度进行分析，针对污染物排放强度我们仅从行业角度进行分析。[④]

（二）全国分所有制类型工业主要污染物排放总量

1. 工业二氧化硫排放

表 18－1 是 2001～2014 年工业二氧化硫分所有制类型排放数据。从表 18－1 中可以看出，就工业二氧化硫排放的相对重要性来说，国有企业虽然仍是主要的排放来源，但是非国有企业近年来也逐渐成为重要的排放来源。2001～2014 年，国有排放占总排放的平均比重为 61.41%，非国有排放占总排放的平均比重则为 38.59%。[⑤] 但是，由于非国有排放具有较快的增长率，其占总排放的比重已从 2001 年的 32.61% 增加到 2014 年的 42.28%，成为工业二氧化硫排放的重要来源。

---

① 陈永杰．充分激发中国经济持续增长的内生动力——民营经济发展"十一五"回顾与"十二五"展望［J］．经济理论与经济管理，2011（2）．

② 根据中国环境保护部数据计算，具体见本章第二部分。

③ 王劲松，史晋川，李应春．中国民营经济的产业结构演进——兼论民营经济与国有经济、外资经济的竞争关系［J］．管理世界，2005（10）．

④ 在第三部分我们详细解释了为何仅从行业角度比较分析国有企业和民营企业在污染物排放强度上的差异。

⑤ 此处平均比重是根据国有和非国有 2001～2014 年累计排放量分别占累计总排放量的比例计算而得到的。以下关于化学需氧量及一般工业固体废物分所有制平均比重的计算与此相同。

表 18－1　　全国工业二氧化硫分所有制类型排放量及相对比重（2001～2014 年）

年度	国有		非国有		年度	国有		非国有	
	排放量（万吨）	百分比（%）	排放量（万吨）	百分比（%）		排放量（万吨）	百分比（%）	排放量（万吨）	百分比（%）
2001	768.01	67.39	371.65	32.61	2008	1297.58	64.32	719.83	35.68
2002	762.16	65.80	396.17	34.20	2009	1172.42	63.80	665.21	36.20
2003	932.41	62.43	561.12	37.57	2010	1185.72	64.06	665.14	35.94
2004	1019.45	63.02	598.17	36.98	2011	1110.54	58.56	785.78	41.44
2005	1130.52	62.09	690.14	37.91	2012	1022.85	57.60	752.83	42.40
2006	1348.77	63.42	777.87	36.58	2013	975.62	57.76	713.33	42.24
2007	1326.66	56.12	1037.40	43.88	2014	914.26	57.72	669.81	42.28

图 18－7 是全国工业二氧化硫分所有制类型排放趋势图。从图 18－7 中可以看出，就工业二氧化硫排放趋势而言，国有和非国有排放均呈现出倒 U 形的变化趋势，但是在具体变化年度上具有一定的差异。对国有企业来说，自 2001～2006 年，工业二氧化硫排放量保持较高的增长趋势，从 2001 年的 768.01 万吨增长到 2006 年的 1348.77 万吨，增长 75.62%（年均增长 11.92%）；但是，自 2007 年开始，排放量开始逐年下降，在经历了 2010 年的小幅回升后，排放量继续保持下降趋势，综合来看，排放量从 2007 年的 1326.66 万吨下降到 2014 年的 914.26 万吨，累计下降 31.09%（年均下降 5.18%）。对非国有企业来说，自 2001～2007 年，工业二氧化硫排放一直保持更为高速的增长趋势，从 2001 年的 371.65 万吨增长到 2007 年的 1037.40 万吨，增长 179.13%（年均增长 18.66%）；非国有企业在 2008 年（比国有企业晚一年）到达环境库兹涅茨曲线的顶点，2008 年相对 2007 年下降幅度较大（达 30.61%），但是 2009 年相对 2008 年仅下降 7.59%，2011 年相对 2010 年又上升了 18.14%，从 2012 年才开始逐年下降的趋势，综合来看，排放量从 2008 年的 719.83 万吨下降到 2014 年的 669.81 万吨，累计下降 6.95%（年均下降 1.20%）。

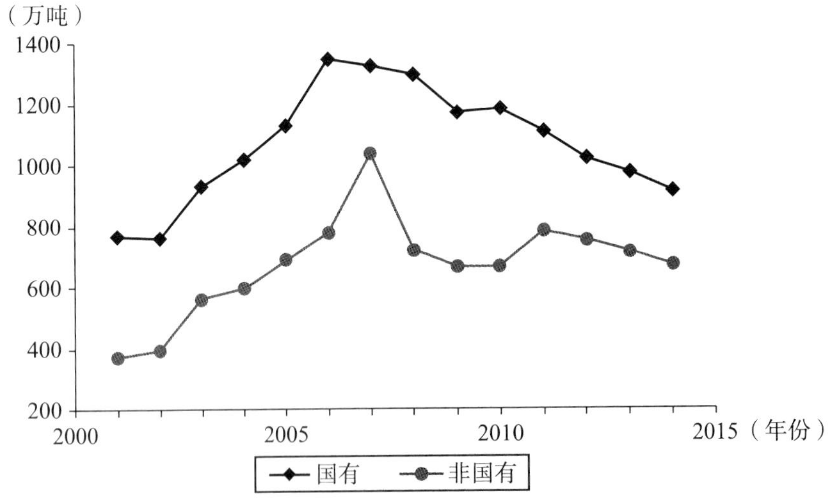

图 18－7　全国工业二氧化硫分所有制类型排放（2001～2014 年）

资料来源：根据表 18－1 数据绘制而成。

二氧化硫排放量能够在“十一五”时期开始下降，主要原因是在这一时期开始实施的节能减排政策。2006 年国家在“十一五”规划纲要中，首次将减少二氧化硫（及化学需氧量）排放量作为约束性指标，要求“十一五”期间减排10%，并为此展开了声势浩大的节能减排行动，建立了节能降耗、污染减排的统计监测和考核体系与制度。为了实现这一约束性指标，国务院在2007年专门颁布《节能减排综合性工作方案》，确定“十一五”时期淘汰落后生产能力一览表，对电力、炼铁、炼钢等排放二氧化硫较多的行业强制淘汰落后产能。[①]“十一五”时期，电力实施“上大压小”实际关停小火电机组7200万千瓦，关停300立方米以下炼铁高炉产能12172万吨，关停年产20万吨及以下小转炉、小电炉炼钢产能6969万吨。[②] 相对国有工业企业来说，非国有工业企业一般在规模上相对较小，因此非国有工业更会受到《节能减排综合性工作方案》中提出的强制淘汰落后生产能力政策的影响，有更多的非国有小火电、小钢铁企业遭到关停。这一推断在图18－7中得到了部分证实。从图18－7中可以看出，非国有企业2008年二氧化硫排放量相对2007年下降了30.61%，大大高于国有企业在这一期间仅2.19%的下降比例。在短短一年的时间内，非国有企业较难在二氧化硫污染减排技术上有突飞猛进的进步。因此，这在一定程度上反映了非国有企业在2008年期间被强制淘汰了更多的高排放、高污染的落后产能，从而造成非国有企业2008年的二氧化硫排放量相对2007年来说有较大幅度的下降。

除了关停落后产能以外政策，对于二氧化硫排放量较大的电力行业来说，脱硫电价补贴政策对二氧化硫减排也发挥了重要的激励作用。2004年我国出台的标杆上网电价政策规定，新建燃煤脱硫机组上网电价提高1.5分/千瓦时。从2007年开始，现有燃煤电厂也纳入了脱硫电价补贴范围。[③] 虽然我国早在1992年就开始要求燃煤电厂脱硫，但因投运脱硫设备提高了发电成本，所以投运率一直很低，而脱硫电价补贴政策解决了二氧化硫减排激励不相容的问题，有效激励了企业减排。截至2012年底，全国已投运脱硫机组7.1亿千瓦，约占全国火电机组装机容量的87%，脱硫设施投运率由2005年的不足60%提高到了95%以上。[④]

2. 化学需氧量排放

表18－2是2001～2014年全国化学需氧量分所有制类型排放数据。从表18－2中可以看出，就化学需氧量排放的相对重要性来说，目前非国有企业已经超过国有企业，成为工业废水中化学需氧量的主要排放来源。2001～2014年，国有排放占总排放的平均比重为46.38%，非国有排放占总排放的平均比重则为53.62%。2001年，非国有企业化学需氧量排放占总排放的44.79%，在2003年非国有排放超过国有排放，成为化学需氧量的主要排放来源，到2014年，非国有排放已占总排放的58.91%。非国有工业集中在竞争性较强的造纸、化工、纺织等废水排放集中的行业是其成为废水中主要污染物排放源的主要原因。[⑤]

表18－2　　全国化学需氧量分所有制类型排放量及相对比重（2001～2014年）

年度	国有		非国有		年度	国有		非国有	
	排放量（万吨）	占比（%）	排放量（万吨）	占比（%）		排放量（万吨）	占比（%）	排放量（万吨）	占比（%）
2001	221.41	55.21	179.60	44.79	2008	192.96	46.81	219.25	53.19
2002	191.70	51.83	178.16	48.17	2009	181.54	46.96	205.01	53.04

① 国务院，国务院关于印发节能减排综合性工作方案的通知，2007年5月23日。

② 新华网，我国“十一五”节能减排成效综述，2011年3月10日。http://news.xinhuanet.com/politics/2011－03/10/c_121173054.htm.

③ 国家发改委：《现有燃煤电厂二氧化硫治理“十一五”规划的通知》，2007年3月28日。

国家发改委：《燃煤发电机组脱硫电价及脱硫设施运行管理办法（试行）》，2007年5月29日。

④ 石光，周黎安，郑世林，张友国．环境补贴与污染治理——基于电力行业的实证研究［J］．经济学（季刊），2016，15（3）．

⑤ 张厚义．中国私营企业发展报告（2003）［M］．北京：社会科学文献出版社，2004．

续表

年度	国有		非国有		年度	国有		非国有	
	排放量（万吨）	占比（%）	排放量（万吨）	占比（%）		排放量（万吨）	占比（%）	排放量（万吨）	占比（%）
2003	214.51	49.94	215.03	50.06	2010	175.17	47.26	195.45	52.74
2004	193.41	47.68	212.21	52.32	2011	117.72	36.78	202.31	63.22
2005	210.24	48.81	220.45	51.19	2012	115.09	38.11	186.88	61.89
2006	217.83	44.83	268.12	55.17	2013	114.63	40.44	168.84	59.56
2007	212.24	46.53	243.86	53.47	2014	112.22	41.09	160.87	58.91

图18-8是全国化学需氧量分所有制类型排放趋势图。从图18-8中可以看出，就化学需氧量排放趋势而言，虽然国有和非国有都经历了一个倒U形的变化趋势，但是在上升阶段和下降阶段却有不同的表现。在倒U形的上升阶段，非国有企业在2006年达到排放顶峰之前经历了较为快速的增长，而国有企业在2006年之前增长较为缓慢；在倒U形的下降趋势阶段，非国有企业排放事实上在2011年经历了一定幅度的上涨（上涨3.51%），而国有企业排放在2011年却经历了大幅度的下降（下降32.80%）。

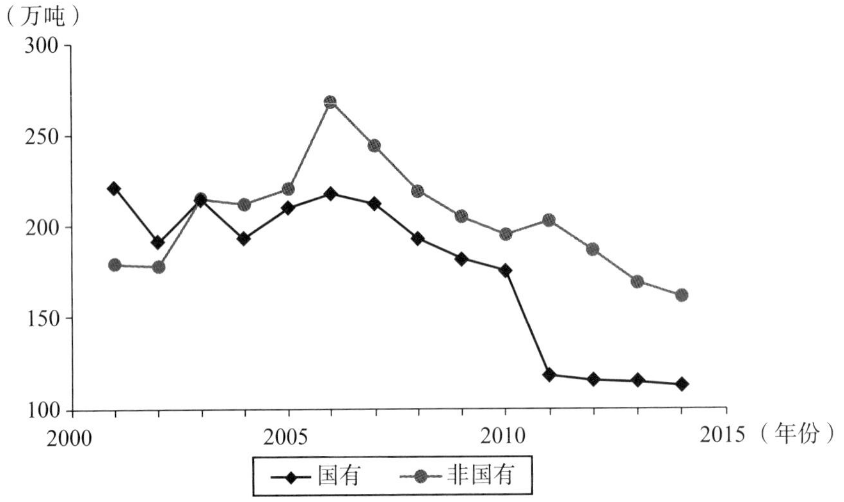

图18-8 全国化学需氧量分所有制类型排放趋势（2001~2014年）

资料来源：根据表18-2数据绘制而成。

与二氧化硫排放变化趋势相类似，化学需氧量排放量也在“十一五”时期开始出现下降并在“十二五”时期继续保持下降，这也与在“十一五”时期开始实施并在“十二五”时期继续实施的节能减排政策密切相关。除了对二氧化硫排放提出约束性减排指标以外，“十一五”规划纲要中还把减少10%化学需氧量排放量作为约束性指标。为此，在2007年颁布的《节能减排综合性工作方案》中，确定“十一五”时期对排放污水较多的造纸、酒精、柠檬酸等行业要强制淘汰落后生产能力，其中造纸行业淘汰650万吨，酒精行业淘汰160万吨，味精行业淘汰20万吨，柠檬酸行业淘汰8万吨。按照国家的要求，年产3.4万吨以下草浆生产装置、年产1.7万吨以下化学浆生产线、排放不达标的年产1万吨以下以废纸为原料的纸厂以及年产3万吨以下的酒精和味精企业必须关停。[①] 更进一

① 国务院，国务院关于印发节能减排综合性工作方案的通知，2007年5月23日。

步，在“十二五”时期，淘汰落后产能目录在“十一五”基础上增加了铜冶炼、铅（含再生铅）冶炼、锌（含再生锌）冶炼、制革、印染、化纤、铅蓄电池等7个行业，同时，对电解铝、铁合金、电石、水泥、平板玻璃、造纸等6个行业淘汰落后产能任务有所增加，其中对排放污水较多的造纸行业来说，淘汰落后产能指标从“十一五”时期的650万吨增加到“十二五”时期的1500万吨。①

节能减排政策尤其是其中的淘汰落后产能政策可以在图18－8及表18－2中得到部分的反映。在“十一五”时期，非国有企业排放污水的造纸等行业被淘汰了更多的落后产能，从而在一定程度上造成非国有企业化学需氧量从2006年的268.12万吨减少到2010年的195.45万吨，累计减排27.10%，大大高于国有企业19.58%的减排比例（从2006年的217.83万吨减少到2010年的175.17万吨）。在“十二五”时期，由于提高了淘汰落后产能指标，而“十一五”时期非国有企业大量不符合标准的小规模落后产能已经遭到了相应的淘汰，所以在新一轮淘汰落后产能进程中，非国有企业可淘汰产能的潜力就相对有限，因此可以看到，在“十二五”前4年，相对“十一五”末期的2010年来说，非国有企业化学需氧量累计仅减排17.69%，大大低于国有企业32.80%的减排比例（其中仅在2011年就减排了32.80%）。

3. 一般工业固体废物产生量

表18－3是全国一般工业固体废物分所有制类型产生量数据。从表18－3中可以看出，就一般工业固体废物产生量的相对重要性来说，国有企业目前仍然是主要的排放来源。2001～2014年，国有产生量占总产生量的平均比重为63.81%，非国有产生量占总产生量的平均比重为36.19%。非国有的相对比重处于缓慢增加的趋势，从2001年的30.69%增加到2014年的39.23%。

表18－3　全国一般工业固体废物分所有制类型产生量及相对比重（2001～2014年）

年度	国有		非国有		年度	国有		非国有	
	产生量（亿吨）	百分比（%）	产生量（亿吨）	百分比（%）		产生量（亿吨）	百分比（%）	产生量（亿吨）	百分比（%）
2001	5.11	69.31	2.26	30.69	2008	12.38	67.75	5.89	32.25
2002	5.47	71.85	2.14	28.15	2009	13.20	67.37	6.40	32.63
2003	6.07	69.26	2.69	30.74	2010	15.50	67.00	7.64	33.00
2004	6.87	67.33	3.33	32.67	2011	18.23	59.54	12.39	40.46
2005	7.47	63.83	4.23	36.17	2012	18.44	58.71	12.97	41.29
2006	9.45	65.29	5.03	34.71	2013	18.94	60.50	12.36	39.50
2007	11.48	67.81	5.45	32.19	2014	18.93	60.77	12.22	39.23

图18－9是全国一般工业固体废物分所有制类型产生量趋势图。从图18－9中可以看出，就一般工业固体废物产生量的变化趋势而言，国有和非国有的产生量还没有经历一个倒U形的变化趋势。2002～2011年，国有和非国有一般工业固体废物产生量基本上处于一个快速增长的阶段，其中国有企业一般工业固体废物产生量从2002年的5.47亿吨增长到2011年的18.23亿吨，累计增长233.31%（年均增长14.31%），非国有企业一般工业固体废物产生量从2002年的2.14亿吨增长到2011年的12.39亿吨，累计增长478.22%（年均增长21.53%）。直到2012年，这种高速增长的趋势才有所趋缓，其中非国有企业一般工业固体废物产生量在2013年有小幅的下降。2008年颁布的《中华人民共和国循环经济促进法》对提高工业一般固体废物循环利用率，减缓一般工业固体废物排放增

① 工业和信息化部，工业和信息化部关于下达“十二五”期间工业领域重点行业淘汰落后产能目标任务的通知，2011年12月30日。

长发挥了一定的作用。随着国家对工业固体废物排放出台更为严格的管制政策以及循环经济的进一步发展，预计经过一段时间的发展，国有和非国有一般工业固体废物产生量将逐步进入倒U形的顶点，随后将有可能进入下降通道。

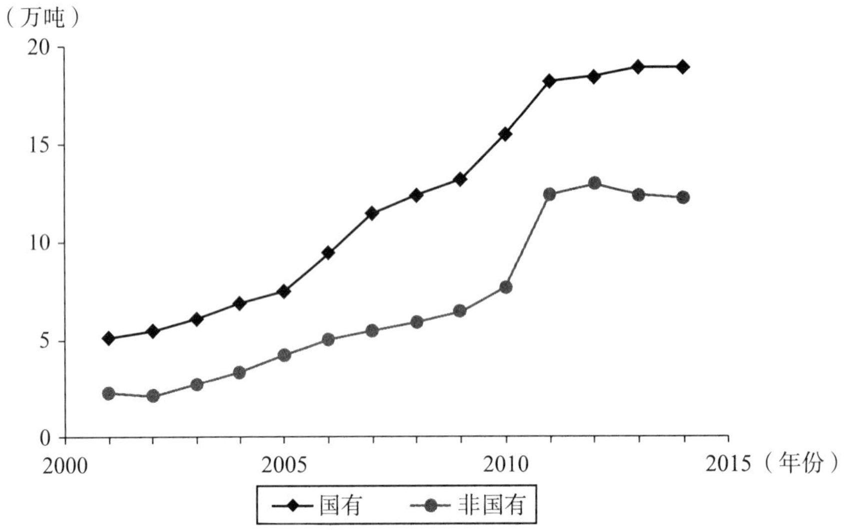

图18－9　全国一般工业固体废物产生量趋势图（2001～2014年）

资料来源：根据表18－3数据绘制而成。

（三）地区分所有制类型工业主要污染物排放总量

1. 工业二氧化硫排放

表18－4是地区分所有制类型工业二氧化硫2001～2014年累计排放量数据。从表18－4中可以看出，从地区角度来看，2001～2004年，国有企业仍然是工业二氧化硫的主要排放来源，在全国31个省市区中，仅有广东、重庆、安徽、福建、上海、青海、北京和海南等8个地区非国有企业工业二氧化硫排放量占本地区排放量的比重超过了50%。然而，在累计排放量占全国比重较大的山东、河北、河南、江苏和辽宁等地区，非国有企业排放量所占比重虽然没有超过50%，但是所占比重却均超过了40%，因此非国有企业已经成为工业二氧化硫排放大省不容忽视的排放来源。

表18－4　地区工业二氧化硫分所有制类型2001～2014年累计排放

排序	地区	总排放		国有排放		非国有排放	
		排放量（万吨）	占全国比重（%）	排放量（万吨）	占本地区比重（%）	排放量（万吨）	占本地区比重（%）
1	山东	2007.35	8.24	1150.49	57.31	856.87	42.69
2	河北	1490.55	6.12	821.36	55.10	669.19	44.90
3	内蒙古	1479.66	6.07	1147.13	77.53	332.53	22.47
4	山西	1455.65	5.97	940.83	64.63	514.82	35.37
5	河南	1407.51	5.78	841.07	59.76	566.44	40.24
6	江苏	1199.22	4.92	627.33	52.31	571.89	47.69
7	辽宁	1169.32	4.80	699.59	59.83	469.73	40.17
8	广东	1149.11	4.71	499.78	43.49	649.32	56.51
9	四川	1090.73	4.48	732.67	67.17	358.06	32.83

续表

排序	地区	总排放		国有排放		非国有排放	
		排放量（万吨）	占全国比重（%）	排放量（万吨）	占本地区比重（%）	排放量（万吨）	占本地区比重（%）
10	贵州	1005.97	4.13	710.29	70.61	295.68	29.39
11	陕西	956.68	3.93	750.62	78.46	206.06	21.54
12	广西	948.16	3.89	597.49	63.02	350.67	36.98
13	重庆	899.60	3.69	440.04	48.92	459.56	51.08
14	浙江	884.56	3.63	527.83	59.67	356.74	40.33
15	湖南	835.18	3.43	512.16	61.32	323.02	38.68
16	湖北	711.59	2.92	438.73	61.66	272.86	38.34
17	江西	629.01	2.58	377.45	60.01	251.56	39.99
18	安徽	617.75	2.53	301.26	48.77	316.50	51.23
19	新疆	610.49	2.50	453.76	74.33	156.73	25.67
20	云南	588.41	2.41	410.02	69.68	178.39	30.32
21	甘肃	551.17	2.26	425.80	77.25	125.37	22.75
22	黑龙江	477.08	1.96	378.25	79.28	98.84	20.72
23	福建	457.01	1.88	191.48	41.90	265.53	58.10
24	吉林	446.14	1.83	251.65	56.41	194.49	43.59
25	宁夏	393.57	1.61	281.85	71.61	111.72	28.39
26	上海	380.30	1.56	119.54	31.43	260.76	68.57
27	天津	276.36	1.13	223.95	81.04	52.41	18.96
28	青海	117.29	0.48	57.43	48.96	59.86	51.04
29	北京	99.80	0.41	48.78	48.88	51.02	51.12
30	海南	35.16	0.14	7.64	21.74	27.52	78.26
31	西藏	1.04	0.00	0.71	68.16	0.33	31.84

注：排放量是各地区 2001 ~2014 年的累计数据。

2. 化学需氧量排放

表 18 –5 是地区分所有制类型化学需氧量 2001 ~2014 年累计排放量数据。从表 18 –5 中可以看出，非国有企业目前仍是化学需氧量的主要排放来源。排放量靠前的广西、河北、山东、河南、浙江、湖南和江苏等 7 个省区共排放了全国 45.25% 的化学需氧量，在这些省区非国有企业排放占本地区的排放均超过了 50%。而对排放量占全国比重较少的天津、青海、海南、北京和西藏等省市区来说，非国有企业排放占本地区的排放却均低于 50%。

表 18 –5　　地区分所有制类型化学需氧量 2001 ~2014 年累计排放

排序	地区	总排放		国有排放		非国有排放	
		排放量（亿吨）	占全国比重（%）	排放量（亿吨）	占本地区比重（%）	排放量（亿吨）	占本地区比重（%）
1	广西	568.15	10.67	256.22	45.10	311.93	54.90
2	河北	346.64	6.51	139.44	40.23	207.20	59.77

续表

排序	地区	总排放		国有排放		非国有排放	
		排放量（亿吨）	占全国比重（%）	排放量（亿吨）	占本地区比重（%）	排放量（亿吨）	占本地区比重（%）
3	山东	338.17	6.35	160.67	47.51	177.50	52.49
4	河南	308.99	5.80	135.35	43.80	173.64	56.20
5	浙江	287.02	5.39	126.24	43.98	160.79	56.02
6	湖南	282.60	5.31	139.77	49.46	142.83	50.54
7	江苏	278.24	5.22	103.76	37.29	174.48	62.71
8	辽宁	252.65	4.74	135.74	53.73	116.91	46.27
9	四川	240.25	4.51	126.10	52.49	114.15	47.51
10	广东	216.88	4.07	64.01	29.51	152.87	70.49
11	湖北	201.23	3.78	88.11	43.78	113.13	56.22
12	新疆	186.82	3.51	113.42	60.71	73.41	39.29
13	吉林	181.27	3.40	79.61	43.92	101.66	56.08
14	山西	164.34	3.09	81.48	49.58	82.87	50.42
15	陕西	159.51	2.99	80.50	50.47	79.01	49.53
16	内蒙古	155.18	2.91	87.03	56.09	68.14	43.91
17	黑龙江	154.51	2.90	95.79	62.00	58.72	38.00
18	安徽	149.87	2.81	62.03	41.39	87.85	58.61
19	云南	149.41	2.80	85.78	57.41	63.63	42.59
20	江西	127.27	2.39	59.36	46.64	67.92	53.36
21	宁夏	114.18	2.14	44.82	39.25	69.36	60.75
22	福建	113.45	2.13	30.89	27.22	82.56	72.78
23	重庆	97.55	1.83	51.80	53.10	45.75	46.90
24	甘肃	71.65	1.35	37.16	51.86	34.50	48.14
25	贵州	43.84	0.82	18.83	42.96	25.01	57.04
26	上海	41.20	0.77	13.04	31.66	28.15	68.34
27	天津	38.07	0.71	20.02	52.59	18.05	47.41
28	青海	31.69	0.59	18.61	58.73	13.08	41.27
29	海南	15.42	0.29	7.73	50.11	7.70	49.89
30	北京	9.93	0.19	6.91	69.55	3.02	30.45
31	西藏	0.74	0.01	0.47	63.42	0.27	36.58

注：排放量是各地区2001～2014年的累计数据。

3. 一般工业固体废物产生量

表18－6是地区分所有制类型一般工业固体废物2001～2014年累计产生量。从表18－6中可以看出，在一般工业固体废物产生量上，国有企业仍居于主导地位。除福建、上海和海南三个省份以外，其他地区国有企业一般工业固体废弃物产生量占本地区总产生量的比重均超过了50%，有些地区更是接近或超过了80%（如青海79.24%，天津82.59%）。就单个地区来说，河北一个地区就产生了全国11.94%的一般固体废弃物，而非国有企业产生量占该省产生量的比例为44%。

表 18-6 地区分所有制类型一般工业固体废物 2001~2014 年累计产生量

排序	地区	总排放		国有排放		非国有排放	
		产生量（亿吨）	占全国比重（%）	产生量（亿吨）	占本地区比重（%）	产生量（亿吨）	占本地区比重（%）
1	河北	31.35	11.94	17.56	56.00	13.79	44.00
2	山西	22.78	8.68	15.04	66.04	7.74	33.96
3	辽宁	22.28	8.48	16.95	76.07	5.33	23.93
4	山东	17.26	6.57	11.98	69.38	5.29	30.62
5	内蒙古	16.48	6.28	12.28	74.51	4.20	25.49
6	河南	11.95	4.55	7.43	62.19	4.52	37.81
7	四川	11.08	4.22	7.30	65.89	3.78	34.11
8	云南	10.91	4.15	6.76	61.96	4.15	38.04
9	江西	10.29	3.92	5.27	51.20	5.02	48.80
10	安徽	9.91	3.78	5.84	58.89	4.08	41.11
11	江苏	9.27	3.53	4.84	52.19	4.43	47.81
12	贵州	8.03	3.06	4.89	60.88	3.14	39.12
13	陕西	7.32	2.79	5.55	75.73	1.78	24.27
14	湖北	6.99	2.66	4.43	63.38	2.56	36.62
15	福建	6.95	2.65	2.62	37.75	4.33	62.25
16	广西	6.77	2.58	4.26	62.89	2.51	37.11
17	湖南	6.53	2.49	3.87	59.30	2.66	40.70
18	黑龙江	6.07	2.31	4.72	77.70	1.35	22.30
19	青海	5.58	2.13	4.42	79.24	1.16	20.76
20	广东	5.34	2.03	2.84	53.17	2.50	46.83
21	甘肃	4.67	1.78	3.24	69.46	1.43	30.54
22	新疆	4.65	1.77	3.38	72.66	1.27	27.34
23	吉林	4.43	1.69	2.90	65.54	1.53	34.46
24	浙江	4.40	1.68	2.78	63.06	1.63	36.94
25	重庆	2.82	1.07	1.61	57.01	1.21	42.99
26	上海	2.69	1.02	0.66	24.46	2.03	75.54
27	宁夏	2.16	0.82	1.59	73.56	0.57	26.44
28	天津	1.75	0.67	1.44	82.59	0.30	17.41
29	北京	1.37	0.52	0.88	64.27	0.49	35.73
30	海南	0.31	0.12	0.11	34.78	0.20	65.22
31	西藏	0.14	0.06	0.11	76.30	0.03	23.70

注：产生量是各地区 2001~2014 年的累计数据。

（四）行业分所有制类型工业主要污染物排放总量

1. 工业二氧化硫排放

表 18-7 是行业分所有制类型工业二氧化硫 2001~2014 年累计排放量。从表 18-7 中可以看出，

少数几个行业在工业二氧化硫排放上居于主导地位，国有和非国有在这些行业具有不同的影响。电力、热力生产和供应业是工业二氧化硫的第一大排放行业，仅这一个行业就排放了全国工业二氧化硫的55.26%，国有排放在该行业的排放居于主导地位，占该行业总排放量的69.35%。非金属矿物制品业以及黑色金属冶炼和压延加工业分别是工业二氧化硫的第二大和第三大排放行业，两个行业合计排放了全国工业二氧化硫的19.06%，其中在非金属矿物制品业中，非国有排放居于主导地位（占该行业总排放量的67.21%），而在黑色金属冶炼和压延加工业中，国有排放居于主导地位（占该行业总排放量的64.69%）。综合前三大排放行业来说，国有企业排放仍然是工业二氧化硫的主要排放来源。

表18－7　行业分所有制类型工业二氧化硫2001～2014年累计排放量

排序	行业	总排放		国有排放		非国有排放	
		排放量（万吨）	占全国比重（%）	排放量（万吨）	占本行业比重（%）	排放量（万吨）	占本行业比重（%）
1	电力、热力生产和供应业	13467.93	55.26	9340.16	69.35	4127.77	30.65
2	非金属矿物制品业	2424.15	9.95	794.88	32.79	1629.28	67.21
3	黑色金属冶炼和压延加工业	2220.30	9.11	1436.29	64.69	784.01	35.31
4	化学原料和化学制品制造业	1451.06	5.95	857.33	59.08	593.72	40.92
5	有色金属冶炼和压延加工业	1119.76	4.59	692.69	61.86	427.07	38.14
6	石油加工、炼焦和核燃料加工业	884.15	3.63	517.24	58.50	366.91	41.50
7	造纸和纸制品业	604.19	2.48	210.96	34.92	393.23	65.08
8	纺织业	357.64	1.47	123.32	34.48	234.33	65.52
9	农副食品加工业	245.74	1.01	108.84	44.29	136.90	55.71
10	煤炭开采和洗选业	205.47	0.84	163.31	79.48	42.16	20.52
11	酒、饮料和精制茶制造业	161.75	0.66	64.33	39.77	97.42	60.23
12	化学纤维制造业	153.72	0.63	69.39	45.14	84.33	54.86
13	食品制造业	153.16	0.63	69.89	45.63	83.27	54.37
14	医药制造业	113.08	0.46	43.60	38.55	69.49	61.45
15	有色金属矿采选业	98.53	0.40	71.82	72.89	26.71	27.11
16	橡胶和塑料制品业	91.83	0.38	38.76	42.21	53.07	57.79
17	金属制品业	66.70	0.27	26.71	40.04	39.99	59.96
18	非金属矿采选业	65.73	0.27	45.29	68.90	20.44	31.10
19	交通运输设备制造业	56.81	0.23	39.54	69.60	17.27	30.40
20	黑色金属矿采选业	55.85	0.23	46.89	83.95	8.96	16.05
21	通用设备制造业	55.39	0.23	25.76	46.50	29.63	53.50
22	木材加工和木、竹、藤、棕、草制品业	55.11	0.23	23.82	43.21	31.30	56.79
23	石油和天然气开采业	37.24	0.15	26.72	71.76	10.51	28.24
24	专用设备制造业	36.10	0.15	22.98	63.66	13.12	36.34
25	燃气生产和供应业	29.01	0.12	23.16	79.83	5.85	20.17
26	皮革、毛皮、羽毛及其制品和制鞋业	26.18	0.11	7.05	26.94	19.12	73.06
27	其他制造业	24.04	0.10	13.47	56.02	10.57	43.98

续表

排序	行业	总排放		国有排放		非国有排放	
		排放量（万吨）	占全国比重（%）	排放量（万吨）	占本行业比重（%）	排放量（万吨）	占本行业比重（%）
28	纺织服装、服饰业	19.06	0.08	4.24	22.23	14.82	77.77
29	电气机械和器材制造业	18.32	0.08	10.36	56.56	7.96	43.44
30	烟草制品业	17.96	0.07	16.90	94.10	1.06	5.90
31	计算机、通信和其他电子设备制造业	17.88	0.07	7.68	42.93	10.20	57.07
32	仪器仪表制造业	12.54	0.05	10.15	80.96	2.39	19.04
33	印刷和记录媒介复制业	4.89	0.02	2.41	49.18	2.49	50.82
34	废弃资源综合利用业	4.59	0.02	1.47	32.07	3.12	67.93
35	家具制造业	4.02	0.02	1.95	48.52	2.07	51.48
36	其他采矿业	3.45	0.01	1.85	53.59	1.60	46.41
37	文教、工美、体育和娱乐用品制造业	3.09	0.01	1.71	55.31	1.38	44.69
38	水的生产和供应业	3.01	0.01	2.51	83.60	0.49	16.40
39	开采辅助活动	1.58	0.01	1.24	78.58	0.34	21.42
40	金属制品、机械和设备修理业	0.41	0.00	0.35	84.19	0.07	15.81

注：排放量为2001～2014年累计数据。

2. 化学需氧量排放

表18－8是行业分所有制类型化学需氧量2001～2014年累计排放量。从表18－8中可以看出，化学需氧量的排放主要集中在造纸和纸制品行业、农副食品加工、化学原料和化学制品制造业、纺织业等4个行业，这4个行业的排放占全国总排放的62.88%。其中，非国有企业化学需氧量排放又在造纸和纸制品行业、农副食品加工业、纺织业等3个行业中居于主导地位，非国有企业排放占到这些行业总排放的比重均超过了50%，其中在化学需氧量第一大排放行业造纸和纸制品行业中占到了59.22%，在化学需氧量第四大排放行业纺织业中占到了63.97%。因此，非国有企业对分行业化学需氧量的排放具有重要的影响，是水污染防治应该关注的重点。

表18－8　行业分所有制类型化学需氧量2001～2014年累计排放量

排序	行业	总排放		国有排放		非国有排放	
		排放量（万吨）	占全国比重（%）	排放量（万吨）	占本行业比重（%）	排放量（万吨）	占本行业比重（%）
1	造纸和纸制品业	1625.49	30.52	662.90	40.78	962.59	59.22
2	农副食品加工业	755.29	14.18	369.27	48.89	386.02	51.11
3	化学原料和化学制品制造业	582.51	10.94	320.54	55.03	261.97	44.97
4	纺织业	385.73	7.24	138.96	36.03	246.77	63.97
5	酒、饮料和精制茶制造业	292.19	5.49	123.64	42.32	168.55	57.68
6	电力、热力生产和供应业	199.72	3.75	104.03	52.09	95.69	47.91
7	食品制造业	175.14	3.29	66.04	37.71	109.10	62.29

续表

排序	行业	总排放		国有排放		非国有排放	
		排放量（万吨）	占全国比重（%）	排放量（万吨）	占本行业比重（%）	排放量（万吨）	占本行业比重（%）
8	医药制造业	170.26	3.20	67.33	39.54	102.94	60.46
9	化学纤维制造业	164.90	3.10	97.23	58.96	67.67	41.04
10	黑色金属冶炼和压延加工业	164.32	3.08	122.55	74.58	41.78	25.42
11	煤炭开采和洗选业	117.90	2.21	82.76	70.19	35.14	29.81
12	石油加工、炼焦和核燃料加工业	102.73	1.93	50.47	49.13	52.26	50.87
13	皮革、毛皮、羽毛及其制品和制鞋业	87.30	1.64	21.24	24.33	66.05	75.67
14	非金属矿物制品业	57.43	1.08	21.33	37.14	36.10	62.86
15	有色金属矿采选业	55.79	1.05	30.13	54.01	25.65	45.99
16	交通运输设备制造业	52.02	0.98	29.52	56.75	22.50	43.25
17	有色金属冶炼和压延加工业	43.72	0.82	26.44	60.48	17.28	39.52
18	计算机、通信和其他电子设备制造业	33.31	0.63	7.23	21.71	26.08	78.29
19	金属制品业	31.96	0.60	9.93	31.06	22.03	68.94
20	木材加工和木、竹、藤、棕、草制品业	25.79	0.48	10.42	40.40	15.37	59.60
21	石油和天然气开采业	24.63	0.46	20.09	81.55	4.54	18.45
22	通用设备制造业	20.71	0.39	10.46	50.52	10.25	49.48
23	纺织服装、服饰业	20.28	0.38	4.54	22.37	15.75	77.63
24	橡胶和塑料制品业	18.66	0.35	7.65	41.01	11.01	58.99
25	水的生产和供应业	18.25	0.34	9.36	51.27	8.89	48.73
26	专用设备制造业	15.32	0.29	9.40	61.36	5.92	38.64
27	黑色金属矿采选业	14.84	0.28	7.03	47.39	7.81	52.61
28	非金属矿采选业	14.04	0.26	7.03	50.08	7.01	49.92
29	电气机械和器材制造业	13.13	0.25	5.81	44.27	7.32	55.73
30	仪器仪表制造业	9.40	0.18	4.42	46.99	4.98	53.01
31	燃气生产和供应业	8.82	0.17	8.11	91.94	0.71	8.06
32	烟草制品业	6.12	0.11	5.88	96.14	0.24	3.86
33	其他制造业	5.85	0.11	1.99	33.98	3.86	66.02
34	家具制造业	3.91	0.07	3.06	78.07	0.86	21.93
35	印刷和记录媒介复制业	3.16	0.06	1.82	57.53	1.34	42.47
36	废弃资源综合利用业	2.79	0.05	0.66	23.59	2.13	76.41
37	文教、工美、体育和娱乐用品制造业	1.81	0.03	0.57	31.55	1.24	68.45
38	其他采矿业	0.83	0.02	0.41	49.22	0.42	50.78
39	金属制品、机械和设备修理业	0.49	0.01	0.25	52.22	0.23	47.78
40	开采辅助活动	0.20	0.00	0.18	90.05	0.02	9.95

注：排放量为2001～2014年累计数据。

3. 一般工业固体废物产生量

表18－9是行业分所有制类型一般工业固体废物2001～2014年累计产生量。从表18－9中可以看出，有六大行业是一般工业固体废物产生的主要行业，这些行业包括电力、热力生产和供应业，黑色金属矿采选业，黑色金属冶炼和压延加工业，有色金属矿采选业，煤炭开采和洗选业，化学原料和化学制品制造业，这6个行业产生了全国87.15%的一般工业固体废物。在这6个行业中，非国有企业一般工业固体废物产生量除在有色金属矿采选业中占到46.46%以外，在其他5个行业中所占比重均低于40%。因此，从分行业的角度来看，国有企业仍然是一般工业固体废物产生的主要来源。

表18－9　行业分所有制类型一般工业固体废物2001～2014年累计产生量

排序	行业	总排放		国有排放		非国有排放	
		产生量（亿吨）	占全国比重（%）	产生量（亿吨）	占本行业比重（%）	产生量（亿吨）	占本行业比重（%）
1	电力、热力生产和供应业	57.19	21.78	41.41	72.40	15.78	27.60
2	黑色金属矿采选业	44.01	16.76	26.90	61.13	17.11	38.87
3	黑色金属冶炼和压延加工业	41.27	15.72	27.66	67.03	13.61	32.97
4	有色金属矿采选业	32.96	12.55	17.65	53.54	15.31	46.46
5	煤炭开采和洗选业	32.89	12.53	23.76	72.26	9.12	27.74
6	化学原料和化学制品制造业	20.50	7.81	13.11	63.95	7.39	36.05
7	有色金属冶炼和压延加工业	9.74	3.71	5.33	54.73	4.41	45.27
8	非金属矿物制品业	5.99	2.28	2.79	46.62	3.20	53.38
9	石油加工、炼焦和核燃料加工业	3.72	1.42	2.50	67.37	1.21	32.63
10	非金属矿采选业	2.50	0.95	1.28	51.16	1.22	48.84
11	农副食品加工业	2.33	0.89	1.10	47.25	1.23	52.75
12	造纸和纸制品业	2.32	0.88	0.76	32.65	1.56	67.35
13	酒、饮料和精制茶制造业	1.11	0.42	0.44	39.92	0.67	60.08
14	纺织业	0.92	0.35	0.31	34.12	0.60	65.88
15	交通运输设备制造业	0.64	0.24	0.37	57.30	0.27	42.70
16	食品制造业	0.64	0.24	0.31	48.33	0.33	51.67
17	化学纤维制造业	0.49	0.18	0.22	44.60	0.27	55.40
18	金属制品业	0.48	0.18	0.21	42.92	0.28	57.08
19	医药制造业	0.40	0.15	0.15	37.02	0.25	62.98
20	通用设备制造业	0.37	0.14	0.19	50.11	0.19	49.89
21	木材加工和木、竹、藤、棕、草制品业	0.26	0.10	0.10	37.61	0.16	62.39
22	专用设备制造业	0.24	0.09	0.15	62.76	0.09	37.24
23	橡胶和塑料制品业	0.23	0.09	0.10	41.87	0.13	58.13
24	石油和天然气开采业	0.21	0.08	0.18	85.65	0.03	14.35
25	计算机、通信和其他电子设备制造业	0.18	0.07	0.03	17.59	0.15	82.41
26	废弃资源综合利用业	0.15	0.06	0.06	39.16	0.09	60.84

续表

排序	行业	总排放		国有排放		非国有排放	
		产生量（亿吨）	占全国比重（%）	产生量（亿吨）	占本行业比重（%）	产生量（亿吨）	占本行业比重（%）
27	燃气生产和供应业	0.14	0.05	0.12	88.47	0.02	11.53
28	烟草制品业	0.11	0.04	0.09	87.17	0.01	12.83
29	其他采矿业	0.09	0.03	0.06	63.05	0.03	36.95
30	电气机械和器材制造业	0.09	0.03	0.04	44.57	0.05	55.43
31	皮革、毛皮、羽毛及其制品和制鞋业	0.09	0.03	0.02	26.96	0.06	73.04
32	开采辅助活动	0.06	0.02	0.06	96.47	0.00	3.53
33	纺织服装、服饰业	0.06	0.02	0.01	18.67	0.05	81.33
34	仪器仪表制造业	0.05	0.02	0.02	44.59	0.03	55.41
35	其他制造业	0.04	0.02	0.02	35.59	0.03	64.41
36	水的生产和供应业	0.04	0.01	0.01	25.43	0.03	74.57
37	印刷和记录媒介复制业	0.02	0.01	0.01	50.54	0.01	49.46
38	家具制造业	0.02	0.01	0.01	36.59	0.02	63.41
39	文教、工美、体育和娱乐用品制造业	0.02	0.01	0.02	76.94	0.00	23.06
40	金属制品、机械和设备修理业	0.01	0.00	0.00	42.30	0.00	57.70

注：产生量是2001～2014年累计数据。

三、民营经济与工业污染物排放强度

（一）工业污染物排放强度度量

我们把工业污染物排放强度定义为单位工业总产值排放的工业污染物，即：

$$\text{工业污染物排放强度}=\frac{\text{工业污染物排放量}}{\text{不变价工业总产值}} \tag{18-1}$$

排放强度值越大，产出一单位工业总产值将排放更多的污染物，说明工业生产越污染；排放强度值越小，产出一单位工业总产值将排放较少的污染物，说明工业生产越清洁。

我们仅在行业层面上度量全国工业污染物的排放强度并比较国有企业和非国有企业在排放强度上的差异，这样做的主要原因是因为民营企业在不同工业行业中具有不同的比重，而不同工业行业具有不同的污染物排放，如果在全国和地区加总层面度量并比较国有和非国有企业工业污染物排放强度将会造成很大的偏差。比如，某地区民营企业主要集中在污染排放相对较小的工业行业，而国有企业主要集中在污染排放相对较多的工业行业。如果我们在地区层面对国有和民营企业分别加总工业污染物与不变价工业总产值并计算排放强度，将得出民营企业排放强度大大低于国有企业排放强度的结论。但是，这种比较是没有意义的，因为国有与民营企业排放强度的差距仅仅体现了国有与民营企业在排放强度不同的工业行业的不同分布。

针对某一具体工业行业的排放强度，我们采用如下公式进行测算：

$$\text{某工业行业污染物排放强度}=\frac{\text{该工业行业污染物排放量}}{\text{该工业行业不变价工业总产值}} \tag{18-2}$$

我们分别按照国有和非国有分类测算不同工业行业在不同污染物上的排放强度。污染物排放和工业总产值数据均来自于中国环境监测总站。对工业总产值数据，我们利用历年《中国统计年鉴》中的按工业行业分工业生产者出厂价格指数进行平减，把工业总产值折算成2000年不变价工业总产值。

（二）行业分所有制工业污染物排放强度

1. 工业二氧化硫排放强度

表18-10是全国2001~2014年分行业工业二氧化硫排放强度。从表18-10中，我们可以看出：

首先，少数几个行业二氧化硫排放强度较高，其他行业排放强度均较低。电力、热力生产和供应业，非金属矿物制品业，非金属矿采选业，有色金属冶炼和压延加工业，燃气生产和供应业，有色金属矿采选业，造纸和纸制品业等7个行业是排放强度较高的行业，平均排放强度值均超过100吨/亿元，其中电力、热力生产和供应业的平均排放强度值更是高达828.80吨/亿元。其他行业的平均排放强度值在0.59~88.33吨/亿元之间。

其次，非国有企业的排放强度要普遍低于国有企业的排放强度。除了非金属矿物制品业，燃气生产和供应业，石油加工、炼焦和核燃料加工业，纺织服装、服饰业，废弃资源综合利用业，石油和天然气开采业，开采辅助活动，烟草制品业等8个行业以外，在其他32个行业中，非国有企业的排放强度均要低于国有企业的排放强度。以排放强度最高的电力、热力生产和供应业为例，国有企业的排放强度为935.41吨/亿元，非国有企业的排放强度仅为658.88吨/亿元，国有企业排放强度是非国有企业排放强度的1.42倍。

表18-10 行业分所有制类型2001~2014年工业二氧化硫排放强度 单位：吨/亿元

排序	行业	工业二氧化硫排放强度		
		平均	国有	非国有
1	电力、热力生产和供应业	828.80	935.41	658.88
2	非金属矿物制品业	234.58	191.72	263.30
3	非金属矿采选业	161.61	228.25	98.13
4	有色金属冶炼和压延加工业	130.06	172.45	92.99
5	燃气生产和供应业	123.41	121.55	131.36
6	有色金属矿采选业	111.24	126.34	84.18
7	造纸和纸制品业	107.61	125.67	99.91
8	黑色金属冶炼和压延加工业	88.33	97.48	75.38
9	其他采矿业	83.93	86.28	81.38
10	石油加工、炼焦和核燃料加工业	72.26	70.03	75.64
11	黑色金属矿采选业	71.65	99.51	29.07
12	化学原料和化学制品制造业	66.75	115.58	41.46
13	木材加工和木、竹、藤、棕、草制品业	56.09	71.63	48.14
14	煤炭开采和洗选业	52.17	55.88	41.49
15	化学纤维制造业	47.29	60.02	40.27
16	食品制造业	39.56	56.45	31.62

续表

排序	行业	工业二氧化硫排放强度		
		平均	国有	非国有
17	纺织业	36.24	33.72	37.72
18	酒、饮料和精制茶制造业	33.64	37.15	31.67
19	农副食品加工业	29.34	42.21	23.61
20	其他制造业	24.94	39.20	17.04
21	橡胶和塑料制品业	20.58	24.17	18.57
22	医药制造业	19.38	25.31	16.90
23	皮革、毛皮、羽毛及其制品和制鞋业	19.14	21.09	18.51
24	纺织服装、服饰业	18.49	14.22	20.22
25	废弃资源综合利用业	14.26	10.38	17.31
26	石油和天然气开采业	11.96	10.47	18.74
27	家具制造业	10.65	18.63	7.59
28	水的生产和供应业	10.48	41.63	2.18
29	开采辅助活动	9.87	8.63	20.82
30	金属制品业	9.82	13.14	8.40
31	通用设备制造业	7.19	7.82	6.72
32	印刷和记录媒介复制业	6.93	8.75	5.77
33	专用设备制造业	6.73	8.97	4.68
34	文教、工美、体育和娱乐用品制造业	4.97	8.45	3.29
35	烟草制品业	3.31	3.17	10.77
36	仪器仪表制造业	3.30	20.67	0.72
37	电气机械和器材制造业	2.34	4.73	1.41
38	交通运输设备制造业	1.97	3.33	1.02
39	金属制品、机械和设备修理业	1.46	2.00	0.60
40	计算机、通信和其他电子设备制造业	0.59	1.78	0.39

注：表中平均排放强度数据是利用全国每一工业行业2001~2014年加总污染物排放与加总不变价工业总产值数据，用公式（18-2）计算得到。国有与非国有排放强度数据则是分别利用国有与非国有污染物排放与不变价工业总产值数据，利用公式（18-2）分别计算得到。

图18-10是针对工业二氧化硫排放强度最高的电力、热力生产和供应业分所有制类型排放强度随时间变化的趋势图。从图18-10中可以看出，在2005年之前，国有和非国有的排放强度基本上处于上升的时期，从2006年开始，国有和非国有的排放强度开始进入下降通道。对比国有和非国有的排放强度，在2012年之前，大部分年份非国有的排放强度要大大低于国有的排放强度①，但是从2012年开始，非国有企业的排放强度经历了一定幅度的上升，从而使近几年非国有企业的排放强度一直略高于国有企业的排放强度。

① 2003年非国有企业的工业二氧化硫排放强度要略高于国有企业的排放强度。

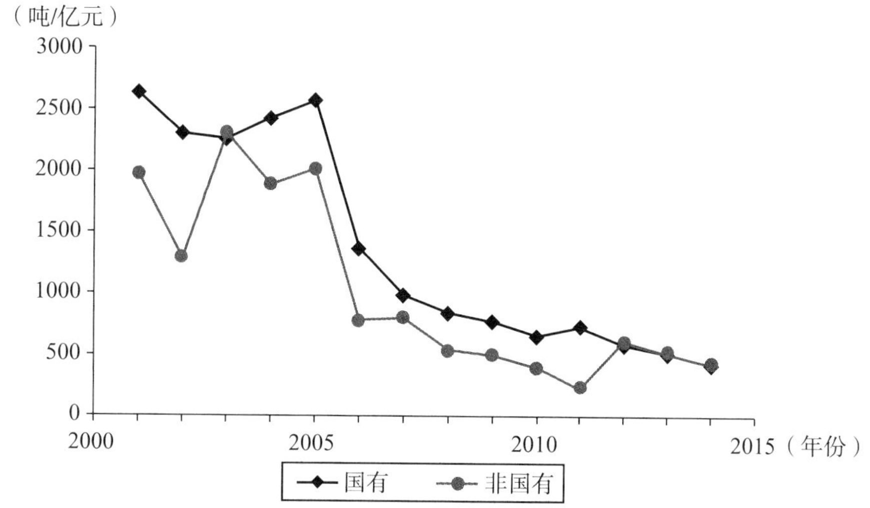

图 18－10 电力、热力生产和供应业分所有制类型工业二氧化硫排放强度时间趋势

2. 化学需氧量排放强度

表 18－11 是全国 2001～2014 年分行业化学需氧量排放强度。从表 18－11 中，我们可以看出：

首先，不同行业的化学需氧量排放强度差距巨大。化学需氧量排放强度高的行业主要集中在造纸和纸制品业，农副食品加工业，皮革、毛皮、羽毛及其制品和制鞋业，水的生产和供应业，酒、饮料和精制茶制造业等行业。废水排放强度低的行业主要集中在交通运输设备制造业，金属制品，机械和设备修理业，电气机械和器材制造业，开采辅助活动，烟草制品业，计算机、通信和其他电子设备制造业等行业。平均排放强度最高的造纸和纸制品业强度为 289. 52 吨/亿元，是平均排放强度最低的计算机、通信和其他电子设备制造业的 263. 2 倍。

其次，非国有企业的排放强度要普遍低于国有企业的排放强度。在 40 个行业中，仅在有色金属矿采选业、纺织业、煤炭开采和洗选业等 15 个行业中，非国有企业的排放强度要高于国有企业的排放强度，在其他 25 个行业中，非国有企业的排放强度均要低于国有企业的排放强度。以排放强度最高的前两个行业为例，在排放强度最高的造纸和纸制品业中，国有企业的排放强度为 394. 89 吨/亿元，非国有企业的排放强度为 244. 58 吨/亿元，国有企业的排放强度是非国有企业排放强度的 1. 61 倍；在排放强度居于第二位的农副食品加工业中，国有企业的排放强度为 143. 19 吨/亿元，而非国有企业的排放强度仅为 66. 58 吨/亿元，国有企业的排放强度是非国有企业排放强度的 2. 15 倍。

表 18－11 行业分所有制类型 2001～2014 年化学需氧量排放强度 单位：吨/亿元

排序	行业	化学需氧量排放强度		
		平均	国有	非国有
1	造纸和纸制品业	289. 52	394. 89	244. 58
2	农副食品加工业	90. 17	143. 19	66. 58
3	皮革、毛皮、羽毛及其制品和制鞋业	63. 84	63. 51	63. 94
4	水的生产和供应业	63. 59	154. 91	39. 24
5	有色金属矿采选业	62. 98	53. 01	80. 85
6	酒、饮料和精制茶制造业	60. 78	71. 40	54. 79
7	化学纤维制造业	50. 73	84. 10	32. 31
8	食品制造业	45. 24	53. 34	41. 43
9	纺织业	39. 09	38. 00	39. 73

续表

排序	行业	化学需氧量排放强度		
		平均	国有	非国有
10	燃气生产和供应业	37.52	42.56	15.96
11	非金属矿采选业	34.51	35.42	33.64
12	煤炭开采和洗选业	29.93	28.32	34.57
13	医药制造业	29.18	39.09	25.03
14	化学原料和化学制品制造业	26.80	43.21	18.29
15	木材加工和木、竹、藤、棕、草制品业	26.25	31.34	23.65
16	其他采矿业	20.11	18.98	21.33
17	纺织服装、服饰业	19.68	15.23	21.48
18	黑色金属矿采选业	19.03	14.92	25.32
19	电力、热力生产和供应业	12.29	10.42	15.27
20	家具制造业	10.36	29.15	3.14
21	废弃资源综合利用业	8.68	4.65	11.85
22	石油加工、炼焦和核燃料加工业	8.40	6.83	10.77
23	石油和天然气开采业	7.91	7.87	8.10
24	黑色金属冶炼和压延加工业	6.54	8.32	4.02
25	其他制造业	6.07	5.78	6.22
26	非金属矿物制品业	5.56	5.14	5.83
27	有色金属冶炼和压延加工业	5.08	6.58	3.76
28	金属制品业	4.70	4.88	4.63
29	印刷和记录媒介复制业	4.47	6.60	3.11
30	橡胶和塑料制品业	4.18	4.77	3.85
31	文教、工美、体育和娱乐用品制造业	2.91	2.83	2.96
32	专用设备制造业	2.86	3.67	2.11
33	通用设备制造业	2.69	3.18	2.32
34	仪器仪表制造业	2.47	8.99	1.51
35	交通运输设备制造业	1.80	2.48	1.32
36	金属制品、机械和设备修理业	1.73	1.47	2.15
37	电气机械和器材制造业	1.67	2.65	1.29
38	开采辅助活动	1.26	1.27	1.24
39	烟草制品业	1.13	1.10	2.40
40	计算机、通信和其他电子设备制造业	1.10	1.68	1.00

注：表中平均排放强度数据是利用全国每一工业行业 2001 ~ 2014 年加总污染物排放与加总不变价工业总产值数据，用公式（18 – 2）计算得到。国有与非国有排放强度数据则是分别利用国有与非国有污染物排放与不变价工业总产值数据，利用公式（18 – 2）分别计算得到。

图 18 – 11 是针对化学需氧量排放强度最高的造纸和纸制品业分所有制类型排放强度随时间变化的趋势图。从图 18 – 11 中可以看出，从 2001 ~ 2014 年，国有和非国有的排放强度基本上均处于下降的趋势。对比国有和非国有的排放强度，在样本时期内，非国有的排放强度一直要低于国有的排放强度，尤其在 2010 年之前，非国有企业的排放强度要大大低于国有企业的排放强度，但是从 2011 年开

始，由于“十二五”时期淘汰落后产能政策的进一步实施，国有企业排放强度下降得更多，近几年非国有企业的排放强度已经基本上接近于国有企业的排放强度。

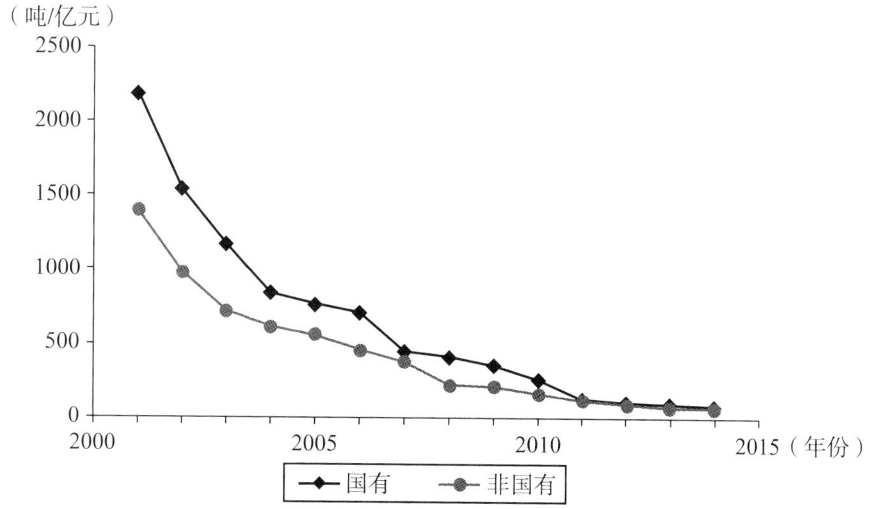

图 18－11　造纸和纸制品业分所有制类型化学需氧量排放强度时间趋势（2001～2014 年）

3. 一般工业固体废物排放强度

表 18－12 是全国 2001～2014 年分行业一般工业固体废物排放强度。从表 18－12 中，我们可以看出：

首先，少数几个行业排放强度较高，其他行业排放强度均较低。黑色金属矿采选业和有色金属矿采选业是一般工业固体废物排放强度最高的两个行业，平均排放强度分别达到 54. 46 吨/万元和 37. 21 吨/万元，而其他行业的平均排放强度值在 0. 01～8. 35 吨/万元之间。

其次，非国有企业的排放强度要普遍低于国有企业的排放强度。在 40 个行业中，非国有企业仅在有色金属矿采选业，煤炭开采和洗选业，废弃资源综合利用业，纺织业，纺织服装、服饰业，金属制品、机械和设备修理业，烟草制品业等 7 个行业中的排放强度要高于国有企业的排放强度。但是，在排放强度居于第二位的有色金属矿采选业，非国有企业的排放强度却要高于国有企业的排放强度，其中国有企业的排放强度为 31. 05 吨/万元，非国有企业的排放强度为 48. 26 吨/万元，非国有企业排放强度是国有企业排放强度的 1. 55 倍。

表 18－12　行业分所有制类型 2001～2014 年一般工业固体废物排放强度　单位：吨/万元

排序	行业	一般工业固体废物排放强度		
		平均	国有	非国有
1	黑色金属矿采选业	56. 46	57. 10	55. 49
2	有色金属矿采选业	37. 21	31. 05	48. 26
3	煤炭开采和洗选业	8. 35	8. 13	8. 98
4	非金属矿采选业	6. 14	6. 43	5. 85
5	电力、热力生产和供应业	3. 52	4. 15	2. 52
6	其他采矿业	2. 21	2. 67	1. 70
7	黑色金属冶炼和压延加工业	1. 64	1. 88	1. 31
8	有色金属冶炼和压延加工业	1. 13	1. 33	0. 96
9	化学原料和化学制品制造业	0. 94	1. 77	0. 52

续表

排序	行业	一般工业固体废物排放强度		
		平均	国有	非国有
10	燃气生产和供应业	0.59	0.65	0.36
11	非金属矿物制品业	0.58	0.67	0.52
12	废弃资源综合利用业	0.46	0.41	0.50
13	造纸和纸制品业	0.41	0.45	0.40
14	开采辅助活动	0.38	0.41	0.13
15	石油加工、炼焦和核燃料加工业	0.30	0.34	0.25
16	农副食品加工业	0.28	0.43	0.21
17	木材加工和木、竹、藤、棕、草制品业	0.26	0.29	0.24
18	酒、饮料和精制茶制造业	0.23	0.26	0.22
19	食品制造业	0.16	0.25	0.12
20	化学纤维制造业	0.15	0.19	0.13
21	水的生产和供应业	0.14	0.17	0.13
22	纺织业	0.09	0.09	0.10
23	金属制品业	0.07	0.10	0.06
24	医药制造业	0.07	0.09	0.06
25	石油和天然气开采业	0.07	0.07	0.05
26	皮革、毛皮、羽毛及其制品和制鞋业	0.06	0.07	0.06
27	家具制造业	0.06	0.08	0.06
28	纺织服装、服饰业	0.05	0.03	0.06
29	橡胶和塑料制品业	0.05	0.06	0.05
30	通用设备制造业	0.05	0.06	0.04
31	专用设备制造业	0.04	0.06	0.03
32	其他制造业	0.04	0.04	0.04
33	印刷和记录媒介复制业	0.03	0.05	0.03
34	文教、工美、体育和娱乐用品制造业	0.03	0.07	0.01
35	金属制品、机械和设备修理业	0.03	0.02	0.04
36	交通运输设备制造业	0.02	0.03	0.02
37	烟草制品业	0.02	0.02	0.14
38	仪器仪表制造业	0.01	0.05	0.01
39	电气机械和器材制造业	0.01	0.02	0.01
40	计算机、通信和其他电子设备制造业	0.01	0.01	0.01

注：表中平均排放强度数据是利用全国每一工业行业 2001 ~ 2014 年加总污染物排放与加总不变价工业总产值数据，用公式（18 - 2）计算得到。国有与非国有排放强度数据则是分别利用国有与非国有污染物排放与不变价工业总产值数据，利用公式（18 - 2）分别计算得到。

图 18 - 12 是针对一般工业固体废物排放强度最高的黑色金属矿采选业分所有制类型排放强度随时间变化的趋势图。从图 18 - 12 中可以看出，2001 ~ 2014 年，国有和非国有的排放强度基本上还处于波动上升的阶段。对比国有和非国有的排放强度，在 2011 年之前，大部分年份非国有的排放强度要低于国有的排放强度，其中 2001 年和 2005 年非国有的排放强度要略高于国有的排放强度，但是在 2010 年，非国有的排放强度增长较快，已经大大超过国有的排放强度，同时在 2013 年和 2014 年非国有的排放强度也要高于国有的排放强度。

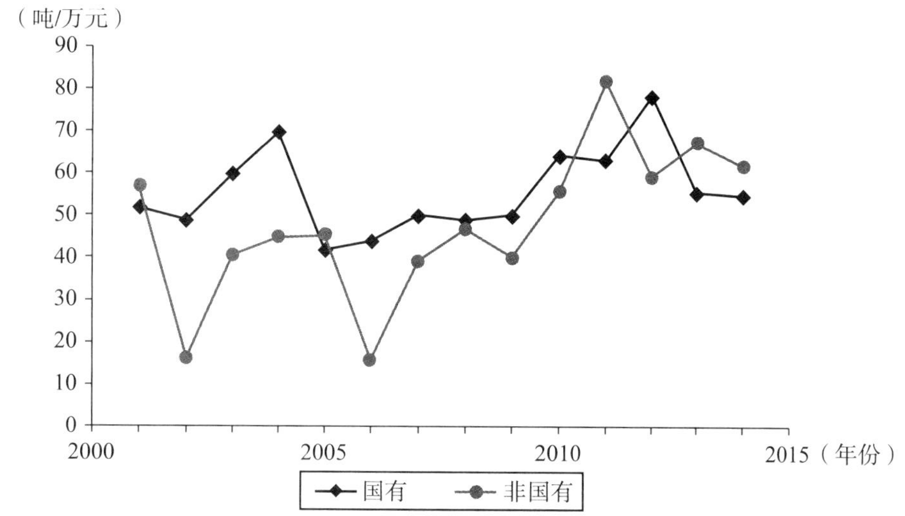

图 18－12　黑色金属矿采选业分所有制类型一般工业固体废物排放强度时间趋势

四、民营经济与工业污染治理

本部分从全国、地区，以及行业三个层面上比较分析国有企业和民营企业上在污染治理投入上的表现。我们以污染治理设施运行费用来代表污染治理投入。因为一般工业固体废物不涉及到污染设施运行费用，所以本部分仅考虑废气和废水治理设施运行费用。

（一）全国分所有制类型工业污染治理

1. 废气治理设施运行费用

图 18－13 是全国分所有制废气治理设施运行费用随时间变化的趋势图。从图 18－13 中可以看出，2001～2014 年，非国有企业废气治理设施运行费用均要低于国有企业的运行费用。在 2012 年之前，虽然非国有企业的废气治理设施运行费用要低于国有企业的废气治理设施运行费用，但是两者之间的差距并不是很大，而从 2012 年开始，非国有企业的废气治理设施运行费用与国有企业的废气治理设施运行费用之间的差距在逐渐扩大。

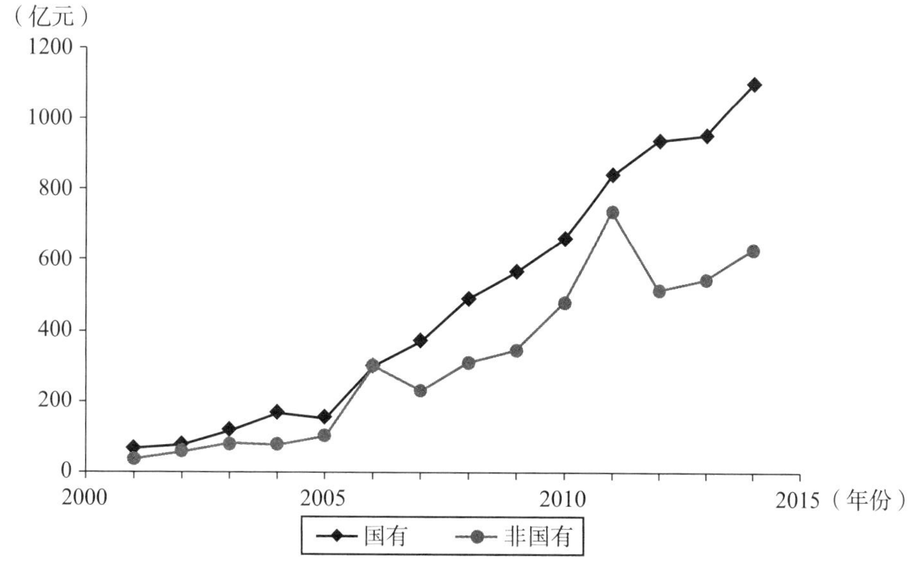

图 18－13　废气治理设施运行费用时间趋势

2. 废水治理设施运行费用

图 18 – 14 是全国分所有制废水治理设施运行费用随时间变化的趋势图。从图 18 – 14 可以看出，大部分年份非国有企业的废水治理设施运行费用要低于国有企业的废水治理设施运行费用，但是从 2011 年开始，非国有企业的废水治理设施运行费用要高于国有企业的废水治理设施运行费用。

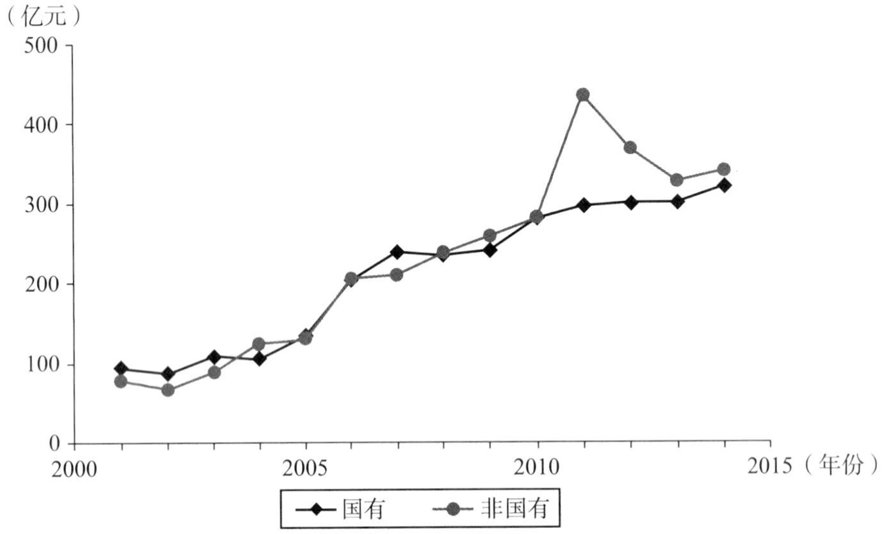

图 18 – 14　废水治理设施运行费用时间趋势

（二）地区分所有制类型工业污染治理

1. 废气治理设施运行费用

表 18 – 13 是地区分所有制类型废气治理设施年均运行费用。从表 18 – 13 并结合地区分所有制类型工业二氧化硫排放数据（见表 18 – 4），我们可以看出：

首先，工业二氧化硫等工业废气排放量相对较多的地区，相应的废气治理投入也较多。比如，山东是第一大工业二氧化硫排放地区，也是废气治理设施运行费用最多的地区。

其次，因为在工业废气排放上还是国有企业居于主导地区，所以非国有企业废气治理设施运行费用占本地区的比重基本上低于 50%，只有在广东、安徽、上海和海南等几个非国有企业工业废气排放占主导的地区，非国有企业治理设施运行费用占本地区的比重才超过了 50%。

表 18 – 13　　地区分所有制类型废气治理设施运行费用

排序	地区	年均总运行费用		国有		非国有	
		运行费用（亿元）	占全国比重（%）	运行费用（亿元）	占本地区比重（%）	运行费用（亿元）	占本地区比重（%）
1	山东	76.93	9.58	49.43	64.25	27.50	35.75
2	江苏	70.47	8.78	38.29	54.33	32.19	45.67
3	河北	67.51	8.41	40.76	60.37	26.75	39.63
4	广东	61.03	7.60	28.07	45.99	32.96	54.01
5	浙江	47.39	5.90	32.85	69.31	14.54	30.69
6	山西	43.24	5.39	26.44	61.16	16.79	38.84

续表

排序	地区	年均总运行费用		国有		非国有	
		运行费用（亿元）	占全国比重（%）	运行费用（亿元）	占本地区比重（%）	运行费用（亿元）	占本地区比重（%）
7	辽宁	39.47	4.92	24.22	61.36	15.25	38.64
8	河南	37.23	4.64	21.26	57.10	15.97	42.90
9	湖北	32.26	4.02	20.92	64.85	11.34	35.15
10	内蒙古	28.96	3.61	21.70	74.95	7.25	25.05
11	四川	26.24	3.27	16.02	61.05	10.22	38.95
12	安徽	23.54	2.93	11.44	48.60	12.10	51.40
13	上海	22.42	2.79	7.28	32.47	15.14	67.53
14	云南	21.47	2.67	11.69	54.43	9.78	45.57
15	湖南	18.80	2.34	13.56	72.14	5.24	27.86
16	黑龙江	18.64	2.32	9.70	52.02	8.94	47.98
17	福建	17.86	2.23	9.69	54.22	8.18	45.78
18	贵州	17.39	2.17	13.84	79.58	3.55	20.42
19	江西	16.60	2.07	8.75	52.70	7.85	47.30
20	天津	15.15	1.89	11.40	75.25	3.75	24.75
21	广西	14.94	1.86	10.03	67.10	4.92	32.90
22	甘肃	14.64	1.82	10.88	74.30	3.76	25.70
23	重庆	14.00	1.74	8.65	61.77	5.35	38.23
24	陕西	13.59	1.69	10.88	80.08	2.71	19.92
25	新疆	9.73	1.21	7.08	72.79	2.65	27.21
26	宁夏	9.57	1.19	6.75	70.56	2.82	29.44
27	吉林	8.42	1.05	5.15	61.15	3.27	38.85
28	北京	7.19	0.90	4.08	56.73	3.11	43.27
29	青海	4.04	0.50	2.33	57.66	1.71	42.34
30	海南	2.21	0.27	0.77	34.76	1.44	65.24
31	西藏	0.08	0.01	0.06	73.36	0.02	26.64

注：表中的运行费用是2001~2014年的年平均数。

2. 废水治理设施运行费用

表18-14是地区分所有制类型废水治理设施年均运行费用。从表18-14并结合地区分所有制类型化学需氧量排放数据（见表18-5），我们可以看出：

首先，化学需氧量等工业废水污染物排放量相对较多的地区，相应的废水治理投入也较多。比如，山东是第三大化学需氧量排放地区，该地区也是全国第二大废水治理投入地区。

其次，对有些化学需氧量排放量较多的地区，却没有与之相对应的废水治理投入。比如，广西是全国化学需氧量第一大排放地区，2001~2014年累计化学需氧量排放量占到全国总排放量的10.67%（见表18-5），但是在该期间的年均废水治理设施运用费用仅占到全国的2.61%（见表18-14），因此可以预期在这些地区废水的污染就较为严重。

最后，就国有与非国有废水治理投入占本地区的投入比重来说，只有11个地区非国有的比重超过了50%（见表18-14），这与17个地区非国有化学需氧量排放量占本地区比重超过50%形成了一定的对照（见表18－5），表明有些地区非国有企业在废水治理投入上相对不足。

表18－14　地区分所有制类型废水治理设施运行年均运行费用

排序	地区	年均总治理费用		国有		非国有	
		运行费用（亿元）	占全国比重（%）	运行费用（亿元）	占本地区比重（%）	运行费用（亿元）	占本地区比重（%）
1	江苏	45.21	10.38	15.30	33.85	29.91	66.15
2	山东	42.13	9.67	22.25	52.83	19.87	47.17
3	广东	39.82	9.14	12.17	30.55	27.66	69.45
4	浙江	36.34	8.34	14.62	40.25	21.71	59.75
5	河北	28.17	6.47	14.94	53.04	13.23	46.96
6	辽宁	20.31	4.66	12.02	59.21	8.29	40.79
7	四川	19.86	4.56	9.92	49.96	9.94	50.04
8	上海	19.17	4.40	5.77	30.09	13.40	69.91
9	黑龙江	17.66	4.05	14.00	79.29	3.66	20.71
10	山西	17.53	4.02	9.69	55.25	7.85	44.75
11	河南	15.26	3.50	7.92	51.90	7.34	48.10
12	安徽	14.25	3.27	4.84	33.94	9.41	66.06
13	湖北	13.18	3.02	6.06	45.95	7.12	54.05
14	广西	11.37	2.61	7.52	66.09	3.86	33.91
15	湖南	11.23	2.58	7.33	65.34	3.89	34.66
16	福建	10.18	2.34	3.63	35.67	6.55	64.33
17	江西	9.05	2.08	4.72	52.19	4.32	47.81
18	云南	8.46	1.94	5.03	59.41	3.43	40.59
19	陕西	7.58	1.74	5.04	66.44	2.55	33.56
20	天津	7.57	1.74	3.32	43.86	4.25	56.14
21	新疆	6.61	1.52	4.91	74.30	1.70	25.70
22	内蒙古	5.61	1.29	3.90	69.49	1.71	30.51
23	贵州	5.53	1.27	4.10	74.21	1.43	25.79
24	吉林	5.22	1.20	2.32	44.40	2.90	55.60
25	重庆	4.46	1.02	2.28	51.01	2.19	48.99
26	北京	4.42	1.01	2.73	61.88	1.68	38.12
27	甘肃	3.54	0.81	1.85	52.26	1.69	47.74
28	宁夏	2.50	0.57	1.45	58.03	1.05	41.97
29	海南	2.48	0.57	0.25	9.87	2.24	90.13
30	青海	0.64	0.15	0.41	63.99	0.23	36.01
31	西藏	0.03	0.01	0.02	58.79	0.01	41.21

注：表中的运行费用是2001～2014年的年平均数。

（三）行业分所有制类型工业污染治理

1. 废气治理设施运行费用

表18－15是行业分所有制类型废气治理设施运行费用。从表18－15并结合行业分所有制类型工业二氧化硫排放数据（见表18－7），我们可以看出：

首先，电力、热力生产和供应业、黑色金属冶炼和压延加工业、非金属矿物制品业是三个主要的废气排放行业，也是废气治理投入最多的三个行业。这三个行业工业二氧化硫排放量占全行业排放量的74.32%（见表18－7），同时这三个行业废气治理设施年均运行费用也占到了全行业年均运行费用的74.74%（见表18－15）。

其次，针对三个主要的废气治理投入的行业来说，主要的治理投入还是由国有企业来承担的，这与国有与非国有在这三个行业中排放的工业二氧化硫的相对比重是相对应的。

最后，在工业二氧化硫排放量相对较小的其他行业，非国有企业废气治理设施运行费用占相应行业运行费用的比重相对较高，在37个行业中，有22个行业非国有企业废气治理设施运行费用占该行业运行费用的比重超过了50%，这表明非国有企业在这些行业废气治理投入相对较多，对这些行业的清洁生产做出了重要的贡献。

表18－15 行业分所有制类型废气治理实施年均运行费用

排序	行业	年均总治理费用		国有		非国有	
		运行费用（亿元）	占全国比重（%）	运行费用（亿元）	占本地区比重（%）	运行费用（亿元）	占本地区比重（%）
1	电力、热力生产和供应业	361.67	45.05	252.56	69.83	109.11	30.17
2	黑色金属冶炼和压延加工业	161.09	20.07	98.77	61.31	62.32	38.69
3	非金属矿物制品业	77.19	9.62	37.26	48.27	39.93	51.73
4	有色金属冶炼和压延加工业	47.62	5.93	23.03	48.37	24.58	51.63
5	化学原料和化学制品制造业	41.26	5.14	20.72	50.22	20.54	49.78
6	石油加工、炼焦和核燃料加工业	33.52	4.18	20.22	60.31	13.30	39.69
7	纺织业	11.60	1.45	3.11	26.80	8.49	73.20
8	造纸和纸制品业	10.32	1.29	4.24	41.08	6.08	58.92
9	计算机、通信和其他电子设备制造业	5.65	0.70	0.72	12.82	4.93	87.18
10	交通运输设备制造业	5.01	0.62	2.08	41.50	2.93	58.50
11	农副食品加工业	4.57	0.57	1.99	43.56	2.58	56.44
12	金属制品业	4.23	0.53	1.37	32.34	2.86	67.66
13	化学纤维制造业	3.92	0.49	2.01	51.42	1.90	48.58
14	煤炭开采和洗选业	3.77	0.47	3.19	84.68	0.58	15.32
15	橡胶和塑料制品业	3.01	0.38	1.09	36.32	1.92	63.68
16	医药制造业	2.88	0.36	0.92	31.86	1.97	68.14
17	食品制造业	2.70	0.34	0.99	36.64	1.71	63.36
18	电气机械和器材制造业	2.66	0.33	1.34	50.29	1.32	49.71
19	纺织服装、服饰业	2.52	0.31	0.17	6.76	2.35	93.24

续表

排序	行业	年均总治理费用		国有		非国有	
		运行费用（亿元）	占全国比重（%）	运行费用（亿元）	占本地区比重（%）	运行费用（亿元）	占本地区比重（%）
20	酒、饮料和精制茶制造业	2.42	0.30	1.17	48.32	1.25	51.68
21	通用设备制造业	2.07	0.26	0.72	34.59	1.36	65.41
22	黑色金属矿采选业	1.67	0.21	1.48	88.50	0.19	11.50
23	木材加工和木、竹、藤、棕、草制品业	1.52	0.19	0.66	43.48	0.86	56.52
24	废弃资源综合利用业	1.35	0.17	0.08	5.82	1.27	94.18
25	专用设备制造业	1.32	0.16	0.79	59.74	0.53	40.26
26	有色金属矿采选业	1.31	0.16	0.87	66.43	0.44	33.57
27	烟草制品业	1.04	0.13	0.88	84.24	0.16	15.76
28	石油和天然气开采业	1.03	0.13	0.84	81.90	0.19	18.10
29	非金属矿采选业	0.73	0.09	0.48	66.40	0.24	33.60
30	仪器仪表制造业	0.59	0.07	0.15	24.85	0.44	75.15
31	印刷和记录媒介复制业	0.51	0.06	0.36	70.63	0.15	29.37
32	皮革、毛皮、羽毛及其制品和制鞋业	0.50	0.06	0.11	22.82	0.39	77.18
33	燃气生产和供应业	0.45	0.06	0.34	76.00	0.11	24.00
34	其他制造业	0.38	0.05	0.14	37.10	0.24	62.90
35	家具制造业	0.36	0.05	0.09	24.29	0.27	75.71
36	文教、工美、体育和娱乐用品制造业	0.15	0.02	0.07	44.34	0.08	55.66
37	金属制品、机械和设备修理业	0.06	0.01	0.04	66.28	0.02	33.72
38	开采辅助活动	0.06	0.01	0.02	28.08	0.04	71.92
39	其他采矿业	0.03	0.00	0.02	46.59	0.02	53.41
40	水的生产和供应业	0.02	0.00	0.01	65.97	0.01	34.03

注：表中的运行费用是2001～2014年的年平均数。

2. 废水治理设施运行费用

表18－16是行业分所有制类型废水治理设施年均运行费用。从表18－16并结合行业分所有制类型化学需氧量排放数据（见表18－8），我们可以看出：

首先，化学需氧量等工业废水污染物排放量相对较多的行业，相应的废水治理投入也较多。比如，化学原料和化学制品制造业是第三大化学需氧量排放行业（占全行业排放的10.94%，见表18－8），该行业也是第二大废水治理投入行业（占全行业投入的13.82%，见表18－16）。

其次，对有些化学需氧量排放较多的行业，却没有与之相对应的废水治理投入。比如，造纸和纸制品业是化学需氧量排放量最多的行业，2001～2014年累计化学需氧量排放量占全行业总排放量的30.52%（见表18－8），但是在该期间的年均废水治理设施运用费用仅占到全行业的9.60%（见表18－16），因此在这些行业废水的污染就较为严重。

最后，就非国有企业废水治理投入占本行业的投入比重来说，在40个行业中，有26个行业非国有企业的比重超过了50%（见表18－16），这些行业主要是化学需氧量排放相对较少的行业。比如，非国有企业排放了家具制造业化学需氧量的21.93%（见表18－8），但是非国有企业废水治理设施运行费用却占该行业运行费用的72.78%（见表18－16）。因此，在化学需氧量等废水污染物排放相对较少的行业，非国有企业投入了相对较多的废水治理费用，对这些行业减少废水污染物排放发挥了一定的作用。

表18－16　　行业分所有制类型废水治理设施年均运行费用

排序	行业	年均总治理费用		国有		非国有	
		运行费用（亿元）	占全国比重（%）	运行费用（亿元）	占本行业比重（%）	运行费用（亿元）	占本行业比重（%）
1	黑色金属冶炼和压延加工业	67.75	15.55	43.46	64.15	24.29	35.85
2	化学原料和化学制品制造业	60.24	13.82	28.78	47.77	31.46	52.23
3	造纸和纸制品业	41.82	9.60	14.88	35.59	26.94	64.41
4	纺织业	32.54	7.47	10.47	32.19	22.07	67.81
5	石油加工、炼焦和核燃料加工业	30.67	7.04	18.40	59.99	12.27	40.01
6	电力、热力生产和供应业	26.12	5.99	14.79	56.64	11.32	43.36
7	石油和天然气开采业	17.96	4.12	16.46	91.64	1.50	8.36
8	金属制品业	14.29	3.28	3.54	24.76	10.75	75.24
9	计算机、通信和其他电子设备制造业	14.03	3.22	1.81	12.88	12.22	87.12
10	医药制造业	12.15	2.79	4.64	38.24	7.50	61.76
11	有色金属冶炼和压延加工业	11.47	2.63	5.92	51.64	5.54	48.36
12	煤炭开采和洗选业	11.37	2.61	8.59	75.56	2.78	24.44
13	农副食品加工业	11.37	2.61	4.40	38.72	6.97	61.28
14	有色金属矿采选业	10.56	2.42	4.67	44.22	5.89	55.78
15	酒、饮料和精制茶制造业	10.46	2.40	4.53	43.32	5.93	56.68
16	食品制造业	8.88	2.04	2.93	33.01	5.95	66.99
17	黑色金属矿采选业	7.66	1.76	4.61	60.10	3.06	39.90
18	非金属矿物制品业	7.34	1.69	3.42	46.59	3.92	53.41
19	化学纤维制造业	7.32	1.68	3.21	43.76	4.12	56.24
20	交通运输设备制造业	6.17	1.42	2.51	40.62	3.67	59.38
21	皮革、毛皮、羽毛及其制品和制鞋业	4.34	1.00	1.04	23.87	3.30	76.13
22	纺织服装、服饰业	3.38	0.78	0.32	9.56	3.06	90.44
23	通用设备制造业	3.21	0.74	0.94	29.36	2.27	70.64
24	电气机械和器材制造业	2.63	0.60	1.03	39.04	1.60	60.96
25	仪器仪表制造业	1.86	0.43	0.29	15.34	1.58	84.66
26	水的生产和供应业	1.85	0.42	1.14	61.34	0.72	38.66
27	橡胶和塑料制品业	1.69	0.39	0.54	32.12	1.15	67.88
28	专用设备制造业	1.33	0.30	0.66	49.59	0.67	50.41
29	非金属矿采选业	1.30	0.30	0.75	57.98	0.55	42.02
30	其他制造业	0.89	0.20	0.28	31.06	0.61	68.94

续表

排序	行业	年均总治理费用		国有		非国有	
		运行费用（亿元）	占全国比重（%）	运行费用（亿元）	占本行业比重（%）	运行费用（亿元）	占本行业比重（%）
31	燃气生产和供应业	0.58	0.13	0.49	85.33	0.08	14.67
32	木材加工和木、竹、藤、棕、草制品业	0.56	0.13	0.20	35.08	0.36	64.92
33	废弃资源综合利用业	0.55	0.13	0.10	17.74	0.46	82.26
34	烟草制品业	0.42	0.10	0.35	82.76	0.07	17.24
35	印刷和记录媒介复制业	0.33	0.08	0.19	56.26	0.14	43.74
36	文教、工美、体育和娱乐用品制造业	0.23	0.05	0.05	20.22	0.19	79.78
37	家具制造业	0.15	0.04	0.04	27.22	0.11	72.78
38	金属制品、机械和设备修理业	0.12	0.03	0.09	78.93	0.02	21.07
39	其他采矿业	0.07	0.02	0.03	49.94	0.03	50.06
40	开采辅助活动	0.06	0.01	0.05	80.48	0.01	19.52

注：表中的运行费用是2001~2014年的年平均数。

五、民营经济与环境污染治理：未来展望

（一）民营经济发展对环境影响未来展望

经过近40年的发展，民营工业已经成为中国工业经济的重要组成部分，同时也成为工业三废排放的重要来源。展望未来，民营经济尤其是民营工业的进一步发展对环境将产生如下四个方面的影响。

1. 民营工业将成为各种工业污染物排放更为主要的排放源

目前民营工业排放了全国近60%的工业废水，超过30%的工业二氧化硫，近40%的一般工业固体废物。随着国务院2010年颁布的新“非公36条”政策[①]的逐步贯彻落实，未来民营企业将更多地进入火电、石油天然气、矿产资源勘探开发等污染排放强度相对较高的行业，从而增加民营企业在工业污染物排放中的相对比重，其中的一些工业污染物占全国工业污染物的相对比重将会进一步提高到超过50%甚至70%。

2. 民营企业的工业污染物排放强度将继续下降，生产将更为清洁

在2016年发布的国民经济和社会发展第十三个五年规划纲要中，提出了“创新、协调、绿色、开放、共享”的新发展理念，这一发展理念是“十三五”乃至更长时期我国的发展思路和发展方向。根据“十三五”规划，“十三五”时期将加大环境治理力度，实行最严格的环境保护制度，大力推动工业污染源全面达标排放计划和总量减排，对钢铁、水泥、平板玻璃、造纸、印染、氮肥、制糖等行

① 新“非公36条”是指国务院2010年5月7日颁布的《国务院关于鼓励和引导民间投资健康发展的若干意见》。

业不能稳定达标的企业进行改造，取缔不符合国家产业政策污染严重的项目。[①] 在绿色发展理念的大背景下，随着大气污染防治行动计划（又称“大气十条”）和水污染防治行动计划（又称“水十条”）等环境管制政策的深入实施[②]，民营企业低环保成本的时代即将结束，而这将迫使民营企业通过采用更清洁的技术、增加更多的污染治理投入、绿色改造升级现有设备等多种方式，努力降低工业污染物排放强度，以满足日益严格的环境监管要求。因此，未来民营企业的生产将更为清洁，从而有可能在发展的同时逐渐降低对环境的影响。

3. 民营企业将更多地进入节能环保产业

随着国家节能减排等环境管制政策的进一步加强，未来节能环保产业将获得快速的发展，将逐渐成为国民经济新的支柱型产业[③]，而民营企业将在这一进程中发挥重要的作用。预期高效烟气除尘和余热回收一体化、高效热泵、半导体照明、废弃物循环利用等成熟适用技术将得到进一步推广和发展，低品位余热发电、小型燃气轮机、细颗粒物治理、汽车尾气净化、垃圾渗滤液处理、污泥资源化、多污染协同处理、土壤修复治理等新型技术装备将得到研发和产业化。[④] 节能环保产业的快速发展将给民营企业带来更多的投资机会，未来民营企业将逐渐在节能环保产业占据主导地位，从而为环境质量改善做出相应的贡献。

4. 民营企业将更多地参与环境污染第三方治理模式改革中

自 2013 年 11 月党的十八届三中全会提出推行环境污染第三方治理模式改革以来，从中央到地方各级政府出台了一系列环境污染第三方治理的相关政策文件[⑤]，鼓励在电力、钢铁、污水、垃圾处理、开发区（工业园区）等领域，推动建立排污者付费，第三方治理的治污新机制。环境污染第三方治理是指除政府治理和排污者治理之外，由独立的第三方主体（环境服务公司）来进行污染治理的新模式。世界各国多年的实践探索表明，基于市场化机制的环境污染第三方治理，不仅有利于提高环境污染治理的效率、效果和效益，而且还有利于促进环保相关产业加快发展，对完善生态环境保护制度，加快建设生态文明具有重要意义。随着环境污染第三方治理模式相应体制和机制的不断完善，预期民营资本和民营企业将有更多的机会参与到环境污染治理模式改革进程中，成为环境污染治理的第三方，为社会提供环境污染治理服务。通过参与环境治理模式改革，民营企业一方面将拓展自身新的业务领域，另一方面也将为提高环境治理的效率和效益发挥更为积极的作用。

（二）促进民营经济绿色发展的政策建议

绿色发展作为我国的一项基本国策，已经正式写入“十三五”规划。绿色发展是推进我国经济社会可持续发展的重大战略，而民营经济作为我国国民经济的重要组成部分，不能够忽视其在我国绿色发展战略中的重要作用。为了引导和促进民营经济更好地发挥在我国绿色发展战略中的作用，提出以下政策建议。

---

① 中华人民共和国国民经济和社会发展第十三个五年规划纲要，2016 年 3 月。

② 国务院，国务院关于印发大气污染防治行动计划的通知，2013 年 9 月 10 日。

国务院，国务院关于印发水污染防治行动计划的通知，2015 年 4 月 2 日。

③ 国务院 2013 年印发的《关于加快发展节能环保产业的意见》，明确提出把节能环保产业建设成为国民经济新的支柱产业。同时，在“十三五”规划纲要中进一步提出要推广环保产品，通过完善政策机制，促进节能环保产业发展壮大。

④ 中华人民共和国国民经济和社会发展第十三个五年规划纲要，2016 年 3 月。

⑤ 国务院，国务院关于创新重点领域投融资机制鼓励社会投资的指导意见，2014 年 11 月 16 日。

国务院办公厅，国务院办公厅关于推行环境污染第三方治理的意见，2015 年 01 月 14 日。

国务院，国务院关于印发水污染防治行动计划的通知，2015 年 4 月 2 日。

上海市人民政府，上海市人民政府印发关于加快推进本市环境污染第三方治理工作指导意见的通知，2014 年 10 月 8 日。

河北省人民政府办公厅，河北省人民政府办公厅关于推行环境污染第三方治理的实施意见，2015 年 5 月 28 日。

1. 大力发展绿色金融，引导民营资本投入绿色发展

为了实现绿色发展，一方面传统产业将向低能耗和低排放方向转型升级，另一方面要大力发展节能环保等新兴产业，这些都需要大量的新增绿色投资。为了引导民营资本和民营企业在我国绿色发展过程中发挥更为积极的作用，需要大力发展绿色金融，尽快培育环境权益市场和出台统一的标准。2016 年 8 月，中国人民银行等七部委联合下发了《关于构建绿色金融体系的指导意见》①，主要目的就是动员和激励更多社会资本投入到绿色产业，同时更有效地抑制污染性投资。该指导意见作为绿色金融发展的顶层设计，为社会资本参与绿色发展提供了方向性的指引。但是，绿色金融的发展还有赖于环境权益交易市场的培育、创新的绿色金融工具的发展、第三方评估机构的监管以及相关标准的统一，因此需要相关部门尽快落实相关政策措施，稳步推进绿色金融的发展。②

2. 完善环境污染第三方治理模式，促进民营资本投入环境服务业③

环境污染第三方治理模式作为一种新型的环境治理模式，是实现绿色发展的重要途径。但是，自 2014 年底国务院办公厅发布《关于推行环境污染第三方治理的意见》（简称《意见》）以来，经过近两年的时间，环境污染第三方治理并没有取得预期的大发展。概念不清晰，履约无保障，监管不到位被认为是主要的原因。对于污染排放者而言，由于该《意见》规定排污企业承担污染治理的主体责任，因此委托第三方治理无法解除自身的责任；对于专业环境治理企业而言，由于合同是企业与企业之间签订的，履约依赖于企业的信用，造成环境污染第三方治理合同缺乏履约保障；对于政府而言，由于政府不是签约的一方，造成监管难以落实。

为了更好地引导民营资本投向环境污染第三方治理服务领域，针对目前环境污染第三方治理运行过程中存在的问题，应以理顺环境污染第三方治理的内在机制为抓手，逐步完善环境污染第三方治理模式。首先，环境污染第三方治理合同应该由政府、污染排放企业和专业治理企业三方共同签订；其次，要明确签订合同三方的责任，即污染排放企业的付费义务，专业污染治理企业的污染治理责任，以及政府对专业污染治理企业的监管责任。

3. 建立节能环保产业发展保障机制，引导民营资本发挥更大的作用

绿色发展的基础需要有一个强大的节能环保产业和市场。我国要实现绿色发展，达到污染物排放全面下降的目标，不仅需要大量的投资，而且亟须培育出一个强大的节能环保产业和市场。目前，在国家层面已经把节能环保产业确定为国民经济新的支柱产业，比如，国务院 2013 年印发的《关于加快发展节能环保产业的意见》，明确提出把节能环保产业建设成为国民经济新的支柱产业；在“十三五”规划纲要中进一步提出要推广环保产品，通过完善政策机制，促进节能环保产业发展壮大。

今后政策制定者要关注的重点是如何把国家层面的顶层设计落实到具体的政策上，通过建立促进节能环保产业发展的保障机制，引导社会资本尤其是民营资本投入到节能环保产业，把节能环保产业做大做强，从而夯实绿色发展的基础。为此建议④：一是放开市场准入限制。放开对城市供水、燃

---

① 中国人民银行、财政部、国家发展改革委、环境保护部、银监会、证监会、保监会，关于构建绿色金融体系的指导意见，2016 年 8 月 31 日。

② 杨小静，深度解读《关于构建绿色金融体系的指导意见》，和讯债券 2016-09-13，http://bond.hexun.com/2016-09-13/186012925.html.

③ 本部分内容主要参考：赵旭，如何理清第三方治理内在机制？中国环境报 2016-09-13，http://www.cenews.com.cn/qy/qygc/201609/t20160913_809231.html.

④ 本部分内容主要参考：中国科学院可持续发展战略研究组.2013 中国可持续发展战略报告——未来 10 年的生态文明之路 [M]. 北京：科学出版社，2013.

气、供热、污水垃圾处理等市政供应行业的市场准入限制，全面推行特许经营模式和公私合作伙伴关系模式。农村生态建设、水利建设和环境整治也可以推行市场化改革，吸引民营资本进入。二是为我国节能环保企业“走出去”创造条件。随着我国深入实施“一带一路”国家战略，“一带一路”沿线新兴经济体和发展中国家中蕴藏着巨大的节能环保市场需求。国家可以通过政府间绿色援助、环境建设等方式，引导我国节能环保企业“走出去”，从而不断壮大我国节能环保企业的管理和技术实力，进一步带动国内节能环保产业的发展壮大。三是完善税收优惠政策。对节能环保产业实施税收优惠，既是对培育产业的引导和促进，又是一种绿色税制的表现。

参考文献

[1] 陈永杰. 充分激发中国经济持续增长的内生动力——民营经济发展“十一五”回顾与“十二五”展望 [J]. 经济理论与经济管理，2011 (2).

[2] 工业和信息化部，工业和信息化部关于下达“十二五”期间工业领域重点行业淘汰落后产能目标任务的通知，2011 年 12 月 30 日。

[3] 国家发改委，现有燃煤电厂二氧化硫治理“十一五”规划的通知，2007 年 3 月 28 日。

[4] 国家发改委，燃煤发电机组脱硫电价及脱硫设施运行管理办法（试行），2007 年 5 月 29 日。

[5] 国务院，关于加强乡镇、街道企业环境管理的规定，1984 年 9 月 27 日。

[6] 国务院，国务院关于印发节能减排综合性工作方案的通知，2007 年 5 月 23 日。

[7] 国务院，国务院关于鼓励和引导民间投资健康发展的若干意见，2010 年 5 月 7 日。

[8] 国务院，关于加快发展节能环保产业的意见，2013 年 8 月 1 日。

[9] 国务院，国务院关于印发大气污染防治行动计划的通知，2013 年 9 月 10 日。

[10] 国务院，国务院关于创新重点领域投融资机制鼓励社会投资的指导意见，2014 年 11 月 16 日。

[11] 国务院，国务院关于印发水污染防治行动计划的通知，2015 年 4 月 2 日。

[12] 国务院办公厅，国务院办公厅关于推行环境污染第三方治理的意见，2015 年 1 月 14 日。

[13] 河北省人民政府办公厅，河北省人民政府办公厅关于推行环境污染第三方治理的实施意见，2015 年 5 月 28 日。

[14] 上海市人民政府，上海市人民政府印发关于加快推进本市环境污染第三方治理工作指导意见的通知，2014 年 10 月 8 日。

[15] 史晋川. 中国民营经济发展报告 [M]. 北京：经济科学出版社，2006.

[16] 石光，周黎安，郑世林，张友国. 环境补贴与污染治理——基于电力行业的实证研究 [J]. 经济学（季刊），2016，15 (3).

[17] 王劲松，史晋川，李应春. 中国民营经济的产业结构演进——兼论民营经济与国有经济、外资经济的竞争关系 [J]. 管理世界，2005 (10).

[18] 新华网，我国“十一五”节能减排成效综述，2011 年 3 月 10 日。http://news.xinhuanet.com/politics/2011-03/10/c_121173054.htm.

[19] 杨小静. 深度解读《关于构建绿色金融体系的指导意见》，和讯债券 2016-09-13，http://bond.hexun.com/2016-09-13/186012925.html.

[20] 张坤民. 中国环境保护事业 60 周年 [J]. 中国人口·资源与环境，2010，20 (6).

[21] 张厚义，等. 中国私营企业发展报告（2003）[M]. 北京：社会科学文献出版社，2004.

[22] 中国人民银行、财政部、国家发展改革委、环境保护部、银监会、证监会、保监会，关于构建绿色金融体系的指导意见，2016 年 8 月 31 日。

[23] 中华全国工商业联合会课题组. 中国民营经济的三大历史性变化 [J]. 经济理论与经济管理，2007 (3).

[24] 中华人民共和国国民经济和社会发展第十三个五年规划纲要，2016 年 3 月。

[25] 中国科学院可持续发展战略研究组. 2013 中国可持续发展战略报告——未来 10 年的生态文明之路 [M]. 北京：科学出版社，2013.

[26] 赵旭. 如何理清第三方治理内在机制? 中国环境报 2016 - 09 - 13, http: //www.cenews.com.cn/qy/qygc/201609/t20160913_809231.html.

[27] The World Bank and State Environmental Protection Administration of P. R. China. Cost of Pollution in China - Economic Estimates of Physical Damages. 2007. http: //siteresources.worldbank.org/INTEAPREGTOPENVIRONMENT/Resources/China_Cost_of_Pollution.pdf.

第十九章　民营经济发展与民营企业传承*

中国民营企业从无到有、从小到大，作为最具活力的增长极，为改革开放的顺利进行和国民经济的持续、稳定、健康发展做出巨大贡献。我国目前的民营企业从其来源看，大致可以分为三类：第一类是改革开放后才允许成立的个私企业逐步发展壮大的本土型民营企业，曾经可能还带着“乡镇企业”的红帽子；第二类是国有企业、集体企业或者乡镇、社队企业改制过来的衍生型民营企业；第三类是通过外资、中外合资建立并发展的外来型民营企业。数千年的政治经济和文化遗产给当今的社会经济组织打上了深深的“家族主义烙印”。由家族所有、经营、希望家族一代代传承下去的民营企业与其他民营企业、与国有企业在目标、战略规划、战略实施与控制、管理和所有权以及绩效等方面表现出迥然差异。即便是跟国外的家族企业相比，一方面，我国家族企业的经营历史曾经出现计划经济导致的断层，当前家族所有、控制的民营企业往往是改革开放后才诞生的全新企业，跟国外尤其是日本、美国、德国、英国等动辄上百年的“老店”有多代传承经验可遵循、借鉴相比，我们民营企业第一代向第二代家族领导人更替的挑战艰巨；另一方面，在转型经济和儒家文化传统的大背景下，我国家族企业表现出不同的适应性行为。作为历史悠久的企业组织，家族企业并不是低效率的组织，更不是封闭、落后、管理水平低下的代名词，其两职合一、长期导向让它具有独特的竞争优势，更体现了有所担当的社会责任。

一、家族转型与家族企业发展：历史回顾

中国社会自宋代开始就形成两种生产方式并存的特征，一个是具有活力的民间的小资本主义生产模式，这一模式包含了千千万万以家庭和家族为单位的农业和手工业生产者，他们面向广阔的市场展开激烈竞争；另外一个是围绕国家机器和封建统治阶级（包括皇宫和各地官僚）的贡品生产模式，包括大片皇家土地、庄园、矿产、规模庞大的宫廷工场和国家专卖的盐铁等战略性资源产业。美国汉学家希尔·盖茨（Hill Gates）把那些微不足道的小生产者看作“中国的发动机”，用以解释近千年中国历史生生不息的活力（Gates，1997）。是的，改革开放以来的中国民营企业又一次向世人展示了这一“中国的发动机”的强大威力：中国经济在过去40年里能够持续高速增长，重要原因是民营经济能够在国有企业的夹缝中顽强成长，成为重要的经济力量，甚至逼迫着中国国有企业的改革发展，最终形成一种具有中国特色、国有企业与民营企业双重引擎互相补充、互相竞争又协调发展的强大市场经济微观主体。

（一）家族转型与近代工商业的兴起[①]

1. 近代中国社会家庭基本状况

工业化以前中国的家族制度基本上在宋代以后就逐步确立且没有太大的变化，因此我们探讨现代

---

* 研究人员：陈凌、朱建安。

① 陈凌，李新春，储小平．中国家族企业的社会角色——过去、现在和未来［M］．杭州：浙江大学出版社，2011.

化进程中中国家庭与家族制度变迁和社会角色，首先应该对宋代以后的封建家族制度有所了解。近代中国封建家族组织的主要特点是同一男性祖先的子孙聚族而居的现象，从宋以后直到中华人民共和国成立以前，在全国农村中无论南方、北方都非常普遍，村族聚居形成的经济基础主要是因为占统治地位的农业经济。中国各地都有大量以姓氏为名的村庄就是这种聚族而居特征的显著反映，当然也有许多其他姓氏的村民居住其间，也有一个村庄由二到三个人数较多的姓氏为主。

在这些聚族而居的村庄里，家庭大致以一大一小两种类型存在：一种类型是累世共居同财的大家庭，建立这样的大家庭是许多中国人的人生理想和奋斗目标，大家庭多子多孙人丁兴旺，就像一棵大树枝盛叶茂，每代都有优秀的人才出现，因此可以保住其子孙世代荣华的地位。但是大家庭迟早要分家各立门户，分家以后大家庭成为家族，每个家庭的规模又会变小。因此往往一些大家庭发展起来了，另一些大家庭又瓦解了，这种累世共居同财大家庭的类型并不普遍，也很难持久。第二种类型是分家以后形成的个体小家庭，一般由一对夫妻与若干孩子组成，有时会与一两位老人组成主干家庭。这些大小家庭作为一个祖先的子孙，聚居于一个村落，以血缘和姻亲关系为纽带把这些个体小家庭组织在较大家庭周围，建立由族长、房长、家长构成的较为紧密或松散的组织系统，由族长、房长协调各个小家庭，协助封建基层政权征收赋税，维持乡里治安。

在中国的家族和家族企业发展过程中，18 世纪末和 19 世纪初应该说是一个关键的时间窗口。我们今天所看到的中国家庭和家族的形式与内部关系，大多是在近代时期形成的，在这个时间段以前，中华帝国本身正在经历着巨大的变革，首先，清朝作为一个少数民族统治的中央政府，此时已经获得了巩固的政权、实现了中华帝国的重归一统，并且在稳固的政权之下达到了非常可观的经济发展水平，也就是我们熟知的康乾盛世。在这样的背景之下，中国的传统文化和思想观念，在经历了朝代更迭时的冲击后，逐渐开始恢复和重建，比较突出的是传统的家族制度和家族礼教开始恢复，并且有了新的发展。

清朝的统治者借鉴了明朝对基层社会特别是普通家族的政策，允许并鼓励民间通过建设祠堂来祭祀和纪念祖先，并且通过这种活动来获得基层社会的稳定。首先，祠堂的修建起到了“尊祖敬宗收族”的目的，祭祀活动可以增强家族成员之间的身份认同感，增强族人之间的感情。继而，在祭祀活动的基础上，建立起族内的长幼尊卑秩序，根据辈分和身份的差别，在族内形成了一个既宽松又明确的身份格局，换句话说，如果要接受族人的身份认同，就必须在族内尊老敬长，关爱晚辈。这种祭祀活动的物质支持，则是靠族内的公共财产来保障的。家族的重要经济职能之一，就是利用族内的公共财产为族人提供祭祀、初等教育等公共产品，为族内贫弱的成员提供一定的保障。在族长的人选上，此时的家族逐渐摒弃了“宗子制”，也就是不再追求族长的血统身份和长嫡传承，而多由有名望、有学识或者有官职的族人出面担任。这样产生的族长的合法性就不再由宗法所保障，而由现实的政治地位、社会地位和经济地位所保障。

近代西方男女平等观念传入后，随着城市化和工业化的进程，大量的妇女脱离农田进入到工商业领域，并且有了独立的经济来源，在具备了这种经济上的保障之后，妇女社会地位和男女平等的意识也在不断增强。从某种意义上说，男女平等的观念，是依赖于女性经济地位的提升的。在传统的宗族制度下，女性没有接受教育的权利，而从晚清开始，女学逐渐增多，并且出现了专门的女子学校，一时风气打开，各地纷纷设立女子学堂。女性地位的提高，直接反映在婚姻和家庭形式的革新上，清末随着西方社会政治书籍的大量翻译出版，早期留学生陆续回国，具有先进思想的社会人士开始宣传婚姻以爱情为基础，反对门第观念和通过婚姻追求财富；倡导婚恋自主，反对父母包办；赞美一夫一妻制，批判纳妾陋习。这对于传统宗族婚姻观念造成了巨大的冲击。

辛亥革命之后的社会改良运动，宣传以人道主义及科学知识为基础的新型社会观念，提倡财产独立权和男女平等，反对早婚和病婚。承认自主结婚和离婚自由，以及承认再嫁之自由。特别是在城市当中，思想激进的民主主义者在五四前后对宗族制度和传统礼教都进行了猛烈的抨击。在沿海、沿江的大中型城市，特别是新思潮较深入波及的区域里，人们的婚姻观念发生了剧烈而明显的变化，宗族制度下的包办买卖婚姻被摒弃，现代的婚姻形式逐步成形。只不过在城市之外的广大农村，封建势力和思想比较顽固的地区里，传统的婚姻形式仍然占据着统治地位，甚至妇女地位的保障一直存在着缺陷。必须指出的是，五四期间对于传统宗族制度以及封建伦常的批判，是以西方近代思想为依据的，但是对于宗族制度在历史上的必然性、合理性以及一些积极的作用一概忽视了，更是低估了中国家族制度对不同政治社会环境的适应能力和顽强生命力。所以在五四运动的风潮过去后，宗族制度在中国仍然普遍存在，保持了一定的生命力。

2. 家族转型与工商业兴起

在明清时期，中国的经济领域经历了极其迅速的发展，到19世纪中叶，清朝中后期人口已经超过了4亿，相应的人均收入水平和生产总值也同比例的增加。农业的迅猛发展和农村生产力的提高，同时也将大量富余的农村劳动力推向了手工业和工商业，从而使得整个商品经济更加发达。例如农产品加工、金属加工、纺织、造纸、瓷器等制造业都有了迅猛的发展。在附属的地区里，集市和小城镇也如雨后春笋般涌现，根据施坚雅（Skinner）的估计，在20世纪初，全国各地的地方集市已有6.3万个（施坚雅，1989）。1912年农商部列举了794个主要和次要的商会，计有196636个会员（会员包括个人、社团、同业公会或者公司），因此估计商人阶层中最富有最受尊重的部分估计在150万~200万人，这个数字比军官（17000人）、学生（30000人）、归国留学生（35000人）、官员（50000人），甚至比绅士（200000人）都多得多（白吉尔，1994）。

在农村当中，家庭成为了手工业生产的基本单位，例如，传统家庭的经济分工中，男耕女织的模式被大大的拓展了，在家庭内部“耕”和“织”这两种最基本的生产活动根据相应的回报不同被重新组合。由于织布可以获得较高的经济收入，有的家庭开始由生产能力较强的男性从事织布的工作，而体力较弱的女性则从事耕种的工作。如果两者的回报相差更大，则出现一家中的壮年劳动力全部从事织布，而由老人和小孩从事纺织，甚至最后全家均从事纺织（李伯重，2002）。

同时商业的发达也带来了人们对货币和金融的迫切需求，当手工业和长途贸易活动逐渐增多后，如何解决信贷和汇兑问题，也成为非常紧迫的要求。这时中央和地方政府尚未完全建立起相应的金融体系，更不用说全国性的金融市场，所以在民间私人的钱庄开始产生。钱庄最初在经济富庶地区起到支持当地商业和贸易行为的作用，到了19世纪初，钱庄的融资功能逐渐显现，开始将信贷业务扩大到工业化的进程当中，为当时发生在大城市中的工业化提供资本。这些钱庄在创立之初也是在创办者的家族成员和同乡的支持之下运作的，不光本金来自家族成员和同乡的集资，一些重要的管理岗位和办事人员也是由家族成员和同乡等充当。在这个当时政府干预的真空地带当中，民间的钱庄得到了迅速的发展。

19世纪中叶开始，中国遭遇了一连串的来自外部的冲击，原来封闭自足的中国不自主的被卷入了工业革命和资本主义的全球化过程当中，并且由于自身的落后和麻木遭受了沉重的打击。连续几次的对外战争失利使得国门洞开，伴随着通商而来的货物和机器之外，崭新的生产方式和思想观念也开始涌入到中国，并且开始渗透到中国传统社会的各个角落。同时，中国社会自身积压的内部矛盾也开始产生不安定的社会动荡，其中规模最大、影响最广的当属太平天国运动。这场运动席卷了中国南方绝大多数的地区，客观上给中国的经济和社会带来了巨大的破坏和颠覆，甚至一度将清朝统治推到了倒台的边缘。

来自外部和内部的双重冲击，给中国的家族发展带来了巨大的冲击。这种冲击主要来自两个方面，一是传统的农业社会和生产方式开始逐渐瓦解，特别是在沿海通商开放较早的区域，新型的资本主义生产方式逐渐兴起。工业化的进程也催生了企业这种新的组织形式。大量的人才和社会精英开始脱离农耕生产和仕途追求，转而投入到工商业中。特别是历史较长的从商传统和钱庄汇兑等行业，也为中国近代最早的一批企业储备了相当多的人才。在家族当中对待年轻人的培养，已经不再只有在乡务农和读书科举，而是会将未成年的族内成员送到各种各样的商号中做学徒，为日后的谋生做准备。另一个冲击则来自新的资本主义生产方式所带来的城市化和工业化，要求人才向特定的商业中心集聚，至少要在相当长的时间里离开乡里，这对守土重迁的中国人也是一个巨大的挑战。具有冒险精神和先进理念的人会在各种利益和机会乃至生存压力的作用下选择到新兴的商业中心去工作和生活，这就意味着他们要告别自己的家族传统的生活区域。在陌生的地域里，最值得信任和最能提供帮助的人，往往是来自同一地方的同族人和亲戚，这些人聚集在一起，形成了同乡会、同宗会等形式的组织。这就使得传统的家族组织在新兴的资本主义生产方式中能迅速转换身份和角色，为投入到新形式的生产活动中做好了准备。

3. 近代家族式经济组织的特征

从晚清开始，具有现代形式的公司和企业组织如雨后春笋一般兴起。1904 年 1 月，朝廷的商部颁布《钦定大清商律》，包括《商人通例》和《公司律》。自《公司律》等法律出台后，中国有了真实的公司数量统计。据张忠民在《艰难的变迁——近代中国公司制度研究》一书中的计算，从 1904～1910 年，全国正式注册的公司大约 410 家。另据林增平的统计，前 30 年有据可查的 72 家近代企业中，官办、官督商办占总资本额的 77.6%，商办只占 22.4%，到这一时期前后正好倒了过来，商办资本已占 76.3%。1905～1908 年中，全国新设厂 201 家，投资合计达 4581 万元，年均设厂 50 家，年增资本 1145 万元。年均设厂数分别超过洋务运动 30 年间所设厂数的 20 多倍与甲午战争后的 2.5 倍，投资额分别超过 5.7 倍与 2.9 倍。投资范围也更为广泛，除原有的缫丝、棉纺、火柴等业有了较大发展外，烟草、肥皂、电灯、玻璃、锅炉、铅笔、化工等业也有了民族资本企业的出现。股份制公司到 1911 年时已达 977 家。

自 1911 年之后的 16 年间，由于国家一直处在军阀割据及分裂中，这客观上造成了中央集权政府的弱势，是自南北朝以来 1400 年间第一次出现“中央真空”。在此 16 年中，中国民营经济迎来了一个难得的“黄金年代”。在这期间，国营企业体系基本瓦解，民营公司蓬勃发展，民族主义情绪空前高涨，明星企业家层出不穷，企业家阶层在公共事务上的话语权十分强大。中国社会史学会副会长唐力行在《商人与中国近世社会》一书中认为，中国民族工业的基础，就是在这一时期基本奠定的。从经济增长率上看，尽管有不同的统计结果，但是，高速增长是一个不争的共识，国内学者认为工业增长率在 1912～1920 年间达到 13.4%，1921～1922 年有一个短暂萧条，1923～1926 年为 8.7%。美国的经济史学者托马斯·罗斯基的计算显示，1912～1927 年之间的工业平均增长率高达 15%，位于世界各国的领先地位。在百年企业史上，这样的高速成长期只出现了三次，其余两次分别是 20 世纪 50 年代的第一个五年计划（1953～1957 年）和 1978 年之后的改革开放时期。1928～1937 年，在经济史上有时候也被称为“黄金十年”。在这 10 年里，工业经济增长率平均达到 8.7%（也有学者计算为 9.3% 或更高），为现代中国史上增长较快的时期之一。

随着现代工商业部门的地位越来越重要，掌控这些新型企业的企业家群体也变得越加引人注目。在经济活动中逐渐取得了一定成功后，这些新型的企业家逐渐展现出了和中国历史上的富商巨贾所不同的一面。首先是企业家的地位本身就在提高，这些新型的企业家不再需要通过捐官、捞个红顶子来获得社会和自我的认可，甚至有的企业家会刻意选择回避与政府打交道。其次是这些企业家已经可以从经济活动中的成就取得足够的自信和外界的褒奖。在城市当中，新型的企业家群体形成了一个崭新的精英阶层，他们在城市经济社会活动当中扮演者重要的角色。第一代的企业家群体，同时也依靠他们的家族和泛家族的社会关系来拓展自己的经营活动。通过家族和泛家族的社会关系，企业家又将其家族企业置于一个更庞大的社会网络当中，并且在家族和同乡等社会网络当中建立起自己的商业王国，并且为自己的经济发展目标而服务。

近代家族企业的家族关系，是建立在企业家的父系网络系统当中，父子关系是这种网络系统中最基本的一环，虽然在这个时期很多企业家是白手起家，但是通过父系的积累和传承，到某一代后有了一定规模的继承和发展是比较普遍的模式。例如，聂云台就是现在其父聂缉椝开办的恒丰纱厂中担任经理，而后自己开始经营整个家族企业的。一般来说，由于父子间的年龄差别和观念不同，以及20世纪初中国经济发展的迅猛，父子之间共同经营，反而不是最常见的形式，最有效的企业经营方式是兄弟间的合作。例如，穆藕初和穆恕再，聂云台和聂路生，荣宗敬和荣德生，简照南和简玉阶兄弟等。在兄弟合作的经营模式当中，根据兄弟间才能，性格和志向的不同，还会分化出不同的模式并且产生不同的结果。兄弟二人如果都非常有才能，并且志向远大，同时能够和睦相处，就会产生均等的声望和权势。例如，荣宗敬、荣德生兄弟创建的荣氏家族企业集团，堪称是中国近代最大的家族企业集团，也是最成功的家族企业集团之一。荣氏家族的企业涉及多个行业，涵盖茂新、福新、申新三大系统，最多时拥有40多个企业单元，是当时中国面粉行业和纺织行业最大的民营企业资本集团，产量和固定资产都占全国民营企业的1/4左右，被公认为是中国的“面粉大王”和“棉纱大王”。而南洋兄弟烟草公司的创始人简照南和简玉阶兄弟则是兄长简照南先展露经营才华，发展公司业务，在他逝世后，弟弟简玉阶则承担起兄长留下的重任，展露出自己的经营才华。有时兄弟二人是一个比较出名，另一个较为低调，或者一个比较擅长抛头露面代表企业形象，而另一个则内敛务实专注企业经营。如张謇、张詧兄弟。张謇由于其在晚清政坛的威望，使得其声誉大大的超过了他的兄弟，但是张詧则隐于张謇身影之后，利用自己的才干管理大生纱厂。穆藕初和穆恕再兄弟也与之类似。若是兄弟二人理念不合，或是无法和睦相处，则反而会产生负面的作用，聂云台和其兄弟在创业成功后就走上了分道扬镳的道路。当企业发展到一定阶段后，新一代的家族成员也会成长起来，进入家族企业当中，这样除了父子关系和兄弟关系外，家族企业内部还会有叔伯与侄子的关系，家族内部如果能够和睦相处，那么叔伯与侄子之间会保持类似父子的亲密关系，堂兄弟间也可以像亲兄弟一样合作。除了父系血统的亲缘关系外，家族企业还会通过联姻在不同血缘的家族之间建立联系。例如，荣宗敬和企业内重要的经理人王禹卿结成儿女亲家，使双方关系更紧密。家族企业可以通过家族成员获得大批的经理人才，从而获得竞争优势。

近代的家族企业以及企业家们具备的另外一个重要特点是，他们从一开始就比较集中于近代工业部门，也就是在当时比较具有技术含量和资本规模的领域。如机械加工、面粉和纺织等。例如，上海自1865年出现官办的江南制造总局之后，很快就出现了十多家私人机器厂。据估计到第一次世界大战前夕，上海已经有机器厂91家，到1924年，更是增加到284家。一般的机械加工和维修工厂所需的资本量并不特别大，而且可以逐步累加投入，所以很多的机械行业中的企业家，都是来自手工业，并且从亲戚朋友中寻求投资。还有一些大型工厂，例如，纱厂、船厂生产机器设备或零件的机械厂，则需要大量的资本投入，这类企业虽然数量相对较少，但是资本量投入很大，掌控他们的企业家往往涉足近现代工业的其他部门。如聂云台除了创办过纱厂外，还创办过纺纱机器厂。纱厂也是近代家族企业比较集中的工业部门，20世纪20年代，上海19家民族资本的纱厂，投资总额高达2000多万元，纱锭总数也达到40多万枚，且当时尚有近20万枚正在安装中（白吉尔，1994）。可见，近代新兴的家族企业无论是在总量规模上，还是在现代化进程的位置上，都是非常重要的，这些民族企业家以及他们的家族企业，在当时既代表了创新精神、先进技术和现代企业制度，又与勤奋、借鉴、家族和睦、社会和谐等传统美德和价值观相结合，成为了中国现代化过程中的重要推动力量。

（二）改革开放后的家族与家族企业

自改革开放以来，中国社会经历了巨大的政治、经济、社会、文化等制度变迁。家庭是社会的细胞，是个人与社会联系的桥梁，它与社会紧紧相连。改革开放后中国社会经济的巨大变革必然伴随着家庭的嬗变，家庭的演变与社会变迁、市场经济的逐步确立、中西文化的频繁交流多方面因素联系在一起，家庭的功能、结构发生了相应的变化，与此同时，家庭关系得到了重塑。而家庭的演变正是通过家庭功能、家庭结构和家庭关系三方面的变革所体现。社会生产的方式决定了家庭的基本功能，为了实现这些功能，必然有与之对应的家庭结构和家庭关系。

1. 家庭与家族的演变

改革开放40年，由于工业化和城市化的进程加速，加之计划生育政策的实施，可以观察到的一个基本事实是家庭小型化，整个社会出现了以核心家庭为主的格局。接下来，本文从改革开放之后家庭功能、家庭结构、家庭关系和家族观念四方面的演变来论述家庭与家族的变迁。

首先是家庭功能的变化。传统中国的家庭或大家族，承担了绝大部分的社会功能，包括经济功能、宗教祭祀功能、对家族成员的教育、生育养老等。改革开放之前，由于人民公社、生产大队的存在，家庭的许多功能尤其是经济生产功能受到了极大的压制。改革开放后，社会的巨大变迁和经济的迅猛发展对家庭功能的演变产生了重大影响。传统家庭的一些功能已经消失或已微乎其微；另一些功能则重新出现或者得到强化。改革开放以来的家庭功能从单一的生产、生活、生意等向现代、开放、更加丰富的现代家庭功能演变。现代化的工业、教育、福利不断地把家庭的教育、养老、生育功能吸纳过来，完成家庭职能的外移。改革开放之后，家庭的经济生产功能得到了恢复。除生产功能的恢复和加强之外，家庭的消费功能也得到了增强。改革开放以来的40年，经济高速增长，生产力水平不断上升，扭转了改革开放之前的短缺经济局势。人们的收入水平也不断增加，消费能力不断提高的同时，人们的消费观念、消费水平、消费方式等都与改革开放前的家庭消费有相当大的变化，城镇居民在解决温饱问题之后，向小康生活迈进。消费由以往的生存型向注重生活品质转化。娱乐、旅游等成为新的消费热点。家庭的生育功能相较于改革开放之前有所削弱。家庭是社会的细胞，也是人类自我繁衍的场所，所以生育仍旧是家庭的基本功能之一。但改革开放之后正式确立的基本国策——计划生育政策将中国家庭的生儿育女纳入了整个经济社会的发展规划之中，家庭的生育功能受到了国家的强力干预。同时随着社会经济的发展，生儿育女不再是为了“传宗接代”“养儿防老”这类的考量，更多的则是出于情感上的诉求。生育率在改革开放之后迅速下降，这在前方已有论述。有所削弱的不只是生育功能，还有家庭的养老功能。一方面，由于家庭结构的核心化和家庭规模的小型化，削弱了家庭养老的功能。随着社会养老机制的逐步完善，家庭的养老功能正在一步一步由社会接替。但社会养老不会完全替代家庭养老，父母可以独自生活，同时保持与其子女的来往，或与一个已婚子女组成主干家庭，形成“同居养老”（主干家庭）或“分居养老”（分而不离）的养老方式。家庭的教育功能很难说被弱化。虽然随着社会经济的不断发展，我国对教育事业的逐渐重视，个人所受的大部分教育是在学校中度过的，这样看起来，家庭教育的外化或被替代十分明显。但自改革开放以来，计划生育政策使独生子女非常普遍，“子女优先”的观念开始影响家庭关系，家庭重心逐渐下移。从胎教到家教的出现都体现出了家长对子女教育的重视。而家庭的辅助教育功能也在社会化教育之外发挥着重要的作用。

其次是家庭结构的变化。改革开放近40年，家庭结构的变化呈现出多样化、核心化、小型化的趋势。改革开放之后，随着社会经济的发展，高效快捷的生活方式成为了现代人的首选。传统的聚族而居的大家族逐渐消失，取而代之的是核心家庭，即由一对夫妇及其未婚子女组成的家庭，这在后面家庭结构的核心化会详细论述。除了核心家庭比例不断上升之外，还出现了丁克家庭、空巢家庭、单亲家庭、单亲家庭、非婚同居等多种家庭类型。随着社会经济的发展，社会竞争的加剧、观念的变化，双收入、无子女的丁克家庭越发增多。丁克家庭的出现首先是工作的原因，生活节奏的加快和社会竞争的加剧使得人们更加关注自身的生存和发展，不愿意为下一代过多操心。其次是观念的变化，受西方发达国家的影响，倡导不生育的文化。这都是年轻夫妇自己选择的“计划不生育”。当然也有由于生理上的原因无奈选择丁克家庭的夫妇。而空巢家庭是由于子女外出工作、学习等导致的未婚子女脱离父母独立生活的家庭类型，使得原先家庭中只剩下老夫妻两人。此外，社会巨大转型对夫妻双方造成心理压力，两性矛盾激化之后，强调个性独立导致了离婚率的不断攀升，导致由父母其中一方与子女组成的单亲家庭逐年增加，有数据显示单亲家庭以每年 2.3% 的速度增长（可凌玮和郭学贤，2003）。随着单亲家庭的增多，家庭残缺给未成年的子女将会造成心理、生理等多方面的不良影响。费孝通在家庭关系时曾指出：在过去的历史中，人们似乎找到了一个比较最有效的抚育方式，那就是双亲抚养。而一旦夫妻一方从家庭中分离，孩子从父亲或母亲那里得到的爱抚和教育便会是不完整的，甚至是畸形的。单亲家庭也有上升趋势，改革开放以来社会流动的加速，个人因为工作等原因而选择地域迁徙，由此，越来越多的单身独居的家庭出现。在乡村中，这样的情况更加普遍。我国的大多数农民选择到经济发达的省份地区打工，甚至通过各种方式出境打工。由于种种原因有时难以全家迁徙，所以在广袤的农村地区形成了大量的留守家庭。非婚同居家庭在改革开放之后也日益增多。男女非婚同居正冲击着已有的婚姻制度，并对当代婚恋观念、行为等产生不小的影响。这类非婚同居从形式上和实质上看似与现实生活中的婚姻家庭并无太大差异，但是同正式的婚姻家庭相比，这类非婚同居的家庭稳定性极差，感情上也并不稳固。家庭结构的第二个变化是核心家庭比重在我国家庭类型不断攀升以及家庭规模的缩小。总体来看，家庭规模日趋小型化。据相关数据显示，20 世纪 70 年代初，中国人平均家庭规模为 4.74 人，1982 年降低到 4.43 人，1990 年下降到 3.97 人，2004 年为 3.36 人，2015 年为 3.35 人。这些数据反映的是户籍登记时每户家庭的平均规模。通过这些数据可以清晰的看到改革开放以来家庭的小型化。对家庭小型化而言，有学者研究指出改革开放 20 余年实行的独生子女政策是其主要推动力，这同样可以 2000 年我国的人口普查中得到佐证，其时，25% 的家庭只有一个孩子，这与传统乃至近代的家庭都有着很大的差别。

再次是家庭关系的变化。家庭关系的变化可以从纵向和横向两个方面分析。从纵向上看，由于祖传遗产的消失以及年轻人教育程度的提高，使得在现代家庭中高权力距离逐步消失，由家长制转向更为民主的氛围。在我国改革开放之后，家庭结构的核心化、小型化以及四二一家庭生活的出现对代际关系产生了不小影响，代际层次减少、代际关系简化成为当今家庭的新特点。传统家庭的代际关系是较为单向的，上一代对下一代体现为抚育、训诫。而改革开放之后，随着家庭核心化、小型化的发展趋势，这种单向的决定模式演变成了父母、子女之间的双向互动模式，父母对子女的成长具有塑造力，而不是以往意义上完全的影响决定力。下一代对上一代的影响自主能动，在其自己的社会行动上，是自我决定者。家庭关系变得更加平等、包容。虽然父母仍对子女的求学、就业和择偶十分看重，但随着年轻人独立性的增强，父母在家庭事务中的话语权并不是如传统那样的权威。传统的家庭关系是以父子关系为核心的纵向结构，纵向联系重于横向联系，横向联系受到纵向联系的支配。角色定位一般是“男主外，女主内”，“男耕女织”，即男性主要通过从事社会性劳动获得物质报酬和非物质报酬，女性则是把更多的精力放在家庭和下一代之上，这必将影响她们从社会获得的报酬和地位。传统中国家庭中大多扮演为家庭利益牺牲、弱化自我的角色。而其改革开放之后，随着工业化和城市化的进程，核心家庭的大量出现以及家庭规模的日益小型化，先前的纵向关系逐渐转向以夫妻关系为核心的横向家庭纽带。随着社会经济的发展，行业、职业的多样化，为新时代的女性提供了更加公平宽松的空间，家庭关系由纵向转为横向，一个明显的变化是女性在家庭内部地位的提高，两性角色分配的平等性意识加强。如反映在家庭角色的分派上，两性共同分担家务的意愿加强，家庭账务“AA制”，男女双方共同参与家庭管理等成为更多家庭的共识。

最后是家族观念和活动的逐渐恢复。社会经济发展的同时，催生了越来越多的社会组织机构，如学校、医院、社会福利保障机构等。以往传统家庭中的许多职能由于这些组织机构的出现而逐步外化，许多社会的生产活动以及社会生活都逐渐脱离家庭，变为由相应的社会机构完成。社会的稳定不仅仅取决于家庭的稳定，更多的则取决于社会和经济发展的部门机构。学校的建立使家庭的教育职能外化、社会福利保障机构的设立使家庭的保障职能减少。社会凝聚力增强的同时，家庭凝聚力则不断减弱。社会经济的迅速发展使得人们的社会交往急剧增加，人际交往突破了亲缘、地缘关系，向业缘等方面扩大。与此同时，个人的生活也更加依赖于社会活动而不是家庭生活，个人的生活方式更易受到社会传媒的影响，个人的人生目标、成就感、人生价值等都是在社会活动中实现，而不是在家庭中实现。此外，当生产活动和家庭生活分离之后，人们的主要活动场所是其生产单位。工作之外的社会闲暇活动场所也不断增多，如公园、影院剧场、茶座等成为了人们享受八小时之外的娱乐和社交场所。在现代化的进程中，个人的社会地位不再像传统社会中取决于家庭，而更多的是取决于个人的教育、职业、努力、收入等因素。当然，个人家庭对其社会地位的“起跑线”影响仍旧存在。但总体来看，家庭社会地位对个人社会地位的影响由强变弱，影响的方式和手段也由直接变为间接。以上种种，不可避免的会导致社会对个人的吸引力增大的同时，家庭对个人的吸引力正在缩减，现代人也更加产生非家庭主义的观念，未婚同居、单亲家庭等家庭类型的出现和上升成为了人们不依赖家庭的表现。

家庭不再是一个一成不变的群体，而是一个处于不断变动中的社会组织。家庭的社会地位可能有两种发展的可能性。一种可能性是，随着社会经济的变革，家庭的社会地位已然发生变化。家庭功能、家庭结构以及家庭关系的变化是其社会地位发生变化的外在表现，在这样的情况下，正确认识当今社会中的各种家庭现象，才能制定出更合时宜的家庭政策。另外一种可能性是家庭在社会中的地位并未发生本质的变化，它仍然是社会的细胞，只是因为社会经济的发展变迁，家庭非核心的一些要素为了适应外部的变化而发生演变。面对社会的变革和自身的遭遇，家族显示出适应能力，不断地自我调整与革新，也随着社会的现代化，向着现代社会的民间团体方向演变，经历着从宗法性的、血缘的、集体本位的群体，朝着个人本位的血缘群体或同姓社团这样两个方向演化或异化，但是这一过程远远没有完成（冯尔康，2005）。

2. 中国家族企业发展状况

第一，家族企业规模小数量大。中国家族企业长期隐没在私营企业的大群体之中，对其比重一直缺少准确的估计。最近根据第九次私营企业抽样调查推出的《中国家族企业报告》揭示，绝大多数中国私营企业由企业主及其家族控制，在此次调查的大样本中家族企业（由自然人及其家族绝对控股的企业）数量占私营企业数量 85.4%[①]，提示从总量上估计家族企业是一个数量庞大的群体。然而总体来看，这是一支主要由小舢板组成的大舰队，大多数家族企业属于小微型企业。在第九次私营企业调查抽出的家族企业中，所有者权益在 1000 万元以下的家族企业占 75.2%，销售收入在 1000 万元以下的企业占到了 58.4%，有近 70% 的家族企业全年雇用的员工在 100 人以下。家族企业量大规模小的一个重要原因是与大部分企业还处于创业成长阶段。外部融资渠道长期受限也限制了家族企业的成长，近年来资本市场的放开，将助推家族企业规模的成长，有助于中国家族企业未来在规模结构上渐趋均衡。2004 年中小板和 2009 年创业板的先后开闸，以及境外上市通道的打开，给予了中小家族企业借助资本市场获取外部资本、迅速做大规模的机会，助推了家族上市公司市场价值的提升。根据《2015 福布斯上市家族企业调查报告》，美的、碧桂园和新希望名列前三。上市的财富效应也吸引了更多家族企业借助上市融资谋求发展，当然更多的优秀家族企业还是选择了远离股市的策略。

第二，这些家族控制的企业多属创业型企业。家族是创业企业的理想孵化器，在企业初创和早期成长阶段为企业提供人力资本、财务资本和社会资本等多方面的支持。正是由于这个原因，家族企业在年龄和地域分布上都体现出与创业活动的密切关联。在第九次全国私营企业调查的家族企业子样本中，企业平均经营年限为 8.8 年，一半以上的企业（占 59%）成立于 2001 年之后，表明样本中多数

① 考虑到此次抽样调查访问的绝大多数企业为未上市的中小企业，《中国家族企业报告》采用了家族控股作为判断家族企业的标准，即个人及其亲属所持有的股权大于等于 50%。

家族企业处于初创和早期成长阶段。相似的，创业活动活跃的东部地区也成为家族企业最为集中的地区，第九次私营企业调查的家族企业样本企业中有56%集中在东部沿海省份，中部省份占调查样本的24%，西部省份占20%，仅江苏、广东、浙江、山东、上海和湖北6个省市的家族企业占了样本企业总数约41%。由于相当多创业企业背后都有家族的支持，家族对创业企业股权的控制表现亦十分明显。根据刘纪鹏（2011）对212家创业板上市公司的分析，其中200家企业都是家族企业，发行上市前平均第一大家族股东平均持股比例高达54%，持股超过70%的有51家，50%～70%的有64家，30%～50%有61家，30%以下的仅有23家，其中雷曼光电公司李跃宗家族，发行前持股99%，发行后持股74%①。

第三，家族企业主要集中于劳动密集型行业。中国家族企业的成长路径受到政策环境的约束，一方面战略性行业和部分资源性行业未向民营资本开放，存在无形的政策壁垒，另一方面企业在创业成长的过程中缺少外部资本的支持。这使中国家族企业不得不走上更多依赖自身积累求发展的战略路径，从劳动密集型行业切入，在逐步积累起资本后向资本密集型行业发展，或在具备相当的资本积累后尝试进入政策壁垒较高的企业。当前家族企业的行业分布既反映了政策环境的约束，也反映出家族企业群体资本积累的状况。第九次私营企业调查的数据显示，样本中家族企业的主营业务主要集中在制造业、批发零售、农林牧渔、建筑业和住宿餐饮等竞争性的、劳动密集型行业，其中主营业务属于制造业和批发零售业的企业分别占40.7%和24.8%。不少企业积累起一定的资本后，主营业务开始多元化，向资本密集的行业和政策壁垒较高的行业进军。在第九次私营企业调查的家族企业子样本中，有22.2%实现了主营业务的多元化（进入两个及以上行业），向民营资本开放且资本密集的房地产业成为家族企业业务多元化的重要选择，主营业务跨两个行业的企业有12.1%涉足房地产业务，而主营业务跨三个行业的企业中有31%从事房地产业务，当然这也与房地产业近年来利润较为丰厚有关。销售收入均值达到1亿元以上的家族企业主要分布在采矿业、建筑业和房地产业，其中房地产企业的销售收入最高，均值为63391.61万元；净利润方面，房地产和采矿业是利润最高的两个行业，均值分别达到3774.95万元和1689.65万元，佐证了上述判断。还有一些家族企业寻求业务“重型化”，进入资本壁垒和政策壁垒都较高的行业，如东方希望由饲料业进入电解铝行业和长期由国有企业垄断的氧化铝行业，均瑶集团进入了航空业。预计未来随着“非公36条”的深入贯彻落实和家族企业的业务转型，家族企业的行业分布会更为均衡。

第四，家族企业的管理决策权集中于创业者。管理决策权集中于领导人是创业者控制和管理企业的典型特征，这在中国家族企业中体现得尤为明显。由于大多数中国家族企业尚处于创办人控制之下，两权合一和控股地位使企业主能够免受企业内外部的约束，而创业者对企业强烈的心理所有权亦使他们更重视控制企业的管理决策。在第九次私营企业抽样调查的家族企业子样本中，由企业主亲自担任总裁或总经理的企业占据了有效样本数的绝大多数（84.2%），只有占有效样本数的7.9%由职业经理人担任总经理。企业主在管理决策中的集权也显而易见，在超过一半（57.6%）的家族企业中重大决策由企业主个人做出，在73.5%企业中日常经营决策是由企业主个人做出。虽然这种情况有利于企业快速做出决策，同时也容易加大决策错误的风险。企业主的过度控制也可能阻碍企业实现“管理革命”。华人家族企业中的普遍观念是只有老板才拥有最终的权威，而这导致了权力不可分享性，导致华人家族企业向管理职业化的过渡变得更为艰难（Redding，1990）。调查中绝大多数中国家族企业都未聘请职业经理人担任总经理，也缺少相应的意愿，在未聘请职业经理人的家族企业中仅18.1%的企业有意在近期聘请职业经理。企业的决策权高度集中于企业主个人，无法分享和授出，当企业对管理能力的需求超越企业主自身能力时，企业主自身就成为企业进一步成长的障碍。

第五，家族企业管理团队家族化和泛家族化明显。家族涉入管理较普遍是现阶段中国家族企业的

① 刘纪鹏．创业板问题实质是家族上市公司一股独大［N］．经济参考报，2011－05－23．

又一个重要特征。对于绝大多数尚处于创业成长早期的中国家族企业，家族成员参与管理不仅为企业提供了稳定的低成本人力资本，也在一定程度上缓解了企业成长中的管理能力供应问题。第九次中国私营企业抽样调查的数据显示，家族成员参与管理（即企业董事会或高管团队中除企业主以外至少有一名家族成员参与）的企业占私营企业的55.5%，而样本中有34.6%的家族企业将“成本过高”作为不聘请职业经理人的主要原因。这暗示家族或家庭生产功能的发挥在企业成长的特定阶段可能具有积极意义。中国社会的文化和制度环境导致了不少家族企业停留于家族式管理。现阶段中国法律制度环境尚不完善，合约实施的成本较高，代理人背叛的潜在成本高昂，加之中国人对陌生人信任不足，人际信任在家族内外差异明显，不少家族企业主选择让亲属出任管理职务，并保持着对关键岗位家族控制，上述样本企业中38.1%企业的财务负责人、40.1%企业的采购负责人、28.2%企业的销售负责人仍由企业主家族成员担任。这种安排的潜在问题也很明显，即家族成员的能力很可能无法满足企业成长对管理能力的需求。家族企业解决控制与代理能力冲突的方式是泛家族化，即邀请与企业主有较近关系连带的人，如朋友、同学等加入管理团队，并通过关系运作活动进一步密切与他们的关系，从而在利用其管理能力的同时避免企业失控。在第九次中国私营企业抽样调查的家族企业样本中，有7.3%的企业由企业主的朋友和同学等主管企业的销售，6.7%的企业由这类人主管研发，7%的企业由这类人出任生产经理。家族企业领导人往往非常关心自己重视的非家族经理的个人生活，借此加深与他们的情感联系。

第六，关于家族企业的成本控制力与企业绩效。家族企业的重要特征是所有权和管理权的统一，这使家族成员的利益与企业的利益紧密联系在一起，为企业节省了代理成本，能够帮助家族企业实现更好的经营绩效。现阶段的中国家族企业不仅节省了代理成本，更获得了创业者的管家精神（stewardship spirit），因而具有很强的成本控制力，能够在不利的经济环境中保持良好的绩效。从家庭或家族的功能来看，这意味着其生产功能仍在某些条件下具有效率优势。在中国东部发达地区的产业集群中，市场网络将大企业和众多的中小家族企业联系起来，大企业接到订单后，会将相当部分的生产活动和支持性服务外包给这些家族企业，这种协作网络反应快速而富有效率，在这个意义上，以家庭或家族为基本生产单元的网络化资本主义（Boisot & Child，1996），也在某种程度上支持了中国私营企业的竞争力。从第九次私营企业抽样调查的数据来看，样本家族企业非生产性的成本——公关招待费平均控制在销售额的3%以下，而非家族企业公关招待费占销售额的平均比重超过了8%，从一个侧面反映出了家族企业更强的成本控制力。卓越的成本控制力可以解释为什么大量家族企业能够在餐饮、零售等强竞争行业存活下来。这种成本控制力也可以解释为何家族企业能够在不利的经济环境中生存发展。第九次全国私营企业抽样调查的结果显示，虽然经历了2008年全球金融危机，家族企业在经济的巨大波动面前仍然显示出了顽强的生命力和成长活力。从2007年到2009年，样本家族企业的销售收入均值和净利润均值都实现了增长，销售额均值由5413万元增加到8078万元，增长近49%，净利润均值从281万元增加到463万元（增长率64.7%），有52%的家族企业资本规模实现了增长。根据《福布斯》杂志中文版2010年对中国上市家族企业的调查，上市家族企业整体表现优于其他上市企业。从成长性角度来看，上市家族企业加权销售增长率达到17.24%，而上市国有企业同期销售增长率仅为7.04%，上市民营企业整体也仅为8.64%。从营利能力角度看，上市家族企业也表现突出，3年加权平均净利润率达到12.53%，而上市国企只有2.85%，而上市民营企业中的非家族企业也只有5.69%。

3. 方太茅氏创业家族的案例①

1941年11月出生的茅理翔排行第四，高中毕业担任大队的文化教员，后来参与创办社队企业，

① 朱建安，陈凌，陈士慧．女性角色、性别意识与创业家族兴起——来自宁波茅氏家族的案例［A］．李新春．第八届创业与家族企业国际研讨会论文集［C］．中国广州，2012年11月．

先是十年的会计，后是十年的销售。1985 年，乡镇企业实行厂长聘任制，选拔有能力善管理的人担任企业负责人，一批大胆进取有市场开拓精神的乡镇企业家阶层逐步形成。茅理翔开始了第一次创业，创办慈溪无线电九厂。这个工厂，从创办之初就冠之以乡镇企业的“红帽子”，但地方政府没有出过一分钱。恰恰是在成立工厂之后的二年，国家实行了宏观调控，乡镇企业一下子陷入举步维艰的境地，连续八个月的工资发不出去，刚创业不到一年的茅理翔身边一下子走了赖以信任的副厂长和八个技术员，创业失败的阴影笼罩在茅理翔身上，也笼罩在茅氏家族。原本茅理翔先生的夫人张招娣在针织厂当技术副厂长，企业生意红火，工资收入高，她决定支持丈夫，辞职后担任了无线电九厂副厂长，管理工厂生产事务。一下子，两人都拿不到工资了。将全家的身家性命全部压在企业的茅理翔四处寻找商机，在当时计划经济的年代，国有企业生产什么、生产多少都要按照政府计划安排，产、供、销都在计划体制内，乡镇企业很难参与其中。茅理翔找到了国有企业不愿生产，国家计划又无暇覆盖的产品——为传统煤气灶配套的电子点火枪。学技术，挖工人，找销路，当年投产就获利 20 万元，并获得浙江省名优特新产品金鹰奖，对于当时名不见经传的无线电九厂这样的小型乡镇企业是巨大的成功和鼓励。

国内有限的市场制约着企业进一步做大。国际市场的开拓，对于当时国内的民营企业来说还尚属探索阶段。首先，民营企业无法获得自营出口资格，必须交给国有的外贸公司，利润被瓜分；其次，不了解国际市场信息，就连广交会对民营企业来说也是不接纳。跑过十年销售的茅理翔在 1989 年第一次进广交会还是偷偷溜进去的。第一笔订单来自于会讲中文的马来西亚华商。外国客户原本以为只有韩国或中国台湾才能生产的点火枪，在中国也有生产，而且价格更便宜，所以第一次参加广交会，茅理翔就带着八万美元的订单满载而归。

1994 年，生产点火枪并连续六年产销量世界第一的飞翔集团面临恶性价格竞争，前一年点火枪平均单价是 1.2 美元，这一年广交会上单价是 0.3 美元，茅理翔的企业亏损越来越大。情急之下，跑供销找市场的茅理翔想到了更换产品，当时整个宏观经济又处于从紧的调控中，乡镇企业内忧外患，焦头烂额的茅理翔此时想到了儿子，他相信这位理工科高才生的眼界和踏实肯干。“打虎亲兄弟，上阵父子兵”，家族企业的优势再次显现。当时，在茅氏家庭，性格外向的女儿和女婿放弃了医院和银行的“铁饭碗”接收点火枪业务，技术副厂长出身的妻子在帮助筹备和管理新上马的工厂。但是这次产业转型和家族再创业需要儿子。

儿子茅忠群是上海交通大学的工科硕士研究生，原本准备赴美国继续攻读博士学位。作为一个自中学开始就成绩优秀的他对学术兴趣甚浓，研究生中同学多数都是出国继续深造，当年小茅还没有想过回慈溪这个小地方发展。在寒假回家的一个月，茅忠群了解做企业的不易和父亲的辛劳，也感受到企业目前面临的困境和作为茅家的长子身上的责任。做论文之余，他就干脆回到了慈溪家里，在父亲的工厂下车间，陪父亲去银行、跑客户，多听多学，有自己思想的茅忠群明白目前企业产品的前景，最后和父亲母亲做了一次详谈，26 岁的茅忠群正式同意毕业后回家，在父亲的飞翔集团担任一年的副总经理，茅忠群认为点火枪业务必须转型，新的业务核心市场需要认真调查后再确定，并毫不含糊地向父亲提出了三个要求：一是公司必须搬出长河镇；二是基本不带老员工，三是重大决策由自己说了算。茅忠群经过认真的市场调研、分析研究和与父母的多次交流，决定上马油烟机。当时油烟机市场上尽管有国际顶级品牌厂家如西门子公司的产品，国内品牌有帅康、玉立、老板三足鼎立，另外还有 250 家大大小小的油烟机公司，但是小茅认为这些产品与中国消费者的需求都有距离。现有国内企业的技术都是模仿国外产品，而符合中国煎、炸、炒容易产生大量油烟的厨房用品还没有，如果能够创造符合中国烹饪特色的吸油烟机，前景非常看好。方太集团后来的发展说明这些分析判断是非常有远见的。2017 年，方太油烟机成为年销售额超百亿元的国内著名品牌。

对于家族内部的产权安排，茅理翔提出口袋理论——口袋与口袋之间要分清楚，防止家族纷争。在茅理翔看来，夫妻两人和唯一的儿子茅忠群是同一个口袋，而女儿成家独立后，家里就变成两个口袋。在经营，对于茅氏企业，女儿可以持方太的股权，但不能参与经营，不能来做副总经理。由茅氏夫妻和儿子茅忠群为完整的口袋，拥有方太集团的大多数股权。2001 年，茅董事长的夫人张招娣为顾全大局，辞去副董事长、副总经理、工会主席，将生产权、采购权放给了生产总监和采购部长，完善管理体制和预算制度，互相监督，通过授权提高经理人的管理职权，提高职业经理人的自我管理能力。2002 年，茅董事长对公司内部所有经营方面的决策也不管，彻底交权。他提出当兄弟姐妹变成两个口袋时，如果双方均有能力、有意愿去独立经营，最后分开经营。对于家族企业来说，其他家族成员自己去创业是好事，但是必须要有保障和保险机制，如果创业失败如何，一般来说不合适再回归企业，否则又重归原来状态，口袋不清楚了，会影响企业经营。目前，茅理翔是公司的董事长，夫人张招娣是公司的监事长，但都不能直接参与公司经营指挥，否则容易形成多中心，导致经营管理不畅。茅理翔说："坚持家族所有，但要淡化家族制管理。淡化即是对原有亲戚朋友温暖情感的舍弃，引入冰凉的规则，事实上会导致家族情感的破坏，影响家族团结，千万不要激化家庭矛盾，以一些补偿方式满足其他家族成员的诉求，否则会影响企业的发展。淡化家族制的时机要稳妥，把握火候。中国传统文化中有树大分支的说法，兄弟姐妹还是应该要分立开来。这对生产力将是一种极大的解放"。目前的方太，父亲茅理翔是名誉董事长，儿子茅忠群为董事长兼总经理，母亲是监事长，妹妹是董事。其他中高层管理人员没有一个家族成员和亲戚，都是外聘的专业人才。茅氏家族在经营方太集团过程中在所有权上坚持家族制，在管理权上淡化家族制；虽然只有一子一女，还是用"口袋理论"来分清兄妹的产权，与中国港、台、澳地区和东南亚国家的华人家族企业的做法有很大不同，但是"口袋理论"在中国大陆依然有一定的代表性。

二、民营企业发展中的家族传承

改革开放以来，中国民营企业的创业高峰有三波：第一波是 20 世纪 80 年代初，以温州为代表的农民率先将家庭联产承包责任制释放的劳动力解放出来，在国有企业的夹缝中寻找全国市场机会；第二波是 1992 年小平同志南方讲话之后的创业高潮，政治束缚一旦解脱，家庭作坊式工厂敢于直面国有企业与之竞争，成为中国增量经济的主力，也是后来加入 WTO 之后经济全球化的主要参与力量；第三波创业高峰是"全民创业、万众创新"的近几年，政府通过简政放权、商事制度改革等多项措施改革阻碍创新创业的体制机制，创业在国家层面被赋予了驱动新一轮发展战略红利的重任。不用说 20 世纪 80 年代的第一代民营企业家已过花甲，即便是 90 年代初创业的企业家都已年过半百，大浪淘沙后的胜利者作为高净值人群享受着指数化财富积累带来的生活改善，也有意识地考虑将个人的生命周期纳入企业的战略规划，有步骤地考察和培养后备人才最终将自己的创业成果托付于接班人。

（一）民营企业转型与企业领导更替

中国的民营企业正在演绎转型升级和传承换代的双重奏。在后金融危机时代，民营企业面临外需不足、土地与劳动力等要素价格上升的挑战，相对于国有企业更难获得金融的支持，转型升级当仁不让地成为企业主的头等大事。相比而言，传承换代初看上去显得不那么急迫。但是在企业的转型过程中发现，升级也不是一蹴而就，与科技水平、产业配套、消费市场、经济周期、政府政策以及企业领导人的战略素养都密不可分。转型升级需要一代人的努力，与企业接班换代互相耦合，很难说得上孰先孰后。自古不谋万世者，不足谋一时。有些企业家在经营企业一帆风顺且精力充沛时很少想到交接班问题，但是一旦企业面临下行压力自己又疾病缠身之时，感叹未能急流勇退，帮企业物色和培养优秀的接班人，家族企业的基业长青可望而不可即。《孟子·离娄章句下》有云：君子之泽，五世而斩。百姓中也流传：道德传家，十代以上；耕读传家次之，诗书传家又次之，富贵传家，不过三代。

企业家们在过去40年快速积累了大量财富，传承问题成为悬在心头的达摩克利斯之剑。

根据招商银行和贝恩公司联合发布的《2015中国私人财富报告》显示：“财富传承”的重要性排序从两年前的第五位跃居到第二位，在实现财富稳健增值的前提下，越来越多的高净值人群开始系统性的思考和规划如何将物质财富和精神财富传给下一代。有规划、有原则的将物质财富传承给子女的同时，培养起他（她）们“脚踏实地”“勤奋”“拼搏”“独立自主”等个人素质、能力和品质，让财富成为子女生活和事业的助推力。民生银行联合《胡润百富》杂志发布的《2014～2015年中国超高净值人群需求调研报告》也有类似发现：近七成超高净值人群面临家族传承的问题。在家族传承中，最关注的问题集中于价值观的传承，其比例将近占一半；其次是企业经营理念的传承。由此可见，在家族传承中，财富传承并不是最为重要的方面。《2014胡润百富榜》上榜企业家中有13.7%拥有国家政治身份。特别是前50名中，有40%的企业家拥有国家政治身份，他们希望在财富传承的同时，社会影响力和人脉关系也能得以传承。不得不承认的是，对于很多家族企业接班人来说，一代创始人身上有很多难以复制的特质和能力。如个人权威、对产业的理解力、所承担的社会责任、对未来不确定性的判断力、领导力和政商关系驾驭能力。这些都是企业保持竞争能力的重要因素。

1. 企业传承正当时

2014年全国工商联研究室和浙江大学家族企业研究所联合课题组，对当前我国非公有制企业的整体运行情况进行了抽样调查①。从抽样的839家家族控股企业中看到，绝大多数仍然处于一代创始人的管理控制之下，仅有92家企业在过去5年内完成了领导人的更替。从企业主的年龄分布来看，平均年龄为49.6岁，50岁以上的企业家占到总样本的40%（如图19－1所示），在未来的10年内，将有大批企业家先后退休、二代继任者上位的情况。而继任者所应具备的创业精神、管理知识/经验均需要较长时间的培养。重视传承问题并做出明晰的规划是保障未来家族企业平稳交接的基础。

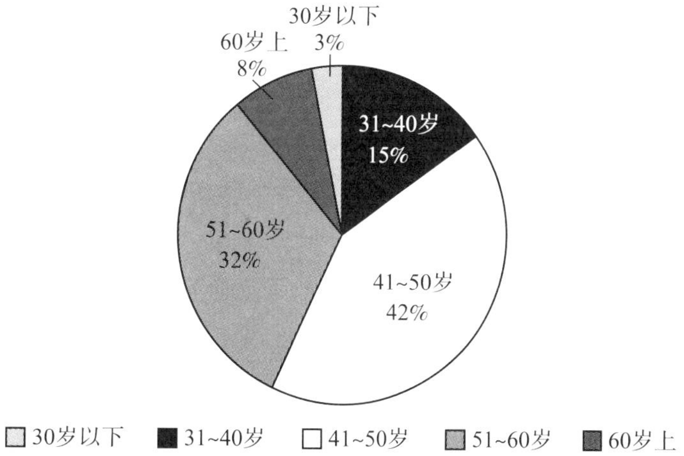

图19－1　企业主年龄分布

① 本次调查范围涉及上海、广东、浙江、安徽、湖北、贵州、新疆等十二个省市自治区，共回收有效问卷1446份。按照家族所有权50%的临界标准，符合家族企业定义的样本数为839家。该研究以“四三二”框架最终计算了中国非公有制经济健康指数。其中，“四”是指分析的四类健康主体：企业家、家庭、企业和社会环境；“三”是指健康的三个构成维度：生理健康、心理健康和良性社会互动。“二”是指分析的两个指向：当前健康状况和未来健康投资。指数是从四类主体的三级指标根据权重综合计算获得，权重系数通过层次分析法获得。下文中所引用联合课题组的各项得分数据来源就不再赘述。

中国民（私）营经济研究会家族企业研究课题组（2011）① 发现，年龄在45岁以上的企业主占总样本数的一半以上（51.7%），其中最大的已达93岁高龄。在企业主的接班意愿调查中，44.3%的企业主表示目前没有考虑这个问题，而在已经考虑过这个问题的企业主中，占最大比重的希望“让子女接班管理本企业”，占24.9%，而希望“子女不要在本企业工作”的则占15.8%。单独分析50岁以上企业主情况可以看到，接近七成的企业主考虑接班问题，其中超过40%希望“让子女接班管理本企业”（占41.7%），如表19－1所示。随着第一代企业家的年龄增长，思考企业接班换代的企业越来越多，而且多希望让其子女接班。

表19－1　企业主接班意愿情况

问题		企业主	50岁以上企业主
您是否考虑过子女接班的问题	让子女接班管理本企业	757（24.9%）	367（41.7%）
	子女不要在本企业工作	479（15.8%）	116（13.2%）
	让子女继承股权，但不要在本企业工作	315（10.4%）	78（8.9%）
	只给子女一笔生活费	105（3.5%）	25（2.8%）
	其他	34（1.1%）	9（1.0%）
	目前没有考虑这个问题	1346（44.3%）	286（32.5%）

2. 传给子女、职业经理人还是卖掉企业

子承父业，当然不是唯一的接班方式。在中国，虽然家族企业曾经一度消失，但是“家族主义”“泛家族主义”从来没有离开过中国。家族企业一旦有了足够的政策土壤，依托家族和家庭资源，就迅速成为中国民营企业创业的主流模式。在中国，由于受几千年的丁亩、丁兵制和父子间家庭经济一体的影响，子承父业被视作理所当然。就家族企业而言，在对企业特殊环境的熟悉上、在对企业特殊的资源禀赋的继承上，其家族成员尤其是儿子在与外人竞争时具有不可替代的优势②。因此，在家族内“唯才是用”，从家族内部发现、培育、提拔人才，是许多民营企业家最乐意做的事。毕竟，事业的发扬、字号的延续、家族的声誉、家庭的利益以及职工、供应商、社区等众多利益相关者的维护，接班人必须是德才兼备的年轻一代，且“德”又往往更被看重。由于职业经理人市场的不完善、产权保护困难以及财富信托和监管机制在国内的滞后，给家族事业找一个“管家”的确是太不容易的事情。尽管在不同的文化情境里，一代创业者对二代接班人的品质要求各有侧重，但总的来说品行、对组织的承诺被认为是最重要的因素。有的企业主可能明知子女能力上有所欠缺，但仍然没有选择能干的职业经理人，可能是希望企业在子女手中平稳运作，等待家族的第三代或者第四代成员再次中兴家业。

一代创业者的企业家才能来自于创业实践，创业精神、丰富的商业经验以及树大根深的人脉关系和社会资本成就了家族事业，但日益激烈的市场竞争和日渐衰老的自然规律无法抗拒，逐渐老去的一代需要新生代延续梦想。年轻一代，往往接受高等教育，拥有更加开阔的视野。美国学者研究表明，

① 该研究是根据2010年由中共中央统战部、全国工商联、国家工商总局会同中国民（私）营经济研究会进行的民（私）营企业抽样调查得出的，样本为29个省（直辖市、自治区）的4614家企业。全国工商联研究室、中山大学中国家族企业研究中心、浙江大学（城市学院）家族企业研究所和李锦记家族等机构的专家学者组成了中国民（私）营经济研究会家族企业研究课题组共同完成并出版了中国大陆第一份家族企业报告《中国家族企业发展报告2011》，中信出版社2011年12月出版。

② 女儿女婿传承家业也不少见。中国大陆近百年急剧现代化进程中家族（庭）结构和观念出现了明显变化，实际制度既区别于欧美发达国家，也有别于东南亚海外华人。尤其是在过去三十年里我国执行了极其严格的计划生育政策，家庭规模下降。少子女固然降低了传承过程中兄弟姐妹们可能的冲突，不过也导致了有意愿且有能力接班的子女不足成为第一代接班人忧虑之所在。在国外的家族企业传承中，把企业交给女儿往往不是首选，但是在中国，独生女儿可能是唯一的接班人，她身上背负了家族的期待和一代创始人的信任。女儿的领导能力、女儿女婿的合作无人可以替代。

出生在从商家庭的年轻一代，超过50%可能会在他们生命中创立新的企业，并且会成功运营这些新创企业。看似顺理成章的子承父业，却因为父辈“传”的意愿与下一代“承”的意愿不全吻合而导致接班过程复杂而又漫长。毕竟，子承父业的局限性在于接班人在自己核心小家庭中寻找，德才兼备、务实肯干、拥有不断创业和创新精神且有兴趣接班的子女少之又少。在社会多元价值体系里，自小丰富物质生活滋润出来的子女不愿重复老一辈的生活方式。家族企业强势的父辈权威、内部复杂的人际关系、与教科书相比可谓“落后”的管理制度，让新生代望而却步。尤其是一些制造型企业，管理的复杂性较低缺乏挑战性，行业同质化、低端竞争较为激烈，行业升级空间有限，与其说是去接班还不如说是父辈阻碍自己的创新创业精神。不少家族企业二代倾向另起炉灶，在金融、高新技术、信息等产业展露才华，或者按照自己的喜好，在艺术方面倾其全部，对于商业活动不闻不问。2011年底，年逾81岁的股神巴菲特宣布将自己在伯克希尔·哈撒韦公司董事长的位置传给长子爱德华，一位在伊利诺伊州、内布拉斯加州和南非拥有60平方公里土地、喜欢开拖拉机、专业种植土豆和玉米的“农夫”，让世人和投资者有些吃惊。在巴菲特看来，其女儿苏茜——一家针织商店的店主、小儿子彼特——醉心于音乐、格莱美和奥斯卡音乐奖获得者，也都不适合。还好，根据老巴菲特的安排，公司的投资活动由首席执行官掌管，长子爱德华作为董事长只是承担公司“价值守护者”的角色。子承父业式传承的复杂还体现子女众多导致的控制权争夺上。在改革开放的40年里，第一代企业家开创家族事业并完成了资本的原始积累，而子女众多，为了成为家族生意的掌控者，家庭的分裂更易导致事业的衰败。富不过三代，无论在国内还是在国外，都有类似的说法。

能够卖给高管团队吗？在西方，当没有家族成员愿意和/或没有能力接班的情况下，家族企业可以上市慢慢把企业卖给大众、也可用管理层收购（management buy-out，MBO）的方式出售给关键的非家族高管、或者把公司卖给所有的员工。如果潜在的家族继承人愿意接班，但是尚未准备好，那么家族企业可以让非家族成员“摄政”——托付外人暂时管理。在西方，能够或者愿意上市的家族企业也是极少数的，所以通过上市将企业卖给大众，不会成为普遍的换代方式。把公司卖给员工也还不常见。所以三个方式中，唯MBO相对普遍。比如英国大概有40%的MBO发生在家族企业（蔡济铭，朱建安，2014）。

无论上市、管理者收购还是将公司卖给员工，都需要计量明确的产权价值。问题恰恰在于中国家族企业有何可出售的财产？中国的私营企业主们就连工厂的土地也不是完全拥有产权。只是有在该地点的限期使用权，租期满后能否以可接受的价格续租还尚未可知。因此，这类的家族企业的长期价值是多少？当家族要将部分或者全部企业出售时，家族企业的价值要如何评估？社会资本是另外一项重要的、同时也是难以在公司出售时转移的资产。西方学者经常会提及在中国做生意时“关系”的重要性。当前中国商业制度和规则还没有完整建立的情境下，社会资本异常重要。程序、流程甚至法律规则都可以因人而异、有得商量。人脉让你进入圈子，助你获取积极的成果。如果真是这样——中国商业成功的一个最重要影响因素是社会资本——唯有将它与公司的其他资产或者资源一起出售才能收获企业全部的经济价值。但“关系”是基于个人的，前任企业主的人格化社会资本可售吗？

家族用MBO方式出售企业需要两个不可或缺的条件。一是非家族的公司高管有能力接管企业；二是有发达的企业交易市场。这两个条件是有内在关系的。在西方，非家族高管加入公司都必须签署同业禁止协议。该协议是以防止非家族的高管带着公司机要去另设公司并很快对原家族企业主构成竞争威胁。这类的协议行之有效，社会制度必须能强制执行合约和无例外的给那些违背协议者以可观的惩罚。中国的家族企业能否成功地向违背协议的前非家族高管追诉刑责。若不能，久而久之就会产生这么一个结果：家族企业主为了避免损失，会让非家族高管只负责一小块领域的工作，不让他们了解大局。但这样，家族企业里会没有非家族高管有能力立即从旧主那里接管整个生意。在家族继承人还未准备好的情况下，将企业交给外人暂时摄政，会面临蕴含多种有风险的机会主义。家族企业交给外人摄政，等到家族继承人准备好去接管，可能会发现公司已经被“托孤重臣”掏空了。在西方，这种欺诈和犯罪行为能够被法制有效遏止和震慑，但在中国可能还是未必。

如果说笼统地讲“子承父业”，中西家族企业没有显著差别。但如果把传承的东西加以细分，可以发现中国民营企业的交接班，特殊性在于股权传承、家庭传承与管理权传承合一的复杂过程。在西方国家，这三个系统有较多的分离，特别是那些历经多代的百年企业，家族股权经过多代传递不断稀释，管理权力也有更多的职业经理人参与分享，虽然由家族控制，但形式上比中国更接近两权分离的“管理者革命”。中国的职业化进程还远未实现。一方面，目前中国企业多处于权力由第一代企业家向第二代企业家传递的过程中，传承的经验尚未积累，而更重要的是中国家族企业权杖交接有其特殊性，这种差别源于中国五千年历史记忆与三千年儒家文化传统以及当代制度转型的时代特征。

具有良好道德操守和专业能力的职业经理人是供不应求的稀缺性产品。职业经理人市场上的供求双方面临严重的信息不对称，这种不对称导致的小心谨慎深深地嵌入在中国文化传统的背景里。尽管企业主在职业经理人的能力与子女的信任之间如何选择有过犹豫，但要下一代全面掌管企业是多数企业主的最终选择。

与家族所有、家族经营和家族内传承密切相关的是企业所处的制度环境。改革开放，是以政府的退出与市场的扩张为主要内容的游戏规则变化。基于政治的资源配置权力，从原来掌管社会再分配的官员手中，过渡到市场信号指引下的直接生产者手中，极大激励了企业家的创富行为。市场经济改变了激励结构，人们不再仅仅依靠政治活动实现社会阶层的流动。但是，中国的转型还远没有完成。转型经济的核心是两种游戏规则的并存，即国家所有制下的社会主义命令经济与基于私有产权的市场经济两种资源配置方式同时存在。在中国，对民营企业和私有财产的保护程度明显弱于对公有财产的保护，但恰恰是民营企业有更高的风险承担意愿，有助于提高企业绩效和股东财富。没有了刚性的产权制度和司法约束，地方政府出于政策性负担、政治晋升或是寻租等原因，容易张开“掠夺之手”，直接损害企业或者偏袒另外的企业。中国的企业在特定的制度环境中产生了适应环境的内生性行为和特殊的治理安排。转型经济的制度环境诱致家族企业在政治联系、慈善与社会责任、控制权结构与企业组织形态、融资结构与治理等方面采取积极的战略变革，体现出家族企业强大的韧性和生命力。由于人力资本市场的不健全，职业经理人的代理成本很高，法制不完备使得企业主监督成本过大，财产权无法得到保障，不得不将家族成员引入企业。也就是说，家族涉入企业是市场化程度较低的制度环境下的替代性机制。值得一提的是，在转型国家制度环境改善的早期，如果企业的合法性、产权保护和经营收益都缺乏保障时，企业主是不会让家族成员加入企业，而是出于保护他们的目的让他们另谋职业，直到制度环境有所改善之后，企业主向家族成员提供岗位才是顺理成章（陈凌，王昊，2013）。因此，从传承的角度看，当企业家感知制度环境越恶劣时，越不倾向于将企业交付子女，除非企业家具有较高的政治地位。这时制度环境缺陷可能不是约束而是可以加以利用的资源。一般来说，从企业主进行家族成员内部的权威配置看，无论是业绩低于还是高于经营期望水平，家族企业主都倾向于将权威配置给最有能力的核心家族成员，而不是远亲家族成员；唯独当制度环境实在是恶劣时，企业主担忧参与经营的家族成员心智成本过高，而将权威配置给远亲而非核心家庭成员，体现了对自家人、而非对自己人的强烈仁慈动机（贺小刚等，2013）。在当前制度环境下，家族企业的控制人有意识地按照“差序格局”在自家人、自己人和外人之间做出区分。

问题是企业主、子女和职业经理人如何看待继任人选？全国工商联研究室与浙江大学家族企业研究所联合课题组（2014）分别从家族企业主的偏好、子女的意愿以及职业经理人的预期三个方面来剖析家族企业内的不同群体在继任人选上的观点和看法。首先通过分析家族企业主的传承意愿来分析家族企业主偏好的继任者人选；其次分析家族企业二代的接班意愿，依此分析他们主动寻求成为接班人的可能性；最后结合在家族企业中工作的职业经理人关于未来领导人的预期，分析出能够让三方共同满意和认可的继任者人选及其特征。

先看家族企业主的继任者偏好。除了文化传统背景和制度环境因素之外，家族企业主在领导权更迭中对家族成员的偏好程度还受多种因素的影响。首先，企业主家族天然地希望企业永久受到家族成员管理和控制，甚至有学者认为所谓的家族企业，必须是那些家族试图多代永续控制的企业才是家族企业（Chrisman et al.，2005）。家族内传承的愿望，在不同的企业家群体之间表现出一定的差异性。从个人层面来看，不同年龄段、不同受教育水平的企业家表现出显著的差异（《中国非公有制经济健康指数报告》，2014）。如图19－2所示，家族企业主的年龄越大，越希望子女接班。图19－3揭示出：随着企业主受教育程度的提升，他们选择家族成员特别是子女作为接班人的意愿降低。现有的家族企业研究文献也表明，控股家族为了保持其社会情感财富，在继任者的选择上过度依赖家族成员，不愿意引入职业经理人和外部投资者，对企业的长期绩效表现有负面的影响（Gómez－Mejía et al.，2007）。受教育水平越高的企业主更有可能意识到在家族这个狭窄的资源池内挑选继任者的不利前景，转而致力于提高企业的规范化程度和职业化水平，借助于职业经理人实现企业领导权的分解和传承，以保障企业的长期健康发展。

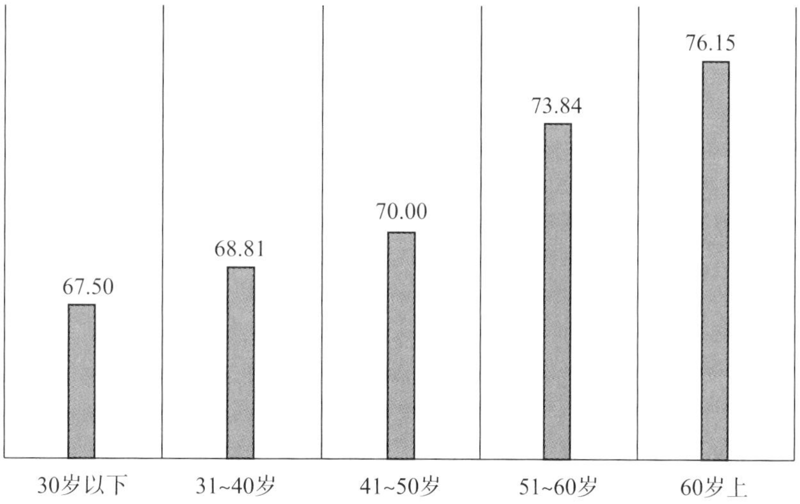

图19－2 不同年龄段企业家希望家族内传承的意愿水平（%）

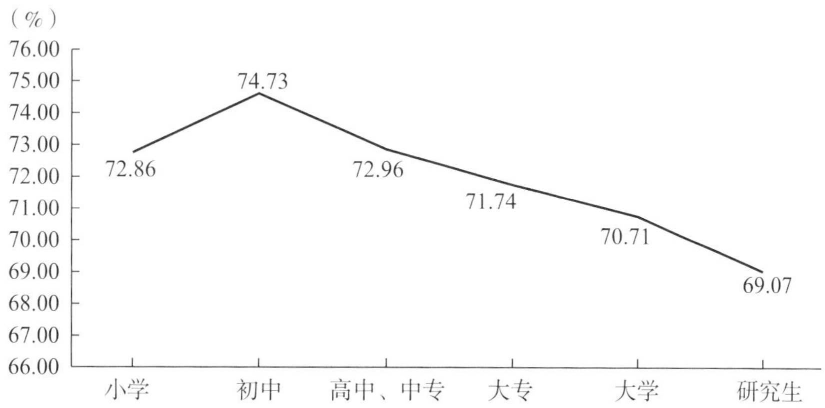

图19－3 不同受教育水平企业家希望家族内传承的意愿水平

那么二代接班的意愿如何呢？全国工商联研究室与浙江大学家族企业研究所联合课题组（2014）发现相比于父辈较高的交班意愿，家族企业二代的接班意愿并不高。明确表示愿意接班的二代仅占总样本的40%，有15%的二代明确表示不愿意接班，另有45%的二代对于接班的态度尚不明确（如图19－4）。由此可见，我国很多家族企业将在传承过程中面临老一辈愿意交班而子代不愿意接班的困境。被调查的家族企业大部分属于传统制造业，年轻一代对此既缺乏兴趣，又没有经验。加上与父辈在管理理念、价值观等方面的差异，更加放大了代际间交接班意愿的分歧，为领导权在家族内部的顺利更替埋下了隐患。

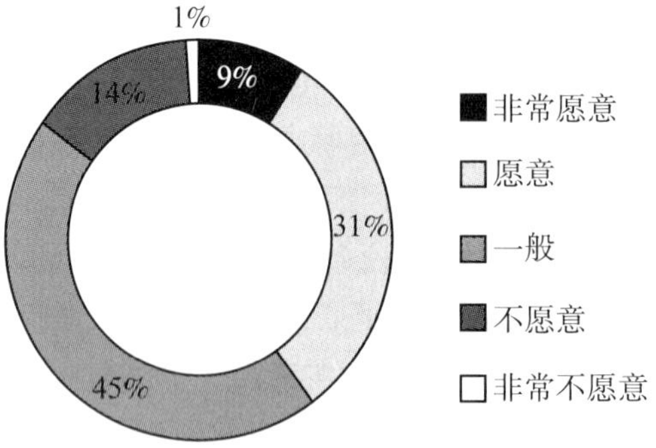

图 19－4　家族企业二代的接班意愿分布

比上述研究早三年，中国民（私）营经济研究会家族企业研究课题组（2011）也试图了解了代继承人的想法。在回答“您的子女有没有接班的意愿?”这个问题的3033 家企业中，48% 的企业主对子女的意愿还不清楚，子女没有接班意愿和有接班意愿的，分别占 33% 和 19%。进一步针对年长企业家的子女意愿的统计发现，随着父母的老去而家族二代只有部分愿意接班。年龄在 50 岁以上的 1014 位企业家中，子女有接班意愿的占 35%，虽然超过了没有接班意愿的 31%，但是年长企业主的子女不接班意愿仍处在较高水平。

如果将父辈的传承意愿划分为“交班”（对应“让子女接班管理本企业”）、“不交班”（对应“子女不要在本企业工作”“让子女继承股权，但不要在本企业工作”“只给子女一笔生活费”）；二代的传承意愿划分为“接班”（对应“子女有接班意愿”）、“不接班”（对应“子女没有接班意愿”），剔除了 1007 位没有做出决定的企业主，该课题组还对两代人的交接班意愿做一个契合度比较，如表 19－2 所示：总体来看两代人交接班的契合度较高，同时希望交接班和同时不希望交接班的情况合计约占有效样本的 70%，第二代的接班意愿（49.6%）强于第一代的交班意愿（26.4%），企业主不愿意交班而子女也不希望接班的情况占比重最大，达到了 46.8%。由此看来，超过 3/4 的家族企业在未来面临较大的交接班问题。前后三年，两项研究结论相差不大。

表 19－2　　家族企业两代人交接班意愿契合情况

意愿		企业主意愿		总计
		接班	不接班	
子女意愿	接班	480（22.7%）	567（26.8%）	1047（49.6%）
	不接班	77（3.7%）	989（46.8%）	1066（50.5%）
总计		557（26.4%）	1556（73.7%）	2093（100.0%）

再看看职业经理人对继任领导者的预期。虽然在家族控股的企业中，家族企业主对企业的战略决策，特别是领导权的更迭起到最重要的决定作用。但是职业经理人作为企业高层管理团队成员，对于家族企业继任者的选择也能产生重要的影响。一方面，家族二代继任者必须获得职业经理人特别是企业创业元老的认可和支持，才能在企业中真正树立自己的权威。另一方面，当家族内部没有合适的继任者，或者潜在的家族继任者不愿意接班时，职业经理人就成为家族企业传承的选择。全国工商联研究室与浙江大学家族企业研究所联合课题组（2014）通过分析家族企业中的职业经理人预期的继任领导者身份来反映职业经理人在传承问题上的看法。测量结果显示，大多数（61%）的职业经理人

都预期未来将由企业主的子女继任企业的领导者，6%的职业经理人预期企业主的其他亲属将接受企业的领导权，仅有21%的职业经理人认为企业主将选择将企业交给职业经理人（见图19-5）。总体而言，职业经理人对于企业继任领导者身份的预期与企业主的继任者偏好相一致，表明家族企业交接班中的子承父业不仅是企业主的主观期望，也得到职业经理人的普遍认可。无论是基于产权还是基于君臣伦理，职业经理人堂而皇之"鸠占鹊巢"将企业占为己有的非常少见，不会与"少主"直接竞争抢夺法理上的唯一控制权，较多只是分权，实在不行就权衡否能够与"少主"相处实现企业愿景与个人目标，合不来大不了另投他处或者自立门户。

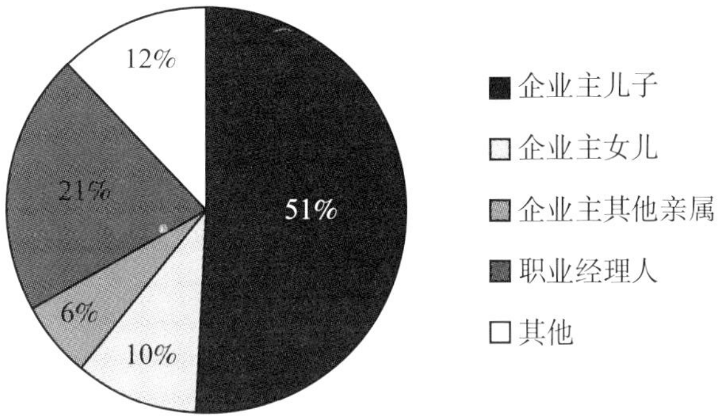

图19-5　职业经理人对于企业继任领导者身份的预期

结合家族企业主的继任者偏好、家族企业二代的接班意愿以及职业经理人对继任领导的预期三方面来看，家族企业传承过程中家族成员特别是企业主子女仍然是最优先的继承人选。子承父业不仅是企业主个人的主观期望，也是家族希望继续保持对企业的控制意愿的具体化，同时这种传承模式在企业内部也是人所共知，得到了职业经理人的理解和支持，为二代的顺利接班提供了较好的合法性基础。

最后要回到一个看似容易被忽略的但又是最基本的问题：家族企业传承的目的是什么？是保有家族的财富、保持子孙后代的事业心还是坚守家族对企业的承诺？家族企业要让家族成员接班而不交给职业经理人不仅仅是追求经济目标，甚至有时要牺牲经济利益去追求了家族的非经济目标，比如为了实现家族的持续控制、将企业作为家族成员的情感纽带、为了家族的声誉，等等。家族企业情感价值会影响传承的欲望、准备和成功率，但是作为一种重要的非经济价值，会出现明显的代际递减，需要引起重视。

（二）民营企业家族内传承与家企双重治理

1. 公司治理

中国民（私）营经济研究会家族企业研究课题组（2011）发现，当前中国私营企业的股东构成较为单一，主要是自然人股东，股权结构封闭，股权集中，股东以企业主个人及其亲密家族成员为主，家族具有绝对的控股优势。股权高度分散背景下企业治理理论所强调的"权力制衡"，更多的是用于描述以美国为代表的西方企业，并非当前中国中小型家族企业的主流。高度集中的股权结构带来了决策的灵活性和效率，但也有决策专断、思想封闭的特点。该研究也欣喜地看到，家族企业董事会和股东大会在重大决策发挥了越来越大的作用。尽管家族成员参与董事会的程度较高，但当前中国家族企业董事会已经对家族外的人士开放，推进了程序化、正式化的决策管理和决策控制，企业治理开始改善。

2. 家族治理

无论是从企业还是从家族看，利益的多元都会产生冲突和代理问题。家庭的冲突需要家族的治理来事前防范或者事后解决。家族内部明晰的产权结构对企业的持续成长意义重大。控制权的配置呈现出差序结构式的格局，家族结构、家族关系会对控制权的分配产生有效制衡（陈凌、王河森，2011）。家族治理的理论框架提供了一整套的制衡与协商机制。它是家族企业为了家族和企业的长远发展，规范家族内（within-family）、跨家族（across-family）以及家族—企业之间的家族成员行为和利益协调的制度安排。在一个开放的、具有良好沟通氛围的家族，大家拥有共同的价值观、使命和愿景，能够超越个人与分支来全面评估价值利益，能够制度化地向家族、特别是不参与控制的家族成员通报经营体现共同决策，具有一套成文的、制度化的代际传承规划、家族财富安排和冲突处理机制（郭萍、陈凌，2010）。具体地讲，对家族涉入的治理常常包括对家族所有权的治理、家族雇佣的治理、家族成员关系的治理和家族共同价值观和使命精神的建设等内容。在企业，面对剪不断理还乱的家族成员关系，中国家族企业眼下需要在特定范围内公开的股权继承办法、家族股权转让办法两大家族所有权治理措施和家族成员聘用办法这一家族雇佣治理措施。

3. 家庭决策

掩藏在企业背影里的控制家族目前是如何做家庭决策的呢？全国工商联研究室和浙江大学家族企业研究所联合课题组（2014）重点考察企业家们的家庭决策方式。数据显示，在家庭问题的处理上，大部分企业家选择与配偶商议决定或通过家庭会议讨论决定。夫妻商议是决定家庭问题最重要的手段，占总样本的54.3%，家庭会议讨论决定的占总样本的32.9%，家长一人拍板作出决策的仅占总样本的11.3%。具体结果如图19－6所示。

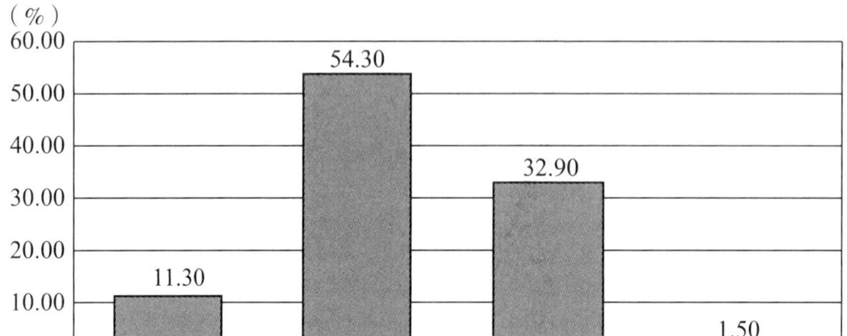

图19－6　被调查企业家的家庭决策方式

更进一步的组间均值对比分析结果显示：性别不同、年龄不同、家庭规模不同的企业家在家庭决策方式上没有表现出显著性差异。但是，不同文化程度的企业家在家庭决策方式上表现出了一定程度的差异，且随着文化程度的上升，企业家更倾向于采用集体决策而不是个人决策的方式来解决家庭问题。

从不同文化程度的家庭决策方式差异来看，随着文化程度的升高，个人决策的比例不断下降，集体决策方式（包括夫妻商议和家庭会议决议）越来越受到企业家的青睐。小学及以下文化程度的企业家中，有25%以上喜欢以个人决策的方式决定家庭问题。而在大学及以上文化程度的企业家中，个人决策的比例不到8%（见图19－7）。

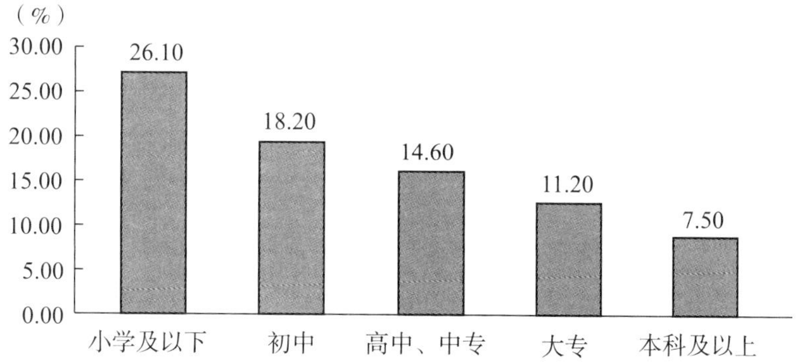

图 19－7 不同文化程度的企业家选择个人决策方式解决家庭问题的比例

总体而言，夫妻二人商议是我国民营企业家解决家庭问题的首要手段。这与我国施行计划生育政策以后，家庭规模显著缩小，大部分家庭为夫妻加子女的核心家庭的实际情况相符合。该次调查的企业家的平均子女数为 1.27 人，表明了计划生育政策下我国核心家庭规模的缩小。除了夫妻商议之外，定期的家庭会议集中讨论家庭事务也受到企业家的青睐。相比之下，家长在家庭事务上的绝对权威受到挑战，不仅个人决策的比例仅占十分之一，而且随着企业家文化程度的上升，该比例也呈现明显下降的趋势。由此可见，在家庭事务的决策上，我国民营企业家倾向于更加民主的集思广益的集体决策方式，传统的一言堂式的家庭决策方式正在逐步淡出。

“晚上回家餐桌上开董事会”是多数家族企业的共性，甚至是通病，董事会的决策可能会因为事关家族成员而改弦更张，原本“对事不对人”的非人格化交互方式让位于血缘和关系纽带，利益相关者们根据与企业实际控制人的关系远近分为自家人、自己人和外人，企业主也给予不同的信任、岗位和薪酬待遇，久而久之不利于家族企业人力资本存量的积累和企业的扩张。在经历创业阶段之后，企业的职业化过程中家族成员、股东、董事和管理层的角色需要有效分开，如图 19－8 所示。所谓的职业化，并不仅仅意味着是雇用了非家族成员。它是指对岗位描述、权力范围、责任以及薪酬规则、绩效预期和绩效考核进行政策、流程和计划的制度化（蔡济铭、朱建安，2014）。无论是对家族企业，还是对非家族企业，这些制度必须是能够书面化的、清晰的以及传达过的。因为如果没有这些格式化的文本便于沟通之用，企业主也不会让管理者承担责任并形成决策权威，也不能控制他们的行为。各种岗位的描述，要像防火墙一样发挥作用，既保证家族对企业控制力与影响力，体现了家族企业的特色，又在组织上规范了企业的活动，有效地避免了家族内部事务干扰企业运作的弊病。

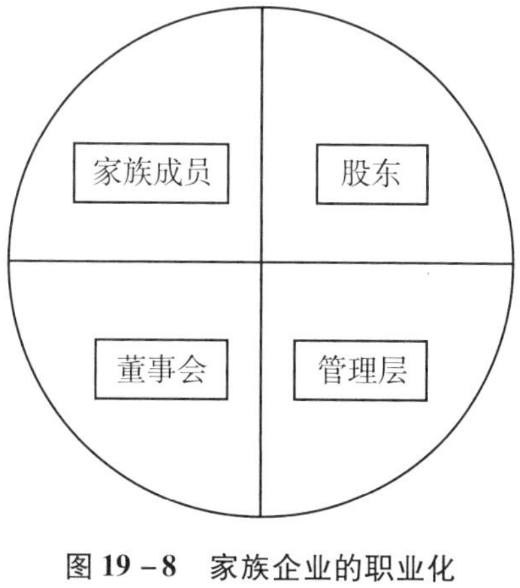

图 19－8 家族企业的职业化

成立于 1888 年的李锦记蚝油历经 130 余年长盛不衰，家族事业由第三代李文达与其四子一女齐心协力更是发扬光大。该家族自 2002 年起成立家族委员会并不断修订“家族宪法”，在家族矛盾全面爆发之前协调家族成员利益，并在家族和企业之间建立防火墙，其“治未病”的理念和做法正在被越来越多的大陆家族企业所仿效（朱建安，2011）。妥善解决家族内部的代理问题可以让华人家族企业避免消极裂变分家。香港利丰集团曾经两次内部两权分离，一次是持经营权的冯氏家族与其合作股东李氏家族之间；另一次是47年后冯氏家族内部家族股东与家族代理人之间，正是由于缺乏合作家族之间、家族内部成员之间有效的治理机制，高额的代理成本使得两权分离难以维持，最终重新实现两权合一。特别是第二次，尽管从企业角度看，利丰集团通过修剪家族树使企业重新恢复活力，但是对家族各分支之间造成巨大的情感伤害（李新春、檀宏斌、杨学儒，2009）。值得一提的是，李锦记的李氏家族之所以引入家族委员会和家族宪法，也是因为第二代三兄弟之间以及第三代两兄弟之间出现了兄弟阋墙，因为诉诸法庭家族企业停产长达半年之久，濒于破产边缘。

（三）民营企业子承父业的传承规划

家族成员对企业的高度承诺和奉献是家族企业的典型特征，也是家族企业独特竞争优势的重要来源。可是，这种优势却很容易在领导人的更替过程中发生流失。企业领导权的传承往往伴随着家族内部权力结构和财富结构的重新配置，这些结构性的变革会给家族成员带来巨大的不确定性。由于个人价值观的差异，不同人对同一个情景的看法或态度可能会存在较大的偏差，因而不同家族成员对传承过程中的不确定性的认知就可能会出现一定的差异，并可能会由此引发一系列的冲突，尤其是破坏性的冲突很可能会导致传承过程中途夭折，甚至造成企业的破产。那些在所有权、家族和企业系统中占据重要地位的利益相关者，凭借手中的选票对传承有不小的影响。他们也需要认同和接受新的权力和财富结构，尽快调整自己的角色去适应新的结构。那么，如何促使大家认同和接受新的权力和财富结构，并调整自己的角色去适应它们呢？对此，有两点是非常关键的：一是编制大家共同的“梦想”；二是制定大家彼此认可的规则。如果将前者看成是一种软约束，那么后者则可以被视作一种硬约束。

一个传承规划要想有效地得以实施，全体家族成员必须对于家族企业未来的发展方向形成一个清晰的且具有可操作性的概念，而这一切得以成功的驱动力就是家族成员对未来的愿景。经过家族成员多年的推敲和磨砺，这种愿景激励着家族企业中的一代又一代人共同进步。愿景激励着家族成员投身于规划未来的工作中，去做任何需要做的事情以保持家族的团结和实现家族的目标，同时创造了家族处理接班计划时的激情和动力。同时，这个愿景来自于家族基本的价值观和渴望。它表明了他们是谁？他们希望成为什么样的人？他们希望打造哪种类型的企业（兰兹伯格，2012）？家族成员在形成这一愿景的过程中，逐渐澄清了他们对于家族企业发展的想法，表明了对未来的期望。在这个过程中，传承规划得以形成。这一规划和家族成员们的个人梦想，以及他们对家族整体在企业中的未来的梦想交织在一起。然而有一点要非常清楚，如果没有这样一个愿景，企业所有者们将不会有动力去劳神费力地进行传承规划；相反，他们更倾向于继续保持企业的现有模式，甚至将其陷于停滞和失败（兰兹伯格，2012）。

在一个人从幼年成长至老年的过程中，他的思想、观点、角色以及生活目标也会随之发生变化。人们在幼年时对问题的不同处理方式会影响生命后期的活动。后来，这种看法以价值理论体系为基础，可以帮助我们明白个人以及家族的发展方式（弗里斯等，2013）。在家族企业中，个人的生命周期是在企业与家族的各种需求相互交织的背景下进行的。弗洛伊德最先提出了人格发展和生理年龄的不同阶段相一致的理论模型。他的人类发展模型主要关注人从婴儿期到儿童期六个阶段的发展过程。对个人生命周期的了解可以帮助我们更好地理解其他系统和组织的生命周期，如我们的家族。家族是个独特的社会系统，它在家族成员之间建起了强大的精神纽带，而且永远都不会切断。伊丽莎白·卡特和莫妮卡·麦戈德里克提出了家族生命周期阶段模型。该家族生命周期模型的第一阶段涵盖了子女从一出生到青春期这几年。第二阶段便是离家，年轻人到了成年的年龄，离家去求学或工作，从而将自身和从小到大生活的家庭分化开来。第三个生命周期阶段主要包括婚前阶段，在这一阶段，年轻人去和自己相伴一生的伴侣。在第四阶段，人们结了婚。年轻的夫妇不仅要安排自己的生活，还要考虑双方家庭的生活，并协调自己和原生家庭的关系，使之和谐。到了第五阶段，夫妻有了孩子，夫妻双方将视线大多转移到孩子身上。随着年龄的增长，他们也开始认识到自己的事业开始受到限制，并且工作机会也越来越少（Carter，1999）。个人有生命周期，企业也有相应的周期。盖尔西克将家族企业的生命周期分为初创期、扩展或正规化期、成熟期三个阶段（盖尔西克，1998），与之相对应的所有权也分为一位所有者控制股权、兄弟姐妹合伙、堂兄弟姐妹联营三个阶段。这种发展模式的好处就是为家族企业每一个进程的长远发展提供一个可预期性的框架。而目前中国家族企业只是由初创期向正规化时期过渡，较少进入成熟期，所有权结构相对比较稳定（马丽波，2007）。在企业传承上，企业主的个人生命周期与企业的生命周期交织在一起，当企业主到了退休年龄，大多数人会步入或经历传承阶段，此时企业正向正规化时期过渡，而子女也刚刚成熟。此时，及时正确地设立传承规划，使家庭生命周期与企业生命周期更好的匹配。

当一个家族开始着手规划传承事宜时，总是存在这样那样的风险，一些先前被隐藏的情绪可能会浮出水面，阻碍传承的进展，如新老交替时老一代家族成员的放权和对年轻一代能力的质疑，其他家族成员和企业员工是否认可年轻一代的领导。另外，老一代家族成员不仅仅要面对年老对于身体的影响，他们还要向下一代交出他们呕心沥血创建的企业的控制权以及其他家族资源，而年轻一代是否有能力撑起这样一个企业还是未知数，但是他们又迫不及待的想要得到权力，这就导致了沟通不畅。所以，在进行传承规划时，公开地讨论和沟通，直面自己的价值观显得尤为重要。和家人公开地讨论自己的想法，会给双方提供大量的信息，帮助自己和他人重新思考和调整各自的思想和目标。在这个过程中，可能会使家族成员对家族有一些全新的认识，激发新的合作精神。当年轻一代认识到进入家族企业并不是一种义务，而是众多的职业选择之一时，他们可以放下肩上的重担，更加享受在家族企业工作。对许多家族而言，传承以及愿景规划是促使几代人以一种成熟的心态重新联系在一起的强有力的方式。在一起交流彼此的抱负、失意和愿望使他们能够以新的形式结合在一起（兰兹伯格，2012）。这样公开的讨论使家族成员们能够阐明各自的思想，讨论对各种事件和行为不同的理解，并了解促进和阻碍家族成员实现他们抱负的原因。

随着老一代家族成员的衰老和新一代家族成员的成长，越接近传承的时刻，家族成员就越需要投入更多的精力来完成与接班相关的工作，对接班人的培养就显得举足轻重。在培养过程中，前辈们在工作中积累的知识经验，以及家庭的传统和核心价值观得以传递给下一代。在接班人的培养过程中，必须从一开始就与接班人进行沟通，找到接班人个人独特的人生道路（休斯，2011）。在这个过程中，接班人要逐渐掌握企业战略，对企业所处的竞争环境有一个全面而且综合的认识，了解市场的运营、财务的预算和商业技巧，同时还要学会处理各种不同的人际关系。其中，父辈的言传身教起到了显著的作用。在培养过程中，父母自己早年的经历会影响他们培养子女的意愿和能力。让我们来看一个例子，一位家族保险企业的所有者允许儿子在他身边工作，鼓励儿子旁听他与客户的电话会谈从而学习如何与客户沟通。这位父亲再与客户会面时也把儿子带在身边，并把他带进他所在的人际关系网里。有些人一开始会因为有这样一位什么都不懂的年轻人在场而感到不自在。当这位年轻人对客户的需要有进一步的了解而不是一无所知时，他开始参与到会谈中并起到了积极的作用。客户不仅肯定了他的工作，并且肯定了他的父亲的做法（兰兹伯格，2012）。除了父母的言传身教，企业还可能为接班人安排一位非家族成员作为导师。在一家成功的家族企业中，企业所有者身边通常会有一班能力十足并且忠心耿耿的手下，他们会恰当得提出忠告并充分理解家族在企业中的地位，并能够为企业培养下一代为荣。家族领导者必须向被挑选者清楚的表明他们需要传授什么样的技巧以及取得成功的标准是什么。在指导过程中，导师应该是提出问题，而不是直接给出答案。导师提出的问题可以引导下一代最大限度地了解自己。通过接受指导，参与双方都能学到某些必要知识的对话，使双方都能加深自己的自我意识（休斯，2011）。

1. 二代接班人的修炼

传承计划的制订与实施对家族企业的成功延续至关重要（Ambrose，1983；Handler，1990；Lansberg，1988；Trow，1961）。尤其是第一代家族企业，它们不仅对创始人的领导具有很强的依赖，而且对他们的关系网络和知识诀窍也有很强的依赖，缺乏计划的领导权传承很可能会导致这些关键管理资源的丧失（Beckhard & Dyer，1983）。比如，克里斯滕森（Christensen，1953）和特罗（Trow，1961）的研究都发现，制订了传承计划并与关键利益相关者群体进行过交流的家族企业在传承后的营利能力要强于那些没有制订传承计划的企业。沃德（Ward，1987）对200家家族企业的研究也发现，传承计划和继承人的培养是保证家族企业成功延续的最重要的因素。在经验丰富家族长辈的指导和监护下，年轻的家族后代能够以循序渐进的方式逐渐承担管理责任，并通过与一代的持续沟通完成隐性知识的转移。

当前已经开始了中国家族企业代际传承的一轮高峰，从已经发生的继任看多数都是家族内部的权力转移。继任者在企业内的实践是企业家能力培养的最主要方式，但前任对继任者关于企业内部关系、企业精神的传递还不够（朱素英，2006）。

尊重子女的意愿、积极引导他（她）在企业内的就业志趣，通过企业外诸多的历练，接班人积累相应的工作经验及能力之后接管家族企业有助于家族企业成功接班。企业家默会知识、企业家关系网络和企业家精神是家族企业代际传承过程中企业家个体层面需要传承的三大类要素（窦军生、贾生华，2008）。但企业家与其子女，对三类要素的相对重要性存在差异，子女认为最重要的是诀窍知识，而企业家认为诀窍知识和心智模式同样重要。也就是说子女更关注的术，而企业家认为道一样重要甚至更为重要。当然，随着交接班进程的展开，处在不同阶段的企业家子女对三类要素的重要性评价也存在差异，没有统一的标准可以遵循。

家族内部亲密度对企业家默会知识的传递具有显著的正向影响。独生子女家庭规模小，家庭成员间互动频率增加，容易使亲子关系表现出更为亲密的倾向。亲子之间的距离大大接近，亲子关系呈现更加平等的伙伴化趋势。这种关系反映在家族企业中，可以令创始人父辈与继任者双方彼此感受到来自对方的支持和认可，并能够建立信任和反馈的良性循环，进而有效地促进知识、社会资本以及网络的代际转移。企业家隐性知识在代际之间有效转移是家族企业成功传承的关键，诚信好学、企业家精神以及个体社会网络都非常重要（余向前等，2013）。

刘学方、王重鸣等（2006）提出了由管理素质和管理技能组成的家族企业接班人胜任力模型，具体包括组织承诺、诚信正直、决策判断、学习沟通、自知开拓、关系管理、科学管理和专业战略8个因子，其中的组织承诺和诚信正直因子对家族企业的继承绩效具有更显著的相关关系。于斌斌（2012）认为，社会网络和政府关系等对家族企业的继承绩效有显著影响，体现了中国企业传承的特色。二代年轻的接班人急需团队的支持。具有高内聚力的团队内部表现出亲和力、信任、满意度和较高的情感认同，是团队绩效的重要显性指标。在集体主义文化熏陶中的家族企业来说，如何确保高管团队内部的和谐、心理相容，实现权力的平稳过渡显得极为重要（王重鸣、刘学方，2007）。

2. 传承规划的制定

与国外有显性化的传承文本计划不同，国内的企业家往往很少公开传承战略规划、流程和保障机制。背后可能有许多原因，比如交流和沟通方式不同。以美国为例，该国属于高文本文化的国家，信息是清晰和非人格化的，人们通过契约规范行为。而在中国，人们之间的信息交流很多依靠事前人们共同文化背景下的共识，三言两语就能够使得双方明白，但是对于第三方——所谓的外人来说，这几句话的信息交流是含糊不充分的。家族内部的约定更多的是意会而不是言传。另外的原因还有，中国民营企业属于第一代向第二代传递的时期，人们对于所谓成功传承的关键因素还没有共识，解放前的百年家族传递经验能否应用到信息化革命的当代也还不可知，他国权杖交接的药方能否治愈中国家族企业成长的烦恼也未验证。即便是那些做了传承规划并声称依此传承成功的企业仍然需要得到时间的考验。在有的学者看来，之所以很多企业实际控制人不喜欢制订接班人计划，是应对职业经理人市场不完善的一种模糊性策略（吴应军、蔡洪滨，2011）。企业主要做的是避免信息不对称下的道德风险，通过“选储”或者晋升的不确定性来降低选拔有品德接班人的甄别成本。不过对于家族企业这种组织来说，子承父业往往是不言自明的。少子化的家庭要选出接班人，不必再采取模糊政策了。

家庭因素、市场因素、企业因素和个人因素影响二代加入家族企业的意向。如果没有二代家族成员愿意接班，子承父业不会发生。与接班意愿同样重要的是接班能力，历经沙场的一代企业主往往对初出茅庐的二代接班人能力有所怀疑。通过制定、落实并不断调整具体的人力资源规划、内部培养/外部招聘战略、中高层 MBA/EMBA 培训安排、内部培训体系，新生代企业家亟须在团队的支持下树立自己的权威，尽管可能需要一段很长的时间才能完成。在这期间，二代企业家能够感受到创业者遗留在企业的持续影响甚至会感到它是一种羁绊。这些不适应感最终可能爆发为两代人的文化冲突。一代创业者对自己的身体健康状况、所经营的企业以及过去赖以成功的商业模式保持高度自信，尚未准备好回归家庭后的退休生活。从内心的角度上，放弃对企业的控制就像是承认自己的衰老，原本就是难于接受的。

传承规划制定过程中，两代人需要对个体、组织和内外部资源要素予以充分考虑，共同进行家族与企业的评估。企业所有权的变更即股权登记，从办理手续的角度看是容易的。对于很多“鸡蛋不放在一个篮子里”的家族来说，公司所有权只是家族财产的一部分，在企业股权变更登记之前，需要全面地对家族财产统筹安排。企业管理权和控制权的传递确实不易。有企业家认为至少需要带三年、帮三年、看三年，合计九年时间才能将新生代扶上马统率企业进入新的阶段。即便到了父辈担任董事长、儿女担任总经理的阶段，仍然是二代接班人重要的学习和见习期，但也是敏感时期。高管、员工、供应商、分销商、政府、社区、其他家族成员等利益相关者也面临转型。高管们向谁请示汇报？谁能代表企业最后拍板与供货商达成交易？亲戚与公司元老们还能从公司领到工资吗？董事长与 CEO 的角色分工以及岗位描述事关下属的汇报程序和家族权力、权威的分享。此时，创业者与众多利益相关者的有效沟通有助于子女接班的顺利进行。决策者的变更要求企业完成一定程度的非人格化转型和去权威化过程。家族成员的职业化工作可能尤为棘手。

在确定了潜在的接班人选，并将其引入家族企业的日常运营之后，并不能保障传承过程能自发地进行下去。因为家族企业主在创业过程中积累的管理经验、行业诀窍和社会资源常常都是难以明确表述的，是只可意会不可言传的默会知识，需要代际之间的持续沟通才能被后代掌握。虽然“顺其自然”的交接方式符合中国人的思维习惯和文化习性，但缺乏完整的规划和父辈的积极引导却会给传承过程带来很多麻烦。王安电脑就是典型的失败案例：王安不听取职业经理人的劝阻，1986 年直接将总裁位置让给缺乏经验的长子，一年之内公司亏损 4.24 亿美元，股票三年内下跌逾 90%。与之相反，方太集团的茅理翔董事长提出了传帮带的 9 年接班计划，先让儿子在企业内各职能部门担任中层职位积累经验，在儿子成为企业的 CEO 之后仍保留董事长职务，以导师和顾问的身份为二代的接班保驾护航。因此我们认为，将顶层设计引入家族企业传承，对制约传承的关键性问题提出整体思路，并明确传承的阶段性目标和关键节点，才能避免继任者尚未准备好就必须匆匆上岗的问题。

全国工商联研究室和浙江大学家族企业研究所联合课题组（2014）考查了被调查家族企业的领导权传承规划情况，发现我国家族企业普遍缺乏明晰系统的传承规划，平均得分仅为 46.8 分。具体来看，30.9% 的企业表示完全没有考虑交接班问题，30% 的企业仅仅有过简单的考虑，系统考虑过领导权传承问题且形成了明确方案的不到6%，如图19-9所示。

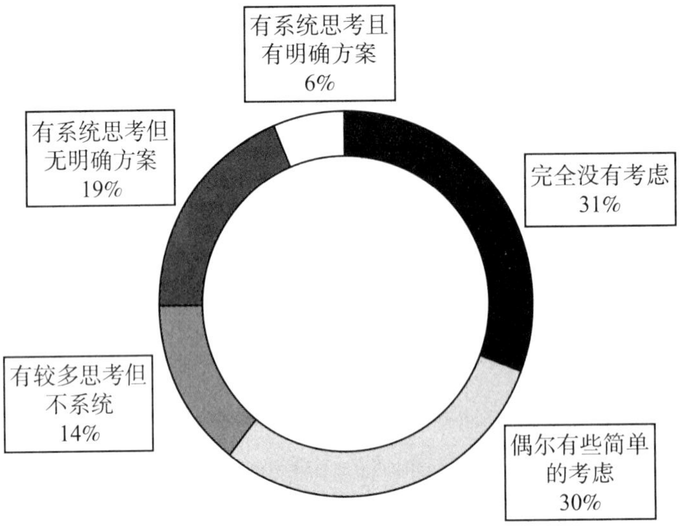

图19-9 家族企业传承规划完善程度

进一步针对企业年龄、企业家年龄及其所处阶段的分析表明，本次调查的样本企业多数成立时间尚短，企业家总体年纪较轻，所在企业也没有经历过或尚未处于传承阶段。上述原因可能部分解释了被调查企业在领导权传承规划方面的不佳表现。样本企业的平均注册年限为12年，过去5年内经历过领导权交接的企业仅有62家，未来3年内将经历领导权更替的企业仅有98家。由此可以推断，该次调查的企业多数还处于年富力强的一代创始人的直接管理和控制之下，短期内没有迫切的领导权变更可能，所以企业家投入到领导权传承规划上的精力有限。

在个人指标上，不同性别、不同文化程度、不同家庭规模的企业家群体之间在传承规划完善程度上没有表现出显著的差异。但是，不同年龄的企业家在企业领导权传承规划的完善程度上表现出了显著的差异。50岁以上的企业家较之其他年龄段，其所在企业的传承规范完善程度有显著提高，具体见图19-10。由此可见，被调查的民营企业家没有足够重视领导权的传承规划问题，只有随着自身年龄增长，传承问题迫在眉睫时才开始考虑，并且这种考虑也是非常不系统的。

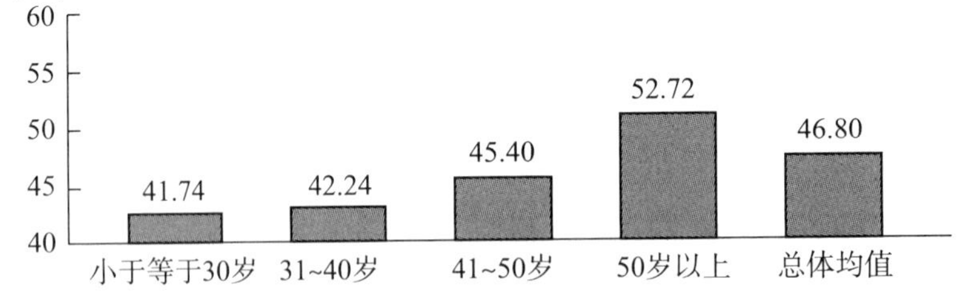

图19-10 不同年龄段企业家在传承规划完善程度上的差异

在企业指标上，尽管总体上表现都不尽如人意，不同年龄的企业在领导权传承规划的完善性上也表现出一定的差异。注册超过20年的企业较之更年轻的企业在传承规划的完善性上有明显提高，其他组别之间的差异不显著，如图19-11所示。米勒等（Miller et al.，1998）的研究发现，家族企业中CEO的任期一般在17年左右。还没有看到有关中国的数据，但是仍然可以大致判断那些成立超过20年的企业往往面临着一代创始人的退休，因此更加关注领导权传承规划的制定。同企业家年龄导致的组间差异一致，只有当面临紧迫的领导权更替时，领导权传承规划问题才被提上日程，且其完善程度远不能让人满意。

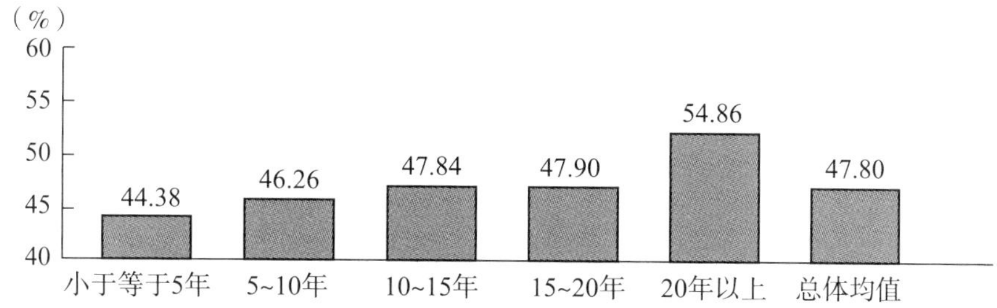

图 19-11 不同年龄段企业在传承规划完善程度上的差异

此外不同规模的企业在领导权传承规划的完善程度上也表现出了显著的差异，随着规模的扩大，其传承规模的完善程度有较大的改善。大型企业（员工人数大于500人）在领导权传承规划上的表现明显优于中小型企业，得分达到55.26，如图19-12所示。大型企业的组织规范化程度和职业化水平往往高于中小型企业，有助于系统思考并制定领导权传承方案。而中小企业往往受制于持续的竞争压力和生存威胁，企业主没有足够精力和资源投入到领导权的传承规划中。此外，Tsai（2006）等学者指出，家族控制的私营企业的家族领导人对企业有着强烈的情感联结，往往更不愿意让出企业的领导位置。

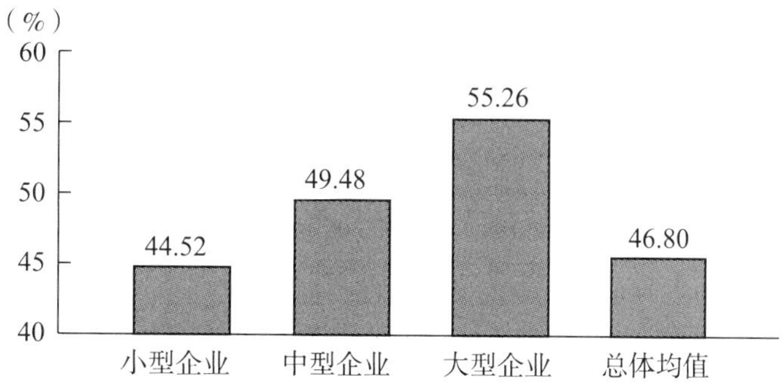

图 19-12 不同年龄段企业在传承规划完善程度上的差异

总体而言，被调查家族企业大部分将企业家子女列为优先接班人选，并鼓励他们尽早加入企业工作，这有助于培养后代对企业的认同感，提高他们的接班意愿。然而与此同时，家族企业主对子女接班的信心仍有待提高，对领导权传承规划的重视程度也严重不足。大部分企业对领导权的更替缺乏长远系统的思考，只有等到企业规模不断扩大、企业主年龄不断增长，领导权变更迫在眉睫时才开始考虑传承问题。

（四）民营企业的多子女传承

有温州本土学者余向前博士在温州进行的家族企业传承调研中发现，样本企业当时平均年龄为13.7年，82.6%的业主为35~55岁的一代创业企业家，已经完成传承的比例不高；另外样本企业中有83.1%的企业主都有两个或两个以上子女，所以温州和其他地区家族企业传承受计划生育政策影响大小明显不同（余向前，2010）。过去有很大比例家族企业主不希望子女接班，其重要原因是不想看到子女像他们第一代创业者那么辛苦。如今，这部分企业家的传承愿望在发生变化，他们听怕了“富二代”负面新闻而希望子女能够成为勇担责任的未来企业接班人。

“田忌赛马”，希望德才兼备的一个子女从众多孩子中脱颖而出，让这位优胜者成为家族事业的掌控者，往往是一代创业者理想的传承思路。正如中国各朝历代，皇位一代一代往下传，每代只有一个皇帝，但其帝位稳定性离不开众多兄弟的合作和辅佐。在家族企业，“手心手背都是肉”的一代创业者对于田忌赛马的失败者仍然会给予足够的、另外的机会，兄弟学会合作是避免家族纷争的必要条件。

1. 兄弟合作制

家族的接班类型一般可以分为以下两类：第一类是所有者控制制企业转变为兄弟合作制企业。这类发生在第一代创业者逐步退出控制地位时，他的企业王国交给子女们接班，企业重大决策由原先说一不二、一人发号施令的司令官改为一个经济利益紧密联系的兄弟合作团队组成的司令部做出。这种改变突出了决策和执行机制的重要作用，兄弟合作团队通过相互影响来不断适应。兄弟合作制分魁首制形式和领导权分享形式。魁首制这种形式由一个团队组成，这个团队中有一个被大家普遍认可的领导者。这个处于领导地位的成员不能也不会单方面行动。相反，这些兄弟很早就懂得以协商的方式来行动，并且通过持续的交流来达成共识。在领导权力分享制中的合作者以团队的形式来领导公司。他们不仅是平等的股权所有者，而且也拥有平等的管理权力。在一些这样的合作关系中，存在一个“总裁办公室”，所有重大的管理决策都由家庭成员们以团队的形式做出。也许在家庭成员们的职责上会存在一些职能或是部门的区别，但是他们在决策上是平等的。

家族委员会成员以投票方式决定家族和公司的重要事务，包括委员会的组成及运作。家族委员会的基础是家族宪法，用以规范家族事业的运营机制，辅助以家族价值观和有效的沟通平台，防止一般家族企业发生的问题。李氏家族委员会由李锦记的第三代李文达夫妇及第四代五兄妹组成，每三个月举行一次会议，每次会议持续四天。会议第一天基本上是家庭聚会，各位家庭成员带上配偶，交流彼此生活和公司近况，第二天到第四天则主要讨论五大方面：李锦记集团（包括调味品事业和保健品事业）、家族办公室、家族基金、家族投资和家族培训中心。每个项目由四兄弟具体负责，任期两年，到期后由家族委员会决定下一任的人选。家族宪法规定：除了李文达夫妇外，其他家族委员会成员到了75岁便一律退出；家族委员会成员在75%的同意投票情况下才允许修改家族宪法，较高的投票“门槛”要求家族成员必须有充分的沟通和谅解。值得一提的是，为了让兄弟合作领导的机制能够健康发挥作用，企业最些年来，李氏兄妹5人已经在家族委员会的前三天独立召开会议，到会议的最后一天才请父母参加，为了企业的未来平稳过渡开始准备。

2. 家族合作制

如果上一代是兄弟共同创业的，那么从兄弟合作到家族合作，是另一种家族企业传承类型。随着下一代家族成员的逐步增加，兄弟合作领导团队中的每一位家族成员会有自己的后代，堂（表）兄弟家族成员会逐步登上企业发展的历史舞台。当兄弟合作制转变为整个家族合作制时，也就意味着权力和治理结构的巨变。伴随着血缘的稀释，股份也从紧密的兄弟管理团队转移到稀释的家族体系中，决策与控制权的磨合也变得愈加有难度。对规范来自家族内部各“房”家族参与者治理结构的需求变得越来越紧迫。真正对家族企业的挑战这时才算正式来临。价值观的稀释和利益的多元化，使得多数家族企业到了第三代成为使企业分崩离析的最后一代，或者企业破产失败，或者某一支家族最后控制企业，重新成为创业者家族企业。也有企业仍然能够成功地继续控制在数十位甚至百位家族股东手中，如德国的科德宝集团。德国科德宝公司是一个创办于1849年的家族企业，生产从密封件与避震件、无纺布、家居清洁产品、特种化工产品到橡胶地板等众多产品；目前公司在53个国家的170多个城市设有生产或销售公司，活跃在世界主要市场，并在绝大多数市场上都取得了领先地位，销售收入超过500多亿人民币，是德国最大的家族企业之一。该家族把自己企业基业常青的秘诀概括为四点：专业领导、强有力的监事会、风险管理和家族凝聚力。科德宝公司的股份到现在仍然是100%的由300多位家族成员相对平均地拥有，从1849年创立开始以来，只有7位合伙人转让了他们的全部股份。家族成员掌控着监事会并积极参与制定公司的战略方针。集团公司不允许外人持股，因为他们认为股份分散后会改变家族企业的性质。自20世纪70～80年代，科德宝逐步引进职业经理人，后来在集团管理委员会中无任何家族成员，仅在第2和第3级领导层中共有四位家族成员。

（五）民营企业二代接班人与企业绩效

家族企业传承的程序没有一个统一的标准，家族企业传承的异质性要超过共性。有的二代接班人临危受命，没有经验的支持和心理的准备仓促上阵。也有的二代在企业内外从基层到中层再到高层岗位轮岗接受历练，甚至还有二代作为“储君”准备接班长达数十年而迟迟没有上位。无论哪种模式都有很多成功和失败的接班案例，当接班人上位前准备充分，家族关系和谐成员间相互信任，传承进程将会比较顺利。当然，传承的结果并非由传承顺利与否来衡量，可以是经济绩效单个指标来衡量，也可以是对传承做主观评价。家族对企业传承的满意度会影响家族和谐，尤其是一些坚持将家族利益置于企业利益之前的家族。

《福布斯》（中文版）连续多年关注了中国上市家族企业，他们采用了双重条件来确定家族企业：①家族为企业的实际控制人；②至少有两名及以上的家族成员实际参与经营管理的。该杂志发布的《2013年中国家族企业调查报告》显示，在A股上市的家族企业有711家，子女等二代开始进入企业并扮演日益重要的角色，父母子女关系已经占据40%，成为家族企业中除了夫妻之外的第二大亲属关系，女婿/儿媳等数量也超过2012年两倍，此外甥舅/叔侄和二代姻亲数量亦有显著增长，家族企业两代人交接班的态势已日益明朗化，如图19－13所示。在家族企业中，一代掌权的企业有645家，占比超过九成；二代完成接班的为66家，较去年上升了21家，占比接近10%，A股上市家族企业的交接班步伐开始加快。然而，二代接管的家族企业经营业绩普遍不如一代掌权的企业。尽管企业规模仍能扩张，主营业务收入复合增长率几乎达到一代掌管的两倍，但是2.5%的净利润复合增长率远低于一代操控大局的9.9%。3年平均的净利润率、ROE和ROA也均低于一代主导的企业，说明二代对于企业的掌控和发展盈利能力较一代逊色，尤其是在经济增长放缓、经济转型期风险增大和经营环境难如人意的情况下，如何能够带领企业转型发展，是接班二代们需要思考的问题。《福布斯》指出2013年台湾上市（柜）家族企业中，两代同时任职的企业业绩要高于两代并非同时任职的企业，这与内地家族企业的情况正好相反，说明台湾家族企业在代际传承上要明显优于内地上市家族企业。两岸上市（柜）家族企业中目前两代无同时任职的企业数量均高于两代同时任职的企业数量，但二代进入企业的比例逐年递增，交接班的序幕早已拉开，在这样的背景之下，如何促进家族与企业的双轨传承和管理磨合，是内地家族企业需要重点思考的。

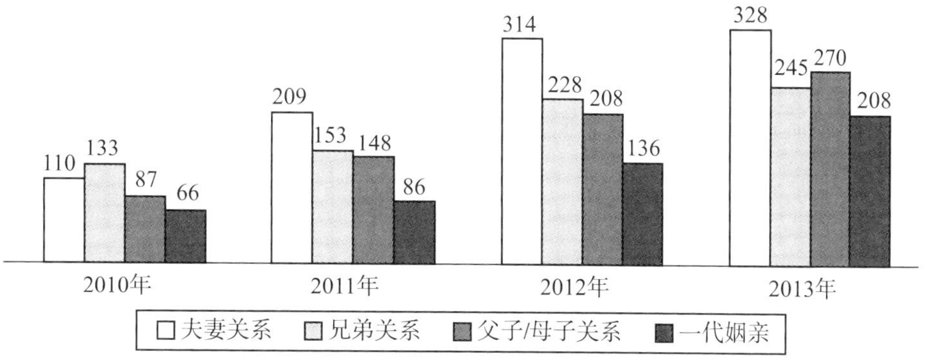

图19－13 A股上市企业控制家族成员的关系

一年之后，该杂志发布了《2014 年中国家族企业调查报告》。该研究显示截至 2014 年 7 月 31 日，中国 A 股共有 747 家上市家族企业，占民营上市企业的 50. 3%。其中完成二代接班的有 74 家，占 9. 9%。747 家上市家族企业中，86% 的家族仍然牢牢将股权与经营权掌握在手，家族核心成员同时也是企业所有者，且倾向于传内不传外，尽最大努力培养家族继任者。A 股上市公司的二代掌权的家族企业表现抢眼，以 11. 5% 的净利润增长率遥遥领先于一代掌权的 2. 5%，二代接班人的业绩首次超过一代。同时，研究还发现在香港上市的内地家族企业共有 256 家，其中第二代接管的企业只有 19 家，净利润率为 7. 1%，显著低于 237 家由一代掌权的企业，后者达到 12. 4%，另一个指标——净利润增长率也是类似，如表 19 -3 所示。看上去，在国际化资本市场，二代面临更大的挑战。同样是中国大陆家族企业，国内上市与香港上市，其二代接班人业绩差异需要得到进一步的解释。另外，同样是在 A 股上市的家族企业，2013 年二代企业家业绩不如一代，但是到了 2014 年则是出现了逆转，是否是偶然的，也需要持续观察。

表 19 -3　　在香港或内地上市的大陆家族企业经营绩效

类别	企业家数	2011 ~2013 年				
		净利润复合增长率（%）	总营业收入复合增长率（%）	净利润率（%）	ROE	ROA
				3 年平均	3 年平均（%）	3 年平均（%）
港股上市内地家族企业	256	3. 7	14. 9	11. 9	13. 9	5. 4
A 股上市家族企业	745	3. 2	17. 1	7. 2	10. 0	5. 0
港股上市家族第一代任职的企业	237	4. 8	15. 7	12. 4	14. 4	5. 5
A 股上市家族第一代任职的企业	671	2. 5	15. 4	7. 4	10. 0	5. 0
港股上市家族第二代接管的企业	19	-13. 2	8. 1	7. 1	8. 5	4. 2
A 股上市家族第二代接管的企业	74	11. 5	33. 6	5. 4	10. 0	5. 1

全国工商联研究室和浙江大学家族企业研究所联合课题组（2014）的研究结论也与《福布斯》2013 年的报告类似，并不如其 2014 年报告那么乐观。联合课题组在抽样的家族企业中发现 93 家企业在过去 5 年中经历过领导人的更替，而且这 93 家企业的接班人无一例外的是企业家的子女。这进一步说明了子承父业仍是我国家族企业传承的首选模式。同时该研究分析了这些已经由家族企业二代管理和控制的企业的绩效水平，并与其他仍然处于一代控制下的家族企业的绩效水平进行比较。结果发现二代接班后的企业绩效显著低于仍处于一代控制下的企业绩效，特别是在销售增长率、利润水平和投资收益率等财务指标上显著低于一代控制下的企业，如图 19 -14 所示。虽然本次调研中的已经完成经历领导权交接的企业数目较少，统计结果的解释力较差，但从现有的数据结果来看，仍然对二代接班后的企业绩效表示担忧。

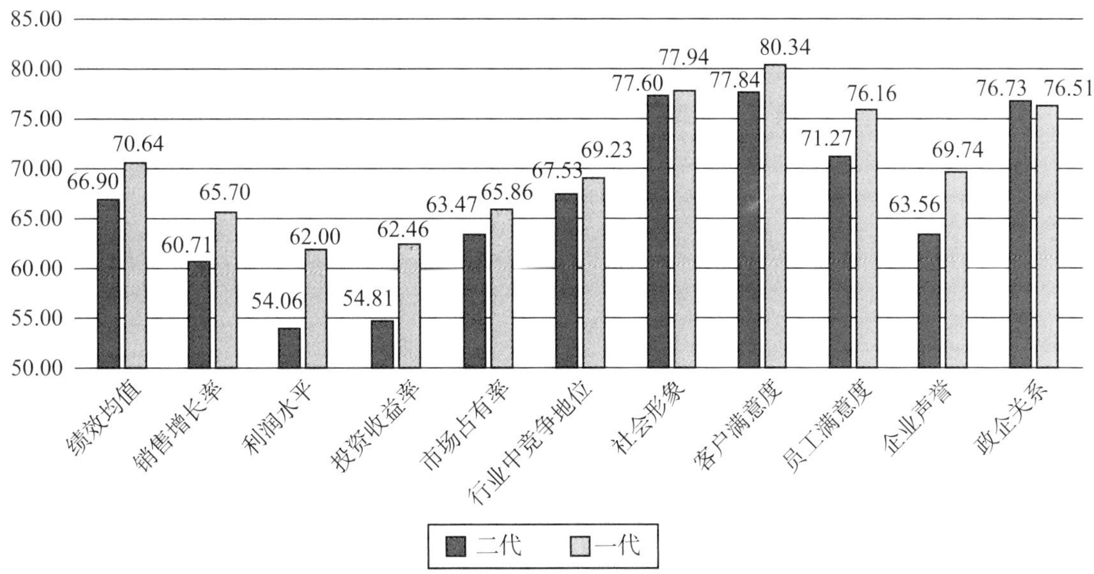

图 19－14　不同代际控制下的企业绩效水平

三、民营经济与家族企业：未来展望

（一）家族与家庭的时代变迁

1. 家庭的经济功能弱化而情感功能凸显

当家庭处于农业生产和工业生产早期时，社会分工水平较低，人均可支配收入不高，家庭成员面临着很大的经济收入不确定性，需要通过家庭这个社会装置化解社会风险，缓冲经济冲击，并且这个缓冲装置可以随形势的需要扩展到家族、宗族等领域。然而，随着生产方式的变革和生产水平的提高，在信息社会，社会上的绝大多数家庭成员将摆脱低水平的经济收入威胁，家庭作为一个缓解经济收入风险的社会装置将失去其必要性，家庭将凸显满足家庭成员的情感功能。这个转变有深刻的社会背景，包括市场经济制度的持续推进、社会保障体系的健全和完善、技术革命的发生等。

第一，作为经济改革成果的市场经济制度，在未来的几十年内，将会持续深化和发展。市场经济的本质在于通过市场进行稀缺资源的配置，人们基于等价原则在市场进行资源和商品交换，市场契约成为激励和约束交易各方行为的基础。从经济角度考虑，传统的家庭通过血缘关系保证家庭成员之间的利益交换得以执行，血缘关系成为父母“养儿防老”、族群互助等家庭和家族未来互惠行为预期得以保障的制度装置，这是应对陌生人之间缺乏信任的社会环境的一种备选方案。当市场经济发展到一定程度，人们之间的信任将不需要通过血缘关系这个保险手段，市场契约及其执行制度能够创造出让当下交易和未来交易都能得到保障的市场环境，血缘关系不再是保障交易顺利进行的保险，它将逐渐回归到纯粹的亲情伦理和爱与被爱的情感领域。在这种社会环境下，家庭成员参与家族企业劳动将主要是一种平等的市场交易行为，而非一种基于血缘关系的奉献和照顾关系，家族企业主和家族成员在企业内部的合作更多的是一种等价互惠合作关系。

第二，社会保障和福利体系的覆盖面和保障水平持续提升，基本形成比较高水平的社会安全网。家庭的养老、育儿和无业救济等经济保障功能自从家庭诞生之日起就存在，而且这种功能在社会生产方式越落后、生产水平越低下的时代越强，家庭作为国家和个人的一种居中存在承担着个体社会保障的作用。作为一种起源于西方社会的一种现代社会文明，社会保障和福利体系把当下和未来、个人与社会的风险通过社会统筹的方式予以化解，大大降低了个人在面对自然、社会和家庭的各种灾难时的无力感。我们有理由相信，随着社会财富的增多和社会保障事业的发展，在未来的几十年里，社会保障和福利体系将能够覆盖和惠及更多国民，家庭所承担的各种保障负担将会大大降低。这种经济的自由能够为婚姻自由提供必要的经济基础，家庭组合形式将会出现多样化趋势，婚姻结合中爱情的重要性将会显著上升。可以预见，未来家庭将凸显其满足家庭成员情感交流的需要。

第三，信息社会的技术革命和技术运用将给家庭带来巨大的影响。技术一方面能够提高现有工作的效率，另一方面可以采用革命性的手段改变现有的工作和生活方式，技术对家庭的影响将会体现在家务活动的信息化、娱乐交流的虚拟化和工作与消费的居家化等方面。

信息社会将是信息技术“无所不在、无所不包、无所不能”的时代，家庭作为开放社会网络的一个组成部分，将完全浸入信息技术的广阔浪潮中。家务活动信息化是家庭信息化最有可能率先实现的领域，目前大规模发展存在的主要“瓶颈”在于经济成本和家庭成员使用信息化技术的能力。从发展眼光看，随着年老一代逐渐退出家庭生活，伴随着信息技术成长起来的年轻一代成为未来家庭的主宰，使用技能本身不再成为“瓶颈”，同时，这种用户群体的扩大自然而然地会扩大市场空间，降低信息技术使用的经济成本。家务活动的信息化极大地解放了家庭成员的家务桎梏，对家庭会产生深远的影响，一是大大减少现有的家务活动对家庭成员参与社会就业的拖累，提高家庭的收入；二是会促进家庭成员之间的平等，基于家务分工形成的成员不平等现象进一步消失。

在未来社交娱乐活动网络化、虚拟化将成为一个重要的现实，这种趋势对现有的家庭社交活动会产生多方面的影响，家庭成员之间的交往强度会弱化，家庭成员可交往的对象大大扩展，家庭成员选择交往对象的标准不再受到血缘关系的强烈束缚，网络打破了地理空间的限制，任何兴趣爱好都可以在网上找到志同道合者，人们的个性自由将得到充分的发展；当然，未来的家庭社交活动并非只是把现有的年轻一代的活动主流化这么简单，社交形式也许会产生新颖的、出乎人们意料的变化，但是网络化和虚拟化的这个浪潮仍将是主流。

在信息社会，劳动力主体是信息的生产者和传播者，全球化成为一种生活和工作状态。由于信息自身的特点，企业组织和管理体制变得灵活化，一方面传统的机械化生产方式被自动化的生产方式取代，自动化把人类从繁重的体力劳动中解放出来，另一方面大规模集中性的生产方式变为规模适度分散的模块化、分散型生产方式，人们通过必要的网络设施可以实现居家办公。不仅生产功能可以居家实现，消费功能的很大部分也将可以居家实现，由于电子商务和物流体系的发展，网上消费将成为一种主要的消费形式。

我们不认为家庭在未来社会将消亡，家庭作为社会的基本细胞，家庭制度作为社会的基本结构还会长期保持，无论是信息技术还是经济发展，都有一些有利于和不利于传统家庭模式的因素存在，而且这些因素在动态发展进程中会相互抵消，正如布鲁代尔的观点，社会会顽强地保持其主要构造和主要选择。法国著名人类学家克洛德·列维-斯特劳斯在为法国历史学家集体撰写的《家庭史》一书的前言中就精辟地指出，“人们再也不会相信家庭是从最古老的形式开始（这些古老形式，将来人们再也看不见了）沿着唯一的一条线向其他形式演变（这些形式已突出表现出来，而且每一种形式都是一种进步）的了。相反，极有可能的是，人类强大的创造精神早已经将几乎所有的家庭组织形式设想出来并且摆在桌面上了。我们视之为演变的，之不过是在众多可能性之中一系列的选择罢了，是在已经画出的一张网的限制之内向各个方向上运动的结果。”①

2. 中国家庭制度继续保持特色

技术、经济发展和全球化的持续深化深刻地影响着中国的家庭制度，但我们不能把目光紧紧局限

① 比尔基埃，等．家庭史［M］．北京：北京三联书店，1998.

在这些因素上，否则，我们会得出全球家庭将同质化、一体化的荒谬结论。家庭不是家庭成员孤立的物质组合，更重要的是成员之间的情感和社会联系，虽然正如前面所述，家庭成员之间的经济依赖性降低了，但是家庭成员之所以组成家庭，不单是经济联系，还有很多其他的纽带联结着家庭，这些因素实质上就是家庭的社会属性。

家庭作为开放社会系统的一个组成部分，社会文化渗透到家庭生活的各个领域，家庭文化是社会文化的一个缩影。家庭文化的核心在于家庭价值观，是家庭成员对家庭所具有的社会意义和对自身价值的一种观念和看法。中国传统文化具有一种家国同构的观点和实践，治国如治家，认为统治者修身、齐家而后才能治国平天下，国家实际上是一个大家庭。虽然各种西方政治实践被逐渐引入中国，但是人们仍然认为统治者必须具备高尚的道德情操、清廉亲民的家长形象，可见，相对于各种具体的实践表现，一些核心的价值观念是相对难以变化或者变化的速度非常缓慢。孝敬父母、爱护晚辈、邻里和睦等传统家庭价值观在新的历史条件下仍然具有重要的道德规范价值。甚至于“三纲五常”，我们仍然能够找到部分有益于社会和谐和进步的因素，通过批判地继承和吸收，这些传统的价值观念仍然在深刻影响着当代人们的家庭行为，并且毫无疑问，在将来，通过与社会互相适应和调整，这些价值观念仍将深深地渗入家庭成员的交往行为中。

第一，家庭价值观具有自身的延续性，难以像技术变革那样，从一个模式跳转到另一个模式。一个社会的文化是通过而且也只能通过其成员的价值观体现出来的，社会文化也存在于其社会成员的集体记忆中。中国传统的家庭价值观根植于家庭成员的惯例和规则、信念和故事中，家庭成员通过家庭交往和社会互动，逐渐把家庭价值观内化到自己的一言一行中，内化的同时也继承了家庭文化，这样一代又一代的家庭成员通过这种方式继承家庭文化，在继承中，家庭文化也缓慢地发生着渐进的变化，但总是存在着与上一代的家庭价值观剪不断理还乱的关系，这种价值观的变迁方式在可预计的将来还是一种主导的演化方式。中国的家庭制度经过演变，也许会表现出迥异于历史的特点，但几乎可以肯定的是不会完全趋同于欧美家庭，家庭制度变迁的历史依赖和外部冲击会使得中国的家庭在未来依然保持着中国特色，但同时又有与其他民族家庭相通的共性。

第二，全球化背景下，中国的传统家庭观念会受到外部影响从而发生变化。全球化是一股势不可当的世界潮流，任何民族都会被裹挟其中并深受影响，这是一股使世界趋同的力量，每个民族都必然自愿或被迫地据此做出适应新的改变，中国的家庭也不例外。随着交通、通信工具的发展，人们的生活空间越来越大，交往的对象越来越复杂，不同民族、家庭的交流会产生各种碰撞和妥协，这种妥协就像水流侵蚀岩石一样，于无形中完成了改变。中国的家庭制度在家庭亲情这个内核的保护下，将不可避免地会与欧美、印度、阿拉伯等各种民族的家庭文化进行碰撞、交流，甚至于融合。历史一再显示了中国文化的强大适应和吸收能力，也正是这种吸收能力才促进了中国社会的延续和发展，在全球化的时代，中国的家庭文化并没有失去这种吸收能力，世界性的文化交流不仅不会使中国的家庭文化失去个性，反而为中国的家庭文化提供了丰富的养料和动力。

第三，中国特殊的社会政策也使得中国的家庭不会趋同于其他文化的家庭。当西方国家鼓励家庭人口生产的时候，中国政府却在实施一定程度地人口生产的控制，这种社会政策对家庭的生育愿望、家庭结构和家庭关系产生了重要的影响。随着中国人口生育率下降和预期寿命提高，国家对计划生育已经逐步松动，2013 年前后各省陆续实施对“单独”家庭的二孩政策，2015 年则全面放开二孩政策。人们对孩子个数和家庭结构的选择也会有更大的自主权，计划生育对中国家庭的影响是历史阶段性的。从海内外华人家庭近百年的变迁可以看出，不论所在的国家与地区，这些家庭的总体变迁的方向是相似的。

现在我们可以回答奈斯比特对未来家庭地位变化的判断了，对于中国，家庭作为一个社会基本单位并不会消失。人有两种基本的需求，一种是物质，一种是情感，物质需求将越来越多地通过社会生产得以满足，情感需求却难以如此。虽然全球化和技术革命使得家庭成员的经济独立性和自由大大增强，但是家庭具有的情感功能是任何其他社会单位所无法替代的，特别是在中国这种家文化浓厚的社会，家庭作为成员爱与被爱的领域，无疑具有旺盛的生命力。

家庭对于家族企业的生产经营也将依然发挥重要的作用，家庭作为家族企业系统的重要一环，对家族企业的创业、治理和传承有着举足轻重的影响。在未来，由于家庭成员之间经济依赖性降低，家庭成员与企业主的关系更多的是一种基于市场等价交换原则的家族参与，在创业时期，由于与外部市场的信息不对称，企业主难以从市场获取创业所必须的资金、人力和物质支持，家庭成员由于具有信息优势，可以给企业主提供相应的帮助，从投资角度看，这种帮助是一种高风险的行为，必然要求在企业成功后获得高收益回报，所以，对于家族企业创业，家庭起着企业主初始创业的天使投资人和风险投资人的角色。类似的，在企业的日常运作中，家庭成员参与更多的是一种基于劳动力市场的雇佣关系，能力、绩效原则将会超越亲情和人情关系。至于家族企业的代际传承，把企业传承给企业主的下一代至亲仍将是一个优先选项。

（二）家族企业的理性化演进

以发达国家的企业成长史审视中国家族企业，我们可以看出中国家族企业的理性化进程有其特殊性。钱德勒（1987）指出：1840 年前的美国企业“几乎所有的高层经理都是企业的所有者”，在技术创新与市场扩张的推动下，自 19 世纪 40 年代到 20 世纪 20 年代间发生了“美国企业界的管理革命”，家族成员开始脱离管理岗位成为股东，经理人则成为最有影响力的经济决策集团，一组支薪的中高层经理人员所管理的多单位企业成为美国经济中最强大的机构，这种被经理人员所控制的企业可以称之为经理式企业。当多单位工商企业在规模和经营多样化方面发展到一定水平，其经理变得越加职业化时，企业的管理就会和它的所有权分开[①]。李新春与檀宏斌（2010）敏锐地观察到，只有在股权高度分散的公众公司，所有权与经营权、控制权和经营权才两两分离。

当下，绝大多数中国家族企业尚未发生“两权分离”的管理革命，换言之，大多数家族企业的所有权与控制权仍然掌控在家族成员手中。然而，要实现家族企业的可持续发展，家族企业必须最大限度地吸纳、整合与利用职业经理人等外部资源，才能适应经营规模与范围不断扩大的客观需要。如果将两权合一的家族企业视为一种以家族雇员所提供的人力资本与社会资本为组织资源基础的企业形态的话，那么两权分离的公众公司则是一种主要以非家族雇员所提供的人力资本与社会资本为组织资源基础的企业形态。企业是各种有形与无形资源的集合体，有些资源在企业间是不可流动的且难以复制，这些独特资源是企业竞争优势的主要源泉。我们认为，对于家族企业而言，家族企业是家族资源与企业资源的集合体，家族企业的独特性之一体现在家族成员所提供的不可流动且难以复制的独特家族资源，这些家族资源是家族企业竞争优势的源泉之一。随着家族企业的不断发展与外部环境的持续变化，有些家族资源可能无法适应企业内外部环境的挑战，所以家族企业必须有效构建、整合与重新配置企业的资源基础，特别是家族资源基础，以适应未来的动态环境。

一方面，作为民营企业的主要子集，家族企业需要直面所有民营企业所遭遇的动态环境，把握与处理好动态环境所提出的挑战与机遇，这就要求企业资源基础的适应性强，特别是包括中高层经理人在内的资源更新与调整。作为企业资源的核心组成部分，由职业经理人所构成的科层结构以及所形成经营惯例、制度规范等组织能力是企业竞争优势的来源。“管理层级制的存在是现代企业的一个显著特征，管理层级制一旦形成并有效地实现了它的协调功能后，层级制本身也就变成了持久性、权力和持续成长的源泉”。另一方面，作为一种深度嵌入于中国社会文化系统的企业形态，家族企业还要适应家族自身、家族与外界之间的环境变迁所带来的各种挑战，及时调整、整合甚至重构家族资源基础，这必然会引发家族成员观念碰撞与利益冲突。如何处理好这些观念碰撞与利益冲突，包括前述香

---

① 钱德勒．看得见的手［M］．北京：商务印书馆，1987.

港李锦记、利丰集团在内的中国家族企业在实践中逐步探索出一些独特的家族资源更新经验。在中国社会深远而微妙的“以家为重”“差序格局”“人情世故”等文化情境的影响下，中国家族企业的演化路径与美国、欧洲、日本等国的家族企业的发展路径不尽相同，有共性，也有个性。我们认为，根据家族企业所有权与控制权的不同配置，中国家族企业主要呈现出三重均衡状态的企业形态：

第一，“所有权与控制权合一的家族企业”。虽然一些家族企业积极引入职业经理人，并在一定范围与程度上分享控制权甚至所有权，但权力仍然大部分集中于家族内部。这一类型家族企业的组织资源基础主体仍然是家族资源。

第二，“家族内部两权分离的家族企业”，其主要特征是所有权与控制权由多位家族成员所共享，控制权与所有权呈现不严格对称。家族企业的组织资源基础基本由家族资源所构成，只是对不同的家族成员赋予不同的权力，从而形成了差异化的家族资源配置状态。相对于“所有权与控制权合一的家族企业”，这种均衡状态不大稳定，分别拥有所有权与控制权的家族成员很可能会出现利益冲突与权力争夺。

第三，“所有权与控制权共同治理的家族企业”，其主要特征是家族成员与职业经理人共同拥有所有权与控制权。相对于“所有权与控制权合一的家族企业”，职业经理人的地位与作用明显提高，特别体现在涉及战略决策的控制权方面。家族企业的资源基础由家族资源与企业资源共同构成。

不管在现在还是未来，中国家族企业将以这三种企业形态顽强生长在中国社会经济土壤中。伴随着中国市场经济与法治建设的发展，三种企业形态所占比例可能会发生相应的变化。如果中国市场经济趋向于法治市场经济，公共服务、信用体系与经理人市场等配套制度健全完善，那么“所有权与控制权合一的家族企业”的比例可能会降低，“所有权与控制权共同治理的家族企业”的比例可能会上升；反之，如果中国市场经济趋向于人治市场经济，公共服务、信用体系与经理人市场的发展不完善、不健全，那么“所有权与控制权合一的家族企业”的比例仍会上升，“所有权与控制权共同治理的家族企业”的比例可能会降低。企业组织制度的多样性并不会随着社会经济的发展而逐渐趋同（陈凌，2005）。受制于中国市场经济的发展程度以及中国社会特有的“家族性”“控制权情结”等传统文化因素，两权分离的公众公司可能不是中国家族企业的主要形态。换言之，即使家族企业的所有权会逐步分散到家族以外，但家族成员不会完全脱离管理岗位成为甩手股东，而会通过持有相对大所有权的方式控制企业主要的经营决策权。尽管经理人可能拥有相当的经营决策权，但主体控制权仍然是家族成员所掌控。

中国家族企业的理性化演化至少会受到三个宏观因素的影响。

第一，中国市场经济体制的完善程度直接影响着家族企业的理性化演化。在社会信用机制、声誉机制、经理人市场发育较为健全的情况下，理性化所引起的变革风险相对较小，这有利于家族资源的调整与企业资源的整合；反之，在社会信用机制、声誉机制、经理人市场发育较为薄弱的情况下，理性化所引起的变革风险可能会导致家族企业的逆向选择，进而影响到家族资源的理性化演化。换言之，中国市场经济发展越完善，“家族成员与职业经理人共同治理”的家族企业形态所占比例越大，中国市场经济发展越不完善，“所有权与控制权合一”的家族企业形态所占比例越小。

第二，企业所面临的竞争压力也会影响家族企业的理性化演化。市场压力是防止企业滥用它们的权力与长期维持家族统治的基本机制。换言之，市场竞争压力越大，“家族成员与职业经理人共同治理”的家族企业形态所占比例越大；市场竞争压力越小，“所有权与控制权合一”的家族企业形态所占比例越大。

第三，中国社会独特的“差序格局”“人情关系”“忠诚私信”等传统家文化对家族企业理性化演化的影响可能是深远的。对于中国人而言，“家”就意味着一切的一切；对于很多中小企业家而言，家企是一体的，家庭利益高于企业利益。这种深厚的“家文化”传统观念必然会影响到家族企业的规范化与专业化，比如将高层职位会优先考虑自己人或者自家人，能力再好的外人也可能被排除在外；又如对家族企业控制权的留恋情结，等等。这一情况接近欧洲的家族企业，欧洲家族企业虽然雇用了中高层经理，致力于向现代企业转变，但是欧洲家族继续控制着高层管理岗位。这意味着，“如果企业的扩充会导致个人控制权的丧失，则这些家族通常宁愿不要扩充。”对于美国的绝大多数企业主来说，“当企业扩张带来利润契机时，他们也没有企图把事业把持在家庭的控制之中。”如今的杜邦家族仍然是所有者，享有公司利润中的较大份额，但基本上都不再参与重要的经营决策和管理。这两个事实反映出独特文化情境对理性化演化的异质性影响。

（三）特权企业还是创业家族

发展中国家产生大量家族企业这一现象非常普遍，我们会发现在历史上和现实中，同时存在着两类不同性质的家族企业；对家族企业在国民经济中占据的地位和作用，国内外学者也经常有两种截然不同的观点。在许多国家与地区出现的大型家族企业往往依靠密切的政商关系获得成长发展的资源和机会，家族势力渗透到政府和企业中，甚至一个家族或少数几个家族既主导政府又经营企业，而这个政府又不受代议机构的法律制约，国家的政治、经济决策都由这个或几个家族的家庭会议做出，完全没有法律和公共监督，这样的家族拥有至高无上的权利，政治权、经济权通吃，垄断经营、瓜分和侵占公共利益、盗窃国库，无所不用其极，成为罪恶的渊薮。我们可以把这一类家族企业称之为“裙带资本主义”或者“特权家族企业”（nepotism capitalism），即使这些特权资本主义的起源是白手起家，凭着卓越的经营才能或者政治才能获得财富和地位，但是这些家族的进一步发展是依靠剥夺其他家族的成长机会和限制竞争来保持的，那么这种家族资本主义就发生了变质。这种特权家族企业的存在在发展中国家非常普遍，一个国家或地区的政治经济一旦陷入到这样的家族旋涡之中，往往会缺乏后劲，家族企业自身的发展也会失去成长进步的活力。无论是中东阿拉伯世界的许多国家，还是历史和现代的许多封建王朝都是陷入这样的状态。这也就是人们常说的“坏的资本主义”的集中反映，也成为很多发展中国家人民反感家族企业的事实依据。

同时还存在着第二类家族企业。无论是18、19世纪的英国还是19、20世纪的其他欧美发达国家，大量家族企业是在公平竞争的环境中不断成长发展的，他们的成功在于他们在多年的竞争过程中逐步积累的独特竞争能力；而且，更多情况下这些企业是在受到歧视和压制的环境下成长起来的，在这些家族企业内部有着浓厚的创业精神，而且这些创业精神得到了很好的延续和光大。这些家族企业的生存状态与发展模式与第一类特权家族企业有着本质性的区别。我们可以把第二类家族企业叫作创业家族企业，它们是社会经济发展的健康力量。那么同样是白手起家的家族企业，为什么有些家族企业成长为权贵家族企业，而有些家族企业能够继续保持创业精神从而成为创业家族企业呢？在当前中国社会背景下，我们上面的问题变为，随着中国家族企业的成长发展，它们将继续保持创业精神还是会滑向权贵家族企业？根据前文的历史研究，中国民间家族企业的成长环境与欧美国家相比有其特殊性。

第一特殊性在于中国的家族企业在市场上会遇到国有部门的竞争。人类学家、美国斯坦福大学的希尔·盖茨教授在其《中国之马达：“小资本主义”的一千年》一书中把那些微不足道的小生产者看作“中国的发动机”，用以解释近千年中国历史生生不息的活力绝非不当用语。熊彼特在《资本主义、社会主义与民主》这本当时的畅销书中用以下语言描写现代的资本主义，他认为，“资本主义本质上是一种经济变动的形式或方法，它不仅从来不是，而且也永远不可能是静止的。……开动和保持资本主义发动机运动的根本推动力，来自资本主义企业创造的新消费品，新生产方式或运输方法、新市场、新产业组织的形式……一家典型农场生产设备的历史，从作物轮作，耕种与施肥的合理化开始到今天的机械化装置——由传送机和铁路连接起来是一切革命的历史。从木炭炉到我们今天炼炉的钢铁工业设备的历史，从上射水车到现代电厂的电力生产设备的历史，从邮车到飞机的运输史也全是革命的历史。国内国外新市场的开辟，从手工作坊和工场到美国钢铁公司这种企业的组织发展，说明了产业突变的同样过程——如果我可以使用这个生物学术语的话——它不断地从内部使这个经济结构革命化，不断地破坏旧结构，不断地创造新结构，这个创造性破坏的过程，就是资本主义的本质性事实。它是资本主义存在的事实和每一家资本主义公司赖以生存的事实。"（熊彼特，1999 中译本，第 146 ~ 147 页）改革开放以来的中国家族企业为上述熊彼特的观点给出了一个最精彩的脚注：在不到一代人的时间里，从肩挑背扛、"黄道婆的技术"（慈溪茅理翔先生的用语）开始，迅速发展到可以生产精美产品的"厨房电器专家"，如何解释这种奇迹呢？这种奇迹背后的发动机究竟在哪里呢？本书认为，改革开放以来，中国经济发展奇迹的秘密武器，在于蓬勃发展的民营企业；民营企业持续发展的动力来自企业家们的创业精神，而这些创业精神的燃料来自孕育着无穷潜能的成千上万个家庭。

第二特殊性在于中国市场经济的政治法律制度还在转型之中，企业内部的成长发展要受到外部治理的影响，外部治理主要包括政府制度和市场制度。在政府保护私人财产权和可竞争性市场的外部治理环境下，家族企业会逐步向着经理式企业治理结构演进，以便在更大范围内更有效地配置资源。经理治理产生的经营者背离所有者利益的倾向会受到法律规范和市场竞争的有效遏制。相反，在很多后进国家，由于缺乏法律对私有产权的有效保护，也缺乏充分发育的市场竞争对经理人的制约，私营企业不得不借助家族控股和家族人事对企业财产权进行双重保护，甚至家族势力直接进入政府以获得政府对个别企业的私人性保护。我们前面讨论的我国香港地区和马来西亚的情况与中国内地有差别。在香港英式的产权保护制度已经确立，而在马来西亚华人作为少数族裔进入政府获得垄断资源的道路被封锁了，因此这些家族企业都主动与被动地把精力放在自身的成长和壮大上。

官商勾结现象在世界各国都是存在的，并且是普遍的。但由于不同国家的政府权力范围和性质不同，因而官商勾结的内容和强度也就不同，市场的竞争性程度就不同，市场的范围就不同，企业的专业化动力就不同。有的国家，政府和官员并不是最高权利拥有者，在他们之上还存在国会这样的经常性监督机构，并通过法律来反映民意并形成法律，法律高于政府，政府与企业一样是民事行为主体，受法律的制约；而在另外一些国家，政府和官员就是最高权力拥有者，存在法律规范，也得不到执行，或者能被轻松规避，甚至法律本身就只是政府和官员集团利益的体现，政府利益法制化、部门利益法制化。

官商勾结问题的根本问题，不是商人的利益驱动，也不能归结于官员的贪欲，而是政治体制问题，是官大还是法大的问题。比如，洛克菲勒，在其几十年的经营中，不断受到起诉，很多涉及反垄断起诉，这使他不能不有所顾忌。可以说，有限政府和可竞争市场制度，不仅奠定了西方近代崛起的基本制度依据，而且通过进一步完善可以奠定今后进一步繁荣的基础。而在落后国家，实行垄断的特权家族，是几乎从来不会受到这样的制约的，不仅市场垄断不会受到起诉，甚至肆无忌惮地实行行政垄断。

有限政府和竞争性市场是企业发展壮大的两项最基本的制度环境。这两项制度导致交易成本的不断降低，市场范围逐渐扩大，专业化水平越来越高，从而为培育世界性的强大企业提供基础性条件。诺思的研究表明，西方世界的崛起，在于两个主要制度环境的确立，一是，国家的征税权受到纳税人的限制并由纳税人确定数量。这个转变保护了私有产权的完整性，并最终转化为私有财产不可侵犯的根本制度原则。二是，打破了行会垄断权，打开了市场开放的障碍，打开了市场化财富增长的通道。正是这两个基本制度的确立，决定了英国、荷兰与法国、西班牙的发展进程的先后，成为西方崛起的最重要制度因素。[①] 因此，影响未来家族企业健康发展的重要外部影响因素是包括中国政治民主化改革进程、法律制度的确立和完善以及各个市场上的国退民进。

改革开放初期"万元户"就是令人眼红的财富积累，经过 40 年的沉淀，随着民营企业尤其是家

---

① 诺思，托马斯．西方世界的兴起［M］．北京：华夏出版社，1999.

族企业的蓬勃发展，一个越来越庞大的所谓“新富家族”受到了人们的关注，在中华人民共和国成立初期被扫荡而平的家族势力又重新建立。一个消逝了数十年的家族群落，亦重新崛起①。这些新富家族的起源既包括我们所关注的来自民间的家族企业，也有来自民间但是与政府走得很近的红顶商人和特权阶层，任何社会不可能杜绝后两种人，但是那些来自民间草根的家族企业的未来会如何，他们将继续保持创业家族企业的本色还是会蜕变为特权家族企业，我们现在还无法断言。但是应该看到，中国政府改革开放决心是不可动摇的，走市场化发展道路的上下共识是不可阻挡的，我们完全有理由可以乐观地看待未来中国家族企业的发展方向。当然这将不可能是一个一帆风顺的旅途，完全有可能会出现曲折、停滞甚至局部的倒退。总体来说，只要对中国的改革开放有信心，对中国的民营企业有信心，也就必然相信家族企业会在未来中国社会经济中发挥更加积极、健康而又持久的作用。

参考文献

[1] 白吉尔．中国资产阶级的黄金时代（1911～1937）[M]. 上海：上海人民出版社，1994.

[2] 蔡济铭，朱建安．家族企业权杖交接的西药能吃？[J]. 管理学家：实践版，2014（1）：18－22.

[3] 陈凌，王昊．家族涉入，政治联系与制度环境 [J]. 管理世界，2013（10）：130－141.

[4] 窦军生，贾生华．“家业”何以长青？——企业家个体层面家族企业代际传承要素的识别 [J]. 管理世界，2008（9）：105－117.

[5] 冯尔康．18 世纪以来中国家族的现代转向 [M]. 上海：上海人民出版社，2005.

[6] 弗里斯，卡洛克，特雷西．家族企业治理：沙发上的家族企业 [M]. 上海：东方出版社，2013.

[7] 盖尔西克．家族企业的繁衍 [M]. 北京：经济日报出版社，1998.

[8] 郭萍，陈凌．华人家族企业如何基业长青？——第五届“创业与家族企业成长”国际研讨会侧记 [J]. 管理世界，2010（1）：152－156.

[9] 贺小刚，连燕玲，张远飞．经营期望与家族内部的权威配置——基于中国上市公司的数据分析 [J]. 管理科学学报，2013，16（4）：63－82.

[10] 可凌玮，郭学贤．改革开放对家庭结构的影响 [J]. 郑州大学学报（哲学社会科学版），2003，36（1）：78－82.

[11] 兰兹伯格，伊．家业永续——家族企业如何成功地完成代际传承 [M]. 北京：商务印书馆，2012.

[12] 李伯重．理论，方法，发展趋势：中国经济史研究新探 [M]. 北京：清华大学出版社有限公司，2002.

[13] 上海社会科学院经济研究所．荣家企业史料 [M]. 上海：上海人民出版社，1980.

[14] 施坚雅．十九世纪中国的区域城市化 [M]. 天津：天津教育出版社，1989. 110－110.

[15] 休斯．家族财富传承 [M]. 北京：东方出版社，2011.

[16] 余向前．家族企业治理，传承及持续成长：基于温州的实证研究 [M]. 杭州：浙江大学出版社，2010.

[17] 余向前，张正堂，张一力．企业家隐性知识，交接班意愿与家族企业代际传承 [J]. 管理世界，2013（11）：77－88.

[18] 中国民（私）营经济研究会家族企业研究课题组．中国家族企业发展报告 2011 [M]. 北京：中信出版社，2011.

[19] 中国民营经济研究会家庭企业委员会．中国家族企业传承报告 [M]. 北京：中信出版社，2015.

[20] 朱建安，陈凌．传统文化、制度转型与家族企业成长 [J]. 管理世界，2015（6）：164－167.

[21] 朱建安，陈凌，窦军生，等．制度环境，家族涉入与企业行为——转型经济视角下的家族企业研究述评 [J]. 山东社会科学，2015（2）：27.

[22] Boisot，M. & Child，J. From fiefs to clans and network capitalism：Explaining China's emerging economic order [J]. Administrative science quarterly，1996：600－628.

[23] Chrisman，J. J.，Chua，J. H. & Sharma，P. Trends and directions in the development of a strategic management

① 罗天昊．中国新富家族崛起 [J]. 人民论坛，2010（4）.

theory of the family firm [J]. Entrepreneurship Theory and Practice, 2005, 29 (5): 555 -576.

[24] Gómez - Mejía, L. R. , Haynes, K. T. , Núñez - Nickel, M. , et al. Socioemotional wealth and business risks in family-controlled firms: Evidence from Spanish olive oil mills [J]. Administrative science quarterly, 2007, 52 (1): 106 - 137.

[25] Gates, H. China's Motor: a thousand years of petty capitalism [M]. Cornell University Press, 1997.

[26] Redding, S. G. The spirit of Chinese capitalism [M]. Walter de Gruyter, 1990.